Direitos Reais

Direitos Reais

2020 • 3ª Edição

José Alberto Vieira

ALMEDINA

DIREITOS REAIS

AUTOR
José Alberto Vieira

EDITOR
EDIÇÕES ALMEDINA, S.A.
Rua Fernandes Tomás, nºs 76-80
3000-167 Coimbra
Tel.: 239 851 904 · Fax: 239 851 901
www.almedina.net · editora@almedina.net

Design de colecção: FBA.
Capa: Edições Almedina

PRÉ-IMPRESSÃO
EDIÇÕES ALMEDINA, SA
IMPRESSÃO E ACABAMENTO
PENTAEDRO, LDA.
fevereiro, 2020
DEPÓSITO LEGAL
466786/20

ALMEDINA | GRUPOALMEDINA

BIBLIOTECA NACIONAL DE PORTUGAL – CATALOGAÇÃO NA PUBLICAÇÃO

VIEIRA, José Alberto

Direitos reais. – 3ª ed. – (Manuais universitários)
ISBN 978-972-40-8336-0

CDU 347

NOTA DO AUTOR

Procede-se nesta 3.ª edição ao tratamento do alojamento local no âmbito da propriedade horizontal, que foi propiciado pelo recente surto jurisprudencial e controvérsia na matéria.

Adita-se ainda a matéria das águas, que até agora não havia sido abordada nesta obra.

Por analisar fica o problema dos denominados direitos reais púbicos abordado recentemente por José Luís Ramos e que não houve tempo para tratar nesta nova edição. Ficará para a próxima.

O AUTOR

À memória de meu pai,
José d'Almeida Vieira

PARTE PRIMEIRA

O SISTEMA DE DIREITOS REAIS

1. Os Direitos Reais como ramo de Direito

I. De direitos reais pode falar-se numa acepção objectiva e numa acepção subjectiva[1]. Pela primeira alude-se aos Direitos Reais como a disciplina material das coisas corpóreas, um ramo de Direito objectivo[2]. Diferentemente, na segunda acepção toma-se em consideração a posição subjectiva de uma pessoa relativamente a uma coisa corpórea (a propriedade, o usufruto, a servidão predial, etc.)[3]. Não está em causa o conjunto de normas unificado num ramo de Direito, mas sim as situações jurídicas reais, particularmente, os direitos subjectivos reais.

Assim, quando se diz que o direito real é um direito absoluto ou um direito inerente a uma coisa, a expressão «direito real» vem utilizada numa acepção subjectiva, de posição jurídica que cabe a alguém relativamente a uma coisa (corpórea). Ao contrário, a afirmação, segundo a qual, Direitos Reais constitui um ramo do Direito privado reporta-se à acepção objectiva da expressão, a Direitos Reais enquanto ramo do Direito.

Na indagação sobre o sistema de Direitos Reais teremos em vista, naturalmente, a acepção objectiva da expressão.

II. A autonomização dos Direitos Reais como ramo de Direito autónomo tem raízes históricas no Direito romano, no sistema de tutela processual das *actiones*[4], nomeadamente, primeiro, na *vindicatio* e, depois, na *actio in rem.*

[1] Sobre isto, cf. Baur/Stürner, Sachenrecht, 18 Auflage, München, 2009, pág. 5 e segs., Hans Stoll, Grundriss des Sachenrechts, Heidelberg, 1983, pág. 17 e seg.

[2] Cf. Baur/Stürner, Sachenrecht, cit., pág. 6 e seg., Philipp Heck, Grundriss des Sachenrechts, reimpressão da edição de Tübingen de 1930, 1970, pág. 1.

[3] Baur/Stürner, Sachenrecht, cit., pág. 6.

[4] Cf. *infra* no texto.

As sucessivas recepções do Direito romano nos sistemas jurídicos da Europa continental – primeiro na Idade Média, a seguir no Renascimento, e, por último, no século XIX – e depois a influência determinante do sistema de Savigny[5], a que se seguiram os trabalhos da pandectística alemã, consolidaram esta autonomização, em particular, face ao Direito das Obrigações.

Porém, a história permite explicar a autonomização de um ramo de Direito, mas não lhe confere base científica de sustentação. Esta supõe que sejam demonstradas as razões para tal autonomia.

A autonomização científica de um ramo de Direito justifica-se quando este constitui um subsistema dentro do sistema global da ordem jurídica. Isto quer dizer, que um ramo de Direito partilha das características de um sistema, isto é, organiza-se debaixo de pontos de vista unitários, que são próprios, distintos dos pontos de vista agregadores de outros ramos do Direito compreendidos na ordem jurídica e com especificidade defronte dos pontos de vista unitários do sistema normativo global.

Como veremos mais à frente, um sistema normativo deve a sua organização interna a princípios jurídicos materiais. Direitos Reais, enquanto sistema de regulação de uma matéria – a que respeita ao aproveitamento de coisas corpóreas –, possui princípios jurídicos próprios. Esses princípios são numa boa parte comuns aos princípios gerais do sistema normativo global da ordem jurídica, pelo menos ao subsistema de Direito privado, possuindo, no entanto, alguma especialidade de conteúdo, que lhes é transmitida, sobretudo, pelo objecto da regulação.

A existência de princípios jurídicos próprios de um corpo substancial de normas é o primeiro critério que funda a autonomização científica de um ramo de Direito, logo, também de Direitos Reais. Na medida em que seja possível identificar princípios jurídicos próprios desta disciplina jurídica, a autonomização do ramo de Direito encontra a sua justificação científica.

Estamos em crer, porém, que a existência de princípios jurídicos próprios não constitui critério único para fundar a autonomização de um ramo de Direito. Um objecto específico contribui igualmente para a autonomização de um ramo de Direito. Se um corpo de regras tem por finalidade exclusiva disciplinar o aproveitamento de coisas corpóreas – ou de coisas incorpóreas como, por exemplo, a obra literária e artística ou as invenções e

[5] Friedrich Carl von Savigny, System des heutigen Römischen Rechts, Erster Band, Berlin, 1840, §§ 52 a 59, pág. 331 e segs.

marcas – o objecto da regulação pode marcar a especificidade desta, justificando igualmente a autonomização num ramo de Direito.

Teremos oportunidade, adiante, de explicitar a existência de princípios materiais de Direitos Reais. Estes princípios, cujo conteúdo é conformado numa boa parte pelo objecto da regulação normativa (coisas corpóreas), sustentam, juntamente com este, a autonomia científica de Direitos Reais enquanto ramo do Direito.

Neste caso, a ciência não infirma nem a história nem a cultura jurídica dos povos da Europa continental, legitimando antes a sua tradição.

2. Direitos Reais como ramo do Direito Civil

Direitos Reais constituem um ramo do Direito privado[6]. Trata-se de uma derivação histórica da tradição romana. No Direito romano, os direitos reais e os direitos de crédito faziam parte da categoria dos direitos patrimoniais[7], ainda que desenvolvidos na perspectiva processual das *actiones* (*actio in rem* e *actio in personam*)[8]. Esta ordenação manteve-se no Direito comum, que redireccionou, contudo, a abordagem para o prisma das posições jurídicas (*ius in rem* e *ius in personam*), e foi transposta com naturalidade nas primeiras codificações civis, permanecendo até à actualidade.

Recorrendo a qualquer dos critérios que permitem fazer a classificação entre o Direito público e o Direito privado, Direito Reais pertence a esta última categoria: trata-se de um ramo de Direito privado[9]. O aproveitamento das vantagens de uma coisa corpórea por um sujeito vem regulado debaixo dos princípios da igualdade e da liberdade e não da autoridade (*ius imperii*) e da competência.

[6] Hans Stoll, Grundriss des Sachenrechts, pág. 23, Carvalho Fernandes, Lições De Direitos Reais, 6.ª edição, Lisboa, 2010, pág. 26 e seg.

[7] Cf. Bonfante, Corso Di Diritto Romano, cit., pág. 4 e segs., Sanfilippo, Instituzioni Di Diritto Romano, cit., pág. 68 e seg. e 191.

[8] Entre outros, cf. Santos Justo, Direito Privado Romano – III (Direitos Reais), Coimbra, 1997, pág. 9 e segs., Kaser/Knütel, Römisches Privatrecht, 18. Auflage, München, 2005, pág. 36 e segs., Kaser, Direito Privado Romano, Lisboa, 1999, pág. 55 e segs., Biondo Biondi, Istituzioni Di Diritto Romano, Milano, 1972, pág. 84 e segs., Bonfante, Corso Di Diritto Romano, III – Diritti reali, Milano, 1972, pág. 6 e segs., Arangio-Ruiz, Instituzioni Di Diritto Romano, Napoli, 1998, pág. 173 e segs., Sanfilippo, Instituzioni Di Diritto Romano, 2002, pág. 192.

[9] Veja-se também, Menezes Cordeiro, Direitos Reais – Sumários, Lisboa, 2000, pág. 7 e segs., Baur/Stürner, Sachenrecht, cit., pág. 5 e segs.

A incidência de regras de Direito público na conformação do conteúdo de direitos reais (restrições ou limitações em sentido técnico), nomeadamente, a propriedade[10], ou mesmo na criação de regimes especiais de direitos reais (por exemplo, servidões administrativas) não altera esta realidade. Estas regras, interferindo embora no regime jurídico de situações jurídicas reais, não integram Direitos Reais, fazendo parte do ramo do Direito que as preveja (Direito Administrativo, Direito do Urbanismo, etc.).

Dentro do Direito privado, Direitos Reais é Direito geral ou comum, ou seja, Direito Civil[11]. Isso justifica a sua inserção sistemática no Código Civil. Ao Direito geral ou comum contrapõe-se o Direito especial ou excepcional. Nada obsta a que o regime das coisas corpóreas possa ficar sujeito a princípios jurídicos diversos ou adaptados a outras finalidades. Por exemplo, nos artigos 397.º a 402.º e 574.º a 594.º, o Código Comercial disciplina o penhor mercantil, os privilégios creditórios e as hipotecas mercantis. Esta regulamentação, especial face aos princípios do Código Civil em matéria de Direitos Reais de garantia, não constitui parte deste ramo do Direito; ela integra o Direito Comercial[12].

Direitos Reais – Direito privado geral ou comum, ou seja, Direito Civil – constitui um ramo de Direito patrimonial, tal como o Direito das Obrigações. A repartição histórica do Direito romano, mantida pelos ensinamentos de SAVIGNY[13], permanece válida na actualidade.

3. A ideia de sistema no Direito

I. O pensamento científico do Direito das ordens jurídicas do continente europeu é hoje predominantemente sistemático, por oposição ao pensamento tópico[14]. A progressiva atenção ao caso concreto, e às suas parti-

[10] Cf., por exemplo, BAUR/STÜRNER, Sachenrecht, cit., pág. 2 e pág. 7, SCHWAB/PRÜTTING, Sachenrecht, 31. Auflage, München, 2003, pág. 3 e seg. e pág. 10, BREHM/BERGER, Sachenrecht, Tübingen, 2000, pág. 23, HANS STOLL, Grundriss des Sachenrechts, cit., pág. 23 e segs., EICHLER, Institutionen des Sachenrechts – Ein Lehrbuch, Berlin, pág. 182 e seg., HECK, Grundriss des Sachenrechts, cit., pág. 7.

[11] Cf. também CARVALHO FERNANDES, Lições De Direitos Reais, cit., pág. 26.

[12] Sobre este ponto, cf. igualmente MENEZES CORDEIRO, Direitos Reais – Sumários, cit., pág. 12.

[13] System des heutigen Römischen Rechts, cit., pág. 340 e 345.

[14] Sobre o ponto, cf. MENEZES CORDEIRO, Tratado De Direito Civil Português, I, Parte Geral, Tomo 1, 3.ª ed., 2005, pág. 63 e segs., na Introdução à edição portuguesa da obra de CANARIS, Pensamento Sistemático e Conceito de Sistema Na Ciência Do Direito, 3.ª ed., LXIII e segs., "Evolução juscientífica e direitos reais", em Estudos De Direito Civil, Volume I, pág. 218 e segs.

cularidades, o uso de tópicos na argumentação jurídica não desmentem essa tendência, antes a reforçam.

O pensamento sistemático não surge como uma fatalidade do Direito, sendo antes o fruto amadurecido de uma longa evolução histórica, com antecedentes incipientes no direito romano. Atribui-se ao jurista romano GAIUS a primeira ordenação sistemática do Direito, na sua obra Institutiones[15]. O autor organiza a exposição das regras jurídicas do seu tempo repartindo-as segundo determinados pontos de vista: *personae*, *res* e *actiones*. Uma divisão racional da matéria de acordo com pontos de vista unificadores da matéria conduz a um sistema.

Não obstante o seu intento sistematizador, a obra de GAIUS permanece um marco isolado, desfasado do seu tempo, e, por isso, não podemos localizar neste momento a verdadeira génese da sistematização no Direito. O pensamento sistemático viria a desenvolver-se, porém, de um modo decisivo ao longo de gerações sucessivas de juristas e de escolas do pensamento jurídico a partir do século XVI, quando de novo se olhou para antiguidade clássica.

Uma primeira forma de pensamento sistemático, a primeira sistemática na teoria evolutiva dos sistemas, foi originada pelo *mos gallicus*. Como modelo educativo universitário, os humanistas do *mos gallicus* propugnavam uma aprendizagem do Direito não apenas centrada na memorização dos textos romanos na ordem das fontes tradicionais, basicamente o *Corpus Iuris Civilis* e os *Digesta*, mas na ordenação destas debaixo de pontos de vista sistemáticos[16]. O pensamento sistemático emerge neste tempo fruto de necessidades da educação universitária[17].

A segunda sistemática chega ao Direito pelas tendências reformadoras do jusracionalismo sob a influência do iluminismo, em ruptura com a sociedade tradicional conservadora. A emergência de novos grandes princípios filosóficos, sem reflexo nos quadros jurídicos vigentes ao tempo, e o impulso para a sua concretização de dois grandes filósofos, THOMAS HOBBES e ESPINOSA, motivam a elaboração de desenvolvimentos em que os princípios de Direito natural aparecem como leis naturais da sociedade[18].

[15] COING, Geschichte und Bedeutung des Systemgedankens in der Rechtswissenschaft, in Zur Geschichte Des Privatrechtsystems, Frankfurt, 1962, pág. 19 e Grundzüge der Rechtsphilosophie, Berlin, 1950, pág. 344.

[16] COING, Geschichte und Bedeutung des Systemgedankens in der Rechtswissenschaft, cit., pág. 22 e seg.

[17] COING, Geschichte und Bedeutung des Systemgedankens in der Rechtswissenschaft, cit., pág. 22.

[18] WIEACKER, História do Direito Privado Moderno, 3.ª ed., Lisboa, 2004, pág. 304.

Desapegado da realidade prática do Direito, o jusracionalismo postula a elaboração integral de um novo sistema jurídico a partir das novas ideias. Estas funcionam como elementos aglutinadores da disciplina jurídica, elementos centrais da organização do material jurídico.

O jusracionalismo só vingou numa escala muito moderada, quando vertido progressivamente nos quadros do direito vigente por obra de PUFENDORF, THOMASIUS e CHRISTIAN WOLFF[19], na Alemanha, DOMAT e POTHIER, em França[20]. Os seus estudos prepararam, contudo, a etapa seguinte.

A terceira sistemática ou sistemática moderna surge na Alemanha do séc. XIX[21]. Ela resulta de um cruzamento entre a filosofia idealista, sobretudo de KANT, e os seus valores de igualdade e de liberdade, e o estudo histórico do Direito romano, entendido como Direito positivo.

Sob a pena pioneira de SAVIGNY e da Escola Histórica, a sistemática jusracionalista recebe a influência da história e do Direito positivo, ou seja, do Direito vivido e aplicado, e não aparece mais como uma elaboração abstracta de princípios e normas. A herança de SAVIGNY é a da organização de um sistema de Direito vivo, transmitidos das fontes, segundo critérios classificatórios.

II. A ideia de sistema é uma ideia básica do pensamento jurídico contemporâneo. Sem cuidarmos aqui de fazer uma busca sobre o conceito de sistema, que seria deslocada, deveremos assentar algumas ideias sobre o tema, referindo determinadas posições que sobre ele têm sido avançadas pela doutrina.

A ideia de sistema no Direito surge clara em SAVIGNY. Segundo este autor[22], o sistema é a "concatenação interior que liga todos os institutos jurídicos e as regras de Direito numa grande unidade".

De acordo com COING[23], o sistema consiste "numa ordem de conhecimentos debaixo de um único ponto de vista". COING distingue ainda dois sentidos para a ideia de sistema. Um sentido estrito, se a conexão entre os conhecimentos individuais é contínua e pode apresentar-se de tal forma que as proposições individuais se podem deduzir como consequências

[19] WIEACKER, História do Direito Privado Moderno, cit., págs 340 e segs.

[20] Cf. igualmente MENEZES CORDEIRO, Tratado De Direito Civil Português, cit., pág. 70 e segs.

[21] COING, Geschichte und Bedeutung des Systemgedankens in der Rechtswissenschaft, cit., pág. 23 e seg.

[22] System des heutigen römischen Rechts, vol. I, 1840, pág. 214 e pág. 262.

[23] Geschichte und Bedeutung des Systemgedankens in der Rechtswissenschaft, cit., pág. 9.

lógicas a partir de certos axiomas fundamentais[24]. E um sentido amplo, "que somente se refere à ordem do material segundo pontos de vista compreensivos ou um esquema de ordem"[25]. COING considera ser este o uso mais corrente na Jurisprudência.

CANARIS[26] parte da noção clássica de KANT, o sistema representa "a unidade de múltiplos conhecimentos debaixo de uma ideia". Depois de apresentar várias definições de sistema, o autor salienta duas características: a ordenação e a unidade. "À ordenação pretende-se com ela (...) exprimir um estado de coisas intrínseco racionalmente apreensível, isto é, fundado na realidade. No que toca à unidade, verifica-se que este factor modifica o que resulta já da ordenação, por não permitir uma dispersão numa multitude de singularidades desconexas, antes devendo deixá-las reconduzir-se a uns quantos princípios fundamentais"[27].

A análise, muito breve, da noção de sistema mostra que este exprime a ideia de uma realidade, de um todo, de um conjuntos de elementos, que, não obstante diversos, se encontram numa unidade.

Esta unidade não surge dispersa, caótica, sendo antes organizada. A organização de um sistema pode, por sua vez, ser muito variada, tudo dependendo dos particulares critérios materiais que se usam na selecção e composição dos elementos que o formam.

O sistema apresenta-se como uma unidade de elementos variados organizados debaixo de pontos de vista seleccionados. Umas vezes, essa unidade resulta espontaneamente sem nenhuma preocupação racional prévia, sendo fruto de vicissitudes várias da história e dos seus acidentes; outras vezes, subjaz a ela um esforço de ordenação a tanto dirigido.

III. Antes de prosseguirmos a indagação sobre a natureza dos critérios que dão sistematicidade ao Direito, importa diferenciar a acepção de sistema que se vai usar. É conhecida a contraposição de HECK[28] entre um

[24] COING, Geschichte und Bedeutung des Systemgedankens in der Rechtswissenschaft, cit., pág. 10 e segs.

[25] Idem.

[26] Pensamento Sistemático E Conceito De Sistema Na Ciência Do Direito, cit., pág. 10. Usaremos também o original, Systemdenken und Systembegriff in der Jurisprudenz, 2. überarbeitete Auflage, Berlin, 1983, pág. 11.

[27] Pensamento Sistemático E Conceito De Sistema Na Ciência Do Direito, cit., págs. 12 e 13 e Systemdenken und Systembegriff in der Jurisprudenz, cit., igualmente nas págs. 12 e 13.

[28] Begriffsbildung und Interessenjurisprudenz, 1932, pág. 139 e segs.

sistema interno e um sistema externo[29]. Não obstante a conhecida classificação de HECK poder continuar a ser utilizada proveitosamente, por ainda reflectir o desdobramento do Direito entre o seu objecto e a ciência que o investiga e estuda, julgamos que seria preferível usar uma outra terminologia. CANARIS[30] fala num sistema de conhecimentos, que apelida de "científico", e num "sistema de objectos do conhecimento", sistema "objectivo" ou "real".

Se bem se atentar, não existe senão uma diferença de terminologia entre os sistemas interno e externo de HECK e os sistemas objectivo e científico de CANARIS. Em todo o caso, haveria uma libertação do sentido originário da contraposição sugerida por HECK, e do que contexto em que surge, em favor de uma outra, descomprometida de qualquer tendência.

O Direito desdobra-se inevitavelmente por duas dimensões: a reguladora, constante das fontes de Direito, e a de conhecimento, propiciada pela ciência do Direito. O sistema de regulação, ou sistema interno na acepção de HECK, existe, mais ou menos desenvolvidamente, mais ou menos conscientemente, mais ou menos elaboradamente, na prática de toda a ordem jurídica historicamente considerada. Este sistema é objectivo na medida em que existe nas fontes de Direito e é portador das normas jurídicas reguladoras das relações sociais de dada comunidade jurídica. Chamamos a este sistema o sistema normativo. Não há Direito sem ele. Mas ele é diferente em cada comunidade jurídica, fruto da evolução cultural e histórica da mesma.

A dimensão do conhecimento jurídico depende de uma ciência que estuda o Direito, que o aprofunda, que descobre as suas relações, que desenvolve a sua linguagem e o comunica adequadamente. A ordenação da matéria objectiva veiculada pelo sistema normativo e constante das fontes de Direito constitui também um sistema; já não um sistema de regulação – apesar de não ser de todo despiciendo o seu contributo para a vertente normativa do sistema correspondente – mas um sistema de explicação ou comunicação do Direito. A este sistema chamamos sistema científico, por a sua actividade ser levada a cabo segundo cânones científicos.

[29] Sobre a relevância actual desta contraposição, vejam-se as observações de MENEZES CORDEIRO no Tratado De Direito Civil Português, I, Parte Geral, Tomo 1, 3.ª ed., 2005, pág. 63 e segs., na Introdução à edição portuguesa da obra de CANARIS, Pensamento Sistemático E Conceito de Sistema Na Ciência Do Direito, cit., LXIII e segs., e em "Evolução juscientífica e direitos reais", nos Estudos De Direito Civil, Volume I, pág. 219, nota 54.

[30] Systemdenken und Systembegriff in der Jurisprudenz, cit., pág. 13 e Pensamento Sistemático E Conceito de Sistema Na Ciência Do Direito, cit., pág. 13.

Como é evidente, o sistema científico só existe quando há uma ciência que se debruça sobre o sistema normativo. Uma prática meramente tópica, como basicamente era a prática romana, não cultiva uma ciência e não permite senão um sistema científico incipiente. O sistema científico desenvolve-se ao invés quando se intenta ordenar o material normativo debaixo de pontos de vista unitários de organização e exposição da matéria.

IV. Quais sejam os pontos de vista unitários que conferem unidade e organização ao sistema tem sido objecto de respostas variadas consoante a concepção que se tem do sistema. Com efeito, há várias formas de conceber o sistema, as principais das quais passamos a expor brevemente.

O sistema pode ser entendido como um sistema conceptual-abstracto na acepção da teoria da jurisprudência dos conceitos. Este sistema parte da ideia básica que alguns elementos podem ser recolhidos da matéria a regular e, com base neles, construir-se conceitos de abstracção crescente[31]. Dos conceitos básicos, com mais notas distintivas, e, por isso, mais ricos e compreensivos, para outros com menos elementos mas mais extensos quanto à sua amplitude. Uma diferente composição dos "elementos" permite construir conceitos com níveis de abstracção diferentes.

Num tal sistema conceptual[32], os conceitos aparecem dispostos hierarquicamente num esquema em "pirâmide". Nesta pirâmide, cada conceito de grau inferior ostenta notas do conceito de grau superior, numa crescente abstracção que confere ao conceito de topo ("supremo") uma ou mais notas distintivas comuns a todos os conceitos. A ascensão da base para o topo representa um progressivo empobrecimento de notas distintivas e um maior distanciamento da realidade.

Este sistema, que agrupa várias classificações de conceitos, funciona exclusivamente segundo as regras da lógica formal e corresponde a um esquema subsuntivo da interpretação e aplicação do Direito. Neste sistema, o Direito é encontrado apenas por via de operações lógicas de natureza dedutiva, segundo o conhecido modelo do silogismo judiciário.

[31] Para uma exposição do modelo lógico-subsuntivo da originário da denominada jurisprudência dos conceitos, LARENZ, Metodologia Da Ciência Do Direito, 3.ª ed., Lisboa, 1997, págs. 22 e segs. e 622 e segs.

[32] Para além de LARENZ, Metodologia Da Ciência Do Direito, cit., pág. 622 e seg., fundamental, CANARIS, Systemdenken und Systembegriff in der Jurisprudenz, cit., pág. 20 e segs. e Pensamento Sistemático E Conceito de Sistema Na Ciência Do Direito, cit., pág. 28 e segs.

Um sistema lógico-conceptual aspira à solução para todas as questões da vida. Estas hão-de encontrar sempre solução a partir de deduções entre os conceitos do Direito. O sistema é, assim, pleno, segundo esta concepção; ele contém a resposta para todos os problemas, não comportando lacunas. Nesta perspectiva, o sistema é igualmente fechado, pois não admite desenvolvimentos que o transcendam, como se fosse em dado momento uma obra completa e acabada de regulação dos factos da vida.

Para além de pleno, um sistema lógico-conceptual constitui um sistema isento de contradições, porquanto a solução jurídica é encontrada por dedução dos conceitos admitidos de acordo com regras da lógica formal e estas afastam a possibilidade de tais contradições existirem.

Semelhante a este, é o sistema axiomático-dedutivo: "este pressupõe que todas as proposições válidas dentro de um determinado âmbito material se deixem deduzir de axiomas, através de uma dedução puramente lógico-formal"[33]. Neste sistema, os axiomas tomam o lugar dos conceitos abstractos, mas o modo de operar da ciência é em tudo igual, lógico-formal e dedutivo. Somente em vez da elaboração de conceitos, o esforço da ciência jurídica direcciona-se para a descoberta dos axiomas que conferem a unidade do sistema.

Qualquer destas duas concepções de sistema se deve ter hoje por ultrapassada[34]. Existem áreas do Direito onde um puro pensamento lógico-conceitual dedutivo não dá resposta para encontrar o sentido da regulação[35]. As cláusulas gerais, como a boa fé, a ordem pública ou os bons costumes, e os conceitos indeterminados, como o de bom pai de família, de "justo receio", de "mau uso", por exemplo, não se compreendem mediante um processo de pensamento lógico, mas apenas com um pensamento teleológico, orientado aos valores e finalidades a cuja realização o sistema tende.

As cláusulas gerais e os conceitos indeterminados representam pautas carecidas de preenchimento, que o legislador, na impossibilidade de antecipar uma solução satisfatória para um problema da vida, deixa ao intérprete-aplicador. Esse preenchimento, que tem lugar durante a resolução do caso concreto, completa o esquema de regulação previsto pelo legislador.

[33] Canaris, Pensamento Sistemático E Conceito de Sistema Na Ciência Do Direito, cit., pág. 38.

[34] Por último, Coing, Geschichte und Bedeutung des Systemgedankens in der Rechtswissenschaft, cit., pág. 25 e segs.

[35] Cf. também Coing, Grundzüge der Rechtsphilosophie, pág. 347.

Em todos estes casos, a concretização de sentido das cláusulas gerais ou dos conceitos indeterminados não vem pré-dada, surgindo somente durante no processo de resolução do caso concreto, algumas vezes, por referência a casos ou grupos de casos onde a cláusula geral ou o conceito indeterminado receberam aplicação[36].

Em cada regulação normativa encontra-se presente, de uma forma mais ou menos intensa, os fins ou valores que o Direito prossegue. Ora, estes não podem ser transmitidos em esquemas dominados pelas regras da lógica, porque dependem de uma decisão humana que os capta e inculca na decisão jurídica.

Há ainda a tomar em conta o pensamento tipológico. Os tipos correspondem a uma maneira de apreensão da realidade que é diversa do conceito[37] e que passa pela identificação de elementos tipificadores, ao invés de notas distintivas, que, no seu conjunto, dão uma ideia do objecto a regular sem o definir, como o conceito. O recurso ao tipo e ao pensamento tipológico pelo Direito, que procedem pelo método da recondução, não podem operar num esquema lógico-formal subsuntivo.

Num sistema puramente lógico-formal as normas que contenham cláusulas gerais ou conceitos indeterminados ficariam bloqueadas, por impossibilidade de operação lógica-subsuntiva, o mesmo sucedendo quando o legislador haja regulado a matéria com recurso a tipos em vez de conceitos.

No meio de outras propostas menos conseguidas, CANARIS[38] veio defender o sistema como ordem axiológica ou teleológica. A consideração de que o ordenamento jurídico aspira à realização de "escopos e valores" serve de base para a afirmação do carácter teleológico ou valorativo do Direito. Um sistema axiológico ou teleológico não compromete a natureza científica do Direito, contando que as soluções jurídicas sejam racionalmente comprováveis e controláveis por meio de uma hermenêutica capaz.

Naturalmente, a viragem para uma ciência orientada a fins e valores arrasta consigo uma visão completamente diferente do papel do sistema. Para começar, fora dos domínios da lógica formal, o sistema jurídico não

[36] CANARIS, Systemdenken und Systembegriff in der Jurisprudenz, cit., pág. 29 e Pensamento Sistemático E Conceito de Sistema Na Ciência Do Direito, cit., pág. 44. Cf., igualmente, LARENZ, Metodologia Da Ciência Do Direito, cit., pág. 234 e segs.

[37] JOSÉ ALBERTO VIEIRA, O Contrato De Concessão Comercial, Coimbra, 2006 (reimpressão), LARENZ, Metodologia Da Ciência Do Direito, cit., pág. 655 e segs.

[38] CANARIS, Systemdenken und Systembegriff in der Jurisprudenz, cit., e Pensamento Sistemático E Conceito de Sistema Na Ciência Do Direito, cit., pág. 66 e segs.

oferece a resposta integral a todos os problemas cuja solução jurídica se suscita, por outras palavras, não é pleno. Um sistema teleológico-valorativo comporta lacunas, problemas jurídicos para os quais o sistema falhou a previsão de uma solução, mas para os quais há que encontrar uma resposta.

Um sistema teleológico-valorativo é um sistema aberto[39]. No sentido proposto por CANARIS, a abertura do sistema contempla tanto o sistema científico ou externo como o sistema normativo ou interno. No tocante ao primeiro, a abertura do sistema significa a "incompletude e a provisoriedade do conhecimento científico"[40]. O sistema científico está sempre sujeito a aperfeiçoamentos, a melhoramentos e, em última análise, a revisão. Novos conhecimentos e conhecimentos mais exactos repercutem-se na ciência jurídica. De resto, vale aqui para o Direito o que vale para todos os restantes campos do conhecimento científico. A aprendizagem do conhecimento, seja jurídico ou não, através de uma actividade científica é constante e não conhece outros limites que não sejam o objecto a apreender.

Para além da evolução natural do pensamento jurídico, a abertura do sistema é em larga medida condicionada por alterações no sistema normativo. Se o sistema científico visa explicar e comunicar o sistema normativo, a modificação deste implica uma mudança no objecto do conhecimento e a necessidade de novas formulações. Estas serão tanto mais extensas e profundas quanto maior for a alteração das fontes do Direito.

O sistema científico ou externo do Direito constitui, assim, uma obra sempre em execução e permanentemente inacabada[41]. Valem aqui as palavras de CANARIS[42]: "a formulação do sistema jurídico – possivelmente em oposição a outras Ciências – nunca pode chegar ao fim, antes sendo, por essência, um processo infindável".

A abertura do sistema normativo ou interno é evidente por si. Mesmo em quadros de regulação normativa estáveis, o labor da doutrina e da jurisprudência pode revelar novas conexões de sentido para o sistema, o que se torna particularmente evidente com os princípios jurídicos, do qual o

[39] CANARIS, Systemdenken und Systembegriff in der Jurisprudenz, cit., pág. 61 e segs. e Pensamento Sistemático E Conceito de Sistema Na Ciência Do Direito, cit., pág. 103 e segs., LARENZ, Metodologia Da Ciência Do Direito, cit., pág. 693 e segs.

[40] Idem.

[41] Para além de CANARIS, citado na nota seguinte, cf. COING, Grundzüge der Rechtsphilosophie, pág. 347 e LARENZ, Metodologia Da Ciência Do Direito, cit., pág. 693 e segs.

[42] CANARIS, Pensamento Sistemático E Conceito de Sistema Na Ciência Do Direito, cit., pág. 111 e Systemdenken und Systembegriff in der Jurisprudenz, cit., pág. 65.

princípio da boa fé constitui um dos grandes exemplos. "Novos" princípios projectam-se no conteúdo de sentido de qualquer regulação, alterando o sistema em maior ou menor medida.

A dinâmica legislativa imparável dos nossos dias acrescenta outra dose de provisoriedade ao sistema. Sempre que a regulação normativa muda ou é simplesmente mexida, uma parte, às vezes toda, da cadeia de sentido do Direito vem a ser afectada.

Um outro problema consiste em saber se as alterações do sistema externo se repercutem igualmente no sistema normativo[43]. À primeira vista, a resposta deve ser negativa, pois o sistema científico é um sistema de conhecimentos, que tem o sistema normativo vigente por objecto. As regulações normativas do Direito não são dadas pela ciência que o estuda, mas são o produto do funcionamento das fontes daquele.

A realidade elucida, porém, que a linearidade deste juízo não se mostra exacta. A actividade científica não se limita muitas vezes a descrever de um modo concatenado e ordenado as proposições jurídicas que fazem parte das fontes de Direito, mas revela também novas formulações que não se encontravam explícitas no sistema normativo e que permitem chegar a resultados diferentes – em termos de solução de casos – dos obtidos até aí.

Sempre se poderá dizer, no entanto, que tais resultados são meras "descobertas" propiciadas por um aprofundamento ou melhor conhecimento do sistema normativo e que, de algum modo, já estavam nele contidas, o que depõe a favor da precedência da alteração no sistema normativo antes dela se ter tornado consciente ou de ser revelada pelo sistema científico.

Ainda assim, pensamos que a redução dogmática do material normativo, a clarificação da interacção dos princípios e do material normativo em geral, uma particular forma de arrumação da matéria, novos conceitos, novas classificações, podem inculcar uma diferente significação no entendimento do sistema normativo e, assim, alterar este[44]. Não se trata, obviamente, de

[43] Sobre isto, cf. igualmente CANARIS, Systemdenken und Systembegriff in der Jurisprudenz, cit., pág. 65 e segs. e Pensamento Sistemático E Conceito de Sistema Na Ciência Do Direito, cit., pág. 112 e segs. e MENEZES CORDEIRO, Tratado De Direito Civil Português, I, Parte Geral, Tomo 1, cit., pág. 67 e na Introdução a Canaris, Pensamento Sistemático e Conceito de Sistema Na Ciência Do Direito, LXVIII e seg.

[44] Cf. a propósito, MENEZES CORDEIRO, Tratado De Direito Civil Português, I, Parte Geral, Tomo 1, cit., pág. 67 e na Introdução a CANARIS, Pensamento Sistemático e Conceito de Sistema Na Ciência Do Direito, LXVIII e seg.

considerar a doutrina uma fonte de direito, antes de pôr em evidência a dialéctica existente entre o sistema normativo e o sistema de conhecimento.

A superação do conceito lógico-formal de sistema ou do sistema axiomático-dedutivo a favor de um sistema teleológico-valorativo implica, como dissemos, renunciar ao exclusivo do pensamento lógico-dedutivo como único meio de justificar um sistema científico do Direito. O Direito não se afigura simplesmente lógico, é valorativo-teleológico e os valores jurídicos acolhidos nos princípios não se retiram através dos meios da lógica formal.

No plano do alcance do sistema jurídico, reconhece-se a insuficiência do mesmo não apenas para prever mas também para resolver todas as situações da vida carenciadas de solução jurídica, ou seja, que o sistema não é pleno, comporta lacunas e que não faculta uma resposta para todas elas.

Por fim, o sistema é aberto. Quer a regulação normativa do sistema interno quer o sistema científico ou externo trazem apenas dados provisórios, nunca imutáveis ou definitivos. As fontes de Direito modificam-se, mesmo quando não são mexidas pelo legislador, e a ciência jurídica aporta constantemente novos conhecimentos, num movimento dialéctico incessante no sentido da evolução do Direito.

V. Retomamos agora o problema dos pontos de vista que dão unidade ao sistema jurídico. Parece-nos conveniente diferenciar também quanto a este ponto o sistema interno e o sistema externo. Começamos pelo primeiro.

Canaris[45] desenvolveu aprofundadamente a defesa de que são os princípios jurídicos gerais de uma ordem jurídica que dão unidade ao sistema interno do direito ou sistema normativo, rejeitando, por outro lado, que o sistema interno possa ser erguido na base de normas, conceitos, institutos jurídicos e valores. Trata-se de elementos que estariam num plano distinto, pelo que seria inconveniente que surgissem na mesma posição[46].

O sistema normativo não representa um produto acabado de um único autor ou de um conjunto de autores que hajam actuado concertadamente. Ele resulta de múltiplas intervenções, sem qualquer coordenação, feitas ao longo de um período de tempo muito considerável, por vezes, de mais de um século, e em contextos sociais e económicos muito variados. A isto

[45] Canaris, Systemdenken und Systembegriff in der Jurisprudenz, cit., pág. 46 e segs. e Pensamento Sistemático e Conceito de Sistema Na Ciência Do Direito, cit., pág. 76 e segs. Veja-se, ainda, Larenz, Metodologia Da Ciência Do Direito, cit., pág. 674 e segs.

[46] Canaris, Systemdenken und Systembegriff in der Jurisprudenz, cit., pág. 47, nota 133 e Pensamento Sistemático e Conceito de Sistema Na Ciência Do Direito, cit., pág. 77, nota 133.

acresce o legado da história. Ao menos no Direito privado, uma boa parte da regulação normativa, por exemplo nos Direitos Reais, provém do Direito romano, com ou sem a influência dos períodos posteriores.

O resultado é um tecido normativo disperso, tantas vezes fragmentário, de fontes diversas, cuja coerência e compatibilidade é amiúde duvidosa, gerando problemas interpretativos que o instrumentário da hermenêutica jurídica vai tentando dar resposta.

Sustentar que são unicamente os princípios jurídicos gerais que dão unidade sistemática a este tecido tão heterógeneo parece-nos questionável. Não nos custa reconhecer que os princípios jurídicos têm primazia sobre os conceitos, porque reflectem num grau mais elevado os valores do sistema e são portadores de uma extensão maior de sentido quando comparados com os conceitos. Dizer que os princípios imprimem mais profundamente uma ideia de unidade sistemática dentro da multiplicidade de normas e de regimes jurídicos do ordenamento é algo com que que certamente estamos de acordo.

Em todo o caso, olhando o sistema do nosso do Código Civil, que constitui uma parcela importante do sistema de Direito privado, uma boa parte da sua unidade sistemática deve-se ao modelo conceptual-abstracto da pandectística, desde logo, na edificação de uma Parte Geral, e depois na separação entre os direitos de crédito e dos direitos reais, também ela com a mesma raiz[47], embora o Direito da Família e o Direito das Sucessões escapem à lógica conceptual.

Mesmo limitando a nossa análise a esta parte do Direito Privado, encontrar a unidade apenas com referência a princípios jurídicos afigura-se demasiado redutor. Decerto o sistema normativo consagra princípios jurídicos gerais e estes contribuem decisivamente para a unidade do sistema. Mas a redução da pluralidade dos dados normativos à unidade, tarefa imprescindível de um sistema, não é feita somente na base de princípios jurídicos.

Os conceitos jogam igualmente um papel na sistematização do direito, porque também eles permitem agregar o material normativo e conferir-lhe uma unidade. A crítica a um sistema de conceitos abstractos operando segundo as regras da lógica formal não inviabiliza ou compromete o uso de conceitos concretos[48], teleologicamente "preenchidos" ou "valorados"[49], ou

[47] LARENZ, Metodologia Da Ciência Do Direito, cit., pág. 672.

[48] Sobre o conceito concreto, cf. LARENZ, Metodologia Da Ciência Do Direito, cit., pág. 650 e segs.

[49] COING, Rechtsphilosophie, cit., CANARIS, Systemdenken und Systembegriff in der Jurisprudenz, cit., pág. 49 e Pensamento Sistemático e Conceito de Sistema Na Ciência Do Direito, cit., pág. 81.

ainda "conceitos determinados pela função", na terminologia de LARENZ[50]. Os conceitos teleológicos, com um conteúdo orientado aos fins e valores do sistema, desempenham uma função de ordenação em largas porções do ordenamento jurídico, a um ponto que julgamos não ser possível prescindir deles.

Resta, por último, fazer uma menção à função sistematizadora que o tipo e o sistema de tipos podem realizar[51]. Não obstante a sua patente ineptidão para abarcar um conjunto muito vasto de regulações normativas, o pensamento tipológico apresenta utilidade para a sistematização de porções bem delimitadas da regulação normativa, por exemplo, no Direito das Sociedades, nos Direitos Reais, no Direito Penal e no Direito Fiscal. No caso especial da disciplina de Direitos Reais, embora os particulares direitos reais sejam definidos legalmente como conceitos, eles constituem tipos de aproveitamento de coisas corpóreas e, nessa medida, correspondem a um modelo de apreensão da realidade, o tipo, que não se reconduz nem a princípios nem a conceitos.

Os princípios, os conceitos teleológicos e os tipos conferem unidade ao sistema[52], permitindo agregar sob pontos de vista unitários a diversidade do material normativo. A preponderância que os princípios jurídicos ostentam sobre os demais pontos de vista unitários, os conceitos teleológicos e os tipos, pela sua natural aptidão a veicular os fins e valores, não apagam a relevância daqueles elementos para exprimir a ordenação e concatenação interna do Direito.

Se nos ativermos à noção de sistema jurídica como compreendendo a ordem jurídica interna de um Estado, poderemos decerto referirmo-nos a ele como um único sistema normativo. Podemos denominá-lo sistema normativo geral ou global. Para a descrição dos pontos de vista unitários que desempenham a função sistematizadora dele basta-nos a exposição que já fizemos. No entanto, defronte da complexidade das ordens jurídicas modernas, importa reconhecer que a noção de sistema não abrange apenas o sistema geral ou global.

Falamos usualmente em Direito Público e em Direito Privado e esta classificação afigura-se relevante em termos de sistema normativo porque cada uma destas partes do sistema, na medida em que tem princípios

50 LARENZ, Metodologia Da Ciência Do Direito, cit., pág. 686 e segs.

51 Fundamental, neste ponto, LARENZ, Metodologia Da Ciência Do Direito, cit., pág. 660 e segs.

52 Numa perspectiva praticamente coincidente, LARENZ, Metodologia Da Ciência Do Direito, cit., pág. 693 e segs.

muito específicos, que lhe são próprios, se diferencia da outra e é possível reconhecer em cada uma delas um sistema autónomo, se bem que cada um destes sistemas se encontre subordinado aos princípios jurídicos de grau superior do sistema geral, nomeadamente, os constantes da Constituição.

Por sua vez, podemos encontrar novas distinções no interior de cada uma destas partes. Assim, no Direito Privado encontramos o Direito Civil e o Direito Comercial. E mesmo dentro destes grandes troncos da área jurídico-privada, torna-se possível divisar vários ramos de Direito, por exemplo, o Direito Civil, o Direito das Obrigações, os Direitos Reais, o Direito da Família e o Direito das Sucessões. Para o que aqui importa clarificar, diremos ser possível que cada um destes ramos de Direito constitua um sistema por si, com os seus princípios materiais, os seus conceitos e tipos e tudo o mais que lhe confira a autonomia reconhecida pelo ordenamento.

Para além do sistema geral ou global, que para este efeito fazemos coincidir com a ordem jurídica interna, existem outros sistemas menores, ou subsistemas, desde logo o Direito Público e o Direito Privado, os quais, por sua vez, surgem divididos em outros subsistemas, que culminam, em última análise, nos ramos de Direito[53]. O Direito das Obrigações, o Direito da família ou os Direitos Reais comportam os seus próprios sistemas, no sentido do sistema normativo ou interno, embora subsistemas no âmbito mais abrangente do sistema geral ou global.

Ao descermos do nível mais elevado do sistema interno, o do sistema geral ou global, para o nível mais baixo, dos sistemas ou subsistemas coincidentes com os ramos de Direito, o nível de abstracção diminui e mesmo os princípios jurídicos que partilham da natureza de princípios constitutivos do sistema ganham uma maior compreensão. Para o que agora queremos salientar, esta mudança de plano do sistema interno geral para um dado subsistema pode acarretar, e acarreta segundo cremos, uma alteração dos elementos constitutivos do sistema.

Para ilustrar isto, diremos que enquanto no sistema geral não afigura possível identificar um objecto a que se refira a regulação normativa no seu conjunto, porque, em última análise, ela abarca todos os objectos a que o Direito se dirige, e, por isso, nenhum em particular, quando a observação se vira para um ramo de Direito em especial já é possível identificar um objecto determinado. Assim, no Direito das Obrigações o direito de crédito

[53] Será certamente possível encontrar ainda subsistemas dentro do sistema relativo ao ramo do Direito, mas, para este efeito, basta-nos a referência feita no texto.

incide sobre uma prestação do devedor, que é assim o objecto da obrigação; nos Direitos Reais os direitos respectivos têm por objecto coisas corpóreas. Ora, o objecto das proposições materiais de um dado regime jurídico pode muito bem servir como elemento constitutivo do subsistema considerado.

Outros elementos, como os institutos, em que SAVIGNY apoiou a sua conhecida sistematização do Direito Privado, podem igualmente desempenhar uma função sistematizadora do sistema normativo. E na doutrina alemã também têm sido feitas menções às "situações da vida" como elemento constitutivo do sistema normativo ou interno[54].

O que queremos pôr em relevo, é que a um nível mais baixo da organização do sistema interno podem ser considerados outros pontos de vista sistematizadores, além dos princípios gerais, dos conceitos teleológicos e dos tipos. Afinal, trata-se de fazer relevar a matéria que permite a autonomização do ramo de Direito e, com isso, de um novo (sub)sistema.

VI. Os pontos de vista unitários que permitem edificar o sistema científico ou externo não têm de ser os mesmos do sistema normativo ou interno. No entanto, tratando-se neste sistema de retratar tão fielmente quanto possível o sistema normativo, será normal esperar-se que a ciência do Direito faça o seu trabalho elucidando os elementos sistematizadores do sistema interno, descobrindo o seu conteúdo, as suas conexões materiais, a sua interacção recíproca, expondo as antinomias de sentido detectadas, as falhas conceptuais, descobrindo as lacunas e apresentando as propostas de solução.

Há neste trabalho uma dimensão criadora indiscutível, na medida em que na exposição ou comunicação do Direito não tem de ser seguida a ordenação do sistema normativo, podendo esta ser modificada em toda a extensão imaginável, melhorando e aperfeiçoando a exposição do Direito. É essa a tarefa de qualquer ciência e também a da ciência jurídica.

4. O sistema normativo ou interno dos Direitos Reais

I. A origem do sistema interno de Direitos Reais encontra-se como sabemos no Direito romano. A classificação de GAIUS que divide o sistema normativo do Direito romano em *personae*, *res* e *actiones* leva a diferenciar o Direito patrimonial, que estava compreendido na *res*, a capacidade jurídica

[54] COING, Grundzüge der Rechtsphilosophie, pág. 346, que menciona "situações da vida", CANARIS, Systemdenken und Systembegriff in der Jurisprudenz, cit., pág. 47, nota 133 e Pensamento Sistemático e Conceito de Sistema Na Ciência Do Direito, cit., pág. 77, nota 133.

e o que hoje abrangemos no Direito da Família, tratado a propósito da *personae*, e a tutela processual dos direitos, integrado nas *actiones*[55].

A *res*, por sua vez, incluía todos os direitos patrimoniais, ou seja, as duas grandes categorias de direitos: os direitos reais e os direitos de crédito (*obligationes*)[56]. Esclareça-se, porém, que a designação Direitos Reais ou Direito das Coisas não era conhecida no Direito romano[57]. Este não utiliza uma tal designação e ela não consta das fontes romanas. O que surge referenciado no Direito romano é a *res*, designação para a propriedade[58], e os *ius in re*[59], direitos sobre coisa alheia (direitos reais menores), que mais tarde na doutrina surgiram mencionados como *ius in re* (propriedade) e *ius in re aliena* (direios reais menores), por influência dos romanistas da Idade Média[60].

No Direito romano os direitos reais tinham por objecto uma coisa e atribuíam um senhorio total ou parcial sobre ela, o qual dispensava a colaboração de uma pessoa, contrariamente às *obligationes*. É conhecida, porém, a perspectiva dos romanos de olharem os direitos patrimoniais não como direitos subjectivos, mas como acções, ou seja, não de acordo com a posição jurídica e sim consoante a tutela processual[61]. Enquanto os direitos pessoais de crédito recebiam tutela através da *actio in personam*, os direitos sobre as coisas eram defendidos por uma *actio in rem*[62].

A *actio in personam* vem a ser intentada quando o devedor não efectua a prestação a que se encontra obrigado e dirige-se contra o devedor: é *in personam*[63]. Porquanto só o devedor está adstrito a realizar a prestação e só dele pode a mesma ser reclamada, a *actio in personam* é interposta sempre contra pessoa a que respeita a relação obrigacional. Diversamente, a *actio in rem* visa actuar a defesa de um direito sobre uma coisa contra todo aquele que se põe a si próprio como obstáculo entre o titular do direito real e a sua

[55] Bonfante, Corso Di Diritto Romano, III – Diritti reali, Milano, 1972, pág. 4.

[56] Bonfante, Corso Di Diritto Romano, cit., pág. 5.

[57] Biondo Biondi, Instituzioni Di Diritto Romano, Milano, 1972, pág. 223.

[58] Designação que hoje nos pode parecer estranha, mas que para os romanos decorria da incorporação da propriedade na própria coisa.

[59] Bonfante, Corso Di Diritto Romano, cit., pág. 5.

[60] Arangio-Ruiz, Instituzioni Di Diritto Romano, 14 Edizione, Nápoles, 1998, pág. 173.

[61] Biondo Biondi, Instituzioni Di Diritto Romano, cit., pág. 87.

[62] Arangio-Ruiz, Instituzioni Di Diritto Romano, cit., pág. 173, Bonfante, Corso Di Diritto Romano, cit., pág. 6 e 13 e segs. Sobre a actio in rem e a actio in personam, veja-se Keller, Der Römische Civilprocess Und Die Actionem, Leipzig, 1883, pág. 450 e segs.

[63] Bonfante, Corso Di Diritto Romano, cit., pág. 7.

coisa[64]. Deste modo, esta acção não vem a ser interposta contra alguém que deva realizar uma actividade a favor do autor, mas contra aquele lhe impede o gozo de uma coisa, podendo ser dirigida contra quem quer que seja, isto é, contra qualquer um[65].

A *actio in rem* permitia, assim, ao titular do direito real perseguir a sua coisa para aonde quer que ela fosse, independentemente da pessoa do possuidor[66], o qual é, para efeitos de tutela, indiferente.

A *actio in rem* constitui o traço mais significativo do sistema normativo ou interno romano. Na ausência de fontes que enunciem de um modo ordenado as várias figuras de direitos reais, a natureza real decorre, ao menos num primeiro momento, da tutela processual da *actio in rem*. Debaixo de uma óptica estritamente processual, nasceu uma das mais importantes categorias de direitos do jusprivatismo.

O Direito romano desenvolveu os tipos mais importantes de direitos reais. No Direito romano antigo, eram a propriedade, as servidões prediais (*servitutes*) e o usufruto, com a limitação que é o direito de uso[67]. No período justinianeu, a evolução permite reconhecer igualmente a enfiteuse, a superfície e, como garantia das obrigações, o penhor e a hipoteca[68].

Dentro dos direitos reais, a propriedade no Direito romano é o direito mais extenso; todos os outros direitos reais são subordinados a ela e só podem surgir em coisa que tenha dono[69]. A propriedade assume uma posição de completa proeminência, a ponto de, por vezes, se usar a expressão *actio in rem* como sinónimo de *vindicatio*[70]. Em relação à propriedade todos os outros direitos são *ius in re* ou *ius in re aliena*, na terminologia dos romanistas medievais.

A contraposição entre as obrigações e os direitos reais e, em particular, o desenvolvimento dos tipos de direitos reais constitui uma das mais impor-

[64] ARANGIO-RUIZ, Instituzioni Di Diritto Romano, cit., pág. 172 e seg.

[65] BONFANTE, Corso Di Diritto Romano, cit., pág. 7, SANFILIPPO, Instituzioni Di Diritto Romano, X Edizione, 2002, pág. 192. Cf. ainda MAX KASER, Direito Privado Romano, Lisboa, 1999, pág. 55, KASER/KNÜTEL, Römisches Privatrechts, 18 Auflage, München, 2005, pág. 37.

[66] BIONDO BIONDI, Instituzioni Di Diritto Romano, cit., pág. 85.

[67] ARANGIO-RUIZ, Instituzioni Di Diritto Romano, cit., pág. 177 e seg.

[68] ARANGIO-RUIZ, Instituzioni Di Diritto Romano, cit., pág. 178, BONFANTE, Instituzioni Di Diritto Romano, Milano, 1987, pág. 193 e seg., SANFILIPPO, Instituzioni Di Diritto Romano, cit., pág. 192 e seg.

[69] BONFANTE, Instituzioni Di Diritto Romano, cit., pág. 194.

[70] ARANGIO-RUIZ, Instituzioni Di Diritto Romano, cit., pág. 177.

tantes heranças do direito romano. Na Europa, na América, na Ásia, muitas ordens jurídicas conservam vivos, ainda hoje, os traços da cultura jurídica romana.

II. O sistema normativo de Direitos Reais recebeu um novo influxo com a codificação civil. À dispersão das fontes e sua relativa desorganização, ou ordenação periférica em compilações, sucedeu uma regulação sintética constante de um único diploma legal: o Código Civil. Historicamente, a primeira evolução histórica significativa desde o direito romano foi trazida pelo Code Civil francês de 1804. Curiosamente, e como diz WIEACKER[71], "a unificação e a generalização não provêm aqui de um persistente desejo sistemático, mas de uma vontade revolucionária".

O Code Civil aparece estruturado em três Livros, Das Pessoas, Dos Bens E Das Diferentes Modificações Da Propriedade e Dos Diversos Modos De Aquisição Da Propriedade. Reconhece-se aqui o sistema jusracionalista transposto por POTHIER[72]. Parte-se da noção de pessoa (Livro I), ponto de vista agregador do sistema, e desta depois para o património, sem o qual a pessoa não se realiza. A perspectiva liberal e anti-feudal, os cidadãos são livres e iguais perante a lei, está presente no Code Civil, que constitui, assim, um diploma marcado pelo individualismo.

O Livro II surge inteiramente dedicado à disciplina dos Direitos Reais, embora essa designação não seja usada, e encontra-se dividido em quatro títulos: Da Distinção Dos Bens, Da Propriedade, Do Usufruto, Uso E Habitação e Das Servidões Ou Serviços Fundiários. A posse não surge regulada no Livro II, mas no Livro III, juntamente com o regime da prescrição (Título XX). É também neste Livro III que consta o regime das garantias reais, nos Títulos XVII a XIX, e os factos aquisitivos da propriedade.

O conteúdo da regulação do Code Civil é possivelmente, dentro dos códigos civis modernos, o que menos recebeu da herança do Direito comum. É conhecido a forte influência do costume, especialmente o costume de Paris, na elaboração das soluções normativas do Code[73].

O Code Civil representa uma enorme evolução na sistemática interna do Direito. Aqui a matéria encontra a sua unidade mediante pontos de vista unitários: a pessoa, o património e dos modos de aquisição deste. Estes cor-

[71] História do Direito Privado Moderno, 3.ª edição, Lisboa, 2004, pág. 391.

[72] WIEACKER, História do Direito Privado Moderno, cit., pág. 389.

[73] WIEACKER, História do Direito Privado Moderno, cit., pág. 390.

respondem, contudo, a uma perspectiva ideológica marcada do pensamento liberal individualista e menos a uma preocupação sistemática.

No tocante aos Direitos Reais, o Code Civil não contém qualquer enunciação de princípios gerais; para além de um título geral sobre as coisas, o Livro II apenas soma o regime jurídico da propriedade, do usufruto e das servidões. Uma boa parte da disciplina real, com relevo para a posse e a usucapião, permanece dispersa pelo Livro III, tratada a propósito dos factos e regulada em conjunto com o Direito das Sucessões e o Direito das Obrigações.

O Code Civil viria a exercer a sua influência numa Europa em grande parte dominada pelas armas napoleónicas. Contudo, o prestígio alcançado por este diploma influenciou outros Estados a adoptar a codificação segundo o modelo francês. Portugal foi um deles com o Código de Seabra de 1867.

O Code Civil francês marca a primeira fase da codificação civil e do sistema interno dos Direitos Reais organizado no âmbito de um Código Civil. Essa fase durou quase um século. Nesse período, que corresponde a todo o século XIX, desenvolve-se na Alemanha uma ciência jurídica com preocupações sistematizadoras do Direito Civil. O fundamento do pensamento sistemático alemão do século XIX não é, porém, revolucionário, mas científico. A preocupação com o sistema também advém da prossecução do ideário liberal, da ideia de liberdade, e o sistema encontra-se profundamente ligado à tarefa de assegurar a liberdade de todos, delimitando a liberdade de cada um[74]. Simplesmente, predomina o nível técnico, numa linguagem conceptual precisa e rigorosa[75]. É possível remontar o pensamento sistemático alemão a SAVIGNY[76].

Tendo como precursor SAVIGNY, a ciência jurídica alemã do século XIX foi desenvolvida pela pandectística, por incidir os seus estudos no Direito romano, nos Digesta ou Pandekten. É a essa ciência que se deve o Bürgerliches Gesetzbuch alemão, mais conhecido pela sigla BGB.

O BGB divide-se em cinco Livros: Livro 1 – Parte Geral, Livro 2 – Direito das Relações Jurídicas Obrigacionais, Livro 3 – Direito Das Coisas, Livro 4 – Direito da Família e Livro 5 – Direito das Sucessões. Esta é a denominada sistematização germânica do Direito Civil. Ela apresenta-se, na verdade,

[74] COING, Geschichte und Bedeutung des Systemgedankes in der Rechtswissenschaft, cit.

[75] WIEACKER, História do Direito Privado Moderno, cit., pág. 548.

[76] LARENZ, Metodologia Da Ciência do Direito, cit., pág. 9 e segs. Em Portugal, cf. MENEZES CORDEIRO, Tratado De Direito Civil Português, I, Parte Geral, Tomo 1, cit., pág. 71 e seg., Direitos Reais – Sumários, pág. 23.

como um modelo sistemático heterogéneo. Consabidamente, a parte geral resulta da influência jusracionalista com antecedentes em PUFFENDORF. O Direito das Obrigações e os Direitos Reais recebem o Direito romano com as modificações geradas pelo Direito comum. No entanto, a classificação entre direitos de crédito e direitos reais não surge apenas como cultural, ela revela igualmente "formas de manifestação conceituais do direito subjectivo"[77]. Por outras palavras, ela é também conceptual abstracta[78]. Já o Direito da Família e o Direito das Sucessões derivam de uma influência marcada de institutos existentes na ordem social.

Dentro da concepção kantiana de ciência, a pandectística moldou o material jurídico debaixo da noção de relação jurídica, que constitui o conceito sintético *a priori* que viabiliza a ciência do Direito. Cada um dos ramos do Direito civil surge, pois, estruturado em volta do conceito de relação jurídica e todos os direitos subjectivos são definidos segundo um modelo relacional, num passo que se tornara nítido já em SAVIGNY[79]. A Parte Geral do BGB vem construída de acordo com um pensamento lógico-conceitual assente igualmente no conceito abstracto de relação jurídica.

O BGB já não trata unitariamente o património como fonte de aquisição de capital e garantia de responsabilidade, como faziam o Direito prussiano e o Direito austríaco[80], autonomizando os Direitos Reais como parte do Direito patrimonial privado. Ao mesmo tempo, ele separa os Direitos Reais do Direito das Obrigações, como decorria da contraposição romana entre *actio in rem* e *actio in personam* mantida no Direito comum sob um prisma substantivo.

À posição individual de uma pessoa defronte do seu património, com os seus poderes e deveres, a posição tradicional, o BGB contrapõe um direito subjectivo sobre coisas. Esse direito subjectivo, cuja aquisição, conteúdo e perda têm a sua sede normativa no Livro III, concretiza a atribuição jurídica de uma coisa a uma pessoa, diferentemente do direito de crédito, que dá a um credor um direito à actividade (prestação) de outra pessoa, e é um direito absoluto, contrariamente ao direito obrigacional, meramente rela-

[77] WIEACKER, História do Direito Privado Moderno, cit., pág. 544; cf. igualmente, LARENZ, Metodologia Da Ciência Do Direito, cit., pág. 626 e 672.

[78] LARENZ, Metodologia Da Ciência Do Direito, cit., pág. 672.

[79] SAVIGNY, System des heutigen römischen Rechts, Reimpressão da edição de 1840, Scientia Verlag Aalen, 1981, pág. 7.

[80] WOLFF/RAISER, Sachenrecht, em ENNECCERUS-KIPP-WOLFF, Lehrbuch des Bürgerlichen Rechts, 1957, pág. 3.

tivo. Esta classificação entre direitos reais e direitos de crédito não é uma descoberta da pandectística, ela correspondia já ao sistema romano da *actio in rem* e *actio in personam*. A novidade da sua consagração no BGB reside, no entanto, em ela ser erigida como ponto de vista central da sistematização de uma lei[81].

Os direitos reais têm por objecto coisas. Todavia, para o legislador do BGB nem todas as coisas constituem objecto dos direitos reais. As coisas incorpóreas estão excluídas, restando unicamente as coisas corpóreas. Estas são o objecto dos direitos reais. Paradoxalmente, o regime das coisas não consta do Livro dedicado aos Direitos Reais, aparecendo como um trecho da regulação da Parte Geral (§§90-103).

Diferentemente do Code Civil francês, que procedeu ao tratamento desta parte do Direito Civil como se houvesse apenas o direito de propriedade a considerar, no confronto do qual os restantes direitos reais constituem meros desmembramentos, o BGB trouxe, pela primeira vez, uma denominação genérica desta disciplina normativa: Direito das Coisas. A propriedade perde o estatuto de paradigma central e emerge como um direito real ao lado de outros, não obstante permanecer como o direito real mais extenso e importante.

O Livro III do BGB, dividido por nove capítulos, não contém qualquer disposição genérica sobre o Direito das Coisas. A disciplina normativa começa logo com o regime jurídico da posse (§§ 854-872). Não obstante, o Capítulo 2 (§§ 873-902) apresenta uma regulamentação geral dos direitos reais sobre prédios (Grundstücken), dando corpo à classificação entre coisas móveis e coisas imóveis. Segue-se o elenco dos direitos reais, com a propriedade a seguir e os restantes direitos reais de gozo, a superfície, hoje retirada do Capítulo 4 do BGB, as servidões e o usufruto, direitos reais de aquisição, os ónus reais, e os direitos reais de garantia, nos capítulos oito (garantias reais sobre prédios) e nove (penhor).

Produto de um pensamento sistemático desenvolvido e de uma doutrina jurídica que aspirava a conferir carácter científico ao Direito, o BGB irradiou a sua influência para fora do domínio tradicional de influência da língua alemã, penetrando mesmo em países culturalmente distantes da Alemanha, como foi o caso de Portugal, com o Código Civil de 1966, a que voltaremos adiante.

81 Brehm/Berger, Sachenrecht, 3. Auflage, 2014, pág. 3.

Depois do BGB, o Codice Civile italiano de 1942 marcou outra etapa na sistematização do Direito civil e dos Direitos Reais. O Codice está dividido em seis Livros: Livro Primeiro Delle Persone E Della Famiglia, Livro Segundo Das Sucessões, Livro Terceiro Da Propriedade, Livro Quarto Das Obrigações (Contratos), Livro Quinto Do Trabalho, e Livro Sexto, Da Tutela Dos Direitos. Estamos em presença de uma sistematização com singularidades do Direito italiano, nomeadamente, a inserção do Direito do Trabalho no interior do sistema de Direito civil.

Nos Direitos Reais, o Codice Civile não emprega nenhuma designação específica para este ramo do Direito, preferindo aludir simplesmente à propriedade, mantendo a traça de raiz napoleónica. No Livro Terceiro, o Codice apresenta um Título I dedicado aos bens, definindo estes como "as coisas que podem constituir objecto de direitos" (art. 810.º). Neste Título e no Título VII, que versa sobre a comunhão, encontram-se as únicas disposições genéricas do Codice. A partir do Título II (Da Propriedade), e com excepção do Livro VII, até ao fim (Título VIII), o Codice regula sucessivamente a propriedade, a superfície (Título III), a enfiteuse (Título IV), o usufruto, uso e habitação (Título V), as servidões prediais (Título VI) e a posse (Capítulo VIII).

Quanto aos direitos reais de garantia, o regime jurídico dos mesmos foi regulado fora do Livro III, concretamente no Livro VI. Os privilégios creditórios, o penhor e a hipoteca têm o seu regime jurídico previsto a propósito da garantia patrimonial das obrigações.

Mais no conteúdo do que na ordenação sistemática da matéria de Direitos Reais, onde se registam diferenças significativas, por exemplo, na previsão do regime das coisas no Livro dedicado aos Direitos Reais, num título dedicado à comunhão e na colocação da posse no final do elenco dos Direitos Reais, o Codice Civile italiano exerceu um fascínio particular na última codificação civil portuguesa. Uma boa parte das soluções que o Código Civil português consagra nos regimes jurídicos dos vários direitos reais são inspiradas no Codice Civil, cuja influência neste domínio se projecta bem para além do BGB alemão.

5. O sistema normativo português de Direitos Reais

I. A evolução histórica permite detectar em Portugal três grandes períodos de evolução do sistema normativo ou interno de Direitos Reais: o primeiro período dura até à primeira codificação civil, e inclui a prática do

Direito comum e das Ordenações do Reino; o segundo período coincide com a vigência do Código Civil de Seabra; o terceiro período começa com a entrada em vigor do Código Civil de 1966 e permanece na actualidade.

II. O Código Civil de Seabra, como tem sido acentuado[82], mescla duas tendências comuns à época: por um lado, a tradição romanística do Direito comum, por outro, o influxo jusracionalista, recebido através da doutrina francesa e da influência marcante do Code Civil.

Estas tendências ditaram a sistemática do primeiro Código Civil português. Assim, o Código de Seabra encontrava-se dividido em quatro Partes: Parte I, Da Capacidade Civil, Parte II, Da Aquisição Dos Direitos, Parte III, Do Direito De Propriedade, e Parte IV, Da Ofensa Dos Direitos E Da Sua Reparação.

Tal como no Code Civil francês, a disciplina básica de Direitos Reais encontra-se no Código Civil de Seabra autonomizada numa Parte (a Parte III) do Código Civil, subordinada, como em toda a codificação de matriz liberal, à propriedade, no lugar central do sistema normativo relativo a este ramo do Direito, embora o direito de propriedade seja apenas um dos direitos reais aí previstos.

O exacerbamento da propriedade não se queda, no entanto, pela tomada da parte pelo todo. Ele está, sobretudo, na atracção que a propriedade exerce para todas as outras regulações que possam trazer dentro dos seus efeitos a aquisição deste direito (as Sucessões, as Obrigações, etc.) e que são tratadas pelo prisma de factos aquisitivos da propriedade.

A explicação para um tal exacerbamento da propriedade encontra-se na assimilação desta ao património, meio de realização da pessoa individual. Pessoa e bens (ou património) são o binómio em que se funda a estruturação do Direito Civil[83]. Tudo o que não se possa reconduzir às pessoas, cabe na disciplina jurídica dos bens, o mesmo equivale a dizer, na propriedade. Com uma tal amplitude, este direito atrai a disciplina de sectores da ordem jurídica que são completamente estranhos aos Direitos Reais, acabando por descaracterizar este ramo do Direito como disciplina jurídica das coisas corpóreas.

[82] Menezes Cordeiro, Direitos Reais – Sumários, cit., pág. 26 e segs.

[83] Menezes Cordeiro, "Evolução juscientífica e direitos reais", em Estudos De Direito Civil, vol. I, pág. 205 e seg. e Direitos Reais – Sumários, cit., pág. 25.

III. O Código Civil de 1966 corresponde ao início do terceiro período do sistema interno ou normativo português de Direitos Reais. Com ele, o Direito português entrou dentro da terceira sistemática, impondo definitivamente a evolução que se fazia sentir no sistema científico ou externo em Portugal desde Guilherme Moreira.

Olhado de perto e fazendo a comparação com o Código de Seabra, o Código Civil português de 1966 pouco inovou a não ser na arrumação exterior das matérias. Ele adoptou, como se sabe, o modelo pandectístico do BGB alemão, encontrando-se dividido em cinco Livros: o primeiro relativo à Parte Geral, o segundo ao Direito das Obrigações, o terceiro ao Direito das Coisas, o quarto ao Direito da Família e o quinto ao Direito das Sucessões.

Em Direitos Reais, o legislador português optou por uma designação genérica de referência, Direito das Coisas, como tinha feito o legislador alemão no BGB. A orientação ideológica do liberalismo, que vê na propriedade o paradigma e matriz dos direitos patrimoniais, desaparece do Direito português. Fruto de uma concepção mais autoritária do Estado ou quiçá debaixo de uma moderada influência de um princípio de função social, que um pensamento liberal individualista não poderia tolerar, mas que são sinais de tempos diferentes, a propriedade surge configurada apenas como um dos direitos reais constantes do elenco legal.

A ordenação interna das matérias tem alguma semelhança com o BGB. Também o Código Civil português concentra a disciplina dos direitos reais de gozo no Livro III, iniciando a regulação com a posse e seguindo com a propriedade, passando para os restantes direitos reais desta categoria logo a seguir.

Como o seu homólogo alemão, o Código Civil de 1966 não dedica qualquer parte geral aos Direitos Reais. Não há nenhuma enunciação de princípios materiais, nenhuma regulamentação de institutos, de conceitos, de factos jurídicos ou simplesmente de regras com alcance geral. Não que não seja possível descobrir estes elementos no regime jurídico, na verdade, eles estão lá, sobretudo no regime da propriedade, mas com enfoque neste direito, o que arrasta por vezes problemas interpretativos delicados de extensão a outros direitos reais.

Tal como no BGB, o regime jurídico das coisas ficou fora da sua sede natural, o Livro III, para ser regulado na Parte Geral como objecto das relações jurídicas (art. 202.º a 216.º). O intérprete tem, pois, de saltar do regime de Direitos Reais para a Parte Geral e vice-versa para fixar o objecto da regulação deste ramo de Direito.

Um ponto controverso resulta da definição do objecto dos direitos reais. O art. 1303.º inculca a ideia de que a propriedade incide também sobre as coisas incorpóreas, remetendo, no entanto, o Direito de Autor e o Direito Industrial para lei especial. Estamos defronte de regimes especiais de Direitos Reais que têm coisas corpóreas por objecto? Responderemos adiante negativamente a esta questão, mas a colocação do art. 1303.º a seguir à definição do objecto dos Direitos Reais, levada a cabo no preceito anterior em sede de propriedade (art. 1302.º), é de molde a levantar interrogações legítimas.

Uma diferença do nosso Código Civil para o BGB na ordenação das matérias está na colocação dos direitos reais de garantia no Livro do Direito das Obrigações (Livro II), assim como na previsão das principais categorias de direitos reais de aquisição, a promessa real e a preferência convencional com eficácia real, nesse contexto. O regime jurídico de Direitos Reais perde assim unidade, disperso por duas sedes distintas: a real, no Livro III, e a obrigacional, no Livro II.

Outra diferença de peso consiste na indiferenciação entre o regime jurídico das coisas móveis e o das coisas imóveis. Embora essa classificação seja feita, na Parte Geral, e tenho reflexos na disciplina jurídica da Direitos Reais, a ela não se associa nunca um regime jurídico específico de uma das modalidades de coisas face à outra modalidade. O Código Civil português não possui nada de comparável ao segundo capítulo do Livro Terceiro do BGB, onde se encontra uma extensa regulamentação dos direitos reais sobre imóveis.

Desde a sua entrada em vigor, o Código Civil vigente foi apenas objecto de modificações no Livro III em onze ocasiões: a primeira com a abolição da enfiteuse (DL n.º 195-A/76, de 16 de Março e DL n.º 233/76, de 2 de Abril), a segunda para dar uma nova redacção ao art. 1469.º (DL n.º 496/77, de 25 de Novembro), a terceira, com o aditamento de um n.º 2 ao art. 1525.º, para permitir a constituição de superfície relativa ao subsolo (DL n.º 257/91, de 18 de Julho), a quarta modificando extensamente a regulação da propriedade horizontal (DL n.º 267/94, de 25 de Outubro), a quinta dando uma nova redacção ao n.º 2 do art. 1410.º (DL n.º 68/96, de 31 de Maio), a sexta alterando o n.º 2 do art. 1295.º (DL n.º 273/2001, de 13 de Outubro), a sétima com a nova redacção do n.º 3 do art. 1323.º (DL n.º 323/2001, de17 de Dezembro), a oitava tendo incidência na formulação do art. 1285.º (DL 38/2003, de 8 de Março), a nona introduzindo uma modificação no n.º 1 do art. 1417.º, que passou a admitir a constituição da propriedade horizontal por decisão administrativa (Lei n.º 6/2006, de 27 de Fevereiro), a décima pela Lei n.º 32/2012, de 14 de Agosto, alterando a redacção dos artigos 1424.º a 1426.º, a décima-primeira que alterou a redacção do art. 1379.º.

Porquanto a disciplina de Direitos Reais no Código Civil não se concentra unicamente no Livro III, surgindo igualmente no Livro II no tocante às garantias reais e a alguns dos direitos reais de aquisição, constatamos que também aqui se registaram alterações legislativas. O regime das garantias reais foi mexido por cinco vezes: a primeira pelo DL n.º 496/77, de 25 de Novembro, conferindo uma nova redacção ao art. 722.º, a segunda pelo DL n.º 225/84, de 6 de Julho, modificando o art. 691.º, a terceira pelo DL n.º 379/86, de 11 de Novembro, aditando a alínea f) do art. 755.º, a quarta pelo DL n.º 163/95, de 13 de Julho, incidindo sobre o n.º 2 do art. 731.º e a quinta pelo DL 38/2003, de 8 de Março, que alterou a redacção dos artigos 675.º, 735.º, 749.º e 751.º.

No tocante aos direitos reais de aquisição, as redacções originárias dos artigos 413.º (promessa real) e 421.º (pacto de preferência com eficácia real) receberam as alterações introduzidas pelo DL n.º 379/86, de 11 de Novembro.

Com excepção da abolição da enfiteuse – que representa sempre uma diminuição do catálogo legal de direitos reais de gozo e uma nova restrição da autonomia privada na escolha de formas de aproveitamento do gozo das coisas corpóreas – e da propriedade horizontal, cujo regime foi refundido com alguma profundidade, as modificações legislativas ao Livro III e ao Livro II, na matéria de Direitos Reais, foram pontuais e de alcance muito reduzido, podendo-se qualificar como de pouca monta. O seu impacto no sistema normativo ou interno foi praticamente nulo.

O sistema normativo de Direitos Reais não se confina, no entanto, ao Código Civil. É notada, de resto, a incidência de normas de Direito público no conteúdo dos direitos reais[84], numa publicização desta disciplina que não tem parado de crescer, sobretudo na área urbanística. Mas mesmo limitando-nos ao Direito privado, numerosos diplomas avulsos regem hoje matérias de Direitos Reais fora do Código Civil. O DL n.º 275/93, de 5 de Agosto[85], que institui o direito real de habitação periódica, constitui um

[84] BAUR/STÜRNER, Sachenrecht, cit., pág. 2, WOLFF/RAISER, Sachenrecht, cit., pág. 5.

[85] Com as alterações introduzidas pelo DL n.º 180/99, de 22 de Maio, pelo DL n.º 22/2002, de 31 de Janeiro e pelo DL n.º 76-A/2006, de 29 de Março. O DL n.º 275/93 é o terceiro diploma a regular o direito real de habitação periódica desde que este direito real de gozo foi reconhecido

bom exemplo, não apenas da descodificação da matéria de Direitos Reais, mas igualmente da criação de um direito real de gozo fora do Código Civil. O regime jurídico das águas e dos baldios[86] (a que aludem os artigos 1308.º e 1309.º) consta de legislação avulsa.

IV. Ao analisarmos os três períodos do sistema normativo português de Direitos Reais, ressalta uma indiscutível tendência para a estabilidade das soluções materiais, filiadas largamente na prática do Direito comum e, por isso, com uma grande influência do Direito romano. Se há domínio normativo onde o Direito português foi fortemente influenciado pelo Direito romano, esse domínio é o de Direitos Reais.

O grande salto qualitativo do sistema normativo é dado do primeiro para o segundo período, com a primeira codificação civil, pois com ela finalmente o pensamento científico penetra nele, possibilitando uma arrumação da matéria segundo pontos de vista centrais, que já não são puramente empíricos.

A transição do segundo para o terceiro período não trouxe qualquer ruptura com a situação anterior. A adaptação à terceira sistemática pandectística verificou-se principalmente ao nível da arrumação exterior das matérias, enquanto ao nível das soluções materiais as mudanças não são muitas[87], embora em alguns preceitos se note a forte influência do Codice Civile italiano. Para além da introdução do direito de superfície[88], o Código Civil de 1966 retirou a usucapião do domínio da prescrição e devolveu-a à posse, onde tem a sua origem histórica, fazendo cessar a pertinência da contraposição entre uma prescrição aquisitiva (a usucapião) e a prescrição extintiva[89]. Os direitos reais menores deixam de ser qualificados como propriedades imperfeitas, uma vitória da teoria da oneração sobre a teoria do desmembramento, e alguns direitos reais foram suprimidos (o censo, o quinhão e o compáscuo).

A revolução de 25 de Abril de 1974, que impulsionou mudanças em outros sectores, passou praticamente ao lado do sistema normativo dos

na ordem jurídica portuguesa. Antes dele vigoraram o DL n.º 355/81, de 31 de Dezembro e o DL n.º 130/89, de 18 de Abril.

[86] Lei 68/93, de 4 de Setembro.

[87] Cf. igualmente, Menezes Cordeiro, "Evolução juscientífica e direitos reais", em Estudos De Direito Civil, cit., pág. 206 e seg. e Direitos Reais – Sumários, cit., pág. 31 e segs.

[88] A superfície foi pela primeira vez consagrada no Direito português pela Lei n.º 2030, de 22 de Junho de 1948.

[89] Debaixo ainda da terminologia propiciada pelo velho Código Civil, mas no caminho da evolução correcta, Dias Marques, Prescrição Aquisitiva, vol. I, Lisboa, 1960, pág. 1 e segs.

Direitos Reais. O DL n.º 496/77, de 25 de Novembro limitou-se a tocar na redacção de dois preceitos, o art. 772.º, em sede de hipoteca, e o art. 1469.º, referente ao usufruto. Também o art. 101.º, n.º 2 da Constituição de 1976 proibiu a colonia, direito real de base consuetudinária da Madeira.

Todo o dinamismo legislativo se concentra praticamente nas sucessivas modificações do direito real de habitação periódica, criado pelo DL n.º 355/81, de 31 de Dezembro, que já vai no terceiro regime jurídico num período de cerca de 25 anos (sem contar nas alterações parcelares), com a refundição do regime da propriedade horizontal, em 1994 (DL n.º 267/94, de 25 de Outubro), que se mostrava progressivamente insatisfatório perante as novas possibilidades de construção e utilização de edifícios, e pouco mais.

Pouca permeabilidade à mudança e a estabilidade da disciplina normativa são as marcas impressivas da vigência do Código Civil de 1966 no que respeita ao sistema normativo de Direitos Reais.

6. O contributo da jurisprudência portuguesa para o sistema normativo de Direito Reais

Reconhece-se hoje a importância do contributo jurisprudencial para o desenvolvimento do Direito, mesmo nas ordens jurídicas de Direito continental. Esse contributo pode ser tão rico ao ponto de já não ser possível o conhecimento do Direito vigente sem a indagação da jurisprudência[90].

Quando exista, o contributo jurisprudencial para a conformação do Direito projecta-se no sistema normativo de múltiplas formas, fixando um dos sentidos possíveis de interpretação de um regime ou preceito, preenchendo a pauta valorativa de uma norma, concretizando a teleologia de um conceito indeterminado, achando um princípio jurídico, determinando o seu conteúdo e limites, descobrindo a interacção com outros princípios, achando lacunas, integrando-as, etc.

Em Códigos Civis com períodos de vigência prolongada, a alteração do substrato de regulação, pelo movimento incessante das relações da vida e dos circunstancialismos que levaram à sua feitura, pela entrada em vigor de outras leis ou pela alteração das que estavam em vigor, gera frequentemente a necessidade de diferentes leituras do material normativo, mesmo quando este permanece aparentemente sem alteração. À jurispru-

[90] LARENZ, Metodologia Da Ciência Do Direito, cit., pág. 215, chega a afirmar que alguém "para se informar sobre o Direito das Obrigações actual não bastaria contar só com o Código Civil".

dência cabe então a tarefa de fazer evoluir o sistema normativo dentro da sua teleologia e dos seus princípios.

Um Código Civil novo funciona a princípio como um factor inibidor do desenvolvimento jurisprudencial do Direito. Ele consolida normalmente os últimos conhecimentos científicos e, por isso, a tendência inicial de partida é para uma exegese dos seus textos. Naturalmente, isso sucedeu em Portugal com o Código Civil de 1966, mas não foi a única razão a justificar a pouca dinâmica da jurisprudência.

O Código Civil Anotado de Pires de Lima/Antunes Varela[91], dado o prestígio dos seus autores e o envolvimento do então Ministro da Justiça Antunes Varela nos trabalhos preparatórios do Código Civil, facilitou uma abordagem jurisprudencial de tipo positivista. O resultado foi um tom exegético recorrente, uma utilização constante de fórmulas repetidas, muitas vezes meras repetições das fórmulas literais da lei, uma adesão geral e acrítica às posições expressadas no Código Civil Anotado, mesmo quando os factores em jogo requeriam uma nova abordagem e soluções diferenciadas em atenção à evolução social entretanto registada.

Os traços visíveis dessa orientação encontram-se na manutenção de uma orientação subjectivista na posse, na dificuldade de superar as amarras subjectivistas para reconhecer uma posse fora do âmbito dos direito reais de gozo, na persistência inteiramente desadequada de uma concepção subjectiva psicológica de boa fé em matéria de posse e de acessão industrial, no fraco desenvolvimento dado ao princípio da boa fé nos Direitos Reais[92], na incapacidade de generalização de dispositivos normativos de alcance mais alargado do que o contexto da sua regulamentação.

Em matéria de posse, a jurisprudência manteve a orientação subjectivista[93], salvo em raras ocasiões, exigindo o *corpus* e o *animus*, com fórmulas sempre repetidas, mesmo quando o dispositivo do art. 1253.º revela a clara insuficiência dessa teoria para fundamentar todos os casos de detenção[94-95].

[91] Ob. cit.

[92] Embora as decisões mais recentes em matéria de abuso de direito permitam renovar a esperança de um incremento do seu uso.

[93] Apenas como amostragem, cf. o Ac. STJ de 06.07.2005, Proc. 04B1862, Ac. STJ de 05.05.2005, Proc. 05B1078, Ac. STJ de 19.11.2004, Proc. 05A1607, Ac. STJ de 08.05.2003, Proc. 03B901, Ac. STJ de 21.11.2002, Proc. 02B3250, Ac. STJ de 27.06.2002, Proc. 02D1298, Ac. STJ de 07.02.2002, Proc. 01B1888), Ac. STJ de 17.06.1999, Proc. 99B490, Ac. STJ de 18.02.1993, Proc. 082942, em www.dgsi.pt; na jurisprudência das Relações, cf.

[94] A insuficiência é patente nos casos de mera tolerância e de posse em nome de outrem. Havendo mera tolerância (alínea b) do art. 1253.º), aquele que tem a coisa é sempre detentor,

Esta orientação serve igualmente para recusar a qualificação de posse a situações em que o Código Civil atribui expressamente tutela possessória, na locação (art. 1037.º, n.º 2), no comodato (art. 1133.º, n.º 2), na parceria pecuária (art. 1125.º, n.º 2) e no depósito (art. 1188.º, n.º 2), aparentemente por falta de *animus*. Registe-se, no entanto, a tomada de decisões num sentido diverso. Assim, o reconhecimento da posse ao promitente-comprador[96].

O mesmo subjectivismo aflora na concepção relevante de boa fé subjectiva em matéria de aquisição de posse[97]. O psicologismo manteve-se arreigado na interpretação do novo Código Civil, como no anterior, apesar do intenso movimento do Direito no sentido do incremento dos deveres de diligência das pessoas e mesmo quando a boa fé entendida no sentido psicológico contraria vectores teleológicos do sistema normativo. Se alguém adquire a posse de imóvel ignorando a situação registal pode invocar boa fé se o titular do direito real for aquele que tiver a inscrição registal a seu favor? Como compatibilizar essa interpretação com a função de publicidade que tem o registo predial (segundo o art. 1.º do Código respectivo) e com a presunção de titularidade fixada pelo o art. 7.º? Se a ignorância voluntária (e, por vezes, conveniente) se sobrepõe à normal diligência da consulta do registo predial, então o escopo deste fica em larga parte comprometido. Pior do que tudo, esta orientação mantém uma cultura de laxismo e de ignorância nas pessoas, uma síndrome de um Portugal atrasado, subdesenvolvido e atávico.

Com coerência, mas sem uma ponderação valorativa adequada, a concepção subjectiva psicológica foi reiterada em matéria de acessão industrial e mantém-se em decisões recentes[98].

O Código Civil português, como os seus congéneres europeus, não contempla uma parte geral dedicada a preceitos de alcance genérico, aplicáveis a todos os direitos reais ou a uma categoria, nomeadamente, aos direitos reais de gozo. A disciplina de Direitos Reais inicia-se logo com a posse e

seja qual for o *animus* que exteriorize relativamente à situação. Nos casos em que é exteriorizado somente um direito alheio (alínea c) do art. 1253.º), a lei trata a situação como detenção, independentemente do *animus* do detentor.

[95] Na doutrina, cf. Menezes Cordeiro, A Posse – Perspectivas Dogmáticas Actuais, 3.ª ed., Coimbra, 2004, pág. 54 e segs.

[96] Ac. STJ de 25.06.2002, Proc. 03B901, em em www.dgsi.pt. Porém, em sentido contrário, Ac. STJ de 29.01.1980, BMJ 293, pág. 344.

[97] Na jurisprudência do Supremo Tribunal de Justiça, cf. o Ac. STJ de 08.05.2003, Proc. 03B901, Ac. STJ de 17.06.1999, Processo 99B490, em www.dgsi.pt.

[98] Ac. STJ de 06.07.2006, Proc. 05A4270, em www.dgsi.pt.

continua pelos restantes direitos reais de gozo, sem um título, capítulo ou secção que contenha as disposições gerais deste ramo do Direito. Apesar disso, reconhece-se que existem preceitos com alcance geral, previstos normalmente a propósito da propriedade.

Defronte desta insuficiência do sistema normativo ou interno, poder-se-ia esperar algum contributo construtivo da jurisprudência, com especial relevo para a matéria dos princípios normativos dos Direitos Reais. Em particular, até por confronto com o ultradinâmico Direito das Obrigações, no esclarecimento de um princípio de boa fé com especificidades relativas a este ramo de Direito. Contudo, também aqui o panorama jurisprudencial revela-se desanimador. Talvez em parte a justificação para isso resida na quase ausência de investigação científica de temas específicos na área dos Direitos Reais, muito em particular no tocante aos princípios deste ramo de Direito.

A generalização de soluções particulares do sistema normativo é, em geral, muito reduzida, ou praticamente inexistente.

7. O sistema científico ou externo de Direitos Reais

I. O sistema científico ou externo de Direitos Reais apresenta hoje um notório e marcado subdesenvolvimento no confronto com a dogmática jurídica dos outros ramos do Direito Civil, em particular, com o Direito das Obrigações[99]. É verdade que ao sistema científico cabe comunicar o Direito como resulta das fontes do sistema normativo ou interno e este tem-se pautado por uma considerável estabilidade. Todavia, este facto, só por si, não explica a inércia da doutrina jusrealista.

Mesmo admitindo que o sistema científico deva permanecer fiel ao sistema normativo, porquanto a doutrina não é fonte de Direito, isso não impede, de modo algum, todo o trabalho de redução dogmática da matéria, de descoberta de novas conexões de sentido propiciadas pelo sistema normativo, de aperfeiçoamento dos tipos e dos conceitos atinentes à disciplina em causa, à interpretação complementadora das fontes, à detecção e supressão de lacunas e, naturalmente, da arrumação da matéria num esquema expositivo que não apenas comunique o Direito como facilite o encontrar de

[99] Salientando esse atraso e adiantando justificações para ele, cf. MENEZES CORDEIRO, Evolução juscientífica e direitos reais, em Estudos De Direito Civil, Volume I, Coimbra, 1991, pág. 218 e segs. e Direitos Reais – Sumários, cit., pág. 26 e segs., OLIVEIRA ASCENSÃO, Direito Civil – Reais, 5.ª Edição, Coimbra, 2000. pág. 30 e segs., particularmente, 32 e segs.

novas soluções requeridas pela dinâmica imparável da sociedade. De resto, tem sido reconhecido que o sistema externo projecta a sua influência no sistema normativo e, desta forma, suscita a sua evolução[100], mesmo sem alteração do quadro legislativo.

O panorama científico do sistema externo de Direitos Reais afigura-se, porém, desolador. Durante todo o século XIX até meados do século XX, as obras de Direitos Reais limitaram-se a expor cada um dos direitos reais, às vezes, sem uma única linha introdutória de carácter geral, outras, com umas breves páginas.

Antes da pandectística alemã do século XIX, o tratamento dogmático deste ramo do Direito incluía normalmente a propriedade, a posse e pouco mais, muitas vezes em conjugação com matérias hoje distribuídas por outros ramos, nomeadamente o Direito das Sucessões. A influência do Direito romano permanecia, no entanto, marcante. POTHIER[101] dividia o seu tratado sobre a propriedade em duas partes, a primeira dedicada à noção de propriedade (Capítulo Primeiro)[102], aquisição e extinção deste direito (Capítulo Segundo)[103], e a segunda à reivindicação, aos frutos e à posse, incluindo a prescrição aquisitiva (Capítulo Primeiro)[104], e à aquisição hereditária (Capítulo Segundo)[105]. Não há, no entanto, nenhum desenvolvimento fora da propriedade ou da posse, nenhum desenvolvimento do que possa ser considerado um regime comum aos direitos reais e não apenas particular da propriedade (ou posse).

GUSTAV HUGO[106] classifica a matéria civil em cinco partes: ius in rem, ius in personam, Relações de Família, Direitos que pressupõem a morte e Processo[107]. Na parte atinente ao ius in rem[108], HUGO distingue a proprie-

[100] Cf. MENEZES CORDEIRO, Tratado De Direito Civil Português, I, Parte Geral, Tomo 1, cit., pág. 67 e segs. e "Evolução juscientífica e direitos reais", em Estudos De Direito Civil, Volume I, Coimbra, 1991, pág. 219, nota 54.

[101] Traité Du Droit De Domaine De Propriété, publicado por M. Siffrein, Tome Dixième, Paris, M.DCCCXI.

[102] POTHIER, Traité Du Droit De Domaine De Propriété, cit., pág. e segs.

[103] POTHIER, Traité Du Droit De Domaine De Propriété, cit., pág. 2 e segs.

[104] POTHIER, Traité Du Droit De Domaine De Propriété, cit., pág. 12 e segs.

[105] POTHIER, Traité Du Droit De Domaine De Propriété, cit., pág. 157 e segs.

[106] Institutionem des heutigem Römischen Rechts, Berlin, 1789.

[107] HUGO, Institutionem des heutigem Römischen Rechts, cit., pág. 19.

[108] Cf. ainda do autor, Lehrbuch eines civilistischen Cursus, 2., ganz von neuem ausgearb. Versuch Band 1: Welcher, als allg. Einl. in die Jurisprudenz überhaupt und den civilistischen Cursus insbesondere, die juristische Enzyklopädie enthält , Berlin 1799, pág. 59 e segs.

dade (na qual faz referência à posse)[109], as servidões (pessoais e prediais)[110] e direitos reais de garantia (penhor e hipoteca)[111].

ARNOLD HEISE[112] assentava a sua classificação do Direito Civil em seis partes: Parte geral[113], Direitos Reais[114], Das Obrigações[115], Jura potestatis[116], Direito sucessório[117] e Restitutio in integrum[118]. Nos Direitos Reais, segundo livro na sistemática adoptado do Direito Civil, HEISE aborda, sucessivamente, a propriedade[119], as servidões[120], a enfiteuse e superfície[121] e os direitos de garantia[122].

Em HUGO e em HEISE podemos antever o gérmen da autonomização científica de Direitos Reais que se seguiria na Alemanha durante todo o século XIX e que resulta de um tratamento expositivo diferenciado das matérias atinentes a outras partes do Direito Civil, para além da redução do tratamento dogmático ao regime das coisas corpóreas, que implica afastar factos ou institutos que só indirectamente têm a ver com Direitos Reais, nomeadamente, a aquisição por morte, que pertence ao Direito sucessório.

Seria, porém, a pandectística alemã a consolidar sistematicamente um ramo de Direito, incluindo expressamente outros direitos reais (de gozo e

[109] HUGO, Institutionem des heutigem Römischen Rechts, cit., §§ 11 a 18, pág. 24 e segs.

[110] HUGO, Institutionem des heutigem Römischen Rechts, cit., §§ 19 a 28, pág. 27 e segs.

[111] HUGO, Institutionem des heutigem Römischen Rechts, cit., § 27 a 30, pág. 29 e segs.

[112] Grundriss eines Systems des gemeinen Civilrechts zum Behuf von Pandecten-Vorlesungen, 3. Ausgabe, 1819.

[113] HEISE, Grundriss eines Systems des gemeinen Civilrechts zum Behuf von Pandecten-Vorlesungen, cit., pág. 12 e segs.

[114] HEISE, Grundriss eines Systems des gemeinen Civilrechts zum Behuf von Pandecten-Vorlesungen, cit., pág. 38 e segs.

[115] HEISE, Grundriss eines Systems des gemeinen Civilrechts zum Behuf von Pandecten-Vorlesungen, cit., pág. 65 e segs.

[116] HEISE, Grundriss eines Systems des gemeinen Civilrechts zum Behuf von Pandecten-Vorlesungen, cit., pág. 129 e segs.

[117] HEISE, Grundriss eines Systems des gemeinen Civilrechts zum Behuf von Pandecten-Vorlesungen, cit., pág. 157 e segs.

[118] HEISE, Grundriss eines Systems des gemeinen Civilrechts zum Behuf von Pandecten-Vorlesungen, cit., pág. 212 e segs.

[119] HEISE, Grundriss eines Systems des gemeinen Civilrechts zum Behuf von Pandecten-Vorlesungen, cit., pág. 39 e segs. Contém o tratamento da usucapião.

[120] HEISE, Grundriss eines Systems des gemeinen Civilrechts zum Behuf von Pandecten-Vorlesungen, cit., pág. 48 e segs.

[121] HEISE, Grundriss eines Systems des gemeinen Civilrechts zum Behuf von Pandecten-Vorlesungen, cit., pág. 54 e seg.

[122] HEISE, Grundriss eines Systems des gemeinen Civilrechts zum Behuf von Pandecten-Vorlesungen, cit., pág. 56 e segs.

de garantia), conforme advinha da tradição romanística, mantida no Direito comum, retirando à propriedade o papel aglutinador e central do regime jurídico dos Direitos Reais – como ainda acontecia no Code Civil napoleónico e nos outros Códigos Civis que lhe seguiram a matriz, relegada agora para uma posição de direito real entre outros.

O contributo científico da pandectística para o sistema externo não foi, contudo, além disto. THIBAUT[123], na sua primeira edição do System des Pandekten-Rechts, de 1803, dedicava 3 páginas a distinguir direito reais que respeitam a coisas e direitos reais que não respeitam (!), iniciando de seguida o estudo da propriedade, seguindo-se os demais direitos reais. Na nona edição[124], THIBAUT deixa cair a classificação com que iniciara a primeira edição e dedica agora uma página a fazer a enumeração dos direitos reais e a proferir breves considerações gerais.

O cenário não muda muito nos outros pandectistas do século XIX[125]. VANGEROW[126] começa as suas lições logo com o direito de propriedade, seguindo-se as servidões, a enfiteuse, a superfície e as garantias reais, num esquema que coincide com o de THIBAUT. WÄCHTER[127], depois de uma página dedicada a considerações gerais, inicia também ele com a propriedade, dentro da qual inclui o tratamento da posse[128], seguindo-se os direitos sobre coisa alheia, nos quais inclui as servidões, a enfiteuse e a superfície. WENDT[129] também produz cinco páginas de considerações sobre as características e espécies de direitos reais, volvendo logo a seguir para a posse, a propriedade, as servidões, a enfiteuse, a superfície e os direitos reais de garantia. ARNDTS[130] aborda em oito páginas os direitos reais em geral, passando depois para a propriedade, na qual trata a posse[131], as servidões,

[123] Jena, 1803, pág. 20 e segs.

[124] ANTON FRIDERICH JUSTUS THIBAUT, System des Pandekten-Rechts, 9. Ausgabe, Jena, 1846, Band 1, pág. 191 e seg.

[125] E mesmo nos autores não pandectistas do século XIX. Cf., por exemplo, GEORG COHN, Das neue deutsche bürgerliche Recht in Sprüchen, Berlin, 1899, pág. 1 e segs., que se inicia logo com a posse, sem qualquer consideração de ordem geral.

[126] KARL ADOLPH von VANGEROW, Lehrbuch der Pandekten, Band 1, 3, 7. Auflage, 1863, pág. 537 e segs.

[127] KARL GEORG von WÄCHTER, Pandekten, Band 2, 1880, pág. 1 e segs.

[128] Pandekten, cit., pág. 30 e segs.

[129] OTTO HEIRICH, Lehrbuch der Pandekten, Jena, 1888, pág. 282 e segs.

[130] KARL LUDWIG ARNDTS von ARNESBERG, Lehrbuch der Pandekten, 11. Auflage, 1883, pág. 209 e segs.

[131] Lehrbuch der Pandekten, cit., pág. 226 e segs.

a enfiteuse e a superfície. WINDSCHEID[132] oferece dezoito páginas de tratamento dogmático geral, antes de versar sobre a posse. Nessas páginas, WINDSCHEID[133], começando por dizer que "o Direito das Coisas contém os princípios sobre as relações jurídicas em coisas"[134], procede à análise do conceito de coisa e apresenta várias classificações de coisas (corpóreas e incorpóreas, simples e compostas, móveis e imóveis, consumíveis e não consumíveis, partes de coisas, pertenças, produtos orgânicos e frutos), terminando com um ponto relativo às relações jurídicas que têm por objecto coisas[135]. No restante, no que toca à sistematização interna da matéria a versar, a sua obra não diverge das outras obras da pandectística; o autor aborda sucessivamente a posse, a propriedade, as servidões, a enfiteuse, a superfície e as garantias reais. Finalmente, DERNBURG[136] nem sequer profere qualquer consideração geral sobre os Direitos Reais, abordando sem delongas a posse, e, depois, a propriedade, as servidões, a superfíce e a enfiteuse (num único capítulo), e as garantias reais.

Uma análise superficial sobre as obras da pandectística em tema de Direitos Reais revela uma hesitação quanto ao tratamento da posse, antes da propriedade ou no contexto do regime desta. Alguns autores abordam apenas os direitos reais de gozo, a maioria, porém, inclui os de garantia. De qualquer modo, e tirando as dezoito páginas de WINDSCHEID[137], a exposição dos Direitos Reais limita-se praticamente a uma enunciação separada do regime de cada um dos direitos reais, praticamente sempre na mesma ordem, com a alternância entre o começo pela posse ou pela propriedade.

Na viragem do século XIX para o século XX, e já fora do pandectismo, encontramos, em alguns casos, diferenças muito marcantes relativamente à abordagem científica anterior. Assim, CROME[138] realiza a exposição de conceitos gerais do Direito das Coisas em onze páginas, apresentado logo a

[132] BERNARD WINDSCHEID, Lehrbuch des Pandektenrechts, Band 1, 6. Auflage, 1887, pág. 449 e segs.

[133] Idem, pág. 449 e segs.

[134] System des deutschen bürgerlichen Rechts, Band 3, Rechte an Sachen und an Rechten, Tübingen, 1905, pág. 449.

[135] Lehrbuch des Pandektenrechts, cit., pág. 468 e segs.

[136] HEINRICH DERNBURG, Pandekten, Band 1, 2, 6. Auflage, Berlin, 1900, pág. 1 e segs.

[137] Lehrbuch des Pandektenrechts, cit.

[138] CARL CROME, System des deutschen bürgerlichen Rechts, Band 3 (Rechte an Sachen und an Rechten), Tübingen, 1905.

seguir a posse. No entanto, após expor a posse, o autor abraça um segundo capítulo[139], denominado as regras gerais do Direito das Coisas, no qual desenvolve o princípio da publicidade, nos imóveis primeiro, com a explicitação do regime do Registo Predial, e nos móveis depois, discorrendo sobre a posse como meio de publicidade de direitos reais.

A ENDEMANN[140], porém, deve-se um primeiro esboço de elaboração de uma parte geral de Direitos Reais. Em contraste claro com as obras da pandectística, ENDEMANN ocupa os primeiros vinte e quatro parágrafos (§§ 1 a 24)[141] da sua obra a destacar aspectos de construção geral de Direitos Reais. Depois de dois parágrafos introdutórios, sobre as fontes normativas de Direitos Reais e a regulamentação normativa exterior ao BGB, ENDEMANN dedica o primeiro capítulo[142], com cerca de cento e vinte páginas, ao conceito de direito real e ao objecto dos direitos reais[143], ao conceito de coisa e às coisas não susceptíveis de apropriação privada[144], às coisas de uso comum[145], às partes componentes e pertenças[146], aos imóveis[147], aos direitos reais sobre direitos[148], aos direitos reais em coisa própria e às espécies de direitos reais[149], ao sistema de Direitos Reais[150], ao regime de Direitos Reais exterior ao BGB[151], à colisão e hierarquia de direitos em geral[152], à ordenação hierárquica de direitos reais sobre prédios[153], ao carácter absoluto dos direitos reais e à aquisição e perda dos direitos reais[154], aos princípios gerais[155], ao desenvolvimento dos contratos reais[156], à relação

[139] CARL CROME, System des deutschen bürgerlichen Rechts, Band 3, cit., pág. 83 e segs.

[140] Lehrbuch des Bürgerlichen Rechts, zweiter Band, Sachenrecht, Achte und neunte Auflage, Berlin, 1905, pág. 1 e segs.

[141] Sachenrecht, cit., págs. 1 a 125.

[142] Sachenrecht, cit., pág. 7 e segs.

[143] Sachenrecht, cit., pág. 7 e segs.

[144] Sachenrecht, cit., pág. 14 e segs.

[145] Sachenrecht, cit., pág. 28 e segs.

[146] Sachenrecht, cit., pág. 25 e segs.

[147] Sachenrecht, cit., pág. 33 e segs.

[148] Sachenrecht, cit., pág. 35 e segs.

[149] Sachenrecht, cit., pág. 38 e segs.

[150] Sachenrecht, cit., pág. 45 e segs.

[151] Sachenrecht, cit., pág. 48 e seg.

[152] Sachenrecht, cit., pág. 49 e segs.

[153] Sachenrecht, cit., pág. 52 e segs.

[154] Sachenrecht, cit., pág. 60 e segs.

[155] Sachenrecht, cit., pág. 62 e segs.

[156] Sachenrecht, cit., pág. 72 e segs.

entre o negócio obrigacional fonte e o contrato real[157], ao negócio real sobre imóveis[158], à eficácia do negócio real[159], ao conteúdo do negócio real[160], ao poder de disposição e respectivas restrições[161], à ineficácia de contratos reais[162] e à aquisição e perda de direitos reais sem negócio jurídico real[163]. Só depois vem o tratamento da posse, do registo predial, da propriedade, dos direitos reais de gozo limitados e dos direitos de garantia.

Outra evolução igualmente significativa encontra-se também em HECK[164]. Como ele próprio sustentou em defesa dos resultados práticos da sua orientação metodológica – a jurisprudência dos interesses – a obra Grundriss des Sachenrechts contém uma abordagem sistemática de Direitos Reais, com um esboço de desenvolvimento de uma parte geral, e ostenta, assim, interesse para o desenvolvimento do sistema externo deste ramo do Direito. Com efeito, no Livro Segundo, intitulado Doutrina Geral[165], HECK divide a exposição em quatro títulos, o primeiro título, dividido em três capítulos[166], incidindo sobre a determinação do conteúdo jurídico dos direitos reais, o segundo título[167] tendo por epígrafe as modificações dos direitos reais, o terceiro título[168] dedicado à protecção dos direitos reais[169] e o quarto título[170] sobre o registo predial. Embora haja alguns antecedentes anteriores, em ENDEMANN e, mais modestamente, em CROME, não há dúvida de que o tratamento dogmático dos Direitos Reais revela um aprofundamento do sistema externo que não se encontra nos seus antecessores.

Depois de ENDEMANN e de HECK, a grande tentativa de feitura de uma autêntica parte geral dos Direitos Reais pertence a HERMANN EICHLER[171].

[157] Sachenrecht, cit., pág. 77 e segs.

[158] Sachenrecht, cit., pág. 86 e segs.

[159] Sachenrecht, cit., pág. 96 e segs.

[160] Sachenrecht, cit., pág. 106 e segs.

[161] Sachenrecht, cit., pág. 113 e segs.

[162] Sachenrecht, cit., pág. 119 e segs.

[163] Sachenrecht, cit., pág. 123 e segs.

[164] PHILIPP HECK, Grundriss des Sachenrechts, cit., pág. 72 a 208.

[165] HECK, Grundriss des Sachenrechts, cit., pág. 72.

[166] O Primeiro Capítulo com o título Os tipos de direitos, o Segundo Capítulo com o título Concorrência de direitos e o Terceiro Capítulo sobre Direitos reais e o seu objecto.

[167] HECK, Grundriss des Sachenrechts, cit., pág. 107 e segs.

[168] HECK, Grundriss des Sachenrechts, cit., pág.

[169] HECK, Grundriss des Sachenrechts, cit., pág. 124 e segs.

[170] HECK, Grundriss des Sachenrechts, cit., pág. 135 e segs.

[171] Institutionen des Sachenrechts – Ein Lehrbuch, Erster Band, Allgemeiner Teil – Grundlagen des Sachenrechts, Berlin, 1954.

Este autor ordenou a sua exposição da matéria em parte geral e parte especial, repartindo cada uma delas por volumes diferentes, para acentuar a perspectiva da abordagem, profundamente inovadora no panorama da doutrina alemã do século XX. A parte geral de EICHLER vem arrumada em seis capítulos, conceito e natureza do Direito das Coisas[172], fontes do Direito das Coisas[173], o sistema do Direito das Coisas[174], o objecto do Direito das Coisas[175], as modificações jurídico-reais[176] e a estrutura do direito de propriedade.

Após a obra de EICHLER, importa ainda mencionar uma sistematização geral de Direitos Reais em HANS STOLL[177]. Há em STOLL um tratamento integrado dos direitos reais com base na classificação de direitos reais sobre coisas imóveis e direitos reais sobre coisas móveis[178] que transcende o âmbito dogmático de uma parte geral. A preocupação deste autor não parece estar somente no revelar dos traços gerais do regime de Direitos Reais, mas também na construção de um sistema expositivo alternativo da matéria deste ramo do Direito. Nestes termos, o trabalho de STOLL configura uma ruptura clara com a situação corrente no sistema científico dos Direitos Reais e a sua exposição da matéria oferece um grau de elaboração que vai muito além da enunciação quase empírica do regime de cada um dos direitos reais.

Apesar do esforço deste últimos autores, a verdade é que o sistema científico de Direitos Reais continuou dominado por uma exposição marcadamente empírica, em que, eventualmente com umas linhas introdutórias dedicadas ao conceito de direito real, às modalidades de coisas ou a considerações muito gerais, a doutrina se debruça sobre cada um dos direitos reais elencados no sistema normativo, sem nenhuma preocupação de efectuar reduções dogmáticas do material legislativo, de conferir generalidade a soluções previstas a propósito de um dos direitos – mormente a propriedade, mas cujo alcance é relativo a todos os direitos reais ou, pelo menos, para uma categoria deles (direitos reais de gozo, de garantia ou de aquisi-

[172] Institutionen des Sachenrechts – Ein Lehrbuch, cit., pág. 1 e segs.

[173] Institutionen des Sachenrechts – Ein Lehrbuch, cit., pág. 27 e segs.

[174] Institutionen des Sachenrechts – Ein Lehrbuch, cit., pág. 43 e segs.

[175] Institutionen des Sachenrechts – Ein Lehrbuch, cit., pág. 59 e segs.

[176] Institutionen des Sachenrechts – Ein Lehrbuch, cit., pág. 88 e segs.

[177] Grundriss des Sachenrechts, Heidelberg, 1983.

[178] Cf. Grundriss des Sachenrechts, cit., nomeadamente o Capítulo IV, pág. 105 e segs., e o Capítulo V, pág. 161 e segs.

ção), de suprir referência incompletas ou de articular as mesmas quando multiplicadas sem critério aparente, de eliminar contradições valorativas e de sentido, de colmatar lacunas, de precisar os conceitos e tipos constantes dos preceitos legais ou impostos pela aplicação dos mesmos, etc.

Os grandes comentários alemães, o Planck's[179], o Soergel[180], o Staudinger[181], o Münchener[182], o Palandt[183], contêm unicamente breves observações introdutórias de carácter muito geral antes dos desenvolvimentos relativos aos preceitos legais, o que ainda se poderia explicar pela natureza de comentário de um regime legal, não fosse tal não suceder com os outros ramos do Direito Civil, em particular, com o Direito das Obrigações.

E também as obras singulares sobre Direitos Reais continuam a reflectir esta tendência, já herdada da pandectística. Assim, Wolff/Raiser[184], a obra clássica de Direitos Reais do século XX, oferece no § 1[185], em sete páginas, a perspectiva geral deste ramo do Direito, excursando no § 2[186], em nove páginas, sobre a essência e características do Direito das Coisas. A exposição subsequente encontra-se dividida num primeiro título dedicado à posse[187], num segundo que versa sobre os imóveis[188], incluindo o registo predial, num terceiro sobre a propriedade[189] e num quarto que incide sobre os direitos reais menores[190]. Um esquema muito semelhante pode ver-se em Lent[191], primeiro e, depois, em Lent/Schwab[192].

Não muito diferente, mas específica do espaço alemão, é a repartição das matérias com base na classificação entre coisas imóveis e coisas móveis, na qual se faz a exposição do regime jurídico dos direitos reais correspon-

[179] Plank's Kommentar zum Bürgerlichen Gesetzbuch, Band III, Sachenrecht, 5. Auflage, 1933, pág. 3 e segs.

[180] Soergel Bürgerliches Gesetzbuch, Band 5, Sachenrecht, 12. Auflage, 1990.

[181] Staudinger Kommentar Zum Bürgerlichen Gesetzbuch, Band 6, Sachenrecht, 4. Auflage, 1981.

[182] Münchener Kommentar Zum Bürgerlichen Gesetzbuch, Band 3, Sachenrecht, 12 Auflage, München, 2004.

[183] Palandt Bürgerliches Gesetzbuch, 66. Auflage, München, 2007.

[184] Sachenrecht, no Lehrbuch des Bürgerlichen Rechts, III. Band, de Enneccerus-Kipp-Wolff, Tübingen, 1957.

[185] Wolff/Raiser, Sachenrecht, cit., pág. 1 e segs.

[186] Wolff/Raiser, Sachenrecht, cit., pág. 8 e segs.

[187] Wolff/Raiser, Sachenrecht, cit., pág. 18 e segs.

[188] Wolff/Raiser, Sachenrecht, cit., pág. 81 e segs.

[189] Wolff/Raiser, Sachenrecht, cit., pág. 170 e segs.

[190] Wolff/Raiser, Sachenrecht, cit., pág. 420 e segs.

[191] Sachenrecht, Achte Auflage, München und Berlin, 1960, pág. 1 e segs.

[192] Sachenrecht, 13. Auflage, München, 1972 e 17. Auflage, 1979.

dentes a cada uma das espécies de coisas, precedida de uma parte contendo o regime comum a elas: é o esquema de FRITZ BAUR[193], ainda hoje subjacente a BAUR/STÜRNER[194]. Outras vezes, renuncia-se mesmo à exposição do regime comum, versando separadamente o regime específico das coisas imóveis e das coisas móveis, como faz WALTER GERHARDT[195], ou tratando somente o regime de uma dessas espécies, em regra o das coisas imóveis.

A partir de meados do século XX, nota-se na doutrina alemã uma preocupação sistemática com o isolamento e a determinação do conteúdo dos princípios normativos de Direitos Reais. O esquema expositivo deste ramo do Direito não sofre grandes alterações e a comunicação de Direitos Reais continua a ser feita de um modo prevalente com incidência no regime de cada um dos direitos reais previstos na lei, mas o alcance da introdução dos princípios normativos no sistema científico ou externo de Direitos Reais supera este, com repercussões esperadas na aplicação do sistema normativo. Deixamos para o número seguinte as citações de obras e autores.

Fora do espectro doutrinário alemão, em Itália, a colocação da propriedade como figura central dos Direitos Reais no Codice Civile de 1942 não se afigurou muito propícia a novas sendas sistematizadoras. Os resquícios do pandectismo permaneceram fortes, é certo, mas o cunho imprimido é alternativo ao da terceira sistemática alemã e, por força da pujança dos estudos romanísticos, uma boa parte das soluções do Direito romano são retomadas. No essencial, porém, a doutrina, para além de umas sumárias observações sobre o conceito de direito real, o objecto da protecção jusrealista, o princípio da tipicidade e pouco mais, limita-se a expor o regime jurídico dos direitos reais, normalmente limitados aos direitos reais de gozo, sem prejuízo de obras específicas sobre direitos reais de garantia ou temas gerais[196].

Dentro desta tendência, BARBERO[197] expõe, em sete páginas, correspondentes a sete números distintos, o conceito de direito real[198], as clas-

[193] Assim, cf. BAUR, Lehrbuch des Sachenrechts, 10. Auflage, München, 1978.

[194] Sachenrecht, cit.

[195] Mobiliarsachenrecht, 5 Auflage, München, 2000 e Immobiliarsachenrecht – Grundeigentum und Grundpfandrechte, 5 Auflage, München, 2001.

[196] Por exemplo, NATUCCI, La Tipicitá Dei Diritti Reali, II.ª Edizione, Padova, 1988, PUGLIATTI, La proprietà e le proprietà, La proprietà nel nuovo diritto, Milano, 1964, SCACCHI, La Proprietà Temporanea, Milano, 2005.

[197] DOMENICO BARBERO, Sistema Del Diritto Privato Italiano, I, Sesta edizione, 1965, pág. 709 e segs.

[198] BARBERO, Sistema Del Diritto privato Italiano, I, cit., pág. 709 e segs.

sificações de direitos reais[199], as características da realidade (inerência e elasticidade)[200], o princípio da tipicidade[201] e as figuras singulares de direitos reais[202], para depois versar sobre a propriedade (incluindo a superfície e a "propriedade imaterial"), a enfiteuse, o usufruto, uso e habitação, as servidões e a comunhão, dentro da qual trata a matéria da propriedade horizontal.

MESSINEO[203] também desenvolve considerações muito gerais sobre os Direitos Reais num parágrafo introdutório (§ 76)[204], no qual aborda as características do direito real[205], os deveres inerentes ao direito real[206], os modos de aquisição de direitos reais[207], as classificações de direitos reais[208] e as inovações do Codice Civile de 1942[209].

Para agravar, a exposição da matéria de Direitos Reais pela doutrina italiana é feita em muitas obras debaixo da égide da propriedade. Exemplos disto, podemos citar a obra de BIANCA[210]. Este autor dedica os dois primeiros capítulos às situações jurídicas e aos bens, um capítulo misto com vários temas ligados ao conceito de direito real e depois o elenco dos vários direitos reais, propriedade, superfície, enfiteuse, usufruto, servidões e posse[211].

Uma excepção muito meritória surge representada pela obra de MARCO COMPORTI[212], que divide sistematicamente a sua obra em quatro grandes capítulos: o perfil subjectivo do direito real, o perfil objectivo deste direito, a regulação e o exercício do direito real e a tipologia dos direitos reais. Do ponto de vista dogmático, trata-se certamente de uma das melhores obras da ciência jurídica italiana.

Em França, ligada a um Código Civil da primeira geração, onde a perspectiva marcadamente ideológica do liberalismo se sobrepõe a uma abordagem científica das matérias, a doutrina continua a desenvolver a

[199] Sistema Del Diritto privato Italiano, I, cit., pág. 711.

[200] Sistema Del Diritto privato Italiano, I, cit., pág. 714 e segs.

[201] Sistema Del Diritto privato Italiano, I, cit., pág. 715.

[202] Sistema Del Diritto privato Italiano, I, cit., pág. 716.

[203] FRANCESCO MESSINEO, Manuale Di Diritto Civile E Commerciale, Nona Edizione, Milano, 1965, pág. 239 e segs.

[204] MESSINEO, Manuale Di Diritto Civile E Commerciale, cit., pág. 239 e segs.

[205] MESSINEO, Manuale Di Diritto Civile E Commerciale, cit., pág. 241.

[206] MESSINEO, Manuale Di Diritto Civile E Commerciale, cit., pág. 242.

[207] MESSINEO, Manuale Di Diritto Civile E Commerciale, cit., pág. 243.

[208] MESSINEO, Manuale Di Diritto Civile E Commerciale, cit., pág. 243.

[209] MESSINEO, Manuale Di Diritto Civile E Commerciale, cit., pág. 244.

[210] Diritto Civile, VI, La Proprietà, Milano, 1999.

[211] BIANCA, La proprietà, cit.

[212] Diritti Reali In Generali, Seconda edizione, Milano, 2011.

disciplina debaixo da referência central à propriedade, defronte da qual os restantes direitos reais constituem meros desmembramentos[213]. A orientação dogmática francesa dos Direitos Reais é, de resto, particularmente impermeável à metodologia científica iniciada com SAVIGNY e a pandectística na Alemanha e, por isso, os seus pontos de contacto com a doutrina alemã e mesmo italiana resultam unicamente dos resquícios históricos do Direito romano e do Direito comum. Presa a um método exegético anacrónico, a doutrina francesa mostra-se actualmente incapaz de inspirar qualquer reforma que supere o atraso do sistema científico de Direitos Reais.

MARTY/RAYNAUD[214] dividem a exposição de Direitos Reais em três partes: teoria geral, questões próprias dos imóveis e questões próprias dos móveis. Na teoria geral, todavia, depois de um capítulo preliminar dedicado "às relações de direito e de facto concernentes aos bens", MARTY/ /RAYNAUD procedem à teoria geral da posse (capítulo I) e à teoria geral da propriedade (capítulo II), à comunhão (capítulo III) e ao usufruto (capítulo IV). Na segunda parte volta a análise da propriedade e expõem-se os direitos reais menores, debaixo da referência ao desmembramento. Na terceira parte contém-se as especialidades do regime da propriedade das coisas móveis.

CARBONNIER[215], depois de um capítulo preliminar no qual se debruça sobre a noção jurídica de bem, reparte o seu plano de exposição das matérias por três títulos: o primeiro, "Dos bens em geral"[216], o autor ocupa-se, em dois capítulos, sobre a propriedade, as modalidades do direito de propriedade, o usufruto[217], os diferentes modos de aquisição da propriedade (capítulo I), e das relações de facto concernentes aos bens, ou seja, da posse (capítulo II); o segundo título respeita aos imóveis[218], no qual, num capítulo I, se trata da delimitação do imóvel, das servidões, das obrigações de vizinhança e da compropriedade de imóveis, e num capítulo II, se analisa as relações do proprietário de imóvel com outros titulares de direitos, entre os quais, o possuidor; o terceiro título refere-se aos móveis[219] e ocupa dois

[213] Cf., por exemplo, CARBONNIER, Droit Civil, Les biens, Paris, 2004, pág. 1639.

[214] Droit Civil, Les Biens, cit.

[215] Droit Civil, Les biens, cit., pág. 1595 e segs.

[216] Droit Civil, Les biens, cit., pág. 1639 e segs.

[217] Tratado a propósito da propriedade, por se considerar ser um mero desmembramento dela.

[218] Droit Civil, Les biens, cit., pág. 1741 e segs.

[219] Droit Civil, Les biens, cit., pág. 1865 e segs.

capítulos, o primeiro sobre os móveis corpóreos e o segundo sobre os móveis incorpóreos.

LARROUMET[220] dedica um capítulo preliminar à noção de direito real e às classificações deste, dividindo a exposição subsequente em três Títulos, o primeiro, "teoria geral dos direitos reais principais"[221], apesar do nome pomposo, não passa da enunciação do regime de alguns dos direitos reais de gozo, posse, propriedade e usufruto, o segundo, designado "direitos reais principais imobiliários"[222], aborda os direitos reais sobre imóveis, a propriedade e as servidões, havendo ainda uma análise breve a outras situações duvidosa, e o terceiro, "direitos reais principais mobiliários"[223], no qual se expõe o princípio "posse vale título", o regime da acessão e da ocupação.

ATIAS[224] limita-se a dividir o seu sistema de exposição em três partes. A primeira parte, intitulada "As qualificações fundamentais", tem dois capítulos, um primeiro relativo à teoria geral dos modos de atribuição e um segundo atinente à teoria geral dos modos de aquisição. A segunda parte versa sobre os "Aspectos da propriedade imobiliária", em três capítulos, as formas de propriedade, os prédios em relação e a protecção das situações imobiliárias. A terceira e última parte incide sobre os "Aspectos da propriedade mobiliária".

GOUBEAUX[225] apresenta uma estrutura ainda mais simples, um capítulo preliminar sobre os bens, um segundo capítulo em que expõe a propriedade e um terceiro, intitulado "Os desmembramentos da propriedade", em que expõe os restantes direitos reais de gozo.

Em Espanha, o cenário do jusrealismo não difere muito do que se passa nos outros países. ALBALADEJO[226] divide a sua obra em Parte Geral e Parte Especial, ocupando-se na primeira, em três capítulos, do conceito de direito real e das suas classificações[227], da posse[228] e da constituição, aquisição, extinção e publicidade dos direitos reais[229], e na parte especial, em cinco

[220] Droit Civil, Les Biens, Tome II, 5 édition, Paris, 2006.

[221] Droit Civil, Les Biens, cit., pág. 39 e segs.

[222] Droit Civil, Les Biens, cit., pág. 321 e segs.

[223] Droit Civil, Les Biens, cit., pág. 565 e segs.

[224] Droit Civil, Les Biens, 7 édition, Paris, 2003.

[225] Droit Civil, Personnes – Famillie – Incapacite – Biens – Obligations, Sûretés, Paris, 1999, pág. 235 e segs.

[226] Derecho Civil, III, Derecho De Bienes, Décima Edición, 2004.

[227] ALBALADEJO, Derecho Civil, III, Derecho De Bienes, cit., §§ 1 e 2, pág. 11 e segs. e 22 e segs.

[228] ALBALADEJO, Derecho Civil, III, Derecho De Bienes, cit., pág. 33 e segs.

[229] ALBALADEJO, Derecho Civil, III, Derecho De Bienes, cit., pág. 121 e segs.

capítulos, da propriedade[230], dos direitos reais de gozo[231], dos direitos reais de garantia[232], dos direitos reais de aquisição[233] e do registo da propriedade[234].

CONTRERAS/ALDAZ/ÁLVAREZ[235] estruturam a sua obra em cinco partes, uma primeira parte dedicada ao sistema de Direitos Reais[236], na qual surge tratada a matéria do conceito e características do direito real, o objecto dos direitos reais e a publicidade registal, uma segunda parte, denominada "o estatuto jurídico dos bens"[237], na qual surge exposto o regime da propriedade, incluindo a propriedade intelectual, uma terceira parte sobre a posse e a aquisição de direitos reais[238], uma quarta parte que incide sobre os direitos reais de gozo[239] e uma quinta tendo por objecto as garantias reais e os direitos reais de aquisição[240].

DÍEZ-PICAZO/GULLÓN[241] procede a uma repartição das matérias em cinco partes, a primeira "Dos direitos reais em geral"[242] – dividida por cinco capítulos, os dois primeiros versando acerca do conceito de direito real, e os seguintes sobre o conteúdo do direito real, a dinâmica dos direitos reais e a sobre a comunhão, a segunda parte sobre a posse[243], a terceira incidindo sobre a propriedade[244], a quarta no registo da propriedade[245] e a quinta em tema de direitos reais limitados[246].

[230] ALBALADEJO, Derecho Civil, III, Derecho De Bienes, cit., pág. 231 e segs.
[231] ALBALADEJO, Derecho Civil, III, Derecho De Bienes, cit., pág. 475 e segs.
[232] ALBALADEJO, Derecho Civil, III, Derecho De Bienes, cit., pág. 693 e esgs.
[233] ALBALADEJO, Derecho Civil, III, Derecho De Bienes, cit., pág. 799 e segs.
[234] ALBALADEJO, Derecho Civil, III, Derecho De Bienes, cit., pág. 859 e segs.
[235] Curso De Derecho Civil (III), Derechos Reales, Madrid, 2004.
[236] Curso De Derecho Civil (III), Derechos Reales, cit., pág. 29 e segs.
[237] Curso De Derecho Civil (III), Derechos Reales, cit., pág. 129 e segs.
[238] Curso De Derecho Civil (III), Derechos Reales, cit., pág. 257 e segs.
[239] Curso De Derecho Civil (III), Derechos Reales, cit., pág. 425 e segs.
[240] Curso De Derecho Civil (III), Derechos Reales, cit., pág. 533 e segs.
[241] Sistema De Derecho Civil, Volumen III, Derecho de cosas y Derecho Inmobiliario Registral, Séptima Edición, Madrid, 2003.
[242] Sistema De Derecho Civil, Volumen III, Derecho de cosas y Derecho Inmobiliario Registral, cit., pág. 31 e segs.
[243] Sistema De Derecho Civil, Volumen III, Derecho de cosas y Derecho Inmobiliario Registral, cit., pág. 87 e segs.
[244] Sistema De Derecho Civil, Volumen III, Derecho de cosas y Derecho Inmobiliario Registral, cit., pág. 139 e segs.
[245] Sistema De Derecho Civil, Volumen III, Derecho de cosas y Derecho Inmobiliario Registral, cit., pág. 225 e segs.
[246] Sistema De Derecho Civil, Volumen III, Derecho de cosas y Derecho Inmobiliario Registral, cit., pág. 321 e segs.

II. Mesmo num contexto de incipiência expositiva, em que a arrumação e comunicação do material de Direitos Reais segue praticamente a ordenação legal do Código Civil, na segunda metade do século XX assistiu-se a uma importante evolução do sistema científico ou externo dos Direitos Reais. Essa evolução traduziu-se na pesquisa e comunicação dos princípios normativos deste ramo do Direito.

Num movimento que situamos na obra de FRITZ BAUR[247], mas com antecedentes anteriores, nomeadamente, e pelo menos, em ENDEMANN[248], os manuais de Direitos Reais começaram a expor os princípios estruturantes deste ramo de Direito[249]. Encontramos uma apresentação dos princípios normativos de Direitos Reais em BAUR/STÜRNER[250], SCHWAB/PRÜTTING[251], PRÜTTING[252], WOLF[253], VIEWEG/WERNER[254], WILHELM[255], WESTERMANN/ /GURSKY/EICKMANN[256], RINNE[257], ECKERT[258], SCHAPP/SCHUR[259], MÜLLER[260], MÜLLER/GRUBER[261], SCHREIBER[262], BREHM/BERGER[263], WIELING[264], WÖRLEN[265], MÜHL[266] STADLER[267], WELLENHOFER[268], SEILER[269], entre outros.

Em Portugal, foi no ensino de Direitos Reais da Faculdade de Direito de Coimbra que primeiro surgiram ecos desta corrente. HENRIQUE MESQUITA[270]

[247] Lehrbuch des Sachenrechts, cit., pág. 26 e segs. Há referências em anteriores edições.
[248] Sachenrecht., cit., pág. 62 e segs.
[249] Com algumas excepções. Cf., por exemplo, GOTTWALD, Sachenrecht, 16. Auflage, München, 2014 e HARM PETER WESTERMANN, BGB – Sachenrecht, 12. Auflage, Heidelberg, 2012.
[250] Sachenrecht, cit., pág. 35 e segs.
[251] Sachenrecht, cit., pág. 11 e segs.
[252] Sachenrecht, cit., pág. 10 e segs.
[253] Sachenrecht, cit., pág. 12 e segs.
[254] Sachenrecht, cit., pág. 3 e segs.
[255] Sachenrecht, 5. Auflage, 2016, pág. 1 e segs.
[256] Sachenrecht, 8. Auflage, 2011, pág. 21 e segs.
[257] Münchener Kommentar, cit., pág. 3 e segs.
[258] Sachenrecht, cit., pág. 28 e segs.
[259] Sachenrecht, cit., pág. 1 e segs.
[260] Sachenrecht, cit., pág. 17 e segs.
[261] Sachenrecht, cit., pág. 13 e segs.
[262] Sachenrecht, cit., pág. 26 e segs.
[263] Sachenrecht, cit.
[264] Sachenrecht, cit., pág. 8 e seg.
[265] Sachenrecht, cit., pág. 1 e segs., especialmente, 8 e segs.
[266] SOERGEL Bürgerliches Gesetzbuch, Band 5, Sachenrecht, 11. Auflage, 1978, pág. 11 e seg.
[267] SOERGEL Bürgerliches Gesetzbuch, Band 5, Sachenrecht, 13. Auflage, 2002, pág. 8 e segs.
[268] Sachenrecht, cit., pág. 26 e segs.
[269] STAUDINGER BGB, Buch 3, Sachenrecht, 2007, pág. 23 e segs.
[270] Direitos Reais, Sumários Das Lições Ao Curso de 1966-1967, cit., págs. 49 a 53.

dedicou quatro páginas a expor os princípios, concentrando-se no princípio da tipicidade, no princípio da consensualidade e no princípio da publicidade. Pouco tempo depois, ORLANDO DE CARVALHO[271] viria a dedicar maior desenvolvimento à apresentação desta matéria. Este professor analisa sucessivamente o princípio que denomina "da coisificação"[272], o princípio da actualidade ou da imediação, o princípio da especialidade ou da individualização, o princípio da compatibilidade ou da exclusão, o princípio da elasticidade ou da consolidação, o princípio da tipicidade, o princípio do "numerus clausus" ou da taxatividade, o princípio da causalidade, o princípio da consensualidade e o princípio da publicidade.

Depois de HENRIQUE MESQUITA e de ORLANDO CARVALHO, também MOTA PINTO[273] dedicaria um capítulo aos "princípios regulamentadores da constituição e da vida dos direitos reais". Recentemente, SANTOS JUSTO[274] continuou esta orientação.

Em Lisboa, particularmente no seu ensino na Faculdade de Direito da Universidade Católica, MENEZES CORDEIRO[275] não deixaria de incluir um capítulo sobre os princípios de Direitos Reais, embora apenas explicite três, a inerência, a publicidade e a tipicidade.

Mais recentemente, seria MENEZES CORDEIRO[276] a consolidar esta tendência, abrindo um capítulo próprio onde determina e analisa os princípios materiais de Direitos Reais.

O impacto da apresentação dos princípios normativos no sistema científico de Direitos Reais é de grande extensão, pois são eles, em primeira linha, que constituem os pontos de vista unitários que agregam e unem o material normativo do sistema interno. Todavia, esse impacto não existe somente no sistema explicativo do Direito. A identificação dos princípios normativos de Direitos Reais pela dogmática jurídica repercute-se naturalmente ao nível da interpretação e aplicação do Direito, ou seja, do próprio sistema normativo, permitindo não só fundamentar as formulações existentes, já encontradas, como desenvolver outras, alargando a capacidade de resposta do sistema normativo a novas situações emergentes da dinâmica da vida.

271 Direito das Coisas, cit., pág. 148 e segs., números 12. a 20.

272 ORLANDO DE CARVALHO, Direito das Coisas, cit., págs. 148 a 155.

273 Direitos Reais, cit., pág. 95 e segs.

274 Direitos Reais, Coimbra, 2007, pág. 25 e segs.

275 Direitos Reais – Sumários, cit., pág. 63 e segs.

276 Direitos Reais, cit., pág. 17 e segs.

III. Constitui um importante passo na construção de um moderno sistema científico de Direitos Reais a individualização e aprofundamento de princípios normativos. Cremos, no entanto, não ser, por si só, suficiente para ultrapassar a incipiência dogmática do actual sistema científico.

Para além de apurar o conceito de direito real e as suas classificações, indicar o objecto da disciplina e expor os princípios gerais dos Direitos Reais, há ainda muito trabalho a realizar para se conseguir um sistema de comunicação efectivo do Direito vigente, que não se limite a dobrar estaticamente o sistema normativo, mas opere reduções dogmáticas do material normativo, precise os conceitos legais e concretize os tipos utilizados, que proceda a uma arrumação da matéria que tenha em conta a unidade da regulação e a necessidade de encontrar soluções coerentes, sem contradições, que proceda ao tratamento unitário daquilo que é geral, evitando repetições, que só geram dificuldades interpretativas, que identifique e integre as lacunas de regulação eventualmente detectadas, de acordo com os critérios do sistema.

Grande parte da regulamentação geral de Direitos Reais encontra-se hoje no regime do direito de propriedade[277]. Assim, a indicação do objecto da disciplina (art. 1302.º), o princípio da tipicidade (art. 1306.º), uma boa parte das denominadas restrições ao direito real (por exemplo, a proibição de emissões, art. 1346.º, de construção e manutenção de instalações perigosas, art. 1347.º, de escavações, art. 1348.º), o regime de defesa do direito real de gozo (artigos 1311.º a 1315.º), para dar apenas alguns exemplos de aspectos gerais regulados no contexto de uma situação individual, acham-se previstos a propósito do direito de propriedade.

Esta sistematização é profundamente insatisfatória; expor tudo o que é geral a propósito da propriedade, obriga a um constante esforço de separação entre aquilo que é o regime específico e próprio da propriedade e o que é o regime geral de todos os direitos reais ou, ao menos, dos direitos reais de gozo, gerando, assim, uma potencial e escusada fonte de controvérsia, que só pode ser prejudicial ao desiderato de uma aplicação uniforme do Direito. Na medida em que se trate de matéria atinente aos direitos reais em geral e não apenas ao direito de propriedade, ela deve figurar numa parte geral dos Direitos Reais.

[277] Oliveira Ascensão, Direito Civil – Reais, cit., pág. 30 e segs., especialmente, 31 e seg., Menezes Cordeiro, Evolução juscientífica e direitos reais, cit., pág. 222.

Mesmo fora do regime jurídico da propriedade deparamos com regulações de teor geral dos direitos reais. Assim, o art. 1460.º, n.º 1 dispõe que o usufrutuário não pode constituir encargos que ultrapassem a duração do usufruto. Isto pode conduzir a dúvidas relativamente a regimes que não contêm semelhante disposição; e o superficiário, pode? Na verdade, o disposto naquele artigo consagra uma regra geral, válida para qualquer direito real menor: ninguém pode dispor do seu direito a favor de outrem para além dos limites, temporais ou outros, do seu direito.

No art. 1574.º, deparamos com outro exemplo. A figura da *usucapio libertatis* vem prevista nesse preceito como facto extintivo específico das servidões prediais. A verdade, porém, é que se trata de um facto extintivo geral de direitos reais menores e não apenas do direito de servidão[278].

Ora, se existem factos cuja eficácia se estende a outros direitos reais, a sua arrumação sistemática não deve ser a de um direito real em particular, ainda que haja alguma razão histórica ou outra que o justifique, mas sim a de um regime geral que tenha em conta o âmbito de aplicação dos mesmos.

Esta limitação da ordenação do sistema científico não se fica por aqui. O regime de cada direito real de gozo, com excepção da propriedade[279], e de garantia, com excepção dos privilégios creditórios e do direito de retenção[280], tem um preceito sobre os factos constitutivos e extintivos desse direito[281]. Frequentemente, repete-se em cada um desses preceitos o que consta de outros, quando se poderia simplesmente indicar numa única disposição os factos constitutivos e, noutra, os factos extintivos dos direitos reais, prevendo a propósito do regime de cada um deste os factos aquisitivos e extintivos específicos[282].

Esta técnica, que gera uma desnecessária multiplicação de preceitos, pode sugerir, erradamente, uma tipicidade de factos com eficácia real, que não foi querida nem consagrada. Por exemplo, no art. 1440.º não se prevê

[278] Neste sentido, cf. Oliveira Ascensão, Direito Civil – Reais, cit., pág. 413 e segs.

[279] No qual só se inseriu uma previsão sobre os factos constitutivos (art. 1316.º, e art. 1417.º, n.º 1, para a propriedade horizontal).

[280] Em que só a extinção se encontra contemplada (artigos 752.º e 761.º).

[281] Na propriedade, o art. 1316.º (constituição) e o art. 1417.º, n.º 1 (propriedade horizontal), no usufruto, o art. 1440.º e o art. 1476.º, aplicáveis ao direito de uso e habitação (art. 1485.º), na superfície, o art. 1528.º e o art. 1536.º, nas servidões, o art. 1547.º e o art. 1569.º, na consignação de rendimentos, o art. 658.º e o art. 664.º, no penhor, o art. 669.º, 677.º, na hipoteca, o art. 704.º, o art. 710.º, o art. 712.º e o art. 730.º, nos privilégios creditórios, o art. 752.º e, no direito de retenção, o art. 761.º.

[282] Veja-se também Oliveira Ascensão, Direito Civil – Reais, cit., pág. 31.

a decisão judicial como facto constitutivo do direito de usufruto, diversamente do que sucede com a propriedade horizontal (art. 1417.º, n.º 1). Significa isto que o usufruto não pode ser constituído por decisão judicial, numa acção de execução específica de contrato promessa, por exemplo? A resposta é negativa, pois em lado algum a lei cria uma tipicidade de factos constitutivos de direitos reais, como se pode comprovar pela possibilidade legal de um contrato atípico com eficácia real, que qualquer dos preceitos que prevê o contrato como facto constitutivo do direito real admite.

Em todo o caso, uma enumeração de factos constitutivos e extintivos a propósito de cada direito real pode induzir um sentido equívoco, o da consagração de uma tipicidade de factos com eficácia real, que poderia ter sido evitado num estádio ulterior de desenvolvimento do sistema científico de Direitos Reais.

Outro problema que uma deficiente sistematização dos factos com eficácia real tem suscitado prende-se com a possibilidade legal da renúncia ao direito de propriedade sobre imóveis. A renúncia não aparece prevista como facto extintivo a propósito de todos os direitos reais. No campo dos direitos reais de gozo, a renúncia surge prevista em sede de compropriedade (art. 1411.º), de usufruto, uso e habitação (art. 1472.º, n.º 3 e art. 4176.º, alínea e), igualmente aplicável ao direito de uso e habitação – art. 1485.º) e de servidão (art. 1569.º, n.º 1 alínea d) e art. 1567.º, n.º 4). Relativamente aos direitos reais de garantia, a renúncia surge prevista na alínea d) do art. 730.º, disposição para a qual remetem todos os regimes dos direitos reais de garantia (cf. os artigos 664.º, 677.º, 752.º e 761.º). Não existe qualquer preceito que aluda à renúncia a propósito dos direitos reais de aquisição.

Em contrapartida, a renúncia não vem prevista quanto à propriedade singular e à superfície, o que num determinado modo de ver decorreria da natureza dominial do direito de superfície, significando isto, para alguns, que o Direito português não admitiria a renúncia quanto a estes direitos ou, mais mitigadamente, não admitiria a renúncia à propriedade dos imóveis. É a posição conhecida de PIRES DE LIMA/ANTUNES VARELA[283] e de HENRIQUE MESQUITA[284].

O argumento principal para excluir a propriedade singular (e a superfície) do campo de aplicação da renúncia é, assim, sistemático[285]. Se a

283 Código Civil Anotado, cit., pág. 125 e pág. 606 e seg.

284 Obrigações Reais E Ónus Reais, cit., pág. 371 e segs.

285 HENRIQUE MESQUITA, Obrigações Reais E Ónus Reais, cit., pág. 376 e seg.

renúncia resultasse de um princípio geral, o legislador não teria sentido necessidade de a prever para alguns direitos reais menores, excluindo outros, como a propriedade e a superfície[286]. Não existe, é verdade, nenhuma regra expressa quanto à admissibilidade da renúncia do proprietário. Isso não faz, porém, supor que a situação do proprietário seja diferente da dos outros titulares de direitos reais. É verdade que a renúncia a um direito menor desonera a propriedade, enquanto tal efeito não ocorre com a propriedade; mas tal sucede, naturalmente, porquanto a propriedade é o direito real máximo.

Por outro lado, não foi consagrado um preceito específico dedicado aos factos extintivos da propriedade. A renúncia não surge prevista como facto extintivo da propriedade, como também sucede com os outros factos extintivos deste direito. O que retira uma grande parte da força do argumento sistemático invocado por Henrique Mesquita. A ausência de uma disposição sobre a extinção da propriedade pode explicar a razão porque a renúncia não vem mencionada a propósito, sem envolver com isso a impossibilidade de renúncia do proprietário de imóveis. E eis, de novo, como uma deficiente sistematização da matéria pode induzir uma resposta incorrecta a um problema.

Enfim, a comunhão em direitos reais vem regulada tradicionalmente na compropriedade (art. 1403.º a 1413.º). Isto explica-se por razões históricas; foi na propriedade que se desenvolveu primariamente a figura da concorrência de direitos da mesma natureza sobre uma coisa. De um ponto de vista científico, porém, a construção de um regime geral de comunhão permite cobrir todas as situações de concorrência de direitos reais da mesma natureza, e não só a compropriedade. Justifica-se, assim, a deslocação do regime da comunhão de direitos reais para fora da propriedade, sem prejuízo de no regime desta se poderem fazer os ajustamentos normativos que a comunhão do direito de propriedade imponha.

IV. O atraso do sistema científico de Direitos Reais só pode ser recuperado com a elaboração de uma parte geral. Nesta são expostos os princípios gerais deste ramo do Direito, o seu objecto e dispõem-se as matérias que são comuns aos direitos reais ou a uma categoria deles, deixando-se de prever a propósito da propriedade, ou de um direito real em particular, regimes que, na verdade, os transcendem no seu âmbito de aplicação. Com a parte geral é possível igualmente evitar a dispersão sistemática e a

[286] Na redacção originária do Código Civil também a enfiteuse.

multiplicação de referências normativas – por exemplo, quanto aos factos constitutivos e extintivos de direitos reais – que só causam problemas interpretativos. Regimes normativos de aplicação a mais do que um direito real devem encontrar a sua sede na parte geral e não no interior de um direito real em particular.

Na realidade, se as coisas corpóreas são o objecto dos direitos reais, então este deve ser aludido num regime geral e não no regime da propriedade – como hoje sucede (art. 1302.º) – que é apenas um dos direitos reais, entre outros. Se a tipicidade constitui um dos princípios estruturantes de Direitos Reais, o lugar correcto da sua previsão no sistema normativo é o da parte geral e não, uma vez mais, o regime do direito de propriedade (art. 1306.º). Se há factos jurídicos com eficácia real que são comuns aos direitos reais, ou mesmo a uma categoria deles, porquê repetir a sua previsão a propósito de cada um deles, quando para o efeito seria suficiente uma única disposição normativa?

A falta de uma parte geral de Direitos Reais provoca igualmente distorções sistemáticas. O princípio da consensualidade, outro dos princípios estruturantes de Direitos Reais, vem previsto no art. 408.º, n.º 1 do Código Civil, como se fosse um princípio do Direito das Obrigações e dissesse respeito unicamente à matéria dos contratos. Tratando-se, no entanto, de um princípio de Direitos Reais, o lugar da sua previsão no sistema normativo é neste ramo do Direito e não no Direito das Obrigações.

A elaboração de uma parte geral constitui o único caminho para a recuperação do atraso, e mesmo decadência científica, de Direitos Reais e isso mesmo vem sendo progressivamente reconhecido, sobretudo, em Portugal, por Oliveira Ascensão[287] e Menezes Cordeiro[288], não sem que, todavia, se levantem vozes contrárias. Numa perspectiva oposta, de defesa da linha do ensino tradicional em Portugal e no estrangeiro, apontando mesmo "abstracções falseantes" nos desenvolvimentos apresentados pela elaboração de uma teoria geral dos Direitos Reais, encontramos Pinto Duarte[289].

Permitimo-nos discordar abertamente deste autor. A linha de orientação defendida por ele é a grande responsável pelo atraso existente no sis-

[287] Oliveira Ascensão, Direito Civil – Reais, cit., pág. 33 e segs.

[288] Evolução juscientífica e direitos reais, cit., pág. 218 e segs., Direitos Reais – Sumários, cit., pág. 17 e pág. 38 e em Direitos Reais, Lisboa, 1979, reimpressão, pág. 29 e segs.

[289] O Ensino Dos Direitos Reais – Propostas E Elementos De Trabalho, Lisboa, 2004, pág. 34 e segs., especialmente, pág. 35.

tema científico de Direitos Reais, a começar, desde logo, pela concepção do conceito de direito real, a que teremos oportunidade de voltar mais adiante, e pela incipiente disposição da matéria no sistema normativo. Propugnar a sua adopção constitui um retrocesso e um anquilosamento deste ramo de Direito, a evitar. O desenvolvimento de Direitos Reais reside justamente na superação da incapacidade de abstracção que os tratamentos doutrinários desta disciplina persistentemente revelam e do mero empirismo na ordenação das matérias. E isso apenas se consegue quando o tratamento científico supera a mera abordagem individualizada do regime jurídico de cada um dos direitos reais e ascende aos traços gerais que ela contém.

Sem prejuízo do que se disse anteriormente sobre os esforços de ENDEMANN, HECK, EICHLER ou STOLL, foi no espaço jurídico português, e mais concretamente na Faculdade de Direito de Lisboa, que mais se avançou na construção de uma parte geral de Direitos Reais. Como precursor de uma parte geral no sistema científico de Direitos Reais, indica-se, desde já, o nome de JAIME DE GOUVEIA[290]. Segundo o testemunho de LUÍS PINTO COELHO[291], foi JAIME DE GOUVEIA "quem introduziu entre nós o estudo de uma teoria geral dos direitos reais".

Depois de JAIME DE GOUVEIA, convém destacar os nomes de PINTO COELHO[292] e DIAS MARQUES[293], cujo volume I tem justamente por subtítulo "Parte Geral".

É a OLIVEIRA ASCENSÃO[294] que se deve, no entanto, a elaboração acabada de uma verdadeira parte geral de Direitos Reais. Ultrapassando os esquemas formais de apresentação baseados no conceito de direito real, nas suas características, na classificação dos direitos reais e no regime jurídico das coisas, OLIVEIRA ASCENSÃO procede a uma intensa redução dogmática do material de Direitos Reais e a um esforço de abstracção generalizadora que abarca, de um modo inovador, não só o clássico tratamento do conceito e

[290] Direitos Reais, Lisboa, 1935, pág. 3 a 165.

[291] Direitos Reais, Apontamentos das aulas dadas ao 4.º ano do ano lectivo de 1953-1954, Lisboa, 1954, pág. 6.

[292] Direitos Reais, cit., pág. 7 e segs.

[293] Direitos Reais (Parte Geral), Volume I, Lisboa, 1960.

[294] É na sua obra Direito Civil – Reais, cit., que se encontra o esforço principal de elaboração da parte geral de Direitos Reais. Porém, os estudos prévios, sobretudo, As Relações Jurídicas Reais, Lisboa, 1962 e A Tipicidade dos Direitos Reais, Lisboa, 1968 possuem elementos dogmáticos valiosos para a construção da parte geral de Direitos Reais.

das características do direitos real, mas a também as relações jurídicas reais, os factos com eficácia real, a violação e a defesa dos direitos reais.

Depois de Oliveira Ascensão, e na mesma senda, destaca-se o ensino de Menezes Cordeiro, que daria igualmente o seu valioso contributo para a construção da parte geral de Direitos Reais, fundamentalmente, nas suas Lições de Direitos Reais, de 1979[295]. No trilho aberto por Oliveira Ascensão e Menezes Cordeiro, cabe apontar o nome de Carvalho Fernandes, igualmente com as suas Lições De Direitos Reais[296] e, por último, de Menezes Leitão[297].

A construção de uma parte geral de Direitos Reais não constitui qualquer impedimento ao desenvolvimento da parte especial, dedicada ao estudo individualizado das várias figuras com natureza real, nem, naturalmente, o substitui[298]. A parte especial deve continuar a merecer a atenção que merece. Simplesmente, deve reconhecer-se que à medida que evolui a construção de uma parte geral se regista algum esvaziamento da parte especial, sobretudo, do regime do direito de propriedade, debaixo do qual usualmente se encontra uma boa parte do regime geral de Direitos Reais.

De resto, ao longo de todos estes anos, foi à parte especial de Direitos Reais que os autores dedicaram a sua atenção, descurando a construção daquilo que fundamenta justamente a autonomia científica deste ramo do Direito, os princípios normativos de Direitos Reais e demais elementos agregadores do sistema normativo. Neste estádio de desenvolvimento de Direitos Reais, justifica-se que a parte geral mereça um desenvolvimento superior.

[295] Ob ult. cit.

[296] Ob ult. cit.

[297] Direitos Reais, cit., pág. 155 e segs.

[298] Como parece recear Pinto Duarte, em O Ensino Dos Direitos Reais – Propostas E Elementos De Trabalho, cit., pág. 30 e segs.

PARTE SEGUNDA

PARTE GERAL

Capítulo I
As Situações Jurídicas Reais

8. Observações gerais

Neste capítulo procede-se ao estudo das situações jurídicas reais, fazendo-se uma alusão ao conceito de direito real, ao objecto e às suas modalidades. Poderíamos ficar por aqui. Julgamos, no entanto, que há outras matérias que devem ser abordadas numa perspectiva dogmática e que este é o momento para o fazer. Referimo-nos em concreto, à noção de elasticidade e de oneração.

Por outro lado, alguns temas ganham em ser tratados no âmbito das situações jurídicas reais. É o caso dos temas das obrigações reais e dos ónus reais e das pretensões reais.

9. A origem histórica do conceito de direito real

I. O direito reais remontam ao Direito romano. Paradoxalmente, porém, os romanos não conheciam a categoria direito real[299]. O conceito de *ius in re* só surge com a glosa medieval[300]. Dentro do prisma processual do seu Direito, os romanos conheciam apenas as *actiones*[301], embora de alguma

[299] Sargenti, "Diritti Reali (Diritto Romano)", Noviss. Dig. It., pág. 745,

[300] Gomes da Silva, Direitos Reais, cit., pág. 16 e seg., Henrique Mesquita, Obrigações Reais E Ónus Reais, cit., pág. 44 e segs., Pugliese, "Diritti Reali", Enc. Del Dir., pág. 758 e segs., Comporti, Diritti Reali In Generale, cit., pág. 1 e segs.

[301] Kaser/Knütel, Römisches Privatrecht cit., pág. 38, Grosso, I Problemi Dei Diritti Reali Nell'Impostazione Romana, pág. 1 e segs. e 74 e segs., Sargenti, "Diritti Reali (Diritto

forma se pudesse dizer que ter uma *actio* equivalia à titularidade de um direito numa terminologia moderna[302].

Num período mais antigo, havia a *actio* e a *vindicatio*, esta última dirigida a obter a posse de uma coisa indevidamente com um terceiro, a primeira com a finalidade de obter o cumprimento de uma obrigação[303]. A evolução aglutinou a *vindicatio* na *actio*, ambas *actiones*, numa fase inicial submetidas à tramitação da *legis actio sacramento*[304], no caso das acções reais, a *legis actio sacramento in rem*[305].

As *actiones* distinguiam-se consoante eram dirigidas a obter o cumprimento de uma obrigação pelo devedor, *actio in personam*, ou a obter a coisa de um terceiro, *actio in rem*. Para além da discussão jurídica sobre a existência do direito, a *actio in rem* tinha igualmente uma componente executiva, já que permitia a recuperação da coisa[306].

A *actio in rem* baseava-se, por conseguinte, num direito de perseguir a coisa[307], não de demandar alguém determinado[308], e, por isso, ela era *in rem* e não *in personam*. A pessoa contra a qual a acção era intentada não estava nunca determinada à partida e podia ser qualquer uma que tivesse a coisa em seu poder.

II. A identificação entre a *actio in rem* e uma determinada categoria de direitos (reais) a cuja tutela serve surge apenas com os glosadores[309]. Entenda-se, porém, que a categoria dos *iura in re* dos glosadores não corresponde apenas às situações a que correspondia uma *actio in rem* no Direito romano. Institutos feudais, canónicos e mesmo do Direito germânico foram acantonados na nova categoria substantiva[310].

Romano)", cit., pág. 745, Arangio-Ruiz, Istituzioni Di Diritto Romano, pág. 173, Perozzi, Istituzioni Di Diritto Romano, Volume I, pág. 612, Volterra, Instituciones De Derecho Privado Romano, pág. 287.

302 Cf. Sargenti, "Diritti Reali (Diritto Romano)", cit., pág. 745 e pág. 746.

303 Biondi, Istituzioni Di Diritto Romano, cit., pág. 81 e segs.

304 Kaser, Das Römische Zivilprozessrecht, München, 1966, pág. 60 e segs. e 66 e segs.

305 Kaser, Das Römische Zivilprozessrecht, cit., pág. 66 e segs. Veja-se também Grosso, I Problemi Dei Diritti Reali Nell'Impostazione Romana, pág. 78.

306 Kaser, Das Römische Zivilprozessrecht, cit., pág. 63.

307 Kaser/Knütel, Römisches Privatrecht cit., pág. 37, Grosso, I Problemi Dei Diritti Reali Nell'Impostazione Romana, cit., pág. 76.

308 Kaser, Das Römische Zivilprozessrecht, cit., pág. 69.

309 Pugliese, "Diritti Reali", cit., pág. 758 e segs.

310 Veja-se PUGLIESE, "Diritti Reali", cit., pág. 759.

Os comentadores acolheram e usaram largamente a noção de *ius in re*, assim como se serviram da nova expressão *ius reale*[311]. Tanto Bartolo como Baldo falavam em *ius in re* e *ius reale* quando era de esperar o uso da *actio in rem*.

Na Idade Média, porém, o Direito Canónico trouxe alguma obscuridade à clareza da contraposição entre *ius in re* e *ius in personam*. Em algumas situações em que a alguém era conferido determinado benefício ou oferenda sem que fosse ainda investido na efectiva titularidade do mesmo admitia-se que pudesse obter tutela judicial contra o oferente e mesmo no confronto com terceiros. Como não tinha um *ius in re* e não podia lançar mão da *actio in rem*, a doutrina canonista falava então de um *ius ad rem*[312]. A pouco e pouco, a doutrina canonista do *ius ad rem* terá sido introduzida para indicar o direito à entrega da coisa (feudos ou outras coisas) por parte de quem, tendo direito a essa entrega, não estava ainda investido na posse.

O efeito da introdução desta noção foi uma certa confusão de qualificação do *ius ad rem* como direito de natureza obrigacional à entrega da coisa (como, por exemplo, o direito do comprador antes da *traditio*) ou como direito real[313], confusão essa que terá começado a dissipar-se, primeiro, com a obra de Doneau[314], em França, e depois com os trabalhos da romanística holandesa do século XVIII e da pandectística alemã do século XIX[315]. No sentido que acabou por prevalecer, o *ius ad rem* identificava-se com um direito obrigacional à entrega da coisa por força de um vínculo jurídico, nomeadamente, um contrato. Por isso, Grócio pôde contrapor os *ius in re* aos *ius ad rem*.

O contributo da romanística holandesa e da romanística alemã liga-se à delimitação do círculo dos direitos reais existentes. Nessa delimitação duas notas estão sempre subjacentes: o direito real exerce-se sobre a coisa, surgindo protegido por uma *actio in rem*. Não carece, pois, da intermediação de um sujeito passivo para o seu exercício como sucede com as obrigações.

Vinnen[316], autor holandês do século XVIII, defendia que os direitos reais são múltiplos, incluindo "o domínio, tanto directo como útil, usufruto,

[311] Pugliese, "Diritti Reali", cit., pág. 760.

[312] Pugliese, "Diritti Reali", cit., pág. 761, que menciona os autores medievos que terão introduzido essa terminologia.

[313] Pugliese, "Diritti Reali", cit., pág. 762.

[314] Mais detalhes em Pugliese, "Diritti Reali", cit., pág. 762.

[315] Cf. Comporti, Diritti Reali In Generale, cit., pág. 6 e seg.

[316] Citado por Pugliese, "Diritti Reali", cit., pág. 763.

servidões, penhor e posse". HUBER[317], por sua vez, contrapõe o *ius in re* ao *ius ad rem*, esclarecendo que o primeiro "*facultas hominis, in rem competens, sine respectu ad certam personam*", noção que HEINECKE sufragaria igualmente.

A evolução entretanto operada permitiu a POTHIER[318] sintetizar o resultado: "olhando para as coisas que estão no comércio, consideramos duas espécies de direitos; o direito que nós temos sobre uma coisa, que chamamos *ius in re*; e o direito que nós temos por relação a uma coisa, que chamamos *ius ad rem*. O *ius in re* é o direito que nós temos sobre uma coisa, pelo qual ela nos pertence, ao menos numa certa perspectiva. O *ius ad rem* é o direito que nós temos, não sobre a coisa, mas somente em relação à coisa, contra a pessoa que contratou connosco a obrigação de a entregar". POTHIER[319] conclui que o *ius ad rem* é defendido por uma acção pessoal, sendo o lugar do seu estudo o Tratado das Obrigações.

A noção de *ius ad rem* acabaria por desaparecer. Tendo tido um assomo discreto no Allgemeines Landrecht prussiano, viria a perder toda a sua importância a seguir, tendo hoje um mero interesse histórico[320].

Contrariamente, o conceito de direito real consolidar-se-ia definitivamente com os trabalhos da pandectística alemã. THIBAUT[321], ao definir direito real, acentuaria as duas notas que anteriormente demos conta: todos os direitos reais, dizendo respeito a coisas, estão ligados a uma vindicação. PUCHTA[322] deixaria indicado somente o primeiro aspecto: os direitos reais relacionam-se directamente com coisas, que são o seu objecto.

A doutrina de Direitos Reais deixaria cair entretanto a ligação à *actio in rem*, acentuando preferencialmente a ligação directa do direito com a coisa, por contraposição com o direito de crédito, no qual surge uma colaboração forçosa do devedor, impondo uma mediação de alguém entre o bem objecto do direito e o seu titular.

Todo este percurso preparou o surgimento das diversas teorias sobre o conceito de direito real, de que daremos agora breve conta[323].

317 Apud PUGLIESE, "Diritti Reali", cit., pág. 763.

318 Traité Du Droit De Domaine De Propriété, cit., pág. 1.

319 Traité Du Droit De Domaine De Propriété, cit., pág. 1.

320 HENRIQUE MESQUITA, Obrigações Reais E Ónus Reais, cit., nota 14, pág. 45 e seg.

321 System des Pandekten-Rechts, cit., pág. 191.

322 Pandekten, cit., pág. 209.

323 Sobre o ponto, cf., em particular, COMPORTI, Diritti Reali In Generale, cit., pág. 1 e segs.

10. O conceito de direito real. Teorias. Noção adoptada

A) Teoria clássica. Formulação

A primeira teoria do conceito de direito real vem usualmente denominada como teoria clássica. O seu precursor moderno é GRÓCIO[324]. Este autor afirma que o direito real é um direito patrimonial que existe entre a pessoa e a coisa sem relação necessária a outra pessoa.

Na sequência, os autores da pandectística alemã, na quase totalidade, apresentariam o direito real como um poder imediato sobre uma coisa[325] ou como poder directo e imediato sobre uma coisa, formulação que ficaria associada à teoria clássica. WÄCHTER[326] diria da propriedade ser "o senhorio jurídico imediato sobre uma coisa" [327]. Seria, no entanto DERNBURG[328], já com o campo de fundo da crítica personalista feita por WINDSCHEID, a definir direitos reais como "os que sujeitam directamente a nós uma coisa corpórea".

Esta concepção estaria na base do BGB alemão. Na exposição de motivos ao Código Civil alemão[329], pode ler-se que "a essência da realidade reside no poder directo de uma pessoa sobre uma coisa". E, mais à frente, diz-se: "decisivo é somente que o direito possa ser exercido sem a vontade de um outro, não sendo exigida a existência de obrigado"[330].

Esclareça-se, em todo o caso, que o poder de que se fala vem entendido como um poder jurídico e não como um mero poder material. Isso está

[324] The jurisprudence of Holland, 1953, pág. 75, apud PUGLIESE, "Diritti Reali", cit., pág. 763, nota 41. Na versão traduzida para o inglês: "A real right is a right of property between a person and a thing without necessary relation to another person".

[325] Para a defesa da tese de que o Direito romano concebeu o direito real como poder imediato sobre a coisa, veja-se GROSSO, I Problemi Dei Diritti Reali Nell'Impostazione Romana, cit., pág. 76 e segs.

[326] WÄCHTER, Pandekten, cit., pág. 2.

[327] Para além de THIBAUT e de PUCHTA, que citámos no número anterior e que se enquadram na teoria clássica, vejam-se também VANGEROW, Lehrbuch der Pandekten, cit., pág. 167 e segs., ARNDTS, Lehrbuch der Pandekten, cit., pág. 23 e 190, NEUNER, Wesen und Arten der Privatrechtverhältnisse, Kiel, 1886, pág. 59 e seg.

[328] Pandekten, Band 1, cit., pág. 47.

[329] Motive zu dem Entwurfe eines Bürgerlichen Gesetzbuchs, Band III, Sachenrecht, Berlin und Leipzig, 1888, pág. 2.

[330] Motive zu dem Entwurfe eines Bürgerlichen Gesetzbuchs, cit., pág. 2.

claro em PUCHTA[331]: "o resultado desta sujeição (do objecto ao titular do direito) é um poder jurídico sobre o objecto".

A teoria clássica teve sucesso em Portugal. GUILHERME MOREIRA[332] foi o seu primeiro aderente conhecido. Mas na Faculdade de Direito de Lisboa a penetração ocorreu igualmente. JOSÉ TAVARES[333], JOSÉ GABRIEL PINTO COELHO[334], LUÍS PINTO COELHO[335], PESSOA JORGE[336], de uma forma nítida, e PAULO CUNHA[337], de um modo mais mitigado, expressaram a sua adesão ou simpatia a esta teoria.

Não se pode pensar nesta teoria como coisa do passado. Alguns autores continuam ainda hoje a definir o direito real com recurso a fórmulas que mantêm a fidelidade à teoria clássica. CARBONNIER[338] define direito real como "o poder jurídico que uma pessoa tem para retirar directamente todas ou partes das utilidades da coisa. No contexto do direito real, o contacto entre a pessoa e a coisa é imediato ..."[339].

ORLANDO GOMES[340] afirma que "o retorno à doutrina clássica está prosperando à luz de novos esclarecimentos provindos de análise mais aprofundada da estrutura dos direitos reais.

HENRIQUE MESQUITA, fazendo a defesa da possibilidade de uma relação jurídica entre um sujeito e uma coisa, faz, de algum modo, a apologia da teoria clássica, não obstante a sua ideia dos direitos reais como direitos de domínio ou de senhorio, ainda baseada no poder directo e imediato sobre

331 Pandekten, cit., pág. 47.

332 "No caso, porém, em que o objecto do direito não seja um facto doutra pessoa, mas a propria cousa, entre esta e o sujeito do direito estabelece-se uma relação imediata, pela qual se deve caracterizar o direito real"; Instituições Do Direito Civil Português, Livro III, cit., pág. 3. GUILHERME MOREIRA procede à crítica directa da doutrina perfilhada por PLANIOL (teoria personalista).

333 Os Princípios fundamentais do Direito Civil, cit., pág. 285 e segs.

334 Direito Civil (Noções Fundamentais), cit., pág. 245.

335 Direitos Reais, cit., pág. 15 e seg.

336 Lições De Direito Das Obrigações, Lisboa, 1976, pág. 140.

337 Direitos Reais, cit., pág. 36 e seg.

338 Droit civil, Les biens, cit., pág. 1580. Na doutrina francesa, cf. ainda, CAPITANT, Introduction A L´ Étude du Droit Civil, Paris, 1912, pág. 89 e segs., LAURENT, Droit Civil Français, Bruxelles, Paris, 1878, pág. 92 e segs.; na doutrina italiana, veja-se RUGGIERO, Instituições De Direito Civil, Volume I, pág. 225 e segs., GROSSO/DEJANA, Le Servitù Prediali, Torino, 1951, pág. 15 e segs., CHIRONI, Elementi Di Diritto Civile, Torino, 1914, pág. 121, FILOMUSI GUELFI, Diritti Reali, Roma, 1909, pág. 4 e segs. e Obbligazioni (Parte Generale), 3.ª Edizione, 1910, pág. 16.

339 Veja-se também MARTY/RAYNAUD, Droit Civil, 2. édition, 1972, pág. 484 e seg., que postulam o retorno ao critério clássico de distinção entre direitos reais e direitos de crédito.

340 Direitos Reais, 9.ª edição, Rio de Janeiro, 1985, pág. 6.

a coisa[341]. Em COMPORTI[342], a reafirmação da concepção clássica de direito real aparece explicitamente.

B) As teorias personalistas

A primeira crítica à concepção clássica é a de WINDSCHEID[343]. Este autor começa por repudiar que a relação jurídica possa ser concebida entre uma pessoa e uma coisa. Relembrando o ensinamento de KANT, que o Direito ordena os outros na relação social, WINDSCHEID diz que a relação jurídica existe sempre entre pessoas. Não pode haver, do ponto de vista lógico, uma relação entre uma pessoa e uma coisa. Na mesma senda, FUCHS[344] diria, citando BRUNS, que "entre pessoa e coisa não é de todo possível existir um direito, apenas facto"; como o direito respeita a pessoas, apenas contra pessoas pode ser exercido. E a mesma ideia aparece expressada em REGELSBERGER[345].

WINDSCHEID iria, contudo, mais longe. Não se limitando a expor o óbice lógico da formulação tradicional, acrescenta que o conteúdo do direito real só pode ser negativo, valendo para outras pessoas como obrigação de não impedir a actuação do titular do direito[346]. O direito real não postula poderes de actuação, apenas impõe deveres de abstenção a terceiros[347-348].

[341] De resto, a ideia de direito real como direito de domínio ou senhorio sobre uma coisa compatibiliza-se perfeitamente com a teoria clássica. Com efeito, alguns dos pandectistas que exprimiam o direito real como poder imediato sobre uma coisa afirmavam simultaneamente que o direito real era um direito de senhorio sobre uma coisa.

[342] Diritti Reali In Generale, cit., pág. 28 e segs.

[343] Lehrbuch des Pandektenrechts, cit., pág. 101 e segs.

[344] Das Wesen der Dinglichkeit, Berlin, 1889, pág. 12 e segs., em particular, pág. 14.

[345] Pandekten, Band 1, Leipzig, 1893, pág. 75.

[346] No caminho aberto por WINDSCHEID, THON, Norma Giuridica E Diritto Soggettivo (tradução da edição alemã de 1878), pág. 157 e segs., definiria o direito real, e a propriedade em especial, como um direito a proibir a ingerência de terceiros no gozo da coisa. Este gozo não seria o conteúdo do direito real; o conteúdo seria dado pelo conjunto de normas protectoras do titular do direito contra terceiros não autorizados por ele a aproveitar a coisa. O direito real surge, assim, para THON, apenas quando um terceiro se intromete na coisa, desencadeando uma pretensão real contra ele (pág. 175 e segs.). Mais longe iria SCHLOSSMANN, Der Vertrag, Leipzig, 1876, pág. 159 defendendo que a protecção jurídica da relação com uma coisa representa meramente um conceito económico; como tal, o direito real não teria qualquer lugar no sistema jurídico (pág. 260).

[347] Os direitos reais comportam unicamente proibições, diz WINDSCHEID, Lehrbuch des Pandektenrechts, cit., pág. 101, nota 3.

[348] Nesta orientação, veja-se também, OERTMANN, "Der Dinglichkeitsbegriff", no Jahrbücher für die Dogmatik des heutigen römischen und deutschen Privatrechts, Band 31, 1892, pág. 415 e segs, especialmente, pág. 417.

Postas as coisas nestes termos, e dada a projecção deste autor alemão, não tardaram a surgir outros adepos da sua construção. Em França, PLANIOL[349] seria o expoente desta doutrina, em que o direito real surge, de uma forma totalmente incolor, vertido na dimensão negativa do lado passivo de uma relação jurídica, a obrigação passiva universal ou o dever geral de respeito[350]. Ouçamos as palavras deste mestre francês: "um evento jurídico não pode existir entre uma pessoa e uma coisa; seria um contra-senso. Por definição, todo o direito é uma relação entre pessoas. (...) Noutros termos, o direito real, como todos os outros direitos, tem necessariamente um sujeito activo, um sujeito passivo e um objecto. (...) Um direito real, qualquer que ele seja, consiste, assim, numa relação jurídica estabelecida entre uma pessoa como sujeito activo e todos os outros como sujeitos passivos. Esta relação é de ordem obrigacional, o mesmo é dizer, tem a mesma natureza das obrigações propriamente ditas. A obrigação imposta a todos os outros que não o titular do direito é puramente negativa: ela consiste numa abstenção de tudo aquilo que poderá perturbar a posse daquele protegida por lei"[351].

Levada até ao fim, esta teoria apaga a separação entre direitos reais e obrigações, reconduzindo aqueles ao âmbito do Direito das Obrigações. É o conhecido monismo personalista.

Esta doutrina também teve eco em Portugal, não obstante bem menor que a teoria clássica ou as formulações mistas, de que daremos conta de seguida. CAEIRO DA MATTA[352], aderindo à doutrina de PLANIOL e rejeitando os ensinamentos de GUILHERME MOREIRA, sustenta que " os direitos reais resolvem-se em uma relação entre sujeitos"[353]. Surge evidente o esquema relacional adoptado por WINDSCHEID e PLANIOL para explicar o conceito de direito real.

[349] Traité Élémentaire De Droit Civil, Paris, 1911, pág. 658 e segs.

[350] Como aderentes desta doutrina, RIPERT/BOULANGER, Traité De Droit Civil, Tome Premier, Paris, 1956, pág. 290 e segs., ROGUIN, La Science Juridique Pure, Paris, Lausanne, 1923, pág. 828 e segs. e La Règle De Droit, Lausanne, 1889, pág. 266 e segs., STEINAUER, Les droits réels, Berne, 1985, pág. 14, ALLARA, Le Nozioni Fondamentali Del Diritto Civile, Volume Primo, Quinta Edizione, 1958, pág. 586 e segs., ARANGIO-RUIZ, Istituzioni Di Diritto Romano, pág. 173 e segs., PEROZZI, Istituzioni Di Diritto Romano, Volume I, cit., pág. 608 e segs., VOLTERRA, Instituciones De Derecho Privado Romano, pág. 287.

[351] Traité Élémentaire De Droit Civil, cit., pág. 658 e 659.

[352] O Direito De Propriedade E A Utilidade Pública, Das Expropriações, 1906, pág. 31 e segs.

[353] O Direito De Propriedade E A Utilidade Pública, Das Expropriações, cit., pág. 34.

C) *Teorias mistas*

As teorias mistas são aquelas que combinam as perspectivas de outras teorias, procurando tomar o que cada uma delas tem de bom. Quanto ao conceito de direito real, as teorias mistas conceberam dois lados ou duas vertentes do direito real, um interno e outro externo, aproveitando a máxima principal das teorias clássica e personalista.

Assim, do lado interno, o direito real seria um poder directo e imediato sobre a coisa; do lado externo, o direito real teria oponibilidade *erga omnes*, investindo todas as outras pessoas no dever de o respeitarem (dever geral de respeito ou obrigação passiva universal). As formulações desta teoria variam, no entanto, um pouco, sublinhando ora um ora outro dos seus elementos[354].

As teorias mistas do direito real[355] teriam largo sucesso em Portugal. Entre os seus aderentes contam-se, na Faculdade de Direito de Coimbra, MANUEL DE ANDRADE[356], PIRES DE LIMA[357], PIRES DE LIMA/ANTUNES VARELA[358], ANTUNES VARELA[359], ALMEIDA COSTA[360], ORLANDO DE CARVALHO[361], MOTA PINTO[362], HENRIQUE MESQUITA[363], nas lições, SANTOS JUSTO[364]. Na Faculdade de Direito de Lisboa, o sucesso foi bem

[354] BARASSI, Istituzioni Di Diritto Privato, Milano, 1939, pág. 66, COMPORTI, Diritti Reali In Generale, cit., pág. 13 e segs.

[355] Na doutrina estrangeira, MANDRIOLI, "Diritti Reali", Nov. Dig. It., pág. 880, BARASSI, Istituzioni Di Diritto Privato, cit., pág. 66, PUGLIESE, "Diritti Reali", cit., pág. 775, GROSSO/ /DEJANA, Le Servitù Prediali, cit., pág. 15 e segs., GROSSO, I Problemi Dei Diritti Reali Nell'Impostazione Romana, cit., pág. 90 e segs., POLACCO, Le Obbligazioni Nel Diritto Civile Italiano, I, Roma, 1914, pág. 29 e segs., MAZEAUD/MAZEAUD, Leçons De Droit Civil, Tome Deuxième, Deuxième Édition, 1962, pág. 8 e segs. e 1052.

[356] Teoria Geral Das Obrigações, 3.ª ed., Coimbra, 1966, pág. 48 e segs. São, porém, manifestas as hesitações de MANUEL DE ANDRADE quando chega a hora do confronto entre a teoria clássica e a teoria personalista (veja-se a pág. 57). A sua posição final é de alguma ambiguidade.

[357] Lições De Direito Civil (Direitos Reais), cit., pág. 50 e segs.

[358] Noções Fundamentais De Direito Civil, cit., pág. 1 e segs.

[359] Das Obrigações Em Geral, Vol. I, 10.ª ed., Coimbra, 2003, pág. 182 e segs. Este professor, não deixando de divisar um lado externo do conceito, coloca, no entanto, a tónica no lado interno, do poder directo e imediato, parecendo quase fazer o retorno à teoria clássica.

[360] Direito das Obrigações, 9.ª edição, Coimbra, 2005, pág. 109 e segs.

[361] Direito Das Coisas, cit., pág. 128 e segs.

[362] Direitos Reais, cit., pág. 37 e segs.

[363] Direitos Reais, cit., pág. 9.

[364] Direitos Reais, cit., pág. 115 e segs.

menor. Apontamos JAIME DE GOUVEIA[365] como um dos seus sequazes. Fora destas duas Universidades, RIBEIRO DE FARIA[366] e CUNHA GONÇALVES[367]. Toma-a como instrumento de trabalho PINTO DUARTE[368].

D) Outras concepções

Outras concepções envolvem o afrouxamento ou mesmo o desaparecimento dos traços tradicionais de caracterização dos direitos reais em face de outros direitos, nomeadamente, direitos de crédito.

Uma das posições mais conhecidas é a de DEMOGUE[369]. Este autor, a que se associou o denominado monismo personalista[370], começa por questionar a classificação clássica dos direitos em absolutos e relativos, afirmando que a única diferença que existe entre esses direitos reside somente na força que o legislador pretende imprimir à tutela respectiva. O direito absoluto consiste num direito de conteúdo forte, o direito relativo num direito de conteúdo fraco[371].

Para DEMOGUE, não pode haver um direito sobre coisas. O Direito é um fenómeno societário, supõe uma sociedade e a existência de múltiplas pessoas; estas surgem como obrigadas nos esquemas de protecção de bens. Uma relação entre uma pessoa e uma coisa só pode ser uma relação de facto, visto que a relação jurídica se dá entre pessoas. A recepção da orientação kantiana do Direito como fenómeno relacional e a construção de WINDSCHEID como crítica à teoria clássica estão bem presentes em DEMOGUE e servem de campo de fundo à estruturação do seu pensamento.

Nesta ordem de ideias, e segundo DEMOGUE[372], todos os direitos existem contra pessoas; simplesmente, enquanto uns (os direitos relativos) existem contra uma ou algumas pessoas somente os outros (absolutos) são oponíveis igualmente a todos (obrigação passiva universal)[373]. Para DEMOGUE,

[365] Direitos Reais, cit., pág. 12.

[366] Direito das Obrigações, Vol. I, Coimbra, 1987, pág. 32 e segs.

[367] Da Propriedade E Da Posse, cit., pág. 53 e segs.

[368] Curso de Direitos Reais, cit., pág. 19.

[369] Les Notions Fondamentales du Droit privé, Paris, 1911, pág. 404 e segs.

[370] Não há diferença entre créditos e direitos reais; ambos os direitos têm a mesma natureza, neste caso (monismo realista), todos são direitos obrigacionais.

[371] DEMOGUE, Les Notions Fondamentales du Droit privé, cit., pág. 404 e segs.

[372] Les Notions Fondamentales du Droit privé, cit., pág. 411 a 413.

[373] DEMOGUE, Les Notions Fondamentales du Droit privé, cit., pág. 419 e 424 e segs.

os direitos reais constituem obrigações com um conteúdo de oponibilidade mais forte que os direitos de crédito.

Outras das teorias que esbatem a diferença entre direitos de crédito e direitos reais é a de GIOGIANNI[374]. Teremos oportunidade de nos pronunciarmos sobre ela na crítica à teoria clássica.

E) Crítica das teorias clássica, personalista e mista

a) Teoria clássica

Começando este ponto com a análise da teoria clássica, diremos ser ela que exprime mais de perto a categoria cultural e histórica dos direitos reais. Desde logo, no seu aspecto mais evidente: os direitos reais são direitos sobre coisas, têm estas por objecto e visam o seu aproveitamento pelo titular. O conceito de direito real como poder directo ou imediato exprime a diferença com o direito de crédito, na medida em que aquele não carece da intermediação de um obrigado para o respectivo exercício.

Uma primeira crítica que se pode apontar situa-se ao nível técnico. O direito real não constitui um poder, mas um direito subjectivo; os poderes são conteúdo dos direitos, não se devendo confundir com estes.

Esta crítica não pode ser feita com muita severidade, sob pena de ser injusta. Os juristas que do final do século XVI ao século XIX definiram o direito real como um poder sob uma coisa não tinham uma preocupação dogmática de fazer a diferença entre poder e direito; Tudo o que eles pretendiam expressar era que o direito real conferia ao titular um senhorio ou domínio sobre a coisa, que a colocava debaixo do âmbito da sua vontade. O poder de que se fala, embora jurídico, como mencionámos anteriormente, é um poder da vontade. O problema que uma tal concepção coloca transcende já o âmbito dos Direitos Reais e entra no âmago da teoria geral do Direito Civil pois conduz à discussão sobre se o direito subjectivo consiste efectivamente num poder da vontade.

A segunda crítica prende-se com a afirmada imediação do direito real, que só existiria nos direitos reais susceptíveis de posse, isto é, nos direitos reais de gozo (com excepção das servidões negativas), mas não nos direitos reais de garantia e nas servidões negativas. Também aqui não convém

[374] Contributo alla teoria dei diritti di godimento su cosa altrui, Milano, 1940, "Diritti Reali (Diritto Civile)", cit., pág. 748 e segs., L'Obbligazione, Catania, 1945, pág. 81 e segs.

exagerar no tom da crítica. A formulação clássica é fundamentalmente verdadeira quanto ao aspecto que visa salientar. Os direitos reais, contrariamente às obrigações, não supõem a existência de um obrigado e o seu titular não precisa de ninguém para exercer o seu direito. O direito real é *in rem* e não *in personam*.

Existe, no entanto, uma outra forma de repudiar a imediação, que não passa por salientar que nem todos os direitos reais conferem poderes de actuação material sobre a coisa, mas sim pela defesa da tese de que há direitos reais relativos. Assim, LARROUMET[375] sustenta que, havendo direitos reais menores constituídos, existe uma relação entre os titulares, sendo ambos devedores um do outro. Independentemente da questão de saber se há uma relação jurídica entre titulares de direitos reais que concorrem sobre a mesma coisa, não é verdade que o aproveitamento da coisa se faça através de um intermediário (que seria o titular do direito real maior): o titular do direito real pode levar a cabo esse aproveitamento sem a colaboração de ninguém. Assim, o exercício do usufruto ou da servidão não pressupõe o proprietário para nada. Como o direito real recai sobre a coisa, toda a colaboração é dispensada.

Uma terceira crítica encontra-se em GIORGIANNI[376]. O poder directo e imediato não serviria para caracterizar o direitos real, porquanto outros direitos não reais permitiriam ao titular agir da mesma maneira sobre a coisa: "é possível, por outro lado, indicar situações jurídicas tradicionalmente postas fora da categoria dos direitos reais, em que o instrumento através do qual o titular atinge a satisfação do seu interesse é constituído justamente por um poder imediato sobre a coisa (de outrem). Tais situações são a locação, o comodato e anticrese". Esta teoria tem actualmente outros defensores.

Apesar do brilhantismo da exposição, ela não convence. Os direitos que GIORGIANNI sustenta terem imediação sobre a coisa não a têm efectivamente. O que se passa é que no domínio dos denominados direitos pessoais de gozo o titular (locatário, comodatário, etc.) a quem haja sido feita a entrega da coisa pode actuar sobre ela, de modo em tudo semelhante ao dos titulares de direitos reais de gozo, porque tem posse. Essa posse permite-lhe, inclusive, havendo esbulho, recuperar a coisa do esbulhador.

[375] Droit Civil, Les Biens, cit., pág. 18 e seg.

[376] Contributo alla teoria dei diritti di godimento su cosa altrui, cit. e "Diritti Reali (Diritto Civile)", cit., pág. 748 e segs., L'Obbligazione, Catania, 1945, pág. 81 e segs.

Ainda assim, a actuação directa sobre a coisa requer que o titular do direito pessoal de gozo haja sido investido na posse e não a haja perdido. Ilustremos isto, começando por analisar a situação posterior à celebração do contrato de arrendamento em que não houve ainda entrega da coisa. O locatário pode exigir a entrega da coisa ao locador mediante uma acção de cumprimento, mas não pode fazê-lo mediante a reivindicação, o que aconteceria se o seu direito fosse real. Se a coisa foi entretanto esbulhada ao locador por um terceiro, o locatário não pode reivindicá-la deste, como poderia se o direito fosse real. Depende do locador para obter a coisa locada.

Suponhamos agora que, após ter sido investido na posse e durante o exercício do direito de arrendamento, o locatário vem a ser esbulhado por terceiro e não reage dentro do ano subsequente ao esbulho, sendo a posse do esbulhador pública. Neste caso, estará impedido de reaver a coisa por via da acção de restituição, dado que a posse caducou (art. 1284.º). Ou seja, dependerá da colaboração do locador, através do exercício do direito real deste, para retomar o gozo da coisa.

Uma terceira hipótese pode vislumbrar-se no esbulho da coisa locada seguida de transmissão da posse para terceiro de boa fé. Uma vez que a posse não tem oponibilidade contra o terceiro de boa fé (art. 1281.º, n.º 2 no fim), o locatário fica impedido de obter com êxito a restituição.

Se o direito do locatário (do comodatário, do depositário, do parceiro pensador, etc.) fosse real, a defesa real, nomeadamente, a reivindicação, permitiria ao locatário obter a coisa de quem a tivesse, locador ou terceiro, sem depender do primeiro para conseguir esse efeito. Isto não sucede, porém. A imediação que GIORGIANNI descobre nos direitos pessoais de gozo vem da posse, que constitui um direito real distinto, e não de nenhum daqueles direitos. Sem posse, o locatário está dependente da colaboração do devedor/locador para gozar a coisa.

Tudo isto destrói o argumento de GIORGIANNI contra a teoria clássica. Os direitos pessoais de gozo têm uma mediação no obrigado, que tem sempre de prestar a coisa ao devedor para que este a goze.

Uma última crítica à teoria clássica prende-se com a estruturação do direito real num esquema relacional, em que, todavia, a relação jurídica não se processa entre pessoas, mas sim entre um sujeito, o titular do direito, e o objecto deste, a coisa. Sem que tal represente qualquer forma de adesão à teoria personalista, a cuja crítica procederemos de seguida, uma relação jurídica só pode existir entre pessoas[377]. Nessa parte, a objecção de Windscheid a esta teoria tem inteira pertinência.

b) Teoria personalista

Não concebemos o Direito como um fenómeno relacional, de modo a que toda e qualquer forma de protecção jurídica se deva fazer no quadro técnico da relação jurídica[378]. A pandectística alemã, importando para o Direito o postulado kantiano que a ciência assenta num juízo sintético à priori e que a alteridade representa a dimensão geral do Direito, impôs o modelo lógico-jurídico da relação jurídica. Todo o fenómeno jurídico se ordenava neste modelo relacional, havendo um lado activo, correspondente a um direito, e um lado passivo, que, nos direitos absolutos, e à míngua de melhor ideia, se encontraria no resto da humanidade, através do esquema técnico da obrigação passiva universal ou dever geral de respeito, tantas vezes depois reduzido na sua extensão, em fórmulas sempre variadas, para mitigar ou diluir o absurdo da concepção.

Ora, fora de situações estruturalmente relativas, como as que emergem das obrigações, a atribuição ou disponibilização de bens às pessoas não gera, no imediato, deveres jurídicos para terceiros, pelo menos, não deveres jurídicos específicos, direccionados ao respeito da situação jurídica concreta reconhecida pelo Direito. Naturalmente, a existência de um direito subjectivo determina um espaço de aproveitamento exclusivo de um bem e isto implica que todos os outros devem respeitar a atribuição normativa operada a favor do titular. Isso não quer dizer, no entanto, que cada situação jurídica postule a existência de um dever como seu contrário e que esse dever se integre na esfera jurídica de cada ser humano, povoada assim por milhares de milhões de deveres, tantos quantos os direitos de todos os membros da humanidade.

Cada pessoa deve respeitar os direitos dos outros. Trata-se, porém, de um dever genérico[379], não enquadrado em qualquer relação jurídica, e cuja violação suscita o desencadear dos mecanismos repressivos e de reparação da ordem jurídica. Esse dever, precisamente por ser genérico, não se

[377] Cf. Regelsberger, Pandekten, Band 1, cit., pág. 75.

[378] No domínio da teoria de Direitos Reais, cf. Oliveira Ascensão, Relações Reais, cit., pág. 23 e segs., Comporti, Diritti Reali In Generale, cit., pág. 17 e segs.

[379] No âmbito específico da discussão do direito real, cf. Barbero, Sistema Del Diritto Privato Italiano, cit., pág. 710.

contrapõe a nenhuma situação jurídica particular, seja a sua natureza real seja outra qualquer.

Os direitos reais constituem situações jurídicas absolutas, não existindo um lado passivo a considerar, apenas o conteúdo de aproveitamento do bem que a ordem jurídica dispensa, como não pode deixar de ser numa situação jurídica activa. Desta forma, a noção técnica de direito real só pode ser positiva, a vertente de aproveitamento da coisa que este direito confere ao titular, e não negativa[380].

A construção conceptual do direito real não pode estar no realçar do momento imperativo da sanção, a oponibilidade aos terceiros, que pode até não existir ou ser somente eventual. Mas isso é o que sucede com a teoria de WINDSCHEID, e de todos os outros que o seguiram. Como explica LARENZ, "a tónica desloca-se, para WINDSCHEID, da possibilidade do domínio sobre um objecto para a possibilidade de se impor judicialmente uma injunção da ordem jurídica contra outrem, o que ele designa por pretensão. O efeito da propriedade vê-o ele não tanto no poder do proprietário de decidir o que quiser acerca da coisa (de dispor dela, factica ou juridicamente), mas na mera possibilidade de excluir os outros da mesma coisa".

Definir o direito real pelo seu – pretenso – lado negativo equivale a deixar na sombra todo o conteúdo de significado representado pela possibilidade de aproveitamento de uma coisa corpórea que o direito real propicia. Dá-se, como diz LARENZ, um "esvaziamento de sentido" do conceito de direito real ou tira-se a ele o seu "conteúdo positivo", nas palavras de RUGGIERO[381]. O direito real não alude mais ao poder dado ao titular de actuar ou tirar vantagem da coisa, apenas exprimindo o dever de todos os outros respeitarem a atribuição feita pela ordem jurídica. A descaracterização do direito real afigura-se evidente e não carece de mais explicações. Deste ponto de vista, a concepção clássica revela a sua superioridade.

Atente-se igualmente em que, desta forma, se dilui a possibilidade de distinguir os direitos reais de todos os outros direitos absolutos[382]. Se estes são definidos exclusivamente por vincularem toda a massa de seres huma-

[380] Sem prejuízo de ao conteúdo do direito real pertencerem situações jurídicas menores de sinal negativo (deveres, sujeições, etc.), que delimitam a extensão do aproveitamento concedido ao titular.

[381] RUGGIERO, Instituições De Direito Civil, cit., pág. 227.

[382] Como já advertia também JOSÉ TAVARES, Os Princípios fundamentais do Direito Civil, cit., pág. 287 e seg. Na doutrina estrangeira, ver CAPITANT, Introduction A L´ Étude du Droit Civil, cit., pág. 90, nota 1, Pandekten, Band 1, cit., pág. 75.

nos ao seu respeito, não há como separar um direito real de um direito de patente ou de um direito de personalidade.

Levada até ao fim, esta concepção leva à diluição da fronteira entre créditos e direitos reais, como o trabalho de DEMOGUE bem ilustra.

c) Teoria mista

Desta doutrina disse já GOMES DA SILVA[383] que ela "cai em todos os erros em que caíram as duas doutrinas anteriores, só aproveitando o que elas têm de mau: quanto à clássica a relação com a coisa, quanto à personalista o aspecto negativo".

Na verdade, esta doutrina efectua um casamento contra natura. Combina uma teoria que procede a uma relação entre um sujeito e uma coisa com outra que parte da visão do direito como fenómeno relacional entre pessoas e tudo molda ao conceito intersubjectivo de relação jurídica.

A ideia, no fundo, consiste em manter simultaneamente a essência do direito real, o domínio da actuação sobre a coisa, com o momento imperativo e sancionatório do Direito, a vinculação dos outros, entendida de modo mais ou menos amplo, a não interferirem no senhorio do titular do direito.

Se cada uma das doutrinas, individualmente tomada, era susceptível de críticas, a sua combinação só as potencia. Nenhum direito subjectivo tem um lado interno e um lado externo, mas sim uma dada estrutura que repousa no objecto e conteúdo do mesmo. O direito real nem sempre admite uma actuação directa do titular sobre a coisa (servidões negativas, hipoteca, consignação de rendimentos, privilégios creditórios) e não postula qualquer relação jurídica com o resto da humanidade, mesmo que, num esforço de racionalização do absurdo, se dê desta a dimensão restrita dos que estão no espaço territorial da ordem jurídica onde a coisa se encontra.

F) Tentativas de superação. GOMES DA SILVA, OLIVEIRA ASCENSÃO, MENEZES CORDEIRO, CARVALHO FERNANDES e MENEZES LEITÃO

As teorias descritas têm sido modernamente objecto de revisão, numa tentativa de superar os critérios de qualificação apresentados. Neste contexto, expomos as tentativas de autores portugueses.

a) GOMES DA SILVA

[383] Direitos Reais, cit.

Depois de fixar o conceito de direito subjectivo e, nomeadamente, fazer a destrinça entre direito e poder, GOMES DA SILVA[384] afirma que "só pode ser direito real o que representa a afectação da coisa a um fim". E continua: "o bem afectado pela lei à realização de certo fim é a própria coisa".

Tecnicamente superior, esta noção afasta-se das definições tradicionais. Não confunde o direito com o poder, mantém o paradigma do direito real como direito sobre uma coisa e afasta a conexão intersubjeciva da relação jurídica, que não surge efectivamente implicada no direito real.

Como pontos negativos, apontamos dois. O primeiro reside na falta de explicitação do objecto. Mencionar-se simplesmente a coisa abre a porta a concepções amplas que envolvem as coisas incorpóreas. Ora, apenas as coisas corpóreas podem ser objectos dos direitos reais. E se isto é assim, deve ser precisado na noção de direito real.

O segundo ponto negativo reside na ligação entre a afectação da coisa e o fim. O direito subjectivo representa um espaço de liberdade no aproveitamento do bem. Actua essa liberdade o titular do direito real que não faz utilização nenhuma da coisa, sujeitando-se inclusivamente à extinção do direito (não uso, usucapião a favor de terceiro, etc.).

Parece, no entanto, que a afectação a um fim acaba por implicar uma espécie de vinculação do titular ao mesmo, em jeito de delimitação negativa do direito, o que levaria a distinguir exercícios lícitos, porque conformes ao fim, seja ele qual for, e exercícios ilícitos, por não o realizarem. O proprietário que deixa a coisa ao abandono, não a afectando a nenhum fim, comete um acto ilícito? Mesmo que não haja sido esse o sentido pretendido por GOMES DA SILVA, a criação de um nexo entre o aproveitamento e o fim sugere sempre um condicionamento e não uma liberdade integral, que, é certo, surge sempre limitada, interna (delimitação negativa do direito) e externamente (limites), mas não genericamente pelo fim do direito real. Estas reflexões aconselham que a noção de fim fique afastada da noção de direito real.

Por muito que nos esforcemos, não encontramos nenhum resquício de finalidade no regime jurídico de todos os direitos reais, em particular, dos direitos reais de gozo. Cada titular de direito real tem um dado conteúdo de aproveitamento da coisa que a lei lhe confere e que faz uso dentro da margem de livre arbítrio que o direito comporta.

[384] Direitos Reais, cit.

b) Oliveira Ascensão

Oliveira Ascensão apresenta a seguinte noção de direito real: "direitos reais são direitos absolutos, inerentes a uma coisa e funcionalmente dirigidos à afectação desta aos interesses do sujeito"[385].

Oliveira Ascensão parece rejeitar uma definição baseada apenas na consideração do objecto dos direitos reais, introduzindo também aspectos de conteúdo, que são realmente características ou consequências do conceito, elevadas, contudo, ao âmbito da definição do mesmo. É uma técnica perigosa, pois se a característica se revela não verdadeira, a noção fica comprometida.

A primeira nota distintiva apontada por Oliveira Ascensão é a de que o direito real é absoluto, no sentido de não integração numa relação jurídica. Esta nota é depois usada por este professor para negar a natureza jurídica da posse, a qual, quando no confronto com terceiro de boa fé, não é oponível a este. E, com efeito, em dadas circunstâncias, a posse não tem oponibilidade contra terceiro, o mesmo acontecendo com outros direitos reais. Note-se, no entanto, que a absolutidade vem aqui a ser usada no sentido de oponibilidade a todos e não de situação desintegrada de uma relação jurídica.

Julgamos, todavia, que, em vez de questionar a natureza jurídica da posse com base neste argumento, o que se deveria perguntar era se à luz do regime jurídico a falta de absolutidade, no sentido de oponibilidade *erga omnes*, compromete a natureza real, isto é, se os direitos reais são sempre absolutos, e não, pura e simplesmente, usar o conceito pré-dado de direito real para afastar essa natureza.

Como veremos adiante, consideramos que existe um princípio de absolutidade em Direitos Reais. Todavia, e como alerta Canaris, os princípios não valem sem excepção. O princípio da absolutidade pode não valer sempre, sem que fique comprometido o seu papel estruturante no sistema de Direitos Reais. A este propósito, Menezes Cordeiro refere que existem direitos reais relativos. Não partilhamos esta tese; em nossa opinião, e como veremos adiante, existem hipóteses em que o direito real perde a sua oponibilidade normal ou tem uma oponibilidade diminuída, mas isto não o torna num direito relativo.

A natureza real do direito pode existir mesmo relativamente a direitos que não têm ou não têm sempre eficácia absoluta. O que equivale a dizer

[385] Direito Civil – Reais, cit.

que teremos de procurar o carácter real noutras notas distintivas que não a absolutidade e evitar colocar na definição uma característica que pode faltar em alguns casos.

A segunda nota distintiva mencionada por OLIVEIRA ASCENSÃO é a inerência: os direitos reais são direitos inerentes a uma coisa. Isto é verdade, mas há aqui uma inversão lógica. Os direitos não são reais porque têm inerência, são reais porque têm por objecto uma coisa. É esta circunstância que evidencia a inerência e não esta que revela o carácter real. Correcto, é, pois, acentuar o objecto do direitos real na definição deste e não apenas dizer que os direitos são inerentes.

A última nota distintiva é mais complexa: "funcionalmente dirigidos à afectação desta aos interesses do sujeito". A influência do conceito de direito subjectivo de GOMES DA SILVA parece revelar-se aqui.

OLIVEIRA ASCENSÃO pretende evidenciar dois aspectos: o primeiro deles é de que existem direitos inerentes a coisas que não são reais. Só quando inerência tenha como objectivo a satisfação das necessidades do titular através das utilidades da coisa o direito inerente é real. Quando, ao invés, a coisa seja usada para determinar o devedor de uma prestação, no caso das obrigações *propter rem*, o direito em causa tem a natureza de um crédito.

MENEZES CORDEIRO, criticando este passo da definição de OLIVEIRA ASCENSÃO lembra que aproveitamento propiciado pelo direito real não se reduz às utilidades naturais, envolvendo também o "aproveitamento puramente jurídico", como ocorre com os direitos reais de garantia e de aquisição. Sem prejuízo do acerto desta observação, julgamos, no entanto, que a crítica certeira é outra.

Se a coisa serve apenas para determinar o sujeito passivo de uma obrigação, como sucede em algumas obrigações *propter rem*, e não ocorre nenhum aproveitamento, a coisa não está implicada no direito do credor, que é meramente obrigacional. Por outras palavras, a coisa não é aí o objecto do direito do credor; esse objecto está somente na prestação. Deste modo, não sendo a coisa o objecto do direito, não há evidentemente nenhuma inerência a considerar e o direito em causa não é real.

O segundo aspecto do trecho de OLIVEIRA ASCENSÃO cola-se à ideia de fim que já encontrámos em GOMES DA SILVA, mas com maior ambiguidade, uma vez que recorre aos interesses do titular[386]. Ora, a noção de

[386] Na doutrina estrangeira, é muito próxima neste ponto a definição de BARBERO, Sistema Del Diritto Privato Italiano, cit., pág. 709, segundo o qual, o direito real consiste na "faculdade de um

interesse é uma da mais equívocas em Direito e o seu uso levanta problemas. A propriedade sobre uma coisa estéril e absolutamente inútil para o proprietário não deixa de constituir um direito real.

c) *Menezes Cordeiro*

Menezes Cordeiro afirma que o "direito real é uma permissão normativa específica de aproveitamento de uma coisa corpórea". Este professor recorre à sua noção geral de direito subjectivo para expressar o conceito particular de direito real.

Esta definição capta o aspecto essencial do carácter real do direito: ter uma coisa corpórea por objecto, e evita todos os escolhos das teorias clássica, personalista e mista, pois não faz qualquer alusão ao poder directo e imediato nem recorre ao expediente, tecnicamente errado para esta categoria de direitos, da relação jurídica.

Trata-se, assim, de uma definição tecnicamente avançada, com a qual concordamos na generalidade.

d) *Carvalho Fernandes*

Carvalho Fernandes[387] define direito real como "o poder jurídico absoluto, atribuído a uma pessoa determinada para a realização de interesses jurídico-privados, mediante o aproveitamento imediato de utilidades de uma coisa corpórea".

Há nesta formulação um ponto de partida prévio, a concepção de direito subjectivo do autor, que não pode ser discutida aqui, nesta sede. Pensamos, porém, que a identificação do direito subjectivo com um poder, mesmo que assumidamente jurídico, envolve uma limitação técnica. Os direitos são a fonte de poderes jurídicos, não são eles próprios um poder.

Por outro lado, e diferentemente do que faz crer esta definição, nada impede que os interesses prosseguidos através do direito real sejam públicos. Os interesses do titular não têm que ser privados só porque a tutela real se faz através do Direito privado.

A alusão a um aproveitamento imediato das utilidades da coisa parece ser elucidativo, mas deixa na sombra o essencial: o objecto do direito real.

sujeito agir sobre um bem para a satisfação de um interesse seu". Também aqui se nota a ligação entre a atribuição de um bem, por um lado, e a satisfação de um interesse, por outro, que se encontra na definição de Oliveira Ascensão.

[387] Lições De Direitos Reais, cit., pág. 48 e segs.

Outros direitos asseguram o aproveitamento da coisa, mas somente os direitos reais têm coisas (corpóreas) como objecto.

Finalmente, o uso da expressão aproveitamento imediato surge de algum modo comprometido com a teoria clássica, à qual foi movida a crítica, segundo a qual, nem todos os direitos reais outorgam posse. Os direitos reais de garantia, nomeadamente, requerem em regra um recurso ao tribunal para o respectivo exercício e não concedem, desse ponto de vista, um "aproveitamento imediato". Parece-nos, pois, preferível, uma outra noção de direito real.

E) MENEZES LEITÃO

MENEZES LEITÃO[388], por sua vez, define direito real como "direito absoluto e inerente a uma coisa corpórea, que permite ao seu titular uma determinada forma de aproveitamento jurídico desta".

Tecnicamente avançada, esta definição encontra-se na linha evolutiva das anteriores; evita os escolhos críticos da teoria clássica e da teoria moderna, mantendo a ligação tradicional ao seu objecto, sempre uma coisa corpórea.

Porém, conquanto o carácter absoluto do direito esteja na origem histórica da natureza real, nomeadamente, através da *actio in rem* e da oponibilidade que esta propiciava a quem a ela podia recorrer, duvidamos que actualmente seja uma nota distintiva permanente do conceito de direito real. Podem existir direitos reais sem oponibilidade absoluta ou com uma oponibilidade limitada, como preferimos dizer. Para nós, o exemplo paradigmático encontra-se na posse, com a ausência de oponibilidade a terceiro de boa fé[389]. Mas também podemos observar o mesmo fenómeno na situação em que se encontra o titular de direito real sobre prédio nas hipóteses em que a ordem jurídica portuguesa protege o terceiro de boa fé (efeito atributivo do registo predial)[390].

Finalmente, distinguimos um aproveitamento material e um aproveitamento jurídico da coisa e salientamos que o aproveitamento concedido pelo tipo de direito real ao seu titular pode compreender qualquer das duas formas e não apenas o aproveitamento jurídico, sendo essa a razão pela

[388] Direitos Reais, cit., pág. 40 e segs.

[389] Cf. adiante, no tratamento da posse.

[390] Cf. *infra* o que dizemos no contexto do efeito atributivo do registo predial.

qual, como veremos de seguida, preferimos falar simplesmente em aproveitamento da coisa, sem o qualificar.

G) A nossa formulação

O ponto de partida do conceito de direito real é dado pelo seu objecto. Os direitos reais são direitos sobre coisas[391]. Este é o legado da história e da cultura romanista aos países de Direito continental.

Dentro do conceito amplo de coisa, e como veremos mais detalhadamente a seguir, apenas as coisas corpórea podem ser objecto dos direitos reais. É outro resquício da tradição romanista. O *dominus* ou titular de outro direito real de gozo tinha uma *actio* contra aquele que tinha a coisa sem a sua autorização. Essa *actio* era *in rem*, porque o titular podia dirigir-se directamente ao terceiro para obter a coisa. Deste modo, não estava dependente da colaboração de ninguém para tirar as vantagens da coisa. O seu direito era contra a coisa e não contra pessoa.

Embora no princípio do século XIX THIBAUT ainda caracterizasse o direito real através da *vindicatio*, a verdade é que o direito real foi perdendo a sua ligação à *actio in rem*. Actualmente, os direitos reais de garantia são exercidos judicialmente através de uma acção executiva, que não é naturalmente uma acção real. E o mesmo se diga de direitos reais de aquisição, como a promessa real, cujo exercício judicial não se faz por uma acção real.

Isto quer dizer, que já não é mais possível falar em direito reais por referência a um modo específico de tutela real, embora subsistam naturalmente acções reais, como a acção de reivindicação (art. 1311.º).

Em todo caso, os regimes jurídicos de Direitos Reais mantiveram a sua ligação original ao objecto: as coisas corpóreas. Nenhuma outra categoria de direitos tem as coisas corpóreas por objecto; e, inversamente, todos os direitos sobre coisas corpóreas são direitos reais.

É verdade que outros direitos possibilitam ao titular tirar vantagens sobre uma coisa corpórea. Dois exemplos ilustrativos são a locação e o comodato. Locatário e comodatário podem gozar a coisa em certa medida. Contudo, qualquer deles está dependente do seu contraente para obter a entrega da coisa. E sem esta entrega, não conseguem o acesso a ela. Esta é ainda uma decorrência histórica do Direito romano. O locatário e o como-

[391] Assim, acertadamente, MENEZES LEITÃO, Direito Das Obrigações, Volume I, 5.ª edição, Coimbra, 2006, pág. 103.

datário eram defendidos, não por uma *actio in rem*, mas sim por uma *actio in personam*. A coisa não pertencia, assim, à estrutura do seu direito.

Não existe naturalmente nenhuma inevitabilidade, lógica ou de outra ordem, para que seja assim, mas a locação e o comodato continuaram a ser estruturados como direitos a uma prestação do devedor e não como direitos em que a coisa figura no próprio objecto do direito. Por essa razão, os direitos do locador e do comodatário são ainda hoje direitos pessoais e não direitos reais.

Os direitos reais outorgam o aproveitamento de uma coisa corpórea. Esse aproveitamento pode ser muito variado, desde os direitos reais que concedem o gozo da coisa, até aos direitos reais de aquisição e de garantia que se limitam a assegurar a aquisição de outro direito ou a possibilidade de realização de dinheiro com a venda da coisa.

O aproveitamento da coisa pode ser material ou jurídico. Usualmente, tende a considerar-se apenas o primeiro; mas não há nenhuma razão para que isso suceda. Nos direitos reais de garantia e de aquisição o aproveitamento da coisa é meramente jurídico; nos direitos reais de gozo, tanto o aproveitamento material, através da posse, como o aproveitamento jurídico podem existir no conteúdo do direito real.

Chegados a este ponto, é tempo de darmos dar a nossa definição de direito real:

Direito real é o direito subjectivo que tendo por objecto uma coisa corpórea atribui ao seu titular um determinado aproveitamento dela.

Na sua singeleza, esta definição aponta os aspectos fundamentais. O direito real é, antes do mais, um direito subjectivo. Os direitos subjectivos conferem o aproveitamento de bens aos respectivos titulares. No caso dos direitos reais, esses bens são coisas corpóreas. O direito real é, assim, um direito sobre uma coisa corpórea ou contra uma coisa, como, por vezes, se exprimem os romanistas. Temos, deste modo, salientado o direito real como direito subjectivo autonomizado pelo seu objecto.

Poderíamos ficar por aqui. Um direito subjectivo que tem uma coisa corpórea por objecto só pode ser um direito real. Pensamos, contudo, que se trataria de uma definição incolor e sem substância. Afinal, o escopo normativo do direito subjectivo real, como de qualquer outro direito subjectivo, é o de permitir o aproveitamento do objecto pelo titular.

A caracterização do direito real pelo conteúdo faz-se mencionando um determinado aproveitamento do seu objecto. Não se pode ir mais longe na determinação desse conteúdo quando se define direito real. Essa tarefa deve ser levada a cabo na análise de cada tipo de direito real, pois cada um dos direitos reais atribui um conteúdo diverso de aproveitamento da coisa e existem tantas formas de aproveitamento quantos os tipos de direitos reais consagrados na lei.

O aproveitamento de uma coisa corpórea, só por si, não permite qualificar um direito como direito real. Existem direitos que conferem o aproveitamento de uma coisa que não são reais, porquanto o aproveitamento surge através da colaboração de um devedor. Os direitos pessoais de gozo (a locação, o comodato, etc.) constituem um bom exemplo.

Para além de outorgar um determinado tipo de aproveitamento de uma coisa corpórea, o direito só é real se tiver essa coisa por objecto. A implicação da coisa na estrutura do direito real, se constitui o resultado natural da tradição romanista, representa o último e definitivo traço da distinção entre direitos de crédito e direitos reais. Sem esse traço, desaparece a autonomia científica de Direitos Reais e toda a matéria deste ramo do Direito se resumirá a uma regulação patrimonial, de cariz obrigacional, eventualmente com especialidades.

11. O objecto do direito real. Limitação às coisas corpóreas

O direito real tem por objecto uma coisa corpórea. A limitação às coisas corpóreas traduz a herança do Direito romano, que permaneceu incólume na história e foi acolhida incondicionalmente pelo legislador português no Código Civil de 1966, na linha dos homólogos alemão e italiano[392].

Com efeito, o art. 1302.º do Código Civil, em sede de propriedade, consagra o resultado da tradição histórica do sistema de Direitos Reais, confinando o objecto do direito real às coisas corpóreas. O princípio da especialidade[393], por sua vez, acrescenta que a coisa objecto do direito real deve ser individual, certa e determinada, além de presente (por contraposição a coisa futura).

A remissão que o art. 1303.º do Código Civil opera para legislação especial não se reveste de neutralidade, sendo o produto de uma decisão valorativa do legislador português, de circunscrever a categoria dos direitos reais

[392] Embora se saiba que a doutrina italiana não toma esta asserção por incontroversa, desenvolvendo-se múltiplas discussões acerca de outras realidades (empresa, estabelecimento comerial, coisas incorpóreas, etc.).

[393] Cf. *infra* no texto.

às coisas corpóreas, na boa tradição do romanismo. A denominada propriedade intelectual (propriedade literária e artística, propriedade industrial) só pode ser entendida hoje num certo sentido semântico da palavra propriedade. Em termos técnicos, porém, as coisas incorpóreas não constituem objecto de direitos reais e os direitos que incidem sobre elas representam antes direitos de exclusivo e não direitos reais, nomeadamente, direitos de propriedade.

A limitação do objecto do direito real à coisa corpórea, juntamente com o significado material do princípio da especialidade (a coisa deve ser presente, determinada e individual), e até, embora em menor medida, do princípio da tipicidade, compromete definitivamente, não apenas a propriedade sobre coisas incorpóreas, mas igualmente a propriedade de acervos de bens, incluindo conjuntos de coisas corpóreas e situações jurídicas, como a empresa, o estabelecimento comercial, a herança, etc. Nenhuma destas realidades, seja qual for o entendimento que se tenha delas, pode ser objecto do direito de propriedade e da posse ou beneficiar da aplicação directa do regime jurídico real.

Também direitos e participações sociais ficam excluídos da natureza real. Não há direito real que possa ter por objecto outro direito ou uma participação social.

12. Caracterização da natureza real. A inerência a uma coisa corpórea

A natureza real assenta hoje num único pilar: a inerência a uma coisa corpórea. O direito real tem uma coisa corpórea como objecto. Não há direito real que não tenha uma coisa corpórea como objecto e, inversamente, todo o direito que recaia sobre coisa corpórea tem natureza real.

A tradicional ligação do direito com a *actio in rem* romana foi-se perdendo na história, até desaparecer no século XIX. Direitos reais de garantia e de aquisição forjados em época posterior ao Império romano nunca foram defendidos por *actiones in rem*. Por outro lado, direitos reais de gozo gizados modernamente, como em Portugal o direito real de habitação periódica, também não. A posse, uma invenção do Direito romano, foi sempre protegida por interditos possessórios; a essa protecção jamais esteve cometida uma *actio in rem*.

Portanto, a natureza real de um direito subjectivo resulta simplesmente do seu objecto ser uma coisa corpórea. Os direitos que tenham esta por objecto são sempre reais. O critério serve igualmente para afastar da natureza real outros objectos complexos, como, por exemplo, o estabelecimento comercial, a empresa, a herança, que podem incluir coisa ou coisas corpóreas, mas que envolvem objectos que não o são, o que afasta inelutavelmente o carácter real, por força da limitação destes direitos às coisas corpóreas (art. 1302.º do Código Civil), conjugada ainda com os princípios da especialidade e da tipicidade vigentes em Direitos Reais.

13. Oponibilidade e natureza real

A ligação da *actio in rem* ao conceito de direito real repousa na observação de uma das suas principais características: a oponibilidade *erga omnes*. Os direitos reais são descritos como direitos absolutos e vale na nossa disciplina um verdadeiro princípio da absolutidade[394], que surge amiúde referido de modo impressivo, embora sem conteúdo técnico-jurídico e com dignidade inferior, como sequela ou sequência.

Em Direitos Reais a oponibilidade decorre das acções reais. São estas que conferem ao direito real a eficácia absoluta que permite ao titular fazer valer o seu direito contra quem quer que seja, por contraste com as acções pessoais, que possibilitam unicamente uma oponibilidade dirigida ao devedor, condenando o direito do credor a uma mera eficácia relativa.

Se a oponibilidade absoluta constitui uma característica indesmentível do regime jurídico de Direito Reais, não cremos que seja decisiva para o reconhecimento da natureza real e que possa mesmo afastá-la quando falhe.

A posse perde a oponibilidade a terceiros em determinadas circunstâncias (art. 1281.º, n.º 2 no fim do Código Civil), mas isso não lhe retira a natureza de direito real, porque tem uma coisa corpórea por objecto.

E também a protecção tabular atribuída a terceiro de boa fé em algumas hipóteses (art. 5.º e art. 17.º, n.º 2 do Código do Registo Predial e art. 291.º do Código Civil) paralisa a oponibilidade do direito do proprietário, sem pôr em causa a natureza real da propriedade.

A oponibilidade absoluta é tendencial em Direitos Reais. Na generalidade das situações jurídicas reais a acção real pode desenvolver-se contra qualquer terceiro que haja violado a atribuição realizada pela ordem jurídica. O direito real tem, em rega, carácter absoluto. Em casos contados, porém, essa oponibilidade pode faltar, colocando o titular numa posição em que o seu direito vai ceder defronte da posição jurídica de um terceiro,

394 Cf. *infra* no texto.

num conflito que a lei portuguesa, por razões várias, decide resolver a favor do último.

Esta falta de oponibilidade não compromete a natureza real do direito, contando que este tenha uma coisa corpórea como objecto. Essa natureza real advém do facto da *res* constituir o objecto do direito e não da acção real assegurar a defesa do titular contra terceiro em todos os casos.

14. Direitos obrigacionais de gozo e carácter real. Acções pessoais e acções reais

A discussão sobre a natureza jurídica dos direitos obrigacionais ou pessoais (a locação, o comodato, etc.)[395] sempre apaixonou juristas de todos os tempos. Em Portugal, a discussão concernente à natureza jurídica do direito do locatário conduziu a múltiplas tomadas de posição, com estudos específicos a ela dedicados[396].

Percebe-se facilmente a razão para a controvérsia. O locatário e o comodatário têm um direito que lhes permite gozar a coisa, beneficiando de um amplo uso e, em alguns casos, também de fruição. Para o efeito, são investidos (ou devem sê-lo) na posse da coisa locada ou comodatada e actuam materialmente sobre ela, tal qual um qualquer titular de direito real de gozo.

Em todo o caso, a circunstância do locatário, do comodatário e de outro qualquer titular de um direito pessoal de gozo poder realizar o aproveitamento da coisa, usando-a e eventualmente adquirindo os frutos dela, não deve gerar equívocos quanto à natureza desse direito.

Na verdade, essa natureza constitui o produto de um acaso histórico. No Direito romano a posição jurídica do locatário ou do comodatário tinha a sua fonte no contrato respectivo, de locação e de comodato. Tanto o locatário como o comodatário adquiriam por esse contrato um direito à prestação do seu devedor. Em caso de incumprimento deste, havia unicamente recurso à acção de cumprimento, uma *actio in personam*. Tratava-se de forçar o devedor a cumprir e não a efectivar um direito sobre a coisa. Para este direito estava reservado antes uma *actio in rem*. A *actio in personam* tinha a

[395] Sobre a figura dos direitos pessoais de gozo na doutrina portuguesa, cf. Menezes Cordeiro, Tratado De Direito Civil Português, VI, Direito Das Obrigações, 2.ª edição, Coimbra, 2012, pág. 580 e segs. (com amplas indicações bibliográficas), Menezes Leitão, Direito Das Obrigações, 15 edição, Coimbra, 2018, pág. 104 e segs.

[396] O trabalho de referência é o de Menezes Cordeiro, Da Natureza Do Direito Do Locatário, Separata Da Revista Da Ordem Dos Advogados, Lisboa, 1980.

sua eficácia dirigida ao devedor e visava o cumprimento da prestação devida pelo devedor; a *actio in rem* dirigia-se à defesa da coisa e podia ser movida contra todo aquele que violava o direito sobre ela.

A colocação romana das posições do locatário e do comodatário permaneceu na história, fruto das sucessivas recepções do Direito romano e da veneração que este sempre recebeu dos juristas de todos os tempos, nas universidades e na prática das ordens jurídicas europeias, tornando-se Direito comum.

Com isto, a posição tanto do locatário como do comodatário foi estruturada na base de uma prestação de fonte contratual, emergindo do seu incumprimento os remédios contratuais tradicionais do Direito das Obrigações. A lei portuguesa obriga o locador a prestar o gozo da coisa ao locatário (art. 1022.º do código civil) e assegurar-lhe esse gozo enquanto durar a locação (art. 1032.º, alínea b) do código civil), incluindo o dever de efectuar reparações na coisa (art. 1036.º do código civil), responsabilizando-o contratualmente se não o fizer (art. 1034, alínea a) do código civil). Este regime jurídico mostra bem que o direito do locatário (tal como o do comodatário) tem por objecto a actividade do devedor, uma prestação, e não a coisa propriamente dita.

Se o locador não cumpre a obrigação de entrega[397] o locatário tem à sua disposição a acção contratual de cumprimento. Se entretanto a coisa locada foi esbulhada ao primeiro antes da entrega ter lugar, o locatário fica nas mãos do seu devedor para a respectiva recuperação. O ordenamento jurídico não lhe outorga nenhuma acção contra o terceiro. O seu direito não tem inerência à coisa locada, dito por outras palavras, não a tem por objecto, não sendo um direito real. A acção de reivindicação (art. 1311.º do Código Civil) não cabe, por isso, ao locatário.

De modo semelhante, caso após a entrega da coisa locada ao locatário ela venha a ser esbulhada por terceiro, a única defesa daquele para a recuperação respectiva reside na tutela possessória (art. 1037.º, n.º 2 do Código Civil). Ainda assim, a tutela possessória visa a posse do locatário, não o direito deste; são coisas diferentes. O direito do locatário, esse, não pode ser oposto ao terceiro esbulhador. Limitado na sua eficácia ao contrato de locação, este direito só obriga o devedor da relação jurídica obrigacional.

[397] Esta hipótese não é possível para o comodato, que requer a entrega da coisa para a celebração válida do mesmo.

Nisto reside a tradicional eficácia relativa do crédito. O exemplo percebe-se melhor se supusermos a extinção da posse pelo decurso de um ano após o esbulho (art. 1267.º, n.º 1 alínea d) do Código Civil), pois, nesse caso, não pode haver confusão entre a eficácia da tutela possessória e a eficácia da defesa do direito do locatário.

Tudo é diferente com o direito real. Estruturado tendo a coisa (corpórea) por objecto, o direito real permite ao titular fazer valer a sua defesa contra qualquer terceiro que desrespeite a atribuição realizada pela ordem jurídica. A *actio in rem* era na sua origem uma acção que visava a coisa, que tinha a sua recuperação pelo titular do direito como objectivo, e por essa razão a pessoa do demandado não interessava. Podia ser qualquer um.

Os traços com que o Direito romano moldou o regime jurídico da locação e do comodato, que permaneceram nas codificações civis modernas, incluindo a portuguesa, afastam a natureza real e ainda que se possa falar num campo intermédio entre os dois ramos de Direito, Direitos Reais e Direito das Obrigações, a sua disciplina normativa pertence integralmente ao segundo. Os direitos pessoais de gozo não são direitos reais, nem pela história, nem pela regulação jurídica a que se encontram submetidos.

15. Atribuição de carácter real (*verdinglichung*) a direitos obrigacionais de gozo

Na Alemanha, alguns autores vieram defender a tese, segundo a qual, a posse conferiria carácter real ao direito obrigacional de gozo (ao direito do locatário ou do comodatário), atribuindo-lhe a oponibilidade própria do direito real (*verdinglichung*).

Dulckeit[398] inaugurou, em 1951, esta doutrina, sustentando haver direitos não reais aos quais o regime jurídico conferia caraterísticas reais ou de carácter real. A expressão nova usada por si, "Verdinglichung", pretendia elucidar como, segundo o autor, algumas disposições do regime jurídico possessório confeririam carácter real a direitos de crédito, dando-lhes uma oponibilidade que transcende a usual eficácia relativa dos mesmos.

Nas pisadas de Dulckeit, embora com um tratamento próprio, Canaris[399] dedicou-lhe um estudo aprofundado, defendendo aquele autor

[398] Dulckeit, Die Verdinglichung obligatorische Rechte, 1951.

[399] Die Verdinglichung obligatorische Rechte, Festschrift für Werner Flume, zum 70. Geburtstag, Vol. I, 1978, pág. 371 e segs.

das críticas entretanto movidas por WESTERMANN[400] e DIEDERICHSEN[401]. Segundo CANARIS[402], no contexto do princípio da publicidade em Direitos Reais, e sem a exclusividade pretendida por DULCKEIT, a posse manter-se-ia com um papel fundamental para a atribuição do carácter real a direitos obrigacionais[403]. WEITNAUER[404] seguiria as suas pisadas.

A repercussão da nova doutrina não ficaria por aqui. MEDICUS[405] viria a aderir igualmente à ideia de que a posse referida a relações jurídicas obrigacionais visa dotar direitos de crédito de eficácia de protecção contra terceiros.

A doutrina jusrealista permanceu, porém, relutante neste entendimento, tendendo a rejeitá-lo no tocante à premissa central da doutrina: o carácter real conferido pela posse a direitos pessoais de gozo. Assim, para além de WESTERMANN e DIEDERICHSEN, já mencionados, BAUR/STÜRNER[406].

O que dizer?

Para começar, a doutrina em apreciação requer a aceitação generalizada da posse do locatário ou do comodatário, ou seja, da posse nos termos de direito pessoal de gozo, o que acontece com toda a normalidade na ordem jurídica alemã, na qual a posse se entende de modo a estender-se a esses direitos, leitura que também nós partilhamos para o Direito português[407], mas que em Portugal surge muito controvertida, para não dizer, em regra, rejeitada.

Existem, no entanto, outros óbices de natureza técnico-jurídica que, quanto a nós, fundamentam a rejeição da doutrina em apreciação. Desde logo, a uma assimilação da oponibilidade absoluta ao carácter real. Trata-se, com efeito, de coisas distintas, que convém manter separadas.

Em segundo lugar, a oponibilidade do direito obrigacional por via da posse só pode ser defendida integrando a segunda no conteúdo do pri-

[400] Archiv für die civilistische Praxis, 152, pág. 95 e segs.

[401] Das Recht zum Besitz aus Schuldverhältnissen, cit., pág. 76 e segs.

[402] Die Verdinglichung obligatorische Rechte, cit., pág. 380.

[403] CANARIS identifica depois cinco aspectos do regime possessório em que, no seu entender, isso sucede. Cf. Die Verdinglichung obligatorische Rechte, cit. pág. 392 e segs.

[404] "Verdinglichte Schuldverhältnisse", Festschrift für KARL LARENZ zum 80. Geburtstag, München, 1983, pág. 705 e segs.

[405] Schuldrecht II, Besonderer Teil, 14. Auflage (a última do autor), München, 2007, pág. 302, "Besitzschutz durch Ansprüche auf Schadensersatz", Archiv für die civilistische Praxis, 165, 1965, pág. 137 e seg.

[406] Sachenrecht, cit., pág. 32 e seg.

[407] A Posse. Estudo Sobre O Seu Objecto E Extensão, cit., 66.

meiro, em contradição com a tradição romanista espelhada em ULPIANO: a que a posse se deve manter distinta da propriedade, ou seja, do direito a que se refere. Mesmo reportada a um direito pessoal de gozo, a posse mantém-se independente deste, com um regime jurídico próprio, que não é o do direito de crédito.

Conforme dissemos noutro lugar[408], "sendo posse e direito exteriorizado situações jurídicas diversas, independentes no regime jurídico, a oponibilidade da posse permanece atida a si; isso implica que nenhuma mudança ocorre na oponibilidade do direito de crédito exteriorizado através dela. As acções possessórias protegem a posse, e representam um exercício dela; não tutelam o direito exteriorizado através dela nem envolvem o seu exercício".

Isto percebe-se bem quando se configura a hipótese de contrato nulo de locação ou comodato e posse do suposto locatário ou comodatário. A oponibilidade absoluta desta posse existe, sem que, porém, tenha qualquer ligação ao direito obrigacional. E mesmo quando o direito obrigacional se constituiu validamente e a posse foi criada a favor do titular, mas vem a ser perdida para um terceiro, a recuperação da coisa apenas se afigura possível com a colaboração do devedor do gozo (locador, comodante, ect.), o que mostra que a oponibilidade nunca transita da posse para o direito obrigacional, permanecendo sempre na posse.

Por tudo isto, rejeita-se que a posse atribua carácter real ao direito obrigacional nos termos do qual seja exercida[409].

16. Classificações de direitos reais

I. A classificação principal distingue os direitos reais em:

- Direitos reais de gozo;
- Direitos reais de garantia;
- Direitos reais de aquisição.

O Direito romano e o Direito comum conheciam apenas as duas primeiras categorias; a terceira representa uma evolução recente.

Não há um único critério a fundar esta classificação, mas três, todos eles heterogéneos. Os direitos reais de gozo atribuem o aproveitamento da

[408] A Posse. Estudo Sobre O Seu Objecto E Extensão, cit., 66.

[409] Cf. também BAUR/STÜRNER, Sachenrecht, cit., pág. 32 e seg.

coisa através de uma combinação de poderes que consubstanciam o gozo da coisa.

Os direitos reais de garantia não atribuem nenhum dos poderes de gozo da coisa, mas apenas a possibilidade de realização de um valor em dinheiro pelo produto da venda da coisa em processo judicial executivo.

Os direitos reais de aquisição determinam a afectação de uma coisa à aquisição de um outro direito.

II. Outra classificação importante distingue direitos reais maiores e direitos reais menores. Um direito real é maior em relação a outro quando o conteúdo de aproveitamento da coisa é mais extenso. Assim, a propriedade é o direito real de maior extensão, pelo que será sempre o direito real maior. No confronto com ela, todos os outros direitos são direitos reais menores.

A relação entre direito real maior e menor coloca-se igualmente entre os restantes direitos reais de gozo. O usufruto é um direito real maior que o direito de uso ou o direito de servidão, a superfície é um direito real maior que o direito de servidão, etc.

III. O direito de propriedade representa um direito sobre coisa própria. A propriedade constitui a afectação última de uma coisa a uma pessoa. Em relação a ela, qualquer outro direito real é *ius in re aliena*, direito sobre coisa alheia (do proprietário).

Podemos, deste modo, distinguir direitos reais sobre coisa própria (a propriedade, incluindo a compropriedade) e direitos sobre coisa alheia (todos os outros).

17. A oneração

I. Os autores mais antigos concebiam a propriedade como o direito real perfeito e completo. No confronto com ela, os outros direitos reais de gozo eram propriedades imperfeitas ou incompletas. POTHIER[410] explica isto: "uma propriedade é plena e perfeita quando é perpétua e a coisa não está carregada de direitos reais a favor de outras pessoas que não o proprietário. Ao contrário, ela é imperfeita quando se resolve ao fim de um certo tempo ou pela ocorrência de uma dada condição". A incidência de outros direitos reais sobre a propriedade tornavam-na imperfeita.

[410] Traité Du Droit De Domaine De Propriété, cit., pág. 6.

Esta concepção influenciou o Code Civil francês e todos os outros que o seguiram no seu modelo estruturante. O Código Civil de Seabra tinha como epígrafe do Título IV do Livro Único da Parte III "Da propriedade perfeita e da propriedade imperfeita". A doutrina reflectia esta terminologia, o que mostra bem como as concepções da civilística francesa anteriores ao Code Civil penetraram fundo nos quadros normativos da primeira codificação civil portuguesa.

Na base desta concepção está a ideia de que a propriedade constitui o direito real principal, do qual todos os outros derivam por desmembramento. Ouçamos de novo POTHIER[411]: "existem várias espécies de *ius in re*, que se chamam também direitos reais. O principal é o direito de domínio da propriedade. As outras espécies de direitos reais que emanam dele e que são como seus desmembramentos são os direitos de domínio de superioridade (...)".

Esta ideia levou ao surgimento da denominada teoria do desmembramento, que teve o seu campo de influência dominante na civilística portuguesa coeva do Código de Seabra, embora mantenha hoje um núcleo residual de apoiantes em Portugal[412]. Segundo esta teoria, os direitos reais menores derivam da fragmentação (desmembramento) dos poderes do proprietário a favor do titular do direito real menor. Este receberia, assim, o seu conteúdo da propriedade, que, em contrapartida, ficava privada dele enquanto durasse o direito real menor. A redacção do n.º 1 do art. 1306.º do Código Civil vigente parece ainda influenciada nesta teoria.

A crítica à teoria do desmembramento veio da denominada teoria da oneração. Os direitos reais menores não representam qualquer forma de desmembramento da propriedade, mas tipos diversos de aproveitamento da coisa. A sua incidência sobre a coisa não conduz a uma transmissão do conteúdo da propriedade para o direito novo, mas apenas a oneração daquele por este.

Quer dizer, a constituição do direito real menor não se faz por derivação do conteúdo da propriedade, privando este desse conteúdo. O direito real menor tem um conteúdo próprio, que quando incide sobre a coisa limita o aproveitamento do proprietário, porque ambos concorrem sobre a mesma coisa.

411 Traité Du Droit De Domaine De Propriété, cit., pág. 2.

412 PIRES DE LIMA/ANTUNES VARELA, Código Civil Anotado, cit., pág. 96 e seg.

A teoria da oneração rejeita, pois, que os outros direitos reais resultem da transferência de conteúdo da propriedade, concebendo-os antes como tipos autónomos, diversos da propriedade e que quando incidem sobre a mesma coisa comprimem aquele direito, impedindo o proprietário de gozar a coisa em toda a zona de sobreposição de conteúdo entre os dois direitos.

Pode assim dizer-se, que naquilo que é conteúdo do direito real menor, o direito maior fica onerado, ou seja, o titular deste último fica impedido de realizar o aproveitamento da coisa que o direito real menor providencia a quem couber.

Não temos dúvidas em expressar a nossa adesão sem reservas à teoria da oneração. O desmembramento só se compreende num pano de fundo em que se posiciona a propriedade no centro do sistema de direitos reais e se diminui o papel dos direitos reais menores na distribuição das vantagens das coisas corpóreas. Ele configura uma persistente resistência à perda da centralidade da propriedade no sistema científico e normativo de Direitos Reais.

II. A oneração dá-se quando dois ou mais direitos reais têm a mesma coisa por objecto. Na visão corrente, o direito onerado é sempre um direito real maior e o direito onerador um direito real menor. O conteúdo do direito real maior fica numa situação de compressão e o seu titular impossibilitado de fazer o aproveitamento da coisa nessa zona de sobreposição do conteúdo dos dois direitos. A lei resolve o conflito da concorrência de dois direitos reais distintos a favor do titular do direito menor. No entanto, o titular do direito maior pode continuar a aproveitar a coisa em tudo aquilo em que o seu direito não é afectado pela oneração.

No entanto, os estudos de Luís Pinto Coelho sobre a compropriedade trouxeram para o Direito português uma perspectiva diversa, que seria acolhida também por Oliveira Ascensão e Menezes Cordeiro. Segundo ela, os direitos em comunhão oneram-se reciprocamente, em moldes inteiramente semelhantes aos que ocorrem na relação entre um direito real maior e um direito real menor. Assim, tanto existe oneração quando uma servidão predial se constitui no âmbito do direito de usufruto, como quando existem dois comproprietários (co-usufrutuários, co-superficiários) sobre a mesma coisa.

Desta forma, existe oneração quando dois ou mais direitos reais compatíveis concorrem sobre a mesma coisa, sejam direitos reais da mesma natureza sejam direitos reais de diferente natureza, com a diferença de que, no primeiro caso, todos os direitos reais (da mesma natureza) ficam onerados, enquanto, no segundo caso, o direito real onerado é o maior.

Falamos em direitos reais compatíveis para se perceber os limites da oneração. Esta só se dá segundo o regime jurídico se os dois direitos em concurso puderem coexistir simultaneamente sobre a mesma coisa. Duas propriedades singulares não se podem onerar reciprocamente, porquanto a ordem jurídica só admite uma propriedade singular sobre a coisa. Na compropriedade, diversamente, admite-se a concorrência (concurso) simultânea de direitos de (com)propriedade.

18. A elasticidade dos direitos reais de gozo

Quando um direito real de gozo se encontra onerado o seu conteúdo típico não se transfere (sequer em parte) para o direito real menor, dado que este tem o seu conteúdo próprio. O que parece certo, em todo o caso, é que o titular do direito onerado não pode exercer os poderes ou outras situações activas do seu direito que sejam afectadas pelo aproveitamento concedido pelo direito onerador ao titular respectivo.

Se não há transferência, o que sucede então ao conteúdo do direito real onerado? A resposta é que fica comprimido[413], como que suspenso, enquanto a oneração durar. Esta compressão do direito real onerado atinge apenas a parte do conteúdo do direito onerador. Se, por exemplo, o poder de uso da coisa faz parte do direito real menor, como sucede com os direitos de usufruto, de uso e de habitação, o proprietário fica inibido de usar a coisa enquanto a oneração subsistir.

Pelo contrário, na parte restante, o titular do direito onerado pode continuar a exercer normalmente o mesmo. Assim, o proprietário onerado com um usufruto pode dispor do seu direito, nomeadamente, transmitindo-o a terceiro. Os actos de disposição não alteram a situação de oneração e o novo proprietário adquire a propriedade onerada com o usufruto, tal qual existia antes da alineação. E isto é assim em todos os casos de oneração.

Com a extinção do direito onerador, a oneração cessa, a compressão acaba e o direito real readquire a configuração típica do seu conteúdo. Dito de uma forma tecnicamente mais apurada, o direito real retoma a sua plenitude. Assim, voltando ao exemplo anterior, extinguindo-se o usufruto, a propriedade volta a ser plena e o proprietário pode exercer os poderes que até aí, por força da oneração, unicamente o usufrutuário podia exercer.

[413] BARBERO, Sistema Del Diritto Privato Italiano, cit., pág. 714.

A esta capacidade do direito real de se comprimir com a oneração e de regressar à sua configuração normal típica uma vez cessada aquela, leva os autores a acentuar uma característica do direito real: a elasticidade. Os direitos reais seriam direitos providos de elasticidade.

Alguns autores vão mesmo mais longe e falam num princípio de elasticidade[414]. Cremos, no entanto, que há exagero em falar num princípio de elasticidade como princípio de Direitos Reais. No rigor das coisas, a elasticidade acha-se somente nos direitos reais de gozo, e não em todos. As servidões prediais, por serem o direito real de gozo de menor extensão, não têm elasticidade.

Pensamos, deste modo, não ser correcto dizer que a elasticidade constitui um princípio ou mesmo uma característica dos direitos reais. Ela existe tendencialmente nos direitos reais de gozo e designa aí o movimento de compressão e de descompressão que o direito real sofre com a oneração e a exinção do direito onerador.

19. Situações jurídicas *propter rem*. Obrigações *propter rem*

I. Por situações jurídicas *propter rem* ou *ob rem* entendem-se aquelas cujo sujeito activo ou passivo se determina em atenção à titularidade de um direito real. Dito de outra forma, o sujeito activo ou passivo da situação jurídica *propter rem* é o titular de um direito real.

Dentro das situações jurídicas *propter rem*, as mais relevantes são as designadas obrigações reais ou, mais correctamente, *propter rem*[415]. Nelas, o sujeito passivo da obrigação surge determinado pela titularidade do direito real.

Como exemplos de obrigações *propter rem* podem apontar-se a obrigação dos comproprietários contribuírem para as despesas necessárias à conservação e fruição da coisa (art. 1411.º), a idêntica obrigação dos condóminos

[414] Orlando de Carvalho, Direito Das Coisas, cit., pág. 7 e Santos Justo, Direitos Reais, cit., pág. 38 e segs.

[415] Na doutrina, cf. Henrique Mesquita, Obrigações Reais E Ónus Reais, cit., Balbi, "Obbligazione Reale", Noviss. Dig. It., pág. 666 e segs., Palermo, "Prestazioni Fondiarie", Noviss. Dig. It., pág. 734 e segs., Germani, "Prestazioni Fondiarie", Nov. Dig. It., pág. 295 e segs., Gandolfi, "Onere Reale", Enc. Del Dir., pág. 127 e segs., Deiana, "In tema di obligationes propter rem acessorie ad un rapporto di servitù", Riv. Dir. Comm., 1952, II, pág. 91 e segs., Distasio, "Diritto reale, servitù e obbligazione propter rem", Riv. Trim. Dir. Proc. Civ., 1953, pág. 437 e segs., Grosso, "Servitù E Obbligazione Propter Rem", Riv. Dir. Comm., 1939, I, pág. 213 e segs., Bonfante, "Servitù e obbligazioni", Scritti Giuridici, Tomo II, pág. 355 e segs., Gazzoni, Manuale di Diritto Privato, cit., pág. 259 e segs.

de edifício constituído em propriedade horizontal (art. 1424.º), a obrigação do usufrutuário de realizar as reparações ordinárias da coisa usufruída (art. 1472.º, n.º 2), as obrigações do usuário e do morador usuário de pagarem as reparações ordinárias, as despesas de administração e os impostos e encargos anuais (1489.º, n.º 1), a obrigação do proprietário do prédio dominante titular da servidão predial de custear as obras no prédio serviente (art. 1567.º, n.º 1), etc.

As obrigações *propter rem* não correspondem a uma categoria legal. A lei nunca lhes faz qualquer referência. No entanto, nas doutrinas latinas tem sido levado a cabo um trabalho de dogmatização da figura, que permanece, no entanto, envolta num manto de obscuridade, quer na sua delimitação quer na distinção de outras figuras próximas, em particular, dos ónus reais.

Numa primeira aproximação, as obrigações *propter rem* representam deveres de prestar que impendem sobre o titular de um direito real a favor de outra pessoa. A partir daqui a controvérsia começa. Os deveres em causa podem ser impostos a favor de um não titular de direito real sobre a coisa ou apenas entre titulares de direitos reais sobre a mesma coisa? O dever de prestar da obrigação *propter rem* é sempre positivo ou pode consistir num *non facere* ou *pati*? As obrigações *propter rem* são autónomas relativamente ao direito real ou estão com ele numa relação de acessoriedade? As obrigações *propter rem* estão sujeitas ao regime obrigacional comum, como obrigações autónomas, ou a outro regime?

Henrique Mesquita[416] configura as obrigações *propter rem* como beneficiando um titular de outro direito real, um contitular do mesmo direito ou, finalmente, de outras pessoas que não são determinadas através da titularidade de um direito real sobre a coisa. Pensamos, porém, que este último âmbito leva a uma dispersão muito grande, indutora de uma desagregação da categoria. Além de que alguns dos exemplos apontados constituem ónus reais, que devem manter-se separados das obrigações *propter rem* se quisermos dar alguma clareza e operacionalidade a estas categorias.

Os exemplos legais de obrigações *propter rem* mostram que através delas se regula o modo como o titular do direito real deve exercer o seu direito quando em concorrência com outro direito real sobre a mesma coisa[417].

[416] Obrigações Reais E Ónus Reais, cit., pág. 16 e segs.

[417] Numa perspectiva diversa, incluindo as obrigações *propter rem* derivadas da vizinhança, cf. Oliveira Ascensão, Relações Reais, cit., pág. 102. Em nossa opinião, as denominadas restrições de vizinhança constituem uma delimitação (negativa) do direito real e não uma

A concorrência de direitos tendo a mesma coisa por objecto impõe muitas vezes a necessidade de regular a sua utilização pelos titulares, como forma de evitar o aparecimento de conflitos, de potenciar o valor económico do aproveitamento da coisa e, sobretudo, de disciplinar o exercício do direito de cada um.

Porquanto vários direitos reais podem coexistir simultaneamente sobre uma mesma coisa, ocorrendo situações de actuação concorrente e, por conseguinte, de conflito potencial entre titulares, o exercício desses direitos tem de ser regulado. Essa regulação é, assim, o escopo das obrigações *propter rem*.

Confinando as obrigações *propter rem* às situações de conflito entre titulares de direitos reais sobre a mesma coisa, afastamos do âmbito desta figura as obrigações de Direito público, a favor do Estado ou de outras entidades públicas, e mantemos a ligação estrita ao Direito privado.

Em Portugal, Henrique Mesquita[418] considera que as obrigações *propter rem* englobam apenas os deveres de prestação de conteúdo positivo, sustentando que que os outros (deveres negativos) se resolvem através da ponderação do próprio conceito de direito real. Não encontramos justificação para uma tal restrição[419]. Para dar um exemplo, o dever que a lei impõe ao usufrutuário de tolerar as reparações do proprietário (art. 1470.º, n.º 1), que se traduz num *pati*, não apresenta nenhuma diferença intrínseca dos deveres positivos usualmente indicados. Se na constituição do usufruto as partes acordam que o usufrutuário deverá manter a terra de cultura em pousio em cada três anos, não semeando no terceiro ano, ou se na venda do direito de superfície o superficiário fica obrigado a não iniciar a construção da obra antes de decorridos cinco anos da data de conclusão do contrato, temos obrigações de conteúdo negativo (*non facere*) que são *propter rem*.

Na nossa óptica, pois, as obrigações *propter rem* integram prestações positivas e negativas, quando os respectivos sujeitos, do lado activo e passivo, sejam simultaneamente titulares de direitos reais sobre a mesma coisa. Note-se, portanto, que as prestações negativas que indicamos se integram na relação entre titulares de direitos reais sobre a mesma coisa – não res-

obrigação *propter rem*, que implementa uma regulação da concorrência entre direitos reais sobre a mesma coisa.

418 Obrigações Reais E Ónus Reais, cit., pág. 26 e segs.

419 No sentido de admitir prestações de conteúdo negativo nas obrigações *propter rem*, contando que não se tratem de obrigações de exclusão geral, veja-se também Grosso/Dejana, Le Servitù Prediali, cit., pág. 51.

peitando a quaisquer outros terceiros, muito menos àqueles que usualmente surgem contemplados na obrigação passiva universal ou na esfera de protecção do direito real[420] – e têm por finalidade regular o exercício de um dos direitos reais defronte do titular de outro direito real.

Discute-se na doutrina se as obrigações *propter rem* constituem uma relação distinta do direito real, sendo acessórias a um direito principal (o direito real). A discussão tem tido lugar a propósito do regime jurídico das servidões e surge amiúde atravessada pela polémica quanto à admissibilidade de direitos reais *in faciendo*, particularmente *servitus in faciendo*, sob o pano de fundo do brocardo *servitus in faciendo consistere nequit*, segundo o qual, as servidões *in faciendo* eram proibidas no Direito romano.

Uma doutrina mais antiga divisa na obrigação *propter rem* uma relação obrigacional distinta do direito real. Para isto concorreria o próprio conceito de *ius in re*. Uma vez que as prestações atinentes às obrigações *propter rem* não têm a coisa por objecto, estas não poderiam fazer parte do conteúdo do direito real. Seriam autónomas, embora acessórias ao direito real[421].

Esta visão deve ter-se hoje por ultrapassada. O direito real, como situação jurídica complexa, integra simultaneamente no seu conteúdo um conjunto de poderes e faculdades a par de outras situações negativas (deveres, sujeições, etc.). Estas situações negativas delimitam o aproveitamento típico do direito real, fixando-lhe a extensão, que não é assim dada somente pelos poderes, faculdades ou outras situações activas.

Concebido o direito real desta forma, não custa perceber que as obrigações *propter rem* não têm autonomia, sendo parte do conteúdo negativo do direito real e compondo a sua estrutura complexa[422]. Perde, assim, todo

[420] Desta forma, as obrigações negativas de respeito de outro direito real constituído sobre a mesma coisa não constituem obrigações *propter rem*. Como dizemos no texto, estas obrigações visam regular o exercício de direitos reais em concorrência sobre a mesma coisa e não impor deveres específicos de abstenção para respeito de outro direito real. Assim, e a título de exemplo, no n.º 1 do art. 1568.º dispõe-se que "o proprietário do prédio serviente não pode estorvar o uso da servidão (...)". Este dever não pode ser caracterizado como uma obrigação *propter rem* de conteúdo negativo, pois limita-se a reiterar o dever genérico de respeito do proprietário relativamente aos outros direitos reais constituídos sobre a coisa, sem ter por finalidade a regulação do exercício concorrente da propriedade e da servidão. Neste ponto, concordamos com Henrique Mesquita, Obrigações Reais E Ónus Reais, cit., pág. 265 e segs, em particular, pág. 269 e segs.

[421] Balbi, "Obbligazione Reale", cit., pág. 670, Branca, Servitù prediali, cit., pág. 66 e segs., Grosso/Dejana, Le Servitù Prediali, cit., pág. 54.

[422] Neste sentido, Comporti, Diritti Reali in Generale, cit., pág. 230 e segs. Também Henrique Mesquita, Obrigações Reais E Ónus Reais, cit., pág. 9 e segs., afirma que as obrigações *propter rem* fazem parte da posição jurídica do titular do direito real e do conteúdo deste.

o seu peso o argumento tradicional, segundo o qual, estas obrigações, por não terem uma coisa por objecto, não poderiam ter natureza real, sendo a sua natureza, pessoal, mista ou outra.

II. O facto de as obrigações *propter rem* pertencerem ao conteúdo do direito real não permite considerar aplicável, sem mais, o regime do Direito das Obrigações; e esta aplicabilidade não pode advir do mero facto de as obrigações *propter rem* se estruturarem sobre um dever de prestar do titular do direito real e um direito à prestação de outra pessoa. Diferentemente, o regime jurídico das obrigações terá aplicação às obrigações *propter rem* somente quando não houver no regime real uma regulação específica ou não for afastada por ele.

Para compreender isto, importa não esquecer que o conteúdo do direito real é regulado pelo regime jurídico de Direitos Reais. O facto de haver prestações a cumprir pelo titular do direito real não desvirtua a natureza do direito que o compreende nem o pode submeter naturalmente ao Direito das Obrigações. A situação jurídica (o direito real) globalmente considerada tem natureza real e fica sujeita ao ramo de Direito respectivo.

No fundo, a relevância teórica da figura da obrigação *propter rem* reside na circunstância de ligado ao aproveitamento da coisa surgirem deveres de comportamento a que fica adstrito o titular do direito real. Esses deveres têm uma estrutura obrigacional, mas o seu regime jurídico não é simplesmente o do Direito das Obrigações, uma vez que se integram no conteúdo de um direito real, regido pelo Direito das Coisas. Eles servem ainda uma lógica de aproveitamento de uma coisa, regulando o exercício de direitos reais em concorrência, e não podem ser analisados simplesmente como se tratasse de uma relação obrigacional autónoma.

III. Deixámos expressado anteriormente o nosso entendimento de que as denominadas obrigações *propter rem* não têm qualquer relação de acessoriedade com o direito real, fazendo parte do conteúdo do mesmo. Portanto, as obrigações reais não correspondem a relações jurídicas distintas do direito real e autónomas deste, integrando o conteúdo complexo do direito real.

Como obrigações, as obrigações *propter rem* postulam a existência de relações jurídicas reais, que nós circunscrevemos aos casos de concurso de direitos reais sobre a mesma coisa, ou seja, entre os titulares desses direitos reais.

O problema que nós queremos agora versar é outro, é o de compatibilizar a natureza real do direito com a existência de deveres de prestar no seu conteúdo, tendo sido este o argumento principal da recusa de muitos autores em integrarem as obrigações *propter rem* no conteúdo do direito real.

O direito real tem uma coisa como objecto; na estrutura deste direito encontra-se uma coisa. Todo o conteúdo positivo do direito direcciona-se para o aproveitamento da coisa. No entanto, o concurso de vários direitos reais sobre o mesmo objecto determina a necessidade de regulação do exercício concorrente dos mesmos. As obrigações *propter rem* promovem essa regulação numa situação complexa cujo objecto é uma coisa, sem desvirtuarem a natureza do direito. No seu conjunto, o direito real recai numa coisa, servindo os deveres de prestar para regular o aproveitamento da mesma.

A falta de autonomia das obrigações reais numa situação complexa que tem uma coisa corpórea por objecto comunica-lhe a natureza respectiva. Fazendo parte do conteúdo de um direito real, as obrigações *propter rem* têm a natureza desse direito.

A falta de autonomia das obrigações propter rem permite igualmente rejeitar a admissibilidade de direitos reais *in faciendo*[423]. Não existem direitos reais *in faciendo*; o que existem são prestações (positivas ou negativas) integradas no conteúdo do direito real submetidas a um escopo legal de regulação do exercício de direitos reais em concorrência sobre a mesma coisa.

IV. Várias vezes se afirma que as obrigações *propter rem* se transmitem com a transmissão do direito real (e seriam, por isso, ambulatórias) e se extinguem quando este se extingue, particularmente na hipótese da renúncia liberatória[424].

Tem, no entanto, pouco interesse pôr as coisas nestes termos, como se a obrigação *propter rem* tivesse autonomia e pudesse ser considerada isoladamente do conteúdo do direito real em que surge. Se a fonte da obrigação *propter rem* é o direito real, o seu titular apenas se encontra vinculado ao cumprimento enquanto persistir a titularidade do direito. Se esta deixa de existir, a obrigação *propter rem* vinculará o novo titular, se o houver.

Assim, se a lei comete ao proprietário de imóvel o dever de desflorestação do prédio e aquele renuncia ao seu direito, o Estado, sendo o novo proprietário, está investido nesse dever (*propter rem*). Mas já se o dever cabe ao

[423] No mesmo sentido, HENRIQUE MESQUITA, Obrigações Reais E Ónus Reais, cit., pág. 326.

[424] Cf. HENRIQUE MESQUITA, Obrigações Reais E Ónus Reais, cit., pág. 311 e segs., BALBI, "Obligazione Parziaria", cit., pág. 671 e 673.

usufrutuário e este renuncia ao direito, só na esfera do proprietário poderá ser considerada a obrigação *proter rem.*

A transmissão do direito real exonera o transmitente do dever de prestar, fazendo-o recair no novo adquirente. E isto, mesmo relativamente a dívidas vencidas. Afastamo-nos neste ponto da visão corrente[425]. De facto, se a fonte da obrigação *propter rem* é o direito real, o titular respectivo está investido no dever de a cumprir, mesmo que eventualmente haja adquirido o direito após o vencimento da mesma[426].

Dando um exemplo, se o condómino não pagou algumas mensalidades do condomínio e depois vende a fracção a um terceiro, este encontra-se obrigado a pagar o montante em dívida, excepto no que respeita a juros e outros danos causados pela mora. Isto explica-se, porque a responsabilidade civil pelo incumprimento só pode exigir-se ao devedor relapso e não ao adquirente que não era devedor quando a dívida se venceu. Mas já quanto à obrigação *propter rem*, sendo ela uma decorrência do direito real, do seu conteúdo, todo o titular do direito está obrigado a cumpri-la[427], ainda que não tivesse essa qualidade no momento em que a obrigação se venceu.

O que dissemos afasta um critério comum de diferenciação entre as obrigações *propter rem* e os ónus reais. A diferença entre estes não reside no facto de as primeiras serem intransmissíveis ao novo titular do direito real enquanto os ónus reais o são[428], porquanto também nas obrigações *propter rem* o novo titular se encontra vinculado ao cumprimento respectivo.

V. O problema que abordamos de seguida consiste na apreciação da validade da constituição de obrigações *propter rem* fora dos casos contemplados na lei. É admitida a livre criação de obrigações *propter rem* ou esta encontra-se sujeita a um princípio de taxatividade?

Alguns autores mencionam uma tipicidade das obrigações *propter rem*[429]: "trata-se de uma categoria que deve resultar determinada através de hipó-

[425] Sobre esta matéria, cf. HENRIQUE MESQUITA, Obrigações Reais E Ónus Reais, cit., pág. 311 e segs. e 360 e segs. , BALBI, "Obligazione reale", cit., pág. 671 e seg.

[426] Para as obrigações propter rem não vencidas, o problema nem sequer se põe. Devedor é sempre aquele que figura como titular do direito real.

[427] Sem prejuízo dos efeitos de eventual erro, dolo ou culpa *in contraendo* na relação entre o alienante e o adquirente e que cabem no âmbito do regime do negócio jurídico praticado.

[428] Veja-se, porém, ANTUNES VARELA, Das Obrigações Em Geral, cit., pág. 193 e segs.

[429] GROSSO/DEJANA, Le Servitù Prediali, cit., pág. 55 e segs. Para o problema na doutrina portuguesa, cf. HENRIQUE MESQUITA, Obrigações Reais E Ónus Reais, cit., pág. 282 e segs.

teses tipicamente previstas (...); de outro modo, são aplicáveis as regras gerais das obrigações"[430].

A lei portuguesa não confirma aparentemente esta perspectiva. As obrigações *propter rem* podem ter a sua fonte directamente na lei ou em negócio jurídico. E, com efeito, são várias as hipóteses em que a lei admite a previsão de obrigações, por via negocial, no título constitutivo. Assim acontece no usufruto (art. 1445.º), nos direitos de uso e de habitação (art. 1485.º), na superfície (art. 1530.º) e nas servidões prediais (art. 1564.º).

Por outro lado, a lei admite igualmente que no título constitutivo seja alterado o sujeito passivo da obrigação *propter rem*. No art. 1567.º, n.º 1 prevê-se que as obras com a servidão ficam a cargo do proprietário do prédio dominante, "salvo se outro regime tiver sido convencionado", uma abertura clara à inversão de sentido do dever, que, assim, pode ficar a impender sobre o proprietário do prédio serviente.

Significa isto, afinal, que a autonomia privada vale aqui com toda a sua plenitude e toda a espécie de obrigações *propter rem* pode ser convencionada?

Um primeiro obstáculo a isto provém do princípio da tipicidade (art. 1306.º, n.º 1)[431]. A validade da constituição de obrigações de fonte negocial que importem, no seu alcance prático, a supressão ou diminuição do aproveitamento típico do direito real deve considerar-se excluída. Há, neste caso, violação da tipicidade legal (art. 1306.º, n.º 1).

Em todo o caso, este argumento não pode valer para as obrigações *propter rem* que não firam o conteúdo injuntivo típico do direito real. Para estas há a considerar, no entanto, um segundo obstáculo. Esse obstáculo prende-se com a falta de publicidade. As obrigações *propter rem*, por pertencerem ao conteúdo do direito real, não são objecto de publicidade autónoma. Elas representam, porém, um gravame importante para o adquirente do direito real, que fica obrigado a desenvolver uma actividade com a qual pode não ter contado, se a mesma deriva unicamente do título constitutivo e não da lei.

Por outro lado, e dentro da nossa perspectiva de que as obrigações *propter rem* são parte integrante do conteúdo do direito real, parece difícil admitir que os particulares possam fixar livremente esse conteúdo fora do âmbito do tipo legal, dando ao exercício do direito real em concurso com outro a conformação que quiserem.

[430] GROSSO/DEJANA, Le Servitù Prediali, cit., pág. 56.

[431] Neste sentido, também, GAZZONI, Manuale di Diritto Privato, cit., pág. 259.

Isto leva-nos a pensar que as obrigações *propter rem* de fonte negocial só podem ser validamente convencionadas se incidirem sobre os aspectos do exercício do direito real que a lei contemple, nomeadamente, para afastarem o regime supletivo legal, estabelecendo outra solução. As obrigações que não estejam nestas condições não podem valer como obrigações *propter rem*, ficando quanto muito sujeitas ao regime geral das obrigações.

E com isto chegamos a uma orientação praticamente coincidente com a de HENRIQUE MESQUITA[432]. Os particulares podem prever negocialmente obrigações *propter rem* sempre que se trate de regime supletivo legal e no âmbito deste. Fora das hipóteses em que a lei contemple a conformação do exercício do direito real pelos particulares, as obrigações *propter rem* não serão válidas como tal, podendo valer somente como obrigações gerais, sujeitas ao regime do Direito das Obrigações e não fazendo parte do conteúdo do direito real.

Nesta ordem de ideias, admitimos falar numa taxatividade das obrigações *propter rem*.

20. Ónus reais

I. A categoria dos ónus reais[433] não tem contornos precisos. A dogmatização da mesma na doutrina ora apresenta uma assimilação com as obrigações *propter rem* ora surge como uma categoria distinta daquelas, com critérios de distinção sempre variados.

Em nossa opinião, justifica-se separar o tratamento dogmático das duas categorias. Embora a sua evolução histórica haja corrido em paralelo com as obrigações *propter rem*, são efectivamente categorias que aludem a situações diversas.

Começamos por chamar a atenção para o facto da expressão ónus real não ser utilizada no sentido técnico que lhe está associado como situação jurídica. O ónus real não representa um verdadeiro ónus.

[432] Obrigações Reais E Ónus Reais, cit., pág. 282 e segs.

[433] A obra clássica portuguesa sobre esta matéria, ainda que limitada pelo tema investigado, é a de ABEL ANDRADE, Caducidade Dos Onus Reaes, Por Virtude Da Arrematação E Adjudicação, Coimbra, 1898, pág. 15 e segs. Na doutrina portuguesa moderna, cf. HENRIQUE MESQUITA, Obrigações Reais E Ónus Reais, cit., pág. 397 e segs., BALBI, "Obbligazione Reale", Noviss. Dig. It., pág. 666 e segs., PALERMO, "Prestazioni Fondiarie", Noviss. Dig. It., pág. 734 e segs., GERMANI, "Prestazioni Fondiarie", Nov. Dig. It., pág. 295 e segs., GANDOLFI, "Onere Reale", Enc. Del Dir., pág. 127 e segs.

Por outro lado, frequentemente, aliás, esta expressão surge na lei para designar situações que não correspondem aos tradicionais ónus reais[434]. Por exemplo, na alínea r) do n.º 1 do art. 2.º do Código do Registo predial alude-se ao "ónus de casa de renda limitada ou de renda económica", quando é certo que a figura não constitui qualquer ónus real. Portanto, e como prevenção, há que contar com as utilizações pouco criteriosas da expressão ónus real, que nada têm a ver com a figura em análise.

Numa primeira aproximação, o ónus real designa uma prestação positiva a que se encontra obrigado o titular de um direito real defronte de outra pessoa. Neste sentido, e este supomos ser um aspecto pacífico, o ónus real constitui uma modalidade de situação jurídica *propter rem*.

Discute-se se a prestação engloba tanto o *dare* de uma coisa como um *facere*, ou se apenas a entrega de coisa, em género ou dinheiro, pode ser objecto de um ónus real. A doutrina portuguesa dominante[435] considera que os ónus reais apenas englobam as prestações positivas de *dare*, excluindo, pois, as de *facere*. Na doutrina estrangeira, os autores italianos incluem por vezes prestações negativas, mas não põem em causa as prestações positivas, sejam de *facere* sejam de *dare*. E, na Alemanha, a admissibilidade de prestações de *facere* nos ónus reais não é objecto de nenhuma controvérsia.

Antes de darmos a nossa resposta, convém fazer uma delimitação prévia. A doutrina tem distinguido ónus reais puros e ónus reais integrados em direitos reais[436]. O cânon superficiário (art. 1530.º) seria um exemplo destes últimos: ele integra a posição jurídica do proprietário do solo onerado com um direito de superfície, quando o mesmo seja convencionado (art. 1530.º, n.º 1 no fim).

Esta distinção é fundamental. Os denominados ónus integrados em direitos reais não apresentam nenhuma característica quepermita diferenciá-los das obrigações *propter rem*. Eles são, assim, parte do conteúdo do direito real, quer do direito real do sujeito activo quer do direito real do obrigado à prestação. Isto quer dizer, que apenas se justifica dogmaticamente falar

[434] Sobre isto, cf. HENRIQUE MESQUITA, Obrigações Reais E Ónus Reais, cit., pág. 398 e segs.

[435] OLIVEIRA ASCENSÃO, Direito Civil – Reais, cit., pág. 586 e segs., Relações Reais, cit., pág. 225 e segs. e A Tipicidade Dos Direitos Reais, cit., pág. 129 e segs., HENRIQUE MESQUITA, Obrigações Reais E Ónus Reais, cit., pág. 426 e segs. CARVALHO FERNANDES, Lições De Direitos Reais, cit., pág. 183 e segs. A definição de MENEZES CORDEIRO, Direitos Reais, cit., pág. 363 não é conclusiva sobre este ponto, visto que este professor menciona prestações positivas, sem especificar se podem consistir num *facere*.

[436] MENEZES CORDEIRO, Direitos Reais, cit., pág. 369.

de ónus reais relativamente aos ónus reais puros, ou seja, àqueles que não fazem parte do conteúdo de um direito real. Os outros não se distinguem das obrigações *propter rem*.

Voltando, então, ao problema que enunciámos – saber se a prestação positiva do ónus real pode ser de *facere* e de *dare* ou só de *dare*, seria decerto possível, na variedade dos exemplos históricos conhecidos, encontrar casos em que o ónus real tem por objecto uma prestação de *facere*. O que interessa, no entanto, são os dados do Direito positivo português vigente. E os exemplos conhecidos de ónus reais, o apanágio do cônjuge sobrevivo, a reserva de quantia sobre a coisa doada, a contribuição autárquica, a taxa municipal de conservação de esgotos, etc., apoiam solidamente a tese de que a prestação do ónus real consiste somente num *dare*.

Nada disto impede, naturalmente, os interessados de convencionarem que o titular de um direito real sobre um prédio fique, nessa qualidade, obrigado a realizar um *facere* a favor de outra pessoa. O direito do credor não constitui, no entanto, um ónus real, na acepção técnica da figura e a situação não se diferenciará de qualquer outra obrigação, sujeita ao regime comum do Direito das Obrigações.

Estamos, assim, em condições de definir ónus real: o ónus real é o direito de exigir a entrega, singular ou periódica, de coisa, em géneros ou dinheiro, a quem for o titular de um direito real de gozo sobre um prédio.

O ónus real tem por objecto uma prestação de *dare*, como dissemos. A coisa a entregar pode ser uma qualquer, em regra, será dinheiro, como mostram os exemplos acima indicados.

O ónus real atinge o titular de um direito real sobre um prédio, impondo-lhe uma obrigação de entrega de coisa. A determinação do sujeito passivo da obrigação pela titularidade de um direito real de gozo sobre um prédio permite falar numa situação jurídica *propter rem*.

Por último, o titular do ónus real não beneficia de um direito real concorrente sobre o prédio ou, pelo menos, a prestação correspondente ao ónus não lhe é devida nessa qualidade. Se assim fosse, estaríamos perante uma obrigação *propter rem*. Por isso dissemos que o cânon superficiário não constitui um exemplo de ónus real.

II. Os ónus reais conferem ao titular o direito de exigir a entrega de coisa seja qual for o titular do direito real de gozo sobre o prédio. Por conseguinte, havendo uma transmissão do direito real, o novo titular está obrigado a cumprir a prestação ao credor, ainda que exista mora anterior à transmissão, ou seja, mesmo que o crédito se haja vencido antes do novo titular ter adquirido o seu direito[437].

Deste modo, a transmissão do direito real sobre o prédio gravado com o ónus real não surte nenhum efeito liberatório. O ónus real continua a ser exigível ao titular do direito real.

III. Henrique Mesquita[438] afirma que o que distingue as obrigações reais dos ónus reais é o facto de a estes últimos estar acoplada uma garantia real[439]. O ónus real conferiria ao titular uma garantia sobre a coisa, o que não sucederia nas obrigações *propter rem*.

Demos anteriormente as nossas definições de obrigação *propter rem* e de ónus real e mantivemos as figuras diferenciadas. Não voltaremos a este ponto; o que nos interessa agora é somente aferir se o ónus real comporta uma garantia a favor do beneficiário.

A primeira dificuldade reside em saber de que garantia se trata, havendo um *numerus clausus* de garantias reais. A segunda dificuldade encontra-se na formalização da garantia real e na sua publicidade. Resulta esta da mera constituição e registo do ónus real ou supõe, pelo menos, um registo autónomo?

Um outro ponto do regime jurídico desmente a integração da vertente de garantia do ónus real, sugerindo, ao invés, que a garantia é exterior a ele. A contribuição autárquica e os outros impostos prediais, que representam ónus reais de Direito público, são garantidos por privilégios creditórios (art. 744.º, n.º 1). É patente, neste caso, que a garantia não integra o conteúdo do ónus real, advindo da previsão específica de um direito real de garantia autónomo.

Tudo isto, na ausência de dados concludentes do regime jurídico, nos leva a pensar que a garantia do ónus real só pode existir nos termos gerais, ou seja, se for convencionada pelas partes, recorrendo ao catálogo legal de garantias reais, ou se for prevista pela lei.

[437] Pensamos que não há, quanto a este ponto, nenhum diferença entre os ónus reais e as obrigações *propter rem*. Num sentido diferente, segundo o qual, nas obrigações *propter rem* apenas o titular do direito real no momento do vencimento se encontra obrigado ao seu cumprimento, cf. Antunes Varela, Das Obrigações Em Geral, cit., pág. 195 e segs. e Henrique Mesquita, Obrigações Reais E Ónus Reais, cit., pág. 420 e segs.

[438] Obrigações Reais E Ónus Reais, cit., pág. 454.

[439] No mesmo sentido, Antunes Varela, Das Obrigações Em Geral, cit., pág. 196.

Em caso de incumprimento do ónus real, e caso não haja garantia real constituída a seu favor, o beneficiário concorre com os credores comuns ao património do devedor, incluindo naturalmente a coisa que serve para a determinação *propter rem*.

IV. Discute-se a natureza jurídica do ónus real. As posições dos autores portugueses variam consideravelmente, quer na argumentação usada quer mesmo na categoria de direitos reais em que o incluem, quando defendem a sua natureza real.

Pensamos, todavia, que o problema da natureza do ónus real só tem relevo relativamente aos ónus reais de Direito privado. Os ónus reais de Direito público têm a natureza que resultar do regime jurídico que os estabelece. A contribuição autárquica ou a taxa municipal de conservação de esgotos, por exemplo, constituem impostos e nenhum sentido faz discutir se têm natureza real, obrigacional ou outra.

Dentro dos ónus reais de Direito privado, o problema da natureza respeita unicamente aos denominados ónus reais puros[440]. Os outros constituem obrigações *propter rem* e não têm autonomia face ao direito real em cujo conteúdo se integram.

Posto isto, começamos por relembrar o que deixámos explicitado atrás. A natureza real provém de um dado estrutural: os direitos reais são direitos subjectivos que têm coisas corpóreas por objecto. Se a coisa não está implicada no objecto do direito, ainda que proporcione um aproveitamento ao titular do direito, como sucede na locação ou no comodato, o direito não é real[441].

Ora, o objecto do ónus real é uma prestação. O ónus real impõe ao titular de um direito real de gozo sobre um prédio um dever de entregar uma coisa ao credor. Em contrapartida, este tem o poder de exigir a entrega. É incorrecto dizer que este poder é inerente. O poder dirige-se contra o devedor, para que este realize a entrega, e não contra a própria coisa, como sucede nos verdadeiros direitos reais.

[440] Cf. o ponto anterior.

[441] Como dissemos atrás, não perfilhamos a tese de que a inerência seja suficiente para a qualificação de uma situação jurídica como real. Parece-nos, aliás, que tal afirmação é inexacta. Um direito tem inerência porque o seu objecto é uma coisa corpórea e não se dissocia dela e não porque é inerente.

Nos ónus reais, a coisa serve apenas para determinar a titularidade passiva do ónus real e não para facultar qualquer forma de aproveitamento da mesma. A utilização da coisa para a determinação do sujeito passivo de uma obrigação não pode ser confundida com inerência. Trata-se apenas do carácter *propter rem* do ónus real.

MENEZES CORDEIRO[442] supôs ter ultrapassado este escolho argumentativo distinguindo, na esteira de OLIVEIRA ASCENSÃO, entre o ónus real, como fonte de créditos, e estes. O primeiro teria uma natureza – real – diferenciada da natureza dos créditos.

Não podemos concordar com esta construção, pois o ónus real não se distingue do poder de exigir a prestação de entrega de coisa, confundindo-se com ele. Não existe, assim, um ónus real e um crédito ou créditos à entrega; o que existe é tão-somente o ónus real.

Assentando numa relação jurídica, dando a um credor o poder de exigir uma actividade (prestação de *dare*) e ao titular do direito real de gozo sobre um prédio (devedor) o dever de realizar aquela, o ónus real tem natureza obrigacional. A coisa não só não integra o objecto do direito do credor como se limita a servir o propósito de determinar o sujeito passivo da obrigação.

Em termos de construção jurídica, não teria de ser assim. O ónus real poderia incidir sobre a própria coisa, atribuindo, por exemplo, uma parcela dos frutos ao titular do direito. Seria, nesse caso, um direito real de gozo. A dissociação do objecto do ónus – a prestação – e a coisa não permite afirmar, no entanto, a natureza real dos ónus reais usualmente indicados.

V. A evolução portuguesa posterior ao período feudal, a partir do liberalismo oitocentista, foi eliminando progressivamente os ónus reais[443]. Considerados socialmente indesejáveis, por manterem a propriedade sujeita a uma teia de vínculos, eles foram sendo revogados, apesar de ainda no domínio do Código de Seabra se haver mantido uma confusão terminológica entre ónus reais e direitos reais menores. Essa tendência, comum aos países latinos, desde a França à Itália, não contagiou o Direito alemão e o Direito suíço. Na Alemanha, o BGB mantém ainda uma secção destinada aos ónus reais (§§ 105 a 112), o mesmo acontecendo no Código Civil Suíço (Arts. 782.º a 792.º).

[442] Direitos Reais, cit., pág. 366 e segs.

[443] Cf. ANTUNES VARELA, Das Obrigações Em Geral, cit., pág. 196 e seg.

Actualmente, os ónus reais só existem quando a lei os preveja[444]. Pode falar-se, assim, numa tipicidade ou taxatividade dos ónus reais. Esta tipicidade não advém, todavia, do facto de os ónus reais serem direitos reais[445], não o são, como vimos no ponto anterior, mas sim da regra, segundo a qual, ninguém pode ficar obrigado por uma convenção celebrada por outra pessoa senão nos casos previstos na lei (art. 406.º, n.º 2).

Deste modo, os ónus reais só podem ser validamente convencionados nos casos legalmente contemplados. Fora destes casos, as obrigações que vinculem o titular de um direito real em atenção à coisa objecto do seu direito ficam sujeitas ao regime obrigacional comum.

21. Pretensões reais

O sistema científico português de Direitos Reais manteve-se tradicionalmente distante da doutrina alemã das pretensões. Encontramos, todavia, algumas referências à figura em Oliveira Ascensão[446], Henrique Mesquita[447] e Santos Justo[448].

Se o proprietário de uma coisa vê a mesma destruída num acidente de automóvel devido a facto ilícito de terceiro, a ordem jurídica concede-lhe o direito a ser indemnizado (art. 483.º, n.º 1) através da acção respectiva. Nesta acção o lesado exerce, pois, uma pretensão a ser indemnizado dos danos sofridos. Tal pretensão tem, no entanto, natureza pessoal, visando efectivar o ressarcimento dos danos contra o devedor (responsável civil).

A violação do direito real pode, porém, motivar pretensões destinadas a obter a restituição da coisa ilicitamente na posse ou detenção de terceiro. É o que tipicamente sucede com a acção de reivindicação[449], na qual o reivindicante solicita do possuidor a entrega da coisa, ou na acção possessória

[444] No mesmo sentido para o Direito italiano, ver Comporti, Diritti Reali in Generale, cit., pág. 228 e seg.

[445] Veja-se Henrique Mesquita, Obrigações Reais E Ónus Reais, cit., pág. 456 e segs.

[446] Direito Civil – Reais, cit., pág. 47 e segs.

[447] Obrigações Reais E Ónus Reais, cit., pág. 104 e segs.

[448] Direitos Reais, cit., pág. 90 e segs.

[449] Schwab/Prütting, Sachenrecht, cit., pág. 206 e segs., Prütting, Sachenrecht, cit., pág. 220 e segs., Vieweg/Werner, Sachenrecht, cit., pág. 187 e segs., Brehm/Berger, Sachenrecht, cit., pág. 116 e segs., Schreiber, Sachenrecht, cit., pág. 147 e segs, Müller, Sachenrecht, cit., pág. 156 e segs., Müller/Gruber, Sachenrecht, cit., pág. 228 e segs., Schapp/ /Schur, Sachenrecht, cit., pág. 41 e segs.

de restituição[450], que tem o mesmo pedido. Tanto na acção de reivindicação como na acção possessória de restituição o autor exerce uma pretensão à entrega da coisa. Essa pretensão decorre do exercício do direito real e não está dependente de um devedor determinado. Trata-se, por isso, de uma pretensão real.

A pretensão real também pode existir na contestação à existência de outro direito real, na acção negatória[451], como na afirmação da sua existência, na acção confessória. O proprietário que pede a declaração judicial da inexistência do usufruto ou o titular da servidão que propõe a acção para o reconhecimento do seu direito defronte do proprietário exerce uma pretensão real.

Para além destes casos, existe pretensão legal sempre que o titular de um direito real exerce este direito contra terceiro. O proprietário que reclama do superficiário o pagamento do cânon superficiário ou o proprietário do imóvel que exige do vizinho o respeito pelo dever de não emitir ruído (art. 1346.º) ou que concorra com ele para a demarcação das extremas do seu prédio (art. 1353.º) actua uma pretensão real.

A pretensão real tem o seu fundamento numa situação jurídica real que é exercida contra alguém. Supomos que os casos apresentados mostram que não é necessário existir uma violação do direito real[452] ou que esteja sempre em causa a entrega da coisa indevidamente com um terceiro. Diremos, assim, que sempre que o titular de um direito real realize um pedido processual contra terceiro com fundamento nesse direito estamos defronte de uma pretensão real.

Com esta formulação, afastamo-nos da construção de HENRIQUE MESQUITA[453], que vê nas pretensões reais "relações creditórias que têm o seu fundamento no regime específico dos direitos reais"[454]. Não vemos, de resto, como no âmbito de uma acção confessória ou negatória se possa vislumbrar uma relação creditória entre as partes.

[450] BAUR/STÜRNER, Sachenrecht, cit., pág. 96 e segs., SCHWAB/PRÜTTING, Sachenrecht, cit., pág. 47 e segs., PRÜTTING, Sachenrecht, cit., pág. 44 e segs., VIEWEG/WERNER, Sachenrecht, cit., pág. 42 e segs., MÜLLER, Sachenrecht, cit., pág. 53 e segs., ECKERT, Sachenrecht, cit., pág. 47, SCHREIBER, Sachenrecht, cit., pág. 74 e segs., SCHAPP/SCHUR, Sachenrecht, cit., pág. 35 e segs.

[451] Quanto a esta, cf. SANTOS JUSTO, Direitos Reais, cit., pág. 91 e seg.

[452] No mesmo sentido, SANTOS JUSTO, Direitos Reais, cit., pág. 90.

[453] Obrigações Reais E Ónus Reais, cit., pág. 105 e seg.

[454] Também o faz SANTOS JUSTO, Direitos Reais, cit., pág. 102 e segs.

Por conseguinte, assim como consideramos as obrigações *propter rem* partes do conteúdo do direito real, ligamos as pretensões reais ao exercício judicial do direito real, sem envolver o regime obrigacional só porque uma conduta de alguém é requerida. De outro modo, o exercício do direito real contra alguém só poderia ser explicado com recurso ao esquema obrigacional, o que contraria a autonomia não apenas normativa como dogmática de Direitos Reais.

A exigência de cumprimento de deveres de conduta com base em direito real não transforma a relação jurídica subjacente numa relação obrigacional. A pretensão real representa uma manifestação processual do exercício do direito real e está sujeita ao regime jurídico de Direitos Reais[455].

[455] Uma panorâmcia geral, nem sempre coincidente com o texto, pode ver-se em WILHELM, Sachenrecht., cit., pág. 37 e seg.

Capítulo II
Das Coisas

22. O estudo das coisas em Direitos Reais

I. A parte geral da sistematização germânica do Direito Civil, permitindo erguer uma teoria geral do Direito Civil no sistema científico, teve repercussões em Direitos Reais.

A aspiração à validade científica do Direito, no dealbar do século XIX, franqueou as portas do seu sistema científico à doutrina kantiana. De acordo com KANT, toda a ciência fundava-se em elementos apriorísticos, os denominados juízos sintéticos à priori. No campo do Direito, o conceito de relação jurídica assumiu a natureza de juízo sintético à priori e o seu discurso científico passou a referir-se a ele como o elemento redutor do que é jurídico. Isso, aparentemente, conferia ao Direito um lugar entre as ciências.

A construção de uma parte geral do Direito Civil segundo o modelo da relação jurídica, que ocupou os pandectistas durante o século XIX e se projectou para bem dentro do século XX, levou a que o estudo dos seus elementos tivesse lugar na cadeira que ensinava a parte geral, a Teoria Geral do Direito Civil. Ora, uma vez que as coisas constituíam o objecto da relação jurídica, essa matéria ficou a fazer parte do programa de Teoria Geral do Direito Civil[456].

[456] Apesar de crítico em relação ao ensino das coisas na parte geral do Direito Civil e não em Direitos Reais, MENEZES CORDEIRO ainda sugere no seu programa de Teoria Geral Do Direito Civil, Relatório, cit., pág. 233 e 253, "uma referência à matéria dos artigos 202.º e ss.", ressalvando,

Como consequência, deu-se este resultado, tão surpreendente como inconveniente, de as coisas deixarem de ser estudadas na cadeira de Direitos Reais, para passarem a sê-lo na Teoria Geral do Direito Civil. Quer dizer, o sistema científico deste ramo do Direito, ao qual cabe comunicar o regime jurídico respectivo, passou a omitir a apresentação do seu objecto, ficando inteiramente à mercê do ensino desta matéria na Teoria Geral do Direito Civil. Uma situação, aliás, comum aos principais países europeus, com relevo para a Alemanha[457].

Excepções a esta linha de orientação, em Portugal, encontram-se, todavia, no ensino de Direitos Reais na Faculdade de Direito de Lisboa. Desde logo, com Jaime de Gouveia[458], que consagra ao ensino das coisas um espaço considerável. Depois de Jaime de Gouveia, seria preciso esperar mais de vinte anos, pelo ensino de Dias Marques[459], para encontrar de novo a exposição da matéria das coisas em Direitos Reais. Oliveira Ascensão[460] manteria igualmente esta orientação na primeira edição das suas lições, e até à quarta edição[461], mas viria a inverter a mesma a partir da quinta edição, suprimindo o ensino das coisas. Finalmente, Menezes Cordeiro[462] não deixaria de tratar as coisas nas suas lições de Direitos Reais, pugnando de um modo particular e enérgico pela inserção da sua disciplina neste ramo do Direito[463-464].

porém, o "seu aprofundamento em Direitos Reais". Na sequência da autonomização da parte geral do Direito Civil, os civilistas nunca deixaram de abordar o regime jurídico das coisas no estudo da Teoria Geral do Direito Civil.

457 Desde os estudos da pandectística que a matéria atinente às coisas passou a ser domínio exclusivo da Teoria Geral do Direito Civil neste país. Porém, em Fritz/Baur, Sachenrecht, cit., pág. 11 e segs, encontra-se a apresentação do conceito de coisa e as várias classificações, uma excepção no panorama geral.

458 Direitos Reais, cit., pág. 19 e segs.

459 Direitos Reais, cit., pág. 39 e segs.

460 Direitos Reais, Lisboa, 1969, pág. 97 e segs.

461 4.ª Edição Refundida (Reimpressão), Coimbra, 1987, pág. 38 e segs.

462 Direitos Reais, cit., pág. 188 e segs.

463 Relatório de Teoria Geral Do Direito Civil, cit., pág. 233 e Direitos Reais – Sumários, cit., pág. 36 e seg.

464 Fora do ensino de Direitos Reais da Faculdade de Direito de Lisboa, Carvalho Fernandes, Lições De Direitos Reais, cit., pág. 187 e segs., faz uma, muito breve, apresentação do regime jurídico das coisas. O nível de desenvolvimento desta matéria fica aquém do que lhe é dado na Faculdade de Direito de Lisboa. Pinto Duarte, O Ensino De Direitos Reais, cit., pág. 41 e seg., rende-se à orientação corrente em Portugal de deixar para a Teoria Geral do Direito Civil a aprendizagem do regime jurídico das coisas. O seu Curso de Direitos Reais, cit., não inclui o estudo do regime jurídico das coisas.

Afirma MENEZES CORDEIRO[465], em crítica à opção do legislador português em colocar o regime jurídico das coisas na parte geral, que "não é possível tratar as coisas sem o seu regime: este comanda as diversas classificações, dando sentido aos seus termos". Estamos de acordo. No plano do sistema científico, avançar com a dogmática de Direitos Reais sem tratar do seu objecto equivale a amputar uma parte significativa da sua disciplina. O discurso sobre o sistema normativo (interno) de Direitos Reais fica incompleto.

A integração da matéria das coisas no ensino de Direitos Reais vale por si. Não encontramos nenhum argumento sólido capaz de justificar a separação das coisas (corpóreas) do regime jurídico que faz justamente a atribuição do seu aproveitamento. Se Direitos Reais constitui o ramo de Direito que regula o aproveitamento das coisas (corpóreas), o sistema científico que o estuda e comunica deve expor o regime respectivo.

O soçobrar, hoje evidente, das concepções neo-kantianas do Direito e a demonstração, irrespondível, que o Direito nem sempre molda o conteúdo das suas regulações através do esquema da relação jurídica, sendo o conceito de situação jurídica mais compreensivo e, por isso, tecnicamente mais ajustado e correcto, põe em crise a organização da parte geral do Direito Civil com recurso ao conceito de relação jurídica. Ao nível do discurso científico de Direitos Reais, isso deve motivar a modificação da situação actual. As coisas, como objecto dos direitos reais, devem ser estudadas no contexto do sistema normativo que lhes pertence, independentemente do facto da sua disciplina, por razões históricas e culturais do Direito, se encontrar fora do Livro III do Código Civil.

Há ainda outra razão que concorre para a inclusão da matéria das coisas no ensino de Direitos Reais. Essa razão reside no perigo de a omissão do estudo das coisas em Direitos Reais diminuir a compreensão deste ramo do Direito por parte dos alunos. Se a matéria das coisas não houver sido dada com suficiente aprofundamento em Teoria Geral do Direito Civil, ou nem sequer houver sido dada, a assimilação de largos trechos da dogmática de Direitos Reais por parte dos alunos pode diminuir drasticamente, na medida em que a interpretação e aplicação dos dispositivos legais fazem, naturalmente, apelo ao conhecimento do conceito de coisa, das classificações de coisas e do regime jurídico respectivo.

[465] Relatório de Teoria Geral Do Direito Civil, cit., pág. 233.

II. Tudo isto justifica que a matéria das coisas seja apresentada e desenvolvida no programa da cadeira de Direitos Reais. Não se trata, felizmente, de uma tomada de posição arbitrária e isolada. Para além das razões que a alicerçam, ela beneficia do magistério de JAIME DE GOUVEIA, DIAS MARQUES, OLIVEIRA ASCENSÃO[466] e MENEZES CORDEIRO no ensino da cadeira na Faculdade de Direito de Lisboa.

23. Delimitação do estudo das coisas em Direitos Reais

I. O conceito de coisa assume em Direito uma extensão que ultrapassa o âmbito de Direitos Reais. Podemos dizer, sem ferir o sentido da evolução histórica do conceito de coisa[467], que coisa é uma porção delimitada da realidade, ou seja, tudo aquilo que, tendo existência objectiva, não faz parte da pessoa, sendo exterior a ela. As coisas contrapõem-se justamente às pessoas por, tendo representação no mundo real, serem exteriores a elas.

No campo do discurso jurídico, as coisas são o objecto dos direitos, ou mais amplamente, das situações jurídicas. Acontece, porém, que os direitos podem ter por objecto realidades que não são coisas no sentido apontado. O Direito tutela a personalidade humana, através dos direitos da personalidade, sendo claro que estes não têm coisas por objecto, qualquer que seja o sentido que lhes aponte. Por outro lado, desde o Direito romano que deparamos com o fenómeno de direitos poderem ter por objecto outros direitos, os quais também não se podem reconduzir ao conceito de coisa. Outras realidades, como a "clientela", o estabelecimento comercial, o próprio património[468] são, por vezes reconduzidas ao conceito de coisa[469].

A evolução histórica mostra que a palavra originária no léxico latino, e que corresponde à actual coisa, é a *res*[470]. No Direito romano, a *res* começou por compreender os *corpora*[471]. Falava-se de *corpora* como de *res* para

[466] Nos primeiros anos do seu ensino de Direitos Reais.

[467] Sobre este, em Portugal, MENEZES CORDEIRO, Tratado de Direito Civil Português, III, Parte Geral, Coisas, pág. 13 e segs.

[468] KASER/KNÜTEL, Römisches Privatrecht, cit., pág. 96.

[469] CARBONNIER, Droit Civil, Les Biens, cit., pág. 1595.

[470] BONFANTE, Corso Di Diritto Romano, II – La proprietà, cit., pág. 5 e seg., BIONDO BIONDI, "Cosa (Diritto romano)", Noviss. Dig. It., pág. 1007, PUGLIESE, Istituzioni Di Diritto Romano, cit., pág. 123. Em Portugal, veja-se SANTOS JUSTO, Direito Privado Romano – III, Direitos Reais, cit., pág. 12 e seg.

[471] BIONDO BIONDI, "Cosa (Diritto romano)", cit., pág. 1007.

exprimir a materialidade[472]. O desenvolvimento da economia e das relações jurídicas determinou posteriormente o alargamento da antiga noção de *res*. E sobreveio a distinção entre coisas corpóreas e coisas incorpóreas.

Esta distinção, que corresponde a uma verdadeira classificação, tem na sua base um critério assente na percepção. Para os romanos, as coisas corpóreas são aquelas *quae tangi possunt*; incorpóreas, ao invés são aquelas *quae tangi non* possun[473], na conhecida formulação das Institutas de GAIO, depois repetida nas Institutas de JUSTINIANO[474]. Por conseguinte, as coisas corpóreas são as que se revelam aos sentidos[475] e se identificam com a matéria.

As coisas incorpóreas vêm definidas de outra maneira. Os romanos criaram um obstáculo lógico ao identificarem a coisa com a propriedade[476]. Eles não diziam que o direito de propriedade constitui o objecto da propriedade, mas que a coisa é do proprietário[477]. Se a coisa é do proprietário, ela não pode pertencer a mais ninguém, nem mesmo ser objecto de outros direitos. Mas nada impede que a afectação jurídica dela se faça sobre um direito. Esse direito vem a ser o objecto da afectação, ou seja, uma coisa, já não corpórea, mas incorpórea.

Deste modo, a classificação romana entre coisa corpórea e coisa incorpórea é uma fórmula equivalente para distinguir *corpora* e *iura*[478]. A categoria de coisas incorpóreas limitava-se no Direito romano aos direitos e outras situações jurídicas, apesar de já então CÍCERO distinguir as coisas *quae sunt* e as coisas *quae intelleguntur*[479]. Somente muitos séculos depois, a definição

[472] BIONDO BIONDI, "Cosa (Diritto romano)", cit., pág. 1007.

[473] Cf. BIONDO BIONDI, "Cosa corporale ed incorporale (Diritto romano)", Noviss. Dig. It., pág. 1014, BONFANTE, Corso Di Diritto Romano, II – La proprietà, cit., pág. 10 e segs., VOLTERRA, Instituciones De Derecho Privado Romano, cit., pág. 290, SANFILIPPO, Istituzioni Di Diritto Romano, cit., pág. 68 e seg.

[474] BONFANTE, Corso Di Diritto Romano, II – La proprietà, cit., pág. 10.

[475] BONFANTE, Corso Di Diritto Romano, II – La proprietà, cit., pág. 9.

[476] BONFANTE, Corso Di Diritto Romano, II – La proprietà, cit., pág. 12 e BIONDO BIONDI, "Cosa corporale ed incorporale (Diritto romano)", Noviss. Dig. It., pág. 1014.

[477] BIONDO BIONDI, "Cosa corporale ed incorporale (Diritto romano)", Noviss. Dig. It., pág. 1014.

[478] BONFANTE, Corso Di Diritto Romano, II – La proprietà, cit., pág. 12.

[479] BIONDO BIONDI, "Cosa corporale ed incorporale (Diritto romano)", Noviss. Dig. It., pág. 1014, BONFANTE, Corso Di Diritto Romano, II – La proprietà, cit., pág. 10 e segs., VOLTERRA, Instituciones De Derecho Privado Romano, cit., pág. 290. É conhecida a citação de CÍCERO, na Tópica, 5., 27: "*Definitionum autem duo genera prima: unum earum rerum, quae sunt; alterum earum, quae intelligentur*". Trechos de LUCRÉCIO e de SÉNECA são igualmente citados neste contexto. Cf. BONFANTE, Corso Di Diritto Romano, II – La proprietà, cit., pág. 11.

das coisas incorpóreas como as que são apreendidas pelo intelecto humano penetraria no Direito.

No período intermédio, um outro conceito, o de bem, foi usado para designar o objecto dos direitos, passando a ser frequente o recurso aos dois conceitos. Contrariamente ao Direito romano, porém, nenhum sentido específico se deu ao termo bem, tornando difícil a sua distinção de coisa.

O Code Civil napoleónico faria apelo à noção de bem como objecto dos direitos (artigos 516 e seguintes), no que foi seguido pelo Código Civil italiano de 1865. O BGB alemão, contudo, voltou à tradição romanística da coisa (Sache), na sequência da orientação pandectística. No século XX, o Códice Civile italiano de 1942 assimilou praticamente coisa e bem, dispondo no art. 810 que "são bens as coisas que possam formar objecto de direitos". Em Portugal, o Subtítulo II da Parte Geral do nosso Código Civil intitula-se "Das Coisas" e o art. 202.º descreve coisa como "tudo aquilo que pode ser objecto de relações jurídicas".

Enquanto no domínio da teoria geral do Direito Civil a questão da demarcação entre bem e coisa permanece em aberto, discutindo-se se o conceito de bem é mais amplo ou se equivale ao de coisa[480], em Direitos Reais o problema não se põe, se bem que também aqui ele não deixe de ter aflorações. Por exemplo, na doutrina francesa actual, a matéria de Direitos Reais vem apresentada por referência aos bens (Les biens).

Qualquer que seja o resultado da controversa demarcação entre bem e coisa, não vislumbramos qualquer razão para alterar a tradição do Direito romano neste domínio. Até porque não subsiste nenhuma dúvida que o conceito de coisa em Direitos Reais é usado numa acepção restrita, que não tem nenhuma repercussão noutros contextos sensíveis, como, por exemplo, a tutela da personalidade.

As coisas são o objecto dos direitos reais; os direitos reais são direitos que recaem sobre coisas. Aqui reside um aspecto incontroverso da teoria do Direito Civil.

[480] Oliveira Ascensão, Direito Civil – Teoria Geral, cit., pág. 341 e segs. critica a escolha do termo coisa, defendendo que bem tem um sentido mais extenso. Em sentido contrário, Menezes Cordeiro, Tratado de Direito Civil Português, III, Parte Geral, Coisas, pág. 49 e segs. Na doutrina estrangeira, Allara, Dei Beni, Milano, 1984, pág. 8 e segs., Biondo Biondi, "Cosa (Diritto Civile")", Noviss. Dig. It., pág. 1008 e segs., Pugliatti, "Cosa (Teoria generale)", Enciclopedia Del Diritto, XI, pág. 1 e segs. e "Cosa", Digesto, IV, pág. 438 e segs.

II. A simplicidade da afirmação, segundo a qual, as coisas são o objecto dos direitos reais, é enganosa. Por detrás dela, podem-se albergar concepções muito diversas acerca da extensão de Direitos Reais enquanto ramo do Direito, sobretudo, por referência ao âmbito da propriedade.

E isto porquanto permanece sempre o problema do conceito de coisa relevante para Direitos Reais. No Direito romano, os direitos reais tinham por objecto a *res*. Todavia, a *res* era tanto a coisa corpórea, os *corpora*, o *corpus*[481], que constituía o objecto do direito de propriedade, como a coisa incorpórea, ou seja, os direitos (o usufruto, a servidão, etc.). Presos pela sua lógica de atribuição da coisa ao proprietário, os romanos acolhiam os *iura* no conceito de *res* e faziam incidir a tutela real sobre eles.

Não obstante conhecidas da filosofia dos romanos[482], as coisas incorpóreas, como hoje as conhecemos, não eram compreendidas no conceito de *res*. A partir do século XVIII, porém, a luta dos autores pela tutela da obra literária e dos inventores pelo reconhecimento do direito à exploração da invenção trouxe para o plano da discussão do conceito de coisa realidades imateriais, com existência objectiva.

Como vimos, já os filósofos romanos, LUCRÉCIO, SÉNECA, CÍCERO, distinguiam as coisas corpóreas das incorpóreas, aludindo a estas como as que são apreensíveis pelo intelecto humano (*quae intelleguntur*). Paralelamente, os juristas romanos concebiam uma categoria de coisas incorpóreas, as *quae tangi non possunt*. A cultura e ciência jurídica latinas propiciavam, assim, a base para a evolução do conceito de coisa (incorpórea), de modo a que este passasse a compreender as realizações do espírito humano, acessíveis somente ao intelecto.

A luta incessante dos autores jusnaturalistas pela tutela das obras do espírito teve na revolução francesa um momento alto. Dois decretos, de 13 de Janeiro de 1791 e de 19 de Julho de 1793, consagraram uma protecção dos autores. Qualquer destes dois diplomas se refere ao direito de propriedade[483]. No meio, uma afirmação enfática de um escritor da época, CHAPELIER[484], proclama a propriedade literária "a mais sagrada, a mais legítima, a mais inatacável (...)". Expressões como "propriedade dos autores", "propriedade

[481] BONFANTE, Corso Di Diritto Romano, II – La proprietà, cit., pág. 6.

[482] Por todos, BONFANTE, Corso Di Diritto Romano, II – La proprietà, cit., pág. 10 e seg.

[483] Cf. LUCAS/LUCAS, Propriété Littéraire & Artistique, Paris, 1994, pág. 11.

[484] Apud LUCAS/LUCAS, Propriété Littéraire & Artistique, cit., pág. 11.

literária e artística", "propriedade industrial" ou "propriedade intelectual" fazem a sua aparição, para não mais desaparecerem.

Esta evolução não pode surpreender. Na verdade, na ausência de um dispositivo específico de protecção, a propensão natural é a de estender os esquemas existentes aos novos bens, como os bens intelectuais. E que outro esquema, senão a propriedade, poderia desempenhar tão eficazmente este desígnio? De resto, não havia o próprio Direito romano conhecido a protecção de coisas incorpóreas[485]?

A emergência de uma propriedade intelectual, literária e artística ou industrial (para os inventos), suscitaria o debate entre duas orientações distintas. Uma tradicional, acolhida ao Direito romano, limitava a propriedade às coisas corpóreas; outra, moderna, com origem no jusnaturalismo, abria os Direitos Reais às coisas incorpóreas.

Na Alemanha, os trabalhos da pandectística limitaram o objecto de Direitos Reais às coisas corpóreas[486]. Este entendimento foi acolhido expressamente pelo BGB. O § 90 deste diploma dispõe inequivocamente que "coisas no sentido da lei são somente os objectos corpóreos". De fora ficaram, pois, as coisas incorpóreas.

Da filosofia viria um importante contributo, com especial incidência no Direito de autor. FICHTE, HEGEL e SCHOPENHAUER clarificaram a distinção entre o suporte corpóreo e a obra intelectual. O primeiro, como coisa, poderia ser objecto de uma propriedade normal e vendido livremente; a segunda, na sua dimensão espiritual, pertenceria ao autor, como propriedade imaterial ou espiritual. Com base nesta distinção, JOSEF KOHLER[487] defenderia que o direito de autor é um direito sobre um bem imaterial (Immaterialgüterrecht), uma teoria que teria adesões na melhor doutrina[488]. Alusões a uma propriedade espiritual (geistigen Eigentum), mantiveram-se, porém.

De França irradiou a orientação oposta. Menos condicionada por opções de cariz dogmático e menos sensível ao factor histórico do pensamento romano original e do Direito comum, a doutrina jurídica francesa – POTHIER à parte – não só aceitou pacificamente, sob o influxo do jusnaturalismo, uma propriedade sobre bens intelectuais (propriedade literária e artística,

[485] Embora, como vimos, com um sentido bem diverso.

[486] LUCAS, Propriété Littéraire & Artistique, cit., pág. 28 e segs.

[487] Urheberrecht an Schriftwerken und Verlagsrecht, pág. 128 e segs e 439 e segs.

[488] LARENZ/WOLF, Allgemeiner Teil des Bürgerlichen Rechts, cit., pág. 252.

propriedade industrial, propriedade intelectual), como, inclusivamente, alargou ainda mais o conceito de coisa incorpórea, abrangendo, para além de direitos, realidades como o património, a clientela ou o estabelecimento comercial[489]. Actualmente, a doutrina divide-se largamente sobre a natureza do direito de autor e dos direitos industriais, permanecendo uma mancha significativa de autores defensores da tese que se trata de uma verdadeira propriedade, contra outra, talvez maioritária, que rejeita essa natureza.

III. Em Portugal, e durante a vigência do Código Civil de Seabra, o ensino de Direitos Reais reflectiu ora a influência francesa ora a alemã. A primeira manifestou-se particularmente no ensino da Faculdade de Direito de Lisboa. A tese de doutoramento de Jaime de Gouveia revela uma influência marcada da concepção francesa da propriedade, o que não deixaria de se reflectir no seu ensino da cadeira[490]. Nas suas lições[491], citando Wagner, um economista, Jaime de Gouveia ensinava que, quanto ao objecto, há propriedades "imateriais e materiais", uma alusão implícita ao direito de autor e aos direitos industriais.

Também José Tavares[492] mencionava a propriedade imaterial nos seus sumários referentes ao ano lectivo de 1929-1930. E nos Princípios Fundamentais Do Direito Civil[493], este professor afirma que as obras científicas, artísticas e industriais "são bem o objecto de um verdadeiro domínio ou propriedade".

Num enquadramento diverso, Oliveira Ascensão viria a englobar o estudo do Direito de Autor no seu programa de ensino da cadeira de Direitos Reais[494]. Posteriormente, abandonaria esta orientação.

Fora do ensino da Faculdade de Direito de Lisboa, Cunha Gonçalves[495] sustentava igualmente que "a propriedade não tem por objecto só coisas materiais, mas também coisas imateriais ou incorpóreas, como são os chamados direitos de autor ou direitos intelectuais".

A defesa mais forte e arreigada da concepção de matriz francesa caberia, todavia, a Orlando de Carvalho[496]. Com o pensamento orientado para

489 Carbonnier, Droit Civil, Les Biens, cit., pág. 1595.

490 Cf. *supra* no texto.

491 Direitos Reais, cit., pág. 250 e seg.

492 Cf. supra no texto.

493 Cit., pág. 634.

494 A exposição desse ensino encontra-se no Apêndice ao volume III da edição de 1970, cit.

495 Da Propriedade E Da Posse, cit., pág. 78 e segs e 83 e segs.

496 e Direito Das Coisas, cit., pág. 32 e segs.

o problema particular do estabelecimento comercial, este professor defenderia energicamente a tese de que os direitos reais também têm por objectos coisas incorpóreas.

IV. O Código Civil português de 1966 não seguiu a orientação francesa, perfilhando antes a orientação pandectista do BGB alemão. Isto não decorre do conceito de coisa do art. 202.º, tecnicamente muito discutível e de sabor tautológico, mas da definição normativa do objecto de direitos reais vertida no art. 1302.º.

É certo que a localização sistemática deste preceito não é famosa. Porém, num sistema normativo que não contém uma parte geral, a enunciação das regras e dos princípios gerais de Direitos Reais tem de ser feita nalgum lado. A propriedade, como paradigma dos direitos reais, constitui o centro do regime jurídico criado pelo legislador para este ramo do Direito.

Não surpreende, por isso, que o art. 1302.º disponha sobre o objecto dos direitos reais como se do objecto da propriedade se tratasse, no quadro do regime jurídico desta. A opção é criticável do ponto de vista técnico, mas o preceito tem um escopo inequívoco: a fixação do objecto dos direitos reais.

Segundo o art. 1302.º, "só as coisas corpóreas, móveis ou imóveis, podem ser objecto do direito de propriedade regulado neste código". Deparamos aqui com uma limitação do objecto dos direitos reais às coisas corpóreas.

Esta limitação do objecto dos direitos reais às coisas corpóreas surge ainda reforçada com o disposto no artigo 1303.º. Sob a epígrafe "propriedade intelectual", este preceito remete a tutela do direito de autor e dos direitos industriais para um regime jurídico específico ("legislação especial"), que não é, naturalmente, o de Direitos Reais, mas o de Direito de Autor e de Direito Industrial, respectivamente.

O regime jurídico de Direitos Reais tem aplicação subsidiária ao direito de autor e aos direitos industriais (art. 1303.º, n.º 2), contando que se harmonize com a natureza daqueles direitos e não contrarie o regime para eles estabelecido, assumidamente especial e, por isso, autónomo de Direitos Reais.

Deste modo, com o Código Civil de 1966, o Direito português aderiu à orientação desenvolvida pela escola pandectística alemã e acolhida pelo BGB, limitando o objecto dos direitos reais às coisas corpóreas[497]. A obra

[497] Neste sentido, Oliveira Ascensão, Direito Civil – Reais, cit., pág. 38 e seg., Menezes Cordeiro, Direitos Reais, cit., pág. 191 e segs., Pires de Lima/Antunes Varela, Código Civil

literária e artística e os bens industriais (invenção, modelo, desenho, marca, etc.), enquanto coisas incorpóreas ficam sujeitos a disciplina jurídica própria, que não é a de Direitos Reais. E o mesmo sucede com todas as outras coisas que não sejam coisas corpóreas.

No sistema científico português esta opção do legislador foi acolhida com naturalidade. Desde sempre que o ensino de Direitos Reais em Portugal considerava apenas o regime jurídico das coisas corpóreas. E, por isso, com a honrosa excepção de ORLANDO DE CARVALHO[498], não suscitou dúvidas ou hesitações à doutrina portuguesa.

V. A verdade, porém, é que existem trechos de regulação no Livro III do Código Civil e fora dele que obrigam a uma cuidadosa interpretação, para não gerarem equívocos sobre o seu objecto. É, desde logo, o caso do usufruto de direitos, de que o usufruto de créditos (art. 1463.º a 1466.º), o usufruto de participações sociais (art. 1467.º) e o usufruto de direito de autor (art. 45.º do CDADC) constituem exemplo, e do penhor de direitos, como por exemplo, o penhor de direitos de créditos (art. 679.º), o penhor de direito de autor (art. 46.º do CDADC) e o penhor de acções.

O problema da existência de direitos sobre direitos representa um dos aspectos da teoria geral do Direito Civil no tratamento do objecto das situações jurídicas. Embora este Realatório não seja naturalmente o lugar apropriado para uma fundamentação detalhada, sempre adiantamos ser nosso entendimento não existirem verdadeiros direitos sobre direitos[499]. Um direito subjectivo não pode ter outro direito por objecto, mas apenas uma coisa (ou bem).

No campo da lógica jurídica, o direito subjectivo constitui o referente de que um objecto é o referido. O direito é sempre o referente, enquanto uma coisa (ou bem) representa o seu referido.

Pode acontecer que a ordem jurídica faça o titular de um direito subjectivo participar de alguma maneira no aproveitamento ou exploração do

Anotado, cit., pág. 86, MOTA PINTO, Direitos Reais, cit., pág. 19 e segs., CARVALHO FERNANDES, Lições De Direitos Reais, cit., pág. 58 e segs.

[498] Que continuou a defender que o art. 1302.º não impedia uma propriedade sobre coisas incopóreas, entre elas o estabelecimento comercial.

[499] Sobre o tema, em Portugal, cf. OLIVEIRA ASCENSÃO, Direito Civil – Teoria Geral, volume I, cit., pág. 354 e seg. e Direito Civil – Reais, cit., pág. 477 e segs., MENEZES CORDEIRO, Tratado de Direito Civil Português, III, Parte Geral, Coisas, cit., MANUEL DE ANDRADE, Teoria Geral da Relação Jurídica, cit. (no sentido da admissibilidade de direitos sobre direitos).

objecto de um outro direito. Neste caso, o segundo direito não é o referido; o referido é a coisa ou prestação que constitui o seu objecto.

Assim, o usufruto de direitos ou o penhor de créditos não têm um direito como objecto, mas o objecto de um segundo direito. Se este objecto é uma coisa corpórea, o usufruto ou o penhor de direito não deixa de revestir a natureza de um direito real. Se não for, a natureza real do direito está afastada. Pensamos ser esse o caso do usufruto de participações sociais (art. 1467.º), do usufruto do direito de autor, do penhor sobre este último direito ou do penhor de acções.

VI. Outro caso onde a limitação do objecto dos direitos reais às coisas corpóreas pode ser posta em causa é o do estabelecimento comercial. Discute-se, nomeadamente, se o estabelecimento pode ser objecto unitário de um direito e se esse direito é a propriedade.

O estabelecimento comercial pode ser transmitido (nomeadamente, vendido)[500], dado em locação[501] e mesmo dado em garantia. No regime jurídico do estabelecimento individual de responsabilidade limitada (DL n.º 248/86, de 25 de Agosto), o art. 21.º dispõe que "o estabelecimento individual de responsabilidade limitada pode ser transmitido por acto gratuito ou oneroso, ou dado em locação. Pode ainda sobre ele constituir-se um usufruto ou um penhor, produzindo este os seus efeitos independentemente da entrega do estabelecimento ao credor".

Este preceito levanta algumas questões. A primeira, desde logo, consiste em saber se, para efeitos do art. 21.º do DL n.º 248/86, se deve entender que o estabelecimento abrange unicamente as coisas corpóreas que o integram ou se envolve também as situações jurídicas conexas com a sua exploração.

Se fosse verdadeiro o primeiro sentido, remeteríamos simplesmente para o que dissemos a propósito do princípio da especialidade. Julgamos, porém, que o estabelecimento é aqui o património afecto à actividade comercial e, portanto, inclui igualmente as situações jurídicas que o integram. A parte final do n.º 1, relativa ao penhor, não infirma esta nossa posição, clarificando apenas a desnecessidade da *traditio* para as coisas móveis que compõem o estabelecimento.

Esclarecida, ainda que sumariamente, esta questão, a seguinte é relativa à existência de um direito sobre o conjunto – de coisas e de situações

[500] Cf. igualmente Menezes Cordeiro, Tratado de Direito Civil Português, III, Parte Geral, Coisas, pág. 208.

[501] Idem.

jurídicas – representado pelo estabelecimento comercial. Aparentemente, o art. 21.º do DL n.º 248/86 deporia a favor da existência de um direito unitário sobre o estabelecimento; tanto assim, que poderia ser transmitido ou locado como um todo, assim como dado em usufruto ou em penhor.

O argumento retirado do art. 21.º citado não decide definitivamente a questão. Na verdade, ainda há que perscrutar se o sentido da lei é o de fazer corresponder o estabelecimento a um objecto ou se o que está em causa é somente a fixação da possibilidade de uma única declaração negocial poder abranger as coisas e os direitos que o compõem, sujeitando aquele a vicissitudes unitárias, ainda assim, sujeita ao regime específico da coisa ou do direito considerado.

Suponhamos que o estabelecimento comercial funciona num imóvel sobre o qual existe um direito real de uso (art. 1484.º) de que o comerciante é titular. Este direito é declarado intransmissível pela lei, que igualmente proíbe a locação e oneração (art. 1488.º). Quer dizer, assim, que caso o comerciante pretenda vender[502] o estabelecimento a terceiro, a venda não pode abranger este direito, que não se transmite para o comprador.

Se agora considerarmos o arrendamento do imóvel, verificamos que a transmissão do direito ao arrendamento em caso de trespasse está sujeita ao consentimento do senhorio nos casos previsto no n.º 2 do art. 112.º, consentimento esse que pode naturalmente ser recusado.

Estando englobados no estabelecimento comercial direitos de crédito que estejam pela sua natureza ligados à pessoa do credor, a transmissão daquele não os pode envolver sem o consentimento do devedor (art. 577.º, n.º 1, parte final). Se o consentimento for recusado, a transmissão do estabelecimento comercial não os pode abranger.

Estes exemplos mostram que a possibilidade do estabelecimento comercial poder ser transmitido como um conjunto não dispensa o exame sobre a possibilidade legal da transmissão relativamente a cada uma das coisas ou situações jurídicas que o compõem. E isso afigura-se-nos suficiente para a rejeição da tese da existência de um direito ao todo que tenha o estabelecimento comercial por objecto[503].

De resto, mesmo que se chegasse à conclusão que o estabelecimento comercial, na variedade dos seus elementos, constitui um só objecto, não

[502] Ou transmiti-lo por qualquer outro modo.

[503] No mesmo sentido, LARENZ/WOLF, Allgemeiner Teil des Bürgerlichen Rechts, cit., pág. 370 e seg. Cf. ainda A Posse. Estudo Sobre O Seu Objecto E Extensão, cit., 49.

se teria com isso demonstrado que o direito que sobre ele incide representa um direito real. Com a limitação dos direitos reais às coisas corpóreas, como actualmente resulta do art. 1302.º, esse direito não poderia ser a propriedade.

Em termos práticos, esta asserção impossibilita uma acção de reivindicação dirigida à recuperação do estabelecimento comercial na posse de terceiro. Não sendo uma coisa corpórea, o estabelecimento comercial não pode ser objecto de um direito real de gozo, estando, por conseguinte, afastada a defesa por reivindicação, que respeita unicamente aos direitos reais de gozo (artigos 1315.º e 1311.º).

Pela mesma exacta razão, não se pode falar em posse do estabelecimento comercial. A posse reporta-se somente a cada uma das coisas corpóreas que fazem parte do estabelecimento comercial. Ora, não sendo o estabelecimento uma coisa corpórea, a aplicação a ele do regime da posse, incluindo as acções possessórias e a usucapião, encontra-se excluída.

A tudo isto se poderia objectar com uma noção de estabelecimento comercial limitada às coisas corpóreas que o integram[504]. Enquanto conjunto com uma destinação unitária, o estabelecimento revestiria a natureza de uma universalidade de facto, que o art. 206.º, n.º 1 parece equiparar às coisas compostas.

Teremos ocasião de deixar expressado[505] – a propósito do tratamento dado ao princípio da especialidade – que as universalidade de facto não se devem confundir com as coisas compostas e que sobre aquelas não incide um direito de propriedade, havendo apenas a considerar os direitos de propriedade quanto às coisas (simples) que integram a universalidade. O direito real apenas tem por objecto uma única coisa.

Assim, uma universalidade de facto, como as coisas corpóreas que integram o estabelecimento comercial, pode ser objecto de uma vicissitude unitária através de uma mesma declaração negocial, mas sobre o conjunto continua a não existir qualquer direito real, nomeadamente, a propriedade. Apenas sobre as coisas que o compõem existem direitos reais.

504 Sobre esta possibilidade, cf. Oliveira Ascensão, Direito Civil – Teoria Geral, volume I, cit., pág. 378.

505 Cf. infra no texto.

24. As coisas corpóreas. Conceito

I. Assente a limitação do objecto dos direitos reais às coisas corpóreas, o passo seguinte do ensino deve ser a elucidação do conceito respectivo e a distinção daquelas face às coisas incorpóreas.

Não julgamos apropriado apresentar uma investigação sobre o conceito geral de coisa (ou bem). Esse, por respeitar ao objecto das situações jurídicas, cabe à disciplina de Teoria Geral do Direito Civil. Para Direitos Reais fica o conceito, mais restrito, de coisa corpórea.

II. Como já dissemos, no Direito romano, a *res* começou por ser entendida como a coisa corpórea. Na verdade, a *res* compreendia apenas os *corpora*[506]. Falava-se de *corpora* como de *res* para exprimir a materialidade[507]. O desenvolvimento da economia e a necessidade de adequar o Direitos a novas necessidades conduziu ao alargamento da primitiva noção de *res*[508], que aos poucos foi abrangendo as coisas incorpóreas (*res incorporales*)[509].

Para os romanos as coisas corpóreas eram somente as coisas tangíveis, as que podiam ver ou tocar: *res quae cerni tangive* possunt[510]. GAIO[511] afirma: "*corporales hae (sunt) quae tangi possunt (...); Incorporales (sunt) quae tangi non possunt* (...)". O critério encontra-se na percepção física; a *res corporales* é a realidade exterior susceptível de ser captada através dos sentidos[512].

Os desenvolvimentos tecnológicos modernos levaram à descoberta e ao aproveitamento de coisas corpóreas que não podem ser vistas ou tocadas, como, por exemplo, a electricidade e os gases. Nenhuma destas realidades, se bem que objectiva e exterior ao homem, é tangível e, por isso, as fórmulas romanas já não podem valer no seu sentido literal quanto a elas.

Contudo, a intuição básica dos romanos dá ainda hoje um critério para a definição das coisas corpóreas: são coisas corpóreas as que se revelam aos sentidos[513]. Não se trata já de poder ver ou sentir, como o exemplo dos gases

[506] BIONDO BIONDI, "Cosa (Diritto romano)", cit., pág. 1007.

[507] BIONDO BIONDI, "Cosa (Diritto romano)", cit., pág. 1007 e Istituzioni Di Diritto Romano, cit., pág. 152.

[508] BIONDO BIONDI, "Cosa (Diritto romano)", cit., pág. 1007.

[509] Que, para os romanos, eram os *iura*.

[510] BONFANTE, Corso Di Diritto Romano, cit., pág. 9.

[511] Institutas, 2, 13. e 14.

[512] BONFANTE, Corso Di Diritto Romano, cit., pág. 9, BIONDO BIONDI, "Cosa (Diritto romano)", cit., pág. 1007.

[513] Na doutrina portuguesa, cf. OLIVEIRA ASCENSÃO, Direito Civil – Teoria Geral, volume I, cit., pág. 352 e segs., MENEZES CORDEIRO, Tratado de Direito Civil Português, III, Parte Geral, Coisas, pág. 156 e seg.

elucida bem, mas de perceber uma realidade exterior, directa ou indirectamente, através dos sentidos, seja qual for o sentido humano concreto que a revela.

Em contraposição, as coisas incorpóreas não se revelam aos sentidos. São exteriores ao homem e existem, tendo realidade objectiva, mas só são apreendidas pelo intelecto humano. Já em Cícero[514] se encontra a distinção entre as coisas *quae sunt* e as coisas *quae intelliguntur*. Estas últimas *demonstrarive non possunt, cerni tamen animo intellegi possunt*.

No Direito romano, porém, as coisas incorpóreas eram os *iura*; por exemplo, o usufruto, a servidão, o crédito. O direito romano apenas conheceu direitos (ou situações jurídicas) como coisas incorpóreas.

A emergência de bens intelectuais, a obra literária, a pintura ou a invenção, trouxe, a partir do final do século XVII, a discussão sobre a possibilidade da protecção destes como coisas incorpóreas, nomeadamente, através da propriedade. Para além dos bens intelectuais, outras realidades, como o estabelecimento comercial, a empresa ou a universalidade de direitos passaram igualmente a ser referidas como coisas incorpóreas, embora nem sempre de modo pacífico, longe disso.

Contrariamente ao pensamento romano, e embora uma boa parte da doutrina contemporânea assim continue a considerar, os direitos[515] não são objecto de outros direitos e muito menos coisas, mesmo incorpóreas. Tão-pouco o estabelecimento comercial, a empresa ou as universalidades de direitos são coisas incorpóreas.

Por conseguinte, como coisas incorpóreas encontramos actualmente apenas os bens intelectuais[516], a expressão criativa, usualmente designada obra literária e artística, a invenção, a marca, o desenho ou modelo, o logótipo, etc. Estes bens podem ser protegidos por um direito de autor, por direitos privativos integrados no Direito Industrial (patente, direito à marca, direito ao desenho ao modelo, direito ao logótipo) ou por direitos *sui generis*, estando essa protecção subordinada a um princípio de tipicidade.

III. O Código Civil português apresenta uma noção de coisa no art. 202.º. Independentemente das críticas que se podem dirigir a este preceito,

514 Tópica, 5, 27.

515 Ou, mais amplamente, as situações jurídicas (activas).

516 Cf., no mesmo sentido, Oliveira Ascensão, Direito Civil – Teoria Geral, volume I, cit., pág. 3352 e segs., Menezes Cordeiro, Tratado de Direito Civil Português, III, Parte Geral, Coisas, pág. 158 e segs.

ele não intenta definir coisa corpórea, mas coisa, no amplo sentido de objecto de situações jurídicas. Por conseguinte, não serve de apoio para construir a definição de coisa corpórea. Esse apoio terá de ser procurado noutros preceitos, desde logo, nos artigos 203.º a 212.º, os quais estabelecem várias classificações de coisas corpóreas.

As coisas corpóreas são uma parte da realidade, elas existem. Por isso, embora o Direito conheça as coisas futuras (art. 211.º), estas vêm simplesmente definidas como aquelas "que não estão em poder do disponente, ou a que este não tem direito, ao tempo da declaração negocial" e não como as que não têm existência actual. Por serem uma parte da realidade, as coisas corpóreas têm objectividade.

Enquanto coisas, as coisas corpóreas são exteriores às pessoas e contrapõem-se a estas. Os bens protegidos das pessoas, como os bens da personalidade, só podem ser referidos como coisas se a estas dermos uma significação neutra de objecto de situações jurídicas. Todavia, o que é humano não integra a categoria das coisas corpóreas. Historicamente, os escravos eram *res* e *res corporales*, mas a escravatura está abolida nas sociedades civilizadas modernas e não é mais admissível equiparar pessoas a coisas. Uma coisa corpórea representa algo que não é pessoa, mas existe no exterior dela.

Como parte da realidade não humana, as coisas corpóreas pertencem ao mundo material[517-518-519]. É isso que torna possível diferenciá-las das coisas incorpóreas, que, por não pertencerem ao mundo material, mas intelectual, não podem ser apreendidas pelos sentidos.

A pertença ao mundo material não equivale a dizer que as coisas corpóreas são tangíveis. Já não se pode mais dizer, como faziam os romanos, que as coisas corpóreas são as que podem ser tocadas. O mundo material não está confinado ao estado sólido. As coisas também existem no estado líquido,

[517] A electricidade e os gases são realidades materiais e pertencem ao mundo corpóreo. A matéria não se limita ao estado sólido e existe nas energias e nos gases.

[518] Em França, em Itália, na Suiça e mesmo na Aleanha surge muitas vezes a locução bens imateriais no sentido em que nós usamos o conceito de coisa incorpórea. Neste sentido, a obra literária e artística ou a invenção são coisas imateriais.

[519] Oliveira Ascensão, Direito Civil – Teoria Geral, volume I, cit., pág. 352 distingue as coisas materiais e as coisas imateriais, como a electricidade, no âmbito das coisas corpóreas. Pensamos, todavia, que tal distinção leva a perder compreensibilidade à noção de coisa corpórea. É a materialidade desta que a torna susceptível à percepção pelos sentidos. As coisas incorpóreas, por sua vez, são imateriais, não têm realidade física e não podem ser apreendidas só pelos sentidos.

como a água ou o petróleo, e no estado gasoso, como o oxigénio, o azoto ou qualquer outro gás[520].

Não vemos, pois, necessidade de falar em imaterialidade a propósito da energia (eléctrica ou outra)[521] e de incluir a imaterialidade no conceito de coisa corpórea[522]. De resto, a locução bem imaterial tem sido usado, amiúdes vezes, em França, em Itália, na Suíça e na Alemanha para exprimir os bens intelectuais, a obra literária e artística, a invenção, a marca, etc. Nesta acepção, as coisas imateriais são coisas incorpóreas e não corpóreas. Convém, assim, evitar qualquer confusão. As energias e os gases são realidades pertencentes ao mundo material e, como tal, susceptíveis de apreensão pelos sentidos humanos; são, enfim, coisas corpóreas (móveis) no sentido da nossa classificação[523].

Deste modo, podemos dizer que as coisas corpóreas são uma porção delimitada da realidade material exterior à pessoa. E, com esta definição, deixam-se explicitadas as três notas distintivas fundamentais do conceito de coisa corpórea:

- A coisa como porção delimitada da realidade material (objectividade);
- A exterioridade à pessoa humana;
- A apreensibilidade pelos sentidos.

Que a coisa representa apenas uma porção ou parte da realidade material é algo intuitivo. No universo não há uma única coisa, existindo uma pluralidade quase infinita delas.

A doutrina alemã[524] aponta normalmente como nota distintiva do conceito de coisa corpórea a susceptibilidade de domínio ou controlo (*beherrschbarkeit*)[525]. Na ausência de tal controlo, não haveria coisa corpórea.

520 Menezes Cordeiro, Tratado de Direito Civil Português, III, Parte Geral, Coisas, pág. 158 e 201 e segs.

521 Oliveira Ascensão, Direito Civil – Teoria Geral, volume I, cit., pág. 352.

522 Menezes Cordeiro, Tratado de Direito Civil Português, III, Parte Geral, Coisas, pág. 31.

523 Num sentido contrário à nossa qualificação da energia como coisa corpórea, e sufragando a qualificação como coisa incorpórea, a orientação seguida no § 90 do BGB, pode ver-se a título meramente exemplificativo Elmar Bund, Staudinger BGB, cit, § 854, 44, pág. 80, Stadler, Soergel BGB, cit., pág. 25 (7), Müller/Gruber, Sachenrecht, München, 2016, pág. 4 e seg., Prütting, Sachenrecht, cit., pág. 1, Müller, Sachenrecht, cit., pág. 6.

524 Cf., por exemplo, Müller/Gruber, Sachenrecht, cit., pág. 5 e seg., Viegweg/Werner, Sachenrecht, cit., pág. 9, Müller, Sachenrecht, cit., pág. 7, BREHM/BERGER, Sachenrecht, cit.

525 Cf. também Menezes Cordeiro, Tratado de Direito Civil Português, III, Parte Geral, Coisas, pág. 157 e seg.

Como exemplos são dados o mar e a corrente de ar. Este aspecto afigura-se verdadeiro, mas não cremos que acrescente algo de diverso ao que se disse. O oceano, o mar, o ar circundante têm uma tal extensão que a sua delimitação está fora de toda a operacionalidade humana.

A dogmática alemã aponta ainda a susceptibilidade de separação da coisa da natureza como nota distintiva do conceito de coisa corpórea[526]. Temos igualmente dificuldade em acompanhar esta ideia. Um terreno objecto de propriedade não está destacado da natureza de modo algum e a delimitação jurídica opera unicamente por referência a uma área física que é identificada ou determinada e que está na base da descrição no Registo Predial.

A delimitação das coisas pode ser problemática quando elas existem no estado gasoso ou energético. No entanto, contando que, mediante o recurso a dispositivos de armazenamento e de contenção, seja possível isolar uma certa quantidade de gás ou de um líquido e mantê-la sob controlo, a qualificação como coisa não se afigura problemática[527].

IV. As coisas corpóreas não são dadas ao Direito pelo mundo natural ou por qualquer ciência que o estude, a química, a biologia, etc. A natureza conforma a essência e a forma de muitas coisas, mas o Direito não tem de aceitar essa conformação, como se de uma lei inelutável se tratasse. Se uma ilha no meio do mar pode sugerir um prédio unitário, uma operação administrativa de loteamento pode fazer surgir várias coisas, do ponto de vista jurídico.

Num pólo distinto, a ordem social e económica pode determinar o aparecimento de múltiplas coisas corpóreas. O Direito pode aceitar a visão social e incorporá-las tal e qual na ordem jurídica ou decidir não o fazer. O "negócio" ou o estabelecimento comercial assume na figuração social o estatuto de coisa, falando-se em venda ou em locação do "negócio" ou do estabelecimento; porém, para o Direito o estabelecimento comercial, ainda que tenha uma destinação unitária, não é uma coisa, mas um complexo de várias coisas e situações jurídicas.

No fundo, podendo acatar ou recusar o determinismo natural e fazer o mesmo relativamente à visão económica e social, o Direito intervém na valoração da realidade fazendo surgir uma dimensão normativa do mundo das coisas corpóreas. E só esta valoração normativa interessa, pois é com ela

[526] C., por exemplo, MÜLLER, Sachenrecht, cit., pág. 7 e seg., MÜLLER/GRUBER, Sachenrecht, cit., pág. 6.

[527] Cf. LARENZ/WOLF, Allgemeiner Teil des Bürgerlichen Rechts, cit., pág. 353.

que o Direito trabalha. De nada adianta dizer que um edifício representa uma única coisa, se o regime da propriedade horizontal estabelecer várias fracções autónomas e, inversamente, de nada adianta falar-se em múltiplas coisas, tantas quantas as fracções autónomas de um edifício, se a propriedade horizontal não houver sido constituída quanto a ele.

As coisas corpóreas são, pois, definidas pelo Direito[528]. Essa definição não se encontra, todavia, sujeita às regras da lógica ou de qualquer ciência, não sendo, todavia, puramente arbitrária. A realidade natural ou social intervém sempre, em maior ou menor medida, na valoração que o Direito faz das coisas corpóreas e funciona, em última análise, como limite para essa valoração. Simplesmente, o critério de definição do que seja coisa corpórea é jurídico, por maior que seja a influência de vectores pré-jurídicos nessa definição.

25. As partes de coisas

I. Partes de coisa não são coisas do ponto de vista jurídico. Integrando uma coisa na sua materialidade a parte de coisa dissolve a sua identidade como objecto na unidade mais vasta, não tendo, assim, autonomia jurídica.

Isto é assim mesmo defronte das denominadas coisas compostas[529]. Uma bateria, um radiador e um pneu de automóvel podem constituir coisas *a se*, quando tomadas de modo isolado; porém, quando incorporadas no automóvel a sua autonomia jurídica desaparece e a única coisa a considerar é o veículo tomado no seu todo, não cada uma das peças que o integram. Para o Direito há só uma coisa e não tantas coisas como as partes componentes, ainda que estas possam valer como coisas a partir do momento da sua separação definitiva da coisa composta.

A autonomização de partes de coisa pelo Direito faz cessar o estatuto de parte de coisa. Deste modo, e a título de exemplo, a constituição de propriedade horizontal num edifício determina a extinção da qualificação deste como coisa unitária e origina o surgimento de tantas coisas quantas as fracções autónomas individualizadas no título constitutivo. Estas fracções não são partes de coisa, são coisas certas e individualizadas em sentido próprio.

[528] Menezes Cordeiro, Tratado de Direito Civil Português, III, Parte Geral, Coisas, pág. 31.
[529] Em sentido próprio e não na acepção tecnicamente incorrecta do art. 206.º do Código Civil.

O direito real, incidindo sobre a coisa corpórea, estende-se naturalmente às suas partes. Isso acontece envolvendo a coisa no seu todo, sem que as partes adquiram qualquer autonomia enquanto tal.

II. Pergunta-se se sobre uma parte de coisa pode incidir um direito real distinto daquele que recai sobre o todo. Supondo que esse direito seja a propriedade, é legalmente possível constituir um direito real menor sobre uma parte da coisa?

A resposta depende da susceptibilidade de autonomização que exista sobre a parte da coisa considerada. Se esta pode constituir uma coisa autónoma uma vez separada da coisa em que se integra, a resposta afirmativa é sem dúvida a correcta[530], contando que seja admitido o exercício próprio do direito real menor. Assim, é possível constituir um usufruto ou uma superfície sobre uma parte do prédio, ou seja, sem o abranger na totalidade da sua extensão. E, do mesmo modo, afigura-se possível uma posse de parte de coisa nas mesmas condições.

Ao invés, não podendo a parte de coisa constituir uma coisa autónoma, quer dizer, com individualidade própria, está prejudicada a possibilidade de constituição de qualquer direito real sobre ela. O direito real a constituir terá a coisa por objecto, não uma parte dela.

26. Os animais

A recente reforma levada a cabo pela Lei n.º 8/2017, de 3 de Março, criando o estatuto jurídico dos animais, veio "descoisificar" os animais, retirando estes do sentido subjacente ao conceito legal de coisa móvel. Os animais não são mais coisas defronte do Direito português.

De acordo com o art. 201.º-B do Código Civil:

> "Os animais são seres vivos dotados de sensibilidade e objeto de proteção jurídica em virtude da sua natureza".

Apesar da "descoisificação", o animal não tem personalidade ou capacidade jurídicas e o seu estatuto continua a reflectir a condição de objecto

[530] Poder-se-á sustentar que a afectação de uma parte de coisa ao objecto de um direito real a torna uma coisa autónoma para o Direito. Pensamos que esta afirmação se apresenta como verdadeira apenas na hipótese do direito real ser a propriedade, mas já não tratando-se de direito real menor. A circunstância da burocracia registal poder suscitar uma nova descrição predial e um novo trato sucessivo para a parte do prédio não altera o nosso modo de ver. As especificidades da publicidade registal moldam-se ao regime substantivo e não o contrário.

de situações jurídicas, não obstante o regime jurídico de protecção. Por ser assim, dispõe o art. 201.º-D do Código Civil:

> "Na ausência de lei especial, são aplicáveis subsidiariamente aos animais as disposições relativas às coisas, desde que não sejam incompatíveis com a sua natureza".

Deste modo, uma boa parte das normas jurídicas que tratavam os animais como coisas corpóreas móveis continuam a ter aplicação quanto a eles. O art. 1302.º, n.º 2 do Código Civil esclarece agora que os animais podem ser objecto do direito de propriedade. E na lógica de extensão do regime da propriedade aos demais direitos reais, podem igualmente sê-lo no tocante aos outros direitos reais (de gozo, garantia e aquisição) que tenham coisas móveis por objecto (o caso do usufruto ou do direito de uso, por exemplo).

Apesar do novo estatuto, os animais são igualmente susceptíveis de posse[531] e ficam sujeitos ao seu regime jurídico, incluindo, a tutela possessória e a usucapião[532].

27. As classificações das coisas corpóreas

A definição de coisa corpórea é muito ampla. A sua concretização consegue-se, sobretudo, através de múltiplas classificações[533]. E assim fez o Código Civil, nos artigos 203.º e seguintes. De resto, apesar da enunciação genérica de classificações atinentes às coisas, estas classificações respeitam somente às coisas corpóreas, pressupondo a materialidade do objecto[534].

Assim, depois de apresentada a definição de coisa corpórea, o ensino de Direitos Reais deve passar à enunciação das várias classificações de coisas corpóreas, destacando os aspectos mais importantes do seu regime jurídico.

28. Coisas no comércio e fora do comércio

I. A primeira classificação a enunciar é a que distingue as coisas no comércio e as coisas fora do comércio. Trata-se também de uma classificação oriunda do Direito romano (*res in commercio* e *res extra commercium* ou

[531] Cf., por exemplo, Wellenhofer, Sachenrecht, cit., pág. 6.

[532] Cf. o nosso estudo A Posse. Estudo Sobre o Seu Objecto E Extensão, cit., 54.

[533] Menezes Cordeiro, Tratado de Direito Civil Português, III, Parte Geral, Coisas, pág. 33.

[534] Veja-se também Menezes Cordeiro, Tratado de Direito Civil Português, I, Parte Geral, Tomo II, Coisas, cit., pág. 33.

res in patrimonio e *res extra patrimonium*[535]) e que permaneceu até aos nossos dias com um significado semelhante.

No Direito romano, as coisas estavam no comércio quando podiam integrar o património de qualquer um e ser livremente transmitidas; ao contrário, eram coisas fora do comércio as que não podiam ser objecto de direitos privados e transmitidas ou trocadas por meio de contrato[536]. As coisas no comércio (*in patrimonio*) são as *res communes omnium*, as *res publicae* e as *res universitatis*. As coisas fora do comércio (ou *extra patrimonium*) dividiam-se em *res extra commercium divini iuris* e *res extra commercium humani iuris*. As primeiras, por sua vez, eram as *res sacrae*, as *res religiosae* e as *res sanctae*.

O nosso Direito consagrou esta classificação entre coisas no comércio e fora do comércio. O art. 202, n.º 2 do Código Civil preceitua: "consideram-se, porém, fora do comércio todas as coisas que não podem ser objecto de direitos privados, tais como as que se encontram no domínio público e as que são, por sua natureza, insusceptíveis de apropriação individual".

Segundo o n.º 2 do art. 202.º, estão fora do comércio as coisas do domínio público. O n.º 1 do art. 84.º da Constituição portuguesa elenca bens que pertencem ao domínio público; o n.º 2 do mesmo preceito remete para a lei ordinária os bens que são do domínio público do Estado, das regiões autónomas e das autarquias locais. O domínio público tem, pois, uma extensão variável, dependendo a sua composição da lei ordinária.

Assim, os bens do domínio público não podem estar na titularidade de pessoas, singulares ou colectivas, de Direito privado, mas apenas nas pessoas colectivas de Direito público que a lei determinar. São, assim, coisas fora do comércio.

Fora do comércio são igualmente as coisas que, por sua natureza, são insusceptíveis de apropriação individual. O ar, a água dos oceanos, os planetas, as estrelas são alguns dos exemplos de coisas fora do comércio.

II. Menezes Cordeiro[537] tem incluído o estudo do domínio público no seu programa de Direitos Reais, oferecendo à matéria um extenso desenvolvimento. Uma exposição científica mais detalhada surgiu, no entanto, no seu Tratado de Direito Civil Português[538].

[535] Sendo esta última a terminologia que aparece nas Institutas de Gaio.

[536] Bonfante, Corso Di Diritto romano, cit., pág. 13 e segs., Volterra, Instituciones De Derecho Privado Romano, cit., pág. 291.

[537] Direitos Reais – Sumários, cit., pág. 46 e segs. e Direitos Reais, cit., pág. 127 e segs.

[538] I, Parte Geral, Tomo II, Coisas, cit., §§ 4 a 8, pág. 35 e segs.

Não obstante a importância da matéria e os seus reflexos claros no Direito Civil, a teoria do domínio público pertence ao Direito público, particularmente ao Direito Administrativo, tendo sido aí que historicamente obteve a sua dogmatização.

Por essa razão, pensamos que a exposição do domínio público não deve caber ao sistema científico do Direito Civil e, nomeadamente, ao sistema científico de Direitos Reais. Este deve apresentar a classificação das coisas no comércio e fora do comércio e indicar as coisas corpóreas que estão fora do comércio, por remissão para o domínio público e para a parte da natureza que é inapropriável por acção humana.

29. Coisas móveis e coisas imóveis

I. A classificação mais importante das coisas corpóreas é a que distingue as coisas móveis e imóveis. O regime jurídico das coisas imóveis contém assinaláveis diferenças relativamente ao regime das coisas móveis. De tal modo, que na Alemanha a doutrina separa usualmente a exposição científica do regime de cada uma delas, surgindo mesmo obras relativas aos Direitos Reais das coisas móveis e obras respeitantes aos Direitos Reais das coisas imóveis[539].

Como diferenças mais relevantes ao nível do Direito Civil[540], encontramos o regime da forma, os negócios jurídicos com eficácia real sobre imóveis estão em regra sujeitos a escritura pública (art. 80.º, n.º 1 do Código do Notariado, artigo 875.º do Código Civil, para a compra e venda, e art. 947.º, n.º 1, para a doação), e da publicidade, as coisas imóveis têm a sua publicidade fundada no registo predial, enquanto a das coisas móveis – salvo veículos automóveis, navios e aeronaves, que têm um registo próprio – é assegurada somente pela posse. Por outro lado, há direitos reais que só recaem sobre coisas imóveis, como a superfície e as servidões prediais, e outros sobre coisas móveis, como o penhor.

Outras diferenças com que nos deparamos em ordens jurídicas estrangeiras, como o princípio "posse vale título", a necessidade da *traditio* para

[539] A mais relevante é a de GERHARDT, Immobiliarsachenrecht, cit. e Mobiliarsachenrecht, cit.

[540] A repercussão desta classificação transcende muito o campo do Direito Civil ou mesmo do Direito privado. Ela serve, nomeadamente, e entre outros efeitos, como vector de política fiscal, para criar tributação sobre as transacções de direitos sobre imóveis ou impostos sobre a titularidade desses direitos.

a transmissão do direito real sobre coisas móveis, e o efeito constitutivo do registo predial, não se encontram na nossa ordem jurídica.

De todo o modo, e como dissemos anteriormente, não pensamos que as diferenças existentes justifiquem um tratamento dogmático autónomo que separe o regime jurídico dos imóveis face ao das coisas móveis. Achamos mesmo que tal opção induz uma quebra sistemática na exposição de Direitos Reais. Não por acaso, ela foi sempre rejeitada pela doutrina portuguesa, que persistiu num tratamento unitário do regime jurídico de Direitos Reais, sem prejuízo, naturalmente, do realçar dos aspectos específicos do regime jurídico de cada um dos factos com eficácia real ou dos direitos reais. E é essa orientação que nós igualmente propugnamos para o ensino de Direitos Reais.

II. A classificação das coisas em móveis e imóveis acha-se nos artigos 204.º e 205.º do Código Civil. A técnica seguida é simples: elencam-se no art. 204.º as coisas imóveis e consideram-se coisas móveis, por exclusão de partes, todas as coisas não constantes do elenco contido naquele preceito (art. 205.º). Assim, tudo o que não for coisa imóvel segundo o art. 204.º, será considerado coisa móvel[541].

O elenco do n.º 1 do art. 204.º é o seguinte:

- Os prédios rústicos e urbanos;
- As águas;
- As árvores, os arbustos e os frutos naturais, enquanto estiverem ligados ao solo;
- Os direitos inerentes aos imóveis mencionados nas alíneas anteriores;
- As partes integrantes dos prédios rústicos e urbanos.

Formulado para ter carácter taxativo, este preceito criou um problema. Dentro do seu elenco não se encontram coisas que não podem deixar de ser imóveis. As estradas e auto-estradas, os monumentos, as fontes, os pelourinhos, as estátuas, as pontes, etc.[542]. A fim de evitar um resultado manifestamente contrário à teleologia do sistema, a única solução é a de considerar não taxativo o elenco contido no art. 204.º[543].

[541] Era, de resto, o que explicava Pires de Lima no seu projecto, "Das Coisas", cit., pág. 213.

[542] Cf. Oliveira Ascensão, Direito Civil – Teoria Geral, volume I, cit., pág. 359 e seg., Menezes Cordeiro, Tratado de Direito Civil Português, III, Parte Geral, Coisas, pág. 120.

[543] É a doutrina de Oliveira Ascensão, Direito Civil – Teoria Geral, volume I, cit., pág. 359 e seg. e de Menezes Cordeiro, Tratado de Direito Civil Português, III, Parte Geral, Coisas, pág. 120, que seguimos inteiramente.

Assim, só podemos considerar coisas móveis, aquelas que, não estando elencadas no art. 204.º, não devam ser consideradas imóveis de acordo com a teleologia deste preceito.

III. Na base da classificação entre coisas móveis e imóveis está a ideia que as primeiras podem ser deslocadas ou transportadas de um sítio para outro[544], enquanto as segundas permanecem sempre no mesmo local.

Esta ideia não serve hoje para explicar a classificação de coisas em análise. A susceptibilidade de deslocação de uma coisa pode existir e a coisa ser imóvel. Assim, um leito de um rio pode ser deslocado e movido com ele o curso das águas, que nem por isso estas deixam de ser um imóvel no sentido da lei (alínea b) do n.º 1 do art. 204.º). Como sempre, tudo depende do critério valorativo do Direito, ao qual cabe, em última análise, determinar a que parte da classificação pertence uma coisa.

Uma vez que a coisa é uma porção delimitada da realidade material, não podemos dizer que o planeta terra é um imóvel, pois, de outro modo, apenas haveria uma coisa imóvel. Por outro lado, a classificação de coisas em móveis e imóveis só tem interesse no interior do espaço territorial de uma dada ordem jurídica onde o Estado respectivo assegura que a separação das coisas se efectiva a favor das pessoas, numa lógica de atribuição patrimonial, pública ou privada. Uma coisa é imóvel ou móvel em face do Direito de cada ordem jurídica.

Em Portugal, na base do conceito de coisa imóvel encontramos o solo[545]. A ele se refere a alínea c) do n.º 1 do art. 204.º, bem como o n.º 2 do mesmo preceito. Um imóvel constitui uma porção delimitada do solo. Essa porção corresponde a uma dada área territorial, demarcada fisicamente pelas suas extremas, que separam o imóvel do imóvel ou dos imóveis contíguos. Essa demarcação pode ser rigorosamente geométrica, por linhas traçadas no terreno, como sucede em operações de loteamento, ou estar sujeita ao acaso, como, por exemplo, aquela que tem origem na usucapião de uma parte aleatória de terreno.

Seja como for, dizer que o imóvel consiste apenas numa porção de terreno afigura-se insuficiente. A natureza liga ao solo, as árvores, as plantas,

[544] Pires de Lima, "Das Coisas", cit., pág. 210, Oliveira Ascensão, Direito Civil – Teoria Geral, volume I, cit., pág. 358.

[545] Oliveira Ascensão, Direito Civil – Teoria Geral, volume I, cit., pág. 360, alude à terra e Menezes Cordeiro, Tratado de Direito Civil Português, III, Parte Geral, Coisas, pág. 127 fala numa porção delimitada da crosta terrestre. A terminologia varia um pouco, mas o sentido é igual.

os arbustos, os cursos de água, os lagos, as lagoas. Tudo o que se encontra ligado ao solo por acção da natureza confunde-se com ele numa única realidade. A sua qualificação como coisa imóvel não suscita dúvidas enquanto essa ligação persistir e foi por essa razão que o legislador italiano não autonomizou, as árvores, os arbustos e os frutos no art. 812 do Códice Civile[546]. O legislador português preferiu fazê-lo, embora não se encontre justificação quanto a essa decisão, que se afigura discutível.

Mesmo aditando as árvores, as plantas, os arbustos e as águas ao solo não temos ainda a descrição completa de uma coisa imóvel. Se bem que o prolongamento em altura das árvores, que fazem parte da coisa imóvel, indique que este não se nivela à altura do chão, convém indagar se o mesmo inclui um espaço em altura e outro em profundidade.

IV. Aos romanos é atribuída uma visão de uma propriedade sem limites, que abrangeria o sobressolo até ao céu (*usque ad caelum*) e o subsolo até ao inferno (*usque ad inferos*)[547]. A coisa imóvel teria aqui uma extensão praticamente ilimitada, abrangendo tudo o que se encontrava acima e abaixo da superfície[548].

O nosso Direito das coisas não oferece nenhum contributo para a indagação do problema de saber se o espaço aéreo e o subsolo integram o imóvel. O art. 204.º, pura e simplesmente, nada dispõe quanto a ele. Contudo, no regime da propriedade, o art. 1344.º dá a chave que permite construir a solução do Direito português. Segundo este preceito:

> "*1. A propriedade dos imóveis abrange o espaço aéreo correspondente à superfície, bem como o subsolo, com tudo o que neles se contém e não esteja desintegrado do domínio por lei ou negócio jurídico*".
>
> *2. O proprietário não pode, todavia, proibir actos de terceiro que, pela altura ou profundidade a que têm lugar, não haja interesse em impedir*".

Existe neste preceito uma confusão entre a delimitação da coisa imóvel e o conteúdo da propriedade. A lei portuguesa trata aquela a propósito do último, acabando por distorcer o que está em causa, que é a definição de coisa imóvel. À propriedade pertence o aproveitamento da coisa imóvel

[546] Fazendo, porém, referência às águas.

[547] Cf. BONFANTE, Corso Di Diritto Romano, cit., pág. 260.

[548] Na formulação deliciosa de BONFANTE, Corso Di Diritto Romano, cit., pág. 260 e 261, "toda a propriedade, em rigor, seria uma pirâmide com o vértice no centro da terra e a base infinita no infinito".

como ela for definida pelo Direito. Mas não é o direito de propriedade que permite determinar que porção da realidade material constitui uma coisa imóvel. Pelo contrário, essa determinação cabe à ordem jurídica. O proprietário terá o aproveitamento da coisa imóvel como esta for conformada pelo Direito[549].

Nestes termos, o art. 1344.º, n.º 1 está efectivamente deslocado; o seu teor deveria constar do regime jurídico das coisas e não da propriedade. Como atenuante, podemos dizer ser esse o enquadramento que remonta ao Direito romano[550] e que foi mantido nos códigos civis de outros países, nomeadamente, no BGB (§ 905)[551], no Code Civil francês (art. 552.º)[552] e no Codice Civile italiano (art. 840)[553]. No entanto, isso não basta para fundar o acerto científico da localização sistemática escolhida. O contexto do art. 1344.º, n.º 1 deveria ser o do Direito das coisas, mais concretamente, o regime da coisa imóvel[554], pois a sua função é a de fixar os limites da coisa imóvel em altura e profundidade e não a de definir o conteúdo do direito de propriedade[555]. Aliás, no presente enquadramento, o preceito sempre pecaria por defeito, por estreitar o seu âmbito de aplicação à propriedade, quando é evidente que afecta igualmente todos os direitos reais sobre imóveis[556].

De seguida, vamos proceder à análise interpretativa tendente a descortinar se a coisa imóvel inclui ou não o espaço aéreo e o subsolo.

Começando a nossa indagação pelo espaço aéreo, constatamos duas orientações fundamentais. Segundo a primeira dessas orientações, o espaço aéreo ao prédio não seria uma coisa, não podendo ser objecto do

[549] Menezes Cordeiro, Direitos Reais, cit., pág. 200.

[550] Cf., por exemplo, Bonfante, Corso Di Diritto Romano, cit., pág. 260 e segs.

[551] O § 905 do BGB dispõe que "o direito do proprietário de um imóvel estende-se ao espaço sobre a superfície e ao subsolo debaixo da superfície".

[552] "A propriedade do solo importa a propriedade do ... e do ...".

[553] "A propriedade do solo estende-se ao subsolo (...)". É evidente a diferença para o art. 1344.º do Código Civil português, para o art. 552.º do Code Civil e para o § 905 do BGB. O Código Civil italiano apenas menciona o subsolo e não o espaço sobre o solo, o que parece ter subjacente a rejeição deste último como coisa.

[554] Se bem interpretamos, é também esta a opinião de Menezes Cordeiro, Tratado de Direito Civil Português, III, Parte Geral, Coisas, pág. 128, quando afirma, a propósito do art. 1344.º, que este preceito "prende-se, assim, com a própria configuração do objecto".

[555] Aparentemente, no mesmo sentido, Oliveira Ascensão, Direito Civil – Reais, cit., pág. 182. Vejam-se, porém, as observações feitas na pág. 185, que já não acompanhamos.

[556] Veja-se também Menezes Cordeiro, Tratado de Direito Civil Português, III, Parte Geral, Coisas, pág. 128.

direito de propriedade. Isso mesmo afirmou GESTERDING[557], defendendo que o proprietário não tem senão o poder de ocupar o espaço aéreo[558] e que o ar constitui uma coisa livre. Outros o seguiram, com destaque para WERENBERG[559], cujo argumento principal é também o de que o ar consiste numa *res communis*, e para JHERING[560], o qual, comentando uma afirmação de WEREMBERG, de que a propriedade pressupõe um objecto substancial, uma coisa, responde com o seu pleno acordo, parecendo, assim, inclinar-se para a tese de que o espaço aéreo não constitui uma coisa.

O Código Civil de Seabra viria a pautar-se por esta orientação, entretanto acolhida na doutrina francesa e na doutrina italiana[561]. Segundo o art. 2288.º deste Código, "o direito de fruição do solo abrange (...) também o espaço aéreo correspondente ao mesmo solo, na altura susceptível de ocupação".

Uma orientação contrária não se fez esperar. WINDSCHEID[562], em crítica à doutrina de WERENBERG, cujos fundamentos reputa inexactos, sustenta peremptoriamente que "à coisa imóvel pertence o espaço que se encontra por cima e por baixo da mesma". DERNBURG[563] afirma igualmente, na mesma linha, que a propriedade confere ao proprietário o direito exclusivo ao espaço aéreo sobre o imóvel. Trata-se, afinal, da continuidade da doutrina clássica do Direito romano, com a discussão dos novos dados trazidos pelos seus oponentes.

Estas duas doutrinas coexistem ainda hoje. Uns continuam a falar que ao proprietário pertence um poder de expansão em altura ou em profundidade, o que significa, em todo o caso, a negação que o espaço inferior ou superior à superfície constitua coisa imóvel[564], enquanto outros integram o espaço aéreo superior no conceito de coisa imóvel[565].

[557] Ausbeute von Nachforschungen über verschiedene Rechtsmaterien, Band 3, Greifswald, 1830, pág. 448: "o espaço também não pode ser objecto da propriedade".

[558] Idem, pág. 447 e segs.

[559] "Ueber die Collision der Rechte verschiedener Grundeigenthümer", em Jahrbücher für die Dogmatik des heutigen römischen und deutschen Privatrechts, Bd. 6, 1863, pág. 1 e segs.

[560] "Zur Lehre von den Beschränkungen des Grundeigenthümers im Interesse der Nachbarn", em Jahrbücher für die Dogmatik des heutigen römischen und deutschen Privatrechts, Bd. 6, 1863, pág. 86.

[561] BIONDO BIONDI, "Cosa mobile ed immobile (Diritto civile)", Noviss. Dig. It., pág. 1026, PUGLIATI, "Cosa (Teoria generale)", cit., 11.

[562] Lehrbuch des Pandektenrechts, 6. Aufl., Band 1, Frankfurt, 1887, § 139, nota 3, pág. 454.

[563] Pandekten, 6. Aufl., Band 1, 2, Sachenrecht, Berlin, 1900, § 198, pág. 74.

[564] BAUR, Soergel Kommentar, 11. Aufl., pág. 187.

[565] ECKERT, Sachenrecht, cit., pág. 34.

Em Portugal, MENEZES CORDEIRO[566] manifestou-se favorável à doutrina clássica, enquanto OLIVEIRA ASCENSÃO[567] rejeita que o espaço seja uma coisa, defendendo que "o prédio, como coisa, morre à superfície".

O que pensar?

Nenhum dos argumentos aduzidos pela doutrina que nega a natureza de imóvel ao espaço aéreo se afigura convincente. Afirmando que o ar constitui uma *res communis*[568], WERENBERG confunde duas coisas distintas: a apropriação do ar e a utilização do espaço. Como observou argutamente JHERING[569], são aspectos que não podem ser misturados. O ar continua a ser livre, ainda que a utilização de uma dada parte do espaço não o seja.

O outro argumento é o de que o espaço não constitui uma *res*. Este argumento só poderia ser verdadeiro se a coisa corpórea continuasse a ser definida como aquela *quae tangi possunt*. Como o espaço não pode ser tocado, não haveria coisa.

Todavia, se bem se atentar, o espaço aéreo tem todas as notas distintivas da coisa corpórea, como a definimos. Ele representa uma porção delimitada da realidade material perceptível aos sentidos. Em primeiro lugar, o espaço aéreo é físico, pertencendo indubitavelmente ao mundo material, exterior ao homem. Em segundo lugar, ele encontra-se delimitado; não se trata de afirmar a natureza de coisa de todo o espaço aéreo do planeta terra, mas somente de considerar o espaço atinente à superfície do solo considerado. Em terceiro lugar, o espaço não é engendrado pelo intelecto humano, sendo perceptível pelos sentidos, ainda que não seja possível tocá-lo (intangibilidade).

Para além do exposto, a alínea b) do art. 84.º da Constituição, colocando no domínio público o espaço aéreo acima dos limites reconhecidos ao proprietário e superficiário, oferece mais um argumento no sentido favorável ao carácter de *res* do espaço em altura do imóvel. Segundo este preceito, o espaço acima do imóvel é *res*, embora no domínio público; o espaço aéreo inferior integra a coisa imóvel objecto de propriedade ou de superfície, ou seja, constitui também – por maioria de razão – uma *res* (ou parte dela).

[566] Direitos Reais, cit., pág. 198 e segs.

[567] Direito Civil – Reais, cit., pág. 185 e seg.

[568] Aspecto que não pomos em causa. Cf, sobre isto, PUGLIATI, "Cosa (Teoria generale)", Enc. Del Diritto, cit., 11.

[569] "Zur Lehre von den Beschränkungen des Grundeigenthümers im Interesse der Nachbarn", cit., pág. 86.

Não vemos, deste modo, nenhuma razão válida para rejeitar a natureza de coisa ao espaço aéreo e para não o compreender no conceito de coisa imóvel. De resto, ainda que o presente molde a coisa imóvel a partir do solo, a individualização da mesma por referência somente a uma porção de espaço aéreo constitui um cenário futurista que o progresso tecnológico pode retirar do domínio da ficção científica. A circulação de meios de transporte equivalentes aos actuais automóveis em vias aéreas ou a construção de estruturas (de habitação, comércio, investigação, etc.) suspensas no ar poderá vir a colocar a questão do direito ao espaço aéreo em termos de propriedade (ou de outro direito, real ou de natureza diversa). A qualificação do espaço aéreo como coisa corpórea abre as portas da sua atribuição em termos jurídico-reais.

Ainda que ligado à projecção vertical da superfície – e, portanto, sem autonomia quando desligado de uma porção delimitada de solo – o espaço aéreo integra o imóvel. O titular de um direito real sobre o imóvel beneficia, assim, dessa parte da coisa, se o gozo admitido pelo tipo de direito real em causa o admitir, como sucede claramente com a propriedade, o usufruto, o uso e habitação e poderá suceder, em alguns casos, com a superfície.

É isso, no fundo, que resulta do art. 1344.º, n.º 1, quando se dispõe que "a propriedade dos imóveis abrange o espaço aéreo correspondente", embora de um modo tecnicamente inadequado. Primeiro, porquanto, como dissemos, se trata de definir os limites da coisa imóvel e não a extensão da propriedade. Segundo, porque a inclusão do espaço aéreo no âmbito do imóvel não respeita unicamente ao direito de propriedade, mas sim a todos os direitos reais de gozo que possam incidir sobre coisas imóveis. A ausência de uma parte geral em Direitos Reais levou o legislador a regular uma matéria geral a propósito de um direito real em particular.

Esclarecida a questão atinente ao espaço aéreo, passemos ao subsolo. Também quanto a este ponto encontramos uma dualidade de perspectivas. Em Portugal, Oliveira Ascensão[570] defende que "o conceito de prédio limita-se em profundidade àquela porção que for efectivamente ocupada". O proprietário teria, segundo este professor, um poder de transformação, que permitiria a expansão a novas zonas[571].

Como se vê, a linha argumentativa é a mesma que se encontra quanto ao espaço aéreo. Quem nega que o subsolo constitua uma parte do imóvel,

[570] Direito Civil – Reais, cit., pág. 182 e segs., particularmente, na pág. 183.

[571] Oliveira Ascensão, Direito Civil – Reais, cit., pág. 183.

tem de admitir que o titular do direito real o pode usar de alguma maneira, pois a prática social mostra com exuberância a utilização subterrânea correspondente ao solo. O expediente encontrado consiste em afirmar um poder de transformação – de ocupação ou expansão como usualmente se diz – do proprietário (ou mais amplamente do titular do direito real de gozo).

O art. 1840 do Códice Civile italiano preceitua, diferentemente, que "a propriedade do solo se estende ao subsolo, com tudo o que nele se contém (...)". A redacção sugere um posicionamento favorável à inclusão do subsolo no objecto da propriedade, contrariamente ao que sucede no tocante ao espaço aéreo[572].

A discussão relativa ao subsolo ostenta traços distintos quando comparada com a que diz respeito à inclusão do espaço aéreo no imóvel, uma vez que o argumento, segundo o qual, o subsolo não constitui uma coisa não pode ser aduzido. Não existem dúvidas que o subsolo tem as características de uma coisa corpórea[573]. Questiona-se somente se ele integra o conceito normativo de imóvel.

Se interpretarmos a tese do poder de expansão (transformação) em todas as suas implicações, lógicas e formais, encontramos uma série de consequências tão difíceis de explicar quanto aquelas que se intenta evitar com a extensão do imóvel ao subsolo. A ser verdade que o subsolo não pertence ao proprietário da superfície senão quando vem a ser por este "ocupado", terá de pertencer a alguém. Em última análise, pertence ao Estado (art. 1345.º). Porém, esta propriedade do Estado está no arbítrio do proprietário do solo.

Ao contrário do que sucede em termos de normalidade, em que o titular do direito real tem o seu conteúdo de aproveitamento limitado pela coisa corpórea, de acordo com esta tese, o proprietário tem o poder de ir estendendo o seu direito pelo aumento da coisa. Escavando no solo, o proprietário verá o seu imóvel crescer; e, à medida que o for fazendo, ele continuará a aumentar. Afinal, parece que os direitos reais de gozo sobre imóveis não têm o seu conteúdo de aproveitamento da coisa limitado pela dimensão física do objecto, uma vez que o direito autoriza sucessivas ampliações deste.

À medida que o proprietário, ou outro titular de direito real de gozo, vá estendendo o objecto do seu direito, a propriedade do Estado vai dimi-

[572] PUGLIATI, "Cosa (Teoria generale)", cit., 11.

[573] PUGLIATI, "Cosa (Teoria generale)", cit., 14., BIONDO BIONDI, "Cosa mobile ed immobile (Diritto civile)", Noviss. Dig. It., pág. 1026.

nuindo. Tudo isto à margem das regras de forma[574] para a transmissão da propriedade sobre imóveis e mesmo da publicidade registal. Permanece igualmente na penumbra o facto aquisitivo que possa estar em causa[575]. A lei portuguesa limita a ocupação às coisas móveis *nullius* (art. 1318.º). No entanto, o subsolo não representa um exemplo nem de uma coisa móvel nem de uma coisa *nullius*. E não se vê que outro facto possa estar em causa.

O que se afigura curioso, todavia, é que o imóvel pode ir crescendo ou diminuindo ao sabor das conveniências ou dos humores do proprietário do solo. Se um dia este construiu os alicerces da sua casa a 50 metros de profundidade e no outro decidiu desfazer a obra até somente os 30 metros, em dois dias seguidos o mesmo imóvel pode ter tido duas extensões completamente diferentes. Com essa variação, a propriedade ou os outros direitos reais existentes sobre o prédio podem ter tido por objecto o mesmo imóvel com dimensões diferentes. O Estado, esse num dia deixou de ser proprietário de uma parte de subsolo português, no outro tornou a sê-lo ...

Se agora imaginarmos dois lotes de terreno, de área igual, colocados lado a lado, teremos de concluir que, apesar da mesma extensão de superfície, um abrangerá o subsolo, se o respectivo proprietário construiu lá um parque de estacionamento, e o outro não. Num caso o imóvel abrange o subsolo, no outro não!

Estas observações mostram, segundo cremos, que o conceito de coisa imóvel não pode ter uma extensão oscilante, em função da iniciativa aleatória do titular do direito real. É ao Direito que cabe definir o objecto que constitui uma coisa imóvel para efeitos do regime jurídico e não ao titular do direito real. Por sua vez, o direito real terá como objecto a coisa que for definida como tal pelo Direito.

Dito isto, não encontramos qualquer argumento que afaste o subsolo do âmbito da coisa imóvel. De *jure condendo*, limitamo-nos a observar que o subsolo não apenas reveste a natureza de coisa corpórea, como se encontra ligado à superfice num *continuum* que não se vê como quebrar[576]. De *jure condito*, o art. 1344.º, n.º 1 preceitua expressamente que a propriedade dos imóveis abrange o subsolo com tudo o que neles se contém, uma fórmula,

[574] Já esquecendo outras, como as de natureza fiscal.

[575] O poder de transformação respeita ao conteúdo do direito real, e permite a expansão a outras áreas do imóvel, segundo a doutrina aqui criticada, não constitui um facto jurídico com eficácia aquisitiva.

[576] Sobre este argumento, cfr. igualmente Pugliati, "Cosa (Teoria generale)", cit., 14.

nesta parte, inspirada no art. 840 do Códice Civile italiano. O art. 84.º, alínea c) da constituição corrobora este sentido, dispondo que alguns dos materiais encontrados no subsolo estão no domínio público, subtraindo-os, desta forma, ao domínio do proprietário.

Quererá isto dizer, então, que a coisa imóvel ascende aos céus e ao inferno? De facto, não se vê como sustentar que o proprietário ou o usufrutuário possa gozar as estrelas e os planetas do espaço galáctico na projecção superior da superfície do solo ou o magma das profundezas da terra na projecção inferior. Não será isto, então, um resultado hermenêutico tão absurdo que nenhuma teoria de interpretação possa fundamentar?

Claro que sim. De resto, uma tal concepção depararia hoje com um obstáculo constitucional. A alínea b) do n.º 1 do art. 84.º dispõe que as camadas aéreas superiores acima do limite reconhecido ao proprietário e ao superficiário pertencem ao domínio público. A própria Constituição impõe um limite em altura à extensão da coisa imóvel.

O problema não é então o de saber se o espaço aéreo e o subsolo integram o imóvel, mas simplesmente o de fixar os limites físicos da coisa imóvel, o mesmo equivale a dizer, até aonde vai o espaço aéreo e o subsolo pertencentes ao imóvel.

Defender que o espaço aéreo superior à superfície do solo e o subsolo correspondente integram o imóvel não equivale a sufragar o absurdo. Entre o céu e o inferno o Direito pode operar delimitações plausíveis da extensão da coisa imóvel. Não vemos, aliás, como possa deixar de o fazer. Num tempo de incessante demanda de bens, a tendência é a da ocupação do espaço, todo ele e não apenas a terra à superfície. O que levanta problemas jurídicos delicados. O proprietário, o usufrutuário ou o superficiário podem-se opor à passagem de fios aéreos (de telecomunicações, telefone, etc.) acima do solo? E o que dizer se o helicóptero do vizinho sobrevoa diariamente o solo do imóvel a 3 metros de altura, deixando ruído e combustível a carregar o ar? O titular do direito real de gozo pode opor-se?

Se, como defendemos, o imóvel abrange o espaço aéreo e o subsolo, as condutas de terceiros que tenham lugar sem o consentimento do titular do direito real são, naturalmente, ilícitas e, para além da responsabilidade civil (art. 483.º, n.º 1), sujeitam o agente violador aos efeitos da tutela real, incluindo a reivindicação (art. 1311.º) e a restituição da posse (art. 1276.º e segs.), quando impliquem desapossamento da parte afectada do imóvel.

V. A coisa imóvel é constituída pelo solo[577], bem como pelo espaço aéreo e pelo subsolo correspondentes à superfície, até aos limites postos pelo Direito. Que limites são esses?

Tratando-se da extensão do imóvel para cima e para baixo do solo correspondente à superfície, os limites serão a altura e a profundidade até à qual o prédio se eleva ou penetra.

O Direito português não contém nenhuma disposição que fixe os limites da coisa imóvel em altura e profundidade. O art. 84.º, alíneas b) e c), da Constituição supõe uma limitação operada pelo Direito Civil. Todavia, o art. 1344.º, n.º 1 não serve quanto a esse propósito, dado que apenas dispõe sobre a integração do espaço aéreo e do subsolo no âmbito do imóvel. E o n.º 2 do mesmo preceito tem outra função, como veremos mais abaixo.

Contudo, enquanto objecto de direitos, nomeadamente, de direitos reais, a coisa imóvel deve estar inteiramente determinada fisicamente. Mas como fixar esses limites na ausência de disposição legal? Poderemos dizer, por exemplo, que o prédio acaba aos 300 metros, em altura ou em profundidade, ou que vai até ao fim da atmosfera, em altura, ou da camada sólida do subsolo, em profundidade?

Defronte da impossibilidade de fundar nas fontes de Direito uma limitação do imóvel em altura e profundidade, teremos de nos ater à construção dogmática da ciência jurídica. E, neste campo, parece-nos de seguir a doutrina de DERNBURG[578]: "o senhorio do proprietário encontra o seu fim natural onde acaba a possibilidade de domínio humano".

Apesar de dirigida para a delimitação da propriedade e não da coisa imóvel, uma recorrência histórica que remonta ao Direito romano, a fórmula de DERNBURG goza ainda hoje de actualidade. Aplicando-a à delimitação da extensão do imóvel, ela coloca como limite natural da altura ou profundidade do mesmo a possibilidade do controlo humano. Onde essa possibilidade de controlo cessar, acaba o imóvel. Elimina-se, assim, o absurdo de uma extensão imaginária aos confins do espaço celeste ou do centro da Terra e torna-se possível a definição de coisa imóvel dentro dos limites da compreensão humana e da operabilidade do Direito.

[577] A referência ao solo deve compreender as coisas a ele ligadas, por força da natureza (árvores, plantas, arbustos), ou acção do homem (construções). Versaremos adiante sobre este último aspecto.

[578] Pandekten, cit., pág. 74, nota 4).

Por conseguinte, a coisa imóvel, além do solo, compreende o espaço aéreo e o subsolo até ao limite da acção humana. Aberta fica, no entanto, a possibilidade de algumas parcelas do imóvel poderem ser retiradas do âmbito do imóvel por lei ou por negócio jurídico. A isto alude a parte final do n.º 1 do art. 1344.º. Efectivamente, a constituição ou a lei podem colocar fora do comércio alguns dos componentes do solo e do subsolo. or exemplo, o art. 84.º, alínea c) da Constituição portuguesa estabelece que os jazigos minerais e as nascentes de águas mineromedicinais pertencem ao domínio público.

Problema distinto do da delimitação do imóvel é o de saber se o titular do direito real de gozo, cuja coisa se estende em altura e profundidade para além do solo, pode proibir todos os actos que tenham lugar no espaço aéreo ou subterrâneo não ocupado do imóvel. É à resolução deste problema que se dirige o n.º 2 do art. 1344.º[579], cuja redacção surge manifestamente inspirada na parte final do § 905 do BGB[580].

Em todo o caso, tal problema não respeita já à delimitação da coisa móvel; o que está em causa é a extensão do direito real de gozo sobre o imóvel (e não apenas a propriedade), ou seja, o seu conteúdo, e não os limites da coisa. Dentro do espaço aéreo e do subsolo do imóvel, o titular do direito real tem de tolerar actos de terceiro que, pela altura ou profundidade a que têm lugar, não impedem o normal gozo da coisa.

VI. O conceito normativo de imóvel não se queda por aqui. O art. 204.º, n.º 2 qualifica ainda de imóvel as construções e os edifícios, desde que incorporados no solo, enquanto as alíneas d) e e) do n.º 1 mencionam as partes integrantes e os direitos inerentes aos imóveis mencionados nas alíneas a) a c).

Conquanto as construções e edifícios levantem o problema da natureza do prédio – rústico ou urbano –, as alíneas d) e e) trazem consigo problemas de dogmática jurídica.

Na alínea d) do art. 204.º, consideram-se coisas imóveis os direitos inerentes aos imóveis. Pretende-se, afinal, esclarecer que os actos relativos aos direitos reais menores que incidam sobre coisas imóveis ficam sujeitos à disciplina das coisas imóveis. O preceito é inútil e envolve um persistente recurso à coisificação de direitos, que só gera confusão. Os direitos não são

[579] E não à fixação dos limites da coisa imóvel em altura e profundidade.

[580] E não na doutrina de Jhering, como afirma Oliveira Ascensão, Direito Civil – Reais, cit., pág. 184.

coisas, móveis ou imóveis, corpóreas ou incorpóreas; as coisas são o objecto dos direitos. Se o que se pretende é tão-somente submeter os actos jurídicos relativos a direitos reais sobre imóveis ao regime destas coisas, mais vale então dispor nesse sentido, se houver alguma conveniência nisso.

A alínea e) do mesmo preceito submete ao regime das coisas imóveis coisas que, de um ponto de vista pré-jurídico, seriam móveis. As denominadas partes integrantes são coisas móveis que perderam a sua autonomia pela incorporação material numa coisa imóvel. A incorporação, desde que duradoura, e não somente temporária ou transitória, leva o móvel a perder a sua identidade de coisa, passando a fazer parte do imóvel. É o que resulta do n.º 3 do art. 204.

VII. Por contraposição aos imóveis, os móveis não são objecto de nenhum elenco específico. Segundo a teleologia do art. 205.º, n.º 1, tudo o que não é imóvel constitui uma coisa móvel. Há, no entanto, como vimos, coisas não enumeradas no art. 204.º que são coisas imóveis.

É, pois, mais correcto tecnicamente dizer que são coisas móveis todas as que não forem imóveis, em vez de se aludir simplesmente às que não estão compreendidas no art. 204.º.

As coisas móveis são, de um modo geral, sujeitas a um regime mais simplificado, nomeadamente, no que respeita à forma (regra geral da liberdade de forma), à capacidade e à legitimidade para a prática de actos jurídicos a elas relativos ou a prazos para a eficácia de determinados factos, como a usucapião ou a acessão, sempre menores que os relativos a coisas imóveis.

Princípios específicos, como o princípio "posse vale título", não foram consagrados pelo Direito português. E a publicidade, que também existe para algumas coisas móveis (veículos automóveis, aeronaves, navios e embarcações), deixa a maior parte das coisas de fora. Quanto a estas, apenas a posse desempenha a função de publicidade.

A energia constitui uma coisa e uma coisa corpórea[581], como tivemos ocasião de observar anteriormente. O seu regime será, assim, o regime jurídico das coisas móveis[582], apesar da teia de diplomas especiais que regulam a sua produção e fornecimento aos consumidores finais. Naturalmente, sempre que a regulação do aproveitamento da energia seja objecto da inci-

[581] Cf. MENEZES CORDEIRO, Tratado de Direito Civil Português, I, Parte Geral, Tomo II, Coisas, cit., pág. 146 e segs.

[582] ALLARA, Dei Beni, cit., pág. 64 e segs.

dência de normas especiais ou excepcionais, o regime geral das coisas móveis não se aplicará à energia.

30. Prédios rústicos e urbanos

I. A classificação entre prédios rústicos e urbanos representa uma subclassificação das coisas imóveis. Ela consta do n.º 2 do art. 204.º, segundo o qual, "entende-se por prédio rústico uma parte delimitada do solo e as construções nele existentes que não tenham autonomia económica, e por prédio urbano qualquer edifício incorporado no solo, com os terrenos que lhe sirvam de logradouro".

Um imóvel sem qualquer construção não levanta qualquer dúvida sobre a sua qualificação como rústico. Ao invés, se o solo se encontra integralmente ocupado por um edifício, seja qual for o fim deste (comércio, indústria, habitação ou outro), o prédio é urbano, mesmo que acresça terreno para um logradouro[583].

A construção de uma estrutura no solo pode desencadear, assim, a transformação do prédio rústico num prédio urbano. Em todo o caso, resulta com clareza da lei que não se pode tratar de qualquer construção. As construções que não tenham autonomia económica não mudam a natureza do prédio rústico, segundo o n.º 2 do art. 204.º. Um armazém para guardar maquinaria agrícola, sementes ou outro material da lavoura, um estábulo, um cercado para animais, um dormitório para os trabalhadores agrícolas e outras construções do género não originam um prédio urbano[584].

Por outro lado, não basta assentar uma construção, mesmo com autonomia económica, sobre o solo do imóvel. O n.º 2 do art. 204.º fala em incorporação, o que sugere uma ligação material ao solo. O n.º 3 do mesmo artigo depõe no mesmo sentido, acrescentando o "carácter de permanência". Uma casa pré-fabricada, assente meramente no solo, uma tenda, uma barraca de madeira, não transformam um prédio rústico num prédio urbano[585].

Ainda assim, a qualificação concreta de um prédio como rústico ou urbano reveste-se de particular dificuldade em muitos casos. Essa dificuldade agrava-se, porquanto o conceito de prédio misto não foi consagrado pelo

[583] Menezes Cordeiro, Tratado de Direito Civil Português, III, Parte Geral, Coisas, pág. 123.

[584] Cf. outros exemplos em Pires de Lima/Antunes Varela, Código Civil Anotado, cit., pág. 196.

[585] Menezes Cordeiro, Tratado de Direito Civil Português, I, Parte Geral, Tomo II, Coisas, cit., pág. 129.

Direito Civil. Essa caracterização existe para alguns fins, sobretudo, fiscais, mas não no Direito Civil. À luz deste, um prédio ou é rústico ou urbano; não pode ser as duas coisas ao mesmo tempo.

II. Se um prédio urbano consiste numa porção construída de solo, mas se nem todas as construções servem para a qualificação de um prédio como urbano, temos de apurar o critério ou critérios com base nos quais a qualificação concreta será feita, uma vez que a aplicação de algumas normas jurídicas, como, por exemplo, o regime jurídico da locação de prédio urbano (arrendamento urbano – art. 1064.º a 1113.º) ou o arendamento rural (DL n.º 385/88, de 25 de Outubro), pressupõem o carácter urbano ou rústico do prédio.

Para o efeito, de nada serve a indicação constante da matriz predial urbana ou da descrição predial[586]. Para além do facto de nenhuma disposição legal conferir valor à qualificação atribuída na inscrição matricial ou no registo predial, a verdade é que aquela qualificação depende, em última análise, da actuação do proprietário ou de outro titular de direito real de gozo[587]. Este pode construir um edifício, transformando em urbano um prédio que até ao momento era rústico, ou destruir voluntariamente um edifício[588], convertendo em rústico um prédio urbano, tudo isto sem que a situação matricial ou predial seja mexida. A natureza declarada na matriz ou no registo predial – prédio rústico ou urbano – é, assim, irrelevante para a qualificação do mesmo dentro dos dois termos da classificação legal.

Do mesmo modo, não há nada de definitivo na qualificação de um prédio como rústico ou urbano. Um prédio outrora rústico pode ser actualmente urbano, por força de uma edificação levada a cabo por alguém, assim como, inversamente, um prédio antes urbano pode ser hoje rústico, por actuação do titular de direito real ou por facto de terceiro ou da natureza[589].

[586] Menezes Cordeiro, Tratado de Direito Civil Português, I, Parte Geral, Tomo II, Coisas, cit., pág. 123.

[587] Ao contrário do que parece crer Menezes Cordeiro, Tratado de Direito Civil Português, I, Parte Geral, Tomo II, Coisas, cit., pág. 123, o proprietário ou, de um modo geral, o titular de um direito real de gozo (nomeadamente, o superficiário) pode mudar a natureza do imóvel como rústico ou urbano. A dependência de aprovações, licenças ou outras autorizações administrativas não muda isso.

[588] Um deixá-lo degradar-se a tal ponto que que o edifício não seja mais susceptível de utilização como tal.

[589] Pense-se num fogo posto ou num terramoto.

Como momento relevante para a aferição da natureza rústica ou urbana do prédio encontramos, pois, o momento da qualificação levada a cabo pelo intérprete. A pertinência dessa qualificação para o futuro depende de tudo se manter igual ou de qualquer alteração entretanto realizada não ter relevância para modificar a mesma.

Vários critérios têm sido apresentados para a classificação de um prédio em rústico e urbano. MENEZES CORDEIRO[590] identificou quatro:

- Teoria do valor;
- Teoria da afectação económica;
- Teoria do fraccionamento;
- Teoria da consideração social.

A primeira teoria, atribuída a CASTRO MENDES[591], não tem hoje apoio normativo. Ela pressupunha a incidência de um critério baseado no valor da parte urbana ou rústica. Porém, o actual art. 1066.º do Código Civil, com a redacção da Lei n.º 6/2006, de 26 de Fevereiro, eliminou a referência ao valor, que constava do art. 1084.º do Código Civil, na primitiva redacção, e depois do art. 2.º, n.º 1 do RAU, retirando a base normativa para esta teoria.

A teoria da afectação económica pondera o fim do aproveitamento do prédio. Se a parte urbana serve de apoio à exploração levada a cabo na parte não construída do solo, o prédio é rústico; caso contrário, o prédio é urbano. É a doutrina que, a nosso ver, melhor permite elucidar o sentido do art. 204.º, n.º 2, como veremos mais adiante.

OLIVEIRA ASCENSÃO[592] parte do postulado fundamental da teoria da destinação económica, como lhe chama, mas defende que "se alguém é titular de um terreno e de uma habitação, mas o terreno não serve de logradouro à habitação, e a habitação não serve de apoio à lavoura, há uma pluralidade de prédios, e não um prédio único, porque ambos têm autonomia económica". De acordo com este professor, um prédio com uma parte urbana e outra rústica divide-se em dois prédios, cada um com a sua natureza.

A teoria de OLIVEIRA ASCENSÃO procura evitar o impasse a que o n.º 2 do art. 204.º conduz fatalmente nos casos em que o prédio tem simultaneamente um edifício implantado e uma parte rústica – não sendo esta um

[590] MENEZES CORDEIRO, Tratado de Direito Civil Português, I, Parte Geral, Tomo II, Coisas, cit., pág. 122.

[591] Teoria Geral Do Direito Civil.

[592] Direito Civil – Teoria Geral, volume I, cit., pág. 363.

mero logradouro[593] – e cada uma das partes não apresenta um fim comum. Como obstáculo, porém, esta teoria depara-se com a falta de adesão ao regime jurídico. Na verdade, um prédio a que corresponda uma descrição predial tem apenas uma natureza, rústica ou urbana, e não se desmembra ou fragmenta pela possível coexistência de duas partes com componentes que apontam para os termos opostos da classificação. Continua a ser somente um prédio, rústico ou urbano[594].

A teoria da consideração social foi defendida inicialmente por Menezes Cordeiro[595], que afirmava que "um prédio será rústico ou urbano quando, de acordo com as concepções dominantes na sociedade, consista essencialmente no solo ou em construções". Este professor viria a abandonar posteriormente esta teoria[596], reconhecendo ser ao Direito que cabe, em última análise, determinar a natureza rústica ou urbana de um prédio.

Com excepção da teoria da destinação económica, nenhuma das teorias expostas apresenta um critério que seja válido em todos os casos. De resto, poderemos mesmo dizer que o n.º 2 do art. 204.º não dá uma resposta satisfatória para o caso de um prédio composto de um edifício e de uma parte rústica, que não seja um logradouro[597]. O exemplo típico é o de uma herdade, constituída por uma casa de habitação, eventualmente com outras estruturas de apoio à agricultura ou à criação de gado, e por um terreno, mais ou menos extenso.

[593] O logradouro não infirma a natureza urbana do prédio a cujo serviço se encontra. Cf. Menezes Cordeiro, Tratado de Direito Civil Português, I, Parte Geral, Tomo II, Coisas, cit., pág. 124.

[594] Menezes Cordeiro, Tratado de Direito Civil Português, I, Parte Geral, Tomo II, Coisas, cit., pág. 123 critica Oliveira Ascensão, aduzindo que ninguém consegue criar o fraccionamento de um prédio sem as autorizações administrativas pertinentes. Certo, mas o problema não se coloca somente defronte do Direito Administrativo, respeitando primariamente ao Direito Civil. No contexto deste, o n.º 2 do art. 204.º do Código Civil não admite a divisão de um prédio, em rústico e urbano, por neste haver um edifício e uma parte rústica com autonomia e obriga, por isso, à qualificação num dos termos da classificação legal de prédio rústico e urbano.

[595] Direitos Reais, cit., pág. 198.

[596] Menezes Cordeiro, Tratado de Direito Civil Português, I, Parte Geral, Tomo II, Coisas, cit., pág. 123.

[597] O logradouro é a parte adjacente ao edifício que serve de apoio a este, para pátio, jardim, parque de estacionamento ou outro fim. O logradouro constitui uma parte de um prédio urbano, o qual pode, pois, incluir uma porção de terreno não construída ou, pelo menos, não ocupada pelo edifício propriamente dito. Sobre o logradouro, cfr. Menezes Cordeiro, Tratado de Direito Civil Português, I, Parte Geral, Tomo II, Coisas, cit., pág. 124.

No caso da herdade, a qualificação correcta seria a de prédio misto, dada a existência clara de uma parte urbana e de uma parte rústica e sendo certo que esta última não representa um logradouro do edifício construído. Contudo, o nosso Direito Civil não admite um *tertium genus*, o que impõe uma qualificação entre os dois termos. A solução engenhosa de Oliveira Ascensão, considerar uma pluralidade de prédios, sendo embora um modo hábil de evitar o dilema, não representa uma alternativa real, na medida em que o prédio não se divide somente porque há uma parte urbana e uma parte rústica, continuando a ser uma única coisa.

Uma qualquer construção não torna um prédio rústico em urbano. O n.º 2 do artigo 204.º menciona expressamente as construções que não tenham autonomia económica. Para que possamos retirar toda a potencialidade de sentido desse preceito, teremos de considerar que a autonomia económica não respeita directamente às construções autonomamente consideradas, mas à ligação destas com a parte restante do solo. Uma casa para habitação, bem como as demais estruturas de apoio à agricultura ou à criação de gado não transformam o prédio rústico em urbano se visam o aproveitamento da parte restante do solo, qualquer que seja esse aproveitamento, agrícola, pecuário ou mesmo de mero lazer. Por isso, no exemplo da herdade, a nossa opinião é a de que se trata de um prédio rústico segundo o Direito Civil. A parte construída, estando dirigida para o aproveitamento do terreno restante, não muda a natureza rústica do prédio.

Pode acontecer, porém, que o edifício construído tenha autonomia económica relativamente ao solo não construído, ainda que a extensão deste seja muito superior à da parte edificada. Nesse caso, o prédio será urbano. Tomando como exemplos um complexo hoteleiro com campo de golfe e uma quinta dedicada ao turismo de habitação, constatamos haver, nestes casos, uma autonomia da parte construída face ao solo restante. Na impossibilidade legal de considerar dois prédios distintos (fraccionamento) ou de afirmar uma natureza mista do prédio, o único resultado possível defronte do n.º 2 do art. 204.º será o de considerar urbanos estes prédios.

Um prédio não construído é sempre rústico. A transformação deste pela construção pode mudar a sua natureza, convertendo-o em urbano. Para isso, porém, não basta simplesmente construir. Pode suceder que uma construção seja susceptível de, quando isoladamente considerada, ser qualificada como prédio urbano e o prédio permanecer rústico. O que interessa é verificar se essa construção se dirige a um aproveitamento separado do solo ou não. Se tem em vista o aproveitamento deste, como acontece relativamente à casa de uma herdade e a outras estruturas de apoio, não tem autonomia económica e o prédio é rústico, ainda que o proprietário se limite a viver na herdade, sem cultivar o campo ou o dedicar a outro fim rural.

A construção de um edifício que dissocie a parte construída do solo restante induz a autonomia económica da parte urbanizada. Nessa altura, segundo o art. 204.º, n.º 2, todo o prédio será urbano.

O critério normativo, a autonomia económica do edifício defronte do solo[598], não parece susceptível de dissipar dúvidas em casos de fronteira. Seja como for, não se provando factos que permitam inferir, com toda a certeza, a natureza urbana, o prédio será rústico[599].

31. Coisas simples e coisas compostas

I. Outra importante classificação divide as coisas em simples e compostas (art. 203 e 206.º). A origem desta classificação remonta ao Direito romano[600], como tivemos anteriormente oportunidade de explicar.

Segundo a doutrina filosófica dos estóicos, que um trecho bem conhecido de POMPONIUS[601] deixa evidenciar, as coisas agrupavam-se em três categorias: "*tria autem sunt genera corporum*; *unum quod continetur uno spiritu* (...); *alterum, quod ex contingentibus* (...); *tertium quod ex distantibus* (...)"[602].

A primeira categoria era constituída pelas coisas simples, as coisas que existiam na natureza e que não podiam ser decompostas noutras coisas[603].

[598] Excluindo sempre o logradouro.

[599] Neste sentido, MENEZES CORDEIRO, Tratado de Direito Civil Português, I, Parte Geral, Tomo II, Coisas, cit., pág. 125, com o qual estamos inteiramente de acordo neste ponto.

[600] BONFANTE, Corso de Diritto Romano, cit., pág. 119 e segs., BIONDO BIONDI, "Cosa (Diritto romano)", cit., pág. 1006 e seg., "Cosa (Diritto civile)", cit., pág. 1007 e segs., "Cosa semplice e composta (Diritto romano), cit., pág. 1039 e segs., "Cosa semplice e composta (Diritto intermedio), cit., pág. 1041, "Cosa semplice e composta (Diritto civile), cit., pág. 1041 e segs., Istituzioni Di Diritto Romano, cit., pág. 164 e segs., VOLTERRA, Instituciones De Derecho Privado Romano, cit., pág. 301 e segs., SANFILIPPO, Istituzioni Di Diritto Romano, cit., pág. 76 e seg., ARANGIO-RUIZ, Istituzioni Di Diritto Romano, cit., pág. 164 e seg.

[601] Cf. a tradução deste texto em português em MENEZES CORDEIRO, Tratado De Direito Civil Português, I, Parte Geral, Tomo II, Coisas, cit., pág. 162, nota 599.

[602] Trecho retirado de BIONDO BIONDI, "Cosa semplice e composta (Diritto romano), cit., pág. 1039.

[603] Cf. BIONDO BIONDI, "Cosa semplice e composta (Diritto romano), Noviss. Dig. It., pág. 1039 e Istituzioni Di Diritto Romano, cit., pág. 164.

A segunda categoria era dada pelas coisas compostas *ex contingentibus*. Tratava-se de uma única coisa criada artificialmente pela junção de outras coisas simples, que perdiam a sua autonomia no novo conjunto.

Finalmente, a terceira categoria era constituída pelas coisas compostas *quod ex distantibus constat* (*corpora ex distantibus*), coisas fisicamente separadas, mas designadas por um nome comum e tratadas como um único objecto[604]. O exemplo clássico era o rebanho[605].

Na Idade Média, a segunda categoria tendeu a desaparecer, enquanto a segunda foi sendo substituída pelo termo *universitas rerum*. A doutrina das universalidades remonta aos glosadores e outros intérpretes posteriores[606]. *Universitas* designa um complexo unitário debaixo de um nome próprio, que agrega o conjunto dos componentes singulares. Na doutrina dos glosadores e dos intérpretes posteriores do Direito romano, o complexo unitário pode compreender pessoas e coisas. O complexo de pessoas denominava-se *universitates personarum* e representa o embrião histórico da personalidade colectiva; o complexo de coisas, ao invés, surge designado por *universitates rerum* ou *universitas rerum*[607].

A *universitas rerum* incluía, por sua vez, as universalidades de facto e as universalidades de direito ou *iuris* (*universitates iuris*), concebidas as primeiras como complexos de coisas corpóreas e as segundas como unidades incorpóreas[608].

II. O Código Civil português não define coisa simples. Em contrapartida, adoptou uma noção de coisa composta que não retrata a segunda categoria de coisas compostas dos romanos, identificando ainda coisa composta com universalidade de facto[609] e limitando esta aos conjuntos de coisas móveis pertencentes ao mesmo dono (art 206.º, n.º 1).

Como ensina OLIVEIRA ASCENSÃO[610], as coisas simples são aquelas que não se podem decompor em outras coisas mais simples. A ideia

[604] Cf. BIONDO BIONDI, "Cosa semplice e composta (Diritto romano)", Noviss. Dig. It., pág. 1040.

[605] BONFANTE, Corso Di Diritto Romano, cit., pág. 129.

[606] BIONDO BIONDI, "Cosa semplice e composta (Diritto intermedio), cit., pág. 1041.

[607] MENEZES CORDEIRO, Tratado de Direito Civil Português, I, Parte Geral, Tomo II, Coisas, cit., pág. 163, BIONDO BIONDI, "Cosa semplice e composta (Diritto intermedio), cit., pág. 1041.

[608] BIONDO BIONDI, "Cosa semplice e composta (Diritto intermedio), cit., pág. 1041.

[609] Cf. o que dissemos a propósito do princípio da especialidade.

[610] Direito Civil – Teoria Geral, volume I, cit., pág. 372. Na definição deste professor, "coisas simples são aquelas, divisíveis ou não, em que não se podem individualizar coisas mais simples".

subjacente é a de uma impossibilidade de divisão da coisa numa outra de menor extensão e não de uma impossibilidade material de divisão da coisa[611]. Se uma colher, uma taça, uma moeda se podem dividir materialmente em várias partes, tal só pode suceder com prejuízo da sua identidade como coisa. São, por conseguinte, exemplos de coisas simples.

As coisas simples resultam ou de uma acção da natureza, como o animal ou um fruto, ou são o produto da actividade humana, sendo juridicamente indiferente a proveniência das mesmas.

O regime jurídico das coisas está predisposto para as coisas simples. E isto é verdade para as coisas compostas mencionadas no art. 206.º, que não são verdadeiras coisas, como veremos de seguida.

III. Na origem de uma coisa pode estar a combinação de várias outras que, se fossem isoladamente avaliadas, constituiriam também elas coisas em sentido jurídico. Um automóvel constitui segundo o Direito uma única coisa; todavia, no seu processo de fabrico entram outras coisas, simples e compostas, como pneus, jantes, rádio, motor, etc. Também o edifício, no sentido do art. 204.º, n.º 2, constitui, juntamente com o solo, uma única coisa (um prédio urbano), mas no edifício são incorporadas muitas coisas móveis, como janelas, portas, vidros, lâmpadas, etc.

Quando, segundo o Direito, a combinação de várias coisas suscita a criação de uma nova coisa e o desaparecimento das que lhe deram origem, esta última constitui uma coisa composta. Trata-se da categoria de coisas compostas *ex contingentibus*, segundo a doutrina do Direito romano, cuja designação mantemos para separar das coisas compostas a que o art. 206.º se reporta.

A esta categoria de coisas compostas o Código Civil português não faz qualquer menção. Aparentemente, a razão para isto reside no facto destas coisas estarem, afinal, sujeitas ao regime das coisas simples[612]. Depois da combinação ter lugar e surgir a nova coisa (coisa composta), as coisas, simples e compostas, que existiam anteriormente perdem a sua autonomia jurídica, passando a subsistir apenas a coisa composta. Para o Direito, a valoração do conjunto como uma nova coisa (coisa composta) faz desaparecer esta qualidade nas coisas que a compõem.

[611] Cf. Oliveira Ascensão, Direito Civil – Teoria Geral, volume I, cit., pág. 372.

[612] Menezes Cordeiro, Tratado de Direito Civil Português, I, Parte Geral, Tomo II, Coisas, cit., pág. 165.

Em todo o caso, a inserção de uma coisa até aí autónoma num novo conjunto (coisa composta) só faz desaparecer a qualidade da coisa integrada se a combinação for lícita ou se o titular do direito real sobre a coisa composta vier a adquirir, por via de algum facto, a propriedade sobre ela[613].

Isto suscita, ainda hoje, aplicações práticas para esta categoria de coisas compostas. Assim, se alguém insere uma bateria que não é sua num automóvel, o proprietário da bateria não deixa de poder reivindicar a sua coisa, desde que a separação seja ainda materialmente possível sem dano para qualquer das coisas (automóvel e bateria) e não haja, por isso, lugar à acessão. O mesmo se diga da defesa possessória por acção de restituição. Também o prazo para a usucapião da bateria se contará em função do tempo de posse desta e não do tempo de posse do automóvel como um todo.

Quer dizer, apesar da coisa composta *ex contingentibus* ficar sujeita ao regime jurídico das coisas simples, há especificidades, retratadas nos exemplos anteriores, que justificam a manutenção de uma referência científica autónoma[614]. Estas especificidades são o reflexo do carácter complexo da origem das coisas compostas. Enquanto nas coisas simples não é possível divisar outras coisas, tal não sucede nesta categoria de coisas compostas. Por isso, não julgamos correcto fazer uma equiparação integral entre coisas simples e coisas compostas *ex contingentibus* e somos da opinião de que a classificação entre coisas simples e compostas representa ainda uma necessidade do discurso científico relativo às coisas em Direitos Reais.

IV. A terceira categoria de coisas dos romanos, as coisas compostas *ex distantibus*, cedeu o lugar ao conceito medievo de universalidade de facto e alguns autores passaram a referir-se às coisas compostas como universalidades de facto. Em Portugal, foi esse o caso de Pires de Lima[615], justamente o autor do projecto regime jurídico das coisas para o Código Civil de 1966.

Esta equiparação entre coisas compostas e universalidades de facto evidencia uma dupla imprecisão. Omite a categoria principal de coisas compostas – para nós a única –, as coisas compostas *ex contingentibus*, e coisifica as universalidades de facto.

Na origem da categoria das coisas compostas *ex distantibus* está ideia de uma coisa (a coisa composta) criada a partir doutras coisas homogéneas

[613] Por exemplo, por usucapião.

[614] Também Oliveira Ascensão, Direito Civil – Teoria Geral, volume I, cit., pág. 374 e seg. se manifesta no sentido de subsistência desta categoria de coisas compostas.

[615] "Das coisas", cit., pág. 214 e seg.

(animais da mesma espécie, por exemplo), mas em que estas não perdem a qualidade de coisas, não obstante integrarem um novo conjunto[616], contrariamente ao que sucederia nas coisas compostas *ex contingentibus*. Os exemplos conhecidos da biblioteca ou do rebanho ilustram o conceito.

Este novo conjunto seria susceptível de uma atribuição jurídica independente das coisas que o compõem e de vicissitudes próprias, diversas das que afectam as coisas simples que formam o conjunto.

Como tivemos ocasião de demonstrar anteriormente, as universalidades de facto correspondem actualmente ao propósito prático de facilitar a disposição do direito real de gozo sobre as várias coisas que compõem o conjunto, o que se consegue através de uma declaração negocial unitária. Mas é tudo. O proprietário do conjunto continua a ter de provar a propriedade de cada uma das coisas que compõem a universalidade de facto na acção de reivindicação ou a fazer o mesmo quanto à posse, se quiser que a acção de restituição seja procedente.

Tudo isso mostra que a universalidade de facto não constitui uma coisa para o Direito e que este continua a pressupor a qualidade de coisa somente no que respeita a cada uma das coisas simples que compõem o conjunto[617].

V. Como balanço, pensamos poder dizer que se mantém a conveniência da classificação entre coisas simples e compostas, se por estas últimas se entender as coisas que resultam da combinação de outras coisas[618], perdendo estas a sua autonomia jurídica enquanto objecto no novo conjunto, ou seja, as coisas compostas *ex contingentibus*, para recorrer à terminologia impressiva dos romanos.

As coisas compostas ficam sujeitas ao regime das coisas simples, como decorrência do carácter unitário da noção de coisa, mas as coisas combinadas só perdem a sua individualidade a favor da nova coisa se a combinação for lícita ou o proprietário do conjunto adquirir entretanto a propriedade sobre ela. Até lá, continuam a ser coisas autónomas, sujeitas ao seu próprio regime jurídico, com atribuição jurídica separada da coisa composta.

[616] Biondo Biondi, "Cosa semplice e composta (Diritto civile), cit., pág. 1043.

[617] Cf. também Menezes Cordeiro, Tratado de Direito Civil Português, I, Parte Geral, Tomo II, Coisas, cit., pág. 165 e seg., Biondo Biondi, "Cosa semplice e composta (Diritto civile), cit., pág. 1043.

[618] Numa perspectiva diferente, Menezes Cordeiro, Tratado de Direito Civil Português, I, Parte Geral, Tomo II, Coisas, cit., pág. 164 e segs.

Uma tripartição das coisas, incluindo as coisas compostas *ex distantibus* ou as universalidades de facto, não se nos afigura possível defronte do quadro normativo do Direito vigente. As universalidades de facto não são coisas e, portanto, também não são coisas compostas, tendo sua previsão normativa simplesmente em vista criar um expediente de facilitação do tráfego negocial através da emissão de uma declaração negocial eficaz para todas as coisas simples que integram o conjunto.

32. Coisas principais, coisas acessórias e pertenças

I. Coisa principal é a que tem destinação ou uso independente, enquanto a coisa acessória consubstancia uma coisa que se encontra ao serviço ou afecta ao uso de uma outra (a principal). Ambas as coisas, a principal e a acessória, têm autonomia jurídica, cada uma delas, nomeadamente, a acessória, constitui uma coisa, sendo objecto de uma atribuição jurídico-real distinta. Esta separação entre a coisa principal e a coisa acessória determina que cada uma delas esteja sujeita ao seu próprio regime jurídico.

No Direito romano, o exemplo mais característico de coisa acessória era o *instrumentum fundi*[619], com o qual os romanos designavam os instrumentos, ferramentas e sementes do trabalho rústico, ou seja, os elementos destinados ao cultivo agrícola[620]. Os exemplos tirados de um trecho de ULPIANO[621] incluem, entre outras coisas, os recipientes e utensílios do campo, como os arados, os bois e outros animais da economia do fundo e as sementes para a cultura[622].

Para além do *instrumentum fundi*, os romanos indicavam também como coisas acessórias os *instrumentum domus*, destinados à manutenção da casa[623], que incluíam, por exemplo, os utensílios para reparar o telhado e o pavimento, para manter a casa em ordem e limpa, as escadas para aceder às colunas e balaustradas, etc.

A relevância da distinção para os romanos estava no facto das coisas acessórias serem distintas da coisa principal e não seguirem o destino desta

619 Cf. DIURNI, "Pertinenze (storia)", Enc. Del Diritto, pág. 536, BONFANTE, Corso Di Diritto Romano, cit., pág. 166, e Istituzioni Di Diritto Romano, cit., pág. 200, BIONDO BIONDI, Istituzioni Di Diritto Romano, cit., pág. 167 e seg., VOLTERRA, Instituciones De Privado Derecho Romano, cit., pág. 304, SANFILIPPO, Istituzioni Di Diritto Romano, cit., pág. 78.

620 BONFANTE, Corso Di Diritto Romano, cit., pág. 166.

621 L. 33 7. 8.

622 Cf. BONFANTE, Corso Di Diritto Romano, cit., pág. 167.

623 BONFANTE, Corso Di Diritto Romano, cit., pág. 167 e seg.

em caso de alienação pelo proprietário, a não ser havendo declaração em contrário deste.

No período intermédio, e ao que parece por influência germânica[624], surgiu a noção de pertença. O que seja uma pertença e em que medida se diferencia de uma coisa acessória, porém, nem sempre se afigura claro.

WINDSCHEID[625] definia pertenças como "aquelas coisas que, sem serem partes componentes de uma outra coisa, estão numa tal relação com ela, que segundo a concepção do tráfego devem ser vistas como compreendidas nessa coisa". O interesse prático da noção de pertença residiria no facto de todo o negócio jurídico de disposição de uma coisa englobar as pertenças, cujo conceito não teria, assim, significado jurídico[626]. WINDSCHEID[627] distingue ainda as pertenças das coisas acessórias (*accessio*), esclarecendo que estas seriam as que estariam numa relação de dependência com outras coisas, mas que o conceito – de coisa acessória – seria juridicamente imprestável, por causa da sua incerteza.

DERNBURG,[628] por sua vez, definia pertenças (Pertinenzen) como os objectos que juntamente com uma outra coisa – a coisa principal – servem o mesmo destino económico, valendo, por isso, ambos no tráfego como um todo uniforme.

Mais recentemente, LARENZ/WOLF[629], interpretando o § 97 do BGB[630], esclarecem que as pertenças são coisas móveis determinadas a servir o escopo económico de uma coisa principal, sem constituir partes integrantes desta última; elas devem, além disso, estar com a coisa principal numa relação de proximidade espacial, a fim de servir o seu escopo económico e, finalmente, as concepções do tráfego não se oporem à qualificação das coisas como pertenças.

De WINDSCHEID e DERNBURG a LARENZ vai uma evolução significativa. Para os primeiros, as pertenças confundem-se com a coisa principal,

[624] KOHLER , DIURNI, "Pertinenze (storia)", cit., pág. 536 e segs.

[625] Lehrbuch des Pandektenrechts, cit., pág. 461 e seg.

[626] WINDSCHEID, Lehrbuch des Pandektenrechts, cit., pág. 462.

[627] WINDSCHEID, Lehrbuch des Pandektenrechts, cit., pág. 464.

[628] Pandekten, 6. Auflage, Band 1, 1, Allgemeiner Teil, Berlin, 1900, pág. 173 e seg.

[629] Allgemeiner Teil, cit., pág. 365.

[630] O (1) do § 97 do BGB tem a seguinte redacção: "Pertenças são coisas móveis, que sem serem partes componentes de uma coisa principal, estão destinadas a servir o escopo económico da coisa principal e com ela estão numa relação espacial correspondente a esta destinação. Uma coisa não é uma pertença quando não seja vista como tal no tráfego".

tornando pouco clara a distinção com as partes componentes ou integrantes da coisa. No entanto, no § 97 do BGB as pertenças são definidas como coisas móveis que não constituem partes integrantes da coisa principal.

O art. 817 do Codice Civile italiano define pertenças como as coisas destinadas de modo duradouro ao serviço ou ornamentação de uma outra. O art. 818 dispõe, por sua vez, que os actos e relações jurídicas que tenham por objecto a coisa principal compreendem igualmente as pertenças, se não houver disposição em contrário. A formulação não confere um sentido inequívoco e gera dúvidas.

II. O Código Civil de SEABRA não mencionava a matéria das coisas acessórias ou pertenças. Porém, a doutrina portuguesa estava atenta ao que se passava no exterior. GUILHERME MOREIRA[631] distinguia como acessórias:

- Partes integrantes;
- Pertenças;
- Frutos;
- Benfeitorias;
- O tesouro.

GUILHERME MOREIRA[632] entendia, assim, que a coisa acessória, exprimindo uma ideia de dependência, era "mais genérica que pertenças". No entanto, afirmava simultaneamente que os acessórios se confundem com as pertenças, tornando difícil apreender um critério uniforme de distinção[633].

MANUEL DE ANDRADE[634] manteve o esquema básico de MOREIRA, com excepção do tesouro; DIAS MARQUES[635] fez o mesmo – incluindo as pertenças, os frutos e as benfeitorias no conceito de coisa acessória, mas excluindo, no entanto, as partes integrantes[636] – e OLIVEIRA ASCENSÃO[637], já

[631] Instituições Do Direito Civil Português, Volume Primeiro, Parte Geral, cit., pág. 355.

[632] Instituições Do Direito Civil Português, Volume Primeiro, Parte Geral, cit., pág. 355.

[633] "No sentido em que tomamos a expressão accessorios, estes confundem-se com as pertenças, termo de que o codigo civil usa em algumas disposições". E, um pouco mais à frente, "a expressão cousas accessorias, quando por ella se exprima apenas a idêa de dependencia, é mais generica do que pertenças, comprehendendo os fructos, o thesouro, etc.". Cf. Instituições Do Direito Civil Português, Volume Primeiro, Parte Geral, cit., pág. 355.

[634] Teoria Geral da Relação Jurídica, cit.

[635] Direitos Reais, cit., pág. 83 e segs.

[636] DIAS MARQUES, Direitos Reais, cit., pág. 84.

[637] OLIVEIRA ASCENSÃO, Direito Civil – Teoria Geral, volume I, cit., pág. 379.

no domínio do Código Civil de 1966, ainda o apresenta igualmente, embora reconheça que não se adequa ao novo Direito das coisas.

Na verdade, uma tal acepção de acessoriedade não se ajusta ao nosso Direito actual[638]. Começando pelas partes integrantes, e para além da exclusão expressa constante do art. 210.º, n.º 1, há ainda um outro argumento que impede a consideração destas como coisas acessórias ou pertenças. As partes integrantes não são coisas, são partes de coisa. Como tal, não têm autonomia, não podendo ser objecto de direitos reais. Somente o todo no qual a parte integrante se incluiu é coisa (imóvel) para o Direito.

Os frutos têm um regime jurídico específico[639]. Enquanto estão ligados à àrvore ou planta que os gera, os frutos são parte do imóvel, carecendo igualmente de autonomia jurídica (alínea c) do art. 204.º). Uma vez separados, são coisas móveis distintas do imóvel ao qual estavam ligados, mas nem por isso se tornam coisas acessórias. Falta-lhes a ligação funcional de serviço ou ornamentação ao imóvel, que o art. 210.º, n.º 1 requer para que a acessoriedade exista.

As benfeitorias não são coisas. Elas representam o resultado da intervenção de uma pessoa sobre uma coisa pertencente a outrem. Neste sentido, não há que falar em coisa acessória ou pertença a propósito das benfeitorias.

Independentemente da sobreposição entre o conceito de coisa acessória e de pertença, sobre o qual versaremos de seguida, o Direito português não dá fundamento para um equívoco que ensombrou ao longo dos tempos a discussão desta temática. As coisas acessórias ou pertenças são coisas autónomas. Claramente de fora do conceito respectivo ficam, assim, as partes de coisa, que não faz qualquer sentido considerar coisas acessórias ou pertenças, pois integram a unidade que é a coisa, e ainda as denominadas partes integrantes, as quais por virtude da incorporação em coisa imóvel (no solo ou noutra coisa no solo incorporada) passam a fazer parte dela[640].

III. Segundo o art. 210.º, n.º 1, "são coisas acessórias ou pertenças, as coisas móveis que, não constituindo partes integrantes, estão afectadas por forma duradoura ao serviço ou ornamentação de uma outra".

[638] Cf. MENEZES CORDEIRO, Tratado de Direito Civil Português, I, Parte Geral, Tomo II, Coisas, cit., pág. 168.

[639] Cf. também MENEZES CORDEIRO, Tratado de Direito Civil Português, I, Parte Geral, Tomo II, Coisas, cit., pág. 168.

[640] PIRES DE LIMA, "Das Coisas", cit., pág. 218.

As coisas acessórias ou pertenças são coisas móveis[641]. Enquanto implicitamente se afastam as coisas imóveis do âmbito da acessoriedade, evidencia-se um outro aspecto do conceito de coisa acessória ou pertença, que é a sua autonomia. Como começámos por dizer, coisa principal e coisa acessória ou pertença são coisas distintas, sendo a segunda autónoma da primeira, o que significa que é objecto de uma atribuição jurídico-real específica, distinta da coisa principal.

A relação de acessoriedade surge delineada pela finalidade de serviço ou ornamentação em que uma coisa se encontra relativamente à coisa principal. O que quer dizer, que a coisa acessória tem um uso determinado por um escopo funcional – de serviço ou ornamentação – a outra coisa.

Alguns autores acentuam dois elementos do conceito de pertença: um elemento subjectivo e um elemento objectivo[642]. O primeiro seria dado pela vontade do titular do direito real (proprietário ou outro) sobre a coisa principal e acessória em colocar esta última ao serviço ou ornamentação da primeira, enquanto o segundo resultaria da conexão entre as duas coisas (a principal e a acessória ou pertença).

A afectação da coisa ao uso ou ornamentação de uma outra deve ser feita no exercício do direito real, pelo titular cujos poderes de gozo autorizem a afectação. Tipicamente o proprietário, mas quer-nos parecer que qualquer titular do direito real de gozo (usufrutuário, usuário) e o mero possuidor formal o podem fazer igualmente[643]. Se as coisas acessórias ou pertenças cabem ao mesmo titular do direito real, nenhum problema se levanta, mas se a propriedade da coisa principal e da coisa acessória ou pertença está em pessoas distintas, ambas têm de consentir na afectação.

[641] Conceptualmente, nada impede a relação de acessoriedade entre coisas imóveis. O exemplo de uma farmácia com uma fracção de apoio para descanso do pessoal quando está de serviço à noite, constitui uma das ilustrações possíveis da relação de acessoriedade de um imóvel a outro. Em Itália, a jurisprudência evoluiu no sentido de reconhecer a acessoriedade entre imóveis, visto que o art. 817 do Codice Civile não contém nenhuma limitação às coisas móveis, como sucede no Direito português com o art. 210.º, n.º 1. Cf. Roberto Triola, "Le pertinenze immobiliari", in Diritti Reali, a cura de Roberto Triola e Mario Rosario Vignale, Milano, 2000, pág. 117 e segs. Numa perspectiva contrária, contra a noção de acessoriedade entre imóveis, veja-se De Martino, Dei Beni, Dei Beni In Generale, cit., pág. 46 e seg.

[642] Por exemplo, Tamburrino, "Pertinenze, (Diritto privato)", Enc. Del Diritto, pág. 549 e segs., Contursi Lisi, "Pertinenze", Noviss. Dig. It., pág. 1148 e segs., De Martino, Dei Beni, cit., pág. 38 e segs., Diurni, "Pertinenze (storia)", cit., pág. 534.

[643] Num sentido próximo, De Martino, Dei Beni, cit., pág. 41 e segs.

O elemento subjectivo é necessário num primeiro momento, para criar o nexo de acessoriedade ou de pertença, mas parece-nos que se trata somente de um *prius* face ao segundo elemento, que é o que realmente releva.

O art. 210.º, n.º 1 explicita que a afectação funcional deve ser duradoura. Uma ligação esporádica ou ocasional entre duas coisas não dá azo a uma relação de acessoriedade, ainda que, por um momento, uma das coisas fique afecta à outra[644].

Exemplos de coisas acessórias podemos encontrar na secretária da entrada do edifício, nos tapetes, nos vasos de flores, nas estatuetas espalhados pelas partes comuns do edifício e numa larga parte do recheio de coisas móveis e imóveis, como quadros, espelhos, mobiliário variado (estantes, secretárias, louças, etc.), electrodomésticos (máquinas de lavar roupa e louça, fogão), etc.

IV. O art. 210.º, n.º 1 equipara coisa acessória e pertença ("são coisas acessórias ou pertenças"), não distinguindo as duas. Era essa a posição de PIRES DE LIMA[645], justamente o autor do projecto sobre as coisas, o qual defendia que, de *iure constituendo*, a distinção era desnecessária.

Discordamos desta asserção. A acessoriedade pode ser entendida num sentido mais lato do que a noção estrita de pertença. E isto mesmo sem trazer à colação as partes integrantes, os frutos ou as benfeitorias, que não são coisas (partes integrantes, benfeitorias) ou não são coisas acessórias (frutos). Era essa, de resto, a doutrina de CASTRO MENDES[646], seguida depois por CARVALHO FERNANDES e OLIVEIRA ASCENSÃO[647].

Existe realmente espaço para que cada uma destas coisas – a coisa acessória e pertença – tenha um sentido não coincidente. A coisa que não tem valor autónomo quando desligada da coisa principal, porque não pode ser usada sem ela, é, em rigor, uma pertença. Diversamente, a coisa que, não obstante estar funcionalmente ligada ao serviço ou ornamentação de uma coisa principal, possa ser usada independentemente desta, isoladamente ou com outra coisa principal, constitui uma coisa acessória[648].

644 Sobre este aspecto, cf., para maiores desenvolvimentos, cf. DE MARTINO, Dei Beni, cit., pág. 41 e segs.

645 "Das coisas", cit., pág. 218.

646 Teoria Geral Do Direito Civil, Volume I, pág. 415.

647 Direito Civil – Teoria Geral, volume I, cit., pág. 382.

648 No sentido praticamente inverso, MESSINEO, Manuale Di Diritto Civile E Commerciale, cit., pág. 178. Cf. ainda os autores citados em DE MARTINO, Dei Beni, cit., pág. 45, nota 2.

O exemplo de Menezes Cordeiro[649], dos arreios feitos à medida para o cavalo, ou o da bainha da espada, ilustra bem a valia da distinção entre coisa acessória e pertença e coloca em relevo a necessidade de um regime jurídico diverso. De que servem os arreios ou a bainha sem o cavalo ou a espada? As pertenças devem seguir sempre o destino da coisa principal, enquanto para as coisas acessórias tal solução será apenas conveniente.

Reconhecemos, em todo o caso, com Menezes Cordeiro[650], que o Direito português actual não confere base para a distinção entre pertenças e coisas acessórias. O art. 210.º, n.º 1 não apenas equipara a qualificação, como sujeita as duas coisas ao mesmo regime jurídico. Ainda assim, veremos que em sede de interpretação do negócio jurídico relativo à coisa principal convém distinguir coisa acessória e pertença. Por outro lado, e numa perspectiva de Direito a constituir, parece-nos útil insistir que as pertenças representam uma modalidade de coisa distinta das coisas acessórias.

V. O interesse prático desta classificação de coisas prende-se directamente com o destino das coisas acessórias ou pertenças em caso de celebração de negócio jurídico sobre a coisa principal. Vendida a coisa principal ou de qualquer modo transmitido o direito de propriedade sobre ela, qual é o destino da coisa acessória ou pertença?

Antes de mais, uma prevenção. Esta questão só deve ser colocada quando a coisa principal e a coisa acessória ou pertença caibam ao mesmo proprietário. Se a propriedade é distinta, não há nenhuma razão para fundamentar um destino comum para ambas as coisas. Porquanto se trata de coisas autónomas, atribuídas a diferentes proprietários, cada uma delas está sujeita a um regime jurídico independente.

Feita esta ressalva, e para o caso – muito frequente – das coisas, principal e acessória ou pertença, caberem ao mesmo proprietário, a resposta seria a de que o destino das coisas acessórias ou pertenças estaria também dissociado das coisas principais, por aquelas serem juridicamente autónomas das últimas.

Historicamente, porém, a regra que vingou desde a Idade Média exprime-se na fórmula *accesorium sequitur principal*: o acessório segue o principal. Vendida a coisa principal ou de qualquer modo transmitido o direito sobre ela, a coisa acessória transita para o novo titular do direito real sobre a coisa

[649] Tratado de Direito Civil Português, I, Parte Geral, Tomo II, Coisas, cit., pág. 171.

[650] Tratado de Direito Civil Português, I, Parte Geral, Tomo II, Coisas, cit., pág. 171.

principal como efeito do facto jurídico relativo à coisa principal. Assim, por exemplo, vendido o prédio rústico, a propriedade dos animais e dos utensílios da lavoura passa igualmente para a titularidade do comprador ou vendida a fracção do imóvel a propriedade sobre as coisas que integram o mobiliário transmite-se para o comprador juntamente com aquela.

Era este o entendimento dominante no nosso Direito no âmbito do Código de Seabra. Guilherme Moreira[651] ensinava que "a importância desta categoria de cousas – acessórias ou pertenças – consiste em que, emquanto a cousa acessoria for destinada ao serviço permanente da principal, *fica comprehendida nas mesmas relações jurídicas* (o itálico é nosso)".

No seu projecto sobre as coisas, Pires de Lima[652], criticando o disposto no art. 817 do Códice Civile italiano, pronunciou-se contra a regra, segundo a qual, as pertenças acompanham a coisa principal, declarando-a contrária à nossa tradição. Por terem existência autónoma, as pertenças não deviam acompanhar a coisa principal[653]. A solução proposta por Pires de Lima transitaria sem alteração para o novo Código Civil, concretamente para o actual art. 210.º, n.º 2.

Deste modo, o nosso Direito passou a consagrar uma regra contrária à tradição portuguesa e das ordens jurídicas estrangeiras que nos estão próximas: o acessório não segue o principal. Contundente, Menezes Cordeiro[654] sustenta tratar-se de "um aparatoso erro histórico".

Na verdade, a inversão da regra de que a coisa acessória ou pertença segue o destino da coisa principal cria soluções de todo inconvenientes. O vendedor do automóvel pode, invocando o disposto no art. 210.º, n.º 2, retirar o pneu sobressalente, o macaco e o triângulo de sinalização? A transmissão da propriedade sobre o prédio rústico não abrange os animais e as ferramentas da lavoura?

A nova redacção do art. 1065.º, introduzida pela Lei n.º 6/2006, de 27 de Fevereiro, parece introduzir uma regra especial quanto ao arrendamento. Celebrado um contrato de arrendamento de imóvel mobilidado, presume-se que este contrato inclui a locação do mobiliário e outros acessórios. Todavia, pela sua natureza de regra especial, o alcance dela é limitado ao arrendamento urbano e deixa em aberto a resposta para as questões postas.

651 Instituições Do Direito Civil Português, Volume Primeiro, Parte Geral, cit., pág. 355.

652 "Das coisas", cit., pág. 218.

653 "Das coisas", cit., pág. 219.

654 Tratado de Direito Civil Português, I, Parte Geral, Tomo II, Coisas, cit., pág. 170.

VI. A doutrina portuguesa, desde Castro Mendes[655] até Menezes Cordeiro[656], passando por Oliveira Ascensão[657], tem tentado obviar aos inconvenientes notórios da regra accessorium *principale non sequitur*, limitando o seu alcance. O modo como o tem feito é, no entanto, bem diferenciado.

Castro Mendes argumenta que a venda da coisa principal sem as sua pertenças contraria a boa fé. A aplicação do art. 762.º, n.º 2 sobrepor-se-ia ao art. 210.º, n.º 2.

Oliveira Ascensão alega a existência de um costume contrário à lei, que derrogaria o art. 210.º, n.º 2.

De uma forma mais elaborada, intentando a integração sistemática do art. 210.º, n.º 2, Menezes Cordeiro apresenta vários argumentos:

- O alargamento do conceito de partes integrantes, em detrimento de coisas acessórias;
- O aproveitamento das regras de interpretação e de integração dos negócios;
- A consideração de deveres acessórios derivados da boa fé;
- A legislação de protecção do consumidor, nomeadamente, o art. 4.º da Lei n.º 24/96.

A maior parte destes argumentos tem óbices mais ou menos incontornáveis. Começando pelo costume *contra legem*, para além da própria admissibilidade de um costume *contra legem*, falta aqui uma prática contrária à aplicação do art. 210.º, n.º 2[658] que possa servir de base a tal costume.

A invocação da boa fé esbarra no próprio art. 210.º, n.º 2. Na medida em que este preceitua a separação do destino entre a coisa principal e a coisa acessória ou pertença, estará o devedor do contrato de disposição da coisa principal obrigado à entrega de coisa que, segundo aquele preceito, está fora da eficácia do negócio jurídico? Os deveres acessórios só podem estar compreendidos no âmbito da eficácia do contrato celebrado, o que, por força do art. 210.º, n.º 2, não é o caso.

E quer-nos parecer que esta objecção vale igualmente para a aplicação do art. 4.º da Lei n.º 24/96.

[655] Teoria Geral Do Direito Civil, Volume I, pág. 415 e seg.

[656] Tratado de Direito Civil Português, I, Parte Geral, Tomo II, Coisas, cit., pág. 171 e seg.

[657] Direito Civil – Teoria Geral, volume I, cit., pág. 382.

[658] Como observa Menezes Cordeiro, Tratado de Direito Civil Português, I, Parte Geral, Tomo II, Coisas, cit., pág. 171.

O conceito de parte integrante está hoje regulado pelo art. 204.º, n.º 3. Ele supõe uma incorporação material, que elimina a autonomia da coisa móvel. Ora, nada disto ocorre na relação entre coisa principal e coisa acessória ou pertença. Esta última deve estar no mesmo contexto espacial da coisa principal, como sublinha a doutrina alemã em interpretação ao § 97 do BGB, mas não está ligada materialmente à coisa principal, mantendo a sua autonomia.

Por outro lado, o alargamento do conceito de parte integrante apenas resolveria o problema relativo aos imóveis (o equipamento agrícola do prédio rústico ou o equipamento da fábrica), deixando de fora a situação das coisas acessórias ou pertenças de móveis (o pneu sobressalente do automóvel, etc.).

Sobra-nos a aplicação das regras de interpretação e integração dos negócios jurídicos. E, em nossa opinião, este é o caminho a explorar. O contexto social e económico, os usos ou outras circunstâncias podem concitar uma ligação tão forte entre a coisa acessória ou pertença e a coisa principal, que nenhuma distinção é feita entre elas. Nestes casos, o sentido normal de uma declaração negocial relativa à coisa principal será o de envolver a coisa acessória ou pertença, pois esse constitui o sentido que o declaratário médio retira da declaração negocial.

Estamos, em crer, aliás, que a diferenciação que fizemos acima entre as coisas acessórias e as pertenças ganha aqui uma importância acrescida. Pela dependência funcional da pertença relativamente à coisa principal, a declaração negocial atinente a esta última envolve potencialmente um sentido extensivo à primeira. Quem vende a espada, quer vender a bainha, quem vende o cavalo, quer vender os arreios que só servem ao animal. O mesmo se diga, e inversamente, no tocante ao comprador.

Do mesmo modo, o sentido normal da declaração negocial do vendedor e do comprador de um veículo automóvel é a de envolver o pneu sobressalente, o macaco e a caixa de ferramentas, pois estas coisas fazem parte da visão social unitária do veículo e quem exprime a vontade de vender ou de comprar abrange-as implicitamente.

Caso não seja possível retirar por via da interpretação negocial um sentido regulador das pertenças atinentes à coisa principal negociada, devemos considerar existir uma lacuna negocial, de modo a deixar a solução concreta dependente da aplicação dos critérios normativos de integração constantes do art. 239.º. Na verdade, havendo um negócio sobre a coisa principal, as partes devem regular o destino das pertenças, pela ligação económica geradora de dependência que existe entre estas últimas e a coisa principal. Se o sentido das declarações negociais emitidas não as abrange, há lacuna, pois estamos perante um aspecto da regulação do negócio que falta.

Somos mais prudentes quanto às coisas acessórias propriamente ditas. A autonomia funcional destas torna-as capazes de uma destinação distinta da coisa principal. Se o sentido extraído da interpretação das declarações negociais não revela que as partes quiseram associar a coisa acessória ao destino da coisa principal, vale o disposto no art. 210.º, n.º 2.

Naturalmente, qualquer solução está na vontade das partes. Tratando-se de um domínio supletivo, como ressalva o art. 210.º, n.º 2 ("salvo declaração em contrário"), nada impede as partes do negócio de excluírem as coisas acessórias ou pertenças quando a visão social determina a ligação entre a coisa principal e a coisa acessória ou pertença e, inversamente, quando tal não suceda, de incluírem na eficácia do negócio a coisa acessória ou pertença.

33. Coisas presentes e futuras

I. Conceptualmente, são coisas futuras as que não têm existência actual ou não estão na titularidade do disponente no momento da celebração do negócio jurídico. No entanto, literalmente, o art. 211.º apenas menciona as últimas. Deve, porém, entender-se que ambas estão compreendidas no conceito legal.

Futuras são, pois, em primeiro lugar, as coisas que, existindo embora, o disponente não tem o direito sobre elas. Fala-se, por isso, em coisas futuras subjectivamente[659]. Em segundo lugar, e como significado mais evidente, são futuras as coisas que ainda não existem, por não terem sido ainda geradas, produzidas ou de algum modo fabricadas[660-661].

O Direito admite alguns negócios sobre coisas futuras, por exemplo, a venda de coisas futuras (artigos 880.º e 893.º), enquanto proíbe outros, por exemplo, a doação de coisa futura (art. 942.º, n.º 1).

Quando permitidos, os negócios jurídicos com eficácia real, constitutiva ou translativa, apenas desencadeiam essa eficácia quando a coisa se torna

[659] BIONDO BIONDI, "Cosa futura", Noviss. Dig. It., pág. 1022.

[660] O carácter futuro não advém apenas do mundo natural. Também coisas criadas pelo homem, em consequência de um processo industrial ou artesanal, podem ser futuras no sentido da lei.

[661] BIONDO BIONDI, "Cosa futura", Noviss. Dig. It., pág. 1022.

presente, isto é, no momento em que o disponente adquire o direito real sobre ela (art. 408.º, n.º 2, 1.ª parte). O contrato opera a constituição ou transmissão do direito real, simplesmente o momento em que essa eficácia tem lugar não é o da celebração do contrato, como sucede em regra (art. 408.º, n.º 1), mas sim o momento em que a coisa se torna presente segundo o Direito.

II. Os direitos reais só podem incidir sobre coisas presentes[662]. O objecto do direito real é, por isso, sempre uma coisa presente; não são admitidos direitos reais sobre coisas futuras.

Nesta ordem de ideias, o proprietário de um pomar só pode vender os frutos ainda não gerados pelas árvores se a venda for assumida pelas partes como venda de coisa futura (art. 880.º). De outro modo, por o direito de propriedade não estar ainda na esfera jurídica do vendedor, a venda será nula (art. 892.º).

Por outro lado, a eficácia real do negócio jurídico sobre coisa futura só se produzirá na eventualidade de a coisa futura se tornar presente[663], ou seja, do direito vir a ser adquirido pelo disponente alienante. No caso de isso acontecer, o contrato não terá eficácia real.

34. Coisas divisíveis e indivisíveis

I. A esta classificação alude o art. 209.º, segundo o qual, "são divisíveis as coisas que podem ser fraccionadas sem alteração da sua substância, diminuição de valor ou prejuízo para o uso que se destinam".

Da leitura desta disposição, resulta de imediato que a divisibilidade ou indivisibilidade de uma coisa não se afere em termos físicos[664], mas jurídicos[665]. Uma coisa susceptível de divisão em termos físicos será uma coisa indivisível em termos jurídicos caso se verifique qualquer das situações contempladas no art. 209.º.

São três os critérios insertos no art. 209.º:

– Que não haja alteração da substância da coisa;

[662] Cf. também Oliveira Ascensão, Direito Civil – Reais, cit., pág. 632 e Direito Civil – Teoria Geral, volume I, cit., pág. 369.

[663] Biondo Biondi, "Cosa futura", Noviss. Dig. It., pág. 1023.

[664] Veja-se Pires de Lima/Antunes Varela, Código Civil Anotado, cit., pág. 202.

[665] Para o Direito italiano, cf. Biondo Biondi, "Cosa divisibile ed indivisibile", Noviss. Dig. It., pág. 1018.

– Que a coisa não diminua de valor[666];
– Que não haja prejuízo para o uso a que a coisa se destina.

Estes critérios não são de aplicação cumulativa, bastando que se verifique um deles para que a coisa seja indivisível. Deste modo, nem sempre é fácil apontar exemplos de coisas divisíveis, sendo que apenas em concreto se poderá aferir da divisibilidade ou indivisibilidade de uma coisa. Alguns dos exemplos apontados de coisas divisíveis são o terreno ou o edifício[667], podendo este último ser dividido, nomeadamente, em outros edifícios ou em fracções na propriedade horizontal. Coisas indivisíveis serão, por um exemplo, um automóvel, uma televisão, uma bola, um livro, um animal, ou porque a coisa deixa de ser o que era (uma bola ou um animal, por exemplo) ou porque o seu uso fica comprometido (todos os exemplos apontados).

II. A relevância desta classificação em Direitos Reais aflora, desde logo, ao nível do objecto do direito real. Se a coisa se divide noutra ou noutras, teremos de admitir que não é mais a mesma. Ora, como o direito real tem inerência à coisa, se esta se divide, deixando de ser o que era, para passarem a existir duas ou mais coisas novas, diferentes da anterior, extinguem-se os primitivos direitos reais que incidiam sobre a coisa dividida, havendo uma nova atribuição jurídico-real sobre as novas coisas objecto da divisão. É o que resulta do art. 1546.º em sede de servidões prediais.

Outra sede de relevo desta classificação reside no regime da comunhão de direitos reais[668]. Nenhum dos contitulares de direito real está obrigado a permanecer nessa situação, atribuindo a lei a cada um deles um direito de exigir a divisão da coisa comum (art. 1412.º, n.º 1). Se a coisa for divisível, ela poderá ser dividida entre os contitulares do direito real (art. 1052.º, n.º 1 do Código do Processo Civil); se não for, poderá ser adjudicada a algum ou alguns deles ou vendida a terceiro (art. 1052.º, n.º 1 e 1056.º, números 1 e 2 do

[666] A adopção deste critério implica, deste modo, que a soma do valor das coisas resultantes da divisão não seja inferior ao valor da coisa dividida. A influência de Manuel de Andrade foi decisiva neste ponto. Não cremos, em todo o caso, que se ganhe muito com a introdução do critério do valor, que, em muitos casos, determina uma indivisibilidade jurídica de coisas que bem podiam ser divisíveis segundo o Direito.

[667] Cf. Biondo Biondi, "Cosa divisibile ed indivisibile", Noviss. Dig. It., pág. 1018, com mais exemplos.

[668] Na doutrina, cf. Menezes Cordeiro, Tratado de Direito Civil Português, I, Parte Geral, Tomo II, Coisas, cit., pág. 158.

Código do Processo Civil), devendo o preço obtido ser atribuído a cada um dos comunheiros na proporção do seu direito à coisa comum.

III. A indivisibilidade pode resultar da lei ou de convenção das partes, esta última quando admitida pelo Direito.

Um caso de indivisibilidade legal surge no art. 1376.º[669], com a proibição de fraccionamento de terrenos com uma área mínima inferior à estipulada na lei. Uma situação de indivisibilidade convencional encontra-se no art. 1412.º. Os comunheiros podem convencionar que a coisa não seja dividida por um determinado prazo, que não pode ser superior a cinco anos, podendo, todavia, ser renovado (art. 1412.º, n.º 2).

35. Coisas fungíveis e infungíveis

Em Direito, a fungibilidade está associada a uma ideia de substituição ou de subrogação. A coisa fungível é uma coisa que pode ser substituída ou subrogada por outra[670].

Segundo o art. 207.º, por coisa fungível entende-se a que se determina pelo seu género, qualidade e quantidade (art. 207.º). Portanto, a fungibilidade aparece como sinónimo de indeterminação da coisa, que pode ser determinada por referência ao género, qualidade e quantidade.

Muito relevante em sede de Direito das Obrigações, esta classificação tem menos interesse em Direitos Reais. O art. 408.º, n.º 2 preceitua, no entanto, que a constituição ou transmissão de uma coisa indeterminada só ocorre quando a determinação dela se fizer com o conhecimento de ambas as partes. E o art. 1451.º, n.º 1 deixa claro que o usufruto de coisas consumíveis incide sobre coisas fungíveis, como se depreende da parte final do preceito: "(...) a restituição será feita pela entrega de outras do mesmo género, qualidade ou quantidade, ou do valor destas na conjuntura em que findar o usufruto".

Como os direitos reais apenas têm por objecto coisas certas e determinadas, a afectação jurídico-real, em termos de propriedade ou de outro direito, pressupõe a determinação prévia da coisa.

[669] Em PIRES DE LIMA/ANTUNES VARELA, Código Civil Anotado, cit., pág. 202 surgem outros exemplos, nomeadamente, de indivisibilidade da hipoteca (art. 696.º) e das servidões prediais (art. 1546.º). No entanto, julgamos que não existe qualquer conveniência em misturar situações distintas. O que estes preceitos prevêm é a indivisibilidade de direitos (hipoteca e servidões prediais) e não de coisas. Ora, no texto referimos unicamente exemplos de indivisibilidade de coisas.

[670] BIONDO BIONDI, "Cosa fungibile e non fungibile", Noviss. Dig. It., pág. 1020.

36. Coisas consumíveis e não consumíveis

Na definição legal do art. 208.º, são consumíveis as coisas cujo uso regular importa a sua destruição ou alienação. Trata-se de uma noção jurídica que se distancia da ideia corrente que equipara a coisa consumível aos bens comestíveis. Assim, são coisas consumíveis os alimentos, o dinheiro, os combustíveis, a energia, etc.

Em Direitos Reais, esta classificação aflora no regime do usufruto. O art. 1451.º prevê justamente o usufruto de coisas consumíveis; o art. 1252.º, n.º 1 estabelece que o usufruto de coisas deterioráveis só pode incidir sobre coisas não consumíveis. O artigo 1468.º, alínea b) regula a prestação de caução pelo usufrutuário de coisas consumíveis.

37. Coisas deterioráveis e não deterioráveis

Esta classificação de coisas corpóreas não consta do elenco do art. 203.º e dos artigos seguintes do regime jurídico das coisas. No entanto, o art. 1452.º prevê o usufruto de coisas consumíveis, o que denota o relevo jurídico da classificação.

As coisas deterioráveis, ao contrário das consumíveis, não perecem ou são alienadas com o seu uso. E isso permite a sua distinção relativamente à classificação anterior.

De um modo geral, pode dizer-se que todas as coisas se deterioram com o tempo e o seu uso é um factor de desgaste que pode antecipar, em maior ou menor medida, essa deterioração. Em todo o caso, as coisas deterioráveis apresentam um desgaste superior, mais rápido, com o uso do que as coisas não consumíveis[671]. Uma televisão, um rádio, um automóvel, a tela de uma pintura, uma peça de vestuário, etc., constituem exemplos de coisas deterioráveis. Um terreno ou um edifício (prédio urbano) são exemplos de coisas não deterioráveis ou duradouras.

38. Frutos

I. Aos frutos fazem referência a alínea c) do art. 204.º e os artigos 212.º a 215.º. Estes últimos vão bem além de uma mera definição, instituindo um verdadeiro regime jurídico destas coisas.

[671] MENEZES CORDEIRO, Tratado de Direito Civil Português, I, Parte Geral, Tomo II, Coisas, cit., pág. 156, BIONDO BIONDI, "Cosa deteriorabile", Noviss. Dig. It., pág. 1018.

O art. 212.º, n.º 1 define "fruto de uma coisa tudo o que ela produz periodicamente, sem prejuízo da sua substância".

Na sua origem histórica no Direito romano[672], os *fructus* são os produtos agrícolas de um prédio rústico[673], surgindo conexionados com o ambiente natural[674]. Numa sociedade agrícola, a concepção de fruto liga-se à natureza e ao que ela dá para satisfação de necessidades, nomeadamente, de nutrição das pessoas. Um degrau evolutivo mais, no entanto, permite identificar frutos igualmente no aproveitamento de animais, como a lã, ou o pêlo do animal, o leite e as crias[675]. O passo seguinte é o de identificar frutos fora da acção da natureza, das plantas e dos animais, e encontrá-los na acção humana (os frutos do homem). Discute-se se o filho da escrava constitui um fruto, sendo o escravo uma *res*[676]. A isto respondeu-se negativamente: *partus ancillae non numeratur in fructu*.

O conceito de fruto não se ateve dentro da dimensão natural do poder reprodutivo das coisas, dos animais e das plantas. Aos poucos, uma concepção económico-social de fruto emergiu, num movimento que não deixou de influenciar a doutrina até ao presente. Se bem que o rendimento tirado de uma soma de dinheiro (a *pecunia credita*) apareça, num primeiro momento, excluído do conceito de fruto[677], outras formas de rédito em dinheiro, sobretudo, ligadas à terra, fazem a sua aparição e são assimiladas aos frutos, consistindo em frutos civis. O desenvolvimento da categoria dos frutos civis completa o ciclo de evolução do conceito que o Direito moderno aproveitaria, ampliando os casos conhecidos no Direito romano[678].

[672] Para a etimologia da palavra, Reichel, "Der Begriff der Frucht im römischen Recht und in deutschen BGB", in Jherings Jahrbücher für die Dogmatik des bürgerlichen Rechts, Band 42, 1901, § 2, pág. 207.

[673] Reichel, "Der Begriff der Frucht im römischen Recht und in deutschen BGB", cit., § 5, pág. 210 e segs., Bretone, "Frutti (Diritto romano)", Nov Dig. It., pág. 665.

[674] Para a descrição das fases do desenvolvimento da noção de frutos no Direito romano, seguimos Fazio, "Frutti (Diritto romano)", Enc. Del Dir., pág. 189 e segs.

[675] Bretone, "Frutti (Diritto romano)", cit., pág. 665, Bonfante, Corso Di Diritto Romano, cit., pág. 192 e segs.

[676] Fazio, "Frutti (Diritto romano)", cit., pág. 195 e segs., Bretone, "Frutti (Diritto romano)", cit., pág. 665 e seg., Bonfante, Corso Di Diritto Romano, cit., pág. 192.

[677] Fazio, "Frutti (Diritto romano)", cit., pág. 197.

[678] Para a evolução no Direito romano, cf. Reichel, "Der Begriff der Frucht im römischen Recht und in deutschen BGB", cit., § 6, pág 212 e segs.

Nesta evolução do conceito de frutos, costuma-se sublinhar a mudança de uma concepção naturalística para uma visão económico-social[679]. DERNBURG[680] criticava a doutrina dominante do seu tempo, que via no conceito de fruto algo natural, que se identificava com um produto orgânico, o que ajuizava ser errado. Segundo ele, o conceito de fruto era económico, não naturalístico[681].

A base do conceito de frutos é naturalística, o que não exprime mais do que a origem histórica do conceito. A evolução determinou uma extensão a realidades que não cabem no mundo natural. A renda devida pelo arrendatário ou o cânon superficiário representam formas de aproveitamento da coisa que já nada têm a ver com a natureza. Seja como for, o conceito de fruto é normativo, não meramente social ou económico. Cabe ao Direito determinar o objecto da sua regulação, coincida ou não com as concepções sociais e económicas vigentes ou dominantes.

II. A concepção moderna de frutos distingue frutos naturais e frutos civis, sendo este, como vimos, um legado do Direito romano, que foi sendo aprofundado, do Direito intermédio até ao presente.

Ainda assim, notam-se diferenças nas várias codificações civis. O Code Civil francês apresenta uma classificação tripartida de frutos: frutos naturais, frutos industriais e frutos civis (art. 582). Os frutos industriais de um prédio são definidos neste preceito como "aqueles que se obtêm pela cultura".

Em Itália, o Código Civil italiano de 1865 omitiu a categoria dos frutos industriais[682], classificados como frutos naturais (art. 444), por se julgar que a categoria dos frutos industriais não tinha qualquer relevo no regime jurídico e que estes frutos não se diferenciavam dos frutos naturais.

Não obstante estes novos ventos, o Código Civil de Seabra permaneceu fiel à sua traça napoleónica, recebendo no art. 495.º a tripartição de frutos consagrada no Direito francês, distinguindo ainda frutos naturais, industriais e civis, e dispondo que os frutos industriais são os que a coisa produz mediante a indústria do homem. No entanto, a propósito da previsão da

[679] Sobre este ponto, pode conferir-se MOSCO, I Frutti Nel Diritto Positivo, Milano, 1947, pág. 6 e segs.

[680] Pandekten, cit., pág. 176.

[681] Idem.

[682] TRIFONE, "Frutti (Diritto intermédio")", cit., pág. 203, MONTEL, "Frutti (Diritto civile")", Noviss. Dig. It., pág. 667.

categoria dos frutos industriais, GUILHERME MOREIRA[683] teria a oportunidade de dizer que a distinção que se faz no Código de Seabra "apenas tem importancia historica".

O BGB alemão parte também de uma classificação tripartida, entre frutos de uma coisa (§ 99 (1)), frutos de um direito (§ 99 (2)) e frutos de uma coisa ou direito tirados no quadro de uma relação jurídica (§ 99 (3)). Para além da bipartição frutos de uma coisa e frutos jurídicos, que se surpreende no § 99 (1) e (3), esta classificação parece introduzir o poder de fruição na classificação de frutos, levando a doutrina alemã a classificar os frutos em frutos da coisa e frutos do direito e, depois, em apresentar uma nova subclassificação em cada um dos termos, separando frutos directos da coisa e frutos indirectos da coisa e frutos jurídicos directos e indirectos[684]. Nesta parte, o regime alemão dos frutos oferece notas distintivas que fazem dele um sistema peculiar e diferente do que encontramos nas ordens jurídicas francesa, italiana e portuguesa.

O Codice Civile italiano de 1942 ateve-se à classificação básica entre frutos civis e frutos naturais, também omitindo a menção aos frutos industriais (art. 820). Segundo este preceito, os frutos são naturais provenham ou não da actividade do homem.

E o mesmo fez o Código Civil português vigente. Nos termos do n.º 2 do art. 212.º, "os frutos são naturais ou civis". PIRES DE LIMA[685] afirmava, de resto, no comentário que acompanhou o art. 10.º do seu projecto sobre o Direito das coisas, que não havia interesse na distinção entre frutos naturais e industriais, pois a disciplina jurídica de ambos era a mesma[686].

III. Apesar de um tratamento jurídico unitário, a dogmática dos frutos naturais tem contornos diversos da dos frutos civis. A ideia de um poder de reprodução da coisa, normalmente associada à dogmática dos frutos, é própria dos frutos naturais; conquanto os frutos civis possam gerar rendimentos em prazos bem determinados, eles não surgem da separação de uma coisa mãe (frutífera) que os produz. Ao invés, os frutos civis são conse-

683 Instituições Do Direito Civil Português, Volume Primeiro, Parte Geral, cit., pág. 357.

684 LARENZ/WOLF, Allgemeiner Teil, cit., pág. 373 e segs, especialmente, pág. 374 e 375, MEDICUS, Allgemeiner Teil des BGB, 8. Auflage, Heidelberg, 2002, pág. 466, PALANDT Bürgerliches Gesetzbuch, cit., pág. 70.

685 "Das coisas", cit., pág. 219.

686 Cf. igualmente PIRES DE LIMA/ANTUNES VARELA, Código Civil Anotado, cit., pág. 204.

quência de um crédito adquirido pelo titular de um direito real no âmbito de uma relação jurídica constituída pelo exercício daquele direito, qualquer que seja a natureza desta relação, real, obrigacional ou outra.

Pode-se, em todo o caso, criticar-se este modo de ver, porquanto, afinal, o juro ou o interesse pago pela aplicação de capitais representa uma forma de reprodução do dinheiro dentro de uma concepção económica em que o fruto constitui um rédito da coisa (do dinheiro). Ainda assim insistimos na diferenciação. Os dividendos pagos pelas acções detidas ou os juros pagos pelo banco no contexto de um contrato de depósito irregular remunerado não são gerados pela própria coisa. Daí que a ressalva da parte final do n.º 1 do art. 212.º não seja pertinente senão para os frutos naturais. Porque estes são retirados da coisa mãe, de que são parte, pelo menos até ao momento da separação, não podem causar o detrimento dela.

Outros aspectos do regime justificam a diferenciação dogmática entre os frutos naturais e os frutos civis. Apenas os frutos naturais integram o conceito legal de coisa imóvel (art. 204.º, n.º 1 alínea c)). E isto justifica-se, na medida em que enquanto dura a ligação à coisa mãe os frutos (naturais) são meras partes de coisa e não coisas autónomas. Como tal, seguem o regime jurídico do imóvel.

A separação dos frutos relativamente à coisa mãe ou frutífera marca o momento da autonomização dos frutos naturais. É nesse momento que se pode constituir ou transmitir o direito real sobre eles, nos termos do n.º 2 do art. 408.º.

O regime da colheita antecipada dos frutos (art. 214.º) e o disposto quanto à indemnização ao possuidor pelas despesas de cultura, sementes e restantes matérias-primas (art. 215.º, n.º 1 e art. 1270.º), apenas respeitam aos frutos naturais. Também a classificação dos frutos em pendentes, percebidos e percipiendos é exclusiva dos frutos naturais.

A separação entre frutos e produtos é típica da dogmática dos frutos naturais e só com muita dificuldade ou artificialismo pode ser transposta para os frutos civis.

Tudo isto mostra que a equiparação entre frutos naturais e civis não elimina uma tendencial autonomia do regime jurídico de cada uma destas modalidades de frutos. Parece-nos conveniente, pois, dar uma noção separada de cada uma destas modalidades, como fazia Windscheid, embora não consideremos a segunda categoria que este autor individualizava entre os frutos orgânicos e os frutos civis.

IV. Os frutos naturais dão o ponto de partida da noção legal de frutos. Importa, deste modo, começar por compreender o seu significado jurídico.

No século XIX, a pandectística maioritária, contra a qual se insurgia DERNBURG, aludia ainda aos frutos naturais como uma realidade orgânica. PUCHTA[687] definia os frutos naturais como os produtos orgânicos da coisa; REGELSBERGER[688] afirmava que "o fruto é um produto natural, orgânico"; e do mesmo modo fazia WINDSCHEID[689]. Reflexos desta orientação maioritária, encontramos, entre nós, em GUILHERME MOREIRA[690], que ensinava que "a palavra fructos designa os produtos organicos duma cousa ou as utilidades que dela resultam periodicamente sem diminuição da sua substancia e que determinam o seu valor economico".

A crítica a estes autores não pode ser movida com o argumento que os frutos civis não são produtos orgânicos, uma vez que estes autores limitam a referência do carácter orgânico aos frutos naturais. Contudo – e para além da dificuldade de qualificar o que é orgânico e não é[691] – segundo alguns autores, entre os quais o próprio DERNBURG, mesmo os frutos naturais podem não ter carácter orgânico. DERNBURG[692] exemplificava com as pedras, os minérios e a argila, que não podendo considerar-se produtos do prédio, revestem a qualidade de frutos, quando constituem réditos daquele[693].

Prescindindo da menção ao carácter orgânico, os frutos naturais são coisas geradas por outras[694], que se destinam a ser separadas da coisa mãe sem afectar a integridade desta última. Começando por estar ligados à coisa mãe, os frutos não têm autonomia antes da separação, sendo meras partes de coisa. Por isso, a alínea c) do art. 204.º inclui os frutos no âmbito dos imóveis e o n.º 2 do art. 408.º dispõe que só com a separação ocorre a constituição ou transmissão de direitos reais sobre eles.

[687] Pandekten, 12. Auflage, Leipzig, 1877, pág. 58 e 59.

[688] Pandekten, Band 1, Leipzig, 1893, pág. 393.

[689] Lehrbuch des Pandektenrechts, cit., pág. 464.

[690] Instituições Do Direito Civil Português, Volume Primeiro, Parte Geral, cit., pág. 356.

[691] Assim, BONFANTE, Corso Di Diritto Romano, cit., pág. 189.

[692] Pandekten, cit., pág. 177.

[693] Dentro da pandectística alemã, pode confrontar-se uma teoria diferente, que distingue frutos e produtos não orgânicos, em REGELSBERGER, Pandekten, cit., pág. 393 e seg.

[694] Há aqui dois aspectos distintos: o fruto deriva da coisa mãe (coisa frutífera) e é, em si, depois de destacado dela, uma nova coisa. Sobre o ponto, cf. também BARCELLONA, "Frutti (Diritto civile)", Enc. Del Dir., pág. 215, MAZZONI, "Frutti", Digesto, pág. 549. Discordamos, contudo, com o primeiro autor que estes dois aspectos sejam suficientes para caracterizar o conceito jurídico de frutos.

Sendo embora partes de coisa, os frutos são destinados, pela natureza ou pelo homem, à separação da coisa mãe. Porém, para que as partes de coisa destacadas da coisa mãe sejam frutos, a coisa mãe não pode ser prejudicada na sua essência, mantendo a integridade e identidade anteriores à separação. O art. 212.º, n.º 1 exprime este sentido, dispondo que fruto é o que a coisa produz sem prejuízo da sua substância.

Assim, as portas, as janelas, os tijolos tirados do edifício não são frutos, como também não são frutos a terra ou a areia do imóvel. Nestes casos, a separação das partes de coisa diminui a integridade dela e afecta a sua essência, dado que a coisa não pode voltar a produzir o que perdeu.

Isto conduz-nos a um segundo aspecto da noção de frutos: a susceptibilidade de reprodução[695]. Mesmo sem dar a esta ideia de reprodução um significado orgânico, os frutos são algo que a coisa produz e pode voltar a produzir, ao menos teoricamente[696], nas mesmas circunstâncias[697]. Todavia, é certo que nenhuma coisa dura indefinidamente, todas as coisas perecem, mais cedo ou mais tarde, pelo que a susceptibilidade de reprodução não pode ser considerada infinita[698]. Os bens produzidos pela última colheita de uma planta são frutos, porquanto decorrem da possibilidade de reprodução ínsita na coisa, ainda que nenhum outro fruto venha a ser gerado[699].

Não é outro o sentido do art. 212.º, n.º 1, quando se dispõe que são frutos o que a coisa produz *periodicamente*. A periodicidade inculca claramente um sentido de repetição, ainda que, como acabámos de dizer, não se possa pensar nela como uma repetição indefinida ou perpétua.

Nos frutos encontramos, por conseguinte, uma ideia de repetição na produção de novas coisas de que a coisa mãe é capaz, sem detrimento da sua substância. Como exemplos de frutos, temos o leite, a lã, a lenha, as folhas, as flores, o mel, a cortiça, a resina, as crias de animais, etc.

695 Aparentemente em sentido contrário, PIRES DE LIMA/ANTUNES VARELA, Código Civil Anotado, cit., pág. 204.

696 Dizemos teoricamente, porquanto a reprodução pode não repertir-se por força de uma circunstância concreta sem que a qualidade de fruto da coisa separada esteja em causa. Uma flor produzida por uma planta no último ciclo da sua vida constitui um fruto, ainda que, em concreto, aquele resultado não possa ser repetido.

697 Para a crítica desta ideia, cf., entre outros, BARCELLONA, "Frutti (Diritto civile)", pág. 214 e seg.

698 Veja-se também MOSCO, I Frutti Nel Diritto Positivo, cit., pág. 15.

699 Para uma crítica deste entendimento, veja-se BARCELLONA, "Frutti (Diritto civile)", cit., pág. 214 e seg.

Assim, sem contarmos com as partes de coisa propriamente ditas, nem tudo o que o que se pode retirar da coisa se pode qualificar como fruto. Existem realidades que, destacadas da coisa, ganham também individualidade perante o Direito, mas que não podem qualificar-se como frutos. MONTEL[700] menciona os produtos, proventos e vantagens. Pensamos, contudo, não haver razão para uma tão grande dispersão terminológica. Num sentido amplo de linguagem, os frutos também são proventos e vantagens. Ora a clarificação desta matéria, já de si difícil de enquadrar, ganha substancial clareza se nos limitarmos a uma grande contraposição entre frutos e produtos, como faz uma parte da doutrina portuguesa.

O critério distintivo entre frutos e produtos encontra-se na susceptibilidade de reprodução de um resultado. O que a coisa não pode repetir, uma vez destacado dela, não representa um fruto, mas um mero produto.

Uma boa parte da crítica ao conceito orgânico de frutos (naturais) radicava na impossibilidade de assim se englobar no conceito de frutos realidades que dificilmente poderiam ser vistas como o resultado do poder reprodutivo da coisa. DERNBURG[701] indicava como exemplos a argila, as pedras e os minérios. Em Itália, a doutrina dominante passou a considerar a extensão do conceito de frutos de modo a abranger os produtos e a admitir, como consequência, que a coisa mãe pudesse sofrer uma gradual diminuição da sua substância num período mais ou menos longo[702].

Frutos são, neste modo de ver, tudo aquilo que separado da coisa pode ser visto como um rédito desta[703]. Essa orientação passou ao Codice Civile italiano em vigor, que engloba no art. 820 os produtos da mineração.

Tal orientação não pode ser vista como conforme ao Direito português. Primeiro, porque os frutos são definidos como realidades que a coisa gera periodicamente (é "fruto de uma coisa tudo o que ela produz periodicamente"), o que não parece susceptível de acomodar os casos em que não há possibilidade de reprodução e, portanto, de produção periódica, mas apenas uma separação lenta e progressiva de produtos da coisa[704].

[700] "Frutti (Diritto Civile)", cit., pág. 669.

[701] Pandekten, cit., pág. 177.

[702] Cf. BONFANTE, Corso Di Diritto Romano, cit., pág. 188, MONTEL, "Frutti (Diritto civile"), cit., pág. 668, BARCELLONA, "Frutti (Diritto civile)", cit., pág. 215, MAZZONI, "Frutti", Digesto, pág. 549.

[703] MONTEL, "Frutti (Diritto civile"), cit., pág. 668, MAZZONI, "Frutti", cit., pág. 549, DE MARTINO, Dei Beni, cit., pág. 55, BARCELLONA, "Frutti (Diritto civile)", cit., pág. 215.

[704] PIRES DE LIMA/ANTUNES VARELA, Código Civil Anotado, cit., pág. 204, discordam aparentemente, afirmando que "não se confunde o conceito jurídico de fruto com o seu conceito

Depois, e em segundo lugar, porque embora eventualmente em pequena e gradual medida, a substância da coisa vai sendo afectada. A retirada de matérias da coisa sem possibilidade de substituição provoca uma diminuição dela e isso, naturalmente, atinge a sua substância.

Vemos, assim, que o conceito normativo de frutos não é no Direito português tão extenso quanto aquele que o Direito italiano consagrou no art. 820 do Codice Civile, no qual não se encontra qualquer alusão à periodicidade ou à alteração da substância da coisa frutífera.

Esta menor extensão do conceito de frutos impõe no Direito português uma nova classificação entre frutos gerados por uma coisa e os produtos extraídos dela[705]. Os primeiros são coisas separadas da coisa mãe que esta pode, nas mesmas condições, continuar a gerar sem alteração da sua substância, ou seja, sem perda, ainda que parcial e diminuta da sua integridade.

Os produtos são novas coisas nascidas da separação da coisa mãe, mas que esta não tem possibilidade de gerar novamente, e cuja contínua exploração provoca o seu detrimento, ainda que este seja gradual e lento. Como exemplos de produtos, temos os minérios que não caibam no domínio público. O mármore da pedreira ou o granito do solo constituem produtos. A argila do solo representa outro exemplo, já apontado por DERNBURG.

A distinção entre frutos e produtos tem importância quanto ao regime jurídico. O titular de um direito real de gozo em cujo conteúdo se integre a fruição integral da coisa (como o usufruto) pode realizar o aproveitamento dos frutos, mas já não o pode fazer relativamente aos produtos se estes causarem o prejuízo da substância da coisa.

O apoio para esta interpretação encontra-se nos artigos 1457.º e 1458.º do Código Civil. O usufrutuário não pode licitamente abrir minas[706] ou pedreiras por sua iniciativa, mas pode beneficiar da sua exploração se o proprietário o fez, indirectamente, como frutos civis (art. 1457.º, n.º 2), ou directamente (art. 1458.º, n.º 1). Como excepção, a lei admite que o usufrutuário retire pedra do solo para reparações ou obras a que esteja obrigado

biológico ou orgânico, ligado à susceptibilidade de reprodução". A verdade, porém é que todos os exemplos que dão em seguida (os frutos produzidos pelas árvores ou pelos animais, os ramos separados pela poda, as folhas, as flores, a lã, os despojos dos animais ou as próprias árvores em relação ao prédio) apontam para a reprodutibilidade, pois todas essas coisas podem ser, em teoria, novamente produzidas pela coisa frutífera.

[705] No mesmo sentido, OLIVEIRA ASCENSÃO, Direito Civil – Teoria Geral, volume I, cit., pág. 384 e segs.

[706] O art. 1459.º abre uma excepção para a procura de águas.

para com o proprietário (art. 1458.º, n.º 2). Esta excepção só se compreende num quadro geral de proibição; justamente porque não o pode fazer normalmente, a lei faculta-lhe a permissão nessa hipótese.

A razão para esta diferença de regime entre frutos e produtos parece clara. Os frutos mantêm a substância da coisa (art. 212.º, n.º 1), os produtos podem não a manter. Por isso, quem tira produtos de uma coisa não se limita a fruí-la.

Em todo o caso, julgamos poder fazer uma ulterior distinção no regime jurídico dos produtos. Assim como sustentamos que os produtos não são frutos e o titular do direito real de gozo que inclua a fruição não fica, sem mais, autorizado a retirar produtos da coisa objecto do seu direito, temos de reconhecer que existem produtos que causam detrimento na coisa se dela forem retirados e outros não. Uma pequena pedra tirada do imóvel não provoca nenhuma deterioração na coisa.

Essa distinção parece-nos de relevância jurídica para fixar a fronteira da aplicação do regime jurídico dos frutos aos produtos. De um modo geral, podemos dizer que os produtos seguem o regime jurídico dos frutos quando não causem qualquer deterioração da coisa, pequena que seja, e seja qual for a progressão do detrimento, rápido ou muito lento. Inversamente, os produtos que determinem um prejuízo da coisa, a curto ou longo prazo, não estão sujeitos ao regime jurídico dos frutos, sem prejuízo da aplicação analógica deste onde a analogia seja justificada.

IV. Não são frutos da coisa[707] o que a ela acresce por força da união ou mistura conducente à acessão, o tesouro encontrado na coisa e a *res nullius*, susceptível de ocupação[708].

Os animais bravios, vivendo embora no imóvel, não são parte integrante do mesmo, nem a sua captura (ocupação) faz deles frutos da coisa. E o mesmo se diga dos peixes ou outras criaturas que se encontrem nos lagos, lagoas ou cursos de água existentes no imóvel.

Também a indemnização que alguém receba pela violação de um direito relativo à coisa não constitui um fruto dela[709], mas apenas uma sanção imposta pelo Direito ao autor da violação.

[707] E também não produtos.

[708] Montel, "Frutti (Diritto Civile)", cit., pág. 668.

709 Menezes Cordeiro, Tratado de Direito Civil Português, I, Parte Geral, Tomo II, Coisas, cit., pág. 174.

A madeira que o proprietário do imóvel ardido retira do mesmo não representa um fruto da coisa, assim como não são frutos os materiais extraídos de um edifício em reinas ou abandonado.

V. Os frutos (naturais) constituem, pois, coisas que se desprendem periodicamente da coisa mãe, adquirindo autonomia jurídica – como coisas – com a separação.

A periodicidade dos frutos acentua que eles são esperados de tempos a tempos[710]. No entanto, nada impõe que essa periodicidade seja certa (diária, semestral, anual, etc.). Com efeito, a periodicidade dos frutos pode ser regular ou irregular. É regular quando se pode antecipar com rigor quando a coisa dá os frutos. Assim, é possível prever que a galinha dê ovos todos os dias, que a vaca produza leite diariamente ou que a plantação de trigo dê uma colheita deste cereal num determinado mês de cada ano.

Em alguns casos, porém, os frutos podem ser esperados como consequência do poder reprodutivo da coisa, mas sem que tal suceda necessariamente com intervalos de tempo determinados. A cortiça dos sobreiros, a resina dos pinheiros ou as árvores de uma plantação – que são frutos quando as árvores se destinam à produção de madeira[711] – têm tempos diversos de maturação e podem não surgir com uma periodicidade regular. Não deixam de ser frutos por isso.

VI. Os frutos são passíveis de várias classificações. Essas classificações têm relevância para a determinação de quem tem direito a eles e, eventualmente, do regime indemnizatório pela sua produção.

A classificação principal[712] distingue os frutos em:

- Pendentes;
- Percebidos ou separados;
- Percipiendos.

[710] Conforme deixámos sublinhado anteriormente, nenhuma coisa dura para sempre, nem estará eternamente em condições de dar novas coisas. Os animais adoecem, envelhecem e morrem e o mesmo as plantas. Mesmo a matéria não viva está sujeita a contingências várias. No limite, nenhuma coisa frutífera gera frutos para sempre.

[711] Oliveira Ascensão, Direito Civil – Teoria Geral, volume I, cit., pág. 384, Menezes Cordeiro, Tratado de Direito Civil Português, I, Parte Geral, Tomo II, Coisas, cit., pág. 174.

[712] Na doutrina portuguesa, cf. Oliveira Ascensão, Direito Civil – Teoria Geral, volume I, cit., pág. 385 e seg., Menezes Cordeiro, Tratado de Direito Civil Português, I, Parte Geral, Tomo II, Coisas, cit., pág. 175. Na doutrina estrangeira, veja-se Bonfante, Corso Di Diritto Romano, cit., pág. 198 e seg., Montel, "Frutti (Diritto Civile)", cit., pág. 669 e seg.

São pendentes os frutos antes da separação ou percepção. Neste estado, os frutos não têm autonomia jurídica, não são coisas, constituindo antes uma parte da coisa mãe (art. 204.º, alínea c)). Os negócios jurídicos respeitantes à coisa mãe envolvem igualmente os frutos pendentes, como partes dela[713]. Aos frutos pendentes a lei alude no art. 215.º, n.º 2 e no art. 1270.º, n.º 2.

Como temos dito, os frutos ganham autonomia jurídica como coisas com a separação ou percepção. Nesse momento, podem ser objecto da constituição ou transmissão de um direito real (art. 408.º, n.º 2). Isso não significa, todavia, que antes da separação os frutos pendentes não possam ser objecto de negócios jurídicos. Na verdade, os frutos podem ser negociados como coisas futuras[714], ficando sujeitos ao regime da alienação de coisa móvel, nomeadamente, da venda de bens futuros (art. 880.º). Era já assim no Direito romano[715]. A lei menciona os frutos percebidos nos artigos 213.º, n.º 1, 215.º, n.º 1 e art. 1270.º, n.º 1.

Frutos percipiendos são aqueles, que não havendo sido gerados, o podiam ter sido com a diligência devida. No Direito português, o possuidor de má fé responde pelos frutos que a coisa produziria se houvesse usado uma certa diligência (art. 1271.º, no fim).

Outras classificações têm valor meramente teórico. Assim, fala-se em frutos existentes (*extantes*) para designar os frutos percebidos que se encontram com o possuidor; e em frutos consumidos, para indicar os frutos percebidos, consumidos ou alienados pelo possuidor.

VII. Os frutos civis[716] são genericamente os réditos obtidos com o exercício de um direito real mediante a constituição de uma relação jurídica nos termos da qual o titular fica investido num crédito sobre um terceiro. O art. 212.º, n.º 2 explicita isto mesmo, preceituando que são frutos civis "as rendas ou interesses que a coisa produz em consequência de uma relação jurídica".

São indiscutivelmente frutos civis as rendas do proprietário ou usufrutuário recebidas por força de contrato de locação, o cânon superficiário devido pelo superficiário, os juros do mútuo, os juros do contrato de depósito,

[713] Na doutrina italiana, cf. MONTEL, "Frutti (Diritto Civile)", cit., pág. 669.

[714] Entre outros, cf. MONTEL, "Frutti (Diritto Civile)", cit., pág. 669 e seg.

[715] BONFANTE, Corso Di Diritto Romano, cit., pág. 198.

[716] DIMUNDO, "Frutti civili", Digesto ..., pág. 552 e segs.

os dividendos das acções, os juros da subscrição de obrigações, as participações nos resultados de fundo de investimento, etc.

Os frutos civis representam uma extensão do conceito naturalístico de frutos. Na sua base há uma concepção inteiramente diversa da dos frutos naturais. Estes são gerados pela própria coisa; os frutos civis, ao invés, resultam do exercício jurídico do poder de fruição, supondo a constituição de uma relação de crédito com um terceiro. É este crédito que determina o direito aos rendimentos ou interesses que se denominam frutos civis e que normalmente se traduzem num crédito à entrega de dinheiro.

39. Benfeitorias

I. O Código Civil português incluiu as benfeitorias no Subtítulo atinente às coisas, dedicando-lhe um preceito, o art. 216.º. Segundo este, "consideram-se benfeitorias todas as despesas feitas para conservar ou melhorar a coisa".

As benfeitorias não são coisas, tão-pouco partes de coisas. Contudo, porque as benfeitorias são levadas a cabo em coisas (corpóreas), o legislador aproveitou este nexo para contemplar a figura no contexto do regime jurídico daquelas. O art. 216.º não contém, todavia, mais do que a definição legal de benfeitoria (n.º 1) e a classificação tradicional de benfeitorias (úteis, necessárias e voluptuárias), definindo cada um dos termos da tripartição.

A importância particular da figura encontra-se no regime da posse (artigos 1273.º a 1275.º). Quando o possuidor realiza benfeitorias na coisa sem ser o titular do direito real definitivo, coloca-se o problema de saber como regular a vantagem patrimonial obtida pelo titular. E é a esse problema que respondem os artigos 1273.º a 1275.º.

Para além do regime da posse, as benfeitorias são referidas em numerosos preceitos. Assim, no regime da locação (art. 1046.º, 1074.º, n.º 5), no comodato (art. 1138.º), na compropriedade (art. 1411.º), no usufruto (1450.º), na colação (art. 2115.º), na redução de liberalidades inoficiosas (art. 2177.º), nos legados (art. 2269.º).

II. Não constituindo coisas, as benfeitorias representam intervenções sobre coisas. Para as podermos distinguir das deteriorações, elas têm de implicar alguma forma de melhoramento[717], ainda que este não traga

[717] Para uma definição das benfeitorias como melhoramentos, cf. Oliveira Ascensão, Direito Civil – Teoria Geral, volume I, cit., pág. 391.

objectivamente um aumento do valor da coisa. Prescindimos de qualquer elemento subjectivo, como a intenção de beneficiar a coisa, que não apresenta qualquer relevância jurídica. Para haver benfeitoria, basta a actividade tendente ao melhoramento da coisa, desde que não acarrete a sua deterioração.

Os melhoramentos na coisa são susceptíveis de envolver simples trabalho, trabalho e despesas[718] ou também outras coisas, que ficam incorporadas na coisa melhorada. Essas coisas, por sua vez, podem passar a constituir partes integrantes da coisa incorporada ou ainda ficar numa relação de acessoriedade ou de pertença com ela. Assim, tanto é benfeitoria a reparação manual do motor do automóvel levada a cabo pelo possuidor com o seu trabalho, como a mesma reparação feita num reparador e suportada pelo possuidor.

III. As benfeitorias são necessárias, úteis ou voluptuárias (art. 216.º, n.º 3). O critério legal é duplo: a necessidade do melhoramento para evitar a perda ou deterioração da coisa e o eventual aumento do valor objectivo desta resultante desse melhoramento.

Se a coisa viesse a perecer ou se deteriorasse caso o melhoramento não fosse feito, a benfeitoria deve qualificar-se como necessária; se não estava em causa nem a perda nem a deterioração da coisa, mas a benfeitoria trouxe-lhe um acréscimo de valor objectivo, a benfeitoria entra na categoria das benfeitorias úteis. Por fim, se não era indispensável para evitar a perda ou deterioração da coisa e não trouxe qualquer aumento de valor a ela, a benfeitoria deve qualificar-se como voluptuária.

IV. As benfeitorias devem distinguir-se dos casos de união ou mistura que dão origem à acessão. Versaremos este ponto quando tratarmos da figura da acessão.

[718] Com energia, água ou combustíveis, por exemplo. As despesas em causa, porém, são as que foram realizadas no melhoramento e não no pagamento de dívidas ou outros encargos com a coisa (impostos, taxas, etc.).

Capítulo III
Os Princípios de Direitos Reais

40. A relevância dos princípios normativos no sistema científico de Direitos Reais

I. A partir de meados do século XX, uma parte significativa da doutrina alemã quebrou um pouco da insipiência dogmática que caracterizava o ensino de Direitos Reais desde a pandectística, assente sobretudo na exposição sequenciada de cada um dos direitos reais em especial, introduzindo o estudo dos princípios normativos deste ramo de Direito.

Situámos esta tendência na obra de FRITZ BAUR[719], mas constatamos antecedentes anteriores, nomeadamente, e pelo menos, em ENDEMANN[720]. A partir daqui, os jusrealistas alemães, na sua maioria, começaram a expor os princípios estruturantes deste ramo de Direito[721]. Além de BAUR/ /STÜRNER[722], encontramos uma apresentação dos princípios normativos de Direitos Reais em SCHWAB/PRÜTTING[723], PRÜTTING[724], WOLF[725],

[719] Lehrbuch des Sachenrechts, cit., pág. 26 e segs. Há referências em anteriores edições.

[720] Sachenrecht, cit., pág. 62 e segs.

[721] Com algumas excepções. Cf., por exemplo, GOTTWALD, Sachenrecht, 14. Auflage, München, 2005 e HARM PETER WESTERMANN, BGB – Sachenrecht, 11. Auflage, Heidelberg, 2005.

[722] Sachenrecht, cit., pág. 35 e segs.

[723] Sachenrecht, cit., pág. 11 e segs.

[724] Sachenrecht, cit., pág. 10 e segs.

[725] Sachenrecht, cit., pág. 12 e segs.

Vieweg/Werner[726], Westermann/Gursky/Eickmann[727], Wilhelm[728], Rinne[729], Eckert[730], Schapp/Schur[731], Müller[732], Müller/Gruber[733], Schreiber[734], Brehm/Berger[735], Wieling[736], Wörlen[737], Mühl[738] Stadler[739], Wellenhofer[740], Seiler[741].

Em Portugal, foi no ensino de Direitos Reais da Faculdade de Direito de Coimbra que primeiro surgiram ecos desta corrente. Henrique Mesquita[742] dedicou quatro páginas a expor os princípios, concentrando-se no princípio da tipicidade, no princípio da consensualidade e no princípio da publicidade. Pouco tempo depois, Orlando de Carvalho[743] viria a dedicar maior desenvolvimento à apresentação desta matéria. Este professor analisa sucessivamente o princípio que denomina "da coisificação"[744], o princípio da actualidade ou da imediação, o princípio da especialidade ou da individualização, o princípio da compatibilidade ou da exclusão, o princípio da elasticidade ou da consolidação, o princípio da tipicidade, o princípio do "numerus clausus" ou da taxatividade, o princípio da causalidade, o princípio da consensualidade e o princípio da publicidade.

Mota Pinto[745] e, mais recentemente, Santos Justo[746] inseriram igualmente um capítulo dedicado aos princípios gerais de Direitos Reais.

[726] Sachenrecht, cit., pág. 3 e segs.
[727] Sachenrecht, cit., pág. 21 e segs.
[728] Sachenrecht, 5. Auflage, 2016, pág. 1 e segs.
[729] Münchener Kommentar, cit., pág. 3 e segs.
[730] Sachenrecht, cit., pág. 1 e segs.
[731] Sachenrecht, cit., pág. 1 e segs.
[732] Sachenrecht, cit., pág. 17 e segs.
[733] Sachenrecht, cit., pág. 13 e segs.
[734] Sachenrecht, cit., pág. 26 e segs.
[735] Sachenrecht, cit.
[736] Sachenrecht, cit., pág. 8 e seg.
[737] Sachenrecht, cit., pág. 1 e segs., especialmente, 8 e segs.
[738] Soergel Bürgerliches Gesetzbuch, Band 5, Sachenrecht, 11. Auflage, 1978, pág. 11 e seg.
[739] Soergel Bürgerliches Gesetzbuch, Band 5, Sachenrecht, 13. Auflage, 2002, pág. 8 e segs.
[740] Sachenrecht, cit., pág. 26 e segs.
[741] Staudinger BGB, Buch 3, Sachenrecht, 2007, pág. 23 e segs.
[742] Direitos Reais, Sumários Das Lições Ao Curso de 1966-1967, cit., págs. 49 a 53.
[743] Direito das Coisas, cit., pág. 148 e segs., números 12. a 20.
[744] Orlando de Carvalho, Direito das Coisas, cit., págs. 148 a 155.
[745] Direitos Reais, cit., pág. 95 e segs.
[746] Direitos Reais, cit., pág. 33 e segs.

Em Lisboa, particularmente no seu ensino na Faculdade de Direito da Universidade Católica, MENEZES CORDEIRO[747] não deixaria de incluir um capítulo sobre os princípios de Direitos Reais, embora apenas mencione três, a inerência, a publicidade e a tipicidade, rejeitando outros, nomeadamente, a absolutidade.

Mais recentemente, MENEZES LEITÃO[748] inseriu um capítulo sobre os princípios de Direitos Reais, consolidando uma orientação que tem vindo a ganhar terreno, superando a tendência manifestamente empobrecedora de expor os direitos reais um a um, sem qualquer construção dogmática geral. E assim também fez BONIFÁCIO RAMOS[749].

Não nos cansamos de elogiar os impactos positivos desta orientação no sistema científico de Direitos Reais. Um ensino estruturado em princípios materiais previne a tentação de obter o Direito com recurso exclusivo a esquemas lógico-formais. Na medida em que revela as coordenadas valorativas do sistema interno combate positivismos de teor normativista. Por outro lado, escusado será dizer que o conhecimento dos princípios aumenta as potencialidades da denominada interpretação sistemática, pela conjugação de dispositivos dispersos a que obriga, e melhora, deste modo, as possibilidades de realização dos fins do sistema normativo que se revelam nesses princípios. Serve, por isso, igualmente, uma interpretação teleológica e a prossecução dos fins da Justiça, permitindo solucionar casos iguais da mesma maneira e casos diferentes de maneira diferente, na medida dessa diferença.

II. Os princípios normativos a tratar no ensino de Direitos Reais são os princípios específicos deste ramo do Direito. Naturalmente, e sem prejuízo de eventuais restrições, os princípios gerais de Direito Civil recebem aplicação em Direitos Reais. Afinal, Direitos Reais constitui uma parte do Direito Civil e os princípios deste são também os princípios daquele ramo do Direito. Assim, e a título de exemplo, o princípio da autonomia privada constitui igualmente um princípio de Direitos Reais[750]. Em todo o caso, um estudo dos princípios gerais de Direito Civil é deslocado na cadeira de Direitos Reais, a não ser que haja especialidades que justifiquem uma

[747] Direitos Reais – Sumários, cit., pág. 63 e segs.

[748] Direitos Reais, cit., pág. 17 e segs.

[749] Manual de Direitos Reais, cit., pág. 78 e segs.

[750] Não obstante a restrição considerável que recebe neste ramo do Direito por virtude da consagração normativa do princípio da tipicidade ou do *numerus clausus*.

abordagem específica, como pensamos ser esse o caso do princípio da boa fé. Assim, a exposição dos princípios limita-se ao âmbito próprio destes no sistema normativo de Direitos Reais.

São os seguintes os princípios de Direitos Reais:

– Princípio da tipicidade;
– Princípio da inerência;
– Princípio da especialidade;
– Princípio da absolutidade;
– Princípio da consensualidade;
– Princípio da causalidade e princípio da unidade;
– Princípio da boa fé;
– Princípio da territorialidade;
– Princípio da publicidade.

41. O princípio da tipicidade ou do *numerus clausus*

I. Em Portugal, os particulares não são admitidos a criar as figuras com natureza real que lhes aprouver, vendo a sua autonomia privada restringida à possibilidade de escolha dos direitos reais previstos na lei. O sistema postula, assim, um número finito de direitos reais, justamente, um *numerus clausus*. Fala-se, então, em tipicidade; os direitos reais são típicos, só existem os que o legislador consagrar[751].

O princípio da tipicidade recebeu consagração legal expressa no art. 1306.º, n.º1 do Código Civil, uma raridade no Direito comparado[752]. A sua localização a propósito do regime da propriedade explica-se em grande parte pela ausência de uma parte geral de Direitos Reais; tudo o que tem natureza geral tende a concentrar-se no direito real paradigmático: a propriedade[753]. Apesar disso, trata-se indiscutivelmente de um princípio geral de Direitos Reais[754].

[751] A obra de referência nesta matéria é, como se sabe, de OLIVEIRA ASCENSÃO, A Tipicidade Dos Direitos Reais, cit., pág. 67 e segs. e 103 e segs. Para além deste autor, veja-se ainda MENEZES LEITÃO, Direitos Reais, cit., pág. 19 e segs., ORLANDO DE CARVALHO, Direito Das Coisas, cit., pág. 182 e segs. e ELSA SANTOS, "Analogia E Tipicidade Em Direitos Reais", nos Estudos Em Homenagem ao Prof. Doutor Inocêncio Galvão Telles, Vol. IV, pág. 467 e segs.

[752] Cf. OLIVEIRA ASCENSÃO, A Tipicidade Dos Direitos Reais, cit., pág. 67 e segs.

[753] OLIVEIRA ASCENSÃO, Direito Civil – Reais, cit., pág. 158.

[754] Em Portugal, OLIVEIRA ASCENSÃO, A Tipicidade Dos Direitos Reais, cit., pág. 13 e seg., MENEZES LEITÃO, Direitos Reais, cit., pág. 19 e segs., ORLANDO DE CARVALHO, Direito das Coisas, cit., pág. 12 e segs., SANTOS JUSTO, Direitos Reais, cit., pág. 49 e segs.; no estrangeiro,

A fórmula usada para exprimir o princípio da tipicidade no art. 1306.º, n.º 1 encontra-se desactualizada. Ela baseia-se ainda na velha doutrina do desmembramento[755], que vê em cada direito real menor uma parte do domínio e não um direito real *a se*. Por isso se fala em "figuras parcelares" deste direito (a propriedade) e não em direitos reais menores.

Por outro lado, ela parece limitar tecnicamente a violação da tipicidade à criação de restrições a um direito real. No entanto, esta violação pode derivar igualmente de um aumento do aproveitamento permitido pelo tipo de direito real considerado, que não constitui tecnicamente uma restrição.

II. O princípio da tipicidade tem duas vertentes. Sugestivamente, a doutrina alemã fala, a propósito, na escolha do tipo (Typenzwang) e na modificação do tipo (Typenfixierung)[756]. O princípio do *numerus clausus* abrange as duas.

A vertente mais óbvia está na proibição da criação de um direito real diferente dos que constam do catálogo legal. Assim, por exemplo, os particulares não podem prever a constituição de uma enfiteuse, porquanto este direito real de gozo foi abolido pelos Decretos-lei n.º 195-A/76, de 16 de Março, e 233/76, de 2 de Abril. A autonomia privada encontra-se limitada à escolha dentro das figuras reais admitidas pelo ordenamento.

A segunda vertente prende-se com o conteúdo do direito real. A tipicidade em Direitos Reais implica forçosamente que os particulares não possam compor o conteúdo do direito real a seu belo prazer, pois, a ser assim, debaixo de uma designação unitária (usufruto, superfície, etc.) abrigar-se-

cf. Baur/Stürner, Sachenrecht, cit., pág. 3 e seg., Schwab/Prütting, Sachenrecht, cit., pág., Prütting, Sachenrecht, cit., pág. 10 e segs., Westermann/Gursky/Eickmann, Sachenrecht, cit., pág. 29 e segs., Wolf, Sachenrecht, cit., **pág. ?**, Vieweg/Werner, Sachenrecht, cit., pág. 4, Wilhelm, Sachenrecht, cit., pág. 10 e segs., Eckert, Sachenrecht, cit., pág. 29, Schapp/Schur, Sachenrecht, cit., pág. 3 e seg., Müller, Sachenrecht, cit., pág. 21, Müller/Gruber, Sachenrecht, cit., pág. 19, Schreiber, Sachenrecht, cit., pág. 29 e seg., Wieling, Sachenrecht, cit., pág. 8, Stadler, Soergel BGB, Sachenrecht, cit., pág. 12 e seg., Seiler, Staudinger BGB, Sachenrecht, cit., pág. 24 e seg., Wellenhofer, Sachenrecht, cit., pág. 27 e seg. Este princípio respeita, aliás, à tutela jurídica das coisas, corpóreas e incorpóreas, como ensinam Larenz/Wolf, Allgemeiner Teil des Bürgerlichen Rechts, 9. Auflage, München, 2004, pág. 252 e seg.

[755] Por contraposição à teoria da oneração.

[756] Baur/Stürner, Sachenrecht, cit., § 1, pág. 3, Schwab/Prütting, Sachenrecht, cit, § 3, pág. 9 e seg., Vieweg/Werner, Sachenrecht, cit., § 1, pág. 4, Müller, Sachenrecht, cit., § 6, pág. 21 e segs., Wilhelm, Sachenrecht, cit., pág. 4 e seg., Schreiber, Sachenrecht, cit., pág. 27 e segs., Brehm/Berger, Sachenrecht, cit., § 1, pág. 20 e seg.

-iam múltiplos direitos distintos. Por isso, o respeito pelo princípio da tipicidade acarreta a proibição de modificar o conteúdo injuntivo típico do direito real previsto na lei.

Em todo o caso, importa fazer uma ulterior precisão. O tipo, cada tipo, de direito real resulta da configuração imprimida pelo seu conteúdo, que se revela através da interpretação do regime jurídico que o institui.

Porém, nem todo o regime jurídico de cada direito real conforma o tipo respectivo. Para essa tarefa apenas relevam as normas imperativas. O que obriga a distinguir o conteúdo injuntivo do tipo de direito real e o conteúdo supletivo. A autonomia privada dá aos particulares a possibilidade de se moverem livremente no âmbito supletivo do regime de cada tipo de direito real, mas está afastada naquilo que respeita ao tipo injuntivo do direito real. De outra forma, a tipicidade seria atingida, uma vez que os particulares acabariam por criar um direito real diferente do previsto na lei, embora eventualmente com o mesmo nome.

Que normas imperativas são essas que não podem ser afastadas pelos particulares?

As normas imperativas são naturalmente as que moldam o tipo legal do direito real. Como o direito real é um direito que confere o aproveitamento de uma coisa corpórea, essas normas estabelecem um determinado conteúdo de aproveitamento da coisa. Contudo, como nem todo o aproveitamento permitido pelo direito real integra o tipo respectivo, haverá que perscrutar a parte do conteúdo do aproveitamento que integra o tipo (conteúdo imperativo), uma tarefa que só a interpretação do regime jurídico pode solucionar relativamente a cada um dos direitos reais.

A existência de um conteúdo supletivo de aproveitamento da coisa, só por si, não permite que se fale em tipos abertos de direitos reais[757]. Discordamos, pois, de Orlando de Carvalho[758] quando este professor afirma que os tipos admitidos "são, porém, tipos abertos", a não ser se com esta afirmação se queira aludir às regras supletivas constantes do regime de cada direito real.

Na verdade, como quaisquer direitos subjectivos existentes (de personalidade, de crédito, reais, industriais etc.), os direitos reais são tipos[759]

[757] Sobre tipos abertos e fechados, cf. Oliveira Ascensão, A Tipicidade Dos Direitos Reais, cit., pág. 61 e segs.

[758] Direito das Coisas, cit., 18., pág. 17.

[759] Larenz, Metodologia Da Ciência Do Direito, cit., pág. 648.

porque representam algumas das formas de aproveitamento possível das utilidades das coisas corpóreas, sem as esgotarem. Outras formas de aproveitamento poderiam dar lugar a diferentes tipos de direitos reais. Basta pensar em direitos reais hoje abolidos, por exemplo, a enfiteuse, o compáscuo ou o quinhão, para perceber isso.

Individualmente considerados, porém, os direitos reais não são regulados como tipos, mas sim como conceitos ou «classes»[760]. Cada "tipo" vem definido segundo o modelo conceptual, com um certo número de notas distintivas. Essas notas distintivas são usualmente dadas na noção inicial com que no Direito português se inicia o regime de cada um dos direitos reais menores[761]. Elas compreendem, em regra, poderes, tendo em conta que estamos perante situações jurídicas activas, mas pode acontecer que uma restrição, na forma de dever, surja como nota distintiva do conceito. É o que sucede com a *salva rerum substantia* no usufruto.

As notas distintivas do conceito de direito real formam o desenho do "tipo" legal de direito real, o seu conteúdo injuntivo típico, como lhe chamamos. Como tal, elas não estão na disponibilidade das partes. De outro modo, esvaziar-se-ia o significado do princípio da tipicidade, normativamente consagrado (art. 1306.º, n.º 1). Neste sentido, os tipos de direitos reais não são efectivamente tipos abertos, são justamente o oposto.

Uma excepção surge, no entanto, na servidão predial[762]. O art. 1544.º estabelece que "podem ser objecto da servidão quaisquer utilidades ... susceptíveis de ser gozadas por intermédio do prédio dominante". Não concretizando o gozo específico objecto do direito, dispondo que podem ser "quaisquer utilidades", sem precisar o que se deva entender por "utilidade", o regime da servidão predial possibilita a convenção privada de um conteúdo de aproveitamento que não se encontra previamente definido por inteiro. A servidão predial constitui um tipo aberto de direito real.

III. A tipicidade trás estabilidade e segurança para a prática do sistema normativo de Direitos Reais[763]. Estabilidade, porque os operadores jurí-

[760] LARENZ, Metodologia Da Ciência Do Direito, cit., pág. 662.

[761] Não queremos com isto dizer que o conteúdo típico do direito real se colha somente da noção legal dada. Ao contrário, a construção do tipo de direito real faz-se defronte de todo o regime jurídico que lhe seja aplicável. Pode, por isso, suceder que as notas distintivas constantes da noção legal do direito real devam ser estendidas ou restringidas por outros preceitos.

[762] Cf. ORLANDO DE CARVALHO, Direito das Coisas, cit., 18., pág. 17 e seg.

[763] Para os tradicionais argumentos favoráveis ao princípio da tipicidade, cf. OLIVEIRA ASCENSÃO, A Tipicidade Dos Direitos Reais, cit., pág. 78 e segs.

dicos ficam rotinados a trabalhar com uma série de figuras bem demarcadas; segurança, na medida em que um número finito de figuras facilita o reconhecimento dos direitos reais e a sua publicidade, o que pode ser importante, nomeadamente, no que respeita ao funcionamento do registo predial.

Todavia, com a imposição aos particulares de um catálogo legal de direitos reais, que podem ser escolhidos, mas não alterados no seu conteúdo imperativo, a lei coarcta o aparecimento de novas figuras com natureza real[764] e cristaliza as existentes.

Cerceada a autonomia privada no campo de Direitos Reais, ela tende a manifestar-se através de outros esquemas, sobretudo, obrigacionais, no Direito Civil e no Direito Comercial, dinamizando o aproveitamento das coisas noutras latitudes da ordem jurídica, em detrimento deste ramo do Direito, que vai sendo secundarizado. Aqui encontra-se provavelmente uma das razões para o atraso científico de Direitos Reais e para o escasso interesse que tem despertado nos cultores do Direito Civil nas últimas décadas.

42. O princípio da inerência[765]

I. Os direitos reais têm por objecto coisas corpóreas. Contudo, a afectação do objecto ao direito real tem lugar de um modo particularmente intenso no regime jurídico de Direitos Reais. Cada direito real tem uma coisa determinada por objecto e, na ausência de causa legal, não pode ser dissociado ou separado dela, nomeadamente, para ter outra coisa por objecto.

[764] Ainda assim, na Alemanha o princípio da tipicidade não tem impedido o reconhecimento da natureza real de algumas figuras.

[765] Sobre este princípio, cf. Menezes Cordeiro, Direitos Reais – Sumários, cit., pág. 63. Numerosos autores portugueses falam da inerência, sem, contudo, o identificarem como um princípio de Direitos Reais, como faz Menezes Cordeiro nos Sumários, mas sim como consequência ou característica do direito real. Assim, cf. Oliveira Ascensão, Direitos Civil – Reais, cit., pág. 49 e seg. e 633 e segs., Menezes Cordeiro, em Direitos Reais, cit., pág. 325 e segs., Carvalho Fernandes, Lições De Direitos Reais, cit., pág. 64 e seg., Gomes da Silva, Curso De Direitos Reais, cit., pág. 25 e segs., Luís Pinto Coelho, Direitos Reais, cit., pág. 18 e segs. Mencionando simplesmente a impossibilidade de separar o direito da coisa, e não falando em inerência, Paulo Cunha, Direito Reais, cit., pág. 86. Dias Marques, Direitos Reais, cit., pág. 31, fala no princípio da inseparabilidade entre o direito e a coisa.

Esta ligação íntima entre o direito e a coisa vem usualmente denominada por inerência. A doutrina clássica portuguesa[766] distinguia duas facetas ou lados da inerência. Um lado interno[767], que destaca a ideia de inseparabilidade do direito e da coisa, e um lado externo, a denominada sequela. Se bem se atentar, esta explicação está ligada à discussão sobre as doutrinas clássica e moderna de direito real[768].

Tradicionalmente, a sequela[769] é vista como a consequência dinâmica da inerência e ilustrada através de exemplos nos quais se evidencia que o titular do direito real pode ir buscar a coisa ainda que esta passe pelas mãos de várias pessoas e onde quer que ela se encontre. E apontam-se exemplos baseados fundamentalmente na acção de reivindicação.

Achamos, porém, que este segundo aspecto, a sequela, não tem nada a ver com a inerência, mas sim com o carácter absoluto do direito real[770]. Porquanto a lei dota o direito real de uma oponibilidade *erga omnes*, o titular deste direito pode fazê-lo valer contra quem tem a coisa ilicitamente.

Por outro lado, o direito real pode não ter oponibilidade em alguns casos que nem por isso deixa de ser inerente a uma coisa. A posse não é oponível a terceiro de boa fé (art. 1281.º, n.º 2 parte final), mas é um direito com inerência a uma coisa. Vemos assim, a partir deste exemplo, que a oponibilidade pode faltar ao direito real sem que ele deixe de ser inerente. O que mostra bem que inerência e oponibilidade absoluta são aspectos distintos do direito real, assentando em princípios diferentes.

A inerência significa antes de mais que a coisa (corpórea) é objecto de um direito real e não pode ser separada dele. Se um direito real se constitui

[766] Cf, nomeadamente, Luís Pinto Coelho, Direitos Reais, cit., pág. 18 e segs., Paulo Cunha, Direito Reais, cit., pág. 86 (que fala simplesmente na impossibilidade de separar o direito da coisa sobre que recai), Gomes da Silva, Curso De Direitos Reais, cit., pág. 25 e segs. Na doutrina mais recente, veja-se também Oliveira Ascensão, Direito Civil – Reais, cit., pág. 49 e seg. e Menezes Cordeiro, Direitos Reais, cit., pág. 328.

[767] Mota Pinto, Direitos Reais, cit., pág. 82 fala num lado interno do direito real, acentuando que a inerência "não é senão o corolário da eficácia absoluta do direito real", o que é, em todo o caso, uma explicação diversa da corrente, nomeadamente, daquela que se encontra, por exemplo, nos autores citados na nota anterior.

[768] Cf. Mota Pinto, Direitos Reais, cit., pág. 82, Orlando de Carvalho, Direitos Reais, cit., pág. 128 e segs. (especialmente, pág. 129 e 136), Henrique Mesquita, Direitos Reais, cit., pág. 9 e segs., Pires de Lima, Direitos Reais, 1941, cit., pág. 53 e segs.

[769] Também mencionada como direito de sequela, sequência ou direito de sequência.

[770] Assim, também Mota Pinto, Direitos Reais, cit., pág. 46.

sobre uma coisa, ele só pode ter por objecto essa coisa e não uma coisa diversa. Nomeadamente, não pode ser transferido para uma outra coisa.

II. Justamente porque o direito real é inerente a uma coisa determinada, se esta perecer o direito real extingue-se. Esta solução é expressa para o usufruto (alínea d) do n.º 1 do art. 1476.º), uso e habitação (alínea d) do n.º 1 do art. 1476.º ex vi do art. 1485.º), superfície (alínea e) do art. 1536.º), hipoteca (alínea c) do art. 730.º) e demais direitos reais de garantia (artigos 664.º, 677.º, 752.º e 761.º, que mandam aplicar o disposto para a hipoteca), e deve estender-se a todos os restantes direitos reais.

Em matéria de servidões prediais, o princípio da inerência aflora no art. 1545.º, n.º 1 e no art. 1546.º, que estabelecem a inseparabilidade e indivisibilidade das servidões prediais. O n.º 2 do art. 1545.º dispõe peremptoriamente que "a afectação das utilidades próprias da servidão a outros prédios importa sempre a constituição de uma servidão nova e a extinção da antiga", uma elucidação clara da inseparabilidade do direito e da coisa. Deste modo, nos casos de mudança de servidão previstos no n.º 1 do art. 1568.º, em que o direito se passa a exercer noutro prédio, deve entender-se que ocorre a extinção da servidão existente e a constituição de uma outra servidão.

Em alguns casos, com o perecimento da coisa, é atribuída ao titular do direito real uma outra coisa em substituição da primeira. Fala-se então em subrogação real especial[771]. A questão que a subrogação real especial coloca é a da subsistência do direito real relativo à coisa que pereceu. Este direito mantém-se, tendo a coisa substitua por objecto, ou extingue-se?

A lei portuguesa prevê algumas hipóteses de subrogação real especial. A primeira consta do art. 692.º. Se a coisa perecer e o titular do direito real que constituiu a hipoteca tiver direito a ser indemnizado, o credor hipotecário conserva sobre a indemnização a prioridade que tinha em relação à coisa hipotecada. Pensamos ser incontestável que a hipoteca não pode subsistir sobre o crédito indemnizatório[772]. Neste caso, constitui-se um penhor de crédito a favor do credor hipotecário[773], mas a hipoteca extinguiu-se com a destruição da coisa hipotecada.

Outras hipóteses de subrogação real especial encontram-se no regime do usufruto, nos artigos 1479.º, n.º 1, 1480.º, n.º 1 e 1481.º, n.º 1. Em todas

[771] Sobre a matéria, cf. Oliveira Ascensão, Direito Civil – Reais, cit., pág. 633 e segs.

[772] Neste sentido, Oliveira Ascensão, Direito Civil – Reais, cit., pág. 635 e Carvalho Fernandes, Lições De Direitos Reais, cit., pág. 71 e segs.

[773] No mesmo sentido, Oliveira Ascensão, Direito Civil – Reais, cit., pág. 635.

elas a coisa objecto do usufruto pode ter perecido. A lei dispõe então que o usufrutuário passa a "desfrutar o solo e os materiais restantes" (art. 1479.º, n.º 1), que o usufruto "passa a incidir sobre a indemnização", quando o proprietário tenha direito a ser indemnizado (art. 1480.º, n.º 1), ou que "o usufruto transfere-se para a indemnização devida pelo segurador", se o usufrutuário houver feito seguro ou pago seguro já celebrado (art. 1481.º, n.º 1).

Nestes três casos, a coisa objecto do direito real mudou; o usufruto mantém-se? Na realidade, ele extinguiu-se com o perecimento da coisa e no seu lugar constituiu-se um novo usufruto, que tem o solo e os materiais por objecto, na hipótese constante do art. 1479.º, n.º 1, e o dinheiro, nos outros dois preceitos[774]. Sendo embora o mesmo tipo de direito, o usufruto, trata-se, em todos os casos, de usufrutos novos, que têm uma nova coisa por objecto.

Diferentemente do perecimento, a mera deterioração da coisa não implica a extinção do direito real. Se a coisa permanece a mesma, o direito real mantém-se tendo a parte restante como objecto. É o que dispõe o art. 1478.º, n.º 1 para o usufruto.

III. Despojada da ideia de sequela, que nada mais traduz neste ramo de Direito que o carácter absoluto do direito real, a inerência representa efectivamente um dos princípios estruturantes de Direitos Reais.

Este princípio significa, como vimos, que o regime jurídico liga de tal forma o direito à coisa que nenhum deles subsiste sem o outro. Existe, pois, uma verdadeira inseparabilidade entre o direito e a coisa que é dele objecto, inseparabilidade essa que redunda numa impossibilidade legal de o direito real ser dissociado da coisa, nomeadamente, transferido para uma outra, ou na extinção do direito real em caso de perda total da coisa.

Em síntese, e tendo em conta o exposto, poderíamos dizer que são dois os aspectos que estão em jogo no princípio da inerência: a coisa enquanto objecto do direito real e a inseparabilidade do direito e da coisa. E acrescentaríamos que nenhum deles tem a ver com a sequela.

43. O princípio da especialidade

I. Com alguma afinidade com o princípio da inerência, mas com um conteúdo distinto, a doutrina alemã fala num princípio da especialidade[775]

[774] Cf. igualmente CARVALHO FERNANDES, Lições De Direitos Reais, cit., pág. 64.

[775] Em Portugal, MENEZES LEITÃO, Direitos Reais, cit., pág. 21 e segs., ORLANDO DE CARVALHO, Direito das Coisas, cit., pág. 163 e segs.; no estrangeiro, cf. Baur/Stürner,

em Direitos Reais. Em Portugal, somente alguns professores aludem a este princípio no ensino da cadeira. Fazem-no, MENEZES LEITÃO[776], ORLANDO DE CARVALHO[777], MOTA PINTO[778], HENRIQUE MESQUITA[779], SANTOS JUSTO[780] – o qual se limita, no entanto, a uma breve referência em nota de rodapé – e PINTO DUARTE[781].

Ainda assim, uma boa parte das obras do ensino de Direitos Reais não deixa de mencionar que o direito real incide sobre uma coisa certa e determinada[782]. Já desde GUILHERME MOREIRA[783], pelo menos, que isso acontece. Por exemplo, PIRES DE LIMA[784] deixava claro que "o direito real apresenta-se sempre como um poder directo e imediato de uma pessoa sobre coisa certa e determinada". A explicação dos autores vem normalmente enquadrada na exposição sobre os caracteres do direito real, portanto, a propósito do conceito respectivo de direito real.

Não vemos inconveniente em seguir a orientação alemã, enunciando um princípio da especialidade. O conteúdo que aquela doutrina afirma corresponder ao princípio da especialidade está, em grande parte, de acordo com a referência da generalidade dos autores portugueses à necessidade de

Sachenrecht, cit., pág. 39 e seg., SCHWAB/PRÜTTING, Sachenrecht, cit., pág. 5 e segs., PRÜTTING, Sachenrecht, cit., pág. 10 e seg., WESTERMANN/GURSKY/EICKMANN, Sachenrecht, cit., pág. 24 e segs., WOLF, Sachenrecht, cit., pág. 16 e seg., VIEWEG/WERNER, Sachenrecht, cit., pág. 5, ECKERT, Sachenrecht, cit., pág. 29, MÜLLER, Sachenrecht, cit., pág. 21, MÜLLER/GRUBER, Sachenrecht, cit., pág. 19, SCHREIBER, Sachenrecht, cit., pág. 27 e seg., WIELING, Sachenrecht, cit., pág. 8, STADLER, SOERGEL BGB, Sachenrecht, cit., pág. 13, SEILER, STAUDINGER BGB, Sachenrecht, cit., pág. 32 e seg., WELLENHOFER, Sachenrecht, cit., pág. 31, Lent/Schwab, Sachenrecht, cit., § 2, pág. 5 e seg., STOLL, Grundriss des Sachenrechts, cit., pág. 42 e seg.

[776] Direitos Reais, cit., pág. 21 e segs.

[777] Direito das Coisas, cit., pág. 157 e segs.

[778] Direitos Reais, cit., pág. 98 e segs.

[779] Direitos Reais, cit., pág. 13, nota 1.

[780] Direitos Reais, cit., pág. 35.

[781] Curso de Direitos Reais, cit., pág. 36.

[782] Assim, LUÍS PINTO COELHO, Direitos Reais (1944-45), cit., pág. 27 dizia que o direito real "implica a incidência actual sobre a coisa"; em direitos Reais (1953-54), cit., pág. 17 explica, de uma forma mais simples, que "o direito real tem de recair sobre uma coisa que existe, não pode referir-se a coisas futuras como os direitos de crédito". Cf. igualmente GOMES DA SILVA, Direitos Reais, cit., pág. 25. Relativamente a obras mais recentes, cf. OLIVEIRA ASCENSÃO, Direito Civil – Reais, cit., pág. 631 e seg., MOTA PINTO, Direitos Reais, cit., pág. 82 e seg., CARVALHO FERNANDES, Lições de Direitos Reais, cit., pág. 58, HENRIQUE MESQUITA, Direitos Reais, cit., pág. 12 e seg.

[783] Instituições De Direito Civil Português, Volume III, cit., pág. 4.

[784] Noções Fundamentais De Direito Civil, Volume II, cit., pág. 1.

existência actual e de determinação da coisa. E, por conseguinte, não apresenta, de modo algum, uma ruptura com o sistema científico nacional de Direitos Reais, mas apenas um modo diferente de apresentar esta matéria.

Naturalmente, não julgamos que seja indiferente comunicar um princípio de Direitos Reais ou uma característica do conceito de direito real. E discordamos de MENEZES CORDEIRO[785], segundo o qual, haveria na observação à existência actual e determinação da coisa uma mera decorrência do conceito de direito real. Um princípio material de Direito tem o conteúdo das referências normativas que o informam; ele não constitui uma mera consequência lógica do conceito de direito real.

Autonomizamos o princípio da especialidade face ao princípio da inerência[786]. Apesar de afins, o conteúdo de cada um deles não é o mesmo. Com um conteúdo próprio, o princípio da especialidade deve ser ensinado separadamente do princípio da inerência.

II. Em primeira linha, o princípio da especialidade postula que o direito real só pode ter por objecto uma coisa com existência actual e determinada. Neste sentido, o art. 408.º, n.º 2 preceitua que a transferência do direito real ocorre apenas quando a coisa (coisa futura) for adquirida pelo alienante ou determinada com o conhecimento de ambas as partes.

Uma coisa que não existe não pode ser objecto de um direito real. Ninguém pode ser proprietário de um animal que não nasceu ou de frutos que ainda não foram gerados. A coisa pode, porém, existir sem que o direito real, propriedade ou outro, esteja na titularidade do disponente. Neste caso, o negócio jurídico de disposição do direito real é válido, se a coisa for tomada como futura[787]. No entanto, a eficácia real do negócio vem a ser deferida para o momento em que o disponente adquire o direito.

Aspecto distinto respeita à determinação da coisa. Se a coisa for genérica, ainda que existente, o direito real apenas se constitui ou transmite quando a determinação ocorra com conhecimento de ambas as partes, sem prejuízo do regime das obrigações genéricas e do contrato de empreitada.

O princípio da especialidade permite ilustrar mais um traço da distinção entre direitos reais e direitos de crédito. Ao objecto do crédito podem pertencer prestações futuras (obrigações futuras) ou indeterminadas (por

[785] Direitos Reais – Sumários, cit., pág. 105.

[786] Como, de resto, faz a generalidade da doutrina portuguesa.

[787] Cf. os artigos 880.º, n.º 1 e 893.º para a venda de bens futuros, aplicáveis aos negócios onerosos de transmissão por força do disposto no art. 939.º.

exemplo, obrigações genéricas), mas a coisa objecto do direito real tem de ser actual e determinada.

III. Na doutrina alemã encontra-se um sentido adicional para o princípio da especialidade. Segundo um número significativo de autores, o direito real recai sobre coisa única e individualizada[788].

Efectivamente, a escola pandectística alemã propugnou que o direito real tivesse por objecto coisas corpóreas, como era tradição romana, afastando não somente a orientação francesa oriunda do século XVIII, que trouxera para o âmbito dos Direitos Reais a denominada propriedade intelectual ou literária e artística, cujo objecto é incorpóreo, mas igualmente a concepção prussiana e austríaca da tutela do património de uma pessoa como um todo[789]. O BGB adoptou o esquema pandectista, segundo o qual, o direito real incide sobre uma coisa corpórea individualizada (§ 90).

O Direito português seguiu a lição histórica da pandectística alemã, plasmada no BGB, limitando os direitos reais às coisas corpóreas (art. 1302.º) e remetendo para outros complexos normativos a disciplina das coisas incorpóreas (art. 1303.º). Ficou assente que o objecto do direito real é uma coisa corpórea.

A repercussão desta solução é bem mais funda do que à primeira vista possa parecer. Realidades complexas como o estabelecimento comercial ou, mais genericamente, a empresa ficam à margem deste ramo de Direito. Não obstante o uso linguístico comum mencionar a propriedade da "empresa" ou do "negócio"[790], ele apenas pode ser entendido numa acepção não técnica. Posições contrárias a este entendimento, como a de ORLANDO DE CARVALHO[791], só podem ser discutidas hoje numa perspectiva de *iure condendo.*

O problema subsiste, porém, nas denominadas coisas compostas. O art. 206.º dispõe que "é havida como coisa composta, ou universalidade de facto, a pluralidade de coisas móveis que, pertencendo à mesma pessoa, têm um destino unitário". A uma primeira leitura, este preceito transmite a ideia de que a coisa composta integra uma multiplicidade de coisas móveis. A coi-

[788] Para SCHWAB/PRÜTTING, Sachenrecht, cit., pág. 11 este seria, aliás, o conteúdo do princípio da especialidade, distinguindo ainda estes autores um princípio de determinabilidade, com o sentido que deixámos indicado anteriormente no texto.

[789] Quanto a este último aspecto, WOLFF/RAISER, Sachenrecht, cit., pág. 3.

[790] Como relembram BAUR/STÜRMER, Sachenrecht, cit. § 4, pág. 40.

[791] Direito Das Coisas, cit., pág. 160, nota 66.

sificação do conjunto não afecta a autonomia jurídica de cada coisa que o compõe. Pelo menos, é o que parece resultar do n.º 2 do art. 206.º, o qual admite que cada uma das coisas que integra o conjunto pode ser objecto de direitos diferentes do conjunto ("podem ser objecto de relações jurídicas próprias").

Tomado à letra, o art. 206.º, n.º 1 abona a possibilidade do direito real ter por objecto várias coisas simultaneamente, todas as que compuserem a coisa composta, dando um argumento contrário à construção de um princípio da especialidade moldado sobre a limitação do direito real a uma coisa individual.

Porém, nem todos pensam assim. HENRIQUE MESQUITA[792] avança uma formulação diversa, sublinhando que, se a lei unificar os elementos que integram o conjunto, trata-os juridicamente como se fossem uma coisa só. No fundo, haveria ainda uma única coisa – a coisa composta – e o direito real tê-la-ía como objecto. E MOTA PINTO[793] ensinava do mesmo modo.

Para colocarmos correctamente o problema teremos de fazer uma breve incursão sobre o conceito de coisa composta na lei portuguesa.

IV. O art. 206.º do Código Civil resultou do projecto de PIRES DE LIMA[794], concretamente do art. 5.º, cuja redacção foi transposta na íntegra.

Neste preceito, PIRES DE LIMA confessa ter-se limitado a traduzir o art. 816.º do Codice Civile italiano[795]. Com isso, induziu, no entanto, uma confusão entre coisa composta e universalidade de facto.

Segundo os romanistas[796], o Direito romano apresentava uma classificação tripartida das coisas corpóreas, baseada na doutrina filosófica dos

[792] Direitos Reais, cit., pág. 13, nota 1.

[793] Direitos Reais, cit., pág. 98 e segs.

[794] Das Coisas, BMJ 91, 1959, pág. 214 e seg.

[795] O qual dispõe: "É considerada universalidade de móveis a pluralidade coisas que pertençam à mesma pessoa e tenham um destino unitário.
As coisas singulares que compõem a universalidade podem ser objecto de actos e relações jurídicas separados".

[796] BONFANTE, Corso de Diritto Romano, cit., pág. 119 e segs., BIONDO BIONDI, "Cosa (Diritto romano)", Noviss. Dig. It., pág. 1006 e seg., "Cosa (Diritto civile)", Noviss. Dig. It., pág. 1007 e segs., "Cosa semplice e composta (Diritto romano), Noviss. Dig. It., pág. 1039 e segs., "Cosa semplice e composta (Diritto intermedio), Noviss. Dig. It., pág. 1039 e segs., "Cosa semplice e composta (Diritto civile), Noviss. Dig. It., pág. 1041 e segs., Istituzioni Di Diritto Romano, cit., pág. 164 e segs., VOLTERRA, Instituciones De Derecho Privado Romano, cit., pág. 301 e segs., SANFILIPPO, Istituzioni Di Diritto Romano, cit., pág. 76 e seg., ARANGIO-RUIZ, Istituzioni Di Diritto Romano, cit., pág. 164 e seg.

estóicos[797] e ilustrada num conhecido trecho de POMPONIUS[798]. A primeira categoria de coisas (*corpora*) eram as coisas simples, que constituíam unidades independente e eram fornecidas pela natureza[799]. A segunda categoria era dada pelas coisa compostas *ex contingentibus, hoc est pluribus se cohaerentibus constat.* Tratava-se de uma única coisa criada artificialmente pela junção de outras coisas simples, que perdiam a sua autonomia no novo conjunto. Finalmente, a terceira categoria era constituída pelas coisas compostas *quod ex distantibus constat* (*corpora ex distantibus*), coisas fisicamente separadas, mas designadas por um nome comum e tratadas como um único objecto[800]. O exemplo clássico era o rebanho[801].

Esta característica de unidade de um todo não homogéneo, com um nome próprio, composto por coisas que não perdem a sua individualidade apesar de integrarem um conjunto diverso, levou os medievalistas[802] a designarem de universalidades (*universitas*) esta terceira categoria de coisas. A *universitas,* ou *universitas rerum, corporea* ou *facti,* por contraposição à *universitas iuris, iurium* ou *incorporea,* representava uma coisa distinta das suas partes componentes.

Na evolução, alguma doutrina tendeu a considerar que não se justificava a individualização das coisas compostas *ex contingentibus,* dada a ausência de um tratamento jurídico diferenciado entre elas e as coisas simples. Se a isto acrescentarmos o tratamento especializado dos imóveis, sujeitos a regras de forma e de publicidade que os tornam inaptos para pertencerem a um conjunto diferenciado, chegamos a um ponto em que a noção de coisa composta surge atinente às coisas móveis e abarca somente as coisas *quod ex distantibus constat,* ou seja, as universalidades de facto. Os passos que permitem a formulação do art. 816.º do Códice Civile italiano estão, assim, explicados.

[797] BONFANTE, Corso Di Diritto Romano, cit., pág. 122.

[798] D. 41, 3, 30 pr. Uma tradução deste texto em português encontra-se em MENEZES CORDEIRO, Tratado De Direito Civil Português, I, Parte Geral, Tomo II, Coisas, cit., pág. 162, nota 599.

[799] Cf. BIONDO BIONDI, "Cosa semplice e composta (Diritto romano), Noviss. Dig. It., pág. 1039 e Istituzioni Di Diritto Romano, cit., pág. 164.

[800] Cf. BIONDO BIONDI, "Cosa semplice e composta (Diritto romano)", Noviss. Dig. It., pág. 1040.

[801] BONFANTE, Corso Di Diritto Romano, cit., pág. 129.

[802] A palavra *universitas* não era usada pelos romanos para designarem esta categoria de coisas, havendo sido adoptada pelos romanistas medievos. Sobre este ponto, cf. BONFANTE, Corso Di Diritto Romano, cit., pág. 129 e segs.

Como vemos, no seu anteprojecto relativo ao regime das coisas para o novo Código Civil, Pires de Lima limitou-se a dar conta do desenvolvimento específico que alguma doutrina – a mesma que levou à fórmula do art. 816.º do Códice Civile – tinha chegado.

Como crítica[803] à redacção do art. 206.º, n.º 1 do Código Civil português pode-se apontar, desde logo, o olvidar da primeira categoria de coisas compostas dos romanos. As coisas compostas *ex contingentibus* ficam sem referência no conceito adoptado de coisa composta. E essa referência tem utilidade prática. A coisa composta *ex contingentibus* constitui uma coisa unitária, mas representa o resultado da combinação de outras coisas, ao contrário da coisa simples. Se uma das coisas integradas na coisa composta *ex contingentibus* é combinada nesta última sem o consentimento do proprietário e a separação ainda é possível sem perda ou detrimento de qualquer das coisas, o regime da acessão não tem aplicação e o proprietário pode reivindicá-la[804] ou o possuidor exigir a sua restituição.

Outra crítica, julgamos que a principal, está na aparente coisificação da universalidade de facto debaixo do conceito de coisa composta. A coisificação do conjunto não elimina, contudo, a independência objectiva das coisas simples que integram a universalidade. O que leva a distinguir dois níveis: o da universalidade e o das coisas que a integram. Sobre a universalidade, como coisa composta, recai um direito real unitário, que só pode ser a propriedade, havendo igualmente um direito de propriedade[805], distinto daquele, a incidir sobre cada uma das coisas simples.

Assim, utilizando o exemplo incontroverso do rebanho (art. 212.º, n.º 3), haveria um direito de propriedade sobre o rebanho, como coisa composta, se os animais pertencessem à mesma pessoa. Esse direito de propriedade poderia ser transmitido, por venda ou doação, assim como dado em usufruto ou em garantia (penhor). Em Portugal, uma tal doutrina, que se denominou teoria unitária, por contraposição à teoria atomística, era ensinada por Pires de Lima, vindo a ser seguida depois por Oliveira Ascensão[806],

[803] Para uma apreciação geral da noção de coisa composta adoptada pelo Direito Português, cf. Oliveira Ascensão, Direito Civil – Teoria Geral, cit., pág. 373 e segs., Menezes Cordeiro, Tratado De Direito Civil Português, I, Parte Geral, Tomo II, cit., pág. 164 e segs.

[804] Quanto a este último aspecto, veja-se também Oliveira Ascensão, Direito Civil – Teoria Geral, cit., pág. 375.

[805] Ou outro direito real.

[806] Direito Civil – Teoria Geral, volume I, cit., pág. 376 e seg.

neste ponto, PIRES DE LIMA/ANTUNES VARELA[807], MOTA PINTO[808] e HENRIQUE MESQUITA[809].

Julgamos, todavia, que a equiparação legal da universalidade de facto à coisa composta, como surge no art. 206.º, n.º 1 do Código Civil, só aparentemente revela uma nova coisa, superior e distinta das coisas (simples) que integram a universalidade.

Para começar, não vemos como uma mesma coisa possa ser objecto de uma dupla atribuição jurídica a título de propriedade singular. Mas é o que acontece na explicação dada pela teoria unitária. O animal do rebanho constitui simultaneamente o objecto de dois direitos de propriedade, o que se refere à universalidade e o que o tem especificamente como objecto[810]!

Mesmo superando os problemas da dupla atribuição de direitos reais da mesma natureza sobre um objecto, constatamos que as vicissitudes jurídicas afectam exclusivamente cada uma das coisas singulares que integram a universalidade e não um pretenso direito sobre ela. Vejamos alguns exemplos.

Em matéria de posse, se um animal extraviado se junta ao rebanho, o possuidor deste não pode invocar a posse do mesmo há mais de um ano para obter a declaração de caducidade da posse do animal (art. 1282.º), caso a perda deste haja ocorrido há menos tempo. O que interessa é somente o tempo de posse do animal extraviado e não do rebanho. Por isso, se a nova posse do animal tem menos de um ano, o possuidor anterior pode recuperá-lo através de uma acção de restituição.

O mesmo se diga se a defesa do proprietário do animal extraviado se efectua por via da reivindicação. De nada serve ao titular da universalidade invocar a propriedade do rebanho se não tiver qualquer direito, real ou pessoal, que justifique a posse ou detenção do animal.

No que respeita à usucapião, se o rebanho incluir vários animais relativamente aos quais o possuidor tem uma mera posse formal, com tempos de posse diferentes, também de nada serve a invocação do tempo de posse do rebanho. O tempo de posse para efeitos de usucapião tem de ser contado

807 Código Civil Anotado, cit., pág. 200 e seg.

808 Direitos Reais, cit., pág. 79.

809 Direitos Reais, cit., pág. 34 e segs.

810 Vale a pena ouvir BIONDO BIONDI, "Cosa semplice e composta (Diritto civile)", cit., pág. 1043: "A concepção unitária do complexo não importa a criação de uma nova entidade que acresce ou se contrapõe às coisas singulares que o compõem; de outro modo, necessitaríamos de chegar ao absurdo de dizer, que se eu sou proprietário de um rebanho, sou proprietário de cada um dos animais mais do rebanho".

relativamente a cada animal. Assim, ainda que o tempo de posse do rebanho seja suficiente para a usucapião de coisa móvel, a usucapião não tem lugar relativamente ao animal que não foi possuído pelo prazo estabelecido na lei.

Supondo agora um contrato de compra e venda do rebanho, a eficácia real do mesmo (art. 408.º, n.º 1 e alínea a) do art. 879.º) produz-se separadamente para cada animal. Se a propriedade de um animal não pertence ao vendedor, o contrato não desencadeia qualquer transmissão do direito a favor do comprador. Do mesmo modo, o verdadeiro proprietário do animal pode reivindicá-lo de quem o tiver na sua posse ou detenção.

Estes exemplos servem para demonstrar que as vicissitudes jurídicas afectam as coisas singulares que são parte da universalidade e não esta como coisa composta, pondo em causa a sua existência como tal.

Não haverá, no entanto, vicissitudes que respeitem exclusivamente à universalidade e que justifiquem a autonomia da coisa composta? Os defensores da teoria unitária defendem que sim, apontando os exemplos de doação de universalidade de facto (art. 942.º, n.º 2) e do usufruto de universalidade de animais (art 1462.º)[811], a que podemos acrescentar, sem dificuldade, a venda ou o penhor.

Uma vez mais, porém, a eficácia do contrato translativo ou constitutivo de direitos reais afecta cada uma das coisas do conjunto e não este unitariamente. Se um dos animais do rebanho é propriedade de um terceiro, a doação da universalidade não produz qualquer efeito quanto a esse animal. No caso do usufruto, se um dos animais do rebanho foi dado previamente em usufruto a alguém, o usufruto do rebanho não o pode abranger, pois a propriedade do animal já estava onerada com outro usufruto, que neste caso é incompatível com o segundo.

O que resta, afinal, do conceito de coisa composta constante do art. 206.º?

Em nossa opinião, meramente a possibilidade de desencadear com uma única declaração negocial efeitos relativos a coisas diversas integradas num conjunto unitário[812]. Este conjunto não se sobrepõe ou acresce às coisas que o integram, nem constitui o objecto de um direito unitário[813], vindo apenas

[811] PIRES DE LIMA/ANTUNES VARELA, Código Civil Anotado, cit., pág. 200 e seg. e HENRIQUE MESQUITA, Direitos Reais, cit., pág. 38, nota 1.

[812] Cf. MENEZES CORDEIRO, Tratado De Direito Civil Português, I, Parte Geral, Tomo II, cit., pág. 166, BIONDO BIONDI, "Cosa semplice e composta (Diritto civile)", cit., pág. 1043.

[813] Propriedade, usufruto, penhor ou outro.

a ser considerado para efeitos práticos que se ligam à possibilidade de dispor, através de uma única declaração negocial, de todos os direitos reais (de propriedade, nomeadamente) relativos às coisas simples que o compõem, o que sucede tanto com a doação e o usufruto como com a venda ou o penhor, que não surgem explicitados na lei portuguesa.

Quanto ao exercício da defesa contra a violação da propriedade[814] ou da posse sobre todas as coisas do conjunto poder-se-á falar numa reivindicação da universalidade ou na acção de restituição desta e exemplificar com a reivindicação do rebanho[815] ou com a restituição deste. O art. 471.º, n.º 1 alínea a) do Código do Processo Civil admite expressamente a formulação de um pedido genérico relativamente a uma universalidade de facto. Assim, o rebanho pode ser reivindicado no seu conjunto ou quanto a ele pedida a sua restituição.

Trata-se, porém, de uma projecção meramente linguística. Em caso de defesa por meio de acção de reivindicação ou de acção possessória de restituição, o reivindicante ou o possuidor esbulhado não está liberto do ónus de determinar cada uma das coisas que se incluem na universalidade.

Não é outra coisa o que resulta do n.º 2 do art. 471.º do Código do Processo Civil, no qual se dispõe que o pedido genérico atinente à universalidade de facto deve ser concretizado, nos termos do art. 378.º do mesmo Código. Este preceito, por sua vez, obriga o autor do pedido genérico a deduzir incidente de liquidação para tornar líquido o pedido genérico, ou seja, dito de outra forma, a determinar as coisas simples que integram a universalidade.

A determinação das coisas que compõem a universalidade precede a prova sobre o direito ou a posse relativamente a cada uma delas. Não é outro senão esse o propósito do incidente de liquidação. De outro modo, bastaria a prova da titularidade do direito sobre o conjunto. Todavia, a lei não dispensa a prova da titularidade do direito ou da posse sobre cada uma das coisas simples que integram a universalidade[816] e o ónus respectivo cabe naturalmente ao autor da acção. Se o demandado prova a propriedade ou a melhor posse sobre alguma ou algumas das coisas da universalidade, a

[814] Ou de outro direito real (v.g. o usufruto).

[815] Mota Pinto, Direitos Reais, cit., pág. 99.

[816] Em sentido contrário, quanto à reivindicação, veja-se Oliveira Ascensão, Direito Civil – Teoria Geral, volume I, cit., pág. 377.

reivindicação ou a restituição não terá sucesso quanto à coisa ou coisas em causa, ainda que o tenha relativamente às demais.

Tudo isto elucida bem a inexistência de um direito unitário sobre o conjunto e torna inútil insistir no ponto. Mas deixa igualmente claro que a universalidade de facto não constitui uma coisa e, portanto, também não uma coisa composta. Neste ponto, a equiparação das universalidades de facto às coisas compostas no art. 206.º afigura-se extremamente infeliz.

V. Como resultado final da indagação sobre o princípio da especialidade, encontramos uma limitação dos direitos reais às coisas (corpóreas) individualizadas, certas e determinadas.

44. O princípio da absolutidade[817]

Se entendermos uma situação jurídica absoluta como aquela que existe por si, sem dependência de uma outra situação de sinal contrário[818], então, o direito real é uma situação jurídica absoluta, concretamente, um direito subjectivo absoluto, por contraposição, por exemplo, aos direitos de crédito, direitos relativos por excelência.

A contraposição entre direitos absolutos e relativos pode ainda ser analisada debaixo de três critérios distintos[819]:

- O da responsabilidade civil;
- O da estrutura da situação jurídica considerada;
- O da oponibilidade.

O primeiro critério não tem interesse para Direitos Reais. O segundo atende ao modo de constituição do direito; existem direitos subjectivos que se constituem em relação jurídica e outros que se constituem fora de qualquer relacionação intersubjectiva.

Debaixo de um critério estrutural, os direitos reais podem ser absolutos e relativos. Esta observação não deve surpreender, atendendo aos modos de constituição de direitos reais. A propriedade, por exemplo, pode constituir-

[817] Sobre este princípio, cf. BAUR/STÜRNER, Sachenrecht, cit., pág. 35 e seg., VIEWEG/ /WERNER, Sachenrecht, cit., pág. 4 e seg., MÜLLER, Sachenrecht, cit., pág. 22, SCHREIBER, Sachenrecht, cit., pág. 30., WIELING, Sachenrecht, cit., pág. 8, STADLER, SOERGEL BGB, Sachenrecht, cit., pág. 8, SEILER, STAUDINGER BGB, Sachenrecht, cit., pág. 23.

[818] MENEZES CORDEIRO, Tratado De Direito Civil Português, I, Parte Geral, Tomo I, cit., pág. 306.

[819] Cf. igualmente MENEZES CORDEIRO, Tratado De Direito Civil Português, I, Parte Geral, Tomo I, cit., pág. 306 e seg. e Direitos Reais – Sumários, cit., pág. 63.

-se por ocupação, acessão e usucapião; e os demais direitos reais de gozo, com excepção do uso e habitação, podem-se constituir igualmente por usucapião. Todos estes factos jurídicos operam a sua eficácia em contextos não relacionais, portanto, fora de qualquer relação jurídica.

No entanto, também o contrato surge como fonte de constituição de direitos reais. Ora, o contrato é a fonte de uma relação jurídica entre as partes; da sua eficácia real pode nascer um direito real. Se o proprietário dispõe contratualmente do seu direito criando um usufruto a favor do seu contraente, numa compra e venda, por hipótese, o usufruto foi constituído por contrato, no âmbito de uma relação jurídica, sendo, neste sentido, um direito relativo. E a incidência dessa relação manifesta-se na possibilidade de resolução do contrato, por exemplo, com fundamento no incumprimento de uma das partes, que extinguirá o direito real igualmente.

A relatividade que afirmamos poder existir quanto a direitos reais não deve ser mal entendida. Apenas pretendemos afirmar que o direito real se pode constituir numa relação jurídica e não que surge por contraposição a uma situação jurídica de sinal contrário. Neste aspecto e ao contrário do que sucede com os créditos, os direitos reais, mesmo quando surgem em relações jurídicas, não sofrem a incidência de outra situação jurídica passiva, correlativa a eles. Porém, ignorar a origem relacional de alguns direitos reais não ajuda a compreender correctamente a eficácia do facto constitutivo respectivo, nomeadamente, quando surja uma vicissitude extintiva do mesmo, como a resolução de um contrato de compra e venda ou de doação.

Historicamente, a afirmação de que o direito real constitui um direito absoluto liga-se à sua oponibilidade *erga omes*. No Direito romano a *actio in rem*, com o seu paradigma, a *vindicatio*, representava a afirmação categórica e absoluta de um direito contra qualquer terceiro que tivesse a coisa em seu poder sem título, enquanto a *actio in personam* era dirigida somente contra aquele que se encontrava obrigado e que, por conseguinte, se encontrava previamente determinado pela *obligatio*.

É neste sentido que a doutrina alemã fala num princípio da absolutidade[820] e a doutrina corrente, em Portugal e no estrangeiro, afirma que os

[820] Baur/Stürner, Sachenrecht, cit., pág. 35 e seg., Vieweg/Werner, Sachenrecht, cit., pág. 4 e seg., Müller, Sachenrecht, cit., pág. 22, Schreiber, Sachenrecht, cit., pág. 30., Wieling, Sachenrecht, cit., pág. 8, Stadler, Soergel BGB, Sachenrecht, cit., pág. 8, Seiler, Staudinger BGB, Sachenrecht, cit., pág. 23.

direitos reais são direitos absolutos[821]. A absolutidade do direito real advém da oponibilidade contra qualquer pessoa que o viole ou esteja em condições concretas de o fazer.

II. Segundo um critério de oponibilidade, os direitos reais são efectivamente direitos absolutos. Eles permitem ao titular fazer valer o seu direito contra quem quer que seja que o viole, sem limitação a pessoa ou pessoas determinadas, como sucede com os direitos de crédito.

Em sentido contrário, porém, pronunciou-se recentemente MENEZES CORDEIRO[822], defendendo este professor que existem direitos reais relativos e direitos de crédito absolutos. Como exemplo de direito real relativo, MENEZES CORDEIRO aponta as servidões de vistas[823].

Em nossa opinião, e com o devido respeito, julgamos que este exemplo não ilustra nenhuma relatividade. Em primeiro lugar, o preceito consagra um poder a favor do proprietário do prédio vizinho e não um direito de servidão autónomo. Mesmo que esse poder fosse relativo, no sentido de ter por sujeito passivo o proprietário do prédio vizinho, encontra-se englobado numa situação jurídica mais extensa, a propriedade, que é indiscutivelmente absoluta.

Em segundo lugar, e considerando agora uma servidão de vistas autónoma, com o conteúdo do art. 1360.º, n.º 1, não é apenas o proprietário do prédio serviente que se encontra vinculado a ela; é todo o novo adquirente da propriedade, no caso de ela ser transmitida, assim como todos os titulares de direitos reais menores constituídos sobre o prédio serviente.

Em terceiro lugar, e este pensamos ser o argumento definitivo, a servidão de vistas pode ser oposta a qualquer terceiro, nomeadamente, um possuidor formal do imóvel. Se alguém se apossa do imóvel adstrito à servidão de vistas, tendo uma mera posse formal, está tão vinculado ao respeito pela servidão de vistas como o proprietário do prédio serviente. Também neste caso o titular da servidão de vistas pode opor o seu direito ao possuidor formal.

[821] Cf., na doutrina portuguesa, OLIVEIRA ASCENSÃO, Direito Civil – Reais, cit., pág. 45 e segs., JAIME DE GOUVEIA, Direitos Reais, cit., pág. 232 (somente quanto às propriedade), GUILHERME MOREIRA, Instituições Do Direito Civil Português, Livro III, cit., pág. 3. Na doutrina estrangeira moderna, SCHWAB/PRÜTTING, Sachenrecht, cit., § 3, pág. 9, WOLF, Sachenrecht, § 1, pág. 3, WILHELM, Sachenrecht, cit., pág. 14 e segs., BREHM/BERGER, Sachenrecht, cit., pág. 8.

[822] Direitos Reais – Sumários, cit., pág. 63 e segs.

[823] Direitos Reais – Sumários, cit., pág. 64.

De propriedade relativa já se falou em Itália a propósito da compra de imóvel não registada, que apenas produziria efeitos entre as partes, mas já não contra terceiros[824]. E em Portugal também se falou haver nesses casos um direito real sem sequela[825]. Todavia, actualmente, o art. 5.º, n.º 1 do Código do Registo Predial não retira qualquer oponibilidade ao direito real sobre imóvel cujo facto aquisitivo não haja sido registado, sujeitando unicamente o titular à resolução da sua aquisição ou uma oneração superveniente em virtude de uma aquisição tabular de terceiro, não podendo, por isso, falar-se na relatividade do direito real.

No caso particular da posse, verificamos que ela não tem oponibilidade em duas situações particulares. A primeira encontra-se no art. 1281.º, n.º 2, parte final: "a acção de restituição da posse pode ser intentada pelo esbulhado e seus herdeiros, não só contra o esbulhador e seus herdeiros, mas ainda contra quem esteja na posse da coisa e tenha conhecimento do esbulho". Utilizando o argumento *a contrario*, a acção de restituição da posse não pode ser intentada contra terceiro de boa fé ou, dito por outras palavras, a posse do possuidor esbulhado não é oponível a terceiro de boa fé[826].

A segunda situação de inoponibilidade da posse atesta-se no conflito entre a posse e o direito real de gozo. Se numa acção de restituição ou de manutenção o réu invoca a *exceptio dominii* ou, mais amplamente, a excepção de titularidade de um direito real de gozo e faz prova do direito na acção, a posse do autor cede no confronto com o direito real (art. 1278.º, n.º 1). Também se o titular do direito real de gozo intenta uma acção de reivindicação contra o possuidor da coisa, a posse deste cederá inevitavelmente (art. 1311.º), não sendo oponível àquele.

A inoponibilidade da posse a terceiro de boa fé não encontra justificação plausível no nosso sistema jurídico, que não consagrou o princípio posse vale título. Ela constitui hoje um trecho desarticulado do regime possessório português, apenas explicado pela sedução exercida pelo art. 1169 do Códice Civile italiano.

824 Cf. Giuseppe Vettori, Consenso translativo e circolazione dei beni, Analisi di un principio, cit., pág. 18 e segs.

825 Henrique Mesquita, Direitos Reais, cit., pág. 15, Luís Pinto Coelho, Lições de Direitos Reais, 1945, cit., pág. 31 e seg., Paulo Cunha, Direitos Reais, cit., pág. 59 e seg.

826 Esta regra não constitui nenhum afloramento do princípio posse vale título. Na verdade, o proprietário ou titular do direito real de gozo cuja coisa foi esbulhada não está inibido de interpor uma acção de reivindicação (artigos 1311.º e 1315.º) e com isso recuperar a coisa do terceiro.

A não oponibilidade da posse no conflito com o titular do direito real de gozo explica-se pelo papel que ela tem no sistema de Direitos Reais. A posse consiste numa atribuição provisória de um direito real, que cede naturalmente quando o oponente demonstra um direito definitivo sobre a coisa (propriedade, usufruto, superfície, etc.).

Mesmo faltando oponibilidade em algumas situações, a posse não é um direito real relativo[827]. De resto, mesmo que o fosse, nem por isso estaria comprometida a afirmação do princípio da absolutidade em Direitos Reais. Como salienta CANARIS[828], "os princípios não valem sem excepção"; eventuais casos de direitos reais relativos, que julgamos não existirem, ou de direitos reais não oponíveis em algumas situações, como as que indicámos, não comprometem a afirmação do princípio.

III. O carácter absoluto dos direitos reais, no sentido da sua oponibilidade a qualquer um que o viole ou intente violar, resulta do modo como o regime jurídico estrutura a defesa do titular.

Nos direitos reais de gozo, a absolutidade revela-se através da defesa por reivindicação (art. 1311.º e 1315.º). O titular do direito real de gozo pode demandar o terceiro que, sem qualquer direito, esteja na posse ou detenção da coisa. Ao fazê-lo, não tem de invocar e demonstrar a invalidade do título constitutivo do demandado, nem de outros anteriores; basta-lhe provar o seu direito e exigir a entrega da coisa do possuidor ou detentor que tem a coisa em seu poder.

A defesa do direito real confere-lhe oponibilidade geral contra terceiro, qualquer terceiro, o que caracteriza justamente o carácter absoluto de um direito subjectivo. As referências tradicionais da doutrina portuguesa à sequela[829], direito de sequela[830], sequência, direito de sequência não são

[827] OLIVEIRA ASCENSÃO, Direito Civil – Reais, cit., pág. 131 e seg., que nega, todavia, natureza real à posse.

[828] Systemdenken und Systembegriff in der Jurisprudenz, cit., pág. 52 e seg. e Pensamento Sistemático E Conceito De Sistema Na Ciência Do Direito, cit., pág. 88.

[829] OLIVEIRA ASCENSÃO, Direito Civil – Reais, cit., pág. 622 e segs., CARVALHO FERNANDES, Lições De Direitos Reais, cit., pág. 68 e segs., PAULO CUNHA, Direitos Reais, cit., pág. 54 e segs., que declara a sua preferência pela designação de sequela em detrimento de direito de sequela, GOMES DA SILVA, Curso De Direitos Reais, cit., pág. 67 e segs.

[830] MOTA PINTO, Direitos Reais, cit., pág. 46 e segs., HENRIQUE MESQUITA, Direitos Reais, cit., pág. 15, PIRES DE LIMA, Lições De Direito Civil (direitos Reais), 1941, cit., pág. 56 e seg., LUÍS PINTO COELHO, Lições de Direitos Reais, 1945, cit., pág. 30 e segs. Na edição de 1954 das suas Lições, cit., pág. 18 e segs. este último autor passa a falar simplesmente em sequela, por

senão modos de ilustrar o carácter absoluto dos direitos reais de gozo. Mais vale, no entanto, mencionar esta absolutidade, como princípio de Direitos Reais, a diluir as consequências da mesma por imagens, sem dúvida impressivas, mas sem conteúdo técnico preciso e mesmo tecnicamente incorrectas[831].

Nos direitos reais de aquisição, nomeadamente, na promessa real e no direito real de preferência, a oponibilidade contra terceiros advém da eficácia da acção de execução específica (art. 830.º), no primeiro caso, que permite ao promitente titular do direito real demandar simultaneamente o promitente relapso e o terceiro com o qual aquele contratou, e da acção de preferência (art. 1410.º), no segundo caso, que autoriza igualmente o preferente com direito real a demandar o obrigado à preferência e o terceiro com o qual este contratou.

Nos direitos reais de garantia, a lei assegura ao titular a satisfação do seu crédito através dos rendimentos da coisa (consignação de rendimentos) ou do produto da venda dela (os restantes direitos reais de garantia) contra quem não tenha um melhor direito. Também estes direitos podem ser feitos valer independentemente de quem tenha a coisa em seu poder.

45. O princípio da consensualidade

I. No Direito romano clássico a "transmissão"[832] da propriedade ocorria mediante a prática de actos translativos típicos, os principais dos quais eram: a *mancipatio*, a *in iure cessio* e a *traditio*[833-834]. O contrato produzia

influência clara de PAULO CUNHA. Para uma crítica da expressão direito de sequência, veja-se ainda OLIVEIRA ASCENSÃO, Direito Civil – Reais, cit., pág. 623.

[831] Por exemplo, na afirmação de um direito de sequência ou direito de sequela, sem consistência normativa alguma. Para a crítica, veja-se igualmente CARVALHO FERNANDES, Lições De Direitos Reais, cit., pág. 71 e segs.

[832] O Direito romano não conhecia a transmissão de direitos como hoje sucede. O comprador ou, de um modo geral, o adquirente da propriedade via constituir-se a seu favor um direito novo; em contrapartida, o vendedor ou a parte que procedia à alienação da propriedade perdia um direito com o mesmo conteúdo. A esta perda os romanos chamavam *dominium transferre* ou *transire*, fórmulas que designam actualmente a transmissão. Sobre isto, cf. KÄSER/KNÜTEL, Römisches Privatrecht, 18.º Auflage, München, 2005, pág. 119.

[833] Cf. SANTOS JUSTO, Direito Privado Romano – III (Direitos Reais), 7.3.4., pág. 105, ANTÓNIO VIEIRA CURA, "Transmissão Da Propriedade E Aquisição De Outros Direitos Reais (Algumas Considerações Sobre A História Do «Sistema Do Título E Do Modo»)", Separata De Estudos Em Homenagem Ao Prof. Doutor Raul Ventura, pág. 373 e segs., MAX KASER, Compraventa Y Transmision De La Propiedad En El Derecho Romano Y En La Dogmatica Moderna, Valladolid,

somente efeitos obrigacionais, constituía obrigações, mas não desencadeava a transmissão da propriedade[835]. Celebrada a compra e venda, o comprador ficava investido num direito pessoal e o domínio era adquirido somente, quanto às *res mancipi*, com a *mancipatio* ou a *in jure cessio*, e, quanto às *res nec mancipi*, mediante a *traditio* ou a *in iure cessio*. Por sua vez, a *traditio* era causal, ela pressupunha uma relação com um negócio jurídico (compra e venda, doação, dote, etc.)[836], ao contrário da *mancipatio* e da *in iure cessio*, que eram negócios abstractos, valendo independentemente da validade do negócio que lhes servia de causa[837].

A evolução posterior trouxe alterações a esta solução. No período pré-justinianeu, com o declínio da *mancipatio* e da *in iure cessio*, acompanhado pelo desaparecimento da distinção das coisas em *mancipi* e *nec mancipi*, a compra e venda e a doação tornaram-se simultaneamente reais e obrigacionais, transmitindo igualmente a propriedade[838]. Com Justiniano, porém, ocorreu um regresso à solução do período clássico e a *traditio* foi requerida novamente para a transmissão do direito real[839].

A solução do Direito romano clássico e justinianeu – compra e venda obrigatória e *traditio* para a transmissão da propriedade – manteve-se a regra no Direito comum. Em todo o caso, nalgumas regiões da Europa a tradição da coisa foi-se progressivamente imaterializando. Em França, depois da abolição do regime feudal pela Revolução, a transmissão da propriedade pela venda da coisa estava teoricamente sujeita à entrega da coisa numa parte do país; no entanto, a disseminação de práticas de *traditio ficta*, com a

1962 e Direito Privado Romano, § 24, pág. 148 e segs., KÄSER/KNÜTEL, Römisches Privatrecht, cit., pág. 120 e segs., BONFANTE, Istituzioni Di Diritto Romano, Milano, 1987, pág. 221 e segs., SANFILIPPO, Istituzioni Di Diritto Romano, Decima Edizione, 2002, pág. 208 e segs., BIONDI, Istituzioni Di Diritto Romano, Milano, 1972, pág. 250 e segs.

[834] Para outros actos translativos de direitos reais no Direito romano, cf. BONFANTE, Istituzioni Di Diritto Romano, cit., pág. 229 e segs., SANFILIPPO, Istituzioni Di Diritto Romano, cit., pág. 211 e segs.

[835] Em particular, BIONDI, Istituzioni Di Diritto Romano, cit., pág. 250 e segs.

[836] KÄSER/KNÜTEL, Römisches Privatrecht, cit., pág. 121.

[837] KÄSER, Direito Privado Romano, cit., págs. 148 e 149, KÄSER/KNÜTEL, Römisches Privatrecht, cit., pág. 120.

[838] KÄSER/KNÜTEL, Römisches Privatrecht, cit., pág. 122.

[839] KÄSER/KNÜTEL, Römisches Privatrecht, cit., pág. 123, ANTÓNIO VIEIRA CURA, "Transmissão Da Propriedade E Aquisição De Outros Direitos Reais (Algumas Considerações Sobre A História Do «Sistema Do Título E Do Modo»)", cit., pág. 378 e segs.

convenção de cláusulas de dessaisine-saisine ou de constituto possessório, iludia o princípio.

II. No início do século XVII, um teórico do Direito natural, HUGO GRÓCIO[840], pôde voltar à defesa do consensualismo. A propriedade deveria transferir-se com a celebração do contrato, independentemente da entrega da coisa e mesmo sem ela. PUFFENDORF[841] faria igualmente a defesa do princípio da consensualidade.

No século XVIII, o jusracionalismo francês postularia a adopção positiva deste princípio, o que veio a acontecer com o Code Civil de 1804. Não obstante alguma ambiguidade nas fórmulas, os artigos 1583.º[842], 711.º e 1138.º deste Código dispõem que a propriedade se transmite entre as partes por mero efeito do contrato, sem necessidade de tradição ou inscrição registal.

A influência do Code Civil propagou-se a outros países, entre os quais, a Itália e Portugal. No primeiro, o Codice Civile de 1865 repetiu no art. 1448.º a formulação do art. 1583.º do Code Civil, implementando em Itália a doutrina do consenso translativo[843].

O sistema do Code Civil, e dos Direitos que o seguiram na sua inspiração, configura um sistema de título[844]. Basta a celebração – válida – do contrato translativo (compra e venda, permuta, etc.) para que a transferência do direito real opere, sem dependência, pois, da entrega da coisa ou, no caso dos imóveis, do registo. O contrato translativo (a compra e venda, a doação, a permuta) desencadeia, pois, uma dupla eficácia: a eficácia obrigacional e a eficácia real. Utilizando o exemplo da compra e venda, esta produz efeitos obrigacionais, a obrigação da entrega da coisa pelo vendedor e a obrigação de pagamento do preço pelo comprador, e o efeito real[845], a constituição ou transmissão do direito real.

840 De iure naturae et gentium, II, 1625, 12 e 15 e De jure belli ac pacis, Livro II, Cap. VI, § 1 e Cap. VIII, § 25.

841 Livro IV, Cap. IX, § 6.

842 É a seguinte a redacção do preceito: "estando perfeita entre as partes, é a propriedade adquirida de direito pelo comprador à custa do vendedor, desde que hajam convencionado a coisa e o preço, ainda que a coisa não haja sido entregue e o preço pago".

843 Em Itália, cf. GIUSEPPE VETTORI, Consenso translativo e circolazione dei beni, Analisi di un principio, Milano, 1995, pág. 29 e segs.

844 Na doutrina portuguesa, cf. MENEZES LEITÃO, Direito Das Obrigações, Volume III, Contratos em Especial, 3.ª Edição, Coimbra, 2005, pág. 20 e segs., ORLANDO DE CARVALHO, Direito das Coisas, cit., 20. 30 e segs.

845 A compra e venda não produz unicamente a constituição ou transmissão de direitos reais, podendo ter por objecto direitos de outra natureza (direito de autor, direito de patente, marca,

Quase um século depois, e debaixo da influência determinante de GUSTAV HUGO e SAVIGNY, o BGB alemão adoptou o sistema oposto, conhecido como sistema de modo[846]. Mantendo a compra e venda, a doação, a permuta puramente obrigatórias, o Código Civil alemão impõe a celebração de um segundo negócio jurídico de natureza real para a constituição ou transmissão do direito real. Ao negócio jurídico real, denominado Einigung (§ 929) para as coisas móveis e Auflassung (§ 925) para os prédios, segue-se ainda a formalidade da entrega (Übergabe) quanto às primeiras e da transcrição no registo (Eintragung) quanto aos segundos (§§ 873 e 925). Neste sistema, somente o negócio jurídico real gera a constituição ou a transmissão do direito real e de modo completamente independente da eficácia do negócio jurídico obrigacional (princípio da abstracção), determinando a completa separação entre os dois tipos de negócio jurídico (princípio da separação).

Mais próximas da solução do Direito romano clássico, algumas ordens jurídicas europeias, como a espanhola e austríaca, consagraram um sistema de título e modo[847]. O negócio jurídico, só por si, não transmite o direito real, sendo necessário um segundo negócio real. Contudo, e diferentemente do sistema de modo, a validade e eficácia do segundo negócio jurídico (negócio real) depende da validade do primeiro.

III. O Direito português seguiu a solução do Direito romano até às Ordenações Filipinas. Nestas, estipulava-se a propósito da venda, que se "o senhor de alguma coisa a vende duas vezes a desvairadas pessoas, o que primeiro houver a entrega dela será dela feito verdadeiro senhor, se dela pagou o preço por que lhe foi vendida"[848].

MELLO FREIRE[849], a propósito da tradição, afirma "que é o modo derivado de adquirir o domínio no direito natural. Uma vez aceita a tradição, nada mais se ajusta à equidade natural do que ter como válida a vontade do dono que quer transferir a sua coisa para outro, § 4.º do tit. *De rerum divisione*, das Institutas". E, mais à frente, esclarece: "no direito romano, era

etc.). Neste caso, ela suscita na mesma a eficácia constitutiva ou translativa a que tenda, apenas o direito constituído ou transmitido não é real.

[846] Cf. ORLANDO DE CARVALHO, Direito das Coisas, cit., 19., pág. 22 e seg.

[847] Cf. também MENEZES LEITÃO, Direito Das Obrigações, Vol. III, cit., pág. 20 e segs.

[848] Ordenações Filipinas, Livro IV, Título 7, § 7. Usamos a formulação de SANTOS JUSTO, "O Direito Luso-Brasileiro: Codificação Civil", BFD, Volume LXXIX, Coimbra, 2003, pág. 15.

[849] Instituições De Direito Civil Português, BMJ n.º 165, cit., pág. 67 e seg.

absolutamente necessária a a tradição, lei 20 do tit. *De pactis* do Código; no nosso direito, também parece ser necessária, segundo a Ord. Liv. 4, tit. 7, § 7, no princípio, sendo este o fundamento da diferença entre as acções reais e pessoais"[850].

Não obstante a solução romana justinianeia ter sido a tradicional em Portugal até ao Código Civil de Seabra, o princípio da consensualidade começou a ganhar adeptos antes da primeira codificação civil portuguesa. Correia Telles[851] escrevia no seu subsídio à elaboração do Código Civil que "logo que a compra e venda é perfeita, se o vendedor tinha a propriedade da coisa, é trespassada no comprador, independentemente de esta ser entregue, e de ter pagado o preço".

O nosso primeiro Código Civil encaixou-se na corrente favorável ao consenso translativo[852]. Com efeito, o art. 1578.º do Código de Seabra preceituava: "se a mesma coisa for vendida pelo mesmo vendedor a diversas pessoas observar-se-á o seguinte: se a coisa vendida for mobiliária prevalecerá a venda mais antiga em data; se não for possível verificar a prioridade de data prevalecerá a venda feita ao que se achar de posse da coisa". No entanto, não deixa de se observar uma reminiscência romanística a favor da *traditio*: a entrega da coisa funcionava a favor do comprador caso não se provassem as datas das vendas.

A força da consagração do consensualismo era, no entanto, mitigada reltivamente aos imóveis. Segundo o art. 1580.º do Código de Seabra, "se a coisa vendida for imobiliária, prevalecerá a venda primeiramente registada, e se nenhuma se achar registada o que fica disposto no art. 1578.º". Num resquício claro da influência dominante de raiz francesa, que neste ponto não está isenta de contradições, parece que relativamente às coisas imóveis o consensualismo operava somente na relação entre as partes; no tocante à oponibilidade a terceiros do direito do comprador, tudo dependeria de o terceiro beneficiário de uma segunda venda ter ou não registo[853]. O comprador que não registasse não teria qualquer direito contra o comprador da

[850] Cf. ainda Coelho da Rocha, Instituições De Direito Civil Portuguez, Tomo II, cit., pág. 325 e seg.

[851] Digesto Portuguez, Tomo III, cit., pág. 56.

[852] Cf. Cunha Gonçalves, Da Propriedade E Da Posse, cit., pág. 205 e segs, Pires de Lima, Lições de Direito Civil (Direitos Reais), cit., pág. 59, nota 1.

[853] Larroumet, Droit Civil, Tomo II, Les Biens, Droits réels principaux, 5 édition, 2006, pág. 196 e segs.

segunda venda, caso este houvesse registado a sua aquisição[854], o que parece configurar à partida um sistema em que o registo funciona como condição de oponibilidade do direito real contra terceiros, solução o que levou alguns autores italianos a falarem numa propriedade relativa no âmbito da ordem jurídica italiana[855], que previa um regime semelhante.

O princípio da consensualidade veio a ser acolhido sem sofismas no art. 408.º, n.º 1 do Código Civil[856], em sede de contratos, e não no Livro III dedicado a Direitos Reais. O mesmo princípio é depois reiterado a propósito da compra e venda (art. 879.º alínea a)) e da doação (art. 954.º, alínea a), os dois paradigmas de contrato real *quod effectum*, um oneroso, o outro gratuito.

De acordo com o significado do princípio acolhido, o direito real constitui-se ou transfere-se, *solo consensu*, no momento da celebração do contrato[857], instantânea e automaticamente, sem necessidade de entrega da coisa ou do registo (relativamente aos imóveis) e sem qualquer dependência do cumprimento das obrigações estabelecidas (por exemplo, na compra e venda, o pagamento do preço).

O contrato é, assim, a um tempo real e obrigacional, produzindo simultaneamente os dois tipos de efeitos, sem que, todavia, haja uma interferência recíproca entre eles. A transmissão da propriedade dá-se mesmo que, na compra e venda, o vendedor não entregue a coisa ou o pagamento do preço não seja cumprido[858] ou, na doação, o doador não entregue a coisa ao donatário[859].

O n.º 2 do art. 408.º introduz, no entanto, algumas excepções relativamente ao momento da aquisição do direito real, dissociando-o da celebração do contrato. O contrato não deixa de ser o único título da aquisição do

[854] Cf. Cunha Gonçalves, Da Propriedade E Da Posse, cit., pág. 207.

[855] Cf. Giuseppe Vettori, Consenso translativo e circolazione dei beni, Analisi di un principio, cit., pág. 29 e segs.

[856] Cf. Menezes Leitão, Direito Das Obrigações, Volume III, Contratos em Especial, cit., pág. 20 e segs., Pires de Lima/Antunes Varela, Código Civil Anotado, cit., pág. 374 e seg., Orlando de Carvalho, Direito das Coisas, cit., 20., págs. 30 e segs., Santos Justo, Direitos Reais, cit., pág. 43 e segs., Henrique Mesquita, Direitos Reais, Sumários Das Lições ao Curso de 1966-1967, cit., pág. 50, Cristas/Gouveia/Neves, Transmissão Da Propriedade E Contrato, Coimbra, 2001, pág. 49 e segs. Cf., ainda, Menezes Cordeiro, Tratado De Direito Civil Português, I, Parte Geral, Tomo I, cit., pág. 470, nota 1240.

[857] É escusado dizer, real.

[858] Sem prejuízo da resolução do contrato, quando a lei a admita.

[859] Ressalvando os casos em que, de acordo com o disposto no art. 947.º do Código Civil, a doação é também real quanto à constituição.

direito real, e por esta via não se regista qualquer excepção ao consensualismo, mas o momento dessa aquisição não é o da conclusão do contrato, ficando diferido, nas hipóteses contempladas no preceito, para uma altura posterior. Assim, na transmissão de direito real sobre coisa futura ou indeterminada, o momento da aquisição do direito real é o momento da aquisição do direito pelo alienante ou de determinação da coisa com conhecimento de ambas as partes; na transmissão de direitos reais sobre frutos naturais, a aquisição do direito real ocorre com a colheita, e no que respeita a partes componentes e integrantes ela ocorre com a separação material.

O princípio da consensualidade tem o mesmo significado tanto para as coisas móveis como para as imóveis. Mesmo no tocante a estas últimas, o direito real deve considerar-se constituído ou transmitido por força do contrato e com a conclusão deste. A este respeito, o art. 408.º, n.º 1 e os artigos 879.º, alínea a) e 954.º, alínea a) não permitem fundamentar qualquer distinção.

Porém, ANTUNES VARELA veio sustentar que a aquisição do direito real sobre imóveis apenas estaria concluída com o registo da aquisição, invocando para o efeito o art. 5.º, n.º 1 do Código do Registo Predial[860]. O adquirente do direito real apenas o poderia opor a terceiro caso houvesse registado a sua aquisição (efeito declarativo do registo predial). O contrato teria assim eficácia entre as partes, mas não relativamente a terceiros, que só o registo predial atribuiria, uma tese de proveniência original francesa, embora exportada depois igualmente para Itália no domínio do Codice Civile de 1865, por força da influência da doutrina francesa do Code Civil.

Contrariamente ao defendido por ANTUNES VARELA, o princípio da consensualidade (art. 408.º, n.º 1) desencadeia a aquisição do direito real sobre o imóvel com a conclusão do contrato (venda, doação, etc.), não tendo a omissão da inscrição registal do facto aquisitivo qualquer interferência na eficácia real do contrato. O contrato determina por si só a constituição ou transmissão do direito real, mesmo relativamente a coisas imóveis. O proprietário, o usufrutuário, o superficiário, o titular de uma servidão predial não estão, por conseguinte, inibidos de reivindicar a coisa de terceiro ou, em geral, de defender o seu direito contra terceiros só porque não registaram a sua aquisição[861].

[860] Que teria, deste modo, um efeito dito declarativo.

[861] Cf., por todos, OLIVEIRA ASCENSÃO, Direito Civil – Reais, cit., pág. 359 e segs.

Na verdade, o art. 5.º, n.º 1 do Código do Registo Predial nada tem a ver com o princípio da consensualidade, mas com um dos efeitos substantivos da publicidade registal: a aquisição tabular ou efeito atributivo do registo predial. Debaixo da verificação cumulativa de determinados requisitos, um terceiro de boa fé que haja adquirido o seu "direito" do pseudo titular inscrito, que alienara previamente o direito a quem não fez o registo da sua aquisição, pode ficar protegido contra o verdadeiro titular na ordem substantiva, contando que registe antes dele o seu contrato. Essa protecção consiste na atribuição do direito a que se refere o contrato registado, não obstante a nulidade do mesmo por falta de legitimidade do disponente[862], e tem o seu fundamento na fé pública registal.

O titular do direito, cujo facto aquisitivo não foi registado, pode ver o seu direito extinguir-se ou ficar onerado como contrapartida da aquisição tabular do terceiro. Seja como for, esta matéria, que se liga directamente ao princípio da publicidade em Direitos Reais, não tem qualquer relação com o princípio da consensualidade, nem constitui qualquer restrição a ele.

Verdadeiras excepções ao princípio da consensualidade encontramos na hipoteca, sujeita a registo constitutivo (art. 687.º do Código Civil e art. 4.º, n.º 2 do Código do Registo Predial), e no penhor de coisa, que requer, no regime geral do Código Civil, a tradição da coisa (art. 669.º, n.º 1 do Código Civil). A exigência de forma escrita para a eficácia real da doação de coisa móvel desacompanhada de tradição (art. 947.º, n.º 2 do Código Civil) só constitui excepção à regra da liberdade de forma dos negócios relativos a coisas móveis, não comportando tal sentido relativamente ao princípio da consensualidade.

46. O princípio da causalidade e o princípio da unidade

I. O Direito romano conheceu negócios reais abstractos e negócios reais causais, variando a natureza de uns e outros consoante o período histórico perspectivado. Considerando a transmissão da propriedade através da *mancipatio*, o efeito real não dependia da validade jurídica da relação que lhe servia de causa; mesmo que o negócio que estava na base desse facto

[862] Num sentido diferente, que não partilhamos, defendendo a validade da venda com falta de legitimidade do vendedor, cf. MENEZES LEITÃO, Direito Das Obrigações, Volume III, Contratos em Especial, cit., pág. 96.

não fosse válido, a propriedade era transmitida para o adquirente. A *mancipatio* era, assim, um negócio abstracto[863].

Também na *in iure cessio* a transmissão da propriedade surgia de modo independente do negócio que lhe servia de causa, que não vinha mencionado na forma do acto[864]. A *in iure cessio* representa outro caso de negócio abstracto no Direito romano.

Já a *traditio* variou na sua qualificação como negócio causal ou abstracto. No Direito romano antigo, no qual a propriedade se transmitia como efeito da conclusão do contrato de compra e venda, a *traditio* é efectuada como mero cumprimento da obrigação de entrega pelo transmitente do direito (vendedor, doador, etc.).

Com os pré-clássicos, a *traditio* desenvolve-se para um negócio translativo da propriedade de coisas *nec mancipi*[865], que envolve a transmissão da posse, continuando a ser essa a solução do Direito romano clássico. Neste período, a *traditio* é um negócio causal, isto é, supõe uma causa válida (compra e venda, doação, mútuo, constituição de dote)[866].

Já no período justinianeu, e após um tempo de regresso às concepções do Direito romano antigo, a *traditio* volta a ser um negócio real translativo autónomo do negócio que lhe serve de base (compra e venda, doação, etc.)[867]. Parece que a sua eficácia não dependia, nesse período, da validade do negócio causal[868].

II. O princípio da causalidade, onde valha, significa que a aquisição do direito real supõe a eficácia do negócio jurídico que lhe está na base (compra e venda, permuta, mútuo, doação, contrato de sociedade, etc.). Se este for nulo, ou vier a ser anulado, a aquisição do direito real não tem lugar. Ela supõe, assim, pode dizer-se, uma causa válida.

863 Käser/Knütel, Römisches Privatrecht, cit., pág. 120, Max Kaser, Direito Privado Romano, cit., § 24, pág. 148.

864 Käser/Knütel, Römisches Privatrecht, cit., pág. 120, Max Kaser, Direito Privado Romano, cit., § 24, pág. 149.

865 As *res mancipi* transmitiam-se pela *mancipatio* e *in iure cessio*, enquanto as *res nec mancipi* se transmitiam com a *traditio*; sobre isto, cf. Bonfante, Corso Di Diritto Romano, II, La proprietà, Milano, 1966, pág. 207: cf., igualmente, Biondi, Istituzioni Di Diritto Romano, cit., pág. 251, Sanfilippo, Istituzioni Di Diritto Romano, cit., pág. 210.

866 MMax Kaser, Direito Privado Romano, cit., § 24, pág. 150.

867 Bonfante, Istituzioni Di Diritto Romano, cit., pág. 222, Biondi, Istituzioni Di Diritto Romano, cit., pág. 251.

868 Max Kaser, Direito Privado Romano, cit., § 24, pág. 151.

Ao princípio da causalidade opõe-se o princípio da abstracção. Conforme, primeiro HUGO, e depois SAVIGNY, demonstraram, o contrato pode desencadear efeitos jurídicos diversos dos obrigacionais, por exemplo, e justamente, efeitos reais. O princípio da abstracção repousa na separação entre o negócio jurídico (contrato) obrigacional e o negócio jurídico (contrato) real (princípio da separação)[869], mas pressupõe ainda que o ordenamento jurídico torne a eficácia do negócio real independente da eficácia do negócio obrigacional[870]. Cada um dos negócios tem os seus próprios requisitos de eficácia[871]. A constituição ou transmissão do direito real requer unicamente a eficácia do negócio jurídico real; caso o negócio obrigacional seja inválido, a ineficácia deste não se repercute na eficácia do negócio jurídico real. Assim, a compra a venda, por exemplo, pode ser nula, pela incidência de um qualquer vício, e ainda assim o comprador adquirir o direito real, porque o contrato real é eficaz.

Este é o sistema em vigor na Alemanha. O Direito civil alemão separa o negócio obrigacional (a compra e venda, por exemplo) do negócio real (Einigung) (princípio da separação) e torna a eficácia deste completamente independente da eficácia do primeiro (princípio da abstracção). Em caso de nulidade da venda, a transmissão da propriedade tem lugar se os requisitos de eficácia do negócio real houverem sido respeitados. A perda patrimonial do vendedor pode depois ser corrigida através do instituto do enriquecimento sem causa (§ 812)[872].

[869] Em geral, entre outros, LARENZ/WOLF, Allgemeiner Teil des Bürgerlichen Rechts, 9. Auflage, § 23, pág. 421; Na doutrina de Direitos Reais, veja-se BAUR/STÜRMER, Sachenrecht, cit., pág. 41 e seg. e 55 e segs, SCHWAB/PRÜTTING, Sachenrecht, cit., § 4, pág. 12 e segs., MANFRED WOLF, Sachenrecht, cit. § 17, pág. 193 e segs., VIEWEG/WERNER, Sachenrecht, cit., 6 e seg., PRÜTTING, Sachenrecht, cit., pág. 12 e seg., WESTERMANN/GURSKY/EICKMANN, Sachenrecht, cit., pág. 32 e segs., WOLF, Sachenrecht, cit., pág. 16 e seg., SEILER, STAUDINGER BGB, cit., pág. 29 e seg., ECKERT, Sachenrecht, cit., pág. 29, MÜLLER, Sachenrecht, cit., pág. 21, MÜLLER/GRUBER, Sachenrecht, cit., pág. 14 e seg., SCHREIBER, Sachenrecht, cit., pág. 27 e seg., WIELING, Sachenrecht, cit., pág. 8, STADLER, SOERGEL BGB, Sachenrecht, cit., pág. 8 e segs., WELLENHOFER, Sachenrecht, cit., pág. 31 e seg., WALTER GERHARDT, Immobiliarsachenrecht – Grundeigentum und Grundpfandrechte, cit. § 5, pág. 54 e segs. e Mobiliarsachenrecht, cit. § 1, pág. 2.

[870] O princípio da separação não se confunde com o princípio da abstracção; trata-se de princípios diferentes. É verdade que o princípio da abstracção contém o princípio da separação, mas somente na medida em que a abstracção supõe uma avaliação autónoma dos requisitos de eficácia de cada um dos negócios jurídicos.

[871] LARENZ/WOLF, Allgemeiner Teil des Bürgerlichen Rechts, cit., pág. 421.

[872] BAUR/STÜRMER, Sachenrecht, cit., pág. 55 e segs.

O princípio da causalidade pode coexistir com a separação entre o negócio jurídico obrigacional e o negócio jurídico real, assim como pode ser consagrado em ordens jurídicas que postulem a unidade entre o negócio obrigacional e o negócio real. Porém, qualquer que seja o caso, a constituição ou transmissão do direito real só ocorre quando a causa jurídica do efeito real seja eficaz, seja um negócio jurídico autónomo, seja um negócio simultaneamente produtor de efeitos obrigacionais e reais.

III. Diferente do problema de saber se a aquisição do direito real supõe uma causa jurídica eficaz ou não, que origina os dois princípios antagónicos, da causalidade e da abstracção, é o problema de saber se essa aquisição se faz por meio de um negócio jurídico próprio e autónomo do negócio jurídico obrigacional ou se um único negócio jurídico pode ser simultaneamente a fonte de efeitos obrigacionais e reais.

Em alguns períodos do Direito romano clássico e no Direito justinianeu[873], a compra e venda era um contrato meramente obrigacional. O comprador ficava apenas investido no direito pessoal (de crédito) à entrega da coisa (*traditio*). O efeito real (a transmissão da propriedade) surgia apenas posteriormente com a *traditio*[874]. Essa solução foi adoptada pelo BGB relativamente às coisas móveis (§ 929)[875].

Contudo, na ordem jurídica francesa, italiana e portuguesa o negócio jurídico real não aparece separado do negócio jurídico obrigacional, havendo apenas um único negócio, que produz simultaneamente os efeitos obrigacionais e o efeito real[876]. A compra e venda (art. 879.º) e a doação (art. 954.º) desencadeiam, quando validamente celebradas, os dois tipos de efeitos jurídicos. Isto corresponde ao princípio da unidade, por contraposição ao princípio da separação, o qual regeu em largos períodos do Direito romano e vigora actualmente na Alemanha.

[873] Já vimos que no período clássico a necessidade da *traditio* alternou com períodos de aceitação do contrato como facto translativo da propriedade.

[874] Ou, para as *res mancipi*, e durante os períodos pré-clássico e clássico, a *mancipatio* e a *in iure cessio*.

[875] Para os imóveis, na Alemanha, para além do negócio jurídico real, que se denomina Auflassung (§ 925), é necessária a inscrição registal (Eintragung). A transmissão ou constituição do direito real supõe, pois, o cumprimento desta formalidade, sem a qual a eficácia real não ocorre.

[876] Veja-se também ORLANDO DE CARVALHO, Direito das Coisas, cit., 19., pág. 24-c.

IV. Na ordem jurídica portuguesa vale o princípio que, quando a lei não disponha em contrário, os negócios jurídicos são causais[877]. Este princípio vale igualmente em Direitos Reais[878]. Isto quer dizer, que a aquisição do direito real se dá unicamente quando o facto respectivo for juridicamente eficaz. Se a compra e venda, por exemplo, for declarada nula ou anulada, todos os efeitos do negócio jurídico são atingidos pela invalidade e, naturalmente, também o efeito real (alínea a) do art. 879.º).

Quanto a este aspecto, o princípio da unidade num sistema de título torna mais evidente a consequência última da ineficácia do título, que não pode deixar de ser a frustração da constituição ou transmissão do direito real por força do vício que afecta o facto jurídico (contrato) em causa.

Portanto, quando no art. 408.º, n.º 1 se estabelece que o direito real se constitui ou transmite com o contrato (real *quoad effectum*), deve entender-se tratar-se de contrato eficaz[879]. A causalidade está subjacente a este preceito, como, de um modo geral, aos restantes negócios jurídicos do nosso ordenamento. Inválido, ou de algum modo ineficaz o contrato real (*quoad effectum*), não há constituição ou transmissão do direito real.

V. A escolha dos princípios da consensualidade e da causalidade, em detrimento dos princípios da abstracção e da separação, não decorre de meras razões técnico-jurídicas, mas de considerações de política legislativa que estruturam um dado sistema de Direitos Reais.

Os princípios da abstracção e da separação surgem talhados para responder à necessidade de tutela da confiança de terceiros, particularmente de terceiros de boa fé, se a confiança for o valor sobre o qual se pretenda erguer a regulação normativa de Direitos Reais. A dissociação entre o negócio real, que surge autónomo, e o negócio obrigacional que o motiva (compra e venda, doação ou outro), permite que ao terceiro que celebre o negócio real com o transmitente não possam ser opostos os vícios do primeiro negócio. Pelo que a aquisição do direito real não será normalmente posta em causa em caso de ineficácia jurídica do negócio obrigacional.

[877] Menezes Cordeiro, Tratado De Direito Civil Português, I, Parte Geral, Tomo I, cit., pág. 470.

[878] Orlando de Carvalho, Direito das Coisas, cit., 19., pág. 24-b, que menciona tratar-se de um "princípio constitucional do nosso direito das coisas".

[879] Veja-se também Menezes Cordeiro, Tratado De Direito Civil Português, I, Parte Geral, Tomo I, cit., pág. 470, nota 1240 e Menezes Leitão, Direito Das Obrigações, Volume III, Contratos em Especial, cit., pág. 24.

O que faz destes princípios os ideais para um sistema que vise estimular a circulação das coisas e a tutela do tráfego jurídico.

Diversamente, se a enfase do sistema estiver na existência de um título que fundamente a constituição ou transmissão do direito real, ou seja, na protecção do titular do direito real, então os princípios da causalidade e da unidade são os adequados para o fim em vista. Caso o negócio jurídico que serve de causa à constituição ou transmissão do direito real não seja válido, o efeito real não se produz e o direito permanece com o disponente, mesmo em detrimento da confiança legítima do terceiro.

Evidentemente, mesmo num sistema de título a posição do terceiro, em particular, a posição do terceiro de boa fé, tem de ser equacionada[880]. Nalgumas ordens jurídicas que adoptaram o sistema de título, como a francesa e a italiana, a protecção do terceiro adquirente da propriedade de coisa móvel fez-se através da consagração do princípio "posse vale título". O legítimo proprietário da coisa não pode fazer valer o seu direito contra o terceiro que adquiriu de boa fé de *non domino* a propriedade da coisa e está na posse dela.

Em Portugal, esse princípio não recebeu consagração, continuando o Direito a proteger o titular do direito real contra o terceiro de boa fé que adquiriu o seu pseudo direito de um não titular. O art. 1301.º mitiga a dureza da solução, num afloramento da protecção do terceiro de boa fé que adquiriu coisa móvel de comerciante, impondo ao titular do direito real o dever de restituir ao adquirente o preço pago ao comerciante. A reivindicação da coisa não fica impedida, e o direito real do titular subsiste, contrariamente ao que sucede de acordo com o princípio "posse vale título", mas o terceiro tem direito ao preço que suportou na compra, podendo reter a coisa até ser indemnizado.

No respeitante a imóveis, a oponibilidade a terceiros da aquisição de direito real pode ficar dependente da inscrição registal do facto aquisitivo, não podendo o adquirente que não registou a sua aquisição fazer valer o seu direito contra terceiro. Na doutrina e na jurisprudência[881] portuguesas fala-se a este propósito num efeito declarativo do registo predial, que teria aparentemente fundamento no art. 5.º, n.º 1 do Código do Registo Predial.

Na verdade, porém, a lei portuguesa não vai tão longe. O direito real sobre imóveis continua a ser protegido contra terceiros mesmo que o facto

[880] Cf. ORLANDO DE CARVALHO, Direito das Coisas, cit., 19., pág. 27 e segs.

[881] Por exemplo, ORLANDO DE CARVALHO, Direito das Coisas, cit., pág. 36.

aquisitivo respectivo não haja sido objecto de registo[882]. O que acontece é que, debaixo da verificação cumulativa de certos requisitos, que variam consoante o preceito considerado, um terceiro de boa fé que não adquiriu validamente o direito real de acordo com as disposições pertinentes do Direito Civil pode vir a adquirir esse direito por força de uma norma que confere um efeito aquisitivo à inscrição registal. O registo predial tem, neste caso, um efeito atributivo (aquisição tabular) do direito real a que se refere o facto (contrato) registado.

A protecção registal do terceiro de boa fé consegue-se mediante um preço; ela funciona sempre, em última análise, contra o titular do direito de propriedade segundo a ordem substantiva[883], cujo direito vem a ser sacrificado. A aquisição tabular favorável ao terceiro determina, correlativamente, a extinção da propriedade conflituante, se o efeito atributivo ocorrer no tocante à propriedade, ou a sua oneração, se o direito adquirido pelo registo for um direito real menor.

O efeito atributivo do registo predial, que não deve confundir-se com o denominado, e na nossa opinião inexistente, efeito declarativo do registo predial, tem a sua sede normativa nos artigos 5.º, 17.º, n.º 2 e 122.º do Código do Registo Predial e no art. 291.º do Código Civil. A análise destas hipóteses deve ser feita no contexto do princípio da publicidade, ao qual se liga a protecção do terceiro de boa fé no Direito português.

47. O princípio da boa fé

I. O princípio da boa fé não surge elencado nas exposições sobre os princípios normativos de Direitos Reais. Em Portugal, os autores portugueses que expõem princípios jurídicos de Direitos Reais não lhe fazem qualquer alusão[884], o mesmo sucedendo com os seus homólogos alemães.

A ausência de referência ao princípio da boa fé representa um sintoma claro do atraso científico em que se deixou cair esta cadeira. Enquanto noutras latitudes do pensamento jurídico, sobretudo no Direito das Obrigações, a boa fé impulsionou o aparecimento de novos institutos ou o

[882] A este propósito, as decisivas observações de OLIVEIRA ASCENSÃO, Direito Civil – Reais, cit., pág. 359 e segs.

[883] Havendo outros direitos reais menores que não constem do registo ao tempo em que o terceiro regista a sua pseudo aquisição, também eles serão afectados.

[884] Com excepção da recente obra de MENEZES LEITÃO, Direitos Reais, cit., pág. 25 e seg.

desenvolvimento de institutos existentes[885], em Direitos Reais o seu papel tem sido muito mais modesto.

Uma das aflorações mais importantes da boa fé no campo dos Direitos Reais não chegou a ser adoptada pelo Direito português. Referimo-nos ao princípio "posse vale título". O adquirente de boa fé do direito sobre coisa móvel que haja recebido a coisa do transmitente (tradição) fica protegido contra a reivindicação do proprietário[886]; em contrapartida, este vê o seu direito extinguir-se pela tutela do terceiro de boa fé. O princípio "posse vale título" recebeu consagração em França[887], em Itália[888] e na Alemanha (§ 932). O art. 1301.º contém uma regra com alguma analogia com o princípio "posse vale título". O adquirente de coisa móvel comprada a comerciante, caso esteja de boa fé, tem direito a receber o preço pago ao vendedor se a coisa não pertencia a este. Mas não pode invocar a boa fé para fundamentar a aquisição do direito real ou a não entrega da coisa ao proprietário. Continua obrigado a esta entrega em caso de reivindicação.

A falta de preocupação com a tutela da boa fé através da aparência jurídica suscitada pela posse de um não titular do direito real, que a não consagração do princípio "posse vale título" mostra bem, não se traduz, porém, na irrelevância do princípio da boa fé em Direitos Reais. O efeito atributivo do registo predial, que em Portugal se encontra nos artigos 5.º, n.º 1, 17.º, n.º 2 e 122.º do Código do Registo Predial e no art. 291.º do Código Civil, elucida, ao contrário, o relevo que o sistema normativo confere à boa fé. O fundamento do efeito atributivo do registo predial não radica no princípio da boa fé, é verdade, mas não obstante isso, essa protecção apenas vem a ser conferida ao terceiro de boa fé.

II. A importância da boa fé em Direitos Reais surge, fundamentalmente, em dois domínios: na posse, incluindo a usucapião, e na acessão industrial, contando com a regulação da especificação.

A boa fé aparece como um dos critérios sistemáticos de caracterização da posse (art. 1258.º). A ela está associado um tratamento jurídico mais

[885] Para uma exposição circunstanciada, a monografia fundamental de MENEZES CORDEIRO, Da Boa Fé No Direito Civil

[886] Ou de outro titular de direito real de gozo.

[887] O Code Civil dispõe no art. 2279.º que "tratando-se de móveis, posse vale título".

[888] O art. 1153.º do Codice Civile preceitua que "aquele ao qual são alienados bens imóveis por parte de quem não é proprietário adquire a propriedade mediante a posse, caso esteja de boa fé no momento da entrega e exista um título idóneo para a transferência da propriedade".

favorável do possuidor. Desde logo, o possuidor de boa fé tem um poder de fruição (art. 1270.º, n.º 1), contrariamente ao possuidor de má fé (art. 1271.º, 1.ª parte), que responde ainda pelos frutos que um possuidor diligente teria podido obter (art. 1271.º, segunda parte). O possuidor de boa fé só responde pela perda ou deterioração da coisa havendo culpa sua, enquanto o possuidor de má fé está sujeito a um regime agravado de responsabilidade civil objectiva. O possuidor de boa fé pode ainda levantar as benfeitorias voluptuárias que haja feito, contando que não haja detrimento na coisa (art. 1275.º, n.º 1), o que é negado ao possuidor de má fé.

Ainda no regime possessório, mas agora no tocante à usucapião, o possuidor de boa fé beneficia de prazos menos dilatados quando comparados com os prazos de usucapião do possuidor de má fé (artigos 1294.ºa 1296.º e 1298.º a 1300.º).

Também no regime da acessão industrial (incluindo a especificação), a união ou mistura de coisas pertencentes a donos diferentes realizada de boa fé está sujeita a um regime mais favorável do que a de má fé (artigos 1333.º, 1334.º, 1336.º, 1337.º, 1340.º a 1343.º). Havendo boa fé, o autor da confusão ou da mistura pode beneficiar da atribuição do direito à acessão, o que não sucede, em regra, existindo má fé (artigos 1334.º, 1337.º, 1341.º, 1342.º).

Em todos estes casos, a boa fé consiste num estado de espírito do agente e isso faz dela uma boa fé em sentido subjectivo[889]. Pergunta-se, no entanto, se estamos perante uma boa fé em sentido psicológico ou se, diversamente, a boa fé a que todos estes preceitos aludem deve ser entendida em sentido ético (boa fé subjectiva ética)?

A boa fé em sentido psicológico consiste na mera ignorância do sujeito relativamente a certos factos ou estado de coisas[890]; em sentido ético, a boa fé postula o cumprimento de deveres de diligência, ou seja, uma ignorância desculpável do sujeito relativamente a factos ou estado de coisas. Esta última apresenta um nível superior de exigência. Só está de boa fé quem porfiando no sentido de conhecer o facto ou o estado de coisas não o conseguiu fazer, apesar da diligência posta na sua actuação.

[889] Para a contraposição entre a boa fé como regra de conduta (boa fé objectiva) e como estado do agente, cf. MENEZES CORDEIRO, Tratado De Direito Civil Português, I, Parte Geral, Tomo I, cit., pág. 404 e seg.

[890] MENEZES CORDEIRO, Tratado De Direito Civil Português, I, Parte Geral, Tomo I, cit., pág. 405.

Em matéria de posse, a doutrina começou por manifestar uma decisiva preferência por uma concepção subjectiva psicológica de boa fé. HENRIQUE MESQUITA[891] defende que "a boa ou má fé do possuidor afere-se por um critério psicológico e não por um critério ético-jurídico". No Código Civil Anotado, PIRES DE LIMA/ANTUNES VARELA[892] sustentam que "o conceito de boa é de natureza psicológica, e não de índole ética ou moral (...) Possui de boa fé, na verdade, quem ignora que está a lesar direitos de outrem, sem que a lei entre em indagações sobre a desculpabilidade ou censurabilidade da sua ignorância".

A discussão repete-se em sede de acessão industrial (artigos 1333.º, 1334.º, 1336.º, 1337.º, 1340.º a 1343.º). E também aqui a uma concepção subjectiva psicológica de boa fé[893] contrapõe-se a uma visão ética desta na leitura do art. 1340.º, n.º 4, 1.ª parte.

A investigação de MENEZES CORDEIRO[894] viria a introduzir argumentos no sentido da superação da boa fé subjectiva psicológica a favor de uma noção ética de boa fé, numa linha que outros seguiriam[895]. Reconheça-se, no entanto, que esta superação não está ainda consumada, sobretudo na jurisprudência dos tribunais superiores.

O psicologismo da boa fé introduz o perigo de quebras no sistema, que importa evitar. Para começar, e em primeiro lugar, uma noção psicológica de boa fé arrasta uma desarticulação com outros institutos e dispositivos normativos. Começamos com o Registo Predial. Este tem por função publicitar a situação jurídica dos imóveis (art. 1.º do CRP), estando ao dispor de qualquer interessado que a ele se dirija para obter a informação predial relevante concernente à celebração de negócios jurídicos. E a situação registal é de tal forma relevante que funda uma presunção da titularidade do direito (art. 7.º do CRP).

Ora, se alguém celebra um negócio jurídico tendo um prédio por objecto, pode ignorar a situação registal e afirmar a sua boa fé, quando podia simplesmente consultar o registo para tomar conhecimento do direito de outrem? Pode o sistema montado com base no registo predial funcionar se não contar para aferir da boa fé do adquirente da posse? Afinal, o registo

[891] Direitos Reais, cit., pág. 91.

[892] Cit., pág. 20.

[893] PIRES DE LIMA/ANTUNES VARELA, Código Civil Anotado, cit., pág. 164.

[894] Cf. as obras citadas na penúltima nota.

[895] OLIVEIRA ASCENSÃO, Direito Civil – Reais, cit., pág. 98 e seg., CARVALHO FERNANDES, Lições De Direitos Reais, cit., pág. 289 e seg..

predial não tem por finalidade dar a conhecer a situação jurídica do prédio aos interessados?

Por seu lado, a posse também faz presumir a titularidade do direito real (art. 1268.º, n.º 1). Aquele que ignora, podendo conhecer, a posse de outrem, pode estar de boa fé na aquisição da sua posse?

Se as respostas a estas perguntas forem positivas, há uma evidente quebra sistemática. A boa fé, entendida num sentido subjectivo psicológico, não se articula com as presunções de titularidade do direito real que derivam do registo predial e da posse. E não se articula porque leva a desconsiderar o princípio da publicidade[896] em que o sistema jurídico de Direitos Reais assenta numa boa parte. Os dispositivos de publicidade inseridos numa ordem jurídica têm de contar para a apreciação daquilo que devia ser o conhecimento do possuidor no momento da aquisição da posse e, em última análise, para aferir da sua boa ou má fé.

Em segundo lugar, uma concepção subjectiva psicológica de boa fé introduz igualmente uma contradição no sistema. Essa contradição resulta do facto de a protecção baseada na boa fé nem sempre assentar no mesmo critério. No art. 291.º, n.º 3 o terceiro só fica protegido tabularmente caso desconheça sem culpa o direito de outrem; se fosse diferente para a posse, teríamos de concluir que o possuidor receberia um tratamento mais favorável que o terceiro que confia num registo predial pré-existente. A contradição parece evidente. Ela só é evitável com uma harmonização interpretativa que considere sempre a boa fé num sentido ético.

Em terceiro lugar, uma concepção subjectiva psicológica de boa fé importa uma desadequação do sistema[897]. Compreende-se mal que evoluindo todo o Direito privado para um desenvolvimento de regras de conduta assente na boa fé (boa fé objectiva) em Direitos Reais se tutele favoravelmente os que actuam com incúria, desleixo e falta de cuidado, e se premeie, afinal, os que voluntariamente não se esforçam, não querem saber, em detrimento dos mais atentos, cuidadosos e preparados. Mesmo admitindo a pouca dinâmica evolutiva dos Direitos Reais nos últimos 100 a 150 anos, nem por isso podemos ignorar as coordenadas evolutivas do Direito privado em geral. E estas apontam para padrões sociais de comportamento que valorizam o conhecimento, a diligência e a competência do agente.

[896] Obre este, cf. *infra* no texto.

[897] Sobre este argumento, veja-se MENEZES CORDEIRO, Tratado De Direito Civil Português, I, Tomo I, cit., pág. 406 e seg.

O Direito português não pode continuar a acolher atavicamente o psicologismo como expressão do atraso de um povo.

Resta um último argumento: a impossibilidade prática de todo o psicologismo. Não há meio de conhecer o que vai no interior de cada um, a não ser pela exteriorização de um comportamento. A dificuldade surge normalmente ultrapassada com recurso ao título. A presunção constante do n.º 1 do art. 1260.º é fruto das dificuldades do psicologismo e está, em certa medida, em contradição com ele.

Todos estes argumentos depõem a favor de uma concepção ética da boa fé subjectiva. De acordo com esta, está de boa fé aquele que desculpavelmente ignorava, ao adquirir a posse, que lesava o direito de outrem; ou, inversamente, está de má fé aquele que conhecia a violação de direito alheio e ainda o que, por não observar os deveres de cuidado e indagação que no caso cabiam, não conhecia essa violação, ou seja, o que ignorava com culpa a lesão de direito de outrem.

Podemos, assim, concluir, dizendo que toda a disciplina de Direitos Reais é permeada por uma concepção subjectiva ética de boa fé. A actuação de boa fé não significa um mero desconhecimento pelo agente de que a sua conduta implica a violação de um direito de outra pessoa, havendo boa fé somente quando, cumpridos deveres de diligência e indagação exigíveis no caso, haja ignorância da lesão de um direito de outrem. A ignorância relevante para o Direito é apenas a ignorância desculpável e liga-se à diligência posta pelo agente no conhecimento do direito de outrem.

III. Contrariamente ao Direito das Obrigações, Direitos Reais oferece um espaço relativamente restrito para a implementação da boa fé como regra de conduta (boa fé objectiva). O facto de o direito real se exercer sem a colaboração de alguém contribui decerto para essa menor relevância.

Ainda assim, em Direitos Reais ocorrem manifestações gerais da boa fé objectiva. Um exemplo significativo é o do abuso de direito. Para além do abuso de direito, as situações de concurso de direitos reais sobre a mesma coisa constituem um campo privilegiado de actuação da boa fé objectiva. Dela podem emergir, em contextos particulares, deveres de protecção, de lealdade e de informação entre titulares de direitos reais. Um bom exemplo disto mesmo encontra-se no art. 1475.º do Código Civil, o qual impõe ao usufrutuário um dever de informação ao proprietário de qualquer facto de que possa advir uma lesão do direito deste.

Esta regra estende-se a todas as situações em que um direito real de gozo se encontra onerado, impondo ao titular do direito real menor o dever de informar o titular do direito real maior[898] de qualquer facto do qual possa resultar prejuízo para este último.

Embora não haja uma alusão expressa à boa fé, o art. 1475.º prevê um dever de informação ao titular do direito real maior que tem a sua justificação na boa fé como regra de conduta.

Deste modo, também a boa fé em sentido objectivo constitui um dos princípios de Direitos Reais.

48. O princípio da territorialidade

O princípio da territorialidade, em Direitos Reais, pretende significar que a ordem jurídica portuguesa é a única a determinar o regime jurídico-real das coisas situadas em território português e que esse regime jurídico é o Direito material português.

Se o princípio surge incontroverso para as coisas imóveis, como manifestação da soberania do Estado português, ele vale igualmente para as coisas móveis que se encontrem em Portugal, ainda que a titularidade do direito real caiba a cidadãos estrangeiros.

49. O princípio da publicidade

I. A publicidade constitui um princípio de Direitos Reais[899]. E compreende-se que assim seja. Por um lado, tratando-se de um direito oponível a todos, deve ser, tanto quanto possível, reconhecível por qualquer um. Por outro lado, sendo os direitos reais livremente disponíveis, a transmissão, a oneração e a renúncia devem ser levadas a cabo por quem tem legitimidade para o efeito, quer dizer, na grande maioria dos casos, pelo titular do direito

[898] Que não tem de ser a propriedade.

[899] Menezes Cordeiro, Direitos Reais – Sumários, cit., pág. 101, Menezes Leitão, Direitos Reais, cit., pág. 24 e seg., Santos Justo, Direitos Reais, cit., pág. 51; na doutrina estrangeira, Baur/Stürner, Sachenrecht, cit., pág. 37, Seiler, Staudinger BGB, cit., pág. 33 e seg., Schwab/Prütting, Sachenrecht, cit., pág. 17, Prütting, Sachenrecht, cit., pág. 16, Wolf, Sachenrecht, cit., § 2, pág. 15, Vieweg/Werner, Sachenrecht, cit., pág. 5, Wilhelm, Sachenrecht, cit., pág. 10 e segs., Stadler, Soergel BGB, Sachenrecht, cit., pág. 12 e seg., Wellenhofer, Sachenrecht, cit., pág. 28 e seg., Müller, Sachenrecht, cit., pág. 17 e segs., Schreiber, Sachenrecht, cit., pág. 28, Wieling, Sachenrecht, cit., pág. 11 e seg.. Para uma extensão do princípio a todos os direitos absolutos, cf. Larenz/Wolf, Allgemeiner Teil des Bürgerlichen Rechts, cit., pág. 253.

real. Ora, um terceiro interessado na aquisição de um direito real só tem possibilidade de saber quem pode dispor do direito real ou se existem outros direitos reais sobre a coisa se houver algum modo ou dispositivo com a finalidade de revelar a situação jurídica da coisa.

Para além disso, dado que a forma do acto de disposição no caso dos imóveis é solene, há necessidade de providenciar um meio através do qual quem o titula, o notário[900] ou outro, possa aferir da legitimidade do disponente para ele.

A publicidade em Direitos Reais pode ser espontânea ou organizada. A lei pode partir do controlo material da coisa para aferir a titularidade ou para desencadear a transmissão do direito real. A posse funciona, deste modo, como um meio espontâneo de publicidade de direitos reais.

A publicidade organizada surge através do registo. O registo, porém, não é global, não abarca todas as coisas corpóreas, mas apenas uma parte delas. Assim, existe um registo predial, que publicita a situação jurídica dos prédios (art. 1.º do Código do Registo Predial), um registo automóvel, um registo de navios e um registo de aeronaves, para cada um destes tipos de coisas. Cada um dos registos está sujeito a um regime jurídico próprio e não tem comunicação com os restantes. Em comum eles têm o facto de serem mantidos pelo Estado e de desempenharem uma função de publicidade das situações jurídicas relativas às coisas a que se reportam.

II. O princípio da publicidade não tem o mesmo alcance em todas as ordens jurídicas. Em Portugal, ele é menor do que na Alemanha, por exemplo. Desde logo, porque na nossa ordem jurídica a publicidade não se liga à constituição ou transmissão dos direitos reais. Por força do princípio da consensualidade, nem a tradição da coisa nem – relativamente a imóveis – o registo do facto aquisitivo são necessários para a constituição ou transmissão do direito real. O contrato desencadeia, por si só, o efeito constitutivo ou translativo (art. 408.º, n.º 1), sem que sejam precisas quaisquer formalidades. Não podemos, assim, falar num efeito translativo associado à publicidade, como, para a ordem jurídica alemã, fazem BAUR/STÜRNER[901].

Se, pelo menos, em Portugal, não podemos mencionar um efeito de transmissão associado à publicidade, podemos decerto falar num efeito

[900] No caso de a disposição ter lugar por meio de acto processual, por exemplo, numa execução específica de contrato promessa ou numa venda judicial, é o tribunal que controla a legitimidade do disponente.

[901] Sachenrecht, cit., 37.

presuntivo[902] a ela ligado[903]. Tanto o possuidor (art. 1268.º, n.º 1) como aquele a favor do qual se encontra feita a inscrição registal (art. 7.º, n.º 1 do Código do Registo Predial) beneficiam de uma presunção de titularidade do direito real a que se refere a posse ou o registo.

Por sua vez, a publicidade pode servir de fundamento de protecção de terceiro de boa fé em caso de aquisição de direito real a titular aparente[904], contrariando a máxima romana "*nemo plus iuris ad alium transferre potest quam ipse habet*". É isto que sucede em ordens jurídicas que consagram o princípio "posse vale título". Aquele que, estando de boa fé, adquire o direito real do titular aparente, havendo tradição da coisa, fica protegido contra o verdadeiro proprietário.

Em Portugal, porém, a publicidade fundada na posse não protege o terceiro de boa fé contra a reivindicação do proprietário ou doutro titular de direito real de gozo. Não valendo o princípio "posse vale título", a posse do titular aparente não assegura protecção ao adquirente de boa fé, mesmo que tenha havido tradição da coisa.

A situação muda, no entanto, quanto à publicidade registal. A necessidade de assegurar fé pública ao registo predial[905] leva o legislador a proteger o terceiro de boa fé que adquiriu a titular aparente com base na pré-existência de uma situação registal desconforme com a realidade substantiva. Fala-se então no efeito atributivo do registo predial ou, simplesmente, em aquisição tabular[906].

A aquisição tabular constitui um efeito da publicidade registal, concretamente da presunção de titularidade do direito que lhe está associada (art. 7.º, n.º 1 do Código do Registo predial), e é inseparável dela. Porquanto a lei pretende que os interessados possam confiar na situação jurídica do prédio patenteada pelo registo predial (fé pública registal), protege, em alguns casos, o adquirente do titular aparente que consta do registo como tal.

[902] Como também fazem BAUR/STÜRNER, Sachenrecht, cit., pág. 37.

[903] Sobre o efeito presuntivo da posse e da usucapião, OLIVEIRA ASCENSÃO, Direito Civil – Reais, cit., pág. 106 e 354 e segs., MENEZES CORDEIRO, Direitos Reais – Sumários, cit., pág. 102.

[904] Cf. igualmente BAUR/STÜRNER, Sachenrecht, cit., pág. 38.

[905] Não obstante a lei portuguesa conceder protecção apenas ao terceiro de boa fé que regista a sua pseudo aquisição, o fundamento da protecção registal não se encontra na boa fé, mas na fé pública do registo predial. Sobre isto, cf. OLIVEIRA ASCENSÃO, Direito Civil – Reais, cit., pág. 376, MENEZES CORDEIRO, Direitos Reais – Sumários, cit., pág. 92.

[906] OLIVEIRA ASCENSÃO, Direito Civil – Reais, cit., pág. 366 e segs., MENEZES CORDEIRO, Direitos Reais – Sumários, cit., pág. 90 e segs., CARVALHO FERNANDES, Lições De Direitos Reais, cit., pág. 144 e segs.

III. A protecção registal por via do efeito atributivo do registo predial ou aquisição tabular dá-se relativamente a terceiro de boa fé[907], que adquiriu onerosamente de titular aparente[908] e registou o facto respectivo. Ela pode ter lugar em quatro cenários distintos, que respeitam aos artigos 5.º, n.º 1, 17.º, n.º 2 e 122.º, todos do Código do Registo Predial e ao artigo 291.º, n.º 1, do Código Civil.

Cada um destes preceitos tem o seu campo de aplicação próprio. Assim, o art. 5.º, n.º 1 do Código do Registo Predial aplica-se às situações de dupla disposição[909], nas quais um mesmo sujeito, o titular inscrito no registo, dispõe duas vezes do mesmo direito a favor de pessoas diferentes, transmitindo-o ou constituindo direitos reais menores, sendo que o primeiro adquirente, cuja aquisição é, em princípio, válida, não regista a sua aquisição, deixando subsistir no registo uma desconformidade que possibilita um segundo acto de disposição pela mesma pessoa[910].

O terceiro que celebra o segundo negócio de disposição com o titular inscrito adquire o direito real, contando que esteja de boa fé, haja celebrado um negócio oneroso e registe a sua aquisição antes do registo do pri-

907 Contrariamente ao que sucede com o art. 1260.º, n.º 1 e 1340.º, n.º 4, o art. 291.º, n.º 3 consagra um conceito de boa fé subjectiva ética. O seu âmbito de aplicação estende-se a todas as hipóteses de efeito atributivo do registo predial, portanto, também aos artigos 5.º, n.º 1, 17.º, n.º 2 e 122.º do Código do Registo Predial.

908 Apenas Carvalho Fernandes, Lições De Direitos Reais, cit., pág. 142, sustenta que o efeito atributivo do registo predial pode beneficiar o terceiro adquirente a título gratuito. A ponderação sistemática dos artigos 17.º, n.º 2 e 122.º do Código do Registo Predial e do art. 291.º, n.º 1 do Código Civil, não lhe dá razão. Somente nos casos de aquisição a título oneroso o terceiro de boa fé recebe a protecção do efeito atributivo do registo predial.

909 Sobre a interpretação do art. 5.º, n.º 1 do Código do Registo Predial, veja-se Oliveira Ascensão, Direito Civil – Reais, cit., pág. 372 e segs., Carvalho Fernandes, Lições De Direitos Reais, cit., pág. 144 e segs.

910 A situação explica-se do seguinte modo. Como o registo predial não é obrigatório em Portugal, o adquirente do direito real pode não registar o facto aquisitivo do seu direito. Do ponto de vista substantivo, a sua situação não se altera por isso. O direito real constituiu-se ou transmitiu-se a seu favor por mero efeito do contrato (art. 408.º, n.º 1) e não carece do registo. Todavia, não havendo sido registado o contrato celebrado, o disponente continua a figurar no registo como se não houvesse disposto do seu direito. Ora, como o registo constitui presunção da titularidade do direito, aquele que consta do registo como titular do direito real, mesmo que já não o seja na ordem substantiva ou não o seja como figura no registo, consegue dispor novamente do direito. Naturalmente, o segundo acto de disposição estará viciado por falta de legitimidade do disponente, sendo, por isso, nulo (art. 892.º e art. 939.º). É justamente a ineficácia jurídica do segundo negócio que levanta o problema da tutela do terceiro de boa fé que confiou no registo predial e leva a considerar a sua protecção com base no efeito atributivo do registo predial.

meiro negócio. É esse o significado do n.º 1 do art. 5.º do Código de Registo Predial, o de atribuir ao terceiro o direito real que não pôde adquirir por via do contrato, e não o de estabelecer uma pretensa condição de oponibilidade do direito real a terceiro.

A aquisição tabular do art. 5.º, n.º 1 é tornada possível por no registo predial não constar o primeiro negócio jurídico[911] e aquele se encontrar, afinal, incompleto. Se o primeiro negócio jurídico vem a ser registado antes do registo do segundo negócio jurídico, a aquisição tabular não ocorre. O registo do primeiro negócio tem efeito consolidativo e este efeito impede a protecção tabular do terceiro de boa fé[912].

O conceito de terceiro para efeito da aplicação do art. 5.º, n.º 1 do Código do registo Predial foi objecto de uma larga controvérsia na doutrina e na jurisprudência portuguesas, sobretudo, durante a década de 90 do século passado. De um lado, estavam os defensores de uma concepção restrita de terceiro; do outro, os defensores de uma concepção ampla[913].

A defesa da concepção ampla de terceiro é mais antiga e deve-se a Guilherme Moreira[914]. Segundo este autor, "relativamente aos actos sujeitos a registo predial, consideram-se como terceiros todos aqueles que tenham adquirido e conservado direitos sobre os imóveis, que seriam lesados se o acto não registado produzisse efeitos a respeito deles". A tese oposta tem como patrono Manuel de Andrade[915]. Este autor sustentou que terceiros são apenas "as pessoas que do mesmo autor adquiram direitos incompatíveis (total ou parcialmente) sobre o mesmo prédio".

Após uma série de arestos contraditórios, o Supremo Tribunal de Justiça teve uma primeira intervenção, a título de uniformização de jurisprudência, o Acórdão de 4 de Julho de 1997[916]. Neste acórdão, decidiu-se que "terceiros, para efeitos do registo predial, são todos os que, tendo obtido registo de um direito sobre determinado prédio, vejam esse direito ser arredado por qualquer facto jurídico anterior não registado ou registado posteriormente". É a conhecida acepção ampla de terceiros, que parecia reunir

[911] Oliveira Ascensão, Direito Civil – Reais, cit., pág. 373 fala aqui em registo incompleto.

[912] Menezes Cordeiro, Direitos Reais – Sumários, cit., pág. 95.

[913] Antunes Varela/Henrique Mesquita, RLJ, Ano 127, pág. 20, Carvalho Fernandes, "Terceiros para efeitos do registo predial", BFD, LXX, 1994, pág. 1303 e segs., Ferreira de Almeida, Publicidade e Teoria dos Registos, Coimbra, 1966.

[914] Instituições De Direito Civil Português, vol. I, Coimbra, 1907, pág. 525 e seg.

[915] Teoria Geral da Relação Jurídica, volume II, pág. 19.

[916] Publicado do DR I Série A, n.º 152, de 4 de Julho de 1997.

o parecer favorável da maioria da doutrina portuguesa desde GUILHERME MOREIRA.

Menos de dois anos depois, no acórdão n.º 3/99, de 18 de Maio[917], o Supremo Tribunal de Justiça pronunciou-se novamente sobre o mesmo tema, igualmente em sede de uniformização de jurisprudência. Neste aresto, o Supremo Tribunal de Justiça inverteu a orientação anterior, decidindo que "terceiros, para efeitos do disposto no art. 5.º do Código do Registo Predial, são os adquirentes de boa fé, de um mesmo transmitente comum, de direitos incompatíveis, sobre a mesma coisa". Trata-se da concepção restrita de terceiro, defendida por MANUEL DE ANDRADE.

Perante esta flutuação de jurisprudência, o legislador interveio, aditando um n.º 4 ao art. 5.º do Código do Registo predial. Este preceito dispõe: "Terceiros, para efeitos do registo, são aqueles que tenham adquirido de autor comum direitos incompatíveis entre si".

Assim, para efeitos do n.º 1 do art. 5.º do Código do Registo predial, o nosso Direito abraçou a concepção restrita de terceiro. Um passo que não deixou de ser duramente criticado por MENEZES CORDEIRO[918]. Como dissemos, e por força do n.º 4, o art. 5.º, n.º 1 abrange unicamente os casos de dupla disposição[919], deixando à margem da protecção registal os actos fundados na pré-existência de um registo desconforme à realidade substantiva que não tenham sido praticados pelo titular inscrito[920].

O conceito de terceiro inserto no n.º 4 do art. 5.º do Código do Registo Predial respeita exclusivamente ao âmbito de aplicação do n.º 1 desse preceito. Mas existem outros casos de tutela registal de terceiros no Código de Registo Predial, desde logo, no art. 17.º, n.º 2.

[917] DR I Série A, n.º 159, de 10 de Julho de 1999.

[918] Cf. MENEZES CORDEIRO, Direitos Reais – Sumários, cit., pág. 92, que afirma que Portugal ficou com "o registo predial mais arcaico da Europa" e CARVALHO FERNANDES, Lições De Direitos Reais, cit., pág. 136 e segs.

[919] Podemos dar os seguintes exemplo: A, com registo a seu favor da sucessão por morte, doou a propriedade do prédio X a B. A doação não foi registada. O mesmo A vende depois a propriedade a C, que regista a sua aquisição. C tem um "direito" incompatível com B e adquiriu esse "direito" de autor comum, A. C é terceiro para efeitos do registo predial segundo a concepção assente no art. 5.º, n.º 1 e n.º 4 do Código do Registo Predial. Se estiver de boa fé, C adquire a propriedade em detrimento de B (aquisição tabular).

[920] Ou seja, de um modo geral, os actos de penhora, arresto e arrolamento. Exemplifiquemos: A vende a B a propriedade relativa ao prédio X, sem que seja feito o registo deste contrato. Posteriormente, C, credor de A, faz recair uma penhora sobre o prédio X. Uma vez que a penhora não provém de acto praticado por A (art. 5.º, n.º 4 do Código do Registo Predial), C não é protegido pelo art. 5.º, n.º 1.

O art. 17.º n.º 2 do Código do Registo predial, diferentemente do art. 5.º, n.º 1 – que visa tutelar um pseudo adquirente do direito real que celebrou um negócio jurídico com quem já não tinha legitimidade substantiva para dispor do seu direito como fez –, tutela um subadquirente que adquiriu o seu "direito" com base num registo nulo, nos termos do art. 16.º do Código do Registo Predial[921].

Ao contrário do que sucede com o art. 5.º, n.º 1, o art. 17.º, n.º 2 do Código do Registo Predial estabelece expressamente cinco requisitos[922], cuja verificação cumulativa confere protecção registal ao terceiro que adquiriu um direito real daquele que figurava no registo como o titular do direito objecto de disposição. O primeiro requisito, a pré-existência de um registo nulo nos casos declarados no art. 16.º, n.º 1), demarca este preceito do art. 291.º do Código Civil, restringindo-o às nulidades registais.

O art. 291.º do Código Civil protege outro subadquirente, no que se afasta claramente do âmbito de aplicação do art. 5.º, n.º 1 do Código do Registo Predial. Mas este subadquirente adquiriu a sua posição jurídica real com base num negócio jurídico inválido, nulo ou anulável, e não num registo nulo, e isto permite diferenciar igualmente o campo de aplicação do art. 291.º relativamente ao art. 17.º, n.º 2 do Código do Registo Predial[923].

Esta interpretação não é pacífica. Menezes Cordeiro[924] inclui as invalidades substantivas dentro do art. 17.º, n.º 2 do Código do Registo Predial, deixando para o art. 291.º apenas as situações de invalidade substantiva quando o disponente não tenha registo a seu favor[925], uma posição que deixa o art. 291.º praticamente sem aplicação. Não seguimos esta interpretação.

[921] Para a interpretação do art. 17.º, n.º 2, cf. Oliveira Ascensão, Direito Civil – Reais, cit., pág. 370 e segs., Carvalho Fernandes, Lições De Direitos Reais, cit., pág. 146 e seg. e Menezes Cordeiro, Direitos Reais – Sumários, cit., pág. 90 e segs. (propondo um sentido que não sufragamos).

[922] São eles:
- Pré-existência de um registo nulo;
- Acto de disposição do titular inscrito baseado nesse registo nulo;
- Boa fé do terceiro;
- Carácter oneroso do negócio jurídico de disposição;
- Registo do negócio jurídico de aquisição do terceiro antes do registo da acção de declaração da nulidade do registo (ou da acção de declaração de invalidade do negócio jurídico, se for o caso).

[923] No mesmo sentido, Oliveira Ascensão, Direito Civil – Reais, cit., pág. 368 e segs., Carvalho Fernandes, Lições De Direitos Reais, cit., pág. 150 e segs. Veja-se ainda a nossa anotação ao art. 291.º do Código Civil em Negócio Jurídico, Coimbra, 2006.

[924] Menezes Cordeiro, Direitos Reais – Sumários, cit., pág. 93.

[925] Menezes Cordeiro, Direitos Reais – Sumários, cit., pág. 94.

Finalmente, o art. 122.º do Código do Registo Predial consagra uma protecção semelhante à instituída no art. 17.º, n.º 2 do mesmo Código, permitindo a um terceiro adquirir o direito real na conformação que resulta do registo inexacto.

No seu conjunto, todos estes preceitos, os artigos 5.º, n.º 1, 17.º, n.º 2 e 122.º do Código do Registo Predial e o artigo 291.º, n.º 1, do Código Civil, conferem protecção a um terceiro de boa fé em função da fé pública registal. Deste modo, ao princípio da publicidade em Direitos Reais pode vir associado um efeito atributivo, como forma de protecção de terceiros que, de boa fé, celebraram um negócio jurídico com aquele a quem a ordem jurídica atribui uma presunção de titularidade.

IV. O efeito atributivo do registo predial e o efeito presuntivo não constituem os únicos efeitos substantivos provocados pela publicidade registal. Para além destes, existem outros efeitos substantivos do registo predial, a saber:

- Efeito consolidativo;
- Efeito constitutivo;
- Efeito enunciativo.

O efeito consolidativo do registo predial não surge expressamente em nenhuma disposição. Contudo, ele está implícito no n.º 1 do art. 5.º do Código do Registo Predial. A inscrição registal do facto aquisitivo de direito real sobre um prédio não acrescenta nada à situação substantiva emergente do contrato real, pois, dado o princípio da consensualidade, o direito real constitui-se ou transmite-se com a celebração – válida – daquele (art. 408.º, n.º 1). Porém, o adquirente que regista a sua aquisição afasta a possibilidade desta vir a ser resolvida por força da protecção tabular (aquisição tabular) de terceiro de boa fé[926].

O efeito consolidativo é o efeito regra do registo predial. Não tendo o registo efeito constitutivo em Portugal, o registo do facto aquisitivo a favor do adquirente consolida o direito na sua esfera jurídica, pondo-o a salvo de uma aquisição tabular de terceiro.

O efeito constitutivo do registo predial é excepcional em Portugal. A ausência de um efeito de transmissão na publicidade registal retira ao re-

[926] Menezes Cordeiro, Direitos Reais – Sumários, cit., pág. 95. Cf. ainda Oliveira Ascensão, Direito Civil – Reais, cit., pág. 372 e seg.

gisto o papel que tem noutras ordens jurídicas. Existe, porém, um caso em que o registo se pode considerar verdadeiramente constitutivo: a hipoteca (art. 687.º e 4.º, n.º 2 do Código de Registo Predial)[927]. Apesar da opinião contrária de OLIVEIRA ASCENSÃO[928], o registo integra o processo constitutivo da hipoteca, não sendo uma mera condição de oponibilidade contra terceiros.

O efeito enunciativo[929] reporta-se aos casos em que o registo predial não desempenha qualquer função de publicidade dos actos registados, que não carecem dela. Esses casos são basicamente os que constam do n.º 2 do art. 5.º do Código do Registo Predial e ainda o registo da posse.

A ausência de função publicitária do registo predial quanto a estes actos causa uma irrelevância geral do mesmo. Daí que o terceiro de boa fé não possa invocar a situação registal para beneficiar do efeito atributivo do registo predial. Assim, qualquer que seja o preceito em causa (artigo 5.º, n.º 1, 17.º, n.º 2 e 122.º, todos do Código do Registo Predial, ou artigo 291.º, n.º 1, do Código Civil), o terceiro não fica protegido se o titular do direito real na ordem substantiva tiver a usucapião a seu favor.

V. A incidência da publicidade registal sobre a situação real dos imóveis aconselha o ensino em Direitos Reais dos efeitos substantivos do registo predial. Esse ensino tem antecedentes firmes em alguns professores, particularmente, na Faculdade de Direito de Lisboa. DIAS MARQUES, OLIVEIRA ASCENSÃO e MENEZES CORDEIRO, todos eles versaram o registo predial nos seus programas de Direitos Reais. E também CARVALHO FERNANDES o fez, na Faculdade de Direito da Universidade Católica.

O ensino de OLIVEIRA ASCENSÃO, de MENEZES CORDEIRO e de CARVALHO FERNANDES não se limita, porém, aos efeitos substantivos do registo predial, incluindo igualmente o tratamento dos princípios do registo predial. A esta matéria, nós julgamos dever acrescentar o estudo, muito sumário e breve, dos actos registais, nomeadamente, da descrição predial, da inscrição registal e dos averbamentos. O conhecimento dos actos registais potencia a compreensão da dinâmica registal e dos seus efeitos.

[927] Neste sentido, MENEZES CORDEIRO, Direitos Reais – Sumários, cit., pág. 96, CARVALHO FERNANDES, Lições De Direitos Reais, cit., pág. 133.

[928] Direito Civil – Reais, cit., pág. 357.

[929] Na doutrina, cf. OLIVEIRA ASCENSÃO, Direito Civil – Reais, cit., pág. 382 e segs., MENEZES CORDEIRO, Direitos Reais – Sumários, cit., pág. 95 e seg., CARVALHO FERNANDES, Lições De Direitos Reais, cit., pág. 134 e seg.

Os princípios do registo predial são:

- O princípio da obrigatoriedade do registo;
- O princípio da legalidade;
- O princípio da instância;
- O princípio do trato sucessivo;
- O princípio da prioridade.

O princípio da obrigatoriedade surgiu em tempos muitos recentes na ordem jurídica portuguesa, consagrado pelo DL n.º 116/2008, de 4 de Julho. Anteriormente a este diploma, a lei portuguesa conferia legitimidade para o registo aos interessados (art. 36.º), sem impor a alguém em particular, ao adquirente do direito real ou a outra pessoa, um dever de registar. Também não se encontrava prevista qualquer sanção para a omissão do acto de registo. A incidência de algumas desvantagens decorrentes da omissão do registo, concretamente, a sujeição à perda do direito por causa de uma aquisição tabular de terceiro de boa fé e a impossibilidade de disposição jurídica do direito (art. 9.º, n.º 1 do Código do Registo Predial), não constituiam sanções em sentido técnico e não davam, em nosso entender, base suficiente para a afirmação de um princípio de obrigatoriedade do registo predial[930]. Poder-se-ia falar num ónus de registar ou, se se preferir, no encargo do registo[931], mas não numa obrigatoriedade de registar. Tudo isso mudou com o citado DL n.º 116/2008.

VI. O ensino de matéria atinente ao registo predial, em particular, dos actos registais e dos princípios do registo predial, introduz um corpo estranho no programa da cadeira de Direitos Reais. Trata-se do estudo de um regime jurídico que pertence em grande parte a outro ramo do Direito, o Direito Registal, e não a Direitos Reais, embora, sem dúvida, os efeitos substantivos do registo predial se projectem em situações jurídicas reais e, nessa medida, interessem a este ramo do Direito.

A conveniência didáctica encontra aqui um óbice sistemático, pela pertença da matéria a outro ramo do Direito, e suscita um problema óbvio: onde encaixar o ensino da matéria do registo predial no programa da cadeira

[930] Em sentido diferente, MENEZES CORDEIRO, Direitos Reais – Sumários, cit., pág. 81 e segs.

[931] Assim, MENEZES CORDEIRO, Direitos Reais – Sumários, cit., pág. 81 e segs. O autor perfilha uma noção de encargo que aproxima a figura do dever. Cf. Tratado De Direito Civil Português, I, Parte Geral, Tomo I, cit., pág. 358 e segs.

de Direitos Reais, isto é, qual é o lugar do registo no sistema científico de Direitos Reais?

Na Alemanha, a matéria do registo, extensamente tratada em alguns manuais[932], vem descrita preponderantemente a propósito do regime jurídico dos imóveis[933]. Contudo, nesse país, uma parte muito significativa da doutrina parte da classificação que divide o regime jurídico de Direitos Reais em Direitos Reais sobre coisas móveis (Mobiliarsachenrecht) e Direitos Reais sobre coisas imóveis (Liegenschaftrechts), uma classificação que, na ausência de fundamento bastante no sistema normativo português, nunca foi transposta pela doutrina nacional para o sistema científico de Direitos Reais, apesar da sedução que o pensamento jurídico alemão exerceu sobre nós no século XX.

Em Portugal, a maioria dos autores expõe a matéria do registo predial dentro do enquadramento da publicidade, embora, do ponto de vista sistemático e dogmático, se manifestem diferenças entre eles.

Oliveira Ascensão[934] aborda o registo predial no Título III, dedicado à dinâmica, e, dentro deste, no Capítulo V, com o título Publicidade, depois de versar a constituição, a transmissão e a modificação de direitos reais e antes do tratamento da extinção, violação e defesa. Portanto, o registo predial surge colocado a propósito da eficácia real dos factos jurídicos.

Carvalho Fernandes[935] também expõe a matéria do registo a propósito da publicidade, mas num contexto completamente diverso, o das características do direito real. A publicidade seria uma dessas características.

Menezes Cordeiro[936] opta por tratar o registo no enquadramento propiciado pelo tratamento do princípio da publicidade, portanto, na exposição dos princípios de Direitos Reais.

[932] Cf., por exemplo, Baur/Stürner, Sachenrecht, cit., §§ 14 a 18.

[933] Gerhardt, Immobiliarsachenrecht, cit., pág. 1 e segs., Wolf/Raiser, Sachenrecht, cit., pág. 81 e segs., Baur/Stürner, Sachenrecht, cit., §§ 14 a 18, Schwab/Prütting, Sachenrecht, cit., §§ 15 a 25, Vieweg/Werner, Sachenrecht, cit., § 1, pág. 5, Wilhelm, Sachenrecht, cit., pág. 10 e segs., Müller, Sachenrecht, cit., Siebtes Kapitel, §§ 1 a 16, Schapp/ /Schur, Sachenrecht, cit., §§ 13 a 18, Schreiber, Sachenrecht, cit., Fünfter Teil, pág. 186 e segs., Brehm/Berger, Sachenrecht, 4. Kapitel, §§ 9 a 15, Eckert, Sachenrecht, cit., 3. Teil, pág. 189 e segs., Wieling, Sachenrecht, cit., Teil 6, pág. 263 e segs., Lent/Schwab, Sachenrecht, cit., §§ 12 a 22.

[934] Direito Civil – Reais, cit., pág. 335 e segs.

[935] Lições De Direitos Reais, cit., pág. 92 e segs.

[936] Direitos Reais – Sumários, cit., pág. 71 e segs.

Muito diferente das anteriores, é a abordagem de PINTO DUARTE[937]. Este professor propõe a leccionação da matéria de registo a propósito dos aspectos específicos do direito de propriedade sobre prédios[938]. Opta, pois, por deixar a matéria fora do âmbito da parte geral de Direitos Reais, afirmando "que esta solução seria igualmente ilógica e que seria pior do ponto de vista didáctico"[939].

O que pensar?

Se o ensino do registo predial tivesse por objecto apenas os efeitos substantivos do registo predial, esta matéria poderia ensinada de modo disperso em vários pontos do programa. Assim, o efeito consolidativo do registo predial poderia figurar na explicação dada ao princípio da consensualidade, explicando-se a sua relação, o efeito enunciativo poderia ser tratado na posse, o efeito atributivo no enquadramento dos factos constitutivos de direitos reais, etc. Não seria, assim, necessário abrir um capítulo dedicado ao registo predial e evitava-se o excerto de matéria exterior ao sistema normativo de Direitos Reais no ensino deste ramo do Direito.

No entanto, com tal orientação, iria perder-se a unidade sistemática da matéria e a ligação que ela tem ao princípio da publicidade. Os alunos não apreenderiam verdadeiramente a função do registo predial, nem a relação deste com o sistema normativo de Direitos Reais.

Por outro lado, o ensino do registo predial não se limita aos efeitos substantivos do registo predial, ou seja, à repercussão que este registo tem nas situações jurídicas reais. A doutrina portuguesa tem avançado na teoria geral do registo predial, enunciando igualmente os princípios do registo. E a esta matéria nós acrescentamos a enunciação sumária dos principais actos registais.

Tudo isto justifica um tratamento unitário da matéria do registo predial. Subsiste, porém, o problema de saber onde situar o ensino respectivo.

Quanto a nós, e para começar, o ensino do registo predial só pode ter lugar na parte geral de Direitos Reais. Desde logo, porque respeita a factos com eficácia (constitutiva, translativa, modificativa ou extintiva) para todas as categorias de direitos reais (de gozo, garantia e de aquisição) e não apenas para uma categoria deles ou para um direito real em particular. Ora, o

[937] O Ensino De Direitos Reais, cit., pág. 45 e segs. e Curso de Direitos Reais, cit., pág. 118 e segs.

[938] Relativamente ao registo de coisas móveis, este seria ensinado no ponto atinente aos aspectos específicos da propriedade de coisas móveis.

[939] PINTO DUARTE, O Ensino De Direitos Reais, cit., pág. 47.

regime comum a todos os direitos reais deve ser feito na parte geral e não na parte especial.

Depois, porque a inserção na parte especial do ensino do registo leva a situá-lo na disciplina particular de um direito real[940] ou de uma categoria de direitos reais. Mas se o registo predial se reporta a factos que transcendem um direito real ou uma categoria de direitos reais, como justificar que seja ensinado no regime de um único direito real ou de uma categoria de direitos reais? Não se evita a impressão que o registo predial se refere a esse direito real particular ou a essa categoria de direitos reais, o que induz uma perspectiva enganadora da efectiva função do registo predial, a qual, segundo o art. 1.º do Código do Registo Predial, é relativa à situação jurídica dos prédios.

Fica ainda o problema da escolha do direito real no enquadramento sistemático do qual se faz o ensino do registo predial. PINTO DUARTE[941] escolheu a propriedade; mas porque não a hipoteca ou o direito de preferência?

Por outro lado, o facto de a matéria do registo predial ser exterior a Direitos Reais constitui outro argumento que fundamenta a sua colocação na parte geral e não na parte relativa a cada um dos direitos reais em especial. A parte especial contempla somente a disciplina específica de cada um dos direitos reais. Se esta disciplina não faz nenhuma referência ao registo, em qualquer dos direitos reais previstos na lei, como explicar que seja tratado num deles[942]?

Só numa orientação que intenta construir uma teoria geral de Direitos Reais tem lugar o ensino dos princípios e dos efeitos substantivos do registo predial, pois só num ensino com dimensão sistemática se pode introduzir matéria que é estranha a cada direito real em particular. Por isso, durante décadas, o ensino de Direitos Reais em Portugal, movimentando-se em torno da simples descrição do regime jurídico de cada direito real, não contemplou o registo (de móveis ou de imóveis). Sem surpresa, um precursor da parte geral de Direitos Reais, DIAS MARQUES, pôde introduzir essa matéria no seu ensino desta cadeira, como o fizeram depois todos os pro-

[940] PINTO DUARTE, O Ensino De Direitos Reais, cit., pág. 45 e segs. e Curso de Direitos Reais, cit., pág. 118 e segs., fá-lo a propósito do direito de propriedade.

[941] Idem.

[942] A propriedade, como defende PINTO DUARTE, ou qualquer outro.

fessores que, desde OLIVEIRA ASCENSÃO, lançaram mãos à tarefa de construir uma parte geral no sistema científico de Direitos Reais.

Não vislumbramos nenhum inconveniente didáctico na escolha da parte geral para o ensino do registo, como defende PINTO DUARTE[943]. O registo desempenha uma função de publicidade dos direitos reais e desencadeia efeitos variados, que podem repercutir-se na aquisição, perda ou oneração desses direitos. Só na parte geral se pode ter uma perspectiva do conjunto desses efeitos e ilustrar correctamente a função da publicidade registal, nomeadamente no confronto com os outros princípios de Direitos Reais, o que não sucede obviamente quando se insere a apresentação da matéria do registo no regime de um único direito real, como se apenas a ele respeitasse.

Dentro dentro da parte geral, uma vez que isolámos um princípio da publicidade, essa constitui a sede natural de exposição desta matéria. Afinal, a publicidade é a ligação do registo com o sistema de Direitos Reais. Se há um princípio da publicidade, as manifestações deste princípio cabem no seu estudo, se outras razões não impuserem um diferente enquadramento[944]. Acompanhamos, deste modo, MENEZES CORDEIRO[945], cujo ensino coloca igualmente a matéria do registo predial no seio do princípio da publicidade.

943 O Ensino De Direitos Reais, cit., pág. 47, onde afirma, em crítica à colocação do registo em sede de parte geral, "que, do ponto de vista didáctico, essa solução seria manifestamente infeliz".

944 É o que sucede com a posse, que seria completamente injustificado estudar a propósito do princípio da publicidade, embora a lei também lhe associe um efeito de publicidade.

945 Direitos Reais – Sumários, cit., pág. 71 e segs.

Capítulo IV
A Publicidade Registal

Secção I
Actos e Princípios do Registo Predial

50. A organização do Registo Predial

O Registo Predial encontra-se organizado em Conservatórias do Registo Predial, à frente das quais se encontra um conservador do Registo Predial.

51. O escopo do Registo Predial

A finalidade da instituição do Registo Predial é dotar a ordem jurídica de um dispositivo organizado que permita a qualquer interessado aferir da existência e titularidade dos direitos reais sobre prédios.

O art. 1.º do Código do Registo Predial proclama solenemente: "o registo predial destina-se essencialmente a dar publicidade à situação jurídica dos prédios, tendo em vista a segurança do comércio jurídico".

Deste modo, supõe-se que a consulta do Registo Predial faculte ao interessado o conhecimento da situação jurídico-real do prédio em questão.

52. Os actos de registo

São três os actos registais que importa considerar:

- Descrição predial;

- Inscrição;
- Averbamento.

A descrição predial "tem por fim a identificação física, económica e fiscal dos prédios" (art. 79.º, n.º 1 do Código do Registo Predial). Trata-se de determinar a localização física do prédio, onde se situa, qual a sua área, a sua conformação (rústico, urbano ou misto), o seu valor patrimonial constante da matriz e a situação matricial (cf. o art. 82.º, n.º 1 do Código do Registo Predial).

De cada prédio é feita uma descrição distinta (art. 79.º, n.º 2 do Código do Registo Predial). Espera-se que todos os prédios da área territorial da Conservatória estejam descritos nesta, o que pode não suceder, dado o princípio da instância[946] que rege toda a actividade registal.

Nenhum acto registal, nomeadamente, inscrição ou averbamento é feito sem que a descrição do prédio esteja lançada. E a descrição apenas é feita na dependência de uma inscrição ou de um averbamento (art. 80.º, n.º 1 do Código do Registo Predial).

A inscrição registal visa "definir a situação jurídica dos prédios, mediante extracto dos factos a ela referentes" (art. 91.º, n.º 1 do Código do Registo Predial). É este o acto a que normalmente se alude quando se menciona o registo.

A inscrição reporta-se aos factos sujeitos a registo segundo o disposto nos artigos 2.º e 3.º do Código do Registo Predial. A inscrição pode ser definitiva ou provisória; a inscrição definitiva constitui o registo final do facto; a inscrição provisória tem lugar quando o facto a registar é insuficiente para produzir a alteração da situação jurídica do prédio. Há inscrições que são sempre feitas a título provisório, a denominada provisoriedade por natureza (cf. o art. 92.º Código do Registo Predial), outras que o são por dúvidas do Conservador quanto à registabilidade do facto cuja inscrição foi requerida pelo interessado (art. 70.º do Código do Registo Predial).

Tanto a descrição predial como a inscrição registal podem ser completadas, actualizadas ou rectificadas mediante averbamentos (art. 88.º, n.º 1 e 100.º, n.º 1 do Código do Registo Predial).

[946] Sobre este princípio, cf. infra no texto.

53. O objecto do registo

Quando se fala no objecto do registo tem-se em vista o acto de inscrição registal. Acentua-se que o registo tem por objecto factos jurídicos (a compra e venda, a permuta, a sucessão, etc.) e não situações jurídicas (direitos ou outras)[947].

Surge frequentemente a menção a um registo da propriedade, do usufruto, etc. Mas tais alusões são erradas do ponto de vista técnico. Como decorre inequivocamente do art. 2.º do Código do Registo Predial, o objecto do registo são os factos e não direitos.

É verdade que nem todos os factos sujeitos a registo produzem uma eficácia real (por exemplo, a alínea t) do Código do Registo Predial) e que o Registo predial publicita efeitos que não são reais, embora estejam sempre conexos com a situação de prédios.

Seja como for, o objecto da inscrição registal é um facto. Inscrevem-se factos para, desta forma, dar a conhecer aos interessados a situação jurídica dos prédios (art. 1.º do Código do Registo Predial).

54. O título para registo

Como dissemos, a inscrição registal tem por objecto factos, os factos cuja eficácia a ordem jurídica pretende ver publicitada. Para que seja promovido o registo, porém, o facto a registar tem de estar titulado em documento escrito (art. 43.º, n.º 1 do Código do Registo Predial).

Porquanto os factos a registar se referem a prédios, os negócios jurídicos estão normalmente sujeitos a forma escrita. O registo do facto é assim feito perante a exteriorização requerida pela ordem jurídica. Quando, porém, tal não suceda, os interessados no registo têm de titular por escrito o facto, ainda que a forma escrita seja indiferente para a sua validade ou eficácia.

É o que se passa, nomeadamente, com o registo da usucapião – a qual deve ser justificada notarialmente ou declarada judicialmente para efeitos do registo – e com o registo da posse (art. 1295.º, n.º 2).

55. A legitimidade para registar

No art. 36.º do Código do Registo Predial estabelece-se que "têm legitimidade para pedir o registo os sujeitos, activos e passivos, da respectiva

[947] Cf. Oliveira Ascensão, Direito Civil – Reais, cit., pág. 340 e segs.

relação jurídica e, em geral, todas as pessoas que nele têm interesse ou que estejam obrigadas à sua promoção".

A legitimidade para registar pertence, em primeiro lugar, às partes do negócio jurídico. Numa compra e venda, por exemplo, não apenas o comprador adquirente mas também o vendedor pode registar o contrato. O mesmo se diga dos seus herdeiros.

A legitimidade não se confina, todavia, às partes a que respeita o facto a registar. O art. 36.º estende-a aos interessados. Quem são os interessados? Decerto, não é interessado qualquer pessoa, senão a formulação do preceito teria sido outra; apesar de tudo, a alusão aos interessados tem o significado de uma restrição.

Interessado, na acepção do art. 36.º do Código do Registo Predial, é aquele cuja posição jurídica pode ser afectada pela falta do registo. Tipicamente, os credores do adquirente são interessados no registo, na medida em que o direito a que se reporta o facto registado integra o património afecto à satisfação do crédito. Para além dos credores, qualquer pessoa que para registar um facto que lhe respeita tenha de fazer outra inscrição prévia tem legitimidade para registar o facto de que depende o seu registo.

Finalmente, todos aqueles que, segundo o disposto no art. 8.º-B, n.º 1 do Código do Registo Predial tenham o dever de registar o facto têm igualmente legitimidade para o fazer.

56. A legitimação registal

I. Diferente da legitimidade para o registo, que responde à questão de saber quem o pode pedir, a legitimação registal prende-se com a regra, segundo a qual, só pode ser titulado um facto jurídico se o disponente tiver prévia inscrição registal a seu favor.

A regra consta do art. 9.º, n.º 1 do Código do Registo Predial e do art. 54.º, n.º 2 do Código do Notariado. Segundo o disposto no art. 9.º, n.º 1, "os factos de que resulte transmissão de direitos ou constituição de encargos sobre imóveis não podem ser titulados sem que os bens estejam definitivamente inscritos a favor da pessoa de quem se adquire o direito ou contra a qual se constitui o encargo".

Uma vez que os factos jurídicos constitutivos, modificativos, translativos e extintivos de direitos reais sobre imóveis estão, em regra, sujeitos a escritura pública (art. 80.º, n.º 1 do Código do Notariado), o notário só pode outorgar a escritura de disposição de direito real atinente a prédio caso o disponente tenha registo a seu favor. E o mesmo se diga das decisões judiciais atinentes à constituição ou transmissão de um direito real a favor de uma das partes.

Portanto, quem titule um facto constitutivo ou translativo de direitos reais deve certificar-se previamente que existe inscrição registal do facto aquisitivo do direito a favor do disponente. Se não houver, o acto não deve ser praticado.

Os números 2 e 3 do art. 9.º do Código do Registo Predial atenuam os efeitos da imposição indirecta de registo que resuta do n.º 1 admitindo, excepcionalmente, que seja titulado o facto constitutivo ou translativo em casos nos quais o disponente não tem registo.

II. Pergunta-se, no entanto, qual é o valor jurídico do acto de constituição ou transmissão do direito se o mesmo houver sido celebrado mesmo sem o disponente ter registo do seu facto aquisitivo?

> A, proprietário do prédio X com registo de compra a seu favor, vende a propriedade a B, que não regista. Com a complacência do Notário, B vende posteriormente a C.

Durante algum tempo, MENEZES CORDEIRO[948] sustentou a nulidade do negócio jurídico celebrado em violação do disposto no n.º 1 do art. 9.º do Código do Registo Predial, vindo depois a mudar de posição[949]. Em posição diversa, OLIVEIRA ASCENSÃO[950] defendeu a tese da validade, apontando apenas sanções disciplinares a quem titulou o acto em violação do preceito, tese essa que mereceu o acolhimento da jurisprudência em alguns arestos e também de CARVALHO FERNANDES[951].

Pensamos não haver motivo para a cominação do desvalor da nulidade. Estamos longe da *ratio legis* do art. 294.º, que estabelece a nulidade do negócio jurídico quando as partes violam preceito injuntivo. O art. 9.º, n.º 1 do Código do Registo Predial não é um comando dirigido às partes, mas ao notário ou ao juiz que titula o acto. A sua violação não deve, por isso, atingir a eficácia do negócio pretendido pelas partes, mas atingir somente o agente dessa violação.

948 Evolução juscientífica E Direitos Reais, cit., pág. 234, nota 84.

949 Tratado De Direito Civil Português, I, Parte Geral, Tomo I, cit., pág. 871.

950 Direito Civil – Reais, cit., pág. 349.

951 Lições De Direitos Reais, cit., pág. 125 e seg.

Em suma, havendo violação do n.º 1 do art. 9.º do Código do Registo Predial, o negócio é valido, havendo lugar a aplicação de sanções disciplinares, se for o caso.

57. Princípios do Registo Predial. Enunciado genérico

O Registo Predial estrutura-se com base em princípios. Estes são concretamente:

- O princípio da obrigatoriedade;
- O princípio da legalidade;
- O princípio da instância;
- O princípio do trato sucessivo;
- O princípio da prioridade.

Vamos de seguida analisar separadamente cada um deles.

58. O princípio da obrigatoriedade

I. Afastando-se da solução vigente no Direito português, o DL n.º 116/2008 introduziu no Direito português a obrigatoriedade de registo dos factos elencados no art. 2.º e 3.º do Código do Registo Predial (art. 8.º-A), embora se prevejam algumas excepções (art. 8.º-A, n.º 1).

A obrigatoriedade de registo dos factos elencados na lei não contende, de nenhuma forma, com a eficácia real dos mesmos, seja para a deter seja para simplesmente a suspender até que o registo seja feito. Assim, se porventura o obrigado ao registo de um contrato de compra e venda ou de doação não o promover, com violação do dever legal, nem por isso estes contratos deixam de ter eficácia real ou esta deixa de ocorrer no momento da conclusão do contrato segundo o disposto no art. 408.º, n.º 1 do Código Civil. O comprador adquire o direito real (art. 879.º, alínea a) do Código Civil), assim como o donatário (art. 954.º, alínea a) do Código Civil), independentemente de o registo – obrigatório – não haver sido promovido pelo obrigado ou por qualquer outra pessoa com legitimidade para o fazer.

Como se explicou a propósito do princípio da consensualidade, a eficácia real decorre do contrato, por efeito da celebração válida deste, e não depende do registo. A obrigatoriedade de registo prevista no art. 8.º-A do Código do Registo Predial não muda isto e não contende, repete-se, com a eficácia real do facto sujeito a registo.

II. A obrigatoriedade do registo predial concretiza-se pela imposição de um dever de registar a uma categoria de destinatários (art. 8.º-B do Código do Registo Predial).

A incumbência cabe, em primeiro lugar, ao profissional que for chamado a titular o facto sujeito a registo ou a reconhecer as assinaturas das partes. Estão em causa, o notário – nos casos de escritura pública, autenticação de documento particular ou de reconhecimento de assinatura – o advogado, o solicitador e as Câmaras de Comércio e de Indústria, nos casos em que a lei lhes cometa competência para a titulação de factos sujeitos a registo.

No caso de não haver intervenção de profissional, o dever mencionado cabe ao sujeito activo do facto sujeito a registo, uma expressão usada para designar o adquirente do direito ou da situação jurídica envolvida.

Para além destes, o art. 8.º-B do Código do Registo Predial obriga ainda os tribunais, o Ministério Público e os Agentes de Execução nas situações referidas no n.º 3.

A promoção do registo por alguém com legitimidade legal para o fazer, exonera o obrigado (art. 8.º-A, n.º 5 do Código do Registo Predial).

59. O princípio da legalidade

O princípio da legalidade[952] vem previsto no art. 68.º do Código do Registo Predial. Este princípio comporta duas modalidades: o controlo formal da legalidade e o controlo substancial[953]. Num sistema em que vigore um princípio de legalidade formal, o conservador controla unicamente o respeito pela regra da forma legal e a legitimidade das partes, sem entrar na apreciação de outros aspectos da validade do facto a registar.

Num sistema de legalidade substancial cabe ao conservador mais do que a apreciação do respeito pela forma legal e a legitimidade das partes, um verdadeiro controlo de validade do acto sujeito a registo.

O Código do Registo Predial adoptou um sistema de legalidade substancial, erguendo o conservador como uma instância de controlo dos requisitos de validade negocial. O art. 68.º não limita o exame do conservador à regularidade formal dos títulos ou à aferição da legitimidade dos "interes-

[952] Sobre este princípio, cf. OLIVEIRA ASCENSÃO, Direito Civil – Reais, cit., pág. 337 e segs., MENEZES CORDEIRO, Direitos Reais – Sumários, cit., pág. 75 e segs., CARVALHO FERNANDES, Lições De Direitos Reais, cit., pág. 117 e segs.

[953] OLIVEIRA ASCENSÃO, Direito Civil – Reais, cit., pág. 337.

sados", estendendo-o à verificação da identidade do prédio e, fundamental, à "validade dos actos dispositivos nele contidos". Havendo alguma anomalia, o conservador deve recusar o registo nos casos previstos no art. 69.º do Código do Registo Predial, lançando o registo como provisório por dúvidas nas situações contempladas no art. 70.º do mesmo Código.

Este princípio deve, em todo o caso, ser contido no domínio tabular. O conservador não pode ter mais poderes do que tem o juiz num processo civil[954]. Fora de causa está a invocação de anulabilidades[955]. A lei atribui a legitimidade para a arguição respectiva àquele em cujo interesse a estabelece (art. 287.º, n.º 1). O conservador não pode, assim, substituir o juízo do titular do direito à anulação. Como direito subjectivo, este direito está exclusivamente na disponibilidade deste. Como ressalva ao que ficou dito, restam os casos em que a anulabilidade resulta de falta de consentimento de um terceiro ou de autorização do tribunal, porquanto a lei determina nestes casos a inscrição como provisória por natureza (alínea e) do n.º 1 art. 92.º do Código do Registo Predial).

O mesmo se diga relativamente a nulidades atípicas, em que a lei atribua a uma das partes o direito a fazer declarar a nulidade. O conservador não deverá recusar o registo com base no art. 69.º, cabendo ao titular do direito exercê-lo, se assim o entender.

Restam as nulidades típicas, as que estão sujeitas ao regime geral (art. 285.º e segs.). Quanto a estas, importa distinguir. A nulidade estabelecida na norma visa prosseguir um escopo público ou de terceiros, que não as partes? A ser assim, o conservador deve recusar a inscrição do facto ou inscrevê-lo como provisório por dúvidas, até estas estarem removidas (art. 70.º do Código do Registo Predial). Estando a teleologia da norma imperativa que sanciona a nulidade dirigida à protecção de uma das partes do negócio jurídico, valem, quanto a nós, as mesmas razões que justificam que o conservador não deva recusar o registo nos negócios anuláveis.

No fundo, e sendo os factos sujeitos a registo titulados, em regra, por intervenção notarial, este princípio consagra uma segunda instância de controlo da legalidade, sobretudo, nos casos em que a celebração do negócio jurídico não foi impedida pelo notário. O papel do conservador, para além da aferição da regularidade formal e a legitimidade das partes, consiste em

954 Como, com toda a razão, chama a atenção MENEZES CORDEIRO, Direitos Reais – Sumários, cit., pág. 77 e seg.

955 Neste sentido, com razão, CARVALHO FERNANDES, Lições De Direitos Reais, cit., pág. 117.

verificar se o negócio foi titulado de acordo com as exigências legais. Os casos documentados na jurisprudência sobre a recusa de registo por falta de certificação pelo notário da existência de licença de construção ou habitação evidenciam ser disso que se trata.

60. O princípio da instância

A iniciativa da prática dos actos registais pertence aos interessados no registo; o conservador não lança os registos oficiosamente. É este o significado do princípio da instância[956] previsto no art. 41.º do Código do Registo Predial, que deixa, deste modo, aos particulares o funcionamento da publicidade registal, salvo quando a lei preveja uma excepção[957].

O pedido de registo deve ser apresentado no modelo oficial aprovado e deve ser entregue com os documentos que titulam o facto a registar (art. 43.º, n.º 1 do Código do Registo Predial).

61. O princípio do trato sucessivo

I. O princípio do trato sucessivo vem previsto no art. 34.º do Código do Registo Predial[958]. Dispõe o n.º 1 do preceito, que "o registo definitivo de constituição de encargos por negócio jurídico depende da prévia inscrição dos bens em nome de quem os transmite ou onera".

O Registo Predial, tendo por finalidade dar a conhecer aos interessados a situação jurídica dos prédios (art. 1.º do Código do Registo Predial), deve patentear toda sequência dos factos jurídicos que respeitam a cada prédio descrito. Procura-se, deste modo, que a história jurídica do prédio seja retratada pelo Registo Predial e que a consulta deste pelos interessados revele os factos jurídicos relativos a ele.

Com a obrigatoriedade do registo este princípio ficou fortalecido. Explicamos isto através de um exemplo do que pode acontecer em caso do registo devido não ser promovido pelo obrigado:

[956] Sobre este princípio, cf. OLIVEIRA ASCENSÃO, Direito Civil – Reais, cit., pág. 336 e seg., MENEZES CORDEIRO, Direitos Reais – Sumários, cit., pág. 73 e segs, CARVALHO FERNANDES, Lições De Direitos Reais, cit., pág. 113 segs.

[957] São desta ordem, entre outras, as situações previstas nos artigos 92.º, n.º 6, 97.º, n.º 1, 98.º, n.º 3, 100.º, n.º 3 do Código do Registo Pedial.

[958] Sobre este princípio, cf. OLIVEIRA ASCENSÃO, Direito Civil – Reais, cit., pág. 344 e segs., MENEZES CORDEIRO, Direitos Reais – Sumários, cit., pág. 78 e seg., CARVALHO FERNANDES, Lições De Direitos Reais, cit., pág. 122 e seg.

A vendeu a propriedade do prédio X a B. A compra e venda não foi registada por ninguém. O trato sucessivo não impõe a obrigatoriedade do registo, sequer indirectamente, e, por essa razão, nesta hipótese não existe nenhum violação do art. 34.º, n.º 1. Contudo, porquanto o facto (a compra e venda) não foi levado ao Registo Predial, este fica incompleto e comunica a quem o consulte uma situação jurídica desconforme. Do ponto de vista substantivo, o proprietário é B, por força do contrato de compra e venda (art. 408.º, n.º 1 e art. 879.º alínea a); registalmente, porém, o proprietário é A, que continua a ser presumido como tal enquanto a situação registal não for alterada com o registo da compra e venda (art. 7.º do Código do Registo Predial).

No caso retratado, a omissão do registo não constitui uma violação do trato sucessivo, pois esta suporia uma inscrição registal não coberta pela inscrição anterior, o que não acontece. Um exemplo de violação verdadeira do trato sucessivo encontra-se na seguinte hipótese:

A vendeu a propriedade do prédio X a B. A compra e venda não foi registada por ninguém. Em seguida, B consegue vender o direito a C e o conservador regista a aquisição a favor deste, sem antes ter inscrito a venda a favor de B.

O registo feito com violação do trato sucessivo é nulo (art. 16.º, alínea e) do Código do Registo Predial).

II. O princípio do trato sucessivo tem o conservador como destinatário e não os particulares que requerem o registo. Por isso, a violação do mesmo é da responsabilidade do conservador, que o deve respeitar (art. 34.º, n.º 1 do Código do Registo Predial).

62. O princípio da prioridade

I. O princípio da prioridade[959] consta do art. 6.º do Código do Registo Predial. Na redacção actual do n.º 1 dispõe-se que "o direito inscrito em primeiro lugar prevalece sobre os que se lhe seguirem relativamente aos mesmos bens, por ordem da data dos registos e, dentro da mesma data, pela ordem temporal das apresentações correspondentes".

A redacção do preceito afigura-se à primeira vista deficiente, porquanto o registo tem por objecto factos e não direitos. Ela liga-se, no entanto, à

[959] Sobre este princípio, cf. Oliveira Ascensão, Direito Civil – Reais, cit., pág. 349 e segs., Menezes Cordeiro, Direitos Reais – Sumários, cit., pág. 79 e segs., Carvalho Fernandes, Lições De Direitos Reais, cit., pág. 127.

amplitude de sentido que o princípio da prioridade tem na ordem jurídico-registal portuguesa, que é, na verdade, bem menor do que o teor literal do preceito sugere.

O art. 6.º, n.º 1 do Código do Registo Predial consagra uma regra de prioridade, ou, como julgamos tecnicamente mais correcto, de prevalência entre direitos compatíveis, que vale, antes de mais, para os direitos reais que se constituam com o registo, nomeadamente, a hipoteca (art. 687.º e art. 4.º, n.º 2 Código do Registo Predial)[960].

A constituiu uma hipoteca a favor de B e a favor de C, tendo a escritura da hipoteca de B sido outorgada em primeiro lugar. C, todavia, registou primeiro a sua hipoteca. Segundo o art. 6.º, n.º 1, a hipoteca de C prevalece sobre a de B. A razão para isto é que o direito de hipoteca de B se constituiu em primeiro lugar.

Como nenhum outro direito real, de gozo, garantia ou aquisição se constitui com o registo e tem a sua oponibilidade a terceiros dependente do registo do correspondente facto aquisitivo, o princípio da prioridade não tem aplicação quanto a qualquer um desses direitos. Por essa razão, dizemos que a amplitude do preceito é bem menor do que aparenta.

A vendeu a propriedade do prédio X a B, que não registou, e depois doou o direito a C, que conhecia a venda anterior. C registou a sua aquisição. Neste caso, conforme veremos detalhadamente a propósito do âmbito de aplicação do art. 5.º, n.º 1 do Código do Registo Predial, C não pode opor a B o seu pseudo direito, apesar de ter registo a seu favor. Como a segunda venda a favor de C é nula, venda de coisa alheia (art. 892.º), e o registo (concretamente o art. 5.º, n.º 1 do Código do Registo predial) não protege C neste caso, que não está de boa fé e adquiriu a título gratuito, de nada adianta a C ter registado o seu "direito" antes de B. Este continua a poder opor o seu direito contra C. O art. 6.º, n.º 1 do Código do Registo Predial não tem aqui aplicação.

Para além dos casos em que o registo é constitutivo de direitos reais, o que em Portugal só acontece com a hipoteca, o princípio da prioridade vale também para os direitos cuja oponibilidade possa segundo a lei ficar dependente do registo. Ilustremos isto com os direitos pessoais de gozo. Segundo o art. 407.º, n.º 1, "quando, por contratos sucessivos, se constituírem, a favor de pessoas diferentes, mas sobre a mesma coisa, direitos pessoais de gozo

[960] Sobre o efeito constitutivo do Registo Predial, cf. a secção seguinte.

incompatíveis entre si, prevalece o direito mais antigo em data, *sem prejuízo das regras próprias do registo*" (o itálico é nosso). Ora, estando o arrendamento por mais de seis anos e as suas transmissões ou sublocações sujeitas a registo (alínea m) do n.º 1 do art. 2.º do Código do Registo Predial), caso se verifique um duplo arrendamento de prédio a favor de pessoas diferentes que esteja nas condições da alínea m) do n.º 1 do art. 2.º do Código do Registo Predial, o primeiro locatário que registar poderá opor o seu direito ao outro locatário, ainda que este haja celebrado o seu contrato em primeiro lugar. O art. 6.º, n.º 1 do Código do Registo Predial recebe aplicação neste caso, por força do disposto na parte final do n.º 1 do art. 407.º.

Por último, a penhora, o arresto e o arrolamento ordenam-se igualmente em termos de prevalência de acordo com a data dos respectivos registos. Assim, se recaírem duas penhoras sobre o mesmo prédio, a penhora registada em primeiro lugar prevalece sobre a registada em segundo lugar e assim por diante.

Em suma, o princípio da prioridade, ou da prevalência como preferimos dizer, tem um âmbito de aplicação circunscrito aos casos em que se realizam dois ou mais registos de direitos, isto é, direitos reais que segundo a ordem jurídica se constituam com o registo (a hipoteca) ou outros direitos que se refiram a um prédio (direitos pessoais de gozo, penhora, arresto, arrolamento). E significa que prevalece o direito inscrito em primeiro lugar.

II. Num mesmo dia podem ser apresentados vários pedidos de registo de hipotecas relativas ao mesmo prédio. Como a data é a mesma e importa estabelecer a prevalência, a lei fixa um segundo critério: a ordem das apresentações (art. 6.º, n.º 1 *in fine* do Código do Registo Predial). O critério é, no entanto, afastado quando as hipotecas concorram entre si na proporção dos respectivos créditos (art. 6.º, n.º 2 do Código do Registo Predial).

III. A data do registo definitivo é a data do registo provisório, se este precedeu aquele (art. 6.º, n.º 3 do Código do Registo Predial). Esta regra é fundamental para assegurar a posição do titular do direito que registou primeiramente a título provisório. A inscrição definitiva terá a data da inscrição provisória.

IV. Tendo em conta a importância que a prevalência tem para o exercício do direito a que se reporta o registo, caso o registo seja inicialmente recusado e o interessado haja recorrido da decisão do conservador, vindo o recurso a ser procedente, a data do registo é a data do pedido inicialmente recusado, não a data da procedência do recurso.

Secção II
Efeitos Substantivos do Registo Predial

63. Ordem substantiva e ordem registal. A prevalência da primeira

I. O interesse do Registo Predial para o estudo de Direitos Reais prende-se com os efeitos substantivos que a lei registal associa ao registo. Estes efeitos são muito diferentes entre si e têm de se manter devidamente separados. A regra em Portugal continua a ser a de que é à ordem substantiva, entendida aqui como o regime jurídico decorrente do Direito não registal, e não à ordem registal[961] que cabe fixar a titularidade, conteúdo e subsistência das situações jurídicas reais. Em caso de divergência entre a realidade substantiva e a realidade registal é a primeira que prevalece[962]. A função primacial do Registo Predial é publicitar as situações jurídicas reais e o seu efeito não é, em regra, atributivo de direitos reais.

A prevalência da ordem substantiva sobre a ordem registal infere-se da natureza ilidível da presunção constante do art. 7.º do Código do Registo Predial[963]. Os factos que o registo atesta podem ser impugnados quanto à sua existência e validade e, feita a prova que o direito não pertence afinal àquele que o registo proclama como titular, o registo deve ser cancelado. É o que decorre do art. 8.º, n.º 1 e do art. 13.º do Código do Registo Predial.

II. A divergência ou desconformidade entre a situação registal e a situação substantiva pode acontecer em quatro casos:

– Incompletude do registo;

[961] Entendida como o Direito Registal Predial.

[962] Neste sentido, Oliveira Ascensão, Direito Civil – Reais, cit., pág. 351 e seg.

[963] Neste sentido, Oliveira Ascensão, Direito Civil – Reais, cit., pág. 353, Carvalho Fernandes, Lições De Direitos Reais, cit., pág. 128 e seg., Isabel Pereira Mendes, Código Do Registo Predial Anotado e Comentado, Coimbra, 2006, pág. 124. Na jurisprudência, cf. Ac. STJ de 27.07.2006, Proc. n.º 06A1471, em www.dgsi.pt, Ac. STJ de 11.07.2006, 06A2105, em www.dgsi.pt, Ac. STJ de 27.04.2005, proc. n.º 05B980, em www.dgsi.pt, Ac. STJ de 30.09.2004, Ac. STJ de 05.07.2001, Proc. n.º 01A1139, em www.dgsi.pt, Proc. n.º 04B2894, em www.dgsi.pt, Ac. STJ de 15.11.77, BMB n.º 272, pág. 160, Ac STJ de 3-12-74, BMJ n.º 242, pág. 263.

- Ineficácia do registo;
- Inexactidão do registo;
- Invalidade do facto jurídico registado.

O registo diz-se incompleto quando um facto que a ele estava sujeito não foi registado. Já atrás tivemos ocasião de expor exemplos deste caso.

A vende a propriedade sobre o prédio X a B e a venda não é levada ao Registo Predial. Este não evidencia, assim, o facto translativo do direito real, continuando a publicitar uma titularidade que não corresponde mais à realidade substantiva. O Registo ostenta a propriedade de A quando este direito pertence a B.

O registo fica então desactualizado, não exprimindo a eficácia jurídica do facto que não foi levado a registo. Um registo predial incompleto publicita uma realidade – registal – não conforme à realidade substantiva.

A ineficácia do registo abrange as situações de inexistência do registo (art. 14.º do Código do Registo Predial) e de nulidade registal (art. 16.º do mesmo Código). O registo inexistente não produz efeitos, podendo a inexistência ser requerida por qualquer pessoa e sem necessidade de declaração judicial (art. 15.º, n.º 1 e n.º 2 do Código do Registo Predial). O registo nulo tem de ser declarado judicialmente e só depois do trânsito em julgado da decisão pode ser invocado (art. 17.º, n.º 1 do Código do Registo Predial).

A inexistência e a nulidade do registo não envolvem necessariamente uma desconformidade entre a ordem substantiva e a ordem registal. Pode, no entanto, ser esse o caso, como sucede, por exemplo, quando o registo se baseia em títulos falsos (art. 16.º, alínea a) segunda parte do Código do Registo Predial). Um título falso não constitui decerto um facto aquisitivo válido do direito real, pelo que o registo do mesmo origina a discrepância entre a ordem registal e a ordem substantiva.

A desconformidade entre a situação substantiva e a situação registal proveniente de um registo ineficaz apresenta semelhanças com a do registo incompleto. Em ambos os casos aquele que consulta o Registo Predial pode ser enganado no tocante à situação jurídico-real do prédio. Há uma diferença, porém: no registo incompleto, há um facto que não consta do Registo Predial, porque nenhum dos interessados o registou; no registo ineficaz, o Registo Predial publicita uma situação não conforme à realidade substantiva por vício do próprio acto registal.

Caso análogo ao do registo ineficaz é o do registo inexacto. Segundo o n.º 1 do art. 18.º do Código do Registo Predial, "o registo é inexacto quando se mostre lavrado em desconformidade com o título que lhe serviu de base ou enferme de deficiências provenientes desse título que não sejam causa de nulidade". O registo inexacto pode ser rectificado, nos termos dos artigos 120.º e seguintes do Código do Registo Predial.

Por último, a desconformidade registal com a ordem substantiva pode advir da circunstância do facto registado ser inválido. Ao contrário do registo ineficaz, em que o acto registal – o registo – está viciado, nestas hipóteses o registo é válido e apenas o facto jurídico registado se encontra ferido de invalidade. Fala-se aqui em invalidade substantiva[964], para distinguir da nulidade registal prevista no art. 16.º do Código do Registo Predial.

O registo efectuado com um título inválido não é nulo. O art. 16.º não prevê esta situação como causa de nulidade do registo. E também não se trata de um registo inexacto segundo o art. 18.º, n.º 1 do Código do Registo Predial. É unicamente um registo desconforme à realidade substantiva. Como tal, e dado a regra da prevalência da ordem substantiva sobre a ordem registal, pode ser cancelado, se a invalidade do facto jurídico que lhe serviu de base for declarada judicialmente ou as partes acordarem sobre a invalidade e registarem o acordo[965], em conformidade com o art. 13.º do Código do Registo Predial.

Em atenção à confiança que o Registo Predial deve suscitar no tráfego imobiliário, a desconformidade entre a ordem registal e a ordem substantiva levanta problemas delicados de tutela do terceiro de boa fé que confia na aparência jurídica promovida pela publicidade registal, adquirindo daquele que consta do registo como titular do direito real, não o sendo. Em alguns casos, a ordem jurídica excepciona a regra da prevalência da ordem substantiva sobre a ordem registal e permite que esta funde a protecção do terceiro de boa fé. É o denominado efeito atributivo do registo predial, sobre o qual versaremos adiante.

64. A extensão da presunção prevista no art. 7.º do Código do Registo Predial

Um problema que se tem colocado é o do alcance da presunção constante do art. 7.º, nomeadamente se ela abrange também os elementos da descrição. Vamos expor brevemente a nossa posição.

[964] Cf. Oliveira Ascensão, Direito Civil – Reais, cit., pág. 354.

[965] Esta hipótese decorre expressamente do disposto na parte final do n.º 1 do art. 291.º do Código Civil.

A inscrição registal faz-se na dependência de uma descrição (art. 91.º, n.º 2 do Código do Registo Predial). E é natural que quem consulte o Registo Predial confie nos elementos da descrição, constando eles de uma repartição pública organizada e mantida pelo Estado. Nessa medida, a determinação para a celebração de um negócio jurídico pode haver sido influenciada pela descrição predial.

Porém, a descrição predial não tem repercussão na situação substantiva do prédio. Se a área predial constante da Conservatória é maior ou menor do que a que foi averbada na descrição, se as confrontações foram mal feitas, se houve uma omissão de construções existentes no prédio, etc., a situação substantiva do prédio não foi alterada. E essa situação é a que resulta da lei, em função dos títulos (factos jurídicos) existentes. Um proprietário cujo prédio "ganhou" área do prédio vizinho por declaração falsa no registo, por o título estar inexacto ou por erro do conservador, não se torna proprietário da parte que não é sua se não ocorrer um facto aquisitivo com eficácia real a seu favor. E a descrição predial ou o averbamento não é obviamente esse facto.

Por outro lado, e este é o factor mais relevante, o "registo definitivo" aludido no art. 7.º do Código do Registo Predial, por contraposição a provisório, por natureza (art. 92.º do Código do Registo Predial) ou por dúvidas (art. 70.º do Código do Registo Predial), reporta-se à inscrição registal, não à descrição. Deste modo, a presunção de titularidade do preceito diz respeito apenas à inscrição registal. A descrição predial não fica abrangida por ela[966].

Portanto, a presunção registal de titularidade constante do art. 7.º, n.º 1 do Código do Registo Predial não abarca os elementos da descrição registal, apenas o que resulta do facto inscrito tal como foi registado.

65. Os efeitos substantivos do registo predial. Enunciação genérica

O registo predial predial pode produzir efeitos jurídicos nos direitos reais a que respeitam os factos registados. Todavia, numa ordem jurídica de título, em que vigora o princípio da consensualidade, o registo não inter-

[966] Neste sentido, Menezes Cordeiro, Direitos Reais – Sumários, cit., pág. 87. Na jurisprudência mais recente, Ac. STJ de 15.12.2005, Proc. n.º 05B3944, em www.dgsi.pt, Ac. STJ de 14.10.2003, Proc. n.º 03A2672, em www.dgsi.pt, Ac. STJ de 05.07.2001, Proc. n.º 01A1139, em www.dgsi.pt. Outra jurisprudência pode ser confrontada em Menezes Cordeiro, idem, e em Isabel Pereira Mendes, Código Do Registo Predial Anotado e Comentado, cit., pág. 125 e seg.

fere, em regra, na constituição ou transmissão do direito real. Ele desempenha aí a sua função normal de publicidade das situações jurídicas reais.

Em alguns casos, porém, o registo predial pode ter um papel na constituição do direito real (registo constitutivo) ou surgir mesmo como o seu facto aquisitivo (aquisição tabular). Diversamente, o registo predial pode ainda ser completamente indiferente até mesmo para a publicidade da situação jurídica (registo enunciativo).

Falaremos em cinco efeitos jurídicos do registo predial:

- O efeito presuntivo;
- O efeito consolidativo;
- O efeito constitutivo;
- O efeito atributivo ou aquisição tabular;
- O efeito enunciativo.

Passamos de seguida à análise individualizada de cada um destes efeitos.

66. O efeito presuntivo do registo predial

O efeito presuntivo do registo predial funda-se no art. 7.º do Código do Registo Predial[967]. Como sabemos, estamos defronte de uma presunção ilidível ou *iuris tantum*, por conseguinte, susceptível de ser afastada mediante prova em contrário (art. 350.º, n.º 2). Quem tem a presunção registal a seu favor, escusa de provar a titularidade do direito a que o registo alude (art. 350.º, n.º 1). A presunção abrange os elementos da inscrição registal, mas não os da respectiva descrição[968].

A presunção fundada no registo pode colidir com a presunção fundada na posse (art. 1268.º, n.º 1). Nessa altura, prevalece a mais antiga, como já deixámos exposto. Isto quer dizer, que a presunção assente no registo predial não vale de nada se houver uma posse anterior ao registo. Neste caso, o titular inscrito terá de levar a cabo a actividade probatória tendente a demonstrar a titularidade substantiva do direito em causa.

A presunção registal vale nos casos de registo nulo, mas não de registo juridicamente inexistente. O art. 15.º, n.º 1 do Código do Registo Predial não deixa margem para outro entendimento. Se o registo inexistente não produz qualquer efeito, também não produz o efeito presuntivo. O registo

[967] Cf. também Menezes Cordeiro, Direitos Reais – Sumários, cit., pág. 85 e segs.

[968] Cf. supra no texto.

nulo, ao invés, produz o efeito presuntivo até ser cancelado com base numa decisão judicial transitada em julgado (art. 13.º e 17.º, n.º 1 do Código do Registo Predial).

67. O efeito consolidativo do registo predial

Por força do princípio da consensualidade (art. 408.º, n.º 1), a constituição ou transmissão do direito real opera por mera eficácia do contrato, portanto, independentemente do registo, que, para o efeito, não é necessário, podendo deixar de ser feito. Também outros factos aquisitivos de direitos reais, a usucapião, a acessão, a decisão judicial, não carecem de registo para desencadear a sua eficácia.

Neste contexto normativo, o registo não é parte integrante do facto aquisitivo do direito real. Pode-se, então, perguntar, que efeito – substantivo – tem?

Para além de permitir a disposição, notarial e judicial, do direito real, o registo evita a aquisição tabular de um terceiro, como melhor compreenderemos a seguir. É por isso que se fala em efeito consolidativo[969]. O titular do direito real que tem o registo do facto aquisitivo respectivo, fica ao abrigo de uma aquisição tabular de terceiro.

68. O efeito constitutivo do registo predial

O registo predial não tem, em regra efeito constitutivo[970]. Isto significa que não integra nenhum facto complexo de produção sucessiva em que ele seja o culminar da aquisição do direito real.

O único exemplo em Portugal de efeito constitutivo do registo predial é a hipoteca (art. 687.º e 4.º, n.º 2 do Código de Registo Predial). O ponto, todavia, não se apresenta inteiramente pacífico. OLIVEIRA ASCENSÃO[971] tem sustentado que, no caso de hipoteca, o registo é meramente condicionante da eficácia absoluta. Antes disso, parece, teríamos um direito real desprovido de oponibilidade.

[969] Sobre este, cf. OLIVEIRA ASCENSÃO, Direito Civil – Reais, cit., pág. 362 e segs., MENEZES CORDEIRO, Direitos Reais – Sumários, cit., pág. 94 e seg., CARVALHO FERNANDES, Lições De Direitos Reais, cit., pág. 133 e seg.

[970] Sobre o efeito constitutivo do registo predial, cf. OLIVEIRA ASCENSÃO, Direito Civil – Reais, cit., pág. 357 e segs., MENEZES CORDEIRO, Direitos Reais – Sumários, cit., pág. 96, CARVALHO FERNANDES, Lições De Direitos Reais, cit., pág. 133 e seg.

[971] Direito Civil – Reais, cit., pág. 357.

Não sufragamos esta posição. Em nossa opinião, o registo constitui uma parte, a parte final, do processo de constituição do direito real hipoteca, e não uma mera condição de oponibilidade. O registo tem, pois, neste caso, eficácia constitutiva de um direito real[972].

69. O efeito atributivo do registo predial (aquisição tabular)

I. No sistema registal português, vigorando embora uma obrigatoriedade de registar, pode ainda assim acontecer que o registo fique incompleto, e desse modo inexacto em face da realidade substantiva, por não ser registado o facto jurídico a ele sujeito.

Dado que o registo predial visa dar a conhecer aos interessados a situação jurídico-real dos prédios, consagrando uma presunção de titularidade (art. 7.º do Código do Registo Predial) que outorga a legitimação para qualquer acto de disposição (art. 9.º, n.º 1 do Código do Registo Predial), se ele estiver incompleto, existe o risco de que quem vier a praticar um acto jurídico nada adquira, nomeadamente, por o titular inscrito já não ser o titular do direito na ordem substantiva e não ter, deste modo, legitimidade para dispor do seu direito.

A vendeu a B a propriedade do prédio X. Esta venda não foi registada. Em seguida, o mesmo A, constando ainda do registo, doa o mesmo direito a C. Este regista a sua aquisição.

Atendendo a que a ordem substantiva prevalece sobre a ordem registal, o titular do direito real pode pedir e obter, em princípio, o cancelamento do registo predial do não titular (art. 13.º do Código do Registo Predial), que vê, assim, a sua posição ser destruída.

Os casos de ineficácia do registo, de inexistência jurídica e de nulidade, acrescentam outro trecho de desconformidade potencial entre a situação substantiva e a situação registal. Quer com o registo inexistente quer com o registo nulo, a situação registal pode estar em discrepância com a situação substantiva e aquele em favor do qual funciona a presunção registal não ser o titular do direito na ordem substantiva.

A vendeu a B a propriedade do prédio X. Esta venda não foi registada. C forja uma escritura de venda de A a ele próprio e consegue registar a sua

[972] Neste sentido, Menezes Cordeiro, Direitos Reais – Sumários, cit., pág. 96, Carvalho Fernandes, Lições De Direitos Reais, cit., pág. 133 e seg.

aquisição. O registo de C é nulo por ter sido lavrado com base em títulos falsos (art. 16.º alínea a) do Código do Registo Predial).

O mesmo se diga nas hipóteses de registo inexacto. Um erro no lançamento do registo arrasta consigo uma desconformidade registal.

Por último, temos os casos de invalidade substantiva com registo válido. Um registo de facto inválido suscita uma óbvia desconformidade entre a ordem substantiva e a ordem registal.

A prevalecer a ordem substantiva sobre a ordem registal em todos os casos, nenhum dos terceiros adquirentes de direito com base numa situação registal desconforme com a realidade substantiva ficaria protegido, independentemente do facto de ter agido com base na presunção de titularidade fundada no registo.

Importa notar, todavia, que o registo predial representa um serviço do Estado e os trabalhadores do registo são funcionários públicos. Ademais, a situação registal confere legitimação ao titular inscrito para dispor do direito (art. 9.º, n.º 1 do Código de Registo Predial) e funda uma presunção de titularidade do direito (art. 7.º do Código de Registo Predial).

Todos estes factores levam a que o registo predial, para realizar efectivamente o seu escopo de conferir segurança jurídica ao comércio jurídico imobiliário (art. 1.º do Código do Registo Predial), deva incutir fé pública no que publicita relativamente a qualquer pessoa que o consulte, aquilo a que a doutrina denomina usualmente de fé pública registal[973].

De modo a assegurar esta fé pública registal, permitindo que o registo predial realize o escopo de trazer segurança ao tráfico jurídico imobiliário, a ordem jurídica tem de equacionar o problema da protecção do terceiro que confia na aparência suscitada pelo registo e depois vem a praticar um acto de aquisição de um direito real com quem afinal não era o titular do direito, acto esse que surgirá inelutavelmente afectado pelo vício da ilegitimidade do disponente, sendo, por isso, e em regra, nulo.

II. Proteger um terceiro que "adquire" um direito na base de uma situação registal desconforme à realidade substantiva significa preterir sempre o titular do direito real na ordem substantiva, em última análise, o proprietário, a favor de quem não adquiriu validamente o seu direito.

[973] Oliveira Ascensão, Direito Civil – Reais, cit., pág. 351 e segs., Carvalho Fernandes, Lições De Direitos Reais, cit., pág. 128 e segs.

A protecção de terceiro com base na ordem registal, a acontecer, constitui uma inversão da prevalência da ordem substantiva sobre a registal e ergue o acto de registo (a inscrição registal) em verdadeiro facto aquisitivo de direitos reais. Desta maneira, a norma jurídica onde se atribua tal protecção a terceiro constitui uma norma jurídica excepcional, com tudo o que esta categoria de normas envolve, nomeadamente, a proibição da analogia.

A protecção registal contra o titular do direito real na ordem substantiva denomina-se aquisição tabular ou, sob o prisma dos efeitos jurídicos, efeito atributivo do registo predial. Essa protecção tem por fundamento a fé pública registal.

A aquisição tabular não beneficia qualquer pessoa que tenha adquirido invalidamente um direito por força de uma situação registal desconforme à realidade substantiva. Beneficia apenas o terceiro para efeitos do registo predial. Isto levanta o problema de saber quem pode configurar um terceiro para efeitos da protecção tabular, problema que tem trazido alguma controvérsia em anos recentes ao Direito português.

Seja como for, e como veremos, não há um conceito de terceiro que sirva para todas as situações em que alguém tenha adquirido um pseudo direito na base de uma situação registal desconforme. O conceito de terceiro relevante para a protecção registal deve aferir-se em função de cada norma que institua essa protecção.

Existem quatro preceitos onde se pode radicar uma aquisição tabular ou efeito atributivo do registo predial. Esses preceitos são os artigos 5.º, 17.º, n.º 2 e 122.º do Código do Registo Predial e o art. 291.º do Código Civil.

70. A aquisição tabular no art. 5.º do Código do Registo Predial. A consagração da concepção restrita de terceiro

I. O art. 5.º, n.º 1 do Código do Registo Predial dispõe que “os factos sujeitos a registo só produzem efeitos contra terceiros depois da data do respectivo registo”. Esta é uma disposição cujo teor literal pode suscitar equívocos a uma leitura apressada e deve ser, por isso, interpretada com cautela.

Atento o sentido literal imediato induzido pela redacção do n.º 1 do art. 5.º do Código do Registo Predial, pareceria que o direito real só teria oponibilidade contra terceiro se o facto aquisitivo desse direito houvesse sido registado.

Num exemplo prático, B comprou a propriedade do prédio X a A e ninguém registou o contrato de compra e venda. C esbulha entretanto o prédio a B; estará este, aparentemente, impedido de reivindicar a coisa de C, a não ser que proceda ao registo da sua compra?

Não é isso, porém, o que decorre do art. 5.º, n.º 1 do Código do Registo Predial. Este preceito não tem por escopo fazer depender a oponibilidade do direito real da prévia inscrição registal da aquisição a favor do seu titular. O seu objectivo é antes proteger o terceiro que, confiando na aparência de uma situação registal desconforme à realidade substantiva, celebra um negócio jurídico inválido com o titular inscrito e regista a sua aquisição.

No exemplo anterior, B não teria nenhum impedimento legal na reivindicação do prédio a C, que não é um terceiro para efeito do art. 5.º, n.º 1 do Código do Registo Predial.

Isto conduz-nos ao primeiro requisito de aplicação do art. 5.º, n.º 1 citado. O preceito abrange apenas os casos de registo incompleto, nos quais um terceiro adquire um direito num negócio jurídico inválido – concretamente nulo, por falta de legitimidade do seu disponente – e regista o facto. Sem registo do correspondente facto aquisitivo, o terceiro não obtém protecção.

Chegamos, assim, a outro requisito de aplicação do art. 5.º, n.º 1 do Código do Registo Predial: o terceiro, para ser protegido, tem de inscrever o facto aquisitivo do seu direito. Caso o titular do direito real na ordem substantiva registe a sua aquisição antes do terceiro, este não beneficiará da protecção registal prevista no art. 5.º, n.º 1.

Suponhamos agora que A vendeu a propriedade do prédio X a B e depois fez o mesmo a C. No entanto, B consegue registar a sua compra e venda antes de C o fazer. C não fica então protegido pelo art. 5.º, n.º 1 do Código do Registo Predial, porque não registou a sua aquisição antes de B o ter feito.

Sabemos já que o art. 5.º, n.º 1 do Código do Registo Predial supõe a pré-existência de um registo desconforme à realidade substantiva, por estar incompleto, e que o terceiro só obtém a protecção instituída naquele preceito se tiver registo; chegou a altura de perguntarmos quem é terceiro para efeitos do registo?

Na redacção inicial do art. 5.º do Código do Registo Predial, antes de ter sido introduzido o actual n.º 4 pelo DL n.º 533/99, de 11 de Dezembro, discutia-se vivamente quem deveria ser considerado terceiro para efeitos de aplicação do preceito, tendo-se gerado duas teorias a este propósito, a denominada concepção ampla de terceiro[974], com origem em GUILHERME MOREIRA[975], e a concepção restrita[976], devida a MANUEL DE ANDRADE[977].

Na formulação inicial da concepção ampla de terceiro, GUILHERME MOREIRA defende que "relativamente aos actos sujeitos a registo predial, consideram-se como terceiros todos aqueles que tenham adquirido e conservado direitos sobre os imóveis, que seriam lesados se o acto não registado produzisse efeitos a respeito deles"[978].

Do lado da teoria oposta, MANUEL DE ANDRADE escreveu: "terceiros para efeito do registo são aqueles que adquirem de autor comum direito incompatível".

Durante um aceso debate, a jurisprudência tomaria posição nos dois sentidos, tornando praticamente imprevisível a decisão de cada caso. Em face da proliferação de jurisprudência contraditória no próprio Supremo Tribunal de Justiça[979], este tribunal veio a uniformizar jurisprudência nos termos previsto no Código do Processo Civil. No acórdão uniformizador de 4 de Julho de 1997[980], o Supremo Tribunal de Justiça decidiu nos seguintes termos: "Terceiros, para efeitos do registo predial, são todos os que, tendo obtido registo de um direito sobre determinado prédio, vejam esse direito ser arredado por qualquer facto jurídico anterior não registado ou registado posteriormente".

O aresto, tirado no seio de um tribunal profundamente dividido (vejam-se os votos de vencido), consagrou a concepção ampla de terceiro. No entanto, a sua doutrina vigorou por pouco tempo, pois, logo em 18 de Maio de 1999, o Supremo Tribunal de Justiça, novamente no exercício dos poderes de uniformização de jurisprudência, proferiu outra decisão, o acórdão n.º 3/99[981], agora favorável à concepção restrita: "Terceiros, para efeitos do

[974] Para a defesa desta, ANTUNES VARELA/HENRIQUE MESQUITA, RLJ, Ano 127, pág. 20, CARVALHO FERNANDES, "Terceiros para efeitos do registo predial", BFD, LXX, 1994, pág. 1303 e segs., FERREIRA DE ALMEIDA, Publicidade e Teoria dos Registos, Coimbra, 1966.

[975] Instituições De Direito Civil Português, vol. I, Coimbra, 1907, pág. 525 e seg.

[976] Para além de MANUEL DE ANDRADE, cf. ORLANDO DE CARVALHO, no BFD, LXX, 1994, pág.

[977] Teoria Geral Da Relação Jurídica, vol. II, pág. 19.

[978] Instituições De Direito Civil Português, cit., pág. 525.

[979] Para uma panorâmica geral da jurisprudência anterior a 1999, cf. ISABEL PEREIRA MENDES, Código Do Registo Predial Anotado e Comentado, cit., pág. 103 e segs.

[980] Publicado do DR I Série A, n.º 152, de 4 de Julho de 1997.

[981] DR I Série A, n.º 159, de 10 de Julho de 1999.

disposto no art. 5.º do Código do Registo Predial, são os adquirentes de boa fé, de um mesmo transmitente comum, de direitos incompatíveis, sobre a mesma coisa".

Pouco tempo depois, o DL n.º 533/99, de 11 de Dezembro aditaria um n.º 4 ao art. 5.º do Código do Registo Predial, com a seguinte redacção: "Terceiros, para efeitos do registo, são aqueles que tenham adquirido de autor comum direitos incompatíveis entre si". O legislador português, tomando partido na disputa que assolava a doutrina e jurisprudência portuguesas, perfilhou a concepção restrita de terceiro, que está assim vertida no sistema normativo português.

Deste modo, só fica protegido pelo registo predial o terceiro que, tendo registado a sua posição, haja adquirido do mesmo disponente o direito real incompatível. Ilustremos isto.

> A, com registo a seu favor, vendeu a propriedade do prédio X a B, que não registou. O mesmo A vende depois o mesmo direito a C, que regista a sua aquisição. C tem um "direito" incompatível com B e adquiriu esse "direito" de autor comum, A. C é terceiro para efeitos do registo predial segundo a concepção assente no art. 5.º, n.º 1 e n.º 4 do Código do Registo Predial.

Ao contrário, um terceiro cuja posição jurídica não tenha resultado de um acto de disposição praticado pela mesma pessoa não fica protegido pelo art. 5.º, n.º 1 do Código do Registo Predial. E isto inclui o autor de hipoteca legal ou judicial, de arresto, de penhora, de arrolamento, de compra em venda judicial, cujo direito não provém de um acto de disposição do titular inscrito no registo. Vejamos um exemplo.

> A, com registo a seu favor, vendeu a propriedade do prédio X a B, que não registou. Entretanto, C, credor de A, move um processo executivo a este último, fazendo registar uma penhora sobre o prédio X. Sendo B proprietário, pode opor o seu direito a C, que registou a penhora? Segundo a concepção ampla de terceiro, não poderia. Contudo, nos termos da concepção restrita, como C não adquiriu a penhora de A, o seu direito não provém de um autor comum a B. A penhora de C não é, assim, oponível a B e este pode pedir o cancelamento do registo dela (art. 13.º do Código do Registo Predial). O registo de C não o protege, pois, contra o titular do direito de propriedade que, depois da compra e venda, é B e não A, apesar daquilo que o registo predial patenteia.

O art. 5.º, n.º 1 do Código do Registo Predial tem por campo de aplicação os casos de incompletude registal, portanto, situações em que um facto sujeito a registo não foi registado, deixando o registo predial em desconformidade com a ordem substantiva. A sua teleologia é a da protecção do terceiro que pratica um negócio jurídico de aquisição de um direito real com aquele que figura no registo como seu titular, não o sendo. Esse negócio jurídico está viciado por falta de legitimidade do disponente, o que significa que é nulo; no entanto, pela fé pública que o registo predial deve incutir, a lei, verificados determinados requisitos, protege o terceiro que registou a sua aquisição.

A protecção registal está hoje, por força do art. 5.º, n.º 4 do Código do Registo Predial, limitada aos terceiros que tenham adquirido o seu – pseudo – direito da mesma pessoa que o transmitiu ao titular do direito incompatível. O que restringe a protecção registal por registo incompleto aos casos de dupla disposição.

Nos casos de dupla disposição cobertos pelo art. 5.º, n.º 1 a mesma pessoa dispõe duas vezes do mesmo direito real sobre o prédio. Se o disponente tem registo a seu favor e o primeiro acto de disposição (a compra e venda, a doação, etc.) não é levado ao registo, a situação registal fica desconforme à realidade substantiva (registo incompleto). Porquanto o disponente continua a figurar no registo como titular do direito, a legitimação registal (art. 9.º, n.º 1 do Código do Registo Predial), ligada à presunção de titularidade do direito (art. 7.º, n.º 1 do Código do Registo Predial, permite-lhe dispor uma segunda vez. O segundo acto de disposição é, porém, nulo, por falta de legitimidade do disponente; se este dispôs do direito no primeiro acto, já não tem legitimidade para dispor dele uma segunda vez (para a compra e venda e outros negócios onerosos, *ex vi* do art. 939.º, o art. 892.º e, para a doação, o art. 956.º, n.º 1). Contudo, uma vez que o registo está incompleto, e enquanto estiver, qualquer interessado consegue registar o segundo acto de disposição.

É aqui que intervém o art. 5.º, n.º 1 do Código do Registo Predial. No conflito gerado entre o titular do direito real na ordem substantiva, que não tem registo do seu facto aquisitivo, e o pseudo aquirente, que nada adquiriu validamente na ordem substantiva (o negócio por ele celebrado é nulo), aquele preceito determina a protecção do terceiro pseudo adquirente, se este registar antes do registo do primeiro negócio jurídico e caso se cumpram os demais requisitos de protecção, a que aludiremos de seguida.

O significado desta protecção é a aquisição por via tabular de um direito que não havia sido adquirido por via substantiva. O terceiro adquire por força do registo o direito real a que se refere a sua inscrição registal. Daí falar-se em efeito atributivo do registo predial ou aquisição tabular.

II. No número anterior, vimos que o art. 5.º, n.º 1 do Código do Registo Predial confere protecção registal ao terceiro na situação de registo incompleto com dupla disposição, contando que o terceiro tenha registo da sua aquisição.

Em todo o caso, nem todo o terceiro nestas condições recebe protecção da ordem registal. Para além dos requisitos que acima enunciámos – a pré-existência de um registo incompleto desconforme com a realidade substantiva e o registo do facto aquisitivo do terceiro antes do registo do facto aquisitivo do titular do direito real – torna-se ainda necessário que o terceiro esteja de boa fé e o facto aquisitivo seja oneroso.

O art. 5.º, n.º 1 do Código do Registo Predial não faz qualquer menção à boa fé, mas esta é uma imposição decorrente da integração sistemática do preceito e da sua teleologia. No que se refere à integração sistemática, basta ver que em todas as disposições em que ocorre um efeito atributivo do registo predial no ordenamento português, nos artigos 17.º, n.º 2 e 122.º do Código do Registo Predial e no art. 291.º do Código Civil, a lei portuguesa exige a boa fé. Não pode ser diferente no art. 5.º, n.º 1 do Código do Registo Predial, apesar da omissão expressa deste requisito[982].

O argumento teleológico é igualmente decisivo. A protecção registal do terceiro tem por fundamento a fé pública registal e visa preservar a confiança que o registo predial deve suscitar enquanto instituição organizada e mantida pelo Estado. Se o terceiro conhece ou devia conhecer a desconformidade entre a situação registal e a situação substantiva, a razão para a protecção do terceiro deixa de se verificar.

Compreende-se que o terceiro de má fé não receba nunca a protecção da ordem jurídica registal. Se a protecção tabular envolve o sacrifício da posição jurídica do titular do direito real, esse sacrifício justifica-se apenas quando está em causa a fé pública registal. Se o terceiro conhece ou devia conhecer o direito do verdadeiro titular, o registo predial não defraudou a sua confiança na situação substantiva, e não merece, pois, qualquer protecção da ordem jurídica, ainda que o registo predial estivesse objectivamente desconforme com a realidade substantiva quando ele registou a sua pseudo aquisição.

[982] Neste sentido, cf. Oliveira Ascensão, Direito Civil – Reais, cit., pág. 377, Carvalho Fernandes, Lições De Direitos Reais, cit., pág. 142. Na jurisprudência, o Ac. 3/99 do STJ, cit., menciona expressamente que o terceiro protegido pelo art. 5.º é um terceiro de boa fé.

O conceito de boa fé relevante para efeitos da protecção tabular de terceiro encontra-se previsto no n.º 3 do art. 291.º. Ele vale para todas as hipóteses de efeito atributivo do registo predial e, portanto, também para os casos dos artigos 5.º, n.º 1, 17.º, n.º 2 e 122.º do Código do Registo Predial, e não somente no contexto específico do art. 291.º.

O art. 291.º, n.º 3 consagra uma boa fé subjectiva ética. Não basta, pois, o mero desconhecimento da lesão do direito alheio para a existência de boa fé. O terceiro que desconhece culposamente o direito real de terceiro está de má fé. Apenas o desconhecimento desculpável releva para a existência de boa fé.

III. O terceiro só fica protegido pelo registo predial quando celebrou o negócio jurídico a título oneroso. Assim, se o terceiro regista uma doação, por exemplo, não pode ser protegido pelo art. 5.º, n.º 1 do Código de Registo Predial.

Carvalho Fernandes[983] opôs-se a este entendimento, defendendo que as aquisições a título gratuito não prejudicariam a posição do terceiro de boa fé que registasse a sua aquisição antes do registo do verdadeiro titular. Mas tem contra si o argumento sistemático, que é muito ponderoso. Em todas as hipóteses em que se enunciam os requisitos da aquisição tabular do terceiro, nos artigos 17.º, n.º 2 e 122.º do Código do Registo Predial e no art. 291.º do Código Civil, a lei é expressa em exigir que a aquisição seja a título oneroso. Por que razão haveria de ser diferente no art. 5.º, n.º 1 do Código do Registo Predial?

A conjugação de todos os preceitos atinentes ao efeito atributivo depõe a favor de requisitos comuns da aquisição tabular, a boa fé e o carácter oneroso do facto aquisitivo, e não se vislumbra nenhum argumento em sentido diverso.

IV. Estamos, assim, em condições de enunciar sinteticamente os requisitos da protecção tabular do terceiro segundo o art. 5.º, n.º 1 e n.º 4 do Código do Registo Predial[984]:

- Pré-existência de um registo desconforme à realidade substantiva (registo incompleto);

[983] Lições de Direitos Reais, cit., pág. 144 e segs.

[984] Sobre estes, ver também Oliveira Ascensão, Direito Civil – Reais, cit., pág. 376 e segs.

- Acto de disposição praticado com base na situação registal desconforme;
- Boa fé do terceiro;
- Carácter oneroso do negócio jurídico de disposição;
- Que o terceiro registe a sua aquisição antes do registo do facto aquisitivo do titular do direito real na ordem substantiva.

A, com registo a seu favor, vendeu a propriedade do prédio X a B, que não registou. A vende depois o mesmo direito a C, que regista a sua aquisição. C desconhecia sem culpa a prévia aquisição de B. Ocorrendo todos os requisitos mencionados, C adquire a propriedade do prédio X em detrimento de B, cujo direito é sacrificado.

Ao registo da aquisição do direito equivale o registo da acção de declaração de invalidade do negócio celebrado entre o duplo disponente e o terceiro. Na verdade, se o terceiro apenas consegue registar a sua aquisição após o registo da acção de declaração da nulidade do negócio por si celebrado, não pode invocar a seu favor a fé pública registal, porquanto o registo predial já patenteava a desconformidade com a ordem substantiva quando o seu registo foi feito.

V. Conforme resulta do exposto, o alcance do art. 5.º, n.º 1 nada tem a ver com a oponibilidade do direito real. Um direito real cujo facto aquisitivo não foi registado mantém a sua oponibilidade normal contra terceiros que constituam um obstáculo ao seu exercício. Desde logo, se um terceiro esbulha a coisa ao titular do direito real, este pode lançar mão da reivindicação, nos termos gerais. Oliveira Ascensão[985] explica isto dizendo que os terceiros estranhos, que não invoquem um direito incompatível com o titular do direito real, não estão protegidos pelo art. 5.º, n.º 1 do Código do Registo Predial

A, senhorio de B, vende a propriedade da fracção arrendada a C, sem que este registe a compra. Entretanto, caduca o arrendamento e B recusa-se a entregar a fracção a C. Este pode, porém, intentar uma acção de reivindicação contra B, sem que este possa excepcionar com a falta de registo do facto aquisitivo de C.

[985] Direito Civil – Reais, cit., pág. 360 e seg.

No entanto, não são apenas os estranhos que não têm qualquer direito incompatível com o direito real do titular que ficam à mercê da oponibilidade deste direito. Na verdade, o titular do direito real pode opô-lo aos terceiros que tenham um direito incompatível, mas não hajam registado o facto aquisitivo respectivo[986]. A protecção registal do terceiro segundo o art. 5.º, n.º 1 do Código do Registo Predial requer o registo do direito. Se o terceiro não tem inscrição registal do seu direito não pode invocar a protecção do preceito.

Em todo o caso, mesmo terceiro com registo a seu favor de direito incompatível fica exposto à oponibilidade geral do direito real não registado, quando:

- Estiver de má fé;
- Tenha adquirido a título gratuito.

O terceiro fica protegido segundo o art. 5.º, n.º 1 do Código do Registo Predial quando, tendo adquirido de autor comum, o registo esteja incompleto, haja celebrado o negócio com base na situação registal desconforme à realidade substantiva, esteja de boa fé, adquira a título oneroso e registe a sua aquisição antes do registo do direito pelo titular ou do registo de acção destinada a declarar a invalidade do negócio jurídico celebrado entre o duplo disponente e o terceiro.

71. A aquisição tabular no art. 17.º, n.º 2 do Código do Registo Predial

I. O art. 17.º, n.º 2 do Código do Registo Predial tem a seguinte redacção: "A declaração de nulidade do registo não prejudica os direitos adquiridos a título oneroso por terceiro de boa fé, se o registo dos correspondentes factos for anterior ao registo da acção de nulidade".

Este preceito liga-se directamente à declaração judicial de nulidade do registo prevista no n.º 1. O terceiro que adquira uma posição jurídica com base no registo nulo pode ter adquirido de alguém que não era substantivamente o titular do direito real que foi objecto de disposição. A lei registal dispõe, assim, que, verificados os requisitos enunciados no art. 17.º, n.º 2 do Código do Registo Predial, o terceiro adquirente não vê a sua posição ser afectada pela declaração de nulidade do registo predial.

[986] Cf. Oliveira Ascensão, Direito Civil – Reais, cit., pág. 361 e seg.

No entanto, o n.º 2 do art. 17.º do Código do Registo Predial só tem aplicação nos casos em que o acto de disposição fundado no registo nulo é inválido, por falta de titularidade do direito real com base no qual esse acto é celebrado. Se o titular inscrito é o titular do direito real na ordem substantiva e o acto de disposição a favor do terceiro é válido, sendo apenas o registo nulo, o art. 17.º, n.º 2 nada acrescenta, uma vez que o terceiro não foi prejudicado com a declaração de nulidade do registo. Por isso, apenas quando o registo nulo induz uma desconformidade com a ordem substantiva tem lugar a aplicação do art. 17.º, n.º 2 do Código do Registo Predial[987].

> A, proprietário do prédio X, com registo a seu favor lavrado por funcionário sem competência funcional, vende a propriedade a B, que regista a sua aquisição. O registo de A vem no entanto a ser declarado nulo, com fundamento na alínea d) do art. 16.º do Código do Registo Predial. A posição de B não é afectada pela declaração de nulidade do registo, porquanto o contrato de compra e venda não tem a sua validade afectada pela nulidade do registo de A.

Em segundo lugar, o art. 17.º, n.º 2 do Código do Registo Predial só actua contra o titular do direito real que não tenha registo do facto aquisitivo do seu direito. Se este registo existe, o preceito também não tem aplicação. Um exemplo evidencia isto com maior clareza.

> Z forja uma escritura de compra e venda da propriedade do prédio X de A para B; A é o proprietário do prédio X, com registo a seu favor. B, cúmplice de Z, vende depois a propriedade do prédio X a C, que desconhece a tramóia. C regista a sua aquisição. Quid juris? O registo a favor de B é nulo, por ter sido efectuado com base em título falso (alínea a) do art. 16.º do Código do Registo Predial); porém, C não fica protegido pelo art. 17.º, n.º 2 do Código do Registo Predial, pois A beneficia do efeito consolidativo de registo predial.

O efeito atributivo do registo predial não prevalece sobre o efeito consolidativo, que é definitivo. Se o titular do direito real na ordem substantiva regista o facto aquisitivo, consolida definitivamente a sua aquisição e fica protegido contra uma eventual aquisição tabular de terceiro. De outra forma, não se poderia falar nunca de efeito consolidativo do registo predial e este admitiria um grau de insegurança e incerteza que não se quadra com a sua teologia (art. 1.º do Código do Registo Predial).

[987] Neste sentido, Oliveira Ascensão, Direito Civil – Reais, cit., pág. 371.

Por isso, o efeito atributivo só se compatibiliza com o efeito consolidativo quando o titular do direito real na ordem substantiva não tem registo a seu favor.

Voltando à hipótese anterior, consideremos agora que A, proprietário do prédio X, não tem registo da sua aquisição. Neste caso, não beneficia do efeito consolidativo do registo predial e fica à mercê da protecção registal de terceiro de boa fé. O art. 17.º, n.º 2 do Código do Registo Predial tem aplicação neste caso, e C fica protegido contra A.

E nem se invoque, contra a solução apresentada, a fé pública registal a favor do terceiro. O titular do direito real que regista primeiramente a sua aquisição também beneficia da fé pública registal, tendo, além disso, a vantagem de beneficiar de uma aquisição válida. Não se vê, assim, porque razão haveria de ser preterido a favor de alguém que não adquiriu validamente a sua posição jurídica e que registou posteriormente.

II. O primeiro requisito para aplicação do art. 17.º, n.º 2 do Código do Registo Predial é a pré-existência de um registo nulo (com desconformidade substantiva)[988]. E o registo é nulo nos casos do art. 16.º do mesmo Código. De fora ficam os casos de registo juridicamente inexistente (art. 14.º do Código do Registo Predial)[989].

O segundo requisito consiste num acto de disposição fundado no registo nulo. O titular inscrito dispõe do seu pseudo direito a favor de um terceiro com base no registo nulo.

O terceiro requisito é a boa fé do terceiro. Contrariamente ao art. 5.º, n.º 1 do Código do Registo Predial, o art. 17.º, n.º 2 é expresso relativamente à exigência de boa fé. Esta é de entender em sentido ético, de acordo com o disposto no art. 291.º, n.º 3 do Código Civil.

O quarto requisito é a onerosidade da aquisição do terceiro. Em caso de doação, por exemplo, o terceiro não fica protegido.

Por último, quinto requisito, o registo do facto aquisitivo do terceiro tem de preceder o registo da acção de declaração de nulidade do registo ou o registo da acção de declaração de nulidade do acto de disposição fundado no registo nulo. Valem quanto a este caso as razões que apontámos para idêntica solução no âmbito do art. 5.º.

[988] Para uma síntese dos requisitos constantes do art. 17.º, n.º 2 do Código do Registo predial, cf. MENEZES CORDEIRO, Direitos Reais – Sumários, cit., pág. 90.

[989] Pronunciando-se contra esta solução, cf. MENEZES CORDEIRO, ROA, 1985, pág. 110 e segs.

Diferentemente do art. 5.º do Código do Registo Predial, que assenta num esquema de dupla disposição de um direito pela mesma pessoa, o art. 17.º, n.º 2 protege um terceiro subadquirente, cuja posição adveio da celebração de um negócio jurídico com o titular inscrito com registo nulo, que não é, por conseguinte, o titular do direito real na ordem substantiva. Note-se, que o terceiro protegido não é nunca aquele que beneficia do registo nulo, mas sim o adquirente em negócio concluído com base no registo nulo, um subadquirente.

A, sem registo da propriedade do prédio X, vendeu este direito a B, que conseguiu registar a sua aquisição. O registo de B é nulo, por violação do trato sucessivo (alínea e) do art. 16.º do Código do Registo Predial), mas ele não beneficia da aplicação do art. 17.º, n.º 2, já que este preceito apenas protege quem adquire com base em registo nulo, o que não é o caso de B. Porém, se B vender a propriedade do prédio X a C, e este estiver de boa fé, registando a sua aquisição antes do registo do facto aquisitivo do titular do direito real, fica protegido por este preceito, já que é um terceiro.

III. O art. 17.º, n.º 2 do Código do Registo Predial protege um terceiro subadquirente que adquiriu o seu pseudo direito com base num registo prévio nulo, que patenteia uma situação registal desconforme com a realidade substantiva, contando que o titular do direito real não haja registado previamente a sua aquisição.

Para além de se reportar a uma situação de subaquisição, o art. 17.º, n.º 2 distingue-se nomeadamente do art. 291.º do Código Civil, que protege igualmente um subadquirente, por o seu âmbito de aplicação supor a pré-existência de uma nulidade registal e não uma invalidade substantiva. Trata-se, pois, de uma subaquisição com nulidade registal[990].

A protecção registal do art. 17.º, n.º 2 do Código do Registo Predial tem o significado de uma atribuição do direito real a que se refere o facto registado. Quer dizer, não obstante a invalidade (nulidade) do negócio de disposição celebrado entre o pseudo titular inscrito e o terceiro, este último adquire o direito real.

[990] Defendendo que o art. 17.º, n.º 2 do Código do Registo Predial se aplica igualmente às invalidades substantivas, posição que não partilhamos, Menezes Cordeiro, Direitos Reais – Sumários, cit., pág. 93 e seg. Às invalidades substantivas aplica-se unicamente o art. 291.º do Código Civil.

Voltando à nossa hipótese, C, sendo um terceiro para efeitos do art. 17.º, n.º 2 do Código do Registo Predial, adquire a propriedade do prédio X.

O facto aquisitivo não é, porém, o negócio jurídico, que é inválido, mas o próprio registo. Daí que se fale no efeito atributivo do registo predial.

72. A aquisição tabular no art. 291.º do Código Civil

I. Segundo o disposto no art. 291.º do Código Civil, "a declaração de nulidade ou a anulação do negócio jurídico que respeite a bens imóveis, ou a bens móveis sujeitos a registo, não prejudica os direitos adquiridos sobre os mesmos bens, a título oneroso, por terceiro de boa fé, se o registo da aquisição for anterior ao registo da acção de nulidade ou anulação ou ao registo do acordo entre as partes acerca da invalidade do negócio".

O art. 291.º é um preceito atinente à aquisição tabular, pressupondo, por isso, a pré-existência de um registo desconforme à realidade substantiva por invalidade do negócio jurídico registado[991]. Não há nenhuma razão para apreciar diferentemente este preceito dos outros que com ele concorrem no reconhecimento de um efeito atributivo do registo predial. O fundamento da protecção é o mesmo das outras hipóteses legais: a fé pública registal.

O art. 291.º protege o subadquirente com invalidade substantiva e nisto distingue-se quer do art. 5.º do Código do Registo Predial, que protege o terceiro adquirente num esquema de dupla disposição com incompletude registal, quer do art. 17.º, n.º 2 do mesmo Código, que protege o terceiro subadquirente que adquiriu o seu direito com base num registo nulo.

A doou a B a propriedade do prédio X, tendo este último registado a sua aquisição. Em seguida, B vende o mesmo direito a C, que também regista. Entretanto, D faz declarar judicialmente a nulidade da doação de A a B. Com a nulidade do primeiro negócio (da doação), B vê afectada a sua legitimidade para transmitir validamente o direito a C; esta venda é, pois, nula (art. 892.º). Como, no momento do registo da sua aquisição, o registo predial ostentava a propriedade de B, seu vendedor, coloca-se o problema da protecção de C defronte de A. É este problema que o art. 291.º intenta resolver.

[991] Contra, Menezes Cordeiro, Direitos Reais – Sumários, cit., pág. 90, nota 113 e pág. 94, que defende não pressupor o art. 291.º a existência de um registo prévio. Neste sentido igualmente, o Ac. STJ de 27.04.2005, Proc. 05A837, em www.dgsi.pt. No sentido do texto, Oliveira Ascensão, Direito Civil – Reais, cit., pág. 369

Portanto, o art. 291.º tem por escopo definir a protecção do terceiro de boa fé que adquire a sua posição com base num registo desconforme por invalidade substantiva do negócio jurídico registado.

II. Os requisitos do art. 291.º não são inteiramente coincidentes com os do art. 5.º e 17.º, n.º 2 do Código do Registo Predial, o que é natural atendendo a que se trata de um preceito com um campo específico de aplicação, diverso do daqueles preceitos.

Em primeiro lugar, a aplicação do art. 291.º supõe uma situação registal desconforme com a realidade substantiva, por força da inscrição de um negócio jurídico inválido, nulo ou anulável, ou seja, a pré-existência de um registo desconforme por invalidade substantiva do negócio registado[992].

Em segundo lugar, deve haver um acto de disposição do direito a que se reporta o facto registado. O titular inscrito praticou um acto de disposição negocial do seu "direito" a favor de terceiro. Esse acto de disposição está ferido de ilegitimidade, causando, deste modo, a nulidade do negócio jurídico celebrado e, com isso, a não produção da eficácia real no plano substantivo[993].

Em terceiro lugar, o terceiro só recebe protecção em caso de boa fé. O n.º 3 do preceito clarifica que apenas está de boa fé o terceiro que desconhecia sem culpa o vício do negócio inválido. É a concepção subjectiva ética de boa fé já mencionada anteriormente.

Em quarto lugar, só o adquirente em negócio oneroso vem a ser protegido pelo art. 291.º, n.º 1. Usando o argumento a contrário, a aquisição a título gratuito não permite ao terceiro beneficiar da protecção registal.

Em quinto lugar, o terceiro tem de registar a sua aquisição antes do registo da acção de declaração de nulidade ou anulação do negócio jurídico. A protecção registal só é conferida quando o terceiro inscreve o seu facto aquisitivo antes do registo da reacção judicial à celebração do negócio jurídico inválido.

[992] Note-se, que a invalidade substantiva respeita ao negócio jurídico registado e não ao próprio registo. A nulidade do registo predial obedece a um regime específico e consta do art. 16.º do Código do Registo Predial. A invalidade do negócio jurídico não é causa da nulidade do registo predial respectivo. São actos distintos, cada um deles submetido ao seu regime jurídico próprio de invalidade.

[993] Lembramos aqui o princípio da causalidade vigente na ordem jurídica portuguesa. Cf. supra no texto.

O art. 291.º consagra um sexto requisito de protecção do terceiro, requisito este que não se encontra nos artigos 5.º e 17.º, n.º 2 do Código do Registo Predial. De acordo com o n.º 2 do art. 291.º, "os direitos de terceiro não são, todavia, reconhecidos, se a acção for proposta e registada dentro dos três anos posteriores à conclusão do negócio".

Quer dizer, se a acção de declaração de nulidade ou de anulação do negócio jurídico inválido for proposta e registada nos três anos subsequentes à sua celebração, os efeitos da invalidade produzem-se, arrastando consigo a nulidade dos negócios jurídicos subsequentes.

Voltemos ao nosso exemplo. Em 10 de Janeiro de 2004, A doou a B a propriedade do prédio X, tendo este último registado a sua aquisição. Em seguida, B vende o mesmo direito a C, que também regista. Entretanto, um ano depois, D faz declarar judicialmente a nulidade da doação de A a B, registando a acção. Com a nulidade do primeiro negócio (da doação), B vê afectada a sua legitimidade para transmitir validamente o direito a C; esta venda é, pois, nula (art. 892.º). Porquanto D intentou a acção de declaração de nulidade nos três anos seguintes à doação de A a B, C não logrará protecção à luz do art. 291.º.

O art. 291.º consagra, assim, um período de tempo, três anos, durante os quais os efeitos da invalidade negocial prevalecem mesmo contra o terceiro de boa fé que adquiriu onerosamente a sua posição. O prazo dos três anos conta-se da data da celebração do primeiro negócio inválido, aquele justamente que afecta a legitimidade negocial dos sucessivos disponentes, e não de cada um dos subsequentes negócios que venham a ser posteriormente celebrados.

No exemplo anterior, os três anos contam-se da doação entre A e B e não da compra e venda entre B e C.

Decorridos os três anos a que faz menção o art. 291.º, n.º 2, o terceiro que reúna cumulativamente os restantes requisitos fica protegido contra o titular do direito real na ordem substantiva. Isto quer dizer, que adquire tabularmente o direito real a que se reporta o seu registo. O art. 291.º constitui um dos casos de efeito atributivo do registo predial previstos na ordem jurídica portuguesa.

Em 10 de Janeiro de 2002, A doou a B a propriedade do prédio X, tendo este último registado a sua aquisição. Em seguida, B vende o mesmo direito a C, que também regista. Entretanto, quatro anos depois, D faz declarar judicialmente a nulidade da doação de A a B, registando a acção. Com a nulidade do primeiro negócio (da doação), B vê afectada a sua legitimidade para transmitir validamente o direito a C; esta venda é, pois, nula (art. 892.º). Porquanto D intentou a acção de declaração de nulidade após os três anos seguintes à doação de A a B, C, estando de boa fé, ficará protegido em virtude do art. 291.º.

73. A aquisição tabular no art. 122.º do Código do Registo Predial

Normalmente, não se faz alusão ao art. 122.º do Código do Registo Predial no contexto da aquisição tabular. Contudo, se há uma desconformidade registal com a ordem substantiva, que venha a gerar, não a nulidade do registo, mas um registo inexacto nos termos do art. 18.º, n.º 1 do Código do Registo Predial, e o titular inscrito dispõe do direito a favor de um terceiro de boa fé, este pode ficar protegido nos termos do art. 122.º, de modo inteiramente coincidente com o que sucede na hipótese do art. 17.º, n.º 2 do Código do Registo Predial.

74. Análise global dos casos de aquisição tabular

I. O registo predial, instituído e mantido pelo Estado, tem por finalidade prover à segurança do comércio jurídico imobiliário. Acontece, porém, que a situação predial pode estar em desconformidade com a ordem substantiva, isto é, o registo patentear como titular do direito real alguém que não o é efectivamente segundo o Direito aplicável.

As razões para a desconformidade entre a ordem registal e a ordem substantiva podem ser variadas, desde logo, por o registo estar incompleto, em caso de incumprimento do dever de registar ou de falta de iniciativa dos interessados em promover a inscrição de um facto, por o facto registado ser inválido ou por o registo ser inexistente, nulo ou inexacto.

Havendo uma desconformidade entre a situação registal e a ordem substantiva, esta última prevalece, e o registo desconforme pode ser declarado declarado inexistente, nulo, ou ser cancelado ou rectificado consoante os casos. Deste modo, alcança-se a coincidência entre a ordem substantiva e a ordem registal, que deve considerar-se a situação normal.

No entanto, tendo em conta que o registo confere a presunção da titularidade do direito (art. 7.º do Código do Registo Predial), aquele que beneficia de registo a seu favor, ainda que não seja o titular do direito real no plano substantivo, consegue praticar qualquer acto de disposição (legitimação registal – art. 9.º, n.º 1 do Código do Registo Predial). Esse acto, se o disponente não for o titular do direito real, estará viciado por falta de legitimidade daquele, o que redunda na sua nulidade. Isto levanta o problema da protecção do terceiro pseudo adquirente.

Analisados os casos de aquisição tabular previstos na nossa lei (artigos 5.º, 17.º, n.º 2, 122.º do Código do Registo Predial e art. 291.º do Código Civil), não se pode dizer que esteja consagrado um princípio geral de protecção do terceiro. Pelo contrário, essa protecção só sobrevém excepcionalmente, verificados os requisitos legais respectivos. O princípio continua a ser o da prevalência da ordem substantiva, independentemente da boa fé do terceiro. Em Portugal, a boa fé não permite sanar o vício do título (facto jurídico), tanto no que respeita às coisas móveis (irrelevância do princípio posse vale título), como no tocante às imóveis.

Quando ocorra, a aquisição tabular tem por fundamento, não a boa fé, mas sim a fé pública registal[994]. Não se trata de proteger o terceiro por causa da sua boa fé, em atenção à confiança suscitada pela situação registal, mas salvaguardar a credibilidade da instituição registal.

II. A aquisição tabular tem lugar nos casos previstos nos artigos 5.º, 17.º, n.º 2, 122.º do Código do Registo Predial e art. 291.º do Código Civil. Cada um destes preceitos tem o seu âmbito de aplicação próprio, que não coincide com o dos outros. O art. 5.º cobre a situação de registo incompleto com dupla disposição, o art. 17.º, n.º 2 a situação de subaquisição com nulidade registal, o art. 122.º a subaquisição com registo inexacto e o art. 291.º a subaquisição com invalidade substantiva.

Pode acontecer que no caso concreto esteja preenchida simultaneamente a previsão de mais do que um preceito.

> A vendeu a propriedade do prédio X a B, que não registou a sua aquisição, continuando A a figurar no registo predial como proprietário. Quatro anos depois, Z e C forjam uma escritura de venda de A a C, e este último regista a "venda" a seu favor. Em seguida, C vende a propriedade do prédio X a D, que regista. O registo de C é nulo (art. 16.º, alínea a) do Código do Registo Predial), mas D é simultaneamente um subadquirente de um acto nulo, entre A e C. Pode, por isso, invocar quer o art. 291.º, quer o art. 17.º, n.º 2 do Código do Registo Predial, conforme o seu interesse.

Quando assim suceda, cabe ao interessado decidir qual dos preceitos invoca, atendendo a que os requisitos de protecção não são iguais.

[994] Oliveira Ascensão, Direito Civil – Reais, cit., pág. 376.

III. Em todos os casos de aquisição tabular ou de efeito atributivo do registo predial, o terceiro é alguém que celebrou um negócio jurídico inválido e, por essa razão, não adquiriu, por via substantiva, o direito real.

Já sabemos que o efeito atributivo do registo predial implica a aquisição pelo terceiro do direito real objecto do facto registado. É altura de sabermos agora o que sucede ao direito do titular na ordem substantiva.

75. A posição do titular do direito real preterido pela aquisição tabular de terceiro

I. Até este momento fizemos luz sobre o sentido do efeito atributivo do registo predial, salientando que ele importa a aquisição – aquisição originária – do direito real implicado no facto registado. Todavia, a aquisição tabular tem um reverso: a situação em que fica o titular do direito real preterido pelo efeito atributivo do registo predial.

O efeito atributivo do registo predial dá-se sempre contra alguém, em última análise, contra o proprietário do prédio. Pode afectar igualmente outros direitos reais menores, mas repercute-se sempre na propriedade.

A aquisição tabular pode respeitar a qualquer direito real cujo facto aquisitivo esteja sujeito a registo, nomeadamente, direitos reais menores.

> A, com registo a seu favor, doou a B a propriedade do prédio X. A doação não foi registada. Posteriormente, o mesmo A vendeu a C o direito de superfície, tendo este último registado de imediato a sua aquisição, antes, portanto, do registo da doação. Caso C esteja de boa fé, ele adquire tabularmente o direito de superfície (art. 5.º, n.º 1 do Código de Registo Predial), visto que, do ponto de vista substantivo, a venda é nula, por falta de legitimidade de A para a venda (art. 892.º).

Nesta hipótese, é possível observar como ocorre a aquisição tabular de um direito real menor. A projecção desta aquisição sobre a posição do proprietário é evidente: a propriedade fica onerada com o direito real menor adquirido tabularmente.

Em casos como este, em que o efeito atributivo do registo predial se dá nos termos de um direito real menor, o proprietário vê o seu direito ficar onerado com o direito real menor. Não há aqui qualquer extinção a considerar.

II. Uma hipótese diversa é aquela em que a aquisição tabular tem lugar relativamente à propriedade.

Repetindo exemplos dados, A vende a B a propriedade do prédio x, sem que ninguém registe o contrato, e depois A torna a vender o mesmo direito a C, que regista a sua aquisição antes do registo da primeira venda. Se C adquire tabularmente a propriedade, o que sucede ao direito de B?

Menezes Cordeiro[995] desenvolveu a teoria dos "direitos reais naturais", direitos com natureza real que, em determinadas circunstâncias, aquisição por contrato de jogo ou aposta, usucapião e, para o que nos interessa agora, aquisição tabular de terceiro, ficariam sem oponibilidade. Rebatendo a opinião corrente que a aquisição tabular da propriedade arrasta a extinção da propriedade anterior[996], Menezes Cordeiro defende que o direito de propriedade afectado com a aquisição tabular da propriedade por um terceiro não se extingue, ficando, no entanto, numa situação de inoponibilidade em sentido próprio. No caso de o terceiro adquirente devolver a coisa, renunciar ao seu direito ou transmiti-lo a terceiro de má fé, o direito do proprietário afectado pelo efeito atributivo do registo predial retomaria a sua oponibilidade normal[997].

Uma teoria de direitos reais naturais, em paralelo com as obrigações naturais, num movimento de concertação sistemática do Direito civil, é sedutora e aparenta dar uma solução mais justa para o proprietário cuja posição é atingida pela aquisição tabular.

Pensamos, porém, que uma tal teoria não se harmoniza com alguns dos princípios de Direitos Reais, em particular, com os princípios de inerência e de tipicidade, já para não falarmos no princípio da oponibilidade absoluta. Desde logo, com o princípio da inerência. Os direitos reais são direitos inerentes a uma coisa. Se a coisa se encontra atribuída ao adquirente tabular em termos de propriedade como explicar a inerência da propriedade inoponível? Parece que esta inerência não se pode afirmar relativamente ao direito do proprietário atingido pela aquisição tabular de terceiro.

Por outro lado, tratando-se de um direito real de gozo, não é só a oponibilidade que fica suspensa, é todo o aproveitamento da coisa, o uso, a fruição e a disposição. Quer dizer, para além de uma propriedade sem reivindicação (art. 1311.º), teríamos de reconhecer uma propriedade sem

[995] Evolução juscientífica e direitos reais, cit., pág. 227 e segs. e Direitos Reais, cit., págs. 302 e segs.

[996] Expressada nomeadamente por Oliveira Ascensão, Direito Civil – Reais, cit., pág. 362 e segs.

[997] Direitos Reais, cit., pág. 305.

conteúdo, ou seja, uma propriedade ... atípica. E por quanto tempo? Até uma renúncia ou uma transmissão a favor de um terceiro de má fé, que pode nunca vir a acontecer? E essa propriedade é passível de trasmissão *mortis causa*? Até quando?

Custa ainda perceber como sendo a propriedade um direito exclusivo[998] se podem articular duas propriedades singulares (ou duas compropriedades com diferentes comproprietários) sobre a mesma coisa, tendo em conta que, com esta teoria, coexistem simultaneamente duas propriedades incompatíveis.

Outros problemas subsistem ainda. Por exemplo, se o adquirente tabular da propriedade transmite o direito a um terceiro de má fé, como é que este perde o direito a favor do primitivo proprietário? Se a aquisição tabular importa a constituição da propriedade a favor do terceiro de boa fé, este pode dispor do direito nos termos gerais e celebrar validamente um contrato translativo com terceiro. Se este contrato é válido, como explicar que o proprietário preterido com a aquisição tabular possa opor a sua propriedade natural ao terceiro de má fé? O requisito da boa fé é exigido nas várias hipóteses de efeito atributivo do registo predial, mas fora delas não parece ter qualquer projecção substantiva, nomeadamente, tornar a propriedade vulnerável à reivindicação do titular da propriedade "natural".

Num contexto de tantas dificuldades, parece-nos muito complicado admitir a teoria dos direitos reais naturais para explicar que o direito de propriedade afectado pela aquisição tabular de terceiro não se extingue, mas permanece meramente inoponível. Pelo contrário, parece-nos curial admitir que a protecção do terceiro de boa fé pela aquisição tabular se faz com o sacrifício da posição do anterior proprietário, cujo direito se extingue. O efeito atributivo do registo predial é o resultado de uma valoração favorável à prevalência da situação registal sobre a situação substantiva[999] e a extinção da propriedade, quando este for o direito conflituante com a posição do terceiro, é apenas a consequência dessa valoração, que não tem de estar especificamente prevista; ela decorre da teleologia da regra que consagra a aquisição tabular.

Esta solução, a extinção do direito real incompatível, aplica-se a todos os casos em que o direito adquirido tabularmente e o direito sacrificado tenham a mesma natureza.

[998] Como Menezes Cordeiro admite, Direitos Reais, cit., pág. 627 e seg.

[999] Como na usucapião o facto aquisitivo beneficia o possuidor em detrimento do anterior titular do direito real de gozo.

A, proprietário do prédio X, vende o usufruto do prédio a B, que não regista, e faz posteriormente o mesmo a favor de C, que regista. Admitindo que C está nas condições exigidas pelo art. 5.º, n.º 1 do Código do Registo Predial, adquire tabularmente o usufruto. Em contrapartida, o usufruto de B extingue-se e o direito de propriedade de A fica onerado com o usufruto de C.

76. Usucapião e efeito atributivo do registo predial

O art. 5.º, n.º 2 alínea a) do Código do Registo Predial permite considerar como meramente enunciativo o registo da usucapião de direitos reais de gozo[1000]. O seu significado, no entanto, é mais profundo.

Aquele que tem a usucapião a seu favor pode impedir o efeito atributivo do registo predial, pois, "a usucapião não é afectada pelas vicissitudes registrais, valendo por si, mesmo contra o registo da aquisição"[1001]. Dito por outras palavras, o terceiro que beneficia de aquisição tabular não pode fazer valer a protecção registal contra o titular do direito real adquirido por usucapião[1002]. É um dado do sistema normativo que tem merecido recentemente o acolhimento expresso da jurisprudência[1003].

A, proprietário do prédio X, vende o usufruto do prédio a B, que não regista, e faz posteriormente o mesmo a favor de C, que regista. Ainda que C tenha a seu favor os requisitos do art. 5.º, n.º 1 do Código do Registo Predial, ele nada pode fazer se B demonstrar a usucapião.

Assim, fala-se, por vezes, em *usucapio contra tabulas*. A expressão não é inteiramente feliz, por poder sugerir uma modalidade particular de usucapião, o que não é o caso[1004]. A usucapião que impede o efeito atributivo do registo predial é a que resulta do regime geral previsto nos artigos

[1000] O preceito não remete igualmente para a alínea b) do art. 2.º do Código do Registo Predial, onde se faz menção à propriedade horizontal e ao direito real de habitação periódica. Supomos que se trata de um erro. A teleologia do art. 5.º, n.º 2 alínea a) aponta para a inclusão de todos os direitos reais de gozo, sem excepções.

[1001] Ac. STJ de 19.03.2002, Proc. 02B510, em www.dgsi.pt.

[1002] Na doutrina, cf. Oliveira Ascensão, Direito Civil – Reais, cit., pág. 382 e segs., Menezes Cordeiro, Direitos Reais – Sumários, cit., pág. 95 e seg.

[1003] Ac. STJ de 07.06.2005, Proc. 05A1607, Ac. STJ de 12.04.2005, Proc. 05A4787, Ac. STJ de 01.02.2005, Proc. 04A4684, Ac. STJ de 19.03.2002, Proc. 02B510, Ac. STJ de 03.02.1999, Proc. 98B1043, Ac. STJ de 01.07.1999, Proc. 99B445, Ac. RL de 04.11.2003, Proc. n.º 9383/2003-6, em www.dgsi.pt.

[1004] Oliveira Ascensão, Direito Civil – Reais, cit., pág. 384.

1287.º e seguintes. Ela pode resultar tanto da sucessão como da acessão de posses[1005].

Portanto, a usucapião interfere com a protecção registal do terceiro de boa fé, impondo-se a ela. Aquele que beneficie da usucapião, mesmo que não tenha registo deste facto, fica a coberto do efeito atributivo do registo predial. Desta forma, o terceiro de boa fé que esteja nas condições previstas em qualquer dos preceitos que funda o efeito atributivo do registo predial nada poderá fazer contra o titular do direito real na ordem substantiva se o facto aquisitivo do direito deste for a usucapião. Esta prevalece sobre a fé pública registal. A este propósito, Oliveira Ascensão[1006] fala impressivamente da usucapião como a última *ratio* do sistema de Direitos Reais.

77. O efeito enunciativo do registo predial

O registo predial pode não desempenhar uma função de publicidade relativamente a alguns actos susceptíveis de registo. Encontram-se nessa situação os actos enumerados no art. 5.º, n.º 2 do Código do Registo Predial e, para além destes, a posse.

Com excepção dos actos relativos a direitos sobre bens indeterminados[1007], a razão para o efeito meramente enunciativo do registo predial reside na consideração do papel de publicidade que o sistema normativo reserva à posse. A usucapião e as servidões prediais aparentes são reconhecíveis através da posse, que publicita a situação do titular do direito real, não carecendo do registo para este efeito. O mesmo se diga da própria posse.

Os actos relativamente aos quais o registo é enunciativo podem não constar do registo predial que nem por isso o titular do direito real fica sujeito a perder o seu direito por falta dele. Assim, vimos anteriormente que o beneficiário da usucapião não registada pode invocá-la contra o terceiro de boa fé que regista a sua aquisição. A falta do registo não impede o sucesso da invocação, pois a publicidade registal é meramente enunciativa quanto à usucapião (art. 5.º, n.º 2 alínea a) do Código do Registo Predial).

[1005] No mesmo sentido, Oliveira Ascensão, Direito Civil – Reais, cit., pág. 384.

[1006] Direito Civil – Reais, cit., pág. 385.

[1007] Não havendo determinação da coisa não pode incidir sobre ela um direito real. Daí que a publicidade do acto jurídico seja puramente enunciativa.

Capítulo V
O Conteúdo dos Direitos Reais

Secção I
O Conteúdo Positivo dos Direitos Reais

78. O aproveitamento da coisa como escopo do direito real

O direito real tem uma coisa corpórea por objecto. O escopo legal deste direito está em providenciar ao titular o aproveitamento dela. Naturalmente, o aproveitamento da coisa varia em função do conteúdo facultado pelo direito real em causa. Cada direito real, na medida em que tem um conteúdo específico, permite um aproveitamento diferente dos demais direitos reais.

O aproveitamento de coisas corpóreas não conhece limites teóricos. Todas as utilidades de que uma coisa é susceptível podem ser afectas ao conteúdo do direito real, deixando para o seu titular o aproveitamento respectivo. Porém, quando a ordem jurídica implementa um princípio de *numerus clausus*, limita à partida o aproveitamento da coisa aos tipos legais previamente definidos, não reconhecendo nenhum outro aproveitamento, pelo menos, sujeito à disciplina de Direitos Reais, já que a afectação de uma coisa corpórea por meio de direitos pessoais de gozo não conhece os entraves daquele princípio.

Numa ordem jurídica dominada pelo princípio da tipicidade, como a portuguesa, o aproveitamento das coisas corpóreas em termos jurídico-reais apenas pode ser feito através dos tipos de direitos reais consagrados. Estes, por sua vez, podem ser agrupados em categorias em atenção ao escopo de aproveitamento que atribuem ao titular.

79. A tripartição dos direitos reais em função do conteúdo do aproveitamento da coisa

No Direito português o aproveitamento das coisas corpóreas em termos jurídico-reais pode ser dividido em três grandes categorias, agrupando-se cada direito real numa delas em função do escopo de aproveitamento da coisa que propicia ao titular.

Essas três grandes categorias são:

- O gozo da coisa;
- A garantia de cumprimento de uma obrigação;
- A aquisição de outro direito.

Assim se chega à conhecida tripartição classificatória dos direitos reais na ordem jurídica portuguesa:

- Direitos reais de gozo;
- Direitos reais de garantia;
- Direitos reais de aquisição.

80. O conteúdo do direito real

I. O aproveitamento da coisa pelo titular do direito real é definido pelo conteúdo desse direito, que fixa o tipo legal do direito real. Ao conteúdo do direito real pertencem todas as situações jurídicas activas e passivas[1008] que o regime jurídico determina para ele. Alguns autores falam em conteúdo positivo e conteúdo negativo[1009], consoante se tem em conta as situações jurídicas activas ou as situações jurídicas passivas.

A dimensão impressiva do conteúdo do direito real reside no aproveitamento da coisa que possibilita ao titular e, por isso, as situações jurídicas activas sobrelevam as passivas. Enquanto direito subjectivo, o direito real representa uma situação jurídica complexa de sinal positivo.

II. O conteúdo de um direito é muitas vezes descrito como integrando vários "direitos". Assim, o art. 1305.º preceitua que "o proprietário goza de modo pleno e exclusivo dos direitos de uso, fruição e de disposição". Todavia, a propriedade representa o único direito a considerar nesse artigo;

[1008] Para a noção de situação jurídica e classificações, cf. Menezes Cordeiro, Tratado De Direito Civil Português, I, Parte Geral, Tomo I, pág. 303 e segs.

[1009] Carvalho Fernandes, Lições De Direitos Reais, cit., pág. 200 e segs.

o uso, a fruição e a disposição não são direitos, constituindo situações jurídicas menores – poderes e faculdades – que integram o direito de propriedade.

Esta indistinção analítica entre poder, faculdade e direito surge em vários outros locais no regime jurídico. Assim, e exemplificativamente, o art. 1405.º dispõe que "os comproprietários exercem, em conjunto, todos os *direitos* que pertencem ao proprietário singular" e o Capítulo II do Título III do Livro III intitula-se justamente "Direitos do usufrutuário".

Os poderes são situações jurídicas activas simples; elas não permitem a decomposição em outras mais simples. O uso e a fruição que surgem no conteúdo dos direitos reais de gozo constituem poderes em sentido técnico.

A disposição, diferentemente, não possuindo a natureza de um direito subjectivo, pode ser decomposta em várias situações jurídicas menores: na alienação ou oneração do direito, a primeira das quais sendo ainda susceptível de se decompor em transmissão e renúncia. Aproveitando a sugestão de Menezes Cordeiro[1010], de distinguir poder e faculdade – por esta ter uma maior extensão que o poder, situação analítica simples – trata-se de uma faculdade: a faculdade de disposição.

III. Nenhum direito subjectivo apresenta apenas situações jurídicas activas no seu conteúdo. A delimitação do direito faz-se através de regras jurídicas que impõem deveres e outras adstrições, ou seja, que prevêem situações jurídicas passivas no conteúdo do direito. O mesmo se passa com os direitos reais.

Por esta razão, o estudo do conteúdo do direito real compreende igualmente a vertente passiva do direito, as situações passivas a que o titular do direito real se encontra vinculado.

IV. Dentro do conteúdo do direito real, distinguimos o conteúdo típico injuntivo e o conteúdo supletivo. O primeiro tem natureza imperativa; as regras jurídicas que o determinam não podem ser afastadas pelos particulares através de cláusulas negociais, sob pena de violação do princípio de tipicidade. O desenho legal do tipo de direito real não está na disponibilidade das partes. Uma vez que as regras jurídicas que delimitam o conteúdo típico fixam o tipo legal do direito real, elas não podem ser derrogadas por convenção negocial das partes.

[1010] Tratado De Direito Civil Português, I, Parte Geral, Tomo I, pág. 345.

Assim, e para dar um exemplo, o usufrutuário está adstrito ao respeito da forma e da substância da coisa (art. 1439.º e 1450.º, n.º 1). Esta vinculação do usufrutuário pertence ao tipo legal do usufruto no Direito português. As partes não podem, pois, por via negocial, libertar o usufrutuário do cumprimento deste dever. Se o fizerem, desrespeitam a tipicidade e o negócio será nulo, valendo apenas com eficácia obrigacional (art. 1306.º, n.º 1). Este exemplo mostra também que o conteúdo típico injuntivo do direito real inclui a vertente activa do direito (poderes, faculdades, etc.) e a vertente passiva (deveres e outras vinculações).

O regime jurídico da maioria dos direitos reais deixa alguma margem de conformação do conteúdo do direito real na disponibilidade dos particulares. Por exemplo, a superfície pode ser perpétua ou temporária e o superficiário pode ou não ficar sujeito ao pagamento de um cânon superficiário; o usufruto pode ter um prazo de duração determinado ou vigorar para toda a vida do usufrutuário. São as partes que determinam estes aspectos do conteúdo do direito real no exercício da sua autonomia privada. Chamamos a este conteúdo, conteúdo supletivo, porque as normas em causa têm natureza supletiva e podem ser afastadas por convenção negocial.

Saber se uma parte do conteúdo do direito real tem natureza imperativa ou supletiva é um problema de interpretação das fontes de Direito. Cada tipo de direito real é pré-dado pelo sistema normativo, pois essa é a lógica do *numerus clausus*, mas reconhecer o conteúdo típico só pode resultar da actividade interpretativa levada a cabo sobre o regime jurídico vertido nas fontes.

81. O conteúdo dos direitos reais de gozo. O gozo da coisa

I. Como a própria designação sugere, os direitos reais de gozo permitem o aproveitamento da coisa através do gozo. Convém, pois, caracterizar este fenómeno.

O gozo não aparece descrito ou caracterizado em nenhum preceito normativo. O art. 1439.º dispõe que o usufruto é o direito de gozar temporária e plenamente uma coisa, mas o que seja o gozo não resulta do regime desse direito real.

Num primeiro momento histórico, no Direito romano, o gozo identifica-se com o uso[1011]. O *uti* ou *usus* consiste no aproveitamento da coisa que

[1011] Bonfante, Corso Di Diritto Romano, III, cit., pág. 75.

a conserva íntegra, excluindo, pois, a sua destruição ou o seu consumo[1012]. Um direito real que atribua o uso só admite um aproveitamento que mantém a substância da coisa.

O uso da coisa não conferia a fruição no Direito romano. Se bem que se discuta os termos em que o titular do direito real (que não o proprietário) poderia fazer o aproveitamento de alguns réditos da coisa[1013], a fruição estava excluída do conteúdo de um direito que só atribuía o uso. A atribuição do poder de fruição, com o uso necessário para a produção dos frutos, só surge, primeiro, com o direito de usufruto[1014] e, depois, com os direitos de uso e de habitação.

O desenvolvimento histórico do gozo leva a considerar que o mesmo inclui o uso e a fruição da coisa[1015]. O art. 1305.º, para a propriedade, e os artigos 1439.º e 1446.º, para o usufruto, e 1484.º, para o direito de uso, confirmam este modo de ver para o Direito vigente.

O uso significa o aproveitamento das utilidades da coisa com preservação da sua substância[1016], enquanto a fruição se refere ao poder de fazer seus os frutos naturais e civis produzidos pela coisa[1017].

Dentro do gozo encontra-se ainda o poder de transformação. Tradicionalmente este poder vem incluído na faculdade de disposição[1018] correspondente ao *ius abutendi* da trilogia romana clássica (*ius utendi, fruendi et abutendi*) que os glosadores divulgaram.

Supomos, no entanto, que não existe nenhuma razão para manter um agrupamento de poderes tão diferentes. A manutenção da trilogia romana não constitui, decerto, argumento convincente nesse sentido. O poder de transformação é um poder material, enquanto todos os outros poderes usualmente indicados como conteúdo da disposição (o poder de alienar, o poder de onerar e o poder de renunciar) são poderes jurídicos[1019]. Por ser

[1012] Santos Justo, Direito Privado Romano, cit., pág. 29, Bonfante, Corso Di Diritto Romano, III, cit., pág. 75 e pág. 77 e segs.

[1013] Bonfante, Corso Di Diritto Romano, III, cit., pág. 113 e segs.

[1014] Sobre isto, vide *infra* no texto.

[1015] Giorgianni, Contributo Alla Teoria Dei Diritti Di Godimento Su Cosa Altrui, cit., pág. 5 e segs.

[1016] Outras definições encontram-se em Oliveira Ascensão, Direito Civil – Reais, cit., pág. 179, Santos Justo, Direitos Reais, cit., pág. 51.

[1017] Cf. igualmente os autores e obras citadas na nota anterior.

[1018] Oliveira Ascensão, Direito Civil – Reais, cit., pág. 179, Santos Justo, Direitos Reais, cit., pág. 51.

[1019] Vide também os autores citados na nota anterior.

um poder material, o poder de transformação, para ser exercido, requer a posse da coisa, ao contrário dos poderes jurídicos de alienação, oneração e renúncia, que, como poderes jurídicos, são inteiramente independentes da posse e não a pressupõem de todo.

Como argumento adicional contra a inclusão do poder de transformação no âmbito da faculdade de disposição damos o exemplo da superfície de construção. O conteúdo deste direito consiste basicamente num poder de transformação[1020-1021] e ainda assim a lei qualifica-o como direito real de gozo. E correctamente, dado que a transformação é um dos aspectos típicos do gozo da coisa.

O poder de transformação integra-se, assim, no gozo da coisa, juntamente com os poderes de uso e de fruição[1022].

No seu conjunto, estes poderes (uso, fruição e transformação) constituem o núcleo do gozo da coisa que caracteriza a categoria dos direitos reais de gozo. Porém, outros poderes devem ser igualmente considerados no âmbito do gozo da coisa:

- O poder de reivindicação da coisa, que se exerce judicialmente por meio da acção respectiva (art. 1311.º e 1315.º);
- O poder de excluir terceiros não autorizados do gozo da coisa. Alguns autores referiam-se a este poder como a vertente negativa do direito real de gozo (concretamente da propriedade) por oposição à vertente positiva do aproveitamento. Não recorremos a essa terminologia, pelo risco de confusão com o que chamamos o conteúdo negativo do direito real. Em todo o caso, a reserva do aproveitamento do direito real a alguém exclui todos os outros desse aproveitamento; o titular do direito real pode efectivar essa exclusão mesmo quando não é desapossado da coisa.

Todos os direitos reais de gozo combinam em medida diversa os poderes de gozo. E, se é certo que a propriedade compreende todos os poderes de gozo, na sua extensão máxima, os restantes direitos reais de gozo ostentam uma particular combinação de poderes de gozo, cada um deles com o seu

[1020] E não no mero uso do solo, porquanto o uso mantém íntegra a substância da coisa, o que não sucede em alguns dos subtipos de superfície no Direito português.

[1021] Cf. Oliveira Ascensão, Direito Civil – Reais, cit., pág. 181.

[1022] Embora considerando unicamente a propriedade, era já essa a posição de Jaime de Gouveia, Construção Jurídica Da Propriedade, cit., pág. 77 e segs.

conteúdo típico, que conforma o tipo legal respectivo (usufruto, servidão, superfície, etc.) e que o diferencia dos demais direitos reais de gozo.

II. O conteúdo dos direitos reais de gozo não está limitado aos poderes de gozo. Assim, a propriedade inclui os poderes de alienação, oneração e renúncia, todos eles compreendidos na alusão ao "direito de disposição" (art. 1305.º). E todos os direitos reais de gozo integram a faculdade de disposição no seu conteúdo, embora a extensão em que a mesma é admitida varie de direito para direito. Assim, e por exemplo, o direito de usufruto é, em princípio, transmissível e pode ser onerado (art. 1444.º, n.º 1), enquanto isso não sucede para os direitos de uso e de habitação (art. 1488.º).

A categoria dos direitos reais de gozo autonomiza-se pelo facto de atribuir o gozo da coisa, em medida variável, e não por o conteúdo desses direitos se limitar a ele. Na realidade, e como acabámos de ver, ao conteúdo dos direitos reais de gozo pertencem poderes que não são de gozo.

82. O conteúdo dos direitos reais de garantia

Os direitos reais de garantia são direitos funcionalmente dirigidos a assegurar que, em caso de incumprimento do devedor, o credor que deles beneficia pode ser pago através da coisa objecto do direito real de garantia e com prioridade relativamente aos demais credores do devedor que não tenham melhor garantia real sobre ela.

Guilherme Moreira[1023] ensinava que no direito real de garantia "o objecto do direito real é o valor dela". Isto deve ser convenientemente entendido. O objecto do direito real de garantia é a coisa (corpórea), mas este direito dá ao titular a possibilidade de obter o pagamento do seu crédito sobre o devedor através dos réditos gerados por ela (consignação de rendimentos) ou através do produto – em dinheiro – da sua venda executiva (os restantes direitos reais de garantia).

A afectação da coisa ao titular da garantia real coloca-o numa posição preferencial, dando-lhe prioridade na satisfação do seu crédito sobre os credores comuns do devedor e sobre os outros credores que não tenham sobre a coisa uma garantia real que deva prevalecer.

O conteúdo fundamental do direito real de garantia consiste na atribuição ao titular de uma posição de supremacia quanto aos demais credores do

[1023] Instituições Do Direito Civil Português, Volume III, cit., pág. 5.

autor da garantia, conferindo-lhes a preferência na satisfação do seu crédito através do produto da venda da coisa.

Os direitos reais de garantia não têm poderes de gozo no seu conteúdo. Mesmo os direitos reais de garantia que atribuem a posse da coisa ao credor garantido, como o penhor e o direito de retenção, não conferem poderes de gozo ao seu titular. O art. 671.º, alínea b) obriga mesmo o credor pignoratício a não usar a coisa, excepto havendo consentimento do autor do penhor. O regime vale para o direito de retenção (artigos 758.º e 759.º, n.º 3). Parece claro, assim, que mesmo havendo autorização para o uso, este não integra o conteúdo típico do direito de penhor ou da retenção.

Com excepção da consignação de rendimentos, que nesta parte se afasta consideravelmente do regime comum dos restantes direito reais de garantia, os direitos reais de garantia são de exercício judicial, tendo este lugar no âmbito da acção executiva. Este regime resulta dos artigos 675.º, para o penhor, 697.º e 724.º, para a hipoteca, 753.º, para os privilégios creditórios, 758.º e 759.º, n.º 1 para o direito de retenção.

Portanto, o titular do direito real de garantia tem o poder jurídico ou de reter os rendimentos da coisa dada em consignação (na consignação de rendimentos) ou de executar a coisa objecto da garantia (nos outros direitos reais de garantia). Em qualquer caso, o direito real de garantia assegura sempre ao titular a satisfação do seu crédito através da coisa com prioridade – preferência, na terminologia da lei – sobre os demais credores do autor da garantia que não tenham garantia real que prevaleça.

83. O conteúdo dos direitos reais de aquisição

O conteúdo do direito real de aquisição ainda é mais simples que o conteúdo dos direitos reais de garantia, consistindo simplesmente no poder de fazer valer contra quem quer que seja o direito à aquisição de um outro direito. Assim, se ficou convencionada a eficácia real no contrato promessa de compra e venda da propriedade de imóvel, o direito real de aquisição permite ao titular impedir os efeitos de uma venda feita pelo promitente vendedor a terceiro em violação da promessa.

Secção II
O Conteúdo Negativo dos Direitos Reais

84. Considerações gerais

I. Apesar dos direitos reais serem situações jurídicas activas, atribuindo o aproveitamento de coisas corpóreas, ao seu conteúdo pertencem igualmente situações jurídicas passivas[1024], deveres, estados de sujeição, ónus e outras vinculações a que o titular do direito real se encontra adstrito. No ensino de Direitos Reais em Portugal, foi Oliveira Ascensão quem divulgou este entendimento[1025], o qual recebeu depois as adesões de Menezes Cordeiro[1026] e de Carvalho Fernandes[1027].

As regras que impõem vinculações ao titular do direito real delimitam negativamente o conteúdo do direito real[1028]. No seu conjunto, o aproveitamento da coisa facultado pelo direito real só é realmente obtido quando se ponderam as situações jurídicas passivas com o conteúdo positivo (os poderes, faculdades e outras situações jurídicas activas).

Durante muito tempo, a propriedade foi vista como um direito absoluto, no sentido de não limitado, apesar de serem patentes as restrições que a gravam, assim como aos demais direitos reais. Mas a afirmação do conteúdo absoluto da propriedade surge proclamada enfaticamente no art. 544 do Code Civil francês: "a propriedade é o direito de gozar e dispor das coisas da maneira mais absoluta". E durante todo o século XIX, a doutrina, incluindo a pandectística alemã, divulgou a mesma ideia, que continuou seguramente predominante na primeira metade do século XX. Em Portugal, esta visão teve possivelmente o seu expoente em Pires de Lima[1029].

A ideia de ilimitação da propriedade, correspondendo ao estádio do individualismo liberal, deve considerar-se hoje ultrapassada. Para além de limites exteriores, comuns aos direitos subjectivos, os direitos reais são

[1024] Sobre o conceito e a enumeração das várias situações jurídicas passivas, veja-se Menezes Cordeiro, Tratado De Direito Civil Português, I, Parte Geral, Tomo I, cit., pág. 355 e segs.

[1025] Relações Jurídicas Reais, cit., pág. 48 e segs. e Direito Civil – Reais, cit., pág. 210 e segs.

[1026] Direitos Reais, cit., pág. 379 e segs. e Direitos Reais – Sumários, cit., pág. 117.

[1027] Lições De Direitos Reais, cit., pág. 200 e segs.

[1028] Cf. Menezes Cordeiro, Tratado De Direito Civil Português, I, Parte Geral, Tomo I, cit., pág. 355 e segs.

[1029] Pires de Lima/Antunes Varela, Noções Fundamentais De Direito Civil, cit., pág. 5 e segs. e 23 e segs., Pires de Lima, Lições de Direito Civil (Direitos Reais), cit., pág. 71.

delimitados negativamente por normas jurídicas que impõem deveres, sujeições e outras vinculações. Tais situações jurídicas passivas são parte do conteúdo do direito real, não são limites exteriores a uma extensão tendencialmente ilimitada.

II. Tradicionalmente, aquilo a que chamamos o conteúdo negativo vem tratado no contexto do direito de propriedade e apresentado como as limitações ou restrições a este direito. Era essa a linha expositiva do ensino de Guilherme Moreira[1030] e de Pires de Lima[1031], os quais distinguiam ainda as limitações ou restrições de Direito ou interesse público, exemplificando com a expropriação, e as limitações ou restrições de Direito ou interesse privado.

Esta orientação é duplamente inconveniente. Primeiro, porque parte de um quadro de ilimitação do direito de propriedade. Os limites ou restrições seriam, assim, exteriores e não parte do conteúdo do direito. Em sentido oposto, porém, defendemos que as situações consideradas respeitam ao conteúdo do direito, não são exteriores a ele. Alguns autores falam em limites intrínsecos do direito, mas não vemos vantagem na utilização desta terminologia, que continua a inculcar a ideia de uma tendencial ilimitação, que seria contrariada por dentro, no conteúdo do direito. Por isso, falaremos apenas em conteúdo negativo ou delimitação negativa para expressar que ao conteúdo do direito real pertencem também situações jurídicas de sinal negativo, vinculações (deveres, sujeições, ónus, etc.) a que o titular daquele direito se encontra adstrito.

Isto não quer dizer, porém, que não existam verdadeiros limites gerais dos direitos reais. Estes, como direitos subjectivos, estão sujeitos aos limites gerais de todos os direitos subjectivos, não constituindo naturalmente excepções às limitações existentes. Assim, o abuso de direito tem natural aplicação no exercício dos direitos reais e representa uma limitação geral destes.

A segunda inconveniência que encontramos na orientação tradicional exposta reside no enquadramento da matéria nos limites do direito de propriedade. Isto transmite a impressão que os limites respeitam unicamente a este direito real e não aos outros. Mais uma vez, a colocação legal de uma parte significativa desta matéria a propósito da propriedade de imóveis

[1030] Instituições Do Direito Civil Português, Volume III, cit., pág. 73 e segs.

[1031] Lições de Direito Civil (Direitos Reais), cit., pág. 223 e segs.

(artigos 1344.º e segs.) sugere o bem fundado da orientação tradicional. Trata-se, todavia, de um equívoco. Uma boa parte das denominadas restrições ou limitações privadas à propriedade são comuns aos direitos reais de gozo.

Assim, e como exemplo, a proibição de emissões (art. 1346.º) não atinge apenas o proprietário de um imóvel na sua relação com os proprietários de prédios vizinhos. O usufrutuário, o usuário ou morador usuário, o superficiário, o titular de direito real de habitação periódica e o titular de servidão predial também estão vinculados ao dever de não proceder a emissões que estejam nas condições previstas no art. 1346.º. Aliás, o art. 1071.º estende a aplicação deste preceito ao arrendatário de prédio urbano, o que dá mais um argumento no sentido da extensão do dever para além do conteúdo da propriedade. Os exemplos poderiam facilmente multiplicar-se, todos elucidando um âmbito de aplicação dos deveres em causa aos direitos reais de gozo e não unicamente ao direito de propriedade.

Tudo isto abona o tratamento do conteúdo negativo dos direitos reais na parte geral deste ramo do Direito e justifica que se deixe cair a doutrina tradicional, como já fizeram Oliveira Ascensão, Menezes Cordeiro e Carvalho Fernandes. O que pertence a todos os direitos reais ou a uma categoria deles deve ser abordado na parte geral de Direitos Reais e não no regime da propriedade[1032].

Para a parte especial fica o estudo do conteúdo negativo de cada direito real, singularmente considerado, cujo tratamento tem o seu lugar próprio no regime jurídico respectivo.

85. Conteúdo negativo dos direitos reais. Classificações

I. Sistematizando o que ficou dito no ponto anterior, distinguimos:

- Conteúdo negativo dos direitos reais;
- Limites gerais.

O primeiro alude às situações jurídicas passivas que integram o conteúdo do direito real e o delimitam negativamente; os segundos, sendo exteriores ao conteúdo do direito, traçam a fronteira entre o exercício permitido do direito real e aquele que contraria a ordem jurídica e, por isso, não é admitido.

[1032] Na orientação que se critica, pode ver-se na doutrina actual Pinto Duarte, Curso de Direitos Reais, cit., pág. 47 e segs.

Os limites gerais, como o abuso de direito, não são matéria de Direitos Reais, devendo ser estudados nas disciplinas que os prevejam, nomeadamente, a Teoria Geral do Direito Civil, ou outras.

Dentro do conteúdo negativo dos direitos reais, podemos ainda separar o conteúdo negativo geral, que respeita a todos os direitos reais ou a uma categoria deles, e o conteúdo negativo específico, que respeita somente a cada um dos direitos reais existentes.

Por sua vez, o conteúdo negativo geral pode ser ainda ser ordenado em função da natureza do interesse primacial que a situação jurídica passiva visa prosseguir. É habitual encontrar-se na doutrina a referência a limites ou restrições de interesse privado e limites ou restrições de interesse público. Preferimos, no entanto, falar em:

– Conteúdo negativo de Direito privado;
– Conteúdo negativo de Direito público.

No conteúdo do direito real, existem situações jurídicas passivas que decorrem de normas de Direito privado, e situações jurídicas passivas que têm a sua fonte em normas de Direito público, em especial, no Direito Administrativo, no Direito do Ambiente e no Direito do Urbanismo. Isto permite evidenciar, que nem todo o conteúdo do direito real é regido pelo Direito Civil e que, portanto, nem toda a disciplina jurídico-real é de natureza jurídico-privada[1033]. Há um conteúdo público dos direitos reais, que é fundamentalmente negativo: delimita o conteúdo positivo do direito real, diminuindo a extensão dos poderes e faculdades consagrados.

A circunstância de haver um conteúdo negativo público dos direitos reais não transforma estes direitos em direitos reais públicos, nem submete, em geral, a disciplina dos mesmos ao Direito público. Os direitos reais – com excepção daqueles que são verdadeiramente direitos reais públicos – continuam a ser situações jurídicas de Direito Civil, ainda que uma parte menor do seu conteúdo seja regulada fora do âmbito deste sector do ordenamento jurídico.

II. Uma outra classificação que pode ser feita distingue o conteúdo negativo legal do conteúdo negativo convencional. O primeiro decorre automaticamente da lei, o segundo resulta do estipulado entre as partes em negócio jurídico.

[1033] Numa perspectiva aparentemente diversa, cf. Oliveira Ascensão, Direito Civil – Reais, cit., pág. 215 e segs.

Enquanto para o conteúdo negativo de fonte legal nenhum problema se levanta em geral, o conteúdo negativo de fonte convencional tem de ser ponderado à luz do princípio da tipicidade[1034]. Vedada às partes está a convenção de limitações ao gozo que não sejam admitidas pelo tipo legal de direito real. Se as partes violarem a proibição legal, o negócio jurídico é nulo enquanto negócio com eficácia real, ficando sujeito ao regime jurídico do Direito das Obrigações (art. 1306.º, n.º 1).

Assim, se, por exemplo, as partes limitam o gozo do usufrutuário a metade dos frutos gerados pela coisa ou impõem ao titular da servidão predial de passagem o dever de não exercer o seu direito durante as horas do dia, haverá nulidade, nos termos indicados.

Caso a imposição de deveres ou outras vinculações se faça fora do conteúdo típico do direito real, não existe nenhum obstáculo geral à sua admissibilidade. Naturalmente, aplicam-se os requisitos gerais de eficácia do negócio jurídico em geral e os específicos para o negócio que as partes celebraram.

Subsecção I
O Conteúdo Negativo de Direito Público

86. Generalidades

I. Usualmente, os autores apontam como principais limitações ou restrições de Direito público[1035] a expropriação e a requisição[1036]. Mas se estas representam talvez as mais impressivas, pelo impacto potencial que representam para o titular do direito real, não são, nem de perto nem de longe, as únicas.

[1034] Sobre o ponto, ver igualmente as observações de Santos Justo, Direitos Reais, cit., pág. 269.

[1035] Aludidas normalmente como limites de interesse público.

[1036] Essa tendência surge nas obras mais antigas. Assim, vide Guilherme Moreira, Instituições Do Direito Civil Português, cit., pág. 73 e segs., José Tavares, Os princípios fundamentais do Direito Civil, pág. 637, Jaime de Gouveia, Direitos Reais, cit., pág. 244, Pires de Lima, Lições de Direito Civil (Direitos Reais), cit., pág. 227 e segs. e em Pires de Lima/Antunes Varela, Noções Fundamentais De Direito Civil, cit., pág. 27 e segs. Em obras mais recentes, cf., Oliveira Ascensão, Direito Civil – Reais, cit., pág. 217 e segs., Carvalho Fernandes, Lições De Direitos Reais, cit., pág. 214 e segs., Mota Pinto, Direitos Reais, cit., pág. 243, Henrique Mesquita, Direitos Reais, cit., pág. 140, Santos Justo, Direitos Reais, cit., pág. 245 e segs.

Numerosas vinculações que integram o conteúdo dos direitos reais de gozo encontram-se hoje consagradas em diplomas pertencentes a ramos de Direito público, do Direito Constitucional ao Direito do Urbanismo, passando pelo Direito do Ambiente e, mais frequentemente, pelo Direito Administrativo.

Assim, dentro do conteúdo de direitos que têm natureza jurídico-privada, como é o caso dos direitos reais, existem vinculações cuja fonte pertence ao Direito público. Todas essas vinculações fazem parte do que chamamos o conteúdo público dos direitos reais.

II. Não podemos esperar uma organização sistemática do conteúdo negativo público dos direitos reais. As normas jurídicas onde se consagram as vinculações dos titulares de direitos reais surgem dispersas por múltiplos diplomas legislativos, de vários ramos de Direito, com especial relevo para o Direito Administrativo, sem nenhuma ordenação dirigida à sua unificação como conteúdo do direito real.

De facto, estas normas tratam de temas que só indirectamente têm a ver com os direitos reais, não obstante o seu âmbito de aplicação acabar por se repercutir no conteúdo destes. Assim, a obrigatoriedade de obtenção de licença administrativa para a construção de edifício (art. 4.º do regime jurídico da urbanização e da edificação) não visa disciplinar o conteúdo do direito de propriedade ou de outros direitos reais de gozo, mas o titular de direito real que pretenda construir está obrigado a obter previamente uma licença administrativa para o efeito.

III. Em Direitos Reais, apenas podemos dar uma ideia das vinculações de Direito público integradas no conteúdo dos direitos reais. O seu estudo integra-se nos ramos de Direito a que respeitam.

87. A fundamentação das vinculações de Direito público

As vinculações de Direito público obedecem a fins variados. Oliveira Ascensão[1037] identifica os seguintes fins:

- Culturais;
- De segurança e defesa nacionais;
- De ordenamento do território e de ambiente;
- De circulação;

[1037] Direito Civil – Reais, cit., pág. 218.

- De saúde e de higiene;
- Fiscais;
- Económicos.

Eventualmente outros fins mais concretos se poderiam adicionar, como o turismo[1038], a agricultura, os transportes, a energia.

88. A expropriação

I. O art. 1308.º contempla a hipótese da propriedade ser objecto de expropriação nos casos previstos na lei, estabelecendo o art. 1310.º o princípio da indemnização em caso de expropriação.

A sujeição à expropriação, como bem faz notar Oliveira Ascensão[1039], constitui uma das situações jurídicas passivas que se incluem no conteúdo dos direitos reais.

A expropriação tem eficácia extintiva e afecta todos os direitos reais constituídos sobre a coisa que é objecto dela. É isso que se preceitua no art. 1.º do Código das Expropriações[1040], aprovado pela Lei n.º 168/99, de 18 de Setembro.

Por conseguinte, no conteúdo do direito real integra-se um estado de sujeição relativo ao direito potestativo de expropriação.

II. A expropriação pode ser feita por utilidade pública ou por utilidade particular, consoante a natureza do fim ou interesse que fundamenta o acto (art. 1310.º). No Código das Expropriações, a expropriação é feita "por causa de utilidade pública" (art. 1.º) e essa pode dizer-se ser a regra geral. A extinção dos direitos reais a favor da entidade expropriante arrima-se na prossecução de um fim ou interesse da comunidade.

Excepcionalmente, a lei pode permitir a expropriação por virtude da necessidade de proteger um fim ou interesse particular.

III. A coisa cujos direitos reais foram expropriados não fica sem dono. A entidade expropriante adquire a propriedade sobre ela. Trata-se de uma aquisição originária da propriedade e não de uma transmissão[1041].

1038 Que Oliveira Ascensão, Idem, também aduz.

1039 Direito Civil – Reais, cit., pág. 222 e seg.

1040 Cf. igualmente o art. 9.º, n.º 1.

1041 Carvalho Fernandes, Lições de Direitos Reais, cit., pág. 211 e segs..

89. A requisição

O art. 1309.º menciona a requisição temporária de coisas do domínio privado, dispondo que tal só possa acontecer nos casos previstos na lei.

Tradicionalmente, entendia-se que a requisição respeitava a coisas móveis enquanto a expropriação incidia sobre imóveis. No entanto, o novo Código das Expropriações veio alterar o suporte legal dessa contraposição, admitindo amplamente a requisição de coisas imóveis (art. 80.º e segs. do Código das Expropriações), para além das móveis, bem como a expropriação destas últimas (art. 91.º do Código das Expropriações).

Assim, não é mais possível manter a contraposição tradicional. A diferença entre os actos de expropriação e de requisição não se encontra no diferente objecto do acto, mas sim na sua eficácia. A expropriação extingue todos os direitos reais sobre a coisa (artigos 1.º e 9.º, n.º 1 do Código das Expropriações), enquanto a requisição não tem esse efeito, mantendo os direitos reais existentes e apenas atribuindo à entidade requisitante um direito ao uso da coisa para o fim decorrente da requisição durante o período em que a mesma se mantiver[1042] (art. 85.º, n.º 1 alínea d) do Código das Expropriações).

Com a requisição, não se extinguem os direitos reais existentes. Eles podem mesmo continuar a ser exercidos, caso tal seja compatível, não afecte, impeça ou perturbe a actividade a assegurar com a requisição. Isso mesmo se dispõe para a propriedade na alínea a) do n.º 1 do art. 86.º do Código das Expropriações, mas aplica-se sem margem para dúvidas aos outros direitos reais de gozo constituídos sobre a coisa.

Na impossibilidade de exercício do direito real, a requisição, constituindo um direito de uso a favor do seu beneficiário, onera os direitos reais existentes pelo tempo que durar.

90. Confisco

O confisco pode assumir uma de duas modalidades. A primeira corresponde à apropriação pública de bens privados sem contrapartida indemnizatória[1043]. Ela coincide praticamente com a nacionalização.

[1042] A requisição é sempre temporária e não pode exceder um ano (art. 80.º, n.º 2 do Código das Expropriações).

[1043] Oliveira Ascensão, Direito Civil – Reais, cit., pág. 220.

A segunda modalidade consiste no confisco sanção[1044]. As coisas são perdidas a favor do Estado ou de outra entidade pública como sanção para a prática de um ilícito, normalmente de índole penal[1045].

91. As servidões administrativas

I. Como vimos, a extensão do aproveitamento da coisa pode ser atingida pela imposição de vinculações ao titular do direito real. Estas vinculações constituem situações jurídicas passivas, de índole diversa (deveres, estados de sujeição, ónus ou outras), que quando têm natureza de Direito público fazem parte do que chamámos conteúdo público (negativo) do direito real.

Do conteúdo público negativo devem distinguir-se as chamadas servidões administrativas[1046]. Um dever, de acção ou de abstenção, ou outra qualquer vinculação de interesse público que atinja o conteúdo de direitos reais sobre prédios indeterminados ou que respeite a uma categoria deles, não constitui uma servidão administrativa. Assim, por exemplo, a denominada servidão de margem, que permite o acesso às águas públicas, não é uma servidão em sentido técnico, representando antes uma mera restrição do gozo do titular do direito real. E isto é assim, ainda que haja um beneficiário público (o Estado, uma região autónoma, uma câmara municipal, etc.) dessa vinculação.

Ao invés, a servidão administrativa atribui o aproveitamento de alguma das utilidades de um prédio determinado a uma entidade, pública ou privada, em razão da prossecução de um interesse público. A servidão de águas sobre o prédio X a favor da Câmara Municipal Y para garantir o abastecimento de água ao Concelho é uma servidão administrativa.

Só existe servidão administrativa caso a vinculação de Direito público incida sobre um prédio determinado[1047] e favoreça um outro prédio; de outra forma, há apenas um conteúdo negativo de Direito público relativo uma categoria de prédios, que se integra no conteúdo geral dos direitos reais que incidam sobre eles.

[1044] OLIVEIRA ASCENSÃO, Direito Civil – Reais, cit., pág. 220.

[1045] A título de exemplo, vejam-se os artigos 12.º, n.º 1 da Lei n.º 109/91, de 17 de Agosto e 201.º do Código do Direito de Autor e dos Direitos Conexos.

[1046] Sobre estas, cf. OLIVEIRA ASCENSÃO, Direito Civil – Reais, cit., pág. 260 e segs., CARVALHO FERNANDES, Lições de Direitos Reais, cit., pág. 215 e seg.

[1047] Relembre-se o princípio da especialidade: o direito real tem por objecto coisa certa e determinada.

II. A servidão administrativa não faz parte do conteúdo negativo do direito real. Tecnicamente, a servidão, qualquer que ela seja, e, por isso, também a servidão administrativa, onera o direito ou direitos reais de gozo maiores que incidam sobre a coisa gravada por ela.

Naturalmente, a oneração projecta-se naquilo que o titular do direito onerado pode fazer no aproveitamento permitido pelo direito real, mas tal não tem que ver com o conteúdo desse direito, somente com o efeito da oneração sobre o direito onerado. E não ocorre nenhuma diferença de fundo entre a oneração por uma servidão administrativa e a oneração por um outro direito real. Simplesmente a servidão administrativa fica sujeita a um regime próprio, que será, numa boa parte, de Direito público.

III. As servidões administrativas não se encontram sujeitas aos mesmos factos constitutivos das servidões de Direito Civil. Nomeadamente, elas podem resultar directamente da lei – sem necessidade de um acto de exercício do titular do direito potestativo à sua constituição, como sucede no regime do Código Civil com as servidões legais – ou de acto administrativo. De resto, o n.º 3 do art. 8.º do Código das Expropriações preceitua expressamente que se aplica à constituição das servidões administrativas.

Direitos Reais não é evidentemente o lugar do estudo deste aspecto do regime das servidões administrativas, que se enquadra nos ramos pertinentes de Direito público.

92. O *ius aedificandi*

I. Tem sido fonte de polémica entre os cultores do Direito Administrativo e do Direito do Urbanismo a questão de saber se o *ius aedificandi* se integra no direito de propriedade, como parte do seu conteúdo, ou se é concedido pela administração pública, mediante actos administrativos específicos[1048].

A este propósito, importa começar por dizer, que o *ius aedificandi* não tem autonomia no contexto do gozo, sendo uma das manifestações possíveis do poder de transformação que integra alguns dos tipos de direitos reais de gozo, particularmente, o direito de propriedade, o direito de superfície e, em menor medida, os direitos de usufruto e de uso e habitação.

[1048] Para uma panorâmica geral, cf. PINTO DUARTE, Curso De Direitos Reais, cit., pág. 76 e segs., com indicações bibliográficas.

Este poder de transformação, que constitui uma parte do conteúdo (positivo) de direitos reais de gozo, não resulta de nenhuma disposição de Direito público – Direito Administrativo, Direito do Urbanismo ou outro – sendo, ao contrário, atribuído exclusivamente pelo Direito Civil, concretamente, pelo art. 1305.º, para a propriedade, pelos artigos 1439.º, 1450.º e 1471.º a 1473.º, para o usufruto (aplicáveis igualmente para os direitos de uso e de habitação por força do art. 1490.º) e pelos artigos 1524.º a 1526.º, para a superfície.

Contudo, e como, de resto, dispõe o art. 1305.º, no fim, num trecho que vale no seu alcance para qualquer direito real de gozo, o aproveitamento da coisa pelo gozo está sujeito aos limites e restrições legais. Dito por outras palavras, a extensão do poder de transformação pode ser diminuída em função de normas que impõem deveres ou outras vinculações ao titular do direito real. É a isso que chamamos a delimitação negativa dos direitos reais[1049].

Quando, por exemplo, no art. 4.º, n.º 1 do Regime Jurídico da Urbanização e Edificação se prescreve a necessidade de licença ou autorização administrativas, não se está a dar ao órgão da administração pública uma competência para atribuir ao titular do direito real (proprietário ou outro) um direito à construção, mas a sujeitar o gozo daquele a uma restrição. E é por isso que quando uma tal restrição não se encontre prevista na lei o titular do direito real de gozo que beneficie de um poder de transformação o pode fazer licitamente. Se fosse a administração pública a atribuir um *ius aedificandi*, ficaria por explicar qual a sua fonte quando a construção não esteja de algum modo limitada normativamente.

II. A interpretação, segundo a qual, o *ius aedificandi* seria o produto de uma decisão administrativa contradiz fulgurantemente a história e a cultura jurídica da nossa civilização. Séculos depois dos romanos identificarem o gozo do proprietário e de lhe reconhecerem a faculdade de construir, como um dos aspectos indissociáveis do gozo, a construção passaria a ser um produto de um ramo do Direito com dois séculos de existência.

Diversamente, porém, ao Direito público não cabe a definição jurídica do conteúdo do gozo das coisas. Essa tarefa pertence historicamente ao Direito Civil, o qual fixa os poderes e faculdades que constituem o conteúdo

[1049] Ver agora, por todos, MENEZES CORDEIRO, Direitos Reais – Sumários, cit., pág. 117 e seg.

típico positivo de cada direito real de gozo. E no exercício dessa tarefa, o legislador atribuiu a alguns direitos reais de gozo, como conteúdo típico dos mesmos, o poder de transformação da coisa.

Naturalmente, por razões de interesse público, em particular, de ordenamento do território, de protecção ambiental, de planeamento urbanístico, etc., o legislador pode, para além de proibir, condicionar o exercício do poder de transformar a coisa através da construção à obtenção de uma licença. Mas tal não significa, que quando seja emitida uma autorização de construção ou outra similar a administração pública esteja a atribuir um *ius aedificandi*, como se ela tivesse competência para moldar o conteúdo dos direitos reais. O que acontece, simplesmente, é que nesses casos a administração pública se limita a reconhecer que o poder de transformação do titular do direito real, que existe previamente como conteúdo desse direito, pode ser exercido nas condições definidas.

Até lá, o poder de transformar a coisa através da construção não pode ser licitamente exercido, encontrando-se o titular do direito real submetido à proibição de construir sem a competente autorização ou licença.

Rejeitamos, assim, peremptoriamente que a concessão de uma licença administrativa de construção tenha efeito constitutivo de um direito à construção (*ius aedificandi*). E afirmamos mesmo que um tal direito não existe juridicamente. O que existe é o poder de transformação como conteúdo típico de alguns direitos reais de gozo, poder esse que surge delimitado negativamente por normas proibitivas ou impositivas de Direito público, as quais, negando o seu exercício ou admitindo-o debaixo de condicionalismos específicos (por exemplo, a obtenção de uma licença de construção), fixam a sua extensão em concreto.

Portanto, as vinculações de natureza pública à construção constituem tão-somente uma parte do conteúdo negativo público dos direitos reais de gozo que integram um poder de transformação da coisa. Em caso algum, uma licença para construção ou similar tem o significado de atribuição de um *ius aedificandi* ao titular do direito real.

Subsecção II
O Conteúdo Negativo de Direito Privado

93. Razão de ordem

Os deveres, sujeições ou outras vinculações impostas aos titulares de direitos reais podem ter a sua fonte em normas de Direito privado. São numerosas as situações jurídicas passivas em que isso sucede. As principais encontram-se no fenómeno da vizinhança e nos denominados conflitos de sobreposição.

Vamos agora identificar as principais situações jurídicas passivas de Direito privado constantes do conteúdo dos direitos reais.

94. O conteúdo negativo imposto pelas relações de vizinhança

I. A proximidade entre coisas pode conduzir ao choque entre titulares de direitos reais, na medida em que o gozo de uma coisa pode ser levado a cabo pelo titular do direito real de modo a repercutir-se igualmente no aproveitamento de outras coisas. A lei previne o potencial conflito entre os titulares de direitos reais impondo deveres, positivos (de actuação) ou negativos (de abstenção), de modo a preservar o essencial do aproveitamento das coisas. Como toda a situação passiva que é conteúdo de um direito subjectivo, a previsão de deveres ou outras vinculações diminui a extensão do gozo da coisa, mas nestes casos essa diminuição surge justificada pela finalidade de preservar o gozo de outros titulares de direitos reais.

Na óptica da lei, a proximidade é relativa a coisas imóveis e respeita à propriedade. Por isso, a matéria vem prevista no quadro da relação entre proprietários de imóveis (artigos 1344.º e segs.) e vem referida aos conflitos de vizinhança ou, noutra terminologia, Direito de vizinhança. No entanto, como deixámos dito anteriormente, as situações jurídicas passivas em causa respeitam ao conteúdo dos direitos reais e não unicamente ao conteúdo da propriedade.

Por outro lado, duvidamos que a limitação tradicional ao conteúdo de direitos reais sobre imóveis se continue a justificar. A proibição de emissões, por exemplo, tem pertinência igualmente defronte de dois veículos automóveis estacionados usualmente no mesmo parque ou mesmo relativamente a um conflito de proximidade entre um titular de um direito real sobre um imóvel e um titular de direito real sobre coisa móvel. Se o proprietário de um automóvel usa sistematicamente o dispositivo de som do veículo no interior da garagem de um edifício, a proibição de emissões sonoras que estejam nas condições previstas no art. 1346.º integra também o seu direito.

II. A violação de deveres de conduta pelo titular do direito real, causando danos a terceiro, sujeita-o a responsabilidade civil[1050]. O lesado pode, pois, exigir a reparação dos seus danos pelo titular do direito real que violou um dever concreto de conduta, positivo ou negativo.

95. Continuação. As emissões

I. O art.º 1346.º dispõe que "o proprietário de um imóvel pode opor-se à emissão de fumo, fuligem, vapores, cheiros, calor ou ruídos, bem como à produção de trepidações e a outros quaisquer factos semelhantes, provenientes de prédio vizinho, sempre que tais factos importem um prejuízo substancial para o uso do imóvel ou não resultem da utilização normal do prédio de que emanam".

Da interpretação deste preceito resulta a proibição de todas as emissões[1051] que:

- Importem um prejuízo substancial para o uso do imóvel;
- Não resultem da utilização normal do prédio de que emanam.

A proibição de emissões[1052] abrange não apenas os prédios contíguos, mas os prédios com proximidade espacial que possam ser afectados pelas emissões. Como já julgou o nosso Supremo Tribunal de Justiça[1053], "quando

[1050] Na jurisprudência, vejam-se os acórdãos do STJ de 24.10.2006, Proc. n.º 06A2593 (recusada a indemnização no caso concreto), de 20.04.2004, Proc. n.º JSTJ000 (recusada a indemnização no caso concreto), de 14.11.96, Proc. 96B389, de 22.6.1995, Proc. n.º 086534, de 07.06.1994, Proc. n.º 084879, de 07.06.1994, proc. n.º 084879, em www.dgsi.pt.

[1051] Henrique Mesquita, Direitos Reais, cit., pág. 143 e segs. sustenta que o preceito não se aplica a todas as emissões, mas apenas as de elementos que tenham natureza incorpórea e as de elementos incorpóreos de tamanho ínfimo. E, no mesmo sentido, Pires de Lima/Antunes Varela, Código Civil Anotado, cit., pág. 177. Discordamos destes professores; não vemos razão para uma tal restrição, que não colhe na ponderação de outros elementos sistemáticos. Ao contrário, julgamos que o art. 1346.º abrange potencialmente todas as emissões.

[1052] Sobre esta matéria, cf. Lojacono, Glia Atti Di Immissione, Considerazioni Di Diritto Privato, I, Milano, 1972, pág. 241 e segs.

[1053] Ac. STJ de 24.10.2006, Proc. n.º 06A2593 (recusada a indemnização no caso concreto), Ac. STJ de 30.01.1992, Proc. 080547, em www.dgsi.pt.

a lei se refere a prédio vizinho não se pretende que seja contíguo, mas que se situe em proximidade suficiente para ser afectado pelas emissões de cheiros e ruídos".

Não há, assim, nenhuma delimitação espacial da proximidade para efeitos de qualificação de um prédio como vizinho. De um modo geral, qualquer prédio que possa ser atingido nos termos do art. 1346.º pelas emissões de outro prédio pode considerar-se um prédio vizinho, ainda que seja considerável a distância espacial que os separa[1054].

Como temos vindo a dizer, onde se lê proprietário deve ler-se o titular do direito real, uma vez que a proibição em causa integra o conteúdo de qualquer direito real cujo exercício possa dar azo a emissões.

II. A proibição de emissões abrange igualmente os imóveis licenciados por autoridade administrativa, nomeadamente, mas não exclusivamente, instalações comerciais e industriais[1055]. A este propósito, o Supremo Tribunal de Justiça[1056] julgou que "o direito de oposição, face à emissão de cheiros e ruídos, subsiste, mesmo que o nível sonoro dos últimos seja inferior ao legal, não podendo consequentemente, ser considerada como agressão ambiental, e a actividade geradora tenha sido, pela competente autoridade administrativa, autorizada, sempre que impliquem ofensa de direitos de personalidade e (ou) consubstanciam violação de relações de vizinhança (art. 1346.º do CC)".

Também no acórdão de 19.01.2006[1057], interpretando a parte final do art. 1346.º, o Supremo Tribunal de Justiça esclarece que "o facto dos trabalhos aludidos terem sido autorizados pela Câmara Municipal só prima facie ou primo conspectu, ou seja, limitadamente, numa primeira, superficial, abordagem, afasta a previsão desta última parte, de utilização anormal do prédio onde emanam as causas dos danos, e é inteiramente irrelevante quanto

[1054] MENEZES CORDEIRO, Direitos Reais, cit., pág. 425, MOTA PINTO, Direitos Reais, cit., pág. 244, nota 53, CARVALHO FERNANDES, Lições De Direitos Reais, cit., pág. 218 e segs., HENRIQUE MESQUITA, Direitos Reais, cit., pág. 142, SANTOS JUSTO, Direitos Reais, cit., pág. 250 e segs.

[1055] Neste sentido, OLIVEIRA ASCENSÃO, Direito Civil – Reais, cit., pág. 253 e CARVALHO FERNANDES, Lições De Direitos Reais, cit., pág. 211 e seg.

[1056] Ac. de 22.09.2005, Proc. n.º 04B4264, em www.dgsi.pt. O aresto cita ainda, no mesmo sentido, os Acs. do STJ de 21.10.2003 e de 12.10.2000, na CJ, Ano VIII, Tomo III, pág. 70 e segs. e Ano XI, Tomo III, pág. 106 e segs.

[1057] Proc. n.º 05B3705, em www.dgsi.pt.

à primeira das hipóteses prevenidas no normativo referido, de verificar-se prejuízo substancial para o uso do imóvel afectado"[1058].

III. O "prejuízo substancial" para o uso do imóvel constitui um conceito indeterminado de preenchimento valorativo segundo as circunstâncias do caso concreto. De todo o modo, ele pressupõe a análise do fim a que o imóvel se encontre afecto[1059] e a constatação que a sua prossecução fica comprometida com as emissões do prédio vizinho, causando danos ao titular ou titulares de direitos reais sobre o prédio atingido.

A jurisprudência do Supremo permite documentar alguns casos. Assim, se da utilização de um prédio situado numa zona habitacional como estábulo de gado caprino "resulta para alguns vizinhos incómodo e mal-estar, existe prejuízo substancial nos termos do aludido preceito[1060]" [1061]. Do mesmo modo, "a produção de luz intensa, à noite, em termos de se não conseguir distinguir a noite do dia, tornando impossível o descanso e o repouso no prédio vizinho, viola o disposto no art. 1346 e 70.º do Código Civil"[1062].

O que se deva entender por utilização anormal tem sido igualmente alvo da nossa jurisprudência. Segundo o Supremo Tribunal de Justiça[1063], "utilizar um prédio numa zona habitacional como estábulo de gado caprino, pela ameaça que significa para a qualidade de vida dos habitantes dessa zona constitui um uso anormal do prédio, para efeitos do art. 1346.º do Código Civil, por se traduzir numa sua utilização disfuncional, atento o destino sócio-económico que lhe deveria ser dado".

Mais amplamente, "o uso normal da propriedade poderá depender das circunstâncias locais ou condições do lugar, como dos usos locais, mas, sem dúvida, que depende também do fim a que é destinada, sobretudo se se trata de fracção autónoma de prédio constituído em propriedade horizontal"[1064].

1058 Ainda neste sentido, o Ac. STJ de 17.10.2006, Proc. n.º 06A288, em www.dgsi.pt.

1059 Henrique Mesquita, Direitos Reais, cit., pág. 142 sustenta que "este prejuízo deverá ser aferido pelo fim a que esteja afectado o imóvel e não pelas condições especiais em que porventura se encontre o respectivo proprietário". Na mesma linha de ideias, vide, Pires de Lima/ Antunes Varela, Código Civil Anotado, cit., pág. 178 e seg.

1060 O art. 1346.º.

1061 Ac. STJ de 07.04.2005, Proc. n.º 04B4781, em www.dgsi.pt.

1062 Ac. STJ de 06.04.2000, Proc. n.º 00B950, em www.dgsi.pt.

1063 Ac. 07.04.2005, Proc. n.º 04B4781, em www.dgsi.pt.

1064 Ac. STJ de 30.01.1992, Proc. 080547, em www.dgsi.pt.

IV. Discute-se se os requisitos da parte final do art. 1346.º devem ser cumulativos ou se basta a verificação de um deles, "prejuízo substancial" ou falta de "utilização normal do prédio de que emanam" as emissões. No primeiro sentido, pronunciou-se MENEZES CORDEIRO[1065]; no segundo, PIRES DE LIMA/ANTUNES VARELA[1066]. E inclina-se igualmente para este último SANTOS JUSTO[1067].

Parece razoável supor-se que as emissões ilícitas previstas no art. 1346.º são aquelas que provocam um dano aos titulares de direitos reais sobre o prédio atingido. Sem dano, não haveria nenhum motivo para restringir o gozo sobre os prédios vizinhos. Se as emissões resultam de um uso anormal do prédio vizinho, mas não causam qualquer dano, não vemos por que razão elas se devam considerar ilícitas, podendo ser proibidas por quem nenhum prejuízo sofre. Poder-se-ia até dizer que, desta forma, os titulares de direitos reais sobre os prédios vizinhos decidiriam do gozo a fazer pelo titular do direito real, interferindo indirectamente no seu aproveitamento da coisa, o que se afigura dificilmente aceitável.

Logo, porém, que do uso anormal do prédio resultem emissões que causem danos, ainda que estes não representem um "prejuízo substancial" no sentido do art. 1326.º, essas emissões são ilícitas, podendo ser impedidas pelos titulares de direitos reais de gozo sobre o prédio afectado, havendo lugar ainda à imputação dos danos, a título de responsabilidade civil extracontratual, ao seu autor.

Por outro lado, ainda que decorram de um uso normal do prédio, são ilícitas as emissões que causam um prejuízo substancial ao prédio vizinho. A teleologia do preceito é a de salvaguardar o gozo da coisa pelos titulares de direitos reais, pelo que, ainda que o uso que desencadeia as emissões seja um uso normal da coisa, as emissões que causam um prejuízo substancial são ilícitas.

V. A proibição de emissões pode constar igualmente de lei avulsa, devendo então articular-se o respectivo âmbito de aplicação como o disposto no art. 1346.º. Assim, por exemplo, o denominado "Regulamento Geral do Ruído", constante do DL n.º 292/2000, de 14 de Novembro, prevê a regulação da produção de ruído. A proibição de emissões de som constante do

[1065] Direitos Reais, cit., pág. 426.

[1066] Código Civil anotado, cit., pág. 178.

[1067] Direitos Reais, cit., pág. 236.

art. 1346.º tem de ser conjugada com a medida lícita de emissões que aquele diploma prevê.

96. Continuação. As instalações prejudiciais

O n.º 1 do art. 1347.º preceitua que "o proprietário não pode construir nem manter no prédio quaisquer obras, instalações ou depósitos de substâncias corrosivas ou perigosas, se for de recear que possam ter sobre o prédio vizinho efeitos nocivos não permitidos por lei".

A jurisprudência tem ampliado a lista de construções constante deste artigo. No Ac. de 25.09.2003[1068] o Supremo Tribunal de Justiça aduz que "para além dos depósitos de substâncias corrosivas ou perigosas que refere, o art. 1347.º do Código Civil, instituindo responsabilidade objectiva a coberto do art. 483.º, n.º 2 do mesmo, abarca genericamente quaisquer obras ou instalações susceptíveis de ter efeitos nocivos não permitidos por lei sobre o prédio vizinho: neles incluídos tanto os que directamente afectem o prédio, desvalorizando-o em maior ou menor escala, como os que possam atingir a saúde e a tranquilidade das pessoas".

Em acórdão de 09.04.1992[1069], o Supremo decidiu que "é ilícito implantar posto de abastecimento de combustíveis com depósitos de gasolina e de gasóleo e orifícios dos seus gases e vapores a menos de vinte metros de logradouro de prédio urbano, independentemente deste ser habitado ou não".

O art. 1347.º permite ao titular do direito real sobre prédio vizinho proibir as obras, depósitos e outras instalações que encerrem perigo de dano sobre o seu prédio, assim como a respectiva remoção caso a construção haja sido feita.

Em caso de as obras, depósitos e outras instalações terem sido objecto de licenciamento pela autoridade administrativa competente ou de o titular do direito real haver obedecido na íntegra ao estipulado legalmente para essas construções, apenas a remoção é admitida e depois de o dano se haver concretizado (art. 1347.º, n.º 2). Os titulares de direitos reais sobre prédios vizinhos ficam sujeitos ao perigo de dano, nada mais podendo fazer senão aguardar que um desenlace danoso não chegue a ocorrer.

1068 Proc. 03B2202, em www.dgsi.pt.

1069 Proc. n.º 081415, em www.dgsi.pt.

97. Continuação. Escavações

A abertura de minas e poços ou, em geral, a realização de quaisquer construções subterrâneas integra o conteúdo do gozo de alguns direitos reais desta categoria. Pode acontecer, todavia, que a transformação do imóvel afecte a integridade de edifícios vizinhos, causando, por exemplo, fendas, rachas, rupturas e outros danos.

O art. 1348.º menciona unicamente os desmoronamentos e deslocações de terras, mas deve entender-se que o seu alcance abrange não apenas os danos causados com a falta de apoio decorrente dos trabalhos de escavação, mas todos os danos projectados pelas escavações sobre os prédios vizinhos. É esse o objectivo primacial do art. 1348.º, que estabelece inclusivamente uma responsabilidade objectiva do autor das escavações[1070], cuja conduta, para além de não culposa, pode ser igualmente lícita, sem que tal inquine a responsabilidade civil[1071]. O proprietário não vê a sua responsabilidade ser afastada por ter recorrido a um empreiteiro para a realização das obras[1072].

98. Continuação. Passagem forçada momentânea

I. O titular do direito real deve consentir a colocação de andaime, matérias e outras estruturas no seu prédio se for imprescindível para a construção ou reparação de prédio contíguo (art. 1349.º, n.º 1). Como contrapartida o titular do direito real lesado tem direito a ser indemnizado (art. 1349.º, n.º 3)[1073].

II. O n.º 2 do art. 1349.º estabelece um direito de acesso de terceiro a imóvel sobre o qual não tem qualquer direito para recuperar coisa sua que aí se encontre acidentalmente. O titular do direito real pode impedir o exercício do acesso, oferecendo a coisa que se encontra no imóvel.

Também neste caso a lei prevê um direito de indemnização a favor do titular do direito real lesado (art. 1349.º, n.º 3).

[1070] Na doutrina, Oliveira Ascensão, Direito Civil – Reais, cit., pág. 256; na jurisprudência, cf. o Ac. STJ de 18.03.1993, Proc. n.º 0051986, em www.dgsi.pt.

[1071] Neste sentido, Oliveira Ascensão, Direito Civil – Reais, cit., pág. 256, Carvalho Fernandes, Lições De Direitos Reais, cit., pág. 227. Quanto à irrelevância da culpa, cf. também Santos Justo, Direitos Reais, cit., pág. 253 e seg.

[1072] Neste sentido, o Ac. do STJ de 25.09.2003, Proc. n.º 1589/2002-6, em www.dgsi.pt.

[1073] Na jurisprudência, cf. o Ac. do STJ de 10.12.1986, Proc. n.º 074194, em www.dgsi.pt.

99. Continuação. O dever de conservação de imóvel

O titular de direito real de gozo sobre edifício ou outra obra tem o dever de o conservar, de modo a que não cause danos a ninguém. Esse dever não é forçosamente do proprietário, como o art. 1472.º, n.º 1 deixa claro para o usufruto. Também nas obras construídas pelo superficiário ou por este mantidas, o dever de conservação impende sobre ele.

O dever de conservação de edifício está implícito no regime jurídico dos artigos 492.º e 1350.º. Se, por vício de construção ou defeito de conservação, o edifício causar danos a alguém, o titular do direito real que construiu a obra ou que a devia ter conservado é responsável civilmente pelos danos causados a terceiro, presumindo a lei a sua culpa (art. 492.º, n.º 1 e art. 483.º, n.º 1).

No art. 1350.º, a lei confere aos titulares de direitos reais de gozo sobre o prédio vizinho a edifício que ameace ruir o poder cautelar de exigir àquele que tem o dever de conservação as medidas adequadas à prevenção do perigo de dano.

100. Continuação. Escoamento natural das águas e obras defensivas das águas

I. As águas, os sedimentos e os detritos que elas arrastam correm naturalmente dos prédios superiores para os prédios inferiores. A regra nesta matéria é a de que os titulares de direitos reais de gozo sobre estes últimos não podem impedir o escoamento natural da água, sedimentos e detritos que ela transporta, assim como os titulares do gozo sobre os prédios superiores não podem agravar o escoamento tal como decorre da acção da natureza.

No fundo, pretende-se que as águas e o que elas arrastam circulem de uns prédios para os outros sem intervenção humana.

II. Diferente é o problema das obras defensivas de águas que existam num prédio para proteger esse e outros prédios[1074]. A situação vem regulada no art. 1352.º. Neste caso, não está apenas em causa o interesse dos titulares de direitos reais de gozo sobre o prédio onde as obras defensivas existam, mas também o dos titulares de prédios vizinhos que recebam protecção das águas por via dessas obras.

[1074] Nas obras defensivas apenas de um prédio, justamente aquele em que se situam, este preceito não tem aplicação.

O art. 1352.º, n.º 1 coloca o titular de direito real sobre o prédio onde as obras defensivas existam numa posição jurídica bifacetada. Em primeiro lugar, tem o dever de proceder às obras de conservação dessas obras; se não o fizer, porém, fica obrigado a tolerar que os titulares de direitos reais de gozo sobre prédios vizinhos beneficiados com as obras defensivas as façam.

O n.º 3 do art. 1352.º regula a participação dos titulares de direitos reais nas despesas com as obras de conservação ou de reparação. Se há um responsável civil pela destruição ou deterioração das obras defensivas de águas, este é, em última análise, aquele a quem cabe suportar o valor da reparação. Não havendo, as obras devem ser suportadas por cada titular do direito real na proporção do seu interesse nas mesmas, o que deixa para a avaliação do caso concreto a determinação do valor da contribuição devida.

101. Continuação. Aberturas de janelas, varandas, portas e semelhantes sobre prédio contíguo

Um dos aspectos mais relevantes do Direito da vizinhança surge ligado à defesa da privacidade das pessoas contra a intrusão ou devassa que pode estar associada a uma estreita proximidade espacial.

Assim, o titular do direito real não pode abrir portas ou janelas viradas para o prédio vizinho sem deixar entre estas e o limite daquele uma distância de, pelo menos, um metro e meio (art. 1360.º, n.º 1).

A mesma regra se aplica às varandas, terraços, eirados, pátios ou obras semelhantes, quando não possuam parapeitos ou estes tenham uma altura inferior a um metro e meio em toda ou parte da sua extensão (art. 1360.º, n.º 2).

Este dever não existe se entre os prédios existe uma passagem do domínio público, como uma estrada, caminho, rua, travessa ou outra (art. 1361.º).

102. Continuação. A desvinculação por meio de "servidões de vista"

A lei portuguesa admite que os direitos reais gravados com os deveres de não abertura de portas, janelas, varandas, terraços, eirados ou obras semelhantes a menos de um metro e meio possam ficar libertos destes deveres através da obtenção de uma servidão de vistas.

A posse do prédio em violação do disposto no artigo 1360.º, isto é, a abertura de de portas, janelas, varandas, terraços, eirados ou obras semelhantes a menos de um metro e meio pelo período de tempo correspondente à usucapião, conduz à extinção destes deveres.

O art. 1362.º, n.º 1 menciona a constituição de uma servidão de vistas por usucapião. Alguns autores falam também em servidões desvinculativas. A terminologia parece-nos pouco adequada. A usucapião tem primacialmente uma eficácia constitutiva de direitos reais de gozo; ora, a situação contemplada no art. 1362.º não é de constituição de direito real, mas de extinção de um particular dever.

Por outro lado, o titular de direito real de gozo sobre o prédio que beneficia com a extinção do dever não adquire qualquer direito. A extinção de deveres – concretamente dos previstos no art. 1362.º, números 1 e 2 – não tem por contrapartida qualquer constituição de direito real, servidão ou outro.

Tudo o que há no art. 1362.º é a extinção dos deveres preceituados no art. 1360.º, quando os titulares de direitos reais de gozo que deles beneficiavam nada fizeram para contrariar a violação dos mesmos durante prazo correspondente à usucapião. A referência à usucapião vale apenas quanto aos prazos para a extinção dos deveres, não tendo qualquer efeito constitutivo. Nenhuma servidão, de vistas ou outra, se adquire com a extinção dos deveres em causa; apenas os titulares dos direitos reais que estavam gravados por esse conteúdo negativo deixam de estar obrigados aos deveres respectivos.

103. Continuação. Outras aberturas

Os titulares de direitos reais de gozo não estão sujeitos aos deveres previstos no art. 1360.º para a abertura de frestas, seteiras ou óculos para luz e ar (art. 1363.º, n.º 1). Em contrapartida, podem ser construídos edifícios ou outras obras que tapem aquelas aberturas.

A lei estabelece ainda que as aberturas em causa devem estar a, pelo menos, um metro e oitenta centímetros do solo e não devem ter uma dimensão superior a quinze centímetros (art. 1363.º, n.º 2).

104. Continuação. Estilicídio

O estilicídio representa o dever de impedir que as águas, das chuvas ou outras, que escorrem do telhado ou de outra cobertura não caiam no prédio do vizinho. Na impossibilidade de o evitar, o art. 1365.º, n.º 1 obriga a deixar um intervalo mínimo de cinco decímetros entre o prédio e a beira.

105. Continuação. Plantação de árvores e de arbustos

I. A regra geral em matéria de plantação de árvores ou arbustos é a de que o titular do direito real de gozo o pode fazer até ao limite do seu prédio (art. 1366.º, n.º 1). O n.º 2 deste preceito salvaguarda legislação especial quanto a algumas espécies de árvores ou plantas que podem ter um efeito nocivo sobre os prédios vizinhos.

Se partes das árvores ou plantas se introduzirem no prédio vizinho, o titular do gozo deste pode arrancá-las ou cortá-las, se o dono das árvores ou das plantas o não fizer no prazo de três dias (art. 1366.º, n.º 1).

II. Se os frutos produzidos pelas árvores ou arbusto não puderem ser colhidos no interior do prédio, mas apenas através do prédio vizinho, os titulares de direitos reais de gozo deste prédio estão obrigados a facultar a colheita (art. 1367.º). Em contrapartida, têm direito à indemnização dos prejuízos sofridos.

106. Continuação. A tapagem do prédio

O proprietário do prédio pode tapar o seu prédio, erguendo muro, valando, rodeando-o de sebes, árvores ou plantas (art. 1356.º). Este poder não se restringe, todavia, ao proprietário, cabendo também ao titular do direito real de gozo em cujo conteúdo tal poder se integre, o que pode acontecer quanto ao direito de usufruto, direito de uso ou direito de superfície[1075].

O art. 1359.º, n.º 1 limita o poder de tapar o prédio com sebes vivas nas extremas, determinando que se coloquem previamente marcos provisórios, se ainda não existirem.

107. Continuação. Conteúdo negativo de vizinhança convencionado

Como dissemos anteriormente, as partes podem convencionar vinculações do titular do direito real de gozo que não contendam com o conteúdo típico do direito real, sob pena de violação da tipicidade legal. Dentro dessas vinculações poderão estar naturalmente restrições de vizinhança[1076].

[1075] No sentido de que o poder de tapagem pertence ao titular do direito real de gozo, cf. Oliveira Ascensão, Direito Civil – Reais, cit., pág. 254.

[1076] Vide também Santos Justo, Direitos Reais, cit., pág. 268.

108. O conteúdo negativo imposto pelo conflito com direitos intelectuais

A exteriorização de bens intelectuais (obra literária e artística, patente, marca, etc.) em suportes corpóreos pode acarretar a imposição de deveres ao titular do direito real de gozo sobre a coisa, sujeitando-o à impossibilidade de disposição lícita do direito a favor de terceiro sem o consentimento do titular do direito intelectual.

Na verdade, quer o Direito de Autor quer o Direito Industrial consagram o poder de distribuição como conteúdo de direitos intelectuais, dando ao titular destes direitos a possibilidade de impedir a ulterior disposição da coisa corpórea onde se exterioriza o bem intelectual. Do lado do direito real de gozo, aquele poder implica para o titular deste último direito o dever de não dispor da coisa a favor de terceiro sem a autorização do titular do direito intelectual. A violação do dever, importando uma ilicitude, desencadeia a aplicação das sanções legais, incluindo a responsabilidade civil.

No âmbito comunitário, o poder de disposição do titular do direito intelectual considera-se esgotado[1077] com a primeira comercialização (venda) do suporte corpóreo; daí para a frente, o adquirente da coisa pode licitamente dispor dela a favor de terceiro. Em todo o caso, o esgotamento não se produz para fora do espaço comunitário (esgotamento internacional), continuando o titular do direito intelectual a poder proibir a ulterior disposição da coisa ao proprietário da coisa.

109. Os conflitos de sobreposição não fazem parte do conteúdo do direito real

No seu ensino de Direitos Reais, MENEZES CORDEIRO[1078] e CARVALHO FERNANDES[1079], aproveitando a classificação e a terminologia de OLIVEIRA ASCENSÃO[1080], englobam os conflitos de sobreposição no conteúdo dos direitos reais.

[1077] O esgotamento significa que, uma vez dada a autorização para a venda da coisa onde o bem intelectual se incorpora, o titular do direito sobre ele perde o poder de sujeitar novos actos de disposição à sua autorização.

[1078] Direitos Reais, cit., pág. 436 e segs.

[1079] Lições De Direitos Reais, cit., pág. 231 e segs.

[1080] Relações Jurídicas Reais, cit., e Direito Civil – Reais, cit., pág. 264 e segs. Note-se, no entanto, que o enquadramento dado por OLIVEIRA ASCENSÃO é diverso; este professor classifica os denominados conflitos de sobreposição nas relações jurídicas reais e não no conteúdo do direito real.

Nós discordamos desta orientação. Para além do que abaixo dizemos relativamente à comunhão de direitos reais, não vislumbramos que aspectos do conteúdo estejam presentes nos denominados conflitos de sobreposição. O conflito de sobreposição paralela, mais adequadamente chamado comunhão de direitos reais, representa uma situação de concurso de direitos reais de espécie igual sobre a mesma coisa. Naturalmente, havendo vários direitos sobre a mesma coisa, a extensão de cada um surge limitada pelos outros, o que se repercute em alguns deveres específicos que não existem quando o direito não está em comunhão. Isso, porém, não faz da comunhão um aspecto do conteúdo do direito real.

A sobreposição hierárquica não caracteriza mais do que o fenómeno da oneração entre direitos reais de diferente extensão (um maior e outro menor) e a sobreposição prevalente mostra como alguns direito reais (nomeadamente, os de garantia) são hierarquizados no seu exercício.

Em nenhum destes casos encontramos a alusão a poderes, faculdades, deveres, estados de sujeição, enfim, situações jurídicas menores, activas ou passivas, que façam parte do conteúdo do direito real.

Preferimos, por isso, autonomizar a comunhão de direito reais, esclarecer simplesmente o significado da oneração em direitos reais e apresentar o princípio da prevalência como um princípio específico dos direitos reais de garantia.

Capítulo VI
A Comunhão de Direitos Reais

110. A comunhão no ensino português de Direitos reais

I. No ensino de Direitos Reais em Portugal podem detectar-se duas grandes orientações. Uma primeira, que se pode dizer ser maioritária, não autonomiza a comunhão, reduzindo o seu estudo à compropriedade no contexto do regime jurídico do direito de propriedade. Dentro desta orientação ainda se notam duas tendências. A mais antiga limita-se a uma breve referência à compropriedade nas classificações atinentes à propriedade[1081]. Nesta linha, indicam-se GUILHERME MOREIRA[1082], JOSÉ TAVARES[1083] e JAIME DE GOUVEIA[1084]. A tendência mais actual desenvolve a compropriedade como ponto autónomo do regime jurídico da propriedade. Assim, PIRES DE LIMA[1085], MOTA PINTO[1086], HENRIQUE MESQUITA[1087], CARVALHO FERNANDES[1088] e PINTO DUARTE[1089].

[1081] Posição distinta, mas próxima desta, é a de PAULO CUNHA, Direitos Reais, cit., pág. 142 e segs., que integra esta matéria nas classificações atinentes aos direitos reais (e não somente à propriedade).

[1082] Instituições Do Direito Civil Português, Livro III, cit., pág. 58 e segs.

[1083] Os princípios fundamentais do direito civil, cit., pág. 631 e segs.

[1084] Direitos Reais, cit., pág. 253 e segs.

[1085] Noções Fundamentais De Direito Civil, cit., pág. 44 e segs.

[1086] Direitos Reais, cit., pág. 250 e segs.

[1087] Direitos Reais, cit., pág. 231 e segs.

[1088] Lições De Direitos Reais, cit., pág. 351 e segs. A posição deste professor tem alguma especificidade, pois começa por identificar uma figura geral de comunhão nos denominados conflitos de sobreposição, mas acaba por versar a matéria como compropriedade e no regime jurídico da propriedade.

[1089] Curso De Direitos Reais, cit., pág. 60 e segs.

Na segunda orientação, o estudo da comunhão aparece deslocado da propriedade e não confundido com a compropriedade. PAULO CUNHA[1090] e DIAS MARQUES[1091] ensinavam a figura geral da comunhão (e não somente da compropriedade), fazendo-o no quadro das classificações de direitos reais (e não da propriedade).

OLIVEIRA ASCENSÃO[1092] foi, porém, mais longe, integrando a comunhão no âmbito das relações jurídicas reais e, dentro destas, nos denominados conflitos de sobreposição paralela, que incluem ainda os conflitos de sobreposição hierárquica e prevalente. A comunhão seria uma relação jurídica real na modalidade de conflitos de sobreposição e, dentro dos três tipos de conflitos que isola, uma relação jurídica real com sobreposição paralela.

MENEZES CORDEIRO[1093] adoptou a classificação de OLIVEIRA ASCENSÃO e a terminologia; confere-lhe, contudo, um diferente enquadramento. A comunhão vem colocada no estudo do conteúdo do direito real, a par da posse, da delimitação negativa e do Direito de vizinhança.

II. Em nenhuma das orientações referidas a comunhão surge autonomizada num capítulo próprio. Ainda que na segunda orientação exposta a comunhão deixe de ser identificada com a compropriedade, ela enquadra-se ou no quadro das relações jurídicas reais (OLIVEIRA ASCENSÃO) ou no conteúdo do direito real (MENEZES CORDEIRO).

Optamos por uma diferente arrumação desta matéria. Com efeito, pensamos que o enquadramento nas relações jurídicas reais como modalidade de conflito de sobreposição implica uma certa desvalorização do regime jurídico da comunhão e ao mesmo tempo uma descaracterização da mesma. A importância da figura justifica uma sistematização de acordo com ela.

Não cremos, por outro lado, que a comunhão possa ser vista como atinente ao conteúdo do direito real. A comunhão representa simplesmente uma situação de concurso de direitos reais da mesma espécie, todos eles tendo a mesma coisa por objecto. Este concurso projecta-se decerto no conteúdo de cada um dos direitos dos comunheiros, particularmente no conteúdo negativo, mas a comunhão não é ela própria um aspecto do conteúdo do direito real.

[1090] Direitos Reais, cit., pág. 142 e segs.

[1091] Direitos Reais, pág. 111 e seg.

[1092] Direito Civil – Reais, cit., pág. 264 e segs.

[1093] Direitos Reais – Sumários, cit., pág. 119.

Não temos nenhumas dúvidas de que o ensino da comunhão deve ser feito na parte geral de Direitos Reais. Podendo respeitar a várias espécies de direitos reais, de gozo, de garantia e de aquisição, e não apenas à propriedade, nada justifica que seja ensinada no âmbito restrito da propriedade. A origem histórica da comunhão, ligada à propriedade, e a sede do regime jurídico da compropriedade, o paradigma da comunhão, não podem servir de argumento para, de um modo atávico e anquilosante, se fundamentar a omissão da figura na parte geral do sistema científico de Direitos Reais.

Dentro da parte geral, somos da opinião de que lhe deve corresponder um capítulo autónomo. Esta opção dá à figura a importância que lhe corresponde na prática do sistema e oferece uma perspectiva desimpedida de quaisquer outros enquadramentos que diminuam a sua compreensão.

111. A origem histórica da comunhão no Direito romano

I. O antecedente da comunhão romana surge no denominado *consortium ercto non cito*[1094], uma forma de comunhão indiferenciada entre os *heredes* ligada à sucessão do *pater*.

Uma nota distintiva fundamental desta espécie de comunhão primitiva está no poder dado a cada um dos consortes de dispor sozinho da coisa vinculando os outros consortes. Quer dizer, cada consorte pode não só gozar a coisa, como aliená-la sem o consentimento dos outros.

Esta forma de comunhão indiferenciada, estritamente ligada ao fenómeno sucessório, vem progressivamente dar o seu lugar a uma comunhão diferenciada, a «*communio iuris romana*», na qual a disposição está sujeita ao consentimento de todos os comunheiros[1095].

II. Os romanos não conheciam os termos compropriedade e comproprietário, falando, ao invés, em *communio* (*communio pro indiviso*) e, relativamente aos comunheiros, em *domini* ou *socii*. A relação de comunhão vem designada com a expressão *rem communem habere, rem plurium esse* e o direito do *dominus* ou *socius* com as expressões *dominium pro parte* ou *pars dominii* ou *pars rei, pars rei pro indiviso*[1096].

[1094] Guarino, "Comunione (dir. rom.)", Enc. Del Dir., pág. 236 e seg., Sanfilippo, Istituzioni Di Diritto Romano, cit., pág. 200.

[1095] Sanfilippo, Istituzioni Di Diritto Romano, cit., pág. 200.

[1096] Bonfante, Istituzioni Di Diritto Romano, cit., pág. 245.

O pensamento romano sobre a propriedade era dominado pela máxima *"duorum quidem in solidum dominium vel possessionem esse non posse"*[1097]. Não é concebível um domínio pertencente a duas ou mais pessoas sobre o mesmo objecto[1098]. Apesar disso, cada comunheiro tem um direito sobre toda a coisa (*totius rei dominium*), que vem justamente apontada como comum (*res communis*).

Não obstante a referência do direito à totalidade da coisa, alguns autores afirmam – não sem alguma incoerência – que o direito do comunheiro era representado por uma fracção ideal ou abstracta, aquilo a que hoje designamos simplesmente de quota ou de quota da coisa indivisa (*pars pro indiviso*)[1099], enquanto outros sustentam que o Direito romano oscilava entre essa concepção e a que via no direito do comunheiro um direito ao todo, limitado pelos direitos dos outros[1100], uma disputa que marca ainda hoje a discussão sobre a natureza jurídica da comunhão.

III. Vamos agora expor os traços gerais do conteúdo do direito de propriedade do comunheiro[1101].

Começando pelo uso da coisa, a cada um dos comunheiros era permitido usar a coisa sempre que o quisesse fazer, independentemente do valor da sua quota e ainda que este valor fosse mínimo[1102]. O limite desse uso encontrava-se no respeito pela destinação económica da coisa, debaixo da ideia de que o *statu quo* não podia ser modificado por nenhum dos *domini*. Caso isso sucedesse, ao comunheiro reconhecia-se um direito de proibição (*ius prohibendi*)[1103], que os outros comunheiros deveriam acatar[1104]. No Direito justinianeu, o *ius prohibendi* sofreria várias derrogações destinadas a possi-

1097 Guarino, "Comunione (dir. rom.)", cit., pág. 237, Biondo Biondi, "Comunione (Diritto romano)", Noviss. Dig. It., pág. 855 e Istituzioni Di Diritto Romano, cit., pág. 282, Bonfante, Istituzioni Di Diritto Romano, cit., pág. 245.

1098 Bonfante, Istituzioni Di Diritto Romano, cit., pág. 245, Guarino, "Comunione (dir. rom.)", cit., pág. 237 e seg.

1099 Bonfante, Istituzioni Di Diritto Romano, cit., pág. 245, Sanfilippo, Istituzioni Di Diritto Romano, cit., pág. 200.

1100 Biondo Biondi, Istituzioni Di Diritto Romano, cit., pág. 283.

1101 Em geral, cf. Bonfante, Istituzioni Di Diritto Romano, cit., pág. 245 e segs.

1102 Biondo Biondi, "Comunione (Diritto romano)", cit., pág. 856.

1103 Sobre o *ius prohibendi*, cf., Kaser/Knütel, Römisches Privatrecht, cit., pág. 118, Biondo Biondi, "Comunione (Diritto romano)", cit., pág. 856.

1104 Sanfilippo, Istituzioni Di Diritto Romano, cit., pág. 201.

bilitar ao comunheiro a introdução de algumas modificações na coisa com utilidade objectiva[1105].

Diferentemente do uso, a fruição do comunheiro resulta da proporção do valor da sua quota, *pro parte*: cada comunheiro tem direito a receber os frutos da coisa na medida da sua quota.

Relativamente à disposição, o Direito romano separou claramente a disposição do direito do comunheiro e a disposição da coisa. Ao comunheiro era admitida livremente a disposição da sua *pars dominii*. Ele podia transmitir o seu direito, por exemplo, pela venda ou doação, e podia constituir ónus, com outros direitos reais de gozo (o usufruto) ou de garantia (penhor, hipoteca)[1106].

A disposição individual admitida ao comunheiro era a do seu direito. Ao invés, os actos de disposição sobre a coisa, incluindo a destruição material dela, só podiam ser praticados com o consentimento de todos. A constituição de uma hipoteca ou de uma servidão predial sobre o prédio só pode ser feita através das diversas *partes dominii*. Reflectia-se aqui a ideia de que na *communio* a coisa pertence a todos (*res communis*).

Havendo extinção do direito de um comunheiro (por renúncia, abandono, etc.), a sua posição na coisa comum acrescia aos demais na proporção das quotas existentes. No Direito romano falava-se, pois, num *ius adcrescendi* para tornar claro que os direitos dos comunheiros se expandiam com a extinção do direito de outro comunheiro[1107].

Por fim, a cada comunheiro reconheciam-se os mesmos meios de defesa do proprietário singular, nomeadamente, a *reivindicatio*, a *actio publiciana*, etc. Em caso de esbulho da coisa, cada *socius* podia, sozinho, interpor a *reivindicatio* contra o possuidor, não estando sujeito ao consentimento dos outros comunheiros (*vindicatio pro parte*)[1108].

IV. A *communio* romana era olhada de um modo desfavorável, como uma situação transitória a que urgia pôr termo. Por isso, o comunheiro podia a todo tempo fazer cessar a comunhão. Na falta de acordo dos comunheiros para terminarem voluntariamente a comunhão, o Direito romano dispunha

1105 Biondo Biondi, Istituzioni Di Diritto Romano, cit., pág. 284.

1106 Bonfante, Istituzioni Di Diritto Romano, cit., pág. 246, Kaser/Knütel, Römisches Privatrecht, cit., pág. 117, Guarino, "Comunione (dir. rom.)", cit., pág. 238.

1107 Sanfilippo, Istituzioni Di Diritto Romano, cit., pág. 201.

1108 Kaser/Knütel, Römisches Privatrecht, cit., pág. 117.

de várias acções, a principal das quais era a *actio communi dividundo*[1109], em cuja tramitação se incluía a *adiudicatio*. A finalidade principal desta acção era a transformação da *communio* em propriedade singular.

Além da *actio communi dividundo*, o Direito romano previa mais duas acções que desempenhavam o mesmo fim, a *actio familiae erciscundae* e a *actio finium regundorum*[1110].

112. A comunhão de Direitos reais em Portugal. A adopção do modelo romano e o paradigma da compropriedade

I. Aparentemente, a lei portuguesa não contempla a comunhão de direitos reais. O regime jurídico dos artigos 1403.º a 14013.º respeita à comunhão do direito de propriedade, estando inserto na disciplina deste direito.

O art. 1404.º dispõe, todavia, que "as regras da compropriedade são aplicáveis, com as necessárias adaptações, à comunhão de quaisquer outros direitos, sem prejuízo do disposto especialmente para cada um deles".

Esta aplicação é directa e não por analogia, o que quer dizer que o regime jurídico talhado para a compropriedade é, afinal, o regime jurídico da comunhão de direitos patrimoniais[1111] e não apenas da comunhão do direito de propriedade. A figura geral é, assim, a da comunhão e não a da compropriedade. Esta é apenas uma espécie do género. No que toca especificamente a Direitos Reais, a compropriedade constitui apenas a comunhão do direito de propriedade, podendo haver comunhão em outros direitos reais, de gozo, de garantia e de aquisição.

Duas ordens de razões explicam o acantonamento da figura da comunhão no regime jurídico da propriedade. A primeira é histórica; a *communio* romana desenvolveu-se no tocante à propriedade. A segunda é científica; a falta de uma parte geral no sistema interno de Direitos Reais leva a prever quase tudo o que é geral no contexto da propriedade, assim se distorcendo o alcance de institutos e de figuras cujo âmbito de aplicação supera largamente o daquele direito.

O regime da compropriedade funciona, assim, como o paradigma da comunhão de direitos reais, mas o alcance da sua disciplina transcende em

[1109] Kaser/Knütel, Römisches Privatrecht, cit., pág. 118, Biondo Biondi, "Comunione (Diritto romano)", cit., pág. 856, Bonfante, Istituzioni Di Diritto Romano, cit., pág. 250, Sanfilippo, Istituzioni Di Diritto Romano, cit., pág. 201.

[1110] Kaser/Knütel, Römisches Privatrecht, cit., pág. 118.

[1111] De direitos reais, mas não só.

muito a comunhão da propriedade, atingindo a comunhão de qualquer direito real.

II. Como veremos de seguida, o regime jurídico da comunhão no Direito português permite qualificá-la como uma comunhão de Direito romano, que muitos autores denominam, a nosso ver imprecisamente, comunhão por quotas, por contraposição à comunhão germânica ou comunhão de mão comum (Gemeinschaft zur gesamten Hand).

113. Distinção de figuras afins

A comunhão de direitos reais, comunhão romana ou por quotas, distingue-se de outras figuras, desde logo, da comunhão de raiz germânica, a denominada comunhão de mão comum (*Gemeinschaft zur gesamten Hand*). Nesta última, encontramos um património, que pode não ser composto apenas por outras coisas corpóreas, mas também por outros bens. Sobre este património não existem quotas e os comunheiros não podem dispor da sua posição, nem sozinhos nem com o consentimento de todos. Porém, a coisa em comunhão pode ser objecto de disposição, total ou parcial, por todos os comunheiros[1112].

No Direito português é possível encontrar traços da comunhão de mão comum na comunhão conjugal dos cônjuges casados em regime de comunhão de bens (geral e de adquiridos), na comunhão hereditária e na sociedade civil sem personalidade jurídica.

Da comunhão distingue-se igualmente a sociedade civil sem personalidade jurídica[1113]. As duas figuras não se encontram no mesmo plano. A comunhão constitui simplesmente um concurso de direitos da mesma espécie sobre uma coisa comum; a sociedade representa a prossecução de uma actividade económica lucrativa por várias pessoas que acordaram fazê-lo pondo bens em comum.

Na sociedade existe sempre um património comum, composto inicialmente pelas entradas dos sócios. Em abstracto, esse património pode estar

[1112] BAUR/STÜRNER, Sachenrecht, cit., pág. 19 e seg., VIEWEG/WERNER, Sachenrecht, cit., pág. 70, WOLFF/RAISER, Sachenrecht, cit., pág. 353. Na doutrina portuguesa, cf. PIRES DE LIMA, Enciclopédia Verbo, "Comunhão", PIRES DE LIMA/ANTUNES VARELA, Código Civil Anotado, cit., pág. 347, HENRIQUE MESQUITA, Direitos Reais, cit., pág. 234 e segs.

[1113] Havendo personalidade jurídica, os bens não estão em comunhão, não havendo risco de confusão.

sujeito ao regime da comunhão por quotas, a uma forma de comunhão colectiva de modelo germânico ou a outro regime jurídico.

No Direito português, é relevante distinguir entre a sociedade civil cuja actividade económica não seja de mera fruição de bens (art. 980.º) e a sociedade civil cuja actividade económica seja de mera fruição. Na primeira, havendo embora um património comum, composto pelos bens decorrentes das entradas dos sócios, o regime jurídico aplicável é o da sociedade civil (art. 980.º e segs.); na segunda, o regime jurídico da sociedade civil não recebe aplicação e o património comum fica sujeito ao regime geral da comunhão (art. 1403.º e segs.)[1114].

Em nossa opinião, o regime da sociedade civil dos artigos 980.º e seguintes consagra uma forma de comunhão de mão comum de modelo germânico, como sucede no Direito alemão. O sócio só pode transmitir a sua quota na sociedade com o consentimento dos outros sócios (art. 995.º, n.º 1) e o credor particular do sócio só pode obter a liquidação da quota deste quando os outros bens forem insuficientes para assegurar o pagamento do crédito (art. 999.º, n.º 2).

114. Comunhão geral e comunhões especiais

O regime jurídico constante dos artigos 1403.º e seguintes contém a disciplina geral da comunhão. Encontramos, todavia, no nosso direito regimes especiais de comunhão.

Um importante regime especial de comunhão respeita às paredes e muros de meação e consta dos artigos 1370.º a 1375.º. Em matéria de águas, os artigos 1398.º a 1402.º estabelecem o regime jurídico das águas comuns.

Possivelmente, o mais importante regime especial de comunhão encontra-se nas partes comuns de edifício constituído em propriedade horizontal (art. 1420.º e segs.). As partes comuns do edifício estão em compropriedade, sendo os condóminos os comproprietários.

A comunhão dos condóminos relativamente às partes comuns segue o regime jurídico especial da propriedade horizontal. Porém, em tudo o que não esteja especialmente previsto neste regime e não contenda com ele, aplicam-se as regras gerais da compropriedade[1115]. Assim, e exemplificativa-

[1114] Neste sentido, Pires de Lima/Antunes Varela, Código Civil Anotado, cit., pág. 348 e Mota Pinto, Direitos Reais, cit., pág. 252 e segs. Cf. ainda Carvalho Fernandes, Lições De Direitos Reais, cit., pág. 355.

[1115] Neste sentido, na jurisprudência, cf. o Ac. Do STJ de 09.05.1991, Proc. 079425, em www.dgsi.pt.

mente, todos os condóminos podem usar as partes comuns do edifício que não estejam afectas ao uso exclusivo de um dos condóminos (art. 1406.º, n.º 1)[1116], bem como qualquer condómino pode lançar mão da acção de reivindicação contra um terceiro que esteja ilicitamente na posse ou detenção de parte comum do edifício (art. 1311.º)[1117].

115. A constituição da comunhão de direitos reais

A comunhão pode resultar dos mesmos factos jurídicos que desencadeiam a constituição dos vários direitos reais[1118]. Assim, a comunhão pode constituir-se por facto jurídico negocial, contratual (compra e venda, doação, permuta ou outro) ou unilateral[1119], facto jurídico não negocial (usucapião, acessão, ocupação), por força da lei ou por decisão judicial[1120].

Naturalmente, a comunhão de direitos reais advém da existência do concurso de vários direitos reais da mesma espécie sobre a uma mesma coisa, pelo que o facto que constitui a comunhão deve determinar a aquisição do direito real por uma pluralidade de pessoas.

116. O conteúdo do direito do comunheiro

I. Cada comunheiro é titular de um direito independente dos demais, com a particularidade deste direito partilhar o seu objecto com outros direito reais da mesma espécie.

O conteúdo positivo do direito do comunheiro é o mesmo do direito singular que está em comunhão. Não é senão este o significado que se retira do art. 1403.º, n.º 2 1.ª parte ("os direitos dos consortes ou comproprietários sobre a coisa comum são qualitativamente iguais (...)") e, sobretudo, do art. 1405.º, n.º 1 1.ª parte: "os comproprietários[1121] exercem, em conjunto, todos os direitos que pertencem ao proprietário singular".

1116 Cf. o Ac. STJ de 18.11.999, Proc. 99B806, o Ac. STJ de 24.04.1996, Proc. 088107, o Ac. STJ de 16.11.1989, Proc. 079189, o Ac. STJ de 22.01.1987, Proc. 074179, em www.dgsi.pt.

1117 Neste sentido decidiu, e bem, o Ac. STJ de 31.03.2004, Proc. 03B319, em www.dgsi.pt.

1118 Sobre esta matéria, ver também Henrique Mesquita, Direitos Reais, cit., pág. 240 e segs.

1119 É o que sucede nos termos do art. 1370.º, n.º 1, se o proprietário de prédio confinante quiser adquirir comunhão na parede ou muro confinante.

1120 Podem ver-se classificações de comunhão quanto ao facto que a origina em Pallazzo, "Comunione", cit., pág. 161 e seg.

1121 Leia-se, os comunheiros.

Assim, o comproprietário, sendo um proprietário, tem o conteúdo do direito que a lei fixa para a propriedade singular (art. 1305.º), nomeadamente, o uso, a fruição, a transformação material, a disposição, a reivindicação, etc. E o mesmo se diga quanto ao co-usufruto, à co-superfície e aos demais direitos reais susceptíveis de comunhão.

Portanto, o conteúdo do direito real do comunheiro corresponde ao aproveitamento permitido pelo tipo legal de direito real que estiver em comunhão.

II. A comunhão trás, no entanto, especificidades ao conteúdo do direito do comunheiro. A mais significativa de todas elas é dada pela quantificação da posição do comunheiro numa porção ideal ou abstracta da coisa comum: a quota.

A quota não faz variar o conteúdo do direito do comunheiro, que é idêntico, mas diferencia a posição dos comunheiros no exercício de alguns dos poderes e deveres que fazem parte dele, introduzindo uma feição quantitativa que é desconhecida na conformação singular do tipo de direito real.

Outras especificidades do conteúdo surgem na veste de deveres, ou seja, no conteúdo negativo. A título de exemplo, o comproprietário não pode privar os outros comunheiros do uso a que também têm direito (art. 1406.º, n.º 1). Todos os comunheiros que tenham direito ao uso da coisa, seja qual for o direito real de gozo considerado, sofrem a incidência deste dever, que limita a extensão do gozo admitida pelo tipo de direito real em comunhão.

Deste modo, se se pode dizer que o conteúdo positivo do direito do comunheiro apresenta uma inteira coincidência com a conformação singular do tipo de direito real, tal não é possível relativamente ao conteúdo negativo. O regime jurídico da comunhão de direitos reais impõe aos comunheiros deveres recíprocos de actuação, os quais, visando possibilitar o aproveitamento da coisa por todos, acabam por delimitar negativamente a extensão desse aproveitamento.

III. Na doutrina portuguesa, os autores limitam-se a enunciar os poderes dos comproprietários, desenvolvendo fundamentalmente a comunhão do direito de propriedade e ignorando as outras.

É verdade que expor o conteúdo do direito de cada comunheiro equivaleria a percorrer o regime dos vários direitos reais susceptíveis de comunhão. Ora, o que interessa nesta sede é acentuar os aspectos em que o regime da comunhão importa diferenças relativamente ao conteúdo do direito real quando em titularidade singular. Para isso, nada melhor que apresentar o conteúdo do direito de maior extensão, a propriedade, pois a exposição do conteúdo deste direito, por mais abrangente, acaba por compreender o conteúdo dos direitos reais menores.

Alguns professores elucidam o conteúdo da compropriedade em atenção ao modo de exercício do direito, distinguindo poderes de exercício individual, poderes de exercício maioritário e poderes de exercício unânime[1122]. É o caso de Mota Pinto[1123], Carvalho Fernandes[1124] e de Santos Justo[1125].

Não seguiremos esta sistematização do conteúdo, por acharmos que ela faz perder a perspectiva do mesmo, preferindo, ao invés, elencar os poderes, faculdades e deveres específicos da comunhão, sem prejuízo de salientar, a propósito de cada uma das situações jurídicas, o respectivo modo de exercício.

Antes de entrarmos propriamente na análise das situações jurídicas da comunhão, versaremos primeiro sobre a quota e os seus efeitos na comunhão.

117. A quota do comunheiro. Fixação e efeitos

I. Cada comunheiro tem uma posição quantitativamente determinada na comunhão, à qual a lei associa certos efeitos. A posição quantitativa do comunheiro denomina-se quota[1126]. São vários os locais onde a lei usa o termo para exprimir a posição do comunheiro (art. 1403.º, n.º 2, 1405.º, n.º 1, 1406.º, n.º 2, 1407.º, n.º 1, 1408.º, 1409.º, n.º 1 e n.º 3, 1410.º, n.º 1 e 1411.º, n.º 1 e n.º 3).

As quotas dos comunheiros resultam do título constitutivo. Porém, se este for omisso quanto a elas, a lei presume que as quotas dos comunheiros são iguais (art. 1403.º, n.º 2 no fim). Sendo dois os comunheiros, a sua quota será de metade, sendo três, ela será de um terço, e aí por adiante.

A indicação do valor das quotas não tem de ser expressa[1127], podendo resultar do contexto do negócio ou de outras circunstâncias reveladas pelo

[1122] Vide também Pires de Lima/Antunes Varela, Código Civil Anotado, cit., pág. 351 e seg.

[1123] Direitos Reais, cit., pág. 260 e segs.

[1124] Lições De Direitos Reais, cit., pág. 357 e segs.

[1125] Direitos Reais, cit., pág. 325 e segs.

[1126] Sobre a noção de quota, veja-se Dosseto, "Comunione (Diritto civile)", cit., pág. 861 e seg.

[1127] Pires de Lima/Antunes Varela, Código Civil anotado, cit., pág. 349.

título constitutivo. PIRES DE LIMA/ANTUNES VARELA[1128] exemplificam com o diferente preço pago pelos compradores em contrato de compra e venda, que seria indicativo de uma quota proporcional ao montante do preço suportado por cada um deles.

Se o título constitutivo não permitir aferir o valor das quotas de cada um dos comunheiros, a lei presume, *iuris et iure*, que a quota dos comunheiros é igual (art. 1403.º, n.º 2 no fim).

II. A quota do comunheiro não tem de permanecer sempre a mesma. O título constitutivo fixa o seu valor no momento da constituição da comunhão, sem que, porém, esse valor seja imutável.

Com efeito, o valor da quota do comunheiro pode variar por força da eficácia de factos supervenientes que tenham justamente o efeito de alterar o valor da quota. Cada comunheiro pode dispor (vender, doar, trocar, etc.) de toda ou parte da sua quota (art. 1408.º, n.º 1.ª parte) e, naturalmente, o adquirente pode ser outro comunheiro. Do mesmo modo, o comunheiro pode falecer e o seu sucessor ser outro comunheiro.

A usucapião é outro dos factos que pode alterar a quota inicial dos comunheiros. A posse da coisa nos termos de uma quota de valor superior – por exemplo, por inversão do título da posse (art. 1406.º, n.º 2 no fim) – possibilita ao possuidor a usucapião do direito do comunheiro preterido na posse.

Um outro facto que pode fazer variar posteriormente a quota do comunheiro é o que resulta daquilo que no Direito romano vinha designado por *ius adcrescendi*. Em caso de extinção do direito do comunheiro, por exemplo, por renúncia, o direito deste acresce aos outros comunheiros na proporção das quotas respectivas.

O *ius adcrescendi* foi expressamente previsto para a renúncia liberatória (art. 1411.º n.º 3), mas a regra vale igualmente para a renúncia abdicativa. Se um comunheiro renuncia ao seu direito, este acresce aos outros na proporção das respectivas quotas[1129].

[1128] Código Civil anotado, cit., pág. 349.

[1129] Na doutrina, cf. LUÍS PINTO COELHO, Da Compropriedade No Direito Português, cit., pág. 135 e seg.

III. À quota estão associados efeitos importantes. A quota define:

- A fruição do comunheiro[1130], bem como o recebimento de outros réditos ou proveitos gerados pela coisa (art. 1405.º, n.º 1), se o direito real em comunhão atribuir o poder de fruição ou de recebimento de réditos e outros proveitos;
- O montante a pagar nas despesas com a coisa e nos encargos devidos por ela (art. 1405.º, n.º 1);
- O valor do voto do comunheiro nas deliberações sobre a administração da coisa comum (art. 1407.º, n.º 1);
- O direito de preferência do comunheiro no caso de venda ou dação em cumprimento a estranhos do direito de outro comunheiro (art. 1409.º, n.º 3)[1131];
- A proporção do acrescer, em caso de renúncia de um dos comunheiros ao seu direito (art. 1411.º, n.º 3, para a renúncia liberatória).

118. O poder de usar a coisa

I. O art. 1406.º, n.º 1 regula o poder de uso do comunheiro. Em direito reais que atribuam ao titular alguma forma de uso da coisa, como sucede com a generalidade dos direitos reais de gozo, cada comunheiro pode usar livremente a coisa, independentemente do valor da sua quota e, portanto, ainda que esta seja mínima.

O uso a que os comunheiros têm direito é o uso integral da coisa, de toda a coisa, e todos eles podem usar a coisa simultaneamente, contando que tal seja possível. A quota do comunheiro não tem projecção sobre o uso da coisa, que é igual para todos os comunheiros, seja qual for o valor das quotas respectivas[1132].

II. O uso do comunheiro está sujeito a dois limites (art. 1406.º, n.º 1), os quais equivalem a outros tantos deveres que fazem parte do conteúdo negativo do direito do comunheiro:

- Não privar os outros comunheiros do uso integral da coisa,
- Não empregar a coisa para fim diferente do que ela se destina.

[1130] Se o direito do comunheiro integrar o poder de fruição, naturalmente.

[1131] Naturalmente, se houver mais do que um comunheiro preferente.

[1132] Em sentido diferente, para o Direito italiano, PALAZZO, "Comunione", cit., pág. 172.

Enquanto o primeiro limite não suscita dúvidas, o segundo deve ser esclarecido. O comunheiro deve conformar-se com o *statu quo* da coisa e não introduzir nela quaisquer inovações (demolições, novas construções) ou fazer reparações sem ter o consentimento dos restantes comunheiros. No fundo, e de acordo com a própria extensão deste poder, ao comunheiro é dado somente utilizar a coisa como ela se encontra[1133].

O fim da coisa a que o uso se deve conformar é o que, conforme os casos, decorra da lei, resulte do título constitutivo ou haja sido acordado entre os comunheiros. Na dúvida, deve atender-se ao fim a que a coisa actualmente se encontra afecta.

Seja como for, o uso que releva juridicamente, não é o uso abstracto da coisa, aquele que normalmente é dado a coisas da mesma espécie, mas o uso concreto que lhe foi dado na comunhão[1134].

Se o comunheiro extravasar o uso permitido da coisa comum, qualquer um dos outros comunheiros pode desencadear a sua oposição (*ius prohibendi*), devendo o comunheiro conformar-se com ela, reconstituindo a situação anterior, e sem prejuízo do dever de indemnizar que ao caso caiba.

III. A regra do uso integral por cada um dos comunheiros tem natureza supletiva. O art. 1406.º, n.º 1 começa por ressalvar o acordo dos comunheiros sobre o uso da coisa comum. Este acordo é forçoso quando o uso integral seja impossível.

Nada impede, pois, que os comunheiros acordem no uso a fazer (regulamento de uso). Pires de Lima/Antunes Varela[1135] sustentam que a maioria pode deliberar sobre o uso da coisa, nos mesmos termos em que decide sobre a administração dela, embora mitiguem a sua posição afirmando que os comunheiros não podem ser privados do uso da coisa.

Não concordamos com esta posição. A maioria dos comunehiros não pode decidir sobre um poder de exercício individual como é o poder de usar a coisa. De outra forma, estava encontrado um expediente fácil para a maioria determinar a seu belo prazer o uso da coisa comum, frustando o fim da regra estabelecida no art. 1406.º, n.º 1, que é o de assegurar a todos os comunheiros o uso da coisa. Assim, o acordo sobre o uso deve resultar do

[1133] Sobre isto, veja-se também Dossetto, "Comunione (Diritto civile)", cit., pág. 867.

[1134] Neste sentido, Pires de Lima/Antunes Varela, Código Civil Anotado, cit., pág. 358, Santos Justo, Direitos Reais, cit., pág. 326.

[1135] Código Civil Anotado, cit., pág. 357.

consentimento de todos os comunheiros e não da imposição da maioria[1136]. Não havendo consenso e sendo o uso integral possível, o art. 1406.º, n.º 1 estabelece a regra a seguir.

Havendo uma impossibilidade de uso integral, e na falta de consenso, não resta outra alternativa senão o recurso à via judicial. Apenas o tribunal pode suprir a falta de consentimento dos comunheiros quando o uso integral seja impossível.

As hipóteses de partilha do uso podem ser as mais variadas[1137]. O uso pode ser regulado atribuindo aos comunheiros uma fracção específica da coisa para esse efeito, estabelecendo a rotatividade entre todos[1138], fixando uma duração determinada para cada um, etc.

No limite, algum ou alguns dos comunheiros podem ficar privados do uso, gratuita ou onerosamente, contando que acordem nessa solução. Outra hipótese é ainda a locação da coisa a terceiro, beneficiando os comunheiros dos frutos provenientes da renda paga pelo locatário.

O regulamento de uso da coisa comum tem eficácia meramente obrigacional e vincula apenas os comunheiros que o hajam celebrado, mesmo que conste do registo predial. Com efeito, tal regulamento não pode envolver a perda definitiva do uso, sob pena de violação do princípio da tipicidade (art. 1306.º, n.º 1). Se o tipo de direito real contempla o uso da coisa, a renúncia a este aspecto do conteúdo do direito arrasta necessariamente a criação de um direito real atípico.

119. O poder de fruir e de beneficiar dos outros réditos ou vantagens gerados pela coisa

O poder de fruição tem uma expressão quantificada que é dada pela quota. Contando que o direito real em comunhão atribua o poder de fruir (propriedade, usufruto, uso e habitação, direito de habitação periódica), cada comunheiro tem direito aos frutos na proporção da sua quota (art. 1405.º, n.º 1 2.ª parte). Se, para além da fruição, o direito do comunheiro lhe atribuir igualmente os réditos ou outros proveitos da coisa, a regra é a mesma.

[1136] Em sentido diferente, cf. PALAZZO, "Comunione", cit., pág. 172.

[1137] Cf. PIRES DE LIMA/ANTUNES VARELA, Código Civil Anotado, cit., pág. 357.

[1138] PALAZZO, "Comunione", cit., pág. 172.

O poder de fruição é de exercício individual. O comunheiro pode fazer seus os frutos gerados pela coisa na proporção da sua quota. Em todo o caso, o poder de fruição deve ser articulado no seu exercício com o poder de administração da coisa comum. Se os comunheiros, no exercício do seu poder de administrar a coisa comum, determinam o momento da colheita dos frutos, o comunheiro deve respeitar a deliberação. Do mesmo modo, se os frutos se vencem num determinado momento por força do disposto num contrato de aplicação, o comunheiro só nesse momento pode exercer o seu direito.

120. O poder de transformar a coisa

O poder de transformar a coisa[1139] surge incluído no conteúdo de alguns direitos reais de gozo. Envolvendo ou podendo envolver a alteração da substância da coisa, o seu exercício cabe conjuntamente a todos os comunheiros.

A lei portuguesa é omissa quanto á falta de acordo dos comunheiros no exercício do poder de transformação. Parece que se torna imperativo o recurso ao tribunal, para que este decida das pretensões divergentes dos comunheiros.

121. O poder de dispor do seu direito

I. Na comunhão por quotas importa deixar clara a diferença de regime jurídico entre os actos de disposição do direito do comunheiro e os actos de disposição sobre a coisa comum, de toda ou de parte dela.

Essa diferença é bem demarcada pelo art. 1408.º, n.º 1, que separa nitidamente o regime jurídico dos dois actos. Relativamente ao direito do comunheiro, o princípio é o da livre disponibilidade (art. 1408.º, n.º 1 1.ª parte). O comunheiro pode alienar o seu direito a terceiro (vender, doar, permutar), no todo ou em parte, assim como pode igualmente onerá-lo, constituindo outros direitos reais (de gozo, de garantia ou de aquisição) no âmbito do seu. Deste modo, e a título exemplificativo, o comproprietário pode vender o seu direito, dá-lo em usufruto ou constituir uma hipoteca (ou outro direito real de garantia) sobre ele.

[1139] As obras de conservação não constituem o exercício de um poder de transformação, mas sim a mera administração da coisa comum.

II. O poder de disposição envolve igualmente a renúncia ao direito. A renúncia pode, no entanto, ser abdicativa ou liberatória. São ambas admissíveis?

Para a renúncia liberatória o nosso sistema dá uma resposta afirmativa (art. 1411.º, n.º 1). O comunheiro pode renunciar ao seu direito como meio de se exonerar das despesas e encargos com a coisa comum, contando que não os haja aprovado previamente, pois, neste caso, a eficácia da renúncia depende do consentimento de todos os comunheiros (art. 1411.º, n.º 2).

No tocante à renúncia abdicativa nenhuma referência se encontra no regime da comunhão. No entanto, ao abrigo do poder de disposição incluído no direito real, o comunheiro pode válida e eficazmente renunciar ao seu direito. Esta renúncia não depende também do consentimento dos restantes comunheiros.

Portanto, o poder de disposição do comunheiro, que é conteúdo do seu direito real, fundamenta a renúncia, quer esta seja liberatória, como o art. 1411.º prevê expressamente, quer seja abdicativa.

Em caso de renúncia, verifica-se o acrescer da posição dos outros comunheiros e o direito dos outros comunheiros expande-se, numa manifestação da elasticidade dos direitos reais.

122. O poder de preferir na venda ou na dação em cumprimento a terceiro do direito de comunheiro

I. O art. 1409.º, n.º 1 confere ao comunheiro o poder de preferir no caso de venda ou dação em cumprimento a estranhos do direito de outro comunheiro. A lei procura evitar a intromissão de terceiros no âmbito do aproveitamento da coisa, que pode gerar tensões e conflitos indesejáveis.

De qualquer forma, o alcance deste propósito não é grande. O poder de preferir atribuído ao comunheiro abrange somente os negócios de compra e venda e de dação em cumprimento; em qualquer outro negócio jurídico (doação, permuta, etc.), o comunheiro não tem nenhum poder legal de preferir, o que redunda na possibilidade de entrada de estranhos na comunhão.

II. Todos os comunheiros têm um poder de preferir no conteúdo do seu direito. A harmonização do conflito potencial entre eles faz-se permitindo que cada um exerça o seu poder na proporção da sua quota (art. 1409.º, n.º 3).

Caso algum dos comunheiros não queira preferir, a preferência cabe aos demais segundo a regra da proporção fixada no n.º 3 do art. 1409.º. Se restar apenas um dos comunheiros a preferir, ele poderá preferir pela totalidade.

123. O poder de administrar a coisa comum

I. Cada comunheiro tem no conteúdo do seu direito o poder de administrar a coisa comum (art 985.º, n.º 1, por remissão do art. 1407.º, n.º 1)[1140]. Todos os comunheiros têm igual poder para administrar a coisa comum, independentemente do valor individual da sua quota.

Do mesmo modo que o comunheiro tem o poder de administrar a coisa comum, ele pode opor-se ao acto de administração levado a cabo por um ou mais dos outros comunheiros (art. 985.º, n.º 2, por remissão do art. 1407.º, n.º 1). A oposição é uma vertente negativa do poder de administrar e que visa impedir a prática do acto de administração com o qual o comunheiro não está de acordo.

Havendo conflito entre os comunheiros sobre a decisão a tomar na administração da coisa comum, cabe à maioria decidir. A este propósito, o art. 1407.º, n.º 1 segunda parte dispõe que formação da maioria requer, pelo menos, a metade do valor das quotas, não sendo suficiente a maioria dos votos dos comunheiros.

O sistema português é complexo, uma vez que não considera haver a maioria ou a partir do número de comunheiros que vota a deliberação ou pela soma do valor das quotas, obrigando a que a maioria dos comunheiros perfaça ainda, no mínimo, metade do valor das quotas[1141]. Quer dizer, nem o número maior de comunheiros pode levar avante a sua deliberação de administração se o conjunto das suas quotas não chegar aos 50% nem o comunheiro ou comunheiros com mais de 50% das quotas formam a maioria se houver um número superior de comunheiros a votar contra.

[1140] Oliveira Ascensão, Direito Civil – Reais, cit., pág. 268, Pires de Lima/Antunes Varela, Código Civil Anotado, cit., pág. 361. Na jurisprudência, cf. o acórdão do STJ de 08.11.2005, Proc. 05A3384, em www.dgsi.pt.

[1141] Cf., com mais detalhe, Pires de Lima/Antunes Varela, Código Civil Anotado, cit., pág. 361 e seg., Oliveira Ascensão, Direito Civil – Reais, cit., pág. 268 e seg., Menezes Cordeiro, Direitos Reais, cit., pág. 447, Mota Pinto, Direitos Reais, cit., pág. 263 e seg., Henrique Mesquita, Direitos Reais, cit., Santos Justo, Direitos Reais, cit., pág. 330.

O sistema consagrado tem a vantagem de evitar a imposição da administração da coisa pela minoria pessoal dos comunheiros com quotas que no conjunto sejam superiores a 50% e, no limite, que um só dos comunheiros com mais de metade do valor das quotas determine a administração da coisa comum.

Contudo, ele mostra-se propício a impasses, que têm de ser resolvidos com recurso aos tribunais, que decidirão segundo juízes de equidade (art. 1407.º, n.º 2), uma solução pouco expedita e que ameaça paralisar a administração da coisa comum com a demora na solução do litígio. Melhor teria sido, permitir que a maioria se formasse pela soma do valor das quotas, como fizeram o Direito alemão (§ 745 do BGB) e o Direito italiano (art. 1105 do Códice Civile).

II. O art. 985.º abre a possibilidade de a administração da coisa comum ser entregue a algum ou a algum dos comunheiros nos termos de convenção acordada entre todos eles (regulamento de administração).

Neste caso, as decisões sobre a administração da coisa cabem aos comunheiros que têm a administração. Na falta de acordo dos administradores, deve entender-se que as deliberações são tomadas pela maioria deles, independentemente do facto de representarem ou não metade do valor das quotas (art. 985.º, n.º 4 *ex vi* do art. 1407.º, n.º 1), salvo se o regulamento de administração dispuser em contrário.

Poderia sustentar-se, em oposição ao entendimento aqui manifestado, que o art. 1407.º, n.º 1 dispõe que a maioria requer metade do valor das quotas. Estamos em crer, porém, que tal disposição apenas vale se os comunheiros não houverem acordado um regulamento de administração da coisa comum com a entrega da administração a um ou alguns deles. De outro modo, o alcance do regulamento de administração, que o art. 985.º, n.º 1 admite expressamente, ficaria grandemente diminuído, assim como a tentativa legítima de evitar os impasses propiciados pelo sistema acolhido de formação de maioria.

III. Os actos jurídicos praticados pelo comunheiro contra a decisão da maioria dos comunheiros são anuláveis a requerimento de qualquer dos comunheiros que não interveio na sua prática.

A hipótese legal supõe, assim, que haja já uma deliberação dos comunheiros sobre um determinado acto de administração; mas o que sucede se a oposição se gera após a prática do acto?

O poder de oposição pode ser exercido pelo comunheiro mesmo após a prática de acto jurídico de administração por outro ou outros comunheiros. Todavia, se a maioria legal dos comunheiros decide em sentido contrário a ele, não é a sua validade que está em causa, pois essa é aferida no momento da sua prática, mas antes a respectiva eficácia jurídica. O acto jurídico será ineficaz perante os outros comunheiros.

Os actos materiais de administração praticados pelo comunheiro contra a decisão da maioria podem, se possível, ser desfeitos, repondo-se a situação anterior[1142]. O comunheiro será civilmente responsável pelos danos causados aos restantes comunheiros (art. 1407.º, n.º 3 no fim).

IV. Conforme resulta do exposto, o poder de administrar a coisa, pertencendo embora individualmente ao conteúdo do direito de cada comunheiro, pode ter de ser exercido em conjunto com os restantes comunheiros. Por contraposição ao poder de disposição da coisa comum, cuja análise se fará de seguida, o exercício conjunto do poder de administração está sujeito à regra da maioria[1143].

124. O poder de disposição da coisa comum

I. Diferente do poder de disposição do direito do comunheiro, ou da quota como outros dizem, é o poder de disposição de toda[1144] ou parte da coisa comum. Com efeito, o art. 1408.º, n.º 1 efectua a contraposição entre ambos, dispondo, quanto ao segundo, que o "comproprietário (...) não pode, sem o consentimento dos restantes consortes, alienar nem onerar parte especificada da coisa comum".

A explicação para esta solução reside no facto de, havendo comunhão, a coisa ser simultaneamente objecto de vários direitos reais de igual natureza. O comunheiro pode certamente dispor do seu direito como lhe aprouver, mas se lhe fosse permitido fazer o mesmo quanto à coisa comum

[1142] Neste sentido, PIRES DE LIMA/ANTUNES VARELA, Código Civil Anotado, cit., pág. 362, HENRIQUE MESQUITA, Direitos Reais, cit., pág. 256, nota 1.

[1143] Sobre o ponto, MOTA PINTO, Direitos Reais, cit., pág. 263 e seg., CARVALHO FERNANDES, Lições De Direitos Reais, cit., pág. 343 e seg., SANTOS JUSTO, Direitos Reais, cit., pág. 329 e seg.

[1144] O art. 1408.º, n.º 1 apenas menciona "parte especificada da coisa comum", mas afigura-se evidente, por maioria de razão, que o preceito engloba igualmente os actos de disposição sobre toda a coisa e não apenas parte especificada dela. Vide também PIRES DE LIMA/ANTUNES VARELA, Código Civil Anotado, cit., pág. 364.

ou parte dela ele estaria, na verdade, a dispor sobre coisa que não é sua, ou não é apenas sua, mas também dos outros comunheiros.

O art. 1408.º, n.º 1 menciona literalmente o comproprietário. Sabemos, no entanto, que o regime da compropriedade se aplica directamente às outras comunhões de direitos reais (art. 1404.º), pelo que a regra inserta no preceito não respeita somente à actuação do comproprietário, englobando igualmente os comunheiros de direitos reais de gozo (co-usufrutuários, co-superficiários, etc.).

II. O poder de disposição da coisa ou de parte especificada dela integra o direito do comunheiro, incluindo a transmissão, a oneração e a renúncia. É um poder de exercício conjunto com os outros comunheiros e sujeito à regra da unanimidade[1145].

III. O acto de disposição de parte especificada da coisa ou de toda ela (a venda, a doação, a troca, a constituição de hipoteca, etc.) tem de ser celebrado por todos os comunheiros, a não ser que haja consentimento prévio do ou dos comunheiros que não o praticam. Neste último caso, o consentimento deve ser prestado na forma exigida para o acto de disposição[1146].

A falta de consentimento de algum dos comunheiros, seja qual for o valor da sua quota[1147], provoca o vício da ilegitimidade. O acto de disposição é havido como disposição de coisa alheia (art. 1408.º, n.º 2), o que na prática significa uma remissão para o regime jurídico do acto praticado sem legitimidade.

Em geral, pode-se dizer que o negócio jurídico de disposição celebrado pelo(s) comunheiro(s) sem legitimidade, quer seja oneroso quer seja gratuito, é nulo[1148]. Essa é a solução expressa para a compra e venda (art. 892.º), que o art. 939.º estende para os outros negócios onerosos[1149], e para

[1145] Mota Pinto, Direitos Reais, cit., pág. 264 e seg., Carvalho Fernandes, Lições De Direitos Reais, cit., pág. 363 e seg., Santos Justo, Direitos Reais, cit., pág. 330 e seg.

[1146] Neste sentido, Vaz Serra, Revista de Legislação e de Jurisprudência, ano 103.º, pág. 57 e seg., Pires de Lima/Antunes Varela, Código Civil Anotado, cit., pág. 364.

[1147] O que, para o efeito, é completamente irrelevante.

[1148] Henrique Mesquita, Direitos Reais, cit., pág. 261. Ressalva-se, no entanto, a hipótese da coisa ser vendida como alheia, pois, nesse caso, tem aplicação o regime da venda de coisa futura (art. 880.º e 893.º). Cf igualmente Henrique Mesquita, Direitos Reais, cit., pág. 261, Carvalho Fernandes, Lições De Direitos Reais, cit., pág. 363, Santos Justo, Direitos Reais, cit., pág. 327.

[1149] Sem prejuízo de poder haver um regime jurídico específico para esse negócio, como o art. 939.º ressalva no fim.

a doação (art. 956.º, n.º 1). Exceptua-se o caso da coisa ser tomada pelas partes como alheia, caso em que, tratando-se de venda, a mesma é válida (art. 880.º e 893.º)[1150].

Porém, uma boa parte da doutrina tem acentuado que se trata de uma ineficácia jurídica[1151] e não de nulidade[1152]. Era essa a doutrina defendida por Vaz Serra[1153], que tem tido defensores de peso, como Pires de Lima/ /Antunes Varela[1154], Oliveira Ascensão[1155] e Carvalho Fernandes[1156].

Esclarecemos, no entanto, que as duas qualificações – nulidade e ineficácia jurídica – são compatíveis. A ineficácia jurídica do acto de disposição relativamente aos outros comunheiros significa que aquele acto é quanto a estes últimos *res inter alios acta*. Ficam, pois, dispensados de fazer declarar a nulidade do acto, que não os atinge. E esta é a razão fundamental da tese da ineficácia.

Todavia, não obstante ineficaz quanto aos comunheiros que não o celebraram, o negócio jurídico de disposição celebrado sem legitimidade é nulo[1157] e está sujeito ao regime geral da nulidade em tudo aquilo que o regime jurídico específico do negócio em causa não determinar diferentemente[1158]. Esta nulidade projecta-se no âmbito da relação interna entre as partes do negócio jurídico e entre estas e os terceiros que não sejam comunheiros.

[1150] Tratando-se de doação e uma vez que a lei portuguesa não admite a doação de bens futuros (art. 942.º, n.º 1), teremos de concluir que o contrato é nulo (art. 956.º, n.º 1).

[1151] Na jurisprudência recente, veja-se o Ac. STJ de 22.09.2005, Proc. 0404641

[1152] A doutrina da ineficácia jurídica surgiu por oposição à tese da invalidade (anulabilidade e nulidade) e, por conseguinte, aqueles que a sustentam, nomeadamente, Vaz Serra e Pires de Lima/Antunes Varela afastam a possibilidade de simultaneamente o acto de disposição ser nulo. No texto, tomamos uma posição diferente que harmoniza os dois regimes.

[1153] Revista de Legislação e de Jurisprudência, Ano 94.º, pág. 185 e segs., Ano 99.º, pág. 230 e Ano 100.º, pág. 59.

[1154] Código Civil Anotado, cit., pág. 365 e seg.

[1155] Direito Civil – Reais, cit., pág. 269.

[1156] Lições De Direitos Reais, cit., pág. 363.

[1157] Não vemos outra alternativa. O negócio jurídico celebrado entre as partes não pode valer com os efeitos por elas previstos, justamente por causa da ilegitimidade do disponente. Nem faria nenhum sentido, aliás, dizer que o negócio, ineficaz quanto aos comunheiros que não o consentiram, seria válido e eficaz, isto é, produtor dos seus efeitos, na relação entre as partes e entre estas e outros terceiros, como se houvessem dois negócios jurídicos distintos.

[1158] É o que sucede, por exemplo, na compra e venda, no regime dos artigos 892.º a 904.º.

Sendo nulo o acto de disposição celebrado pelo(s) comunheiro(s) sem legitimidade, nada impede que o comunheiro que não deu o seu consentimento requeira a nulidade do mesmo, se tiver interesse nisso. A doutrina da ineficácia do acto de disposição pretende assegurar que o comunheiro que não o consentiu tenha de requer a nulidade do mesmo, mas não impede que o faça caso tal lhe convenha.

A nulidade do negócio jurídico de disposição por falta de legitimidade do disponente não impede o aproveitamento do mesmo pelas vias normais da redução (art. 292.º) ou da conversão (art. 293.º) [1159]. A doutrina tem distinguido algumas hipóteses, consoante:

- Ocorra a disposição de parte especificada da coisa comum e ela possua valor inferior ou igual à quota do disponente, caso em que poderá haver conversão para um negócio relativo à quota, nos termos gerais do art. 293.º[1160];
- A disposição respeite a toda a coisa comum ou a uma parte especificada dela de valor superior à quota do disponente, hipótese em que poderia haver lugar, sucessivamente, a uma redução e conversão, tudo nos termos dos artigos 292.º e 293.º[1161], de modo a que o negócio apenas produza efeitos relativamente à quota ou quotas dos comunheiros disponentes.

Tratando-se de venda ou de dação em cumprimento a terceiros estranhos à comunhão, a conversão do negócio nulo não prejudica as preferências legais dos comunheiros (art. 1409.º, n.º 1), que poderão ser exercidas nos termos gerais.

Analisamos, por último, o consentimento posterior do comunheiro. Como sabemos, a legitimidade, como requisito de validade do negócio jurídico, tem de existir no momento da sua celebração, sob pena de nulidade.

Nalguns casos, porém, a lei portuguesa admite a convalidação posterior do negócio nulo por falta de legitimidade do disponente. É o caso do regime da compra e venda, que é extensível aos outros negócios onerosos

[1159] Pires de Lima/Antunes Varela, Código Civil Anotado, cit., pág. 366, Carvalho Fernandes, Lições De Direitos Reais, cit., pág. 364, Santos Justo, Direitos Reais, cit., pág. 313 e seg.

[1160] Carvalho Fernandes, Lições De Direitos Reais, cit., pág. 364, Santos Justo, Direitos Reais, cit., pág. 313.

[1161] Carvalho Fernandes, Lições De Direitos Reais, cit., pág. 364, Santos Justo, Direitos Reais, cit., pág. 313.

quando o regime destes não disponha em contrário (art. 939.º). O art. 895.º estabelece que logo que o vendedor adquira a propriedade da coisa ou o direito vendido o contrato torna-se válido. Assim, se o comunheiro adquire o direito do comunheiro que não prestou o seu consentimento ao negócio de disposição, a venda convalida-se.

Segundo julgamos, este regime jurídico pode ser estendido à hipótese de consentimento posterior do comunheiro[1162], contando que ele seja prestado na forma legal do negócio jurídico em causa. O consentimento posterior supre a ilegitimidade originária do comunheiro disponente, convalidando o negócio pela sanação do vício.

125. O poder de suscitar a divisão da coisa comum

I. A comunhão de direitos reais de modelo romano, a denominada comunhão por quotas, está fadada para ter uma existência transitória. A lei desfavorece qualquer tendência de prolongar por muito tempo a indivisão da coisa por diferentes titulares, estimulando a sua divisão a favor de uma titularidade singular. A ideia de que o aproveitamento da coisa é mais profícuo havendo um só titular do direito e de que isso corresponde a um interesse público tem feito subsistir nos dias de hoje o carácter provisório que a comunhão tinha no Direito romano.

O comunheiro tem o poder potestativo de, a qualquer momento, pedir a divisão da coisa comum (art. 1412.º, n.º 1). Essa divisão é feita nos termos do acordo a que todos os comunheiros cheguem, o qual está sujeito à forma da compra e venda (art. 1312.º, n.º 2), que será a escritura pública tratando-se de um imóvel (art. 875.º), ou uma forma livre, tratando-se de uma coisa móvel (art. 219.º).

Caso os comunheiros não cheguem a acordo sobre a divisão da coisa, a qualquer deles é lícito o recurso ao tribunal para o efeito (art. 1413.º, n.º 1), seguindo-se a tramitação dos artigos 1052.º a 1057.º do Código do Processo Civil.

II. Os comunheiros podem convencionar a indivisão da coisa, no próprio título constitutivo ou posteriormente (art. 1412.º, n.º 1). A lei estabelece o prazo máximo de cinco anos para a eficácia do acordo de indivisão

[1162] No sentido que o consentimento do comunheiro pode ser dado posteriormente ao acto de disposição, VAZ SERRA, Revista de Legislação e de Jurisprudência, ano 103.º, pág. 57 e seg. e PIRES DE LIMA/ANTUNES VARELA, Código Civil Anotado, cit., pág. 364 e seg.

(art. 1412.º, n.º 2). Na prática, porém, a possibilidade de renovação por uma ou mais vezes em nova convenção pode deixar subsistir a comunhão por um período prolongado de tempo.

126. O poder de reivindicação (nos direitos reais de gozo)

O comunheiro pode efectuar a defesa do seu direito. E pode fazê-lo com recurso a todos os meios de tutela admitidos pelo ordenamento. Neste ponto, não há diferenças entre a comunhão de direito real e a titularidade singular deste direito, podendo registar-se apenas alguma especificidade no facto de a lei exigir uma actuação conjunta dos comunheiros em algumas formas de defesa da coisa comum[1163].

Dentro da defesa da coisa comum encontra-se a recuperação da mesma quando esteja ilicitamente na posse ou detenção de terceiro. Relativamente aos direitos reais de gozo, o art. 1405.º, n.º 2 atribui a cada comproprietário o poder de reivindicar a coisa de terceiro. Estendendo o sentido do preceito a todos os comunheiros de direitos reais de gozo, verificamos que o poder de reivindicação é um poder de exercício individual. O comunheiro pode sozinho reivindicar a coisa de terceiro[1164], o qual, por sua vez, não pode excepcionar que a coisa não lhe pertence por inteiro para evitar a condenação na entrega.

Pensamos que a solução disposta no art. 1405.º, n.º 2 para a defesa da coisa comum por reivindicação reflecte a regra geral nesta matéria: salvo havendo disposição em contrário, é lícito ao comunheiro agir individualmente na defesa da coisa comum, quer seja judicial quer seja extrajudicial.

Deste modo, o comunheiro pode recorrer à acção directa para evitar o esbulho da coisa, como pode interpor uma acção de simples apreciação negativa para impugnar a alegação da existência de um direito real menor sobre a coisa comum.

127. O dever de pagar as despesas e de participar nos encargos gerados pela coisa

Como qualquer situação jurídica, o direito do comunheiro não integra apenas poderes e faculdades, mas também deveres, sujeições, ónus e toda a

[1163] Não do direito individual de cada comunheiro, que só por ele pode ser defendido.

[1164] Na jurisprudência, cf. o Ac. STJ de 24.04.1996, Proc. 088107, o Ac. STJ de 26.11.1987, Proc. 074639, Ac. STJ de 05.05.1977, Proc. 066509, em www.dgsi.pt.

panóplia de vinculações que delimitam negativamente a extensão do aproveitamento da coisa permitido pelo tipo de direito real em causa.

Para além das vinculações normais atinentes ao conteúdo do direito real, há que contar com a conformação que essas vinculações tomam quando existe uma situação de comunhão e ainda aquelas que são específicas da comunhão e que não coincidem exactamente com o conteúdo do direito real singular.

A regra geral nesta matéria é a de que cada comunheiro participa nas despesas e encargos da coisa na proporção da sua quota (art. 1405.º, n.º 1 segunda parte e art. 1411.º, n.º 1). Assim, as despesas com a reparação, conservação ou outras são suportadas por todos os comunheiros, embora o montante dessa participação possa ser distinto se forem diferentes as quotas dos comunheiros. O mesmo se diga dos encargos (impostos, taxas, licenças, etc.).

Nada impede os comunheiros de acordarem entre si o pagamento das despesas em proporção diferente das suas quotas[1165]. Tal acordo não contende com a tipicidade legal de direitos reais (art. 1306.º, n.º 1) e cai debaixo do princípio geral da autonomia privada. No entanto, o mero acordo sobre o uso a favor de algum ou alguns dos comunheiros não implica, por si só, uma diferente atribuição das despesas e dos encargos da coisa, sendo necessária uma convenção, expressa ou tácita, nesse sentido[1166].

O comunheiro pode exonerar-se do dever de pagar as despesas e encargos gerados pela coisa renunciando ao seu direito (art. 1411.º n.º 1 no fim). Trata-se da figura da renúncia liberatória, sobre a qual versaremos adiante. Em todo o caso, o comunheiro não pode renunciar ao seu direito como forma de se ver livre das despesas com a coisa, se aprovou as mesmas. Nestes casos, a renúncia só será eficaz se todos os comunheiros derem o seu consentimento (art. 1411.º, n.º 2).

1165 Neste sentido, cf. Carvalho Fernandes, Lições De Direitos Reais, cit., pág. 365, Santos Justo, Direitos Reais, cit., pág. 332.

1166 Noutro sentido, Carvalho Fernandes, Lições De Direitos Reais, cit., pág. 365 admite que as "circunstâncias do caso podem impor a repartição das despesas segundo um critério diferente". Não vemos, porém, como, na falta de acordo entre os comunheiros, se possa ultrapassar o critério normativo consagrado no art. 1405.º, n.º 1.

128. A extinção da comunhão

I. A extinção da comunhão[1167] ocorre quando a coisa perece, os direitos dos comunheiros se extinguem, são adquiridos por uma única pessoa, ou quando a coisa, juridicamente divisível, é dividida pelos comunheiros.

A primeira hipótese não levanta dúvidas. A destruição da coisa faz cessar todos os direitos reais que sobre ela incidiam, uma manifestação conhecida do princípio da inerência.

A extinção dos direitos reais dos comunheiros pode resultar de um facto extintivo com essa eficácia, como a expropriação, a renúncia ao direito, o decurso do prazo, a usucapião[1168] ou a *usucapio libertatis*. Tratando-se de direitos reais menores em comunhão (co-usufruto, co-superficie, etc.), a extinção dos mesmos tem como efeito paralelo a desoneração do direito real maior.

A aquisição dos direitos dos comunheiros por uma única pessoa faz terminar a comunhão. Isso pode acontecer quando uma única pessoa beneficia de um facto aquisitivo de todos os direitos dos comunheiros (sucessão por morte, venda, doação, permuta, etc.) ou apenas subsiste um desses direitos, por exemplo, porque o outro ou os outros comunheiros renunciaram aos seus direitos.

Caso a coisa comum seja divisível nos termos do art. 209.º, nada impede o seu fraccionamento de modo que a cada comunheiro fique a pertencer uma parte da coisa, autonomizada agora em coisa *a se*.

II. A cessação da indivisão da coisa comum tanto pode ter lugar extrajudicialmente como judicialmente (art. 1413.º, n.º 1). Neste último caso, qualquer dos comunheiros pode interpor uma acção de divisão da coisa comum contra todos os outros.

129. Natureza jurídica e construção dogmática da compropriedade

I. A natureza jurídica da comunhão tem sido objecto de viva controvérsia e existem várias teorias que procuram defini-la. Consideramos isoladamente as que nos parecem mais significativas[1169].

[1167] Cfr. Henrique Mesquita, Direitos Reais., cit., pág. 265 e segs., Dossetto, "Comunione (Diritto civile)", cit., pág. 873 e segs., Guarino, "Comunione (dir. civ.)", cit., pág. 262 e segs.

[1168] A eficácia primária da usucapião é constitutiva, mas há um efeito extintivo que este facto provoca igualmente. É a esse que aludimos no texto.

[1169] Para um quadro desenvolvido das várias teorias, cf. Luís Pinto Coelho, Da Compropriedade No Direito Português, cit., pág. 35 e segs., Manuel Rodrigues, "A compropriedade

A) A teoria da personalidade colectiva

Uma posição que se pode dizer residual defende que na comunhão existe uma pessoa colectiva[1170]. Essa pessoa colectiva seria a titular do direito real[1171]; os comunheiros teriam apenas uma posição na pessoa colectiva.

Esta tese supõe demonstrada a personalidade jurídica da comunhão, ou seja, que existe uma pessoa jurídica para além dos comunheiros. Ora, nenhuma disposição da lei portuguesa atribui direitos ou deveres a alguém que não seja comunheiro, não permitindo, por isso, sustentar, com verosimilhança, a tese de uma nova pessoa jurídica.

B) Teoria da propriedade colectiva

Sem chegar tão longe quanto os defensores de uma nova pessoa jurídica, Pugliati[1172] fala relativamente à compropriedade numa propriedade colectiva, diferente do modelo de comunhão de tradição romanista.

Também esta teoria defronta dificuldades insuperáveis. O comunheiro é titular de um direito próprio, que concorre simultaneamente com os direitos, de igual natureza, dos outros comunheiros. Esse direito, por sua vez, é susceptível de livre disposição por cada um dos comunheiros.

Quer dizer, não só não é possível sustentar a existência de um único direito, havendo tantos direitos quantos os comunheiros, como cada um deles pode ser transmitido separada e independentemente dos demais, o que torna esta teoria inaceitável[1173].

no direito civil português", cit., pág. 19 e segs., Guarino, "Comunione", cit., pág. 247 e segs., Dossetto, "Comunione (Diritto civile)", cit., pág. 859 e seg., Barassi, Proprietà E Comproprietà, cit., pág. 104 e segs., Palazzo, "Comunione", cit., pág. 168 e seg., Bianca, La proprietà, cit., pág. 448 e segs.

1170 Carnelutti, Studi di diritto civile, pág. 186, Luzzatto, La comproprietà nel diritto italiano, cit., pág. 25, Dossetto, "Comunione (Diritto civile)", cit., pág. 860, que fala numa "colectividade comunheira".

1171 Carnelutti, ob cit., tem em vista apenas o direito de propriedade e afirma que a pessoa colectiva é a titular do direito de propriedade.

1172 La proprietà nel nuovo diritto, cit., pág. 168.

1173 Para a crítica desta doutrina, veja-se também Bianca, La proprietà, cit., pág. 448 e seg.

C) A teoria de um direito sobre uma quota ideal

Esta teoria – a que se alude frequentemente com a designação de propriedade plúrima parcial[1174] – pode filiar-se no Direito romano. Segundo ela, cada comunheiro é titular de um direito próprio, que incide sobre a coisa comum. Simplesmente, cada direito encontra-se limitado em extensão pela quota do comunheiro. Ele acaba, afinal, por incidir sobre esta. Como defensores desta doutrina em Portugal, encontramos os nomes prestigiados de GUILHERME MOREIRA[1175], MANUEL RODRIGUES[1176], JAIME DE GOUVEIA[1177], CUNHA GONÇALVES[1178] e MOTA PINTO[1179].

A doutrina de um direito sobre uma quota ideal reflecte ainda as dificuldade sentida pelos romanos em admitir uma propriedade de vários sobre a mesma coisa, expressada pela máxima *"duorum quidem in solidum dominium vel possessionem esse non posse"*. A incapacidade de superar o dogma levou à limitação do objecto.

Apesar da afirmação de princípio de que o objecto da comunhão é a coisa, a referência do direito a uma quota ideal e abstracta torna-a inverosímil. E abre a porta, além do mais, a um argumento irrespondível, que BRANCA apontou com argúcia: se é a quota o objecto do direito do comproprietário, a quem pertence a coisa comum?

D) A teoria de um único direito com vários (con)titulares

Esta teoria tem uma formulação simples: na comunhão existe um único direito com pluralidade de titulares. No que toca especificamente à compropriedade, em vista da qual esta teoria surge desenvolvida, haveria um direito de propriedade com a titularidade repartida pelos comproprietários.

Tal como a anterior, também a esta teoria se pode apontar a dificuldade de ultrapassar a ideia de que não pode haver uma propriedade não exclusiva. A dificuldade contorna-se aparentemente afirmando a existência de um único direito em contitularidade. E com esta especificidade mantém-se

[1174] Por contraposição à teoria da propriedade plúrima integral, defendida originariamente por SCIALOJA para o Direito Romano. Cf. BONFANTE, Istituzioni Di Diritto Romano, cit., pág. 250, nota 65.

[1175] Instituições Do Direito Civil Português, Livro III, cit., pág. 58 e seg.

[1176] "A compropriedade no direito civil português", cit., pág. 19 e seg.

[1177] Direitos Reais, cit., pág. 254.

[1178] Da Propriedade e da Posse, cit., pág. 95 e segs.

[1179] Direitos Reais, cit., pág. 256 e seg.

a fidelidade ao dogma romano de que *"duorum quidem in solidum dominium vel possessionem esse non posse"*.

Defendida primeiramente por Henrique Mesquita[1180] e depois sufragada por Pires de Lima/Antunes Varela[1181] e Santos Justo[1182], esta teoria parece encontrar algum apoio literal no art. 1403.º, n.º 1, que nesta parte divergiu da redacção proposta no anteprojecto de Luís Pinto Coelho.

Encetando a sua crítica, e para começar, esta teoria encontra dificuldades de natureza técnica ligadas à construção dogmática e ideológica do direito subjectivo como posição jurídica individual da pessoa[1183]. Toda a situação encabeçada por um sujeito se traduz numa situação jurídica individual.

Depois, a lei alude igualmente aos "direitos dos consortes" no art. 1403.º, n.º 2, pelo que o argumento literal que se pode extrair do n.º 1 do mesmo artigo, no sentido de haver uma contitularidade de um único direito, está longe de poder ser decisivo.

Decisiva, porém, revela-se a análise do conteúdo da posição do comunheiro. Ela mostra que a lei recorta para cada um deles um conteúdo específico de aproveitamento, que, sendo qualitativamente igual ao dos outros comunheiros, é próprio de cada direito. Cada poder ou dever atribuído ao comunheiro respeita apenas à sua posição individual, não cabe a todos simultaneamente.

Curiosamente, é a feição quantitativa representada pela quota que elucida bem a diferença entre eles. Na propriedade singular, a fruição pertence ao proprietário; quando consideramos a compropriedade, porém, vemos que a fruição se pode repartir de modo diferente por todos os comproprietários. Se houvesse um só direito de (com)propriedade, como pretende esta teoria, ficaria explicar como, no âmbito de um mesmo direito, pode haver fruições distintas, quando o poder de fruição é unitário. E o mesmo se diga para o aproveitamento de outros réditos e proveitos, assim como para a participação nas despesas e encargos com a coisa.

[1180] Direitos Reais, cit., pág. 245 e segs.

[1181] Código Civil Anotado, cit., pág. 344 e segs. Nas suas obras dedicadas ao ensino de Direitos Reais, Pires de Lima não se pronunciou nunca sobre o problema da natureza jurídica da compropriedade e do direito do comproprietário, limitando-se a enunciar sinteticamente a doutrina de Manuel Rodrigues e a de Scialoja. Cf, por exemplo, as Noções Fundamentais De Direito Civil, cit., pág. 44 e segs.

[1182] Direitos Reais, cit., pág. 323 e seg.

[1183] É o argumento que usa Oliveira Ascensão, Direito Civil – Reais, cit., pág. 270.

O poder de dispor da "quota" também em nada abona esta teoria. Se o direito é um só a sua disposição deveria caber a todos os comunheiros, que são os contitulares do mesmo (nesta tese); ou não representa a disposição de parte do direito o exercício dele? Mas não, a lei permite que cada um dos comunheiros disponha individualmente da sua posição, sem que os outros sejam tidos ou achados, excepto em matéria de preferência (art. 1409.º). É porque a posição jurídica de cada comunheiro é individual, constituindo um direito independente dos demais, que ele pode transmiti-lo a terceiro sem necessitar do consentimento dos outros comunheiros. E é igualmente por essa razão que a oneração levada a cabo pelo comunheiro não afecta a posição dos demais, incidindo apenas sobre o seu direito.

Dir-se-ia, ainda assim, e em abono da tese da contitularidade de um único direito, que ficaria por explicar por que razão a disposição da coisa comum ou de parte especificada dela carece do consentimento de todos. Mas a explicação é simples. Se todos os direitos em comunhão têm a mesma coisa por objecto, todo o acto de disposição que transcenda a posição individual de cada comunheiro e se repercuta no aproveitamento dos outros tem de ser autorizado pelos titulares dos direitos afectados. Não é igualmente assim quando os direitos afectados são direitos reais de natureza distinta?

Se olharmos agora para as vicissitudes por que pode passar a posição do comunheiro mais reforçamos o nosso entendimento de que esta teoria não se adequa ao modelo romano de comunhão. Como sabemos, o comunheiro pode renunciar; aliás, a lei admite expressamente a hipótese para a renúncia abdicativa (art. 1411.º, n.º 3). Mas uma renúncia parcelar que mantém integro o conteúdo do direito é um fenómeno estranho. Isso só acontece porque a posição do comunheiro é independente das demais. A renúncia ao direito diminui a limitação existente para os outros direitos, que se podem expandir na proporção das quotas respectivas, uma manifestação típica da elasticidade dos direitos reais.

Se pensarmos agora na usucapião, cuja admissibilidade em sede de comunhão de direito real de gozo não levanta problemas, deparamos com outro obstáculo intransponível. Pode haver usucapião da compropriedade por um dos comproprietários tratando-se de um único direito? Qual é o direito adquirido? O mesmo que está em contitularidade? Mas, se o comproprietário é já contitular do direito, nada mais pode adquirir. E não se diga que a usucapião recai na quota, pois nenhum direito real tem por objecto uma abstracção.

Tudo isto mostra que a teoria da contitularidade de um direito real, para além de tecnicamente ser susceptível de reparo, não se adequa ao regime instituído para a comunhão de direitos reais.

Mesmo quando de exercício conjunto, os poderes e os deveres dos comunheiros são individuais e cabem no conteúdo dos direitos respectivos, conteúdo esse que é aferido em função do paradigma do direito em comunhão na sua configuração singular. Não é, afinal, outra coisa o que se quer dizer no art. 1403.º, n.º 2, primeira parte.

E) A teoria do concurso vários direitos reais da mesma natureza

Na sua dissertação de doutoramento na Faculdade de Direito de Lisboa, Luís Pinto Coelho introduziu no nosso país a construção que Scialoja havia desenvolvido na interpretação da comunhão no Direito romano. Aquele professor sintetiza neste passo as ideias básicas da sua construção: "a compropriedade representa um concurso de vários direitos de propriedade (tantos quantos os participantes) sobre todos os bens, direitos que, justamente pela concorrência, se limitam reciprocamente no seu exercício"[1184].

Existem, assim, na comunhão tantos direitos como os comunheiros. Estes direitos são independentes entre si e têm a natureza do direito a que se referirem. Na compropriedade, cada comproprietário é titular de um autêntico direito de propriedade, no co-usufruto, cada co-usufrutuário tem um direito de usufruto, e assim sucessivamente.

O objecto do direito do comunheiro é a coisa[1185], a totalidade da coisa e não uma porção ideal representada pela quota. Os direitos dos comunheiros têm a mesma coisa por objecto, que é assim comum a todos eles.

A incidência simultânea de vários direitos com a mesma natureza sobre a coisa induz um concurso de direitos reais, que ficam, por conseguinte, limitados na sua extensão. Em tempos mais recentes, tem-se defendido existir na comunhão uma oneração entre direitos reais da mesma natureza[1186], uma opinião que também nós acolhemos.

Por tudo o que fomos dizendo, escusado será dizer que aderimos a esta teoria, por considerarmos ser a única que se acomoda aos vários aspectos do regime jurídico da comunhão.

[1184] Luís Pinto Coelho, Da Compropriedade No Direito Português, cit., pág. 134.

[1185] Cf. igualmente Paulo Cunha, Direitos Reais, pág. 149.

[1186] Oliveira Ascensão, Direito Civil – Reais, cit., pág. 280.

A orientação de LUÍS PINTO COELHO foi introduzida no seu ensino da cadeira de Direitos Reais e teve a posterior adesão de OLIVEIRA ASCENSÃO[1187], MENEZES CORDEIRO[1188] e CARVALHO FERNANDES[1189], o que faz dela a teoria dominante no nosso espaço jurídico.

A sua adopção revela um desenvolvimento importante para o sistema científico de Direitos Reais – a oneração entre direitos reais de igual natureza – e contribui para uma melhor compreensão do fenómeno da elasticidade, que ocorre igualmente com a extinção de um direito em comunhão.

II. Em jeito de síntese, divisamos na comunhão uma situação de concurso entre direito reais da mesma natureza, portanto, uma situação em que direitos reais iguais recaem simultaneamente sobre uma mesma coisa.

O objecto do direito real em comunhão é a coisa, toda ela, e não a quota. Esta serve o propósito de resolver o conflito potencial entre os vários comunheiros relativamente ao exercício de poderes e deveres que assumam uma feição quantitativa, sem que constitua o próprio objecto do direito real ou defina uma porção da coisa que fique afecta ao direito. De resto, o art. 1408.º, n.º 1 deixa claro que o comunheiro não tem legitimidade para, sozinho, dispor de parte especificada da coisa, ainda que esta, em concreto, se contenha dentro do valor da quota.

Os direitos dos comunheiros oneram-se reciprocamente, limitando o exercício de cada um deles no respeito pelo conteúdo de aproveitamento dos outros.

[1187] Direito Civil – Reais, cit., pág. 271.

[1188] Direitos Reais, cit., pág. 442.

[1189] Lições De Direitos Reais, cit., pág. 353 e seg.

Capítulo VII
Os Factos Jurídicos com Eficácia Real

130. Os factos jurídicos com eficácia real no ensino de Direitos Reais

Todos os autores que procedem ao esforço de elaboração de uma parte geral em Direitos Reais autonomizam o tratamentos dos factos jurídicos com eficácia real, agrupando-os em função do tipo de eficácia que produzem (constitutiva, translativa, modificativa e extintiva).

No ensino escrito de Direitos Reais, seguem esta orientação OLIVEIRA ASCENSÃO[1190], Menezes Cordeiro[1191] e MENEZES LEITÃO[1192]. CARVALHO FERNANDES[1193] prefere falar em vicissitudes dos direitos reais, chegando, porém, a um resultado inteiramente coincidente com o dos autores referidos.

Um capítulo sobre factos jurídicos com eficácia real visa descrever agrupadamente o conjunto de factos cuja eficácia opera para todos os direitos reais ou para uma categoria deles (por exemplo, os direitos reais de gozo) e apresenta como vantagem evidente a desnecessidade de repetição da mesma matéria a propósito do regime jurídico de cada direito real.

Se a matéria é comum a todos os direitos reais ou a uma categoria deles, deve ser exposta na parte geral, de acordo com o seu carácter genérico,

[1190] Direito Civil – Reais, cit., pág. 283 e segs.
[1191] Direitos Reais, cit., pág. 451 e segs.
[1192] Direitos Reais, cit., pág. 205 e segs.
[1193] Lições De Direitos Reais, cit., pág. 235 e segs.

evitando-se, deste modo, sucessivas e inúteis repetições na apresentação do regime de cada um dos direitos reais e a perda de perspectiva sistemática.

Para a parte especial de Direitos Reais ficam os factos jurídicos cuja eficácia se restringe a um particular direito real. A sua exposição deve ter o enquadramento do regime jurídico do direito real a cuja eficácia respeita.

131. Factos jurídicos e eficácia real

No mundo do Direito os efeitos jurídicos são um produto de factos jurídicos. Concretamente, os efeitos reais são o resultado de factos jurídicos com eficácia real[1194], isto é, de factos que constituem, transmitem, modificam e extinguem situações jurídicas reais ou produzem qualquer outro efeito sobre estas[1195].

Os factos jurídicos com eficácia real são os chamados factos jurídicos *quoad efectum* (quanto aos efeitos) e distinguem-se dos factos jurídicos reais *quoad constitutionem* (quanto à constituição). Nos primeiros, o efeito real decorre do próprio facto, nos segundos o carácter real advém da tradição da coisa, que é requerida para a validade e eficácia do facto. São contratos reais quanto à constituição, o mútuo (art. 1142.º), o depósito (art. 1185.º), o comodato (art. 1129.º), a doação de coisa móvel sem observância de forma escrita (art. 947.º, n.º 2) e o contrato constitutivo de penhor de coisa (art. 669.º, n.º 1). Estes dois últimos contratos são, aliás, simultaneamente reais

[1194] Como salienta Oliveira Ascensão, Direito Civil – Reais, cit., pág. 283, é realmente mais correcto falar-se em factos jurídicos com eficácia real e não apenas em factos reais ou factos jurídicos reais, pois estes podem igualmente significar factos (por exemplo, contratos) que envolvem a tradição de uma coisa, sem que seja desencadeado qualquer efeito jurídico real (contratos reais quanto à constituição – *quoad constitutionem*). Diversamente, debaixo da referência a um facto jurídico com eficácia real entende-se um facto que gera um efeito real, a constituição, a transmissão, a modificação, a extinção de uma situação jurídica real ou ainda outro efeito real. Veja-se ainda Menezes Cordeiro, Tratado De Direito Civil Português, I Parte Geral, Tomo I, cit., 108. e 109., pág. 313 e segs.

[1195] Oliveira Ascensão, Direito Civil – Reais, cit., 133., pág. 284, falando em vicissitudes e não em efeitos, como nós fazemos, esclarece que podem existir outras, indicando três: a publicidade, a violação e a defesa. Temos dificuldade em acompanhar o seu raciocínio; a publicidade em si não é um facto. Ela resulta espontaneamente da posse ou de um acto a ela dirigido, o registo predial, e neste último caso o acto de registo pode constituir um novo facto. É líquido que é isso que sucede com o registo da hipoteca e com o registo nas situações de efeito atributivo do registo predial. Já a violação pode não importar qualquer alteração da situação jurídica real e a defesa não constitui qualquer facto, mas o exercício do direito real.

quanto à constituição e quanto aos efeitos[1196]. Factos jurídicos reais quanto aos efeitos são a compra e venda (art. 879.º) e a doação (art. 954.º).

As situações jurídicas reais têm primariamente a natureza de direitos reais; todavia, outras situações jurídicas menores com natureza real podem estar envolvidas na dinâmica propiciada pelos factos jurídicos com eficácia real.

Portanto, os factos jurídicos com eficácia real operam sobre as situações jurídicas reais, provocando a sua constituição, transmissão, modificação ou extinção. As situações jurídicas reais são em si uma realidade estática. Apenas os factos fazem desencadear os efeitos jurídicos.

132. Factos jurídicos com eficácia real exclusiva e factos jurídicos com eficácia múltipla

Os factos jurídicos não têm de produzir somente efeitos jurídicos reais para merecerem a qualificação de factos jurídicos com eficácia real. Existem factos jurídicos que, conjuntamente com a eficácia real, determinam a verificação de efeitos jurídicos de outra natureza.

Exemplificando, na ordem jurídica portuguesa o contrato de compra e venda produz simultaneamente efeitos reais, a transmissão do direito real, e efeitos obrigacionais, a obrigação de entrega de coisa, a cargo do vendedor, e a obrigação de pagamento do preço, que recai sobre o comprador (art. 879.º). Igualmente, uma doação, enquanto transmite para o donatário o direito objecto do contrato, constitui no doador a obrigação de entrega da coisa (art. 954.º).

Um facto jurídico tem eficácia real quando desencadeie um efeito sobre uma situação jurídica real, independentemente de poder suscitar igualmente efeitos de outra natureza (obrigacionais, sucessórios, familiares, pessoais, etc.). Assim, o contrato de compra e venda é na ordem jurídica portuguesa um facto jurídico com eficácia real (contrato real quanto aos efeitos – *quoad effectum*), por envolver a transmissão de uma situação jurídica real, não obstante suscitar igualmente a constituição de obrigações.

Deste modo, alguns factos jurídicos com eficácia real não são específicos de Direitos Reais, desencadeando efeitos relativos a outros complexos normativos, e ficando, por isso, igualmente sujeitos a uma disciplina jurídica

[1196] Quanto à constituição, porquanto a sua validade e eficácia depende da entrega da coisa, quanto aos efeitos, na medida em que deles resulta a constituição ou transmissão do direito objecto da doação ou do penhor, no caso do contrato constitutivo de penhor.

que não é, ou não é somente, a deste ramo de Direito. Caso paradigmático é o negócio jurídico, tanto unilateral (por exemplo, o testamento), como plurilateral (o contrato). Mas outros factos não negociais, como a decisão judicial ou o decurso do tempo, podem ser apontados igualmente para ilustrar o que se disse.

Existem, no entanto, factos jurídicos que só têm eficácia real, deles não resultando efeitos de outra natureza. A usucapião, a ocupação, a desnecessidade, o não uso são alguns exemplos de factos jurídicos que só têm efeitos reais.

Podemos, assim, introduzir uma primeira classificação entre factos jurídicos com eficácia real, distinguindo factos jurídicos com eficácia real exclusiva e factos jurídicos com eficácia múltipla. A classificação apresenta interesse tanto para o sistema interno como para o sistema externo do Direito. Os factos jurídicos com eficácia real exclusiva são regulados em Direitos Reais, enquanto os factos jurídicos com eficácia múltipla surgem regulados noutros locais do sistema normativo. O contrato, por exemplo, tem a sua disciplina disseminada pela Parte Geral do Código Civil, no regime do negócio jurídico, pelo Direito das Obrigações e eventualmente por outros códigos ou diplomas avulsos consoante o tipo contratual que esteja em causa.

Os factos jurídicos com eficácia real exclusiva devem ser regulados no contexto sistemático de Direitos Reais consoante sejam atinentes a todos os direitos reais, a uma categoria determinada (gozo, garantia ou aquisição) ou a um único direito real. Infelizmente, a falta de uma parte geral no regime jurídico dos direitos reais diminui a clareza do sistema, levando a uma enunciação repetitiva dos factos a propósito de cada direito real ou a regular a propósito de um direito real (normalmente a propriedade) factos que são gerais ou relativos a uma categoria de direitos reais, suscitando incertezas de sentido e controvérsias de interpretação que bem podiam ser evitadas com uma melhor técnica legislativa.

133. Tipicidade e factos jurídicos com eficácia real

Em cada um dos direitos reais de gozo e numa boa parte dos direitos reais de garantia, o Código Civil contém uma disposição dedicada à enumeração dos factos constitutivos do direito real em causa (cf. os artigos 1316.º, 1417.º, 1440.º, 1485.º, 1528.º, 1547.º, quanto aos direitos reais de gozo e os artigos 658.º, n.º 2, 710.º, 712.º no que toca aos direitos reais de garantia) e em quase todos eles, com excepção da propriedade, também outra atinente aos factos extintivos (cf. os artigos 664.º, 677.º, 730.º, 752.º 761.º, 1476.º, 1485.º, 1536.º e 1569.º).

A consagração de disposições legais dedicadas à previsão de factos constitutivos e extintivos de direitos reais levanta a questão de saber se a eficácia real pode resultar de outros factos, para além, portanto, dos enunciados em cada uma daquelas disposições. Por exemplo, o art. 1440.º não prevê a decisão judicial como facto constitutivo do direito de usufruto. Significa isto que o usufruto não pode ser constituído por decisão judicial, nomeadamente, em consequência da execução específica de uma promessa de venda de usufruto?

O art. 1306.º, n.º 1 preceitua que "não é permitida a constituição, com carácter real, de restrições ao direito de propriedade ou de figuras parcelares deste direito ...". Já vimos anteriormente que aqui se prevê o princípio da tipicidade em Direitos Reais. Mas mencionando-se a "constituição, com carácter real", alarga-se esta tipicidade aos factos com eficácia constitutiva de direitos reais?

A resposta que damos é negativa. A constituição mencionada no art. 1306.º, n.º 1 refere-se a situações jurídicas reais, não a factos jurídicos com eficácia real[1197]. Trata-se somente de restringir a criação de direitos reais, mas não os factos através dos quais se processa essa criação. A possibilidade de um contrato atípico poder criar direitos reais, não obstante a ausência de consagração legal, evidencia justamente que a lei portuguesa não cerceia a constituição de direitos reais através de um *numerus clausus* de factos jurídicos com eficácia real.

E se é assim para os factos constitutivos, é-o igualmente, por maioria de razão, para os factos jurídicos com outra eficácia real, translativos, modificativos e extintivos. Também eles não estão abrangidos por qualquer princípio de tipicidade. Existe uma tipicidade de direitos reais, mas não há qualquer tipicidade de factos jurídicos com eficácia real[1198].

Em face do que ficou dito, poder-se-á legitimamente perguntar da utilidade de haver uma disposição legal para os factos constitutivos e outra para os factos extintivos em praticamente todos os direitos reais de gozo e de garantia. Se tais disposições não contêm uma enumeração taxativa desses factos, qual a sua função? A resposta liga-se à técnica legislativa seguida.

1197 Oliveira Ascensão, Direito Civil – Reais, cit., 135., pág. 286 e seg.

1198 Cf., no mesmo sentido, Oliveira Ascensão, Direito Civil – Reais, cit., 135., pág. 286.

Como não há uma parte geral em Direitos Reais, o legislador viu-se forçado a repetir no regime de cada direito real os factos que podem suscitar a constituição e a extinção dos mesmos. Para além do carácter repetitivo que tal opção arrasta, ela tem ainda o inconveniente de poder dar a impressão de consagrar um *numerus clausus* de factos, que não se pretendeu consagrar.

134. Factos jurídicos com eficácia para todos os direitos reais, factos jurídicos com eficácia restrita a uma categoria de direitos reais e factos jurídicos com eficácia real para um direito real em especial

Existem factos jurídicos que podem estender a sua eficácia a qualquer direito real. A renúncia, por exemplo, que representa um facto extintivo de direitos reais[1199], pode ser exercida relativamente a todos eles, incluindo a propriedade. A perda da coisa objecto do direito real é outro facto extintivo do direito real, pois sendo este inerente a uma coisa, o desaparecimento da coisa causa necessariamente a extinção do direito. A expropriação tem igualmente como efeito a extinção dos direitos reais que incidam sobre a coisa.

Existem, porém, muito poucos factos jurídicos cuja eficácia abranja todos os direitos reais. Se exceptuarmos a eficácia da lei ao nível da constituição e extinção de situações jurídicas reais, teremos dificuldade em encontrar outros factos jurídicos reais com eficácia geral, para além da renúncia, da perda da coisa e da expropriação. Mesmo a decisão judicial parece não poder conduzir à constituição de todos os direitos reais. Pense-se no direito de retenção. E o negócio jurídico também não pode dar origem a todos os direitos reais tipificados na lei. A propriedade singular não se afigura susceptível de ser constituída *ex novo* através de negócio jurídico; e também o direito de retenção não pode ser constituído por via negocial, para dar dois exemplos.

Outros factos jurídicos com eficácia real têm um âmbito limitado a uma categoria de direitos reais. A usucapião tem a sua eficácia confinada aos direitos reais de gozo, e mesmo assim, nem todos eles podem ser constituídos por este facto (cf. o art. 1293.º). O não uso é um facto extintivo de direitos reais de gozo (art. 298.º, n.º 3), mas não dos outros direitos reais (de aquisição e de garantia), que se extinguem por prescrição, nos termos gerais.

[1199] Mas não exclusivo, porquanto pode existir renúncia relativamente a situações jurídicas não negociais.

Há depois factos jurídicos com eficácia relativa a um direito real em especial. A servidão, por exemplo, pode ser constituída por destinação do pai de família (art. 1547.º, n.º 1 e art. 1549.º) e, com excepção da servidão voluntária, extingue-se por desnecessidade (art. art. 1569.º, n.º 2 e n.º 3, a contrario); estes dois factos não têm eficácia relativamente a qualquer outro direito real.

135. A sistematização dos factos jurídicos com eficácia real

Ao sistema externo de Direitos Reais cabe a tarefa de ordenar os factos jurídicos com eficácia real, não apenas para os descrever, mas igualmente para permitir inferir o seu regime jurídico. Essa tarefa inclui-se na construção de uma parte geral, a parte geral que falta no Livro III do Código Civil.

Os factos jurídicos com eficácia real devem ser ordenados primeiramente de acordo com a sua generalidade e depois atendendo à sua eficácia específica, constitutiva, translativa, modificativa ou extintiva de direitos (situações jurídicas) reais.

Em atenção à sua generalidade, é possível sistematizar os factos jurídicos com eficácia real em factos jurídicos com eficácia para todos os direitos reais, factos jurídicos com eficácia restrita a uma categoria de direitos reais e factos jurídicos com eficácia real para um direito real em especial, como vimos no número anterior.

Enquanto os factos jurídicos com eficácia para todos os direitos reais e os factos jurídicos com eficácia restrita a uma categoria de direitos reais devem ser ordenados na parte geral dos direitos reais[1200], os factos jurídicos com eficácia relativa a um direito real em especial devem ser tratados a propósito do regime específico deste direito.

Por isso, nos capítulos seguintes, vamos expor unicamente os factos que devem constar da parte geral dos direitos reais, por a sua eficácia respeitar a todos ou a uma categoria deles. Os factos que são específicos de um direito real em especial têm tratamento a propósito do regime respectivo.

[1200] É naturalmente pensável elaborar uma parte geral com o regime comum a todos os direitos reais e tantas partes especiais quantas as categorias de direitos reais (gozo, garantia e aquisição) que o regime autonomize. Em cada parte especial seriam expostos os factos jurídicos cuja eficácia real respeita somente à categoria de direitos reais em questão. Estamos em crer, todavia, que não se justifica uma proliferação de partes especiais, que são gerais apenas relativamente a uma categoria de direitos reais de gozo. Falta, por outro lado, um número significativo de factos jurídicos com eficácia real cuja diferença de regime fundamente uma tal opção.

Secção I
Os Factos Jurídicos Constitutivos de Direitos Reais

136. Considerações gerais

Há factos jurídicos cuja eficácia constitutiva abrange todas as categorias de direitos reais, embora alguns destes direitos possam não ser efectivamente constituídos por eles. Os privilégios creditórios, para dar um exemplo, não podem ser constituídos por negócio jurídico.

Ainda assim, estes factos têm uma amplitude que permite considerá-los factos constitutivos de direitos reais. Diversamente da usucapião, por exemplo, cuja eficácia constitutiva se limita à categoria dos direitos reais de gozo.

Existem apenas três factos jurídicos com eficácia constitutiva para todos os direitos reais: a lei, a decisão judicial e o negócio jurídico. Naturalmente, não cabe nesta disciplina estudar cada um deles, mas apenas evidenciar a eficácia real que deles resulta. É exclusivamente nessa perspectiva que os consideramos.

137. A lei

Toda a situação jurídica, e também a situação jurídica real, tem a sua fonte na lei. O que nos interessa aqui são os casos em que a lei representa o facto constitutivo de direitos reais.

Em abstracto, a lei pode desencadear a constituição de qualquer direito real. Em concreto, a lei aparece mencionada expressamente como facto constitutivo da hipoteca – justamente designada hipoteca legal (art. 704.º a 709.º), dos privilégios creditórios (art. 733.º e segs.), do usufruto (art. 1440.º) e das servidões legais (art. 1550.º e segs.).

A lei pode determinar só por si a constituição do direito real, como sucede com os privilégios creditórios, ou ser parte de um facto complexo de produção sucessiva. Na hipoteca legal, o direito real hipoteca só se constitui em concreto com o registo. Na servidão legal, as partes têm de constituir voluntariamente a servidão, por via de negócio jurídico, ou o titular do direito potestativo tem de recorrer a juízo para obter a condenação daquele que se encontra sujeito à constituição dela, se este não colaborar voluntariamente.

138. A decisão judicial

A decisão judicial é outro facto constitutivo de direitos reais e, como tal, vem indicada em vários preceitos normativos (artigos 658.º, 710.º, 1417.º, n.º 1 e 1547.º, n.º 2).

Não havendo uma tipicidade de factos jurídicos com eficácia real, a decisão judicial pode funcionar como facto constitutivo mesmo relativamente a direitos reais em que não surge prevista como tal. Um exemplo elucidativo é o da promessa de venda do direito de superfície objecto de execução específica por falta de cumprimento do promitente vendedor (art. 830.º).

139. O negócio jurídico

O negócio jurídico é o facto constitutivo de direitos reais com maior relevo, não obstante nem todos os direitos reais poderem ser constituídos por negócio jurídico (os privilégios creditórios, por exemplo).

Como facto constitutivo de direitos reais, o negócio jurídico surge previsto em numerosos preceitos, umas vezes em geral, outras atendendo a uma das suas espécies. Assim, mencionam o negócio jurídico em geral os artigos 658.º, n.º 2 (consignação de rendimentos) e 1417.º, n.º 1 (propriedade horizontal); fala em declaração unilateral o artigo 712.º (hipoteca); referem o testamento os artigos 658.º, n.º 2 (consignação de rendimentos), 1440.º (usufruto), 1485.º (uso e habitação, por remissão para o art. 1440.º), 1528.º (superfície) e 1547.º, n.º 1 (servidões) e incluem o contrato entre os factos constitutivos os artigos 413.º (contrato promessa com eficácia real), 421.º (pacto de preferência com eficácia real), 712.º (hipoteca), 1316.º e 1317.º alínea a) (propriedade), 1440.º (usufruto), 1528.º (superfície) e 1547.º, n.º 1 (servidões).

Como se pode atentar, quer o negócio jurídico unilateral quer o contrato figuram entre os factos constitutivos dos direitos reais.

140. Factos com eficácia relativa a uma categoria de direitos reais. A usucapião

A nosso ver, existe apenas um único facto constitutivo com eficácia relativa a uma categoria de direitos reais: a usucapião. Outro facto que tem sido apontado como constitutivo desta categoria de direitos reais seria a acessão. Julgamos, no entanto, que a acessão tem uma eficácia limitada à constituição do direito de propriedade, embora outros titulares de direitos reais de gozo possam igualmente beneficiar dela. Teremos oportunidade de fundamentar o nosso ponto de vista na matéria quando abordarmos a acessão.

Como facto constitutivo geral de direitos reais de gozo, a usucapião pode ser ensinada neste momento, justamente no contexto dos factos constitutivos de direitos reais. E assim o fizeram OLIVEIRA ASCENSÃO[1201], MENEZES CORDEIRO[1202] e MENEZES LEITÃO[1203], no seu ensino na Faculdade de Direito de Lisboa, e CARVALHO FERNANDES[1204], na Faculdade de Direito da Universidade Católica.

Subsecção I

A Usucapião

141. Generalidades

Como dissemos, existem factos jurídicos com eficácia potencial para todos os direitos reais ou, pelo menos, para todas as categorias de direitos reais e factos jurídicos com eficácia restrita a uma categoria de direitos reais.

A usucapião surge como exemplo de um facto constitutivo que respeita unicamente aos direitos reais de gozo. Tradicionalmente, porém, a doutrina portuguesa que intenta construir uma parte geral dos direitos reais tem sistematizado este facto a propósito da constituição de direitos reais[1205].

A usucapião pode ser regulada normativamente em mais do que um contexto, como um dos efeitos da posse, a opção sistemática do legislador português, como um facto constitutivo de direitos reais de gozo ou, mais genericamente, como um facto constitutivo de direitos reais.

Num sistema de exposição da matéria, qualquer destas opções pode ser seguida. Por nós, não vemos inconveniente que a usucapião seja tratada em sede dos factos jurídicos com eficácia real constitutiva, como tem sido feito pela doutrina dominante.

[1201] Direito Civil – Reais, cit., pág. 295 e segs.

[1202] Direitos Reais, cit., pág. 465 e segs.

[1203] Direitos Reais, cit., pág. 206 e segs.

[1204] Lições De Direitos Reais, cit., pág. 241 e segs.

[1205] OLIVEIRA ASCENSÃO, Direito Civil – Reais, cit., 141., pág. 295 e segs., MENEZES CORDEIRO, Direitos Reais, cit., pág. 465 e segs. e CARVALHO FERNANDES, Lições De Direitos Reais, cit., pág. 241 e segs.

No entanto, não se pode perder de vista que a eficácia real constitutiva da usucapião é diversa da lei, da decisão judicial e do negócio jurídico, sendo mais restrita. Preferimos, por isso, abrir uma secção votada ao tratamento da usucapião.

142. Antecedentes históricos da usucapião

No Direito romano arcaico o *usus* era o termo utilizado para designar a posse da coisa. Assim, a *usus capio* traduzia a aquisição do direito real pela posse[1206]. Na sua origem, o instituto aplicava-se também a direitos diversos da propriedade.

Quanto à aquisição da propriedade por usucapião, os requisitos ao tempo da Lei das XII Tábuas eram o gozo de facto da coisa ou *possesso* e a duração da posse, que era fixada em dois anos para os prédios e um ano para as restantes coisas.

A posse boa para usucapião não era qualquer uma, excluindo-se a usucapião relativamente à coisa roubada ou adquirida com violência. Forjou-se deste modo um requisito subjectivo para a posse, que o possuidor estivesse de boa fé no momento da aquisição da posse, ou seja, que tivesse a consciência de não estar a lesar direito de outrem.

Para além da boa fé, a jurisprudência pretoriana exigia ainda um fundamento de aquisição, um título ou *iusta causa* (*iusta causa possidendi*)[1207]. A boa fé e o título eram, assim, requisitos de aquisição da propriedade por usucapião.

A *usucapio* surgiu como instituto de *ius civile*, não podendo aplicar-se a não cidadãos. Para estes, nos territórios provinciais, desenvolveu-se um instituto análogo, a *longi temporis praescriptio*, que funcionava não como causa de aquisição de propriedade, mas como uma espécie de excepção[1208] contra o autor de uma *rei vindicatio* para o possuidor que mantivesse a coisa por um prazo que variava entre dez e vinte anos.

Mais tarde, ainda no período clássico, terá sido introduzida uma *praescriptio* de quarenta anos a favor do possuidor, sem os requisitos de existência

[1206] Santos Justo, Direito Privado Romano, cit., pág. 74, Bonfante, Istituzioni Di Diritto Romano, cit., pág. 232.

[1207] Bonfante, Istituzioni Di Diritto Romano, cit., pág. 232.

[1208] A *longi temporis praescriptio* não habilitava o possuidor a recuperar uma posse perdida, permitindo apenas a defesa contra o reivindicante.

de justo título e de boa fé. Teodósio II reduziu este prazo para trinta anos (*praescriptio longissimi temporis* ou *triginta annorum*)[1209].

No período pós-clássico, por força do desaparecimento da distinção entre cidadãos romanos e estrangeiros, a *usucapio* e a *longi temporis praescriptio* tenderam-se a fundir num único instituto[1210]. A *longi temporis praescriptio* transforma-se um modo de aquisição do domínio e funde-se com a *usucapio*.

143. Aspectos gerais da usucapião no Direito civil moderno e no Código Civil português

I. Alguns traços caracterizadores do regime da usucapião no Direito romano pré-clássico, clássico e justinianeu desapareceram no Direito moderno. A exigência de justo título ou da boa fé para a usucapião já não aparece hoje no Direito italiano[1211], no Direito francês[1212] e também não surge no Direito português. No Direito alemão, porém, a boa fé (fides) ainda é exigida para a usucapião de coisas móveis[1213], embora o instituto tenha na Alemanha uma importância significativamente menor do que nas ordens jurídicas dos países latinos[1214].

Como traços comuns do regime da usucapião mantêm-se a posse nos termos de um direito real e a duração daquela por um período de tempo, variável em cada ordem jurídica. Um possuidor que se mantenha na posse pelo lapso de tempo fixado na lei pode adquirir por usucapião, tenha ou não um título para a sua posse, e mesmo estando de má fé.

Assim, o autor de um furto pode perfeitamente vir a adquirir a propriedade da coisa móvel furtada, desde que mantenha uma posse boa para usucapião durante o prazo legal estabelecido.

A usucapião mantém, por conseguinte, a conformação de um facto constitutivo de direitos reais (de gozo), desligado, todavia, de qualquer valoração ética. Já não se trata mais de proteger um adquirente a *non domino* de boa fé que tem um título aquisitivo do direito, mas de permitir a

[1209] SANFILIPPO, Istituzioni Di Diritto Romano, cit., pág. 214, BONFANTE, Istituzioni Di Diritto Romano, cit., pág. 231 e segs.

[1210] SANFILIPPO, Istituzioni Di Diritto Romano, cit., pág. 214.

[1211] Cf. os artigos 1158.º a 1162.º do Codice Civile.

[1212] Cf. os artigos 2219.º e 2262.º a 2270.º do Code Civil. Na doutrina, veja-se, CARBONNIER, Droit Civil, Les Biens, cit., pág. 1815.

[1213] Cf. BAUR/STÜRNER, Sachenrecht, cit., pág. 663 e segs.

[1214] Idem.

consolidação do direito real por parte de quem já o exerce de facto através da posse.

II. O Código Civil português trata a usucapião[1215] no Capítulo VI do regime da posse, nos artigos 1287.º a 1301.º. Trata-se do resultado da influência da opção sistemática perfilhada no Codice Civile italiano de 1942 (artigos 1158 a 1167), que recuperou a denominação clássica do instituto e quebrou o tratamento sistemático unitário da prescrição de tradição justinianeia, dividida em prescrição aquisitiva (a usucapião) e extintiva, que se mantém, por exemplo, no Code Civil francês (art. 2219.º e segs.)[1216]. No Código Civil Português, como no italiano que lhe serviu de matriz, a usucapião vem tratada como um efeito da posse.

Tendo em conta que o Código Civil não contém uma parte geral dos direitos reais, sequer dos direitos reais de gozo, a colocação sistemática da usucapião não podia ser feita de outro modo senão no contexto da posse[1217].

O Direito português segue a evolução moderna do instituto. A exigência de um justo título não é feita em lado nenhum do sistema normativo, podendo a usucapião beneficiar quem simplesmente se apossa da coisa, sem título algum, ou alguém que inverte o título da posse tendo uma simples detenção, e isto tanto para coisas móveis como para coisas imóveis.

A boa fé não é requisito para a usucapião, quedando-se a sua relevância pela incidência de um prazo menor de posse necessária para que o possuidor possa usucapir. Também o possuidor de má fé pode beneficiar da usucapião no direito português actual.

A existência de título e a boa fé perderam, assim, terreno na conformação do instituto da usucapião, como resultado de uma evolução histórica recente que mudou a sua função.

[1215] O legislador portugês renunciou ao uso do termo prescrição (aquisitiva) para regular a aquisição de direitos reais por via de uma posse mantida por um certo período de tempo e fez bem. A terminologia adoptada tem raízes fundas no direito civil e permite manter distanciado o instituto da prescrição extintiva. Cf. DIAS MARQUES, Prescrição Aquisitiva, cit., pág. 2 e seg. e PIRES DE LIMA/ANTUNES VARELA, Código Civil Anotado, cit., no comentário ao art. 1287.º, pág. 64.

[1216] Cf. RUPERTO, "Usucapione (dir. vig.)", cit.

[1217] Ainda assim poderia figurar como um dos efeitos da posse, ao lado dos outros constantes do Capítulo IV do Livro III do Código Civil. A complexidade e a extensão do regime ditaram provavelmente a opção por um capítulo autónomo.

Por outro lado, o regime jurídico português continua a desconsiderar o aproveitamento utilitário da coisa como requisito da usucapião. Não obstante da posição contrária de OLIVEIRA ASCENSÃO[1218], o direito português não faz qualquer alusão a uma posse efectiva como requisito da posse, bastando-se com o mero controlo material da coisa (a posse) mantido pelo lapso de tempo fixado na lei.

144. Direitos reais de gozo usucapíveis

I. A usucapião só permite a aquisição de direitos reais de gozo[1219]. Nenhum outro direito real ou de outra natureza é susceptível de usucapião[1220].

Todavia, nem todos os direitos reais de gozo são usucapíveis. A lei portuguesa dispõe expressamente que não são usucapíveis o direito de uso e habitação e as servidões prediais não aparentes (art. 1293.º).

Estes não são, por conseguinte, direitos usucapíveis; não podem ser aquiridos por usucapião.

II. Nada obsta à aquisição por usucapião dos chamados "direitos nus"[1221]. A nua propriedade pode ser adquirida pelo possuidor formal que exerce uma posse nos termos de uma propriedade onerada por um usufruto[1222] ou por uma superfície[1223]. Nesta situação, a posse do nu proprietário coexistirá com uma posse nos termos do usufruto ou da superfície.

Porquanto a usucapião tem a extensão da posse exercida, apenas permitindo a aquisição do direito a que ela se refere, a sua eficácia ocorre nos precisos termos da posse. Se esta se exterioriza como uma propriedade onerada, o direito é usucapido nos termos da posse exercida.

[1218] Direito Civil – Reais, cit., 141., pág. 297 e segs.

[1219] MANUEL RODRIGUES, A Posse, cit., pág. 285, MENEZES CORDEIRO, A Posse – Perspectivas Dogmáticas Actuais, cit., pág. 129 e seg., RUPERTO, "Usucapione (dir. vig.)", cit.

[1220] Assiste-se, por vezes, a tentativas de aproximar o instituto da usucapião a direitos não reais, numa descaracterização da sua história e função sistemática. Porém, enquanto facto aquisitivo de direitos, a usucapião cinge a sua eficácia aos direitos reais de gozo.

[1221] RUPERTO, "Usucapione (dir. vig.)", cit., SACCO/CATERINA, Il Possesso, cit., pág. 512.

[1222] Parece-nos ser também a opinião de OLIVEIRA ASCENSÃO em Direito Civil – Reais, cit., pág. 296.

[1223] No direito português e na prática notarial portuguesa a nua propriedade designa a propriedade onerada por um usufruto, não sendo usual utilizar-se a expressão para a oneração resultante da superfície. Nesta última, o proprietário é tradicionalmente aludido como fundeiro.

145. Requisitos gerais da usucapião

O direito português estabelece três requisitos gerais para a usucapião:

- Uma posse boa para usucapião;
- O decurso do prazo legal de posse (duração da posse);
- A invocação da usucapião pelo possuidor.

Vamos analisar em separado cada um destes requisitos.

146. A posse boa para usucapião

I. Se a posse é o sustentáculo da usucapião, nem toda a posse serve para este efeito. É usual falar-se em posse boa para usucapião[1224] à posse que permite a aquisição do direito real de gozo.

A posse boa para a usucapião é uma posse que tem de revestir determinados caracteres[1225], nomeadamente, ser pública e pacífica. Isto retira-se directamente do art. 1297.º, no tocante às coisas imóveis, e do art. 1300.º, n.º 1, relativamente às coisas móveis.

Se a posse foi adquirida com violência, o prazo para a usucapião não começa a contar enquanto ela não se tornar pacífica. Do mesmo modo, a posse oculta não conta para a usucapião, a não ser que se torne pública.

Ainda assim, a contagem do prazo para a usucapião só se inicia quando a posse se torna pacífica e pública, o que demonstra que antes disso a posse não era boa para usucapião.

Para além do carácter pacífico e público, nenhum outro requisito se exige para a posse ser boa para a usucapião, nomeadamente, não se exige que ela seja efectiva[1226].

Portanto, a posse que pode desencadear a usucapião deve ser pública e pacífica.

II. É usual afirmar-se que a posse deve ser contínua e ininterrupta[1227]. O art. 1158.º do Codice Civile italiano fala numa "posse continuada"; o

[1224] Oliveira Ascensão, Direito Civil – Reais, cit., 142., pág. 297.

[1225] Cf., no domínio do Código de Seabra, Dias Marques, Prescrição Aquisitiva, cit., pág. 271 e segs.; para o direito italiano, Sacco/Caterina, Il possesso, cit., pág. 497 e seg., Ruperto, "Usucapione (dir. vig.)", cit.

[1226] Cf. supra no texto.

[1227] Bianca, La proprietá, cit., pág. 807 e segs., Ruperto, "Usucapione (dir. vig.)", cit., Natoli, Il Possesso, cit., pág. 251 e seg.

Código Civil português não faz menção ao carácter contínuo da posse, mas menciona uma "posse ... mantida por um certo lapso de tempo", o que dá no mesmo.

Há aqui um terceiro requisito da posse? Para além de pública e pacífica, deve exigir-se que a posse seja contínua/ininterrupta?

Sem dúvida, a posse só pode servir para usucapião se o possuidor a manteve durante o prazo legal para o efeito. Mas não se trata de um requisito atinente à posse e sim à sua duração[1228].

Portanto, não estamos perante um novo requisito da posse boa para usucapião.

III. A posse boa para usucapião é uma verdadeira posse. A detenção ou posse precária não pode fundar a usucapião. O art. 1290.º dispõe inequivocamente neste sentido, preceituando que apenas os detentores que hajam invertido o título da posse, e sejam, por conseguinte, possuidores, podem beneficiar da usucapião, começando a contar o prazo respectivo na data da inversão.

Fica claro que só a verdadeira posse é requisito da usucapião. A detenção não permite ao detentor adquirir qualquer direito real por usucapião.

147. A duração da posse para efeitos da usucapião

I. A maior complexidade do regime da usucapião reside na fixação da duração da posse necessária para a usucapião, uma vez que a lei portuguesa estabelece prazos diversos para o efeito.

O principal critério de aferição do prazo legal de usucapião reside na classificação das coisas em imóveis e móveis. Depois de prever algumas regras gerais na Secção I da Capítulo VI dedicado à usucapião, do artigo 1287.º ao 1292.º, a lei portuguesa abre mais duas secções, a Secção II, dedicada à usucapião de direitos sobre coisas imóveis (artigo 1293.º a 1297.º), e a Secção III, que versa sobre a usucapião de direitos sobre coisas móveis (artigo 1298.º a 1301.º).

II. No regime da usucapião de direitos sobre coisas imóveis, o critério principal leva a classificar os possuidores em possuidores que tenham título aquisitivo do direito a que a posse se reporta e o hajam registado e aqueles

[1228] No mesmo sentido, DIAS MARQUES, Prescrição Aquisitiva, cit., pág. 281 e seg.

que não tenham registo de título[1229]. No primeiro caso, aplica-se o disposto no art. 1294.º; no segundo, o art. 1296.º.

Havendo título[1230] e registo do mesmo, é aplicável como dissemos o art. 1294.º. No entanto, este preceito estabelece dois prazos diferentes para a usucapião de acordo com um ulterior critério: a boa ou má fé do possuidor[1231]:

- Havendo registo do título e boa fé do possuidor, o prazo para a usucapião é de 10 anos (alínea a) do art. 1294.º). O prazo conta-se da data do registo[1232];
- Havendo registo de título e má fé do possuidor, o prazo para a usucapião é de 15 anos (alínea b) do art. 1294.º). O prazo conta-se da data do registo.

No exemplo anterior, o prazo para a usucapião de B só começa a contar na data da inscrição registal, ainda que a sua posse se haja iniciado logo na data da venda por força de tradição do anterior possuidor. Neste caso, se B estiver de boa fé, sendo o prazo da usucapião de 10 anos (alínea a) do art. 1294.º), só ao fim de doze anos de posse pode usucapir o direito em causa.

Importa esclarecer, que a existência de título não se confunde com título válido. A compra e venda, a doação, a permuta e o testamento, por exemplo, podem ser inválidos, qualquer que seja o vício que em concreto afecte o negócio jurídico. Desde que o registo do facto jurídico tenha sido feito em conformidade com as disposições do direito registal, existe título registado para efeitos do regime da usucapião, ainda que o facto jurídico seja inválido, e o possuidor pode invocar a usucapião nos termos do art. 1294.º.

Se o possuidor tiver título, mas sem registo do mesmo, ou não tiver, pura e simplesmente, título algum[1233], o prazo para a usucapião é o constante do

[1229] Sendo indiferente que tenham título e apenas não o hajam registado ou não tenham título nenhum.

[1230] Título tem aqui o significado geral de facto aquisitivo do direito real a que se refere a posse em causa. Conforme dizemos no texto, o título não tem de ser válido, mas tem de ser idóneo para a aquisição do direito a que se reporta a posse. Assim, um contrato de compra e venda é título para uma posse nos termos da propriedade ou do usufruto, por exemplo, mas o contrato de comodato já não é título relativamente a qualquer destes direitos. Por outro lado, o título mencionado na lei é o título objectivo, estando excluído o título putativo.

[1231] A boa ou má fé é aferida segundo o critério geral definido no art. 1260.º.

[1232] E não do início da posse.

[1233] O que pode suceder, por exemplo, na inversão do título da posse por oposição (art. 1265.º) ou no apossamento.

art. 1296.º. Também aí a lei insere um ulterior critério, a boa ou má fé do possuidor, para determinar o prazo aplicável. Assim:

- Não havendo registo do título, sendo a posse de boa fé, o prazo para a usucapião é de 15 anos (art. 1296.º);
- Não havendo registo do título, sendo a posse de má fé, o prazo para a usucapião é de 20 anos (art. 1296.º).

A lei portuguesa prevê um modo de o possuidor sem título ou sem título registável poder obter um título judicial e registá-lo, beneficiando, assim, da aplicação de prazos menores do que os constantes do art. 1296.º .

Com efeito, o art. 1295.º, n.º 2 prevê que o possuidor possa fazer declarar judicialmente que possui pública e pacificamente uma coisa nos termos de um direito, desde que a posse tenha, pelo menos, cinco anos. A decisão judicial pode, por sua vez, ser registada (registo da mera posse).

Com o registo da decisão judicial que declare a posse, o prazo para a usucapião será:

- Cinco anos contados da data do registo, se a posse for de boa fé (alínea a) do art. 1295.º);
- Dez anos contados da data do registo, se a posse for de má fé (alínea b) do art. 1295.º).

III. O critério principal no tocante à usucapião de direitos sobre coisas móveis assenta na distinção entre coisas móveis sujeitas a registo e coisas móveis não sujeitas a registo. O prazo da usucapião, quanto às primeiras, surge regulado no art. 1298.º e, quanto às segundas, no art. 1299.º. Como critério complementar em cada um dos preceitos surge igualmente a boa ou má fé do possuidor.

Nas coisas móveis sujeitas a registo o prazo para a usucapião varia consoante haja ou não registo. Se houver registo, o prazo para a usucapião é de:

- Dois anos, se o possuidor estiver de boa fé (alínea a) do art. 1298.º);
- Quatro anos, se o possuidor estiver de má fé (alínea b) do art. 1298.º).

Não havendo registo do título de aquisição o prazo da posse para usucapião é sempre de dez anos, independentemente da boa ou má fé do possuidor (alínea b) do art. 1298.º).

O regime do prazo de duração da posse para usucapião de coisas móveis não sujeitas a registo apresenta ainda um segundo critério, para além da boa ou má fé do possuidor: a existência de "justo título"[1234] (art. 1299.º). Havendo boa fé e "justo título", o prazo de duração da posse boa para usucapião é de três anos; se não houver título, esteja o possuidor de boa fé ou de má fé, o prazo para a usucapião é sempre de seis anos (art. 1299.º).

IV. O art. 1300.º, n.º 2 consagra um prazo excepcional para a usucapião de coisas móveis. Quando a posse da coisa móvel houver sido adquirida às ocultas ou com violência e o adquirente da posse tiver transmitido esta a terceiro de boa fé, o prazo para a usucapião será de quatro anos ou de sete anos consoante a posse deste último seja titulada ou não titulada.

V. O prazo de duração da posse deve ser contínuo e ininterrupto[1235]. A interrupção do prazo da usucapião por qualquer uma das causas admitidas na lei inutiliza o tempo de posse já decorrido para efeitos de usucapião e acarreta para o possuidor que intenta usucapir a necessidade de exercer a posse durante todo o tempo do prazo legal aplicável.

O art. 1254.º, n.º 1 prevê uma importante presunção de posse com aplicação em matéria de usucapião. Nesse preceito dispõe-se que "se o possuidor actual possuiu em tempo mais remoto, presume-se que possuiu igualmente no tempo intermédio".

O n.º 2 do mesmo artigo consagra outra presunção. Quando uma posse é titulada, presume-se que há posse desde a data do título.

A primeira parte do n.º 2 do art. 1254.º visa afastar a presunção de facto ou *juris* que poderia resultar do facto de existir uma posse actual: "a posse actual não faz presumir a posse anterior".

148. Duração da posse e acessão da posse

I. No Direito romano consagrou-se a possibilidade do possuidor juntar a sua posse à posse do seu antecessor. Não obstante se configurar aí a posse do aquirente como uma nova posse, distinta, portanto, da posse do seu transmitente, admitiu-se a conjugação das duas posses para efeitos da usucapião.

Naturalmente, a *acessio possessionis* (ou *temporis*) comportava uma assinalável vantagem, pois permitia ao possuidor actual juntar o tempo de posse do possuidor anterior ao seu.

1234 Como sucede relativamente à posse, o "justo título" não é mais do que um facto jurídico em abstracto idóneo para a aquisição do direito real de gozo a que a posse se reporte.

1235 Cf., a propósito, DIAS MARQUES, Prescrição Aquisitiva, cit., pág. 289 e segs.

A *accessio possessionis* foi desenvolvida a propósito da *longi temporis praescriptio* e veio a ser consagrada primeiro por uma *constitutio* de Severo e Caracala, embora limitada ainda, neste primeiro momento, à compra e venda[1236].

No Direito justinianeu, porém, a *accessio possessionis* veio a ser ampliada a qualquer causa aquisitiva e não apenas à *emptio-venditio*. O recurso a ela ficou, em todo o caso, dependente do preenchimento dos requisitos da *usucapio*, nomeadamente, a *iusta causa* e a *bona fides*.

A utilidade da *accessio possessionis* reside justamente na usucapião. Para computar o prazo de posse necessário à usucapião, o possuidor não fica limitado ao seu tempo de posse, podendo juntar a sua posse (*rectius* o seu tempo de posse) à posse do seu antecessor.

A tradição romana da *accessio possessionis* persiste hoje nas modernas codificações europeias. O Code Civil francês (art. 2235.º), o BGB alemão (§ 943), o Codice Civile italiano (art. 1146.º) e o Código Civil português (art. 1256.º)[1237], todos eles contemplam a figura.

II. A fonte do nosso art. 1256.º é reconhecidamente o 1146.º, 2.ª parte do Codice Civile italiano[1238]. O art. 1256.º, n.º 1 dispõe: "Aquele que houver sucedido na posse de outrem por título diverso da sucessão por morte pode juntar à sua a posse do antecessor".

Começamos por esclarecer que a terminologia legal não é a mais perfeita do ponto de vista técnico. Mencionando a sucessão na posse ("aquele que houver *sucedido* na posse"), o preceito pode gerar alguma confusão com a figura, diversa, da sucessão na posse (art. 1255.º).

Também não é rigoroso falar naquele que sucede ... "por título diverso da sucessão por morte". Se não é de sucessão na posse que se trata, mais vale abdicar do uso do termo. Só gera equívocos.

Na verdade, o art. 1256.º alude ao adquirente da posse que a recebeu por transmissão[1239]. Este preceito abrange, assim, os factos translativos da posse, ou seja, os modos pelos quais a posse pode ser transmitida a terceiro. Dito por outras palavras, trata-se do possuidor que adquiriu a posse por um dos

[1236] SANTOS JUSTO, Direito Privado Romano, cit., pág. 84 e seg., VACCA, "Usucapione (dir. rom.)", cit., ARANGIO-RUIZ, Istituizioni Di Diritto Romano, cit., pág. 215.

[1237] O Código Civil de Seabra não continha qualquer previsão sobre a acessão na posse, regulando unicamente a sucessão na posse. Só com o Código Civil de 1966 é que o instituto da acessão veio a ficar previsto expressamente no direito português.

[1238] Cf. PIRES DE LIMA/ANTUNES VARELA, Código Civil Anotado, cit., pág. 13 e MENEZES CORDEIRO, A Posse – Perspectivas Dogmáticas Actuais, cit., pág. 132.

[1239] OLIVEIRA ASCENSÃO, Direito Civil – Reais, cit., pág. 115.

factos através dos quais a posse pode ser transferida, ou seja, a tradição (art. 1263.º, alínea b))[1240] e o constituto possessório (art. 1263.º, alínea c) e art. 1264.º)[1241].

Não é exacto, à luz do art. 1256.º, n.º 1, afirmar que deve haver um "vínculo jurídico" entre o novo e o antigo possuidor, vínculo esse que poderia ser um negócio jurídico (compra e venda, doação, troca) ou outro acto, como uma execução ou uma expropriação. Essa doutrina, defendida primeiramente por MANUEL RODRIGUES[1242] no domínio do Código de Seabra, foi depois seguida na vigência do actual Código Civil por PIRES DE LIMA/ANTUNES VARELA[1243].

MANUEL RODRIGUES[1244] vai ainda mais longe, sustentando que o "vínculo" deve ser válido. Já PIRES DE LIMA/ANTUNES VARELA[1245] falam apenas numa "relação jurídica formalmente válida", restringindo o alcance da doutrina de MANUEL RODRIGUES.

É verdade que na tradição romanista a *accessio possessionis* pressupunha que a nova posse do possuidor actual satisfizesse os requisitos da *usucapio*, nomeadamente, a *iusta causa*, ou seja, um título, e a *bona fides*. E isso deve ter influenciado a construção doutrinária do instituto por parte de MANUEL RODRIGUES, sabendo-se que o mesmo foi omitido no Código de Seabra.

Seja como for, não há qualquer fundamento no Direito português actual para defender a posição de MANUEL RODRIGUES e de PIRES DE LIMA/ /ANTUNES VARELA. Com efeito, o regime vigente da usucapião prescinde totalmente da existência de título (bem como da boa fé). Também uma posse não titulada confere ao possuidor direito a usucapir (cf. o artigo 1296.º para os imóveis, e os artigos 1298.º, alínea b), 1299.º e 1300.º, n.º 2, no fim, para os móveis). O possuidor que, pura e simplesmente, se apossou da coisa (art. 1263.º, alínea a)) ou que inverteu o título da posse por oposição contra o anterior possuidor (art. 1263.º, alínea d) e art. 1265.º) pode, contando que a sua posse seja pública e pacífica e haja decorrido o prazo legal, invocar com sucesso a usucapião.

1240 Incluindo a *traditio brevi manu*.

1241 Neste sentido, MENEZES CORDEIRO, A Posse – Perspectivas Dogmáticas Actuais, cit., pág. 133 e 134 e seg.

1242 MANUEL RODRIGUES, A Posse, cit., pág. 252.

1243 Código Civil Anotado, cit., pág. 14. No mesmo sentido, DURVAL FERREIRA, Posse e Usucapião, 2.ª ed., Coimbra, Almedina, 2003, pág. 459.

1244 MANUEL RODRIGUES, A Posse, cit., pág. 252.

1245 Código Civil Anotado, cit., pág. 14.

Nestes casos, o possuidor não tem título algum, por não beneficiar da celebração de um facto jurídico aquisitivo de um direito real de gozo, mas pode usucapir, contando que os restantes requisitos legais estejam preenchidos.

Por outro lado, o Direito português ignora a distinção entre título válido e título inválido para efeitos da usucapião, com excepção do vício de forma, que o art. 1259.º, n.º 1 dispõe, a contrario, dar origem a uma posse sem título. O possuidor com título inválido (qualquer que seja a causa) pode usucapir e beneficia mesmo de prazos mais favoráveis, no confronto com o possuidor sem título, para a usucapião de coisas móveis (cf. artigos 1298, alínea a), 1299.º 2 e 1300.º, n.º 2) e de imóveis, contando que, neste último caso, o título (mesmo inválido) haja sido registado (cf. o art. 1294.º).

Nesta parte, aliás, a doutrina de MANUEL RODRIGUES supera mesmo o alcance do instituto nas fontes romanas. No Direito romano, o possuidor actual podia juntar a sua posse à do seu antecessor, mesmo que tivesse adquirido a *non domino*. Com o sentido pretendido por MANUEL RODRIGUES, apenas o possuidor causal poderia beneficiar da acessão na posse.

Ora, se o instituto da acessão visa facilitar o funcionamento da usucapião, tendo sido no seu contexto que encontrou aplicação, não faz qualquer sentido exigir para ela mais requisitos do que aqueles que se colocam à própria usucapião[1246]. O direito português abandonou a exigência de título e de boa fé para efeitos de usucapião e permite que o possuidor formal beneficie desta. Por que razão exigir um título para um instituto que actua no âmbito da usucapião se o regime desta não o faz?

Nesta ordem de ideias, o possuidor actual pode juntar a sua posse à posse do seu antecessor caso tenha adquirido a posse deste por qualquer um dos modos de transmissão da posse que o direito português reconhece (a tradição e o constituto possessório), independentemente da validade do título de transmissão. O título pode mesmo faltar de todo, sem que a acessão da posse seja prejudicada. Na verdade, é normal que esse título exista. O constituto possessório supõe a celebração de um contrato com eficácia real, portanto, de um título de transmissão do direito a que a posse se refere. E também a tradição da coisa é feita habitualmente em execução de um negócio jurídico (compra e venda, permuta, doação, etc.) ou de outro facto.

[1246] Neste sentido, com toda a razão, MENEZES CORDEIRO, A Posse – Perspectivas Dogmáticas Actuais, cit., pág. 133 e segs.

Todavia, a inexistência de título não preclude a *accessio possessionis*. Assim, se o possuidor formal negoceia simplesmente a posse (venda, doação, etc.) e entrega a coisa ao terceiro adquirente (tradição), este pode juntar o tempo de posse do seu transmitente à sua posse para efeitos de usucapião (art. 1256.º, n.º 1).

III. A acessão da posse constitui um poder do possuidor cujo exercício é facultativo. Era assim no Direito romano[1247] e continua a ser no direito positivo português[1248].

Deste modo, é ao possuidor que cabe a escolha da conveniência da junção da sua posse com a posse anterior. Se quiser, junta a sua posse com a anterior, se não quiser, não o faz. Essa opção poderá estar ligada aos prazos para usucapião nos termos do n.º 2 do art. 1256.º, como explicaremos mais abaixo.

IV. A posse que pode ser somada à posse actual é somente a posse do antecessor do possuidor actual ou podem ser igualmente somadas as posses dos anteriores possuidores, contando que todas elas hajam sido adquiridas por um dos factos translativos da posse (tradição e constituto possessório)?

O elemento literal do art. 1256.º, n.º 1 parece confinar a acessão de posses à relação entre o possuidor actual e o possuidor do qual aquele recebeu a posse, de acordo, aliás, com a evolução histórica do instituto. Não vemos, porém, qualquer razão substantiva para que assim seja[1249].

Independentemente dos caracteres da posse, que podem efectivamente ser diferentes de possuidor para possuidor, a posse sucessivamente transmitida por facto translativo, tradição e constituto possessório, é a mesma posse[1250]. O transmissário da posse adquire a posse do seu transmitente, embora decerto a incidência do título de transmissão e outros factores

[1247] Santos Justo, Direito Privado Romano, cit., pág. 84 e seg., que esclarece que a *accessio possessionis* (ou *temporis*) "não ocorria *ipso jure*, mas por livre vontade das partes: a conjugação das duas *possessiones* era absolutamente facultativa".

[1248] Oliveira Ascensão, Direito Civil – Reais, cit., pág. 115, Pires de Lima/Antunes Varela, Código Civil Anotado, cit., pág. 14 e Manuel Rodrigues, A Posse, cit., pág. 251, Carvalho Fernandes, Lições de Direitos Reais, cit., pág. 316.

[1249] Aparentemente no mesmo sentido, embora sem quaisquer aprofundamentos, Menezes Cordeiro, Direitos Reais, cit., pág. 474, que afirma que "o sujeito pode juntar à sua a posse do seu antecessor (ou antecessores)".

[1250] Não como acontece com a sucessão na posse, em que os os sucessores continuam a posse do *de cuius*, mas no sentido que a posse transmitida é a mesma.

(como o conhecimento ou o dever de conhecer a violação de um direito alheio) possam modificar os caracteres da posse de cada um.

Se isto é assim, não se detectam razões para impedir que o possuidor actual possa somar todo o tempo de posse dos seus antecessores, e não somente do possuidor anterior, desde que a posse seja a mesma.

É o facto de a posse ser a mesma que permite que o possuidor actual beneficie de todo o tempo dela, desde que começou. Naturalmente, cabe ao possuidor decidir se quer juntar ou não a sua posse. A acessão de posses com caracteres diversos está sujeita ao disposto no n.º 2 do art. 1256.º.

V. A acessão da posse está centrada na usucapião, permitindo ao possuidor actual beneficiar do tempo de posse dos seus antecessores para o cômputo do prazo de posse respectivo. Este instituto tem, porém, um limite natural de aplicação, que nunca vem explicitado pela doutrina: a acessão não pode ocorrer mediante a junção da posse daquele contra o qual a usucapião funciona.

Na sua origem, a *accessio possessionis* permitia a um comprador a *non domino* invocar a usucapião contra o proprietário. Quer dizer, o possuidor actual podia juntar o seu tempo de posse ao do seu transmitente invocando a usucapião contra o proprietário.

No entanto, admitindo-se a acessão sem o limite indicado, vai-se permitir que a usucapião actue mesmo em prejuízo daquele que transmitiu a posse ao possuidor actual, abrindo-se a porta a um intolerável aproveitamento do tempo de posse do titular do direito real que vai ser prejudicado com a invocação da usucapião.

Assim, o possuidor actual apenas poderá recorrer à acessão da posse do seu transmitente caso a usucapião não venha a funcionar contra ele.

VI. O n.º 2 do art. 1256.º estabelece limites à acessão na posse. É a seguinte a redacção do preceito: "Se, porém, a posse do antecessor for de natureza diferente da posse do sucessor, a acessão só se dará dentro dos limites daquela que tem menor âmbito".

Seguindo a doutrina italiana, MANUEL RODRIGUES[1251] afirma que "a acessão exige que haja duas posses contínuas e homogéneas". E PIRES DE LIMA/ANTUNES VARELA[1252] falam que as duas posses devem ser consecutivas e homogéneas.

[1251] A Posse, cit., pág. 252.

[1252] Código Civil Anotado, cit., pág. 14.

Por posses consecutivas entende-se aquelas que se desenrolaram sem a intromissão de uma posse de terceiro[1253]. Como dissemos em cima, o tempo de posse que se soma reporta-se à mesma posse, pelo que se essa posse foi interrompida deixa de ser possível a acessão.Todavia, julgamos ser dispiciendo falar-se na continuidade ou consecutividade da posse, uma vez que a lei pressupõe uma transmissão da posse[1254].

Também não nos parece que seja exacto falar em homogeneidade da posse. O art. 1256.º, n.º 2 permite expressamente a soma de posses de diferente natureza, estabelecendo apenas que a soma só pode ocorrer dentro dos limites daquela que tem menor âmbito.

Posse de "menor âmbito" significa, em primeiro lugar, posse relativa a um direito real menor. A soma de duas (ou mais) posses pode envolver posses exercidas nos termos de direitos reais de gozo diversos[1255]. Contudo, segundo o art. 1256.º, n.º 2, a usucapião só pode ocorrer relativamente ao direito real menor.

Posse de "menor âmbito" é, em segundo lugar, uma posse que tenha piores caracteres. Assim, uma posse de má fé, por exemplo, é uma posse de menor âmbito que a posse de boa fé, pois os prazos para usucapião são menores para o possuidor de boa fé. O possuidor actual cuja posse é de boa fé pode juntar a sua à posse de má fé do seu antecessor, mas fica sujeito ao prazo, pior, da usucapião da posse de má fé. A escolha é sua, dado o carácter facultativo da acessão da posse. Também uma posse titulada com registo do título é pior que uma posse não titulada e, neste sentido, esta última tem menor âmbito. Se o possuidor actual tem uma posse com título e registo deste, a soma com a posse anterior, não titulada, sujeita-o ao prazo mais longo de posse que o regime da usucapião fixa para a posse em que não haja título ou este não tenha sido registado.

VII. A acessão da posse opera unicamente entre posses, embora estas possam referir-se a direitos reais de gozo diversos. Não pode haver acessão entre posse e detenção. O detentor não pode, assim, juntar o tempo de detenção com o tempo de posse para beneficiar da usucapião.

[1253] PIRES DE LIMA/ANTUNES VARELA, Código Civil Anotado, cit., pág. 14.

[1254] Neste sentido, OLIVEIRA ASCENSÃO, Direito Civil – Reais, cit., pág. 115, nota 1.

[1255] Não é possível a junção de uma posse nos termos do direito de retenção, por exemplo, com uma posse nos termos do usufruto para os efeitos do art. 1256.º, n.º 1. A soma de posses a que este preceito se refere é sempre relativa a direitos usucapíveis.

149. Suspensão e interrupção da contagem do prazo de posse para usucapião

I. O prazo de duração da posse para usucapião pode ser interrompido. O art. 1292.º determina a aplicação à usucapião do regime legal previsto para a interrupção da prescrição, ou seja, dos artigos 323.º a 327.º do Código Civil.

A interrupção do prazo da usucapião determina a inutilização de todo o tempo de posse decorrido até aí e o recomeço da contagem do prazo a partir do acto interruptivo (art. 326.º, n.º 1), excepto nos casos em que a interrupção ocorre por força de citação ou notificação no âmbito de um processo judicial ou de compromisso arbitral, em que o novo prazo de usucapião só começa a contar quando transitar em julgado a decisão que puser termo ao processo (art. 327.º, n.º 1).

São factos interruptivos do prazo de posse para usucapião:

- A citação para acção ou a notificação judicial que exprima a vontade de exercício do direito por parte do proprietário ou do titular do direito real de gozo afectado com a posse (art. 323.º, n.º 1);
- O compromisso arbitral relativo ao direito real controvertido (art. 324.º, n.º 1);
- O reconhecimento do direito por parte do possuidor formal (art. 325.º, n.º 1);
- A nova posse de outrem contra a vontade do possuidor mantida por um prazo superior a um ano sem que o possuidor esbulhado haja intentado durante um ano acção possessória de restituição para reaver a coisa[1256]. É uma causa de interrupção específica da usucapião[1257].

II. O prazo de posse para a usucapião pode ser suspenso, conforme determina o art. 1292.º. Os artigos 318.º a 322.º são, assim, aplicáveis à usucapião, com as necessárias adaptações.

A suspensão, contrariamente à interrupção, não inutiliza o prazo de posse para usucapião decorrido até à verificação do facto suspensivo, apenas obstando a que aquele continue a correr.

[1256] Se intentou e foi restituído judicialmente, o art. 1283.º determina a ausência de interrupção do prazo para a usucapião, uma vez que se considera que o possuidor restituído judicialmente é havido como nunca tendo sido esbulhado.

[1257] Sacco/Caterina, Il possesso, cit., pág. 506, Natoli, Il Possesso, cit., pág. 266.

150. A invocação da usucapião pelo possuidor

I. A eficácia da usucapião não ocorre meramente com o decurso do prazo da posse. Para que a usucapião adquira eficácia o possuidor deve invocá-la, ou seja, manifestar a sua vontade em usucapir o direito a que se refere a sua posse. Isto resulta directamente do art. 1292.º do Código Civil, que determina, por remissão, a aplicação do disposto no art. 303.ºdo mesmo Código.

Segundo o art. 303.º, devidamente adaptado, a usucapião, para ser eficaz, carece de ser invocada por aquele a quem aproveita, isto é, pelo possuidor. Se este, passado o prazo legal, não a invoca, a usucapião não produz qualquer efeito.

A eficácia da usucapião está, assim, sempre dependente da sua invocação pelo beneficiário dela, o possuidor, não sendo, portanto, automática. Só com a invocação da usucapião se constitui o direito real de gozo a favor do possuidor.

II. A invocação da usucapião pode ser feita judicial ou extrajudicialmente. Isto quer dizer, que o possuidor não precisa de recorrer ao tribunal para obter o efeito aquisitivo ligado à usucapião. A invocação extrajudical da usucapião tem exactamente o mesmo valor da declarada por um tribunal competente.

A invocação da usucapião, quando extrajudicial, faz-se mediante declaração, cuja finalidade é justamente o efeito aquisitivo do direito a que se reporta a posse. Essa declaração é, quanto a nós, uma verdadeira declaração negocial e não está sujeita a forma especial[1258], valendo para ela a regra de liberdade de forma (art. 219.º).

[1258] Uma coisa é a forma da declaração da usucapião para desencadear a sua eficácia aquisitiva, outra a exigência que ela deva ser titulada por escrito para um dado fim, por exemplo, a inscrição no Registo Predial. A declaração de invocação da usucapião pelo possuidor, dada a ausência de prescrição legal de forma, pode ser meramente verbal. No entanto, se o usucapiente pretender registar a aquisição do seu direito no Registo Predial, tem necessidade de declarar a usucapião em documento bastante para o efeito, porque no Registo Predial são apenas registados os factos titulados em documento escrito (art. 43.º, n.º 1 do CRP). Assim, e para além do recurso aos tribunais para esse efeito, meramente optativo como vimos no texto, o possuidor pode declarar a usucapião numa escritura de justificação notarial, nos termos e com as formalidades previstas na lei. Note-se, todavia, que o recurso à escritura de justificação notarial com o fito de assegurar um efeito prático, o registo da usucapião, não transforma a escritura na forma legal – imperativa, por conseguinte – de invocação da usucapião. A invocação da usucapião não está sujeita a forma específica, valendo para ela a regra da liberdade de forma (art. 219.º).

Deste modo, a invocação da usucapião pode ser expressa ou tácita, nos termos gerais, valendo também neste domínio o princípio da equivalência das duas formas de declaração que surge consagrado no art. 217.º do Código Civil.

III. A usucapião também pode ser invocada pelos credores ou por outros terceiros com um interesse legítimo na sua declaração (art. 305.º ex vi do art. 1292.º), mesmo contra a vontade do usucapiente.

A lei portuguesa dispõe ainda que no caso de o possuidor haver renunciado à usucapião, o que só pode acontecer depois de decorrido o prazo para ela (art. 302.º, n.º 1 ex vi do art. 1292.º), a invocação pelos credores só é possível mediante a prova dos requisitos legais da impugnação pauliana.

151. O momento da eficácia da usucapião

Invocada a usucapião, a eficácia aquisitiva, ou seja, a constituição do direito real de gozo, não opera apenas para o futuro, retroagindo no passado. O art. 1288.º fixa esse momento na data do início da posse.

Ao contrário do que sucede com o momento da contagem do prazo para usucapião, que varia, a aquisição do direito real de gozo por usucapião é sempre reportada ao início da posse (art. 1288.º).

O regime da usucapião faz, assim, remontar ao passado, concretamente ao momento em que a posse boa para usucapião se iniciou, o momento de aquisição do direito real de gozo. O que naturalmente acarreta implicações no plano jurídico, pois, após a usucapião, o usucapiente é considerado titular de um direito real para um tempo em que, até à verificação desse facto, não o era ou, melhor, poderia não o ser[1259].

152. A eficácia da usucapião e o direito usucapido

I. O efeito primário da usucapião é aquisitivo. O art. 1287.º menciona explicitamente que a posse "faculta ao possuidor, salvo disposição em contrário, a aquisição do direito a cujo exercício corresponde a sua actuação".

[1259] Fazemos esta precisão, porquanto, conforme já explicámos, a usucapião não beneficia somente o possuidor formal, ou seja, o que não é titular do direito real a que a posse se refere, mas também o possuidor causal, isto é, aquele que adquiriu validamente o direito real através de outro facto jurídico. O proprietário que comprou o direito ao anterior titular pode igualmente invocar a usucapião a seu favor, se tiver interesse nisso. Teremos ocasião de voltar a este tema mais adiante.

Pela usucapião, o possuidor usucapiente adquire o direito real de gozo a que a sua posse se reporta e somente este. Dito por outras palavras, o direito real adquirido por usucapião é aquele a que se refere a posse do possuidor; o que se exprime pela máxima tradicional "*tantum praescriptum quantum possessum*".

Como efeito decorrente da posse, a usucapião permite ao possuidor adquirir o direito por ele exteriorizado através daquela, estando excluída a aquisição de outros direitos reais[1260].

II. A usucapião confere ao usucapiente a aquisição do direito exteriorizado pela posse. Importa, no entanto, perguntar pela amplitude dessa aquisição quando existem outros direitos reais menores constituídos sobre a coisa possuída.

A resposta a tal pergunta supõe que se olhe para os termos em que a posse foi exercida pelo usucapiente. Com efeito, esta posse pode ter sido exteriorizada de modo livre, isto é, em oposição aos possuidores nos termos de outros direitos reais menores; ou pode ter sido manifestada com respeito por essas posses.

Uma posse livre, o mesmo é dizer, exercida nos termos de um direito real desonerado, permitirá ao possuidor usucapir o direito real de gozo sem os ónus representados pelos direitos reais menores constituídos anteriormente[1261]. Assim, se a posse do usucapiente foi exercida sem respeito por esses direitos, portanto, sem a concorrência de posses mantidas nos termos de outros direitos reais menores, a aquisição do direito usucapido ocorre sem a incidência desses direitos. Por conseguinte, todos os direitos reais menores que sejam incompatíveis com a posse do usucapiente extinguem-se com a usucapião[1262].

Quer dizer, com a usucapião é obtida a libertação do prédio no tocante aos direitos reais menores não respeitados pela posse do usucapiente (*usucapio libertatis*[1263]), independentemente de estarem ou não quanto a eles preenchidos os requisitos do não uso.

[1260] Cf., entre outros, BIANCA, La Proprietà, cit., pág. 816.

[1261] É irrelevante para o efeito a situação registal. A usucapião funciona sempre contra *tabulas*.

[1262] No mesmo sentido, e com referências à controvérsia sobre o tema no direito italiano, cf. GALGANO, Diritto Privato, cit., pág. 150, BIANCA, La Proprietà, cit., pág. 816 e seg., RUPERTO, "Usucapione (dir. vig.)", cit. Em sentido diferente, falando antes na primazia de uma prescrição (extintiva), cf. NATOLI, Il Possesso, cit., pág. 240 e segs., SACCO/CATERINA, Il Possesso, cit., pág. 515.

[1263] É um outro sentido da expressão, diferente, por conseguinte, daquele que afirmamos supra no texto, mas que é correntemente utilizado, sobretudo, pela doutrina italiana, para designar a

Esta solução, mesmo na ausência de norma expressa, fundamenta-se ainda no art.º 1287.º do Código Civil. Seria estranho, com efeito, que a lei admitisse a constituição, por usucapião, de uma propriedade nova contra o proprietário anterior, que vê cessar o seu direito, e não permitisse a extinção dos direitos reais menores que não foram respeitados pela posse do usucapiente.

Se o direito real máximo é afectado pela usucapião do possuidor formal nos termos da propriedade, não o serão igualmente todos os outros titulares de direitos reais? A resposta, por argumento de maioria de razão, só pode ser afirmativa[1264].

Diferente é a solução no caso do usucapiente ter admitido a coexistência da sua posse com outras posses exercidas com referência a outros direitos reais menores. Neste caso, a usucapião só se pode dar nos limites da posse. Se esta foi exercida conjuntamente com outras posses, a usucapião não se dará contra os titulares dos direitos que mantiveram uma posse simultânea com o usucapiente[1265]. Esses direitos mantêm-se, não se extinguindo.

Portanto, havendo direitos reais menores constituídos sobre a coisa, a usucapião só determina a sua extinção (*usucapio libertatis*) caso a posse do usucapiente haja sido mantida em oposição a eles, livre das posses respectivas; pelo contrário, se o usucapiente exteriorizou a sua posse em concorrência com as dos titulares de direitos reais menores, a usucapião não os afecta.

III. ão obstante o regime legal da usucapião tratar esta como um facto aquisitivo de direitos reais de gozo (cf. os arts. 1287.º, 1316.º, 1417.º, n.º 1, 1440.º, 1528.º, 1547.º), a usucapião pode ter outra eficácia, nomeadamente, uma eficácia extintiva, como tivemos ocasião de expor já no número anterior. Mas essa eficácia extintiva é ainda mais ampla.

Na verdade, a usucapião actua sempre contra o proprietário da coisa sobre a qual ocorre a aquisição do direito. Contudo, o efeito da aquisição do direito real de gozo a favor do usucapiente não afecta sempre o proprietário da coisa da mesma maneira. Vejamos.

extinção de direitos reais menores (com excepção das servidões prediais) pela usucapião quando o usucapiente possuiu a coisa de modo livre, sem a concorrência das posses respectivas.

1264 De resto, o argumento não vale apenas para a propriedade. A lei portuguesa também admite a usucapião de direitos reais menores. Se, por exemplo, A exerce uma posse formal relativa ao usufruto sobre a mesma coisa objecto do usufruto de C, a usucapião do primeiro causa a extinção do usufruto do último. Sobre este último caso, veja-se RUPERTO, "Usucapione (dir. vig.)", cit.

1265 Neste sentido, GALGANO, Diritto Privato, cit., pág. 150, BIANCA, La Proprietà, cit., pág. 817.

Se a usucapião se refere ao direito de propriedade, porque a posse do usucapiente se exerceu nos termos desse direito, a propriedade anterior que incidia sobre essa coisa extingue-se no momento em que a usucapião produz o seu efeito aquisitivo. Verifica-se, então, um efeito extintivo da usucapião, a par do efeito aquisitivo a favor do usucapiente.

Porém, nem sempre se verifica uma eficácia extintiva da usucapião juntamente com o efeito aquisitivo. Quando o direito usucapido é um direito real menor (usufruto, superfície, servidão predial), a usucapião não determina a extinção do direito de propriedade existente, mas apenas a sua oneração[1266].

Como se vê, embora o efeito primário da usucapião seja aquisitivo, pode haver outros efeitos associados a ela, a extinção ou a oneração do direito de propriedade existente até aí.

A usucapião pode afectar outros direitos reais para além da propriedade, se existirem outros direitos reais constituídos sobre a coisa.

Para além das situações anteriores, se a posse *ad usucapionem* é exercida sem respeito pelos direitos reais menores constituídos sobre a coisa, estes extinguem-se, como analisámos no ponto anterior.

153. O poder potestativo de usucapir

A usucapião não é um facto aquisitivo automático que ocorre pela simples manutenção de uma posse boa para esse efeito durante o lapso de tempo legal, pois, como sabemos, o mero decurso do prazo não permite a aquisição do direito real de gozo a que a posse se refere se o possuidor não invocar a usucapião a seu favor (art. 303.º ex vi do art. 1292.º).

Sendo embora um facto aquisitivo de direitos reais de gozo, a usucapião resulta do exercício de um poder potestativo atribuído ao possuidor[1267]: o poder a usucapir o direito real de gozo a que a sua posse se reporta[1268].

[1266] Veja-se também NATOLI, Il Possesso, cit., pág. 240.

[1267] PIRES DE LIMA/ANTUNES VARELA, Código Civil Anotado, cit., pág. 65 falam em "faculdade" do possuidor, numa perspectiva inteiramente conforme à que se menciona no texto, embora com terminologia diversa.

[1268] No estado de sujeição correspondente ao direito potestativo incorre o proprietário da coisa possuída pelo usucapiente, mas outros titulares de direitos reais sobre ela podem igualmente ficar investidos no estado de sujeição. Se A tem direito a usucapir uma servidão predial sobre um prédio dado em usufruto, também o usufrutuário está num estado de sujeição relativamente a ele, pois também o seu direito ficará onerado com a servidão.

Este poder potestativo é atribuído ao possuidor que tenha uma posse boa para usucapião e haja mantido a mesma ininterruptamente durante o prazo legal estabelecido. O exercício deste poder, que está unicamente dependente da vontade do seu titular, ocorre com a invocação da usucapião.

O facto usucapião que gera a aquisição do direito real de gozo é, assim, uma consequência do exercício do poder potestativo correspondente reconhecido ao possuidor da coisa que manteve a posse durante o tempo legalmente necessário para que a usucapião seja invocada.

154. Usucapião pelo possuidor causal. Sua relevância

O regime jurídico português da posse não conhece a distinção entre posse causal e posse formal[1269]. A posse pode ser reconhecida tanto ao possuidor causal como ao possuidor formal.

Esta ausência de diferenciação reflecte-se igualmente em matéria de usucapião. Também o possuidor causal pode beneficiar da usucapião[1270], cumulando, assim, dois títulos, o primeiro, que atribui o direito real de gozo que torna a sua posse causal, e que pode ser qualquer facto com eficácia real aquisitiva[1271] (um contrato, a sucessão, a decisão judicial ou outro), e o segundo, a usucapião.

À primeira vista, esta posição poderia gerar perplexidade. Se o possuidor já é titular do direito real de gozo, porque razão invocar um segundo facto aquisitivo? Ninguém é titular duas vezes do mesmo direito!

Posto desta maneira, porém, o problema é mal colocado. Não se trata de atribuir duas vezes o direito à(s) mesma(s) pessoa(s), mas sim, em primeiro lugar, de facultar ao titular do direito real de gozo a demonstração da titularidade do direito por outro facto (a usucapião) que não aquele pelo qual originariamente o adquiriu. E pode haver interesse prático nisso.

Conforme se pode atentar deste exemplo, o proprietário ou, de um modo geral, o titular do direito real de gozo pode estar em condições de só conseguir provar o seu direito mediante o recurso à usucapião, ou, pelo menos, de ser mais fácil para si fazê-lo.

Em segundo lugar, pode haver outra razão que suscite a necessidade de invocação da usucapião para fazer prevalecer o direito real de gozo do usucapiente contra outra situação jurídica real que afecte o seu direito.

[1269] Cf. infra no texto.

[1270] Cf., por exemplo, RUPERTO, "Usucapione (dir. vig.)", cit.

[1271] Com excepção da própria usucapião, como é evidente.

Um exemplo paradigmático é o da oposição ao efeito atributivo do registo predial, o funcionamento da chamada *usucapio contra tabulas*. Como a usucapião prevalece sobre a protecção registal do terceiro de boa fé, o titular do direito real de gozo cujo direito vá ser preterido ou onerado por uma aquisição tabular de terceiro pode invocar a usucapião para deter o efeito atributivo do registo[1272].

Quer dizer, a usucapião desempenha neste segundo grupo de casos, não uma função probatória do direito, mas uma função consolidativa de uma aquisição anterior, que impede a perda do direito ou a sua oneração.

Portanto, neste aspecto particular como nos outros, o possuidor causal não está em pior posição que o possuidor formal[1273]. Também ele pode invocar a usucapião a seu favor.

155. As funções da usucapião: a função consolidativa e a função probatória

I. A usucapião desempenha, em primeiro lugar, uma importante função consolidativa da situação fáctica em que as coisas se encontram sempre que o possuidor usucapiente não é o titular do direito a que a posse se reporta.

Quando o proprietário da coisa ou, de um modo geral, o titular do direito real de gozo não reage a um desapossamento e deixa que um terceiro exerça uma posse sem o direito real respectivo durante um período de tempo determinado, ou simplesmente quando existe uma dissociação entre quem exterioriza o direito real de gozo e quem é o seu titular, a usucapião permite que a situação de facto seja regularizada defronte da ordem jurídica pela aquisição pelo possuidor (formal) do direito a que a sua posse se reporta.

Com a usucapião a situação de facto existente consolida-se com a situação jurídica respectiva e a posse passa a coincidir com a titularidade do direito real de gozo, afinal aquilo que corresponde à normalidade jurídica: o possuidor da coisa deve ser aquele que tem o direito real de gozo sobre ela.

Naturalmente, esta função consolidativa faz-se sempre, em última análise, à custa do proprietário[1274], que vê o seu direito extinguir-se ou ficar

[1272] Cf. o que dissemos supra a propósito do efeito atributivo do registo predial.

[1273] Para o regime da posse em geral, veja-se no mesmo sentido Oliveira Ascensão, Direito Civil – Reais, cit., pág. 75 e seg.

[1274] E dos outros titulares de direitos reais menores cuja posse foi afectada com a posse do usucapiente.

onerado. A vantagem, porém, reside na manutenção do efeito presuntivo do direito que a lei associa à posse (art. 1268.º, n.º 1) e na publicidade do direito real associada a esta, que ficaria comprometida de outro modo.

A usucapião tem, pois, um papel regularizador na ordem jurídica, dando azo a que a exteriorização de um direito através da posse possa vir a consolidar-se com a aquisição do direito exteriorizado e evitando a multiplicação de actos de disposição feridos de ilegitimidade, cuja nulidade poderia ser arguida a todo o tempo (art. 286.º), com a forte insegurança jurídica daí decorrente.

Este papel regulador da usucapião, resultante da sua função consolidativa, confere-lhe uma eficácia que se sobrepõe mesmo à protecção registal de terceiro de boa fé. A consolidação pela usucapião é definitiva e prevalece mesmo *contra tabulas*, quer dizer, contra quem quer que seja. Neste caso, a função consolidativa não beneficia apenas o possuidor formal; também o possuidor causal tira proveito dela.

II. A outra função da usucapião é probatória. Como vimos, a usucapião pode ser invocada mesmo por um possuidor causal[1275], isto é, por alguém que já é titular do direito real por força de outro qualquer facto aquisitivo.

Neste caso, a usucapião tem uma função probatória[1276], permitindo ao possuidor titular do direito real de gozo provar este por um facto jurídico diverso daquele através do qual adquiriu.

156. Natureza da usucapião: facto aquisitivo originário?

No dizer da nossa melhor doutrina, a aquisição constitui um modo de aquisição originária de direitos reais de gozo[1277]. O direito adquirido por usucapião consiste num direito novo, nada tendo a ver com as situações jurídicas reais já constituídas sobre a coisa.

1275 Cf. supra no texto.

1276 É uma função normalmente reconhecida à usucapião. A título exemplificativo, cf. Ruperto, "Usucapione (dir. vig.)", cit.

1277 Neste sentido Oliveira Ascensão, Direito Civil – Reais, cit., pág. 300, Menezes Cordeiro, Direitos Reais, cit., pág. 476 e A Posse – Perspectivas Dogmáticas Actuais, cit., pág. 130, Pires de Lima/Antunes Varela, Código Civil Anotado, cit., pág. 64, Carvalho Fernandes, Lições de Direitos Reais, cit., pág. 238. Na doutrina estrangeira, veja-se, Natoli, Il Possesso, cit., pág. 238 e seg.

Esta visão não é completamente pacífica[1278]. Uma corrente muito minoritária de autores nega esse efeito à usucapião[1279], salientando aspectos do regime que tornam dúbia essa colocação na classificação que divide os modos de aquisição em originária e derivada.

Pertinente parece ser, contudo, a observação de que a usucapião pode ser invocada mesmo por aquele que já adquiriu o direito por outro título válido, usando-a na sua função probatória, para evitar a *probatio diabolica*, ou consolidativa, para evitar, por exemplo, a aquisição tabular de terceiro de boa fé.

Afigura-se evidente que a usucapião não tem, nestes casos, o efeito de um facto constitutivo, o que implicaria uma aquisição dupla do mesmo direito por quem já é seu titular, uma redundância lógica e substancial exprimida pela máxima "*neque enim amplius quan semel res mea esse potest*"[1280].

Assim, a usucapião só pode ser realmente um facto aquisitivo originário de direitos reais de gozo quando beneficia um possuidor formal, permitindo-lhe justamente constituir a seu favor um direito que até aí não existia na ordem jurídica.

Secção II

Os Factos Translativos de Direitos Reais

157. A transmissibilidade geral dos direitos reais

I. Sendo direitos de natureza patrimonial, os direitos reais são, em regra, transmissíveis, entre vivos e *mortis causa*[1281]. E a lei assinala essa transmissibilidade de forma explícita ou implícita, prevendo a transmissão do direito real[1282], ou simplesmente incluindo o poder de disposição no conteúdo do direito, como sucede com a propriedade (art. 1305.º) e com a compropriedade (art. 1408.º, n.º 1).

[1278] CF. Ruperto, "Usucapione (dir. vig.)", cit., pág., Sacco/Caterina, Il Possesso, cit., pág. 473 e segs.

[1279] Ruggiero, Istituzioni di diritto civile, 1934, pág. 455.

[1280] Ruperto, "Usucapione (dir. vig.)", cit.

[1281] Oliveira Ascensão, Direito Civil – Reais, cit., pág. 310 e segs., Menezes Cordeiro, Direitos Reais, cit., pág. 521 e segs., Menezes Leitão, Direitos Reais, cit., pág. 221 e segs., Carvalho Fernandes, Lições De Direitos Reais, cit., pág. 270 e seg.

[1282] Cf., por exemplo, o art. 1444.º, para o usufruto, e o art. 1534.º, para a superfície.

A transmissão dos direitos reais, quando o Direito a admita, provém de uma decisão livre do titular respectivo, no exercício da margem de liberdade que o direito subjectivo real lhe confere e que não traduz outra coisa senão o exercício da autonomia privada daquele.

Em matéria de transmissão de direitos reais, o princípio da consensualidade constitui o princípio fundamental da ordem jurídica portuguesa, a qual institui um sistema de título. Com o princípio da consensualidade deve conjugar-se o princípio da causalidade: a aquisição de direito real por transmissão só pode resultar de um negócio jurídico causal.

II. Excepções ao princípio da livre transmissibilidade encontram-se no regime do usufruto e nos direitos de uso e habitação. Excepto nos casos de co-usufruto e de usufruto sucessivo, o direito de usufruto extingue-se com a morte do usufrutuário (art. 1443.º).

Quanto aos direitos de uso e habitação, a lei declara expressamente a sua intransmissibilidade (art. 1488.º).

Uma proibição parcial de transmissão vigora para o direito de retenção (art. 760.º). Este direito não pode ser transmitido isoladamente, ou seja, sem o crédito que garante. A proibição não se aplica, contudo, se houver uma transmissão conjunta do crédito e do direito de retenção.

III. Além dos casos em que a lei expressamente declara a intransmissibilidade do direito real, essa intransmissibilidade pode ainda decorrer da ponderação do regime jurídico do direito real no seu conjunto. O penhor constitui um bom exemplo de um direito real intransmissível, embora a proibição de transmissão não conste de um preceito específico.

158. Admissibilidade da inalienabilidade convencional

Pergunta-se se as partes podem estipular uma inalienabilidade convencional do direito real nos casos em que da lei decorre a sua transmissibilidade.

A resposta a tal questão depende da própria lei admitir a limitação convencional da transmissibilidade do direito real em causa. Isso sucede com o usufruto, nos termos do disposto no art. 1444.º, n.º 1, que ressalva as restrições postas à transmissibilidade pelo título constitutivo.

Fora deste caso, a inalienabilidade convencional não pode ter eficácia real[1283]. A ter, isso significaria que as partes estariam a alterar o tipo legal do

[1283] Neste sentido, cf. CARVALHO FERNANDES, Lições De Direitos Reais, cit., pág. 271.

direito real, mexendo no conteúdo injuntivo do tipo legal do direito e, com isso, contrariando a proibição veiculada pelo princípio da tipicidade (art. 1306.º, n.º 1)[1284]. Uma tal convenção está proibida e a sua estipulação importa a nulidade do negócio jurídico (art. 294.º e 280.º, n.º 1).

Uma inalienabilidade convencional com eficácia meramente obrigacional não nos parece defrontar com qualquer obstáculo legal[1285]. Afinal, a violação da tipicidade real suscita justamente uma conversão automática para um negócio obrigacional (art. 1306.º, n.º 1 parte final). Por que não uma estipulação inicial meramente obrigacional?

159. Os factos translativos gerais de direitos reais

Os factos translativos gerais de direitos reais são os mesmos que indicámos a propósito dos factos constitutivos, com excepção da usucapião, cuja eficácia reside primariamente na constituição de direitos reais. São eles, a lei, a decisão judicial e o negócio jurídico. Sobre eles, nada mais acrescentaremos ao que já ficou dito.

160. Remissão. Breve referência

I. Eficácia translativa tem a denominada remissão[1286]. Ela consiste na aquisição pelo titular de um direito real maior do direito real menor que o onera, mediante o pagamento de uma indemnização.

Outrora um facto translativo com um espectro de aplicação a vários direitos reais, nomeadamente, a enfiteuse e as servidões prediais, a remissão tornou-se hoje um facto translativo específico das servidões (art. 1569.º, n.º 4).

Não obstante a limitação actual, a remissão permanece potencialmente um facto translativo de direitos reais e não somente um facto transmissivo de servidões prediais.

II. A remissão constitui um facto translativo e não extintivo, na medida em que determina a passagem do direito adquirido para a esfera jurídica do

[1284] OLIVEIRA ASCENSÃO, Direito Civil – Reais, cit., pág. 311 opina, diferentemente, que a inalienabilidade negocial é possível no contexto de uma relação jurídica real e por períodos limitados.

[1285] Mais cautelosamente, OLIVEIRA ASCENSÃO, Direito Civil – Reais, cit., pág. 311, admite a estipulação "dentro de certos limites". Esses limites são os requisitos gerais de validade do negócio jurídico, não havendo outros, específicos, a considerar. Por isso, não vemos razão para fazer esta ressalva.

[1286] OLIVEIRA ASCENSÃO, Direito Civil – Reais, cit., pág. 315 e seg. e CARVALHO FERNANDES, Lições De Direitos Reais, cit., pág. 271 e seg.

titular do direito real maior. Aí, poderá ou não extinguir-se por confusão, mas tal resultado não é forçoso[1287].

Secção III

Os Factos Modificativos de Direitos Reais

161. A modificação em Direitos Reais

A modificação pode respeitar ao sujeito titular da situação jurídica, dizendo-se nesse caso subjectiva. As modificações na titularidade de direitos reais resultam de factos constitutivos e translativos e não propriamente modificativos.

A modificação objectiva, ao contrário, abrange dois níveis distintos:

- O objecto do direito real (a coisa);
- O conteúdo do direito real.

Exemplos claros de modificação do objecto encontram-se na construção de um edifício que torna urbano o prédio anteriormente rústico[1288] e vice-versa; na constituição da propriedade horizontal em prédio em propriedade singular por declaração negocial unilateral do proprietário ou na constituição do direito real de habitação periódica[1289]. Outros exemplos dessa modificação podem ser vistos no proprietário que incrusta uma pedra preciosa nos brincos ou no anel, que constrói um poço ou uma piscina no imóvel, etc.

Em todos estes casos, deparamos com uma alteração da conformação física da coisa. A acção humana que a leva a cabo consubstancia um facto modificativo de direitos reais, pois tratando-se embora da mesma coisa, em termos jurídicos, houve uma alteração dela que se projecta na situação concreta do titular do direito real.

Uma hipótese muito particular de modificação quanto ao objecto do direito real é a perda parcial da coisa. Ela vem prevista no regime jurídico do usufruto (art. 1478.º, n.º 1). A regra estabelecida é a de que o usufruto se mantém sobre a coisa modificada. Esta regra deve generalizar-se aos outros direitos reais.

[1287] Neste sentido, Carvalho Fernandes, Lições De Direitos Reais, cit., pág. 272.

[1288] O exemplo é de Menezes Cordeiro, Direitos Reais, cit., pág. 537.

[1289] Oliveira Ascensão, Direito Civil – Reais, cit., pág. 321.

A explicação para esta solução reside na permanência da coisa, apesar da perda parcial. Uma estátua a quem arrancaram um braço ou uma perna continua a ser uma coisa, embora a sua individualidade original haja sido alterada. Como a coisa não pereceu, mantendo-se em parte, o direito real mantém-se quanto ao que permanece.

As modificações quanto ao conteúdo atingem o núcleo de situações jurídicas menores que o compõem. E importam uma alteração do regime jurídico aplicável ao direito real.

162. A modificação negocial do conteúdo do direito real

As modificações ao conteúdo do direito real que decorram de uma alteração superveniente das fontes de Direito, como a lei, não levantam qualquer problema. Ao invés, deve-se perguntar se o mesmo sucede com as modificações de fonte negocial.

Vários preceitos legais aludem ao título negocial do direito real (por exemplo, os artigos 1416.º, n.º 1, 1418.º, 1419.º, 1445.º, 1485.º, 1564.º). Antes de mais, o título é o facto jurídico de onde emerge o direito real considerado. Se o direito real se constituiu por usucapião ou por acessão, este facto é o seu título constitutivo. Os preceitos legais que aludem ao título têm normalmente em vista o título aquisitivo. Contudo, numa perspectiva mais ampla, o título representa igualmente o conjunto de factos jurídicos que conformam o direito real até à sua extinção e não apenas o facto inicial aquisitivo[1290].

Destes preceitos retira-se que as partes podem, por via negocial, conformar o conteúdo do direito real no momento da constituição respectiva, e também introduzir alterações posteriormente.

Por conseguinte, pode dizer-se que o conteúdo do direito real está sujeito a modificações por meio da celebração de negócios jurídicos com essa eficácia ou, dito de outra forma, que o Direito português admite a conformação negocial do conteúdo do direito real, quer no momento inicial da sua constituição quer em momento posterior.

Ainda assim, esta afirmação não tem o alcance absoluto de significar que seja válida qualquer conformação do conteúdo do direito real por via de negócio jurídico. Com tal extensão, seria concerteza incorrecta.

[1290] Oliveira Ascensão, Direito Civil – Reais, cit., pág. 320.

Na verdade, numa ordem jurídica dominada pelo princípio da tipicidade (art. 1306.º, n.º 1) a modificação do conteúdo do direito real por iniciativa negocial das partes esbarra no sentido cogente do *numerus clausus*. Se às partes fosse reconhecida a faculdade de introduzir as modificações que entendessem sobre o conteúdo típico do direito real não haveria tipicidade alguma, mas liberdade contratual de criação de direitos reais.

Ora, se uma tal asserção está prejudicada pelo princípio da tipicidade, que não está na disponibilidade das partes, qualquer modificação do conteúdo do direito real só será válida caso incida sobre o regime supletivo legal ou, por outras palavras, se deixar intocado o conteúdo que conforma o tipo de direito real em questão, o conteúdo típico do direito, que tem natureza imperativa.

Exemplificando, as partes podem estipular no contrato de constituição do usufruto que o direito tem a duração de 20 anos ou, na constituição de uma superfície, que o superficiário pagará anualmente ao fundeiro uma prestação de € 50.000, a título de cânon superficiário, porque a lei permite que as partes convencionem livremente a duração do usufruto (art. 1443.º) – desde que este não exceda a vida do usufrutuário ou, no caso das pessoas colectivas, não exceda os trinta anos – ou, relativamente à superfície, que seja estabelecido um cânon superficiário (art. 1530.º).

No entanto, se supusermos uma modificação negocial do usufruto através de uma cláusula contratual que confira ao usufrutuário o direito a destruir o edifício que atribui a natureza de urbano ao prédio, a fim de destinar o mesmo ao cultivo de cereais, teremos a ilustração de uma modificação vedada às partes, na medida em que, de outro modo, elas estariam a criar um direito de usufruto distinto do tipo legal, que prevê a ressalva da forma e da substância da coisa (art. 1439.º e art. 1450.º, n.º 1).

Deste modo, será exacta a afirmação de que o conteúdo supletivo do direito real pode ser livremente modificado pelas partes, em qualquer altura; quanto ao conteúdo injuntivo, aquele que conforma o tipo legal do direito real, nenhuma modificação negocial com eficácia real se admite, sob pena de nulidade, podendo, contudo, a modificação valer com eficácia meramente obrigacional (art. 1306.º, n.º 1, no fim).

163. Os factos modificativos de direitos reais

A lei, a decisão judicial e o negócio jurídico (unilateral e contrato) podem introduzir modificações ao conteúdo do direito real, como sucede para as vicissitudes da constituição e transmissão desse direito. Portanto, para além do negócio jurídico, também a lei e a decisão judicial podem operar como factos jurídicos com eficácia real modificativa.

Para além destes factos, a modificação, podendo advir de uma perda ou deterioração parcial da coisa, é susceptível de ser efeito de factos jurídicos não negociais, nomeadamente, de factos jurídicos em sentido restrito.

Secção IV
Os Factos Extintivos de Direitos Reais

Subsecção I
Factos Extintivos Gerais

164. Elenco de factos extintivos com eficácia geral

Os direitos reais extinguem-se, como quaisquer outros direitos subjectivos. A extinção de um direito real opera por força de um facto jurídico ao qual o Direito atribua tal eficácia.

Existem factos cuja eficácia extintiva se estende, em princípio, a todos os direitos reais, enquanto outros apresentam uma eficácia extintiva limitada a uma categoria de direitos reais ou simplesmente a um direito real específico.

Como factos extintivos gerais de direitos reais, temos:

- A perda ou destruição da coisa;
- A renúncia;
- A prescrição;
- A caducidade;
- A confusão;
- A expropriação;
- A extinção por força da aquisição ou da extinção de outros direitos reais.

165. A perda ou destruição da coisa

I. Os direitos reais são direitos inerentes a uma coisa corpórea. Se a coisa perece ou é destruída, qualquer que seja o facto, o direito real extingue-

-se[1291]. Desta forma, a perda da coisa induz automaticamente a extinção de todos os direitos reais que a tinham por objecto. É a inerência do direito real a uma coisa corpórea que explica que o direito se extinga quando o seu objecto desaparece.

Alguns preceitos confirmam esta eficácia extintiva da perda da coisa. Assim, o art. 730.º alínea c) para a hipoteca – aplicável por remissão à consignação de rendimentos (art. 664.º), ao penhor (art. 677.º), aos privilégios creditórios (art. 752.º) e ao direito de retenção (art. 761.º) – o art 1476.º alínea d) para o direito de usufruto, aplicável igualmente ao direito de uso e habitação pela remissão do art. 1485.º, e o art. 1536.º, alínea e) para o direito de superfície.

A perda da coisa que gera a extinção do direito real é a perda total. A este propósito, o art. 1476.º, alínea d) e o art. 1478.º, n.º 1 são elucidativos para o usufruto. O alcance do seu preceituado é, todavia, geral. A regra é de que a perda parcial, provocando embora uma diferente conformação física da coisa, não afecta a subsistência dos direitos reais, que continuam a ter a parte restante da coisa por objecto.

II. A perda da coisa pode desencadear outros efeitos jurídicos, para além, portanto, da extinção dos direitos reais da qual era objecto.

O art. 692.º, aplicável igualmente à consignação de rendimentos (art. 665.º), ao penhor (art. 687.º) e aos privilégios creditórios, estabelece que se a coisa se perder e o dono tiver direito a ser indemnizado o credor hipotecário conserva sobre o crédito respectivo ou o montante pago a título de indemnização a preferência que tinha em relação à "coisa onerada".

Claramente, este direito não é a própria hipoteca (consignação de rendimentos ou penhor), até porque não tem por objecto imóvel ou móvel susceptível de hipoteca, mas um novo direito que visa assegurar a posição de prioridade que o credor hipotecário tinha sobre o imóvel perecido. Em nossa opinião, é um penhor de crédito[1292].

O art. 1480.º, n.º 1 contém uma regra idêntica. Se a coisa objecto do usufruto se perder (na totalidade) e o proprietário tiver direito a indemnização, o usufrutuário ficará com o usufruto sobre o dinheiro relativo à indemnização.

[1291] Cf. também OLIVEIRA ASCENSÃO, Direito Civil – Reais, cit., pág. 404, MENEZES CORDEIRO, Direitos Reais, cit., pág. 544 e seg., CARVALHO FERNANDES, Lições De Direitos Reais, cit., pág. 254 e seg.

[1292] Embora sem o afirmar inequivocamente, mas abrindo essa possibilidade, OLIVEIRA ASCENSÃO, Direito Civil – Reais, cit., pág. 635.

O teor literal do art. 1480.º, n.º 1, mencionando que "o usufruto passa a incidir sobre a indemnização", poderia dar a impressão da continuidade do mesmo usufruto sobre coisa diferente, num quadro de sub-rogação real[1293]. Não é, porém, isso, que sucede. Com o perecimento da coisa o usufruto extinguiu-se, mas a lei atribui ao usufrutuário um novo usufruto sobre o dinheiro proveniente da indemnização devida ao proprietário[1294]. Assegura-se a continuidade da posição do usufrutuário na sua relação com o nu-proprietário, num quadro normativo em que ele deixou de poder reclamar directamente do terceiro uma indemnização por violação do próprio direito.

III. Portanto, como começámos por dizer, a perda total da coisa, por destruição ou outro facto, acarreta a extinção do direito real de que era objecto[1295].

166. A renúncia

I. Os direitos reais são direitos patrimoniais e isto significa normalmente que são livremente disponíveis. O poder de disposição do titular do direito real, muito variável em função do direito que se trata, assegura-lhe a possibilidade de extinguir o direito, se for essa a sua vontade[1296].

Inexistindo proibição legal de renúncia, que surge, por vezes, a propósito de alguns, muito poucos, direitos de natureza patrimonial[1297], o titular do direito real tem autonomia para dispor dele no sentido da sua extinção. A renúncia[1298], liberatória ou abdicativa, constitui uma das formas de exercício do poder de disposição que é conteúdo do direito real e sobre a qual cabe ao titular decidir livremente no exercício da margem de autonomia privada que o direito subjectivo lhe confere.

A renúncia supõe que o direito exista[1299] e esteja na esfera jurídica do disponente. Se o direito não existe ou já foi transmitido a terceiro, a renúncia é ineficaz.

1293 PIRES DE LIMA/ANTUNES VARELA, Código Civil Anotado, cit., pág. 539.

1294 Em sentido diferente, PIRES DE LIMA/ANTUNES VARELA, Código Civil Anotado, cit., pág. 539.

1295 No mesmo sentido, cf. OLIVEIRA ASCENSÃO, Direito Civil – Reais, cit., pág. 634 e segs.

1296 Em geral, BAUR/STÜRNER, Sachenrecht, cit., pág. 214.

1297 Veja-se, a título de exemplo, o disposto no art. 54.º, n.º 3 do Código do Direito de Autor e dos Direitos Conexos, aprovado pelo Decreto-Lei n.º 63/85, de 14 de Março, alterado pela Lei n.º 45/85, de 17 de Setembro, a propósito do direito de sequência do autor de obra protegida.

1298 Sobre a figura veja-se também MENEZES LEITÃO, Direitos Reais, cit., pág. 33 e segs.

1299 BAUR/STÜRNER, Sachenrecht, cit., pág. 215.

A renúncia exterioriza-se mediante declaração, que constitui um negócio jurídico unilateral[1300], estando este sujeito à forma legal para o negócio em questão, sob pena de nulidade (art. 220.º). Assim, se respeitar a um direito real de gozo sobre coisa imóvel, a renúncia está sujeita à forma de escritura pública (art. 80.º, n.º 1 do Código do Notariado) – sem prejuízo do disposto no art. 1411.º, n.º 3 para a renúncia do comproprietário – e deve ser registada (art. 2.º, n.º 1 alínea x) do CRP), não obstante o efeito meramente enunciativo desse registo[1301]; se o direito real em causa tiver por objecto coisa móvel já a forma da renúncia será livre (art. 219.º). No caso de renúncia a hipoteca, esta pode ser feita por documento particular autenticado (art. 731.º, n.º 1).

A eficácia real da renúncia é instantânea, desencadeia-se no momento em que a declaração negocial respectiva se torna eficaz segundo a lei (art. 224.º, n.º 1 segunda parte), contando naturalmente que o negócio jurídico seja válido.

Portanto, a renúncia constitui uma declaração negocial (um negócio jurídico)[1302] do titular do direito real no sentido da extinção deste[1303].

II. Da renúncia deve distinguir-se o abandono[1304]. Este respeita unicamente à posse[1305] e traduz-se na perda voluntária do *corpus* pelo pos-

1300 Henrique Mesquita, Obrigações Reais E Ónus Reais, cit., pág. 365. Também Carvalho Fernandes, Lições De Direitos Reais, cit., pág. 256 e segs. (discordamos, contudo, da opinião do autor que se trata de um negócio jurídico recipiendo) e Pinto Duarte, Curso de Direitos Reais, cit., pág. 55 e segs. Na doutrina estrangeira, Wolf, Sachenrecht, cit., pág. 189, Schwab/Prüting, Sachenrecht, cit., pág. 172, Wieling, Sachenrecht, cit., pág. 282, Wilhelm, Sachenrecht, cit., Eckert, Sachenrecht, cit., pág. 25 e segs.

1301 O efeito deste registo é enunciativo. No mesmo sentido, Oliveira Ascensão, Direito Civil – Reais, cit., pág. 407.

1302 Wolf, Sachenrecht, cit., pág.

1303 Veja-se uma outra definição, praticamente coincidente, em Henrique Mesquita, Obrigações Reais E Ónus Reais, cit., pág. 365.

1304 A doutrina tem-se dividido no confronto do abandono com a renúncia. Menezes Cordeiro, Direitos Reais, cit., pág. 546 reserva o termo abandono para as coisas móveis, deixando a renúncia para os imóveis. Não vemos, todavia, explicação plausível para este critério. O art. 1267.º, n.º 1 alínea a) não limita o abandono às coisas móveis, abrangendo também os imóveis. E não se percebe que o titular de um direito real sobre uma coisa móvel não possa renunciar ao seu direito sem perder a posse. Carvalho Fernandes, Lições De Direitos Reais, cit., pág. 256 e segs., qualifica o abandono como um negócio jurídico unilateral não recipiendo, contrariamente à renúncia, que seria um negócio jurídico unilateral recipiendo. Para quem, como nós, considera que a declaração negocial, mesmo a recipienda, tem um fim de comunicação, só pode discordar desta posição. O abandono é um acto jurídico (art. 295.º) e não um negócio jurídico. O comportamento do

suidor[1306], originando a extinção daquela (art. 1267.º, n.º 1 alínea a)). No abandono o possuidor quebra o controlo material que tinha sobre a coisa, deixando de o exercer por opção própria.

Naturalmente, o possuidor que abandona a coisa possuída renuncia à sua posse, mas a declaração de renúncia à posse sem perda de controlo material da coisa (*corpus*) não implica a sua extinção. O art. 1257.º, n.º 1 é expresso ao dispor que a manutenção da posse supõe a mera possibilidade de actuação material. Aquele que declarou renunciar à posse mas continua com a coisa em seu poder, tem posse[1307]. Este é mais um trecho da separação entre os factos extintivos da posse e os factos extintivos dos restantes direitos reais.

O abandono, isto é, a quebra voluntária do *corpus* pelo possuidor, pode implicar uma declaração, tácita, de renúncia do direito a que a posse se reporta. Esse será o seu sentido normal. Porém, a validade da renúncia depende ainda da observância de requisitos de forma ou de eficácia para o acto, o que não se passa com o abandono que, por natureza, é um acto informal[1308], insusceptível de formalização, como aduz HENRIQUE MESQUITA[1309].

Em conformidade, se o proprietário não quer saber mais do seu imóvel, descuidando o seu controlo material e tudo o que a ele respeite, pode vir a

possuidor tendente ao abandono não é um comportamento declarativo, embora dele advenha o sentido de extinção da posse. PINTO DUARTE, Curso de Direitos Reais, cit., pág. 55 e segs., segue igualmente a tese de que o abandono tem natureza negocial e que é uma renúncia especializada, "por o negócio consistir não num texto mas numa conduta".

1305 Enquanto o art. 1318.º é perfeitamente compatível com este entendimento, o art. 1397.º – a outra disposição que se refere expressamente ao abandono em sede de propriedade de águas particulares – poderia ser interpretado como comprometendo-o. Julgamos, todavia, que tal objecção não colhe. A situação fáctica prevista no art. 1397.º corresponde a um caso em que o proprietário do prédio não faz uso das águas. Que isso é claro resulta imediatamente da outra sub-hipótese prevista igualmente no preceito ("ou se não fizer delas um uso proveitoso). Quer dizer, num caso, o proprietário não exerce sobre as águas qualquer acto material, no outro faz um uso indevido. Para evitar, então, que as águas abandonadas fiquem *nullius*, o legislador determina a sua reversão para o domínio público.

1306 MENEZES CORDEIRO, A Posse, cit., pág. 111.

1307 Ainda que o direito a que essa posse se reporta se haja extinguido como efeito da renúncia. O que evidencia que o abandono e a renúncia são factos com uma diferente eficácia jurídica.

1308 Numa perspectiva inteiramente diversa, concebendo o abandono como um negócio jurídico unilateral, cf. CARVALHO FERNANDES, Lições De Direitos Reais, cit., pág. 256 e PINTO DUARTE, Curso de Direitos Reais, cit., pág. 52.

1309 Obrigações Reais E Ónus Reais, cit., pág. 375, nota 127.

perder a posse, se o seu *corpus* possessório for quebrado[1310], mas não renunciou, ou pelo menos não renunciou validamente, ao seu direito. Quer dizer, o abandono pode-se consumar, extinguindo a posse, sem que exista renúncia eficaz, o que mostra bem que os dois factos são distintos.

O inverso é também, em parte, verdadeiro. Se o titular do direito real de gozo que tem posse declara validamente renunciar ao direito, mas permanece com a coisa em seu poder[1311], o direito real extingue-se e a posse transforma-se em detenção (por força do art. 1253.º alínea a)), mas não houve abandono, uma vez que o *corpus* não está quebrado. Pode-se, assim, duvidar seriamente que a renúncia opere eficazmente quanto à posse[1312], ao menos se não for acompanhada do abandono.

O abandono supõe simplesmente uma conduta tendente à quebra do *corpus* possessório. Esse comportamento não é declarativo, não tem de ser comunicado a ninguém. Como bem aponta HENRIQUE MESQUITA[1313], "no abandono puro e simples o abandonante não emite qualquer declaração negocial: executa ou actua a sua vontade de abandonar, sem ter que a levar ao conhecimento de quem quer que seja".

O abandono não é, assim, um negócio jurídico, mas um acto jurídico em sentido restrito[1314]. Tão-pouco interessa falar aqui num "negócio de actuação", como faz uma boa parte da doutrina[1315]. Para além da confusão conceitual que, em nosso entender, suscita, não surpreende a realidade das coisas.

III. A renúncia não aparece prevista a propósito de todos os direitos reais. No campo dos direitos reais de gozo a renúncia surge em sede de compropriedade (art. 1411.º), de usufruto (art. 4176.º, alínea e), igualmente aplicável ao direito de uso e habitação – art. 1485.º, art. 1472.º, n.º 3) e de

[1310] Enquanto houver possibilidade de, querendo, retomar a actuação material, o possuidor não perdeu a posse por abandono (art. 1257.º, n.º 1 no fim). Este implica a ruptura do corpus possessório.

[1311] Esta possibilidade é inclusivamente admitida no direito alemão, tão diferente do nosso quanto à eficácia real dos factos. Cf., a propósito, SCHWAB/PRÜTING, Sachenrecht, cit., pág. 172.

[1312] Exprimindo também essas dúvidas, ALCARO, Il Possesso, cit., pág. 146.

[1313] Obrigações Reais E Ónus Reais, cit., pág. 365 e 366 e segs.

[1314] Concordamos, neste ponto, com PIRES DE LIMA/ANTUNES VARELA, Código Civil Anotado, cit., pág. 125. No mesmo sentido, SACCO/CATERINA, Il Possesso, cit., pág. 250, BIANCA, La proprietà, cit., pág. 405.

[1315] Em Portugal, HENRIQUE MESQUITA, Obrigações Reais E Ónus Reais, cit., pág. 366 e segs., CARVALHO FERNANDES, Lições De Direitos Reais, cit., pág. 256 e seg. e PINTO DUARTE, Curso de Direitos Reais, cit., pág. 55 e segs.. Na doutrina estrangeira, embora sem aderir a esta doutrina, cf. SACCO/CATERINA, Il Possesso, cit., pág. 250 (com indicações bibliográficas).

servidão (art. 1569.º, n.º 1 alínea d) e art. 1567.º, n.º 4). Relativamente aos direitos reais de garantia, a renúncia surge prevista na alínea d) do art. 730.º, disposição para a qual remetem todos os regimes dos direitos reais de garantia (cf. os artigos 664.º, 677.º, 752.º e 761.º). Não existe qualquer preceito que aluda à renúncia a propósito dos direitos reais de aquisição.

Em contrapartida, a renúncia não vem prevista quanto à propriedade singular e à superfície, o que num determinado modo de ver decorreria da natureza dominial do direito de superfície, significando isto, para alguns, que o Direito português não admitiria a renúncia quanto a estes direitos ou, mais mitigadamente, não admitiria a renúncia à propriedade dos imóveis. É a posição conhecida de PIRES DE LIMA/ANTUNES VARELA[1316], de HENRIQUE MESQUITA[1317] e mais recentemente de MENEZES LEITÃO[1318].

Nesta ordem de ideias, a renúncia seria um facto extintivo de direitos reais menores, não da propriedade ou de direitos com natureza dominial, como, para alguma doutrina, é o caso da superfície.

O argumento principal para excluir a propriedade singular (e a superfície) do campo de aplicação da renúncia é sistemático[1319]. Se a renúncia resultasse de um princípio geral, o legislador não teria sentido necessidade de a prever para alguns direitos reais menores, excluindo outros, como a propriedade e a superfície[1320]. Por contrariar a solução geral, diz-se, o legislador previu a renúncia no contexto dos direitos reais menores (com excepção da superfície e, inicialmente, também da enfiteuse).

Não existe, é verdade, nenhuma regra expressa quanto à admissibilidade da renúncia do proprietário. No entanto, isso não faz supor de que a situação do proprietário seja diferente da dos outros titulares de direitos reais. É verdade que a renúncia a um direito menor desonera a propriedade, enquanto tal efeito não ocorre com a propriedade; mas tal sucede, naturalmente, porquanto a propriedade é o direito real máximo.

Por outro lado, não foi consagrado um preceito específico dedicado aos factos extintivos da propriedade. A renúncia não surge prevista como facto extintivo da propriedade, como também sucede com os outros factos extintivos deste direito. O que retira uma grande parte da força do argumento sistemático invocado por HENRIQUE MESQUITA. A ausência de uma

1316 Código Civil Anotado, cit., pág. 125 e pág. 606 e seg.

1317 Obrigações Reais E Ónus Reais, cit., pág. 371 e segs.

1318 Direitos Reais, cit., pág. 234, nota 520.

1319 HENRIQUE MESQUITA, Obrigações Reais E Ónus Reais, cit., pág. 376 e seg.

1320 Na redacção originária do Código Civil também a enfiteuse.

disposição sobre a extinção da propriedade pode explicar a razão porque a renúncia não vem mencionada a propósito.

Seja como for, a previsão de um poder de renúncia não é necessária. E este é o nosso argumento principal. A renúncia, resultando de um acto de disposição, está compreendida no âmbito do poder respectivo, o poder de disposição, que é também conteúdo do direito de propriedade (art. 1305.º)[1321]. Conforme salienta WOLF[1322], o negócio de disposição pode provocar a extinção, e também a modificação e a transmissão, do direito real quando o disponente tem o poder de disposição do direito.

Na ausência de específica previsão legal sobre a renúncia, o art. 1305.º do Código Civil, inserindo o poder de disposição no conteúdo do direito de propriedade, confere ao proprietário o poder de renunciar ao seu direito[1323].

Seria estranho, aliás, que a propriedade conferisse ao proprietário o poder de destruir a coisa, fazendo-a desaparecer, como conteúdo do mencionado poder de disposição, e não permitisse àquele simplesmente desistir da titularidade do direito, deixando-a subsistir.

De resto, não se encontra nenhum argumento para diferenciar o regime jurídico das coisas móveis e das coisas imóveis quanto à renúncia. O conteúdo do direito é o mesmo para as duas espécies de coisas e o direito positivo não contém norma alguma que negue num caso e admita no outro a renúncia à propriedade.

A solução a que chegamos está conforme com a natureza da propriedade como um direito subjectivo patrimonial. É ao titular do direito de propriedade que cabe avaliar a conveniência de ter a coisa no seu património; se deixou de a ter, pode renunciar ao seu direito. Não está obrigado segundo o Direito a ficar com ela. Estamos no domínio da autonomia privada, porque se trata de exercer o conteúdo positivo de um poder reconhecido ao proprietário (o poder de disposição), e no âmbito do Direito privado.

A solução vale igualmente para a superfície. O superficiário pode dispor do seu direito renunciando a ele[1324]. Os argumentos que se avançaram para justificar a solução quanto à propriedade valem igualmente para este direito.

1321 Neste sentido, e em oposição a PIRES DE LIMA/ANTUNES VARELA, OLIVEIRA ASCENSÃO, Direito Civil – Reais, cit., pág. 406.

1322 Sachenrecht, cit., pág. 196.

1323 OLIVEIRA ASCENSÃO, Direito Civil – Reais, cit., pág. 406 e seg. Na doutrina estrangeira, cf. SCHWAB/PRÜTING, Sachenrecht, cit., pág.172, WIELING, Sachenrecht, cit., pág. 282, WOLF, Sachenrecht, cit., pág. 189, SCHAPP/SCHUR, Sachenrecht, cit., pág. 3.

1324 HENRIQUE MESQUITA, Obrigações Reais E ónus Reais, cit., pág. 372 e seg. distingue entre o direito de superfície cujo titular ainda não construiu, semeou ou plantou e aquele cujo direito

IV. A renúncia só pode ser eficaz com o consentimento do terceiro titular de um outro direito real sobre a coisa se ela acarretar a extinção deste último[1325]. Se, por exemplo, o usufrutuário que constituiu a servidão predial por todo o período de duração do seu direito pretende renunciar ao usufruto tem de obter previamente o consentimento do titular da servidão, pois, havendo sido constituída no âmbito do usufruto, extingue-se com ele (art. 1460.º, n.º 1 e art. 1575.º, à contrário).

Encontrando-se o direito de usufruto onerado, o poder de disposição é afectado pela medida da oneração. Como resultado, sempre que o titular do direito real cause com a renúncia a extinção de outros direitos reais sobre a coisa, ele deve obter antecipadamente o consentimento dos titulares dos direitos implicados[1326].

A solução compreende-se por si. A entender-se de modo diferente, o titular do direito real cuja renúncia estivesse em causa teria um poder de decisão sobre a subsistência de outros direitos existentes sobre a coisa. Ora, se o titular de um direito real maior tem de respeitar a concorrência de outros direitos menores sobre a coisa na medida da oneração existente, estranho seria que pudesse pôr-lhes um fim com uma decisão sua, sem que a vontade dos titulares dos direitos sacrificados fosse tida ou achada quanto ao desfecho.

V. A renúncia não carece do consentimento dos outros titulares de direitos reais se não implicar a sua extinção. É o que sucede com a propriedade. A renúncia a este direito faz subsistir todos os outros direitos reais, não repercutindo neles a sua eficácia.

A renúncia à propriedade sobre uma coisa móvel não deixa esta *nullius*, como já tivemos ensejo de afirmar, determinando a sua passagem para o Estado, nos termos do art. 1345.º do Código Civil. Já o mesmo não acontece

incide já sobre um implante existente. No primeiro caso, o autor admite que o superficiário pode renunciar ao seu direito, não obstante ausência de disposição explícita, como sucede no usufruto e nas servidões prediais, no segundo não pode, dada a natureza dominial que, segundo Henrique Mesquita, a superfície tem nesses casos. Conforme sustentamos no texto, não existe nenhuma razão para negar ao superficiário a renúncia ao seu direito. O ponto de partida de que o titular da propriedade de imóvel não pode renunciar ao seu direito carece de fundamentação na ordem jurídica portuguesa.

1325 Cf., por exemplo, Wieling, Sachenrecht, cit., pág. 282.

1326 Esse consentimento pode ser expresso ou tácito, nos termos gerais (art. 217.º), e não está sujeito a forma especial, valendo, por isso, a regra geral da forma livre (art. 219.º).

com a renúncia à propriedade de uma coisa móvel, que a deixa sem dono e, portanto, susceptível de ser ocupada.

VI. A doutrina distingue a renúncia abdicativa da renúncia liberatória[1327]. A renúncia abdicativa constitui um negócio jurídico dirigido unicamente à extinção do direito real. Dele releva um propósito puro e simples de extinção do direito.

A renúncia liberatória tem um fim diverso. Ela visa a exoneração das obrigações *propter rem*[1328] que recaem no titular do direito real. Assim, o titular do direito real que não quer ou não pode cumprir as obrigações *propter rem* conteúdo do seu direito tem a alternativa de se desvincular renunciando a ele a favor do credor. Se o fizer, ficará exonerado das mesmas[1329].

Contrariamente à renúncia abdicativa, em que o renunciante não tem de comunicar a ninguém determinado a sua declaração negocial, porque é apenas a extinção do direito real que está em causa, na renúncia liberatória o renunciante comunica ao credor da obrigação *propter rem* a sua vontade de fazer cessar a sua titularidade do direito. A declaração negocial respectiva é, assim, recipienda[1330].

A renúncia liberatória vem prevista nos artigos 1375.º, n.º 5, 1411.º, para a compropriedade, 1472.º, n.º 3 para o usufruto e 1567.º, n.º 2 e n.º 4 para as servidões prediais. Destes preceitos parece emergir o princípio que o titular de direito real obrigado por causa do seu direito (obrigações *propter rem*) pode renunciar a ele em benefício do seu credor, com isto extinguindo a obrigação ou obrigações que impendiam sobre si.

VII. O efeito primário da renúncia abdicativa é extintivo. O direito real cujo titular a ele renunciou validamente extingue-se. Há, no entanto, que separar a renúncia abdicativa e a renúncia liberatória, pois o regime jurídico não é coincidente.

Começando pela renúncia abdicativa da propriedade, e contando naturalmente que a declaração negocial de renúncia seja válida, com ela a coisa, se for móvel, fica *nullius*, se for imóvel, ingressa no património do Estado

[1327] Quanto a esta distinção, por todos, Henrique Mesquita, Obrigações Reais E ónus Reais, cit., pág. 360 e segs.

[1328] Sobre o conceito, cf. supra no texto.

[1329] Para um tratamento mais desenvolvido, veja-se, Henrique Mesquita, Obrigações Reais E Ónus Reais, cit., pág. 360 e segs.

[1330] Henrique Mesquita, Obrigações Reais E ónus Reais, cit., pág. 383.

(art. 1345.º). No caso de haver compropriedade, parece-nos que a melhor solução é considerar que a posição do comproprietário acresce aos outros em proporção das respectivas quotas, por analogia com o disposto no art. 1411.º, n.º 3, sem prejuízo do comproprietário poder sempre rejeitar a aquisição[1331]. Se havia apenas dois comproprietários, a renúncia de um deixa a coisa em propriedade singular.

Tratando-se de renúncia abdicativa de um direito real menor, para além do efeito extintivo associada a ela, há ainda o efeito lateral da desoneração do direito maior[1332]. Assim, se, por exemplo, o superficiário renúncia à superfície, a propriedade retoma a sua conformação de direito desonerado quanto a ela.

Esses, contudo, poderão não ser os únicos efeitos jurídicos a considerar. Havendo direitos reais menores constituídos sobre o direito real do renunciante, a renúncia extingue-os igualmente. Por isso, dissemos atrás que, nestes casos, a renúncia carece do consentimento dos titulares dos direitos afectados por ela.

A renúncia abdicativa tem uma análise mais complexa, nomeadamente, quando é feita por um proprietário. O problema que se coloca é o de saber se o credor em benefício do qual a renúncia liberatória foi feita adquire automaticamente o direito ou se pode recusar essa aquisição[1333].

Uma hipótese deste cariz surge regulada no art. 1567.º, n.º 4. Dispondo que se o proprietário do prédio serviente estiver obrigado a custear as obras destinadas a conservar ou a melhorar a coisa para o exercício da servidão pode exonerar-se da sua obrigação renunciando a favor do proprietário do prédio dominante, o preceito prevê a hipótese deste não aceitar a aquisição do prédio[1334].

1331 No fundo, o que se pretende dizer é que, havendo renúncia abdicativa por parte de um dos comproprietários, não se torna necessária uma aceitação da parte dos restantes. Ainda assim, o comproprietário pode sempre recusar o efeito do acrescer: *invito nemo datur beneficium*.

1332 Oliveira Ascensão, Direito Civil – Reais, cit., pág. 407, Henrique Mesquita, Obrigações Reais E ónus Reais, cit., pág. 387.

1333 Para além de Henrique Mesquita, ob. ult. cit., cf. o importante trabalho de Oliveira Ascensão, As Relações Jurídicas Reais, Lisboa, 1962, pág. 483 e segs.

1334 O preceito refere a não aceitação da renúncia. Do que se trata, porém, é da aceitação da propriedade do renunciante, já que quanto ao efeito extintivo da obrigação *propter rem* o proprietário dominante nada pode fazer. A renúncia exonera o titular do direito real, sendo, por isso mesmo, liberatória, mesmo contra a vontade do credor.

Numa ordem jurídica, como a portuguesa, em que ninguém está obrigado a tolerar benefícios que não queira, uma aquisição automática da propriedade, sem o consentimento do beneficário, está fora de questão. O beneficiário da renúncia liberatória tem de declarar que aceita a aquisição da propriedade do obrigado *propter rem*[1335].

Caso aceite, o credor adquire a seu favor o direito de propriedade. Trata-se de uma aquisição derivada do direito real[1336]. O credor da obrigação *propter rem* recebe o direito que era do devedor, não vê constituir-se a seu favor um direito novo.

Em Portugal, ganhou partidários a teoria contratual da aquisição da propriedade pelo credor beneficiário da renúncia liberatória. Para esta teoria, o credor beneficiário celebraria com o renunciante um verdadeiro contrato a cuja eficácia translativa se ligaria a aquisição da propriedade. Para HENRIQUE MESQUITA[1337], "a declaração que o devedor *propter rem* emita tem o valor e o sentido de uma proposta contratual de transmissão, para o credor, do direito de propriedade a que a obrigação se encontra ligada (...) Para que se produza, porém, a transferência deste direito (ou, por outras palavras, para que se produza o efeito real visado pela declaração renunciativa) é indispensável que o credor aceite a proposta (que aceite a "renúncia", conforme se diz no n.º 4 do art. 1567.º).

Diferente é a posição de OLIVEIRA ASCENSÃO[1338]. Impressionado com a fraca tutela que, no seu entender, adviria para o credor destinatário da "proposta", OLIVEIRA ASCENSÃO sustenta que a este cabe um verdadeiro direito real de aquisição. Esta construção teria, todavia, o inconveniente de estender desrazoavelmente o prazo para o exercício do direito, criando uma situação de insegurança jurídica. Vejamos.

A renúncia liberatória é para o devedor da obrigação *propter rem* uma proposta contratual de transmissão do direito de propriedade, representando ainda uma faculdade alternativa ao cumprimento da obrigação *propter rem*. Ao oferecer a renúncia ao direito, o devedor não está a propor a celebração de um contrato translativo do direito, mas a desonerar-se de uma obrigação real.

[1335] OLIVEIRA ASCENSÃO, As Relações Jurídicas Reais, cit., pág. 490 e segs., HENRIQUE MESQUITA, Obrigações Reais E Ónus Reais, cit., pág. 390.

[1336] OLIVEIRA ASCENSÃO, As Relações Jurídicas Reais, cit., pág. 504.

[1337] HENRIQUE MESQUITA, Obrigações Reais E ónus Reais, cit., pág. 393.

[1338] OLIVEIRA ASCENSÃO, As Relações Jurídicas Reais, cit., pág. 493 e segs.

Ainda que o credor não aceite, a renúncia tem efeito liberatório, exonerando o devedor da obrigação *propter rem*[1339]. Isso resulta hoje claro do art. 1567.º, n. 4. Este preceito atribui ao proprietário do prédio serviente o direito de renunciar à propriedade do prédio a favor do proprietário do prédio dominante se sobre ele incidir a obrigação de suportar as obras no prédio serviente necessárias para o exercício da servidão. Contudo, o proprietário do prédio dominante não tem de aceitar a renúncia, isto é, a aquisição da propriedade sobre o prédio serviente[1340]. O preceito é expresso ao admitir essa possibilidade. Porém, caso a recuse, ficará obrigado a suportar o custo das obras, o que significa que o devedor *propter rem* ficou exonerado apenas com a declaração de renúncia, não sendo necessário a aceitação pelo credor.

A possibilidade de a renúncia produzir o efeito liberatório da obrigação *propter rem* mesmo quando o credor não aceite adquirir a propriedade sobre a coisa não retira a natureza de proposta contratual à declaração de renúncia liberatória.

O devedor *propter rem* tem a alternativa de oferecer ao credor a propriedade da coisa no lugar de cumprir a obrigação[1341]. Declarando a renúncia, o devedor faz nascer na esfera jurídica do credor um direito potestativo à aquisição da propriedade sobre ela: o direito à aceitação da proposta de transmissão. Esse direito potestativo, porém, não é um vulgar direito potestativo à celebração do contrato; ele surge na configuração de um direito real de aquisição. O seu prazo de exercício é o que o art. 228.º determina para a proposta contratual. Se o credor não declarar que aceita a renúncia nesse prazo, o direito potestativo extingue-se[1342].

[1339] No domínio do Código Civil de Seabra, mas ainda com perfeita actualidade, Oliveira Ascensão, As Relações Jurídicas Reais, cit., pág. 504.

[1340] Ou de parte dele, nos termos do n.º 4 desse artigo.

[1341] Não se trata de uma obrigação alternativa, mas de uma obrigação com faculdade alternativa. O devedor está obrigado ao pagamento da obrigação *propter rem*, cuja prestação está perfeitamente determinada, podendo, todavia, libertar-se dessa obrigação oferecendo ao credor o direito real sobre a coisa fonte da obrigação. Sobre o conceito de obrigação alternativa, Entre outros, cf. Menezes Cordeiro, Direito das Obrigações, Vol. I, Lisboa, 1994, pág. 347, Almeida Costa, Direito Das Obrigações, 9.ª ed., Coimbra, 2005, pág. 675, Luíz Menezes Leitão, Direito Das Obrigações, Vol. I, 4.ª ed., Coimbra, 2005, pág. 141. Na doutrina estrangeira, Larenz, Lehrbuch des Schuldrechts, Band I, Allgemeiner Teil, 14. Auflage, § 11 III, pág. 160, Medicus, Schuldrecht I, Allgemeiner Teil, 17. Auflage, München, 2006, § 19.

[1342] E pensamos que, deste modo, a principal objecção à tese do direito real de aquisição deixa de ter razão de ser.

A declaração de renúncia extingue a obrigação *propter rem*, mas não implica a perda automática do direito pelo renunciante. Na verdade, a perda do direito só ocorrerá quando o credor formalizar a aceitação da renúncia. Só neste caso se conclui um contrato translativo entre o devedor renunciante e o credor da obrigação *propter rem*.

Caso o credor não aceite a renúncia, a propriedade da coisa mantém-se no devedor, sem prejuízo da extinção da obrigação *propter rem*.

Vemos, deste modo, que a coisa nunca fica *nullius* no funcionamento da renúncia liberatória. Enquanto o credor não aceita a renúncia, a propriedade da coisa permanece com o devedor. Quando aquele a aceita, porém, o direito transfere-se para ele.

Havendo aceitação da renúncia, a propriedade da coisa passa para o credor da obrigação *propter rem*. Trata-se de uma aquisição derivada da propriedade, como acima dissemos. O direito adquirido pelo credor é o direito do obrigado, não representa um direito novo.

Chegados a este ponto, temos de constatar que, ao contrário da renúncia dita abdicativa, a renúncia liberatória não encerra um verdadeiro facto extintivo de direitos reais, tendo antes uma eficácia translativa.

VIII. Tanto a declaração de renúncia liberatória como a declaração de aceitação são negócios jurídicos formais e estes negócios estão sujeitos à forma de escritura pública (art. 80.º, n.º 1 do Código do Notariado). O contrato de renúncia liberatória está sujeito a registo (art. 2.º, n.º 1 alínea a) do Código do Registo Predial). O registo tem efeito meramente consolidativo. A aquisição do direito pelo credor dá-se por mero efeito do contrato (art. 408.º, n.º 1).

167. A prescrição

Os direitos reais, como direitos subjectivos que são, estão sujeitos à incidência do tempo como facto extintivo.

A sujeição dos direitos reais de gozo ao não uso, segundo o art. 298.º, n.º 3, poderia levar, numa análise precipitada, a excluir a prescrição. No entanto, não é isto que sucede. A prescrição aparece mencionada uma vez no regime jurídico dos direitos reais, precisamente na hipoteca (alínea b) do art. 730.º). Com base nesta disposição, poderia pensar-se numa generalização da aplicação desta figura às categorias restantes de direitos reais, de garantia e de aquisição.

Uma análise mais atenta revela, porém, que a lei portuguesa não considera a prescrição aplicável a todos os direitos reais de garantia, nomeadamente, afasta-a na consignação de rendimentos e no penhor (cf. os artigos 664.º e 677.º). No entanto, em dois outros direitos reais de garantia, os privilégios creditórios e o direito de retenção, a remissão geral para o art. 730.º abrange igualmente a prescrição (artigos 752.º e 761.º).

Portanto, nos direitos reais de garantia, a prescrição é aplicável à hipoteca, aos privilégios creditórios e ao direito de retenção e excluída na consignação de rendimentos e no penhor.

E o que pensar da aplicação deste facto extintivo aos direitos reais de aquisição?

Nada sugere uma exclusão destes direitos do campo de aplicação da prescrição. Pelo contrário, julgamos que, na ausência de regra que disponha em sentido oposto, todos os direitos patrimoniais estão sujeitos à prescrição. Isto leva-nos a considerar aplicável a prescrição aos direitos reais de aquisição[1343]. Também eles se podem extinguir por prescrição.

168. Caducidade

I. Os direitos reais caducam se não forem exercidos dentro do prazo estabelecido, por lei ou por negócio jurídico, ou se decorrer entretanto o prazo para o qual foram constituídos.

Prazo fixado legalmente para o exercício de um direito real encontra-se no direito de preferência. Caso o obrigado à preferência tenha alienado o direito a terceiro e o titular do direito real de aquisição conheça os elementos da alienação, este último tem seis meses para exercer a preferência (art. 1410.º, n.º 1).

O prazo para o exercício do direito real pode resultar de negócio jurídico. Nos direitos reais de gozo, a lei admite que a superfície esteja sujeita a um prazo inicial de exercício fixado pelas partes (art. 1536.º, n.º 1 alínea a), primeira parte[1344]). Relativamente aos direitos reais de aquisição, as partes podem igualmente fixar o prazo de exercício do direito real de aquisição na promessa real (art. 411.º para a promessa monovinculante e art. 413.º, n.º 1 para a bivinculante) e existe sempre um prazo, legal ou convencional, para o exercício do direito de preferência (art. 416.º, n.º 2).

[1343] No mesmo sentido, Oliveira Ascensão, Direito Civil – Reais, cit., pág. 408, Menezes Cordeiro, Direitos reais, cit., pág. 552.

[1344] A outra sub-hipótese reporta-se, na nossa opinião, ao não uso. Cf. infra no texto.

II. O direito real extingue-se por caducidade se decorrer o prazo para o qual foi constituído. Existem, com efeito, direitos reais que, pela conformação de conteúdo do tipo legal, são temporários. É o caso do direito de usufruto e dos direitos de uso e habitação[1345].

Outros direitos reais podem ser temporários, embora o tipo legal admita a perpetuidade ou a imponha até tendencialmente. Assim, o direito de superfície pode ser constituído por um período de tempo determinado (art. 1524.º e art. 1536, n.º 1 alínea c)), o mesmo acontecendo com as servidões prediais (art. 1569.º, n.º 1 alínea e)).

A propriedade é um direito tendencialmente perpétuo[1346]. Todavia, o art. 1307.º, n.º 2 abre a possibilidade de uma propriedade temporária, mas somente nos casos em que a lei a preveja. São casos conhecidos de propriedade temporária o testamento com cláusula fideicomissária (art. 2293.º, n.º 2)[1347] e a doação com cláusula de fideicomisso (art. 962.º), no que toca ao fiduciário. E é ainda, quanto a nós, o direito de propriedade do superficiário sobre o implante, na superfície temporária. Mais duvidosos serão os casos de doação com reserva de dispor sobre coisa determinada (art. 959.º) e de doação com cláusula de reversão para o caso de o donatário ou este e os seus descendentes falecerem antes do doador (artigos 960.º e 961.º).

III. A fixação negocial de um prazo para o exercício de um direito real depende da conformação do tipo de direito real em causa, ou seja, do seu conteúdo típico. Se o tipo não admitir que as partes fixem a duração do direito, a autonomia privada fica coarctada, sob pena de violação da tipicidade legal[1348], com a cominação de nulidade do negócio jurídico (art. 1306.º, n.º 1).

Assim, se, por exemplo, as partes criarem por via negocial uma propriedade temporária fora dos casos de propriedade temporária previstos na lei, o negócio será nulo, porquanto a propriedade temporária só é admitida nos termos restritivos do art. 1307.º, n.º 2.

169. A confusão

I. A confusão designa o facto extintivo decorrente da reunião na mesma pessoa da titularidade do direito real onerador e do direito real onerado.

[1345] Cf. igualmente Carvalho Fernandes, Lições De Direitos Reais, cit., pág. 265 e seg.

[1346] Cf. o que dizemos no lugar respectivo, *infra* no texto.

[1347] No direito italiano, cf. Piras, La sostituzione fedecomissaria nel diritto civile italiano, Milão, 1952, pág. 51, Bianca, La proprietà, cit., pág. 155.

[1348] Cf., por exemplo, Bianca, La proprietà, cit., pág. 157.

Em regra, esta hipótese sucede quando se reúne na mesma pessoa a titularidade de um direito real maior e de um direito real menor.

Pode, no entanto, acontecer que se trate de dois direitos reais da mesma natureza[1349], nas hipóteses de comunhão de direitos reais entre dois contitulares. Neste caso, extingue-se o direito adquirido pelo comunheiro, expandindo-se o direito de que aquele era titular. Ocorre aqui a conhecida elasticidade dos direitos reais.

II. O Código Civil usa preferencialmente o termo reunião em vez da palavra confusão. Isso sucede no regime do usufruto (art. 1476.º, n.º 1 alínea b) aplicável igualmente ao direito de uso e habitação – art. 1485.º), no regime da superfície (art. 1536.º, n.º 1 alínea b)) e no regime das servidões prediais (art. 1569.º, n.º 1 alínea a)). A doutrina alemã fala preferencialmente em consolidação[1350], acentuando o aspecto da retoma de plenitude do direito real maior, desonerado pela extinção do direito real menor.

A confusão a que nos reportamos agora deve ser dissociada da confusão regulada como forma de extinção das obrigações (artigos 868.º e segs.), dada a diferente eficácia que está subjacente a cada uma delas. É evidente, no entanto, que a figura geral é a mesma. Apenas a eficácia é distinta consoante o campo de aplicação, os direitos reais ou os direitos de crédito.

A circunstância de a lei portuguesa mencionar a confusão unicamente no regime jurídico dos direitos reais de gozo não faz dela apenas um facto extintivo atinente a esta categoria de direitos reais. Outros direitos reais podem extinguir-se por confusão. Assim, se o credor hipotecário adquire a propriedade do imóvel hipotecado, a hipoteca pode também extinguir-se.

A confusão designa, assim, um facto extintivo geral de direitos reais e não apenas de direitos reais de gozo[1351]. O efeito da confusão é a extinção do direito real menor ou de um dos direitos reais da mesma natureza.

III. A confusão nem sempre ocorre quando a mesma pessoa é titular de dois direitos reais sobre a mesma coisa. Vejamos alguns exemplos para perceber melhor o que se acaba de dizer.

[1349] MENEZES CORDEIRO, Direitos Reais., cit., pág. 550. No sentido tradicional, mais restritivo, CARVALHO FERNANDES, Lições De Direitos Reais, cit.

[1350] SCHWAB/PRÜTTING, Sachenrecht, cit., pág. 10, WIELING, Sachenrecht, cit., pág. 6 e seg., LENT/SCHWAB, Sachenrecht, cit., pág. 3.

[1351] No sentido do texto, MENEZES CORDEIRO, Direitos Reais., cit., pág. 550.

O mesmo se diga da hipótese prevista no art. 1541.º. O art. 1541.º determina que a superfície se extinga, desencadeando o efeito típico da confusão, mas se o usufruto continua a "onerar separadamente" a parcela antes afecta à superfície, isto só pode querer dizer que a superfície, afinal, não se extinguiu[1352]. O usufruto não fica suspenso "no ar" e decerto não é a propriedade o direito onerado.

Pode-se dizer, por conseguinte, que não há confusão quando a reunião de dois direitos na mesma pessoa envolver a extinção de um direito de terceiro. Esta regra surge confirmada nos artigos 699.º, n.º 3 e 1541.º, quando correctamente interpretados, e tem a sua consagração no art. 871.º, n.º 1. Apesar de inserta no regime da confusão obrigacional, esta regra aplica-se igualmente em sede de direitos reais, o que explica a solução inserta nos artigos 699.º, n.º 3 e 1541.º.

Na doutrina alemã tem-se ainda defendido que o direito real menor também não se extingue quando exista um interesse jurídico que obste à sua extinção[1353]. E o mesmo sucede na doutrina portuguesa[1354]. Portanto, para além dos casos mencionados anteriormente, não haveria lugar à extinção por confusão quando se demonstre a existência de um interesse prático que imponha a subsistência do direito real que seria afectado pela confusão.

Concordamos com esta orientação, que, aliás, tem no art. 871.º (números 2 a 4) um importante apoio. A confusão não tem lugar se o titular do direito real que beneficia da confusão tem um interesse jurídico atendível na subsistência do direito real menor ou da mesma natureza.

170. A expropriação

Os direitos reais extinguem-se por expropriação, nos termos da lei. A expropriação é um facto extintivo de todos os direitos reais, sem excepção, apesar do Código Civil apenas dispor genericamente a propósito da propriedade (art. 1308.º). Contudo, outros preceitos fazem-lhe menção, como o art. 1480.º, n.º 2 (usufruto), o art. 1536.º. n.º 1 alínea f) e o art. 1542.º (superfície).

[1352] Parece também ser essa a opinião de OLIVEIRA ASCENSÃO, Direito Civil – Reais, cit., pág. 416 e de CARVALHO FERNANDES, Lições De Direitos Reais, cit., pág. 268.

[1353] SCHWAB/PRÜTTING, Sachenrecht, cit., pág. 388, WIELING, Sachenrecht, cit., pág. 7, LENT/ /SCHWAB, Sachenrecht, cit., pág. 275 e seg.

[1354] OLIVEIRA ASCENSÃO, Direito Civil – Reais, cit., pág. 416, MENEZES CORDEIRO, Direitos reais, cit., pág. 550.

Os bens expropriados não ficam *nullius*; sobre eles constitui-se uma propriedade originária a favor da entidade expropriante.

Em certas condições, a lei prevê a reversão da propriedade para o proprietário expropriado.

Por ser fundamentalmente matéria de Direito público, apesar da incidência no domínio privado, não desenvolveremos esta matéria.

171. A extinção por força da constituição de direito incompatível

I. Por vezes, a constituição de um direito real tem igualmente uma eficácia extintiva de outros direitos reais[1355]. Nesses casos, a constituição de um direito real faz-se à custa de outro ou outros direitos reais previamente constituídos sobre a coisa.

Tome-se o exemplo da usucapião do direito de propriedade singular. O usucapiente que adquire originariamente a propriedade singular sobre a coisa objecto da sua posse provoca simultaneamente a extinção da anterior propriedade[1356]. É a conhecida eficácia extintiva da usucapião[1357].

Outro exemplo é o do efeito atributivo do registo predial. A aquisição tabular da propriedade nas hipóteses dos artigos 5.º, n.º 1 e 17.º, n.º 2 do Código do Registo Predial e do art. 291.º do Código Civil determina a extinção do direito de propriedade do "titular verdadeiro" na ordem substantiva, contra o qual se dá essa aquisição.

II. Noutras vezes, a constituição de um direito real através de um facto aquisitivo originário não provoca a extinção da propriedade, mas antes a sua oneração. A usucapião do direito de usufruto ou a aquisição tabular deste direito[1358] não causam a extinção da propriedade, uma vez que esta pode coexistir com um usufruto, sendo, portanto, compatível com ele. A propriedade fica onerada com o usufruto.

172. A extinção por força da extinção do direito maior onerado

I. Quando um direito real menor está constituído sobre um direito real que não seja a propriedade – por exemplo, uma servidão predial constituí-

[1355] Cf. igualmente MENEZES LEITÃO, Direitos Reais, cit., pág. 238.

[1356] Já se a usucapião ocorre nos termos de um direito real menor, a propriedade fica apenas onerada com esse direito. Cf. *supra* no texto.

[1357] Cf. supra no texto.

[1358] Ou de qualquer outro direito real menor.

da sobre um direito de usufruto – a extinção do direito onerado implica, em regra, a extinção do direito onerador[1359].

Assim, constituída uma hipoteca sobre um usufruto ou uma superfície, a hipoteca extingue-se com a extinção do direito nos termos da qual foi constituída. O art. 699, n.º 2 estabelece a regra para o usufruto, mas deve considerar-se que ela vale igualmente para a superfície, por analogia.

Igualmente, se o usufrutuário vitalício constituiu uma servidão pelo tempo de duração do seu direito, possibilidade que o Direito português admite (art. 1460.º, n.º 1), e o usufrutuário morre, a servidão extingue-se com extinção do usufruto.

Em sede de superfície, o art. 1539.º, n.º 1 dispõe que o decurso do prazo de duração da superfície importa a extinção dos direitos reais de gozo ou de garantia constituídos pelo superficiário

O art. 1051.º, alínea c) estabelece regra semelhante para a locação, que é um direito pessoal de gozo. O critério é o mesmo: extinto o direito real com base no qual foi concluído o contrato de locação, cessa a eficácia do mesmo (caducidade).

Portanto, sempre que um direito real menor esteja constituído sobre um direito real maior, a extinção deste último determina, em regra, a extinção do primeiro.

II. Dizemos em regra, porquanto, em alguns casos, a lei portuguesa recusa o efeito extintivo do direito real menor, apesar da extinção do direito real com base no qual aquele foi constituído.

Nos casos previstos no n.º 3 do art. 699.º, a hipoteca subsiste, não obstante o usufruto estar extinto. E também se o direito de superfície se extinguiu sendo perpétuo ou antes do prazo, se for temporário, os direitos reais de gozo e de garantia que o oneravam subsistem, apesar da extinção daquele (art. 1541.º).

A extinção do direito real antes do prazo, na medida em que prejudica direitos constituídos de terceiros, não causa a cessação destes antes do momento normal em que essa extinção ocorreria.

[1359] Cf. também Menezes Leitão, Direitos Reais, cit., pág. 238.

Subsecção II
Factos Extintivos de Direitos Reais de Gozo

173. O não uso

I. Os direitos reais de gozo não estão sujeitos a prescrição[1360]. O art. 298.º, n.º 3 é expresso nesse sentido. Em contrapartida, podem extinguir-se por não uso nos casos especialmente previstos na lei.

Perscrutando a lei, encontramos várias disposições que se referem ao não uso, embora a terminologia legal não seja sempre uniforme. Assim, o art. 1476.º, n.º 1 alínea c) estabelece que o usufruto se extingue "pelo seu não exercício durante vinte anos, qualquer que seja o motivo". Aqui a lei menciona a expressão "não exercício" em vez de não uso. É pacífico, em todo o caso, que se trata de uma hipótese de não uso[1361], extensível igualmente ao direito de uso e habitação (art. 1485.º).

Em sede de direito de superfície, o art. 1536.º, n.º 1 alínea a) prevê a extinção da superfície "se o superficiário não concluir a obra ou não fizer a plantação dentro do prazo fixado ou, na falta de fixação, dentro do prazo de dez anos". A segunda sub-hipótese do preceito (se o superficiário não fizer obra ou concluir plantação dentro do prazo de 10 anos) constitui uma situação clara de não uso da superfície[1362]. E pensamos que é igualmente uma hipótese de não uso a prevista na alínea b) do mesmo artigo[1363].

[1360] No mesmo sentido, MENEZES CORDEIRO, Direitos reais, cit., pág. 554. O art. 298.º, n.º 3 refere a propriedade, o usufruto, o uso e habitação, a enfiteuse, a superfície e as servidões, todos os direitos reais de gozo previstos no Livro III do Código Civil (com excepção da enfiteuse, já revogada). Quererá isto dizer que outros direitos reais, nomeadamente, outros direitos reais de gozo não previstos no Código Civil, como o direito real de habitação periódica, não estão sujeitos a este modo de extinção, prescrevendo, ao invés? A resposta é negativa e só se compreende porque no momento da entrada em vigor do Código Civil em vigor esses eram os únicos direitos reais a considerar. A teleologia do preceito é a de abarcar os direitos reais de gozo e não apenas os que constam do Código Civil.

[1361] OLIVEIRA ASCENSÃO, Direito Civil – Reais, cit., pág. 410, MENEZES CORDEIRO, Direitos reais, cit., pág. 553, PIRES DE LIMA/ANTUNES VARELA, Código Civil Anotado, cit., pág. 273.

[1362] OLIVEIRA ASCENSÃO, Direito Civil – Reais, cit., pág. 411, PIRES DE LIMA/ANTUNES VARELA, Código Civil Anotado, cit., pág. 273. Em sentido contrário, CARVALHO FERNANDES, Lições De Direitos Reais, cit., pág. 267.

[1363] No mesmo sentido, OLIVEIRA ASCENSÃO, Direito Civil – Reais, cit., pág. 411.

A expressão não uso é aplicada quanto ao direito de servidão no art. 1569.º, n.º 1 alínea b). Esta alínea do preceito determina a extinção da servidão "pelo não uso durante vinte anos, qualquer que seja o motivo".

Para além da variação terminológica, em excesso, a previsão legal do não uso não apresenta também homogeneidade quanto aos prazos necessários para a ocorrência deste facto extintivo: vinte anos para o direito de usufruto, uso e habitação e servidão predial e dez anos para o direito de superfície.

O não uso só pode ser invocado quando a lei o previr. Com efeito, o art. 298.º, n.º 3 dispõe que os direitos aí mencionados "podem extinguir-se pelo não uso nos casos especialmente previstos na lei". Portanto, os casos em que o não uso provoca a extinção do direito real são típicos. Sem previsão legal específica, o direito real de gozo não se extingue por não uso.

II. A lei portuguesa, e o Código Civil em particular, não contém aquilo a que se possa chamar um regime geral do não uso como facto extintivo dos direitos reais de gozo. Para além da previsão geral da submissão dos direitos reais de gozo ao não uso (art. 298.º, n.º 3), encontramos apenas os preceitos dispersos já atrás mencionados.

Há, porém, aspectos relevantes da problemática do não uso que não têm um tratamento sistemático e bem se pode dizer que este é um dos pontos onde a ausência de uma parte geral dos direitos reais mais se faz sentir.

Quando é que se começa a contar o prazo do não uso? Se o titular do direito real intercalar períodos de exercício do direito com outros em que não o exerce, há não uso? O não exercício parcial de alguns dos poderes conteúdo do direito real menor causa a extinção parcial do direito? Havendo comunhão de direitos reais (compropriedade, co-usufruto, etc.), o exercício do direito por algum ou alguns dos comunheiros evita a extinção do direito dos restantes?

Não obstante a falha de tratamento sistemático da matéria, o Código Civil português contém os traços de uma disciplina geral do não uso. Desta vez, não a propósito da propriedade, mas das servidões prediais.

Com efeito, os artigos 1570.º a 1573.º constituem verdadeiramente o regime geral do não uso, sem prejuízo das especificidades, particularmente de prazo, que se encontram a propósito dos outros direitos reais de gozo sujeitos ao não uso.

III. A tipicidade dos casos de extinção de direitos reais de gozo por não uso facilita a resposta à questão de saber se a propriedade também está a ele sujeita. Em geral, a resposta é afirmativa, como decorre do próprio art. 298.º, n.º 3. Ainda assim, em apenas um preceito se prevê a extinção da propriedade por não uso, no art. 1397.º[1364]. Apesar de se falar nesse artigo de caducidade, é de não uso que se trata.

Isto quer dizer, que em todos os outros casos a propriedade não está sujeita à extinção por não uso. O proprietário pode ficar numa situação de completa inércia relativamente ao exercício do seu direito que nem por isso ficará sujeito a vê-lo extinguir-se por não uso.

IV. O que deve entender-se por não uso para efeitos da extinção dos direitos reais de gozo?

Uma interpretação atida à letra da expressão poderia contentar-se em relacionar este facto extintivo com o gozo e, por conseguinte, com a prática de actos materiais sobre a coisa objecto do direito. Oliveira Ascensão[1365] observa, com razão, que a entender-se assim algumas servidões ficariam excluídas do não uso, numa restrição infundada do campo de aplicação do art. 1569.º, n.º 1 alínea b).

O não uso sanciona a falta de exercício de um direito por parte do seu titular. Não se trata aqui de valorizar uma situação de oposição ao exercício do direito real, como pode suceder na usucapião e sucede na *usucapio libertatis,* mas de castigar a pura inércia do titular do direito, o qual, por qualquer razão, não exerce o seu direito de modo nenhum, desperdiçando o aproveitamento da coisa.

Seria, no entanto, excessivo considerar apenas o desfrute da coisa relevante para efeitos de não uso[1366]. O exercício jurídico do direito através do poder de disposição é ainda uma forma de aproveitamento da coisa[1367]. Assim, se o titular do direito real menor constituiu um direito a favor de terceiro e este não o exerce, não se verifica o não uso.

A solução contrária, para além de restringir injustificadamente o aproveitamento da coisa ao exercício de actos materiais sobre ela, acaba por se repercutir no poder de disposição, tirando-lhe o alcance que tem normalmente, e que é o do exercício do direito em cujo conteúdo se integra.

[1364] Oliveira Ascensão, Direito Civil – Reais, cit., pág. 412.

[1365] Oliveira Ascensão, Direito Civil – Reais, cit., pág. 412.

[1366] Como sugere Oliveira Ascensão, Direito Civil – Reais, cit., pág. 412 e seg.

[1367] Em sentido contrário, Oliveira Ascensão, Direito Civil – Reais, cit., pág. 180.

No limite, esta tese poderia inclusivamente forçar o titular do direito real a actuar ilicitamente para evitar o não uso, consequência a evitar de tudo. Um exemplo ilustra o que pretendemos dizer.

Portanto, não uso significa tão-somente não exercício do direito, seja a nível da actuação material sobre a coisa, seja através do exercício do poder de disposição do direito (exercício jurídico)[1368].

V. O titular do direito real não tem de exercer todas as situações jurídicas activas que são conteúdo do seu direito para evitar a extinção deste por não uso. No limite, basta-lhe apenas exercer um dos poderes para obstar à aplicação da regra sobre o não uso. Esse poder pode ser o poder de disposição e o exercício do titular do direito real pode ser um puro exercício jurídico, como vimos no ponto anterior. O art. 1572.º enuncia a regra geral nesta matéria. Este preceito, sob a epígrafe "exercício parcial", dispõe que "a servidão não deixa de considerar-se exercida por inteiro, quando o proprietário do prédio dominante aproveita apenas uma parte das utilidades que lhe são inerentes".

Oliveira Ascensão[1369] deixa no ar que este preceito pode significar um "princípio excepcional" aplicável somente em sede de direito de servidão. Não sufragamos esta posição. Nenhuma razão há para pensar que o titular do direito real deva fazer um aproveitamento da coisa que envolva todo o conteúdo do gozo do seu direito. De outra forma, de resto, estar-se-ia a transformar a permissão de aproveitamento da coisa num ónus: o titular do direito real ou esgota o conteúdo do direito no seu exercício ou perde, por não uso, o direito real.

Não pensamos que a regra de não uso possa ser interpretada de modo tão amplo que tolha a liberdade do titular do direito real na escolha do aproveitamento que quer dar à coisa. Ela apenas pretende sancionar o desinteresse do titular do direito no exercício do direito, não valorar o concreto aproveitamento que ele faz.

O direito real de gozo concede ao titular uma permissão genérica de aproveitamento da coisa; se exerce todas as situações activas compreendidas no seu direito ou se exerce alguma ou até apenas uma, cabe a ele

[1368] Também neste sentido, Menezes Cordeiro, Direitos Reais, cit., pág. 554 e seg.

[1369] Direito Civil – Reais, cit., pág. 411.

decidir. O direito real é um direito subjectivo, com a carga significativo-ideológica[1370] que comporta.

É razoável pensar-se que a ordem jurídica valora negativamente o desinteresse total do direito real como forma de desonerar a propriedade. Ligar, contudo, a extinção do direito real a uma função social que o mesmo deve desempenhar[1371] parece-nos excessivo. Nada garante que a coisa tenha melhor aproveitamento pelo proprietário, cujo direito não está sujeito ao não uso ...

Portanto, a extinção do direito real por não uso é uma extinção de todo o direito. Não é legalmente possível a extinção parcelar do direito real relativamente aos poderes e outras situações activas não exercidas pelo titular.

VI. Na hipótese de existirem vários comunheiros, basta o exercício de um deles para impedir a extinção dos direitos dos restantes. É o que resulta do n.º 3 do art. 1570.º.

Não é a solução mais lógica. Esta seria, considerando que o direito de cada comunheiro é independente dos demais, determinar o não uso relativamente a cada um dos direitos cujo titular mantivesse a inércia de exercício durante o prazo legal, fazendo acrescer a sua posição aos demais[1372].

VII. O prazo para a extinção do direito real de gozo por não uso conta-se a partir do momento que o exercício cessou. É a regra do art. 1570.º, n.º 1 quanto às servidões prediais, que tem realmente uma amplitude geral nesta matéria.

Se o titular do direito real nunca chegou a iniciar o exercício do mesmo, o prazo para o não uso conta-se da data da constituição do direito. Se chegou a exercê-lo, esse prazo é contado da data do último acto de exercício.

Se o titular do direito real intercala o exercício do direito com o desinteresse absoluto, só haverá não uso desde que decorrido o prazo legal contado da data do último acto de exercício.

O aproveitamento da coisa, seja material seja jurídico, impede sempre a contagem do prazo do não uso. Poder-se-ia dizer, em sentido contrário, que o art. 298.º, n.º 3 manda aplicar as regras da caducidade e que estas não

[1370] A expressão é de Menezes Cordeiro, Tratado De Direito Civil Português, I Parte Geral, Tomo I, cit., pág. 327 e segs.

[1371] Assim, Carvalho Fernandes, Lições De Direitos Reais, cit., pág. 267, Menezes Cordeiro, Direitos Reais, cit., pág. 554.

[1372] Se apenas restasse um, o direito real ficaria em titularidade singular.

contemplam a interrupção ou a suspensão do prazo. Mas isto implicaria que o titular do direito real que não iniciasse o exercício do seu direito no momento da constituição do mesmo veria imediatamente iniciada a contagem do prazo de não uso, que não seria mais interrompida, ainda que o titular mantivesse depois um exercício constante desde a data que o iniciou, consequência de todo inaceitável. O art. 331.º, n.º 1 dá um apoio decisivo à interpretação que deixamos exposta.

VIII. O não uso está sujeito às regras da caducidade em que tudo o que não se ache especificamente regulado a propósito deste facto extintivo (art. 298.º, n.º 3).

174. A *usucapio libertatis*. Delimitação da figura

I. A figura da *usucapio libertatis* vem prevista no art. 1574.º do Código Civil, o qual dispõe no seu n.º 1 que "a aquisição, por usucapião, da liberdade do prédio só pode dar-se quando haja, por parte do proprietário do prédio serviente, oposição ao exercício da servidão".

O sentido da expressão *usucapio libertatis* não é unívoco. Usado no contexto da usucapião, ele significa a extinção de direitos reais menores incompatíveis com a posse do usucapiente[1373]. Não é esse, porém, o sentido que resulta do art. 1574.º, n.º 1.

No contexto deste preceito, a *usucapio libertatis* representa um facto extintivo de servidões prediais e vem desligado da usucapião, o que pode ser fonte de alguns equívocos. Não obstante a aplicação dos prazos de usucapião, a *usucapio libertatis* não constitui nenhuma modalidade de usucapião, nem a sua eficácia depende da ocorrência da usucapião a favor de alguém.

II. A lei menciona a oposição do proprietário do prédio serviente contra o titular da servidão, mas não existe nenhuma razão para limitar a oposição ao proprietário. Também o usufrutuário pode constituir servidões (art. 1460.º) e nada justifica que ele não possa igualmente fazer extinguir as servidões que onerem o seu direito[1374].

[1373] Cf. supra no texto.

[1374] Mesmo que as não haja constituído. Quer dizer, ainda que tenha sido o proprietário a constituí-las, o usufrutuário pode vir a extinguir as servidões que gravem igualmente o exercício do seu direito, nos termos que o art. 1574.º prescreve para o proprietário.

Deste modo, qualquer titular de direito real de gozo maior que satisfizer os requisitos legais da *usucapio libertatis* pode conseguir a desoneração do seu direito quanto à servidão predial a cujo exercício se opôs.

III. A *usucapio libertatis* distingue-se da usucapião regulada nos artigos 1287.º e seguintes do Código Civil. A usucapião é um facto aquisitivo de direitos reais de gozo, enquanto a *usucapio libertatis* tem meramente uma eficácia extintiva de direitos reais menores (de gozo).

É verdade que alguns autores, nós incluídos, falam em *usucapio libertatis* para designar a situação em que a posse *ad usucapionem* se exerce sem a concorrência de outras posses nos termos de direitos reais menores e em que, portanto, o usucapiente adquire o direito real a que a sua posse se refere com a extinção dos direitos reais menores[1375]. Mas a situação difere, ainda assim, daquela que surge contemplada no art. 1574.º, em que não se dá qualquer aquisição de um direito real de gozo, mas apenas a extinção de um direito real menor por força da posse antagónica do titular do direito real maior.

De certo modo, se a *usucapio libertatis* tem a analogia com a usucapião de assentar a sua eficácia numa posse[1376] apresenta a diferença fulcral de desencadear somente um efeito extintivo de um direito real menor, ao contrário da usucapião, que é, acima de tudo, um facto aquisitivo de direitos reais de gozo, e não apenas de direitos reais menores.

Mesmo quando a usucapião a favor do possuidor provoca a extinção de outros direitos reais, incluindo direitos reais menores (*usucapio libertatis* noutra acepção), ela tem primacialmente um efeito aquisitivo a favor do usucapiente, sendo em virtude dessa eficácia que vem prevista a propósito de cada um dos direitos reais de gozo.

175. A extensão da figura da *usucapio libertatis* para além das servidões prediais: um facto extintivo de direitos reais de gozo

I. A colocação sistemática da *usucapio libertatis* no regime jurídico das servidões prediais sugere fortemente um facto extintivo específico deste direito real. E o elemento literal reforça essa impressão. A maioria da doutrina portuguesa segue o enquadramento legal da figura[1377].

1375 Cf. *supra* no texto.

1376 Relembramos que a *usus capio* era no direito romano arcaico a aquisição pela posse (*usus*).

1377 Pires de Lima/Antunes Varela, Código Civil Anotado, cit., pág. 684, Menezes Cordeiro, Direitos Reais, cit., pág. 731, Carvalho Fernandes, Lições de Direitos Reais, cit., pág. 473.

Contudo, Oliveira Ascensão[1378] veio sustentar um alargamento da eficácia da *usucapio libertatis*, que fundaria o "princípio geral de que todo o titular do direito onerado pode conseguir a liberação do direito menor onerador". E também Menezes Leitão[1379] veio a aderir a essa linha de orientação.

Pensamos que essa configura a interpretação correcta dos dados normativos, que não se restringem à ponderação isolada do art. 1574.º. Para começar, sabemos que o Código Civil não possui uma parte geral dos direitos reais e uma boa parte da regulação geral surge dispersa pelo Livro III e pelos outros livros, nomeadamente, a Parte Geral e o Livro II do Código Civil. E mesmo no Livro III, nem tudo o que é geral vem previsto a propósito da propriedade. Ora, uma colocação da figura da *usucapio libertatis* no regime das servidões prediais não constitui obstáculo decisivo ao reconhecimento de uma regra geral. Tratar-se-á apenas de mais um afloramento localizado a propósito de um direito real menor.

Por outro lado, existem vários argumentos de maioria de razão que não podem ser perdidos de vista. O primeiro respeita à usucapião propriamente dita. Este facto permite a um possuidor formal adquirir o direito real de gozo a que a sua posse se reporta. Por que razão a ordem jurídica admite que a posse mantida durante um certo lapso de tempo confere ao possuidor o direito à aquisição do direito real (usucapião) e não admite o efeito inverso, que a posse exercida contra o titular do direito real menor provoque a extinção do direito deste?

Não é também verdade que a usucapião da propriedade causa a extinção da propriedade anterior? Se o direito maior pode ser perdido pela usucapião, qual a razão que justifica que o direito menor não se possa extinguir por uma posse contrária durante o mesmo lapso de tempo necessário para aquela?

Resta ainda ponderar a eficácia da usucapião nos direitos reais menores quando a posse *ad usucapionem* se exterioriza sem o concurso das posses respectivas[1380]. O possuidor que manifesta uma posse livre nos termos do direito real de gozo que exterioriza adquire um direito real desonerado[1381]. Ora, se um possuidor formal pode livrar-se com sucesso dos direitos reais

[1378] Direito Civil – Reais, cit., pág. 413.

[1379] Menezes Leitão, Direitos Reais, cit., pág. 237 e seg.

[1380] Aquilo a que na doutrina italiana se chama, noutra acepção, *usucapio libertatis*. Cf. supra no texto.

[1381] Cf. *supra* no texto.

menores exercendo uma posse contra eles, haverá motivo para negar o mesmo efeito ao titular de um direito real maior que se oponha à posse nos termos de um direito real menor?

Se um possuidor formal consegue, através da usucapião, fazer extinguir a propriedade concorrente e os direitos reais menores incompatíveis com a sua posse *ad usucapionem*, haverá algum princípio ou norma de Direitos Reais que se oponha à possibilidade de extinção de um direito real menor de gozo (que não seja a servidão predial) ao fim de um tempo?

Pela nossa parte, pensamos que a doutrina propugnada pioneiramente por OLIVEIRA ASCENSÃO corresponde inteiramente às coordenadas valorativas do sistema jurídico-real português. Um direito real de gozo menor pode ser extinto pela oposição do titular de um direito real maior por *usucapio libertatis*, contando que os requisitos previstos no art. 1574.º sejam satisfeitos. O fundamento consolidativo subjacente à usucapião tem inteira pertinência para a *usucapio libertatis*.

A extinção por *usucapio libertatis* não deve ser confundida com o não uso. Este último supõe uma inércia do titular do direito real menor no exercício deste, sem qualquer oposição do titular do direito desonerado. Diversamente, a *usucapio libertatis* tem na base um desapossamento do titular do direito real menor, por parte do titular do direito real maior, prevalecendo mesmo contra uma vontade de aproveitamento da coisa que não se traduza numa recuperação efectiva da posse respectiva, judicial ou extrajudicialmente.

Alguns autores, pretendendo negar a *usucapio libertatis* a propósito da usucapião, falam numa extinção por não uso, que seria verdadeiramente o facto extintivo dos direitos reais menores[1382]. Mas as figuras devem-se manter separadas, pois os requisitos de cada uma delas são diversos.

II. De acordo com a nossa posição, qualquer direito real de gozo menor, o usufruto, o uso e habitação, a superfície, o direito real de habitação periódica, a servidão predial, pode extinguir-se por *usucapio libertatis*, desde que os requisitos previstos no art. 1574.º se verifiquem no caso concreto.

A *usucapio libertatis* configura, deste modo, um facto extintivo geral dos direitos reais de gozo e não apenas um facto extintivo específico das servidões prediais. Esta extensão permite alargar o campo de aplicação da figura às coisas móveis.

[1382] Cf. NATOLI, Il Possesso, cit., pág. 240 e segs., SACCO/CATERINA, Il Possesso, cit., pág. 515.

176. Requisitos legais da *usucapio libertatis*

Os requisitos da *usucapio libertatis* são três:

– Oposição do titular do direito real maior;
– Decurso do prazo legal;
– Invocação pelo beneficiário

O primeiro requisito é mencionado expressamente pelo n.º 1 do art. 1574.º, que alude a uma "oposição ao exercício da servidão"; o segundo resulta do n.º 2 do art. 1574.º; o terceiro decorre da analogia com o regime da usucapião.

Vamos analisar de seguida cada um destes requisitos.

177. A oposição do titular do direito real maior

O art. 1574.º, n.º 1 dispõe que a aquisição da "liberdade do prédio" se dá quando haja oposição ao exercício da servidão. A natureza desta oposição deve ser esclarecida.

A oposição traduz um desapossamento do titular do direito real menor[1383], a perda do *corpus* possessório deste por acção do titular do direito real maior, que implica a quebra do controlo material da coisa por aquele. O possuidor nos termos do direito real maior – o proprietário, o usufrutuário – actua de molde a excluir o aproveitamento da coisa pelo titular do direito real menor.

O que importa acentuar, em todo o caso, é que a privação do aproveitamento da coisa ocorre ao nível possessório, com o afastamento do possuidor nos termos do direito real menor do controlo material da coisa. O titular do direito real maior impede voluntariamente que o possuidor nos termos do direito real menor actue sobre a coisa.

A oposição ao exercício do direito real menor é, assim, uma oposição ao nível estritamente possessório. Não se trata de bloquear um exercício do poder de disposição do direito de servidão, por exemplo, através da venda do prédio dominante, mas sim exclusivamente de impedir o exercício da posse nos termos desse direito.

[1383] Pires de Lima/Antunes Varela, Código Civil Anotado, cit., pág. 684 falam sugestivamente numa espécie de inversão do título da posse. Naturalmente, a expressão é utilizada num sentido impróprio, dado que o titular do direito real maior não é um detentor, mas ela serve para acentuar que há uma mudança que tem lugar no âmbito possessório da relação entre os titulares de direitos reais em conflito.

Por conseguinte, a oposição ao exercício do direito exterioriza-se somente com uma posse contrária à posse do titular do direito real menor, ainda que este venha a exercer juridicamente o seu direito.

No art. 1574.º, n.º 1 a oposição ao exercício do direito real menor deve ser interpretada restritivamente, abrangendo unicamente a posse do titular daquele direito.

178. O prazo da *usucapio libertatis*

O n.º 2 do art. 1574.º dispõe que o prazo para a usucapião só começa a contar da oposição, omitindo, contudo, esse prazo.

Tem sido entendido pacificamente que esse prazo é o correspondente ao regime da usucapião[1384]. Assim, conforme se trate de coisa móvel ou imóvel, haja registo do título ou não e o desapossamento haja sido feito de boa fé ou de má fé, o prazo da *usucapio libertatis* variará. Estão em causa os artigos 1294.º, 1295.º, 1296.º, 1298.º, 1299.º e 1300.º, n.º 2 aplicáveis à *usucapio libertatis* por força da remissão do art. 1574.º, n.º 2.

A contagem do prazo para a *usucapio libertatis* inicia-se na data do desapossamento do possuidor nos termos do direito real menor ("só começa a contar-se desde a oposição")[1385].

179. Interrupção e suspensão do prazo da *usucapio libertatis*

O titular do direito real pode fazer interromper ou suspender o prazo para a *usucapio libertatis*. Vale neste contexto o regime da usucapião, por força da remissão genérica operada no art. 1574.º.

Limitamo-nos agora a remeter para o que dissemos a propósito da usucapião.

180. A invocação pelo beneficiário

I. A *usucapio libertatis* não é automática, funcionando nos mesmos termos da usucapião. O art. 303.º do Código Civil, para o qual remete o art. 1292.º, tem igual aplicação em matéria de *usucapio libertatis*.

[1384] Cf. Carvalho Fernandes, Lições de Direitos Reais, cit., pág. 473.

[1385] Mesmo havendo título e registo do título da aquisição do direito real. No caso de aplicação dos prazos constantes do art. 1294.º, o prazo da oposição é sempre contado do desapossamento e não do registo do título.

O titular do direito real maior que pretenda beneficiar da *usucapio libertatis* tem de a invocar no final do prazo respectivo. Enquanto isso não suceder o direito real menor não se extingue, podendo o titular reivindicar a coisa. Nessa altura, a *usucapio libertatis* poderá ser invocada a título de excepção.

II. A invocação da *usucapio libertatis* pode ser feita judicial ou extrajudicialmente. Isto quer dizer, que o titular do direito real maior não necessita de recorrer ao tribunal para conseguir a desoneração do seu direito. A invocação extrajudical da *usucapio libertatis* tem exactamente o mesmo valor da declarada por um tribunal competente.

A invocação da *usucapio libertatis,* quando extrajudicial, faz-se mediante declaração, cuja finalidade é justamente o efeito extintivo do direito real menor.

Desta forma, a invocação da *usucapio libertatis* pode ser expressa ou tácita, nos termos gerais, valendo também neste domínio o princípio da equivalência das duas formas de declaração que surge consagrado no art. 217.º do Código Civil.

III. A *usucapio libertatis* também pode ser invocada pelos credores ou por outros terceiros com um interesse legítimo na sua declaração (art. 305.º ex vi do art. 1292.º), mesmo contra a vontade do titular do direito real menor.

A lei portuguesa dispõe ainda que no caso de o titular do direito real maior haver renunciado à *usucapio libertatis,* o que só pode acontecer depois de decorrido o prazo para ela (art. 302.º, n.º 1 ex vi do art. 1292.º e ex vi do art. 1574.º, n.º 1), a invocação pelos credores só é possível mediante a prova dos requisitos legais da impugnação pauliana.

181. O momento da eficácia da *usucapio libertatis*

Invocada a *usucapio libertatis,* a eficácia extintiva, ou seja, a extinção do direito real de gozo menor, não opera apenas para o futuro, retroagindo no passado. O art. 1288.º fixa esse momento na data do início da posse e esta disposição é igualmente aplicável à *usucapio libertatis* (art. 1274.º, n.º 1).

O regime da *usucapio libertatis* faz, assim, retroagir ao passado, concretamente ao momento em que a posse boa para usucapião se iniciou, o momento da desoneração do direito real maior. O que naturalmente acarreta implicações no plano jurídico, pois, após a *usucapio libertatis,* o titular do direito real maior tem o seu direito desonerado a partir da data do desapossamento do possuidor cujo direito real se extingue[1386].

182. A eficácia da *usucapio libertatis*

I. A eficácia da *usucapio libertatis* é extintiva, como temos vindo a dizer. Essa eficácia extintiva não se limita à extinção de servidões prediais. O seu âmbito de aplicação cobre todos os direitos reais de gozo, com excepção da propriedade.

Insistimos, porém, que o direito desonerado não tem de ser a propriedade, como a literalidade do art. 1574.º pode inculcar. Um usufrutuário ou um superficiário pode beneficiar igualmente do efeito extintivo da *usucapio libertatis.*

II. A *usucapio libertatis* projecta igualmente um efeito jurídico lateral, que acaba por justificar a utilidade social da figura. Ao lado da extinção do direito real menor que onerava o maior, a *usucapio libertatis* desagrava este último do ónus existente.

A desoneração do direito real maior explica a função consolidativa que a *usucapio libertatis* desempenha, tal como a usucapião propriamente dita.

183. A *usucapio libertatis* como um efeito da posse

A interpretação do regime jurídico da *usucapio libertatis* evidencia que este facto é um dos efeitos da posse, tal qual a usucapião. Basta atentar que, à semelhança desta, repousa igualmente numa situação possessória, criada embora por um titular de direito real maior sobre a mesma coisa.

Com efeito, a oposição mencionada no n.º 1 do art. 1574.º não é mais de que uma posse livre da concorrência da posse do direito real menor, portanto, uma posse nos termos do direito real desonerado. É essa posse livre mantida por um lapso de tempo – o da usucapião – que justifica a desoneração, ou seja, a extinção do direito real menor que gravava o direito do oponente.

[1386] No mesmo sentido, MENEZES LEITÃO, Direitos Reais, cit., pág. 238.

Capítulo VIII
Violação e Defesa do Direito Real

184. Justificação para um capítulo autónomo no ensino de Direitos Reais

I. A matéria da violação e defesa do direito real apenas surgiu no ensino de Direitos Reais em Portugal com OLIVEIRA ASCENSÃO. Até aí, os professores encarregados do ensino desta cadeira faziam quanto muito uma referência à acção de reivindicação, sem, porém, ordenarem a mesma num capítulo geral sobre a defesa do direito real.

De um modo inovador, OLIVEIRA ASCENSÃO[1387] veio criar na parte geral do sistema científico de Direitos Reais uma abordagem autónoma da violação e defesa do direito real, fazendo-o, todavia, em capítulos separados, um dedicado à violação, o outro à defesa.

No capítulo atinente à violação, OLIVEIRA ASCENSÃO aborda somente dois pontos:

- Pretensão real e ilicitude[1388];
- A violação das situações jurídicas *propter rem*[1389].

No capítulo seguinte[1390], este professor analisa os meios de tutela dos direitos reais, desde a acção directa, objecto de uma remissão genérica,

[1387] Direito Civil – Reais, cit., pág. 418 e segs e 422 e segs.

[1388] Direito Civil – Reais, cit., pág. 418.

[1389] Direito Civil – Reais, cit., pág. 420.

[1390] Direito Civil – Reais, cit., pág. 422 e segs.

às acções reais propriamente ditas, nas quais inclui a acção de reivindicação[1391], a acção negatória, a acção confessória e a acção de demarcação.

Seguindo neste ponto a linha orientadora de OLIVEIRA ASCENSÃO, também MENEZES CORDEIRO[1392] introduziu na parte geral um capítulo denominado "Da patologia dos direitos reais". Este capítulo surge dividido em duas secções: a primeira[1393] tem por título "Da violação pelo titular do direito", com dois parágrafos, o primeiro sobre a "patologia anatómica" e o segundo sobre a "patologia fisiológica", enquanto a segunda secção[1394] se intitula "Da violação por terceiro", desdobrando-se em três parágrafos, o primeiro versando as acções possessórias, o segundo as acções reais e o terceiro as acções pessoais, a responsabilidade civil e a defesa pública.

O ensino de CARVALHO FERNANDES[1395] oferece similitudes com o de OLIVEIRA ASCENSÃO, com a diferença deste professor não tratar a violação, mas apenas a defesa do direito real. Como aspecto de relevo, o tratamento desta matéria na parte geral de Direitos Reais.

A exposição de CARVALHO FERNANDES[1396] assenta na contraposição entre meios judiciais e extrajudiciais de defesa; nos primeiros, este professor indica a acção de reivindicação, a acção confessória, a acção negatória e a acção de demarcação, nos segundos, a acção directa.

II. Numa orientação diversa, em que não se desenvolve uma teoria geral de Direitos Reais, encontramos a apresentação da matéria da tutela dos direitos reais efectuada a propósito da propriedade.

Nesta orientação, cabe referir SANTOS JUSTO[1397], que abre um capítulo de tutela da propriedade, dividido em duas secções, a primeira sobre os meios extrajudiciais, na qual este professor expõe sumariamente a acção directa, a legítima defesa e aponta outros meios gerais, e uma segunda secção, onde se encontra o tratamento, breve, da acção de reivindicação, da acção confessória, da acção negatória e da acção de prevenção contra danos.

[1391] Autonomizando os pontos relativos à configuração desta acção, prova e aspectos complementares.

[1392] Direitos Reais, cit., pág. 569 e segs.

[1393] MENEZES CORDEIRO, Direitos Reais, cit., pág. 569 e segs.

[1394] MENEZES CORDEIRO, Direitos Reais, cit., pág. 579 e segs.

[1395] Lições De Direitos Reais, cit., pág. 273 e segs.

[1396] Lições De Direitos Reais, cit., pág. 273 e segs.

[1397] Direitos Reais, cit., pág. 293 e segs.

Já em PINTO DUARTE[1398] encontramos uma brevíssima exposição sobre a defesa da propriedade, no quadro da exposição deste direito, onde apenas se menciona a acção de reivindicação.

III. Não nos parece que se ajuste ao carácter científico desta disciplina a omissão completa do estudo da tutela dos direitos reais em caso de violação. Esta vicissitude pode ocorrer durante o período de existência do direito real e importa conhecer os meios específicos que o ordenamento dispõe para essa eventualidade. Por isso, a defesa do direito real deve constar de qualquer programa de ensino de Direitos Reais.

Temos por inadequada a inserção desta matéria no contexto do direito de propriedade. Não há nenhuma acção real exclusivamente destinada à defesa da propriedade. A acção de reivindicação é igualmente um meio de defesa dos restantes direitos reais de gozo (art. 1315.º). O mesmo se diga da acção negatória, à qual pode recorrer qualquer titular de direito real de gozo. Por outro lado, a acção confessória nunca teve como finalidade a protecção do proprietário, mas sim dos titulares de direitos reais menores contra aquele, o que acentua o defeito da sua inserção no quadro de defesa da propriedade.

Se as acções reais visam a tutela de uma categoria de direitos reais e não de um direito real em particular, a colocação correcta desta matéria no sistema científico de Direitos Reais é a parte geral. E neste sentido depõe igualmente o ensino de OLIVEIRA ASCENSÃO[1399].

Dentro da ideia básica de que o sistema científico de Direitos Reais requer uma parte geral, esta deve conter a exposição da matéria respeitante à violação e defesa dos direitos reais.

IV. Julgamos ser útil mencionar a violação do direito real como aspecto diferente da reacção a ela, que é o que surge evidenciado pelo meio de tutela. Por outro lado, a tutela pode ser desencadeada independentemente da licitude ou ilicitude da violação, outro ponto cuja importância merece ser salientada.

Não vemos motivo para separar sistematicamente a violação do direito real e a defesa[1400]. Pelo contrário, parece-nos que a sua interligação aconselha a um estudo integrado. O facto de a violação anteceder a dinâmica do meio de tutela não infirma o nosso ponto de vista.

[1398] Curso De Direitos Reais, cit., pág. 67.

[1399] Direito Civil – Reais, cit., pág. 422.

[1400] Como faz OLIVEIRA ASCENSÃO, Direito Civil – Reais, cit., pág. 418 e segs. e 422 e segs.

Procederemos, assim, à unificação da violação e da defesa num único capítulo.

V. Dentro do capítulo autónomo da violação e defesa do direito real cumpre expor, por um lado, as acções reais e, por outro, dentro delas, as que tenham por finalidade a defesa de uma categoria de direitos reais e não apenas de um único direito real.

As acções gerais cujo âmbito de aplicação abranja a tutela de todos os direitos subjectivos ou de direitos de variada natureza (de personalidade, de crédito, sucessórios, etc.) e não apenas de direitos reais são deixadas fora do programa desta disciplina. Afinal de contas, é matéria que não respeita a este ramo de Direito e que, por essa razão, não encontra o seu lugar próprio no sistema científico respectivo.

Assim, a acção de indemnização por violação de direito real, apesar de ter a sua causa de pedir num facto violador de um direito real, é uma acção pessoal e não real e não tem de ser ensinada em Direitos Reais.

A tutela penal, nomeadamente, a que assegura a protecção do património – no qual se incluem naturalmente direitos reais – possibilita outra via de defesa dos direitos reais. O seu estudo, porém, pertence ao ramo de Direito respectivo e não a Direitos Reais.

Deste modo, ficam excluídos do estudo em Direitos Reais os meios de tutela, judicial e extrajudicial, que não se dirijam especificamente à defesa civil dos direitos reais. Faremos, em todo o caso, uma remissão, breve, aos meios de tutela extrajudiciais, porquanto, apesar de genéricos, são expressamente mencionados em mais do que um preceito, na posse (art. 1277.º) e na propriedade (art. 1314.º).

VI. Não existe uma acção real que tenha por finalidade a defesa de todos os direitos reais. A acção real de maior âmbito de aplicação é a acção de reivindicação, que se dirige à defesa dos direitos reais de gozo em caso de desapossamento do titular (art. 1315.º).

É possível, no entanto, identificar acções reais cuja extensão abrange uma categoria de direitos reais (a acção de reivindicação e a acção negatória) e que não se limitam, por conseguinte, a assegurar a tutela de um único direito real.

Na parte geral de Direito Reais devem figurar os meios de tutela de uma categoria de direitos reais ou, ao menos, de uma pluralidade deles. Estão neste caso, a acção de reivindicação, a acção negatória e a acção confessória.

As acções que têm como objectivo a tutela de um único direito real devem ser estudadas na parte especial, no regime jurídico específico desse direito. Não tendo carácter geral, não podem ser ensinadas numa parte geral. Assim, não ensinamos neste momento as acções possessórias[1401] ou a acção de preferência, deixando esse ensino para quando versarmos a posse e o direito de preferência na parte especial.

185. A violação do direito real e as acções reais

I. Há violação do direito real quando um terceiro[1402] impede ou diminui de alguma forma o aproveitamento da coisa contra a vontade do titular.

A violação do direito real pode suceder de múltiplas formas. Nem todas elas requerem, porém, uma defesa pelo titular através de acções reais. Se um poste eléctrico mal colocado cai sobre um edifício ou um automóvel estacionado é embatido por outro veículo em circulação, há uma violação da propriedade ou de outros direitos reais de gozo que incidiam sobre as coisas danificadas. Caso haja alguém civilmente responsável pelos danos, o titular do direito real de gozo (proprietário, usufrutuário, etc.) tem um direito de indemnização contra o responsável, que pode ser exercido através de uma acção de indemnização.

A acção de indemnização, contudo, apesar de no caso visar reparar os danos decorrentes da violação de um direito real, não deixa de ser uma acção pessoal, não se tornando numa acção real só porque o direito violado tem essa natureza.

Portanto, assim como nem todas as formas de defesa do direito real são judiciais, nem todas as acções que podem ser movidas pelo titular do direito real violado, em consequência da violação, têm natureza real.

II. Nos direitos reais de gozo, a forma mais comum de violação consiste na privação da posse da coisa através do esbulho. E é a perda da posse que legitima o recurso à acção de reivindicação, embora esta possa igualmente ter lugar em hipóteses nas quais não ocorreu nenhum esbulho[1403].

[1401] Menezes Cordeiro, Direitos Reais, cit., pág. 579 e segs. optou inicialmente por expor a matéria das acções possessórias no capítulo que dedica à violação dos direitos reais. Parece ter mudado de ideias em Direitos Reais – Sumários, cit., pág. 125, uma vez que já não lhes faz menção no capítulo da defesa dos direitos reais.

[1402] Excluídos da noção de violação ficam, pois, os factos da natureza.

[1403] Assim, por exemplo, se a coisa vendida já estava na posse de terceiro e o comprador nunca teve a coisa em seu poder.

Não se pode pensar, porém, que a violação do direito real consiste apenas na privação da coisa. A ameaça de perturbação do aproveitamento da coisa, assim como a perturbação efectiva, mesmo sem desapossamento, constituem igualmente situações de violação do direito real.

Por último, o incumprimento da prestação correspondente à obrigação *propter rem* representa também a violação do direito real correspondente.

III. A violação do direito real resulta de um comportamento humano de um terceiro, em regra por acção, em casos muito mais raros, por omissão.

Terceiro é aqui o não titular do direito real. Qualquer pessoa que não seja o titular do direito é quanto a este um terceiro, ainda que não seja um estranho relativamente à coisa.

Vem isto a propósito de esclarecer que o proprietário ou outro titular de um direito real sobre a coisa é também um terceiro no confronto com os demais direitos reais que a tenham por objecto. Deste modo, se o proprietário desapossa a coisa do usufrutuário ou impede o titular da servidão de passagem de a exercer, pratica uma violação deste direito real.

186. Violação do direito real, ilicitude e acção real

Na medida em que a violação do direito real existe sempre que o titular do direito real é impedido de aproveitar a coisa nos termos desse direito ou vê diminuído esse aproveitamento por facto de terceiro, devemos dissociar a violação da ilicitude[1404]. A violação designa a situação objectiva que atinge o aproveitamento da coisa pelo titular do direito real e é independente de qualquer valoração que o Direito faça à conduta de alguém, quer dizer, ao comportamento (acção ou omissão) daquele que violou o direito real.

A defesa do direito real supõe a violação do mesmo. É, contudo, irrelevante que o autor da violação haja cometido um facto ilícito. O titular do direito real pode defender o seu direito real em caso de violação ainda que aquele ou aqueles que a tenham cometido não hajam actuado ilicitamente.

A título de exemplo, o comprador de um móvel, que tem igualmente a posse do mesmo, havendo celebrado um contrato nulo por falta de legitimidade do vendedor (art. 892.º), deve entregar a coisa ao proprietário reivindicante. A procedência da acção de reivindicação explica-se porque a posse

[1404] Sobre esta matéria, cf. também Oliveira Ascensão, Direito Civil – Reais, cit., pág. 418 e seg.

do comprador representa uma violação do direito de propriedade, ainda que o comprador não tenha agido ilicitamente e esteja mesmo de boa fé.

A acção real tem, assim, por escopo propiciar ao titular do direito real o aproveitamento da coisa permitido pelo direito, pondo fim à sua violação, seja esta ilícita ou não. A ausência de ilicitude na violação do direito real não obsta à procedência da acção real, enquanto meio de tutela destinado a restaurar a possibilidade de aproveitamento da coisa pelo titular do direito real.

187. As acções reais

I. Na origem das acções reais encontramos as *actio in rem* do Direito romano. A *actio in rem* tinha por finalidade assegurar ao proprietário da coisa a sua recuperação em caso de desapossamento por terceiro. O tipo mais importante de *actio in rem*, a *rei vindicatio*, tinha um duplo objectivo: fixar a propriedade do autor e obter a entrega da coisa[1405].

Por contraposição à *actio in personam*, que supunha um devedor determinado e era sempre dirigida contra ele, a *actio in rem* poderia ser movida contra qualquer pessoa, à partida indeterminada, vindo essa determinação a ocorrer somente com o desapossamento do titular do direito real por uma pessoa concreta.

Esta diferença provinha da diversa estrutura dos direitos que se faziam valer e que as acções patenteavam. A *actio in rem* era entendida literalmente como uma acção contra uma coisa, sendo indiferente a pessoa do demandado, que podia ser qualquer um, contrariamente à *actio in personam*, que pressupunha o vínculo obrigacional que se fazia valer contra o devedor da *obligatio*.

II. A acção de reivindicação tem uma função restitutória ou integrativa: devolver a coisa ao titular do direito real ou promover a entrega, no caso de ele nunca haver sido possuidor.

Nem todas as acções reais têm, porém, como objectivo promover a conciliação da posse com a titularidade do direito real[1406]. No Direito romano, além de outras, a *actio negatoria* e a *actio confessoria* não implicavam disputas sobre a restituição da coisa. E o mesmo sucede perante o Direito actual.

[1405] Entre outros, Kaser/Knütel, Römisches Privatrechts, cit., pág. 133.

[1406] Como correctamente se lê no Ac. STJ de 22.01.2004, Proc. 03B3959, em www.dgsi.pt, nem todas as acções reais são acções de reivindicação.

Quando é que se pode dizer que uma acção é real?

As acções que promovem a devolução da coisa titular do direito real ou que previnem a perturbação na posse são indiscutivelmente acções reais. Assim, é real a acção de reivindicação (art. 1311.º e 1315.º), como reais são as acções possessórias de prevenção, de manutenção e de restituição (art. 1276.º e segs.).

A natureza real de uma acção não resulta somente da discussão possessória sobre uma coisa. Por maioria de razão, quando o pedido principal (ou um deles) da acção consiste na declaração judicial de existência ou de inexistência de um direito real sobre uma coisa, a acção é real. Não obstante não haverem sido tipificadas no nosso Direito, a acção confessória e a acção negatória são acções reais.

Para além destes casos, a acção tem ainda a natureza de acção real quando o seu objectivo seja o de fixar os contornos físicos do objecto, como a acção de demarcação[1407], ou ainda de fixar os termos da actuação do titular do direito real sobre a coisa.

188. A acção de reivindicação

I. No Direito romano a *rei vindicatio* era uma *actio in rem*. Era *in rem* porquanto se dirigia a uma coisa e não a uma pessoa, permitindo ao proprietário persegui-la para aonde quer que ela fosse e sem atinência à pessoa do possuidor[1408], que para o efeito era completamente indiferente.

No Direito romano clássico, a *rei vindicatio* dava ao proprietário quiritário a possibilidade de fazer declarar o seu direito e obter a condenação do possuidor à entrega da coisa[1409]. Para a propriedade provincial adoptou-se uma acção análoga, mediante a adaptação da fórmula da *rei vindicatio*, enquanto para a propriedade pretoriana foi introduzida a *actio Publiciana*[1410]. Com a unificação da propriedade no Direito romano justinianeu, a *reivindicatio* passou a ser o meio de defesa da propriedade em geral e não apenas do domínio quiritário.

A evolução da *reivindicatio* operou igualmente mudanças nas situações reais defendidas através dela. Destinada inicialmente à defesa da proprie-

[1407] Contra, afirmando a natureza pessoal da acção de demarcação, cf. o Ac. STJ de 21.01.2003, Proc. 02A3029, em www.dgsi.pt.

[1408] BONFANTE, Corso Di Diritto Romano, III – Diritti reali, cit., pág. 7.

[1409] KASER/KNÜTEL, Römisches Privatrechts, cit., pág. 133 e segs.

[1410] SANFILIPPO, Istituzioni Di Diritto Romano, cit., pág. 217.

dade, ela passou posteriormente a defender outros direitos reais de gozo, falando-se em *vindicatio ususfructus, vindicatio usus, vindicatio servitutis*[1411].

No início, a *reivindicatio* era deduzida pelo proprietário desapossado contra o possuidor. O detentor não podia ser directamente demandado pelo proprietário A posse do réu constituía o pressuposto da legitimação passiva[1412]. No Direito clássico tardio assistiu-se a uma mudança, passando a admitir-se a demanda contra o simples detentor, que estava obrigado a identificar o possuidor[1413].

O reivindicante tinha o encargo de fazer a prova da sua propriedade, o que implicava demonstrar a propriedade do antecessor, do antecessor deste, e assim sucessivamente, até ao primeiro adquirente da propriedade ou proprietário "originário". A dureza ou impossibilidade desta prova levou os juristas medievais a falarem posteriormente numa *probatio diabolica*. Este fardo probatório seria, no entanto, mitigado pela demonstração da usucapião a favor do reivindicante ou de um dos seus antecessores[1414].

II. Uma boa parte dos traços romanísticos da *reivindicatio* mantiveram--se no Direito comum e inspiraram o regime jurídico deste meio de defesa dos direitos reais de gozo nas ordens jurídicas europeias de Direito continental.

Segundo o art. 1311.º do Código Civil, a acção de reivindicação pode ser intentada contra o possuidor ou o detentor que tem a coisa consigo. Deste modo, o titular do direito real de gozo não tem que procurar saber quem é o possuidor nem embrenhar-se na discussão complexa sobre se quem tem a coisa é possuidor ou detentor. Aquele que tiver a coisa em seu poder pode ser demandado na acção de reivindicação, seja possuidor seja detentor.

O nosso Direito Civil não impõe ao detentor demandado numa acção de reivindicação o dever de identificar o possuidor. Esse dever pode resultar da relação entre o detentor e o possuidor, mas é irrelevante para o reivindicante. A demonstração da posse do demandado não constitui pressuposto da legitimidade passiva do réu, conforme sucedeu no Direito romano clássico, nem tão-pouco uma condição de procedência da acção. Se o detentor demandado não prova um direito a ter a coisa consigo que possa valer ante

1411 Biondo Biondi, Istituzioni Di Diritto Romano, cit., pág. 86.
1412 Kaser/Knütel, Römisches Privatrechts, cit., pág. 139.
1413 Kaser/Knütel, Römisches Privatrechts, cit., pág. 134.
1414 Kaser/Knütel, Römisches Privatrechts, cit., pág. 134.

o autor, a acção será procedente, contando que o reivindicante faça a prova do seu direito.

III. A acção de reivindicação não pode ser vista como uma acção de defesa da propriedade. Na falta de uma parte geral em direitos Reais, o regime jurídico da propriedade alberga a disciplina substantiva da acção de reivindicação. Mas isto não faz dela um meio singular de defesa da propriedade.

Com efeito, o art. 1315.º declara aplicável o regime da reivindicação à defesa de todo o direito real, o que mostra bem que a reivindicação não é específica da propriedade, constituindo o meio de defesa de uma categoria de direitos reais: os direitos reais de gozo[1415].

A regulação da acção de reivindicação constitui mais um exemplo elucidativo de que existem trechos de regulação que são gerais e não próprios de um só direito e que a colocação de uma disciplina geral a propósito de um direito real em especial revela uma insuficiência do sistema interno de Direitos Reais que o sistema científico ou externo deve corrigir.

IV. Como também sucedia no Direito romano, o reivindicante, para obter a condenação na entrega da coisa, tem de demonstrar a titularidade do direito. A prova do direito é, assim, o primeiro pressuposto em que assenta o sucesso da reivindicação. Quem invoca um direito como fundamento para obter a condenação do réu na entrega da coisa, tem de fazer a prova de que é titular do mesmo. Se essa prova falha, a reivindicação deve ser declarada improcedente.

Contrariamente a uma ideia muito divulgada, que em Portugal recebeu o beneplácito de Pires de Lima/Antunes Varela[1416], a acção de reivindicação não tem dois pedidos: o reconhecimento do direito de propriedade e a entrega da coisa[1417]. A acção de reivindicação tem um pedido principal: a entrega da coisa. Simplesmente, como a titularidade do direito real de gozo representa um fundamento de procedência da acção, o reivindicante tem de fazer prova do mesmo[1418].

[1415] Cf. Oliveira Ascensão, Direito Civil – Reais, cit., pág. 422.

[1416] Código Civil Anotado, cit., pág. 113. Ver também Menezes Leitão, Direitos Reais, cit., pág. 228.

[1417] Neste sentido, na jurisprudência mais recente, o Ac. STJ de 09-10-2006, Proc. n.º 06A2504, o Ac. STJ de 30.09.2004, Proc. 04B2545, Ac. STJ de 22.01.2004, Proc. 03B3959, Ac. STJ de 26.04.1994, Proc. 085021, em www.dgsi.pt.

[1418] A este propósito, vejam-se as observações pertinentes de Oliveira Ascensão, Direito Civil – Reais, cit., pág. 428 e seg e "Propriedade E Posse – Reivindicação E Reintegração", Revista

Isto não equivale, porém, a dizer que o reivindicante tenha de deduzir um pedido autónomo de reconhecimento do direito, e cumulá-lo com o pedido de entrega da coisa. Basta fazer este último[1419]. A finalidade da acção de reivindicação não se encontra na apreciação judicial da existência do direito do reivindicante, mas na condenação do réu na entrega da coisa[1420].

Portanto, na acção de reivindicação, o reivindicante invoca um direito real de gozo e pede ao tribunal que condene o réu a entregar-lhe a coisa.

V. É conveniente separar três aspectos distintos da acção de reivindicação:

- O fundamento da acção (o direito real do autor);
- A causa de pedir;
- O pedido.

O fundamento da acção de reivindicação é o direito real de gozo violado com a posse ou detenção do réu. Isso decorre expressamente do n.º 1 do art. 1311.º, quando se alude ao reconhecimento do direito de propriedade[1421]. Neste ponto, importa deixar bem claro que na acção de reivindicação o autor invoca um direito real de gozo, que não a posse (a propriedade, o usufruto, a superfície, etc.). Se apenas esta surge aduzida, a acção é possessória e não de reividicação e somente pode valer quanto à posse.

A acção de reivindicação distingue-se, assim, da acção possessória de restituição pelo seu fundamento. Na acção de reivindicação o autor alega o direito real de gozo para obter a entrega da coisa pelo réu; na acção de restituição o autor limita-se a aduzir a sua posse – sem invocar, portanto o direito real respectivo – para obter a condenação do réu na restituição.

Segundo o art. 498.º, n.º 4 do Código do Processo Civil, "nas acções reais a causa de pedir é o facto jurídico de que deriva o direito real". Isto quer dizer, que na acção de reivindicação o autor deve apontar o facto jurídico aquisitivo do direito real que invoca como fundamento do pedido de entrega da coisa (a compra e venda, a doação, a usucapião, a ocupação, etc.), não bastando a referência genérica ao direito ou a um facto aquisitivo deste que não seja especificado.

Luso-Africana de Direito, Volume I, 1997, pág. 14 e seg. No sentido do texto, COMPORTI, Diritti Reali In Generale, cit., pág. 76 e seg.

1419 Neste sentido, decidiu, e bem, o STJ, no acórdão de 05.03.1992, Proc. 081470, em www.dgsi.pt.

1420 OLIVEIRA ASCENSÃO, Direito Civil – Reais, cit., pág. 428 e seg e "Propriedade E Posse – Reivindicação E Reintegração", Revista Luso- Africana de Direito, Volume I, 1997, pág. 14 e seg.

1421 Alusão que vale para os demais direitos reais de gozo.

Por vezes, afirma-se que na acção real a causa de pedir é complexa[1422]. No acórdão de 24.10.2006[1423], o Supremo Tribunal de Justiça afirma que "a causa de pedir na lide reivindicatória é complexa consistindo no facto jurídico de que deriva o direito de propriedade, que deve consistir na alegação de uma das formas originárias de adquirir (podendo contudo bastar-se com a existência de um presunção registral) exigindo-se alegação e prova da ocupação abusiva e da coincidência entre a coisa reivindicada e a detida pelo demandado".

Confundem-se aqui aspectos distintos. Em primeiro lugar, a causa de pedir, segundo o disposto no art. 498.º, n.º 4 do CPC, consiste somente no facto aquisitivo do direito real[1424] e não na violação deste direito ou na coincidência entre a coisa reivindicada e a possuída ou detida pelo réu. O autor apenas tem de indicar o facto pelo qual adquiriu o direito alegado.

Em segundo lugar, esse facto não tem de ser um facto aquisitivo originário[1425], como se lê em vários arestos da nossa jurisprudência[1426]. Se o facto aquisitivo é um contrato (compra e venda, doação, permuta, mútuo, etc.) ou a sucessão por morte, será esse o facto indicado pelo autor. Admitindo a lei que o direito real de gozo seja adquirido através de factos translativos, portanto, factos que desendadeiam uma aquisição derivada do transmissário, como é o exemplo do contrato real quanto aos efeitos (compra e venda, doação, permuta, mútuo, etc.), seria um absurdo que o adquirente tivesse de invocar um facto distinto daquele pelo qual adquiriu o seu direito para reivindicar com sucesso e, mais absurdo ainda, que não pudesse reivindicar a coisa do terceiro se não beneficiasse de um facto aquisitivo originário.

Na verdade, revela-se aqui uma confusão entre o facto aquisitivo do direito real e a prova a fazer para demonstrar a titularidade do direito. Aquele que adquiriu o direito real de gozo através de um facto translativo (aquisição derivada), como o comprador ou o donatário, por exemplo, se não beneficiar de uma presunção legal de titularidade, tem de reconstituir a cadeia de titulares do direito real até ao momento da sua constituição.

1422 Cf. igualmente Oliveira Ascensão, "Propriedade E Posse – Reivindicação E Reintegração", Revista Luso- Africana de Direito, Volume I, 1997, pág. 15 e segs. e "Acção de reivindicação", ROA, Abril 1997, pág. 511 e segs.

1423 Proc n.º 06A1631, em www.dgsi.pt.

1424 Veja-se também neste sentido o Ac. STJ de 15.01.2004, Proc. 03B3447, em www.dgsi.pt

1425 Cf. igualmente Oliveira Ascensão, "Propriedade E Posse – Reivindicação E Reintegração", Revista Luso-Africana de Direito, Volume I, 1997, pág. 16.

1426 Ac. STJ de 13.01.2005, Proc. 04B3387, Ac. STJ de 06.06.2002, Proc. 02B1320, em www.dgsi.pt.

Mas este aspecto, que revela apenas da prova do facto aquisitivo do direito, nada tem a ver com a possibilidade do reivindicante indicar como causa de pedir da acção de reivindicação um facto aquisitivo derivado, que permanece inteiramente aberta, como não pode deixar de ser.

Em terceiro lugar, e conforme decorre do exposto, uma coisa é o facto aquisitivo, que constitui a causa de pedir na acção real, outra coisa é a prova do facto. A existência de uma presunção legal de que o autor beneficia, só por si, não equivale à indicação do facto aquisitivo. A presunção apenas inverte o ónus da prova relativamente a um facto. Não basta, pois, como causa de pedir da acção de reivindicação[1427]. Porém, a afirmação da titularidade do direito real acompanhada da junção de certidão predial pode satisfazer a exigência legal relativa à causa de pedir, considerando-se que o facto aquisitivo do direito é o que resulta da inscrição predial[1428].

A ideia da complexidade da causa de pedir na acção de reivindicação surge outras vezes descrita de um modo a englobar mais do que um facto, em regra, o facto aquisitivo do direito real e o facto ou factos que comprovam a violação concreta do direito invocado pelo autor. Julgamos, no entanto, que isto está em contradição directa com o disposto no art. 498.º, n.º 4 do CPC, que alude somente ao facto aquisitivo do direito real. Por outro lado, e como veremos adiante, o autor apenas tem de demonstrar que o réu tem a coisa em seu poder. Se ele está ou não em violação do direito real do autor prende-se exclusivamente com a avaliação jurídica da sua posição, aspecto que naturalmente não faz parte da causa de pedir da acção[1429].

Por último, o pedido na acção de reivindicação. Este consiste na entrega da coisa ao autor. Como vimos, este é o único pedido que tem de ser feito na reivindicação.

Temos, deste modo, o desenho da acção de reivindicação. O autor invoca a titularidade de um direito real de gozo, indica o facto jurídico concreto donde emerge essa aquisição e pede ao tribunal que condene o réu que tem a coisa em seu poder a entregar-lha.

[1427] Em sentido diferente, Oliveira Ascensão, Direito Civil – Reais, cit., pág. 431.

[1428] Sobre este ponto, cfr. Oliveira Ascensão, "Propriedade E Posse – Reivindicação E Reintegração", Revista Luso-Africana de Direito, cit., pág. 15.

[1429] Contra, Oliveira Ascensão, "Propriedade E Posse – Reivindicação E Reintegração", cit., pág. 15, que defende que não haverá falta de causa de pedir se o autor, não indicando o facto aquisitivo do seu direito, alegar a detenção indevida por terceiro.

VI. A procedência da acção de reivindicação encontra-se, no entanto, sujeita à demonstração cumulativa de três condições, a que chamamos condições de procedência e que são as seguintes[1430]:

- O autor seja titular do direito real de gozo invocado;
- O réu tenha a coisa em seu poder, como possuidor ou detentor;
- O réu não prove ser titular de um direito que lhe permita ter a coisa consigo.

O autor tem de fazer a prova do seu direito, ou seja, e dito por outras palavras, demonstrar que adquiriu o direito por um facto jurídico válido e eficaz. É a isto a que se liga tradicionalmente a prova diabólica (*diabolica probatio*)[1431].

A prova do facto aquisitivo do direito do autor é feita nos termos gerais. Se o autor beneficia de presunção legal, o ónus da prova inverte-se, cabendo ao réu demonstrar que o autor não é titular do direito invocado. As presunções mais importantes a considerar para este efeito são a presunção fundada no registo predial (art. 7.º do CRP) e a presunção fundada na posse (art. 1268.º, n.º 1).

Não beneficiando o autor de nenhuma das presunções legais e caso o réu tenha contestado a titularidade daquele quanto ao direito real invocado[1432], o primeiro tem de desenvolver a actividade probatória tendente à demonstração dessa titularidade.

Sendo o facto aquisitivo derivado (contrato, sucessão por morte), a prova da titularidade do autor faz-se reconstruindo a cadeia dos adquirentes anteriores até a uma aquisição originária, ou seja, o autor tem de provar a validade dos factos translativos do direito até ao seu, o que significa provar a titularidade do direito na esfera jurídica dos transmitentes anteriores até ao transmitente do seu direito.

1430 Na jurisprudência, cf. o Ac. STJ de 20.06.2006, Proc. 06A1631, em www.dgsi.pt.

1431 Sobre esta matéria, cf. Oliveira Ascensão, Direito Civil – Reais, cit., pág. 429 e segs. e "Propriedade E Posse – Reivindicação E Reintegração", cit., pág. 17 e seg.

1432 Se não contestou, levanta-se o problema de saber se ainda assim tem de desenvolver toda a actividade probatória tendente à demonstração da aquisição válida do direito. Oliveira Ascensão, "Propriedade E Posse – Reivindicação E Reintegração", cit., pág. 17, entende que se o réu não se proclama proprietário ou, mais genericamente, se não contesta justificadamente a propriedade, "a prova de propriedade que se requer é uma prova sumária, destinada apenas a apurar a verosimilhança de ser aquele sujeito a actuar a pretensão real. É pois uma prova *prima facie* e de modo nenhum uma prova exaustiva". Concordamos com esta posição.

Esta actividade probatória, podendo embora representar um fardo pesado, tem como limite a aquisição originária do direito. Provando-se um facto aquisitivo originário do direito real (a usucapião, a acessão, a ocupação, a aquisição tabular, etc.), não há que recuar mais atrás, pois esse é o momento da constituição do direito adquirido pelo autor.

O facto aquisitivo originário pode beneficiar o transmitente do autor ou outro dos anteriores transmitentes do direito. Se o facto aquisitivo originário ocorreu na esfera jurídica de um dos transmitentes anteriores, os factos translativos subsequentes devem ser provados até ao autor.

O fardo probatório da reconstituição das titularidades anteriores do direito até chegar à sua não afecta o autor se ele puder invocar um facto aquisitivo originário (por exemplo, a usucapião, a acessão ou a ocupação). Nesse caso, tudo se reduz à demonstração do facto aduzido como aquisitivo do direito alegado na acção.

A segunda condição de procedência da acção de reivindicação é a de que o réu tenha a coisa reivindicada consigo[1433]. Se o reivindicante demanda um possuidor anterior que já transmitiu a sua posse a um terceiro, a acção só poderá improceder. De outra forma, o tribunal condenaria o réu a uma actividade impossível: a entrega de uma coisa que não está em seu poder. Assim, não interessa ao titular do direito real reivindicá-la de todos aqueles que tiveram posse ou detenção sobre ela, mas apenas do possuidor ou detentor actual.

Não releva para a lei o estatuto possessório do demandado. Este pode ser um possuidor ou um detentor (art. 1311.º, n.º 1). Tão-pouco tem o autor de provar a qualidade de possuidor ou de detentor do demandado. Que o réu tenha a coisa em seu poder é tudo o que o reivindicante tem de demonstrar quanto a este ponto, independentemente de aquele ser detentor ou possuidor[1434]. Caso seja demandado um detentor, a lei portuguesa não obriga o réu a identificar o possuidor. Mas este pode intervir ou ser chamado a intervir pelo detentor demandado nos termos regulados no Código do Processo civil para a intervenção de terceiros.

A última condição de procedência da acção de reivindicação liga-se à existência ou não de um direito do demandado a ter a coisa em seu poder.

[1433] Neste sentido, na jurisprudência, cf. os Acs. STJ de 24.10.2006, Proc n.º 06A1631, de 20.06.2006, Proc. 06A1631, em www.dgsi.pt.

[1434] Se, demandado o detentor, este deve informar o possuidor da acção, é um aspecto que releva da relação jurídica entre ambos, mas que é indiferente para o reivindicante.

Esse direito pode ser um direito real, de gozo ou de garantia (penhor, direito de retenção), ou um direito de outra natureza, como um direito pessoal de gozo (arrendamento, comodato, por exemplo).

A jurisprudência tem manifestado esta ideia com recurso a fórmulas variadas. Assim, no acórdão de 16.10.2006[1435] o Supremo Tribunal de Justiça sustenta que "demonstrada a propriedade e a detenção por outrem a entrega só pode ser obstada com base em qualquer relação obrigacional ou real que legitime a recusa de restituição". No acórdão de 20.06.2006[1436], o Supremo decidiu que na acção de reivindicação "compete ao réu, se for o caso, o ónus de provar que é titular de um direito que legitima a recusa da restituição"[1437].

E compreende-se que assim seja. A reivindicação encerra uma reacção contra a violação do direito real do autor, permitindo a este que obtenha a entrega da coisa; todavia, se o réu tem um direito que legitima a posse ou detenção da coisa, o direito do autor tem de ser confrontado com o direito do réu. Se a articulação entre ambos os direitos determinar que a coisa deva permanecer com o réu, o que é o caso se o direito do autor está onerado com um direito real do réu ou se existe um direito pessoal de gozo validamente constituído a favor do réu, a acção de reivindicação deve ser declarada improcedente, pois, a ser de outro modo, ficaria preterido o direito do réu apenas porque o autor reivindicou a coisa.

A acção de reivindicação só procede caso o réu não tenha o direito a ter a coisa consigo para o exercer; se tem, a acção deverá improceder.

O reivindicante não tem de impugnar os sucessivos actos de disposição do direito até ao possuidor actual. Uma vez que o direito real é absoluto, os actos de disposição celebrados por terceiro sem legitimidade negocial são quanto ao titular daquele direito ineficazes[1438]. Por esta razão, ao reivindi-

[1435] Proc n.º 06A1631, em www.dgsi.pt.

[1436] Proc. 06A1631, em www.dgsi.pt.

[1437] Com uma fórmula semelhante, cf. o Ac. STJ de 04.04.2006, Proc. 06A621, o Ac. STJ de 27.09.2005, Proc. 05A2278, o Ac. STJ de 17.02.2005, Proc. 04B4131, o Ac. STJ de 13.01.2005, Proc. 04B3387, o Ac. STJ de 15.01.2004, Proc. 03B3447, o Ac. STJ de 20.11.2003, Proc. 03B3431, o Ac. STJ de 11.03.1999, Proc. 98A1236, o Ac. STJ de 07.02.1995, Proc 086313, Ac. STJ de 26.04.1994, Ac. STJ de 20.06.1990, Proc. 079209, Proc. 085021, em www.dgsi.pt.

[1438] O que não impede que, em regra, sejam nulos, por falta de legitimidade do disponente. No entanto, o titular do direito real de gozo não tem de fazer declarar essa nulidade, podendo simplesmente demandar o possuidor ou detentor actual da coisa. É essa a consequência dos actos praticados por terceiros serem ineficazes quanto a ele.

cante apenas interessa demandar o possuidor ou detentor actual da coisa, podendo ignorar completamente os títulos dos antecessores deste último.

Estamos agora em condições de apreender o esquema de funcionamento da acção de reivindicação. Nesta acção, o autor alega a titularidade de um direito real de gozo, indica o facto aquisitivo do seu direito[1439] e pede ao tribunal que condene o réu a entregar-lhe a coisa. Para que a acção seja procedente, contudo, o autor deve provar o facto aquisitivo do direito e que o réu tem a coisa em seu poder[1440]. Se o autor faz a prova de que é titular do direito real de gozo invocado na acção e de que o réu tem a coisa em seu poder – seja possuidor seja detentor, o que para o efeito é irrelevante – o réu apenas pode evitar a procedência da acção provando ser titular de um direito (real, pessoal ou outro) que legitime a posse ou detenção da coisa e obste, assim, à entrega da coisa ao reivindicante.

VII. Apesar da formulação literal ampla do art. 1315.º, que determina a aplicação das disposições precedentes à defesa de todo o direito real, a acção de reivindicação respeita unicamente aos direitos reais de gozo e não a quaisquer outros direitos reais, ainda que atribuam posse, como o penhor ou o direito de retenção. Se o titular de algum destes direitos reais de garantia é esbulhado por terceiro, a defesa da posse é garantida apenas pela acção de restituição e nunca pela acção de reivindicação.

A acção de reivindicação constitui o meio de defesa do direito real de gozo – com excepção da posse – quando o titular está desapossado da coisa e não se estende a nenhum outro direito real.

VIII. A acção de reivindicação é a acção de defesa do direito real de gozo contra aquele que tem a coisa em seu poder, como possuidor ou detentor, e não a entrega ao titular do direito. Conquanto seja uma acção destinada a obter a posse da coisa para o titular do direito real, não é a única acção real que tem esse efeito. Também a acção possessória de restituição tem por escopo a devolução da coisa ao autor[1441].

Simplesmente, enquanto na acção de reivindicação o autor invoca um direito real de gozo definitivo (a propriedade, o usufruto, o uso e habitação, a superfície, o direito de habitação periódica, a servidão predial), na acção

[1439] Que pode ser originário ou derivado, como vimos.

[1440] Correctamente, o Ac. STJ de 17.11.1994, Proc. 083498, em www.dgsi.pt.

[1441] Sobre toda esta matéria, cf. também Oliveira Ascensão, "Propriedade E Posse – Reivindicação E Reintegração", cit., pág. 18 e segs.

de restituição o autor invoca apenas a sua posse, não o direito real a que ela se refere. Se invoca este, a acção é de reivindicação, não de restituição.

IX. Uma vez que a ordem jurídica confere ao titular do direito real desapossado a alternativa entre a acção de reivindicação (defesa do direito real) e a acção de restituição (defesa da posse)[1442], para aquele tudo consiste numa escolha.

Essa escolha não é de todo indiferente. Cada acção tem uma configuração própria ao nível do fundamento, causa de pedir e pedido e segue o seu regime jurídico próprio, nomeadamente, de prova. Em atenção a isto, caberá ao interessado escolher a acção que mais lhe convém.

X. A acção de reivindicação constitui uma acção real de defesa do direito real de gozo. Deste modo, ela pode ser intentada contra todo aquele que viole esse direito, incluindo outros titulares de direitos reais sobre a coisa.

Assim, o usufrutuário pode reivindicar a coisa do proprietário esbulhador, como o pode fazer igualmente o titular de servidão de passagem contra o usufrutuário que o desapossou do prédio. E, da mesma forma, o comunheiro pode reivindicar a coisa de outro comunheiro que o esbulhou.

Importa não esquecer que, defronte do titular do direito real, todos os outros são terceiros, mesmo o que também é titular de direito real sobre a coisa. Daí que, se um titular de direito real viola com a sua posse ou detenção o direito real de gozo de outro titular, tendo ambos os direitos a mesma coisa por objecto, o titular do direito real violado pode reivindicar a coisa do violador.

XI. A acção de reivindicação pode levar ao confronto do direito real de gozo do autor (a propriedade, o usufruto, etc.) com a posse do réu. Ora, a posse é igualmente um direito real, como teremos oportunidade de demonstrar. Pode, assim, perguntar-se legitimamente qual dos dois direitos prevalece neste conflito, o direito real de gozo do autor ou a posse do réu?

Não pode haver dúvidas na resposta. A propriedade ou o direito real de gozo prevalece sempre sobre a posse. Como bem decidiu o Supremo Tribunal de Justiça no acórdão de 28.05.2002[1443], "a posse não é oponível ao titular do direito real a que ela corresponde, prevalecendo, em caso de conflito, a propriedade".

[1442] Naturalmente, se tiver a posse da coisa.

[1443] Proc. 01B1466, em www.dgsi.pt.

Esta solução tem um fundamento normativo expresso no art. 1311.º, n.º 1, dado que de acordo com este preceito o proprietário – leia-se todo o titular de direito real de gozo (art. 1315.º) – pode pedir a restituição da coisa "de qualquer possuidor ou detentor da coisa", o que supõe a prevalência do direito real sobre a posse, em qualquer caso[1444].

XII. Por vezes, lê-se em alguns arestos dos nossos tribunais que a acção de reivindicação é a acção dirigida pelo titular do direito real sem posse contra o terceiro possuidor. E, outras vezes, vai-se inclusivamente mais longe, surgindo a afirmação, segundo a qual, "a acção de reivindicação ou petitória pressupõe que o proprietário que arroga essa qualidade não tenha posse ou detenção da coisa, mas sim terceiro a quem ele tem de exigir a restituição do que lhe pertence"[1445].

A acção de reivindicação tem por objectivo obter a restituição da coisa que não se encontra com o reivindicante, mas tal não significa que, pelo menos no momento da interposição da acção, o autor não seja ainda possuidor da coisa. Com efeito, nos termos da alínea d) do art. 1267.º, a posse só se extingue um ano após o esbulho, prazo esse que não decorre se a posse foi tomada ocultamente, enquanto não se tornar pública, ou se foi tomada com violência, enquanto esta não cessar (art. 1267.º, n.º 2).

Deste modo, pode muito bem suceder que o reivindicante seja ainda possuidor da coisa quando intenta a acção. Isto de forma alguma afecta a sua posição, pois o que conta é que se encontra sem a coisa em seu poder e pretende recuperá-la para exercer o seu direito.

Convém, pois, sublinhar, que a acção de reivindicação pode ser intentada pelo reivindicante que tem a posse jurídica da coisa contra o terceiro que tem a posse ou detenção efectiva dela.

189. A acção negatória

I. A *actio negatoria* era igualmente uma *actio in rem* no Direito romano, desde o período clássico. Com ela, o proprietário quiritário pedia que fosse negada a existência de um direito real menor (uma *servitute* ou um *ususfructus*, por exemplo) e que cessasse a perturbação existente mediante

[1444] O mesmo sucede na acção de restituição quando o réu invoca a *exceptio dominii*. Sobre isto, cf. infra no texto.

[1445] Ac. STJ de 29.09.1993, Proc. 084271, em www.dgsi.pt.

a restituição da coisa no estado em que estaria se a perturbação não houvesse tido lugar[1446].

Através desta acção, o proprietário prosseguia uma finalidade dupla: a declaração de que a propriedade se encontrava liberta do direito real menor e a cessação da perturbação, com a reconstituição do estado em que a coisa estaria se não fosse ela.

Na acção negatória não estava em causa o dominío do autor, que não era objecto de controvérsia, mas a impugnação do direito real menor do réu. O autor tinha de provar o seu direito de propriedade, no entanto, a prova da propriedade não tinha para ele o rigor e a importância que assumia na acção de reivindicação[1447]. O réu, ao invés, tinha de provar a constituição do direito real menor, sob pena da *actio negatoria* proceder contra ele.

O réu que sucumbia na *actio negatoria* era condenado a restituir a coisa ao proprietário e, em alguns casos, a prestar caução para prevenir violações futuras (*cautio amplius non turbando*).

II. A acção negatória surgiu como uma acção de defesa da propriedade, como a acção de reivindicação. O seu espectro, porém, é bem maior. Ela pode ser intentada pelo titular de um direito real maior, e não apenas pelo proprietário,[1448] contra aquele que se arroga a titularidade de um direito real menor (um usufruto, uma servidão, etc.) e tem por objectivo principal a demonstração de que o ónus invocado pelo réu não existe[1449].

Não vemos nenhum inconveniente em qualificar como negatória a acção em que o proprietário possuidor pede ao tribunal que declare que o réu não é o proprietário[1450]. Não se trata aqui de fazer declarar a inexistência de um ónus, mas de afastar a pretensão real de alguém que se arroga o mesmo direito real do autor. A acção não é de reivindicação porquanto não se pede a restituição da coisa, e é negatória, uma vez que o pedido consiste na declaração da inexistência do direito do réu. Neste sentido, já

[1446] KASER, Direito Privado Romano, cit., pág. 166, KASER/KNÜTEL, Römisches Privatrechts, cit., pág. 137, BIONDO BIONDI, Istituzioni Di Diritto Romano, cit., pág. 279 e seg., BONFANTE, Istituzioni Di Diritto Romano, cit., pág. 244, SANFILIPPO, Istituzioni Di Diritto Romano, cit., pág. 218.

[1447] BONFANTE, Istituzioni Di Diritto Romano, cit., pág. 244.

[1448] Embora historicamente ligada à propriedade, o alcance da *actio negatoria* estende-se a todos os direito reais maiores, no âmbito dos quais se pode constituir um direito real menor.

[1449] COMPORTI, Diritti Reali In Generale, cit., pág. 77 e seg.

[1450] E o mesmo se diga do autor usufrutuário, usuário, superficiário, etc., contra o réu que se arroga o mesmo direito.

decidiu, supomos que bem, o Supremo Tribunal de Justiça em aresto de 29.09.1993[1451].

III. O Direito português actual não autonomiza a acção negatória como acção real típica, ao contrário do Direito italiano que a previu no art. 949 do Codice Civile. No seu lugar, pode ser intentada uma acção de simples apreciação negativa (art. 4.º, n.º 2 alínea a) do CPC)[1452], uma acção declarativa que segue as regras do processo comum e que tem por fim a declaração da inexistência de um direito.

Ainda assim, e apesar da ausência de previsão legal, a doutrina não deixa de apontar a acção negatória como uma modalidade de acção real[1453]. Existem, no entanto, diferenças assinaláveis entre a *actio negatoria* romana e a acção negatória no Direito português vigente. Uma das finalidades da *actio negatoria* no Direito romano era a eliminação da posse do réu, com a restituição da coisa ao autor. Essa finalidade não pode ser conseguida meramente com uma acção de simples apreciação negativa, que se dirige à declaração judicial de que o direito que o réu se arroga não existe. Se o autor pretende ainda a entrega da coisa, tem de fazer o pedido respectivo, o que leva a extravasar do âmbito processual da acção de simples apreciação negativa para entrar no da acção condenatória (art. 4.º, n.º 2 alínea b) do CPC)[1454]. E o mesmo se diga relativamente à indemnização pelos danos sofridos[1455].

O fundamento da acção negatória é o direito real do autor; a causa de pedir, o facto jurídico do qual emerge o direito real invocado pelo autor da acção (art. 498.º, n.º 4 do CPC) e o pedido, a declaração da inexistência do direito real menor do réu. O autor, alegando a titularidade de um direito real (maior), aduz o facto de aquisição do direito que invoca e deduz ao tribunal o pedido de declaração da inexistência do direito do réu.

[1451] Proc. 084271, em www.dgsi.pt.

[1452] Ver também Menezes Leitão, Direitos Reais, cit., pág. 229, Santos Justo, Direitos Reais, cit., pág. 298.

[1453] Oliveira Ascensão, Direito Civil – Reais, cit., pág. 432 e segs., Menezes Cordeiro, Direitos Reais, cit., pág. 593 e seg., Menezes Leitão, Direitos Reais, cit., pág. 229, Carvalho Fernandes, Lições De Direitos Reais, cit., pág. 277, Santos Justo, Direitos Reais, cit., pág. 298.

[1454] A outra diferença de fundo consiste na reconstituição do estado da coisa, que a *actio negatoria* possibilitava no Direito romano e que a acção de simples apreciação negativa não faculta no Direito actual.

[1455] Sobre este ponto, Oliveira Ascensão, Direito Civil – Reais, cit., pág. 434.

Como condição de procedência da acção, temos:

- O autor seja o titular do direito real invocado;
- O réu não prove que o direito real (menor) existe.

A prova do facto aquisitivo do direito real invocado pelo autor pertence naturalmente a este. A doutrina aponta aqui uma exigência menos intensa de prova relativamente à acção de reivindicação[1456], afastando a necessidade da prova diabólica. Na verdade, não estando em causa a declaração da existência do direito do autor, mas a declaração da inexistência do direito do réu, a prova do direito deve ser menos rigorosa e exigente do que na acção de reivindicação, bastando formar no tribunal a convicção de verosimilhança de que o direito existe e o autor é o seu titular. As presunções legais de titularidade do direito real têm igualmente na acção negatória um campo de aplicação.

A prova de que o direito do réu existe cabe a este[1457]. A ser feita essa prova, a acção negatória será improcedente. Já se o réu não consegue provar que tem o direito, a acção deverá proceder[1458]. O *non liquet* probatório funciona sempre contra o réu na acção negatória.

A improcedência da acção negatória tem o efeito de declarar a existência do direito do réu. Não se vê outro resultado possível, uma vez que essa improcedência equivale ao reconhecimento do direito do réu[1459].

190. A acção confessória

I. O Direito romano cometeu a *vindicatio servitutis* e a *vindicatio ususfructus* – mais tarde uniformizadas na *actio confessoria* pelos compiladores – à tutela das servidões e do usufruto[1460]. O escopo desta *actio*, uma *actio in rem* no Direito romano, era fazer o proprietário confessar que existia um direito de

[1456] Oliveira Ascensão, Direito Civil – Reais, cit., pág. 433 e seg. Era já assim no Direito romano. Segundo Bonfante, Istituzioni Di Diritto Romano, cit., pág. 244, "a prova da propriedade não se exige que seja rigorosa e absoluta, como na acção de reivindicação, porque o domínio é condição remota e nem a lide versa propriamente sobre ele".

[1457] Neste sentido, na jurisprudência, cf. o Ac. STJ de 04.04.2006, Proc. 06A621, o Ac. STJ de 10.11.2005, Proc. 05B3055, o Ac. STJ de 03.07.2003, Proc. 03B2066,

[1458] Cf. o Ac. STJ de 04.04.2006, Proc. 06A621, o Ac. STJ de 30.01.2003, Proc. 02B3949 em www.dgsi.pt.

[1459] Neste sentido, na jurisprudência, o Ac. STJ de 30.01.2003, Proc. 02B3949, em www.dgsi.pt, no qual se decidiu que a improcedência de uma acção negatória de servidão de passagem importa o reconhecimento dessa servidão na relação entre as partes.

[1460] Bonfante, Istituzioni Di Diritto Romano, cit., pág. 281 e seg.

servidão sobre a coisa[1461]. O autor tinha de provar a servidão e nas servidões prediais também a propriedade do prédio dominante[1462].

Com a *actio confessoria* o autor conseguia retomar o exercício do seu direito, ser indemnizado dos seus danos e obter uma garantia contra turbações futuras mediante a *cautio amplius non turbando*.

II. Na configuração usual da acção confessória, o autor pretende afirmar contra o réu a existência de um direito real menor que este último não aceita. Se o proprietário contesta o usufruto ou a servidão, o que pretende afirmar esse direito pode intentar uma acção confessória com a finalidade de obter a declaração judicial da existência do mesmo.

Não custa, todavia, compreender no âmbito desta acção a declaração de existência da propriedade, quando o autor não pretenda a entrega da coisa do réu, mas apenas ver reconhecida judicialmente contra ele a sua qualidade de proprietário[1463].

Tal como sucede relativamente à acção negatória, e contrariamente ao Direito italiano, que a manteve em sede de servidão (art. 1079), a acção confessória não constitui uma acção real típica na ordem jurídica portuguesa, apesar de também a ela se referir a doutrina mais recente[1464]. No seu lugar, pode ser intentada uma acção de simples apreciação positiva (art. 4.º, n.º 2 alínea a) do CPC)[1465], uma acção declarativa que segue as regras do processo comum e que tem por fim a declaração da existência de um direito.

O fundamento da acção confessória é o direito real do autor; a causa de pedir, o facto jurídico aquisitivo desse direito (art. 498.º, n.º 4 do CPC)[1466] e o pedido, a declaração da existência do direito real menor do réu. O autor, alegando a titularidade de um direito real (menor), aduz o facto de aquisição do direito que invoca e deduz ao tribunal o pedido de declaração da existência do direito do réu.

[1461] BONFANTE, Istituzioni Di Diritto Romano, cit., pág. 281.

[1462] BONFANTE, Istituzioni Di Diritto Romano, cit., pág. 281.

[1463] SANTOS JUSTO, Direitos Reais, cit., pág. 298, apenas refere esta hipótese de acção confessória.

[1464] OLIVEIRA ASCENSÃO, Direito Civil – Reais, cit., pág. 434 e segs., MENEZES CORDEIRO, Direitos Reais, cit., pág. 593 e seg., MENEZES LEITÃO, Direitos Reais, cit., pág. 229, CARVALHO FERNANDES, Lições De Direitos Reais, cit., pág. 277, SANTOS JUSTO, Direitos Reais, cit., pág. 298.

[1465] Cf. também SANTOS JUSTO, Direitos Reais, cit., pág. 298.

[1466] Num sentido diferente, OLIVEIRA ASCENSÃO, Direito Civil – Reais, cit., pág. 436, o qual sustenta que a causa de pedir nesta acção é a relação jurídica real, sendo os factos aquisitivos do direito real irrelevantes.

Como condição de procedência da acção, temos uma única:

– O autor seja o titular do direito real invocado.

Ao autor cabe o ónus probatório da aquisição do direito real; ao réu pertence demonstrar, em contraprova, que esse direito nunca se constituiu ou já se extinguiu. A prova do autor é uma prova semelhante à prova diabólica. Se alguém invoca a titularidade de um direito real sobre a coisa tem de provar o facto aquisitivo respectivo, se necessário reconstituindo a cadeia de titulares anteriores até uma aquisição originária. Há, porém, um limite para essa prova: se o autor reconstitui a cadeia de transmissão (incluindo a sucessão) até ao direito do réu, não tem de provar mais nada. O réu não pode pretender que o autor faça uma prova para além do momento de aquisição do seu próprio direito.

III. A acção confessória é uma acção real no sentido por nós propugnado[1467]. Ela diferencia-se da acção de reivindicação por não envolver um pedido de entrega da coisa. Se o autor pede ao tribunal que declare o seu direito e condene o réu a entregar-lhe a coisa, a acção é de reivindicação (art. 1311.º, n.º 1)[1468].

Na acção confessória, o autor apenas pede a declaração da existência do direito, ou porque já tem a posse da coisa e pretende o reconhecimento de que essa posse coincide com a titularidade do direito a que respeita ou, não tendo a posse, pretende obter a declaração judicial do direito para poder iniciar, de seguida, o seu exercício.

[1467] Contra, Oliveira Ascensão, Direito Civil – Reais, cit., pág. 436.
[1468] Contra, Menezes Cordeiro, Direitos Reais, cit., pág. 595.

PARTE TERCEIRA

PARTE ESPECIAL

191. A parte especial de Direitos Reais

Enquanto na parte geral se encontra a matéria que respeita a todos os direitos reais ou à categoria principal deles, os direitos reais de gozo, a parte especial contém a descrição do regime jurídico de cada tipo de direito real.

Assim, é na parte especial que se procede ao ensino do conteúdo típico de cada direito real, se descrevem os seus factos constitutivos, translativos e extintivos específicos, bem como outras particularidades do regime jurídico consagrado. Porquanto os aspectos comuns da disciplina de Direitos Reais são versados na parte geral, não há necessidade de fazer referência a eles na parte especial nem de os repetir no regime jurídico de cada um dos direitos reais. Essa é justamente uma das vantagens de uma parte geral em Direitos Reais.

Em todo o caso, uma vez que os direitos reais se classificam em três categorias fundamentais, os direitos reais de gozo, de garantia e de aquisição, manteremos a separação entre elas, apresentando em três títulos diferentes o regime jurídico dos direitos reais que se integram em cada uma das categorias.

A ordem da exposição que se segue repousa na importância de cada uma das categorias, da principal, a dos direitos reais de gozo, à dos direitos reais de garantia e de aquisição. Nos direitos reais de gozo seguiremos uma ordem de exposição decrescente, do direito real maior, ou mais extenso, se se preferir, a propriedade, para o menor ou menos extenso, a servidão predial.

Deixamos para o fim o direito real de habitação periódica, não tanto pela sua menor extensão relativamente aos demais direitos reais de gozo, o que poderia ser questionado no confronto com o direito de servidão, mas sobretudo pela sua inferior dignidade e importância, histórica, cultural e científica. Ora, não sendo o tempo lectivo ilimitado, bem pelo contrário, a prioridade deve ir para o estudo dos direitos cuja exigência formativa é maior.

Título Único
Os Direitos Reais de Gozo

Capítulo IX
A Posse

192. Antecedentes históricos da posse moderna

I. A posse[1469] é um produto histórico do Direito romano[1470]. Os romanos desenvolveram a ideia de posse para descrever a situação de alguém que tem o poder de facto sobre uma coisa, o senhorio sobre ela, a sua dominação, num sentido físico ou material, independentemente da existência de título de aquisição, quer dizer, da titularidade de um direito real sobre a coisa, e mesmo que essa situação de facto haja sido criada ilicitamente, por exemplo, através de furto[1471].

Para os romanos sempre foi claro que a posse é distinta da propriedade e não se confunde com ela: *separata esse debet possessio a proprietate* ou *nihil*

[1469] Sobre a controvérsia da origem etimológica da palavra posse, pode ver-se Bonfante, "Il punto di partenza nella teoria romana del possesso", Scritti Giuridici Varii, III., pág. 516 e segs.

[1470] Para a perspectiva histórica, cf. A Posse. Estudo Do Seu Objecto E Extensão, cit., Parte Primeira.

[1471] Sanfilippo, Instituzioni Di Diritto Romano, cit., pág. 221 e segs., Biondo Biondi, Instituzioni Di Diritto Romano, cit., pág. 323, Bonfante, Instituzioni Di Diritto Romano, cit., pág. 288 e segs.

commune habet possessio cum proprietate[1472], diz ULPIANO. Pode-se ser proprietário e não ter posse, e vice-versa.

O poder de facto de alguém sobre uma coisa não conferia um estatuto unitário no Direito romano. Nem todos aqueles que tinham o poder de facto eram possuidores. Na realidade, é possível distinguir a *possessio naturalis*, a *possessio* e a *possessio civilis*[1473].

A *possessio naturalis*, também denominada *possessio corpore*, não é uma verdadeira posse, mas detenção, falando-se, por isso, em *naturaliter possidere* ou *detinere*[1474]. O detentor também tem o elemento de facto que está na base da posse, no entanto, e segundo a maioria dos romanistas, não tem a intenção de exercer um direito próprio, o *animus possidendi*, actuando em nome e por conta de outra pessoa, que é a verdadeira possuidora[1475].

As fontes não são, contudo, inteiramente unívocas na referência à *possessio naturalis*, que em alguns casos parece indicar igualmente a posse e não somente a detenção[1476].

A simples *possessio* é a posse, por contraposição à detenção; no Direito romano ela envolve um elemento material, que os romanos denominavam *possidere corpore*, e que surge posteriormente designado por *corpus*, numa evolução terminologicamente incorrecta[1477], mas que se tornou usual na doutrina, e – pelo menos segundo a grande maioria dos romanistas – um elemento subjectivo[1478], o *animus possidendi* ou *possidentis, possessoris, affectio possidendi, propositum possidendi*[1479], *animus rem sibi habendi*[1480], *animus domini*[1481], etc. Quem tem o *corpore possidere* sem o *animus possidendi* é mero detentor.

[1472] Entre tantos outros, cf. SANTOS JUSTO, Direito Privado Romano, cit., pág. 148, KASER/ /KNÜTEL, Römisches Privatrecht, cit., pág. 99, BONFANTE, Corso Di Diritto Romano, cit., pág. 169, BIONDO BIONDI, Instituzioni Di Diritto Romano, cit., pág. 323.

[1473] Sobre o tema, BONFANTE, "La possessio civilis e la possessio naturalis", Scritti Giuridici Varii, III., pág. 534 e segs., BIONDO BIONDI, Instituzioni Di Diritto Romano, cit., pág. 324, SANFILIPPO, Instituzioni Di Diritto Romano, cit., pág. 222 e seg., SAVIGNY, Das Rechts Des Besitzes, Darmstadt, 1967, pág. 89 e segs., KRESS, Besitz und Recht, Nürnberg, 1909, pág. 12 e segs.

[1474] BONFANTE, "LA possessio civilis e la possessio naturalis", cit., pág. 536 e segs. e Instituzioni Di Diritto Romano, cit., pág. 292, BIONDO BIONDI, Instituzioni Di Diritto Romano, cit., pág. 324.

[1475] SANFILIPPO, Instituzioni Di Diritto Romano, cit., pág. 222 e BONFANTE, Instituzioni Di Diritto Romano, cit., pág. 292.

[1476] SANTOS JUSTO, Direito Privado Romano, cit., pág. 156.

[1477] Para a crítica da substituição da locução clássica *possidere corpore* por *corpus*, cf. BONFANTE, Corso Di Diritto Romano, cit., pág. 178 e segs.

[1478] BONFANTE, "La possessio civilis e la possessio naturalis", cit., pág. 543.

[1479] Por todos, cf. BONFANTE, Corso Di Diritto Romano, cit., pág. 188 e segs. Evitamos a locução *animus domini*, amplamente divulgada por SAVIGNY, Das Recht Des Besitzes, cit., pág. porque ela

A *possessio* atribui ao possuidor a tutela interdital, uma forma de tutela admitida pelo pretor para defender a posse contra actos turbativos ou de esbulho praticados por terceiros. Porque justamente permite a defesa por interditos, a *possessio* aparece designada por vezes como *possessio ad interdicta*.

Finalmente, a *possessio civilis* (*civiliter, iure civili possidere* ou *civilis possessio*[1482]) é, para utilizar uma expressão de SANFILIPPO[1483], uma posse qualificada, porquanto se trata de uma posse fundada numa *iusta causa*[1484], isto é, um facto reconhecido pelo *ius civile* para transferir a propriedade, independentemente da validade desse facto (a compra e venda viciada, por exemplo, constitui um título justificativo da posse, mesmo que não transfira o direito de propriedade).

No Direito romano clássico, a *possessio civilis* era um verdadeiro direito, ao contrário da *possessio*, e dava azo a uma protecção possessória mediante a *actio Publiciana*, concedida pelo pretor.

A *possessio civilis* é a posse requerida por lei para a aquisição da propriedade por usucapião. Mantida por um certo período de tempo, esta posse facultava ao possuidor a aquisição do *dominium*. Daí ser, por vezes, conhecida por *possessio ad usucapionem*[1485].

II. A origem histórica da posse, não obstante as incertezas, parece fundar-se em dois troncos[1486]. O primeiro, no antigo *usus* da Roma primitiva, que recebe referência expressa na Lei das 12 Tábuas, a propósito do prazo

envolve uma particular interpretação dos textos romanos, que está longe de reunir o consenso entre os romanistas.

1480 BIONDO BIONDI, Instituzioni Di Diritto Romano, cit., pág. 325, SANFILIPPO, Instituzioni Di Diritto Romano, cit., pág. 222. Segundo BURDESE, "Possesso (Diritto romano)", cit., pág. 452, a referência ao *animus sibi habendi* parece ter surgido somente com os autores medievais.

1481 Menção que surge somente no Direito justinianeu. Cf. BURDESE, "Possesso (Diritto romano)", Enc. Del Dir., pág. 452.

1482 Vide BONFANTE, "La possessio civilis e la possessio naturalis", cit., pág. 558.

1483 Instituzioni Di Diritto Romano, cit., pág. 222.

1484 BONFANTE, "La possessio civilis e la possessio naturalis", cit., pág. 559, KASER/KNÜTEL, Römisches Privatrecht, cit., pág. 100, KASER, Direito Privado Romano, cit., pág. 126, CANNATA, "Possesso (Diritto romano)", Noviss. Dig. It., pág. 328.

1485 BIONDO BIONDI, Instituzioni Di Diritto Romano, cit., pág. 325, SANFILIPPO, Instituzioni Di Diritto Romano, cit., pág. 222, BONFANTE, Instituzioni Di Diritto Romano, cit., pág. 293.

1486 Entre nós, MENEZES CORDEIRO, A Posse – Perspectivas Dogmáticas Actuais, 3.ª Ed., pág. 15 e segs.; na doutrina estrangeira, cf. KASER/KNÜTEL, Römisches Privatrecht, cit., pág. 99 e seg., KASER, Direito Privado Romano, cit., pág. 125 e seg., BURDESE, "Possesso (Diritto romano)", cit., pág. 453.

para a *usucapio*. Durante o Direito romano antigo, o *usus*, mais tarde denominado *habere*, reflecte o estado de facto semelhante, mas não coincidente com esta[1487].

O segundo tronco radica na concessão de terras agrícolas do Estado (*ager publicus populi Romani*) aos *paterfamilias*, contra uma renda ou a título gratuito. Ao *paterfamilias* não era atribuído o *dominium* sobre as terras do *ager publicus*, mas sim a *possessio* da coisa[1488], que possivelmente cumulava com a sua *possessio* sobre terras do domínio privado.

A *possessio* do *ager publicus* podia ser revogada pela autoridade pública a todo o tempo, tendo, no entanto, a sua defesa garantida contra a interferência de terceiros por meio de providência decretadas pelo pretor: os interditos (*possessio ad interdicta*). Com efeito, se bem que de início o *possessor* se pudesse apenas defender pelos seus próprios meios, com o tempo forem sendo criados pelo pretor vários *interdicta*, os quais permitiam uma defesa judicial contra o terceiro agressor da *possessio*. A *vindicatio* e a *contravindicatio* não eram reconhecidas ao possuidor[1489].

O alargamento posterior da tutela interdital fora da *possessio* do *ager publicus*, às situações de facto correspondentes ao antigo *usus* ou *habere*, operou a consolidação da *possessio*, agora tratada unitariamente.

III. A *possessio* designa, assim, no Direito romano a situação de facto por contraposição à situação de Direito[1490], a situação em que se encontra o que está investido no senhorio sobre a coisa defronte do *dominium* ou de outro direito, que pode ou não estar na titularidade do *possessor*.

193. A noção de posse

I. Tem sido notado que definir a posse é uma das tarefas mais árduas do direito[1491]. Bonfante[1492] afirma mesmo que a noção de posse é a mais controvertida do Direito.

1487 Vacca, "Usucapione (Diritto romano)", Enc. Del Dir., nota 6.

1488 Kaser/Knütel, Römisches Privatrecht, cit., pág. 100, Kaser, Direito Privado Romano, cit., pág. 126, Burdese, "Possesso (Diritto romano)", cit., pág. 453, Cannata, "Possesso (Diritto romano)", cit., pág. 325, Pugliese, Istituzioni Di Diritto Romano, cit., pág. 128 e segs.

1489 Veja-se Pugliese, Istituzioni Di Diritto Romano, cit., pág. 131.

1490 Por todos, Bonfante, "La possessio civilis e la possessio naturalis", cit., pág. 559, Burdese, "Possesso (Diritto romano)", cit., pág. 453.

1491 Menezes Cordeiro, A Posse, pág. 8 e segs.

1492 Corso Di Diritto Romano, cit., pág. 170.

O Código Civil português inicia o Livro III, dedicado a Direitos Reais, com a noção de posse. Preceitua o art. 1251.º que "posse é o poder que se manifesta quando alguém actua por forma correspondente ao exercício do direito de propriedade ou de outro direito real".

À formulação escolhida pelo legislador português têm sido dirigidas várias críticas[1493]. Por nós, acentuamos três. Ao nível técnico-jurídico, a utilização do termo poder no art. 1251.º acarreta uma considerável ambiguidade. Na dogmática jurídica, o poder consiste numa situação jurídica activa menos extensa do que o direito subjectivo, do qual se distingue. Se o legislador se quis referir a ele na sua acepção técnica, a opção não foi certamente feliz, pois a posse engloba vários poderes e não um só[1494]. E a observação não deixa de ser igualmente verdadeira se se vê na posse uma mera situação de facto, pois esta não pode ser aludida através de um termo que exprime uma situação jurídica.

Em segundo lugar, ao mencionar que a posse é um poder que se manifesta quando alguém actua por forma correspondente ao exercício do direito de propriedade ou de outro direito real, o art. 1251.º transmite o sentido inexacto que a posse pressupõe um comportamento activo do possuidor, quando é certo que o art. 1257.º, n.º 1 parte final dispõe claramente que há posse desde que o possuidor possa actuar materialmente sobre a coisa quando queira, por conseguinte, mesmo que não actue.

Por outro lado, e em terceiro lugar, a actuação por forma correspondente ao direito de propriedade ou de outro direito real pode não revelar qualquer posse. A disposição da propriedade ou de outro direito real de gozo a favor de um terceiro, mediante uma compra e venda, uma doação ou testamento, não pressupõe a posse e pode muito bem dar-se sem que ela exista a favor do disponente.

Mais do que avançar com uma noção, o legislador deveria ter-se concentrado com os aspectos atinentes ao regime jurídico da posse, deixando para a doutrina o trabalho de construção dogmática desta figura.

II. Definindo a posse, diremos que ela consiste no controlo material de uma coisa corpórea nos termos de um direito.

[1493] Para uma crítica geral, cf. Menezes Cordeiro, A Posse, cit., pág. 33 e segs.; para a noção de posse, veja-se Menezes Cordeiro, Direitos Reais, cit., pág. 384 e segs. e Oliveira Ascensão, Direito Civil – Reais, cit., pág. 59 e segs.

[1494] Sobre este argumento, cf. Menezes Cordeiro, A Posse, cit., pág. 39.

Toda a posse repousa numa situação em que existe um senhorio de alguém sobre uma coisa corpórea. Sem o controlo físico da coisa não se adquire a posse; do mesmo modo, a continuidade da mesma requer a permanência da sujeição da coisa ao possuidor, sob pena de extinção.

Por outro lado, o Direito reconhece e protege a posse na medida em que através dela se exterioriza um direito sobre a coisa, direito esse que a lei portuguesa presume estar na titularidade do possuidor (art. 1268.º, n.º 1 do Código Civil).

O controlo material da coisa e a exteriorização de um direito ligado a esse controlo são os elementos estruturantes da posse, a partir dos quais se torna possível a respectiva definição.

194. A autonomia da posse

I. Na linguagem corrente e na concepção social, a posse vem frequentemente confundida com a propriedade, numa indistinção em que ambas surgem como sinónimas da mesma realidade jurídica[1495]. Com efeito, é comum a alusão à propriedade como posse e ao proprietário como possuidor, mesmo sem contar com outros usos do termo (tomada de posse, posse do cargo, posse de estado, posse do direito, etc.) que nada têm a ver com o significado que a posse assume em Direitos Reais.

Na perspectiva de Direitos Reais, porém, essa confusão não deve ser feita. Dentro de um plano estritamente jurídico, a posse e a propriedade são realidades diferenciadas[1496]. Isto sucede, com clareza, desde o Direito romano: *separata esse debet possessio a proprietate* ou *nihil commune habet possessio cum proprietate*[1497].

O Direito moderno manteve esta separação entre a posse e a propriedade, admitindo não só um diferente regime jurídico para cada uma destas realidades, mas a possibilidade de dissociação entre a propriedade e a posse, investidas em pessoas diferentes. No Direito português, essa separação era clara já no Código Civil de Seabra[1498] e acentuou-se com o novo Código

[1495] Facto que é usualmente notado. Já JHERING o fazia em "Der Besitz", Jherings Jahrbücher für die Dogmatik des bürgerlichen Rechts, Band 32, 1893, pág. 41.

[1496] Uma explicação nítida deste fenómeno por um dos grandes mestres do tratamento da posse encontra-se em RUDOLF VON JHERING, "Der Besitz", cit., pág. 41 e segs. Veja-se também, BARASSI, Diritti Reali E Possesso, cit., pág. 19 e segs.

[1497] Cf. BONFANTE, Corso Di Diritto Romano, cit., pág. 169.

[1498] Cf. JOSÉ TAVARES, Os princípios fundamentais do Direito Civil, cit., pág. 644 e segs.

Civil de 1966, que trata a posse no Título I do Livro III, artigos 1251.º a 1301.º, e a propriedade no Título II do mesmo Livro.

A autonomia da posse face à propriedade radica igualmente na circunstância de a posse se poder referir a outros direitos para além da propriedade, direitos reais de gozo e direitos de outra natureza, nomeadamente, pessoais, como veremos adiante.

A isto acresce, que a posse pode existir sem que o direito a que se refere esteja validamente constituído, isto é, sem que haja um direito que lhe corresponda. A posse formal não deixa de ser uma verdadeira posse.

A autonomia da posse defronte dos outros direitos reais de gozo, e, de um modo geral, de todos os direitos a que se pode reportar, é uma herança da nossa história, da recepção do Direito romano e da manutenção dos seus quadros dogmáticos até à actualidade.

Sendo a posse independente do direito real ou, como nós preferimos dizer, sendo a posse outro direito real de gozo ao lados dos restantes, tem um conteúdo singular que, no confronto com os outros direitos reais, conforma o tipo de direito real em que se traduz.

A autonomia da posse explica que os seus factos constitutivos, translativos, modificativos e extintivos sejam específicos, diversos dos outros direitos reais, e que à posse o Direito associe a produção de efeitos jurídicos próprios (presunção de titularidade do direito, fruição, benfeitorias, tutela possessória, usucapião, etc.).

II. A autonomia da posse não se compatibiliza com a ideia que a ela integra o conteúdo do direito real. Com efeito, se o possuidor não é titular do direito real a que a posse se refere (posse formal), a posse é conteúdo de que direito? Se, inversamente, o titular do direito real de gozo não tem posse, poderá dizer-se que ao conteúdo do seu direito pertence a posse?

E como explicar factos constitutivos, translativos e extintivos (a par de outros efeitos) diferentes que respeitam aos direitos que são exteriorizados através dela? Por exemplo, a posse transmite-se por tradição (incluindo a *traditio brevi manu*) e constituto possessório, mas a propriedade não se transmite por nenhum destes modos; quer dizer, que uma parte do conteúdo do direito real se adquire de uma maneira e outra (a posse) doutra?

E o que sucede quando a aquisição do direito real se dá tendo a posse como pressuposto, na usucapião ou na ocupação, por exemplo? Já JHERING[1499]

[1499] "Der Besitz", cit., pág. 48 e segs.

demonstrou que o momento da posse nestes factos não permite confundi-la com o direito (a propriedade ou outro) cuja aquisição permite.

Como dissemos, a posse constitui um direito distinto do direito exteriorizado no seu exercício. Se o possuidor tem simultaneamente a titularidade do direito real, então na mesma esfera jurídica reúnem-se dois direitos: a posse e o direito real a que ela se refere; caso a posse surja dissociada do direito real, ao possuidor apenas cabe a posse. De qualquer modo, a posse nunca integra o conteúdo do direito que exterioriza no comportamento do possuidor.

195. As funções da posse

1. JHERING[1500], em estudo dedicado ao tema, classifica as teorias que buscam o fundamento da posse em relativas e absolutas[1501]. Segundo o autor, enquanto as teorias relativas buscam o fundamento da posse no exterior dela, as absolutas fazem-no no interior da posse[1502].

Dentro das teorias relativas, JHERING[1503] distingue quatro[1504]:

- As que proíbem a violência, defendidas por SAVIGNY[1505] (a violação da posse é um delito) e RUDORFF (a violação da posse consiste numa violação da ordem jurídica)[1506];
- A que sustenta que ninguém pode molestar a posição de outro sem ter um direito prevalente (THIBAUT[1507]);

[1500] Über den Grund des Besitzesschutzes – Eine Revision der Lehre vom Besitz, reimpressão da 2. Auflage, Jena, 1869, 1968, pág. 4 e segs. e em "Beiträge zur Lehre vom Besitz", Jahrbücher für die Dogmatik des heutigen römischen und deutschen Privatrechts, Bd. 9, 1868, pág. 3 e segs. e "Der Besitz", cit., pág. 57 e segs.

[1501] Veja-se também DERNBURG, Pandekten, Sachenrecht, cit., pág. 5 e segs.

[1502] JHERING, Über den Grund des Besitzesschutzes, cit., pág. 4.

[1503] Über den Grund des Besitzesschutzes, cit., pág. 5 e seg. e "Beiträge zur Lehre vom Besitz", cit., pág. 5 e seg.

[1504] Veja-se também MANUEL RODRIGUES, A Posse, cit., pág. 23 e segs., MENEZES CORDEIRO, A Posse, cit., pág. 47 e segs, MENEZES LEITÃO, Direitos Reais, cit., pág. 97 e segs., ORLANDO DE CARVALHO, "Introdução à Posse", RLJ, ano 122.º, pág. 66, HENRIQUE MESQUITA, Direitos Reais, cit., pág. 80 e segs., SANTOS JUSTO, Direitos Reais, cit., pág. 158.

[1505] Das Rechts Des Besitzes, Darmstadt, 1967, pág. 55 e segs.

[1506] A que podemos acrescentar DERNBURG, Pandekten, Sachenrecht, cit., pág. 5 e segs., que afirma que a conservação da situação de facto sobre as coisas representa uma condição de subsistência da vida social.

[1507] THIBAUT, System des Pandekten-Rechts, cit., pág. 213 e segs.

- A que defende que o possuidor, que tem um direito à posse, não pode ser molestado até demonstração em contrário (Röber);
- As teorias que explicam a função da posse como defesa da propriedade:
  - Como possível propriedade (opinião antiga);
  - Como início de propriedade (Gans);
  - No interesse da necessária complementação da defesa da propriedade (do próprio Jhering)[1508].

Dentro das teorias absolutas, a posse seria tutelada porque:

- Ela seria a vontade na sua incorporação fáctica (Gans, Puchta[1509], Bruns[1510])[1511-1512];
- Permitiria a defesa da propriedade através do controlo fáctico da coisa (Stahl).

A doutrina moderna[1513] tem encontrado diferentes funções para a posse[1514]. Para alguns, a posse tem uma função de publicidade e de legitimação[1515]. Para outros tem uma função de protecção e publicidade[1516] ou só de publicidade[1517]. Na versão mais corrente, porém, a posse tem uma função

[1508] Ver também do autor, "Der Besitz", cit., pág. 67.

[1509] Puchta, Pandekten , cit, pág. 182 e segs.

[1510] Bruns, Das Recht des Besitzes im Mittelalter und in der Gegenwart, Tübingen, 1848, pág. 487 e segs. e Die Besitzklagen des römischen und heutigen Rechts, Weimar, 1874, pág. 263 e segs.

[1511] Também Winsheid parece ter aderido a esta teoria. Cf. Lehrbuch des Pandektenrechts, cit., pág. 481 e seg.

[1512] Uma crítica desta teoria pode ver-se em Dernburg, Pandekten, Sachenrecht, cit., pág. 6 e seg.

[1513] Sobre este ponto e com mais referências bibliográficas, José Alberto Vieira, A Posse. Estudo Sobre O Seu Objecto E Extensão, cit., 79.

[1514] Bund, Staudinger Kommentar zum BGB, § 854, II, 5, 1.

[1515] Bauer, Zur Publizitätsfunktion Des Besitzes Bei Übereignung Von Fahrnis, Festschrift für Friedrich Wilhelm Bosch, zum 65. Geburtstag, Bielefeld, 1976, pág. 1 e segs., Westermann//Gursky/Eickmann, Sachenrecht, cit., pág. 85, Wolff/Raiser, Sachenrecht, cit., pág. 23, Hans Stoll, Grundriss des Sachenrechts, cit., pág. 60 e seg., Eichler, Institutionen des Sachenrechts, cit., pág. 58, Lent/Schwab, Sachenrecht, cit., pág. 11.

[1516] Schapp/Schur, Sachenrecht, cit., pág. 25 e seg.

[1517] Eckert, Sachenrecht, cit., pág. 40.

de protecção[1518], uma função de conservação (continuidade)[1519] e uma função de publicidade[1520].

A função de protecção revela-se através das acções possessórias e da acção de indemnização pela violação da posse[1521]. O possuidor pode reagir contra ameaças, turbações e esbulho da coisa possuída e tem direito a uma reparação dos prejuízos contra o terceiro violador da posse.

A função de conservação[1522] manifesta-se em mais do que um aspecto[1523]. Um primeiro, na tutela atribuída ao possuidor contra quem constituiu o direito a seu favor. O locatário, o comodatário, o depositário e o parceiro pensador podem usar as acções possessórias mesmo contra o locador, o comodante, o depositante ou o proprietário. Um segundo aspecto reside no fortalecimento da posição do titular de direitos pessoais de gozo[1524].

[1518] WESTERMANN/GURSKY/EICKMANN, Sachenrecht, cit., pág. 83 e seg., VIEWEG/WERNER, Sachenrecht, cit., pág. 15, STADLER, SOERGEL BGB, cit., pág. 23 e seg., BAUR/STÜRNER, Sachenrecht, cit., pág. 64, BAUR, Sachenrecht, cit., pág. 45, BREHM/BERGER, Sachenrecht, cit., pág. 34, PRÜTTING, Sachenrecht, cit., pág. PRÜTTING, Sachenrecht, cit., pág. PRÜTTING, Sachenrecht, cit., pág. 19, WIELING, Sachenrecht, cit., pág. 43 e segs. e Sachenrecht, Sachen, Besitz an beweglichen Sachen, cit., pág. 121, VIEWEG/WERNER, Sachenrecht, cit., pág. 15, WESTERMANN/GURSKY/EICKMANN, Sachenrecht, cit., pág. 83 e seg., STOLL, Grundriss des Sachenrechts, cit., pág. 60, SCHAPP/SCHUR, Sachenrecht, cit., pág. 25.

[1519] Na doutrina portuguesa, ORLANDO DE CARVALHO, Introdução À Posse, in Direito Das Coisas, cit., pág. 262. Na doutrina estrangeira, VIEWEG/WERNER, Sachenrecht, cit., pág. 16, BAUR/STÜRNER, Sachenrecht, cit., pág. 65, BAUR, Sachenrecht, cit., pág. 46 e seg., BREHM/ /BERGER, Sachenrecht, cit., pág. 35, PRÜTTING, Sachenrecht, cit., pág. 19, STADLER, SOERGEL BGB, cit., pág. 23 e seg., VIEWEG/WERNER, Sachenrecht, cit., pág. 16, WOLF/WELLENHOFER, Sachenrecht, cit., pág. 36.
As posições de SAVIGNY e de RUDORFF. Mais recentemente, cf. WESTERMANN, BGB-Sachenrecht, cit., pág. 13, WESTERMANN/GURSKY/EICKMANN, Sachenrecht, cit., pág. 88, LORENZ, ERMAN BGB, cit., pág. 3747, MÜLLER/GRUBER, Sachenrecht, cit., pág. 43 e seg., SACCO/CATERINA, cit., pág. 17 e segs., RISI, Il Possesso, cit., pág. 27, MOTA PINTO, Direitos Reais, cit., pág. 192.

[1520] Na doutrina italiana, cf. BARASSI, Diritti Reali E Possesso, cit., pág. 11 e segs., SACCO/ /CATERINA, Il possesso, cit., pág. 17 e segs., BIANCA, La proprietà, cit., pág. 721 e segs., FINZI, Il Possesso Dei Diritti, Roma, 1915, pág. 148 e segs. D'AVANZO, Il Possesso, Milano, 1939, pág. 262 e segs.

[1521] Cf. os autores citados na penúltima nota, nos locais assinalados e ainda SCHAPP/SCHUR, Sachenrecht, cit., pág. 25 e seg.

[1522] BAUR/STÜRNER, Sachenrecht, cit., pág. 54 e segs., SCHWAB/PRÜTTING, Sachenrecht, cit., pág. 28 e seg., VIEWEG/WERNER, Sachenrecht, cit., pág. 15 e segs., BREHM/BERGER, Sachenrecht, cit., pág. 31 e seg., MÜHL, SOERGEL Komentar, cit., pág. 25 e seg.

[1523] Cf., em particular, BAUR/STÜRNER, Sachenrecht, cit., pág. 55 e seg.

[1524] BAUR/STÜRNER, Sachenrecht, cit., pág. 32 e segs. Cf. oque se disse *supra* sobre o tema.

A posse reforça a tutela destes direitos defronte de terceiros. Um terceiro aspecto, na usucapião[1525], ou seja, na consolidação no possuidor do direito real de gozo exteriorizado através da posse.

A função de publicidade[1526] liga-se à presunção de titularidade do direito associada à posse e, nalguns sistemas jurídicos, que não o português, à tutela da boa fé e à transmissão de direitos reais.

São ainda assacadas à posse as funções de a preservação da paz social[1527], a transmissão da propriedade[1528], presunção e aparência da propriedade[1529], e a defesa da pessoa ou da personalidade do possuidor[1530].

Em Portugal, MENEZES CORDEIRO[1531] defendeu recentemente que a posse tem duas funções: a tutela dominial e a tutela da confiança. Pela primeira, a posse defende a propriedade ou o direito base através das presunções legais e das acções possessórias. Pela segunda, seriam protegidas a confiança do possuidor, que não será molestado, e de terceiros "que, com referência aos bens possuídos, terão, pelo menos, um interlocutor provisório"[1532].

PINTO DUARTE[1533], por sua vez, aponta três funções: a defesa da paz pública, o valor da continuidade e a protecção da confiança.

II. Num tema tão controverso e difícil, nenhuma teoria sobre a função da posse abarca com certeza toda a complexidade do instituto nem pode ter a pretensão de encontrar a explicação definitiva para o problema.

[1525] Naturalmente, para os direitos reais que sejam usucapíveis, ou seja, dos direitos reais de gozo, com excepção dos direitos de uso e habitação e das servidões prediais não aparentes.

[1526] BAUR/STÜRNER, Sachenrecht, cit., pág. 54 e segs., SCHWAB/PRÜTTING, Sachenrecht, cit., pág. 28 e seg., VIEWEG/WERNER, Sachenrecht, cit., pág. 15 e segs., BREHM/BERGER, Sachenrecht, cit., pág. 31 e seg., MÜHL, SOERGEL Komentar, cit., pág. 25 e seg., ECKERT, Sachenrecht, cit., pág. 40, WOLF, Sachenrecht, cit., pág. 79, que fala na posse como um meio de publicidade relativo a coisas móveis.

[1527] As posições de SAVIGNY e de RUDORFF. Mais recentemente, cf. WESTERMANN, BGB-Sachenrecht, cit., pág. 13, WESTERMANN/GURSKY/EICKMANN, Sachenrecht, cit., pág. 88, LORENZ, ERMAN BGB, cit., pág. 3747, MÜLLER/GRUBER, Sachenrecht, cit., pág. 43 e seg., SACCO/CATERINA, cit., pág. 17 e segs., RISI, Il Possesso, cit., pág. 27, MOTA PINTO, Direitos Reais, cit., pág. 192.

[1528] VIEWEG/WERNER, Sachenrecht, cit., pág. 16, WOLF/WELLENHOFER, Sachenrecht, cit., pág. 35, LENT/SCHWAB, Sachenrecht, cit., pág. 11.

[1529] Para além de JHERING, MÜLLER/GRUBER, Sachenrecht, cit., pág. 44.

[1530] WILHELM, Sachenrecht, cit., pág. 221 e segs., WIELING, Sachenrecht, cit., pág. 46 e seg.

[1531] A Posse, cit., pág. 49 e seg.

[1532] A Posse, cit., pág. 49.

[1533] Curso de Direitos Reais, cit., pág. 325 e segs.

Quanto a nós, não há uma única função da posse. A posse desempenha várias funções e só a ponderação de todas elas transmite uma imagem real do papel que a posse tem no ordenamento jurídico.

A primeira função da posse é a de atribuir provisoriamente um direito a quem tem o controlo material de uma coisa corpórea. É uma ideia que encontramos em autores estrangeiros, como HECK[1534], WOLFF/RAISER[1535], TRABUCCHI[1536] e em autores portugueses, como DIAS MARQUES[1537], HENRIQUE MESQUITA[1538] e SANTOS JUSTO[1539], embora sem grandes desenvolvimentos. PAULO CUNHA[1540] fala da posse como um direito de protecção provisória, uma ideia que está na linha dos autores citados.

A atribuição diz-se provisória justamente porque se apresenta resolúvel em alguns casos. Quando a posse é formal[1541] e o proprietário, ou outro titular de direito real de gozo, faz valer o seu direito contra o possuidor, nomeadamente, através da reivindicação, a posse cede no confronto com a propriedade (ou o direito real de gozo) e vem a extinguir-se. O possuidor formal perde então a sua posição para o titular do direito real.

O possuidor (formal) só conserva a sua posse enquanto a titularidade do direito real de gozo não é demonstrada (cf. o art. 1278.º, n.º 1). Isso é igualmente verdade para o possuidor causal que não invoca o seu direito no confronto com outro titular de direito real de gozo. Havendo conflito entre a posse e o direito real, a primeira cederá sempre a favor do segundo. O direito real constitui uma afectação definitiva da coisa ao seu titular, enquanto a posse confere apenas uma atribuição provisória.

Esta atribuição provisória, contudo, enquanto dura, representa em si um direito subjectivo[1542] e implica, como sucede relativamente a todos os direitos subjectivos, uma proibição de ingerência para terceiros, podendo o possuidor defender a sua posição com recurso aos esquemas normativos de tutela da posse.

[1534] Grundriss des Sachenrechts, cit., pág. 9.

[1535] Sachenrecht, cit., pág. 19, por exemplo.

[1536] Istituzioni Di Diritto Civile, Padova, 1992, pág. 409.

[1537] Direitos Reais, cit., pág. 183 e segs.

[1538] Direitos Reais, cit., pág. 53.

[1539] Direitos Reais, cit., pág. 158.

[1540] Direitos Reais, cit., pág. 108.

[1541] Sobre o conceito de posse formal, veja-se infra no texto.

[1542] Sobre este aspecto altamente controverso da temática da posse, cf. *infra* no texto.

Neste sentido, pode-se dizer que a posse desempenha igualmente uma função de prevenção da violência ou de garantia da paz social, pois todos sabem que a posse constitui uma afectação jurídica da coisa ao possuidor e que uma ofensa a ela constitui uma acção ilícita reprimida pela ordem jurídica.

A atribuição provisória de um direito, a posse, a quem tem o controlo material da coisa nos termos de um direito (propriedade, usufruto ou outro), faz-se com total independência da titularidade deste direito. Por conseguinte, também nos casos de posse formal. Por isso, julgamos que as teses que vêem na função da posse uma função de protecção do direito nos termos do qual o possuidor actua ou, muito mais restritivamente, de defesa da propriedade, não se articulam bem com o facto do reconhecimento da posse não estar em nada dependente da prova da titularidade de um direito de base. Se a tutela da posse facilita, em alguns casos, a defesa do direito nos termos do qual ela se exerce[1543], esse é somente um efeito indirecto decorrente da afectação jurídica em que a posse consiste. A protecção possessória ocorre, no entanto, mesmo que o possuidor não seja titular do direito a que se refere a sua posse.

Uma atribuição provisória da coisa a um sujeito, nos termos de um direito real, implicando a proibição jurídica de ingerência de terceiros, para além de um conteúdo próprio de aproveitamento, seria talvez explicação suficiente para a função da posse. De resto, ninguém pergunta pela função dos restantes direitos reais, aceitando-se que eles permitem, em maior ou menor medida, o aproveitamento da coisa; porque razão se faz isso para a posse?

A resposta é que a posse tem uma relação particular com os restantes direitos reais de gozo, sendo um pressuposto fáctico de aproveitamento do conteúdo integral de praticamente todos eles[1544]. O gozo de uma coisa supõe quase sempre que a coisa esteja em poder do titular do direito[1545]. Ora, é a posse da coisa que assegura ao titular do direito de gozo o controlo

[1543] E é verdade que isso acontece, muito particularmente, nos direitos pessoais de gozo, como exemplificam os caos, incontroversos, do o locatário (art. 1037.º, n.º 2), do comodatário (art. 1133.º, n.º 2), do parceiro pensador (art. 1125.º, n.º 2) e do depositário (art. 1188.º, n.º 2). Sobre este aspecto, de reforço da posição jurídica do credor, cf. BAUR/STÜRNER, Sachenrecht, cit., pág. 32 e segs.

[1544] Com a possível excepção das servidões negativas.

[1545] Vejam-se também as observações de JHERING sobre o valor económico do direito real sem a posse, "Besitz", cit., pág. 43 e segs.; JHERING aduz com razão que o valor económico da propriedade é condicionado através da posse.

material sobre ela. Sem posse, fica o poder de disposição jurídica do direito, quando seja normativamente consagrado, mas não o uso e a fruição da coisa, que só a posse garante. Por isso, também o titular do direito real de gozo carece da posse para o exercer quanto a uma larga fatia do seu conteúdo[1546-1547].

Por outro lado, o controlo material da coisa arrasta consigo uma aparência de titularidade de um direito sobre ela. Alguns ordenamentos aproveitam esta aparência que a posse gera para lhe associar um efeito de legitimação negocial, de transmissão do direito real e mesmo de tutela de terceiro de boa fé. O ordenamento português não vai tão longe, pois o princípio posse vale título, consagrado em Itália, em França e na Alemanha, não foi adoptado pelo Direito português, mas também ele permite fundar, com alcance menor é certo, uma função de publicidade da posse. Esta resulta da presunção da titularidade do direito real nos termos do qual a posse se exerce (art. 1268.º, n.º 1). O possuidor, presume a lei, é titular do direito a que a sua posse se reporta.

A função publicitária da posse desenvolve-se, sobretudo, para as coisas móveis, uma vez que quanto aos imóveis existe um sistema organizado de registo predial que assegura a publicidade respectiva e que consagra também uma presunção de titularidade (art. 7.º do CRP).

Por último, a posse tem uma função de conservação, como diz a mais autorizada doutrina alemã, ou de consolidação, como preferimos dizer. Esta função de consolidação fundamenta-se, a nosso ver, na usucapião. Quando o possuidor não é titular do direito real de gozo exteriorizado pela posse, o ordenamento faculta-lhe – verificados os requisitos legais – a aquisição desse direito, com preterição, em última análise, do proprietário da coisa. O ordenamento consegue assim que a exteriorização do direito coincida com a atribuição jurídica do mesmo ao possuidor.

III. Em jeito de síntese, e conforme o exposto, diremos que a posse desempenha quatro funções principais:

- De atribuição provisória do direito nos termos do qual é exercida;
- De garantia da paz social, através da prevenção da violência;

[1546] Savigny falava mesmo na posse como condição do direito (de propriedade), Das Recht Des Besitzes, pág. 27.

[1547] A reivindicação da coisa pelo titular do direito real de gozo (art. 1311.º e 1315.º) é o meio processual pelo qual se exerce o direito com vista à obtenção da posse.

- De publicidade;
- De consolidação.

196. As teorias subjectivistas e objectivistas da posse sobre os elementos da posse

I. A exposição sobre os elementos da posse encontra-se profundamente marcada pela discussão entre dois vultos da civilística europeia do século XIX: SAVIGNY[1548] e JHERING[1549]. Cada um destes eminentes autores ficou ligado a uma das duas principais doutrinas sobre os elementos da posse. A SAVIGNY ligou-se a teoria subjectivista da posse e a JHERING a teoria objectivista.

Antes de começarmos a expor os termos da discussão, lembramos que as teorias em confronto se encontram historicamente limitadas pelos textos do Direito romano, sobre o qual versam e para o qual intentam dar uma interpretação. Os argumentos que se confrontam não valem, pois, defronte dos códigos civis modernos. E aí encontra-se uma limitação estrutural da força e persuasão de cada uma destas teorias. Ordens jurídicas com regimes jurídicos diversos podem fundamentar posições diferentes e tanto o subjectivismo como o objectivismo possessórios só podem valer relativamente a uma ordem jurídica concreta e ao seu Direito.

Apesar da colocação moderna do subjectivismo possessório, ligando-o a SAVIGNY, importa fazer notar que as suas raízes remontam ao período clássico tardio do Direito romano e a PAULO, estendendo-se da glosa medieval à pandectística alemã do século XIX. A concepção subjectivista da posse, independentemente da construção dogmática realizada por SAVIGNY, é muito anterior a este e tem por detrás uma longa lista de autores que insistem todos numa nota comum, seja qual for a época considerada: a posse existe *corpore et animo*.

SAVIGNY[1550] começa por afirmar que por posse de uma coisa todos pensam o estado no qual não é possível somente a influência física própria sobre a coisa, mas em que também toda a influência alheia pode ser evitada. E, mais à frente, esclarece que este estado, no qual a posse se baseia, tem

[1548] A principal obra de SAVIGNY sobre a posse é Das Recht Des Besitzes – Eine Civilistische Abhandlung, cit.

[1549] Über den Grund des Besitzesschutzes, cit. e Der Besitzwille, Jena, 1889, reimpressão Scientia Verlag, Aalen, 1968.

[1550] Das Recht Des Besitzes, cit., pág.

o nome de detenção[1551-1552]. A detenção não seria um conceito jurídico, mas nela residiria o exercício da propriedade e o estado fáctico correspondente a este direito[1553].

Segundo SAVIGNY, a detenção, só por si, não equivaleria a posse. Ela seria insuficiente para esse efeito. Para que alguém seja possuidor, não pode ter uma simples detenção, deve também querer tê-la. A esta vontade de detenção SAVIGNY[1554] começa por chamar *animus possidendi*.

Fazendo luz sobre o que entende por *animus possidendi*, SAVIGNY[1555] esclarece, num passo depois fortemente criticado, que o *animus possidendi* deve ser explicado como *animus domini*. Deste modo, só pode ser possuidor o que, para além da detenção, tiver o *animus*, a intenção de ser proprietário, mesmo que não o seja e o saiba[1556].

Nesta construção, a posse desdobra-se em dois elementos: o elemento físico da relação material entre um sujeito e uma coisa, que SAVIGNY denominava detenção e a doutrina moderna praticamente universalizou sob a referência ao *corpus*, e o *animus*, para aquele autor, a vontade de actuar como proprietário, ou a vontade de actuar como titular de um direito real de gozo, na interpretação que veio a tornar-se largamente dominante. Faltando o *animus*, a posse não existe, há mera detenção; e isto mesmo que o sujeito tenha o controlo físico da coisa.

Altamente controversa na redução do *animus* à propriedade, muito discutível defronte de direitos que no Direito romano eram tidos como susceptíveis de posse (o credor pignoratício, o precarista e o sequestratário), e na construção de uma posse derivada, para evitar a crítica que lhe foi movida de limitar a posse (e o *animus*) à propriedade, a teoria subjectivista de SAVIGNY tornou-se a doutrina clássica da posse. Mesmo depois da aparição da teoria objectivista pela pena de JHERING, a teoria subjectivista, com algumas revisões, continuou sendo vista como a teoria «ortodoxa» da posse[1557].

1551 SAVIGNY, Das Recht Des Besitzes, cit., pág. 26.

1552 Embora todos os autores se refiram a SAVIGNY afirmando que, para ele, a posse consiste em *corpus* mais *animus*, a verdade é que SAVIGNY não menciona o vocábulo corpus, apelando unicamente a palavra detenção. Cf. Das Recht Des Besitzes, cit., pág. 26 e seg.

1553 SAVIGNY, Das Recht Des Besitzes, cit., pág. 27.

1554 SAVIGNY, Das Recht Des Besitzes, cit., pág. 109.

1555 SAVIGNY, Das Recht Des Besitzes, cit., pág. 110.

1556 SAVIGNY, Das Recht Des Besitzes, cit., pág. 111. O autor é claro na afirmação que o ladrão também é possuidor, mesmo que não seja titular do direito de propriedade.

1557 BONFANTE, Corso Di Diritto Romano, cit., pág. 171.

Reduzindo a exposição subjectivista a uma fórmula:

$$\text{Posse} = a + x + c$$
$$\text{Detenção} = a + c.$$

O *corpus* é designado pela letra c; a letra a é o elemento intencional comum a toda a situação de posse e a letra x o elemento que deve juntar-se à vontade, para que se possa falar em *animus domini* ou *possidendi.*

II. A teoria objectivista deve-se a JHERING. Este autor desenvolve a teoria da posse com base num elemento real e noutro suposto: o *corpus* possessório e a intenção inerente à acção do possuidor. Havendo *corpus,* há, em princípio, posse, a não ser que a lei descaracterize a situação para mera detenção. O *animus* está subjacente à acção do possuidor. Ninguém age sem ter vontade. Por isso, quem tem o *corpus* possessório terá também vontade de actuar como titular de um direito real.

Simplesmente, o *animus* ou vontade não releva como elemento autónomo da posse, ele integra o próprio *corpus* possessório. Este, só por si, é suficiente para fundamentar a posse e esta só não existirá por força da incidência de uma norma jurídica que qualifique a situação como mera detenção.

A fórmula exteriorizada por JHERING[1558] para o seu pensamento, ou seja para a teoria objectivista, consiste nisto (considerando que X representa a posse, a o *corpus,* c o *animus,* Y a detenção e n a norma legal que retira a natureza de posse à relação possessória, relegando-a para mera detenção):

$$X = a + c$$
$$Y = a + c - n$$

Diferentemente, a fórmula da teoria subjectivista, segundo JHERING[1559], teria a seguinte expressão (em que @ traduz o *plus* necessário para haver posse):

$$X = a + @ + c$$
$$Y = a + c$$

JHERING[1560] defende que a teoria objectivista considera haver posse com a soma de a + c e que para a teoria subjectivista a situação corresponde

[1558] Der Besitzwille. Zugleich eine Kritik der herrschenden juristischen Methode, cit., pág. 53.

[1559] Der Besitzwille. Zugleich eine Kritik der herrschenden juristischen Methode, cit., pág. 53.

[1560] Der Besitzwille. Zugleich eine Kritik der herrschenden juristischen Methode, cit., pág. 53.

apenas a mera detenção[1561]. A diferença entre ambas as teorias estaria, para o autor, no facto de que a teoria subjectivista requereria um elemento qualitativo adicional positivo (@), enquanto a teoria objectivista a incidência de um elemento negativo (n)[1562].

III. As duas teorias exprimem uma visão muito diferente da posse. Enquanto a teoria subjectivista deixa a decisão sobre a posse com o possuidor, na prescrutação da sua vontade relativamente à situação, numa estranha renúncia à ordenação jurídica pelo Direito, a teoria objectivista atribui à lei o critério de aferição de uma situação como posse ou detenção. Sempre que um sujeito tenha a coisa em seu poder, existe posse, a não ser que, por força de uma norma legal concreta, a posse lhe seja negada.

O subjectivismo de Savigny foi sujeito a uma revisão tendente a eliminar a redução do *animus* à propriedade, que não se moldava ao Direito romano clássico, que já conhecia a posse relativamente a outros direitos (do credor pignoratício, do precarista e do sequestratário), e, sobretudo, aos Direitos modernos, que reconheciam a posse a outros titulares de direitos reais de gozo, o que não se harmonizava com o entendimento de uma vontade de posse limitada à propriedade (*animus domini*).

Curiosamente, não obstante ter tido lugar na Alemanha, a polémica doutrinária sobre os elementos da posse não marcaria a doutrina alemã. Os ecos da discussão são hoje praticamente ignorados pelos jusrealistas alemães, que apenas referem o problema da intenção a propósito da aquisição da posse por apreensão material da coisa[1563]. É no espaço latino, particularmente, italiano, francês e português que a controvérsia subjectivismo//objectivismo em matéria de posse surge desenvolvida e ganha dimensão.

[1561] Que Jhering considera ser o ponto de partida da teoria subjectivista, contrariamente ao da teoria objectivista, que partiria da própria posse. Cf. Der Besitzwille. Zugleich eine Kritik der herrschenden juristischen Methode, cit., pág. 54.

[1562] Jhering, Der Besitzwille. Zugleich eine Kritik der herrschenden juristischen Methode, cit., pág. 53 e seg.

[1563] Cf. Schwab/Prüting, Sachenrecht, cit., pág. 32, Viegweg/Werner, Sachenrecht, cit., pág. 20, Baur/Stürmer, Sachenrecht, cit., pág. 60, Wolf, Sachenrecht, cit., pág. 80, Wieling, Sachenrecht, cit., pág. 48, Wilhelm, Sachenrecht, cit., pág. 182 e segs., Eckert, Sachenrecht, cit., pág. 43, Schapp/Schur, Sachenrecht, cit., pág. 29, Brehm/Berger, Sachenrecht, cit., pág. 39, Müller, Sachenrecht, cit., pág. 34 e seg., Sorgel/Mühl, Sachenrecht, Sorgel Kommentar, cit., pág. 31 e segs., Lent/Schwab, Sachenrecht, cit., pág. 14.

Em Portugal, a doutrina subjectivista teve defensores mesmo antes do Código de Seabra. MELLO FREIRE[1564] definia a posse como a "*naturalis facultas rei insistendi animo sibi habendi*" e LOBÃO[1565] como "*detentio cum animo dominantis seu affectu dominii*", enquanto CORRÊA TELLES[1566] distinguia a posse da dentenção com fundamento na intenção[1567]. A intenção, segundo estes autores, é referida ao direito de propriedade, num desenvolvimento inteiramente coincidente com a abordagem de SAVIGNY.

Já segundo COELHO DA ROCHA[1568], "para se dar posse no sentido jurídico, é necessário, além da detenção, o ânimo de ter, ou dispor da coisa como própria; ou, ao menos, de dispor dela em seu próprio nome, ainda que a propriedade seja de outrem", numa diferente interpretação do elemento intencional[1569], que alarga a outos direitos para além da propriedade.

O Código de Seabra regulou a posse sem qualquer menção ao *animus*[1570]. É conhecida a aversão do Visconde de Seabra ao subjectivismo, do qual dizia "só pode servir para dar logar a disputas"[1571]. Todas as tentativas de consagrar no projecto desse Código a referência ao *animus possidendi* foram rejeitadas[1572].

A ausência de qualquer menção ao *animus* não logrou evitar o surgimento de interpretações de cariz subjectivista, num desenvolvimento interpretativo que o Código de Seabra não facultava. A influência estrangeira, muito marcada pela ortodoxia possessória baseada em SAVIGNY, fez-se

1564 Institutiones, L. III, tomo II, § 5.º.

1565 Notas a Mello, L. III, tomo II, § 5.º.

1566 Digesto Portuguez, vol. I, cit., pág. 568.

1567 "Aquelle que tem em seu poder uma cousa de outro, sem a intenção de a ter como sua, é um simples detentor".

1568 Instituições De Direito Civil Português, cit., pág. 343.

1569 É patente a dissenção deste autor relativamente à limitação do *animus* à propriedade, afastando-se, nesta parte, da linha de SAVIGNY. Sobre este aspecto, cf. também MANUEL RODRIGUES, A Posse, cit., pág. 85 e segs.

1570 O art. 474.º apresentava a seguinte redacção:
"Diz-se posse a retenção ou fruição de qualquer cousa ou direito.
§ 1.º Os actos facultativos ou de mera tolerância não constituem posse.
§ 2.º A posse conserva-se enquanto dura a retenção ou fruição da cousa ou direito, ou a possibilidade de a continuar".

1571 Citação retirada de DIAS FERREIRA, Codigo Civil Portuguez Annotado, vol. II, pág. 8. O autor do Código continua, dizendo, "o codigo desprendeu-se de todas estas ficções e subtilezas imaginadas e sustentadas pelos differentes escriptores que têem commentado a legislação romana, e reconhecidas em todas as leis organizadas sob a influencia d'esta".

1572 Sobre o ponto, cf. MANUEL RODRIGUES, A Posse, cit., pág. 95 e seg.

sentir de um modo poderoso entre nós. A doutrina italiana e a doutrina francesa tinham absorvido a polémica entre SAVIGNY e JHERING e penetraram nos nossos civilistas, influenciando-os no sentido da corrente dominante (a subjectivista).

O primeiro estudo publicado sobre a posse, da autoria de MANUEL RODRIGUES[1573] veio advogar o subjectivismo em matéria possessória: "a posse é constituída por dois elementos: o *corpus* e o *animus possidendi*" [1574]. O autor entende, porém, o *animus* no sentido da teoria da causa e concebe-o para os direitos reais de gozo e para outros direitos, nomeadamente, de crédito[1575].

Posteriormente, PIRES DE LIMA[1576] veio defender a teoria subjectivista. A ela aderiram, em Coimbra, MOTA PINTO[1577], ORLANDO DE CARVALHO[1578], HENRIQUE MESQUITA[1579] e SANTOS JUSTO[1580]. Em Lisboa, JOSÉ TAVARES[1581], na primeira edição da sua obra, DIAS MARQUES[1582], OLIVEIRA ASCENSÃO[1583], na primeira edição do seu manual de Direitos Reais, LIMA ARAÚJO/FERNANDO SEARA[1584], EDUARDO DOS SANTOS[1585] também eles ensinaram a posse numa perspectiva subjectivista. A esta perspectiva juntaram-se mais recentemente PAULA COSTA E SILVA[1586] e RUI PINTO[1587]. Fora das grandes Faculdades de Direito do país, RUI PINTO DUARTE[1588], na Faculdade de Direito da Universidade Nova de Lisboa, SOUSA ANTUNES[1589], na Escola de Direito de Lisboa da Universidade

1573 A Posse, cit., pág. 88 e segs.

1574 A Posse, cit., pág. 89.

1575 A Posse, cit., páginas 89, 92 e 101 e segs.

1576 Noções Elementares De Direito Civil, cit., pág. 134 e segs.

1577 Direitos Reais, cit., pág. 189.

1578 "Introdução à Posse", cit., pág. 67 e segs., Direitos Reais, cit., pág. 268 e segs.

1579 Direitos Reais, cit., pág. 68.

1580 Direitos Reais, cit., pág. 159 e segs.

1581 Os princípios fundamentais do Direito Civil, cit., pág. 68 e seg.

1582 Direitos Reais, volume II, cit., pág.

1583 Direito Civil – Reais, 1.ª ed., 1971, pág. 249.

1584 Direitos Reais, Lisboa, 1980, páginas 171 e 186.

1585 Curso De Direitos Reais, Volume I, Introdução. Direitos Reais De Gozo, Lisboa, 1983, pág. 303 e segs.

1586 Posse ou Posses?, cit., pág. 23 e segs.

1587 Direitos Reais de Moçambique, Teoria Geral Dos Direitos Reais, Posse, Coimbra, 2006, pág. 501 e segs.

1588 Curso De Direitos Reais, cit., pág. 326 e segs.

1589 Direitos Reais, Lisboa, 2017, pág. 299, falando, porém, numa "concepção subjectiva mitigada".

Católica, DURVAL FERREIRA[1590], PENHA GONÇALVES[1591], JOSÉ ALBERTO GONZÁLEZ[1592], todos eles ensinam no quadro do subjectivismo possessório.

Adoptada no Código Civil Anotado de PIRES DE LIMA/ANTUNES VARELA[1593], durante muitos anos uma obra de larga influência na jurisprudência, a teoria subjectivista recebeu uma adesão maciça dos tribunais portugueses, numa tendência que até hoje se mantém[1594].

O panorama começaria, aos poucos, a alterar-se na década de setenta do século passado, com a defesa da concepção objectivista da posse, primeiro com MENEZES CORDEIRO[1595] e depois com OLIVEIRA ASCENSÃO[1596], que inverteu a sua primeira posição sobre o tema. CARVALHO FERNANDES[1597], MENEZES LEITÃO[1598] e BONIFÁCIO RAMOS[1599] viriam a sufragar igualmente a doutrina objectivista da posse.

Mais recentemente, MENEZES CORDEIRO[1600], revendo a sua posição anterior, defendeu que o sistema português da posse é um sistema misto[1601]. A contraposição das alíneas b) e c) do art. 1253.º, por um lado, com a alínea a) do mesmo preceito, por outro, conduziria fatalmente a esse resultado.

IV. Conquanto largamente minoritário, o objectivismo desenvolveu críticas decisivas ao subjectivismo, que ainda hoje permanecem sem resposta. Levadas ao limite, essas críticas são irrespondíveis e comprometem a viabilidade de qualquer teoria subjectivista.

1590 Posse e Usucapião, 3.ª edição, Coimbra, 2008, pág. 141 e segs.

1591 Curso De Direitos Reais, 2. Edição, Lisboa, pág. 243 e segs.

1592 Direitos reais e direito registal imobiliário, 4.ª Edição, Lisboa, 2009, pág. 512 (se bem interpretamos o pensamento do autor).

1593 Cit., pág. 5 e segs.

1594 A título meramente exemplificativo, cf., na jurisprudência recente do Supremo Tribunal de Justiça, os acórdãos STJ de 17.04.2007, Proc. 07A480, de 11.05.2006, Proc. 06B404, de 06.07.2005, Proc. 04B1862, de 07.06.2005, Proc. 05A1607, de 01.06.2004, Proc. 04A1670, de 27.04.2004, Proc. 04A1037, de 31.03.2004, Proc. 04B362, de 07.02.2002, Proc. 01B1888, de 28.05.2002, Proc. 01B1466 Na jurisprudência menos recente, os acórdãos STJ de 03.11.1999, Proc. 99B113, de 05.02.1998, Proc. 97A996, de 23.05.1996, Proc. 088426, de 29.02.1996, Proc. 96B697, de 09.12.1992, Proc. 082464, de 29.10.1992, Proc. 082698, todos em www.dgsi.pt.

1595 Direitos Reais, cit., pág. 395 e segs.

1596 Direito Civil – Reais, cit., pág. 86 e seg.

1597 Lições De Direitos Reais, cit., pág. 289 e seg.

1598 Direitos Reais, cit., pág. 107 e segs.

1599 Manual De Direitos Reais, cit., pág. 136 e segs.

1600 A Posse, cit., pág. 51 e segs.

1601 Ou sobreposto, nas palavras do autor. Cf. A Posse, cit., pág. 64.

Para começar, a intenção do possuidor é imperscrutável, não podendo ser conhecida ou comprovada por ninguém. Só o próprio tem acesso à sua vontade e só ele sabe qual é ela. Ora, o Direito não pode tomar como base de funcionamento de um instituto uma intenção impossível de provar fora do testemunho do próprio interessado.

A teoria da causa[1602], desenvolvida pela última vaga do subjectivismo, tentou suprir este obstáculo insuperável do subjectivismo, vislumbrando a vontade no título aquisitivo do direito a que a posse se refere. Com isto, porém, confunde-se a posse com o direito. O *animus* possessório respeita à própria posse, não ao direito exteriorizado por ela.

Para além disto, e conforme JHERING já explicou há muito tempo, o recurso ao título infirma a base lógica da própria teoria subjectivista, comprometendo-a no seu alicerce estruturante, que é a vontade do possuidor, substituída por um elemento exterior a ele e objectivo.

Por outro lado, a teoria da causa falha sempre em revelar o *animus* quando não existe um título de aquisição do direito. Aquele que meramente se apossa da coisa (art. 1263.º, alínea a) do código civil) sem ter praticado um acto aquisitivo do direito (por exemplo, o furto ou o roubo) ou o que procede à inversão do título da posse por oposição ao possuidor (art. 1265.º do código civil) não tem título de aquisição do direito. Como apurar o *animus* nesse caso?

A segunda dificuldade do subjectivismo reside na própria definição do *animus*. SAVIGNY, como sabemos, baseou-se nos textos romanos para afirmar que a posse é a exteriorização da propriedade e, por isso, a intenção do possuidor seria a de actuar como proprietário (*animus domini*). Esta tese é inexacta defronte dos dados do Direito romano e, não obstante numerosas adesões, tendeu a ser superada por interpretações mais latas do elemento intencional, denominado muitas vezes simplesmente como *animus possidendi* ou *animus sibi habendi* para abranger a posse nos termos de outros direitos[1603].

O trecho seguinte da crítica ao subjectivismo, uma terceira dificuldade, encontra-se naquelas situações em que não se pode falar de *animus*, por o possuidor não revelar qualquer intenção, e ainda assim o Direito reconhecer e atribuir a posse da coisa. Um bebé, uma criança muito pequena, uma

[1602] Em Portugal veja-se MANUEL RODRIGUES, A Posse, cit., pág. 77, DIAS MARQUES, Prescrição Aquisitiva, cit., pág. 30 e segs.

[1603] Só direitos reais de gozo ou também outros direitos subjectivos, nomeadamente, direitos pessoais de gozo.

pessoa afectada por anomalia psíquica ou qualquer outra doença que impeça a formação de vontade própria pode ter a posse de uma coisa. O art. 1266.º do Código Civil confirma-o relativamente às coisas móveis sem dono ("susceptíveis de ocupação"). Nestes casos, as pessoas não podem formar uma vontade esclarecida, um *animus* de posse, mas ainda assim esta posse existe, sem o *animus*.

Quanto às coisa não susceptíveis de ocupação as pessoas sem o uso da razão podem igualmente ter posse. A isso não se opõe o mencionado art. 1266.º. O preceito não proíbe ou afasta a posse de pessoas privadas do uso da razão, determinando apenas que a aquisição respectiva deva ser realizada por meio de pessoa com capacidade, ou seja, um intermediário no sentido do art. 1252.º, n.º 1 do Código Civil. Adquirida a posse por meio deste intermediário, ela mantém-se naquele que não tem o uso da razão, quer dizer, sem *animus* do possuidor.

De uma coisa cuja existência se ignora não pode haver vontade de possuir. Ora, o Direito português, desde o século XVIII, consagrou a solução contrária ao Direito romano, de permitir a sucessão na posse (art. 1255.º do código civil). O sucessor que desconhece a coisa integrada na sucessão não deixa de ser possuidor dela, ainda que, por ignorância, não revele qualquer intenção de a possuir. A posse existe mesmo não havendo qualquer *animus*. Eis outra dificuldade irremovível do subjectivismo.

As críticas finais e devastadoras de todo o subjectivismo encontram-se quando se constata que, afinal:

- A posse pode existir mesmo contra a vontade do possuidor;
- A posse pode ser negada contra quem tem o *animus* de possuir a coisa.

Vejamos um exemplo quanto à primeira hipótese:

A é proprietário e possuidor de um carro velho, que já não lhe oferece nenhuma utilidade, e decide, intimamente, deixá-lo na rua onde vive, aguardando que os serviços camarários o levem, mas permanecendo com as chaves e os documentos do carro.

Apesar de A não ter mais *animus* de actuar como proprietário, continua a ser possuidor, na medida em que mantém o controlo material da coisa e exterioriza, assim, o direito sobre ela.

A segunda hipótese assume a configuração inversa da anterior. Alguém tem o controlo material da coisa e a intenção de a possuir, mas não tem posse segundo o Direito. Os casos das alíneas b) e c) do art. 1253.º do Código

Civil são inequívocos quanto a este aspecto. Aquele que beneficia da tolerância do possuidor (art. 1253.º, alínea b) do Código Civil) não passa de um detentor, ainda que tenha a intenção de ser possuidor e de exteriorizar um direito próprio sobre a coisa. O mesmo se diga daquele que tendo a coisa em seu poder e vontade de possuir não afirma um direito próprio sobre ela ((art. 1253.º, alínea c) do Código Civil).

A ocorrência de situações em que *corpus* e *animus* concorrem simultaneamente e ainda assim a posse vem negada pelo Direito ou, inversamente, em que a intenção se perdeu, não obstante a persistência do *corpus* e da posse, mostra à evidência a irrelevância geral do *animus* como elemento estruturante do instituto.

Em todo o caso, a facilidade do uso de um cripto-argumento, que substitui amiúde a interpretação do sistema jurídico, explica em larga parte o sucesso jurisprudencial do subjectivismo e a completa inércia na remoção de uma teoria explicativa fundada nos textos romanos do *corpus iuris civilis*, que não só não resiste à crítica na construção dogmática abstracta como, sobretudo, não se acomoda mais ao regime jurídico positivado nos códigos civis modernos, em particular, ao português.

Seria, aliás, estranho que a ordem jurídica renunciasse à afectação jurídica de uma coisa através da posse, depositando esta na vontade arbitrária do interessado e deixando a mesma flutuar ao sabor dos seus humores. Como Jhering tão eloquentemente chamou à atenção, alguém podia adormecer como possuidor, levantar-se como detentor e passar o dia a transitar da posse para a detenção consoante os impulsos interiores da sua vontade!

Mais do que engendrar esquemas dogmáticos abstractos de posse, o que importa desvendar é o sistema consagrado normativamente pelo legislador. Os arautos do subjectismo e objectivismo trabalharam sobre os textos do Direito romano. As fontes do Direito português são outras e apenas essas contam para determinar a orientação seguida pela nossa ordem jurídica.

V. Olhemos agora para os dados do nosso Direito, a fim de comprovarmos a opção do legislador português.

O art. 1251.º apresenta uma noção de posse sem nenhuma menção à intenção ou vontade do possuidor. Dispõe-se aí, simplesmente, que a posse é o poder que se manifesta quando alguém actua por forma correspondente ao exercício de dum direito real.

Nos artigos seguintes vem explicitado que esse poder é um "poder de facto". Esta expressão surge no art. 1252.º ("presume-se a posse naquele que exerce o poder de facto") e no art. 1253.º, alínea a) ("os que exercem o poder de facto ..."); ela pretende traduzir o habitualmente designado *corpus* possessório, ou seja, o controlo material de uma coisa corpórea por um sujeito.

Quer dizer, a noção de posse vertida no art. 1251.º faz coincidir a posse com o chamado *corpus* possessório, denominado "poder de facto", e deixa ignorado qualquer elemento intencional. Nenhuma menção ao *animus* surge no art. 1251.º.

Se a definição de posse do art. 1251.º não faz qualquer referência ao *animus* ou vontade, poderíamos esperar encontrá-la a propósito da regulação dos factos constitutivos da posse, nomeadamente, no apossamento e na inversão do título da posse. E isto porquanto no domínio de uma teoria subjectivista de posse a aquisição desta por alguém supõe uma intenção de actuar nos termos de dum direito real. Todavia, os regimes dos artigos 1263.º, alínea a) (apossamento) e art. 1265.º (inversão do título da posse) também não aludem ao *animus*, que não é exigido para a aquisição da posse em qualquer destes factos[1604].

Por outro lado, depois de apresentar uma noção de posse (art. 1251.º) e de dispor que a posse pode ser exercida directa ou indirectamente pelo possuidor (art. 1252.º), o Código Civil elenca logo no art. 1253.º os grupos de casos em que, não obstante haver "poder de facto" (*corpus* possessório), não é atribuída posse ou, noutra formulação, a posse vem descaracterizada para mera detenção.

Se bem atentarmos, esta técnica segue o esquema de JHERING, o qual explicava que os casos de detenção resultavam da incidência de uma norma jurídica que afastava a posse quando havia *corpus*. Por outras palavras, havendo *corpus* existiria posse, excepto se uma particular regra jurídica afastasse essa solução, descaracterizando a situação para mera detenção.

Uma referência à intenção surge, no entanto, na alínea a) do art. 1253.º. Os autores subjectivistas invocam este preceito, sustentando que ele fundamenta a consagração da doutrina subjectivista da posse pela ordem jurídica portuguesa[1605]. No Código Civil Anotado, de PIRES DE LIMA/ANTUNES

[1604] Sobre a irrelevância do *animus* no apossamento e na inversão do título da posse, cf. infra no texto.

[1605] Uma reformulação da interpretação subjectivista da alínea a) do art. 1253.º foi tentada recentemente por PAULA COSTA E SILVA, Posse ou Posses?, cit., pág. 23 e segs., sobretudo, pelo confronto com a proposta interpretativa de OLIVEIRA ASCENSÃO para o preceito.

VARELA[1606], afirma-se que "ao elemento subjectivo – o *animus* – não se refere ostensivamente o art. 1251.º, mas ele deriva de outras disposições do Código, especialmente do artigo 1253.º".

Na verdade, e contrariamente ao que vem defendido por PIRES DE LIMA/ANTUNES VARELA, as alíneas b) e c) do art. 1253.º não supõem qualquer *animus*, ou, dito de forma mais exacta, a sua solução não se altera, qualquer que seja o *animus* do detentor. Ainda que tenha *animus* de actuar como titular de um direito real, aquele que se aproveita da tolerância do possuidor não beneficia nunca de posse, assim como dela não beneficia aquele que, tendo a coisa em seu poder, se limita a exteriorizar um direito de outrem (alínea c)).

Conforme dissemos no ponto anterior, a irrelevância do *animus* para conferir a posse nas situações em que existe o poder de facto (*corpus*) evidencia só por si que é o Direito que decide quem tem posse e não a vontade do sujeito que tem a coisa em seu poder. Nos casos das alíneas b) e c) do art. 1253.º, o sujeito pode ter *corpus* e *animus* e ainda assim não lhe ser reconhecida a posse, havendo mera detenção.

Para além dos argumentos que explanámos anteriormente, também o disposto nas alíneas b) e c) do art. 1253.º compromete qualquer posição que queira ver no Direito português um sistema subjectivista quanto à posse, ao menos um sistema subjectivista puro. Uma teoria subjectivista da posse não explica as soluções consagradas naqueles preceitos.

Chegados a este ponto, resta analisar a alínea a) do art. 1253.º, tantas vezes invocada em nome da teoria subjectivista da posse, na ausência de qualquer outro lugar onde a intenção venha referida. Nessa alínea, pode ler-se que não são havidos como possuidores "os que exercem o poder de facto sem intenção de agir como beneficiários do direito". Terá realmente a alínea mencionada o significado que tantos lhe têm dado, de fundamentar a consagração da teoria subjectivista da posse no Direito português?

A nossa opinião, adiantamo-la, é negativa. Começamos por realçar, que não resulta da alínea a) do art. 1253.º que a intenção seja um elemento constitutivo da posse. O preceito sugere mesmo o contrário. Seria de esperar, de resto, que se o *animus* tivesse o papel de um elemento constitutivo da posse no direito português a referência a ele constasse do art. 1251.º, juntamente com o elemento objectivo (o poder de facto ou *corpus*), e não de um preceito dedicado à detenção.

[1606] Cit., pág. 5 e seg.

Com efeito, a função desempenhada pela intenção no Direito português, segundo a alínea a) do art. 1253.º, é justamente a oposta à defendida pela teoria subjectista: a de afastar a posse numa situação em que normalmente ela existiria[1607]. A intenção funciona como vector de exclusão da posse, não de atribuição da mesma.

Poderíamos expor este entendimento através da fórmula seguinte:

Detenção = *corpus* – *animus.*

Como vemos, há uma distância considerável entre o papel que o *animus* toma na teoria subjectista da posse e a função reconhecida à intenção no Direito português. Para a primeira, o *animus* é um dos elementos da posse; no ordenamento português, ele serve, ao invés, para descaracterizar uma situação que seria à partida de posse.

Quando é que se pode dizer que a intenção afasta a posse segundo a alínea a) do art. 1253.º?

Segundo Oliveira Ascensão[1608], a intenção referida nessa alínea tem o sentido da declaração do agente sobre a própria posse[1609]. O exemplo dado é o do vizinho que toma conta dos bens do emigrante e esclarece publicamente que os restituirá quando o proprietário voltar[1610]. A lei atenderia à declaração como elemento objectivo para fixar as consequências jurídicas, no caso, a mera detenção.

Paula Costa e Silva[1611] liga o sentido da alínea a) do art. 1253.º do código civil a um comportamento concludente do agente possuidor, salientando que a acção deste ostenta a intenção subjacente à finalidade da actuação sobre a coisa, num quadro harmonizado com o subjectivismo possessório.

Menezes Leitão[1612] recusando as interpretações propostas por outros autores para o art. 1253.º, alínea a) do código civil, propõe o seguinte sentido: "ele corresponde a situações em que há exercício de poderes de facto sobre a coisa, mas os mesmos correspondem ao conteúdo de um direito ao

1607 Como também realça Carvalho Fernandes, Lições De Direitos Reais, cit., pág. 275.
1608 Direito Civil – Reais, cit., pág. 88.
1609 Oliveira Ascensão, Direito Civil – Reais, cit., pág. 88.
1610 Oliveira Ascensão, Direito Civil – Reais, cit., pág. 88.
1611 Posse Ou Posses?, cit., pág.
1612 Direitos Reais, cit., pág. 111.

qual a lei não reconhece a tutela possessória". Dá o exemplo do contrato de hospedagem e do direito real de habitação periódica[1613].

MENEZES CORDEIRO[1614], depois de examinar as várias explicações propostas pela doutrina portuguesa e de rever a sua anterior posição[1615], que reconduzia a alínea a) do art. 1253.º à categoria dos actos facultativos[1616], acaba por renunciar a uma explicação fora do enquadramento subjectivista do *animus*, o que o leva inclusivamente a defender uma natureza mista para o sistema português, ao mesmo tempo subjectivista e objectivista[1617].

Desenvolvemos noutro lugar[1618] a interpretação do art. 1253.º, alínea a) do Código Civil. A origem da explicação de sentido deste preceito deve buscar-se em SAVIGNY[1619]. Este autor[1620] defende que a posse se perde com o mero *animus*, contando que o possuidor venha a manifestar uma vontade de sinal contrário à vontade inicial de possuir. Trata-se de uma nova vontade que se contrapõe ao *animus possidendi* anterior[1621].

SAVIGNY[1622] identifica três acções que permitiriam comprovar a perda ou não da intenção do possuidor de manter a posse:

– A primeira seria o constituto possessório[1623];
– A segunda respeitaria à acção de reivindicação[1624];
– A terceira residiria na mera abstenção do possuidor[1625-1626].

1613 MENEZES LEITÃO, Direitos Reais, cit., pág. 111.

1614 MENEZES CORDEIRO, A Posse – Perspectivas Dogmáticas Actuais, cit., pág. 61 e segs.

1615 MENEZES CORDEIRO, Direitos Reais, Lisboa, 1979, pág. 398 e segs.

1616 Rejeitando igualmente essa aproximação dos actos facultativos à alínea a) do art. 1253.º do código civil, MENEZES LEITÃO, Direitos Reais, cit., pág. 108 e segs.

1617 MENEZES CORDEIRO, A Posse – Perspectivas Dogmáticas Actuais, cit., pág. 61 e segs. e 63 e segs.

1618 A Posse. Estudo Sobre O Seu Objecto E Extensão, cit., 37.

1619 Das Rechts des Besitzes, 1.ª edição, cit., pág. 298 e segs. Na 7.ª edição (de RUDORFF), pág. 354 e segs.

1620 Das Rechts des Besitzes, cit., pág. 355.

1621 SAVIGNY, Das Rechts des Besitzes, cit., pág. 355.

1622 Das Rechts des Besitzes, cit., pág. 357 e seg.

1623 SAVIGNY, Das Rechts des Besitzes, cit., pág. 358.

1624 SAVIGNY, Das Rechts des Besitzes, cit., pág. 358 e segs.

1625 SAVIGNY, Das Rechts des Besitzes, cit., pág. 359 e segs.

1626 Das três acções mencionadas por SAVIGNY apenas o constituto possessório tem relevância. O recurso à acção de reivindicação afasta qualquer intenção de perda de posse e a abstenção do possuidor não constitui facto extintivo da posse. Uma vez adquirida, a posse mantém-se com a mera possibilidade de continuação da actuação sobre a coisa (art. 1257.º, n.º 1 do código civil).

A doutrina de SAVIGNY teve um eco considerável na pandectística alemã, que classifica a perda do *animus* como facto extintivo da posse[1627]. No entanto, a primeira hipótese referida vem considerada como tendo na base uma declaração de vontade do possuidor, para a qual se requer capacidade de exercício[1628].

A declaração que SAVIGNY, primeiro, e posteriormente WINDCHEID e DERNBURG[1629-1630] têm em vista consiste numa declaração negocial de onde se retira a mudança do *animus* do possuidor e não numa qualquer declaração deste sobre a sua posse. O caso paradigmático que SAVIGNY[1631] aponta é o do constituto possessório e nele reside, segundo se pensa, o esclarecimento de sentido do art. 1253.º, alínea a) do código civil.

Na alínea a) do art. 1253.º do Código Civil está em causa unicamente a fixação dos efeitos daquele que tendo celebrado um negócio jurídico de transmissão do direito nos termos do qual possuía a coisa, permanece com ela em seu poder, ou seja, dos efeitos do constituto possessório sobre o até aí possuidor da coisa.

O transmitente do direito real apesar de ter o *corpus* possessório (o "poder de facto"), mantendo a coisa consigo e podendo actuar sobre ela, deixa de ser possuidor e passa a mero detentor.

É aos efeitos do negócio jurídico de transmissão do direito real com cláusula de constituto possessório sobre a posse do transmitente que se refere a alínea a) do art. 1253.º do Código Civil, dispondo que aquele perde a posse, mesmo permanecendo com a coisa consigo. Como se explicou noutro trabalho[1632], "na lógica legal a posse representa a exteriorização de um direito sobre a coisa. Se falta essa exteriorização, ou se deixou de existir, a posse sucumbe e transforma-se em detenção. E é essa a razão da mudança de estatuto do até aí possuidor, não qualquer pretenso *animus*".

Ao transmitir o direito exteriorizado a um terceiro por via negocial, o possuidor deixa de exteriorizar o mesmo; a declaração negocial é aproveitada pela lei portuguesa para fazer corresponder a situação do até aí possuidor aos efeitos do constituto possessório: a perda da posse e o início de

[1627] Cf., por exemplo, WINDSCHEID, Lehrbuch des Pandektenrechts, cit., pág. 521 e segs., BARON, Pandekten, cit., pág. 230 e seg.

[1628] WINDSCHEID, Lehrbuch des Pandektenrechts, cit., pág. 522.

[1629] Pandekten, cit., pág. 25.

[1630] Veja-se também BARON, Pandekten, cit., pág. 230.

[1631] Das Rechts des Besitzes, cit., pág. 358.

[1632] A Posse. Estudo Sobre O Seu Objecto E Extensão, cit., 37.

uma detenção da coisa em nome do possuidor (o adquirente do direito no negócio de transmissão com cláusula de constituto).

Reafirmamos, assim, que o Código Civil português é integralmente objectivista em sede de regulação de posse. O *animus* não constitui, assim, um dos elementos da posse.

197. Os elementos da posse

A crítica severa a que sujeitamos o subjectivismo possessório leva naturalmente a que não o consideremos o *animus* elemento da estrutura da posse. Uma posse pode existir sem *animus* ou mesmo contra ele. O regime jurídico português – o único a atender para este efeito – não o autonomiza ou menciona, não lhe dando qualquer papel na atribuição, manutenção ou extinção da posse.

Por esta razão, a predominância actual do pensamento subjectivista da posse no panorama doutrinário nacional apenas pode ser explicada pela tradição ou pela inércia. Ela contraria hoje de modo vincado os dados normativos do sistema jurídico, propiciando amiúde decisões jurisprudenciais contrárias a ele[1633], o que se afigura inaceitável.

De forma diversa, mas igualmente criticável, o objectivismo de JHERING, no seu afã de remover o *animus* do espectro dogmático da posse, retirou à análise possessória o elemento teleológico que fundamenta a atribuição e tutela da posse pela ordem jurídica: a exteriorização de um direito.

O controlo material da coisa apenas ascende a uma situação de posse quando surge ligado ao exercício de um direito, independentemente de o possuidor ser titular do mesmo (posse causal) ou não ser (posse formal), de o saber ou de o ignorar.

Não basta, pois, para afirmar a sua existência que uma situação de senhorio físico sobre uma coisa (corpórea) se combine com a ausência de uma norma jurídica a afastar a posse. Torna-se necessário que aquele que actua o controlo material da coisa surja a exercer um direito que a ela se refira ou, dito por outras palavras, a exteriorizar um direito próprio a ela relativo.

Nesta ordem de ideias, toda a posse supõe:

- O *corpus* possessório;
- A exteriorização de um direito.

[1633] Sobre o tema cf. A Posse. Estudo Sobre o Seu Objecto E Extensão, cit, Parte Segunda.

Se nenhuma posse existe sem que o possuidor tenha sobre a coisa uma forma de controlo material, este só por si não confere mais do que uma detenção. Se olharmos para o regime jurídico do art. 1253.º do Código Civil percebemos um dado crucial que nos legou a história e a tradição jurídica do romanismo: não há posse sem um direito a que ela se refira.

Simplesmente, esse direito tem de ser afirmado pelo possuidor; um controlo material da coisa exercido por conta de outrém confere sempre detenção, sem excepção (art. 1253.º, alínea c) do Código Civil).

A exteriorização do direito representa o fundamento da tutela possessória[1634]. O Direito protege a posse por presumir que o possuidor é o titular do direito exteriorizado através dela.

198. O *corpus* possessório

I. Toda a posse repousa num dado controlo material de uma coisa (corpórea). A esse controlo autores de vários séculos chamaram-lhe o *corpus* possessório, uma expressão inexistente nas fontes romanas que elucida o senhorio físico ou domínio de facto ("poder de facto") sobre uma coisa corpórea[1635].

O *corpus* possessório tem uma expressão física e representa a possibilidade real de agir materialmente sobre a coisa: um poder de actuação sobre a coisa[1636]. Uma mera possibilidade jurídica, nomeadamente, pela titularidade do direito real de gozo, não chega[1637]. A aquisição de direito real por

[1634] José Alberto Vieira, A Posse. Estudo Sobre O Seu Objecto E Extensão, cit., 79, V.

[1635] Na doutrina portuguesa, cf. Rui Ataíde, Posse E Detenção, Lisboa, 2015, pág. 8 e segs. Na doutrina estrangeira actual, cf. Schwab/Prütting, Sachenrecht, cit., pág. 23, Prütting, Sachenrecht, cit., pág. 20 e segs., Fritzsche, BeckOK BGB, Bamberger/Roth/Rau//Poseck, 43. Edition, 2017, § 854, 21, Ernst, Eigenbesitz und Mobiliarerwerb, pág. 40 e segs.; na doutrina mais antiga, cf., entre outros, Savigny, Das Rechts Des Besitzes (7.ª ed.), cit., pág. 206 e seg., Jehring, Uber den Grund des Besitzschutzes, cit., pág. 179 e segs., Windscheid, Lehrbuch des Pandektenrechts, cit., pág. 498 e segs., Pininski, Der Thatbestand des Sachbesitzerwerbs nach gemeinem Recht, cit., pág. 39 e segs., Exner, Die Lehre vom Rechtserwerb durch Tradition nach österreichischem und gemeinem Recht, Manz, 1867, pág. 86 e segs.

[1636] Joost, Münchener Kommentar, 7. Auflage, 2017, § 854, 3 e 5, Elmar Bund, Staudinger BGB, cit, § 854, pág. 88, Wilhelm, Sachenrecht, cit., pág. 226 e seg., Fritzsche, BeckOK BGB, Bamberger/Roth/Rau/Poseck, cit., § 854, 21, Lorenz, Erman BGB, cit., pág. 3748.

[1637] Elmar Bund, Staudinger BGB, cit, § 854, pág. 88 e 89, Joost, Münchener Kommentar, cit., § 854, 7. Montel, Il Possesso, Seconda edizione, Torino, 1962, pág. 41 fala numa "possibilidade concreta" de actuação e não somente numa "possibilidade abstracta".

negócio jurídico, só por si, não traduz ainda a aquisição da posse se não for acompanhada de algum dos modos de transmissão desta (tradição ou constituto possessório).

Savigny[1638] avançou com uma formulação do *corpus* possessório (a que chama *factum*) que constitui o ponto de partida da discussão moderna:

> "A possibilidade física de actuar directamente sobre a coisa e de excluir qualquer actuação de terceiro".

Esta formulação põe em evidência dois aspectos:

- A possibilidade física de se agir directamente sobre a coisa;
- A possibilidade de excluir a actuação de qualquer terceiro sobre ela.

O primeiro aspecto é verdadeiro, mas convém fazer algumas considerações. A formulação de Savigny acentua correctamente que uma ligação física constante entre o sujeito e a coisa não se afigura necessária para haver posse, contando que o controlo material da coisa se haja estabelecido. Sem esse controlo, a mera possibilidade física de actuação sobre uma coisa não funda nenhum *corpus* possessório e não permite que se fale numa posse sobre ela.

O segundo aspecto realçado por Savigny merece crítica dura[1639], por fazer depender o *corpus* possessório, e assim a própria posse, de um juízo sobre a capacidade de defesa de cada possuidor defronte de terceiros[1640], o que se afigura inaceitável[1641]. A exclusão de terceiros acontece por haver controlo material da coisa pelo possuidor e não por este ser capaz de manter terceiros à distância.

Avançando com uma definição própria, o *corpus* possessório consiste no controlo material da coisa (corpórea)[1642].

1638 Das Rechts Des Besitzes, 1.ª edição, cit., pág. 151; na 7.ª edição, cit., a pág. 210.

1639 Cf., por exemplo, Jhering, Uber den Grund des Besitzschutzes, cit., pág. 160 e segs., Pininski, Der Thatbestand des Sachbesitzerwerbs nach gemeinem Recht, cit., pág. 40 e segs., Dernburg, Pandekten, cit., pág. 20, nota 4.

1640 Com razão, Pininski, Der Thatbestand des Sachbesitzerwerbs nach gemeinem Recht, cit., pág. 41 e seg.

1641 Esta parece ser a interpretação dominante na Alemanha no momento presente. Cf. Joost, Münchener Kommentar, cit., § 854, 5, Fritzsche, BeckOK BGB, Bamberger/Roth/Rau//Poseck, cit., § 854, 22.

1642 Para o desenvolvimento adequado, José Alberto Vieira, A Posse. Estudo Sobre O Seu Objecto E Extensão, cit., 38.

O controlo material do possuidor sobre a coisa, o *corpus* possessório, ocorre quando o possuidor tem a dominação física dela o que exclui naturalmente o controlo de outros, a não ser nos casos de composse e de posses concorrentes referidas a outros direitos que coexistam sobre a coisa ou permitam uma actuação sobre ela.

Tendo uma expressão física, todo o *corpus* possessório surge num dado momento. Este momento coincide com a apreensão material da coisa, que tem lugar através de qualquer um dos factos pelos quais se adquire a posse.

II. O *corpus* possessório assume uma fisionomia diferente consoante a coisa considerada. A posse de uma coisa móvel nunca é igual a de uma coisa imóvel e o tipo de actuação material suscitada para o domínio de uma e outra espécie de coisa corpórea oferece uma natural diversidade.

São algumas as características avançadas pela doutrina para o *corpus* possessório[1643]:

- Uma relação de facto com a coisa;
- Cognoscibilidade do controlo material sobre a coisa;
- Relação espacial com a coisa;
- Duração

A afirmação de que a posse envolve uma relação de facto entre o possuidor e a coisa surge frequentemente[1644]. Em si, tal afirmação encerra um inaceitável erro lógico e ontológico: as relações processam-se entre pessoas e não entre estas e objectos.

A cognoscibilidade do controlo material da coisa, sugerida por alguns autores[1645], faria precludir a natureza possessória da denominada posse oculta. Pelo menos defronte do Direito português, a posse oculta constitui uma verdadeira posse e não se vê por isso que a cognoscibilidade seja um momento do *corpus* possessório.

[1643] Para maiores desenvolvimentos, o nosso estudo A Posse. Estudo Sobre O Seu Objecto E Extensão, cit., 38.

[1644] Na doutrina moderna ver, por exemplo, ELMAR BUND, STAUDINGER BGB, cit, pág. 89, JOOST, Münchener Kommentar, cit., § 854, 5, MÜHL, SOERGEL BGB, Band 6, 12. Auflage, pág. 37, SACCO/CATERNINA, Il Possesso, cit., pág. 3 e segs., RISI, Il Possesso, cit., pág. 41 e segs.

[1645] Cf. ELMAR BUND, STAUDINGER BGB, cit, pág. 89, FRITZSCHE, BeckOK BGB, BAMBERGER/ROTH/RAU/POSECK, cit., § 854, 29, MÜLLER/GRUBER, Sachenrecht, cit., pág. 47, LORENZ, ERMAN BGB, cit., pág. 3748, MÜHL, SOERGEL BGB, cit., pág. 38.

Para vários autores[1646] a posse requer um nexo de ligação espacial entre o possuidor e a coisa, prevenindo para a possibilidade dessa ligação se manifestar de formas muito diferentes consoante a natureza da coisa e o seu uso social e económico e de, por essas razões, ter de ser avaliada de forma não uniforme e igual[1647]. Há quem esclareça mesmo que essa ligação espacial pode ter uma força ou intensidade distinta[1648].

Não se vê, porém, que seja assim. Uma vez criado o *corpus*, a manutenção da posse pressupõe apenas uma possibilidade concreta de actuar sobre a coisa, o que é compatível com a ausência do possuidor em partes remotas do planeta Terra. E isso é verdade mesmo para as coisas móveis, contando naturalmente que se mantenha o controlo material sobre a coisa.

A duração do controlo material sobre a coisa constitui outra das características apontadas pela doutrina[1649] para o *corpus* possessório. Este deveria manter-se por um certo período de tempo para haver posse[1650]. Num exemplo várias vezes repetido, alude-se à pessoa que se senta num banco de jardim durante um tempo antes de se ir embora; não chegaria a ser possuidor ou teria uma "curta posse"[1651].

O tempo não constitui característica do *corpus* possessório. Um acto praticamente instantâneo mas com intensidade suficiente para colocar a coisa debaixo da esfera do controlo do agente é suficiente. E isto tanto para coisas móveis como para coisas imóveis. Tudo o que importa apurar em concreto é se a acção levada a cabo colocou a coisa debaixo da alçada do senhorio físico do agente, em termos de permitir falar num controlo material daquela.

[1646] Elmar Bund, Staudinger BGB, cit, pág. 89 e seg., Baur/Stürner, Sachenrecht, cit., pág. 68, Joost, Münchener Kommentar, cit., § 854, 5, Fritzsche, BeckOK BGB, Bamberger/ /Roth/Rau/Poseck, 43. Edition, 2017, cit., § 854, 22, Müller/Gruber, Sachenrecht, cit., pág. 47, Vieweg/Werner, Sachenrecht, cit., pág. 13, Mühl, Soergel BGB, cit., pág. 37 e seg.

[1647] Elmar Bund, Staudinger BGB, cit, pág. 89.

[1648] Baur/Stürner, Sachenrecht, cit., pág. 68.

[1649] Elmar Bund, Staudinger BGB, cit, pág. 90, Baur/Stürner, Sachenrecht, cit., pág. 68 e seg., Wolff/Raiser, Sachenrecht, cit., pág. 24 e segs., Müller/Gruber, Sachenrecht, cit., pág. 47, Vieweg/Werner, Sachenrecht, cit., pág. 13, Westermann/Gursky/Eickmann, Sachenrecht, cit., pág. 93 e seg., Lorenz, Erman BGB, cit., pág. 3748, Mühl, Soergel BGB, cit., pág. 38, Petersen,"Grundfragen zum Recht des Besitzes", cit., pág. 162.

[1650] Baur/Stürner, Sachenrecht, cit., pág. 68.

[1651] Elmar Bund, Staudinger BGB, cit, pág. 90, Baur/Stürner, Sachenrecht, cit., pág. 68 e seg., Fritzsche, BeckOK BGB, Bamberger/Roth/Rau/Poseck, 43. Edition, 2017, cit., § 854, 23.

III. O *corpus* possessório afere-se pelo controlo material da coisa, o que requer, ao menos no momento inicial, a apreensão física da mesma. Isto ocorre através de qualquer um dos factos aquisitivos da posse, sejam originários (apossamento, inversão do título da posse) sejam derivados (tradição, constituto possessório).

Não perfilhamos a orientação maioritária alemã, segundo a qual, o senhorio ou poder de facto sobre a coisa deveria ser avaliado pelas "concepções do tráfego"[1652] ou de acordo com as "concepções da vida"[1653], por falta de determinação do seu conteúdo material significativo. Que concepções do tráfego são essas? De onde se retiram? – Falta, por outro lado, uma remissão normativa para um tal critério.

O *corpus* possessório pode existir directamente ou por meio de um intermediário detentor e pode caber tanto a uma pessoa singular como a uma pessoa colectiva, na medida em que o Direito não limita a posse às pessoas singulares.

IV. O *corpus* possessório constitui uma situação de facto[1654] e como mero facto deve ser provado segundo as regras gerais de distribuição do ónus da prova e por qualquer meio admitido em Direito.

199. A exteriorização de um direito

Qualquer que seja a teoria possessória que se perfilhe, ela tem de se fundamentar nas fontes em vigor, não pode ser construída numa base intemporal e universal. O *corpus iuris civilis* não funciona mais como o tecido normativo de um Direito comum; o Direito romano como tal é hoje um

[1652] Na origem desta doutrina está GOLDSCHMIDT, "Studien zum Besitzrecht", pág. 61 e segs. e, de uma forma mais modesta, DERNBURG, Pandekten, cit., pág. 20, GIERKE, Deutsches Privatrecht, cit., pág. 228. Aderiram a esta doutrina, WOLFF/RAISER, Sachenrecht, cit., pág. 25, STADLER, SOERGEL BGB, cit., pág. 24, BREHM/BERGER, Sachenrecht, Tübingen, 2014, pág. 37, ECKERT, Sachenrecht, cit., pág. 42, FRITZSCHE, BeckOK BGB, BAMBERGER/ROTH/RAU/ /POSECK, cit., § 854, 20, LORENZ, ERMAN BGB, cit., pág. 3748, VIEWEG/WERNER, Sachenrecht, cit., pág. 13, WESTERMANN/GURSKY/EICKMANN, Sachenrecht, cit., pág. 89 e seg., MÜHL, SOERGEL BGB, cit., pág. 37. Uma visão adaptada desta doutrina dão MÜLLER, Sachenrecht, cit., pág. 25 e seg., ELMAR BUND, STAUDINGER BGB, cit, pág. 89. Contra ela, cf., por exemplo, ERNST, Eigenbesitz und Mobiliarerwerb, cit., pág. 42 e seg.

[1653] BAUR/STÜRNER, Sachenrecht, cit., pág. 68.

[1654] Não confundir o *corpus* possessório com a própria posse. O primeiro constitui um elemento estruturante da segunda e não deve ser tomado por ela.

Direito morto. Toda a fundamentação da teoria possessória radica actualmente no regime normativo de cada ordem jurídica e na interpretação que ele possibilita e impõe.

Afastada a explicação subjectivista baseada no *animus* como critério distintivo entre a posse e a detenção no Direito português, a discussão sobre a estrutura da posse tem de recentrar-se no regime jurídico. A compreensão do mesmo revela o outro elemento estruturante da posse e revela a ligação em que o mesmo se encontra com o fundamento de protecção daquela.

Toda a posse constitui a exteriorização de um direito[1655]. Pode-se discutir se esse direito tem de ser um direito real de gozo ou se pode ser um direito de outra natureza, mas a posse exerce-se sempre nos termos de um direito, que exterioriza.

A ligação da posse a um direito retira-se de vários preceitos legais, desde logo, do art. 1251.º, onde se dispõe que existe posse "quando alguém actua por forma correspondente ao exercício do direito de propriedade ou de outro direito real". Essa ligação inicia-se logo no momento da constituição da posse e prolonga-se ao longo de todo o período em que a posse é mantida. Com efeito, o art. 1263.º, alínea a) preceitua que a posse se adquire "pela prática reiterada, com publicidade, dos actos materiais correspondentes ao exercício do direito" e o art. 1257.º, n.º 1 estabelece que a posse se mantém "enquanto durar a actuação correspondente ao exercício do direito ou a possibilidade de a continuar".

Se a ligação da posse à exteriorização de um direito vem a ser quebrada, a posse extingue-se. Porquanto a posse constitui a exteriorização de um direito sobre uma coisa, se aquele que tem a coisa em seu poder deixa de actuar como titular de um direito a ordem jurídica nega-lhe a posse, atribuindo-lhe o estatuto de detentor (art. 1253.º alínea c)).

O efeito presuntivo da titularidade do direito, a tutela da posse, a possibilidade de usucapião, todos estes efeitos repousam no pressuposto que o possuidor age nos termos de um direito. Quando a ligação da posse à exteriorização do direito não existe, o ordenamento recusa a posse, qualificando a situação como mera detenção.

[1655] Para maiores desenvolvimentos, cf. o nosso trabalho A Posse. Estudo Sobre O Seu Objecto E Extensão, cit., 39.

200. Posse e detenção. A detenção como ausência de exteriorização de um direito próprio sobre a coisa

I. SAVIGNY[1656] fazia corresponder a detenção ao elemento físico ou material da posse. No Direito português, de modo diverso, a detenção representa a situação em que alguém se encontra por força da aplicação de uma norma jurídica que afasta a posse, nomeadamente, de alguma das alíneas do art. 1253.º do Código Civil[1657].

Todas essas alíneas podiam sintetizar-se na fórmula da alínea c) deste preceito: tem a detenção da coisa todo aquele que exterioriza sobre ela direito alheio.

O detentor é, pois, alguém que tendo a coisa consigo, actua sobre ela por conta de outra pessoa, servindo a exteriorização de um direito desta última. Por esta razão, afirma-se usualmente que o detentor é um possuidor em nome alheio, expressão que sendo parcialmente incorrecta (o detentor não é possuidor quanto ao direito exteriorizado), acentua a vertente de intermediação no *corpus* realizada por ele.

Com efeito, o detentor não tem o "poder de facto" sobre a coisa. O *corpus* possessório está apenas com o possuidor[1658]. Agindo por conta deste, o detentor constitui um instrumento através do qual se efectiva o controlo material da coisa. Assim, o trabalhador que tem consigo o automóvel ou o telemóvel da empresa para uso profissional assegura o senhorio físico da sua entidade empregadora, não o seu, sobre a coisa. O *corpus* possessório cabe a esta, não ao trabalhador, que não afirma um direito próprio relativamente à coisa.

II. De modo inteiramente diverso da generalidade da doutrina, prescinde-se em absoluto do recurso ao elemento *animus* para a qualificação dos casos de detenção. À luz dos dados do Direito positivo português, o *animus* não tem qualquer relevo como elemento estruturante da posse e não desempenha igualmente nenhuma função quanto à distinção entre a posse e a detenção, não obstante as muito numerosas pronúncias jurisprudenciais portuguesas em sentido contrário[1659].

[1656] Das Recht des Besitzes, cit., pág. 25 e segs.

[1657] Nada impede que haja outras, mas no Direito português actual os casos de detenção resultam na quase totalidade da aplicação deste preceito.

[1658] Em sentido diverso, RUI ATAÍDE, Posse E Detenção, cit., pág. 53 e segs.

[1659] Para os desenvolvimentos adequados, cf. A Posse. Estudo Sobre O Seu Objecto E Extensão, cit.

A única menção legal à intenção ocorre no art. 1253.º, alínea a) do Código Civil, um preceito que cobre unicamente os casos de constituto possessório, degradando o estatuto do transmitente do direito real, e até aí possuidor, para mero detentor por força da cláusula de constituto inserida no negócio jurídico de transmissão[1660]. Portanto, por força do título que elucida a quebra na exteriorização do direito.

III. A segunda situação de detenção encontra-se prevista na alínea b) do art. 1253.º do Código Civil. São meros detentores "os que simplesmente se aproveitam da tolerância do titular do direito". Assim, a título de exemplo, o possuidor do prédio deixa o vizinho ir buscar lenha ao seu prédio, o condómino deixa o vizinho do lado parquear o carro no seu lugar de estacionamento por uns dias.

O acto de mera tolerância apresenta duas notas distintivas:

- Pressupõe uma autorização a terceiro por parte do titular do direito real;
- Não gera um direito a favor deste terceiro.

Diversamente do acto facultativo, que decorre de uma não actuação da parte do titular do direito real, o acto de mera tolerância propicia a actuação material sobre a coisa. A existência de uma norma de exclusão da posse (o próprio art. 1253.º, alínea b) do código civil) clarifica a situação, mas não fundamenta por si a solução legal.

Os actos de mera tolerância conferem apenas mera detenção, porquanto não envolvem a exteriorização de um direito sobre a coisa. O beneficiário da tolerância não exerce qualquer direito próprio e por causa da ausência de exteriorização de um direito não há posse, apenas detenção.

IV. A alínea c) do art. 1253.º do código civil preceitua que são havidos como detentores:

> "Os representantes ou mandatários do possuidor e, de um modo geral, todos os que possuem em nome de outrem".

Este preceito elucida de modo claro o segundo dos elementos estruturantes da posse: a exteriorização de um direito. Aquele que não afirma um direito sobre a coisa, não actuando sobre ela de modo a evidenciar para os

[1660] Para além do que se disse anteriormente, cf. ainda A Posse. Estudo Sobre O Seu Objecto E Extensão, cit., 37.

outros a titularidade respectiva, recebe o estatuto de mero detentor, sendo-lhe negada a posse.

A compreensão deste preceito passa pela análise do título do sujeito que tem a coisa consigo. Se alguém tem uma coisa em seu poder como procurador não actua sobre ela nos termos de um direito próprio; logo, é detentor. Continuando a exemplificar, se o trabalhador tem o carro da empresa nos termos do contrato de trabalho, este contrato fundamenta a detenção em nome da proprietária (a empresa); se o usufrutuário adquiriu o seu direito por testamento, este negócio jurídico determina que possui nos termos da propriedade alheia, pois o usufruto é um direito sobre coisa alheia, como todos os direitos reais menores.

Quando alguém age sobre a coisa nos termos de um título que não atribui a propriedade, é sempre detentor em nome do proprietário, possui em nome deste, para recorrer ao dizer da alínea c) do art. 1253.º. Em todo o caso, há duas situações diversas que cabem nesta alínea e que importa destrinçar: a daqueles que actuam sobre a coisa em nome do proprietário, sem afirmarem nenhum direito próprio quanto a ela (o procurador, o mandatário sem poderes de representação, o trabalhador, etc.), e a daqueles que, actuando sobre a coisa em nome do proprietário, sendo, por conseguinte, detentores relativamente a este direito, são simultaneamente possuidores nos termos de um direito próprio (o usufrutuário, o usuário e morador usuário, o superficiário, o titular do direito real de habitação periódica, o titular da servidão predial, o arrendatário, o comodatário, etc.). Os primeiros, são apenas detentores, limitando-se a actuar sobre coisa em seu poder por conta e em nome do proprietário; os segundos, diferentemente, têm detenção e posse: detenção em nome do proprietário (posse em nome alheio como lhe chama a lei) e posse, em nome próprio, nos termos do direito que afirmam sobre a coisa.

Sempre que alguém retenha a coisa em seu poder com referência a um direito real menor ou a outro direito, para o exercer, tem posse quanto a esse direito, sendo detentor quanto à propriedade. A afirmação de um direito sobre a coisa, ainda que seja um direito real menor, confere a posse. Essa posse é uma posse em nome próprio quanto ao direito exteriorizado e compatibiliza-se com a posse do proprietário[1661], que a exerce através do possuidor nos termos do direito real menor, que, no que a este aspecto diz respeito, age como um intermediário na posse (art. 1252.º, n.º 1).

[1661] Ou de quem possui como proprietário, para se ser mais exacto.

V. O Direito português não enveredou pela orientação alemã do BGB que distingue a posse em imediata e mediata, esvaziando o campo normativo da detenção e tornando-a residual. Se a posse nos termos da propriedade confere simplesmente o estatuto de possuidor, a posse atinente a qualquer outro dos direitos a que se pode referir confere um estatuto duplo: possuidor e detentor. Aquele que tem a coisa consigo como usufrutuário, por exemplo, possui nos termos deste direito, sendo detentor relativamente à propriedade. O regime jurídico varia quanto a ele, consoante se considera a posição de detentor ou a de possuidor.

Se quisermos sintetizar as posições possíveis, o quadro é este:

- Possuidor (apenas possível por referência à propriedade singular);
- Possuidor e detentor (quando a posse em nome próprio se reporta a um outro direito real menor ou a direito pessoal de gozo);
- Simples detentor, quando a coisa se encontra com alguém que não exterioriza qualquer direito relativamente à coisa (procurador, mandatário representativo, etc.).

VI. Todas as situações de detenção previstas nas alíneas a) a c) do art. 1253.º apresentam um traço em comum: em todas elas não existe a exteriorização de um direito próprio pelo detentor. É esse traço comum que unifica o regime da detenção e dá um critério objectivo para a distinção entre a posse e a detenção[1662]. Quem tem a coisa em seu poder e não exterioriza um direito sobre ela não tem posse, apenas detenção; inversamente, aquele que, actuando sobre a coisa, exteriorize um direito próprio, tem a posse dela.

Fica uma vez mais claro que a atribuição provisória do direito em que consiste a posse assenta numa razão de fundo: a presunção de que o direito pertence ao possuidor (art. 1268.º, n.º 1). A lei parte dela, embora deixe as portas abertas para a demonstração do contrário.

Podemos assim dizer, que a posse representa a exteriorização de um direito e que a detenção constitui, ao invés, uma actuação sobre coisa alheia, independentemente do detentor ser simultaneamente possuidor, por referência a um direito próprio[1663].

[1662] Num sentido muito diferente, defendendo ser no *corpus* possessório que reside essa distinção, Rui Ataíde, Posse E Detenção, cit., pág. 53 e segs.

[1663] Um direito real menor ou, como veremos adiante, um direito de outra natureza.

VII. Para além das situações constantes do art. 1253.º do Código Civil, há ainda mera detenção e não posse quando alguém tem o controlo material de coisa fora do comércio.

A impossibilidade legal de uma atribuição jurídico-privada não atinge somente a propriedade, e os outros direitos reais, afecta igualmente a susceptibilidade de posse, vedando-a.

Assim, aquele mantém coisa fora do comércio dentro do seu controlo material e exterioriza um direito sobre ela tem o estatuto de detentor. Uma vez mais, a norma jurídica delimita a extensão da posse, neste caso, com a particularidade de aquela ser negada não por falta de qualquer dos seus elementos estruturais, mas pela aplicação de um regime jurídico que obsta a essa consequência.

VIII. Uma outra situação que poderia conduzir à qualificação como detenção de uma situação de controlo material sobre uma coisa nos termos de um direito, fora das hipóteses do art. 1253.º do Código Civil, seria a falta de capacidade do possuidor. Na doutrina pandectista VANGEROW[1664] explica que a *possessio naturalis* (detenção) romana existiria quando faltasse a capacidade jurídica para ser proprietário.

O art. 1266.º do Código Civil português menciona em epígrafe a capacidade para adquirir a posse, parecendo vedar esta aos que não tem o uso da razão relativamente a coisas imóveis (coisas não susceptíveis de ocupação). A interpretação correcta do preceito, porém, não exclui a posse por falta de capacidade de exercício.

201. O objecto da posse

I. Objecto da posse pode ser somente uma coisa corpórea, individual, certa e determinada[1665]. Neste aspecto, não se regista qualquer diferença para o regime dos restantes direitos reais. O art. 1302.º do Código Civil estabelece o objecto dos direitos reais e esse coincide inteiramente com o que respeita à posse.

Sobre conjuntos de coisas não pode haver uma posse. Esta apenas pode recair relativamente a cada uma das coisas que compõem o conjunto. Assim, na frota automóvel de uma empresa a posse existe unicamente no

[1664] Lehrbuch der Pandekten, 7. Auflage, 1863, pág. 349.

[1665] Para o aprofundamento necessário, JOSÉ ALBERTO VIEIRA, A Posse. Estudo Sobre O Seu Objecto E Extensão, cit., Parte Segunda, Capítulo Segundo.

que toca a cada um dos veículos que a compõem. O mesmo se diga de uma colecção de quadros ou de uma biblioteca.

A limitação às coisas corpóreas afasta a possibilidade legal de uma posse do estabelecimento comercial. O mesmo se diga quanto às coisas incorpóreas (as obras literárias e artísticas, as invenções, as marcas, etc.), aos direitos, às participações sociais ou à herança. Nenhuma destas realidades pode constituir o objecto da posse[1666].

Apesar da "descoisificação" dos animais, a estes continua a aplicar-se o regime da posse. Sobre cada animal incide, assim, uma posse; conjuntos de animais (rebanho, manada, etc.) não constituem coisas para o Direito e a posse somente se pode referir a casa um dos animais e não ao todo.

II. Contando que uma parte de coisa corpórea possa ter existência autónoma como coisa segundo o Direito[1667] e esteja determinada, pode haver posse sobre ela, ainda que permaneça indivisa. Porém, a posse de parte de coisa (corpórea) requer ainda a possibilidade de um exercício possessório independente sem a separação do todo, a aferir no caso concreto.

Não deve ser confundida a posse de parte de coisa com a composse de cada comunheiro relativa à coisa comum. A quota ou parte abstracta de uma comunhão (compropriedade ou outra) não é susceptível de posse. O comunheiro possui a coisa comum nos termos do seu direito (comproprietário, co-usufrutuário, ect.); essa posse tem a coisa integral por objecto e não qualquer parte dela, ideal ou concreta.

A situação mais frequente de posse sobre parte de coisa ocorre em prédios. Não se exclui, no entanto, à partida que seja possível uma posse de parte de coisa no tocante a uma coisa móvel, desde que se verifiquem os requisitos acima mencionados. Não se vê hoje qualquer razão para manter a solução contrária do Direito romano.

Sobre o espaço aéreo de um prédio não pode haver posse, por não ser legalmente possível destacá-lo do solo. O prédio abrange o espaço aéreo correspondente. O mesmo já não se afigura verdadeiro para o espaço sub-

[1666] Sobre isto, cf. José Alberto Vieira, A Posse. Estudo Sobre O Seu Objecto E Extensão, cit., Parte Segunda, Capítulo Segundo.

[1667] Na doutrina alemã surge frequentemente a alusão a que a autonomia da parte de coisa deverá ser apurada segundo as concepções do tráfego. Cf., por exemplo, Stadler, Soergel BGB, cit., pág. 69. A ideia é de rejeitar. O que importa considerar somente é se a parte considerada da coisa poderia ser uma coisa autónoma segundo o regime geral das coisas corpóreas (art. 202.º e segs. do Código Civil).

terrâneo, na medida em que este possa ser autonomizado juridicamente da restante parte do prédio.

III. A posse toma o objecto na sua unidade. Não existe uma posse do todo e das partes da coisa; a posse envolve esta na sua totalidade e tem carácter unitário. O possuidor não tem a posse das partes da coisa: tem somente a posse da coisa.

202. O âmbito da posse

I. Do art. 1251.º resulta que a posse regulada no Título I do Livro III é a posse nos termos de um direito real de gozo. Quando no preceito se menciona a actuação "por forma correspondente ao exercício do direito de propriedade ou de outro direito real", a lei tem em vista unicamente os direitos reais de gozo.

Esta restrição coloca problemas de interpretação face a outros dispositivos normativos[1668]. Existem preceitos que atribuem acções possessórias a titulares de direitos que não são direitos reais de gozo, mesmo no regime jurídico-real. O art. 670.º, alínea a) reconhece ao credor pignoratício o direito de "usar, em relação à coisa empenhada, das acções destinadas à defesa da posse, ainda que seja contra o próprio dono". O art. 758.º estende ao titular do direito de retenção os direitos do credor pignoratício, o que significa que ele tem a tutela possessória. Portanto, mesmo no interior do sistema jurídico-real, a lei portuguesa confere tutela possessória a titulares de direitos reais que não são de gozo.

A extensão da tutela possessória opera igualmente fora dos Direitos Reais, beneficiando titulares de direitos que não têm natureza real[1669]. O locatário (art. 1037.º, n.º 2), o comodatário (art. 1133.º, n.º 2), o parceiro pensador (art. 1125.º, n.º 2) e o depositário (1188.º, n.º 2), todos eles beneficiam da tutela possessória. O que pensar nestes casos? Em todos eles há posse ou existe apenas detenção?

[1668] Sobre toda esta matéria, cf. José Alberto Vieira, A Posse, Estudo Sobre O Seu Objecto E Extensão, cit., Parte Segunda, Capítulo III.

[1669] Quanto a nós, o direito do locatário e, por maioria de razão, os direitos do comodatário, do parceiro pensador e do depositário não têm natureza real. Em particular no que toca á posição do arrendatário, vejam-se as nossas observações em "Arrendamento De Imóvel Dado Em Garantia", Estudos em Homenagem ao Prof. Doutor Inocêncio Galvão Telles, Volume IV, Coimbra, 2003, págs. 440 e segs.

Começamos por esclarecer, que cada um destes titulares de direitos subjectivos, quer de direitos reais de garantia (penhor, direito de retenção), quer de direitos pessoais de gozo (locatário, comodatário, parceiro pensador, depositário), é sempre detentor nos termos da propriedade[1670], possuindo em nome de outrem quanto a este direito. A questão não se coloca, assim, no tocante à propriedade. A questão coloca-se sim perante o direito que cada um exterioriza sobre a coisa, o direito de penhor, o direito de retenção, o direito do locatário, o direito do comodatário, o direito do parceiro pensador, o direito do depositário. É cada um destes titulares de direito subjectivo possuidor nos termos do direito que exterioriza[1671]?

Com excepção do penhor, relativamente ao qual o Direito romano clássico reconhecia o carácter de possuidor ao credor pignoratício, em todos os outros casos a tradição romana, respeitada pelos romanistas das várias recepções, era a de rejeitar a posse e a de reconhecer aí uma mera *possessio naturalis* (detenção).

Modernamente, uma forte corrente subjectivista, ligada a SAVIGNY, responde à questão de modo igualmente negativo, porque nestes casos o *animus possidendi* não cobriria a actuação nos termos de tais direitos. O *animus* cobriria apenas a actuação do proprietário sobre a coisa (tese de SAVIGNY e seus seguidores directos) ou dos titulares de outros direitos reais de gozo (*animus possidendi*). Como se entende que a posse se estrutura na soma do *corpus* com o *animus*, na falta deste último, haveria mera detenção. Nesta linha de raciocínio, o locatário, o comodatário, o depositário, etc., são detentores[1672].

Se nos libertarmos do espartilho doutrinário do subjectivismo, não há nenhuma razão para limitarmos o âmbito da posse aos direitos reais de gozo[1673]. Se a posse repousa numa actuação material sobre uma coisa cor-

1670 Podendo sê-lo igualmente em relação a outro direito. O locatário que celebrou o arrendamento com um usufrutuário é detentor em nome deste e em nome do proprietário, simultaneamente.

1671 A afirmação de PIRES DE LIMA/ANTUNES VARELA, Código Civil Anotado, Vol. II, pág. 368, segundo a qual, o locatário não é mais o que um possuidor em nome alheio, é apenas uma meia verdade. Se o é quanto à propriedade, nada impede que seja possuidor relativamente ao direito de locação que exterioriza sobre a coisa.

1672 Na jurisprudência portuguesa pode ver-se, nesta linha de orientação, o acórdão do STJ de 20.09.2005, Proc. 05A2148, em www.dgsi.pt.

1673 Ao contrário do que se crê e muitas vezes afirma, o alargamento do âmbito da posse a direitos reais de garantia e a direitos pessoais de gozo não se liga à contraposição subjectivismo/ /objectivismo. Autores subjectivistas de várias épocas não deixaram de defender essa exten-

pórea nos termos de um direito, ela pode ser referida a todos os direitos subjectivos que confiram poderes para essa actuação, independentemente da natureza, real ou outra, do direito subjectivo em questão. A não ser, claro, que haja uma norma jurídica que negue a posse.

Procurando o sentido das várias alíneas do art. 1253.º, não encontramos nenhuma norma que afaste a posse relativamente a qualquer dos casos enunciados. O art. 1253.º, alínea c) tem, naturalmente, aplicação, mas apenas para fixar que o credor pignoratício, o retentor, o comodatário, o locador, o parceiro pensador, o depositário são detentores quanto à propriedade[1674]. Nenhum argumento contrário resulta, porém, em relação a cada um dos direitos considerados. Seria, aliás, estranho que o encontrássemos.

Na verdade, a outorga da tutela possessória (das acções possessórias) assenta num reconhecimento implícito da posse[1675]. As acções possessórias são atribuídas ao titular do direito real de garantia (penhor, direito de retenção) ou do direito pessoal de gozo (direito do locatário, direito do comodatário, direito do parceiro pensador, direito do locatário) para defesa da posse que cada um deles tem quando exterioriza um direito sobre a coisa. A posse é o direito que se faz valer na acção possessória[1676]. Não há tutela possessória sem posse.

E o que dizer nas situações em que o direito subjectivo em causa permite o controlo material da coisa, mas a lei não prevê a tutela possessória? Casos paradigmáticos são o do contrato-promessa, com ou sem eficácia real, em que tenha havido tradição da coisa e o contrato de compra e venda com reserva de propriedade, acompanhado de entrega da coisa ao comprador[1677]. O credor que tem a coisa em seu poder – o promitente comprador ou o comprador com reserva de propriedade – tem posse? A pergunta estende-se naturalmente a todos os casos em que alguém exterioriza poderes de actuação sobre uma coisa corpórea nos termos de um direito subjectivo.

são da posse, independentemente de perfilharem a defesa da estrutura da posse com o *animus*. O exemplo mais elucidativo na doutrina portuguesa respeita a Manuel Rodrigues e pode ser confrontado na sua monografia A Posse. Para ulteriores desenvolvimentos, cf. o nosso trabalho A Posse. Estudo Do Seu Objecto E Extensão, cit., Parte Segunda, Capítulo III.

1674 E a outros direitos reais menores de gozo que estejam constituídos sobre a mesma coisa.

1675 Neste sentido, Oliveira Ascensão, Direito Civil – Reais, cit., pág. 65 e segs.

1676 Neste sentido, Oliveira Ascensão, Direito Civil – Reais, cit., pág. 68.

1677 Outros exemplos podem ser confrontados em Menezes Cordeiro, A Posse, cit., pág. 78 e seg.

Não obstante a ausência de elementos normativos explícitos, a resposta não pode ser senão afirmativa[1678-1679]. Em todas essas situações existe *corpus* possessório; alguém tem o controlo material sobre uma coisa corpórea, podendo, se quiser, actuar sobre ela. O controlo material processa-se nos termos de um direito, que é exteriorizado por aquele que actua sobre a coisa. Finalmente, não existe norma legal a afastar a posse; nomeadamente, o art. 1253.º não o faz. Por conseguinte, todos os ingredientes do reconhecimento normativo da posse ocorrem igualmente nestes casos.

Não há qualquer razão para negar a posse a quem exerce um controlo material sobre uma coisa corpórea nos termos de um direito. Em abstracto, a ordem jurídica poderia restringir a posse aos direitos reais de gozo. Todavia, o legislador português não hesitou em consagrar uma tutela possessória no quadro de direitos subjectivos que não são reais. Essa tutela está vertida na locação, no comodato, na parceria pecuária e no depósito. Desta forma, o argumento sistemático perde validade.

Por outro lado, a previsão de tutela possessória para uns casos e não para outros, sem que se vislumbre qualquer razão de fundo para um tratamento diferenciado, atenta contra o princípio da igualdade, pois trata de modo desigual situações iguais ou muito semelhantes. Nenhuma diferença substancial existe, por exemplo, entre o comodatário e o comprador com reserva de propriedade; por que razão, então, o primeiro pode defender a sua posse contra acto de terceiro ou do seu contraente e o segundo não pode?

Finalmente, e não obstante as raízes históricas da posse, nenhuma diferença se nota entre uma actuação material sobre uma coisa corpórea nos termos de um direito subjectivo não real e nos termos de um direito real. Quanto muito, a diferença existirá no regime jurídico e natureza do direito que permite a posse.

[1678] Entre outros, cf. os acórdãos STJ de 17.04.2007, Proc. 07A480, de 15.12.2006, Proc. 06A3914, de 11.05.2006, Proc. 06B404, de 25.01.2005, Proc. 04A4411, de 08.05.2003, Proc. 03B901. Em sentido contrário, porém, admitindo apenas a posse quando exista o pagamento total ou quase total do preço, na linha de Pires de Lima/Antunes Varela, Código Civil Anotado, cit., Ac. STJ de 27.05.2004, Proc. 04B1445, Ac. STJ de 06.05.2004, Proc. 04B1343, Ac. STJ de 31.03.2004, Proc. 04B362, Ac. STJ de 26.02.2004, Proc. 03B4296, Ac. STJ de 29.10.1998, Proc. 98B709, em www.dgsi.pt.

[1679] No sentido que o promitente adquirente não tem posse, mas mera detenção, cf. Pires de Lima/Antunes Varela, Código Civil Anotado, cit., pág. 6 e Antunes Varela, Revista de Legislação e de Jurisprudência, Ano 124, pág. 348.

E não se diga que que a falta de previsão de tutela possessória fora dos casos contemplados na lei revela um propósito de negação da posse, como se todas as situações não reguladas por norma expressa tivessem de receber uma solução contrária à que existe para as situações reguladas. O "silêncio" do legislador não pode, porém, ser interpretado neste sentido. O reconhecimento da posse sempre que se manifesta um controlo material de uma coisa corpórea nos termos de direitos de crédito constitui a comprovação de que a posse transcende o universo dos Direitos Reais.

Num sistema objectivista de posse, em que esta se afere em função da existência de um controlo material da coisa nos termos de um direito e pela ausência de uma norma que descaracterize a situação para mera detenção, sempre que alguém actue sobre uma coisa nos termos de um direito próprio tem posse e não mera detenção. Assim, o promitente-adquirente que recebeu a coisa por tradição do promitente-transmitente tem posse[1680], como tem posse o comprador com reserva de propriedade a quem a coisa foi entregue pelo vendedor.

Numa linha que já remonta a MANUEL RODRIGUES[1681], e que passa hoje por OLIVEIRA ASCENSÃO[1682], MENEZES CORDEIRO[1683], MENEZES LEITÃO[1684], defendemos que a posse pode existir nos termos de direitos reais e nos termos de outros direitos subjectivos, nomeadamente, de crédito, desde que facultem ao titular poderes para uma actuação material sobre a coisa e aquele tenha a coisa no seu controlo[1685].

II. Dizer que existe posse fora do âmbito dos direitos reais de gozo não equivale a dizer que o regime dos artigos 1251.º e seguintes do Código Civil se aplica integralmente sempre que haja posse.

Na verdade, este regime só se aplica directamente à posse nos termos de direitos reais de gozo[1686]. Questiona-se, no entanto, se algumas das

[1680] Também no mesmo sentido, MENEZES CORDEIRO, A Posse, cit., pág. 75 e segs.

[1681] A Posse, cit., págs. 89 e 92.

[1682] Direito Civil – Reais, cit., pág. 63 e segs.

[1683] A Posse, cit., págs. 69 e segs.

[1684] Direitos Reais, cit., pág. 114 e segs.

[1685] O *corpus* possessório tem sempre de existir para que haja posse. Um locatário a quem o imóvel não foi entregue não tem posse, assim como não tem posse o comprador com reserva de propriedade que não recebeu a coisa do vendedor.

[1686] Neste sentido, cf. OLIVEIRA ASCENSÃO, Direito Civil – Reais, cit., pág. 67 e segs., MENEZES CORDEIRO, A Posse, cit., pág. 70 e segs., salientando fundamentalmente a impossibilidade de usucapião.

disposições normativas do regime jurídico da posse podem ter igualmente aplicação à posse nos termos de outros direitos. OLIVEIRA ASCENSÃO[1687] admite que os preceitos atinentes aos meios de tutela, ao direito de indemnização por violação da posse (art. 1284.º), à presunção da titularidade (art. 1268.º), à sucessão da posse (art. 1255.º) são generalizáveis.

O regime jurídico da posse encontra-se moldado à posse nos termos de direitos reais de gozo e não se afigura facilmente justificável uma extensão à posse exercida nos termos de outros direitos. Por exemplo, a presunção de titularidade (art. 1268.º) liga-se à função de publicidade que a posse desempenha nos Direitos Reais, não existindo qualquer paralelo com regime jurídico dos créditos ou dos outros direitos subjectivos, pelo que se nos afigura de negar que a posse constitua presunção de titularidade de outros direitos subjectivos que não sejam reais. Também a sucessão na posse encontra a sua justificação no regime da usucapião: ora, a usucapião só favorece o possuidor que actua por referência a um direito real de gozo.

Do regime da posse, apenas a parte relativa à tutela possessória (artigos 1276.º a 1286.º) pode ser aplicada à posse exercida fora dos direitos reais de gozo. Trata-se de um conjunto de regras que não visam especificamente a posse nos termos dos direitos reais de gozo. As acções possessórias estão, assim, ao dispor de qualquer possuidor. O mesmo se diga do direito de indemnização por violação da posse (art. 1284.º); sendo a posse um direito, ela confere ao possuidor o direito à reparação dos prejuízos sofridos.

A parte do regime da posse respeitante à tutela possessória é a única que admite a sua extensão à posse exercida com referência a outros direitos subjectivos que não sejam direitos reais de gozo. Todo o restante regime jurídico da posse não é susceptível de generalização. Em particular, a usucapião só pode beneficiar os possuidores nos termos de direitos reais de gozo. É um dado seguro do regime jurídico português da usucapião[1688].

203. Posse imediata e posse com intermediação

I. Em regra, o possuidor pode actuar directamente sobre a coisa que controla fisicamente; é nisso que consiste o *corpus* possessório. Porém, em alguns casos a coisa aparece detida por um terceiro, que age em nome do possuidor. Nestes casos, não obstante a coisa estar fisicamente com o

[1687] Direito Civil – Reais, cit., pág. 67.

[1688] No mesmo sentido, veja-se MENEZES CORDEIRO, A Posse, cit., pág. 71 e segs.

detentor, o possuidor continua a ter posse, uma posse exercida através da detenção de outrem.

Poderia parecer que deveria ser negada a posse, uma vez que o possuidor não coincidiria com aquele que tem o "poder de facto". A verdade, porém, é que o detentor actua em nome do possuidor e isto significa que este mantém o controlo material sobre a coisa, e, portanto, o *corpus* possessório (o "poder de facto").

A posse com intermediação tem a sua base legal no art. 1252.º, n.º 1: "a posse tanto pode ser exercida pessoalmente como por intermédio de outrem". Reconhecidamente, este preceito teve a sua fonte no art. 1140.º, segundo parágrafo, 1.ª parte do Codice Civile italiano[1689].

Aquele que actua sobre uma coisa corpórea em nome de outrem é mero detentor, segundo a alínea c) do art. 1253.º. Assim, o locatário é detentor quanto ao senhorio em cujo nome detém relativamente ao direito (propriedade, usufruto) com base no qual foi celebrado o contrato de locação; e o mesmo se diga do comodatário, do parceiro pensador ou do depositário.

Não há nenhuma incongruência entre o que dissemos agora e a afirmada qualidade de possuidor do locatário, comodatário, parceiro pensador, depositário. Estes são possuidores nos termos do direito pessoal de gozo que exteriorizam, mas são detentores quanto à propriedade[1690], intermediando a posse do proprietário.

O mesmo se passa na relação entre o possuidor nos termos de um direito real maior e o possuidor nos termos de um direito real menor. Por exemplo, o usufrutuário que tem a coisa em seu poder para exercer o direito, é possuidor nos termos do usufruto e detentor nos termos da propriedade, actuando em nome do proprietário quanto a este direito[1691].

A detenção da coisa por terceiro permite a coexistência de várias posses nos termos de direitos diferentes, sem impossibilitar a subsistência da posse nos termos do direito real maior quando a coisa deva estar com o titular do direito real menor para o exercício respectivo.

II. Um sentido diverso deste colhe-se do BGB alemão (§ 868), onde se adoptou a distinção entre posse imediata (directa) e mediata (indirecta).

1689 Pires de Lima/Antunes Varela, Código Civil Anotado, cit., pág. 7.

1690 Ou ao direito, por exemplo, usufruto, nos termos do qual são detentores.

1691 Contra, sem razão, Natoli, Il Possesso, cit., pág. 48 e segs.; no sentido correcto, Sacco//Caterina, Il Possesso, cit., pág. 89 e seg.

A admissão de um âmbito lato de posse, incluindo as relações jurídicas de natureza obrigacional (locação, comodato, etc.), leva a reconhecer abertamente a posse a todo aquele que tem a coisa em seu poder nos termos de um direito que possibilita a actuação sobre ela (possuidor imediato), sem prejuízo da posse do proprietário (possuidor mediato), que se mantém.

Nesta orientação, à detenção fica reservado um campo residual, sendo o detentor designado como "servidor" (*Besitzdiener*) da posse alheia (§ 855).

204. As classificações da posse

O art. 1258.º distingue várias classificações de posse. Segundo o preceito, "a posse pode ser titulada ou não titulada, de boa ou de má fé, pacífica ou violenta, pública ou oculta". As classificações legais não esgotam todo o espectro da posse e outras classificações surgem na doutrina, nomeadamente, as que contrapõem a posse formal à causal, a posse civil à posse interdictal e posse efectiva à posse não efectiva.

205. Posse causal e posse formal

I. A posse diz-se causal quando o possuidor é simultaneamente titular do direito a que a posse se reporta; diz-se formal quando essa titularidade falta[1692].

> A usucapiu a propriedade do prédio X com efeitos a 1 de Janeiro de 1985 e controla materialmente o prédio. A sua posse é uma posse causal. B ocupou um cão abandonado, ficando com ele. A sua posse é causal. C celebrou com D uma compra e venda da propriedade do prédio Y por escrito particular, recebendo a coisa do vendedor. A posse de C é formal. E furtou o veículo Z, levando-o para a sua garagem. A sua posse é formal.

Pode parecer estranho que a ordem jurídica reconheça a posse sem que o possuidor tenha a titularidade do direito correspondente. Na verdade, quando a posse se reporte a um direito real de gozo, a situação normal é a de que o titular do direito real de gozo seja igualmente possuidor, pois o exercício do direito passa em grande parte pela actuação material sobre a

[1692] Sobre esta classificação, Manuel Rodrigues, A Posse, cit., pág. 7 e segs., Menezes Cordeiro, A Posse, cit., pág. 85, Oliveira Ascensão, Direito Civil – Reais, cit., pág. 75.

coisa dele objecto. A posse formal constitui objectivamente uma violação do direito real, em última análise, do proprietário[1693].

Porém, o Direito português não distingue a posse formal da posse causal. Tanto uma como outra constituem posses e estão sujeitas ao regime da posse dos artigos 1251.º e seguintes do Código Civil. Quer dizer, a falta de titularidade do direito real de gozo não representa nenhum obstáculo à existência da posse e à sua tutela. Contando que haja *corpus* e a lei não desqualifique a situação para mera detenção (v.g. nos casos do art. 1253.º), a posse existe e é tutelada como tal.

Para se compreender isto haverá que ponderar que a aquisição da posse se faz por factos aquisitivos específicos deste direito (o apossamento, a inversão do título da posse, a tradição, incluindo a *traditio brevi manu*, e o constituto possessório) com completa desconsideração sobre a existência de um título válido de aquisição do direito a que se refere a posse em questão.

Uma vez que a posse assenta num *corpus possessório* que pode ser adquirido sem dependência da aquisição válida do direito real, a posse pode existir dissociada do direito real de gozo e, ao invés, titularidade do direito real de gozo sem posse, para aqueles titulares de direitos reais que a perderam (nomeadamente nos termos da alínea d) do n.º 1 do art. 1267.º) ou nunca a tiveram[1694].

O exemplo paradigmático é o do autor do furto. O ladrão adquire posse por apossamento; naturalmente, não se torna com isso proprietário, porque o furto não é um facto aquisitivo da propriedade (art. 1316.º), mas constitui uma posse a seu favor (cf. a alínea a) do art. 1263.º)

II. A classificação entre posse causal e posse formal, se não é pressuposta no regime jurídico da posse, nem por isso deixa apagar alguns traços de diferença. Em caso de conflito possessório, o possuidor formal apenas pode invocar a sua posse contra aquele com o qual tem o conflito, contrariamente ao que sucede com o possuidor causal, que pode sempre invocar o seu direito real de gozo para vencer a oposição do possuidor formal (art. 1278.º, n.º 1).

[1693] E, de um modo geral, de todos os titulares de direitos reais de gozo cujos direitos sejam ofendidos pela posse formal.

[1694] Pode realmente acontecer que o titular do direito real nunca haja adquirido posse sobre a coisa objecto do seu direito.

206. Posse civil e posse interdital

Ao tratarmos do âmbito da posse, vimos que o Direito português reconhece a existência de posse em direitos reais que não são de gozo (penhor, direito de retenção) e em direitos subjectivos de outra natureza, mormente direitos de crédito (do comodatário, locatário, parceiro pensador e depositário).

A posse reportada a outros direitos que não direitos reais de gozo não tem, no entanto, o mesmo tratamento jurídico, isto é, não está sujeita ao mesmo regime jurídico destes direitos. A usucapião, por exemplo, é apenas efeito da posse nos termos de um direito real de gozo[1695] e nunca pode beneficiar um possuidor nos termos de outro direito[1696].

Para ilustrar a contraposição entre o possuidor sujeito ao regime dos artigos 1251.º e seguintes, o possuidor nos termos de um direito real de gozo, e o possuidor que beneficia apenas de tutela possessória e, por analogia, de alguns outros efeitos da posse, mas não da usucapião, MENEZES CORDEIRO[1697] recuperou a velha terminologia romana.

Porém, nas fontes romanas a *possessio civilis* contrapõe-se à *possessio naturalis* e não à posse interdital; por outro lado, a leitura histórica desta classificação oferece um tal grau de complexidade e de controvérsia que duvidamos de algum benefício que advenha para o sistema científico da sua adopção.

207. Posse efectiva e não efectiva

Outra classificação doutrinária distingue a posse efectiva da posse não efectiva[1698] ou entre posse efectiva e posse civil[1699].

A posse é efectiva quando o possuidor mantém o controlo material da coisa através do *corpus* possessório, sendo civil ou não efectiva quando permanece como mero direito desacompanhada do *corpus*.

A posse assenta num domínio material ou de facto que um sujeito mantém sobre uma coisa. No entanto, a lei pode imaterializar a posse, fazendo-a subsistir como mera situação jurídica desacompanhada do "poder de facto".

1695 Usucapível, claro está.

1696 Como aqui, MENEZES CORDEIRO, A Posse, cit., pág. 71 e segs. e 86, OLIVEIRA ASCENSÃO, Direito Civil – Reais, cit., pág. 67.

1697 A Posse, cit., pág. 86.

1698 Cf. MENEZES CORDEIRO, A Posse, cit., pág. 86.

1699 OLIVEIRA ASCENSÃO, Direito Civil – Reais, cit., pág. 102 e seg.

É o que se passa na situação contemplada na alínea d) do art. 1267.º, em que a posse permanece não obstante a coisa já estar fora do controlo material do possuidor.

208. Posse titulada e não titulada

I. No Direito romano do período clássico, a *possessio civilis*, para além do poder de facto sobre a coisa, requeria uma *iusta causa possessionis*[1700], ou seja, um título aquisitivo do direito segundo o *ius civile*: a compra e venda, a doação, a constituição de dote, um legado real, etc[1701].

No Direito português actual, a posse não tem de ser titulada, podendo igualmente ser não titulada. Quer dizer, a ausência de um título de aquisição do direito exteriorizado através da posse não prejudica a existência desta, embora depois haja aspectos do regime jurídico em que a distinção ganha relevância.

II. Segundo o art. 1259.º, n.º 1, "diz-se titulada a posse fundada em qualquer modo legítimo de adquirir, independentemente, quer do direito do transmitente, quer da validade substancial do negócio jurídico".

Começamos por esclarecer o que se deva entender por "modo legítimo de adquirir". Em primeiro lugar, a posse, para ser titulada, pressupõe que o possuidor afira a sua actuação sobre a coisa a um facto aquisitivo do direito. Esse facto é relativo à aquisição do direito a que se reporta a posse (a propriedade, o usufruto, o uso e habitação, a superfície, a servidão predial) e não à própria posse. Isto compreende-se por si. A ser diferente, o autor do furto, que tem na base um apossamento, facto constitutivo da posse (art. 1263.º alínea a)), teria uma posse titulada! O facto jurídico que titula a posse refere-se à aquisição do direito nos termos do qual a posse se exterioriza.

Em segundo lugar, o facto[1702] que titula a posse deve ter eficácia real para determinar a constituição ou a transmissão para o possuidor do direito a que se refere a posse. Assim, a usucapião, o contrato de compra e venda, o contrato de doação, o contrato de permuta, por exemplo, podem titular uma posse nos termos da propriedade ou do usufruto, mas um contrato de

[1700] MAX KASER, Direito Privado Romano, cit., pág. 126.

[1701] Idem.

[1702] O título da posse é um facto jurídico com eficácia real e não forçosamente um negócio jurídico, como parece sustentar MANUEL RODRIGUES, A Posse, cit., pág. 290. A usucapião, a ocupação, a acessão, entre outros, são factos jurídicos não negociais que podem titular uma posse.

comodato ou de arrendamento já não pode ter esse efeito, pois não é um facto com eficácia real, que possa transmitir a propriedade ou o usufruto, ou constituir este direito.

Em terceiro lugar, o art. 1259.º, n.º 1 abstrai da validade substancial do facto jurídico com eficácia real para qualificar a posse como titulada[1703]. Um facto jurídico com a eficácia real para produzir a constituição ou transmissão para o possuidor do direito real exteriorizado na posse titula esta, mesmo se for substancialmente inválido. Um contrato de compra e venda viciado por erro, coacção psicológica, simulação, etc., e por isso anulável ou nulo consoante o vício em questão, titula uma posse nos termos da propriedade, porque é um "modo de legítimo de adquirir" esse direito segundo o direito português (alínea a) do art. 879.º).

Acentua-se, por isso, que o facto jurídico tem de ser idóneo, em abstracto, para produzir a constituição ou transmissão do direito real em causa, ainda que em concreto seja ineficaz, por virtude de algum vício de natureza substancial, incluindo expressamente a falta de legitimidade do disponente (venda ou doação a *non domino*)[1704].

O vício de forma do negócio jurídico, diversamente, gera sempre uma posse não titulada[1705], ainda que o mesmo possua em abstracto eficácia real para a aquisição do direito pelo possuidor. Um anacronismo que o nosso direito continua a dar guarida.

O n.º 2 do art. 1259.º dispõe que o título deve existir, não podendo ser putativo. Aquele que o invoca tem o ónus de o provar.

III. A posse titulada tem um regime mais favorecido do que a posse não titulada em alguns aspectos.

Assim, presume-se que a posse titulada é uma posse de boa fé e a não titulada de má fé (art. 1260.º, n.º 2). Trata-se, em todo o caso, de uma presunção ilidível. Não obstante a existência de título, pode ser provada a má fé, como se pode provar a boa fé do possuidor sem título.

[1703] Para a controvérsia histórica associada à redacção da parte final do art. 1259.º, n.º 1, cf. Menezes Cordeiro, A Posse, cit., pág. 87 e segs. e Pires de Lima/Antunes Varela, Código Civil Anotado, cit., pág. 18 e segs. Cf ainda, Manuel Rodrigues, A Posse, cit., pág. 290 e segs.

[1704] Menezes Cordeiro, A Posse, cit., pág. 91, Oliveira Ascensão, Direito Civil – Reais, cit., pág. 96.

[1705] Cf. também Oliveira Ascensão, Direito Civil- Reais, cit., pág. 96 e seg., Menezes Cordeiro, A Posse, cit., pág. 91.

A adquiriu de F, por entrega, a posse relativa ao livro X, nos termos de um contrato de compra e venda. A sabe, no entanto, que F furtou o livro a G e que não é o seu dono. O título existe (contrato de compra e venda), mas a posse é de má fé.

B recebeu de C as chaves do prédio X, de que o último é proprietário por usucapião declarada judicialmente, nos termos de um contrato de doação da propriedade celebrado verbalmente. A posse de B é não titulada, mas, apesar disso, de boa fé.

Havendo título, a posse presume-se existente desde a data do título (art. 1254.º, n.º 2). Não havendo, ter-se-á de provar o momento do seu início, o que será naturalmente relevante em matéria de prazos para a usucapião e de aquisição do direito por este facto (art. 1288.º).

Por último, em caso de conflito de posses, em que haja necessidade de atribuir a coisa a um dos litigantes pela melhor posse (art. 1278.º, n.º 2), a posse titulada leva vantagem sobre a não titulada, ou, como dispõe o art. 1278.º, n.º 3: "é melhor posse a que for titulada".

Em matéria de usucapião, uma relevância directa desta classificação só acontece na situação contemplada no n.º 2 do art. 1300.º. Mas o regime da usucapião não deixa de reflectir a importância do título da posse nos outros casos. Tratando-se da usucapião de imóveis, havendo título e registo deste, o prazo para a usucapião é menor do que não havendo título, embora o possuidor só possa aproveitar este prazo caso registe o título (cf. os artigos 1294.º e 1296.º). O mesmo se passa relativamente à usucapião de coisas móveis sujeitas a registo (art. 1298.º). No regime da usucapião de coisas móveis não sujeitas a registo o prazo menor (três anos) supõe a conjugação de título e boa fé.

209. Posse de boa fé e posse de má fé

O art. 1260.º, n.º 1 dispõe do seguinte modo: "a posse diz-se de boa fé, quando o possuidor ignorava, ao adquiri-la, que lesava o direito de outrem".

Há que destrinçar se por boa fé se entende o possuidor que ignora que a sua posse viola direito alheio (boa fé subjectiva psicológica) ou se está apenas de boa fé o possuidor que desconhece sem culpa que a sua posse lesa direitos alheios (boa fé subjectiva ética)[1706]. À luz da primeira concepção,

[1706] Fundamental para esta problemática, MENEZES CORDEIRO, Da Boa Fé No Direito Civil, Vol. I, pág. 415 e segs., A Posse, cit., pág. 92 e segs.

basta a mera ignorância do possuidor para haver automaticamente boa fé. A segunda, diferentemente, supõe uma avaliação da desculpabilidade ou não da ignorância do agente; uma ignorância culposa equivale a má fé.

Não obstante a forte corrente contrária, que tem a seu favor o elemento literal[1707], propugna-se uma interpretação favorável à concepção ética de boa fé, na linha preconizada por MENEZES CORDEIRO[1708]. Certos preconceitos culturais, que só podem ser justificados pelo atraso do país, têm dado amparo ao psicologismo, que funciona como uma forma de protecção da ignorância contra o esclarecimento.

Este estado de coisas não se coaduna com a exigência de salvaguarda dos direitos tutelados pela ordem jurídica. A falta de diligência e de empenho do possuidor, a incompetência, o desleixo, a incúria ou o desprezo que ele revele relativamente aos direitos de terceiros devem recair sobre ele e não sobre os outros, como se estes tivessem de suportar a impreparação ou a falta de cuidado do possuidor.

A boa fé não pode ser um prémio que o Direito atribui ao possuidor que não revela consideração pelos direitos dos outros. Também aqui há que superar um atavismo cultural histórico que tolhe toda a matéria da boa fé em Direitos Reais.

210. Posse pacífica e posse violenta

I. No n.º 1 do art. 1261.º, o Código Civil dispõe que a "posse pacífica é que foi adquirida sem violência". Acentua-se, deste modo, que o momento da apreciação deste caracter da posse é o da aquisição respectiva. Uma posse adquirida sem violência é pacífica para sempre[1709], ainda que seja depois mantida com violência. Inversamente, uma posse adquirida com violência, mas mantida pacificamente, é violenta, não obstante o desfavor desta qualificação surgir depois mitigado pela cessação da violência, como veremos adiante.

O n.º 2 do art. 1261 vem dispor que a posse é violenta quando é exercida coacção física ou psicológica, nos termos do art. 255.º, sobre o possuidor.

[1707] PIRES DE LIMA/ANTUNES VARELA, Código Civil Anotado, cit., pág. 20, ORLANDO DE CARVALHO, "Introdução à Posse", cit., pág. 292, HENRIQUE MESQUITA, Direitos Reais, cit., pág. 91.

[1708] A Posse, cit., pág. 92 e segs.

[1709] OLIVEIRA ASCENSÃO, Direito Civil – Reais, cit., pág. 100.

Esta última pode dizer respeito à pessoa ou património do possuidor ou de terceiros (art. 255.º, n.º 2).

É usual sustentar-se que a violência respeita tanto à pessoa como à coisa objecto da posse[1710]. A jurisprudência portuguesa tem acolhido este entendimento, indo, no entanto, demasiado longe.

A coacção física e a coacção psicológica exercem-se sobre a pessoa do possuidor[1711] e não sobre a coisa, apesar de poderem envolver directa e imediatamente uma acção sobre esta. Assim, se um terceiro usa explosivos no prédio para atemorizar o possuidor, forçando a sua saída, a posse é violenta, como o será se o terceiro surgir no prédio rodeado de capangas preparados para a agressão. O que releva neste caso é a coacção psicológica sobre o possuidor e não uma eventual actuação com meios violentos (explosivos) sobre a coisa possuída.

Não será, contudo, o caso se o possuidor está fora e não pode ser assustado pelo recurso a esses meios[1712]. O rebentamento de uma porta de um prédio com explosivos, com o possuidor ausente e desconhecendo a situação, por muito impressionante que possa ser, não traduz nenhum acto de coacção física ou psicológica sobre ele. A posse eventualmente daí resultante (por apossamento) é pacífica.

A̲ é proprietário e possuidor de um prédio e mora no estrangeiro. O prédio encontra-se murado e a entrada está fechada com uma porta blindada, não estando ninguém a habitá-lo. B̲, pretendendo instalar-se no prédio, usa um tractor para deitar abaixo a porta e entrar. A posse de B̲ é pacífica ou violenta? Segundo o art. 1261.º, é pacífica, porquanto nenhuma coacção física ou psicológica foi exercida sobre o possuidor A̲.

Concluímos o ponto, reiterando que a violência tem o possuidor por destinatário e não a coisa. E que uma actuação sobre esta, ainda que com recurso a meios violentos, só pode significar coacção física ou psicológica se dirigida ao possuidor.

II. A esta classificação ligam-se uma série de diferenças de regime jurídico. Para começar, o possuidor que for esbulhado com violência pode interpor um procedimento cautelar de restituição provisória da posse

1710 Pires de Lima/Antunes Varela, Código Civil Anotado, cit., pág. 23 e seg.

1711 Dias Marques, Prescrição Aquisitiva, vol. I, cit. pág. 277, Menezes Cordeiro, A Posse, cit., pág. 99.

1712 Dias Marques, Prescrição Aquisitiva, vol. I, cit., pág. 277 e seg.

contra o esbulhador (art. 1279.º). Este é condenado a restituir a coisa ao possuidor esbulhado sem contraditório, nem análise de títulos. A reacção à violência não dá espaço para contemplações a quem a ela recorre para satisfazer os seus intentos.

A posse adquirida com violência é tida como posse de má fé, sem possibilidade de prova em contrário (art. 1260.º, n.º 3). Não adianta o esbulhador provar inclusive a titularidade do direito. A caracterização da posse como de má fé surge como sanção pela violência praticada na obtenção da posse.

O prazo de um ano para a perda da posse previsto na alínea d) do n.º 1 do art. 1267.º não se inicia enquanto a violência não cessar (art. 1267.º, n.º 2). Quer dizer, o esbulhado vem mesmo a perder a posse se não reagir ao esbulho no prazo de um ano; contudo, o ano não se conta do início da posse do esbulhador, mas do momento em que a violência sobre o possuidor esbulhado houver terminado.

A ameaçou a vida de B para obter a posse do automóvel X, na posse do último. Essa ameaça prolongou-se ainda durante 30 dias após B ter entregue a coisa a A, em 1 de Janeiro de 2006. Neste caso, o prazo de um ano constante do art. 1260.º, n.º 1 alínea d) só inicia a sua contagem em 31 de Janeiro de 2006 e não a 1 de Janeiro, quando A adquiriu a posse.

Enquanto durar a violência, a posse não é boa para a usucapião. Isto não significa que a posse violenta exclua a usucapião. Os artigos 1297.º e 1300.º, n.º 1 não consagram tal solução. Uma posse adquirida com violência pode servir de base à usucapião, contando que o possuidor possua a coisa pacificamente por todo o prazo legal de usucapião. Todavia, enquanto durar a violência, o prazo para a usucapião não corre.

211. Posse pública e posse oculta

I. Esta classificação encontra-se no art. 1262.º, o qual, valha a verdade, apenas define a posse pública[1713]. A posse oculta, ao invés, deve depreender-se, é a que não é pública.

Segundo o art. 1262.º, "posse pública é a que se exerce de modo a poder ser conhecida dos interessados". Contrariamente ao que sucede relativamente aos outros caracteres da posse, esta classificação entre posse pública e

[1713] Sobre esta classificação, cf. MENEZES CORDEIRO, A Posse, cit., pág. 100 e seg., OLIVEIRA ASCENSÃO, Direito Civil – Reais, cit., pág. 101 e seg.

posse oculta não se afere ao momento da aquisição da posse, mas ao modo como esta é exercida.

A posse é pública quando pode ser conhecida dos interessados. O primeiro aspecto relevante desta definição é que a lei portuguesa não exige o conhecimento efectivo da posse; o que conta somente é a cognoscibilidade da posse, ou seja, o esta poder ser conhecida. A posse é pública mesmo que os interessados não a conheçam, desde que a possam conhecer.

> A é proprietário do imóvel X situado no Porto, mas vive em Guimarães e não se desloca ao Porto com frequência. B instala-se no prédio X (apossamento) e fica lá a viver permamentemente, desconhecendo A esse facto. A posse de A é pública, porquanto B, mesmo ignorando a posse daquele, pode conhecê-la.

Como se vê deste exemplo, a circunstância de o possuidor não se encontrar junto da coisa, porque mora noutro local, e, por isso, não ficar a conhecer a nova posse de outrem, não afasta o carácter público dessa posse, uma vez que, não conhecendo embora essa nova posse, poderia conhecer.

Quando é se pode dizer que há cognoscibilidade para o efeito de caracterizar a posse de alguém como pública?

Salientamos, desde já, que é estranha a este domínio a ideia de dever. A cognoscibilidade não advém de um dever de conhecer que impenderia sobre o possuidor interessado. A cognoscibilidade resulta de uma possibilidade efectiva de conhecimento a partir de um comportamento normalmente diligente[1714] em relação à coisa. Quer dizer, parte-se daquilo que se entende ser a actuação de um possuidor medianamente diligente em relação à sua coisa e verifica-se se o possuidor em questão agindo dessa forma conheceria ou não a nova posse de outrem.

Exemplificando com a posse de um imóvel, é normal que o possuidor cuide do mesmo, deslocando-se a ele ou procurando inteirar-se da sua situação. Se assim proceder, conhecerá certamente a nova posse de outrem. Se nada fizer, não conhecerá, mas aí não porque não pudesse conhecer, mas porque não actuou com a normalidade esperada. A posse de outrem é pública.

O registo da posse, possível nos termos da alínea ... do n.º 1 do art. 2.º do Código do Registo Predial, torna a posse pública[1715]. Contudo, e como

[1714] Também Pires de Lima/Antunes Varela, Código Civil Anotado, cit., pág. 25 aludem a um comportamento "normalmente diligente". Ver uma formulação próxima em Carvalho Fernandes, Lições De Direitos Reais, cit., pág. 286.

[1715] No mesmo sentido, Oliveira Ascensão, Direito Civil – Reais, cit., pág. 101.

acabámos de ver, não é necessária a publicidade por via do registo predial para que a posse se qualifique como tal. De resto, a lei portuguesa prescindiu mesmo da menção ao registo que surgia no anteprojecto de PINTO COELHO.

A publicidade da posse não advém do conhecimento de toda a gente ou de qualquer pessoa. O art. 1262.º abrange unicamente os interessados[1716]. Que interessados são esses? Certamente todos aqueles que tiverem posse sobre a coisa, mas não só; também os titulares de direitos reais de gozo que não sejam possuidores[1717] são interessados na acepção do preceito.

II. A caracterização da posse oculta levanta alguns problemas delicados, a começar pela sua admissibilidade[1718].

Na verdade, a posse supõe um controlo material da coisa pelo possuidor, o *corpus* possessório, o que nem sempre é compatível com a falta de publicidade. Aquele que às escondidas, sem os interessados saberem, leva o gado a beber no ribeiro do vizinho ou aproveita a lenha desse prédio, não domina materialmente a coisa, não tem *corpus* possessório e, logo, não tem sequer posse.

Sugestivamente, o art. 1263.º, alínea a) exige uma "prática reiterada, com publicidade, dos actos materiais ..." para que o apossamento seja consumado. Tomado à letra, este preceito é certamente excessivo, como vimos no lugar próprio. Alerta, porém, para o facto de a tomada do controlo material correspondente ao *corpus* possessório nem sempre se conjugar com o carácter oculto da actuação sobre a coisa.

Nos casos em que o carácter oculto da actuação corresponde verdadeiramente à ausência de *corpus*, não há posse a considerar. Falta, desde logo, o pressuposto fáctico da posse, o domínio ou controlo material da coisa. Todavia, existem outros casos em que o carácter oculto da actuação aparece associado ao controlo material da coisa.

> A apropria-se secretamente da carteira de B no metropolitano. C furta o automóvel de D e leva-o para um local escondido.

[1716] É um conceito relativo de publicidade como chamava a atenção, no domínio do Código de Seabra, MANUEL RODRIGUES, A Posse, cit., pág. 187.

[1717] Porque nunca adquiriram a posse ou porque a perderam entretanto.

[1718] Cf. MENEZES CORDEIRO, A Posse, cit., pág. 100 e seg.

Nesta última categoria de casos, há posse, mas ela é oculta, porquanto o possuidor interessado, tendo embora perdido o controlo material da coisa, não sabe nem pode saber quem a tem em seu poder (art. 1262.º).

Na realidade, a posse oculta é uma verdadeira posse, e o possuidor às ocultas um possuidor. Ele tem o controlo material da coisa sem que a lei descaracterize a situação para mera detenção. As diferenças de regime entre posse pública e posse oculta retiram a esta última alguns dos efeitos principais da posse, nomeadamente, a usucapião, sem, contudo, porem em causa a própria existência da posse[1719].

Tomemos o exemplo anterior do furto do automóvel de D por C e suponhamos agora que este último é roubado por E. Como tem posse, C pode lançar mão da acção de restituição de posse contra E (art. 1278.º e 1281, n.º 1), assim como pode exigir uma indemnização a este último por violação da posse (art. 1284.º, n.º 1).

III. Conforme dissemos, a classificação entre posse pública e posse oculta acarreta um regime penalizado para a posse oculta.

Para começar, quando a posse é tomada ocultamente, o prazo de um ano para a perda de posse do possuidor esbulhado (art. 1267.º, n.º 1 alínea d)) só começa a contar quando a posse oculta se torne conhecida deste último (art. 1267.º, n.º 2). Já não basta então a mera susceptibilidade de conhecimento, como decorreria aparentemente do art. 1262.º, exigindo-se um conhecimento efectivo da nova posse.

O prazo para a usucapião não começa a contar enquanto a posse permanecer oculta, tanto para as coisas móveis (art. 1300.º, n.º 1), como para as imóveis (art. 1297.º). A posse oculta é, assim, uma posse sem usucapião, mas só enquanto permanecer como tal; tornando-se pública[1720] a posse que era oculta, o prazo para a usucapião começa imediatamente a contar.

Embora não surja explicitado no art. 1278.º, n.º 3, a posse pública é melhor posse que a posse oculta e prevalece sobre esta em caso de conflito.

[1719] Cf. também Oliveira Ascensão, Direito Civil – Reais, cit., pág. 101 e seg. e Carvalho Fernandes, Lições De Direitos Reais, cit., pág. 301 e seg.

[1720] Diferentemente do que sucede com o n.º 2 do art. 1267.º, que exige o conhecimento efectivo por parte do possuidor esbulhado, tanto o art. 1297.º, como o art. 1300.º, n.º 1 parecem dispor no sentido que a posse se torne pública na acepção do art. 1262.º, bastando, deste modo, a mera cognoscibilidade da posse para que se inicie a contagem do prazo para a usucapião.

Por último, o possuidor só pode obter o título judicial para registo da posse desde que tenha possuído pública e pacificamente por tempo não inferior a cinco anos (art. 1295.º, n.º 2). Como se depreende, a posse oculta não pode ser titulada desta forma.

212. Os factos constitutivos da posse

No direito português, existem dois factos constitutivos da posse[1721]: o apossamento e a inversão do título da posse. Procedemos à análise individualizada de cada um deles.

213. O apossamento

I. O apossamento designa a apreensão do controlo material da coisa por aquele que até aí não a tinha em seu poder. Segundo a alínea a) do art. 1263.º, seriam necessários três requisitos para haver apossamento:

- Uma prática de actos materiais (a));
- Reiteração da prática dos actos materiais (b));
- Publicidade dos actos materiais (c)).

A) A prática de actos materiais

1. O apossamento constitui a tomada do controlo material da coisa e concretiza-se, pois, através dos actos físicos necessários à sua apreensão. Como o que está em causa é a investidura no *corpus* possessório de alguém que não tinha a coisa consigo, o agente tem de actuar de molde a tê-la em seu poder.

A aproveita o seu amigo estar distraído e coloca o telemóvel dele no seu bolso, com intenção de se apropriar do mesmo. B, sabendo que o andar X está devoluto, arromba a fechadura e instala-se lá. C furta as chaves do automóvel de D no restaurante e foge com ele, escondendo-o na sua garagem.

O apossamento ocorre, por conseguinte, num nível fáctico de actuação, supondo um comportamento através do qual o agente ganha o seu controlo material.

O controlo material adquirido não tem de ser exclusivo, no sentido de privar outras pessoas do controlo material que também tenham sobre a

[1721] Ou, se se preferir, dois modos de aquisição originária da posse.

coisa. Mas isto tem de ser bem entendido para não gerar confusões. Um apossamento nos termos da propriedade singular priva o possuidor anterior nos termos da propriedade do acesso à coisa; se este continua a poder actuar sobre a coisa é porque o apossamento não se consumou. No entanto, um apossamento nos termos da propriedade pode coexistir com o controlo material que outros possuidores nos termos do mesmo direito real, em situações de comunhão, ou de direitos reais menores[1722] exerçam igualmente sobre a coisa.

Se o proprietário de um prédio inicia a sua passagem sistemática pelo prédio vizinho e o possuidor deste nada faz para o impedir, consumando-se o apossamento a certa altura com o controlo material da área utilizada, a posse nos termos da servidão predial de passagem não afasta naturalmente a posse exercida relativamente à propriedade no prédio serviente.

Por último, o apossamento pode ocorrer nos termos de qualquer direito real de gozo e não apenas quanto à propriedade. Neste caso, é claro que a constituição da posse a favor daquele que se apossa da coisa não é incompatível com o controlo material que outros exercem sobre a coisa por referência a outros direitos reais de gozo, desde logo, a propriedade.

A vende o usufruto do prédio X a B, mas recusa-se injustificadamente a fazer a entrega da coisa ao usufrutuário. B instala-se, então, no pédio contra a vontade de A, para iniciar o exercício do seu direito. Aferindo a sua actuação ao título (compra e venda), B concretiza um apossamento nos termos de um usufruto e a sua posse coexistirá com a do proprietário.

2. O apossamento surge ao nível da actuação física sobre a coisa; trata-se da criação de um estado de facto em que o agente, querendo, passa a ter a possibilidade de actuar directamente sobre ela. Desde Savigny[1723] que se acentua que o apossamento supõe a sujeição física da coisa ao agente.

Relativamente à situação de terceiros, importa considerar a posição dos possuidores cujo *corpus* é afectado pelo apossamento de outrem. O apossamento só se concretiza com a quebra do *corpus* de possuidor anterior. Mas é possível destacar, pelo menos, dois grupos de casos. No primeiro grupo, o apossamento acarreta a quebra do *corpus* possessório de todos os possuidores da coisa, de modo a que o novo possuidor controla a coisa por inteiro, o que é sinónimo da exteriorização de uma propriedade singular não onerada.

[1722] Ou mesmo nos termos de direitos de diferente natureza.

[1723] Das Recht Des Besitzes, cit., pág. 211.

No segundo grupo, o apossamento apenas quebra o *corpus* de uma das posses, justamente aquela cujo exercício é incompatível com o direito exteriorizado pelo novo possuidor, respeitando as outras.

A possui o prédio X nos termos da propriedade e *B* nos termos de usufruto. *C* afasta *A* do controlo material da coisa, mas actua respeitando a posse de *B*. neste caso, apenas a posse de *A* é posta em causa, não a *B*, que permanece.

B) Reiteração da prática dos actos materiais

O art. 1263.º, alínea a) menciona a "prática reiterada" dos actos materiais. Muito justamente, Oliveira Ascensão[1724] critica a formulação do preceito, na medida em que ele induz falsamente a necessidade de uma repetição da actuação material, quando o que está em causa é somente a tomada do controlo material da coisa, que se pode consumar num único acto.

Na verdade, o controlo material da coisa pode advir somente de um conjunto de actos repetidos. O proprietário que leva o seu rebanho a pastar um vez no prédio do vizinho, não tem certamente o controlo material sobre ele, de modo a se poder falar de uma posse nos termos de uma servidão predial de pasto. No entanto, a continuação da prática de actos desse tipo pode induzir um controlo material do imóvel para o exercício da servidão.

Simplesmente, existem muitas outras situações em que um único acto ou um número muito limitado de actos não repetidos, basta para consumar a apropriação física da coisa e a tomada de controlo material sobre ela. O carteirista que furta a carteira a um passageiro no transporte realiza num único acto o apossamento da coisa.

Decisivo será, assim, não a repetição da actuação material, que, de resto, pode ser muito diferenciada, mas a intensidade da actuação sobre a coisa para consumar o controlo dela[1725].

Um controlo material da coisa que seja episódico, efémero, transitório não é suficiente para o apossamento. Este requer que o possuidor esteja em condições de actuar duradouramente sobre a coisa[1726], ou seja, de a conservar debaixo do seu poder. Isto não quer dizer, porém, que a posse tenha de

[1724] Direito Civil – Reais, cit., pág. 81 e seg.. Cf. também Menezes Cordeiro, A Posse, cit., pág. 104.

[1725] Oliveira Ascensão, Direito Civil – Reais, cit., pág. 81 e seg. e Menezes Cordeiro, A Posse, cit., pág. 104.

[1726] Cf. igualmente Menezes Cordeiro, A Posse, cit., pág. 104.

se manter duradouramente para que haja apossamento[1727], mas que deve existir essa possibilidade abstracta.

A circunstância do possuidor abandonar a coisa logo a seguir à sua apreensão material ou de ser dela privado por um acto de terceiro não obsta ao apossamento se o agente chegou a consumar a apreensão material da coisa e tinha a possibilidade de manter o controlo dela.

O tempo não é assim relevante para o apossamento; o que conta é sempre a intensidade da actuação para criar o controlo material da coisa pelo sujeito. SCHWAB/PRÜTING[1728] discordam aparentemente, afirmando que tem de haver sempre um momento para a aquisição do poder de facto sobre a coisa. Pensamos, todavia, que isto nada a tem a ver com um significado autónomo do tempo para a aquisição da posse por apossamento.

A encontrou um animal sem dono e pegou nele para o levar para casa. No caminho surge um terceiro que lhe furta o animal. O apossamento chegou a consumar-se com a apreensão do animal, pois o possuidor estava em condições de continuar a actuação material não fora o acto do terceiro. Do mesmo modo, se imediatamente após ter consumado a apreensão do animal, A se arrepende e solta o mesmo, chegou a haver apossamento.

C) *Publicidade dos actos materiais*

A referência à publicidade na alínea a) do art. 1263.º deve igualmente ser esclarecida[1729]. Como veremos adiante, a lei portuguesa admite a posse oculta, que não é naturalmente uma posse exercida com publicidade. Como compatibilizar, assim, a previsão da posse oculta como verdadeira posse com o requisito de publicidade dos actos materiais do apossamento?

Pensamos que a explicação se encontra no facto de se pretender negar a posse àqueles que praticam actos materiais de aproveitamento da coisa às escondidas do possuidor, sem que, contudo, afastem este do controlo material. O carácter oculto da actuação equivale aqui à ausência de um controlo material, portanto, do *corpus* e, logo, da própria posse.

A leva o seu gado a beber no riacho do prédio vizinho todas as noites, aproveitando a escuridão para não tornar notado o seu comportamento ao possuidor.

1727 Em sentido contrário, cf. MÜLLER, Sachenrecht, cit., pág. 28.

1728 Sachenrecht, cit., pág. 32.

1729 No sentido que a publicidade é integrante do apossamento, veja-se MANUEL RODRIGUES, A Posse, cit., pág. 187 e seg.

B usa o tractor de C quando este não se encontra no prédio a trabalhar. Nestes dois exemplos, os actos materiais são praticados às ocultas, mas não é isso que impede a posse de A e B. O que obsta à posse destes é a circunstância de não terem o controlo material da coisa e, deste modo, o *corpus* possessório. Já se B levasse o tractor consigo, apossar-se-ía do mesmo, ainda que C não pudesse conhecer a pessoa do esbulhador.

Em todo o caso, o carácter oculto da actuação material do agente não obsta à constituição de uma posse a favor deste, por apossamento, sempre que este envolva a tomada do controlo material da coisa. Havendo *corpus* e não descaracterizando a lei a situação para mera detenção, há posse, ainda que oculta.

Na Alemanha, tem-se sustentado uma posição diferente, que a obtenção da posse deve ser reconhecida do exterior[1730]. Julgamos, no entanto, que esta posição não se harmoniza com a previsão da posse oculta como verdadeira posse que ocorre no direito português.

Teria sido preferível não fazer qualquer menção à publicidade em sede de apossamento. Não se harmoniza bem com o requisito básico da posse, o *corpus*, que pode existir sem publicidade, e cria uma potencial contradição com o regime da posse oculta, que também é posse.

II. O *animus* ou vontade de ter a posse tem sido muitas vezes mencionado como requisito do apossamento, no direito romano[1731] e no direito actual, falando, porém, os autores modernos numa vontade naturalística e não numa vontade jurídico-negocial. Os autores referem que uma actuação dirigida ao controlo da coisa não seria pensável sem a vontade correspondente do sujeito.

Em Portugal, Manuel Rodrigues[1732] veio defender que o acto de investidura na posse "há-de conter um elemento que estabeleça a relação material da posse com a coisa, e há-de conter um elemento espiritual que signifique a intenção de exercer um direito no próprio interesse (...)

[1730] Baur/Stürner, Sachenrecht, cit., pág. 60, Wieling, Sachenrecht, cit., pág. 51 e 52, Müller, Sachenrecht, cit., pág. 27 e seg..

[1731] Para o direito romano, cf. Montel, "Possesso (Diritto Civile)", cit., pág. 366, Bonfante, Corso Di Diritto Romano, III – Diritti reali, cit., pág. 277 e seg., Cannata, "Possesso (Diritto Romano)", cit., pág. 326 e segs., Burdese, "Possesso (dir.rom.)", cit., 5., Santos Justo, Direito Privado Romano, cit., pág. 158 e seg., Max Kaser, Direito Privado Romano, cit., pág. 130.

[1732] A Posse, cit., pág. 178 e seg.

No acto de aquisição há-de haver portanto o *corpus* e o *animus*, o facto material e a intenção de exercer o direito no próprio interesse".

Pires de Lima/Antunes Varela[1733] seguiriam o mesmo trilho. Comentando a alínea a) do art. 1263.º, os autores afirmam que "estes actos, de per si, podem não conduzir à posse se faltar o *animus possidendi*. (...) Esta alínea vale assim como um complemento ou uma confirmação do conceito de posse expresso no art. 1251.º". O disposto no art. 1266.º confirmaria, segundo os autores[1734], que o *animus* é um elemento essencial para a quisição da posse.

Esclareça-se, em todo o caso que o *animus* referido a propósito do apossamento não é o mesmo que respeita à posse, o *animus domini* ou correspondente ao direito real: é o *animus possidendi* ou, mais precisamente, o *animus rem sibi habendi*, a vontade de ter a coisa como possuidor[1735].

É de exigir uma intenção ou *animus* de posse para que haja apossamento?

De modo inteiramente análogo ao que sucede em termos de definição de posse no art. 1251.º, o Código Civil português omite qualquer referência à intenção ou *animus* na alínea a) do art. 1263.º. Neste preceito mencionam-se apenas os actos materiais, sem alusão à intenção ou *animus* de possuir.

O que não surpreende. O Código Civil português é na estruturação do regime da posse profundamente objectivista. Tal como o *animus* não é elemento constitutivo da posse, ele não é necessário no apossamento[1736].

Basta, pois, a apreensão da coisa que induza o controlo material sobre ela para que o apossamento esteja consumado e a posse se constitua, se não se verificar nenhum dos casos previstos no art. 1253.º, e isto seja qual for a vontade que o agente tenha e ainda que não tenha vontade nenhuma de possuir[1737].

Contrariamente ao que pretendem Pires de Lima/Antunes Varela[1738], o art. 1266.º não abona uma posição favorável ao *animus possidendi*. Este preceito, estabelecendo uma regra de capacidade em matéria de aquisição de posse, começa por dispor que os que não têm uso da razão podem adquirir

[1733] Código Civil Anotado, cit., pág. 25 e seg.

[1734] Cf. o comentário ao art. 1266.º, em Pires de Lima/Antunes Varela, Código Civil Anotado, cit., pág. 31.

[1735] É uma subtileza que não aparece na doutrina alemã, mas que surge na doutrina francesa e italiana. Cf. Sacco/Caterina, Il Posseso, cit., pág. 85.

[1736] No mesmo sentido, já Menezes Cordeiro, Direitos Reais, cit., pág. 460.

[1737] Contudo, uma declaração de que não se pretende exteriorizar nenhum direito real sobre a coisa afasta a posse, nos termos da alínea a) do art. 1253.º.

[1738] Op. ult. cit.

posse sobre coisas móveis *nullius*. Um doente mental pode, assim, apossar-se de um animal selvagem, por exemplo, adquirindo posse. Se a doença lhe tolda o discernimento de todo não é possível falar-se numa intenção minimamente estruturada. Não há aqui qualquer *animus* de posse a considerar[1739].

Mais claro ainda é o caso de uma posse adquirida por recém-nascido. Aparentemente, seguindo-se à letra o art. 1266.º, um bébé não poderia adquirir posse de um imóvel por apossamento, pois não tem ainda decerto o uso da razão. O preceito tem, porém, de ser objecto de uma restrição no seu alcance, pois não se pretende obviar a uma posse de coisa imóvel adquirida através de outrem, nomeadamente, um representante. Os pais podem constituir uma posse de um prédio para o seu filho bebé, nos termos amplos que o art. 1252.º, n.º 1 permite o exercício da posse através de intermediário.

Sempre se poderia, porém, dizer que, não tendo a criança o uso da razão, o *animus* possessório residiria nos representantes. E é aqui que o argumento falha. Sustentando os autores subjectivistas que a vontade requerida não é uma vontade jurídico-negocial, mas uma vontade naturalística[1740], evidenciam com isto que, afinal, não é necessária a vontade no apossamento. Se a vontade não é negocial, mas naturalística, não pode ser substituída por esquemas jurídicos. Voltando ao nosso exemplo, o bebé adquire posse de um imóvel com a actuação dos seus representantes, ainda que não tenha, não possa ter, vontade de posse quanto a essa coisa. O que mostra bem que a vontade não é precisa para o apossamento.

Um último argumento pode ser avançado. O apossamento pode verificar-se mesmo sem o conhecimento daquele que se apossa. O proprietário do imóvel ausente no estrangeiro torna-se possuidor da água da chuva caída no seu imóvel ainda que desconheça de todo que ela se encontra em seu poder. A existência do controlo material sobre a coisa é suficiente para o apossamento, salvo quando a lei afastar a posse.

[1739] Como, de resto, reconhecem PIRES DE LIMA/ANTUNES VARELA, Código Civil Anotado, cit., pág. 32.

[1740] PIRES DE LIMA/ANTUNES VARELA, Código Civil Anotado, cit., pág. 31. Na doutrina estrangeira, SCHWAB/PRÜTING, Sachenrecht, cit., pág. 32, VIEGWEG/WERNER, Sachenrecht, cit., pág. 20, BAUR/STÜRMER, Sachenrecht, cit., pág. 60, WOLF, Sachenrecht, cit., pág. 80, WIELING, Sachenrecht, cit., pág. 48, LENT/SCHWAB, Sachenrecht, cit., pág. 14, WILHELM, Sachenrecht, cit., pág. 182 e segs., ECKERT, Sachenrecht, cit., pág. 43, SCHAPP/SCHUR, Sachenrecht, cit., pág. 29, BREHM/BERGER, Sachenrecht, cit., pág. 39, MÜLLER, Sachenrecht, cit., pág. 34 e seg., SORGEL/MÜHL, Sachenrecht, SORGEL Kommentar, cit., pág. 31 e segs.

Portanto, sempre que a actuação material sobre uma coisa corpórea permita criar o controlo sobre ela, permitindo que o agente possa renovar a actuação sempre que queira, por si ou por representante, há apossamento, sem necessidade de se aferir do *animus* de posse.

III. O apossamento pode ter lugar através da actuação de alguém que actue por conta do adquirente da posse[1741]. Assim, se, por exemplo, os trabalhadores de uma empresa efectivam o controlo material de uma coisa por conta daquela, é a empresa, e não os trabalhadores, quem adquire a posse por apossamento.

Trata-se de uma aplicação da regra que dispõe que a posse pode ser exercida através de outrem (art. 1252.º, n.º 1). Se pode haver posse por intermédio de outrem, por maioria de razão, tem de se admitir que tal sucede também com o apossamento.

Nesta ordem de ideias, o apossamento pode ser levado a cabo por uma pessoa colectiva[1742], que adquire posse originariamente nos mesmos termos de uma pessoa singular.

214. A inversão do título da posse

I. O art. 1263.º alínea d) dispõe que a posse se adquire por inversão do título da posse (*interversio possessionis*). Esta figura vem depois regulada no art. 1265.º, nos termos do qual, "a inversão do título da posse por oposição do detentor do direito contra aquele em cujo nome possuía ou por acto de terceiro capaz de transferir a posse".

O art. 1265.º do Código Civil teve por fonte próxima o 2.º parágrafo do art. 1141. do Códice Civile italiano. Segundo este preceito, "se alguém começou por ter detenção, não pode adquirir a posse a não ser que o título venha a ser modificado por causa proveniente de um terceiro ou por força da oposição daquele contra o possuidor". Esta regra veio a consagrar solução já proclamada no direito romano, onde se dizia *nemo causam possessionis sibi ipse mutare potest*[1743].

[1741] Cf., na doutrina portuguesa, MENEZES CORDEIRO, Direitos Reais, cit., pág. 462. Na doutrina estrangeira, por exemplo, WILHELM, Sachenrecht, cit., pág. 189.

[1742] SCHWAB/PRÜTING, Sachenrecht, cit., pág. 32, WIELING, Sachenrecht, cit., pág. 48, LENT//SCHWAB, Sachenrecht, cit., pág. 14.

[1743] SACCO, "Possesso (dir. priv.)", cit., 16. e SACCO/CATERINA Il Possesso, cit., pág. 230, SILLANI, "Possesso E Detenzione", cit., pág. 29.

Na inversão do título da posse, o detentor da coisa passa a exteriorizar um direito próprio sobre ela ou, como outros preferem dizer, a afirmar uma posse em nome próprio[1744]. Aquele que até aí actuava sobre a coisa em nome alheio, em nome do possuidor, começa a fazê-lo nos termos do seu próprio direito. É completamente indiferente que não seja titular desse direito; a inversão do título da posse não é um facto aquisitivo do direito real, mas simplesmente da posse. Se aquele que tem a coisa em seu poder começa a exteriorizar um direito contra o possuidor anterior, o Direito faz corresponder a posse à nova exterioriação. A inversão do título da posse provoca a aquisição da posse relativa ao direito a que o detentor passa a referir a sua actuação sobre a coisa[1745].

A, arrendatário do prédio X, deixa de pagar as rendas a B, proprietário e senhorio, comunicando a este último ser ele o dono da coisa; C, usufrutuário do quadro Y, propriedade de D, recusa a entrega a este no final do usufruto, alegando ter adquirido o direito de propriedade por compra a E. Nestes dois casos, A e C adquirem a posse nos termos da propriedade, mesmo que não beneficiem de nenhum facto aquisitivo válido do direito real (no caso a propriedade) que passam a exteriorizar.

Na maior parte das vezes, o detentor arroga-se o mesmo direito do possuidor. Mas o direito a que se refere a actuação daquele não tem de ser o mesmo direito deste último[1746]. O que se atesta claramente do exemplo seguinte:

A, arrendatário do prédio X, opõe-se contra B, senhorio, possuidor nos termos da propriedade e titular deste direito, invocando ser titular de um usufruto. Existindo inversão do título da posse, ela dá-se para o usufruto, o direito exteriorizado por A, e não para a propriedade.

[1744] Pires de Lima/Antunes Varela, Código Civil Anotado, cit., pág. 30, Menezes Cordeiro, A Posse, cit., pág. 105, Alcaro, Il Possesso, cit., pág. 113, Bianca, La proprietà, cit., pág. 760, nota 152.

[1745] Os exemplos normais na matéria ilustram situações em que o detentor passa a arrogar-se o direito do possuidor. A verdade, porém, é que não tem de ser assim. Se A, arrendatário do prédio X, se opõe contra B, possuidor nos termos da propriedade, invocando um usufruto, há inversão do título da posse, mesmo que o até aí detentor não pretenda a substituição do possuidor na propriedade.

[1746] E, por isso, não é exacto, como sustenta Bianca, La proprietà, cit., pág. 760, que o acto de oposição tem de negar a posse de outrem (do possuidor). Em alguns casos, justamente aqueles em que a inversão não ocorre para o direito exteriorizado pelo possuidor, o detentor não coloca em causa a posição possessória daquele.

A inversão do título da posse opera sempre por um detentor, isto é, alguém que tem o *corpus* possessório, sem que o Direito reconheça a posse (v.g. o art. 1253.º). Faltando o *corpus*, não pode haver inversão do título da posse. A inversão do título da posse distingue-se, assim, muito claramente do apossamento, que supõe uma inexistência prévia do *corpus* possessório.

É discutível se qualquer detentor pode inverter o título da posse, e, por conseguinte, também aquele que não afirma nenhum direito próprio sobre a coisa (simples detentor ou detentor precário) ou se apenas o detentor que possua nos termos de um direito próprio (outro direito diferente do possuidor) o pode fazer. Neste último caso, a inversão designaria os casos de evolução da posse de um direito real menor (por exemplo, o usufruto ou a superfície) ou de um direito de outra natureza (arrendamento, comodato, parceria pecuária, etc.) para um direito maior (a propriedade ou outro direito real menor mais extenso do que aquele que o detentor até aí exteriorizava[1747]).

Nenhuma razão há para limitar a inversão do título da posse aos detentores que sejam simultaneamente possuidores nos termos de um direito próprio. Por outro lado, a formulação ampla do art. 1265.º cobre todas as situações de detenção e não apenas as que coexistem com uma posse em nome próprio[1748].

> A é caseiro no prédio X possuído por B. C é usufrutuário e possuidor nos termos desse direito da máquina empilhadora X, possuída quanto á propriedade por D. Tanto A como C, e não apenas este último, podem inverter o título da posse contra B e D, respectivamente. O facto de A sem um simples detentor, sem referir a sua actuação sobre o prédio a nenhum direito real menor ou a outro direito, não obsta a que possa inverter o seu título de posse.

A inversão do título da posse tem lugar contra a vontade do possuidor contra o qual ela actua. Havendo vontade deste último, ocorre uma hipótese de *traditio brevi manu*[1749].

II. O regime jurídico da inversão do título da posse não deixa espaço ao paradigma subjectivista da posse, que não consegue explicar como a

[1747] Admitindo expressamente a hipótese da inversão do título da posse poder acontecer entre dois direitos reais menores, do menor para outro maior, Natoli, Il Possesso, cit., pág. 111, que rebate a opinião contrária de Gentile, Il Possesso.

[1748] Aparentemente no mesmo sentido, Menezes Cordeiro, A Posse, cit., pág. 105 e seg.

[1749] Cf. igualmente, Menezes Cordeiro, A Posse, cit., pág. 106.

inversão do título da posse não se dá simplesmente com uma mudança do *animus*, a passagem do *animus detinendi* para *animus possidendi*.

Se há trecho do regime jurídico da posse que elucida bem que o *animus* é despiciendo para alterar a situação possessória é justamente o regime da inversão do título da posse. Mesmo havendo um *animus* de posse pelo detentor, o art. 1265.º dispõe que a inversão do título da posse só ocorre perante a verificação de dois factos:

- Oposição do detentor contra aquele em cujo nome possuía;
- Acto de terceiro.

O art. 1265.º não esclarece o que se deve entender por oposição do detentor. Há, pois, que interpretar o preceito.

Em primeiro lugar, a oposição pode ser material[1750], jurídica ou revestir as duas formas. O detentor que paga a contribuição autárquica no lugar do possuidor ou que recebe a renda do arrendatário no lugar daquele pratica actos jurídicos de oposição ao possuidor. Todavia, o detentor que constrói um muro à volta da casa para impedir a entrada do possuidor age materialmente. E uma combinação de actos materiais e jurídicos é decerto possível.

Isto mostra que a inversão do título da posse por oposição não tem natureza jurídico-negocial[1751]. Não existe nenhum propósito de comunicação de efeitos jurídicos a um destinatário, determinado ou indeterminado. A conduta de oposição não tem forçosamente um conteúdo de comunicação[1752]. O seu efeito, a constituição da posse, liga-se a um comportamento não declarativo do detentor[1753]. Trata-se antes de um acto jurídico.

Em segundo lugar, a oposição pode ser judicial ou extrajudicial[1754]. O detentor que demanda o possuidor pedindo ao tribunal que declare ser ele o titular de um direito e não o possuidor ou que peça ao tribunal que declare ser ele titular de um direito contra o possuidor inverte o título da posse.

[1750] Também no sentido que a oposição pode consistir na prática de actos materiais, cf. BIANCA, La proprietà, cit., pág. 760 e nota 152, ALCARO, Il Possesso, cit., pág. 113, SILLANI, "Possesso E Detenzione", cit., pág. 29.

[1751] SACCO/CATERINA, Il Possesso, cit., pág. 232, que afirmam que a oposição é uma declaração (não formal), mas não é um negócio jurídico. Só concordamos com este último aspecto.

[1752] Para a distinção entre acto jurídico e negócio jurídico, cf. a nossa anotação ao art. 295.º do Código Civil, Negócio Jurídico, Coimbra, 2006, pág.

[1753] Contra, SACCO/CATERINA, Il Possesso, cit., pág. 232.

[1754] Cf. também ALCARO, Il Possesso, cit., pág. 113, NATOLI, Il Possesso, cit., pág. 110.

Em terceiro lugar, o comportamento de oposição deve ser exteriormente reconhecível pelo possuidor[1755] quando a oposição não lhe é comunicada e significar, inequivocamente, a afirmação de um direito próprio pelo detentor, diverso naturalmente do até aí exteriorizado por ele[1756]. A não entrega da coisa no final do prazo contratual, o incumprimento de obrigações, como é o caso do não pagamento das rendas pelo senhorio, a controvérsia sobre a validade do contrato ou sobre as obrigações das partes, por exemplo, não têm por si só o significado correspondente a uma inversão do título da posse se não forem acompanhados da afirmação inequívoca de um direito próprio sobre a coisa[1757].

A segunda modalidade de inversão do título da posse é o acto de terceiro ("por acto de terceiro capaz de transferir a posse"). O que se deve entender por acto de terceiro para este efeito?

Antes de mais, o acto de terceiro consiste num negócio jurídico, unilateral (um testamento) ou multilateral (um contrato)[1758]. Este negócio jurídico deve ter, em abstracto, eficácia real para fundar a constituição ou transmissão do direito real em causa a favor do detentor. Dizemos em abstracto, porquanto a lei (art. 1265.º) não supõe a validade do negócio[1759], apenas a sua idoneidade para fundar uma posse nos termos de um direito real próprio. Um negócio nulo, mas em abstracto idóneo para a constituição ou transmissão do direito real, permite a inversão do título da posse pelo detentor.

Este negócio jurídico tem, em todo o caso, de fundamentar a exteriorização de um direito próprio pelo até aí detentor, pois, ainda que seja juridicamente ineficaz, há-de atribuir um novo direito a que o detentor passe a referir a sua actuação sobre a coisa.

1755 Menezes Cordeiro, A Posse, cit., pág. 106 afirma que a actuação contra o possuidor deve ser "cognoscível" pelos interessados.

1756 Se o detentor já exteriorizava um direito sobre a coisa, a oposição deve consistir na afirmação de outro direito real, maior do que o até aí exteriorizado pelo detentor. Assim, o possuidor nos termos da superfície ou do usufruto arroga-se a propriedade da coisa, o arrendatário afirma-se usufrutuário, etc.

1757 Cf., em geral, Montel, "Possesso (Diritto Civile), cit., pág. 369 e seg., De Martino, Il Possesso, cit., pág. 509, Sillani, "Possesso E Detenzione", cit., pág. 29.

1758 Admitimos que o preceito possa ser interpretado extensivamente, de modo a abraçar os casos em que não haja verdadeiramente um acto de terceiro, mas em que por força de um facto ligado a terceiro o detentor passa a referir a sua actuação sobre a coisa a um direito próprio. Alcaro, Il Possesso, cit., pág. 112 e Sacco/Caterina, Il Possesso, cit., pág. 233, nota 33, mencionam a propósito a sucessão hereditária.

1759 Cf., entre outros, Natoli, Il Possesso, cit., pág. 109, Alcaro, Il Possesso, cit., pág. 112.

O negócio jurídico que beneficia o detentor permite a este exteriorizar um direito real que até aí não exercia. Diferentemente do que sucede com a primeira modalidade de inversão do título da posse, por oposição, ocorre nesta segunda modalidade a incidência de um novo título, que é constituído pelo negócio jurídico que beneficia o detentor. Este título funda objectivamente a actuação do detentor nos termos do direito real a que esse título se refere.

Ora, porquanto a posse coincide com a exteriorização do direito real, se o detentor passa, por força do novo título, a actuar sobre a coisa nos termos de um direito real, o Direito faz corresponder o seu estatuto possessório à nova exteriorização. O até aí detentor passa a possuidor.

> A, superficiário do prédio X, cujo direito foi constituído por compra ao proprietário B, beneficia de deixa testamentária de C, que lhe lega a propriedade do prédio; C, comodatário de D, alegadamente proprietário do prédio Y, celebra com E um contrato de compra e venda da propriedade.

Nestes exemplos, os detentores nos termos da propriedade beneficiam de negócios jurídicos aquisitivos do direito de propriedade e vão actuar sobre a coisa nos termos deste direito. Por isso, o art. 1265.º determina a mudança do estatuto jurídico-possessório; o até aí detentor adquire a posse relativa ao direito agora exteriorizado, ou seja, a propriedade.

Alguns autores afirmam que o terceiro pode ser o próprio possuidor[1760]. Tal interpretação é de rejeitar. Se é o possuidor a transmitir ou a constituir o direito, haverá *traditio brevi manu*, eventualmente, constituto possessório, mas não inversão do título da posse[1761]. Esta dá-se sempre contra o possuidor.

Nada impede, todavia, que aquele que constitui ou transmite o direito real seja o proprietário[1762] ou um outro titular de direito real menor, desde que não seja o possuidor contra o qual funciona a inversão do título da posse.

> A possuidor do relógio X nos termos da propriedade alugou-o a B por um ano. Dois meses depois, C, proprietário do relógio, doa-o a B. Com a doação, B inicia uma actuação como proprietário, uma vez que é esse o direito a que a doação se reporta. Há inversão do título da posse; B deixa de ser detentor e passa a possuir o relógio como proprietário.

[1760] Por exemplo, Montel, "Il Possesso (Diritto Civile)", cit., pág. 370, Bianca, La proprietà, cit., pág. 759.

[1761] No mesmo sentido, Alcaro, Il Possesso, cit., pág. 113.

[1762] Alcaro, Il Possesso, cit., pág. 112.

A lei portuguesa menciona o acto de terceiro "capaz de transferir a posse". Em consonância com o sentido literal, parece que deveríamos considerar os factos translativos da posse, ou seja, a tradição, a *traditio brevi manu* e o constituto possessório[1763].

Porém, só pode estar em causa um facto susceptível de constituir ou transmitir o direito real a que a posse se refere e não a própria posse. Se o preceito abrangesse um facto translativo da posse (a tradição, a *traditio brevi manu* e o constituto possessório), seria este e não a inversão do título a provocar a aquisição da posse pelo detentor. A previsão da inversão do título da posse por acto de terceiro careceria, assim, de sentido útil, pois o detentor adquiriria sempre a posse, embora por outro facto.

Nesta ordem de ideias, o acto de terceiro deve ser – em abstracto – susceptível de constituir ou transmitir o direito real a que a posse se reporta. Assim, e vulgarmente, a compra e venda, a doação, a permuta, o testamento, etc., constituem exemplos de actos praticados por terceiro, com ou sem o detentor, que têm por efeito a inversão do título da posse relativamente a este último.

Como se vê, o estatuto do detentor muda, não por causa de uma qualquer intenção que porventura anime o seu espírito (o *animus* dos subjectivistas), mas por força da exteriorização de um direito real sobre a coisa[1764]. Uma vez que na ordem jurídica portuguesa o estatuto possessório coincide com a exteriorização que é levada a cabo sobre a coisa, quando o detentor afirma um direito real sobre ela, através de oposição e ainda que sem título ou com este, a lei faz coincidir a posse com o direito exteriorizado e o detentor passa a possuidor nos termos deste direito.

III. A inversão do título da posse pode dar-se por um compossuidor contra os outros compossuidores. A hipótese vem admitida no art. 1406.º, n.º 2 quanto aos comproprietários[1765], mas respeita na verdade a todas as situações de composse.

O compossuidor (ou alguns dos compossuidores) actua como possuidor único nos termos de um direito, por oposição ou por acto de terceiro,

[1763] Neste sentido, Pires de Lima/Antunes Varela, Código Civil Anotado, cit., pág. 31. Aparentemente neste sentido, para o direito italiano, Sacco/Caterina, Il Possesso, cit., pág. 233.

[1764] Ou, no caso do detentor já possuidor nos termos de outro direito real menor, de um direito real maior.

[1765] Cf. Pires de Lima/Antunes Varela, Código Civil anotado, cit., pág. 359 e seg.

excluindo os outros da actuação material sobre a coisa. Não basta, pois, um uso de maior extensão que a quota do compossuidor na coisa comum, sendo necessária a quebra do *corpus* possessório dos compossuidores contra os quais funciona a inversão.

IV. A inversão do título da posse muda a situação jurídico-real da coisa apenas no que concerne à posse: o detentor passa a possuidor. Porém, no que concerne à titularidade ou não de um direito real de gozo (ou qualquer outro direito) nada muda com a inversão do título da posse. O possuidor afectado com a inversão do título não perde o direito real de que era titular[1766] e o detentor que operou a inversão não adquire o direito real que passa a arrogar-se contra o possuidor.

V. A inversão do título da posse configura um facto constitutivo da posse ou, noutra terminologia, um modo de aquisição originária da posse. A posse assim adquirida é uma posse nova, com caracteres próprios, nada tendo a ver com a posse do possuidor esbulhado.

Aquele que inverte o título da posse e tem uma posse pública e pacífica pode adquirir o direito real a que se refere a sua posse, contando que os outros requisitos se verifiquem igualmente (art. 1290.º). O prazo para a usucapião conta-se da data da inversão do título, o que se compreende, pois só a partir desse momento há posse.

215. Os factos translativos da posse

Os factos translativos da posse previstos pelo Direito português são dois:

- A tradição;
- O constituto possessório.

216. A tradição da coisa

I. A tradição (*traditio*) da coisa é o facto paradigmático de transmissão da posse. Ela significa a perda voluntária do controlo material da coisa pelo antigo possuidor mediante a entrega desta ao novo possuidor. O primeiro demite-se, por sua vontade, do *corpus* possessório e passa-o ao último. Este,

1766 Se não era titular de direito algum, a sua situação também não se altera, como é óbvio.

em contrapartida, recebe o controlo material da coisa, ficando investido numa posse já existente[1767].

Uma vez que a posse assenta num controlo material sobre uma coisa corpórea, a tradição requer a passagem desse controlo para o novo possuidor, o que é feito através do acto de entrega. Num primeiro momento da evolução da *traditio*, no direito romano, a entrega supõe uma apreensão material da coisa pelo novo possuidor, numa operação mão a mão com o anterior. Nos *fundi*, bastava ao novo possuidor pisar a terra[1768].

O direito romano assistiu, no entanto, a uma tendência que se denominou de espiritualização da *traditio*. A pouco e pouco, prescinde-se da apreensão material da coisa da *traditio* para a admitir em formas crescentemente imaterializadas[1769], que os juristas medievos viriam a denominar de *traditio ficta*[1770]. A *traditio ficta* abrangia os seguintes casos:

- Tradição simbólica;
- *Tradito longa manu*;
- *Traditio brevi manu*;
- Constituto possessório.

A tradição simbólica, pelo menos com a significação que lhe é dada hoje, representa uma evolução do direito comum. No direito romano clássico não se reconhecia a tradição pela simples entrega do título das mercadorias (*traditio per chartam*), essa é uma terminologia achada na Idade Média[1771]. Mesmo a entrega das chaves para a *traditio* de mercadorias guardadas em armazém é no direito romano feita no local onde as coisas estão, *apud horrea*, na fórmula de um texto legal de Papiniano[1772].

A *traditio longa manu* desenvolve-se inicialmente quanto às coisas móveis, significando uma progressiva desnecessidade de a coisa ser entregue em mão para a transferência da posse, exigindo-se, no entanto, a presença dos interventores. A posse é transferida por ordem do transmitente mediante a colocação da coisa à disposição do adquirente (depósito em sua

[1767] Não obstante, como dissemos, poder não ostentar os mesmos caracteres da posse do transmitente.

[1768] SANTOS JUSTO, Direito Privado Romano, cit., pág. 158.

[1769] Para a história, cf. BONFANTE, Corso Di Diritto Romano, cit., pág. 282 e segs., BURDESE, "Possesso (dir. rom.)", cit., 5.

[1770] Entre outros, cf. BONFANTE, Istituzioni Di Diritto Romano, cit., pág. 224.

[1771] KASER/KNÜTEL, Römisches Privatrecht, cit., pág. 104.

[1772] BONFANTE, Corso Di Diritto Romano, cit., pág. 292 e segs.

casa), ou, com o seu consentimento, de terceiro[1773-1774], desde que seja *in praesentia, in re praesenti, in conspectu,* na linguagem das fontes[1775]. Mas a *traditio longa manu* era admitida igualmente para imóveis, tornando prescindível a entrada no prédio. O anterior possuidor colocava o imóvel à disposição do adquirente (*vacuam possessionem tradere,* in vacuam *possessionem* inducere) deixando-o livre para este, que, a partir daí, podia instalar-se na coisa com causa justa (*vacua possessio*). O exemplo mais conhecido dado por CELSO é o das partes que no alto de uma torre assinalam a transferência da posse de um imóvel confinante. A posse transmite-se assim *oculis* e *affectu,* numa evolução que daria primazia a este último elemento[1776].

A *tradito brevi manu* designa os casos de aquisição de posse por um detentor com fundamento na alteração do seu título. O locatário ou o comodatário que já tinham a coisa em seu poder e adquiriam a propriedade tornavam-se possuidores, pela *tradito brevi manu*[1777]. Esta figura radica, assim, na existência de uma detenção prévia da coisa, que se transforma em posse pela alteração do título da detenção[1778].

Quanto ao constituto possessório, voltaremos a ele no número seguinte.

II. As fórmulas clássicas e justinianeias do direito romano, que compreendiam a *traditio longa manu* e a *tradito brevi manu* desapareceram do Direito actual. O art. 1263.º, alínea b) do Código Civil português menciona apenas a tradição, distinguindo, porém, a tradição material e a tradição simbólica.

Enquanto a tradição material respeita à entrega da coisa mão a mão, possível unicamente no que respeita a coisas móveis, a tradição simbólica abrange hoje todas as formas pelas quais o possuidor renuncia voluntariamente ao seu senhorio sobre a coisa, colocando a coisa à disposição do adquirente. E isso tanto pode ser através da entrega de outra coisa que

1773 Cf. KASER/KNÜTEL, Römisches Privatrecht, cit., pág. 104, KASER, Direito Privado Romano, cit., pág. 130.

1774 Noutros casos ainda, as mercadorias eram marcadas.

1775 BONFANTE, Corso Di Diritto Romano, cit., pág. 283 e Istituzioni Di Diritto Romano, cit., pág. 224, SANTOS JUSTO, Direito Privado Romano, cit., pág. 159.

1776 BONFANTE, Corso Di Diritto Romano, cit., pág. 298.

1777 Para a histórica, veja-se, BONFANTE, Corso Di Diritto Romano, cit., pág. 298 e segs.

1778 É vulgar encontra-se a fundamentação deste modo de aquisição da posse por referência à alteração do *animus,* havendo quem defenda que se trata de uma aquisição de posse *solo animo.* Cf., por exemplo, BURDESE, "Possesso (dir. rom.)", cit., 5.

represente a coisa cuja posse se transfere, as chaves ou os documentos (a guia de transporte, o conhecimento de embarque, o talão de depósito, etc.), nas hipóteses mais correntemente associadas à tradição simbólica, como deixando livre a coisa para o adquirente apreender, aquilo que os romanos designavam a *vacuam possessionem tradere* ou in vacuam *possessionem* inducere, a demissão do *corpus* possessório a favor do novo possuidor.

A vende a B o imóvel X, um prédio rústico, deixando o mesmo devoluto para B aí se instalar. Há tradição – simbólica – da coisa. O possuidr demite-se do seu controlo material para permitir o novo controlo do adquirente.

Também a *traditio brevi manu* se deve considerar compreendida na alínea b) do art. 1263.º[1779]. Ela ocorre sempre que o detentor adquire do possuidor o direito nos termos do qual detinha a coisa.

A, proprietário, arrendou o imóvel X a B, que o goza nos termos do seu direito de arrendamento. Entretanto, A doa a B a propriedade. Este último adquire a posse por tradição (*traditio brevi manu*). C, proprietário do prédio X, constitui um direito de superficie a favor de D, que constrói a obra, vindo o último mais tarde a adquirir a propriedade ao primeiro por contrato atípico. Com o contrato, D adquiriu a posse de C, não havendo necessidade de operar a entrega do prédio, que já se encontrava materialmente com ele.

Na *traditio brevi manu* a tradição opera como um efeito jurídico do contrato aquisitivo do direito[1780] nos termos do qual o até aí detentor passa a actuar sobre a coisa. Trata-se verdadeiramente de uma transmissão jurídica da posse.

A *traditio brevi manu* permite considerar trasmitida a posse como efeito do contrato translativo do direito – como o constituto possessório – poupando as partes a um formalismo de dupla entrega. Se o vendedor tivesse de entregar a coisa ao comprador em cumprimento do contrato de compra e venda, teria de a exigir primeiro ao arrendatário para depois ... a entregar a ele. Assim, a posse considera-se transmitida, por tradição, por efeito do contrato, evitando-se o duplo formalismo de entrega (do arrendatário para o senhorio/vendedor e deste para o arrendatário/comprador).

[1779] No mesmo sentido, PIRES DE LIMA/ANTUNES VARELA, Código Civil Anotado, cit., pág. 28.

[1780] Embora com uma explicação de cariz subjectivista, que não seguimos, cf., quanto ao efeito da *traditio brevi manu*, SACCO/CATERINA, IL Possesso, cit., pág. 242 e seg.

III. A tradição de uma coisa pode ter lugar por força de um acto de constituição ou transmissão de um direito real[1781], e é isso que normalmente sucede. O vendedor, o doador, o permutante entregam a coisa ao adquirente do direito, por força do contrato (de compra e venda, de doação, de permuta) celebrado.

A tradição pode, porém, operar por força de um contrato translativo da própria posse e mesmo que não haja acordo, se a demissão do *corpus* se processar voluntariamente a favor de outra pessoa, ou seja, se a entrega da coisa se consumar[1782].

Repousando unicamente na transferência voluntária do controlo material da coisa para outra pessoa, a tradição ocorre simplesmente quando fica consumada a entrega, material ou simbólica, da coisa e o *corpus* possessório passa para o aquirente. Contrariamente ao que se passa relativamente à constituição ou transmissão do direito real, que dependem da validade do facto aquisitivo respectivo, a transmissão da posse por tradição não vem a ser afectada pela invalidade (ou ineficácia em sentido amplo) do negócio jurídico que lhe serviu de causa, se o houver.

> A doou a B o livro X, entregando-o a este no momento da doação. Mais tarde, A obtém a declaração judicial de nulidade do contrato. A invalidade deste negócio jurídico não afecta a aquisição da posse por B, por tradição (art. 1263.º, alínea b)). B tornou-se assim possuidor desde a entrega do livro, embora a sua posse seja formal.

IV. A tradição é, no sistema jurídico português, a regra geral quanto à transmissão da posse. Fora dos casos de constituto possessório, a transmissão da posse supõe a tradição da coisa. Faltando esta, a posse não se transmite, ainda que o direito real a que ela se refere se transmita. A dissociação entre a posse e o direito real (*nihil commune habet proprietas cum possessione*) manifesta-se também aqui a propósito da transmissão respectiva.

> A, proprietário do anel Y, sem a posse do mesmo, vende-o a B, sem que a entrega seja feita. Nesta hipótese, a transmissão da propriedade, que opera como efeito do contrato de compra e venda (art. 879.º alínea a) e 408.º, n.º 1), não é acompanhada da transmissão da posse. B é um proprietário sem posse.

[1781] Ou de outro direito nos termos do qual se possa manifestar uma posse.

[1782] Cf. Igualmente, MENEZES CORDEIRO, A Posse, cit., pág. 107.

Esta separação de factos translativos propicia a dissociação entre a situação real e a situação possessória. O titular do direito real, maxime o proprietário, pode não ser o possuidor e vice-versa. Essa dissociação é susceptível de resultar de uma transmissão do direito real desacompanhada da tradição da coisa[1783] ou desta sem aquela.

217. O constituto possessório

I. Na sua origem, no Direito romano, o constituto possessório representava uma das formas pelas quais se concretizava a *traditio*[1784], na crescente imaterialização que esta conheceu[1785]. Na Idade Média, o *constitutum* aparece mencionado nas modalidades de *traditio ficta*. E nas ordens jurídicas de traça romanística, o constituto ainda hoje vem incluído no âmbito da *traditio*[1786].

O constituto possessório representa, de certo modo, o oposto da *traditio brevi manu*, como por vezes vem salientado[1787]. Enquanto naquela o detentor torna-se possuidor pela prática de um facto aquisitivo do direito real, no constituto possessório o possuidor passa a detentor, continuando embora a ter a coisa consigo. Hipóteses práticas de constituto possessório ocorrem quando o proprietário vende a coisa, mas celebra simultaneamente com o comprador um arrendamento, um comodato, um depósito, ou doa a propriedade e reserva para si o usufruto no contrato de doação.

O constituto possessório integra uma transmissão da posse por simples consenso, assemelhando-se em matéria de posse ao princípio da consensualidade vigente em algumas ordens jurídicas, como a portuguesa, no que toca à constituição e transmissão de direitos reais.

A construção clássica moderna do constituto possessório vê nele a confluência de dois actos jurídicos, um principal e outro acessório[1788]. O principal, um acto de transmissão do direito real, o acessório, um acto mediante o qual o até aí possuidor seja considerado detentor[1789], ou seja, um outro contrato que justificaria a detenção da coisa.

[1783] E da verificação do constituto possessório.

[1784] SAVIGNY, Das Rechts Des Bisitzes, cit., pág. 318.

[1785] Cf., por exemplo, BURDESE, "Possesso (dir. rom.)", cit., 5.

[1786] Só a título de exemplo, NATOLI, IL Possesso, cit., pág. 101 e segs.

[1787] SAVIGNY, Das Rechts Des Bisitzes, cit., pág. 318, BONFANTE, Corso Di Diritto Romano, cit., pág. 381 e Istituzioni Di Diritto Romano, cit., pág. 225., MENEZES CORDEIRO, Da Posse, cit., pág. 108.

[1788] MANUEL RODRIGUES, A Posse, cit., pág. 206.

[1789] Idem.

II. O Código Civil português autonomizou o constituto possessório da tradição, num passo normativo cuja justificação dogmática escasseia. Tudo indica, no entanto, que o constituto seja uma espécie de *traditio* simbólica[1790], sujeita embora ao regime específico do art. 1264.º.

Este preceito estabelece três requisitos para o constituto possessório:

- Um negócio jurídico de transmissão de um direito real de gozo;
- Que o transmitente do direito real seja possuidor;
- Uma causa jurídica para a detenção da coisa.

O constituto possessório surge como um efeito jurídico de um contrato real quanto aos efeitos (compra e venda, doação, permuta, etc.). A transmissão da posse acompanha a transmissão do direito a ela relativo.

O constituto possessório é um facto translativo da posse. Se o transmitente do direito real não é possuidor, não pode transmitir uma posse que não tem; neste caso, não ocorre o efeito do constituto possessório.

Finalmente, o constituto possessório requer uma causa jurídica. É esta causa que justifica legalmente que, sem entrega da coisa, o adquirente do direito real se torne possuidor dela e aquele que a tem em seu poder veja a sua posição descaracterizada para mera detenção. Que causa jurídica é essa?

A causa jurídica do constituto possessório é, antes de mais, um contrato. O comprador que celebra simultaneamente com a venda um outro contrato com o vendedor (depósito, arrendamento, comodato, aluguer, etc.), nos termos do qual se constitui um direito que requer a actuação material sobre a coisa[1791], adquire a posse que o transmitente/vendedor tinha relativamente ao direito real transmitido, ainda que, em cumprimento do contrato celebrado, este último permaneça com a coisa em seu poder.

Pode, no entanto, a causa ser uma mera convenção negocial do contrato de transmissão. Um exemplo claro retira-se da compra e venda (ou doação) com reserva de usufruto. A cláusula de reserva de usufruto não constitui um contrato autónomo, tendo apenas o significado de uma estipulação contratual da compra e venda (ou doação).

O contrato ou a convenção negocial justifica que o possuidor transmitente não tenha de entregar a coisa para que a posse se considere trans-

[1790] MENEZES CORDEIRO, A Posse, cit., pág. 108.

[1791] Esse direito não tem de ser real, como se depreende dos exemplos dados. Em regra será até um direito pessoal de gozo, mas pode ser um direito com outra natureza, e naturalmente também um direito real.

mitida para o adquirente. Em termos práticos, isso poupa às partes o inconveniente de uma dupla entrega da coisa, que seria despropositada.

Não ocorrendo uma causa jurídica que justifique a não entrega da coisa ao adquirente do direito real, não há lugar ao constituto possessório. O constituto possessório não está para a posse como o princípio da consensualidade (art. 408.º, n.º 1) se encontra para os restantes direitos reais. A regra geral quanto à transmissão da posse continua a ser a tradição, material ou simbólica. E o transmitente do direito real encontra-se obrigado a entregar a coisa ao adquirente (cf. a alínea b) do art. 1879.º, para a compra e venda, aplicável a outros contratos onerosos – art. 939.º, e a alínea b) do art. 954.º, para a doação). Se não o faz, a posse continua com ele, não se transmitindo.

III. O constituto possessório tem igualmente aplicação, implicando a transferência da posse para o adquirente do direito real, quando, por força de um contrato que haja de continuar em vigor, um terceiro detenha a coisa. A locação dá um bom exemplo.

O constituto possessório com detenção de terceiro representa uma elucidação clara da espiritualização da posse. Mesmo sem receber a coisa, ou outra que a simbolize, a posse tem-se vem a ser transmitida pelo adquirente do direito real.

IV. O constituto possessório configura uma modalidade de transmissão jurídica da posse, de modo em tudo análogo à *traditio brevi manu*. Como um efeito jurídico de um contrato, o constituto possessório depende da validade do facto jurídico que o desencadeia[1792]. Sendo inválido o contrato translativo do direito, qualquer que seja o vício que a gera e a espécie de invalidade (nulidade ou anulabilidade), a eficácia translativa da posse é atingida, como sucede aos restantes efeitos do negócio jurídico.

Deste modo, o requisito de um acto de transmissão do direito real constante do n.º 1 do art. 1264.º deve ser entendido no sentido de um acto jurídico válido.

[1792] No sentido que a nulidade do título afecta o constituto possessório pronunciou-se DIAS MARQUES, Prescrição Aquisitiva, Vol. II, cit., pág. 96, no domínio do anterior Código Civil. E esta parece-nos ser a posição mais satisfatória.

218. A sucessão na posse

I. A sucessão na posse, prevista no art. 1255.º, designa um fenómeno diferente da transmissão. Conceitualmente, esta implica a deslocação do direito do transmitente para o transmissário como efeito de um contrato jurídico translativo. Justamente porque a transmissão de uma situação jurídica provém da eficácia de um contrato, é preciso contar com a incidência desse facto na posição jurídica do adquirente transmissário.

A transmissão tem implícita uma ideia de movimento da situação jurídica, da esfera jurídica do transmitente para a do transmissário. Diversamente, na sucessão a situação jurídica permanece estática, e é o sucessor que entra na posição jurídica do sucedido.

Esta diferença tem fundado um diferente tratamento dogmático entre a transmissão e a sucessão na posse.

II. A posse do sucessor é a posse do *de cuius*. Por isso, a lei dispõe que a posse "continua" nos sucessores.

Muitas vezes, há a tendência para se fazer uma nova caracterização da posse do sucessor, mas tal operação é incorrecta. Havendo sucessão na posse, os caracteres da posse dos sucessores são os mesmos da posse do falecido, o que se compreende, tratando-se da mesma posse.

III. A aquisição da posse por sucessão não carece de uma apreensão material da coisa[1793]. Uma vez que a posse continua nos sucessores, sendo a mesma posse do *de cuius*, a apreensão material é desnecessária, por já ter sido consumada anteriormente.

219. Os factos extintivos da posse

I. A posse pode extinguir-se. A extinção da posse pode acontecer por vontade do possuidor ou sem ela. Neste último caso, a extinção pode acontecer por facto da natureza, por facto de terceiro, que designaremos genericamente esbulho, ou por disposição legal.

O art. 1267.º, n.º 1 estabelece como factos extintivos da posse:

- O abandono (alínea a));
- A perda ou destruição material da coisa (alínea b));

[1793] Também MENEZES CORDEIRO, A Posse, cit., pág. 109.

– A colocação da coisa fora do comércio (alínea b));
– O esbulho (alínea d)).

A cedência da posse mencionada na alínea c) do n.º 1 art. 1267.º não constitui um facto extintivo da posse, uma vez que se liga a uma transmissão da posse para outrem[1794]. É verdade que o transmitente da posse a perde e, nessa medida, deixa de ser possuidor, mas a posse não se extingue, passa para o seu adquirente. A cedência descreve o outro lado da transmissão da posse, o do transmitente, sem ser umfacto extintivo da posse.

A enumeração constante do n.º 1 do art. 1267.º não é taxativa quanto aos factos extintivos da posse. Para além desses, pode dizer-se que a posse se extingue, em alguns casos, pela expropriação da coisa[1795].

Outros factos apontados como de extinção da posse parecem-nos de rejeitar. Oliveira Ascensão[1796] e Menezes Cordeiro[1797] mencionam a omissão de exercício ou o não uso como facto extintivo da posse, e o último autor alude ainda à aquisição da posse por terceiro de boa fé (art. 1281, n.º 2 in fine) como tendo igualmente essa eficácia. Faremos a análise destes dois casos no fim desta Secção.

II. Os casos de extinção da posse retratam situações nas quais, por qualquer razão, o *corpus* possessório foi perdido ou a lei interveio, dispondo a extinção da posse.

Assentando no *corpus*, ou seja num efectivo e existente controlo material de uma coisa nos termos de um direito, a posse extingue-se quando o possuidor, por sua vontade ou sem ela, deixa de ter esse controlo material. Assim como a obtenção do senhorio e domínio da coisa atribuem a posse, mesmo que a esta não corresponda qualquer direito, a perda do poder de facto conduz à sua extinção.

Para além dos casos em que o possuidor perde o senhorio da coisa, a lei pode intervir fazendo extinguir a posse. Se uma coisa na posse de alguém é colocada legalmente no domínio público do Estado, ficando fora do comércio, a posse cessou.

1794 Cf. igualmente Menezes Cordeiro, A Posse, cit., pág. 113 e também Oliveira Ascensão, Direito Civil – Reais, cit., pág. 123.

1795 Menezes Cordeiro, A Posse, cit., pág. 114 afirma que a posse se extingue sempre que há expropriação por utilidade pública, mas duvidamos que assim seja em todos os casos.

1796 Oliveira Ascensão, Direito Civil – Reais, cit., pág. 123.

1797 Menezes Cordeiro, A Posse, cit., pág. 114.

No fundo, do mesmo modo que a posse resulta de um controlo material de uma coisa não descaracterizado por disposição normativa, a perda desse controlo pelo possuidor, ou a lei, nalguns casos, acaba com ela. Os elementos que permitem estruturar a posse são os mesmos que determinam a sua extinção.

220. O abandono

I. Conforme já tivemos oportunidade de dizer, o abandono consiste na perda voluntária do *corpus* pelo possuidor[1798]. No abandono, o possuidor quebra o controlo material que tinha sobre a coisa, deixando de o exercer por opção própria. Como consequência, a posse extingue-se (art. 1267.º, n.º 1 alínea a)).

Menezes Cordeiro, fazendo o paralelo entre o abandono e o apossamento, defende ser necessário que o primeiro deva ter "um mínimo" de publicidade, de modo a poder ser conhecido pelos interessados. Discordamos. Nada na lei impõe a publicidade do apossamento, nem isso se adequa à generalidade das situações. Se alguém quer deitar no lixo um televisor velho ou um livro usado não tem de o evidenciar a ninguém. E se o televisor ou o livro forem levados pelos serviços de limpeza a posse extingue-se por abandono, atendendo à perda do *corpus*, mesmo que mais ninguém saiba.

II. O abandono só extingue a posse havendo perda do *corpus*. Não basta um íntimo e escondido desejo de abandono do possuidor para que a posse se extinga. A pura intenção (*animus*) de não possuir é juridicamente irrelevante se o controlo material da coisa permanecer inalterado. E como, uma vez constituída a posse, ela se conserva com a mera susceptibilidade de actuação material sobre a coisa, conforme se dispõe na parte final do n.º 1 do art. 1257.º, tem de haver uma quebra efectiva do domínio fáctico da coisa para que se possa falar de abandono.

Assim, o proprietário do veículo que o deixa na via pública sem querer saber dele, mas que conserva as chaves consigo, podendo a todo o tempo retomar a actuação sobre a coisa, mantém a sua posse (art. 1257.º, n.º 1). Perde-a, no entanto, se deixa o veículo num depósito de ferro velho para que o comerciante faça o que quiser.

[1798] Menezes Cordeiro, A Posse, cit., pág.111.

O abandono é outro dos pontos do regime jurídico que mostra bem como a intenção, o *animus*, não tem relevância para o juízo sobre a existência da posse.

221. A perda da coisa

A perda da coisa, por contraposição ao abandono, existe quando, involuntariamente, o possuidor deixa de estar no controlo material dela, sem que tal se deva a um acto de terceiro.

Como salienta Menezes Cordeiro[1799], a perda da posse só implica a extinção da posse quando o possuidor estiver impossibilitado de encontrar a coisa. Só nessa hipótese ocorre a quebra do *corpus*, do controlo material da coisa, em que a posse assenta.

222. A destruição material da coisa

A posse tem por objecto uma coisa corpórea. Se, por força de facto humano ou da natureza, a coisa é integralmente destruída, desaparecendo enquanto tal, a posse extingue-se. É, de resto, o que sucede com todos os direitos reais.

A destruição material da coisa que determina a extinção da posse é a destruição total. A destruição parcial deixa subsistir a posse na parte restante.

223. A colocação da coisa fora do comércio

A apropriação jurídico-privada de coisas corpóreas só é legalmente possível relativamente a coisas no comércio (art. 202.º, n.º 2). Se uma coisa é posta legalmente no domínio público, extingue-se a posse que sobre ela incidia.

224. O esbulho

I. O esbulho consiste na privação da coisa por acto de terceiro contra a vontade do possuidor. O esbulhador toma o controlo material da coisa, afastando o controlo do possuidor. A partir desse momento, cessa o domínio ou senhorio da coisa em que repousava a posse do possuidor, deixando

[1799] A Posse, cit., pág. 112.

este de poder actuar sobre a coisa segundo a sua vontade. O *corpus* possessório fica, assim, destruído e, com isso, a posse cessa.

As formas típicas de esbulho são o apossamento[1800] e a inversão do título da posse pelo detentor da coisa.

II. A lei portuguesa, porém, não prevê a extinção da posse no momento em que o esbulho fica consumado. Com efeito, o possuidor esbulhado só perde a posse um ano após o esbulho (art. 1267.º, n.º 1 alínea d)).

Durante esse ano, o esbulhado permanece possuidor, coexistindo a sua posse com a nova posse do esbulhador, adquirida pelo apossamento ou pela inversão do título da posse.

A permanência de uma posse sem *corpus* durante o período de um ano arrasta consigo alguns problemas de construção dogmática. O primeiro advém da própria ideia de uma posse privada de objecto. O possuidor esbulhado não tem a coisa consigo, nem é possível dizer que o esbulhador o representa na posse, possuindo em seu nome, porquanto é evidente que o esbulhador afirma uma posse em nome próprio, em oposição à posse do esbulhado, independentemente da titularidade do direito a que essa posse se refere e da consciência que ele possa ter acerca da violação do direito do possuidor esbulhado.

Uma teoria que veja na posse uma situação (ou relação) de facto não consegue explicar como a mesma subsiste se o possuidor não tem a coisa consigo, tendo sido desapossado. Desaparecido o pressuposto de facto da posse, esta não pode subsistir.

Esta objecção não pode, contudo, ser levantada se a posse for regulada como uma situação jurídica (um direito subjectivo). A situação jurídica pode subsistir na titularidade de alguém mesmo após a sua violação. Este argumento, porém, levado demasiado longe, corre o risco de esvaziar a posse do seu significado social. A posse liga-se ao senhorio sobre uma coisa.

A razão para a subsistência de uma posse despida do *corpus* possessório é de ordem prática. Ao possuidor deve ser dada a possibilidade de reagir judicialmente contra o esbulhador. Tradicionalmente, essa reacção processa-se através das acções possessórias. Como poderia, no entanto, reagir o possuidor esbulhado mediante a interposição de uma acção possessória se houvesse perdido a posse com o esbulho? A acção possessória tem por fundamento a posse.

[1800] O apossamento que incida sobre *res nullius* não consubstancia naturalmente um esbulho. Este só existe quando a coisa esteja na posse de outrem e lhe seja subtraída contra a sua vontade.

A fim de garantir a defesa possessória contra o esbulho, a lei portuguesa fixa um prazo de um ano para a interposição da acção respectiva (art. 1284.º). O prazo constante do art. 1267.º, n.º 1 alínea d) deve, deste modo, ser articulado com a defesa possessória. A posse jurídica que permanece não obstante o esbulho assegura ao possuidor a possibilidade da sua defesa.

III. Um segundo problema de construção dogmática prende-se com a possibilidade de, sobre a mesma coisa, existirem duas posses nos termos do mesmo direito. Não podem existir duas propriedades singulares ou dois usufrutos singulares sobre a mesma coisa; como explicar, então, que duas posses atinentes ao mesmo direito coexistam simultaneamente?

A explicação reside no carácter relativo da posse. Na verdade, na relação entre o esbulhador e o esbulhado apenas um deles é o possuidor. E será aquele que tiver melhor posse, de acordo com o disposto nos números 2 e 3 do art. 1268.º, se nenhum deles fizer prova do seu direito (art. 1268.º, n.º 1)[1801]. Na relação do esbulhador com terceiros, porém, aquele é possuidor, beneficiando da tutela legal da posse.

225. Pretensos factos extintivos da posse. Referência ao não uso e à aquisição da posse por terceiro de boa fé

I. Oliveira Ascensão[1802] defende que o regime da posse deve ser aproximado do regime dos outros direitos reais de gozo quanto ao não uso, sustentando que a omissão da prática de actos possessórios conduz à extinção da posse. Esta omissão permitiria, no entender do autor, elidir a presunção do art. 1257.º, n.º 2.

Menezes Cordeiro[1803] parece concordar, defendendo a ideia da extinção da posse no caso do direito real se extinguir por não uso.

Não subscrevemos esta posição. A posse encontra-se, em princípio, com quem tem a coisa e exerce sobre ela o "poder de facto" a que alude a lei portuguesa. E isto mesmo que o possuidor não seja o titular do direito real. Se o comprador de compra e venda nula recebeu a coisa das mãos do vendedor, é possuidor (pela *traditio*), ainda que a sua posse seja formal, isto é, ainda que não haja adquirido o direito comprado. Por que razão há-de ser diferente quando ocorre um facto extintivo do direito real de gozo e o

[1801] Sobre este ponto, cf. infra na secção reativa à tutela da posse.

[1802] Direito Civil – Reais, cit., pág. 123.

[1803] A Posse, cit., pág. 114.

ex-titular mantém a coisa em seu poder? Não é verdade que o *corpus* se mantém? Onde está a disposição legal que descaracteriza a posse para simples detenção? Será que o possuidor causal fica em pior posição que o possuidor formal, que nunca poderá ver sua posse extinguir-se por não uso (não é titular do direito a que a sua posse se refere ...)?

Na verdade, e como salientámos, num passo que surge incontroverso, a lei portuguesa constrói o *corpus* possessório como uma situação em que o possuidor pode actuar sobre a coisa quando quer, ainda que não o faça (art. 1257.º, n.º 2). Quer dizer, a posse conserva-se enquanto para o possuidor exista a susceptibilidade de actuação material sobre a coisa.

A separação da posse e do direito real quanto às respectivas causas de aquisição e extinção projecta-se também no que toca ao não uso, que é facto extintivo de direitos reais de gozo, mas não da posse, que tem os seus próprios factos extintivos, os quais não passam pela extinção da situação jurídica a que a posse se refere.

Por último, no que respeita à função social, responderemos apenas que tal princípio não foi acolhido pelo Direito português e, como tal, não serve para justificar a solução propugnada por Oliveira Ascensão.

A omissão da prática de actos possessórios com manutenção do *corpus* não conduz à extinção da posse. Enquanto o possuidor mantiver a possibilidade concreta de actuar sobre a coisa a posse mantém-se. É o que resulta do disposto no n.º 2 do art. 1257.º, n.º 2.

A posse não se extingue por não uso.

II. Menezes Cordeiro[1804] aponta o preceituado no art. 1281.º, n.º 2 no fim como estabelecendo um outro facto extintivo da posse, criticando a solução legal, que não se harmoniza com a ausência de consagração do princípio "posse vale título" no Direito português.

A crítica deste professor afigura-se-nos inteiramente justa. Há uma ínsita antinomia entre o afastamento do princípio "posse vale título", que permitira ao adquirente de boa fé a aquisição da propriedade a *non domino* e o acolhimento de uma protecção meramente possessória a ele. Não partilhamos, todavia, o entendimento expressado quanto à existência de um outro facto extintivo da posse.

Não há dúvida, que se a posse da coisa esbulhada é transmitida a um terceiro que desconhece de boa fé estar a lesar o direito do possuidor

[1804] A Posse, cit., pág. 114.

esbulhado, este não pode fazer valer a sua posse mediante uma acção de restituição (art. 1281.º, n.º 2).

Isto não quer dizer, no entanto, que a sua posse se extinguiu. Basta pensar que a posse da coisa pode voltar para o esbulhador ou ser transferida para outro terceiro que esteja de má fé, por conhecer o esbulho. Nestes casos, a posse mantém a sua oponibilidade normal e o possuidor esbulhado pode recuperar a coisa através de uma acção de restituição da posse.

Estes exemplos elucidam bem que a posse apenas não é oponível a terceiro de boa fé, sem que isso signifique a sua extinção. Poderemos, assim, falar de mera inoponibilidade da posse do possuidor esbulhado ao terceiro de boa fé, mas não de extinção da posse deste pela transmissão da posse da coisa a terceiro de boa fé.

226. Efeitos da posse. A presunção de titularidade do direito real como um efeito da posse

A doutrina que qualifica a posse como um mero facto afirma maioritariamente que se trata de um facto ao qual o Direito associa consequências jurídicas, falando, por conseguinte, em efeitos da posse.

Quem, como nós, veja na posse um direito e não um mero facto menciona o conteúdo do direito. Seja como for, isso não quer dizer que da posse não decorram igualmente efeitos jurídicos que não fazem parte do conteúdo desse direito[1805].

O principal efeito da posse vem previsto no art. 1268.º, n.º 1. A posse faz presumir a titularidade do direito a que essa posse se reporta[1806]. Quem tem posse como proprietário, presume-se proprietário, quem tem posse como superficiário, presume-se superficiário, e assim sucessivamente.

A presunção de titularidade do direito prende-se directamente com a função de publicidade a que a posse se encontra associada[1807].

227. O conteúdo da posse: generalidades

Teremos oportunidade de mais tarde fundar o nosso entendimento da posse como uma situação jurídica, concretamente, um direito real de gozo. Enquanto direito subjectivo, a posse tem um conteúdo; esse conteúdo é

[1805] Sobre os efeitos jurídicos da posse, cf. MENEZES CORDEIRO, A Posse, cit., pág. 115 e segs.

[1806] MENEZES CORDEIRO, A Posse, cit., pág. 115.

[1807] Cf. *supra* no texto.

composto por situações jurídicas menores, activas e passivas (poderes, deveres, ónus, etc.), que têm no direito a sua fonte.

Quanto às situações jurídicas activas, é frequente a sua assimilação a direitos, como se estes esgotassem o universo daquelas. Assim, é corrente falar-se no direito do possuidor aos frutos ou no direito de indemnização por violação da posse. E nunca, ou raramente, na terminologia da lei ou dos autores, estas situações jurídicas aparecem designadas correctamente por aquilo que são: meros poderes conteúdo do direito posse. Utilizaremos a designação correcta das situações jurídicas envolvidas no conteúdo da posse, sem que isso represente mais do que uma precisão terminológica, que fica devidamente assinalada.

De uma forma sintética, encontramos no conteúdo da posse:

- O poder de usar a coisa;
- O poder de fruir a coisa (possuidor de boa fé);
- O poder de indemnização por benfeitorias feitas na coisa;
- O poder de indemnização por violação da posse;
- O poder de usucapião;
- O poder de acessão na posse;
- O poder de defesa da posse (tutela possessória);
- O dever de pagamento dos encargos com coisa (possuidor de boa fé);
- O dever de restituir os frutos (possuidor de má fé);
- O dever de indemnizar o titular do direito real em caso de perda ou deterioração da coisa.

Ao conteúdo de um direito subjectivo pertencem situações jurídicas (menores) activas e situações jurídicas passivas, um dado da dogmática jurídica actual que deve ter-se por assente. A posse não é excepção.

O conteúdo da posse não é o mesmo em todas as situações. Particularmente, a lei acentua diferenças no conteúdo da posse consoante o possuidor esteja de boa fé ou de má fé.

228. O poder de uso do possuidor

A posse dá ao possuidor o poder de usar a coisa[1808]. Podemos, assim, dizer, que o uso pertence ao conteúdo da posse.

[1808] Neste sentido, Oliveira Ascensão, Direito Civil – Reais, cit., pág. 106 e seg.

Defende Oliveira Ascensão[1809], que só o uso do possuidor de boa fé é lícito e não gera dever de indemnizar. Nesta ordem de ideias, embora o autor não o diga, parece que o uso do possuidor de má fé – que conhece ou ignora culposamente a violação do direito de outrem – é ilícito e gera um dever de indemnizar, nos termos gerais.

Todavia, um poder jurídico, que por definição tem por fonte o Direito, não pode ser ilícito. Ou o Direito o atribui ou não o faz. Mas se o atribui, não pode ser ilícito. Quanto muito, poderia dizer-se que o possuidor de má fé não tem o uso da coisa.

Parece-nos, contudo, muito difícil negar um poder de uso ao possuidor, mesmo ao possuidor de má fé. Se a posse é constituída em violação de um direito subjectivo de um terceiro, o possuidor pode ser chamado a indemnizar o titular, dentro dos esquemas gerais de imputação de danos. Mas tal não impede a consideração de um poder de uso para o possuidor de má fé.

O uso da coisa pelo possuidor de má fé não vem negado em nenhuma disposição da regulação jurídica da posse e aparece até pressuposto em alguns dos preceitos dessa regulação, nomeadamente, os atinentes aos frutos (art. 1271.º) e às benfeitorias (art. 1273.º a 1275.º).

O uso da coisa é, no nosso entender, um dos aspectos do conteúdo da posse exercida nos termos de um direito real de gozo.

229. O poder de fruição do possuidor de boa fé. Seus limites

I. O possuidor de boa fé tem o poder de fruição, conforme se dispõe no n.º 1 do art. 1270.º. Esse poder extingue-se quando o possuidor tem conhecimento de estar a lesar um direito alheio.

Ao possuidor de má fé, em contrapartida, não lhe é reconhecido nenhum poder de fruição. E fica, inclusivamente, sujeito a um regime gravoso de responsabilidade, restituir os frutos gerados pela coisa e indemnizar o titular do direito real pelos frutos que um proprietário diligente "poderia ter obtido" (art. 1271.º).

II. O possuidor de boa fé tem de restituir ao titular do direito real[1810] os frutos gerados pela coisa após a cessação da boa fé. Em todo o caso, ao

[1809] Direito Civil – Reais, cit., pág. 109.

[1810] Ao titular do direito real a quem caiba no momento o poder de fruição; em regra, caberá ao proprietário, mas, se houver um usufruto constituído, ou outro direito real de gozo que atribua ao titular o poder de fruição da coisa, os frutos pertencerão ao titular deste último direito.

possuidor reconhece-se o direito a ser indemnizado das despesas – de investimento[1811], de produção, etc. – que suportou, até ao limite do valor dos frutos (art. 1270.º, n.º 2).

III. O n.º 3 do art. 1270.º consagra uma regra excepcional em matéria de legitimidade negocial, conferindo ao possuidor formal, de boa fé, legitimidade para alienar os frutos a terceiro antes da colheita.

Seja como for, o preço cabe ao titular do direito real de gozo, deduzido da indemnização a que se refere o n.º 2 do mesmo artigo.

IV. Não obstante a latitude com que o poder de fruição vem inserido no conteúdo da posse, a verdade é que nem mesmo a posse de boa fé atribui sempre ao possuidor o poder de fruir. Há posses que não atribuem a fruição ao possuidor. Como explicar esta solução defronte do preceituado no art. 1270.º, n.º 1?

A explicação encontra-se no facto de o conteúdo da posse surgir decalcado da propriedade, como se toda a posse se exercesse nos termos deste direito. Como o proprietário tem a fruição da coisa, o regime jurídico regula este aspecto do gozo, reconhecendo ao possuidor de boa fé o direito a ficar com os frutos gerados por ela.

No entanto, a posse também se processa por referência aos outros direitos reais de gozo, alguns dos quais (usufruto, uso e habitação, direito real de habitação periódica) conferem ao seu titular todo ou algum poder de fruição, enquanto outros (superfície, servidões) não.

Quando o direito real de gozo nos termos do qual a posse surge exteriorizada não atribui a fruição ao titular, o possuidor não tem o poder de fruição. Seria de facto incompreensível que a posse exercida nos termos de um direito real conferisse ao possuidor um conteúdo maior de aproveitamento daquele que o Direito reconhece ao titular do direito.

Assim, se o possuidor de boa fé nos termos de uma superfície ou de uma servidão fizer seus os frutos, está obrigado a restitui-los ao titular do direito que atribua a fruição da coisa (proprietário, usufrutuário, titular do direito de uso ou habitação, titular do direito real de habitação periódica). Se os

1811 A letra do art. 1270.º, n.º 2 menciona unicamente despesas de produção, como se apenas os frutos naturais estivessem em causa. No entanto, o escopo do preceito é a indemnização de todas as despesas e não apenas as de produção. As despesas de investimento, por exemplo, que respeitam a frutos civis, também devem ser indemnizadas ao possuidor.

vendeu ou consumiu, está obrigado a ressarcir o seu enriquecimento ao titular do direito real de gozo a que couber a fruição, segundo o disposto no enriquecimento sem causa.

230. O poder de indemnização por benfeitorias feitas na coisa

O possuidor pode exercer o uso que tem sobre a coisa inserindo nela melhoramentos. Fala-se então em benfeitorias.

O regime jurídico das benfeitorias assenta, como se sabe, na tripartição entre benfeitorias necessárias, úteis e voluptuárias[1812]. Quer o possuidor de boa fé, como o possuidor de má fé podem realizar benfeitorias.

A lei portuguesa não distingue entre possuidor de boa fé e possuidor de má fé a não ser quanto às benfeitorias voluptuárias que não se possam levantar sem o detrimento da coisa (art. 1275.º, n.º 2). Em tudo o resto, o regime é o mesmo.

O possuidor tem direito a ser indemnizado das benfeitorias necessárias que fez na coisa (art. 1273.º, n.º 1, 1.ª parte). Quanto às benfeitorias úteis, elas podem ser levantadas pelo possuidor, contando que não impliquem uma deterioração da coisa (art. 1273.º, n.º 1, 2.ª parte). Se assim acontecer, o possuidor tem direito a ser indemnizado pelo titular do direito real, indemnização essa calculada segundo as regras do enriquecimento sem causa (art. 1273.º, n.º 2).

O possuidor de boa fé pode levantar as benfeitorias voluptuárias que haja feito na coisa, mas não tem esse direito se o levantamento supuser o detrimento da coisa (art. 1275.º, n.º 1). Nesse caso, não tem direito a qualquer indemnização.

231. O poder de indemnização por violação da posse

A violação ilícita da posse, do direito à posse, sujeita o infractor à responsabilidade civil pelos danos causados (art. 1284.º, n.º 1), sem prejuízo de outras sanções legais que ao caso caibam.

O possuidor tem assim o poder de ser indemnizado por aquele que ilicitamente violar a sua posse.

[1812] Sobre o conceito respectivo, cf. *supra* no texto.

232. O poder de usucapião. Remissão

O possuidor tem o poder (potestativo) de usucapir o direito real de gozo a que a sua posse se reporta, caso os requisitos legais estejam preenchidos.

Optámos por fazer o tratamento da usucapião numa das suas vertentes: facto aquisitivo de direitos reais de gozo. Por essa razão, remetemos para aí o tratamento completo do poder de usucapir que pertence ao possuidor.

233. O poder de acessão. Remissão

A acessão da posse é um poder que a lei faculta ao possuidor de juntar o seu tempo de posse ao tempo de posse do possuidor do qual ela foi adquirida (art. 1256.º, n.º 1), de modo a facultar a usucapião.

Pela sua estreita ligação à usucapião, analisamos a acessão da posse a propósito do regime jurídico respectivo.

234. O poder de defesa da posse (tutela possessória)

Enquanto situação jurídica, a posse é tutelada pelo ordenamento jurídico português. Essa tutela realiza-se através das denominadas acções possessórias. Pela sua importância, abriremos uma secção destinada exclusivamente à defesa da posse.

235. O dever de pagamento dos encargos com coisa (possuidor de boa fé)

Como dissemos, no conteúdo da posse não cabem apenas situações jurídicas activas, mas também deveres.

O art. 1272.º coloca no possuidor o dever de pagamento dos encargos gerados pela coisa na proporção do seu poder de fruição. Assim, se, por exemplo, há impostos prediais a pagar, o possuidor tem o dever de suportar o imposto devido pelo titular do direito real na proporção dos frutos que recebeu.

Este dever incumbe apenas ao possuidor de boa fé, uma vez que se liga ao poder de fruição, que o possuidor de má fé não tem.

236. O dever de restituir os frutos (possuidor de má fé)

Não tendo poder de fruição, o possuidor de má fé está obrigado a restituir ao titular do direito real de gozo os frutos, naturais ou civis, gerados pela coisa (art. 1271.º). Esse dever cessa naturalmente com a extinção da posse.

237. O dever de indemnizar o titular do direito real em caso de perda ou deterioração da coisa

O possuidor de má fé fica sujeito a um regime excepcional de responsabilidade civil. Em caso de perda ou deterioração da coisa, ele responde pelos danos, tenha ou não culpa na produção do facto danoso (art. 1269.º).

Este sentido retira-se pela utilização do argumento *a contrario sensu* sobre o art. 1269.º. Responsabilizando o possuidor de boa fé pela perda ou deterioração da coisa apenas em caso de culpa, este preceito faz impender sobre o possuidor de má fé o risco de perda ou deterioração da coisa.

Trata-se de um caso de responsabilidade civil objectiva. O possuidor de má fé responde pela perda ou deterioração da coisa independentemente de culpa, portanto, mesmo que não a tenha.

O art. 1269.º consagra, deste modo, uma inversão do risco de perecimento da coisa, que deixa de correr por conta do titular do direito real, do proprietário e dos restantes titulares de direitos reais, para passar a correr por conta do possuidor de má fé.

Esta solução tem sido apontada como desajustada[1813], pela injustiça que a inversão do risco de perecimento da coisa cria relativamente a casos em que o dano ocorreria mesmo que ela se encontrasse com o titular do direito real.

Henrique Mesquita[1814] propôs uma restrição do alcance absoluto do art. 1269.º, mediante a aplicação directa do regime da mora do devedor, concretamente, do art. 807.º, n.º 2 (relevância negativa da causa virtual), uma posição que mais tarde suscitaria a adesão de Pires de Lima/Antunes Varela[1815] e de Menezes Cordeiro[1816].

Estamos de acordo com a doutrina propugnada por estes autores. O possuidor de má fé só pode ser responsabilizado pela perda ou deterioração da coisa caso a mesma não sofresse dano se estivesse com o titular do direito real de gozo. O art. 1269.º deve, pois, ser objecto, de uma interpretação restritiva.

1813 Menezes Cordeiro, A Posse, cit., pág. 125 e seg.
1814 Lições De Direitos Reais, cit., pág. 119.
1815 Código Civil Anotado, cit., pág. 36.
1816 Aposse, cit., pág. 125 e seg.

238. O conteúdo variável da posse

Uma das singularidades do regime jurídico da posse é a variabilidade do seu conteúdo. Com efeito, o conteúdo da posse pode apresentar diferenças em função de particulares caracteres da posse.

A este propósito, a distinção fundamental é entre a posse de boa fé e a posse de má fé. Enquanto o possuidor de boa fé pode fazer seus os frutos da coisa (até ao momento em que tiver conhecimento do direito de outrem) – caso o direito a que se refere a sua posse inclua o poder de fruição (a propriedade ou o usufruto, por exemplo) – o possuidor de má fé não tem tal poder. O possuidor de boa fé tem um poder de fruição; o possuidor de má fé não tem.

O possuidor de boa fé tem o dever de participar nos encargos gerados pela coisa na proporção do seu direito aos frutos; o possuidor de má fé é responsável pelos frutos que um possuidor diligente teria podido obter.

Estas diferenças mostram que o conteúdo típico do direito posse pode oscilar, e oscila efectivamente, em atenção aos caracteres da posse. De alguma forma, e sem pretendermos ir demasiado longe, podemos falar em vários tipos de posse ou em conteúdos típicos distintos da posse, assinalando que, neste contexto, não há uma posse única, mas posses (a posse do possuidor de boa fé, a posse do possuidor de má fé, etc.).

239. Os meios de defesa da posse

I. O Direito providencia ao possuidor meios de defesa da sua posse. Genericamente, esses meios podem ser extrajudiciais ou judiciais[1817].

As acções possessórias são típicas, isto é, só existem aquelas que a lei prevê. Actualmente, o Código Civil consagra três acções possessórias e um procedimento cautelar. A estes meios de defesa da posse, há que juntar os embargos de terceiro (art. 1285.º)[1818].

As acções possessórias são:

– Acção de prevenção (art. 1276.º);

[1817] Para uma perspectiva geral, veja-se também MENEZES CORDEIRO, A Posse, cit., pág. 141 e segs.

[1818] O DL n.º 329-A/95, de 12 de Dezembro revogou os artigos 1044.º a 1051.º do Código do Processo Civil, que regulavam outra acção possessória, a posse judicial avulsa. Não faremos, por isso, qualquer referência a esta acção possessória. O seu tratamento pode ser encontrado em MENEZES CORDEIRO, A Posse, cit., pág. 153 e segs.

- Acção de manutenção de posse (art. 1278.º);
- Acção de restituição da posse (art. 1278.º).

O procedimento cautelar é a restituição provisória da posse (art. 1279.º).

Os embargos de terceiro não são uma acção possessória propriamente dita, mas são um meio judicial de defesa da posse em processo de execução.

240. O fundamento da tutela possessória: a posse

I. Dizer-se que a tutela possessória pressupõe a posse parece uma evidência de sabor tautológico. A verdade, porém, é que em alguns momentos da história se previu a possibilidade de os detentores recorrerem à tutela possessória. Ainda hoje o art. 1168 do Código Civil italiano prevê que alguns detentores possam lançar mão da acção de restituição.

O Direito português vigente afastou-se dessa solução. Só o possuidor pode defender a posse com recurso às acções possessórias, não o detentor. Assim, em todos os locais do sistema jurídico onde se prevê a tutela possessória o beneficiário desta é somente o possuidor.

Podemos dizer, deste modo, que o fundamento das acções possessórias[1819] é a posse[1820]. Nestas acções, o autor invoca a sua posse para obter a condenação judicial do terceiro a respeitá-la. A condenação concreta que pode surgir depende da acção possessória considerada, uma vez o pedido não é o mesmo que em cada uma delas. Seja como for, todas as acções possessórias têm em comum o facto de o fundamento da acção ser a posse do autor.

II. A demonstração da posse não constitui simples matéria de facto. Verificar a existência do controlo material da coisa, de *corpus* possessório, é matéria de facto. Contudo, saber se existe ou não posse é estritamente matéria de Direito. A posse não é uma mera situação de facto, é um direito que resulta da interpretação/aplicação de normas jurídicas.

Portanto, saber se há ou não posse é uma questão de Direito.

[1819] E também, naturalmente, da restituição provisória da posse e dos embargos de terceiro.

[1820] Oliveira Ascensão, "Propriedade E Posse – Reivindicação e Reintegração", Revista Luso--Africana de Direito, Volume I, 1997, pág. 11 afirma "que a posse é a causa de pedir na acção de restituição". Pensamos, no entanto, que a afirmação é verdadeira para todas as acções possessórias, que têm a posse por fundamento.

241. A restituição provisória da posse

I. O art. 1279.º dispõe que "sem prejuízo do disposto nos artigos anteriores, o possuidor que for esbulhado com violência tem o direito a ser restituído provisoriamente à sua posse, sem audiência do esbulhador"[1821].

Este preceito fixa, assim, três requisitos, a saber:

- A existência de uma posse;
- Um acto de esbulho da coisa;
- A violência no esbulho.

A restituição provisória da posse constitui um meio de tutela da posse, pelo que supõe logicamente a existência de uma posse.

A especificidade deste meio de tutela da posse advém, no entanto, da reacção a um esbulho violento. Não é qualquer esbulho que fundamenta a restituição provisória da posse nos termos do art. 279.º, e, por conseguinte, ele não se aplica em todos os casos de esbulho. Apenas o esbulho com violência suscita a aplicação do preceito.

A violência é de considerar de acordo com o disposto no artigo 1261.º, n.º 2[1822]. O esbulho é violento sempre que o esbulhador empregue coacção física ou psicológica sobre o possuidor para obter a coisa.

O art. 1279.º consagra uma solução excepcional do ponto de vista do Direito Processual Civil. Se for feita a prova da posse, do esbulho e da violência, o possuidor esbulhado obtém a condenação judicial do esbulhador à restituição da coisa sem este ser ouvido no processo, ou seja, sem contraditório processual.

O sacrifício do princípio do contraditório encontra a sua justificação na reacção à violência. Sendo esta intolerável para a ordem jurídica, o esbulhador não é admitido sequer a pronunciar-se sobre a pretensão do esbulhado e é condenado a devolver a coisa ao esbulhado antes de poder intervir processualmente.

II. A restituição provisória da posse tem a sua regulação processual como procedimento cautelar, encontrando-se a disciplina respectiva nos artigos 393.º a 395.º do Código do Processo Civil.

[1821] Cf. Oliveira Ascensão, "Propriedade E Posse – Reivindicação e Reintegração", cit., pág. 20 e seg.

[1822] É um ponto que temos por incontroverso. Cf., no mesmo sentido, Menezes Cordeiro, A Posse, cit., pág. 142.

O art. 393.º do CRP preceitua que "no caso de esbulho violento, pode o possuidor pedir que seja restituído provisoriamente à sua posse, alegando os factos que constituem a posse, o esbulho e a violência". Encontramos aqui os três requisitos substanciais previstos no art. 1279.º.

Como dissemos no número anterior, a posse tem de ser demonstrada pelo autor do procedimento cautelar, o possuidor esbulhado. Mas a prova de facto limita-se à existência do *corpus* possessório. A posse como situação jurídica resulta de uma interpretação/aplicação do Direito a essa situação de facto, a fazer pelo juiz.

O art. 394.º dispõe, por sua vez, que "se o juiz reconhecer, pelo exame das provas, que o requerente tinha a posse e foi esbulhado dela violentamente, ordenará a restituição, *sem citação nem audiência do esbulhador* (itálico nosso)".

Conforme dissemos, a violência do esbulho justifica o sacrifício do princípio do contraditório. Quem usa da violência para obter a coisa perde o direito a intervir e a ser ouvido no procedimento cautelar de restituição provisória da posse.

Resta dizer, que, em termos processuais, o esbulho sem violência também pode ser defendido através de um procedimento cautelar, mas este segue a tramitação comum e não a especial dos art. 393.º e 394.º do Código do Processo Civil (art. 395.º do CPC), que respeita apenas à restituição provisória da posse em caso de esbulho violento.

242. A acção de prevenção

À acção de prevenção dedica o nosso Código Civil o art. 1276.º: "Se o possuidor tiver justo receio de ser perturbado ou esbulhado por outrem, será o autor da ameaça, a requerimento do ameaçado, intimado para se abster de fazer agravo, sob pena de multa e responsabilidade pelo prejuízo que causar".

A acção de prevenção destina-se a prevenir a prática de actos de turbação ou esbulho de terceiro, sejam eles judiciais ou extrajudiciais, e, neste último caso, materiais ou jurídicos[1823]. O terceiro em causa pode ser qualquer um, pessoa singular ou colectiva, de direito privado ou de direito público, como o Estado, uma autarquia local um instituto público, etc..

[1823] Pires de Lima/Antunes Varela, Código Civil Anotado, cit., pág.47.

Uma vez que esta acção requer que não tenha havido ainda perturbação na posse da coisa, o seu escopo é unicamente evitar que esta perturbação venha a ter lugar, obtendo-se a condenação judicial do autor da ameaça a abster-se de concretizar actos de turbação ou esbulho sobre a coisa.

Para além de demonstrar a posse, o possuidor terá de provar ainda o "justo receio de ser perturbado ou esbulhado". Não basta, pois, o simples receio. O possuidor terá de fazer prova de indícios que sustentem a convicção do julgador que a violação da posse se afigura como uma possibilidade real, o "justo receio" de que fala a lei.

Na acção de prevenção, o tribunal não pode condenar o autor da ameaça em multa ou indemnização por violação da posse, porquanto a violação da posse não teve ainda lugar. Por isso, o art. 1276.º contém apenas na parte final a ressalva da aplicação de qualquer destas duas sanções, sem que, contudo, qualquer delas possa resultar da acção de prevenção.

243. A acção de manutenção

A acção de manutenção vem prevista no art. 1278, n.º 1.º: "No caso de recorrer ao tribunal, o possuidor perturbado (...) será mantido (...) enquanto não for convencido na questão da titularidade do direito".

Diferentemente da acção de prevenção, a acção de manutenção supõe que um terceiro concretizou uma acção de violação da posse, através da prática de actos de turbação. São actos de turbação todos os actos materiais que não impliquem o esbulho, isto é, o desapossamento efectivo da coisa.

> Assim, por exemplo, se A coloca caixotes de mercadoria na garagem do vizinho B, para aproveitar o espaço deste, sem afastar o controlo material do último sobre a coisa, está a levar a cabo actos de turbação. A reacção adequada de B contra o terceiro consiste na acção de manutenção, uma vez que não foi consumado um esbulho.

Na acção de manutenção, ao contrário da acção de prevenção, não se está mais perante uma perspectiva abstracta de violação da posse, de uma possibilidade de isso acontecer, pressupondo-se ao invés que o terceiro praticou já actos materiais sobre a coisa que perturbam o gozo dela pelo possuidor.

A diferença entre a acção de manutenção e a acção de restituição está em que a primeira pressupõe que o possuidor mantém a coisa consigo, não tendo sido consumado o desapossamento. A reacção contra uma tentativa falhada de esbulho deve ser feita através de acção de manutenção e não por via da acção de restituição.

244. A acção de restituição

A acção de restituição[1824] encontra-se igualmente prevista no art. 1278.º, n.º 1, conjuntamente com a acção de manutenção. Trata-se, contudo, de acções possessórias distintas. De acordo com aquele artigo, "No caso de recorrer ao tribunal, o possuidor (...) esbulhado será (...) restituído enquanto não for convencido na questão da titularidade do direito".

A acção de restituição tem lugar quando o possuidor foi privado da coisa pelo esbulho. Neste caso, o *corpus* possessório é destruído pela intervenção de um terceiro, que concretiza um desapossamento da coisa, retirando-a da esfera de poder do possuidor.

A acção de restituição distingue-se facilmente da acção de prevenção. Nesta não se verificam actos materiais de ofensa da posse, o possuidor apenas tem um receio justificado que tal venha a suceder no futuro, enquanto na acção de restituição um terceiro intervém sobre a coisa possuída, subtraindo-a ao controlo material do possuidor.

Conforme vimos no número anterior, a acção de restituição também se distingue claramente da acção de restituição, visto que esta se dirige apenas aos casos em que a violação da posse através de actos materiais não retirou o *corpus* possessório ao possuidor, o qual, apesar de perturbado, ainda permanece com a coisa em seu poder.

245. Legitimidade activa para as acções possessórias

I. A legitimidade activa para as acções possessórias vem regulada no art. 1281.º, o qual, contudo, apenas menciona as acções de manutenção e de restituição, omitindo a referência às acções de prevenção.

Seja como for, afigura-se claro que a legitimidade activa para a acção de prevenção pertence ao possuidor ameaçado. Se este entretanto morre, os seus herdeiros têm igualmente legitimidade para a interposição desta acção.

[1824] A epígrafe do art. 1278.º fala em restituição da posse. A terminologia não é feliz. O esbulhado não perdeu a sua posse com o esbulho; esta mantém-se pelo prazo de um ano após aquele facto (alínea d) do n.º 1 do art. 1267.º). O que o esbulhado perdeu foi o controlo material da coisa, o que é diferente. Melhor, por isso, seria dizer-se simplesmente acção de restituição ou, eventualmente, acção de restituição da coisa. Trata-se de uma acção destinada a reaver a coisa, não a posse, que não se perdeu.

II. À legitimidade activa para a acção de manutenção refere-se o n.º 1 do art. 1281.º. Segundo este artigo, "a acção de mautenção da posse pode ser intentada pelo perturbado ou pelos seus herdeiros (...)".

Quer dizer, o possuidor perturbado tem legitimidade para intentar a acção de manutenção, cabendo igualmente esta legitimidade aos seus herdeiros caso faleça.

III. Nas acções de restituição, o n.º 2 do art. 1281.º mantém a regra do n.º 1: "A acção de restituição da posse pode ser intentada pelo esbulhado ou pelos seus herdeiros (...)".

O possuidor esbulhado tem legitimdade para interpor a acção de restituição, assim com a têm os seus herdeiros se ele morrer.

IV. A regra geral no tocante à legitimidade activa nas acções possessória é, por conseguinte, que essa legitimidade cabe ao possuidor.

É a solução natural e conforme ao conteúdo jurídico do direito posse. O poder de defender a posse é um poder integrado na situação jurídica (direito subjectivo) posse. Ao titular deste direito cabe exercê-lo.

Falecendo o titular do direito, os herdeiros têm legitimidade para defender a posse ofendida.

246. Legitimidade passiva nas acções possessórias

A legitimidade passiva nas acções possessórias surge regulada na lei portuguesa unicamente por referência às acções de manutenção e de restituição, registando-se um silêncio no que respeita às acções de prevenção.

Não restam dúvidas, todavia, que a acção de prevenção só pode ser intentada contra o autor das ameaças. Uma vez que não há ainda violação da posse, não faz sentido considerar a legitimidade passiva para uma acção de indemnização no caso daquele falecer entretanto.

Quanto às acções de manutenção, a legitimidade passiva, de acordo com o n.º 1 do art. 1281.º, cabe ao perturbador: "a acção de manutenção pode ser intentada pelo perturbado ou os seus herdeiros, mas apenas contra o perturbador (...)".

Falecendo o perturbador, o possuidor pode intentar uma acção de indemnização contra os herdeiros ("salva a acção de indemnização contra os herdeiros deste"), mas não uma acção de manutenção da posse. Isso explica-se pelo facto de não haverem sido os herdeiros a praticar os actos de turbação e, por conseguinte, uma acção de manutenção não ter quanto a eles qualquer sentido útil.

Pela problemática específica da legitimidade passiva para a acção de restituição, abrimos um novo número.

247. Legitimidade passiva para a acção de restituição da posse. A inoponibilidade da posse a terceiro de boa fé

I. O art. 1281.º, n.º 1 dispõe que a acção de restituição pode ser interposta contra o esbulhador. Aquele que tira a coisa ao possuidor pode sempre ser demandado pelo esbulhado. Caso o esbulhador haja falecido e a coisa esteja com os seus herdeiros, a acção de restituição pode igualmente ser intentada contra estes.

Pode acontecer, porém, que o esbulhador transmita a coisa a terceiro. Pergunta-se, nesse caso, se a acção de restituição pode ser movida contra ele.

> A furtou o automóvel a B e vende-o depois a C, entregando-lhe a coisa. Pode o possuidor B demandar C numa acção de restituição?

A parte final do art. 1281.º, n.º 2 distingue entre o terceiro de boa fé e o terceiro de má fé. Quando alude àquele que "esteja na posse da coisa e tenha conhecimento do esbulho", a lei portuguesa tem em vista o terceiro possuidor de má fé[1825] ao qual a posse da coisa esbulhada foi transmitida. E admite-se quanto a este que o possuidor esbulhado possa fazer valer a sua posse num acção de restituição.

Estando o terceiro de boa fé, a posse não lhe é oponível. Não se trata, no entanto, de um problema de legitimidade passiva para a acção de restituição, mas simplesmente de inoponibilidade de um direito (a posse) contra terceiro. A acção de restituição, se movida contra terceiro de boa fé, será improcedente, por falta de oponibilidade do terceiro.

> No exemplo dado em cima, se C estiver de boa fé (dentro de uma concepção subjectiva ética), a posse de B não lhe será oponível, e a acção de restituição, caso venha a ser intentada pelo último contra o primeiro, será improcedente.

[1825] Está de má fé o terceiro que sabia que lesava direito de outrem quando adquiriu a posse da coisa ou que desconhecia culposamente essa lesão. Trata-se do reafirmar a concepção subjectiva ética de boa fé que sustentámos a propósito da classificação respectiva. Cf. supra no texto.

II. A inoponibilidade da posse a terceiro de boa fé foi introduzida no Direito português no novo Código Civil, por influência directa do artigo 1169.º do Codice Civil italiano.Trata-se de uma solução dificilmente justificável num sistema que não positivou a regra "posse vale título". Com efeito, percebe-se mal que o terceiro não possa invocar a sua boa fé para evitar o sucesso da acção de reivindicação, e, portanto, que o titular do direito real de gozo reaveja a coisa nesta acção apesar da boa fé do possuidor, mas possa obstar ao sucesso da acção possessória de restituição com esse fundamento.

Tudo o que com isto se consegue é que o titular do direito real de gozo (o proprietário, o usufrutuário, etc.) seja obrigado a recorrer à acção de reivindicação porque não pode recuperar a coisa mediante a acção de restituição, podendo ficar numa situação mais difícil quanto à prova.

No exemplo anterior, B tem de interpor contra C uma acção de reivindicação, pois, se intentar uma acção de restituição, C pode invocar a sua boa fé e a consequente inoponibilidade a ele da posse do autor (art. 1281.º, n.º 2 parte final) ...

Por outro lado, o possuidor formal ficará definitivamente afastado da coisa, pois, não sendo titular de um direito real de gozo, a inoponibilidade da sua posse deixa-o sem meios judiciais de a reaver.

Supondo agora no exemplo dado que B é um possuidor formal, ele não pode reaver a coisa mediante uma acção de restituição enquanto ela estiver com C ou transitar para outro possuidor de má fé. Uma vez que a acção de reivindicação lhe está vedada, por não ser titular de um direito real de gozo, não pode obter judicialmente a entrega da coisa.

III. O esbulhador pode constituir uma posse a favor de terceiro, nos termos de outro direito, mantendo, no entanto, a sua posse. Neste caso, o esbulhado pode opor a sua posse a este terceiro?

Retomando o nosso exemplo, A vende o usufruto do automóvel furtado a C, entregando-lhe a coisa para o exercício deste direito. Pode B opor a sua posse a C, possuidor nos termos do usufruto, contando que ele é igualmente um possuidor em nome alheio (em nome de A) quanto à propriedade?

Pires de Lima/Antunes Varela[1826] entendem que não, com o argumento literal de que se trata de um detentor e não do possuidor, como

[1826] Código Civil Anotado, cit., pág. 55.

menciona o n.º 2 do art. 1281.º. O argumento parece-nos ser puramente formal. Se o detentor representa o possuidor na posse e tem a coisa consigo, o esbulhado deve poder demandá-lo directamente para reaver a sua coisa. Note-se que o detentor não é um terceiro, é o representante do possuidor na posse (art. 1252.º, n.º 1). Ao pedir a restituição da coisa ao detentor o possuidor esbulhado está, juridicamente, a exercer o seu direito contra o esbulhador.

Mais complexa é a situação do detentor que é simultaneamente possuidor nos termos de outro direito. Tomemos o exemplo do possuidor formal nos termos do usufruto, que detem a coisa quanto à propriedade em nome do esbulhador. Neste caso, o esbulhado pode reaver a sua posse como proprietário, mesmo demandando somente o detentor. Contudo, no que respeita à posse do usufrutuário, tudo depende do possuidor estar de boa fé ou de má fé. Se estiver de má fé, a posse do esbulhado é-lhe igualmente oponível; estando de boa fé, verifica-se uma inoponibilidade da posse do esbulhado relativamente ao possuidor, de acordo com o disposto no n.º 2, parte final, do art. 1281.º. O possuidor nos termos do usufruto pode invocar a inoponibilidade a ele da posse do esbulhado. Restará ao esbulhado, se for proprietário, a acção de reivindicação para recuperar a coisa.

IV. A inoponibilidade da posse a terceiro de boa fé não torna a aquisição da posse por este num facto extintivo da posse do esbulhado, como já tivemos oportunidade de esclarecer. Basta que a posse retorne ao esbulhador ou seja transmitida a um terceiro que esteja de má fé para que ela retome a sua oponibilidade normal e o esbulhado possa reaver a coisa por meio da acção de restituição.

248. Caducidade das acções possessórias

As acções e manutenção ou de restituição da posse devem ser intentadas no prazo de um ano após a turbação ou o esbulho, sob pena de caducidade do direito (art. 1282.º). Se os actos de turbação ou de esbulho forem praticados às ocultas, o prazo só se inicia quando forem conhecidos do possuidor perturbado ou esbulhado.

249. Conflito de posses em acção de manutenção e restituição. A melhor posse

I. Uma vez que o esbulho não conduz automaticamente à perda da posse do possuidor esbulhado, que subsiste pelo período de um ano se for pública e pacífica (art. 1267.º, n.º 1 alínea d) e n.º 2), durante o ano subsequente a esse facto podem coexistir várias posses incompatíveis, isto é, em conflito, sobre a mesma coisa[1827]. Desde logo, as posses do esbulhado e do esbulhador, mas não só, bastando pensar-se na possibilidade do esbulhador transmitir a posse a um terceiro[1828], este a outro terceiro e assim sucessivamente.

O art. 1278.º, n.º 2 preceitua que "se a posse não tiver mais de um ano, o possuidor só pode ser mantido ou restituído contra quem não tiver melhor posse".

O possuidor que tenha uma posse de um ano e um dia está ao abrigo da defesa possessória do possuidor perturbado ou esbulhado. Isto liga-se directamente com o disposto na alínea d) do n.º 1 do art. 1267.º e com o art. 1284.º. Extinguindo-se a posse do esbulhado um ano após o esbulho, aquele já não a pode invocar contra o possuidor actual. O conflito possessório deixa de existir.

Diferentemente, se a posse actual não houver durado mais de um ano, o conflito possessório entre o esbulhado e o novo possuidor, seja o esbulhador ou um terceiro, é resolvido pelo critério da melhor posse.

Qual é a melhor posse? O n.º 3 do art. 1278.º responde. Constitui melhor posse a que for titulada. O que há-de apurar-se em face do art. 1259.º. Se nenhuma das posses em conflito for titulada, a melhor posse é a mais antiga. Tendo as posses do autor e do réu a mesma antiguidade, prevalece (é melhor posse) a posse actual.

Este preceito suscita algumas dúvidas. E se ambas as posses são tituladas, qual delas é melhor posse? Em nossa opinião, dentro da teleologia do n.º 3 do art. 1278.º, a melhor posse é a mais antiga. Funciona o segundo critério legal de resolução do conflito possessório. E se, porventura, ambas forem tituladas e tiverem a mesma antiguidade, prevalecerá a posse actual.

> A, possuidor causal do livro y, comprado a Z, foi esbulhado por B, no dia 2 de Abril de 2006. B vendeu e entregou o livro a C três dias depois, conhecendo o comprador o furto anterior. Se A mover uma acção de restituição contra C, o conflito possessório entre o autor e o réu é dirimido através da ponderação da melhor posse. Qual é a melhor posse? Sendo ambas as posses tituladas, julgamos que a melhor posse é a mais antiga. Ou seja, é melhor posse a de A.

1827 Veja-se, sobre isto, Oliveira Ascensão, "Propriedade E Posse – Reivindicação e Reintegração", cit., pág. 11 e segs.

1828 Ou ser, por sua vez, esbulhado por um terceiro.

II. A acção de manutenção e a acção de restituição são acções possessórias. Nelas, o autor invoca exclusivamente a sua posse e pede ao tribunal a condenação do réu a não praticar actos de pertubação da posse (acção de manutenção) ou na devolução da coisa (acção de restituição). Se o autor invoca o direito real (a propriedade, o usufruto, a superfície, a servidão predial, etc.) e pede a condenação do réu a reconhecer o seu direito e a entregar-lhe a coisa, a acção já não pode ser qualificada como acção possessória, sendo antes uma acção de reivindicação.

Do mesmo modo, a acção de manutenção ou de restituição apenas vem a ser decidida como conflito possessório caso o réu não invoque – ou caso o fazendo não o prove – a titularidade de um direito real de gozo. Como veremos no número seguinte, se o réu excepciona a titularidade de um direito real e o prova, o conflito entre autor e réu não vem a ser dirimido como um conflito possessório, mas como um conflito entre a posse do autor e o direito real do réu.

A resolução de uma acção de manutenção ou de restituição segundo a regra da melhor posse (art. 1278.º, n.º 2 e n.º 3) tem lugar unicamente enquanto conflito se processsa entre a posse do autor e a posse do réu. Extravasando a discussão para a titularidade do direito real, opondo este a uma posse contrária, o conflito não é mais possessório, mas de hierarquia de direitos reais de gozo, entre a posse e o direito real de gozo suscitado pelo réu.

Este é o significado profundo do n.º 1 do art. 1278.º. O possuidor esbulhado só será mantido ou restituído na hipótese de o réu não demonstrar na acção a titularidade de um direito real incompatível com a posse do autor.

250. A invocação da *exceptio dominii* na acção de manutenção ou de restituição

I. Na acção de manutenção ou restituição o réu pode defender-se contra o pedido do autor invocando ser o proprietário da coisa[1829], aquilo que tradicionalmente se designa pela *exceptio dominii*.

Não obstante a designação, *exceptio dominii*, a defesa respeita realmente a qualquer direito real de gozo e não apenas à propriedade. Assim, o réu pode alegar ser usufrutuário, superficiário ou titular de qualquer outro

[1829] Cf. Oliveira Ascensão, "Propriedade E Posse – Reivindicação e Reintegração", cit., pág. 19 e segs., Direito Civil – Reais, cit., pág. 11 e seg. (com dados anteriores à reforma processual civil de 1995-1996), Menezes Cordeiro, A Posse, cit., pág. 147 e segs.

direito real de gozo. Naturalmente, não se tratará neste caso de uma verdadeira excepção de propriedade, mas de uma excepção de titularidade de um direito real de gozo.

Com a *exceptio dominii* ou a excepção respeitante a outro direito real de gozo, a discussão no processo deixa de se confinar à questão possessória, passando a envolver o direito de fundo sobre a coisa. A razão para a admissão da discussão sobre o direito real, e não meramente sobre a posse, numa acção possessória, em que o fundamento está na posse, é de economia processual[1830]. Não faria sentido que o titular do direito real de gozo tivesse que recorrer a outra acção, nomeadamente à acção de reivindicação, para provar o seu direito, após ser obrigado a restituir a coisa ao esbulhado. Assim, tudo pode ficar decidido numa única acção, a acção possessória.

Se a titularidade do direito real do réu vem a ser provada na acção possessória de manutenção ou restituição, esta deve ser decidida de acordo com a hierarquização entre a posse e o direito real em causa. É neste momento que a provisoriedade da atribuição possessória se manifesta e o possuidor vê a sua posição ceder perante o titular do direito real de gozo.

Por representar somente uma tutela provisória, a posse cede sempre no confronto com o direito real de gozo[1831], que constitui uma atribuição definitiva da coisa ao titular, sendo, por isso, mais forte. Isso resulta com clareza do preceituado em sede de reivindicação (art. 1311.º), onde se estabelece a oponibilidade (e a prevalência) da propriedade (e dos restantes direitos reais – art. 1315.º) à posse (e à detenção). No momento do conflito entre a posse e o direito real, a ordem jurídica corrige a desconformidade existente com a dissociação entre a titularidade do direito real e a posse, fazendo com que esta coincida com aquela. O preço é o sacrifício da posse formal, o detrimento desta em favor da atribuição definitiva da posição que o direito real não possessório representa.

É este o significado profundo do art. 1278.º, n.º 1. Dispõe este preceito que o possuidor perturbado é mantido ou restituído "enquanto não for convencido na questão da titularidade do direito". Quer dizer, se o autor e réu apenas esgrimem a posse, sem entrarem na discussão da titularidade do direito real de gozo, o conflito é decido em termos puramente possessórios, prevalecendo a melhor posse (art. 1278.º, n.º 2). Porém, se a questão da

[1830] Cf. Oliveira Ascensão, "Propriedade E Posse – Reivindicação e Reintegração", cit., pág. 19.

[1831] Cf. também Oliveira Ascensão, "Propriedade E Posse – Reivindicação e Reintegração", cit., pág. 19 e seg.

titularidade de um direito real é trazida pelo réu, sob a forma de invocação de que é proprietário (*exceptio dominii*) ou titular de um outro direito real de gozo, e a prova do direito é feita no processo, a acção possessória deve ser declarada improcedente e a coisa mantida com o réu, pois o direito real prevalece sobre a posse.

II. Conforme decorre do que ficou exposto nos números anteriores, as acções de manutenção e de restituição são acções possessórias. Nelas, o autor invoca simplesmente a sua posse[1832] e pede ao tribunal a condenação do réu a entregar-lhe a coisa.

Pode acontecer que o réu não conteste a posse do autor. Neste caso, a acção de manutenção ou restituição será procedente.

Invocando o réu uma posse incompatível com o autor, o conflito é resolvido na base da melhor posse (art. 1278.º, n.º 2 e n.º 3). A coisa deverá ficar com o possuidor que tiver melhor posse.

Se o réu se defender invocando um direito real de gozo, a acção desloca-se do plano puramente possessório para o plano da hierarquia entre a posse do autor e o direito real do réu. Provando o autor a posse e o réu, por sua vez, um direito real de gozo, a acção será sempre improcedente, pois a atribuição provisória representada pela posse cede defronte da atribuição definitiva do direito real não possessório.

III. Os artigos 1033.º a 1051.º do Código do processo Civil regulavam os termos de um processo especial. Este regime foi expressamente revogado pelo art. 3.º do DL n.º 329-A/95, de 12 de Dezembro, em termos lamentáveis. A este propósito, subscrevemos inteiramente as observações críticas de Menezes Cordeiro[1833]. A invocação da *exceptio dominii* é hoje deduzida no processo declarativo comum, segundo as regras gerais.

251. Os embargos de terceiro

Os embargos de terceiro foram objecto de previsão no art. 1285.º. Todo o regime adjectivo encontra-se hoje nos artigos 351.º a 359.º do Código do Processo Civil.

[1832] Se invoca também a titularidade de um direito real, a acção não será possessória, mas de reivindicação, ou mista, em caso de pedidos subsidiários. Na verdade, se o autor pede o reconhecimento do seu direito real para obter a condenação do réu na entrega da coisa a qualificação correcta da acção em causa, segundo o disposto no art. 1311.º, n.º 1, é a correspondente à acção de reivindicação.

[1833] A Posse, cit., pág. 147 e seg.

Os embargos de terceiro caracterizam-se, segundo o art. 1285.º, por ser um meio de defesa da posse contra uma diligência ordenada judicialmente; por exemplo, uma penhora, um arresto ou um arrolamento.

Assim, um possuidor que veja a coisa por si possuída ser objecto de uma penhora no âmbito de uma execução em que não é o executado, pode defender-se deduzindo embargos.

252. A posse singular

A posse diz-se singular[1834] quando é exercida por uma única pessoa nos termos de um direito real de gozo.

Não deixa de haver posse singular na hipótese de a coisa se encontrar com um detentor. Se, por exemplo, a coisa está com um mandatário, para este a vender, o mandante continua possuidor e é um possuidor singular, visto que o detentor não tem nenhuma posição possessória sobre a coisa.

À posse singular contrapõe-se a chamada composse, que analisamos no número seguinte.

253. A composse

I. A composse existe quando mais do que uma pessoa tem posse sobre a coisa nos termos de um direito da mesma natureza[1835]. A sua verificação liga-se evidentemente às situações de comunhão de direitos reais (art. 1404.º), nas quais vários direitos reais da mesma natureza incidem simultaneamente sobre a coisa.

Assim, havendo compropriedade, e caso os comproprietários tenham posse, cada um deles possui nos termos do direito de compropriedade juntamente com os outros. Como não há uma única propriedade singular, mas vários direitos de compropriedade, segundo o modelo explicativo que seguimos, cada um dos comproprietários possui a coisa em concorrência com os demais por referência ao mesmo direito real. O mesmo sucede em todas

[1834] Montel, Il Possesso, cit., pág. 90, fala de posse exclusiva, em vez de posse singular. E a lei portuguesa emprega a mesma expressão no art. 1406.º, n.º 2. A exclusividade dá, no entanto, a ideia de uma posse única, quando não é decerto isso que está em causa. Podem coexistir várias posses simultaneamente, tanto em regime de posse singular como em composse.

[1835] Na doutrina, cf. Pires de Lima/Antunes Varela, Código Civil Anotado, cit., pág. 62 e seg., Dias Marques, Prescrição Aquisitiva, cit., pág. 180 e segs., Montel, Il Possesso, cit., pág. 87 e segs., Alcaro, Il Possesso, cit., pág. 133 e segs., Sacco/Caterina, Il Possesso, cit., pág. 116 e segs.

as outras hipóteses de comunhão de direitos reais, co-usufruto, co-superfície, etc.

> A e B compraram o imóvel X a C, tendo este entregue a coisa aos dois compradores. Com a tradição da coisa aos compradores, estes tornaram-se ambos compossuidores nos termos da compropriedade. A é (com)possuidor relativamente ao seu direito de compropriedade e B (com)possuidor no tocante ao seu.

Havendo composse, cada um dos compossuidores possui a coisa em nome próprio nos termos do seu direito (de compropriedade, de co-usufruto, etc.), sendo detentor relativamente aos direitos dos outros comunheiros. Por conseguinte, cada compossuidor é simultaneamente possuidor e detentor. Possuidor relativamente ao direito (compropriedade, co-usufruto, etc.) que exterioriza sobre a coisa, detentor no tocante à posição dos outros compossuidores.

O art. 1406.º, n.º 2 apoia esta interpretação, dispondo que "o uso da coisa comum por um dos comproprietários não constitui posse exclusiva ou posse de quota superior à dele, salvo se tiver havido inversão do título". Ora, como se sabe, somente o detentor pode inverter o título da posse (art. 1265.º). O comproprietário que inverte o título da posse contra o outro ou outros comproprietários tem a posição de detentor no que concerne à posse destes últimos e, por isso, pode inverter o título da sua posse.

Em conclusão, a composse designa uma situação de existência de pluralidade de posses nos termos de um direito da mesma natureza. Duas ou mais pessoas são simultaneamente possuidores – e reciprocamente detentoras – nos termos do mesmo direito.

II. Os elementos constitutivos da posse não mudam na composse. Também nesta os compossuidores têm de ter o controlo material da coisa ou *corpus* possessório. Simplesmente, esse controlo material ou *corpus* surge repartido pelos vários compossuidores, de modo que cada um deles, sozinho, não tem o controlo material da coisa, surgindo este da acção conjunta de todos.

O *corpus* possessório pode ser exteriorizado através de um intermediário ou representante, que actue sobre a coisa em nome do compossuidor e não em seu nome. Não se regista neste ponto nenhuma diferença entre a posse singular e a composse. Dito por outras palavras, a posse pode ser exercida pelo compossuidor através de um detentor. No limite, todos os compossuidores podem actuar o seu controlo material da coisa através de um detentor (ou vários).

Porquanto a posse supõe, para além do *corpus* possessório, a ausência de uma norma legal que descaracterize a situação para mera detenção, a composse só existe fora dos casos elencados no art. 1253.º ou noutro preceito normativo com a mesma função.

III. Questão discutida consiste em saber se a composse se exerce nos termos de direito da mesma natureza ("direitos homogéneos") ou se pode haver composse relativa a diferentes direitos ("direitos heterogéneos")[1836].

Em Itália, MESSINEO e FAVARA[1837] defendem que a composse pode existir com direitos heterogéneos e apontam o exemplo da – segundo os autores – composse entre o credor pignoratício e aquele que constitui o penhor.

Em Portugal, o art. 669.º, n.º 2, seguindo os antecedentes do § 1206 do BGB e do art. 2786 do Codice Civile, dispõe: "A entrega da coisa pode consistir na simples atribuição da composse ao credor, se essa atribuição privar o autor do penhor da possibilidade de dispor materialmente dea coisa". Significa isto que há composse entre o autor do penhor e o credor pignoratício?

A resposta é negativa. O que o preceito estabelece é a necessidade de constituição de uma posse a favor do credor pignoratício. Essa posse não tem de ser a mesma posse do autor do penhor, nem pode ser. Se este possui nos termos da propriedade, a constituição da posse a favor do credor pignoratício, através da entrega da coisa, não faz deste evidentemente um possuidor no que toca à propriedade, mas somente quanto ao direito de penhor, que é o direito exteriorizado pelo credor pignoratício[1838].

A menção a uma composse no art. 669.º, n.º 2 explica-se apenas pelos antecedentes do direito comparado, sobretudo, do art. 2786 do Codice Civile. A infelicidade da redacção do preceito está na utilização do termo composse, quando tudo o que está em causa é a constituição de uma nova posse a favor do credor pignoratício. Esta posse acresce à do autor do penhor, numa situação que a seguir descrevemos como de sobreposição de posses, não se cumula com a dele em composse.

[1836] MONTEL, Il Possesso, cit., pág. 89 e segs.

[1837] Citados por MONTEL, Il Possesso, cit., pág. 89.

[1838] Quanto à propriedade, o credor pignoratício é um mero detentor; ou seja, ele é possuidor nos termos do direito de penhor e detentor relativamente ao direito de propriedade (art. 1253.º, alínea c)).

Portanto, a composse existe unicamente quando a posse é exercida simultaneamente por vários possuidores nos termos de direitos da mesma natureza[1839].

IV. O Código Civil consagrou um preceito à composse, o art. 1286.º. A regra de maior alcance consta do n.º 3: "são aplicáveis à composse as disposições do presente capítulo". A composse traduz uma pluralidade de posses; cada uma dessas posses está sujeita ao regime geral constante dos artigos 1251.º e seguintes. O compossuidor, por exemplo, pode adquirir por usucapião o direito a que se refere a sua (com)posse[1840] como pode o possuidor singular.

Os números 1 e 2 contêm duas regras específicas. A primeira regra específica da composse constante do n.º 1 do art. 1286.º representa um mero afloramento da regra geral existente em matéria de defesa de direitos em comunhão que surge no art. 1405.º, n.º 2 (aplicável a todas as situações de comunhão *ex vi* pelo art. 1404.º). Cada compossuidor pode defender a sua (com)posse, assim como a posse integral da coisa (para o direito exteriorizado), sem que o terceiro possa objectar que a posse não lhe pertence por inteiro.

A segunda regra, essa excepcional, afasta a acção de manutenção do âmbito da tutela possessória entre os compossuidores[1841]. Em caso de turbação, o compossuidor perturbado não pode lançar mão da acção de manutenção, cabendo-lhe apenas a acção directa, de acordo com o disposto no art. 336.º (art. 1277.º).

254. Sobreposição de posses

Diferente da situação de composse é a sobreposição de posses. É verdade que se pode dizer que há igualmente uma sobreposição de posses nas situações de composse, pois que os compossuidores são igualmente possuidores nos termos do direito que exteriorizam sobre a coisa e, nesse sentido, existem várias posses. Todavia, a figura da sobreposição de posses tem uma maior amplitude.

[1839] No mesmo sentido, embora com fundamentação diversa, MONTEL, Il Possesso, cit., pág. 90.

[1840] Neste sentido, DIAS MARQUES, Prescrição Aquisitiva, cit., pág. 181 e segs.

[1841] Para a defesa desta solução, cf. PIRES DE LIMA/ANTUNES VARELA, Código Civil Anotado, cit., pág. 63.

Existe sobreposição de posses sempre que haja mais do que uma posse em simultâneo sobre a coisa[1842], nos termos do mesmo ou de diferente direito real de gozo[1843]. Se as várias posses são exercidas nos termos do mesmo direito, temos de distinguir consoante essas posses são compatíveis ou incompatíveis. Se são compatíveis, como sucede com a posse dos comproprietários ou outros comunheiros (co-usufrutuários, co-superficiários, etc.), há uma simples composse.

Se as posses actuadas por dois ou mais possuidores nos termos do mesmo direito são incompatíveis, há sobreposição de posses, e não composse[1844]. A situação pode ocorrer por força de um esbulho, em que o possuidor esbulhado mantém a sua posse pelo prazo de um ano (art. 1267.º, n.º alínea d)) e o esbulhador adquire uma nova posse pelo facto aquisitivo respectivo (apossamento ou inversão do título da posse). E se figurarmos um novo esbulho ao esbulhador, por parte de outro terceiro, prolongamos o cenário, que se pode estender sucessivamente.

A posse do possuidor esbulhado e do esbulhador (e do esbulhador do esbulhador) pode respeitar ao mesmo direito real de gozo (de propriedade, usufruto, etc.) ou a um diferente direito real, por exemplo, porque o esbulhado tinha uma posse como proprietário pleno e o esbulhador arroga-se o usufruto sobre a coisa. O que importa é que possuidor esbulhado, que mantém a posse segundo o disposto na alínea d) do art. 1267.º, e esbulhador exteriorizam sobre a coisa direitos incompatíveis.

Existe ainda sobreposição de posses quando estão constituídas em simultâneo várias posses nos termos de diferentes direitos reais de gozo. Estas posses são, em princípio, compatíveis e coexistem sobre a mesma coisa, da mesma forma que coexistem os direitos reais maiores e os direitos reais menores que os oneram.

1842 Cf. também Menezes Cordeiro, A Posse, cit., pág. 146.

1843 Sobre a figura, cf. também Oliveira Ascensão, Direito Civil – Reais, cit., pág. 125 e seg.

1844 E pode acontecer que haja sobreposição de posses e composse ao mesmo tempo. Se sobre a mesma coisa recaiem posses nos termos de vários direitos reais de gozo, por exemplo, propriedade, usufruto e servidão e há vários possuidores nos termos de cada um dos direitos, verifica-se sobreposição de posses (posses simultâneas nos termos de direitos reais distintos) e composse (posses simultâneas compatíveis nos termos de um mesmo direito). Sobre isto, cf. ainda Dias Marques, Prescrição Aquisitiva, cit., pág. 184.

255. A posse: situação de facto ou direito?

I. Trata-se de uma controvérsia clássica do tratamento doutrinário da posse, saber se esta representa um mero facto (uma situação de facto) ou um direito, e, neste último caso, de que direito se trata[1845]. Deixaremos este ponto para o número seguinte e vamos agora fazer um bosquejo atinente à polémica: posse, facto ou direito[1846]?

Não obstante algumas fórmulas controversas[1847], admite-se genericamente que no Direito romano se concebia a posse como mero estado facto (*res facti*). Isso era inequívoco para a *possessio naturalis,* a qual não tinha nenhuma tutela jurídica. Mas igualmente a *possessio* defendida pelos *interdicta* era entendida como um mero facto[1848].

Este entendimento herdado do Direito romano obteve desde sempre um largo acolhimento doutrinário[1849]. Algumas dificuldades subsistiam,

[1845] SAVIGNY, Das Recht Des Besitzes, cit., pág. 43 e segs., BÜCHEL, Ueber die Natur des Besitzes, Marburg, 1868, pág. 1 e segs.

[1846] Cf. igualmente o nosso trabalho, A Posse. Estudo Sobre O Seu Objecto E Extensão, cit., 80.

[1847] Papiano declara que *"plurimum facti habet"*, mas noutro local afirma que *"plurimum ex iure possessio mutuetur"*, o que parece contraditório.

[1848] Pode ver-se um tratamento desenvolvido deste tema em BONFANTE, Corso Di Diritto Romano, cit., pág. 223 e segs. Para além de BONFANTE, cf. KASER/KNÜTEL, Römisches Privatrecht, cit., pág. 99, BIONDO BIONDI, Instituzioni Di Diritto Romano, cit., pág. 326 e segs., SANFILIPPO, Instituzioni Di Diritto Romano, cit., pág. 221 e seg., BONFANTE, Instituzioni Di Diritto Romano, cit., pág. 288 e segs. CANNATA, "Possesso (Diritto romano)", cit., pág. 325 e segs., ARANGIO--RUIZ, Instituzioni Di Diritto Romano, cit., pág. 269 e segs.

[1849] Entre outros, cf. ORLANDO DE CARVALHO, "Introdução à Posse", cit., pág. 105 e seg., COELHO DA ROCHA, Instituições De Direito Civil Portuguez, tomo II, cit., pág. 343, BUND, Staudinger Kommentar zum BGB, § 854, IV, 14, ECKERT, Sachenrecht, cit., pág. 39, WIELING, Sachenrecht, cit., pág. 43 e seg., SCHAPP/SCHUR, Sachenrecht, cit., pág. 26, SCHREIBER, Sachenrecht, cit., pág. 30, MÜLLER, Sachenrecht, cit., pág. 25, STOLL, Grundriss des Sachenrechts, cit., pág. 57, EICHLER, Institutionem des Sachenrechts, cit., pág. 56, BRODMANN, Planck's Kommentar zum Bürgerlichen Gesetzbuch, pág. 29 e seg., LEONHARD, Bürgerliches Recht, 2. neubearb. Aufl., Berlin, 1926, pág. 115, DERNBURG, Pandekten, Band 1, 2, cit., pág. 1 e seg., COSACK, Lehrbuch des bürgerlichen Rechts auf der Grundlage des Bürgerlichen Gesetzbuchs, 4. Aufl., Band 2, Das Sachenrecht. Das Recht der Wertpapiere. Das Gemeinschaftsrecht. Das Familienrecht. Das Erbrecht, Jena, 1904, pág. 59 e segs., WINDSCHEID, Lehrbuch des Pandektenrechts, cit. pág. 477 e segs., BÜCHEL, Ueber die Natur des Besitzes, cit., pág. 8 e segs., WÄCHTER, Pandekten, Band 2, cit., pág. 30 e segs., LESKE, Allgemeiner Teil, Recht der Schuldverhältnisse, Sachenrecht, Vergleichende Darstellung des Bürgerlichen Gesetzbuches für das Deutsche Reich und des Preußischen Allgemeinen Landrechts, 1. u. 2. Aufl., Band 1, Berlin 1900, pág. 355, RANDA, Der Besitz nach österreichischem Rechte, 4. Aufl., Leipzig, 1895, pág. 96 e segs., BARBERO, Sistema Del Diritto Privato Italiano, cit., pág. 288 e segs., BIANCA, La Proprietà, cit., pág. 715 e segs., SILLANI, "Possesso E Detenzione", cit., pág. 9, SACCO,

porém. A posse é defendida por meios possessórios e há consequências jurídicas que lhe estão associadas. Segundo os defensores desta teoria, trata-se de efeitos jurídicos produzidos pela situação de facto posse. WINDSCHEID dizia: "certo, a este facto estão ligadas consequências jurídicas; mas não é por isso que – a posse – se torna um direito. De outro modo, também o contrato e o testamento se poderiam denominar direitos".

Uma linha diversa pode ancorar-se em SAVIGNY[1850]. Este autor explica que a posse em si constitui um mero facto, mas que a ela se ligam certas consequências jurídicas, e que isso faz dela simultaneamente um facto e um direito, uma teoria híbrida que lhe valeu algumas críticas[1851]. Não obstante, a sua posição teve, e ainda tem, defensores prestigiados[1852].

Uma doutrina crescente, que remonta ao próprio SAVIGNY, concebe a posse como uma posição jurídica, um direito[1853], embora se discuta depois se esse direito é um direito real ou tem outra qualquer natureza.

"Possesso (Diritto civile)", cit., pág. 401 e segs., SACCO/CATERINA, Il Possesso, cit., pág. 521 e segs., BRANCA, Istituzioni Di Diritto Privato, Bologna, 1978, pág. 281, TRABUCCHI, Istituzioni Di Diritto Civile, cit., pág. 408 e segs., TRIMARCHI, Istituzioni Di Diritto Privato, Milano, 1989, pág. 581, GAZZONI, Manuale di Diritto Privato, Napoli, Roma, 1990, pág. 211, GALGANO, Diritto privatto, Sesta Edizione, Padova, 1990, pág. 129, CIAN/TRABUCCHI, Commentario Breve al Codice Civile, 5.ª edizione, Milano, 1997, pág. 983, STEINAUER, Les droits réels, cit., pág. 46.

1850 Das Recht Des Besitzes, cit., pág. 43 e segs.

1851 Cf. BONFANTE, Corso Di Diritto Romano, cit., pág. 224.

1852 MENEZES CORDEIRO, A Posse, cit., pág. 163 e segs., DIAS MARQUES, Prescrição Aquisitiva, cit., pág. 3, nota 1, PINTO DUARTE, Direitos Reais, cit., pág. 297, WOLFF/RAISER, Sachenrecht, cit., pág. 19, MÜHL, no SOERGEL Kommentar, 1978, pág. 26, WILHELM, Sachenrecht, cit., pág. 185, KRESS, Besitz und Recht, cit., pág. 9, MÜHLENBRUCH, Lehrbuch des Pandekten-Rechts Band 2, Halle, 1836, pág. 293.

1853 Em Portugal, essa era já a posição defendida por MANUEL RODRIGUES, A Posse, cit., pág. 37 e depois continuada na Faculdade de Direito de Coimbra por HENRIQUE MESQUITA, Direitos Reais, cit., pág. 84 e segs. e MOTA PINTO, Direitos Reais, cit., pág. 214 e seg. Em Lisboa, cf. OLIVEIRA ASCENSÃO, Direito Civil – Reais, cit., pág. 128 e segs., MENEZES CORDEIRO, Direitos Reais, cit., pág. 614 e segs., CARVALHO FERNANDES, Lições De Direitos Reais, cit., pág. 281 e segs. Na doutrina estrangeira, e a título meramente exemplificativo, cf. LENT/SCHWAB, Sachenrecht, na 13. Auflage, cit., pág. 12, SCHWAB/PRÜTTING, Sachenrecht, cit., pág. 30, BREHM/ /BERGER, Sachenrecht, pág. 34 e seg., ERNST WOLF, Lehrbuch des Sachenrechts, cit., pág. 34 e seg., BASSENGE, no PALANDT, cit., pág. 1338, JULIUS V. GIERKE, Sachenrecht, cit., pág. 7, OTTO VON GIERKE, Deutsches Privatrecht Band 2, Sachenrecht, Leipzig, 1905, pág. 213 e seg., ENDEMANN, Sachenrecht, cit., pág. 127, LANDSBERG, Das Recht des Bürgerlichen Gesetzbuches vom 18. August 1896, Band 2, Berlin, 1904, pág. 621 e segs., PUCHTA, "Zu welcher Klasse von Rechten gehört der Besitz?", Rheinisches Museum für Jurisprudenz , Jg. 3, 1829, pág. 289 e segs., WENDT, Lehrbuch der Pandekten, cit., pág. 296, STROHAL, Der Sachbesitz nach dem Bürgerlichen Gesetzbuche für das Deutsche Reich, Jena, 1897, pág. 41e segs., MESSINEO,

A discussão permanece aberta. Em todo o caso, e diferentemente dos romanistas, que se pronunciaram sobre os textos do Direito romano, a doutrina actual pondera os dados do Direito positivo. E se é certo que há uma linha comum que o instituto da posse mantém nas diversas ordens jurídicas, há, por outro lado, dados normativos que são específicos a cada uma delas e que podem mudar o sentido da resposta a dar à questão de saber se a posse é um facto (*res facti*, como os romanos a denominavam) ou um direito.

II. Na posse assenta uma situação de facto, num controlo material da coisa ou *corpus* possessório, mas não se deve confundir com este; são aspectos distintos[1854]. O *corpus* não é ainda a posse, revestindo a natureza de um mero facto: o controlo material de uma coisa corpórea por uma pessoa. Contrariamente ao uso linguístico, que tende a denominá-lo posse, este controlo material ou *corpus* não equivale a ela, como resulta com clareza dos casos de detenção, em que aquele que tem fisicamente a coisa consigo não é considerado possuidor.

A posse, enquanto tal, é o produto de uma interpretação/aplicação de regras jurídicas, aquelas justamente que conferem a qualidade de possuidor[1855] à pessoa que tem o controlo material da coisa ou *corpus*. Este é, por assim dizer, o pressuposto fáctico da atribuição do direito posse, mas este direito, ou a posse para falarmos com mais clareza, advém unicamente de uma valoração jurídica da situação de facto. Antes dela, não há ainda posse.

Debruçando-nos sobre o regime jurídico português, concluímos que a posse é um direito. Vejamos as razões que fundamentam esta asserção[1856].

Começamos pela detenção. Ela evidencia que o controlo material da coisa pelo sujeito não outorga posse automaticamente. Se alguém se apossa de uma coisa por intermédio de outra pessoa, quem tem a coisa consigo não é possuidor; é o que dispõe a alínea c) do art. 1253.º. Seria, no entanto, de esperar que se a posse fosse um facto aquele que tem o poder sobre a

Manuale Di Diritto Civile E Commerciale, cit., pág. 252 e seg., MONTEL, Il Possesso, cit., pág. 259 (que defende tratar-se de um direito enfraquecido, na linha de BRANCA) e "Possesso (Diritto civile)", cit., pág. 360

[1854] MANUEL RODRIGUES, A Posse, cit., pág. 36 acentua esta autonomia entre a situação de facto e a posse, afirmando: "o que é certo é que o estado de facto formado pelo exercício de poderes materiais sobre as coisas, tem sob o ponto de vista jurídico autonomia".

[1855] Que atribuem o direito posse, para sermos mais exactos.

[1856] Cf. também MESSINEO, Manuale Di Diritto Civile E Commerciale, cit., pág. 252.

coisa coincidisse com o possuidor. Porém, isso não sucede. O representado é quem adquire a posse, não o representante, apesar de ter, ao menos no momento inicial, o poder físico sobre a coisa.

Também se alguém tem a coisa consigo e declara renunciar ao seu direito real, passa a detentor (alínea a) do art. 1253.º), não obstante ter o controlo material da coisa.

Estes dois argumentos mostram que a detenção só existe como resultado da aplicação das regras jurídicas que afastam a posse[1857]. Se a posse fosse um mero facto, não haveria espaço para uma distinção entre posse e detenção, pois o que as torna diferentes é a valoração que o Direito faz de cada uma delas, a detenção como facto, a que não corresponde qualquer efeito jurídico, a posse como direito, com um conteúdo próprio.

O segundo ponto de análise advém da existência de tutela possessória. A tutela da posse pressupõe um direito (ou uma situação jurídica activa) que se faz valer processualmente. Aqueles que atribuem à posse a natureza de um facto discordam disto, afirmando que os factos jurídicos produzem efeitos e a tutela possessória seria um dos efeitos jurídicos que a posse suscitaria.

Que um facto jurídico produza efeitos jurídicos é uma evidência que carece de ulteriores explicitações. É um dado adquirido da Teoria Geral do Direito. Mas que um facto jurídico seja tutelado por via de uma ou várias acções ultrapassa esta Teoria Geral. Nas acções fazem-se valer direitos (ou outras situações jurídicas activas) e não factos. O facto jurídico será, quanto muito, a causa de pedir de uma acção judicial, mas não o próprio objecto da tutela.

A atribuição de tutela possessória ao possuidor, contrariamente ao detentor, evidencia justamente a natureza da posse como um direito[1858], o direito posse, que surge defendido através dos meios possessórios consagrados. A ordem jurídica tutela a posse porque o possuidor tem um direito a defender.

Um terceiro argumento favorável à tese da posse como um direito encontra-se na violação da posse. Para além da tutela possessória, o possuidor tem direito a ser indemnizado pelo prejuízo sofrido com a turbação ou o esbulho (art. 1284.º, n.º 1). Não se vê que o fundamento da pretensão indemnizatória possa ser outro que não a violação da posse. A responsabili-

[1857] Concretamente, do art. 1253.º.

[1858] Neste sentido, Oliveira Ascensão, Direito Civil –Reais, cit., pág. 65 e segs.

dade em causa, que é extracontratual, funda-se, segundo o disposto no art. 483.º, n.º 1, na violação de uma situação jurídica. Uma situação de facto não pode ser violada e não gera, por conseguinte, responsabilidade civil.

Em quarto lugar, deparamos com o fenómeno da transmissão da posse. Como vimos a propósito do regime da transmissão da posse, foram-se encontrando, desde o Direito romano, formas de tradição que, em alguns casos, prescindem da entrega física ou material da coisa (imaterialização da posse). A imaterialização evoluiu até que a posse se considera transmitida como um efeito jurídico negocial, sem a tradição da coisa, como sucede no constituto possessório. Uma transmissão jurídica da posse só se explica se a natureza jurídica desta for a de uma situação jurídica. Só as situações jurídicas se transmitem, não os factos.

Ainda no contexto da transmissão, mas agora *mortis causa*, a posse é hereditável. No Direito português, por morte do possuidor, "a posse continua nos seus sucessores" (art. 1255.º). Isto não acontecia assim no Direito romano, em que a posse não era considerada susceptível de sucessão. A sucessão na posse ocorre porquanto a lei a concebe como uma situação jurídica. Não há sucessão de situações de facto. Este apresenta-se, assim, como um dos mais decisivos argumentos no sentido favorável à tese da posse como um direito.

A possibilidade de a posse subsistir sem o *corpus* dá um outro argumento. Segundo o art. 1267.º, n.º 1 alínea d), o esbulho da coisa não conduz imediatamente à perda da posse. Pelo contrário, a posse permanece durante o ano posterior ao esbulho, e até mais de um ano se a posse do esbulhado for oculta ou houver sido adquirida com violência, enquanto não se tornar conhecida do esbulhado ou a violência cessar. Este é igualmente outro dos pontos em que mais nitidamente se percebe o afastamento entre a situação de facto (o *corpus*) e a posse. O Direito português mantém a posse naquele que foi esbulhado, ainda que o controlo material sobre a coisa haja sido perdido a favor de um terceiro. Se a posse fosse uma mera situação de facto não se conseguiria justificar como ela subsistira perdido o *corpus*. A razão para isto acontecer está na natureza de situação jurídica da posse. A posse requer o controlo material da coisa para ser atribuída, podendo, contudo, subsistir sem ela. Este regime não é explicável sendo a posse uma mera situação de facto.

Um ulterior argumento reside naquilo que no Direito romano se designava pelos *commoda possessionis* e que a doutrina defensora da tese da posse como situação de facto aponta como os efeitos da posse. Conforme ilustrámos anteriormente, a posse outorga ao possuidor o aproveitamento da coisa. Esse aproveitamento vai do uso, que o controlo material propicia, à fruição, no caso do possuidor de boa fé, e à disposição, material (benfeitorias) e jurídica (transmissão da posse). O uso, a fruição e a disposição apresentam a configuração típica do gozo, comum aos direitos reais desta categoria. Trata-se de verdadeiros poderes jurídicos, que integram o conteúdo da protecção possessória. A posse estrutura-se juridicamente como qualquer outro direito real de gozo, com um conteúdo próprio de aproveitamento facultado ao possuidor.

Resta, por último, a presunção de titularidade do direito consagrada no art. 1268.º, n.º 1. Esta seria explicável em virtude da situação de facto posse. Um direito não faz presumir outro direito, dir-se-á. Simplesmente, esta presunção só funciona a favor de quem tem posse. Ora, só depois de se saber se o Direito não descaracteriza o *corpus* para mera detenção é que o art. 1268.º, n.º 1 é aplicável – porque então há posse. A presunção constante do art. 1268.º, n.º 1 só actua após a valoração jurídica da situação como posse e não defronte da mera situação de facto. O detentor não goza desta presunção.

Como se vê, não precisámos de invocar o argumento sistemático. A posse vem regulada como um direito real de gozo, a par dos restantes, no Livro III do Código Civil. Esta colocação da posse no sistema interno supõe implícita uma qualificação legal da posse como direito real. Só por si, todavia, este posicionamento sistemático seria insuficiente para apoiar a doutrina da natureza jurídica da posse, sabendo nós que essa natureza só pode advir do regime jurídico instituído e não da arrumação sistemática da matéria. Mas, como afirma Oliveira Ascensão[1859], a qualificação legal só deve ser afastada quando houver razões para isso e, conforme expusemos abundantemente, o regime jurídico reforça a colocação sistemática, não a afasta.

Todos estes argumentos abonam a teoria da posse como um direito e põem em crise a aferição tradicional, ainda dominante no espectro doutrinal, da posse como mera situação de facto. A posse é uma situação jurídica que se constitui sobre uma situação de facto, o *corpus*, mas que se diferencia dela por ser um direito.

A origem da posse leva a considerá-la uma pura situação de facto. A dinâmica evolutiva do sistema jurídico foi introduzindo ao longo da história

[1859] Direito Civil – Reais, cit., pág. 130.

elementos próprios das situações jurídicas, a ponto de torná-la num direito subjectivo.

256. A posse como direito real de gozo

I. Definida a natureza da posse como uma situação jurídica, importa analisar a que modalidade de situação jurídica corresponde[1860]. Já muitas vezes aludimos a ela como um direito; no entanto, no tratamento doutrinário desta questão, nem todos os autores concordam em qualificar a posse da mesma maneira[1861]. GENTILE[1862] assaca-lhe a natureza de um interesse legítimo, uma situação jurídica que justificaria a tutela possessória, sem ter, no entanto, a dignidade de um direito subjectivo. NATOLI[1863], diferentemente, fala na posse como expectativa jurídica.

Mesmo no campo daqueles que afirmam tratar-se a posse de um direito subjectivo se discute de qual direito se trata. É conhecida a tese de SAVIGNY[1864] de que a posse pertence ao Direito das Obrigações. Outros, não deixando de reconhecer ser a posse um direito subjectivo, recusam também a natureza de direito real, deixando-o, porém, num limbo assistemático. Na doutrina italiana, surgiu a tese da posse como um "diritto affievolito", propugnada inicialmente por BRANCA[1865] e seguida depois por MONTEL[1866], a que não será estranha a influência alemã, particularmente de LANDSBERG[1867], STAMMLER, V. THUR e de WOLFF/RAISER[1868], que acentuam a natureza provisória da posse. Em Portugal, OLIVEIRA ASCENSÃO[1869], afirmando ser a posse um direito não absoluto, afasta a

[1860] Para um maior aprofundamento e com dados bibliográficos adicionais, cf. JOSÉ ALBERTO VIEIRA, A Posse. Estudo Do Seu Objecto E Extensão, cit., 83.

[1861] Deixamos de fora as teses que indicam que a posse é uma acção, uma relação de facto, uma relação jurídica ou um facto jurídico porquanto, independentemente da sua pertinência, e discordamos de todas elas, assentam no pressuposto da posse como situação de facto, teoria que rejeitámos.

[1862] Il Possesso, cit., pág. 38 e segs.

[1863] Il possesso, cit., pág. 154 e segs.

[1864] Das Recht Des Besitzes, cit., pág. 48 e segs.

[1865] "Il Possesso como diritto affievolito", em Scriti in onore di Francesco Carnelutti, Vol. III, pág. 387 e segs.

[1866] "Possesso (Diritto Civile", cit., pág. 377 e seg.

[1867] Das Recht des Bürgerlichen Gesetzbuches vom 18. August 1896, Band 2, cit., pág. 579.

[1868] Sachenrecht, cit., pág. 19.

[1869] Direito Civil – Reais, cit., pág. 130 e segs.

natureza real. E também MENEZES CORDEIRO[1870] se filia agora nessa orientação.

II. A tese da posse como um interesse legítimo só é viável se detectarmos a admissão de uma forma de tutela que é concedida, não para assegurar a atribuição de um bem a alguém, mas para, por essa via, se obter a satisfação de um ou mais interesses determinados. Com a posse, o Estado garantiria a defesa da paz social ou a prevenção da violência entre as pessoas pela disputa das coisas.

Não é isso que se passa, porém. Na posse, a coisa é envolvida como objecto da situação jurídica; o conteúdo desta situação reserva ao possuidor um espaço de liberdade, que lhe vem reconhecido para ele realizar o aproveitamento da coisa enquanto a posse durar. A posse não confere apenas uma tutela da posição possessória ao possuidor; ela atribui-lhe poderes de aproveitamento que têm a coisa por objecto. Na posse, não existem meros interesses tutelados; há uma verdadeira atribuição – ainda que provisória – de uma coisa a um sujeito, ou seja, um direito subjectivo.

Pensamos que o que dissemos é igualmente suficiente para afastar a tese da posse como expectativa jurídica. Esta tese sublinha excessivamente a importância da usucapião no contexto da posse, como se esta fosse unicamente um meio de permitir ao possuidor a aquisição definitiva do direito real. Todavia, a usucapião representa apenas um dos poderes do conteúdo jurídico da posse ao lado de outros. Torná-lo o foco central da figura, descentra a análise. A usucapião surge como um poder jurídico do possuidor, mas um poder que tem por fonte um direito, sem se confundir com este.

III. A discussão sobre a natureza jurídica da posse teve o seu início durante o século XIX. A diversidade das posições expressadas durante esse período permite identificar várias teorias, algumas das quais vieram depois a fazer escola.

O ponto de partida encontra-se em SAVIGNY[1871]. Para este autor, a posse pertence ao Direito das Obrigações, o que faz dela um direito de crédito. Esta qualificação não motivou, no entanto, o entusiasmo de outros autores e permanece atida ao nome de SAVIGNY. Não parece difícil perceber porquê. Não há na posse uma relação jurídica que o possuidor seja parte, nem

[1870] A Posse, cit., pág. 164.

[1871] Das Recht Des Besitzes, cit., pág. 48 e segs.

se vislumbra qual o crédito e qual a prestação que integram a relação obrigacional. O possuidor faz um aproveitamento directo da coisa, sem a imediação de ninguém.

De qualquer forma, ao admitir que a posse pode ser um direito e ao discutir a classe de direitos a que a posse pertence, SAVIGNY lançou as bases da discussão ulterior. E nisso reside decerto um dos seus méritos.

Num campo diametralmente oposto, PUCHTA[1872] identifica cinco categorias de direitos subjectivos e defende que a posse consiste num direito de personalidade, num direito à própria pessoa, um reflexo do entendimento, segundo o qual, a posse tutela a vontade do possuidor.

Também esta doutrina não teve mais defensores. A posse tem natureza patrimonial e não pessoal; por outro lado, o seu objecto é uma coisa corpórea e não um bem da personalidade.

Em forte polémica com SAVIGNY, GANS[1873] avançou a tese de que a posse seria o princípio ou começo da propriedade ("anfangendes Eigentum"), uma ideia que também não sufragaria o aplauso da doutrina subsequente. A posse pode respeitar a outros direitos que não a propriedade, não tem uma relação exclusiva com este direito.

Uma outra teoria defende a natureza plural da posse, apurada em função do direito que ela exterioriza. Se a posse se manifesta num direito real, num direito de crédito, num direito sucessório ou num direito familiar, a sua natureza corresponde a esse direito. Nesta teoria, a posse não se reconduz a um direito real, mas também não tem a natureza de um crédito, como defendia SAVIGNY, assumindo a natureza dos direitos a que se pode referir.

Esta teoria foi apresentada por STROHAL[1874] na Alemanha e encontraria eco em Portugal. LUÍS PINTO COELHO[1875], PAULO CUNHA[1876] e DIAS MARQUES[1877], todos eles admitiram que a posse possa ter mais do que uma natureza em função do direito que exterioriza.

Ao lado destas teorias, têm surgido outras que negam à posse a natureza de direito real, sem contudo apontarem uma natureza alternativa[1878].

[1872] "Zu welcher Klasse von Rechten gehört der Besitz?", Rheinisches Museum für Jurisprudenz, Jg. 3, cit., pág. 305 e segs.

[1873] System des römischen Civilrechts im Grundrisse, cit., págs. 202 a 215.

[1874] Der Sachbesitz nach dem Bürgerlichen Gesetzbuche für das Deutsche Reich, cit., pág. 41.

[1875] Lições De Direitos Reais, cit., pág. 117 e segs.

[1876] Direitos Reais, cit., pág. 106 e segs.

[1877] Direitos Reais, cit., pág. 183 e segs.

[1878] Na doutrina estrangeira, vide WOLFF/RAISER, Sachenrecht, cit., pág. 19.

Oliveira Ascensão[1879], impressionado com a limitação de oponibilidade da posse resultante do art. 1281.º, n.º 2, nega à posse carácter real, aproximando-a dos direitos relativos, ressalvando embora que ela "não é um puro direito relativo"[1880].

Menezes Cordeiro[1881] invoca um argumento histórico – a posse não era defendida por *actiones in rem* no Direito romano – para rejeitar a natureza real da posse, fazendo, em todo o caso, uma precisão importante: a posse é um instituto de Direitos Reais. Admite, em todo o caso, que possa ser "um direito de gozo diferenciado"[1882]. Menezes Leitão[1883] aderiu recentemente a esta doutrina.

Por último, deparamos com a teoria da posse direito real, a qual defende que, qualquer que seja o direito exteriorizado através da posse, esta é sempre um direito real. Na doutrina portuguesa, a esta teoria ficaria ligado o nome de Manuel Rodrigues[1884], a que se seguiram Menezes Cordeiro[1885], que entretanto reviu a sua posição, Carvalho Fernandes[1886] e agora também Bonifácio Ramos[1887].

O que pensar?

Efectivamente, a posse não era defendida no Direito romano por uma *actio in rem*, como os demais direitos reais, mas sim pelos *interdicta*. Julgamos, porém, que dar a este argumento valor definitivo equivale a a afirmar que a realidade se cristalizou na história e que os sistemas jurídicos de base romanística têm de manter o pensamento jurídico dos romanos. E já aludimos anteriormente à circunstância de a ligação do direito real à *actio in rem* haver desaparecido a partir do séc. XIX[1888].

A contraposição entre posse facto e posse direito mostra que uma evolução actuou no sentido de romper a caracterização romana da posse como pura situação de facto. Nada impede que o passo seguinte da evolução seja a inclusão da posse no *numerus clausus* das figuras com natureza real.

1879 Direito Civil – Reais, cit., pág. 130 e segs.
1880 Direito Civil – Reais, cit., pág. 131.
1881 A Posse, cit., pág. 163 e seg.
1882 A Posse, cit., pág. 164.
1883 Direitos Reais, cit., pág. 153.
1884 A Posse, cit., pág. 38 e segs.
1885 Direitos Reais, cit., pág. 614 e segs.
1886 Lições De Direitos Reais, cit., pág. 281 e segs.
1887 Manual De Direitos Reais, cit., pág. 203.
1888 Veja-se o que dissemos a propósito do conceito de direito real.

A posse apresenta realmente peculiaridades no seu regime jurídico que não se encontram no regime dos restantes direitos reais de gozo. Para começar, a aquisição da posse pode dar-se sem título algum e mesmo através da prática de um facto ilícito, civil e penal (furto e roubo), podendo existir, por isso, em violação de outros direitos reais atribuídos pela ordem jurídica – nomeadamente, e desde logo, a propriedade – e constituir o possuidor em responsabilidade civil a favor do titular do direito real[1889].

Quando se constitui, a posse não onera direito real algum[1890], sequer a propriedade, ainda que ela se processe nos termos de um direito real menor. Também o proprietário que perdeu a posse da coisa para um terceiro não fica com o seu direito onerado. Coexistindo embora potencialmente com qualquer direito real de gozo, e sendo mesmo exercida em contradição com ele, a posse não constitui um ónus que limita o direito real[1891].

Ao contrário dos demais direitos reais de gozo sobre prédios, cujos factos aquisitivos, modificativos, translativos e extintivos estão sujeitos a registo, a fim de garantir a publicidade, a posse não está sujeita a ele[1892] e quando vem a ser registada, uma possibilidade que o Direito português abre aos interessados (art. 2.º, n.º 1 alínea e) do CRP), o efeito do registo é meramente enunciativo e não consolidativo, como em regra sucede com o registo dos factos relativos aos demais direitos reais de gozo.

O possuidor nem sempre pode opor a posse em caso de esbulho, o que acontece quando a coisa vai parar a um terceiro de boa fé. A posse é inoponível a este (art. 1282.º, n.º 2 no fim), o que faz dela um direito com uma oponibilidade limitada[1893] quando confrontada com os demais direitos reais.

1889 Wolff/Raiser, Sachenrecht, cit., pág. 51.

1890 Wolff/Raiser, Sachenrecht, cit., pág. 19.

1891 Wolff/Raiser, Sachenrecht, cit., pág. 19.

1892 Wolff/Raiser, Sachenrecht, cit., pág. 19.

1893 Na doutrina portuguesa, vide Oliveira Ascensão, Direito Civil – Reais, cit., pág. 131, que afirma mesmo ser a posse um direito não absoluto. Não cremos que esta afirmação seja correcta. Para começar, o possuidor pode opor a sua posse contra qualquer esbulhador. Isto significa que o possuidor não se encontra limitado a fazer valer a posse contra alguém determinado como sucede com os direitos relativos ou, dito por outras palavras, que a posse constitui um direito absoluto. Na eventualidade da posse vir a ser transmitida pelo esbulhador (ou seus herdeiros) para um terceiro, ela continua a ser oponível a este, caso esteja de má fé (em sentido ético). Também aqui se mantém o carácter absoluto da posse. A oponibilidade – não o carácter absoluto – da posse apenas surge limitado quanto ao terceiro de boa fé (art. 1281.º, n.º 2 no fim). Ainda assim, se a posse é transferida novamente para outro terceiro de má fé ou retorna ao primitivo esbulhador, a oponibilidade da posse mantém-se, e o possuidor pode recuperar a coisa através da acção de

Por outro lado, a posse cede defronte dos demais direitos reais de gozo, não podendo ser feita valer contra estes, o que a torna uma forma de tutela mais fraca do que aqueles[1894] ou "enfraquecido", como dizem alguns autores italianos[1895]. Isso acontece em caso de reivindicação pelo titular do direito real contra o possuidor formal[1896] (art. 1311.º e art. 1315.º) e também na acção de restituição quando o réu invoca a *exceptio dominii* ou a excepção de titularidade de qualquer outro direito real de gozo (art. 1278.º, n.º 1).

A falta de oponibilidade da posse em algumas situações e, sobretudo, a susceptibilidade de cessar a todo o momento por meio da reivindicação do proprietário ou de outro titular de direito real conferem à posse uma feição de tutela provisória[1897] ou de um direito condicionado à vontade do titular do direito real, como outros preferem dizer[1898].

Por último, a posse constitui-se, transmite-se e extingue-se por via de factos diversos dos restantes direitos reais. O apossamento, a inversão do título da posse, o constituto possessório, o abandono respeitam somente à posse.

Tudo isto justifica a negação da natureza real à posse e a sua remissão para o campo obscuro e sistematicamente desalinhado das situações jurídicas *sui generis*?

A natureza provisória da posse não fundamenta a exclusão deste direito da categoria dos direitos reais de gozo. A propriedade pode ser temporária (art. 1307.º) e outros direitos reais de gozo têm o seu tipo conformado em função de uma duração limitada, como é o caso do usufruto. Há, por outro lado, direitos reais cuja subsistência está na vontade de outro titular de direito real. O penhor, a hipoteca e os demais direitos reais de garantia extinguem-se com o pagamento da dívida garantida. Têm, por essa razão, uma duração sujeita à vontade do proprietário, que como devedor ou terceiro garante pode pagar a dívida, na maioria dos casos, a qualquer momento, e com isso extinguir a garantia real.

restituição. A limitação da oponibilidade da posse ao terceiro de boa fé não confere à posse um carácter relativo. Ela continua a ser um direito absoluto.

[1894] Baur/Stürner, Sachenrecht, cit., pág. 93 e segs., Wolff/Raiser, Sachenrecht, cit., pág. 19 e 51, Landsberg, Das Recht des Bürgerlichen Gesetzbuches vom 18. August 1896, Band 2, cit., pág. 579.

[1895] Branca, "Il Possesso como diritto affievolito", cit., pág. 387 e segs., Montel, "Possesso (Diritto Civile"), cit., pág. 378.

[1896] Ou que não consegue provar o seu direito.

[1897] Wolff/Raiser, Sachenrecht, cit., pág. 19.

[1898] Montel, "Possesso (Diritto Civile"), cit., pág. 378

Ora, em nenhum dos casos apontados se nega a natureza real do direito em questão. Se a posse atribui uma tutela provisória no sentido de que pode acabar por cessar, isso também sucede com outros direitos reais sem comprometer a sua natureza.

A posse tem uma coisa corpórea por objecto[1899] e não se dissocia do seu objecto em caso nenhum. Quanto a este aspecto, não existe nenhuma diferença entre a posse e os outros direitos reais de gozo. Também a posse apresenta inerência a uma coisa corpórea.

A posse tem oponibilidade *erga omnes*, sendo, por isso, um direito absoluto. Oliveira Ascensão[1900] argumenta que falta à posse o carácter absoluto, mas não tem razão. A lei portuguesa dá ao possuidor o poder de reagir contra quem quer que seja o esbulhador da coisa (ou os seus herdeiros) através da acção de restituição. A posse pode ser oposta a qualquer pessoa, desde que haja esbulhado a coisa e nisto consiste o seu carácter absoluto.

Para além do esbulhador, a posse tem ainda oponibilidade contra o terceiro que não esbulhou, contando que esteja de má fé (art. 1281.º, n.º 1 no fim). Apenas o terceiro de boa fé a quem a posse da coisa haja sido transmitida após o esbulho não pode ser incomodado pelo possuidor esbulhado, uma solução estranhíssima e incompreensível do ordenamento português, que não contempla o princípio posse vale título.

Deste modo, a posse ostenta o mesmo carácter absoluto dos restantes direitos reais de gozo, sofrendo unicamente a limitação da oponibilidade nos casos em que o terceiro que adquiriu a posse após o esbulho – do esbulhador ou de outro terceiro – esteja de boa fé. Esta limitação de oponibilidade não chega, todavia, para afastar a posse do campo dos direitos absolutos.

Tendo uma coisa corpórea por objecto, não vemos como se possa recusar a natureza real da posse. A cedência desta defronte dos restantes direitos reais de gozo, havendo conflito entre a posse e um outro direito real, resulta da natureza provisória da atribuição jurídica realizada pelo Direito, sem comprometer a natureza real dessa atribuição.

A natureza real da posse não respeita unicamente à posse formal, mas simplesmente à posse, seja formal ou causal. A autonomia da posse relati-

[1899] Contra, Oliveira Ascensão, Direito Civil – Reais, cit., pág. 130 e seg., segundo percebemos, por causa do art. 1281.º, n.º 2. Parece-nos, contudo, que o preceito referido só permite fundar a falta de oponibilidade da posse contra terceiro de boa fé e não a sua falta de inerência. E esta constitui um aspecto diverso da oponibilidade.

[1900] Direito Civil – Reais, cit., pág. 130 e segs.

vamente ao direito nos termos do qual se exerce impõe uma consideração separada de ambos. Essa autonomia explica também por que razão a posse pode ser um direito real quando o direito exteriorizado por ela não tem essa natureza. E explica ainda que o direito posse acresça, no caso de posse causal, ao direito, real ou de outra natureza, na titularidade do possuidor.

Quanto a nós, a posse é, pois, um direito real. Será, no entanto, um direito real de gozo?

A posse exercida nos termos de um direito real de gozo confere ao possuidor um aproveitamento que integra os poderes típicos desta categoria de direitos, nomeadamente, o poder de usar a coisa, de a transformar (benfeitorias) e, em alguns casos[1901], quanto ao possuidor de boa fé, o poder de fruir.

Se o gozo integra o conteúdo do direito posse não vemos a que outra conclusão chegar que não seja a de que a posse constitui um dos tipos de direitos reais de gozo constantes do *numerus clausus* legal.

[1901] Quando o direito nos termos do qual a posse se exerce confere ao titular o poder de fruição.

Capítulo X
A Propriedade

Secção I
Noção e Conteúdo Típico da Propriedade

257. As várias acepções do termo propriedade

Para além da flutuação histórica dos regimes jurídicos, desde o Direito romano até ao presente, a propriedade é susceptível de ser analisada sob vários pontos de vista, dentro dos quais o Direito é apenas um deles. A história, a filosofia, a economia, todos estes ramos do saber nos apresentam a propriedade debaixo de perspectivas não coincidentes com a análise jurídica do tema[1902].

Mesmo olhando para o campo específico do Direito, também não encontramos uma concepção unitária da propriedade. O sentido do termo propriedade na Constituição é, decerto, muito mais amplo do que aquele que o mesmo recebe na abordagem jusprivatista, particularmente, no Direito Civil.

Numa acepção ampla, a propriedade representa decerto um dos aspectos de maior controvérsia da história civilizacional do homem. Estando a riqueza associada aos bens produtivos, ter a propriedade destes equivale ao domínio da produção da riqueza e a uma posição de preponderância, ou

[1902] Em geral, cf. também Baur/Stürner, Sachenrecht, cit., pág. 306 e segs., Wolff/Raiser, Sachenrecht, cit., pág. 170 e segs.

mesmo de poder, na relação com outros, seja essa relação entre povos ou Estados, entre estes e aqueles que estão sujeitos à sua soberania ou meramente entre privados. Daí que a atribuição da propriedade, seja quais forem as regras que a rejam, assuma uma importância capital em qualquer ordem jurídica.

Numa matéria de tão grande sensibilidade social, não espanta que, não obstante o seu lastro cultural indesmentível, a propriedade assuma uma certa vulnerabilidade às concepções de ideologia política e económica vigentes na ordem jurídica, sobretudo, ao nível constitucional. E isto mesmo em relação à propriedade de Direito Civil. Assim, nos Estados de economia socialista, com apropriação colectiva dos bens de produção, a propriedade individual tende a rarear, substituída pela propriedade colectiva. Ao invés, nos Estados em que as ordens jurídicas respectivas se regem pelo princípio da apropriação jurídico-privada dos bens, a propriedade individual constitui a regra.

O Direito acaba, deste modo, por repercutir, em maior ou menor medida, as doutrinas filosóficas e económicas da propriedade. Essa repercussão tende a verificar-se, sobretudo, ao nível do Direito público, nomeadamente, constitucional, enquanto o Direito Civil tende a manter uma matriz cultural mais vincada, sendo, por isso, mais estável e menos permeável à mudança.

Seja ao nível constitucional seja ao nível do Direito Civil, a propriedade apresenta-se como um produto da cultura de um povo e, como tal, surge historicamente condicionada. O confronto entre as várias ordens jurídicas, mesmo aquelas que partilham as mesmas raízes, mostra que há traços distintivos que são fruto de circunstâncias históricas diferenciadas. Podemos dizer, por conseguinte, que assim como varia em função da parte do ordenamento que se considera (o Direito público ou o Direito Civil), a propriedade muda de ordem jurídica para ordem jurídica e igualmente no interior desta, consoante o tempo histórico que se toma em consideração. Como relembra BAUR[1903], "a propriedade é uma filha do seu tempo".

258. A concepção constitucional da propriedade. Breve alusão

I. O art. 62.º, n.º 1 da Constituição portuguesa dispõe que "a todos é garantido o direito à propriedade privada e à sua transmissão em vida ou por morte, nos termos da Constituição".

[1903] No SOERGEL Kommentar, cit., pág. 157.

Em primeiro lugar, este preceito garante a existência da propriedade privada em Portugal. Fica, deste modo, assegurada a propriedade de Direito Civil, ao lado de outras formas de apropriação de bens, nomeadamente, públicas.

Em segundo lugar, a garantia da propriedade privada significa a liberdade de afectação dos bens pelo titular do direito patrimonial. As pessoas, individuais ou colectivas, são livres de desenvolver os seus fins através da utilização dos bens que lhes pertençam[1904]. Quando a lei lhes coarcta essa possibilidade, impedindo de todo o aproveitamento dos bens pelo titular, a propriedade vem a ser posta em causa, devendo ser questionada a constitucionalidade daquela.

Por último, a garantia da propriedade confere o direito à disposição do direito patrimonial, em vida ou por morte. Na prossecução dos seus fins, a pessoa, individual ou colectiva, tem liberdade para dispor dos bens conforme entenda, sendo juiz da sua própria conveniência na transmissão dos mesmos.

A garantia constitucional da propriedade tem primariamente em vista a relação do Estado com os membros da ordem jurídica e tem por objectivo salvaguardar não só a existência, mas o seu respeito pelos órgãos do Estado e da administração pública em geral. A actividade legislativa e administrativa deve ser exercida de modo a não pôr em causa a propriedade de alguém.

Assim, ninguém pode ser sujeito a requisição ou expropriação por utilidade pública fora dos casos previstos na lei e sempre mediante o pagamento de uma indemnização (art. 62.º, n.º 2 da Constituição). Qualquer outra forma de privação do uso dos bens em propriedade privada pela administração pública encontra-se sujeita aos mesmos limites.

II. A acepção constitucional da propriedade compreende um sentido muito mais lato do que o sentido técnico do direito de propriedade no Direito Civil[1905].

De uma forma geral, pode dizer-se que, no sentido constitucional do termo (art. 62.º da Constituição), por propriedade se entende a titulari-

[1904] Acentuam este aspecto, BAUR/STÜRNER, Sachenrecht, cit., pág. 306 e segs., SCHWAB/ /PRÜTTING, Sachenrecht, cit., pág. 136.

[1905] No Direito alemão, cf. SCHWAB/PRÜTTING, Sachenrecht, cit., pág. 137, VIEWEG/WERNER, Sachenrecht, cit., pág. 65.

dade de um direito patrimonial[1906]. As participações dos sócios e associados em pessoas colectivas privadas, como as sociedades, e patrimónios autónomos, bem como os direitos subjectivos que não têm coisas corpóreas por objecto[1907], os créditos, o direito de autor, os direitos privativos industriais (patentes, marcas), etc., todos eles caiem no âmbito da garantia constitucional da propriedade privada.

A acepção constitucional ou de Direito público da propriedade baseia-se, assim, no carácter patrimonial do direito considerado, abrangendo uma multiplicidade de direitos subjectivos de diferente natureza, todos eles pertencentes a ramos diversos da ordem jurídica. Com ela não pode confundir-se a propriedade regulada nos artigos 1302.º e seguintes do Código Civil.

III. A garantia constitucional da propriedade privada não contende com a existência de restrições. Embora a Constituição não o diga, a ressalva da parte final do art. 1305.º do Código Civil projecta o seu sentido para todos os direitos de natureza patrimonial. Toda a propriedade existe dentro dos limites da lei e encontra-se sujeita às restrições por ela impostas.

Não existem propriedades ilimitadas. Essa visão, típica do individualismo liberal do século XIX[1908], encontra-se hoje superada. Todos os direitos de índole patrimonial estão sujeitos a restrições[1909], que se pode dizer serem imanentes a eles[1910], e o legislador pode muito bem consagrá-las, em maior ou menor medida. Tais restrições podem ser guiadas por finalidades de interesse público (saúde pública, ambiente, urbanismo, educação, etc.) ou de interesse privado (por exemplo, de vizinhança).

Na actualidade, a fatia maior das restrições da propriedade em sentido técnico encontra-se justamente no Direito público, sinal de que o aproveitamento das coisas pelo proprietário se faz também no respeito de interesses atendíveis da comunidade e dos fins de natureza geral que a ordem jurídica prossegue.

[1906] Vide SCHREIBER, Sachenrecht, cit., pág. 74.

[1907] E, os que tendo, não se reconduzam à propriedade (direitos reais menores).

[1908] Cf., a título exemplificativo, WINDSCHEID, Lehrbuch des Pandektenrechts, cit., pág. 561, VANGEROW, Lehrbuch der Pandekten, cit., pág. 540, WENDT, Lehrbuch der Pandekten, cit., pág. 317.

[1909] Na doutrina moderna, cf. BAUR/STÜRNER, Sachenrecht, cit., pág. 307, SCHWAB/PRÜTTING, Sachenrecht, cit., pág. 139 e seg., WIELING, Sachenrecht, cit., pág. 87 e seg.

[1910] Como observam justamente WOLFF/RAISER, Sachenrecht, cit., pág. 174.

259. A concepção juscivilista de propriedade

I. A primeira nota distintiva a dar do conceito civilístico de propriedade é de que este direito constitui um direito real[1911], um *ius in re,* defendido por uma acção real (a acção de reivindicação). Era assim no Direito romano, no qual o *dominium* era defendido por uma *actio in rem*, a *rei vindicatio*.

Dentro dos direitos reais, porém, e segunda nota distintiva, o direito de propriedade constitui o direito de maior extensão[1912]. Esta maior extensão prende-se naturalmente com o aproveitamento da coisa propiciado por este tipo de direito real no confronto com os demais direitos reais.

Direito real maior ou com maior extensão não significa, de modo algum, direito ilimitado[1913]. Como diz Branca[1914], "o mais amplo, mas não ilimitado". Já no domínio do Código Civil de Seabra Pires de Lima[1915] afirmava que uma propriedade ilimitada "é hoje inconcebível". Actualmente, esta ideia decorre directamente do art. 1305.º do Código Civil português, no qual se ressalvam expressamente os limites da lei e as restrições por ela impostas[1916]. As restrições são parte do conteúdo (negativo) do próprio direito[1917], não constituindo obstáculos normativos exteriores a um aproveitamento ilimitado.

Terceira nota distintiva: ao proprietário cabe o exclusivo do aproveitamento da coisa. Apenas a propriedade confere esta exclusividade. Os demais direitos reais supõem, pelo menos, a concorrência do direito de propriedade. Qualquer direito real menor coexiste tendencialmente com a

[1911] Enquanto a concepção constitucional da propriedade tende a abranger qualquer direito de natureza patrimonial, a propriedade de Direito Civil constitui um direito real que tem por objecto uma coisa, e, dentro dos direitos reais, o direito real de maior extensão.

[1912] É um aspecto que a doutrina moderna acentua. Cf. Wolff/Raiser, Sachenrecht, cit., pág. 174, Baur/Stürner, Sachenrecht, cit., pág. 307, Schwab/Prütting, Sachenrecht, cit., pág. 138, Vieweg/Werner, Sachenrecht, cit., pág. 67, Wolf, Sachenrecht, cit., pág. 3, Eckert, Sachenrecht., cit., pág. 55. Tenham-se em conta, no entanto, as prudentes observações de Baur ao carácter potencialmente equívoco desta fórmula, no Soergel Kommentar, cit., pág. 159.

[1913] Baur/Stürner, Sachenrecht, cit., pág. 307, Branca, Istituzioni Di Diritto Privato, cit., pág. 210 e seg., De Martino, Della Proprietà, cit., pág. 129 e segs.

[1914] Istituzioni Di Diritto Privato, cit., pág. 210.

[1915] Direitos Reais, cit., pág. 69 e seg.

[1916] Para o anterior Código Civil, cf. Jaime de Gouveia, Direitos Reais, cit., pág. 234 e seg.

[1917] Cf. supra no texto no capítulo que dedicámos ao conteúdo do direito real.

propriedade[1918], mas esta pode existir sem a concorrência de qualquer outro direito real[1919].

Quarta nota distintiva: a propriedade realiza a atribuição final de uma coisa corpórea. E tanto assim é, que todos os outros direitos reais são *ius in re aliena*, direitos sobre coisa alheia (do proprietário), e nenhum deles confere ao titular o poder de consumir ou destruir a coisa[1920].

A última nota distintiva da propriedade civil reside no seu objecto. A propriedade de Direito Civil português tem por objecto coisas corpóreas. Era esse o entendimento propugnado por Guilherme Moreira[1921], seguido depois por Pires de Lima e outros estudiosos de Direitos Reais[1922]. Isto decorre hoje, com toda a clareza, do art. 1302.º do Código Civil e constitui uma projecção do pandectismo[1923] e da influência do BGB alemão no nosso Direito Civil.

Assim, e não obstante o uso linguístico corrente, não é exacto falar em propriedade intelectual – propriedade literária e artística e propriedade industrial, pelo menos se com isso se pretende exprimir uma propriedade de Direito Civil. Sobre as coisas incorpóreas incidem direitos intelectuais, o direito de autor para a obra literária e artística e direitos privativos industriais (patente, modelos de utilidade, marca, nome de estabelecimento, insígnia, desenhos e modelos e outros) para os bens industriais. Estes direitos são também direitos absolutos e têm coisas – incorpóreas – por objecto, mas não constituem direitos reais, nomeadamente, não constituem direitos de propriedade em sentido técnico.

De resto, completando a definição do objecto dos direitos reais contida no art. 1302.º, o art. 1303.º remete a disciplina das coisas incorpóreas para

1918 A única hipótese em que um direito real pode existir sem a propriedade é quando o proprietário de coisa móvel renuncia ao seu direito, subsistindo outros direitos reais sobre a coisa.

1919 Veja-se Pugliatti, La Proprietà Nel Nuovo Diritto, cit., pág. 132 e seg.

1920 A única excepção é dada pelo usufruto de coisas consumíveis, que tem a sua explicação própria.

1921 Instituições Do Direito Civil Português, Livro III, pág. 47 e seg.

1922 Na doutrina portuguesa, cf. Pires de Lima/Antunes Varela, Código Civil Anotado, cit., pág. 86, Santos Justo, Direitos Reais, cit., pág. 231 e seg.

1923 Thibaut, System des Pandekten-Rechts, cit., pág. 192, böcking, Pandekten des römischen Privatrechts aus dem Standpuncte unseres heutigen Rechtssystems oder Institutionen des gemeinen deutschen Civilrechts, Band 2, 1, Die Lehre vom Eigenthum und den größten Teil der von den Servituten enth, Bonn, 1855, pág. 7, Arndts, Lehrbuch der Pandekten, cit., pág. 217, Vangerow, Lehrbuch der Pandekten, cit., pág. 540, Wächter, Pandekten, Band 2, cit., pág. 3, Windscheid, Lehrbuch des Pandektenrechts, cit., pág. 559, Dernburg, Pandekten, Band 1, 2, Sachenrecht, cit., pág. 53.

legislação especial. Esta legislação, de Direito de Autor e de Direito Industrial, não regula nenhuma propriedade especial, mas uma categoria diversa de direitos subjectivos: os direitos sobre bens intelectuais (coisas incorpóreas). A propriedade civil tem unicamente coisas corpóreas por objecto.

A limitação às coisas corpóreas exclui igualmente do âmbito da propriedade civil a titularidade da empresa, do estabelecimento comercial e de agrupamentos de coisas (as denominadas universalidades de facto, como a biblioteca ou o rebanho). Quanto às universalidades de facto, e conforme se deixou exposto no tratamento dado ao princípio da especialidade[1924], a explicação para esta exclusão encontra-se no facto dos direitos reais, e também a propriedade, apenas poderem ter por objecto coisas individualizadas[1925], certas e determinadas.

II. A propriedade civil tem sido objecto de definições[1926] que ora sublinham o aspecto da disponibilidade da coisa pelo proprietário ora a relação de pertença entre um sujeito e uma coisa. A primeira ficou conhecida pela teoria do senhorio, a segunda como teoria da pertença[1927].

A teoria do senhorio tem antecedentes antigos. Bartolo[1928], a quem se deve provavelmente a primeira noção técnica de propriedade, definia-a como o *ius de re corporali perfecte disponendi nisi lege prohibeatur*, uma definição que permaneceria na doutrina italiana do século XVI, nos filósofos romanistas da escola de Direito natural e em Pothier[1929]. Para este mestre francês[1930], o direito de propriedade, atendendo aos seus efeitos, deve definir-se como "o direito de dispor de uma coisa segundo a sua vontade" ou "jus de re liberà disponendi ou jus utendi et abutendi".

[1924] Cf. supra no texto.

[1925] Na doutrina alemã, veja-se, em particular, Baur/Stürner, Sachenrecht, cit., pág. 307, Schwab/Prütting, Sachenrecht, cit., pág. 138.

[1926] Para uma panorâmica geral, cf. Barassi, La Proprietà Nel Nuovo Códice Civile, Milano, 1941, pág. 3 e segs. e Proprietà E Comproprietà, cit., pág. 1 e segs., Pugliatti, La Proprietà Nel Nuovo Diritto, cit., pág. 123 e segs., Brugi, Della Proprietà, Napoli, Torino, 1923, pág. 8 e segs.

[1927] Na doutrina portuguesa, cf. Oliveira Ascensão, Direito Civil – Reais, cit., pág. 446 e segs., Menezes Cordeiro, Direitos Reais, cit., pág. 621 e segs. Na doutrina estrangeira, veja-se Bonfante, Corso Di Diritto Romano, La proprietá, cit., pág. 234 e segs.

[1928] Cf. Brugi, Della Proprietà, cit., pág. 24 e segs., Bonfante, Corso Di Diritto Romano, La proprietá, cit., pág. 234.

[1929] Brugi, Della Proprietà, cit., pág. 28 e segs.

[1930] Traité Du Droit De Domaine De Propriètè, cit., pág. 3.

Entre os pandectistas, VANGEROW[1931], depois de esclarecer que o *dominium* existe somente na possibilidade jurídica de exercer todos os poderes pensáveis sobre uma coisa corpórea, afirma, contra WIRTH, que a propriedade representa o senhorio total sobre a coisa. DERNBURG[1932] explicava com eloquência que "a propriedade é o direito de senhorio geral sobre uma coisa corpórea". Em THIBAUT[1933], BÖCKING[1934] e WINDSCHEID[1935] encontramos noções com o mesmo teor.

Na doutrina actual, a teoria do senhorio continua a inspirar vários autores[1936]. Ela teve também a sua projecção em Portugal. BORGES CARNEIRO[1937] dizia que "o domínio ou senhorio de uma coisa consiste no direito de dispôr e de usar della com exclusão de outrem". Também HENRIQUE MESQUITA[1938] ensina que o proprietário tem "a soberania ou o domínio pleno sobre o objecto, em relação ao qual dispõe de uma espécie de poder omnímodo"

Na Alemanha do séc. XIX, WIRTH[1939] insistiu numa nova definição de propriedade, que tira a tónica caracterizadora ao domínio e aos poderes que este direito atribui ao proprietário e sublinha que a propriedade consiste antes numa relação de pertença entre uma pessoa e uma coisa. Ao seu pensamento, e daqueles que o partilharam, deu-se o nome de teoria da pertença.

No nosso país, algumas definições podem considerar-se dentro desta teoria. LIZ TEIXEIRA[1940] afirma que "no sentido proprio ou restricto, diz-se propriedade ou domínio o direito, pelo qual uma coisa pertence a alguem completamente, plenamente ...".

Opiniões compromissórias entre estas duas teorias surgiram igualmente. Ficou conhecida a posição de SCIALOJA[1941], segundo o qual, "a propriedade é uma relação de direito privado pela qual uma coisa como pertença a

1931 Lehrbuch der Pandekten, cit., pág. 540.

1932 Pandekten, cit., pág. 54.

1933 System des Pandekten-Rechts, cit., pág. 192.

1934 Pandekten des römischen Privatrechts, cit., pág. 9.

1935 Lehrbuch des Pandektenrechts, cit., pág. 561.

1936 A título exemplificativo, VIEWEG/WERNER, Sachenrecht, cit., pág. 71, DUSI, Istituzioni Di Diritto Privato, Torino, 1982, pág. 544.

1937 Direito Civil de Portugal, Tomo IV., cit., pág. 41 e seg.

1938 Direitos Reais, cit., pág. 135.

1939 Beiträge zur Systematik des römisches Civilrechts, Erlangen, 1856, pág. 28 e segs.

1940 Curso De Direito Civil Portuguez, Parte Segunda, Divisão 1.ª, cit., pág. 32 e seg.

1941 Teoria del diritto di proprietà nel diritto romano, Roma, 1928, pág. 273.

uma pessoa é inteiramente sujeita à vontade desta em tudo aquilo que não seja vedado pelo Direito público e pela concorrência de outros direitos". José Tavares[1942] mostrou simpatia por esta construção, mas adicionou-lhe uma nota de licitude no exercício do direito ("o fim jurídico ou lícito do exercício do poder"). E, de um modo inteiramente análogo, também Pires de Lima[1943] o fez num primeiro momento, vindo depois a abandonar a sua posição anterior[1944].

Não julgamos necessário optar por nenhuma destas formulações, pois não cremos que qualquer delas ilustre suficientemente a propriedade. Preferimos, ao invés, destacar as notas distintivas do conceito de propriedade, sem esquecer que este direito não representa qualquer realidade imutável e que qualquer tentativa para o definir deve ser historicamente situada. A experiência mostra que propriedade varia em função do momento temporal no qual é analisada e do ordenamento jurídico que a consagra. A propriedade ilimitada do século XIX não é igual à propriedade do início do século XXI. A propriedade alemã, apesar da mesma matriz romana, não surge igual à portuguesa. Elementos históricos variados e uma tradição cultural distinta são suficientes para alterar o conteúdo do direito em cada uma destas ordens jurídicas.

Acreditamos, em todo o caso, que existem notas distintivas muito gerais que tornam possível uma definição de propriedade válida para o espaço do Direito continental, sem colocar em causa diferenças de conteúdo que possam advir do particular regime jurídico deste direito em cada uma das ordens jurídicas que o integram.

Assim, a propriedade confere ao proprietário o mais extenso aproveitamento da coisa. É um aspecto quantitativo que julgamos incontornável. A posição da propriedade no topo da hierarquia da atribuição real explica-se pela maior extensão do aproveitamento da coisa concedido ao proprietário.

Em segundo lugar, o aproveitamento da coisa pelo proprietário pode ser levado a cabo sem a concorrência de outro direito real, o que não sucede

[1942] Os princípios fundamentais do Direito Civil, cit., pág. 622.

[1943] Direitos Reais, cit., pág. 68. Segundo Pires de Lima, "várias definições têm sido dadas do direito de propriedade, mas parece-nos que a mais verdadeira é a que resulta da combinação de três elementos: o poder de dispor da coisa, a pertença da coisa ao titular do poder, com a exclusão de todos os indivíduos, e o fim jurídico ou lícito do exercício do poder". Se bem se atentar, a referência ao poder de dispor remonta a Bartolo e à teoria do domínio, a pertença da coisa ao titular a Wirth e o fim jurídico a José Tavares.

[1944] Cf. as Noções Fundamentais De Direito Civil, cit., pág. 3.

relativamente aos outros direitos reais. A propriedade outorga o exclusivo do aproveitamento da coisa.

Em terceiro lugar, apenas o proprietário pode decidir sobre o destino da coisa, em última análise, consumindo-a ou destruindo-a, um aspecto que desde, pelo menos, os glosadores[1945] tem sido evidenciado e que BARTOLO destacou na primeira definição conhecida de propriedade. Isto explica-se pelo facto de a propriedade representar a atribuição última ou definitiva da coisa a alguém, o que legitima o proprietário a decidir acerca do tipo de aproveitamento a fazer (destino económico) e o destino final da coisa.

Não retrataríamos correctamente a propriedade se não fizéssemos alguma alusão ao facto do aproveitamento da coisa não ser total[1946]. Uma propriedade ilimitada não existe. Todos os direitos subjectivos recebem uma delimitação interna (conteúdo negativo) e estão sujeitos a limites externos de exercício. Considerações diversas, de ordem económica, social, ambiental, de saúde, ou outras podem levar o ordenamento a impor ao proprietário vinculações no aproveitamento da coisa ou mesmo proibir algumas formas de aproveitamento. Por essa razão, o aproveitamento da coisa propiciado pela propriedade tem de ocorrer nas zonas libertas de normas que impõem vinculações ou de normas proibitivas que o afastem em certa medida (conteúdo negativo).

Não pensamos ser necessário evidenciar a vertente negativa de exclusão que qualquer direito real de gozo comporta em relação a terceiros. Por um lado, porque ao atribuir um conteúdo de aproveitamento de uma coisa a uma pessoa determinada a ordem jurídica exclui simultaneamente que esse aproveitamento se faça por outras pessoas sem a autorização do titular do direito. Por outro lado, a possibilidade de excluir terceiros surge igualmente nos outros direitos reais de gozo, sem distinguir a propriedade relativamente a estes.

O mesmo pode ser dito relativamente a outras notas distintivas aduzidas por alguns autores, a elasticidade e o carácter perpétuo da propriedade[1947].

[1945] Segundo estes, o *ius plenum in re corporali* compreendia também a destruição da coisa. As formulações dos comentaristas posteriores, nomeadamente, BARTOLO e BALDO, não deixariam de acentuar o poder de disposição do proprietário. Segundo BALDO: "*dominium absolute dictum est plena proprietas cum alienandi potentia*". Cf. BRUGI, Della Proprietà, cit., pág. 24 e segs.

[1946] Num sentido diferente, CARVALHO FERNANDES, Lições De Direitos Reais, cit., pág. 317.

[1947] Na doutrina portuguesa, cf. PIRES DE LIMA, Noções Fundamentais De Direito Civil, cit., pág. 2 e segs., MOTA PINTO, Direitos Reais, cit., pág. 235, HENRIQUE MESQUITA, Direitos Reais, cit., pág. 135 e seg.

A elasticidade, como vimos, não é exclusiva da propriedade, existindo igualmente em outros direitos reais menores (usufruto, uso e habitação, superfície). O carácter perpétuo da propriedade afigura-se meramente tendencial. A lei portuguesa abre a possibilidade de uma propriedade temporária (art. 1307.º) e o sistema normativo permite documentar alguns casos[1948].

Se reuníssemos as notas distintivas apontadas, teríamos a seguinte definição: a propriedade é o direito que atribui todo o aproveitamento possível de uma coisa corpórea.

Falamos em aproveitamento possível para deixar sublinhado que, apesar de ser o mais extenso dos direitos de aproveitamento sobre coisas corpóreas, também o direito de propriedade sofre uma delimitação negativa e está sujeito aos limites gerais de exercício da ordem jurídica. Maior extensão não equivale a ilimitação.

260. O carácter unitário do direito de propriedade

O Direito romano conheceu várias propriedades. No Direito comum discutia-se se alguns dos *ius in re aliena* tinham a natureza de uma propriedade, nomeadamente, a partir da contraposição entre o domínio útil e o domínio directo. Ainda hoje é corrente falar-se numa propriedade superficiária e a propriedade horizontal vem mesmo, por vezes, descrita como uma propriedade especial.

No entanto, os Direitos modernos só conhecem uma propriedade, a qual reveste, assim, um carácter unitário, mesmo que relativamente a algumas coisas possam existir regimes especiais, justificados pelas particularidades do objecto (propriedade horizontal).

261. O tipo legal do direito de propriedade

I. O art. 1305.º fixa o conteúdo da propriedade: "o proprietário goza de modo pleno e exclusivo dos direitos de uso, fruição e disposição das coisas que lhe pertencem ...". Reconhece-se aqui o *ius utendi, fruendi et abutendi* do Direito romano numa redacção moderna inspirada no art. 832 do Código Civil italiano.

Apesar da limitação desta fórmula de inspiração romana, o direito de propriedade atribui ao titular todos os poderes ou faculdades que à coisa

[1948] Cf. *infra* no texto.

se podem referir[1949]. O proprietário pode fazer qualquer aproveitamento da coisa que a lei não proíba, o que leva a considerar para a sua delimitação somente as restrições a esse aproveitamento (conteúdo negativo).

Deste modo, a delimitação positiva do tipo de direito real propriedade não tem de ser feita através da enumeração concreta dos poderes de aproveitamento da coisa, uma vez que tudo o que seja aproveitamento não restringido legalmente cabe ao proprietário.

Alguns autores duvidam da possibilidade de determinação dos poderes e faculdades contidos na propriedade, outros pura e simplesmente abdicam de o fazer[1950] e outros ainda distinguem uma atribuição global e uma atribuição individual de poderes[1951]. Em sentido diverso, julgamos não só possível essa determinação como útil do ponto de vista científico, embora despiciendo do ponto de vista da formulação normativa do tipo legal da propriedade, uma vez que todo o aproveitamento da coisa se integra no conteúdo do direito.

Tivemos ocasião de expor anteriormente o conteúdo positivo do direito real e este conteúdo, na sua máxima extensão, representa o conteúdo da propriedade, como direito real maior. Em relação à propriedade consideramos[1952]:

- O poder de uso;
- O poder de fruição;
- O poder de transformação;
- O poder de reivindicação;
- O poder de excluir terceiros não autorizados do gozo da coisa;
- O poder de demarcação (de coisas imóveis);

[1949] Oliveira Ascensão, Direito Civil – Reais, cit., pág. 448 fala na "universalidade de poderes que à coisa se podem referir".

[1950] Cf., por exemplo, Mota Pinto, Direitos Reais, cit., pág. 234, Henrique Mesquita, Direitos Reais, cit., pág. 134 e seg., Barassi, Proprietà E Comproprietà, cit., pág. 30 e segs., Bonfante, Corso Di Diritto Romano, cit., pág. 237 e segs., Böcking, Pandekten des römischen Privatrechts, cit., pág. 7 e segs. Parece-nos poder ser integrado nesta orientação, Menezes Cordeiro, Direitos Reais, cit., pág. 625.

[1951] Oliveira Ascensão, Direito Civil – Reais, cit., pág. 448.

[1952] Sobre esta matéria, cfr. Oliveira Ascensão, Direito Civil – Reais, cit., pág. 444 e segs., Menezes Cordeiro, Direitos Reais, cit., pág. 630 e segs., Menezes Leitão, Direitos Reais, cit., pág. 263. Na doutrina portuguesa mais antiga, cf. Luís Pinto Coelho, Direitos Reais, cit., pág. 61, José Tavares, Os princípios fundamentais do Direito Civil, cit., pág. 625, Coelho da Rocha, Instituições De Direito Civil Portuguez, cit., pág. 318.

– A faculdade de disposição, incluindo o poder para alienar, o poder para onerar e o poder para renunciar.

Estes poderes são conferidos pelo ordenamento ao proprietário. A possibilidade do seu exercício não surge, no entanto, igual em todas as coisas. A transformação da coisa através da construção de edifício, por exemplo, apenas se afigura possível na propriedade de prédios e não de coisas móveis. O objecto da propriedade pode influenciar, deste modo, o aproveitamento da coisa pelo proprietário. Em última análise, o conteúdo máximo da propriedade só poderá ser exercido relativamente a algumas coisas e não a todas.

Ao conteúdo típico da propriedade pertencem também situações jurídicas passivas (conteúdo negativo). Estas delimitam a medida do aproveitamento da coisa concedido pelo conteúdo positivo do direito[1953] e, nessa medida, conformam a extensão do tipo legal da propriedade.

II. Qualquer limitação convencional ao direito de propriedade encontra-se sujeita ao princípio da tipicidade, que vale naturalmente também para ele. Uma cláusula negocial que limite o uso da coisa pelo proprietário a um certo fim (habitação, por exemplo) ou que lhe coarcte a possibilidade de construir (poder de transformação) dá azo a uma propriedade atípica, com um gozo limitado, em violação do disposto no art. 1306.º, n.º 1.

O mesmo vale para as cláusulas negociais que impõe deveres ou outras vinculações. Apenas a lei pode criar um conteúdo negativo (situações jurídicas passivas) para a propriedade. As restrições negociais da propriedade que tenham este alcance violam o princípio da tipicidade, como expressamente se dispõe no art. 1306.º, n.º 1 ("não é permitida a constituição, com carácter real, de restrições ao direito de propriedade ..."), e geram a nulidade do negócio jurídico em causa.

Em todo o caso, havendo uma limitação convencional ao aproveitamento da coisa, importa distinguir consoante ela tem natureza real ou obrigacional. O princípio da tipicidade só é colocado em causa quando a convenção negocial respeita ao conteúdo típico (injuntivo) do direito, ou seja, dito, por outras palavras, quando altera este com eficácia real. Na verdade, no art. 1306.º, n.º 1 só se dispõe haver violação da tipicidade legal relativamente às restrições "com carácter real". O que deixa de fora as limitações ao aproveitamento da coisa que tenham natureza meramente obrigacional.

[1953] Cf. *supra* no texto.

Assim, as partes estão impedidas de forjar uma propriedade com um poder de fruição ou de transformação limitado, em que, por exemplo, o proprietário não possa dar em locação ou efectuar uma construção, mas nada impede que o proprietário se obrigue a não dar a coisa em locação ou a não construir no imóvel. Tais vinculações do proprietário, constituindo meras obrigações, não redundam em qualquer violação da tipicidade legal e são, por conseguinte, juridicamente válidas. O proprietário continua a poder dar em locação ou a construir, e, por isso, o conteúdo típico (injuntivo) do direito não sofre nenhuma alteração, mas, se o fizer, sujeita-se ao regime do incumprimento obrigacional.

262. A propriedade temporária

I. O tipo legal do direito de propriedade, não delimitando temporalmente o direito, aponta para a perpetuidade. Ao longo dos séculos, muitos autores viram na propriedade um direito perpétuo[1954].

No entanto, a maior extensão da propriedade relativamente aos demais direitos reais não acarreta forçosamente a perpetuidade, nada impedindo que o direito real mais extenso tenha uma duração limitada. São aspectos distintos, que não contendem entre si. A propriedade continua a ser o direito de maior extensão, ainda que esteja submetida a um horizonte temporal de duração.

Nesta ordem de ideias, o art. 1307.º, n.º 2 admite a propriedade temporária "nos casos especialmente previstos na lei"[1955]. Quer dizer, a propriedade pode ter uma duração limitada no tempo, a termo certo ou incerto, contando que essa possibilidade esteja legalmente prevista.

A propriedade temporária não deve ser confundida com a propriedade resolúvel. A primeira existe a termo, seja certo ou incerto; a segunda respeita aos casos em que o facto translativo da propriedade vem a ser afectado na sua eficácia por uma incidência posterior, que pode ser tão diversa como o exercício do direito de resolução pelo vendedor na compra e venda a retro (art. 927.º), a verificação da condição resolutiva em contrato translativo em que tal condição tenha sido convencionada (art. 276.º), o regresso do ausente após ter sido declarada a morte presumida (art. 119.º), o casamento do cônjuge beneficiário de doação ou testamento sem respeitar o

1954 Em Portugal, cf. MOTA PINTO, Direitos Reais, cit., pág. 235 e seg.

1955 Sobre o tema, cf. SCACCHI, La Proprietà Temporanea, Milano, 2005.

prazo internupcial (art. 1650.º, n.º 1), pelo divórcio, se o cônjuge donatário for considerado o único ou principal culpado (art. 1760.º), etc.[1956].

II. Entre os casos de propriedade temporária usualmente citados encontra-se a propriedade do fiduciário[1957]. Até à sua morte, o fiduciário teria uma propriedade temporária.

A qualificação da situação do fiduciário como propriedade deixa-nos, porém, muitas dúvidas[1958]. O conteúdo do direito do fiduciário (art. 2290.º), despojado praticamente do poder de disposição (art. 2291.º) e de transformação, assemelha-se mais a um usufruto do que a uma verdadeira propriedade[1959]. É como se a propriedade estivesse suspensa até à morte do fiduciário, garantindo-se a este um gozo atípico da coisa.

Oliveira Ascensão[1960] argumenta que o art. 409.º, n.º 1, permitindo ao alienante reservar para a si a propriedade até ao pagamento do preço ou à verificação de qualquer outro evento, abre as portas à consagração pelas partes de uma propriedade temporária, pois a formulação do preceito abrangeria também o termo.

Admitindo que o evento a que se alude no art. 409.º, n.º 1 pode consistir num termo, o que não temos por absolutamente seguro, a hipótese de reserva de propriedade sujeita a termo não configura uma verdadeira propriedade temporária[1961]. Na verdade, e se bem se atentar, tudo o que está em causa é, na formulação correcta de um autor italiano[1962], um "diferimento do efeito translativo" da propriedade. A lei portuguesa possibilita às partes a suspensão do efeito de transmissão da propriedade do contrato translativo celebrado (compra e venda) até à verificação do termo, desde que elas convencionem a reserva de propriedade. Porém, o postergar do efeito translativo do contrato para um momento posterior não torna a

[1956] Veja-se também, Pires de Lima/Antunes Varela, Código Civil Anotado, cit., pág. 104, Henrique Mesquita, Direitos Reais, cit., pág. 139.

[1957] Oliveira Ascensão, Direito Civil – Reais, cit., pág. 459, Menezes Cordeiro, Direitos Reais, cit., pág. 629, Pires de Lima/Antunes Varela, Código Civil Anotado, cit., pág. 105, Mota Pinto, Direitos Reais, cit., pág. 236, Henrique Mesquita, Direitos Reais, cit., pág. 139.

[1958] Em Itália, Scacchi, La Proprietà Temporanea, cit., pág. 31 e segs, rejeitou a substituição fideicomissária como exemplo de verdadeira propriedade temporária, embora com argumentos adaptados a um quadro normativo diferente do nosso.

[1959] No sentido de que se trata de uma autêntica propriedade, Oliveira Ascensão, Direito Civil – Reais, cit., pág. 459.

[1960] Direito Civil – Reais, cit., pág. 460 e seg.

[1961] Neste sentido, pode ver-se Scacchi, La Proprietà Temporanea, cit., pág. 27 e segs.

[1962] Ver Scacchi, La Proprietà Temporanea, cit., pág. 29.

propriedade temporária, pois o direito não fica sujeito a uma duração limitada no tempo. Tudo se reconduz simplesmente a um retardamento do efeito translativo do contrato celebrado; em vez do transmitente ficar logo sem a propriedade por força da conclusão do contrato (princípio da consensualidade – art. 408.º, n.º 1), só vem a ficar com o decurso do prazo.

Henrique Mesquita[1963] apresenta outro caso de propriedade temporária, "a do proprietário do solo, no direito de superfície, quando este haja sido constituído por certo tempo e no respectivo título se preveja a reversão da propriedade para o superficiário, após o decurso do prazo convencionado". Temos, todavia, as maiores dúvidas sobre este exemplo, pois, tratando-se de uma propriedade temporária, teria de estar prevista legalmente para poder ser pactuada sem violação da proibição directa do art. 1307.º, n.º 2 e, realmente, não está. O que se encontra previsto é a hipótese inversa, de reversão para o proprietário do solo (art. 1538.º, n.º 1).

Como exemplo verdadeiro de propriedade temporária temos o direito de superfície constituído a termo[1964]. O proprietário de obra ou de plantação que esteja sobre solo alheio nos termos de um direito de superfície a termo tem uma propriedade temporária sobre o implante, propriedade essa que reverterá para o proprietário do solo no final do prazo (art. 1538.º, n.º 1). A propriedade do superficiário sobre a obra ou plantação é temporária porque tem a sua duração limitada à do direito de superfície.

Outro exemplo possível é o do legado a termo[1965], se ele for admissível no Direito português.

III. No Direito português, a perpetuidade não constitui uma nota distintiva do tipo legal da propriedade. No entanto, a propriedade a termo (temporária) só pode ser convencionada validamente pelos particulares quando a lei o preveja, o que sucede realmente em muito poucos casos.

A convenção de uma propriedade temporária fora dos casos admitidos na lei representa uma violação directa de uma norma imperativa, o art. 1307.º, n.º 2, e impõe a nulidade do negócio jurídico (art. 280.º, n.º 1 e art. 294.º)[1966]. Uma eventual conversão na constituição de outro direito real

[1963] Direitos Reais, cit., pág. 139. Veja-se também Pires de Lima/Antunes Varela, Código Civil Anotado, cit., pág. 105.

[1964] No mesmo sentido, Scacchi, La Proprietà Temporanea, cit., pág. 65 e segs., Salis, "Superfice (Diritto vigente)", cit., pág. 949.

[1965] Scacchi, La Proprietà Temporanea, cit., pág. 74 e segs.

[1966] Cf. igualmente Pires de Lima/Antunes Varela, Código Civil Anotado, cit., pág. 105.

(usufruto, por exemplo) ou de um direito de crédito depende do regime aplicável (art. 293.º)[1967].

Secção II
Os Factos Constitutivos Específicos da Propriedade

263. Os factos aquisitivos específicos da propriedade

Para além dos factos aquisitivos genéricos, existem factos jurídicos específicos da propriedade, factos constitutivos que só respeitam a este direito. São três os factos jurídicos específicos da propriedade:

- A acessão;
- A ocupação;
- O achamento.

Vamos, de seguida, analisar o regime jurídico de cada um destes factos.

Subsecção I
A Acessão

264. A acessão. Noção legal e requisitos da figura

I. O Código Civil português prevê a acessão como facto aquisitivo do direito de propriedade (art. 1317.º, alínea d)). A acessão vem depois definida no art. 1325.º: "Dá-se a acessão, quando com a coisa que é propriedade de alguém se une e incorpora outra coisa que não lhe pertencia"[1968].

Um conceito genérico de acessão era desconhecido do Direito romano[1969] e apenas foi desenvolvido mais tarde pelos romanistas. As hipóteses que hoje são tratadas como de acessão pelo Direito português eram no Direito romano a união, a mistura e a especificação.

[1967] Pires de Lima/Antunes Varela, Código Civil Anotado, cit., pág. 105.

[1968] Sobre a acessão em geral, Russo, "Accessione (Diritto di)", Novissimo Digesto It., pág. 67 e segs., Branca, "Accessione", Enc. Del Dir., pág. 261 e segs., Alpa, "Accessione", Digesta, pág. 28 e segs., Sanfilippo, "Accessione (Diritto romano)", Novissimo Digesto It., pág. 64 e segs.

[1969] Santos Justo, Direito Privado Romano, cit., 7.2.3., pág. 60, Sanfilippo, "Accessione (Diritto romano)", cit., pág. 64.

No Direito comparado encontramos uma flutuação acentuada nas soluções das principais ordens jurídicas. Assim, o Direito alemão não conhece a figura da acessão e trata unicamente da união (Verbindung) – da união de uma coisa móvel a um imóvel (§ 946) e da união entre coisas móveis (§ 947), da mistura (Vermischung) (§ 948) e da especificação (Verarbeitung) (§ 950) – em consonância com a tradição romana

O Direito francês, em contraposição, consagrou uma noção muito ampla de acessão: "a propriedade de uma coisa, seja móvel seja imóvel, confere direito sobre tudo o que ela produza e sobre o que se lhe haja unido acessoriamente, seja naturalmente seja artificialmente" (art. 546.º do Code Civil). O critério que está na base desta solução normativa é o de que a propriedade da coisa principal faz adquirir a propriedade da coisa acessória[1970]. Deste modo, os juros e os produtos derivados de uma coisa são adquiridos pelo proprietário do dinheiro ou da coisa por acessão (cf. o art. 547.º do Code Civil quanto aos frutos, naturais e civis).

O Codice Civile italiano, diferentemente dos Códigos Civis alemão e francês, prevê na secção II do Cap. III (Dei modi di acquisto della proprietà) quatro modos distintos de aquisição da propriedade: a acessão, a união, a mistura e a especificação. A acessão, diferenciada quer da especificação (art. 940.º), quer da união e mistura (art. 939.º), engloba apenas hipóteses de incorporação em imóvel.

O regime do Código Civil português não coincide com nenhuma destas abordagens. Não menciona a união e a mistura como factos aquisitivos da propriedade, como faz o Direito alemão, englobando-as, no entanto, a par da especificação, no conceito de acessão (cf. os artigos 1333.º, 1334.º e 1335.º), diferentemente do Direito italiano, que distingue a acessão da união, da mistura e da especificação; por outro lado, reserva para a acessão um campo de aplicação bem menor daquele que surge no Direito francês, pois, apesar de dispor que "pertence ao dono da coisa o que a esta acrescer por efeito da natureza" (art. 1327.º), não coloca a aquisição de frutos, naturais e civis, e de produtos gerados pela coisa no âmbito da acessão, mas sim do poder de fruição[1971].

[1970] Carbonnier, Droit Civil – Les biens, cit., pág. 1703.

[1971] Ao proprietário de uma coisa pertencem os frutos, naturais e civis, que ela gera por via do poder de fruição que é conteúdo do direito de propriedade (art. 1305.º do CC), assim como os produtos que a integram.

II. A acessão pressupõe, em regra, a verificação cumulativa de dois requisitos, um expresso no art. 1325.º, o outro apenas implícito:

- A união ou mistura (confusão) de duas (ou mais) coisas[1972];
- A inseparabilidade da coisa resultante da união ou mistura de duas (ou mais) coisas autónomas.

O primeiro requisito constitui o fundamento fáctico da acessão. Por virtude de uma qualquer causa, que pode ser natural ou provir da acção do homem, intencional ou casual, duas (ou mais) coisas combinam-se ou fundem-se uma na outra. O fenómeno é de ordem material ou física (orgânica, química, etc.). Duas (ou mais) coisas que existiam material ou fisicamente de modo autónomo, sendo valoradas pelo Direito como tal, surgem, por força de um facto, natural ou humano, combinadas ou fundidas uma na outra.

Este requisito vem expressamente referido no art. 1325.º, no qual se menciona a união: "quando com a coisa que é propriedade de alguém se *une* ... outra coisa ... (o itálico é nosso)".

Existe alguma variação terminológica na lei portuguesa. Assim, o termo união vem usado para designar uma parte dos casos de acessão industrial mobiliária (cf. os artigos 1333.º, 1334.º e 1335.º, n.º 1), mas não todos. Para os outros, fala-se de confusão[1973], distinguindo-a da união[1974], em três preceitos distintos do regime da acessão industrial mobiliária (artigos 1333.º, 1334.º e 1335.º).

Preferimos falar em mistura (*commixtio*) em vez de confusão (*confusio*)[1975], para não criar equívocos entre esta forma de aquisição do direito de propriedade e o facto extintivo de direitos reais menores que se designa igualmente por confusão[1976].

[1972] Poder-se-á falar em acessão relativamente a partes de coisas? Parece-nos possível uma resposta afirmativa. Aliás, o regime da aluvião (art. 1328.º), confirma essa possibilidade. A deslocação, lenta e imperceptível, de partículas de solo de um imóvel para outro, por força da acção de elementos da natureza (ar e água), representa a incorporação de uma parte de um imóvel noutro.

[1973] O art. 1328.º, n.º 1 (aluvião) fala ainda no depósito de materiais trazidos pela corrente de água. Mas parece que se pode falar de união também a este propósito, uma vez que as coisas trazidas pela corrente vão ficar combinadas com o solo do prédio para o qual são arrastadas.

[1974] Os artigos 1333.º, 1334.º e 1335.º usam o termo confusão como hipótese distinta da união na respectiva previsão normativa.

[1975] Como fazem, de resto, o BGB (§ 948) e o Codice Civile italiano (art. 939.º).

[1976] Cf. supra no texto.

A mistura ocorre com a combinação de sólidos (as fontes romanas referem os exemplos dos cereais e do dinheiro), de líquidos (incluindo metais fundidos) e também de gases[1977-1978], embora apenas envolva coisas móveis[1979].

A autonomização da mistura defronte da união reside, ao que parece, no facto de nesta última haver uma combinação entre duas (ou mais) coisas que são ainda reconhecíveis apesar de integrarem um novo conjunto, enquanto na primeira ocorre uma verdadeira fusão, geradora da impossibilidade de divisar qualquer das coisas misturadas.

Seja como for, a acessão tem lugar quer com a união quer com a mistura, sem que o Direito português diferencie o regime de ambas, como se pode atentar dos artigos 1333.º, 1334.º e 1335.º do Código Civil.

A lei portuguesa não utiliza o termo união para indicar o requisito material da acessão nas várias hipóteses de acessão industrial imobiliária (artigos 1339.º a 1343.º), sendo certo que também nestes casos a acessão supõe uma combinação – material – de duas (ou mais) coisas, uma delas imóvel[1980]. O legislador português preferiu falar em incorporação no tocante aos imóveis (cf. os artigos 1325.º, 1340.º, números 1, 2, 3 e 4, 1342.º, números 1 e 2), alargando a terminologia envolvida nas hipóteses de acessão.

Pensamos, todavia, que não se justifica falar-se em união e em incorporação consoante estejam em causa coisas móveis (união) e coisas imóveis (incorporação). Em ambos os casos, a acessão supõe que duas (ou mais) coisas fiquem materialmente ligadas entre si e o termo união é perfeitamente adequado para ambas as hipóteses[1981]. Usá-lo-emos, assim, quer para referir o pressuposto material da acessão industrial mobiliária (com excepção dos casos de mistura), quer o da acessão industrial imobiliária.

Por último, esclarecemos que a união não é requerida em todas as hipóteses de acessão. Não o é, nomeadamente, na hipótese de avulsão (art.

[1977] O art. 1333.º, mencionando objecto e não simplesmente coisa, poderia dar a ideia de que se trata somente da mistura de sólidos. Mas nada autoriza tal asserção. As coisas confundidas por mistura podem ser sólidas, líquidas ou gasosas. A assessão opera independentemente do estado das coisas misturadas.

[1978] Que são igualmente coisas corpóreas.

[1979] A mistura (confusão) é regulada no contexto sistemático da acessão industrial mobiliária, por respeitar a coisas móveis. Não se configuram hipóteses de mistura envolvendo coisas imóveis.

[1980] O BGB alemão designa de união quer a hipótese de ligação entre duas coisas móveis (§ 947), quer a de ligação de uma coisa móvel a uma coisa imóvel (§946). Já o Codice Civile italiano reserva o termo união para conjunções entre coisas móveis (art. 939.º).

[1981] O BGB, por exemplo, usa o termo união quer no que toca aos móveis quer relativamente à combinação de uma coisa móvel com uma coisa imóvel. Cf. a nota anterior.

1329.º), nas quais a lei portuguesa se parece bastar com um mero contacto material gerado pelo arranque ou deslocação de plantas, de solo ou de qualquer outra coisa de um prédio para outro, por força da acção violenta de um elemento da natureza (água, vento ou outro). Se o proprietário da coisa arrastada para outro prédio não a reclamar ao dono deste no prazo de seis meses, este último adquire o direito de propriedade sobre ela.

Também os casos de acessão natural subsumíveis no art. 1327.º, não requerem qualquer união entre duas coisas. Assim, a água da chuva que cai num prédio é propriedade do dono deste, haja caído numa porção de solo ou numa parte construída.

III. O segundo requisito da acessão é a inseparabilidade da coisa resultante da união ou mistura de duas (ou mais) coisas autónomas.

Já no Direito romano se estabelecia que se a união para formar uma coisa composta permitia que subsistisse a propriedade anterior, cada proprietário podia exigir a separação de quem possuísse a coisa inteira e, a seguir, reivindicá-la[1982].

Se duas (ou mais) coisas se ligam entre si por um qualquer facto, mantendo-se, no entanto, a possibilidade da sua separação, a acessão não se dá e qualquer dos proprietários pode exigir a separação e reivindicar a sua coisa de quem a tiver em sem poder.

Deste modo, se a união ou mistura de duas (ou mais) coisas é precária, não definitiva[1983], e elas podem voltar à sua primitiva forma com um acto de separação, a autonomia jurídica das coisas mantém-se e não há que suscitar a aplicação do regime jurídico da acessão.

No Codice Civile italiano (art. 939.º) dispõe-se que "quando várias coisas pertencentes a diversos proprietários foram unidas ou combinadas de modo a formarem um todo, mas são separáveis sem deterioração considerável, cada um conserva a propriedade sobre a sua coisa e tem direito a obter a separação".

A inseparabilidade não vem mencionada como requisito da acessão na noção legal constante do art. 1325.º do Código Civil português. No entanto, dispõe-se explicitamente no artigo 1333.º, n.º 1 "que a separação deles – o preceito refere-se à união ou confusão de objectos – não seja possível".

[1982] MAX KASER, Direito Privado Romano, cit., pág. 159.

[1983] Afirma, com razão, WOLF, Sachenrecht, cit., pág. 284, que a união deve ser duradoura. Uma união episódica não integra duas coisas numa só.

E nos artigos 1334.º e 1335.º supõem-se implicitamente uma inseparabilidade, ou melhor, que a separação não seja possível sem detrimento de alguma das coisas.

Apesar de uma menção à inseparabilidade surgir apenas no contexto da acessão industrial mobiliária, nem por isso este requisito deixa de valer para todas as hipóteses de acessão[1984]. Com efeito, a incorporação aludida nos artigos 1325.º, 1340.º e 1342 repousa numa ligação material duradoura, definitiva, que não uma mera justaposição de coisas, ou seja, que uma dada coisa se haja combinado com uma coisa imóvel e faça com esta um novo conjunto (inseparabilidade).

A inseparabilidade de que falamos como requisito da acessão não deve ser entendida em sentido material. De certo modo, com as tecnologias modernas, quase todas as coisas são separáveis. De inseparabilidade fala-se, porém, num sentido normativo. Este sentido transparece, com clareza, dos artigos 1333.º, n.º 1, 1334.º, números 1 e 2 e 1335.º, n.º 1, que evidenciam que existe inseparabilidade, não apenas se a separação das coisas não for – materialmente – possível, mas também quando qualquer das coisas unidas ou misturadas não puder separar-se daquela com que foi unida ou misturada sem sofrer prejuízo, isto é, sem se perder ou deteriorar[1985].

O critério normativo assenta, pois, na possibilidade de as coisas, ambas ou uma delas[1986], poderem voltar à sua primitiva forma sem sofrerem dano irreparável[1987]. Se houver detrimento de uma das coisas[1988], mesmo havendo possibilidade técnica de separação, há inseparabilidade para efeitos de acessão.

[1984] Com excepção da especificação, que não constitui uma hipótese de acessão.

[1985] Assim, o art. 1331.º, n.º 1 dispõe que "a separação – dos objectos – não seja possível ou, *sendo-o, dela resulte prejuízo para alguma das partes ...*" (o itálico é nosso). No art. 1334.º, números 1 e 2 fala-se apenas em a coisa não poder ser separada sem padecer "detrimento", o que também pressupõe a separabilidade material, e no art. 1335.º, n.º 1 repete-se a fórmula do artigo anterior.

[1986] O regime português não distingue qualquer das coisas se a união ou mistura (confusão) for de boa fé ou casual (art. 1333.º, n.º 1 e 1335.º, n.º 1), devendo considerar-se que o prejuízo pode verificar-se em qualquer delas. Porém, tratando-se de união ou mistura de má fé, o prejuízo a considerar é apenas o respeitante à coisa alheia (art. 1334.º, n.º 1), permitindo a lei que o proprietário desta exija a separação e reivindicação contra o agente de má fé, mesmo que a coisa deste sofra detrimento.

[1987] Se a deterioração provocada pela separação material de duas coisas combinadas pode ser reparada, não se pode falar de inseparabilidade para efeitos do regime jurídico da acessão, continuando o proprietário de qualquer das coisas ligadas a ter direito a exigir a separação e a reivindicar a sua coisa.

[1988] Veja-se o que dissemos na penúltima nota.

Quer dizer, mesmo que materialmente as coisas unidas ou combinadas possam ser separadas, há inseparabilidade quando pelo menos uma das coisas unidas ou misturadas não puder ser separada da outra sem implicar a sua perda (destruição) ou deterioração irremediável.

Inseparabilidade significa, pois, que não basta um mero contacto material, uma justaposição de coisas, para que haja lugar à aplicação do regime da acessão. Somente quando as coisas adjuntas ou misturadas perdem a sua autonomia como coisas para se integrarem numa nova coisa (simples) se pode falar de acessão.

Não havendo inseparabilidade, qualquer dos proprietários das coisas justapostas pode reclamar a separação e a entrega (reivindicação) a quem a tenha em seu poder.

Como decorre do que dissemos, a coisa que resulta da união ou mistura de duas (ou mais) coisas é sempre uma coisa simples, mesmo atendendo a que pode incorporar uma outra anteriormente autónoma do ponto de vista jurídico.

IV. No Direito romano a acessão envolvia apenas coisas que estivessem entre si numa relação de coisa principal e coisa acessória[1989], entendendo-se por acessória aquela que estivesse ao serviço ou ornamentação de uma outra (principal) ou que a completasse[1990].

O Direito português não faz depender a acessão da existência de uma relação de acessoriedade de uma das coisas unidas ou misturadas em relação à outra. Assim, se duas coisas se completam, sem se divisar qual delas é a principal ou não havendo mesmo uma coisa principal e outra acessória, a sua união inseparável determina a aplicação do regime da acessão.

De resto, o Código Civil prevê mais do que uma hipótese em que as coisas unidas ou misturadas têm igual valor (cf. os artigos 1333.º, n.º 2, 1335.º, n.º 3, 1340.º, n.º 2), o que significa que admite a aplicação do regime da acessão não havendo qualquer acessoriedade de uma das coisas relativamente à outra.

[1989] Santos Justo, Direito Privado Romano, cit., 7.2.3., pág. 61, Sanfilippo, "Accessione (Diritto romano)", cit., pág. 64 e 65.

[1990] O entendimento do que seja a acessoriedade motivou controvérsia entre a escola dos Sabinianos e dos Proculianos, pois os primeiros consideravam que a coisa principal era a maior, enquanto os segundos atendiam à função económica e social da *res*. Segundo os Proculianos, a coisa que na união conserva a sua qualidade, imprimindo-a ao todo, é principal. Foi esta última concepção que veio a prevalecer no Direito justinianeu. Cf. Sanfilippo, "Accessione (Diritto romano)", cit., pág. 66.

Assim, a acessoriedade de uma coisa em relação à outra (principal) não constitui requisito da acessão no direito português.

265. O âmbito da acessão. Delimitação negativa

I. Nem todas as situações de união ou mistura de coisas pertencentes a proprietários diferentes desencadeiam a aplicação do regime jurídico da acessão.

As partes podem, com fundamento no princípio da autonomia privada, regular negocialmente a união ou mistura de coisas que lhes pertencem, de forma que a situação fique sujeita às regras do negócio jurídico em questão e não às regras da acessão[1991].

Podemos, assim, afirmar que o regime da acessão não tem aplicação sempre que a disciplina do negócio jurídico celebrado entre as partes regule a união ou mistura de coisas pertencentes a elas. A regulação própria do negócio jurídico afasta, assim, o regime da acessão.

II. Não é só a submissão da situação ao regime do negócio jurídico celebrado que pode determinar a não aplicação das regras da acessão em casos em que ocorre a verificação dos requisitos desta. Também o regime próprio de um direito ou o facto de a lei determinar simplesmente a aplicação de outra disciplina normativa pode arredar o funcionamento da acessão.

A constituição de um direito de superfície (art. 1524.º e segs.) é o exemplo mais elucidativo de uma situação não sujeita a um regime negocial e em que o regime da acessão não recebe aplicação. O direito de superfície permite que o superficiário faça ou mantenha obra ou plantação em terreno alheio, sem que o proprietário do solo possa reclamar a acessão para adquirir a obra ou a plantação enquanto o direito durar. Quando se extingue a superfície pelo decurso do prazo, a lei determina que o implante seja adquirido automaticamente pelo proprietário do solo (art. 1538.º, n.º 1), não havendo aplicação do regime da acessão.

Há, por outro lado, um grupo de casos em que titulares de direitos, reais ou de crédito, têm o poder de actuar materialmente sobre uma coisa corpórea alheia, podendo resultar do exercício desse poder a união de coisas pertencentes a proprietários distintos, e que a lei portuguesa não submete às regras da acessão, mas sim ao regime das benfeitorias (artigos 1273.º a 1275.º).

[1991] Cf. Alpa, "Accessione", cit., pág. 29 e seg.

Dentro deste grupo de casos, encontramos o possuidor (artigos 1273.º a 1275.º), o comproprietário (1411.º), o usufrutuário (1450.º), o usuário e morador usuário (1450.º ex vi do art. 1490.º), o locatário (art. 1046.º, n.º 1) e o comodatário (art. 1138.º, n.º 1).

III. Conforme decorre do exposto, o regime da acessão só se aplica à hipótese de união ou mistura de coisas pertencentes a proprietários diferentes quando não haja um outro regime que regule especificamente a situação. Uma união de coisas realizada por uma das partes de um contrato cujas regras a regulam ou por um possuidor não é regulada pelas regras da acessão.

Isto mostra que o regime da acessão tem carácter subsidiário, mesmo se isso não surge explicitado pela lei. Discordamos, assim, daqueles que vêem na acessão o regime regra para os casos em que ocorre uma união ou incorporação de coisas de diferentes proprietários. A amplitude dos casos abrangidos pelo regime jurídico das benfeitorias não confirma este ponto de vista.

A acessão só opera quando a união ou mistura de coisas propriedade de diferentes donos não seja regulada por outro regime específico.

266. Acessão e benfeitorias

O Direito português apresenta uma dificuldade substancial de distinção entre acessão e benfeitoria. Na verdade, e conforme explicámos anteriormente, as benfeitorias podem consistir num melhoramento que se traduz na união ou mistura de uma ou mais coisas noutra coisa (a coisa beneficiada)[1992]. Coloca-se então o problema de saber que regime jurídico se aplica, o das benfeitorias (artigos 1273.º a 1275.º) ou o regime jurídico da acessão, mobiliária ou imobiliária?

O problema agrava-se pelo facto de o regime das benfeitorias pressupor uma posse. Ora, dificilmente os casos de acessão têm lugar sem que o autor da união ou mistura seja um possuidor[1993], pois, na grande maioria das vezes, sem o controlo material da coisa a união ou mistura não seria possível.

Como consequência disto, assiste-se a um esvaziamento considerável do âmbito de aplicação da acessão, a qual ficaria limitada aos casos em que não

[1992] Cf. supra no texto.

[1993] Menezes Cordeiro, Direitos Reais, cit., pág. 513.

existe posse ou o agente da união ou mistura tem uma simples detenção (sem posse nos termos de qualquer direito).

Defronte do cenário de dificuldade, a doutrina ensaiou vários critérios de classificação entre benfeitorias e acessão. A tentativa mais antiga é a de Manuel Rodrigues[1994]. Este professor distinguia os actos de acessão das benfeitorias fazendo notar que os primeiros, determinando a alteração do objecto da posse, inovam. A esta doutrina aderiria Manuel de Andrade[1995].

A doutrina exposta, elaborada debaixo do Código Civil de Seabra, não deixaria de ter eco na jurisprudência do Código Civil de 1966, continuando surpreendentemente a influenciar acórdãos relativamente recentes do Supremo Tribunal de Justiça[1996].

Em Pires de Lima/Antunes Varela[1997] deparamos com outra teoria: "a benfeitoria e a acessão, embora objectivamente se apresentem com caracteres idênticos, pois há sempre um benefício material para a coisa, constituem realidades jurídicas distintas. A benfeitoria consiste num melhoramento feito por quem está ligado à coisa em consequência de uma relação ou vínculo jurídico, ao passo que a acessão é um fenómeno que vem do exterior, de um estranho, de uma pessoa que não tem contacto jurídico com ela".

Como sempre, a doutrina de Pires de Lima/Antunes Varela marcaria o passo da jurisprudência dos tribunais superiores, tornando-se rapidamente na jurisprudência dominante, até hoje[1998].

Menezes Cordeiro[1999], com a prevenção de que se trata de harmonizar o inarmonizável, sugere três critérios interpretativos:

- A regra geral é a acessão;
- A regra especial é a aplicação do regime das benfeitorias, quando a lei o determine;
- Havendo "mera posse", a solução deve ser ponderada "à luz de cada caso concreto que surja".

1994 A Posse, cit., pág. 312.

1995 A Teoria Geral da Relação Jurídica, Vol. I, cit., pág. 273 e segs.

1996 Ac. 12.02.2004, Proc. 03B4377 e Ac. 29.01.2004, Proc. 03B4163, em www.dgsi.pt.

1997 Código Civil Anotado, cit., pág. 162 e seg.

1998 A título exemplificativo, cf. o Ac. STJ de 08.01.2004, Proc. 03B3787, o Ac. STJ de 08.02.1996, Proc. 087995, o Ac. STJ de 14.12.1994, Proc. 086013, o Ac. STJ de 25.02.1987, Proc. 073714 e Ac. STJ de 18.01.1983, Proc. 070214, todos em www.dgsi.pt.

1999 Direitos Reais, cit., pág. 516 e seg.

Perscrutando o regime jurídico, verificamos que a lei remete diversas vezes para o regime das benfeitorias quando alguém actua sobre uma coisa no âmbito de um relação jurídica, real ou obrigacional. Isso sucede no regime da locação (art. 1046.º, 1074.º, n.º 5), no comodato (art. 1138.º), na compropriedade (art. 1411.º), no usufruto (1450.º), no uso e habitação (art. 1490.º), na colação (art. 2115.º), na redução de liberalidades inoficiosas (art. 2177.º) e nos legados (art. 2269.º).

Podemos, assim, afirmar, com PIRES DE LIMA/ANTUNES VARELA, que sempre que existe uma relação jurídica que legitime alguém a actuar sobre uma coisa e ocorre uma união ou mistura que pode ser qualificada como benfeitoria se aplica sempre o regime jurídico destas (artigos 1273.º a 1275.º)?

Não vamos tão longe. Em nossa opinião, fora dos casos em que a lei preveja a aplicação do regime das benfeitorias[2000], toda a união ou mistura de coisas pertencentes a proprietários diversos está sujeita ao regime da acessão, mesmo que o agente da incorporação seja possuidor. O que leva realmente a uma restrição do alcance literal dos artigos 1273.º a 1275.º do Código Civil, mas que salvaguarda um campo útil de aplicação ao regime da acessão, que de outro modo ficaria confinado aos casos, muito raros, em que a união ou mistura se efectua por alguém que não é possuidor.

267. Classificações de acessão

I. A principal classificação legal de acessão distingue esta em natural e industrial (art. 1326.º, n.º 1). Se a união ou mistura de coisas resulta de um facto da natureza, nomeadamente, do vento ou da água, a acessão diz-se natural; se, diversamente, ela surge de uma acção humana, a acessão é industrial.

Esta classificação orienta a exposição sistemática da matéria. A subsecção II do Capítulo II do Título II do Livro do Direito das Coisas, dedicado à aquisição da propriedade, versa sobre a acessão natural (artigos 1327.º a 1332.º), enquanto as secções III e IV regulam a acessão industrial.

A acessão industrial, por sua vez, é mobiliária ou imobiliária (art. 1326.º, n.º 2). É mobiliária quando a união ou mistura se processa exclusivamente entre coisas móveis[2001]; é imobiliária sempre que a união envolva uma coisa imóvel.

[2000] O que acontece nos casos indicados.

[2001] Os romanos distinguiam na acessão de coisas móveis:
– A *ferruminatio*: duas coisas do mesmo metal soldadas uma à outra;

A classificação da acessão industrial em mobiliária e imobiliária conduz a uma subsequente repartição sistemática da matéria, a primeira na subsecção III e a segunda na subsecção IV do Capítulo II do Título II, embora a lei portuguesa não siga uma linha clara de demarcação. E dizemos isto, porquanto a secção dedicada à acessão industrial mobiliária não contém somente o regime desta, mas inclui ainda a disciplina da especificação (artigos 1336.º a 1338.º), a qual, embora historicamente tratada a propósito da acessão, constitui um diferente facto aquisitivo da propriedade.

Outra classificação menos importante distingue entre acessão intencional e casual. Esta classificação aflora no art. 1335.º, cuja epígrafe é justamente "confusão causal", e vale unicamente para a acessão industrial mobiliária. A acessão é intencional quando a união ou mistura de coisas móveis pertencentes a donos diferentes seja o resultado de uma acção humana a ela dirigida; é casual quando for o resultado fortuito de uma acção humana com outro fim.

Outras modalidades de acessão surgem referidas na doutrina. Assim, fala-se em acessão vertical[2002] para significar a aquisição de propriedade sobre obras construídas sobre o solo e em acessão lateral em hipóteses em que se procede à delimitação de imóveis objecto de factos naturais[2003]. Por acessão invertida pretende-se significar a hipótese em que o direito à acessão é atribuído ao construtor de obra em detrimento do proprietário do solo e do princípio *superficies solo cedit*.

268. Acessão e boa fé

O regime da acessão diverge consoante o autor da união ou mistura aja de boa ou de má fé[2004]. Assim, a união ou mistura de coisas móveis fica

– A *adplumbatio*: união de duas coisas feitas no mesmo metal, mas soldadas num metal diferente;
– A *scriptura*: a união dos carateres ortográficos com o material onde se escreve;
– *Pictura*: a união do desenho ou pintura ao material onde era feito;
– *Tinctura*: união de verniz e tinta com a coisa envernizada ou pintada;
– *Textura*: a união de fios com um tecido alheio.

Sobre esta matéria, e por todos, cf. Santos Justo, Direito Privado Romano, cit., 7.2.3., pág. 62 e seg.

2002 Alpa, "Accessione", cit., pág. 31.

2003 Trata-se fundamentalmente dos subtipos da acessão natural. Cf. Alpa, "Accessione", cit., pág. 36.

2004 Para uma projecção dos efeitos da boa fé e da má fé no regime jurídico da acessão, cf. Menezes Cordeiro, Da Boa Fé No Direito Civil, Vol. I, 47., pág. 466 e segs.

sujeita ao regime do art. 1333.º ou ao regime do art. 1334.º, consoante o autor da união ou mistura tenha agido de boa fé ou de má fé. Também o regime da acessão industrial imobiliária depende em larga medida da avaliação deste aspecto da conduta do autor da união ou mistura. Na hipótese mais importante, a da realização de sementeira, plantação ou obra em terreno alheio, a aplicação do art. 1340.º ou do art. 1341.º decide-se em função da existência de boa fé (art. 1340.º) ou de má fé (art. 1341.º); e também nos artigos 1342.º e 1343.º a disciplina normativa consagrada se apoia neste juízo da conduta do agente.

A lei portuguesa apenas estabelece o que se deve entender por boa fé no contexto da acessão industrial imobiliária, concretamente, no art. 1340.º, n.º 4: "entende-se que houve boa fé, se o autor da obra, sementeira ou plantação desconhecia que o terreno era alheio, ou se foi autorizada a incorporação pelo dono do terreno".

Aparentemente, estaríamos defronte de uma concepção subjectiva psicológica de boa fé[2005], corporizada na ideia de ignorância "que o terreno era alheio" ou numa autorização do dono do terreno. Se descontarmos agora a sub-hipótese de uma autorização do dono do terreno, bastaria a mera ignorância do agente quanto à existência de um direito alheio sobre a coisa unida ou misturada para que se devesse considerar estar o mesmo de boa fé. Nesta ordem de ideias, o regime da acessão seria igual ao da posse (art. 1260.º, n.º 1)[2006].

Os argumentos a favor de uma concepção ética de boa fé no regime da acessão foram por nós expressados aquando do problema paralelo em matéria de posse[2007]. A concepção psicológica de boa fé não corresponde hoje às exigências do tráfico jurídico. As pessoas não podem ficar à mercê da inércia e da ignorância dos outros no conhecimento dos seus direitos, sujeitando-se aos desígnios da conduta daqueles que justamente não revelam qualquer iniciativa para os respeitar.

A boa fé subjectiva exprime um juízo valorativo da ordem jurídica sobre a conduta do agente e não é compatível com o desleixo e incúria deste no conhecimento das posições jurídicas dos outros. Por isso, o desconhe-

[2005] É a doutrina de PIRES DE LIMA/ANTUNES VARELA, Código Civil Anotado, cit., pág. 164. No mesmo sentido, ver ainda CARVALHO FERNANDES, Lições De Direitos Reais, cit., pág. 330.

[2006] Na jurisprudência, veja-se o ac. STJ de 06.07.2006, Proc. 05A4270, o Ac. STJ de 22.06.2005, Proc. 05B1524 e o Ac. STJ de 05.11.1998, Proc. 98A548, em www.dgsi.pt.

[2007] Cf. supra no texto.

cimento a que se alude no art. 1340.º, n.º 4 não é a simples ignorância do direito de alguém sobre uma coisa, é o desconhecimento desculpável desse direito.

No art. 1340.º, n.º 4 consagra-se uma concepção ética de boa fé no domínio da acessão industrial[2008]. Esta concepção subjectiva ética vale tanto para a acessão industrial imobiliária, como para a acessão industrial mobiliária.

269. Acessão natural. Regime

O art. 1327.º dispõe que "pertence ao dono da coisa tudo o que a esta acrescer por efeito da natureza".

Este preceito dificilmente se articula com o restante regime da acessão, que requer uma união ou mistura de coisas, parecendo inspirado na velha orientação romana que englobava debaixo do termo *accedere* ou *accessio* tudo aquilo que podia importar um acréscimo, um aumento, de uma coisa.

Já vimos, porém, que o direito português rejeitou a orientação do Code Civil francês de considerar incluído no conceito de acessão os frutos (incluindo as crias dos animais) e produtos gerados por uma coisa. Aquilo que é gerado pelo poder reprodutivo da coisa (ou do animal) ou é gerado por ela (produtos), por força de reacções químicas, orgânicas ou outras, não gera nenhuma aquisição de propriedade por acessão.

Dentro da orientação seguida em matéria de acessão pelo Código Civil português, e que o art. 1325.º ilustra, o art. 1327.º apenas pode ser entendido como referência aos casos em que, por um facto da natureza, uma coisa se vem juntar a outra. Parece, todavia, que não se requer uma união ou mistura, bastando a mera junção ou contacto das duas (ou mais) coisas.

Por outro lado, o art. 1327.º só se aplica a coisas *nulius*. O confronto com o regime da avulsão (art. 1329.º) evidencia bem que a aquisição da propriedade sobre a coisa acrescida supõe que sobre ela não recaia um direito de propriedade de alguém.

270. Acessão industrial mobiliária

O regime da acessão industrial mobiliária contém, a par do regime da acessão propriamente dita, a disciplina dos casos de especificação (artigos

[2008] No sentido da defesa de uma concepção ética de boa fé subjectiva, com a qual concordamos em absoluto, cf. MENEZES CORDEIRO, Tratado De Direito Civil Português, Tomo I, cit., 73., pág. 228 e segs.

1336.º a 1338.º). Porquanto esta constitui um facto aquisitivo da propriedade que é distinto da acessão, não o consideraremos nesta sede.

O regime português da acessão industrial mobiliária distingue três hipóteses:

- A união ou mistura (confusão) feita de boa fé (art. 1333.º);
- A união ou mistura (confusão) feita de má fé (art. 1334.º);
- A união ou mistura (confusão) casual (art. 1335.º).

Este regime revela, na verdade, dois critérios distintos. O primeiro leva a separar o âmbito de aplicação dos artigos 1333.º e 1334.º relativamente ao artigo 1335.º. A união ou confusão de coisas móveis pode ser o resultado de uma acção humana dirigida a ela ou não o ser. Neste último caso, aplica-se o art. 1335.º[2009]. Este preceito é ainda aplicável quando o autor da união ou mistura é um terceiro, o que não acontece em nenhuma das hipóteses de acessão previstas nos artigos 1333.º e 1334.º[2010].

Sendo a união ou confusão o produto de uma acção humana que a teve como propósito, há que ajuizar se ela foi levada a cabo de boa ou de má fé pelo seu autor. Este segundo critério determina a aplicação do art. 1333.º ou do art. 1334.º.

271. União ou mistura de boa fé

I. A união ou mistura de coisas móveis feita de boa fé tem o seu tratamento no art. 1333.º. Quando alguém de boa fé une ou mistura de modo inseparável duas (ou mais) coisas móveis o direito intervém, atribuindo a um dos proprietários das coisas unidas ou misturadas a propriedade sobre o novo conjunto.

O critério básico para determinar qual dos proprietários fica dono da nova coisa é o do valor. Tem direito à acessão o proprietário da coisa unida ou misturada de maior valor ("faz seu o objecto adjunto o dono daquele que for de maior valor" – art. 1331.º, n.º 1).

Em todo o caso, a lei portuguesa não impõe ao proprietário da coisa de maior valor que fique com a coisa adjunta se não houver sido ele o autor da

[2009] A acessão mobiliária casual resulta da acção do homem, ainda que não intencional, e distingue-se, por isso, da acessão natural, que é sempre desencadeada por elementos da natureza.

[2010] Para uma explicitação mais detalhada do âmbito de aplicação do art. 1335.º, cf. infra no texto, no ponto dedicado à união ou mistura casual.

união ou mistura. O titular do direito à acessão pode renunciar ao direito, optando por ser indemnizado pelo valor da sua coisa, quando não tenha sido ele a causar a união ou mistura (art. 1331.º, n.º 4). Neste caso, o autor da união ou da mistura adquire a propriedade da nova coisa[2011], ficando obrigado a indemnizar o outro proprietário do valor da coisa que este perdeu.

II. Pode acontecer que as coisas unidas ou misturadas tenham o mesmo valor. Nesse caso, a lei deixa à autonomia dos proprietários a decisão sobre a qual deles ficará a pertencer a coisa adjunta (art. 1333.º, n.º 2 1.ª parte).

Na falta de acordo, poder-se-á abrir licitação, se os proprietários assim o quiserem. O direito de propriedade sobre a nova coisa caberá ao proprietário que oferecer mais, devendo o adjudicatário pagar ao proprietário preterido o valor da coisa que adquiriu (art. 1333.º, n.º 2).

Não havendo acordo entre os proprietários sobre qual deles ficará com a coisa adjunta, e tendo eles recusado a licitação, proceder-se-á à venda da coisa, recebendo cada proprietário metade do valor do preço[2012].

De qualquer modo, ressalvado fica sempre o direito do proprietário da coisa unida ou misturada que não causou a união ou mistura exigir o pagamento de indemnização ao autor dela (art. 1333.º, n.º 4). Neste caso, a lei sujeita este último a ficar com a coisa adjunta e obriga-o ao pagamento da indemnização respectiva.

272. União ou mistura de má fé

I. O art. 1334.º, n.º 1 regula uma hipótese que não é de acessão. Havendo separabilidade das coisas sem detrimento de qualquer delas, o proprietário pode reivindicar a sua coisa, e se não houver sido o autor da junção tem direito a ser indemnizado, nos termos gerais de direito (art. 1334.º, n.º 1).

Esta norma vale, de resto, tanto nos casos de junção de má fé, como de boa fé. Quando não há inseparabilidade, as coisas juntas mantêm a sua autonomia jurídica e podem ser objecto de reivindicação pelo proprietário respectivo. Havendo, além do mais, uma violação do direito de propriedade

[2011] A técnica usada no art. 1331.º, n.º 4 impõe ao autor da união ou mistura um estado de sujeição em relação a dois direitos potestativos do outro proprietário. O primeiro é o direito de acessão, no caso da coisa ser de maior valor; o segundo é o direito a ser indemnizado pelo valor da sua coisa, ainda que a mesma seja a de maior valor, se não quiser beneficiar da acessão.

[2012] É possível que a coisa adjunta seja vendida por um preço inferior ou superior à soma do valor de cada uma das coisas unidas ou misturadas. Quando isso suceda, a cada um dos proprietários caberá metade do preço da venda, pois o valor das coisas unidas ou misturadas é igual.

daquele cuja coisa é envolvida em combinação com outra, o agente é responsável pelos danos que causar ao proprietário (art. 483.º, n.º 1 do Código Civil).

II. Uma hipótese de acessão verdadeira consta do n.º 2 do art. 1334.º. Se alguém de má fé unir ou misturar coisa sua com coisa alheia[2013], o dono desta última tem um direito em alternativa: beneficiar da acessão, pagando ao autor da união ou mistura uma indemnização calculada segundo as regras do enriquecimento sem causa, ou exigir deste o pagamento do valor da sua coisa, acrescido de indemnização a que eventualmente haja lugar pela violação do direito de propriedade (art. 1334.º, n.º 2). Neste caso, será o autor da união ou mistura a beneficiar da acessão, mas terá de pagar a coisa unida ou misturada ao seu proprietário e indemnizá-lo do prejuízo causado, nos termos gerais de Direito.

273. A união ou mistura (confusão) casual

I. Dissemos antes que consideramos haver união ou mistura casual quando esta, resultando embora de uma acção humana, não tem por propósito combinar duas (ou mais) coisas. Seguindo esta ideia, estamos ainda no contexto da acessão industrial[2014].

O regime da união ou mistura casual é o mesmo da acessão industrial mobiliária feita de boa fé, com a única excepção de o direito atribuído ao proprietário da coisa adjunta que não causou a união ou mistura de ser indemnizado, previsto no n.º 4 do art. 1333.º, não ter sido consagrado nesta sede. Remetemos, pois, para o que dissemos quanto a esse regime.

II. A nosso ver, o art. 1335.º abrange igualmente os casos em que o autor da união ou mistura não é um dos proprietários das coisas unidas ou misturadas, mas um terceiro. A hipótese tem paralelo com a que se encontra subjacente ao art. 1342.º em sede de acessão industrial imobiliária, só que respeita unicamente a coisas móveis.

A dispensa do juízo valorativo correspondente à boa fé ou má fé é elucidativa do facto de a lei portuguesa ter principalmente em vista no art.

[2013] A factis specie do art. 1334.º é a mesma do art. 1333.º, com a única diferença da existência de má fé no autor da união ou mistura.

[2014] Em sentido diferente, Menezes Cordeiro, Direitos Reais, cit., pág. 504 e Da Boa Fé No Direito Civil, Vol. I, 47., pág. 467.

1335.º a actuação de um terceiro, portanto, de quem não vai beneficiar da acessão e, portanto, relativamente a quem a ponderação deste vector do comportamento não é necessário.

A excluir-se a acessão por terceiro do disposto no art. 1335.º, terá de se reconhecer a existência de uma lacuna legal, o que, a nosso ver, conduzirá ao mesmo resultado prático, a analogia com aquele preceito.

III. Chegados a este ponto, estamos em condições de construir o âmbito de aplicação do art. 1335.º. Talhado aparentemente para as hipótese em que a união ou mistura é feita sem esse propósito por um dos proprietários das coisas em presença, este preceito inclui também os casos em que a união ou mistura deriva de um facto de terceiro, intencional ou não.

274. A acessão industrial imobiliária

I. A acessão industrial imobiliária contempla os casos que o Direito romano abordava nas situações denominadas de *inaedificatio*, *satio* e *plantatio*[2015] e que os jusnaturalistas chamaram depois acessão de móveis a imóveis, tendo o Direito português contemplado igualmente o prolongamento de edifício por terreno alheio (art. 1343.º), que é estranho às fontes romanas.

A arrumação da matéria no Código Civil português é feita a partir de quatro hipóteses:

- Obras, sementeiras e plantações em solo próprio com materiais alheios (art. 1339.º);
- Obras, sementeiras e plantações feitas em terreno alheio, distinguindo-se a boa fé ou a má fé do autor da união (art. 1340.º e 1341.º);
- Obras, sementeiras e plantações feitas com materiais alheios em terreno alheio (art. 1342.º);
- Prolongamento de edifício por terreno alheio (art. 1343.º).

II. No art. 1339.º a situação versada é a do proprietário de terreno que faz obra, plantação ou sementeira com materiais, plantas ou sementes de terceiro sem o consentimento deste. Havendo inseparabilidade, no sentido

[2015] Cf. Branca, "Accessione", cit., pág. 261, Sanfilippo, "Accessione (Diritto romano)", cit., pág. 66 e, com mais detalhe, Santos Justo, Direito Privado Romano, cit., 7.2.3.2., pág. 63 e seg. A *inaedificatio* reporta-se à construção de um edifício ou a realização de uma obra em solo pertencente a outro proprietário. A *satio* representa a sementeira feita num terreno alheio, enquanto a *plantatio* engloba a plantação em terreno de outrem.

que atrás expusemos[2016], o proprietário do terreno beneficia da acessão, estando obrigado a pagar o valor das coisas que utilizou ao seu proprietário, bem como, sendo o caso, a indemnizar os prejuízos que haja causado.

O art. 1339.º não contém nenhuma menção à boa fé ou à má fé do autor da união, como sucede em todos os outros preceitos relativos à acessão industrial imobiliária. O princípio *superficies solo cedit* vale aqui em todo a sua plenitude. O proprietário do solo adquire sempre a propriedade das coisas que incorpora no solo[2017], esteja de boa ou de má fé.

Ao proprietário das coisas unidas ao solo não é dado nunca o direito de acessão. A ele cabe unicamente o direito a ser pago do valor das coisas que perdeu, e a ser indemnizado, se for o caso, nos termos gerais de direito, pela violação do direito de propriedade sobre aquelas.

III. O paradigma da acessão industrial imobiliária é o da construção de obra, plantação ou sementeira em terreno alheio. O Código Civil distingue, no entanto, consoante o autor da união estava de boa fé ou de má fé.

Se a união houver sido feita de boa fé, o direito à acessão é feito depender do valor que a obra, sementeira ou plantação tiver trazido à totalidade do prédio. Caso a valorização trazida pelo implante material ou vegetal ao prédio for maior do que o valor que ele tinha antes da união, o direito à acessão pertence ao autor desta, em detrimento do proprietário do prédio (art. 1340.º, n.º 1).

Note-se, que não é qualquer aumento de valor que determina a atribuição do direito à acessão ao autor do implante. Apenas se o valor trazido ao prédio exceder o valor que este tinha no momento da incorporação a acessão cabe ao autor da união.

O art. 1340.º, n.º 1 contém uma significativa derrogação ao princípio *superficies solo cedit*. Este princípio, que significa que tudo aquilo que se constrói, planta ou semeia sobre o solo (ou subsolo) do prédio fica a pertencer ao proprietário deste, era regra absoluta no Direito romano e ainda hoje rege as soluções legais das principais ordens jurídicas europeias, mas, na sua plenitude, foi abandonado pelo Direito português[2018].

[2016] Cf. supra no texto.

[2017] Ou noutra coisa já no solo incorporada.

[2018] Convém não exagerar no alcance da derrogação do princípio *superficies solo cedit*. Oliveira Ascensão, afirma que a acessão industrial imobiliária não é no direito português emanação deste princípio, Direito Civil – Reais, cit., 146. pág. 305. Todavia, o art. 1340.º, n.º 1, o art. 1342.º, n.º 1 e o art. 1343.º são os únicos casos em que tal princípio é derrogado no Código Civil, surgindo a

Quando o implante não trás ao prédio uma valorização superior ao valor que ele tinha antes da união, o direito de acessão é atribuído ao proprietário do prédio (art. 1340.º, n.º 3). A lei portuguesa volta aqui ao princípio *superficies solo cedit.*

No caso de a obra, sementeira ou plantação acrescentar ao prédio o valor exacto que este tinha antes dela ocorrer, o art. 1340.º, n.º 2 determina que haja licitação entre os proprietários, remetendo para o disposto no art. 1333.º, n.º 2 quanto à forma dessa licitação.

O prédio com o implante será adjudicado àquele que oferecer mais pelo conjunto, devendo o proprietário preterido receber a indemnização que no caso lhe couber. Essa indemnização consistirá no valor do prédio ao tempo da obra, sementeira ou plantação, se for o autor do implante a beneficiar da acessão, ou no valor da obra, sementeira ou plantação ao tempo da união, se for o proprietário do prédio o beneficiário, como decorre do n.º 1 e do n.º 3 do art. 1340.º, respectivamente.

IV. Se a construção, a sementeira ou a plantação houver sido feita de má fé, o art. 1341.º dá um direito em alternativa ao proprietário do prédio: a reconstituição da situação existente no prédio antes da união ou a acessão.

No primeiro caso, o proprietário do prédio pode destruir o implante realizado, recaindo sobre o autor da união o dever de suportar o custo de reposição da situação anterior, assim como a indemnização dos danos eventualmente sofridos pelo proprietário[2019], nos termos gerais de direito.

No art. 1341.º o regime da acessão obedece somente ao princípio *superficies solo cedit*. Apenas o proprietário do prédio pode adquirir a propriedade do implante, não o autor da união. No confronto com o art. 1340.º, afigura-se claro que a lei portuguesa sanciona o autor da união em razão da sua má fé, impedindo-o de beneficiar de uma actuação que o agente sabia ou devia saber ser contrária ao direito.

Exercendo o direito de acessão, o proprietário do prédio deve indemnizar o autor da união. A indemnização segue, porém, o regime do enriquecimento sem causa (art. 1341.º, no fim).

fundamentar todos os outros casos de acessão industrial imobiliária, do art. 1339.º ao art. 1342.º, n.º 2 como bem faz notar Menezes Cordeiro, Direitos Reais, cit., pág. 508 e seg.

[2019] O art. 1341.º não menciona este direito de indemnização, referindo apenas o dever que impende sobre o autor da união de má fé de pagar as despesas de reconstituição do prédio na situação existente no momento da construção da obra, da sementeira ou da plantação, mas ele decorre dos princípios gerais da responsabilidade civil.

V. O art. 1342.º trata de uma hipótese de união de obra, sementeira ou plantação levada a cabo por terceiro em prédio que não lhe pertence e com materiais, sementes ou plantas de outro proprietário.

Não sendo proprietário dos materiais, sementes ou plantas, nem do prédio onde o implante vem realizado, o autor da união não beneficia da acessão. Em contrapartida, esse direito pertence ao dono do prédio ou ao proprietário dos materiais, sementes ou plantas, de acordo com o estabelecido no art. 1340.º, n.º 1[2020] e n.º 3, se este último não tiver culpa na actuação do autor da união (art. 1342.º, n.º 1 e n.º 2 1.ª parte). Esta regra aplica-se, independentemente do autor da união estar de boa fé ou de má fé.

Havendo culpa do proprietário dos materiais, sementes ou plantas na união destes com o prédio, tem lugar a aplicação do preceituado no art. 1341.º, mesmo que o autor da união esteja de boa fé. Se estiver de má fé, a responsabilidade prevista no art. 1341.º para o autor de incorporação é solidária entre este e o proprietário dos materiais, sementes ou plantas, cabendo-lhes a indemnização por enriquecimento sem causa a que alude a parte final daquele preceito na proporção entre o valor da mão de obra e o valor dos materiais, sementes ou plantas (art. 1342.º, n.º 2 no fim).

VI. O art. 1343.º contempla uma situação de acessão que não deriva historicamente do Direito romano ou do Direito intermédio, mas que surge modernamente no Direito italiano (art. 938), por exemplo.

É outro caso em que o legislador português deixou para trás o princípio *superficies solo cedit*, para possibilitar pragmaticamente o aproveitamento de uma construção feita, parcialmente, em prédio alheio.

O art. 1343.º, n.º 1 permite àquele que construiu parte de edifício em terreno alheio adquirir a parcela de terreno ocupada pela construção. O preceito estabelece três requisitos para o efeito:

- A boa fé do autor da construção;
- O decurso de três meses sem a oposição do proprietário do terreno ocupado;
- O pagamento de indemnização pelo valor do terreno e por outros danos causados ao proprietário e aos outros titulares de direitos reais (art. 1343.º, n.º 2).

[2020] É o outro caso, para além do art. 1340.º, n.º 1, em que o direito português abandonou o princípio *superficies solo cedit*.

A construção deve ser feita de boa fé para que o construtor possa beneficiar do direito de acessão. Se este estiver de má fé, o proprietário do terreno por onde se alongou o edifício pode exigir a destruição da parte erguida no seu prédio às custas do construtor, devendo este ainda indemnizar os danos causados, nos termos gerais de Direito, tudo isto sem prejuízo da reivindicação (art. 1331.º)[2021].

Independentemente de boa fé do construtor, o proprietário da parcela de terreno ocupada pela construção pode sempre reagir, exigindo a destruição do que foi construído caso não hajam decorrido três meses do início da construção. Se o fizer, também não haverá acessão.

O prazo de três meses conta-se a partir da construção em terreno alheio e não do apossamento deste[2022], como poderia sugerir a redacção do preceito, que menciona a ocupação. Porém, no art. 1343.º o regime da acessão tem por finalidade o aproveitamento de uma construção erguida, e explica-se pela função económica e social que lhe possa estrar subjacente, não legitima um acto ilícito de apossamento de coisa alheia.

A oposição do proprietário pode ter lugar de qualquer modo que exprima o propósito de não autorizar a construção no prédio, e não tem de ser feita judicialmente, podendo sê-lo extrajudicialmente.

O pagamento de indemnização integra o processo complexo de aquisição da propriedade nesta hipótese de acessão. O construtor adquire o direito de propriedade sobre a parcela do terreno ocupada pelo edifício desde que pague o seu valor e, além disso, indemnize o proprietário e outros titulares de direitos reais sobre o prédio dos danos sofridos com a construção.

O direito à acessão não permite ao construtor a aquisição da propriedade sobre todo o prédio onde prolongou o seu edifício, restringindo-se a acessão à parcela de terreno efectivamente usada na construção.

275. Direito à acessão e direitos reais menores

Em todas as disposições do regime jurídico da acessão, a lei menciona sempre que o beneficiário da acessão é um proprietário. No entanto, pode

[2021] Ou da defesa da posse através da acção de restituição respectiva, caso o proprietário/possuidor opte por essa alternativa.

[2022] Enquanto a construção não se tiver iniciado, o prazo de três meses não conta para o efeito do n.º 1 do art. 1343.º, podendo o proprietário reivindicar a parte da sua coisa que lhe foi esbulhada.

acontecer que uma das coisas unidas ou misturadas seja objecto de um ou mais direitos reais menores. Nesse caso, devemos perguntar se apenas o proprietário é titular do direito de acessão ou se um titular de um outro direito real de gozo pode igualmente beneficiar desse regime.

Na doutrina tem sido dada uma resposta afirmativa. MENEZES CORDEIRO[2023] sustentou-o em primeiro lugar, vindo a sua opinião a ser defendida depois por OLIVEIRA ASCENSÃO[2024].

A ideia é simples. Sempre que a união ou mistura se dá no âmbito do conteúdo do direito real menor (de gozo), o titular deste direito beneficia da acessão.

> A é usufrutuário do prédio X, propriedade de B, que está afecto ao cultivo de cereais. C realiza de boa fé sementeira de trigo no prédio X, tendo, porém, trazido ao prédio um valor inferior ao que este tinha antes da sementeira. Uma vez que o usufrutuário A poderia fazer ele próprio a sementeira, por estar no âmbito do seu direito de usufruto, a ele pertenceria beneficiar da acessão, e não a B.

Se bem se atentar, a atribuição do direito de acessão ao titular de um direito real menor (de gozo) é uma decorrência da oneração do direito de propriedade. O proprietário cujo direito está onerado pela incidência do direito real menor não pode exercer o seu direito na parte em que está comprimido pelo direito real menor. Se dentro deste conteúdo se encontra a actividade que originou a união ou a mistura, deve o titular do direito real menor beneficiar da acessão, do mesmo modo que poderia fazer ele próprio a união ou mistura em causa no exercício do seu direito.

Assim, sempre que sobre uma das coisas objecto da união ou mistura incidir um direito real menor, há que indagar se o resultado dessa união poderia ser obtido pelo titular do direito real menor no exercício regular deste direito, o que leva, naturalmente, a perscrutar o conteúdo do direito em questão.

Se a resposta for positiva, por o conteúdo do direito real menor incluir o poder de fazer a união ou mistura que estiver em causa, então o direito de acessão será atribuído ao titular desse direito e não ao proprietário. Diversamente, não estando coberto pelo conteúdo do direito real menor, o direito de acessão é do proprietário.

[2023] Evolução juscientífica e direitos reais, cit. e Direitos Reais, cit., pág. 511 e seg.

[2024] Direito Civil – Reais, cit., pág. 301.

O alargamento do direito de acessão aos titulares de direitos reais menores corresponde a uma visão integrada e dinâmica do sistema normativo, que não admite apenas relações entre proprietários, postulando também a regulação de situações em que estão presentes titulares de outros direitos reais.

Que a acessão é susceptível de contender com a posição de outros titulares de direitos reais, para além do proprietário, aflora no art. 1343.º, n.º 2. Não custa perceber que o problema pode igualmente existir em todas as outras hipóteses de acessão industrial, quando a união ou mistura se processe entre coisas que são objecto de outros direitos reais e não apenas da propriedade.

A ausência de uma parte geral dos direitos reais e a inserção da figura da acessão na regulação da propriedade não deve impedir que se retirem, por via da interpretação, os vectores normativos subjacentes ao sistema. Nessa medida, também nós estamos com Menezes Cordeiro e Oliveira Ascensão no considerar que a acessão pode beneficiar igualmente titulares de direitos reais menores (de gozo).

Por conseguinte, um usufrutuário, um superficiário, um usuário e até, ao menos teoricamente, o titular de servidão predial podem ser titulares do direito de acessão, contando que a união ou mistura que envolva a coisa objecto do seu direito real esteja compreendida no conteúdo desse direito.

276. O direito adquirido pela acessão é sempre a propriedade

I. Admitindo-se que um titular de direito real menor (de gozo) possa beneficiar da acessão, levanta-se o problema de saber qual o direito que ele adquire por acessão. Menezes Cordeiro[2025] sustentou muito veementemente que por via da acessão se podem constituir outros direitos reais, e não apenas a propriedade. Também aqui Oliveira Ascensão[2026] acompanhou-o, tal como Carvalho Fernandes[2027].

Um primeiro argumento de ordem positiva extrai-se do art. 691.º. Como a alínea b) deste artigo dispõe que a hipoteca abrange as acessões naturais, Oliveira Ascensão[2028] considera que a acessão industrial está excluída.

[2025] Evolução juscientífica e direitos reais, cit., pag. 223 e Direitos Reais, cit., pág. 510 e segs.

[2026] Direito Civil – Reais, cit., pág. 301 e seg.

[2027] Lições De Direitos Reais, cit., pág. 323.

[2028] Estudos sobre a superfície e a Acessão, cit., pág.

Contrariando esta posição, MENEZES CORDEIRO[2029] sustentou diferentemente que o facto de as coisas móveis das alíneas c) a e) do art. 204.º poderem igualmente contemplar coisas adquiridas por acessão demonstra que a hipoteca pode ser constituída por acessão.

O art. 1449.º parece dar igualmente um contributo afirmativo a esta posição, pois decerto abarca no seu sentido o acrescento por acessão à coisa usufruída.

Nesta ordem de ideias, se, por exemplo, um superficiário beneficia da acessão e exerce o direito respectivo, a aquisição que se dá é a do seu direito, a superfície, e não da propriedade. Se pensarmos que é um usufrutuário a beneficiar da acessão, o direito por ele adquirido sobre a coisa adjunta é o direito de usufruto. E por aí adiante.

II. Defender que um titular de direito real menor (de gozo) possa beneficiar da acessão não implica logicamente sustentar que o direito adquirido pelo beneficiário seja o mesmo que lhe permitiu a acessão.

Pelo contrário, pensamos que o direito real adquirido por via da acessão é sempre o direito de propriedade, mesmo quando o direito que permite a acessão é outro direito real. Trata-se, na verdade, de aspectos diferenciados. Saber quem beneficia da acessão visa determinar quem é o titular do direito de acessão; a resposta a esta questão não implica dizer que o direito real adquirido pelo exercício desse direito seja sempre igual ao que o beneficiário da acessão tinha sobre a coisa unida ou misturada.

Se, por exemplo, um superficiário goza da acessão sobre uma obra implantada por terceiro no prédio objecto da superfície, o direito que ele adquire não tem logicamente de ser a superfície. Pensamos mesmo que só pode ser a propriedade.

Isto percebe-se facilmente se configurarmos a situação de ser o superficiário a fazer directamente a obra, plantação ou sementeira que for conteúdo do seu direito. Construindo a obra, semeando ou realizando a plantação, o superficiário é o proprietário do implante. O art. 1538.º, n.º 1 confirma integralmente esta afirmação, ao dispor que o proprietário do solo adquire a propriedade da obra ou das árvores quando a superfície se extingue pelo decurso do prazo. Se adquire no final do prazo, é porque não o era até esse momento; proprietário da obra, sementeira ou plantação é o superficiário.

[2029] Evolução juscientífica e direitos reais, cit. e Direitos Reais, cit., pág. 510 e segs.

Ora, se é o superficiário o proprietário do implante que realiza no prédio objecto do seu direito, por que razão não haveria de sê-lo se exercesse o direito de acessão sobre uma coisa unida ou misturada naquele prédio? Qual é a diferença entre ser o superficiário a construir a obra, a fazer a plantação ou sementeira e beneficiar da acessão?

Se é pela circunstância de o conteúdo do seu direito lhe permitir efectuar directamente o implante que se lhe reconhece o direito de acessão, como recusar que o superficiário adquira a propriedade sobre ele, se justamente esse seria o direito adquirido caso fosse ele a efectuar o implante?

O mesmo se diga com o usufrutuário. O conteúdo do usufruto pode permitir que o usufrutuário faça transformações na coisa, como decorre implicitamente dos artigos 1439.º, (que reconhece ao usufrutuário um poder de transformação que não contenda com a alteração da forma ou substância da coisa), 1446.º (que salvaguarda o dever de respeito pelo destino económico da coisa), 1450.º (benfeitorias) e 1472.º. Fazendo transformações na coisa objecto do usufruto, nomeadamente que acarretem uma união ou mistura, o usufrutuário permanece proprietário das coisas que uniu ou misturou com o objecto do usufruto, devendo ser indemnizado pelo proprietário, quando o usufruto se extinguir, pelo regime das benfeitorias (art. 1450.º, n.º 2).

Sempre que o titular do direito real menor faz ele próprio a união ou mistura no exercício do poder de transformação que é conteúdo do seu direito adquire a propriedade da coisa construída. Por que razão haveria de ser diferente quando o seu direito permite o benefício da acessão?

Há, porém, ainda mais argumentos que conferem solidez a esta perspectiva. O primeiro decorre do facto de a acessão industrial implicar sempre o pagamento de uma indemnização ao proprietário preterido[2030]. Faz sentido que quem suporte a indemnização pela acessão – que é no fundo o preço que o Direito fixa pela perda da coisa a que o proprietário preterido pela acessão fica sujeito – adquira somente um direito real menor? Se o beneficiário da acessão paga a indemnização legal ao proprietário afastado por ela, o direito que adquire deve ser o mesmo que o titular da indenização tinha sobre a coisa, ou seja, a propriedade.

Por outro lado, na doutrina que criticamos, se a aquisição se processa ao nível do direito real menor (superfície, usufruto, etc.) alguém tem de

[2030] E aos titulares de direitos reais menores, como decorre do art. 1343.º, n.º 2 numa afloração da regra geral.

adquirir a propriedade da coisa adjunta. Está-se mesmo a ver que só pode ser o proprietário da coisa relativamente à qual se deu o benefício da acessão.

Para além do desajuste que advém do facto de alguém pagar a perda da propriedade de uma coisa pelo seu proprietário e não adquirir este direito, há outros vectores do sistema normativo que tornam a solução, no mínimo, problemática.

Na verdade, o Direito português faz depender a aquisição de um direito patrimonial do consentimento daquele em cuja esfera jurídica ocorre. Lembramos que a doação tem a estrutura de um contrato, carecendo de aceitação (art. 940.º) e que a sucessão tem igualmente de ser aceite (art. 2050.º, n.º 1). O que sucede se o proprietário recusa o efeito da acessão, a aquisição da propriedade da coisa adjunta, na sua esfera jurídica? Fica esta sem dono? É o Estado o dono, tratando-se de um imóvel?

Na verdade, a aquisição de um direito real menor por acessão importaria que o proprietário da coisa que beneficia da acessão desse igualmente o seu consentimento a ela. Não bastaria, assim, a vontade do titular do direito de acessão, quando fosse um titular de direito real menor, havendo igualmente necessidade de uma manifestação favorável à acessão por parte daquele que adquire a propriedade.

Quando o titular de um direito real menor (de gozo) beneficia da acessão, por a união ou mistura se encontrar no âmbito do seu direito, o direito por ele adquirido é o direito de propriedade.

Com isto, nada se altera relativamente à situação que decorreria do normal exercício do direito real menor, como vimos no ponto anterior. O objecto da acessão ficará sujeito ao regime jurídico que lhe seria aplicável caso a união ou mistura houvesse sido feita directamente pelo titular do direito real menor.

III. Poder-se-á sustentar dizer que a nossa posição é contraditada pelo art. 691.º, no que respeita à hipoteca, e pelo art. 1449.º, relativo ao usufruto. Aparentemente, estes preceitos deporiam a favor de uma aquisição, por acessão, dos direitos em causa (a hipoteca e o usufruto), não da propriedade.

Pensamos, no entanto, que não é isso que sucede. Se o proprietário da coisa hipotecada beneficia de acessão, a hipoteca estende-se à nova coisa. A rigor, não há nenhuma nova hipoteca, mas um alargamento da hipoteca já existente à coisa acrescentada. O direito é o mesmo, mas passa a abranger o objecto acrescido à coisa hipotecada.

A solução é igual no usufruto. Se o proprietário de coisa objecto de um usufruto beneficia de acessão, o usufruto incide igualmente na coisa acrescida.

Em qualquer dos casos, os direitos já existentes apenas englobam os acrescentos das coisas que eram deles objecto, sem que se constituam outros direitos (uma nova hipoteca, um novo usufruto).

277. A acessão como facto jurídico e como direito

I. A acessão vem tratada no Direito português como um facto jurídico aquisitivo da propriedade (art. 1316.º e 1317.º alínea d). A colocação sistemática é a correcta, pois a acessão desencadeia a aquisição da propriedade, mas não exprime a natureza complexa do regime jurídico da acessão.

Em rigor, a acessão só é efeito de um facto jurídico na acessão natural. Na acessão industrial, mobiliária e imobiliária, o efeito aquisitivo da propriedade não ocorre automaticamente com a verificação da união ou mistura, requerendo uma manifestação de vontade de aquisição.

Isto sucede, porquanto na acessão industrial a união ou mistura é apenas o pressuposto fáctico da atribuição de um direito de acessão a um dos titulares de direitos reais sobre as coisas em presença[2031], o proprietário ou outro titular de direito real menor (de gozo). A aquisição da propriedade resulta depois do exercício desse direito por parte do titular respectivo.

Quer dizer, na acessão industrial a união ou mistura de coisas pertencentes a donos diferentes é um facto que apenas provoca a constituição do direito de acessão e não logo a aquisição da propriedade, diversamente do que acontece no regime da acessão natural. Só com o exercício do direito de acessão pelo seu titular a propriedade é adquirida.

O direito de acessão é um direito potestativo, como na doutrina[2032] e na jurisprudência[2033] se vai reconhecendo. Contudo, a eficácia associada ao

[2031] Oliveira Ascensão, Estudos sobre a Superfície e a Acessão, cit., pág. e Direito Civil – Reais, cit., 147., pág. 306.

[2032] Coincidentes na qualificação desta situação jurídica, cf. Oliveira Ascensão, Direito Civil – Reais, cit., pág. 308, Menezes Cordeiro, Direitos Reais, cit., pág. 503 e Carvalho Fernandes, Lições De Direitos Reais, cit., pág. 333, que falam também em faculdade. Em rigor, o que chamamos direito potestativo de acessão é um poder (potestativo) que se integra no conteúdo do direito real do beneficiário da acessão. Por comodidade, porém, utilizamos no texto o termo direito e não poder, conforme se julga ser o caso.

[2033] Vejam-se os acórdãos STJ de 06.07.2006, Proc. 05A4270 (que cita, no mesmo sentido, os acórdãos STJ de 03.05.2000, revista n.º 273/00 – 6.ª secção, Ac. STJ, de 04.02.2003, revista

exercício do direito (a aquisição da propriedade) não está unicamente dependente da manifestação de vontade do titular; este tem ainda de pagar uma indemnização ao titular do(s) direito(s) real contra o qual funciona a acessão, como veremos no ponto seguinte.

Uma excepção ao esquema geral, encontramos, todavia, no art. 1333.º, n.º 4. Aí a lei portuguesa faculta sempre ao proprietário da coisa móvel que não causou a união ou mistura o direito a exigir a indemnização, mesmo que pudesse beneficiar da acessão. O autor da união ou mistura, neste caso, não tem tecnicamente um direito de acessão, mas fica sujeito a ela pela decisão do proprietário da coisa unida ou misturada.

II. Por conseguinte, verificamos que o regime da acessão possui uma estrutura dualista quanto à fonte da aquisição do direito de propriedade. Na acessão natural, a união ou mistura provoca automaticamente a aquisição da propriedade pelo dono do imóvel onde ela ocorre. A acessão é aqui produto de um facto jurídico.

Na acessão industrial a união ou mistura de duas (ou mais) coisas causa a constituição de um direito potestativo e o efeito aquisitivo da propriedade é uma vicissitude do seu exercício.

278. A natureza potestativa da acessão industrial. O dever de indemnizar do beneficiário da acessão

I. No trabalho referência sobre esta matéria em Portugal, Oliveira Ascensão[2034] fez notar que a acessão industrial tem natureza potestativa, ao contrário da acessão natural, que é automática. Receberia depois o apoio de Menezes Cordeiro[2035], de Carvalho Fernandes[2036], de Menezes Leitão[2037] e de uma crescente e significativa jurisprudência[2038], que tem

n.º 4704/02 – 1.ª secção e Ac. STJ, de 22.06.2005, revista n.º 1524/05 – 7.ª secção), STJ de 22.06.2005, Proc. 05B1524, STJ de 29.01.2004, STJ de 04.02.2003, Proc. 02A4704, STJ de 20.01.2000, Proc. 99B925, STJ de 16.11.1998, Proc. SJ199906080003501, STJ de 04.04.1995, Proc. 086096, todos em www.dgsi.pt.

[2034] Estudos sobre a Superfície e a Acessão, cit., pág. 50 e segs. Ver também Direito Civil – Reais, cit., 147., pág. 306 e segs.

[2035] Direitos Reais, cit., pág. 503.

[2036] Carvalho Fernandes, Lições De Direitos Reais, cit., pág. 349 e seg.

[2037] Direitos Reais, cit., pág. 220.

[2038] Cf. Ac. STJ de 17.10.2006, documento n.º SJ200610170042706, Ac. STJ de 12.09.2006, Proc. n.º 06A2246, Ac. STJ de 06.07.2006, Proc. 05A4270, Ac. STJ de 22.06.2005, Proc. 05B1524, Ac. STJ de 29.01.2004, Ac. STJ de 04.02.2003, Proc. 02A4704, Ac. STJ de 20.01.2000, Proc. 99B925,

engrossado nos tempos mais recentes. A posição antagónica surge em Pires de Lima/Antunes Varela[2039], que defendem o carácter automático da aquisição por acessão.

A acessão é automática sempre que a mera união ou mistura provoque a aquisição da propriedade pelo beneficiário da acessão. É o que sucede na acessão natural. Na acessão industrial, diversamente, a união ou mistura constitui um pressuposto de facto[2040] para a atribuição do direito de acessão a um dos titulares de direitos reais das coisas unidas ou misturadas, não provocando, só por si, a aquisição da propriedade.

A lei portuguesa confere ao beneficiário da acessão um direito potestativo a ficar com a coisa adjunta. Se quiser, tem de manifestar a vontade de beneficiar da acessão, exercendo o direito respectivo; se não quiser, renuncia a esse direito. O beneficiário da acessão, como titular do direito respectivo, é o juiz do seu interesse. Estando interessado, exerce o direito (potestativo) de acessão, manifestando a vontade de adquirir a coisa adjunta; não estando, renuncia ao direito. A lei portuguesa, em regra, não impõe a acessão ao beneficiário[2041].

II. O regime jurídico da acessão industrial constrói-se na base de um direito potestativo, justamente o direito de acessão.

Todavia, esse direito não é exercido sem contrapartida. Pelo contrário, a lei portuguesa prevê sempre uma indemnização ao proprietário preterido pela acessão[2042]. E havendo outros titulares de direitos reais, a indemnização deve reparar o prejuízo que também estes sofrem. A solução surge aflorada no art. 1343.º, n.º 2, que julgamos ser a regra para todos os casos de acessão industrial em que existam direitos reais menores constituídos sobre a coisa cujo proprietário ficou preterido na acessão.

O dever de indemnizar do beneficiário de acessão vem reiteradamente estabelecido em todas as hipóteses de acessão industrial, mobiliária e imo-

Ac. STJ de 16.11.1998, documento n.º SJ199906080003501, Ac. STJ de 04.04.1995, Proc. 086096, todos em www.dgsi.pt.

2039 Código Civil Anotado, cit., pág. 165 e seg.

2040 Oliveira Ascensão, Direito Civil – Reais, cit., pág. 306.

2041 O art. 1333.º, n.º 4 constitui uma excepção a esta regra, pois o proprietário da coisa unida ou misturada que não causou a união ou mistura pode optar pela indemnização, impondo, por conseguinte, ao autor da união ou mistura a acessão e o dever de indemnizar.

2042 Oliveira Ascensão, Direito Civil – Reais, cit., pág. 307, Carvalho Fernandes, Lições De Direitos Reais, cit., pág. 350.

biliária (art. 1333.º, n.º 1, 1334.º, n.º 1 e n.º 2, 1335.º, n.º 1, 1339.º, 1340.º, n.º 1 e n.º 3, 1341.º, 1342.º, n.º 1 e n.º 2 e 1343.º, n.º 1 e n.º 2): "faz seu o objecto adjunto o dono daquele que for de maior valor, *contando que indemnize o dono do outro ou lhe entregue coisa equivalente*" (o itálico é nosso), como dispõe o art. 1333.º, n.º 1 ou "o autor da incorporação adquire a propriedade dele, *pagando o valor que o prédio tinha antes das obras, sementeiras ou plantações*" (o itálico é nosso), na fórmula do art. 1340.º, n.º 1. Deste modo, exercendo o direito de acessão, o titular fica obrigado ao pagamento da indemnização legal.

A indemnização ao proprietário da coisa unida ou misturada que não beneficia da acessão constitui uma verdadeira condição de aquisição da propriedade da coisa adjunta[2043]. A mera manifestação de vontade de beneficiar da acessão, pelo titular do direito, não chega para que a aquisição da propriedade se dê. Apenas com o pagamento da indemnização se processa a aquisição a favor do titular do direito de acessão[2044].

Assim, o proprietário (ou titular de direito real menor) cujo direito é sacrificado pelo funcionamento da acessão recebe uma contrapartida da perda da coisa na indemnização atribuída. Enquanto essa indemnização não lhe for paga pelo titular do direito de acessão, o direito de propriedade (ou o direito menor) permanece na sua esfera jurídica.

279. O momento da aquisição da propriedade por acessão

O art. 1317.º alínea d) estabelece que o momento da aquisição por acessão é o da verificação do facto respectivo. É evidente a ambiguidade que este preceito gera. Se, por um lado, a acessão repousa sempre numa união ou mistura de coisas, por outro lado, em vários casos, nomeadamente na acessão industrial, a lei estabelece um direito de acessão, direito esse subordinado na sua eficácia ao cumprimento do dever de indemnizar o proprietário afastado pela acessão.

Qual é, então, o momento, a que se refere o art. 1317.º alínea b)?

A resposta não é uniforme. Na acessão natural, o momento da aquisição da propriedade é o momento da união das coisas, sem prejuízo da hipótese particular prevista no art. 1329.º, n.º 1, que só permite a aquisição da propriedade ao fim de seis meses.

[2043] Carvalho Fernandes, Lições De Direitos Reais, cit., pág. 350 fala numa eficácia condicionada ao pagamento.

[2044] Cf. Oliveira Ascensão, Direito Civil – Reais, cit., pág. 307.

Quanto à acessão industrial não podemos dizer que exista unanimidade de vistas. Uma corrente jurisprudencial do Supremo Tribunal de Justiça entende que o momento da aquisição do direito real por acessão é o "momento da incorporação"[2045], dando seguimento à posição de ANTUNES VARELA.

No entanto, na acessão industrial a união ou mistura é apenas o pressuposto fáctico da atribuição do direito de acessão e não o próprio facto atributivo do direito. E, como vimos, ao exercício do direito de acessão está associado um dever de indemnizar o titular ou titulares de direitos reais que perdem a coisa objecto do seu direito.

Deste modo, pensamos que a melhor interpretação da alínea d) do art. 1317.º consiste em fazer corresponder o pagamento da indemnização com a aquisição do direito real pelo beneficiário da acessão, como ensina OLIVEIRA ASCENSÃO[2046]. Não há então qualquer retroactividade da acessão ao momento da união ou mistura; o pagamento determina o momento da aquisição do direito de propriedade pelo beneficiário da acessão que exerce o direito potestativo respectivo.

Portanto, o momento do facto respectivo na acessão industrial é o momento do pagamento da indemnização legal ao titular do crédito indemnizatório. Somente com esse pagamento o beneficiário da acessão adquire a propriedade da coisa unida ou misturada.

280. Acessão e autonomia privada

A lei regula o conflito entre os proprietários (e outros titulares de direitos reais) das coisas unidas ou misturadas, atribuindo a um deles o benefício da acessão. Na acessão natural, o proprietário do prédio onde a união se dá nada tem de fazer, adquirindo automaticamente a propriedade da coisa incorporada, sem prejuízo do regime particular da avulsão, que só permite a aquisição ao fim de seis meses (art. 1329.º, n.º 1).

O regime da acessão industrial consagra uma solução diferente, como vimos, com a atribuição de um direito de acessão a um dos titulares de direitos reais em presença, direito esse que impõe um dever de indemnizar

[2045] Ac. STJ de 12.09.2006, Proc. n.º 06A2246, Ac. STJ de 06.07.2006, Proc. 05A4270 (que cita também no mesmo sentido os acórdãos STJ, de 04.02.2003, revista n.º 4704/02, Ac. STJ, de 10.02.2000, revista 1208/99, STJ, de 01.07.2003, revista n.º 2064/03 – 1.ª secção e STJ de 22.06.2005, revista n.º 1524/05 – 7.ª secção), em www.dgsi.pt.

[2046] Direito Civil – Reais, cit., pág. 306 e segs.

o proprietário e outros titulares de direitos reais menores sacrificados pela acessão.

A atribuição de um direito potestativo de acessão a favor de um dos titulares de direito real sobre uma das coisas unidas ou misturadas não obsta, contudo, a que os interessados cheguem a composições próprias do conflito. A autonomia privada pode funcionar em pleno no contexto da acessão, determinando soluções diferentes daquelas que a lei impõe na falta de acordo dos interessados.

Assim, a título de exemplo, o proprietário do prédio onde ocorreu uma construção de obra pode acordar com o construtor que seja este a beneficiar da acessão, ainda que por força do disposto no art. 1340.º, n.º 3 ou do art. 1341.º tal direito lhe coubesse, como o usufrutuário do prédio, titular do direito de acessão, pode convencionar com o proprietário que seja este a exercer o direito de acessão.

Subsecção II
A Ocupação

281. A ocupação. Noção legal e requisitos da figura

I. O art. 1318.º preceitua que "podem ser adquiridos por ocupação os animais e outras coisas móveis que nunca tiveram dono, ou foram abandonados, perdidos ou escondidos pelos seus proprietários, salvas as restrições dos artigos seguintes".

Não obstante a sistemática legal da secção II do Capítulo II do Livro III, o Código Civil não refere apenas a ocupação no art. 1318.º e seguintes, misturando factos jurídicos diversos, nomeadamente, a ocupação, o achamento e a descoberta de tesouros[2047].

Historicamente diferenciados[2048], estes factos aquisitivos da propriedade são hoje tratados debaixo do regime da ocupação, como se só esta estivesse em causa. A ocupação tem, porém, pressupostos distintos do achamento e da descoberta de tesouro e perde-se compreensibilidade se se insistir em uniformizar factos que estão sujeitos a um regime jurídico diverso.

[2047] Chamando a atenção para a deficiência sistemática do Código Civil, MENEZES CORDEIRO, Direitos Reais, cit., pág.477 e segs.

[2048] Cf. SANTOS JUSTO, Direito Privado Romano, cit., 7.2., pág. 51 e segs.

Optámos, assim, por manter a identidade de cada figura, separando o tratamento da ocupação relativamente ao achamento e à descoberta de tesouro, que constituem outros factos aquisitivos da propriedade de coisas móveis[2049].

II. A *occupatio* era no Direito romano a principal causa de aquisição originária da propriedade. Adquiria a propriedade aquele que se apoderava de uma coisa móvel *nullius* com a intenção de se tornar proprietário dela.

Eram requisitos da *occupatio*[2050]:

- Que a *res* fosse *nullius*: "*quod nullius est, id ratione naturali occupanti conceditur*"[2051];
- A apreensão material da *res*;
- A intenção de adquirir a propriedade sobre a *res*.

O Direito romano conhecia vários tipos de coisas *nullius*, os animais selvagens, os despojos de guerra, os produtos do mar (pérolas, conchas e pedras preciosas descobertas nas margens do mar), a *insula in mari nata* e as *res derelictae*. Estas eram coisas abandonadas intencionalmente, com *animus dereliquendi*, pelo anterior possuidor e proprietário, sem que fossem atribuídas por este a outrem[2052].

III. O Código Civil português limita a ocupação às coisas móveis e aos animais *nullius*. Os imóveis não são susceptíveis de ocupação. Nessa parte, o regime português é igual ao italiano (art. 923. do Codice Civile) e ao alemão (§ 958 do BGB).

As coisas (móveis) e os animais são *nullius* porque nunca tiveram dono ou porque, tendo tido, o proprietário renunciou ao seu direito. Neste último caso, é ainda necessário que o proprietário deixe de ser possuidor, pelo

[2049] Seguimos nesta parte a doutrina comum. Cf. Oliveira Ascensão, Direito Civil – Reais, cit., pág. 451, Menezes Cordeiro, Direitos Reais, cit., pág. 477 e segs., Menezes Leitão, Direitos Reais, cit., pág. 265 e segs., Carvalho Fernandes, Lições De Direitos Reais, cit., pág. 334 e segs.

[2050] Cf. Santos Justo, Direito Privado Romano, cit., 7.2., pág. 52.

[2051] D., 41, 1, 1, 1, 1; 41, 1, 2 e I., 2, 1, 12.

[2052] Max Kaser, Direito Privado Romano, cit., pág. 157. Os Proculianos e os Sabinianos discutiam se a propriedade anterior se extinguiria somente com a apropriação da coisa (Proculianos) ou logo com o abandono (Sabinianos). Esta última seria a posição que viria a ser adoptada pela jurisprudência posterior e pelo direito justinianeu.

abandono da coisa, pois, como veremos a seguir, a ocupação processa-se através de uma apreensão material da coisa.

IV. São requisitos da ocupação:

- Que a coisa móvel ou o animal seja *nullius*;
- A apreensão material da coisa ou animal.

Historicamente, as fontes referiam um terceiro requisito. Era necessária a intenção do ocupante para adquirir a propriedade da coisa sem dono. Oliveira Ascensão[2053] ainda menciona esse requisito, mas dá-lhe apenas a significação relativa à vontade de colocar a coisa debaixo da esfera de acção, o que representa, a nosso ver, um abandono da concepção subjectivista tradicional.

O Código Civil português não contém qualquer referência, directa ou indirecta, expressa ou implícita, à intenção do ocupante, o que mostra que ela não constitui um requisito autónomo da figura. Que o ocupante deva ter uma vontade de agir na colocação da coisa em seu poder não se confunde com uma intenção de adquirir qualquer direito. Esta não é exigida pela lei portuguesa[2054].

O primeiro requisito da ocupação é o de que a coisa[2055] ou o animal não tenha dono, seja *nullius*, porque nunca foi atribuído a ninguém pelo ordenamento ("que nunca tiveram dono") ou porque a propriedade se extinguiu ("ou foram abandonados") sem que se haja constituído um novo direito a favor de outra pessoa (por exemplo, por renúncia do anterior proprietário).

O segundo requisito legal da ocupação consiste na apreensão material da coisa ou animal. Na verdade, a ocupação tem subjacente um acto de apossamento, que gera igualmente a constituição pelo ocupante de uma posse sobre a coisa ou o animal (art. 1263.º, alínea a) do Código Civil)[2056].

[2053] Direito Civil – Reais, cit., 224., pág. 450.

[2054] Também no mesmo sentido, Carvalho Fernandes, Lições De Direitos Reais, cit., pág. 334 e seg..

[2055] Poderíamos acrescentar que a coisa deve estar no comércio (como faz Menezes Cordeiro, Direitos Reais, cit., pág. 485), mas como a apropriação jurídico-privada só pode ocorrer relativamente a coisas no comércio está implícito que a ocupação só a estas se pode referir.

[2056] Pinto Duarte, na 2.ª edição do seu Curso de Direitos Reais, cit., pág. 50 menciona que "o acto de apropriação em causa é muito próximo do apossamento". Mas não vemos qualquer razão para diferenciar; a ocupação repousa numa apreensão material da coisa ou animal que é

Com o apossamento, porém, o agente não se limita a adquirir a posse da coisa ou do animal, adquire igualmente a propriedade sobre ele[2057]. É esse o efeito específico da ocupação (art. 1316.º e 1318.º).

Uma vez que a ocupação se processa através de um apossamento, a regra de capacidade a atender é a que consta do art. 1266.º. Qualquer pessoa, capaz de exercício ou não, pode ocupar coisas móveis e animais *nullius*[2058].

Nada impede que a apreensão material seja levada a cabo por várias pessoas e não uma só[2059] e, assim, a ocupação beneficiar duas ou mais pessoas, que ficarão comproprietárias da coisa ou animal.

Também nada obsta a que o ocupante seja uma pessoa colectiva, contando que o a pessoa que realize o apossamento actue por conta daquela[2060]. O art. 1252.º, n.º 1 do Código Civil fundamenta essa solução.

282. Casos Especiais

I. Apesar da latitude com que a ocupação vem definida no art. 1318.º, o Código Civil remete a ocupação de animais em estado natural para legislação avulsa e estabelece regimes específicos em três preceitos: animais selvagens com guarida própria (art. 1320.º), animais ferozes fugidos (art. 1321.º, entretanto revogado) e enxames de abelhas (art. 1322.º).

Porém, nem todas as previsões constantes destes artigos contêm verdadeiros casos de ocupação, como veremos de seguida.

II. No art. 1320.º regula-se o regime de ocupação de animais selvagens que habitem em determinado local por acção humana.

Havendo uma deslocação espontânea dos animais do local em que viviam para outro, pertencente a dono diverso, este pode tornar-se o seu proprietário desde que não exista possibilidade de reconhecimento individual do animal. Se esta possibilidade existir, o dono do local onde os animal

justamente um apossamento no sentido do art. 1263.º alínea a). No sentido correcto, falando em apossamento, Oliveira Ascensão, Direito Civil – Reais, cit., 223., pág. 450.

2057 A apreensão material de uma coisa ou animal *nullius* tem, assim, uma dupla eficácia: constituição de uma posse a favor do ocupante, posse essa nos termos da propriedade, e constituição do direito de propriedade.

2058 Cf. Menezes Cordeiro, Direitos Reais, cit., pág. 484 e Carvalho Fernandes, Lições De Direitos Reais, cit., pág. 3.

2059 Como explica, com razão, Menezes Cordeiro, Direitos Reais, cit., pág. 484.

2060 Menezes Cordeiro, Direitos Reais, cit., pág. 484.

habitava pode reivindicá-lo, contando que indemnize o proprietário do novo local para onde o animal se deslocou dos prejuízos que a remoção do animal lhe cause.

Se o proprietário do local para aonde os animais foram houver induzido intencionalmente a deslocação dos animais, o dono do anterior local onde os animais habitavam pode reivindicá-los. Na impossibilidade de reivindicação, por não ser possível determinar os animais, por exemplo, o proprietário da nova guarida dos animais deve indemnizar o proprietário anterior no montante de três vezes o seu valor.

Dificilmente poderemos vislumbrar uma ocupação em sentido técnico nos casos contemplados no art. 1320.º. Não há nenhuma apreensão material dos animais que justifique falar-se em ocupação. Nem eles são, dado o regime consagrado, coisas *nullius*. No fundo, o art. 1320.º estabelece que os animais selvagens que habitem num determinado local são propriedade do dono deste, podendo, contudo, esta propriedade ser perdida se os animais espontaneamente mudarem o local de guarida e não puderem ser individualmente reconhecidos. Neste caso, o dono do novo local de guarida passa a ser o proprietário desses animais.

III. O regime português de animais selvagens ferozes anteriormente regulado no art. 1321.º do Código Civil foi entretanto revogado pela Lei n.º 8/2017, de 3 de Março.

IV. No art. 1322.º, n.º 1 preceitua-se que o proprietário de enxame de abelhas enxameado pode perseguir as abelhas no prédio para onde elas fugiram. Tem dois dias para o fazer, contados do momento em que tomou conhecimento do enxameamento, estando o dono do prédio para o qual o enxame se deslocou sujeito à perseguição do enxame no seu prédio, sem prejuízo do direito de indemnização dos danos que a recuperação do enxame lhe cause; se não o fizer no prazo de dois dias, o proprietário do prédio onde o exame se encontra pode ocupá-lo ou consentir que um terceiro as ocupe (art. 1322.º, n.º 2).

O n.º 2 do art. 1322.º prevê uma hipótese de ocupação de animais com dono. É outra regra excepcional em face da regra geral constante do art. 1318.º, que só admite a ocupação de coisas ou animais *nullius*.

283. Eficácia da ocupação

A ocupação constitui um facto aquisitivo do direito de propriedade (art. 1316.º e art. 1317.º alínea d). E só este direito pode ser adquirido através dela[2061]. Quem se apossa de uma coisa ou animal sem dono torna-se seu proprietário; não é legalmente possível a constituição de outros direitos reais por ocupação[2062].

A aquisição da propriedade por ocupação representa uma aquisição originária deste direito. O direito de propriedade que se constitui com a ocupação é um direito novo, mesmo no caso de coisa ou animal abandonado.

284. Momento da aquisição da propriedade

O art. 1317.º alínea d) dispõe que a propriedade se adquire no caso de ocupação no momento da verificação do facto respectivo. Isto pode gerar alguma perplexidade, visto que a ocupação é ela própria um facto com eficácia real (constituição da propriedade). A que facto se estará então a referir o legislador?

Julgamos que na ocupação o facto respectivo a que alude a alínea d) do art. 1317.º é o apossamento, isto é, a apreensão material da coisa ou animal *nullius*. A constituição da propriedade por ocupação ocorre no momento em que o agente conclui o apossamento da coisa ou animal *nullius*.

[2061] Numa perspectiva diversa, MENEZES CORDEIRO, Direitos Reais, cit., pág. 489 e seg. OLIVEIRA ASCENSÃO, Direito Civil – Reais, cit., 224., fala na ocupação como um "modo de constituição de direitos" (pág. 449) e numa "das duas causas de constituição de direitos reais que vem especificamente regulada no Capítulo II do título do direito de propriedade" (pág. 450), deixando alguma ambiguidade quanto à sua posição.

[2062] Os direitos reais mencionados por MENEZES CORDEIRO, Direitos Reais, cit., 222. III, pág. 490 não são constituídos pela ocupação, decorrendo antes da situação jurídica criada com a ocupação. Assim, o facto da ocupação gerar uma compropriedade, em virtude de um apossamento realizado por mais do que uma pessoa, não determina a constituição de um direito de preferência. Este direito apenas se constitui em caso de venda ou dação em cumprimento de uma quota a terceiro e por causa da compropriedade existente, não sendo efeito directo da ocupação enquanto facto jurídico.

Subsecção III
O Achamento e a Aquisição de Tesouro

285. O achamento

I. O achamento[2063] configura-se como um facto real distinto da ocupação. Ao contrário desta, não se reporta a coisas ou animais *nullius*, nem desencadeia a sua eficácia automaticamente com a apreensão material.

Em primeiro lugar, o achamento opera relativamente a coisas (móveis) ou animais perdidos, portanto, com dono. Trata-se da nota distintiva principal da figura no confronto com a ocupação.

O achamento engloba também as coisas ou animas escondidos, desde que, neste último caso, não constituam tesouros. Com efeito, o art. 1323.º, n.º 1 menciona apenas as coisas ou animais perdidos, enquanto o disposto no art. 1324.º abrange os tesouros. O que dizer então das coisas escondidas que não constituam tesouros? Não são *nullius* e, por conseguinte, não podem ser ocupadas; mas como também não são tesouros, a disciplina da aquisição de tesouro não tem aplicação.

Por interpretação extensiva do art. 1323.º, n.º 1 ou por analogia, a sua regulação, não obstante o teor literal restrito, aplica-se igualmente às coisas ou animais escondidos que sejam encontrados por alguém e não possam ser qualificados como tesouros no sentido do art. 1324.º.

Em segundo lugar, e esta é outra nota distintiva face à ocupação, o efeito aquisitivo do achamento, a constituição da propriedade, não ocorre com a apreensão material, mas somente se forem cumpridas pelo achador as formalidades estabelecidas no art. 1323.º, n.º 1 e ainda decorrido o prazo fixado no n.º 2 deste artigo (um ano). O apossamento da coisa perdida ou escondida não tem um efeito aquisitivo automático da propriedade como sucede na ocupação.

Na verdade, do art. 1323.º, n.º 1 resulta que o achador deve:

- Restituir o achado ao proprietário ou avisá-lo de que a sua coisa ou animal foi encontrado, se souber quem ele é;
- Anunciar o achado, tendo em conta o valor da coisa ou animal, ou avisar as autoridades, de acordo com os usos da terra se os houver, se não souber quem é o proprietário.

[2063] Cf. Menezes Cordeiro, Direitos Reais, cit., 221, pág. 487 e segs., Oliveira Ascensão, Direito Civil – Reais, cit., 225, pág. 452.

Avisado o proprietário, feito o anúncio ou comunicado o achado às autoridades, o achador adquire a propriedade da coisa ou do animal perdido ou escondido se o proprietário não reclamar a sua devolução dentro do prazo de um ano (art. 1323.º, n.º 2).

II. O achamento representa um modo de aquisição originária da propriedade. O direito adquirido pelo achador é um direito novo, não havendo qualquer espécie de transmissão do direito do anterior proprietário. Este extingue-se no momento em que o achamento produz a sua eficácia a favor do achador.

A propriedade é o único direito real que pode ser adquirido por achamento, daí a integração sistemática no âmbito dos factos aquisitivos da propriedade, embora debaixo da menção à ocupação (art. 1316.º e 1317.º alínea d).

III. O achamento é um facto complexo de produção sucessiva, que assenta primariamente numa apreensão material de coisa ou animal perdido ou escondido, supõe o cumprimento pelo achador dos deveres de comunicação, anúncio ou aviso estabelecidos no art. 1323.º, mas só findo um ano sem que a coisa ou animal seja reclamado pelo seu dono permite que o achador adquira a propriedade sobre o achado.

Deste modo, e ao contrário do que para a ocupação resulta do art. 1317.º alínea d), a aquisição da propriedade por achamento tem lugar somente quando decorrer o prazo de um ano fixado no art. 1323.º, n.º 2[2064], sem retroactividade ao momento da apreensão material.

IV. A lei portuguesa atribui ao achador um direito a ser indemnizado dos danos causados e das despesas feitas com o achado e ainda um direito a um prémio, que é calculado mediante a aplicação de uma percentagem sobre o valor da coisa.: dez por cento se a coisa achada tiver o valor de EUR 4,99; cinco por cento sobre o excedente deste valor até EUR 24,94 e dois e meio por cento sobre o restante (art. 1323.º, n.º 3).

O achador tem um direito de retenção sobre a coisa achada para garantia do pagamento dos seus créditos (art. 1323.º, n.º 4).

Por último, a lei estabelece um regime favorável para o achador em matéria de responsabilidade civil pela perda ou deterioração da coisa, determinando

[2064] E contando naturalmente que tenha havido uma apreensão material da coisa ou do animal e o cumprimento dos deveres de comunicação, anúncio e aviso a que alude o art. 1323.º, n.º 1.

que essa responsabilidade existe apenas em caso de dolo ou culpa grave e não, por conseguinte, quando exista mera negligência sua.

286. Achamento de coisa valiosa (aquisição de tesouro)

I. A aquisição de tesouro distingue-se da ocupação e do achamento regulado no art. 1323.º pois reporta-se exclusivamente a coisas (móveis) com valor considerável[2065] que foram escondidas pelo seu dono. Trata-se ainda a nosso ver de uma hipótese de achamento, mas tem a especificidade de se reportar coisas valiosas, o que justifica um regime normativo especial.

O art. 1324.º diferencia duas hipóteses, consoante o achador pode saber ou não quem é o proprietário do tesouro. O achador de tesouro escondido ou enterrado há menos de 20 anos[2066], podendo saber quem é o proprietário da coisa valiosa escondida, deve avisar este último de que a encontrou ou restituí-la. No caso de o dono da coisa valiosa encontrada, devidamente avisado, não a reclamar no espaço de um ano, o achador faz sua metade da coisa achada. A outra metade pertence ao proprietário da coisa móvel ou imóvel onde o tesouro foi encontrado (art. 1324.º, n.º 1 no fim).

Esta solução não resulta directamente do art. 1324.º, mas parece-nos que a aplicação do art. 1323.º, n.º 2 faz aqui todo o sentido. De outra forma, estar-se-ia a criar uma divergência de regulação para situações semelhantes, que nada parece justificar. O proprietário do tesouro, uma vez avisado pelo achador, tem o ónus de reclamar a sua coisa; se nada fizer, vem a perdê-la para o achador ao fim de um ano (art. 1323.º, n.º 2).

Se o achador não puder saber quem é o proprietário do tesouro, deve-se ainda distinguir conforme o tesouro foi escondido ou enterrado há mais de 20 anos ou não. Se foi, o achador deve somente comunicar o achado ao proprietário da coisa móvel ou imóvel onde foi encontrado, para que este último possa exercer o direito atribuído pelo art. 1324.º, n.º 1, de ficar com metade do tesouro.

Caso o tesouro tenha sido escondido ou enterrado há mais de 20 anos, o achador deve anunciar o achado nos termos do art. 1323.º, n.º 1 ou avisar

[2065] O achamento de coisas escondidas que não constituam um tesouro fica sujeito ao regime do art. 1323.º, n.º 1, conforme dissemos no ponto anterior.

[2066] O decurso de 20 anos após a ocultação ou enterro do tesouro determina a livre ocupação do tesouro, como se fosse *nullius*. O proprietário perde, assim, para o achador o direito sobre o tesouro.

as autoridades. Aparecendo o proprietário, o tesouro deve-lhe ser entregue, sem prejuízo da aplicação do disposto nos números 3 e 4 do art. 1323.º. O achador tem direito a ser indemnizado dos danos que o tesouro lhe causou e a ser indemnizado das despesas feitas com o achado, assim como ao prémio na percentagem constante do art. 1323.º, n.º 3. A responsabilidade civil pela perda ou deterioração do tesouro apenas existe havendo dolo ou culpa grave do achador (art. 1323.º, n.º 4).

II. O achamento de tesouro não envolve necessariamente a aquisição da propriedade sobre ele. Nomeadamente, não envolve quando o dono reclama o que é seu[2067]. O tesouro permanece, neste caso, com o seu proprietário.

Se o proprietário do tesouro, devidamente avisado ou comunicado, não reclamar o tesouro no prazo de um ano, o achado fica a pertencer metade ao achador e metade ao proprietário da coisa onde o tesouro foi encontrado.

Na hipótese de o achador omitir o cumprimento dos deveres de aviso e de comunicação previstos no art. 1324.º, n.º 2 perde os seus direitos a favor do Estado (art. 1324.º, n.º 3).

III. A aquisição de tesouro por achamento significa que o achador[2068] e o proprietário da coisa onde o tesouro se encontrava escondido ou enterrado adquirem metade do achado (art. 1324.º, n.º 1). O direito é adquirido a título originário. Não se trata, pois, do direito do anterior proprietário, mas de um direito constituído *ex novo*.

Se o tesouro é composto de várias coisas, metade do achado significa que achador e dono da coisa onde o tesouro foi encontrado podem dividir as coisas de acordo com o seu valor. Acontecendo tratar-se de uma única coisa, o achamento determina a constituição de uma situação de compropriedade.

IV. O momento da aquisição do direito de propriedade não é o mesmo em todas as hipóteses de achamento. Assim, se o tesouro houver sido escondido ou enterrado há menos de 20 anos e o achador fizer a comunicação ao proprietário, o anúncio ou o aviso do achado, nos termos do n.º 2 do art. 1324.º, adquire a propriedade de metade do achado um ano depois da comunicação, do anúncio ou do aviso (art. 1323.º, n.º 2). O dono da coisa onde o tesouro estava escondido ou enterrado adquire a outra metade (art.

2067 Cf. o que dissemos na nota anterior.

2068 Ou o Estado no seu lugar na hipótese do art. 1324.º, n.º 3.

1324.º, n.º 1), querendo, no mesmo momento. Ele tem, porém, somente um direito potestativo de aquisição, cujo exercício depende da sua vontade[2069].

Tendo o tesouro sido enterrado ou escondido há mais de 20 anos, o achamento, com a apreensão material do achado, determina a aquisição automática de metade do tesouro pelo achador no momento da apreensão material. O dono da coisa onde o tesouro estava escondido ou enterrado adquire, querendo, a outra metade. A sua situação jurídica é igual à hipótese anterior.

V. Pelo achamento de tesouro apenas pode ser adquirido o direito de propriedade[2070].

Secção III
As Águas

287. As águas como coisas corpóreas

I. Por coisa entendemos uma porção delimitada da realidade exterior à pessoa humana. É a água coisa para o Direito?

Uma resposta precisa deve ponderar que a água pode surgir em três estados físicos:

- Sólido;
- Líquido;
- Gasoso.

No estado gasoso, a água existe enquanto vapor de água e compõe o ar atmosférico, disseminando-se por várias camadas (em regra, as camadas baixas) da atmosfera terrestre. Nesse estado, ela encontra-se suspensa na atmosfera – em percentagens variadas, dependendo de diversos factores – sem forma e volume definidos.

A água em estado gasoso, como parte do ar atmosférico, não chega a ser coisa para o Direito e, por isso, a classificação que distingue as coisas no comércio e fora do comércio não faz sentido para ela. Falta-lhe a necessária

[2069] Na ordem jurídica portuguesa, o princípio a atender é o de que as atribuições patrimoniais gratuitas devem ser consentidas pelo próprio.
[2070] Numa perspectiva diversa, cf. MENEZES CORDEIRO, Direitos Reais, cit., 222, pág. 489 e seg.

delimitação como objecto, que permita circunscrevê-la e distingui-la das outras coisas.

Isto não infirma que se possa, através de processos tecnológicos, retirar vapor de água da atmosfera e armazená-lo num determinado dispositivo ou recipiente de contenção. Na medida em que isso aconteça, o volume de vapor de água capturado ganha a delimitação bastante para a sua diferenciação como objecto, adquirindo nessa altura a qualidade de coisa.

No estado sólido a água consiste em gelo. Este pode existir em grandes extensões nas partes mais frias do planeta como a Antártida e o Ártico. Aí, porquanto não ocorre qualquer delimitação que permita associar o gelo a uma dada porção de solo e, portanto, a uma coisa imóvel em sentido jurídico, o gelo, tal como o vapor de água, não chega a atingir o estatuto de coisa.

A qualificação jurídica muda quando o gelo se gera ou cai sob a forma de neve sobre uma coisa previamente existente. Torna-se, então, possível uma delimitação da água e a sua "coisificação" pelo Direito.

Tratando-se de gelo formado ou caído sobre prédio, a ligação directa ou indirecta (no caso de um prédio urbano) ao solo confere-lhe a imobilidade própria deste, sem, porém, o autonomizar como coisa.

Enquanto o estado sólido permanecer, o gelo formado ou caído num prédio constitui parte componente deste. Perante o Direito a coisa reside no prédio, que inclui o gelo, e não neste autonomamente.

Na ausência de ligação material a um prédio, e sendo susceptível de delimitação física, o gelo constituirá uma coisa, mas agora uma coisa autónoma: uma coisa móvel.

Assim, o gelo que cai sobre um carro na sequência de um nevão não faz parte dessa coisa, como também não faz parte de qualquer imóvel, a que não tem ligação física ou material. Ele constitui uma nova coisa (*nullius*). É verdade que as condições climatéricas tendem a derreter o gelo, transformando-o em água no estado líquido, que fluirá por acção da gravidade para o solo ou outro qualquer imóvel, acabando sugada por este ou evaporada e com isto fazendo-a desaparecer ou alterando o seu estatuto defronte do Direito. Mas isto não obsta a que enquanto permanecer no estádio sólido, delimitado e sem ligação material a um prédio, o gelo seja coisa para o Direito e coisa móvel.

As observações realizadas até aqui são susceptíveis de aplicação à água em estado líquido. Por falta de delimitação, a água dos oceanos e dos mares fica fora do conceito legal de coisa. Não neste caso porque não seja possível identificar uma forma e um volume em toda a extensão da massa de água aí existente, mas porque a delimitação eventualmente conseguida não permite qualquer operacionalidade jurídica. Coisa seria um oceano inteiro ou um mar. Nenhum propósito útil de regulação jurídica poderia resultar daqui.

Ao invés, quando se baixa a volumes consideravelmente inferiores de água (um rio, um lago, etc.) e a uma geografia contida no espaço de uma ordem jurídica, a delimitação física das águas torna possível a sua qualificação como coisa. Essa delimitação física consegue-se mesmo para as águas em movimento através do leito e das margens do respectivo curso[2071], independentemente da existência de autonomia jurídica entre as águas propriamente ditas e o leito ou as margens.

Portanto, a água, qualquer que seja o estado físico em que se encontre, constitui coisa para o Direito contando que seja possível a sua delimitação como objecto. Quando tal não seja física ou juridicamente possível a qualificação como coisa fica arredada.

II. A "coisificação" da água pelo Direito não lhe assegura, por si só, o estatuto de coisa autónoma ou *a se*. Vejamos.

O art. 204.º, n.º 1 alínea b) do Código Civil dispõe que as águas são coisas imóveis. Ainda assim, a autonomia das águas como coisas imóveis supõe uma norma legal ou um facto jurídico idóneo que as destaque da incorporação no prédio onde se encontrem[2072].

Com efeito, enquanto ligadas ao solo do prédio onde nasceram ou caíram (no caso das águas pluviais), as águas são parte componente desse prédio, não formando, por isso, uma nova coisa para o Direito[2073].

As águas que constituam coisa para o Direito enfrentam, deste modo, um duplo estatuto:

- Como coisa (imóvel ou móvel, conforme se verá no § seguinte);
- Como parte de coisa (imóvel).

[2071] Menezes Cordeiro, Tratado De Direito Civil III, Parte Geral, Coisas, 3.ª ed., Coimbra, 2016, pág. 183, Santos Justo, Direitos Reais, %.ª ed., Coimbra, 2017, pág. 138.

[2072] Neste sentido, cf. também Menezes Cordeiro, Tratado De Direito Civil III, Parte Geral, Coisas, cit., pág. 184, Pires de Lima/Antunes Varela, Código Civil Anotado, I, 4.ª ed., 4., pág. 196.

[2073] Pires de Lima/Antunes Varela, Código Civil Anotado, I, cit., 4., pág. 196, Menezes Cordeiro, Tratado De Direito Civil III, Parte Geral, Coisas, cit., pág. 184, Carvalho Fernandes, Teoria Geral Do Direito Civil, Vol. I, pág. 685 e seg.

Como coisas autónomas as águas podem estar sujeitas a regimes jurídicos diversos, de Direito público ou de Direito privado. Esses regimes jurídicos determinarão os direitos eventualmente existentes sobre as águas e os actos de disposição que sobre elas podem ter lugar.

Como partes de coisa as águas estão sujeitas ao regime jurídico do imóvel, sofrendo as incidências dos actos de disposição que o tenham por objecto. A título de exemplo, a constituição de um usufruto sobre o prédio inclui a atribuição do gozo das águas ao usufrutuário, assim como a venda do prédio a aquisição da propriedade sobre todo ele, envolvendo as águas que sejam sua parte componente.

A eficácia jurídica dos negócios sobre o prédio abrange, portanto, e na ausência de disposição legal ou de convenção negocial em sentido contrário, as águas que são dele parte componente.

III. Tomadas como porção delimitada da realidade exterior à pessoa humana as águas integram o mundo material e são apreensíveis pelos sentidos. Como parte da realidade material exterior à pessoa e apreensível pelos sentidos, as águas constituem coisas corpóreas[2074].

Assim classificadas na teoria geral das coisas, as águas são susceptíveis de ser objecto de direitos reais, desde logo, da propriedade. Tudo depende do regime jurídico a que fiquem sujeitas, nomeadamente, se a um regime de Direito público se ao Direito Civil.

IV. As águas no estado líquido e enquanto imóveis são delimitadas pelo seu leito e margens. Pergunta-se agora se a consideração das águas como objecto (coisa corpórea) engloba o leito e as margens ou se estes se devem considerar de modo separado delas. Apenas as águas particulares nos interessam.

O Código Civil não esclarece a questão. O art. 1387.º, n.º 1 alínea b) dispõe somente que é particular "o leito ou álveo das correntes não navegáveis nem flutuáveis que atravessam terrenos particulares".

Uma noção de leito e de margens surge no Direito público português, na Lei n.º 54/2005. No art. 10.º deste diploma fixa-se uma noção de leito:

> "Entende-se por leito o terreno coberto pelas águas quando não influenciadas por cheias extraordinárias, inundações ou tempestades. No leito compreendem-se os mouchões, lodeiros e areais nele formados por deposição aluvial".

[2074] Sobre o conceito de coisa corpórea, cf. *supra* no texto.

Por sua vez, no art. 11.º da Lei n.º 54/2005 encontra-se uma definição de margem:

> "Entende-se por margem uma faixa de terreno contígua ou sobranceira à linha que limita o leito das águas".

Quando as águas integram o prédio como sua parte componente a questão da relação em que se encontram com o leito e com as margens não tem interesse jurídico, uma vez que há apenas uma coisa unitária a atender. A propriedade do prédio engloba quer as águas quer o leito e as margens do respectivo curso. É a autonomização das águas no sentido do art. 204.º, n.º 1 alínea b) do Código Civil que trás o problema.

Na medida em que a autonomia das águas decorre de norma jurídica ou de outro facto com essa eficácia (*v.g.* de negócio jurídico ou da usucapião) tem de atender-se à fonte dessa autonomização para encontrar a resposta. Se a posse das águas se exerceu igualmente sobre o leito e as margens do curso de águas, a usucapião tem a extensão do âmbito da posse, ou seja, no caso, envolve as águas com o seu leito ou álveo e as margens.

Na falta de indicação em contrário do título que funda a autonomia das águas, entendemos que estas se devem manter separadas do leito e das margens, que pertencem como parte componente ao prédio em que estão integrados.

288. As águas como imóveis

I. A discussão sobre a natureza mobiliária ou imobiliária das águas tornou-se clássica no Direito português durante a vigência do Código Civil de Seabra. Neste Código a regulação do regime jurídico das águas surge na Parte II (Da adquisição dos direitos), no Título III (Capítulo IV, Secção II), dedicado à ocupação.

A inserção sistemática adoptada pelo Código Civil de Seabra, coadjuvada com o movimento inerente aos cursos de água, levou Teixeira D'Abreu[2075] a defender serem as águas coisas móveis:

> "Daqui é força concluir, vista a disposição dos artt. 374.º e 375.º, combinados com o art. 376.º, que as aguas, consideradas como objectos do domínio, são cousas moveis por sua propria natureza"[2076].

[2075] Lições De Direito Civil Português, Tomo I, Coimbra, 1898, pág. 382 e segs. e em Estudos Jurídicos, Coimbra, 1903, pág. 1 e segs.

[2076] Lições De Direito Civil Português, cit., pág. 388.

Guilherme Moreira[2077] submeteria este entendimento a intensa crítica, desvalorizando quer o argumento sistemático, que alude à ocupação das águas, um modo de aquisição da propriedade específico das coisas móveis, quer o argumento da deslocação das águas. Para Guilherme Moreira[2078], "nenhuma dúvida há de que as águas se acham incorporadas no solo, com o qual formam um todo". Não podem, pois, no entender do autor, deixar de considerar-se imóveis.

A qualificação das águas como coisas imóveis, que já Assis Teixeira[2079] sustentara antes de Guilherme Moreira e do Código Civil de Seabra, tornou-se largamente dominante e receberia o favor de Pires de Lima[2080].

O anteprojecto em matéria de coisas para o novo Código Civil, da autoria de Pires de Lima[2081], proporia a qualificação das águas como imóveis e esta viria a ser a solução acolhida no art. 204.º, n.º 1 alínea b) do Código Civil de 1966.

II. A natureza imobiliária das águas vem retirada da sua ligação material ao solo, quer dizer, da incorporação das águas no solo, conforme sublinharam autores como Guilherme Moreira[2082] e Oliveira Ascensão[2083]. Ainda assim, importa diferenciar duas situações distintas.

A primeira dessas situações ocorre nos casos em que nenhuma norma legal ou negócio jurídico levou a cabo a separação das águas relativamente ao prédio onde se encontram. Nessa hipótese, que traduz a normalidade corrente, enquanto as águas permanecem ligadas ao solo, o Direito português considera-as não como coisas autónomas, mas apenas como partes componentes do prédio, juntamente com os outros elementos que integram este. Elas devem ser integradas, pois, no sentido subjacente à alínea a) do art. 204.º, n.º 1 do Código Civil, como parte de coisa (o prédio).

A segunda dessas situações verifica-se por força da incidência de um regime jurídico ou de um facto jurídico, de fonte negocial (venda, doação, etc.) ou não (por exemplo, a usucapião), que dissocia as águas relativamente ao solo onde se encontravam incorporadas, transformando-as em

[2077] As Águas No Direito Civil Português, Vol. I, Coimbra, 1920, pág. 1 e segs.

[2078] As Águas No Direito Civil Português, Vol. I, cit., pág. 5.

[2079] Aguas das fontes e nascentes segundo o direito civil moderno, Coimbra, 1877.

[2080] BMJ 91, 1959.

[2081] BMJ 91, 1959.

[2082] As Águas No Direito Civil Português, Vol. I, cit., pág. 5.

[2083] Direito Civil – Teoria Geral, Volume I, 2.ª edição, Coimbra, 2000, pág. 361. Este autor faz igualmente notar que a imobilidade das águas "vem-lhes da integração no solo".

coisa autónoma para o Direito, separadas agora do prédio de que constituíam até esse momento parte componente.

É a essas águas que se refere a alínea b) do art. 204.º, n.º 1 do Código Civil, que pressupõe, ainda assim, que elas continuam ligadas materialmente ao solo. Nesse caso, a autonomização jurídica como coisa não lhes retira a imobilidade. O art. 204.º, n.º 1 alínea b) do Código Civil dispõe expressamente que essas águas constituem coisa imóvel.

Portanto, o disposto no art. 204.º, n.º 1 alínea b) do Código Civil vale apenas quanto às águas autonomizadas por força de norma legal ou de um facto jurídico ao qual o Direito atribua essa eficácia. Nos demais casos em que as águas se encontram ligadas materialmente ao prédio, enquanto parte componente deste, elas integram o conceito respectivo (art. 204.º, n.º 1 alínea a) do Código Civil).

III. A quebra da ligação material ao solo rompe com a imobilidade legal das águas. A água retirada do seu reservatório no solo não é mais uma parte de coisa (do prédio) ou uma coisa imóvel, sendo, diversamente, uma coisa móvel. Assim, são móveis as águas que o avião retirou do lago para combate a incêndio, as águas carregadas do rio para camião cisterna ou as águas engarrafadas ou colocadas em dispositivo de contenção fora do solo (por exemplo, numa cisterna).

Constatamos, deste modo, que a qualificação legal das águas como coisas imóveis vale apenas no contexto de uma incorporação no solo, nomeadamente, no curso ou no reservatório natural onde elas se encontram. A intervenção humana que desvia as águas do prédio, quebrando a incorporação natural das primeiras com o segundo, faz cessar a natureza imóvel, submetendo-as ao regime jurídico das coisas móveis, em todos os seus aspectos.

289. Águas públicas e águas particulares. Delimitação

I. O Código Civil de 1867 recebeu a distinção romana entre coisas públicas (art. 380.º), comuns (art. 381.º) e particulares (art. 382.º) e classificou as águas de acordo com essa classificação tripartida.

O Decreto 5787-IIII, de 18 de Maio de 1919, por sua vez, derrogando o regime jurídico contido no Código de Seabra, suprimiu a categoria tradicional das águas comuns e introduziu a noção de domínio público das águas por oposição ao domínio particular (cf. os artigos 1.º e 2.º): as águas são, assim, públicas, por estarem integradas no domínio público, ou particulares, por se acharem no domínio dito particular.

Este diploma manteve ainda a opção técnica de regular toda a matéria das águas, públicas e particulares, como havia feito o Código Civil de Seabra, deixando de lado embora a categoria das águas comuns, definitivamente abandonada pelo Direito português.

O Código Civil de 1966 abandonou a unidade do tratamento das águas que o Direito português havia seguido até aí, e que permanecia ainda no Decreto 5787-IIII, regulando apenas as águas particulares enquanto simultaneamente omite o regime jurídico das águas públicas.

Na verdade, dado o crescimento exponencial do Direito público durante o século XX e a integração no seu âmbito da regulação normativa do domínio público, incluindo o domínio público hídrico, não fazia mais qualquer sentido que a disciplina jurídica das águas públicas continuasse a figurar num código de Direito Civil. Trata-se de matéria atinente ao Direito público, a disciplinar em lei avulsa.

Por outro lado, as águas fora do domínio público constituem coisas corpóreas no comércio, susceptíveis de propriedade e reguladas pelo Direito Civil. Nenhuma razão havia, pois, para as excluir do Código Civil[2084], em geral, e da disciplina de Direitos Reais em particular, onde encontram a sua sede normativa própria. A este propósito o regime seguido nos artigos 909.º e seguintes do Código Civil italiano depôs igualmente a favor da solução da lei portuguesa[2085].

II. As águas dividem-se hoje em águas do domínio público e águas do domínio privado. A Lei n.º 54/2005, de 15 de Novembro, que estabelece a titularidade dos recursos hídricos, distingue os recursos hídricos do país em recursos hídricos dominiais e recursos hídricos patrimoniais. Segundo o art. 1.º, n.º 2 deste diploma:

> "Em função da titularidade, os recursos hídricos compreendem os recursos dominiais, ou pertencentes ao domínio público, e os recursos patrimoniais, pertencentes a entidades públicas ou particulares".

Todas as águas que não estejam integradas no domínio público pertencem, na terminologia da Lei n.º 54/2005, aos recurso hídricos patrimoniais

[2084] A justificação para a solução portuguesa

[2085] Cf. Pires de Lima/Antunes Varela, Código Civil Anotado, III, 2.ª edição (Reimpressão), Coimbra, 1987, pág. 286.

(art. 18.º, n.º 1 da Lei n.º 54/2005). Estes, por sua vez, dividem-se consoante as águas sejam propriedade:

- De entes públicos;
- De entes privados.

As águas fora do domínio público cuja titularidade pertença a entidades privadas denomina-as a Lei n.º 54/2005 águas particulares. Dispõe, com efeito, o art. 18.º, n.º 2 desta Lei:

- "Os recursos hídricos patrimoniais podem pertencer, de acordo com a lei civil, a entes públicos ou privados, designando-se neste último caso como águas ou recursos hídricos particulares".

Segundo a Lei n.º 54/2005, embora as águas fora do domínio público se encontrem no comércio e fiquem submetidas ao Direito Civil (art. 18.º, n.º 1), as que estejam na titularidade de entes públicos não constituem águas particulares. Apenas as águas que pertençam a entidades privadas o são.

Esta classificação atinente aos denominados recursos hídricos patrimoniais gera um problema de compatibilização com o Código Civil, que não conhece outro género ou espécie de águas privadas, para além, pois, das águas particulares, nem estabelece nenhum outro regime jurídico a não ser o constante dos artigos 1385.º e seguintes. No sistema do Código Civil todas as águas não compreendidas no domínio público são águas particulares, seja qual for a titularidade das mesmas, pública ou privada.

Como resolver esta aparente discrepância criada pela Lei n.º 54/2005, submetendo, por um lado, todas as águas não compreendidas no domínio público à "lei civil", e, por outro, afastando a classificação de águas particulares para as águas privadas na propriedade de entes públicos quando o Direito Civil qualifica todas as águas do domínio privado, incluindo as que pertençam a entes públicos, como águas particulares, sujeitando-as a um regime jurídico uniforme?

Respondendo, diremos que para o Direito Civil todas as águas não inseridas no domínio público são águas particulares e formam o domínio privado das águas, por contraposição ao primeiro. Também as águas não integradas no domínio público propriedade de entidades públicas são águas particulares no sentido da "lei civil", sendo o regime jurídico constante dos artigos 1385.º e seguintes aplicável a elas.

O que sucede, porém, é que a regulação própria das entidades públicas proprietárias das águas particulares, nomeadamente, as atribuições que lhe estejam legalmente cometidas, assim como as finalidades normativas da sua acção, podem limitar o uso ou a disposição das águas, introduzindo restrições de Direito público ao direito de propriedade sobre elas.

Trata-se de um fenómeno comum em Direitos Reais. Nós chamamos-lhe o conteúdo negativo de Direito público[2086]: normas que fixam situações jurídicas passivas no conteúdo do direito real e que interferem com o gozo normal proporcionado por ele, limitando os poderes de aproveitamento das águas e vinculando o ente colectivo a formas determinadas de actuação.

É esse desvio potencial ao regime geral do gozo das águas particulares na propriedade de entes públicos que a Lei n.º 54/2005 pretende ressalvar, assinalando que apenas as águas na propriedade de entes privados são particulares. No regime jurídico do Código Civil, porém, tanto são particulares as águas na titularidade de entes privados como na de entes públicos e esse regime aplica-se igualmente às águas privadas na titularidade dos últimos na falta de restrição ou restrições constantes de normas de Direito público que prevaleçam sobre o regime geral (civil) das águas particulares.

O conteúdo negativo da propriedade sobre as águas particulares na titularidade de entes públicos afere-se em concreto perante a entidade pública individual que estiver em causa. O Estado pode estar sujeito a restrições de uso e disposição das suas águas privadas que não existam para as câmaras municipais, freguesias, etc., e vice-versa.

Portanto, o regime jurídico das águas particulares apresenta diferenças potenciais entre aquelas que estão na propriedade de entes privados e as que estão na propriedade de entes públicos. Essas diferenças não derivam do Direito Civil, que trata uniformemente todas as águas do domínio privado, mas da incidência de normas de Direito público sobre o gozo admitido ao proprietário das águas quando for um ente público.

III. O domínio público hídrico integra-se no conjunto de coisas que compõem o domínio público geral, como uma das suas espécies. Consiste, pois, num domínio público especial[2087].

As águas que satisfaçam a delimitação bastante para serem qualificadas como coisas defronte do Direito podem entrar no domínio público ou permanecer no domínio privado. O domínio público hídrico não caracteriza nenhuma espécie de águas, mas apenas e só um regime jurídico a que

[2086] Cf. *supra* no texto.

[2087] Sobre esta matéria, cf. Menezes Cordeiro, Tratado De Direito Civil III, Parte Geral, Coisas, cit., pág. 92 e segs.

algumas delas ficam sujeitas em atenção a fins prosseguidos pelo ordenamento e sancionados pela Constituição ou pela lei.

Por esta razão, nada impede que algumas águas integrem em determinado momento o domínio público e sejam depois devolvidas ao domínio privado e, inversamente, que águas tradicionalmente incluídas no domínio privado passem depois a estar sujeitas ao regime jurídico do domínio público.

Os critérios de distinção entre o domínio público e o domínio privado são variados[2088]. Para os efeitos restritos da nossa análise, interessa-nos apenas o critério ou critérios que permitam diferenciar as águas como fazendo parte do domínio público hídrico ou do domínio privado.

No Direito português vigente o único critério a atender é o da fonte normativa. Serão águas do domínio público, ou integradas no domínio público, aquelas que a Constituição portuguesa e a lei determinarem.

Dispõe o art. 84.º, n.º 1 da Constituição:

> "1. Pertencem ao domínio público:
>
> a) As águas territoriais com os seus leitos e os fundos marinhos contíguos, bem como os lagos, lagoas e cursos de água navegáveis ou flutuáveis, com os respetivos leitos".
>
> O n.º 2 deste art. 84.º determina, por sua vez, que caberá à lei ordinária definir os bens que integram o domínio público, "bem como o seu regime, condições de utilização e limites".

No que respeita ao domínio público hídrico, a lei que define as águas do domínio público hídrico é hoje a mencionada Lei n.º 54/2005. Esta Lei divide o domínio público hídrico em três regime especiais (art. 2.º, n.º 1):

- O domínio público marítimo:
- O domínio público lacustre e fluvial;
- O domínio público das "restantes águas".

Assim dividido, o domínio público hídrico pode estar na titularidade do Estado, das regiões autónomas, dos municípios e das freguesias (art. 2.º, n.º 1 da Lei n.º 54/2005).

O domínio público marítimo pertence sempre ao Estado (art. 4.º) e compreende, segundo o art. 3.º da Lei n.º 54/2005, as seguintes águas:

> "a) As águas costeiras e territoriais;

2088 Para uma perspectiva, cf. Menezes Cordeiro, Tratado De Direito Civil III, Parte Geral, Coisas, cit., pág. 80 e segs.

b) As águas interiores sujeitas à influência das marés, nos rios, lagos e lagoas;

c) O leito das águas costeiras e territoriais e das águas interiores sujeitas à influência das marés;

d) Os fundos marinhos contíguos da plataforma continental, abrangendo toda a zona económica exclusiva;

e) As margens das águas costeiras e das águas interiores sujeitas à influência das marés".

O domínio público lacustre e fluvial abrange as seguintes águas:

"O domínio público lacustre e fluvial compreende:

a) Cursos de água navegáveis ou flutuáveis, com os respetivos leitos, e ainda as margens pertencentes a entes públicos, nos termos do artigo seguinte;

b) Lagos e lagoas navegáveis ou flutuáveis, com os respetivos leitos, e ainda as margens pertencentes a entes públicos, nos termos do artigo seguinte;

c) Cursos de água não navegáveis nem flutuáveis, com os respetivos leitos e margens, desde que localizados em terrenos públicos, ou os que por lei sejam reconhecidos como aproveitáveis para fins de utilidade pública, como a produção de energia elétrica, irrigação, ou canalização de água para consumo público;

d) Canais e valas navegáveis ou flutuáveis, ou abertos por entes públicos, e as respetivas águas;

e) Albufeiras criadas para fins de utilidade pública, nomeadamente produção de energia elétrica ou irrigação, com os respetivos leitos;

f) Lagos e lagoas não navegáveis ou flutuáveis, com os respetivos leitos e margens, formados pela natureza em terrenos públicos;

g) Lagos e lagoas circundados por diferentes prédios particulares ou existentes dentro de um prédio particular, quando tais lagos e lagoas sejam alimentados por corrente pública;

h) Cursos de água não navegáveis nem flutuáveis nascidos em prédios privados, logo que as suas águas transponham, abandonadas, os limites dos terrenos ou prédios onde nasceram ou para onde foram conduzidas pelo seu dono, se no final forem lançar-se no mar ou em outras águas públicas".

O domínio público lacustre e fluvial pode pertencer não apenas ao Estado, mas às regiões autónomas, aos municípios e freguesias. O domínio público fluvial pertence ao Estado e nas regiões autónomas, à respectiva região. Os lagos e as lagoas que se situem integralmente em terrenos municipais ou em terrenos baldios e de logradouro comum municipal pertencem ao município respectivo; caso se situem integralmente em terrenos das freguesias ou em terrenos baldios e de logradouro comum paroquiais cabem a essa freguesia. Em todos os outros casos os lagos e lagoas estão na titularidade do Estado e nas regiões autónomas, da região. As soluções decorrem do disposto no art. 6.º, números 1 e 2 da Lei n.º 54/2005 e não prejudicam o regime jurídico constante das alíneas d), e) e f) do n.º 1 do artigo 1386.º e no artigo 1387.º do Código Civil.

O domínio público das "restantes águas" (art. 7.º da Lei n.º 54/2005) inclui:

> "a) Águas nascidas e águas subterrâneas existentes em terrenos ou prédios públicos;
>
> b) Águas nascidas em prédios privados, logo que transponham abandonadas os limites dos terrenos ou prédios onde nasceram ou para onde foram conduzidas pelo seu dono, se no final forem lançar-se no mar ou em outras águas públicas;
>
> c) Águas pluviais que caiam em terrenos públicos ou que, abandonadas, neles corram;
>
> d) Águas pluviais que caiam em algum terreno particular, quando transpuserem abandonadas os limites do mesmo prédio, se no final forem lançar-se no mar ou em outras águas públicas;
>
> e) Águas das fontes públicas e dos poços e reservatórios públicos, incluindo todos os que vêm sendo continuamente usados pelo público ou administrados por entidades públicas".

Nos casos das alíneas a) e e) do art. 7.º da Lei n.º 54/2005 o domínio público das "restantes águas" cabe ao Estado ou às regiões autónomas consoante os terrenos públicos sejam propriedade do Estado ou da região autónoma ou "no caso de ter cabido ao Estado ou à região a construção das fontes públicas" (art. 8.º, n.º 1 da Lei n.º 54/2005).

Por sua vez, o domínio público das "restantes águas" pode caber ao município ou freguesia se os terrenos públicos mencionados nas alíneas a) e c) do art. 7.º pertençam ao concelho e à freguesia ou sejam baldios municipais ou paroquiais ou consoante tenha cabido ao município ou à freguesia o custeio e administração das fontes, poços ou reservatórios públicos.

IV. A importância e a extensão do domínio público hídrico não nos deve levar a olvidar que as águas são particulares, compondo o domínio privado hídrico, na falta de qualquer fonte normativa que as integre no domínio público.

As águas particulares não representam, assim, uma categoria residual, sujeita a um regime jurídico de natureza especial ou excepcional, mas constituem sim o regime jurídico geral das águas, que se aplica sempre quando elas não sejam retiradas do domínio privado e sujeitas ao regime jurídico do domínio público.

Desta forma, podemos dizer que são particulares todas as águas que a lei não inclua no domínio público ou noutro qualquer regime especial. Tendo em conta isto, o sentido do art. 1386.º do Código Civil não pode deixar de ser o de uma enumeração exemplificativa das águas particulares. Uma categoria de águas retirada do domínio público, e não submetida a outra lei especial, integra-se na categoria das águas particulares e fica sujeita ao Direito Civil ainda que esteja omissa da enumeração daquele preceito.

290. A atribuição da propriedade sobre as águas particulares

I. No regime jurídico das águas particulares constante do Código Civil o legislador português considerou apenas as águas enquanto ligadas ao solo e, por conseguinte, como imóveis.

Por outro lado, as águas mencionadas no regime jurídico dos artigos 1385.º e seguintes do Código Civil são apenas aquelas que constituem partes componentes do prédio onde se encontram.

Tendo em atenção estes dados de partida, a atribuição originária da propriedade sobre as águas particulares, as que constam do domínio privado hídrico, tem por base um único critério:

- O da propriedade do prédio onde as águas nasceram ou onde vieram a ficar retidas (águas pluviais).

Dizendo de uma forma mais precisa, o direito de propriedade sobre o prédio abrange as águas que são sua parte componente. O proprietário do prédio é, pois, o dono das águas (particulares) que aí nasceram ou nele ficaram retidas.

Convém, no entanto, distinguir:

- As águas de fonte ou nascente;
- As águas pluviais;
- As águas de lago ou lagoa existente em prédio particular;
- As águas subterrâneas de fonte ou nascente;
- As águas correntes, superficiais ou subterrâneas, que atravessam o prédio.

Versaremos adiante sobre a atribuição da propriedade relativamente a cada uma destas águas particulares, mas antes não deixaremos de abordar os casos em que as águas constituem móveis ou são por força de norma legal ou facto jurídico desafectadas do prédio onde se encontra o seu reservatório natural.

II. As águas da chuva que caem numa cisterna montada sobre o solo ou que são recolhidas por alguém com recurso a um qualquer recipiente são coisas para o Direito, mas coisas móveis. Quanto a elas valem as regras de aquisição da propriedade sobre coisas móveis, em particular, a ocupação e a acessão.

A segunda hipótese é a das águas que foram desafectadas do prédio por norma legal, negócio jurídico ou qualquer facto jurídico com essa eficácia (por exemplo, a usucapião). Conforme dissemos anteriormente, o disposto na alínea b) do art. 204.º, n.º 1 do Código Civil supõe a autonomização das águas defronte do prédio onde têm o seu reservatório natural, mantida embora a incorporação no solo. Nesses casos, a propriedade do prédio não funciona como critério para a atribuição da propriedade das águas que nele se encontram.

Um bom exemplo desta segunda hipótese encontra-se nos lagos e lagoas existentes em prédio particular[2089] e abastecidos exclusivamente com águas do domínio público. De acordo com o art. 5.º, alínea g) da Lei n.º 54/2005, embora integradas em prédio particular, as águas do lago ou lagoa integram o domínio público, não pertencendo, pois, ao proprietário do prédio.

III. Vamos, de seguida, atentar na aquisição da propriedade sobre as águas particulares atendendo à sistematização legal contida no Código Civil.

A) Águas de fonte ou nascente

Dispõe o art. 1389.º do Código Civil:

> "O dono do prédio onde haja alguma fonte ou nascente de água pode servir-se dela e dispor do seu uso livremente, salvas as restrições previstas na lei e os direitos que terceiro haja adquirido ao uso da água por título justo".

[2089] Prédio integrado no domínio privado e propriedade de pessoa privada.

Este preceito alude às águas particulares de fonte ou nascente existente no prédio e reconhece ao proprietário deste o gozo delas, através da indicação dos dois poderes que estão em causa: o uso e a disposição.

Não se trata aqui de realizar uma atribuição da propriedade das águas ao proprietário do prédio. Isso estaria em contradição com o sistema do Código Civil. Enquanto partes componentes do prédio, as águas particulares que provêm de fonte ou nascente aí existente constituem objecto da propriedade incidente sobre o prédio e não de uma propriedade separada sobre elas. Não há uma propriedade das águas que acresça à propriedade do prédio; há simplesmente uma propriedade do prédio que se estende às águas particulares de fonte ou nascente situada nos seus limites.

B) As águas pluviais

Enquanto existente na atmosfera em estado gasoso, sob a forma de vapor de água, ou quando transformada em estado líquido sob a forma de chuva, mas vagueando ainda pelo ar atmosférico antes de entrar em contacto com o solo, a água não é coisa para o Direito nem se encontra apropriada por ninguém.

Quando cai no solo, porém, a água incorpora-se nele e integra o prédio respectivo como parte componente[2090]. Alguns autores falam neste caso numa aquisição da propriedade por acessão (natural). O efeito prático é o de atribuir ao proprietário do prédio o gozo das águas pluviais.

O art. 1293.º do Código Civil confirma isto, remetendo para o regime jurídico do art. 1389.º: o proprietário do prédio tem, assim, o uso e a disposição das águas pluviais caídas nos limites do mesmo e que aí ficam retidas. A propriedade do imóvel inclui, pois, as águas pluviais trazidas por acção da natureza.

C) As águas de lago ou lagoa existente em prédio particular

As águas de lago ou lagoa cujos limites se encontrem dentro de um único prédio particular (público ou privado) incluem-se como parte componente dentro da propriedade do mesmo.

[2090] Partimos da hipótese base, em que as águas se depositam no prédio onde caíram. No entanto, caindo num prédio e correndo em fluxo para outro, no qual ficam definitivamente depositadas, é nesse segundo prédio que ocorre a aquisição da propriedade (por acessão) a favor do respectivo proprietário. Cf. *infra* no texto.

A única excepção encontra-se nas hipóteses em que as águas do lago ou da lagoa são alimentadas exclusivamente por corrente pública; essas pertencem ao domínio público das "restantes águas" (art. 5.º, alínea g) da Lei n.º 54/2005).

D) As águas subterrâneas

Todo o prédio compreende o subsolo até aos limites definidos pelo Direito[2091]. Ora, as águas podem provir de fonte ou nascente subterrânea existente no prédio e não subtraída por lei ao domínio privado. A quem pertencem essas águas?

Sempre de acordo com a lógica subjacente ao Código Civil, e na medida em que o prédio inclui o subsolo até ao limite da acção humana, as águas subterrâneas de fonte ou nascente existente no prédio são objecto da propriedade deste, como parte componente desse prédio[2092].

Deste modo, e da mesma forma que sucede para as águas de fonte ou nascente à superfície, as águas subterrâneas de fonte ou nascente situada no prédio integram este e pertencem originariamente ao seu proprietário, que as pode gozar, usando-as ou dispondo delas a favor de terceiros.

A circunstância do proprietário estar impedido de facto de gozar as águas subterrâneas de fonte ou nascente localizada no seu prédio, por exemplo, por não haver poço, mina ou outra qualquer estrutura física que lhe permita o acesso a essas águas, não obsta à propriedade das mesmas nem tem quanto a este ponto qualquer relevância jurídica. O mesmo se passa, de resto, com o restante subsolo do prédio.

Enquanto partes componentes do imóvel onde se situa a fonte ou nascente, as águas subterrâneas pertencem ao proprietário daquele, ainda que por razões técnicas ou outras a elas não tenha acesso.

No exercício da propriedade, o proprietário do prédio onde se encontra a fonte ou nascente das águas subterrâneas pode praticar os actos de transformação (obras, escavações, abertura de minas, etc.) tendentes a possibilitar esse acesso, como pode igualmente dispor do gozo dessas águas a favor de terceiro, nos termos gerais.

2091 Sobre a matéria, cf. o que se disse anteriormente no texto.

2092 Para o Direito anterior, veja-se igualmente GUILHERME MOREIRA, As Águas No Direito Civil Português, Vol. I, cit., pág. 561.

IV. Versamos agora sobre as águas correntes (*aquae profluens*), superficiais ou subterrâneas, que atravessam de um prédio para outro. O movimento das águas em correntes ou fluxos, seja por efeito da geografia de um terreno ou mais simplesmente por acção da gravidade, coloca problemas ao Direito, sobretudo, no que toca à propriedade.

Como ficou dito anteriormente, a atribuição da propriedade sobre as águas faz-se no Direito português através de um critério principal: a propriedade do prédio relativamente ao qual constituem parte componente. Assim, como se viu, as águas de fonte ou nascente, superficial ou subterrânea (águas subterrâneas), pertencem ao dono do prédio onde se situam; como a ele pertencem igualmente as águas pluviais retidas e as águas de lago ou lagoa, contando que neste último caso elas não provenham exclusivamente de corrente pública.

As águas, porém, desafiam constantemente os limites dos prédios conformados pelo Direito, deslocando-se indiferentes e sem atenção a eles. O movimento das águas integradas em cursos ou correntes que escapam para outros prédios tem repercussões jurídicas na propriedade das águas que se movem. Importa perceber em que termos.

A) *Águas de fonte ou nascente*

Quando as águas de fonte ou nascente situada em prédio atravessam os limites deste há que distinguir duas hipóteses:

- O proprietário conduziu as águas para outro prédio;
- As águas transpuseram abandonadas os limites do prédio.

O proprietário pode conduzir as águas para outro prédio, por si ou através de direitos atribuídos a terceiros, cujo caso paradigmático é o das servidões de águas. Há ainda um aproveitamento das águas e um exercício da propriedade sobre elas.

O proprietário pode, porém, não fazer qualquer aproveitamento das águas, deixando-as transpor livremente os limites do seu prédio. Quando isso suceda a transposição desses limites opera a extinção da propriedade relativamente à massa de água concreta que saiu do prédio.

Tal não implica, em todo o caso, qualquer perda da propriedade sobre as águas de fonte ou nascente que permaneçam nos limites do prédio ou que venham no futuro a ser geradas no mesmo. O proprietário pode a todo o tempo realizar o aproveitamento integral das águas de fonte ou nascente existente no seu prédio, sem que os proprietários dos prédios que hajam recebido anteriormente águas sobrantes possam reclamar um direito sobre elas e qualquer violação do mesmo. O art. 1391.º do Código Civil deixa isso bem claro.

As águas de fonte ou nascente que saem desaproveitadas do prédio pertencem a quem?

Já dissemos que a propriedade sobre as águas de fonte ou nascente que atravessam desaproveitadas os limites do prédio se extingue no momento em que se opera a transposição desses limites.

Ainda assim, torna-se necessário perceber se com a saída do prédio as águas de fonte ou nascente continuam águas particulares ou se ingressam no domínio público hídrico.

O Código Civil dispõe que as águas são particulares quando ultrapassando os limites do prédio onde nasceram ou caíram "e correndo por prédios particulares, forem consumidas antes de se lançarem no mar ou em outra água pública" (art. 1386.º, n.º 1 alínea a)).

Por sua vez, o art. 5.º, alínea h) da Lei n.º 54/2005 veio integrar no domínio público lacustre e fluvial as águas dos cursos de água não navegáveis nem flutuáveis nascidos em prédios privados, logo que essas águas transponham, abandonadas, os limites dos terrenos ou prédios onde nasceram ou para onde foram conduzidas pelo seu dono, se no final forem lançar-se no mar ou em outras águas públicas.

Deste modo, o art. 5.º, alínea h) da Lei n.º 54/2005 torna públicas as águas nascidas no prédio logo que atravessam os seus limites "se no final forem lançar-se no mar ou em outras águas públicas" e derroga o que em contrário se estabelece no art. 1386.º, n.º 1 alínea a) do Código Civil. Quer dizer, ainda que as águas, uma vez ultrapassados os limites do prédio onde nasceram, permaneçam em prédio particular, elas tornam-se parte do domínio público lacustre e fluvial contando que o movimento do curso de água as conduza ao encontro do mar ou de outras águas públicas.

De modo diverso, as águas nascidas no prédio que transpondo os seus limites permaneçam no domínio privado hídrico tornam-se *nullius*[2093] à saída daquele, ou seja, ficam sem proprietário, podendo ser livremente apro-

[2093] Uma hipótese normalmente não contemplada, mas perfeitamente possível, é a do curso de água nascido num prédio que transpõe os limites deste e vem a morrer naturalmente no prédio inferior. Neste caso, as águas ficam a pertencer ao proprietário do prédio no qual se incorporam, sem chegarem a ficar sem dono.

priadas, para consumo ou outro fim lícito, pelo proprietário do prédio que seja atravessado pelo curso de água.

Conforme o art. 1391.º do Código Civil deixa claro, o aproveitamento suscitado aos prédios inferiores com o abandono das águas pelo seu proprietário não impede nunca que este retome a todo o tempo o exercício do seu direito, usando na íntegra as águas que lhe pertencem.

B) As águas pluviais

Quando caem e ficam depositadas no prédio, as águas são parte componente do mesmo, como vimos, e pertencem ao seu proprietário.

Pode acontecer, no entanto, que uma vez caídas no prédio as águas pluviais não fiquem aí retidas, movimentando-se logo para outro prédio, onde ficam depositadas. Neste caso, a propriedade dessas águas pertencerá ao dono do prédio onde elas vêm a ficar incorporadas. A lei portuguesa não atribui a propriedade das águas pluviais ao proprietário do prédio pelo simples facto delas aí caírem, mas na medida em que nele ficam retidas, unindo-se ao solo. GUILHERME MOREIRA[2094] mencionava neste cenário o direito do proprietário do prédio a represar as águas de chuva, impedindo a sua saída para fora dos limites daquele.

Entre a primeira hipótese, das águas pluviais permanecerem depositadas no prédio onde caíram, e a segunda hipótese, as águas caírem num prédio, mas seguirem imediatamente, por enxurrada ou simplesmente por acção da gravidade, para um outro prédio, onde acabam depositadas, há uma terceira hipótese: aquela em que as águas pluviais caem no prédio, mas não ficam aí retidas, vindo a ser lançadas num curso de água aí existente que atravessa posteriormente os limites desse prédio entrando em prédios inferiores.

Nesta terceira hipótese duas soluções afiguram-se possíveis. A primeira a aplicação do regime jurídico das águas de fonte ou nascente; a segunda a do regime jurídico das águas pluviais que caem num prédio, sem, no entanto, aí ficarem retidas. Propendemos para esta segunda solução.

Neste termos, se o curso de água onde se integram as águas pluviais for no final lançar-se no mar ou em outras águas públicas, essas águas passam a estar sujeitas ao domínio público lacustre e fluvial. Não sendo esse o

[2094] As Águas No Direito Civil Português, Vol. I, cit., pág. 644.

caso, as águas pluviais, permanecendo particulares, são *nullius*[2095]. Os donos dos prédios onde o curso de água atravessa, incluindo o do prédio onde as águas caíram, podem fazer a sua apropriação, mas não se tornam proprietários dessas águas[2096], a não ser pela incidência de um qualquer facto aquisitivo, nos termos gerais.

Uma quarta hipótese, em tudo igual à que pode suceder com as águas de fonte ou nascente geradas, é a do proprietário conduzir as águas pluviais retidas no seu prédio para um outro. Aí a propriedade das águas mantém-se, não obstante a condução para outro prédio.

C) *As águas subterrâneas*

As águas de fonte ou nascente subterrânea que atravessam os limites do prédio estão sujeitas ao mesmo tratamento jurídico das águas de fonte ou nascente superficial, pelo que remetemos para o que ficou dito anteriormente.

291. Servidões de águas. Modalidades

I. As servidões de águas partilham o desenho típico das servidões prediais: trata-se de encargos impostos num prédio (prédio serviente) a favor de outro prédio (prédio dominante).

Como as demais servidões, também as servidões de águas podem ser:

- Legais ou coercivas;
- Voluntárias.

Nos artigos 1559.º a 1563.º do Código Civil a lei portuguesa prevê três tipos de servidões legais de águas, que serão abaixo sumariamente examinados.

[2095] Ressalva-se a hipótese do curso de água ficar pelo prédio inferior, situação na qual as águas pluviais ficarão a pertencer ao respectivo proprietário.

[2096] As águas particulares que em concreto sejam apropriadas ficam a pertencer ao proprietário do prédio onde essa acção tem lugar, mas ele não pode reclamar no futuro qualquer direito sobre as águas. As águas pluviais provindas do prédio onde ficaram retidas quando caíram e que não ingressam no domínio público quando transpõem, abandonadas, os limites do prédio tornam-se *nullius* e, por isso, embora possam ser apropriadas pelos proprietários dos prédios por onde passa o curso de água, não pertencem a ninguém.

Atendendo à utilidade reservada ao titular pela servidão de águas, nós classificamos as servidões de águas em:

- Servidões que possibilitam o aproveitamento no prédio dominante de águas situadas num outro prédio (a);
- Servidões de aproveitamento de águas no prédio serviente (b);
- Servidões de eliminação de águas (c).

O aproveitamento das águas a que o proprietário do prédio tem direito, mas que se encontram em prédio vizinho, pode ser possibilitado por meio de uma servidão de águas. Casos típicos são os das servidões de presa e de aqueduto. A servidão fica a gravar um prédio para permitir que a água seja aproveitada num outro.

A servidão de águas, como servidão predial, beneficia sempre um prédio. Contudo, apesar de possibilitar o uso de água a favor do prédio dominante, o uso dessas águas pode ter lugar no próprio prédio serviente. Nenhuma das servidões legais de águas contempladas no Direito português repousa neste esquema, mas ele surge em servidões voluntárias, como as servidões de ir buscar ou tirar água (*aquae haustus*) a curso de água, poço, fonte, tanque, etc., de ir levar o gado a beber ou de lavar roupa.

Assim como a servidão pode ter como finalidade propiciar o aproveitamento das águas, o caso das duas espécies anteriores, o seu escopo pode ser igualmente o de permitir o escoamento de águas sobrantes do prédio onde são geradas (prédio dominante) para um outro prédio (prédio serviente). Chamamos-lhe servidões de eliminação e o tipo mais importante é o da servidão legal de escoamento contemplada no artigo 1563.º do Código Civil.

II. Segundo o regime do Código Civil (artigos 1559.º a 1563.º) são servidões legais de águas:

- A servidão de presa;
- A servidão de aqueduto;
- A servidão de escoamento.

As servidões legais de presa e de aqueduto encontram-se funcionalmente ligadas a um direito ao aproveitamento das águas situadas num outro prédio, portanto, a situações em que o proprietário de um prédio (ou outro titular de direito real de gozo) tem direito a aproveitar águas existentes em prédio diverso.

Situações típicas desse direito às águas constam da previsão dos artigos 1557.º, n.º 1 e 1558.º, n.º 1, ambos do Código Civil[2097-2098]. Em qualquer destes preceitos atribui-se ao proprietário do prédio sem água ou com água insuficiente para "gastos domésticos" (art. 1557.º) ou irrigação agrícola (art. 1558.º) o direito à aquisição da propriedade[2099] das águas sobrantes dos prédios vizinhos, na medida das suas necessidades, contando que indemnize os proprietários respectivos.

Uma vez atribuído o direito às águas, as servidões de águas propriamente ditas visam propiciar juridicamente a sua captação e condução pelo prédio ou prédios vizinhos até ao prédio onde se dará o seu aproveitamento (prédio dominante). Importa, pois, no tratamento desta matéria, manter diferenciados, por um lado, o direito[2100] ao aproveitamento das águas conferido a favor de titular de direito real sobre dado prédio e situadas fora dele e, por outro, as servidões de águas propriamente ditas, que vão gravar prédio ou prédios vizinhos para possibilitar esse aproveitamento.

III. A servidão de presa pode respeitar a águas particulares ou a águas do domínio público. Quanto à primeira dispõe o art. 1559.º do Código Civil: "Os proprietários e os donos de estabelecimentos industriais, que tenham direito ao uso de águas particulares existentes em prédio alheio, podem fazer neste prédio as obras necessárias ao represamento e derivação da respectiva água, mediante o pagamento da indemnização correspondente ao prejuízo que causarem".

A servidão de presa sobre águas particulares supõe, como se disse, a existência de um direito ao aproveitamento de águas situadas em prédio vizinho e confere ao seu titular:

- O poder de fazer obra de represamento no curso ou reservatório onde se encontram as águas a que tem direito;
- O poder de derivar as águas represadas.

[2097] Outras podem existir em previsões normativas diversas.

[2098] Rejeitamos, pois, a visão comum, sustentada, por exemplo, por PIRES DE LIMA/ANTUNES VARELA Código Civil Anotado, III, cit., por TAVARELA LOBO, ob. cit., por SANTOS JUSTO, Direitos Reais, cit., pág. 436 e seg., de que existem nestes casos meras servidões de águas. Os preceitos em causa atribuem um direito à aquisição da propriedade das águas, não fundam nenhuma espécie de servidão de águas.

[2099] Cf. o que se disse na nota anterior.

[2100] Esse direito será, em regra, a propriedade, mas não vemos razão para excluir outras possibilidades, como o usufruto ou o direito de uso. Cf. *infra* no texto.

Na servidão de presa outorga-se àquele que tem direito às águas o poder de realizar no prédio serviente obra que permita a extracção das mesmas e ainda o de fazer a derivação necessária à sua condução para o prédio dominante.

A servidão legal de presa sobre águas públicas só pode ser constituída, segundo o disposto no art. 1560.º, n.º 1 do Código Civil:

> "a) Quando os proprietários, ou os donos de estabelecimentos industriais, sitos na margem de uma corrente não navegável nem flutuável, só possam aproveitar a água a que tenham direito fazendo presa, açude ou obra semelhante que vá travar no prédio fronteiro;
>
> b) Quando a água tenha sido objecto de concessão".

IV. A servidão legal de aqueduto, seja para o aproveitamento de águas particulares seja para o aproveitamento de águas públicas, caracteriza-se pelo facto de não incidir sobre obra de extracção ou derivação de água, que respeita à servidão de presa, mas antes sobre a condução das águas do prédio serviente para o prédio dominante. Trata-se, portanto, da ligação a fazer desde o ponto de extracção ou derivação das águas, na corrente ou reservatório onde tem lugar, até ao prédio do destino final, que pode ser um prédio contíguo ou não ao dito local de extracção.

As águas conduzidas podem seguir por sulcos, canais, regos, naturais ou artificiais, assim como através de tubos ou canos de obra humana, à superfície do prédio serviente ou debaixo dela.

O tipo de servidão legal de aqueduto supõe, pois, a existência de um direito às águas noutro prédio que não o final onde tem lugar o seu aproveitamento e requer que o fim da utilização das águas seja a actividade agrícola, industrial ou simplesmente os "gastos domésticos" do prédio (art. 1561.º, n.º 1 do Código Civil).

Excluídos do encargo da servidão legal de aqueduto são os quintais, jardins ou terreiros contíguos a casas de habitação (art. 1561.º, n.º 1 do Código Civil).

V. A servidão legal de escoamento, sendo embora igualmente uma servidão de águas, está acolhida a uma finalidade distinta do aproveitamento de águas a favor do prédio dominante e de algum modo uma finalidade inversa: a retirada de águas sobrantes do prédio.

Enquanto o proprietário de prédio inferior está adstrito ao dever de receber as águas sobrantes (e a terra e o entulho) que escorram naturalmente e sem acção do homem do prédio superior (art. 1351.º do Código Civil), pode-se opor nos demais casos a que as águas sobrantes do prédio superior corram para o seu prédio.

Em alguns casos tipificados, porém, o proprietário do prédio onde são geradas as águas sobrantes ou para o qual as mesmas são conduzidas de outro prédio pode impor a constituição de uma servidão de escoamento no prédio inferior. Segundo o disposto no art. 1563.º, n.º 1 do Código Civil são quatro as situações tipificadas:

a) Quando, por obra do homem, e para fins agrícolas ou industriais, nasçam águas em algum prédio ou para ele sejam conduzidas de outro prédio;
b) Quando se pretenda dar direcção definida a águas que seguiam o seu curso natural;
c) Em relação às águas provenientes de gaivagem, canos falsos, valas, guarda-matos, alcorcas ou qualquer outro modo de enxugo de prédios;
d) Quando haja concessão de águas públicas, relativamente às sobejas.

Os prédios sobre os quais não podem ser constituídas servidões de aqueduto não podem ser gravados por servidões de escoamento (art. 1563.º, n.º 4 do Código Civil). A lei tem em vista os quintais, jardins ou terreiros contíguos a casas de habitação.

VI. As servidões legais de águas previstas no ordenamento jurídico português não têm as águas como objecto e sim o prédio serviente, visando propiciar ou o seu aproveitamento pelo titular de um direito a fazê-lo ou o escoamento para outro prédio.

Em todo o caso, as servidões legais de águas não esgotam o espectro das mesmas no Direito Civil e os particulares podem convencionar servidões voluntárias de águas. Entre essas podem estar verdadeiras servidões de aproveitamento das águas. Exemplos são as servidões de ir buscar ou tirar água (*aquae haustus*) a curso de água, poço, fonte, tanque, etc., de ir levar o gado a beber ou de lavar roupa.

292. Outros direitos reais sobre águas?

I. A generalidade da doutrina portuguesa[2101] e a jurisprudência nacional mencionam normalmente que a propriedade e as servidões constituem os

[2101] Como sempre, a matriz da doutrina pode encontrar-se em Pires de Lima/Antunes Varela, Código Civil Anotado, III, cit., pág. 305.

dois únicos direitos reais a considerar no aproveitamento das águas, afastando a incidência dos restantes direitos reais. A título exemplificativo citam-se as palavras do STJ, em aresto de 28-10-2014[2102]:

> "Sobre a água (particular) existente ou nascida em prédio alheio podem-se constituir dois tipos de situações jurídicas distintas: (a) o direito de propriedade, que confere um direito pleno e ilimitado, permitindo o mais amplo aproveitamento de todas as utilidades que a água possa prestar; ou (b) o direito de servidão, que apenas concede a possibilidade de efectuar o tipo de aproveitamento da água previsto no título constitutivo e na estrita medida das necessidades do prédio dominante".

Nem a propriedade nem as servidões são, porém, os únicos direitos a considerar no aproveitamento das águas. Para começar, esse aproveitamento pode processar-se não apenas mediante a atribuição de um direito real, mas também de um direito pessoal. Por outro lado, as concessões de águas públicas desencadeiam a constituição de direito subjectivos cuja natureza não é nem real nem obrigacional, mas administrativa.

Deste modo, o direito ao aproveitamento das águas pode ser:

- Um direito real;
- Um direito pessoal;
- Um direito subjectivo público, de natureza administrativa.

Direitos pessoais ao aproveitamento de águas decorrem do exercício normal da autonomia privada e são, em geral, admitidos. As concessões de águas determinam a constituição de direitos de exploração respectiva, que não têm natureza jurídico-privada.

II. Limitando-nos agora ao campo dos Direitos Reais, diremos que sobre as águas podem incidir outros direitos reais para além do direito de propriedade e das servidões prediais.

Isto afigura-se particularmente nítido, e incontroverso, quando as águas são parte componente de um prédio. Se sobre este recai um usufruto[2103], um direito de uso ou mesmo uma superfície, qualquer destes direitos permite o uso e a fruição das águas componentes da coisa objecto do mesmo. O usufruto e o uso estendem-se a todas as partes da coisa que constitui o seu objecto e, portanto, também às águas.

2102 Em www.dgsi.pt, Proc. n.º 750/03.0TCGMR.G1.S1.

2103 Veja-se a propósito o que se dispõe no art. 1459.º, n.º 1 do Código Civil.

No pressuposto ainda que as águas não têm autonomia defronte do prédio, ou seja, que são parte componente do mesmo, é possível constituir um usufruto ou um direito de uso exclusivamente sobre elas? As águas (particulares) de um lago ou de ribeiro existente nos limites do prédio podem ser dadas em usufruto ou em uso a um terceiro?

Tratando-se de parte de coisa que pode ser autonomizada do prédio, não vemos qualquer dificuldade na resposta afirmativa. Os exemplos indicados comprovam que outros direitos reais de gozo podem ter as águas por objecto, ainda que as mesmas não estejam autonomizadas do prédio a que pertencem.

Na hipótese das águas estarem autonomizadas (art. 204.º, alínea b) do Código Civil) elas podem ser objecto de qualquer direito real cujo tipo legal permita o seu aproveitamento, o que surge como indiscutível quanto ao usufruto e o direito de uso e possível em alguns casos na superfície.

III. Se a resposta à possibilidade de constituição de outros direitos reais de gozo sobre as águas se afigura positiva, o mesmo se diga quanto a direitos reais de garantia.

293. A posse das águas

I. As porções delimitadas de água constituem coisas para o Direito e coisas corpóreas, como se viu anteriormente. Ora, a posse tem justamente por objecto as coisas corpóreas, o que torna legalmente possível a posse das águas.

A integração de uma larga parte das águas no domínio público hídrico afasta, porém, a possibilidade de uma posse sobre elas, na medida em que as coloca fora do comércio. Com isto a posse das águas fica na prática circunscrita às denominadas águas particulares.

Conforme se deixou explicado anteriormente (§ 2), as águas enquanto coisas corpóreas podem ser móveis ou imóveis e, neste último caso, constituir coisas autónomas (art. 204.º, alínea b) do Código Civil) ou ser apenas uma parte componente de um prédio.

Se as águas fazem parte de um prédio, a posse não as tem por objecto e sim à coisa na sua globalidade, ou seja, ao próprio prédio. A posse deste engloba, pois, as águas que o integram como parte componente. Quando, diversamente, as águas estiverem autonomizadas, a posse incide directamente sobre elas, como coisas *a se*.

II. A posse representa o controlo material de uma coisa corpórea nos termos de um direito. Ela engloba, assim, dois elementos estruturantes:

- O controlo material da coisa (o *corpus* possessório);
- A exteriorização de um direito.

A posse que se manifesta sobre um prédio do qual as águas constituem parte componente assenta num controlo dirigido ao todo e não às águas em particular. Por seu lado, a exteriorização de um direito refere-se, do mesmo modo, ao prédio e não às águas, que são apenas uma parte da coisa. Possuindo-se o prédio, possuem-se as águas que o integram como parte componente. A posse do prédio envolve igualmente a das águas que o integram, havendo apenas a considerar uma posse única sobre a coisa e não uma posse separada sobre as águas.

A autonomização jurídica das águas leva a considerar uma posse atida unicamente a elas, como seu objecto. O que significa que os elementos da posse se reportam, neste caso, apenas às águas: o controlo material incide sobre as águas e a exteriorização de um direito diz respeito somente a elas. Neste caso, repete-se, as águas são a própria coisa que a posse tem por objecto.

Uma terceira situação pode ainda ocorrer. Aquela em que a posse incide apenas sobre as águas, que não estão, contudo, autonomizadas juridicamente como coisa, sendo apenas parte componente de um prédio. Estamos defronte de uma hipótese de posse parcial ou de parte de coisa, possível quando a mesma pode ser coisa autónoma segundo o Direito[2104]. É o que sucede com as águas (art. 204.º, alínea b) do Código Civil).

III. Enquanto parte componente de um prédio, quando, portanto, não estão autonomizadas, as águas são objecto da posse que existe sobre a coisa. Essa posse pode reportar-se aos direitos reais de gozo – e não só à propriedade ou às servidões de águas –, nos termos gerais (art. 1251.º do Código Civil), a direitos reais de garantia (nomeadamente, o direito de retenção) e pessoais, neste último caso, que envolvam o gozo do prédio[2105].

Na medida em que as águas constituem coisa imóvel para o Direito e se encontram autonomizadas do prédio que as incorpora elas podem ser

[2104] Para o enquadramento e a justificação, A Posse, Estudo Sobre O Seu Objecto E Extensão, pág. 501 e segs.

[2105] Remete-se aqui para o que defendemos em A Posse, Estudo Sobre O Seu Objecto E Extensão, pág. 592 e segs.

objecto dos direitos reais de gozo previstos no Código Civil. Do mesmo modo, a posse pode exercer-se sobre as águas nos termos desses direitos.

Assim, por exemplo, se foi constituído um usufruto sobre as águas de uma lagoa de águas particulares e o usufrutuário tem o poder de facto sobre as mesmas, ele, para além de titular do usufruto, tem ainda a posse das águas nos termos desse direito. Os exemplos podem multiplicar-se por referência aos outros direitos reais de gozo contemplados no Código Civil.

Mais controversa pode ser a discussão da posse de águas autónomas nos termos de direito real de garantia e de direito pessoal de gozo. A posição de princípio que acolhemos, e apresentámos noutro lugar[2106], é o de que a posse pode ter lugar nos termos de direito real de garantia que envolva um controlo material da coisa – o que no caso das águas deixa apenas em causa o direito de retenção – e ainda de direito pessoal de gozo. Contudo, enquanto o regime possessório dos artigos 1251.º e seguintes do Código Civil apenas se aplica à posse nos termos de direito real de gozo, à posse nos termos de outros direitos resta a tutela possessória e o direito de indemnização por violação da posse.

294. A usucapião sobre as águas particulares

I. De acordo com o regime geral português, uma posse pública e pacífica de coisa corpórea, nos termos de um direito real de gozo, permite ao possuidor, decorrido o prazo legal, invocar a usucapião, adquirindo originariamente o direito exteriorizado pela posse. No entanto, ficam excluídos da usucapião o direito de uso e habitação e as servidões prediais não aparentes, ou seja, as que não se revelam por sinais visíveis e permanentes.

Em matéria de águas, porém, o Direito português afastou-se do regime geral da usucapião, considerando insuficiente a posse, mesmo que pública e pacífica, para suscitar a aquisição quer da propriedade quer de servidão sobre águas de fonte ou nascente.

Dispõe, com efeito, o n.º 2 do art. 1390.º do Código Civil:

> "A usucapião, porém, só é atendida quando for acompanhada da construção de obras, visíveis e permanentes, no prédio onde exista a fonte ou nascente, que revelem a captação e a posse da água nesse prédio; sobre o significado das obras é admitida qualquer espécie de prova".

[2106] Posse, Estudo Sobre O Seu Objecto E Extensão, cit.

A usucapião do direito às águas de fonte ou nascente supõe, assim, que:

- Haja posse das águas;
- Essa posse seja pública e pacífica;
- Se manifeste através da existência de obras de captação de águas no prédio "onde exista a fonte ou nascente";
- Essas obras sejam "visíveis e permanentes";
- Revelem o aproveitamento de águas nesse prédio a favor do possuidor.

Aos dois primeiros requisitos, que correspondem ao regime geral da usucapião, o art. 1390.º, n.º 2 do Código Civil adita mais três. O primeiro, o de que a posse se deve exteriorizar através de obras feitas no prédio onde são originadas as águas, quer dizer, de uma qualquer estrutura material que manifeste uma actuação de facto, física, sobre elas; o segundo, o de que essas obras sejam "visíveis e permanentes" e, o terceiro, que as obras mostrem o aproveitamento das águas.

Embora o n.º 2 do art. 1390.º do Código Civil, interpretado em articulação com o n.º 1, aponte para a usucapião somente nos termos do direito de propriedade e do direito de servidão, a extensão da posse das águas aos demais direitos reais de gozo previstos nesse Código, que deixámos explicada anteriormente, leva a considerar um âmbito coincidente com o do Livro III do Código Civil, retirado o direito de uso e habitação, que a lei portuguesa não admite possa ser adquirido por esta via.

Quer dizer, assim, que podem ser igualmente adquiridos por usucapião, além da propriedade e das servidões, o usufruto e, nos casos em que a posse das águas se reporte a esse direito, o direito de superfície sobre águas de fonte ou nascente.

II. A usucapião regulada no art. 1390.º, n.º 2 do Código Civil respeita somente às águas objecto de posse e não à fonte ou nascente propriamente dita, parte componente do prédio, que está sujeita ao regime geral da usucapião .

A usucapião desencadeada nos termos deste preceito, quando reportada à propriedade, provoca a autonomização das águas relativamente ao prédio de que são parte componente – se essa autonomização não existia já – dissociando-a da propriedade daquele.

III. Se o regime jurídico constante do art. 1390.º, n.º 2 se deve considerar aplicável às águas pluviais e às águas de lago ou lagoa, por virtude do disposto no art. 1393.º do Código Civil, temos o mesmo por inaplicável relativamente às águas correntes. O teor literal do preceito não as abrange e o art. 1293.º não opera qualquer extensão relativamente a elas. Por outro lado, existe um outro impedimento técnico a essa aplicação: a natureza excepcional da regra contida no art. 1390.º, n.º 2 do Código Civil.

Entendemos, pois, que o regime aplicável à usucapião de águas correntes é o geral e não o excepcional constante do art. 1390.º, n.º 2 do Código Civil.

Secção IV
A Propriedade Horizontal

295. O tipo legal da propriedade horizontal

I. Caso a propriedade horizontal não haja sido constituída validamente, não é possível que o direito de propriedade tenha uma fracção de um edifício por objecto. Nesse caso, a propriedade, em regime de propriedade ou de comunhão (compropriedade), terá por objecto todo o edifício e não cada uma das fracções em que este seja susceptível de ser decomposto de acordo com um critério económico e social.

A sujeição de um edifício ao regime da propriedade horizontal muda este cenário, tornando possível que cada uma das fracções em que se decompõem juridicamente o mesmo seja objecto de uma afectação jurídica diferenciada das demais. Deixa de haver uma propriedade sobre todo o edifício e passam a coexistir várias propriedades[2107] sobre cada uma das fracções em que o edifício foi repartido.

Numa primeira aproximação, a propriedade horizontal representa, assim, um tipo especial do direito de propriedade que tem por objecto uma fracção autónoma de edifício constituído nesse regime.

II. A constituição da propriedade horizontal não se esgota com a divisão do edifício por fracções ou, dito por outras palavras, as fracções autónomas não são o único objecto a considerar na propriedade horizontal.

Para além das fracções autónomas, subsiste o problema da atribuição jurídica das partes do edifício que não fazem parte de nenhuma fracção, as

[2107] Em regime de propriedade singular ou de comunhão (compropriedade).

denominadas partes comuns. Desde logo, o próprio solo em que o edifício assenta, mas também outras partes do mesmo, como telhados, paredes externas de fachada, logradouros, etc.

O art. 1421.º, n.º 1 estabelece as partes do edifício que se consideram imperativamente comuns, ou seja, cuja natureza comum não pode ser afastada no título constitutivo. O n.º 2 do mesmo preceito fixa, diferentemente, as partes do edifício que podem ser incluídas em fracção autónoma ou integrar as partes comuns do mesmo (as partes supletivamente comuns).

III. O tipo da propriedade horizontal envolve, assim, uma posição dúplice do condómino: por um lado, proprietário da fracção; por outro, comproprietário das partes comuns do edifício que não constituem fracções autónomas. Essa duplicidade vem expressa no art. 1420.º, n.º 1:"cada condómino é proprietário exclusivo da fracção que lhe pertence[2108] e comproprietário das partes comuns do edifício".

O n.º 2 acrescenta que o "conjunto dos dois direitos é incindível". A expressão é infeliz, porquanto não se trata, na realidade, de dois, mas de apenas um direito: o direito de propriedade horizontal. Este direito estende-se simultaneamente à fracção autónoma e às partes comuns.

O conteúdo típico do direito de propriedade horizontal exprime esta duplicidade. No que toca à fracção autónoma, o conteúdo do direito do condómino tem a mesma feição da propriedade: o conteúdo positivo do tipo deste direito (art. 1305.º)[2109] aplica-se igualmente à propriedade horizontal. Por conseguinte, o condómino pode usar e fruir a fracção e as partes comuns do edifício[2110], assim como dispor do seu direito, constituindo direitos reais de gozo, de garantia ou de aquisição.

O conteúdo do direito do condómino sobre as partes comuns não está sujeito à aplicação directa do regime da compropriedade. Isto porque a lei prevê um regime especial para a compropriedade das partes comuns, que aparece disperso por vários preceitos do Capítulo VI, em particular nos artigos 1420.º e seguintes, destacando-se a regra contida no art. 1423.º, segundo a qual, nenhum dos condóminos pode pedir a divisão das partes comuns do edifício. Porém, em tudo o que não contrarie o regime da

[2108] Que pode estar, conforme dissemos, em regime de propriedade singular ou de compropriedade.

[2109] Se a fracção estiver em compropriedade, aplica-se o regime dos artigos 1403.º e segs.

[2110] Desde que, neste último caso, não estejam afectas ao uso exclusivo de um ou de alguns dos condóminos.

propriedade horizontal, o regime da compropriedade é subsidiariamente aplicável.

IV. Em jeito de síntese, podemos dizer que o direito de propriedade horizontal é o direito do condómino sobre o edifício constituído nesse regime. Dizer que se trata apenas de um direito sobre a fracção autónoma representa ignorar a extensão do direito às partes comuns do edifício. Por outro lado, rejeitamos a tese da existência de dois direitos (à fracção autónoma e às partes comuns); existe um único direito: o direito de propriedade horizontal. O conteúdo desse direito exprime a duplicidade do seu objecto e o regime jurídico que cada parte do mesmo se encontra sujeito.

296. A delimitação negativa do tipo propriedade horizontal

A delimitação negativa do direito de propriedade horizontal é a mesma do direito de propriedade. Isso mesmo se dispõe no art. 1422.º, n.º 1. Deste modo, e a título de exemplo, o regime jurídico das relações de vizinhança tem igualmente aplicação directa[2111] no âmbito da relação entre os condóminos.

Ainda assim, existe um conteúdo negativo que introduz uma delimitação específica da propriedade horizontal. Os deveres que conformam esse conteúdo negativo específico da propriedade horizontal constam principalmente do art. 1422.º, n.º 2. O condómino não pode:

- Prejudicar a segurança, a linha arquitectónica ou o arranjo estético do Destinar a fracção a usos ofensivos dos bons costumes (alínea b));
- Dar à fracção um uso diverso do que lhe é destinado (alínea c));
- Praticar actos ou levar a cabo actividades vedadas pelo título constitutivo ou proibidas por deliberação da assembleia de condóminos aprovada sem oposição (alínea d)).

Outros deveres específicos surgem dispersos pelo regime jurídico da propriedade horizontal. As despesas com a conservação do edifício e as despesas com serviços de interesse comum cabem aos condóminos na proporção

[2111] Oliveira Ascensão, Direito Civil – Reais, cit., pág. 465 fala numa aplicação analógica ("analogamente aplicáveis"), mas injustificadamente. Enquanto modalidade especial da propriedade, o regime jurídico que opera a delimitação negativa tem aplicação directa à propriedade horizontal.

do valor das suas quotas (art. 1424.º, n.º 1)[2112]. Sobre cada condómino pesa igualmente o dever de realizar um seguro contra o risco de incêndio, quer na fracção autónoma quer nas partes comuns.

297. A dualidade do objecto da propriedade horizontal

I. O objecto do direito de propriedade horizontal não reside somente na fracção autónoma. Tal afirmação, apesar de frequente, exprime apenas uma parte da realidade, pois, a posição jurídica do proprietário contém poderes e deveres que respeitam igualmente às partes comuns do edifício, o que mostra que estas pertencem igualmente ao objecto do direito.

Podemos dizer, por conseguinte, que o objecto do direito de propriedade horizontal se compõe da fracção autónoma e das partes comuns do edifício[2113].

II. As partes comuns podem variar consoante o título constitutivo da propriedade horizontal. Essa variação respeita apenas às partes supletivamente comuns, dado que existem partes do edifício que a lei considera sempre comuns, não obstante disposição em contrário do título constitutivo.

As partes imperativamente comuns são as que surgem enumeradas no art. 1421.º, n.º 1. Se o título constitutivo especifica que alguma delas integra uma fracção autónoma, ele é nulo, por violação de norma injuntiva (art. 280.º, n.º 1 e art. 294.º).

As partes do edifício indicadas no art. 1421.º, n.º 2 do presumem-se apenas comuns. Isto quer dizer, que no título constitutivo da propriedade horizontal pode ser determinado que fazem parte de uma dada fracção autónoma ou que constituem mesmo uma fracção autónoma (o caso da dependência do porteiro ou das garagens e lugares de estacionamento).

III. Algumas partes do edifício que a lei portuguesa considera imperativamente comuns podem ser afectas ao uso exclusivo de um condómino (art. 1421.º, n.º 3). Nesse caso, não integrando embora a fracção autónoma, essa parte fica subtraída ao uso de todos os condóminos, para permanecer reservado à utilização de um deles. Os exemplos conhecidos dos terraços

[2112] Os números seguintes consagram alguns desvios a esta regra.

[2113] Neste sentido, Menezes Cordeiro, Direitos Reais, cit., pág. 639 e seg.; cf. igualmente Santos Justo, Direitos Reais, cit., pág. 320.

de cobertura afectos às fracções do último piso ou dos jardins exteriores de algumas fracções ilustram essa possibilidade.

298. Requisitos civis de constituição da propriedade horizontal. O título constitutivo

I. A constituição da propriedade horizontal sobre um edifício obedece simultaneamente a requisitos de Direito Civil e de Direito público, em particular, Direito do Urbanismo. Quanto a este último, indique-se o Regime Jurídico da Urbanização e Edificação, aprovado pelo DL n.º 55/99, de 16 de Dezembro, objecto de alterações sucessivas[2114].

Apenas nos interessam os requisitos civis da propriedade horizontal; eles são os seguintes (art. 1414.º):

- A propriedade horizontal só pode recair sobre um edifício, portanto, sobre uma coisa imóvel com determinadas características de construção;
- O edifício, por sua vez, tem de estar dividido em fracções autónomas;
- As fracções autónomas do edifício devem ser independentes entre si.

A propriedade horizontal constitui uma propriedade que tem por objecto um edifício dividido em fracções autónomas. O que são fracções autónomas? São partes do edifício capazes de afectação individual a um fim (habitação, comércio, exercício de profissão liberal, exercício de actividade industrial, etc.).

Não basta, todavia, que as fracões estejam aptas a permitir a realização de um fim de pessoas, singulares ou colectivas. A lei exige que sejam independentes, todas elas e não apenas alguma ou algumas (artigos 1414.º e 1415.º). Quando é que se pode dizer que as fracções autónomas são independentes?

No art. 1415.º dá-se a resposta: se forem distintas e isoladas entre si e com saída própria para uma parte comum do prédio ou para a via pública.

II. No art. 1416.º, n.º 1 dispõe-se que a falta dos requisitos exigidos importa a nulidade do título constitutivo. O preceito acrescenta, todavia, "e a

[2114] Este diploma, suspenso pela Lei n.º 13/2000, de 20 de Julho, foi depois alterado e reposto em vigor pelo DL n.º 177/2001, de 4 de Junho, que, por sua vez, foi alterado pela Lei n.º 15/2002, de 22 de Fevereiro.

sujeição do prédio ao regime da compropriedade". Este preceito tem de ser interpretado com cautela.

Na verdade, a lei assume o cenário em que alguma ou algumas das fracções autónomas foram entretanto alienadas a terceiro. Nesse caso, o edifício ficará sujeito ao regime da compropriedade entre os titulares das "fracções" em que o prédio foi dividido para efeitos de constituição de propriedade horizontal. Contudo, esse cenário não é forçoso. O proprietário singular que constituiu o regime da propriedade horizontal sobre o edifício e que não consumou a alienação de alguma "fracção autónoma" não pode ser considerado um comproprietário; com quem? Nesse caso, afigura-se óbvio que o regime aplicável será o da propriedade singular.

Portanto, em caso de nulidade do título constitutivo, o edifício ficará sujeito ao regime de propriedade singular ou de compropriedade consoante o número de adquirentes das "fracções autónomas". Se houver apenas um condómino, o edifício fica em propriedade singular.

III. Como sabemos, o título constitutivo de um direito real é representado pelo facto ou conjunto de factos jurídicos do qual nasce essa situação jurídica[2115]. A lei elenca no art. 1417.º, n.º 1 quais os factos susceptíveis de constituir o regime de propriedade horizontal sobre edifício com os requisitos acima indicados. Trata-se de matéria já anteriormente abordada, pelo que nos limitamos a remeter para o capítulo dos factos constitutivos de direitos reais.

Importa, no entanto, realçar que, para além dos requisitos civis da propriedade horizontal, a lei estabelece ainda requisitos de validade do próprio título constitutivo (art. 1418.º, n.º 1):

- As fracções devem ser individualizadas;
- O valor atribuído a cada fracção deve ser expresso em percentagem ou permilagem do valor total do prédio.

A falta de cumprimento destas especificações do título acarreta a nulidade do mesmo (art. 1418.º, n.º 3).

Para além das indicações obrigatórias do título constitutivo, o art. 1418.º, n.º 2 preceitua ainda a possibilidade do título constitutivo conter:

- Menção do fim a que se destina cada fracção ou parte comum (alínea a));

[2115] Veja-se ALESSANDRO MARINA/GIOVANNI GIACOBBE, "Condominio negli edifici", Enc. Del Dir., pág. 824.

- Regulamento do condomínio;
- Previsão de compromisso arbitral para a resolução de litígios emergentes da relação de condomínio.

A indicação do fim a que se destina cada fracção ou parte comum é meramente supletiva, mas, nesse caso, ela tem de bater certo com o projecto que foi aprovado pela entidade administrativa competente, sob pena de nulidade do título constitutivo (art. 1418.º, n.º 3).

299. Título constitutivo e posição do condómino

I. O título constitutivo deve especificar a percentagem ou permilagem de cada fracção no valor total do prédio, sob pena de nulidade (art. 1418.º, n.º 3). A determinação da percentagem ou permilagem da fracção no valor total do prédio repercute-se directamente no exercício do direito de propriedade horizontal do condómino.

Assim:

- A cada condómino cabe a fruição nos rendimentos gerados pelas partes comuns do edifício de acordo com o valor da percentagem ou permilagem da sua fracção;
- As despesas e encargos gerados pelas partes comuns, assim como as despesas com inovações devem ser suportados pelos condóminos na proporção do valor das suas fracções (art. 1424.º, n.º 1 e 1426.º, n.º 1);
- O voto do condómino na assembleia de condóminos afere-se pelo valor, em percentagem ou permilagem, da sua fracção no conjunto do valor total do edifício.

O título constitutivo pode, no entanto, consagrar desvios a estas regras, conforme se admite expressamente no n.º 1 do art. 1424.º ("salvo disposição em contrário"). Estes desvios tanto podem dizer respeito ao pagamento das despesas e encargos do condomínio, como à própria fruição do condómino.

Em todo o caso, e no tocante à fruição, o título constitutivo não pode eliminar de todo o poder de fruir do condómino, sob pena de violação da tipicidade legal e consequente nulidade do título constitutivo (art. 1306.º, n.º 1). Não há propriedade sem fruição (art. 1305.º).

II. Uma vez assente a posição do condómino no título constitutivo, ela só pode ser alterada com a modificação deste. O que não se afigura fácil, porquanto a modificação está sujeita à forma legal de escritura pública e pode ser feita somente havendo unanimidade entre todos os condóminos (art. 1419.º, n.º 1).

A lei suaviza um pouco a burocracia do acto permitindo que a outorga da escritura de modificação possa ser feita pelo administrador em representação de condomínio, desde que haja acordo obtido em assembleia e a acta da mesma seja assinada por todos os condóminos.

300. Efeitos da constituição da propriedade horizontal

Apenas o proprietário singular e os comproprietários, voluntariamente ou em acção de divisão da coisa comum, podem submeter o edifício ao regime da propriedade horizontal.

Uma vez concluída a constituição válida da propriedade horizontal, o anterior proprietário singular adquire tantos direitos de propriedade horizontal quantas as fracções autónomas individualizadas no título constitutivo. Se o edifício estava em compropriedade, os direitos às fracções podem resultar do título constitutivo. Se este for omisso, deve entender-se que os comunheiros adquirem a compropriedade sobre todas as fracções autónomas na proporção das respectivas quotas na compropriedade do edifício.

Em contrapartida da constituição da propriedade horizontal, o direito de propriedade singular ou a compropriedade sobre o imóvel extingue-se. Deixa de haver um direito de propriedade (ou vários no caso da compropriedade) sobre todo o imóvel, para passar a haver tantos direitos de propriedade horizontal quantas as fracções autónomas individualizadas no título constitutivo.

Adquirido o direito de propriedade horizontal sobre a fracção, o proprietário pode exercer qualquer dos poderes conteúdo do seu direito, vender, doar, onerar, devendo, todavia, cumprir os deveres que delimitam a extensão do aproveitamento concedido por ele.

301. As fontes normativas da propriedade horizontal. Especial referência ao título constitutivo e ao regulamento do condomínio

A primeira fonte de regulação do condomínio está, naturalmente, na lei. Ainda assim, encontramos no regime jurídico da propriedade horizontal o reconhecimento de um largo espaço de autonomia privada.

Essa autonomia é exercida, desde logo, por quem constitui a propriedade horizontal, que pode determinar normativamente a vida do condomínio em alguns aspectos fulcrais:

- O valor das fracções, com as implicações que vimos no ponto anterior (art. 1418.º, n.º 1);
- O fim de utilização de cada uma das fracções autónomas (1418.º, n.º 2 alínea a));
- A elaboração do regulamento do condomínio (1418.º, n.º 2 alínea b)).

O título constitutivo representa a segunda fonte normativa de regulação do condomínio. Quer o regulamento quer as deliberações da assembleia de condóminos devem estar em conformidade com ele, sob pena de nulidade.

Em terceiro lugar, depois da lei e do título constitutivo, surge o regulamento do condomínio, cuja elaboração é obrigatória em edifícios com mais de quatro fracções autónomas (art. 1429.º-A, n.º 1).

Por último, temos as deliberações da assembleia dos condóminos. Elas devem incidir somente sobre a administração das partes comuns do edifício, única matéria para a qual têm competência os órgãos do condomínio. Do art. 1433.º, n.º 1 retira-se que as deliberações da assembleia devem estar em conformidade com a lei e o regulamento, e, acrescentamos nós, com o título constitutivo.

302. Competência dos órgãos do condomínio. A administração das partes comuns

Os órgãos do condomínio são a assembleia de condóminos, onde têm assento todos os condóminos, e o administrador, que é eleito e exonerado pela assembleia (art. 1435.º, n.º 1), sem prejuízo dos casos em que a nomeação ou exoneração resulta de decisão judicial (art. 1435.º n.º 2 e n.º 3).

Os órgãos do condomínio existem unicamente para a administração das partes comuns. Nesse sentido se dispõe no art. 1430.º, n.º 1. Isto impõe a demarcação rigorosa daquilo sobre o que os órgãos do condomínio podem deliberar e executar e o que, não estando na sua competência, cai fora do seu âmbito de actuação.

Os órgãos do condomínio não têm competência de deliberação ou de execução relativamente às fracções autónomas. Se um condómino coloca a aparelhagem sonora num volume superior ao permitido, perturbando os vizinhos, viola o dever de não emissão, que surge consagrado no art. 1346.º. O condómino ou condóminos afectados podem reagir enquanto proprietários de prédios vizinhos, mas a assembleia de condóminos, não se tratando de um assunto que respeite à administração das partes comuns, não tem competência para deliberar sobre a matéria. Também se uma deliberação da assembleia proíbe os condóminos de receber amigos depois das 24 horas, nenhum deles se encontra vinculado pelo seu teor. Esta deliberação extravasa do âmbito de competência do condomínio, respeitando ao exercício do direito de propriedade sobre a fracção, que pertence ao titular respectivo.

Esta delimitação da competência dos órgãos do condomínio não se reflecte somente nas deliberações da assembleia, podendo repercutir-se igualmente em normas aprovadas no regulamento do condomínio. Assim, por exemplo, uma cláusula do regulamento pode prever a proibição dos condóminos terem animais domésticos nas fracções, cães, gatos ou outros, ou de instalarem aparelhos de ar condicionado nas mesmas. Tal norma não vincula os condóminos, dado que atinge o domínio da propriedade sobre as fracções.

Portanto, o limite da actuação dos órgãos do condomínio encontra-se nas partes comuns do edifício. O aproveitamento das fracções autónomas pertence exclusivamente aos proprietários respectivos. Isto não significa obviamente que os condóminos não estejam sujeitos às restrições de vizinhança nas relações entre si, uma vez que a delimitação negativa da propriedade opera igualmente no campo da propriedade horizontal. Porém, em caso de violação de um dever de vizinhança pelo proprietário de uma fracção, cabe ao condómino ou condóminos afectados reagir nos termos gerais de Direito, incluindo o pedido judicial de condenação na cessação da actividade ilícita e a indemnização pelos danos sofridos.

303. Deliberações da assembleia de condóminos

I. A assembleia de condóminos constitui o órgão colegial do condomínio. Não obstante o condomínio não ser uma pessoa jurídica, o órgão assembleia de condóminos delibera em assuntos de administração das partes comuns do edifício, cabendo-lhe a última palavra, o que implica inclusive revogar os actos do administrador a recurso de qualquer condómino (art. 1438.º).

A assembleia reúne quando convocada para o efeito. A convocação pode ser feita pelo administrador, pelos condóminos que representem 25% do capital total do edifício e ainda por qualquer condómino em recurso de acto do administrador (art. 1438.º).

A realização de uma assembleia está sujeita a um apertado formalismo de convocação, que se prende sobretudo com a necessidade de assegurar o conhecimento prévio dos condóminos sobre os assuntos sujeitos a deliberação. Caso o formalismo legal não seja cumprido, as deliberações tomadas são inválidas e podem ser impugnadas nos termos que veremos adiante.

Toda a reunião da assembleia de condóminos deve ser precedida de uma convocatória. Segundo o n.º 1 do art. 1422.º, essa convocatória pode ser feita mediante carta registada, enviada com 10 dias de antecedência, ou aviso convocatório assinado pelos condóminos.

Da convocatória deve obrigatoriamente constar (art. 1432.º, n.º 2):

- Dia, hora, local e ordem de trabalhos, ou seja, os assuntos a discutir e as deliberações a tomar;
- Informação sobre os assuntos que devem ser aprovados por unanimidade.

II. Ainda que a convocatória haja sido feita regularmente, a assembleia só pode reunir havendo o *quorum* legal.

Esse *quorum* corresponde ao número de condóminos cujos votos possam perfazer a maioria legal para as deliberações anunciadas na convocatória. Se a lei impuser a unanimidade, todos os condóminos devem estar presentes ou representados por procurador; se impuser uma maioria qualificada, os votos dos condóminos presentes têm de ser suficientes para fazer a maioria legal de aprovação.

A regra é a de que as deliberações são tomadas por maioria do capital investido, salvo disposição especial que imponha uma diferente maioria (art. 1432.º, n.º 3). Por conseguinte, em assembleia reunida em primeira convocatória, quando a lei não disponha diferentemente, as deliberações só podem ser aprovadas quando essa maioria as votar favoravelmente.

A situação muda quando a assembleia não pode reunir em primeira convocatória, por falta de condóminos em número suficiente para perfazer o *quorum* legal. O n.º 4 do art. 1432.º permite então que seja convocada uma nova assembleia, que, na falta de aviso em contrário[2116], terá lugar uma semana depois na mesma hora e local.

Na assembleia reunida em segunda convocatória o *quorum* desce para um quarto do valor total do prédio. Se estiverem presentes condóminos em número suficiente para assegurar este valor, a assembleia pode reunir

[2116] A prática adoptou, no entanto, o expediente de fazer imediatamente o anúncio para a segunda reunião, frequentemente apenas uma hora após a hora marcada para a primeira.

regularmente, dispondo-se no art. 1432.º, n.º 4 que ela pode deliberar "por maioria de votos dos condóminos presentes". Este preceito deve ser convenientemente interpretado.

Ele não significa que em segunda convocatória a assembleia de condóminos possa deliberar com maioria simples em todas as matérias em que a lei exige unanimidade ou maioria qualificada. O seu sentido reside apenas na derrogação da regra geral constante do n.º 3: não havendo disposição legal exigindo a unanimidade ou uma maioria qualificada, a assembleia de condóminos pode deliberar validamente em segunda convocatória com maioria simples.

III. As deliberações devem ser comunicadas a todos os condóminos ausentes por carta registada com aviso de recepção, no prazo de 30 dias (art. 1436.º, n.º 6). Na falta de comunicação, a deliberação não perde a sua validade, mas é juridicamente ineficaz relativamente aos condóminos que não a receberam[2117].

Mesmo ausentes da assembleia, os condóminos podem aprovar ou rejeitar as deliberações tomadas, com os efeitos jurídicos associados a esse comportamento. Para rejeitar, o condómino ausente tem 90 dias para comunicar por escrito à assembleia a sua discordância com a deliberação. Se nada fizer nesse prazo, a deliberação tem-se por aprovada (art. 1432.º, n.º 8); este representa um dos casos em que o silêncio tem valor declarativo no Direito português.

304. O valor jurídico das deliberações da assembleia de condóminos

I. As deliberações da assembleia contrárias à lei ou a regulamentos anteriormente aprovados são anuláveis a requerimento de qualquer condómino que não as tenha aprovado, dispõe-se no art. 1433.º, n.º 1. Ao elenco da lei e dos regulamentos, acrescentamos o título constitutivo, em segundo lugar na hierarquia das fontes reguladoras do condomínio.

De qualquer modo, este preceito é outro daqueles que requer uma atenção particular na sua interpretação. Tomado à letra, ele significaria que uma deliberação contrária à lei seria sempre anulável, qualquer que ela fosse, e, portanto, ainda que incidisse sobre matérias subtraídas à com-

[2117] Nomeadamente, o silêncio do condómino não pode valer como aceitação da deliberação, nos termos do n.º 8 desse preceito.

petência da assembleia, nomeadamente, matérias respeitantes às fracções autónomas ou mesmo a aspectos exteriores ao condomínio.

O problema não é de todo irrelevante do ponto de vista jurídico. Uma deliberação anulável convalida-se se não for requerida a respectiva anulação no prazo legal e, por conseguinte, pode vir a ser perfeitamente eficaz na ordem jurídica.

Suponhamos agora, a título exemplificativo, que a assembleia de condóminos delibera proibir um condómino de usar a sua fracção ou proíbe o seu arrendamento a terceiro e o condómino visado não reage judicialmente dentro do prazo de impugnação aplicável. A deliberação tornou-se eficaz quanto a ele (convalidação), vinculando-o no seu teor?

A resposta é negativa. O art. 1433.º, n.º 1 abrange apenas as deliberações tomadas sobre as matérias para as quais a assembleia tenha competência, ou seja, a administração das partes comuns (art. 1430.º, n.º 1). Qualquer deliberação tomada fora do âmbito da competência da assembleia é juridicamente nula e não apenas anulável. O condómino afectado não tem, pois, de lhe dar cumprimento, uma vez que ela não o vincula.

II. A impugnação das deliberações anuláveis segue a tramitação prevista nos números 2 a 6 do art. 1433.º. Tem legitimidade para obter a anulação da deliberação somente o condómino que não a haja aprovado (art. 1433.º, n.º 1 parte final).

A lei dá ao condómino com legitimidade para requerer a anulação da deliberação uma tripla alternativa:

- Exigir ao administrador no prazo de 10 dias contado da deliberação, ou contado da sua comunicação no caso de condóminos ausentes, a convocação de uma assembleia extraordinária, com a finalidade de deliberar a revogação da deliberação contestada (art. 1433.º, n.º 2);
- Sujeitar a deliberação a um centro de arbitragem, no prazo de 30 dias contado da deliberação (art. 1433.º, n.º 3);
- Propor acção de anulação da deliberação, o que pode ser feito no prazo de 20 dias contado da deliberação da assembleia extraordinária, se a ela houve lugar, ou de 60 dias, se não foi solicitada (art. 1433.º, n.º 4).

O recurso a qualquer destas alternativas não impede o requerimento judicial de suspensão da execução da deliberação, nos termos da lei do processo civil (art. 1433.º, n.º 5).

305. Propriedade horizontal e alojamento local

I. Com a aprovação do regime jurídico de exploração de estabelecimentos de alojamento local pelo DL n.º 128/2014, de 29 de Agosto, criou-se a possibilidade do estabelecimento de alojamento local consistir num apartamento, sendo este definido legalmente como "o estabelecimento de alojamento local cuja unidade de alojamento é constituída por uma fração autónoma de edifício ou parte de prédio urbano susceptível de utilização independente" (art. 3.º, n.º 3 do DL n.º 128/2014).

Quer isto dizer, que a actividade de prestação de alojamento local pode ser exercida em fracção autónoma de edifício constituído em propriedade horizontal. O que levanta necessariamente problemas de articulação entre dois regimes jurídicos: o da exploração de estabelecimento de alojamento local e o da propriedade horizontal do edifício onde se situa a fracção autónoma convertida àquela exploração[2118].

A articulação de ambos os regimes jurídicos situa-se, fundamentalmente, na compatibilidade da exploração do alojamento local com o fim de utilização a que se destina a fracção autónoma segundo o título constitutivo (art. 1418.º, n.º 2 alínea a) do Código Civil) e na proibição que resulta para o condómino de dar àquela fracção um destino diferente do fim consignado no título (art. 1422.º, n.º 2 alínea c) do Código Civil).

Por um lado, temos, pois, o titular de um direito real de gozo[2119] sobre fracção autónoma afecta a estabelecimento de alojamento local e, por outro, os condóminos, os proprietários das várias fracções autónomas individualizadas no título constitutivo da propriedade horizontal, muitas vezes agindo debaixo da acção dos órgãos da propriedade horizontal, não obstante a falta geral de competência destes para dentro das respectivas atribuições gerais, que são somente a administração das partes comuns, resolverem definitivamente os litígios emergentes.

A tensão entre o titular do estabelecimento de alojamento local e o condomínio assenta em várias queixas dos condóminos, entre elas, a dimi-

[2118] Na doutrina, cf. Pinto Furtado, Do alojamento local, na sua relação com a propriedade horizontal, Revista De Direito Civil, 2017, n.º 3, Paula Oliveira/Dulce Lopes/Sandra Passinhas, Alojamento local e uso de fracção autónoma, Coimbra, 2018, Maria Olinda Garcia, "Arrendamento de curta duração a turistas: um (impropriamente) denominado contrato de alojamento local", Revista Electrónica de Direito, Outubro 2017, n.º 3.

[2119] Esse direito não tem de ser forçosamente a propriedade; podendo ser qualquer outro direito real que invista o titular no gozo suficiente para a exploração em alojamento local, o que sucede, nomeadamente, com o usufruto.

nuição da segurança, pelo incremento do número de estranhos com acesso ao interior ao edifício, a perda de privacidade, que decorre da maior frequência de outras pessoas às áreas comuns do edifício, o desgaste acrescido das partes comuns, pela utilização mais intensa gerada por um número maior de utentes do prédio, o aumento do barulho, causando perturbações do sono e repouso dos outros habitantes e, assim, a utilização das respectivas fracções, etc.

II. A jurisprudência portuguesa teve já a oportunidade de se pronunciar em várias ocasiões sobre a compatibilidade do regime de exploração de alojamento local com o regime jurídico da propriedade horizontal, em particular, da articulação do primeiro com os artigos 1418.º, n.º 2 alínea a) e 1422.º, n.º 2 alínea c) do Código Civil, em termos, aliás, frequentemente discordantes e opostos.

No Ac. de 15.09.2016 a Relação do Porto[2120] decidiu o seguinte:

> "I – Se no título constitutivo da propriedade horizontal apenas se estabelece que determinada fracção se destina à habitação, não existe, em princípio, impedimento a que o seu proprietário a afecte a alojamento local de turistas.
>
> II – O conceito de alojamento está contido no conceito de habitação.
>
> III – O facto de determinada utilização ser feita mediante contrato de prestação de serviços não é bastante para caracterizar a finalidade dessa utilização, tudo dependendo da forma como essa prestação de serviços é efectuada".

Em acórdão de 20 de Outubro de 2016[2121], a Relação de Lisboa tomou posição diametralmente oposta:

> "– Se um condómino dá à sua fracção um uso diverso do fim a que, segundo o título constitutivo da propriedade horizontal, ela é destinada, ou seja, se ele infringe a proibição contida no artigo 1422.º n.º 2 al.ª c) do Código Civil, o único remédio para essa afectação é a reconstituição natural (afectação da fracção em causa ao fim a que ela estava destinada).
>
> – Destinando-se a fracção autónoma, segundo o título constitutivo, a habitação, não lhe pode ser dado outro destino (alojamento mobilado para turistas) sendo para tanto irrelevante o licenciamento do local para a actividade comercial acima referida por aquelas entidades".

[2120] Proc. n.º 4910/16.5T8PRT-A.P1, em www.dgsi.pt.

[2121] Proc. n.º 12579-16.0T8LSB.L1-8, em www.dgsi.pt.

O Supremo Tribunal de Justiça teria a oportunidade de se pronunciar, pela primeira vez, por acórdão tirado em 28.03.2017[2122]. Porém, a sua pronúncia não incide propriamente sobre o problema de saber se o alojamento local constitui ou não um exercício de habitação na fracção autónoma, mas se a cedência de fracção para alojamento local integra o conceito de acto de comércio, como decidira no acórdão objecto do recurso a a Relação de Lisboa. No ponto III do Sumário, porém, o STJ parece admitir o alojamento local na fracção autónoma:

> "III – Na cedência onerosa de fracção mobilada a turistas, a fracção destina-se à respectiva habitação e não ao exercício de actividade comercial.".

Semanas mais tarde, a Relação do Porto concluiu o oposto em acórdão datado de 27.04.2017[2123.]

> "Todo o conjunto das circunstâncias de facto – quer anteriores, quer simultâneas à declaração feita no título de constituição da propriedade horizontal de que a fracção se destina a habitação leva a considerar que a intenção que presidiu à declaração foi o de considerar que o conceito de habitação se reporta ao sitio onde o condómino ou arrendatário têm um centro de vida doméstica, pequeno ou grande, temporário ou permanente mas, ainda assim, algo que não esteja totalmente desligado desse centro de vida.
>
> Em suma, quando uma fracção se destina a habitação, quer dizer que se trata de uma residência, de um domicílio, lar, ou seja, de um espaço de vida doméstica com a inerente necessidade de tranquilidade e sossego, não cabendo nela o alojamento local".

Na fundamentação, a Relação do Porto aduz que:

> "Não temos dúvidas que o sentido que um declaratário normal dá à palavra habitação como destino de uma fracção no título de propriedade horizontal, fora das típicas zonas de veraneio, é o de residência, domicílio, lar, o que pressupõe a permanência com alguma estabilidade".

O recorte de sentido dado ao vocábulo "habitação" leva a RP a excluir a licitude do alojamento local em fracção autónoma cujo título determine o fim habitacional de uso da mesma.

2122 Proc. n.º 12579/16.0T8LSB.L1.S1, em www.dgsi.pt.

2123 Proc. n.º 13721/16.7T8PRT.P1, em www.dgsi.pt.

Esta orientação permaneceu na decisão judicial seguinte proferida pela Relação do Porto, no seu acórdão de 11.04.2018[2124], sumariada da seguinte forma:

> "I – O título constitutivo da propriedade horizontal tem de identificar o fim a que se destina cada fracção, especificando a al. c) do n.º 2 do art. 1422.º do C. Civil ser especialmente vedado a um condómino dar-lhe um uso diverso desse fim.
>
> II – O exercício da actividade de alojamento local numa fracção destinada a habitação viola o fim que lhe foi fixado no título de propriedade horizontal".

Nos fundamentos da decisão, a Relação do Porto reitera os argumentos a que recorreu no acórdão anterior de 27.04.2017: "entendemos que o exercício da actividade de alojamento local, tal como se mostra definida no diploma citado e o réu desenvolve na fracção em causa, não pode subsumir-se ao conceito de habitação utilizado no título constitutivo da propriedade horizontal que lhe fixou o destino".

A mesma Relação do Porto viria, no entanto, a pronunciar-se novamente no sentido favorável ao alojamento local em fracção destinada à habitação no seu aresto de 10.01.2019:

> "I – Prevendo o título constitutivo da propriedade horizontal que determinada fracção se destina à habitação, não existe, em princípio, impedimento a que o seu proprietário a afecte a alojamento local de turistas.
>
> II – O conceito de alojamento, mais restrito, acha-se contido no conceito de habitação, de maior abrangência".

A senda jurisprudencial terminaria, até agora, com a emissão do Ac. do STJ de 07.11.2019[2125]. Porém, a questão que o Supremo Tribunal resolve não coincide inteiramente com o objecto dos arestos anteriormente citados, centrando-se antes na violação de norma constante de regulamento de condomínio. Qualificando a actividade subjacente à prestação de alojamento local como "prestação de serviços de hospedagem e outros conexos, mediante retribuição", o STJ conclui no caso pela violação da norma do regulamento do condomínio pelo condómino que afectou a fracção autónoma ao alojamento local.

[2124] Proc. n.º 24471/16.4T8PRT.P1, em www.dgsi.pt.

[2125] Proc. n.º 25192/16.3T8PRT.P1.S1, em www.dgsi.pt.

III. Em toda esta controvérsia, importa começar por distinguir e separar três aspectos:

- A actividade de prestação de serviços de alojamento local;
- A natureza jurídica do contrato de prestação de serviços de alojamento local;
- O uso dado à fracção autónoma sujeita ao regime jurídico de exploração de alojamento local.

Começando pelo primeiro destes aspectos, constatamos que no art. 2.º, n.º 1 do DL n.º 128/2014 se considera estabelecimento local aquele onde se prestam serviços de alojamento local e que no art.º 4.º, n.º 1 do mesmo diploma se estabelece que "para todos os efeitos, a exploração de estabelecimento de alojamento local corresponde ao exercício, por pessoa singular ou coletiva, da atividade de prestação de serviços de alojamento".

Destes preceitos tem-se extraído o argumento de que pelo facto de haver uma prestação de serviços de alojamento local é esse – a prestação de serviços – e não a habitação o fim de utilização a considerar para a fracção autónoma onde decorre essa actividade.

Trata-se, todavia, de uma confusão[2126]. Uma coisa é a qualificação da actividade da entidade exploradora do estabelecimento local, outra, o uso dado à fracção autónoma, ou seja, a utilização que nela tem lugar. E só este aspecto interessa para a análise da conformação da actividade desenvolvida na fracção autónoma com o título constitutivo. Estamos em Direitos Reais e tudo o que se trata sempre é do aproveitamento da coisa, nada mais.

Deste modo, não é pelo facto de, por exemplo, uma sociedade de mediação imobiliária dar de arrendamento uma fracção autónoma que o uso dado pelo arrendatário é de prestação de serviços de mediação imobiliária se ele simplesmente morar no locado. Não é a actividade profissional do locador que conforma o fim de uso da fracção, mas os actos que nela são praticados. Não é diferente com o alojamento local. A circunstância de a entidade exploradora prestar serviços de alojamento não converte o uso da fracção em prestação de serviços, se esta não tiver lugar aí.

[2126] Como bem se salienta no Ac. STJ de 28.03.2017, cit., a propósito da qualificação dada pela Relação de Lisboa ao contrato de alojamento local como acto de comércio. Já o recente Ac. do STJ de 07.11.2019, cit., parece incorrer nessa confusão (veja-se o ponto VII do Sumário respectivo), aludindo ao alojamento local como prestação de serviços.

Assim, afigura-se de todo irrelevante juridicamente a qualificação da entidade exploradora do alojamento local como de prestação de serviços para a aferição do respeito pelo fim de uso da fracção constante do título constitutivo da propriedade horizontal se esses serviços não são prestados na coisa. O que interessa apurar sempre, e somente, são os actos de aproveitamento da coisa, aquilo que nela é feito pelos turistas que contratam o alojamento local e usam a fracção autónoma. No aproveitamento concreto da fracção autónoma reside o único ponto a considerar.

Volvendo agora a nossa atenção para o segundo aspecto apontado – a natureza jurídica do contrato de prestação de serviços de alojamento local – diremos igualmente, que seja qual for essa natureza[2127] a mesma não conforma o fim de uso da fracção autónoma segundo o título constitutivo. Na verdade, o fim de habitação concilia-se com vários contratos típicos, como sejam a locação ou o comodato, ou atípicos. E, de igual forma, com a eficácia obrigacional ou real desses contratos.

Por outro lado, um contrato de prestação de serviços não se mostra incompatível com o uso habitacional da fracção. Assim, se a entidade exploradora do alojamento local se obriga ao transporte dos clientes (do aeroporto para a fracção, por exemplo) ou em servir de guia turística, esses serviços, não sendo praticados na fracção autónoma, não podem servir para fundamentar um uso não habitacional da fracção, uma vez que não têm lugar nela, mas no seu exterior. Mesmo que, todavia, haja serviços prestados na fracção autónoma aos turistas que contratam o alojamento, nem por isso isso se afigura suficiente para afirmar que tem lugar na fracção autónoma uma actividade de prestação de serviços e, com isso, afastar o uso habitacional. Esses serviços podem ainda ser acessórios deste uso, conforem veremos no ponto seguinte.

Chegados a este ponto, está claro para nós que tanto a natureza jurídica da actividade da entidade de exploração do alojamento local como a natureza jurídica do contrato celebrado entre ela e os turistas clientes do alojamento não têm qualquer relevância para o exame da conformidade com o fim de uso da fracção segundo o título constitutivo e apenas a análise dos actos praticados naquela permite aferir do respeito ou não por esse fim.

[2127] Na doutrina vejam-se Maria Olinda Garcia, "Arrendamento de curta duração a turistas: um (impropriamente) denominado contrato de alojamento local", Revista Electrónica de Direito, Outubro 2017, n.º 3.

Como sempre, não se pode perder nunca de vista que estamos em Direitos Reais e que o está em causa reside somente no aproveitamento dado à coisa objecto do direito do condómino. O uso que tem lugar na fracção é, repete-se e insiste-se, o único aspecto que deve ser aferido para efeitos do disposto artigos 1418.º, n.º 2 alínea a) e 1422.º, n.º 2 alínea c) do Código Civil.

Com isto não respondemos se o uso dado pelo turista na fracção autónoma consubstancia ou não um uso para habitação. É o que fazemos de seguida.

III. Nas decisões jurisprudenciais em que se julgou o alojamento local contrário ao fim de habitação constante do título constitutivo assentou-se num dado sentido do termo, conotando-o com uma situação estável e duradoura: a habitação requereria a permanência na fracção autónoma, o que seria incompatível com o carácter transitório e até efémero das estadas de turistas hospedados em alojamento local. Nas palavras da Relação do Porto no Ac. de 11.04.2018[2128]: "quando alguém usa o conceito de habitar, este pressupõe residir, morar, ter domicílio em determinado local. O que não acontece a quem se instala num espaço por um período de tempo curto, com prestação de serviços associados, como acontece com os utentes de um serviço de alojamento local".

Não partilhamos este entendimento. A indagação de sentido do fim habitacional constante do título constitutivo da propriedade horizontal não pode assentar meramente numa análise semântica da palavra "habitação". A literalidade constitui apenas um dos elementos de interpretação da fonte de Direito e serve, aliás, de pouco quando a semântica autoriza mais do que um sentido possível, como é o caso do problema versado.

Tão-pouco se aceita que tal indagação prescinda dos dados normativos para se acolher no sentido comum e social da palavra: é justamente o contrário. A compreensão do que seja o fim de habitação que delimita o uso admitido ao condómino de fracção autónoma segundo o disposto nos artigos 1418.º, n.º 2 alínea a) e 1422.º, n.º 2 alínea c) do Código Civil deve ser colhido dos dados do sistema jurídico que procedem à limitação do gozo do proprietário.

Ora, uma interpretação que associe a habitação a uma actividade estável e com alguma permanência na fracção autónoma, quer dizer, no fundo, ao

[2128] Proc. n.º 24471/16.4T8PRT.P1, em www.dgsi.pt.

morar ou residir nesse local, entra em colisão com o sistema jurídico português no tocante ao conteúdo e exercício do direito de propriedade[2129] (art. 1305.º do Código Civil). O proprietário da fracção, no exercício dos seus poderes de uso e de fruição, não está impedido de possibilitar o gozo da coisa a terceiros e a fazê-lo com esquemas jurídicos variados, locação, comodato ou outros, típicos ou atípicos. E, do mesmo modo, ele não está vinculado a durações mínimas de prestação do gozo a terceiros. O condómino pode emprestar a casa a amigos, clientes, etc., para que nela pernoitem e descansem, pelo tempo que entender e as vezes que quiser. No limite, o gozo pode ser prestado todos os dias do ano a pessoas diferentes sem que isso só por si implique violação do fim habitacional.

Pelo menos desde o início da vigência do actual Código Civil, o conceito normativo de habitação nunca coincidiu com residência permanente, com o morar num dado local. Diferentemente, o regime jurídico do arrendamento urbano, na versão inicial do Código Civil, dispunha no art. 1083.º, n.º 2 alínea b) que não estavam sujeitos ao regime vinculístico "os arrendamentos para habitação, por curtos períodos, em praias, termas ou outros lugares de vilegiatura, ou para outros fins especiais transitórios". Atente-se na expressão "arrendamentos para habitação" e na menção expressa a "curtos períodos".

O art. 5.º, n.º 2 alínea b) do RAU manteve o regime inicial do Código Civil. E o mesmo se diga da redacção do art. 1095.º, n.º 3 introduzida pela Lei n.º 6/2006 e da que hoje se encontra em vigor.

Se a habitação não coincide com o morar, ter residência, na fracção autónoma e se o conceito normativo concilia o sentido do vocábulo com estadas de curta duração, que actos permitem caracterizar um uso conforme ao fim habitacional?

Já sabemos que contam apenas os actos praticados na fracção, os que consubstanciam o uso da coisa objecto da propriedade do condómino. Feita esta precisão, são actos conformes ao uso habitacional o dormir, fazer as refeições, descansar, tomar banho, vestir-se, ver televisão, ler, ouvir rádio, enfim, toda a panóplia de comportamentos tornados possíveis pela funcionalidade da coisa e que não se prendem nem com prestação de serviços a terceiros nem com finalidades comerciais ou industriais.

[2129] E dos outros direitos reais que compreendam o gozo da coisa, como, nomeadamente, o usufruto e, em menor medida,o direito de habitação.

Com isto, julgamos que o uso normal que um turista faz do alojamento local em nada difere do que faz um arrendatário habitacional, um comodatário da fracção ou o próprio condómino quando se encontra a habitar na fracção. E vamos, assim, ao encontro da jurisprudência[2130] que tem admitido a actividade de alojamento local no âmbito do fim habitacional previsto no título constitutivo da propriedade horizontal, que temos como a mais ajustada ao sistema normativo nacional.

Nalguns casos, a habitação que tem lugar na fracção autónoma pode coexistir com serviços aí prestados pela entidade exploradora do alojamento local. Pense-se, nomeadamente, em serviços de limpeza da fracção, em tratamento da roupa dos hóspedes ou em alimentação (pequeno-almoço, por exemplo). Havendo serviços prestados na fracção autónoma fica comprometido o fim habitacional, levando à violação do título constitutivo?

Respondendo diremos que não quando os mesmos são meramente acessórios ou complementares do fim habitacional. Esta interpretação colhe o seu favor da analogia proporcionada pelo art. 1093.º, n.º 3 do Código Civil em matéria de arrendamento para habitação. Os serviços prestados pelo arrendatário aos hóspedes e o fornecimento de alimentação a estes não descaracterizam o fim habitacional do arrendamento.

Conquanto não se confunda habitar com morar e não se pretenda que o conceito de habitação subjacente ao título constitutivo da propriedade horizontal se identifica com o segundo sentido, à revelia das coordenadas normativas atinentes ao gozo e exercício da propriedade, por um lado, e ao carácter temporário e de curta duração que a habitação pode assumir, por outro, nada impede a afectação da fracção autónoma de fim habitacional à actividade de alojamento local, contando que naquela fracção não tenham lugar, a título principal, a prática de outras actividades, nomeadamente, de prestação de serviços ou comerciais.

Temos, pois, como correcta, a interpretação que julga o alojamento local conforme ao título constitutivo que limita o uso da fracção à habitação.

IV. O legislador português admite sem reservas que o alojamento local possa funcionar em fracção autónoma de edifício constituído em propriedade horizontal. E se se a permissão normativa não levantava dúvidas defronte do art. 3.º, n.º 3 do DL n.º 128/2014, a alteração ao regime jurídico de

[2130] Acs. da Relação do Porto de 15.09.2016, Proc. n.º 4910/16.5T8PRT-A.P1 e de 10.01.2019, Proc. n.º 25192/16.3T8PRT.P1, ambos em www.dgsi.pt.

exploração do alojamento local pela Lei n.º 62/2018, de 22 de Agosto, com o aditamento constante do art. 20.º-A, reforçou esse sentido.

Quer dizer, não obstante a controvérsia existente, espelhada já à data em alguns arestos dos tribunais superiores, o legislador ignorou o criticismo existente contra o alojamento local em condomínio e reforçou mesmo o regime jurídico da propriedade horizontal na matéria, com uma solução, aliás, de duvidosa justificação.

Ainda assim, e independentemente do sentido a colher na interpretação atinente ao fim de uso da fracção autónoma segundo o título constitutivo, a exploração do alojamento local pode ficar arredada do condomínio. Como?

Para além da lei – ou mais genericamente das fontes de Direito – a limitação pode advir somente de proibição constante do título constitutivo da propriedade horizontal, quer na sua versão original quer por força de modificação posterior, que requer a unanimidade dos condóminos nesse sentido.

Nem o regulamento do condomínio nem a assembleia de condóminos, por deliberação, podem proibir o alojamento local relativo a alguma fracção autónoma do condomínio. A razão para isto reside no facto de a competência da assembleia geral, quer para aprovar o regulamento, quer para deliberar em geral, se limitar à administração das partes comuns (art. 1430.º, n.º 1 do Código Civil). O alojamento local respeita ao exercício da propriedade da fracção autónoma sobre a qual os órgãos do condomínio não têm competência alguma.

No Ac. do STJ de 7.11.2019[2131] o Supremo Tribunal diferencia entre o regulamento do condomínio aprovado com o título constitutivo e as modificações posteriores realizadas pela assembleia geral dos condóminos, concluindo correctamente que o primeiro goza da eficácia do próprio título, o que não sucede no segundo caso.

A deliberação da assembleia geral que aprove regulamento com cláusula proibindo o alojamento local ou que o proíba simplesmente no condomínio tem o valor jurídico das deliberações tomadas fora do âmbito de competência material do órgão: é nula e não simplesmente anulável.

V. O título constitutivo da propriedade horizontal, quando tem natureza negocial, como sucede quase sempre, está sujeito ao regime jurídico da interpretação e integração do negócio jurídico (artigos 236.º a 239.º do

[2131] Cit.

Código Civil)[2132]. Essas regras valem inclusivamente para o apuramento do sentido subjacente ao fim habitacional (ou outro) a que fica sujeito o uso da fracção autónoma.

306. A natureza jurídica da propriedade horizontal

O tema da natureza jurídica da propriedade horizontal[2133] tem sido debatido pelos especialistas. Há várias teses em presença:

- A propriedade horizontal como propriedade superficiária;
- A propriedade horizontal como organização personificada (pessoa colectiva);
- A propriedade horizontal como compropriedade;
- A propriedade horizontal como situação dualista, com incidência de dois direitos distintos;
- A propriedade horizontal como direito real autónomo (*sui generis*);
- A propriedade horizontal como propriedade especial.

A tese da propriedade horizontal como propriedade superficiária pertence a SALIS[2134]. Não vislumbramos, todavia, nenhuma verosimilhança nela. Os condóminos não são superficiários do solo do edifício, são comproprietários do mesmo e o seu estatuto de comproprietário integra o direito de propriedade horzontal, não sendo um direito diferenciado do direito de cada condómino à fracção autónoma.

Conceber a propriedade horizontal como uma situação de personificação equivale a dizer que o imóvel pertence a uma pessoa colectiva que tem os condóminos por associados, cada um deles com uma participação de determinado valor[2135]. Cada condómino tem um direito a participar e votar na assembleia de condóminos e goza a coisa na proporção da sua posição na pessoa colectiva. A vantagem desta concepção parece estar na predomi-

[2132] Conforme se refere também nos Acs. STJ de 28-01-2016, Proc. 076/06.3TVLSB.L1.S1 e 27.04.2017, Proc. n.º 13721/16.7T8PRT.P1, ambos em www.dgsi.pt

[2133] Cf., em particular, CARVALHO FERNANDES, "Da natureza jurídica do direito de propriedade horizontal", Cadernos De Direito Privado, n.º 15, Julho/Setembro 2006, pág. 3 e segs. e BRANCA, Comunione, Condominio negli Edifici, Art. 1100-1139, Quarta Edizione, Bologna, Roma, 1965, pág. 317 e segs.

[2134] "Condominio negli edifici", Noviss. Dig. It., pág. 1117 e seg.

[2135] Para uma descrição geral desta teoria, LARROUMET, Les Biens, Paris, 2006, pág. 419.

nância de um interesse colectivo sobre as posições individuais dos condóminos[2136].

Esta teoria não tem nenhuma aderência ao regime jurídico[2137]. O regime da propriedade horizontal não gera uma pessoa jurídica acima dos condóminos que seja titular de situações jurídicas. A organização existente promove a administração da coisa comum, mas não cria o processo de imputação de uma vontade a uma nova pessoa jurídica.

A tese da compropriedade – sustentada em Portugal por CUNHA GONÇALVES[2138] – defende que todos os condóminos são comproprietários da totalidade do edifício, seja das partes comuns seja das fracções autónomas[2139]. A lei reserva, no entanto, o gozo de uma parte do imóvel (a fracção) para um dos condóminos, promovendo apenas o gozo concorrente relativamente às partes comuns. Não há, assim, direitos sobre as fracções, mas uma posição unitária dos condóminos em regime de comunhão (compropriedade).

Contra a tese da compropriedade pode dizer-se que ela não explica porque razão os condóminos estão excluídos completamente do gozo das fracções que não aquela que lhes pertence, não podendo usar, fruir de grande parte da coisa comum, e não tendo sequer nenhuma palavra na alienação ou oneração da posição individual de cada condómino, nem o direito de preferência. Também não se percebe porque razão a assembleia tem apenas competência para deliberar sobre as partes comuns se a comunhão respeita a todo o edifício. Isto só se explica, porque, como se depreende do art. 1420.º, n.º 1, as fracções autónomas dos condóminos não estão em comunhão.

A tese dualista defende que no regime de propriedade horizontal o condómino não tem um, mas dois direitos: o direito, de propriedade, sobre a fracção autónoma e o direito, de compropriedade, sobre as partes

2136 LARROUMET, Les Biens, cit. pág. 419.

2137 Numa perspectiva diversa, falando numa pessoa colectiva rudimentar, PINTO DUARTE, Curso De Direitos Reais, cit., pág. 125. Para a crítica correcta, cf. LARROUMET, Les Biens, cit. pág. 419.

2138 Da propriedade horizontal ou por andares, Lisboa, 1955, pág. 14 e segs.

2139 É uma tese que, pelo menos de *jure condendo*, parece reunir os favores da doutrina francesa. Cf. LARROUMET, Les Biens, cit. pág. 419 e seg., CARBONNIER, Les Biens, cit., pág. 1796 e segs., se bem que este autor descreva a situação a partir de dois direitos comuns[2140]. É, segundo LARROUMET[2141], a tese hoje subjacente ao ordenamento jurídico francês.

Esta tese tiraria um apoio aparente do art. 1420.º, n.º 1. Todavia, ela surge logo desmentida pelo n.º 2, que dispõe ser o conjunto dos dois direitos incindível, um eufemismo afinal para uma posição jurídica unitária: o direito de propriedade horizontal.

A posição, segundo a qual, o direito de propriedade horizontal constitui um direito novo ganhou um espaço considerável na doutrina portuguesa. MENEZES CORDEIRO[2142], PIRES DE LIMA/ANTUNES VARELA[2143], HENRIQUE MESQUITA[2144], CARVALHO FERNANDES[2145], SANTOS JUSTO[2146], JOSÉ ALBERTO GONZÁLEZ[2147], MENEZES LEITÃO[2148], BONIFÁCIO RAMOS[2149]. A estes autores impressiona a combinação singular que surge na propriedade horizontal entre uma propriedade, sobre a fracção, e uma compropriedade, sobre as partes comuns. Mas a forma de conceber um direito real novo não aparece de modo uniforme entre estes autores. MENEZES CORDEIRO[2150] salienta tratar-se de um direito real complexo, sugerindo alguma proximidade à tese dualista, que é, no entanto, rejeitada.

CARVALHO FERNANDES[2151] afasta a tese do direito real complexo, preferindo salientar os desvios ao regime da propriedade singular e da compropriedade para fundamentar a sua posição de um direito real novo.

A ser um direito real novo seria um direito real menor, uma vez que a propriedade ocupa o lugar do direito real de maior extensão. Se assim é, não conseguimos ver que haja uma propriedade por cima dos direitos de propriedade horizontal. E assim teríamos de concluir que o edifício constituído em propriedade horizontal não teria proprietário. O resultado

2140 Em Portugal, cf. MOTA PINTO, Direitos Reais, cit., pág. 273 e seg.

2141 Les Biens, cit. pág. 420.

2142 Direitos Reais, cit., pág. 638 e seg.

2143 Código Civil Anotado, cit., pág. 396 e segs. Embora, como iremos ver a seguir, estes autores acabem por perfilhar a tese da propriedade especial.

2144 Direitos Reais, cit., pág. 282 e segs.

2145 "Da natureza jurídica do direito de propriedade horizontal", cit., pág. 11 e segs. e Lições De Direitos Reais, cit., pág. 379 e segs.

2146 Direitos Reais, cit., pág. 325 e seg.

2147 Direitos Reais e Direito Registal Imobiliário, cit., pág. 28.

2148 Direitos Reais, cit., pág. 301.

2149 Manual De Direitos Reais, cit., pág. 395 e segs.

2150 Direitos Reais, cit., pág. 639.

2151 "Da natureza jurídica do direito de propriedade horizontal", cit., pág. 11 e segs.

seria um imóvel sem dono. O cenário parece perturbador, mas decorre logicamente da tese defendida de que a propriedade horizontal não constitui uma propriedade. Como não se vê onde a propriedade "típica" possa ter lugar nesta construção, só podemos afirmar que neste caso existe um edifício sem proprietário(s).

Tudo isto mostra, na verdade, que uma explicação fora dos quadros da propriedade não é possível. A lei confirma isso mesmo, dispondo que o condómino é proprietário da fracção autónoma e comproprietário das partes comuns (art. 1420.º, n.º 1). Por isso, o conteúdo típico do direito real de propriedade horizontal é o da propriedade.

O facto de existirem especificidades na propriedade horizontal, tanto no que toca ao regime da propriedade singular como ao regime da compropriedade, particularmente, quanto aos deveres dos condóminos entre si e à organização do condomínio, não chega para descaracterizar a propriedade. As restrições de vizinhança existem na relação entre proprietários de prédios vizinhos. Porque não hão-de existir de modo mais intenso na relação entre condóminos, se a proximidade das coisas é maior? Maior proximidade, maior possibilidade de conflitos e, por isso, necessidade acrescida de regulação para os prevenir.

Também o aspecto da organização do condomínio não impressiona. Em edifícios de muitas fracções as regras incipentes de administração da comunhão não permitiriam uma adequada gestão da coisa comum. Mas a organização da administração das partes comuns, desde que não acompanhada de personificação, como é o caso, não constitui um argumento contra a propriedade. De resto, os comproprietários podem adoptar um modelo semelhante administração da coisa comum, sem que a natureza da sua comunhão se transforme.

No fundo, as especificidades do regime da propriedade horizontal, que existem, são insuficientes para a descaracterização do direito de propriedade horizontal num qualquer direito real *sui generis*. O que se passa simplesmente é uma adequação legal do conteúdo típico da propriedade a um objecto dual, fracção e partes comuns, que a um tempo outorga ao condómino o gozo da propriedade singular (sobre a fracção autónoma) e a outro lhe impõe a concorrência com a posição de outros proprietários (partes comuns do edifício).

Em todo o caso, a propriedade horizontal não representa uma propriedade comum. As especificidades do regime jurídico não permitem uma recondução à propriedade singular ou à compropriedade. Permitem, porém, a qualificação de propriedade especial, como tem defendido Oliveira Ascensão[2152], com a adesão de Pires de Lima/Antunes Varela[2153].

Portanto, o direito de propriedade horizontal é ainda um direito de propriedade, não obstante o seu regime ser o de uma propriedade especial.

2152 Direito Civil – Reais, cit., pág. 464.
2153 Código Civil Anotado, cit., pág. 397.

Capítulo XI
O Usufruto

307. A origem histórica do usufruto no Direito romano. Breve nota

I. Ao que parece, o usufruto nasceu para providenciar alimentos, nomeadamente, à viúva do falecido. Uma vez que a lei sucessória não admitia a transmissão para a mulher do proprietário falecido, o usufruto satisfazia uma finalidade alimentícia daquela.

Segundo uma famosa definição de PAULUS[2154], o usufruto consiste num *ius alienis rebus utendi fruendi salva rerum substantia*. Nesta definição destaca-se imediatamente a menção ao usufruto como um direito sobre coisa alheia. O objecto deste direito seria uma coisa pertencente a outra pessoa, mormente, ao proprietário.

Na sua origem, a tónica central do usufruto está em assegurar ao titular os *fructus*[2155] produzidos pela coisa, entendendo-se por frutos não apenas os frutos naturais, mas todos os réditos que ela fosse susceptível de gerar e se compreendessem na noção económico-social de frutos[2156]. Porque assegurar os frutos representa o escopo central deste direito, o usufrutuário também se chama *fructuarius* e o usufruto *fructus*[2157].

[2154] D. 7, 1, 1.

[2155] BIONDO BIONDI, Istituzioni Di Diritto Romano, cit., pág. 309 e segs., BONFANTE, Corso Di Diritto Romano, cit., pág. 80 e segs., DERNBURG, Pandekten, cit., pág. 202.

[2156] BIONDO BIONDI, Istituzioni Di Diritto Romano, cit., pág. 310.

[2157] BONFANTE, Corso Di Diritto Romano, cit., pág. 75.

Para poder fruir a coisa o usufrutuário carecia de ter acesso a ela, ou seja, do *usus*. No entanto, a finalidade da concessão do *usus* não era permitir qualquer aproveitamento da *res*, entendido num sentido amplo de gozo, mas tão-somente propiciar a fruição. Não seria possível de outro modo ao usufrutuário beneficiar dos frutos da coisa se não pudesse usá-la. Da necessidade do *usus* para assegurar a fruição deriva a regra: *fructus sine usu esse non possunt*[2158].

A primazia da fruição sobre o uso, entendida aquela como o escopo do direito e este como simplesmente o modo de a tornar possível (*fruendi causa*), confere ao uso uma feição instrumental no contexto do usufruto. A actividade do usufrutuário sobre a coisa (o *usus*) destina-se basicamente a permitir que ela produza frutos.

Na evolução, a união do *usus* ao *fructus* gera o *ususfructus*. Este direito pode incidir sobre todas as coisas – não consumíveis – que podem produzir frutos (frutíferas), e somente estas, sejam móveis ou imóveis.

No período clássico, o *ususfructus* era um direito *intuitu personae*, no sentido de estar ligado à pessoa do titular[2159]. A morte deste ou a *capitis deminutio* extingue o direito, que também não pode ser transmitido a terceiros, sem prejuízo da possibilidade de cessão, ligada na sua duração à vida do usufrutuário. Somente as pessoas singulares podiam ser usufrutuárias (usufruto *sine persona esse non potest*), uma restrição que desapareceria posteriormente no Direito justinianeu.

II. No Direito romano, o usufruto, nascido fundamentalmente para satisfazer um escopo alimentar, atribuía ao titular os frutos de coisa alheia e o uso necessário para que ela os continuasse a produzir. O gozo da coisa pelo usufrutuário estava, no entanto, vinculado a uma regra de actuação, que se exprime na definição de Paulo por *salva rerum substantia*.

Não é inequívoco o sentido associado à expressão *salva rerum substantia*[2160]. Na maior parte das vezes, ela aparece interpretada no sentido de que o usufrutuário estaria obrigado a respeitar a integridade da coisa, não podendo voluntariamente destruí-la ou sequer deteriorá-la. Outras vezes, avança-se que ela traduz a impossibilidade de o usufruto recair sobre coisas consumíveis.

[2158] Biondo Biondi, Istituzioni Di Diritto Romano, cit., pág. 310.

[2159] Biondo Biondi, Istituzioni Di Diritto Romano, cit., pág. 312, Sanfilippo, Istituzioni Di Diritto Romano, cit., pág. 237.

[2160] Cf. Bonfante, Corso Di Diritto Romano, cit., pág. 65.

Seja como for, parece absolutamente seguro que o usufrutuário não podia actuar sobre a coisa de modo a comprometer a sua integridade. O usufrutuário ficava investido no direito aos frutos, mas a substância da coisa estava fora da atribuição operada pelo usufruto. Ao usufrutuário estava, pois, vedado comprometer a essência da coisa.

Um outro limite ao usufruto, que alguns autores têm por implícito ao respeito pela substância da coisa, era o da conservação da *species rei*. Ao usufrutuário cabia respeitar o estado actual da afectação económica da coisa, a sua forma, não podendo alterá-la[2161]; devia ainda respeitar na exploração económica da coisa os costumes do *paterfamilias* que constituiu o direito. No período clássico, esta proibição era tão severa que o usufrutuário estava proibido de introduzir quaisquer melhoramentos na coisa.

Deste modo, e para além da limitação da duração do usufruto, que não podia exceder a vida do usufrutuário, o usufruto tinha ainda como limites o respeito pela substância da coisa e pelo estado económico actual da mesma.

Mesmo assim, e apesar de todas estas limitações, o usufruto surge por vezes referido no Direito clássico como *pars dominii*[2162]. Ainda que se rejeite esta perspectiva de assimilação à propriedade, não restam dúvidas que o usufruto foi, no período clássico romano, um direito de natureza real, que a doutrina sempre recusou assimilar às servidões[2163].

III. Durante o perído clássico, o usufruto surge como um direito sobre coisa incorpórea. Como tal, o usufrutuário não tinha posse, era um detentor[2164], apesar de poder defender o seu direito por interditos especiais[2165], e não podia usucapir. Em caso de destruição da coisa, o usufruto extinguia-se, não se admitindo a *mutatio rei*.

No Direito justinianeu o regime do usufruto conheceu alterações profundas[2166], a começar pela sua integração no conceito amplo de *servitutes*, como *servitutes* pessoais (*servitutes personarum*), lado a lado com as servidões prediais (*servitutes praediorum*).

2161 Cf. Bonfante, Corso Di Diritto Romano, cit., pág. 66 e seg., Sanfilippo, Istituzioni Di Diritto Romano, cit., pág. 238.

2162 Bonfante, Corso Di Diritto Romano, cit., pág. 70.

2163 Bonfante, Corso Di Diritto Romano, cit., pág. 72.

2164 Kaser/Knütel, Römisches Privatrecht, cit., pág. 145, Sanfilippo, Istituzioni Di Diritto Romano, cit., pág. 238.

2165 Kaser/Knütel, Römisches Privatrecht, cit., pág. 145.

2166 Cf. Bonfante, Corso Di Diritto Romano, cit., pág. 71 e seg.

O usufruto passou a poder recair sobre coisas improdutivas, dado que se reconheceu ao usufrutuário o poder de introduzir melhoramentos (não de deteriorar a coisa). Os costumes do *pater familias* na gestão económica da coisa deixaram de ser vinculativos. E, fundamental, foram conferidas ao usufrutuário as acções de defesa do proprietário, com especial destaque para a *vindicatio usufructus*, que era uma *actio confessoria*[2167].

No Direito justinianeu, em caso de destruição total da coisa, passou a admitir-se a *mutatio rei*, o que não acontecia no período clássico.

308. O tipo legal do usufruto. Delimitação positiva

I. O art. 1439.º dispõe que o "usufruto é o direito de gozar temporária e plenamente uma coisa ou direito alheio, sem alterar a sua forma ou substância".

Se descontarmos a duração – temporária – do usufruto e os limites negativos da forma e da substância, a delimitação positiva do usufruto oferece semelhança com a propriedade (art. 1305.º). Também no usufruto a lei não recorre a uma enumeração dos poderes do usufrutuário, atribuindo-lhe a universalidade do gozo. O aproveitamento compreendido no tipo legal do usufruto abrange, assim, e desde logo:

- O uso e a fruição da coisa[2168];
- A transformação da coisa, dentro dos limites negativos do usufruto;
- O poder de reivindicar a coisa.

No que respeita ao poder de uso, este não se subordina à fruição, como sucedia no Direito romano. O usufruto pode ser concedido em coisas não frutíferas ou somente para assegurar o uso da coisa ao usufrutuário.

O usufruto reserva para o usufrutuário a totalidade da fruição, englobando os frutos naturais e os civis. Porém, os réditos produzidos pela coisa que não sejam de qualificar como frutos pertencem ao proprietário, salvo se outra coisa resultar do título constitutivo do usufruto[2169].

[2167] Kaser/Knütel, Römisches Privatrecht, cit., pág. 146.

[2168] Conforme refere Pugliese, Usufrutto, Uso E Abitazione, cit., pág. 291, o próprio nome usufruto indica que ele compreende os dois momentos do usar e gozar, ou seja, servir-se da coisa e retirar os seus frutos.

[2169] O art. 1458.º, n.º 1 ilustra bem esta asserção proibindo ao usufrutuário a abertura de pedreiras no prédio.

A administração ordinária da coisa cabe ao usufrutuário enquanto durar o seu direito. Trata-se de um aspecto implícito do gozo que é conteúdo deste direito, e que aparece individualizado no art. 1446.º. As despesas com a administração da coisa estão a cargo do usufrutuário (art. 1472.º, n.º 1).

O usufrutuário tem também um poder de transformação[2170], embora sujeito aos limites do respeito pela forma ou substância da coisa. Com efeito, a lei portuguesa prevê expressamente a realização de benfeitorias úteis e voluptuárias pelo usufrutuário (art. 1450.º, n.º 1)[2171].

II. No art. 1439.º não se alude ao poder de disposição. No entanto, que o usufrutuário pode dispor do seu direito resulta inequivocamente do art. 1444.º, que confere ao usufrutuário os poderes de alienar e onerar o seu direito.

Em todo o caso, a parte final do n.º 1 do art. 1444.º ressalva "as restrições impostas pelo título constitutivo ou pela lei", o que mostra que o poder de disposição não pertence ao tipo legal do usufruto. Pode haver usufruto e o usufrutuário não poder dispor do seu direito, porque a lei proíbe ou porque no título constitutivo as partes afastaram a possibilidade de toda e qualquer cedência do gozo pelo usufrutuário, seja a título obrigacional (locação, comodato ou outra) seja a título real (direitos reais de gozo e direitos reais de garantia). Naturalmente, nada impede as partes de excluírem a oneração do usufruto pelo usufrutuário e permitirem a alienação e vice-versa, ou fazerem-no em relação a alguns ónus (constituição de servidões, por exemplo) ou a algumas formas de prestação do gozo (a locação, por exemplo).

Quando o título constitutivo seja omisso e a lei não preveja qualquer proibição de disposição, o usufrutuário pode validamente transmitir o usufruto a terceiro, constituir direitos pessoais de gozo (locação, comodato, etc.) e onerar o seu direito com outros direitos reais de gozo ou de garantia (art. 1444.º, n.º 1).

A disposição do usufruto fica, no entanto, sujeita à limitação proveniente do prazo de duração do direito[2172]. O art. 1460.º, n.º 1 estabelece a regra em matéria de constituição de servidões passivas, mas ela vale, na verdade, para

[2170] Cf. Oliveira Ascensão, Direito Civil – Reais, cit., pág. 75, Menezes Cordeiro, Direitos Reais, cit., pág. 651.

[2171] O dever de realizar as reparações ordinárias que recai sobre o usufrutuário tem a configuração de uma situação jurídica passiva, surgindo ligada à conservação da coisa e não propriamente ao poder de transformação.

[2172] Cf. também Pires de Lima/Antunes Varela, Código Civil Anotado, cit., pág. 471.

a constituição de qualquer direito pelo usufrutuário, seja qual for a sua natureza (real, obrigacional ou outra). Nenhum direito constituído pelo usufrutuário a favor de terceiro pode ter uma duração superior à do usufruto. Se tal acontecer, o contrato será nulo, sem prejuízo da possibilidade de redução negocial (art. 292.º) para o prazo de duração do usufruto.

Os direitos constituídos pelo usufrutuário a favor de terceiros caducam com a extinção do usufruto. O art. 1051.º, n.º 1 alínea c) é expresso quanto à locação e o art. 699.º, n.º 2 é-o quanto à hipoteca. O n.º 3 deste último preceito ressalva, porém, a hipótese de renúncia antecipada ou de confusão, dispondo que a hipoteca continua a onerar o usufruto "como se a extinção do direito se não tivesse verificado".

III. O tipo legal do usufruto compreende, assim, o gozo da coisa, todo o uso, toda a fruição e ainda a transformação que não atinja os limites negativos do respeito pela forma e substância da coisa.

O usufrutuário tem o gozo pleno da coisa (art. 1439.º) [2173]. Isto quer dizer, que enquanto o usufruto durar o proprietário fica inibido de a gozar; somente o usufrutuário o pode fazer. Fala-se então em nua propriedade ou em nu proprietário para mencionar a propriedade ou o proprietário cujo direito esteja onerado com um usufruto[2174]. O nu proprietário está impedido de gozar a coisa enquanto durar o usufruto; resta-lhe o casco ou a raiz da propriedade, que integra decerto o poder de disposição e o aproveitamento residual não atribuído ao usufrutuário, como o relativo aos réditos que não constituam frutos em sentido técnico.

Portanto, a concorrência entre a propriedade e o usufruto quanto ao gozo da coisa é, como em todos os casos de oneração, resolvida a favor do direito real menor. Na parte do conteúdo dos direitos em que se regista uma sobreposição quanto ao aproveitamento concedido pelos direitos reais de gozo em presença, o direito real maior (a propriedade) fica como que comprimido pelo direito real menor e só retomará a sua plenitude com a extinção do direito onerador.

IV. Sem prejuízo da delimitação negativa do tipo legal, o usufrutuário tem todo o gozo que à coisa se pode referir, ou seja, todo o uso e toda a

[2173] Plenamente, mas não exclusivamente, como se dispõe para a propriedade (art. 1305.º). O usufruto coexiste normalmente com a propriedade, a não ser no caso excepcional do proprietário de coisa móvel que renuncia ao seu direito havendo um usufruto constituído.
[2174] Cf. MENEZES CORDEIRO, Direitos Reais, cit., pág. 657.

fruição de que a coisa é susceptível e ainda a transformação da coisa que não contenda com os limites negativos impostos pela lei.

Afigura-se, no entanto, pertinente perguntar sobre a possibilidade legal das partes, no título constitutivo, restringirem o exercício de algum dos poderes relativos ao gozo ou até, no limite, suprimi-lo. Oliveira Ascensão[2175] admite-o abertamente e também Carvalho Fernandes[2176], embora de um modo mais moderado, parece favorável a essa posição, sugerindo mesmo a aplicação de um regime de tipos abertos. De tipo aberto fala também Santos Justo[2177], que igualmente abre a possibilidade de uma ou outra utilidade do gozo ser excluída no título constitutivo.

Permitimo-nos discordar. O argumento extraído do art. 1445.º, segundo o qual, o usufruto seria regulado pelo título constitutivo tem de ser articulado com a tipicidade legal dos direitos reais. A conformação livre do conteúdo de um direito real contende com o *numerus clausus*, permitindo a criação de direitos reais com o aproveitamento pretendido pelas partes.

Ora, o princípio da tipicidade não se basta com a mera observância do *nomen juris* do direito real, mas com o respeito pelo conteúdo típico injuntivo do direito. Se as partes, mantendo embora a designação de usufruto, eliminam a fruição, temos um direito de usufruto com um gozo menos extenso que os direitos de uso e de habitação, o que não pode deixar de ser visto como a criação de um outro direito real, diverso do tipo legal consagrado.

E pensamos que isso sucede com qualquer diminuição dos poderes de uso, fruição e transformação que, não os eliminando de todo, lhes introduza restrições. Se o usufrutuário tem toda a fruição, a limitação pelo título aos frutos naturais, por exemplo, contende com o gozo típico concedido ao usufrutuário: há violação da tipicidade (art. 1306.º, n.º 1).

O que fica então para a regulação do título constitutivo? – Muita coisa, que não evidentemente o conteúdo injuntivo do tipo legal de usufruto. Por exemplo, as partes podem regular o poder de disposição do usufruto, que, como se viu, não integra o tipo legal deste direito, fixar o prazo de duração do usufruto, regular o exercício de obrigações (prestação de caução, relação de bens, etc.), acordar sobre as obras extraordinárias, etc.

[2175] Oliveira Ascensão, Direito Civil – Reais, cit., pág. 474.

[2176] Lições de Direitos Reais, cit., pág. 408.

[2177] Direitos Reais, cit., pág. 379.

Um último aspecto, para concluir, prende-se com a admissibilidade de uma delimitação convencional do conteúdo do usufruto que tenha mera eficácia obrigacional. Se as partes se limitam a prever no título constitutivo que o usufrutuário se obriga a não pescar no lago do imóvel ou a não levar o automóvel objecto do usufruto para fora do país, não está em causa a violação da tipicidade legal. O princípio da tipicidade contende unicamente com o conteúdo típico do direito real e não constitui obstáculo à validade das cláusulas negociais onde se prevejam meras obrigações das partes.

309. O tipo legal do usufruto. Delimitação negativa

I. O art. 1439.º dispõe que o usufrutuário pode gozar a coisa "sem alterar a sua forma ou substância". Alguns intérpretes portugueses[2178] referem que se trata da definição clássica de usufruto encontrada em PAULO[2179] (*ius alienis rebus utendi fruendi salva rerum substantia*).

Apesar da semelhança evidente com essa definição, a formulação do art. 1439.º apresenta, porém, uma diferença subtil. Enquanto a definição de PAULO alude simplesmente à *salva rerum substantia*, o art. 1439.º menciona o respeito, não apenas da substância da coisa, mas também da sua forma. E isto introduz um sentido complementar que importa esclarecer.

Na acepção que acompanha a expressão desde a sua origem no Direito romano, a preservação da substância quer dizer que o usufruto não pode incidir sobre coisas consumíveis ou, segundo outra doutrina, que acaba por dar no mesmo, que o usufrutuário se encontra obrigado a preservar a integridade da coisa, não a destruindo ou deteriorando de qualquer modo.

Para além da preservação da essência da coisa, sempre se entendeu que o usufrutuário devia igualmente manter o estado económico da coisa como o proprietário o havia definido[2180], não raro através de fórmulas que vinculavam o usufrutuário a usar a coisa segundo os usos e praxes do *dominus*. Os artigos 1455.º, n.º 1 e 1458.º, n.º 1 do nosso Código Civil representam reminiscências actuais disso mesmo.

[2178] MENEZES CORDEIRO, Direitos Reais, cit., pág. 648, PIRES DE LIMA/ANTUNES VARELA, Código Civil Anotado, cit., pág. 457 (estes autores dizem apenas tratar-se de uma noção mais próxima da de PAULO), SANTOS JUSTO, Direitos Reais, cit., pág. 349.

[2179] D. 7, 1, 1.

[2180] Cf., muito em particular, BONFANTE, Corso Di Diritto Romano, cit., pág. 66. Veja-se ainda WINDSCHEID, Lehrbuch des Pandektenrechts, cit., pág. 697 e seg., PUCHTA, Pandekten, cit., pág. 276.

Assim, o usufrutuário deve não somente preservar a coisa como ela lhe foi entregue para exercer o seu direito, mas também manter a destinação económica pré-definida pelo proprietário. A conservação da *species* da coisa, isto é, da forma do estado actual dela, do seu destino económico, constitui um dever do usufrutuário, que, na ausência de melhor, se reconduziu ao respeito da substância da definição de PAULUS, a qual, contudo, não a fundamenta realmente[2181].

O art. 1439.º supriu a deficiência histórica da fórmula romana do usufruto, acrescentando-lhe o entendimento tradicional, segundo o qual, o usufrutuário está obrigado a manter a coisa com a destinação económica existente: "sem alterar a forma".

II. Este propósito de complementar a noção tradicional romana de usufruto ficou, todavia, consideravelmente obscurecido pela adopção de outra fórmula de teor inteiramente coincidente nos artigos 1446.º e 1450.º, n.º 1. Com efeito, dispõe-se nesses preceitos que o usufrutuário está obrigado a respeitar o destino económico da coisa (art. 1446.º) e a não alterar "a sua forma e substância, nem o seu destino económico" (art. 1450.º, n.º 1).

O dever de respeito pelo destino económico da coisa surge no Direito italiano, concretamente no art. 981. Tem aí a função de limitar o gozo do usufrutuário em termos perfeitamente idênticos aos que o respeito pela forma e substância têm na economia do art. 1439.º do Código Civil português. Simplesmente, no Direito italiano, o respeito pelo destino económico constitui o único limite negativo do direito de usufruto, o que não sucede no Código Civil português. O que gera uma incongruência global da delimitação negativa operada.

Na verdade, no contexto do sistema português – que, ao contrário do italiano, contém uma menção expressa à preservação da substância – respeito pela forma e respeito pelo destino económico significam a mesma coisa. Qualquer destes limites intenta vedar ao usufrutuário a alteração do fim económico de afectação da coisa. Deste modo, a sua previsão redundante (art. 1450.º, n.º 1) ou em contextos distintos (artigos 1439.º e 1446.º) cria um problema de interpretação quanto à delimitação negativa típica do usufruto.

Para agravar o problema, o art. 1445.º, parecendo admitir a supletividade das disposições constantes do Capítulo II (artigos 1446.º a 1467.º),

[2181] Cf. BONFANTE, Corso Di Diritto Romano, cit., pág. 66 e seg.

suscita a interrogação sobre se o respeito pelo destino económico tem carácter supletivo ou imperativo e sobre a necessária articulação com o limite do respeito da forma e substância contido no art. 1439.º.

Numa polémica tendente a esclarecer o alcance da delimitação negativa legal do tipo do usufruto, MENEZES CORDEIRO[2182] defende que o art. 1439.º, na parte que consagra a *salva rerum substantia*, não tem natureza imperativa. O usufrutuário apenas estaria obrigado a respeitar o destino económico da coisa, podendo alterá-lo durante a constância do usufruto, desde que se pudesse voltar posteriormente "ao estado anterior".

OLIVEIRA ASCENSÃO[2183] opina diferentemente, sustentando que a "exigência mais genérica é a do art. 1439.º", que compõe "o próprio tipo de usufruto". O respeito pelo destino económico integra-se na disciplina supletiva do usufruto e pode, por isso, ser afastado.

Começamos por salientar que o regime jurídico constante do Capítulo II do Título III do Livro do Direito Das Coisas (artigos 1446.º a 1467.º) não comporta apenas normas supletivas, mas também normas imperativas, o que vem sendo reconhecido pacificamente na doutrina[2184].

Dentro dessas normas imperativas encontramos justamente as que conformam o tipo legal do direito de usufruto. Não pode deixar de ser assim, sob pena de se considerar que o usufruto, mais do que um tipo de direito real aberto, como alguns autores sugerem[2185], constitui um tipo de direito real de gozo sem limites ou com os limites que as partes não afastam, conclusão inaceitável que a lei portuguesa não permite fundamentar[2186].

Nesta ordem de ideias, afirmamos que os artigos 1446.º e 1450.º, n.º 1 meramente reiteram os limites negativos típicos do usufruto (o respeito pela forma e substância da coisa), coarctando a autonomia privada quando esta os põe em causa.

Assim, no art. 1446.º a lei portuguesa sujeita o uso, a fruição e a administração da coisa a um critério de diligência: o do bom pai de família. Este critério é supletivo e as partes podem consagrar um outro que entendam mais adequado para o efeito. Se não o fizerem, é ele que vale.

2182 Direitos Reais, cit., pág. 654 e seg.

2183 Direito Civil – Reais, cit., pág. 476.

2184 OLIVEIRA ASCENSÃO, Direito Civil – Reais, cit., pág. 472 e seg., SANTOS JUSTO, Direitos Reais, cit., pág. 379.

2185 CARVALHO FERNANDES, Lições De Direitos Reais, cit., pág. 408 e seg., SANTOS JUSTO, Direitos Reais, cit., pág. 379.

2186 Veja-se também PIRES DE LIMA/ANTUNES VARELA, Código Civil Anotado, cit., pág. 473.

Porém, seja qual for o critério que fixarem para o uso, fruição e administração da coisa pelo usufrutuário, o exercício de qualquer destes poderes não pode conduzir a uma alteração do destino económico da coisa. Teria sido muito mais claro dizer simplesmente sem prejuízo da forma da coisa, pois a fórmula do art. 1439.º chegava para esse efeito, mas pretendeu-se acentuar o dever de salvaguardar a *species rei* pela formulação do Código Civil italiano, o que criou toda esta confusão.

Na economia do art. 1446.º a supletividade respeita unicamente ao critério do uso, fruição e administração da coisa e não à parte final, a qual, como elemento constitutivo do tipo legal do usufruto (o respeito pela forma ou destinação económica da coisa), tem natureza imperativa, estando fora do domínio da autonomia privada das partes.

A lógica é a mesma no art. 1450.º, n.º 1. Poder-se-á, no entanto, perguntar qual a razão pela qual se menciona nesse preceito o respeito pela forma e substância, a par com o respeito pelo destino económico da coisa. A razão prende-se com o tipo de poder envolvido. No art. 1450.º, n.º 1 está em causa o poder de transformação e é este que pode justamente pôr em causa a substância da coisa, o que não sucede quando o que está em causa é meramente o uso, a fruição e administração da coisa.

A fórmula do art. 1450.º, n.º 1 é redundante, pois o respeito pela forma e o respeito pelo destino económico são a mesma coisa, mas há um sentido adicional que tem a ver com a necessidade de assegurar que o usufrutuário não pode, em momento algum, colocar em causa a subsistência da coisa ou a sua preservação: *salva rerum substantia* (art. 1439.º).

Quer dizer, as partes podem no título constitutivo regular o modo do usufrutuário levar a cabo as benfeitorias que lhe são permitidas, mas a transformação não pode nunca comprometer a subsistência da coisa como ela é e destino económico existente à data da constituição do usufruto.

A nossa análise não confirma a necessidade de preterir um dos limites negativos constante do regime legal do usufruto (respeito pela substância ou respeito pelo destino económico ou forma da coisa) por força de uma insanável contradição. É verdade que a introdução da fórmula italiana de respeito pelo destino económico trás uma redundância, e nessa parte consubstancia uma manifesta infelicidade do legislador português, mas a ela não se pode associar a natureza supletiva do dispositivo legal respectivo. Os artigos 1446.º e 1450.º apenas reiteram as proibições gerais que encerram os limites negativos do usufruto e que constam do art. 1439.º: o respeito pela substância da coisa, em primeiro lugar, e o respeito pelo seu fim económico.

III. O destino económico da coisa ou a sua forma no contexto de sentido do art. 1439.º afere-se à data da constituição do usufruto. Existem dois modos de o analisar: ou parte-se do fim económico que o proprietário deu à coisa e que existia no momento da constituição do usufruto (critério subjectivo)[2187] ou se atende às possibilidades objectivas de uso (lícito) que a coisa propicia (critério objectivo)[2188].

Julgamos que a interpretação correcta da lei portuguesa reside no primeiro sentido. O usufrutuário que recebe o usufruto deve conformar-se com o estado económico actual da coisa, que o proprietário definiu e que existia no momento da constituição do usufruto[2189].

O proprietário pode autorizar posteriormente outro destino económico para a coisa?

Pugliese[2190] entende que sim. Neste caso, o usufrutuário poderia alterar o destino económico da coisa durante a duração do usufruto, contando que o nu proprietário o autorizasse.

Se bem que admitamos que esta solução gera um aproveitamento mais dinâmico da coisa e mais adaptado à evolução das condições económicas desse aproveitamento, temos dificuldade em conciliá-la com o princípio da tipicidade. Quer-nos parecer que ela implica sempre uma alteração do tipo legal de usufruto e, nessa medida, não é admitida pela lei portuguesa (art. 1306.º, n.º 1).

310. A duração do usufruto como elemento do tipo legal

O direito de usufruto era no Direito romano limitado à vida do usufrutuário, destinado conforme estava a providenciar pelos alimentos do titular. Esse legado da história nunca foi rompido e subsiste como tal no Direito português vigente (art. 1439.º).

2187 Esse fim económico pode ser declarado pelo proprietário no título constitutivo e pode até consubstanciar uma alteração ao fim económico a que a coisa até aí estava afecta.

2188 Sobre esta matéria, pode conferir-se Pugliese, Usufrutto, Uso E Abitazione, cit., pág. 295 e seg.

2189 No mesmo sentido para o Direito italiano, Pugliese, Usufrutto, Uso E Abitazione, cit., pág. 296.

2190 Usufrutto, Uso E Abitazione, cit., pág. 296.

A temporaneidade do usufruto representa, deste modo, um elemento do tipo legal deste direito[2191] (conteúdo injuntivo típico), que não pode ser afastado pelas partes, sob pena de violação do princípio da tipicidade (art. 1306.º, n.º 1).

No usufruto constituído a favor de pessoa singular as partes têm duas alternativas:

- Constituir o usufruto pelo tempo de vida do usufrutuário (usufruto vitalício);
- Fixar outro termo.

Se o titular originário do direito de usufruto for uma pessoa colectiva, o art. 1443.º estabelece que a duração do usufruto não pode exceder os 30 anos. Se as partes não estabeleceram nenhum prazo, e na falta de indicação em contrário do título constitutivo, deve entender-se que o prazo dos 30 anos funciona como prazo supletivo[2192].

311. O objecto do usufruto

I. Segundo o art. 1439.º o objecto do usufruto pode ser uma coisa ou um direito alheio.

A coisa objecto do usufruto pode ser móvel ou imóvel e é sempre uma coisa corpórea[2193].

A coisa originariamente afecta ao usufruto pode sofrer modificações objectivas. Um exemplo disso encontra-se na acessão. Se uma coisa se une ou mistura com aquela que é objecto do usufruto e o proprietário da coisa usufruída beneficia da acessão, o usufruto estende-se a ela[2194]. A regra consta do art. 1449.º.

II. Também de acordo com o art. 1449.º, se o prédio usufruído beneficia de servidões activas sobre prédios vizinhos, o usufrutuário pode efectuar o aproveitamento das utilidades respectivas dentro do âmbito do seu direito. A doutrina vale para quaisquer outros direitos que permitam o aproveitamento de outras coisas ao proprietário do prédio objecto do usufruto.

[2191] Veja-se igualmente Oliveira Ascensão, Direito Civil – Reais, cit., pág. 471.

[2192] Neste sentido, Pires de Lima/Antunes Varela, Código Civil Anotado, cit., pág. 469.

[2193] Menezes Cordeiro, Direitos Reais, cit., pág. 659.

[2194] Ver Pires de Lima/Antunes Varela, Código Civil Anotado, cit., pág. 480 e seg.

III. Do art. 1439.º parece decorrer que o usufruto pode ter por objecto direitos. Trata-se de uma decorrência da doutrina que aceita poderem existir direitos cujo objecto seja outro direito. Como exemplos, temos o usufruto de créditos (artigos 1463.º a 1466.º), o usufruto de direitos de participação social (art. 1467.º), o penhor de direitos (art. 679.º e seguintes) e o direito de autor (art. 45.º, n.º 1 do CDADC).

Tivemos oportunidade de nos pronunciar sobre este tema a propósito do objecto dos direitos reais. Rejeitamos que haja direitos sobre direitos e que estes possam ser objecto de usufruto. O usufruto só poderá referir-se à coisa corpórea que seja objecto do direito "usufruído", não ao próprio direito[2195].

312. O quase-usufruto

I. O usufruto nasceu para assegurar ao titular a fruição da coisa e o uso necessário a ela. Como direito sobre coisa alheia, ao usufrutuário cabia respeitar a substância da coisa. O limite negativo da *salva rerum substancia* afastava as coisas consumíveis do objecto do usufruto. Quando o usufruto era constituído sobre um património composto por coisas consumíveis entendia-se que ficava limitado na sua eficácia às coisas não consumíveis[2196].

Problemas práticos, porém, levaram os romanos a questionarem a possibilidade de o usufruto incidir sobre coisas consumíveis. Um *senatusconsultum*[2197] de data controvertida[2198] admitiu a possibilidade de os legados patrimoniais recaírem em usufruto sobre todos os bens que o compunham, incluindo coisas consumíveis, em particular o dinheiro[2199].

Ainda assim, para os juristas clássicos um usufruto com um conteúdo normal sobre coisas consumíveis era inconcebível. O usufrutuário de coisas consumíveis adquiria a propriedade das coisas consumíveis e podia con-

[2195] Veja-se Oliveira Ascensão, Direito Civil – Reais, cit., pág. 477 e segs., Menezes Cordeiro, Direitos Reais, cit., pág. 662, Santos Justo, Direitos Reais, cit., pág. 373.

[2196] Pugliese, "Usufrutto (Diritto romano)", cit., pág. 320.

[2197] Veja-se Santos Justo, Direito Privado Romano III (Direitos Reais), cit., pág. 201, Pugliese, "Usufrutto (Diritto romano)", cit., pág. 320, Bonfante, Corso Di Diritto Romano, cit., pág. 109 e segs., Barbero, Sistema Del Diritto Privato Italiano, cit., pág. 832.

[2198] A doutrina mais credível parece apontar para o fim do império de Augusto; cf. Bonfante, Corso Di Diritto Romano, cit., pág. 109.

[2199] Pugliese, "Usufrutto (Diritto romano)", cit., pág. 320 e "Usufrutto (diritto vigente)", cit., pág. 348, Scapini, "Usufrutto (dir. rom.)", cit., 3., Bonfante, Corso Di Diritto Romano, cit., pág. 109 e segs.

sumi-las, em sentido próprio ou jurídico, devendo restituir outras tantas coisas (*tantundem*) em género e qualidade[2200].

Ao usufruto sobre coisas consumíveis foi dada a designação de *quasi ususfructus*. A ligação ao regime do usufruto é, todavia, circunstancial. O regime jurídico do *quasi ususfructus* revela uma proximidade muito maior ao regime jurídico do mútuo que ao do usufruto propriamente dito[2201].

II. O Direito português manteve a ligação tradicional do quase-usufruto ao regime do usufruto, tratando-o inclusivamente como tal. A matéria vem regulada no art. 1452.º. Este preceito apresenta, contudo, algumas diferenças com o regime do Direito romano, particularmente, no que respeita à transmissão da propriedade das coisas consumíveis, que se dispõe não se transferir para o usufrutuário (art. 1451.º, n.º 2), contrariamente ao Direito alemão e ao entendimento mais comum seguido à luz do Direito italiano[2202], e na possibilidade do quase-usufruto poder incidir directamente sobre coisas consumíveis e não apenas em patrimónios onde elas existam.

Este desenho visa acomodar a figura do usufruto de coisa consumível com o regime geral do usufruto, que não importa naturalmente a transmissão da propriedade para o usufrutuário. Ela afigura-se, porém, ficciosa[2203] e levanta dificuldades consideráveis.

Na verdade, o aproveitamento normal da coisa consumível implica o seu consumo ou alienação, o que gera, em todo o caso, a perda da coisa ou a sua saída da esfera jurídica do usufrutuário. Na primeira hipótese, a substância da coisa – o limite negativo principal do usufruto – é afectada, sendo a decisão de consumo tomada por alguém que não é o proprietário da coisa; na segunda hipótese, a alienação é válida, apesar do que decorre aparentemente do disposto no n.º 2 do art. 1451.º, que importaria sempre a nulidade do negócio por falta de legitimidade do disponente, quer o negócio fosse oneroso (art. 892.º) quer fosse gratuito (art. 956.º, n.º 1).

[2200] Santos Justo, Direito Privado Romano III (Direitos Reais), cit., pág. 201, Pugliese, "Usufrutto (Diritto romano)", cit., pág. 320 e seg.

[2201] Cf. Santos Justo, Direito Privado Romano III (Direitos Reais), cit., pág. 202.

[2202] Cf. Pugliese, "Usufrutto (diritto vigente)", cit., pág. 349.

[2203] Justificando a solução da lei portuguesa com outros argumentos, nomeadamente, com o regime do risco e da responsabilidade patrimonial do usufrutuário para com os seus credores, cf. Pires de Lima/Antunes Varela, Código Civil Anotado, cit., pág. 486 e seg. Defendendo igualmente a solução adoptada no Código Civil, Menezes Cordeiro, Direitos Reais, cit., pág. 660 e seg.

Por outro lado, o n.º 1 do preceito não obriga o usufrutuário a fazer a entrega da coisa consumível dada em usufruto, podendo entregar simplesmente o seu valor, se ela foi avaliada, ou, se não foi, entregando outra do mesmo género ou qualidade, ou o valor desta no momento da extinção do usufruto.

Este regime mostra que o quase-usufruto não constitui um verdadeiro usufruto[2204], apresentando traços muito mais próximos do regime jurídico do mútuo do que daquele direito real[2205]. Razões históricas e económicas explicam ainda a situação actual, sem que isso importe, todavia, a qualificação desta situação como usufruto em sentido técnico.

313. Usufruto simultâneo e usufruto sucessivo

I. A lei portuguesa menciona o que denomina usufruto simultâneo e usufruto sucessivo no art. 1441.º.

O usufruto simultâneo é uma forma de comunhão do usufruto (co-usufruto) e, como tal, encontra-se sujeito ao regime jurídico da comunhão de direitos reais, que é o da compropriedade, com as necessárias adaptações (art. 1404.º).

O usufruto sucessivo, ao invés, designa um usufruto constituído a favor de várias pessoas, em que, na ordem disposta no título constitutivo, cada uma delas vai sendo investida no direito de usufruto logo que o usufruto do anterior usufrutuário se extinga. Não há, nestes casos, co-usufruto entre todos os usufrutuários[2206], mas uma sucessão de vários usufrutos entre as pessoas designadas no título constitutivo, dentro da ordem aí estipulada.

O usufruto simultâneo (co-usufruto) e o usufruto sucessivo apenas se constituem se todas as pessoas existirem ao tempo em que o primeiro usufruto se torne eficaz.

II. Havendo co-usufruto, a morte do co-usufrutuário não reverte a favor do proprietário, acrescendo o usufruto do falecido ao co-usufrutuário ou usufrutuários que tiverem sobrevivido. É oque dispõe o art. 1442.º, que ressalva, porém, disposição em contrário[2207].

[2204] No mesmo sentido, De Cupis, "Usufrutto (dir. vig.)", cit., 12.

[2205] Sem que com esta asserção se pretenda pôr em causa a natureza real do direito em causa. Vejam-se ainda as considerações de Oliveira Ascensão, Direito Civil – Reais, cit., pág.471.

[2206] Nada parece impedir, no entanto, um co-usufruto sucessivo.

[2207] Na jurisprudência, cf. o Ac. STJ de 09.04.2002, Proc. 02A423, Ac. STJ de 22.03.1984, Proc. 071534, em www.dgsi.pt.

314. Subtipos de usufruto

A maioria dos autores fala em modalidades de usufruto neste contexto. Nós julgamos ser mais correcto falar em subtipos do direito de usufruto e não em modalidades, pois cremos que em qualquer delas se verifica sempre uma alteração, ainda que modesta, ao conteúdo injuntivo do tipo legal deste direito.

A lei portuguesa permite autonomizar alguns subtipos do direito de usufruto. Esses subtipos distinguem-se do tipo principal do usufruto por alguma alteração no conteúdo injuntivo de aproveitamento da coisa. Assim, e a título de exemplo, as árvores e arbustos objecto de usufruto deveriam caber ao proprietário depois de perecerem naturalmente e de já não permitirem o seu gozo com a conservação da forma e substância. Todavia, a lei atribui ao usufrutuário o seu aproveitamento (art. 1453.º, n.º 1).

Por sua vez, os subtipos diferenciam-se entre si em função da coisa sobre a qual incidam. Assim, encontramos na lei portuguesa os seguintes:

- Usufruto de árvores e arbustos (art. 1453.º e 1454.º);
- Usufruto de matas e árvores de corte (art. 1455.º);
- Usufruto de plantas de viveiro (art. 1456.º);
- Usufruto de minas (art. 1457.º);
- Usufruto de pedreiras (art. 1458.º);
- Usufruto sobre animais (art. 1462.º);
- Usufrutos de dinheiro (art. 1463.º, 1464.º e 1465.º);

De fora dos subtipos de usufruto que indicámos fica o usufruto de participações sociais, que não constitui um usufruto, por não ter uma coisa corpórea por objecto. Ao contrário do que sucede com o quase-usufruto, o denominado usufruto de títulos de participação não constitui sequer um direito real.

No ensino de Direitos Reais procede-se ao desenvolvimento de cada um dos subtipos de direito de usufruto.

315. Obrigações do usufrutuário

I. O Capítulo III do título III do Código Civil (artigos 1468.º a 1475.º) regula as obrigações do usufrutuário. Nesse regime faltam, porém, as duas obrigações principais do usufruto e que resultam da delimitação negativa do tipo legal deste direito. Os limites negativos do usufruto não representam meras fronteiras da extensão do gozo do usufrutuário, implicando também obrigações (de *non facere*) a cargo do usufrutuário, diferentemente do que defende Pugliese[2208]. Essas obrigações são, como se sabe:

- A obrigação de respeitar a substância da coisa (art. 1439.º e 1450.º, n.º 1);
- A obrigação de respeitar a forma ou destino económico determinado pelo proprietário (art. 1439.º, 1446.º e 1450.º, n.º 1).

Como dissemos, o usufruto tem por objecto coisas não consumíveis, não podendo o usufrutuário destruir ou deteriorar a coisa (*salva rerum substantia*). Sobre o usufrutuário impende igualmente a obrigação de conservar a afectação do fim económico da coisa, conforme existia no momento da constituição do direito. Ambas as obrigações formam o conteúdo – negativo – típico do usufruto e não estão na disponibilidade das partes, sob pena de violação do princípio da tipicidade.

A violação ilícita e culposa de qualquer destas duas obrigações representa a violação do direito de nua propriedade e confere ao proprietário o direito a ser indemnizado pelos danos sofridos, nos termos gerais da responsabilidade civil extracontratual. Para além da tutela dirigida ao ressarcimento dos danos causados pelo usufrutuário com a violação da nua propriedade, importa, porém, perguntar pela aplicação dos dispositivos de Direitos Reais, em particular, pela possibilidade de reivindicação da coisa[2209] e de extinção do usufruto.

Para começar, realçamos que a ameaça ou consumação de deterioração[2210] ou perda da coisa, bem como a alteração do destino económico por actuação voluntária do usufrutuário[2211], constituem um extravasar do direito de usufruto para além dos seus limites positivos e têm por consequência a violação do direito do proprietário[2212]. Uma vez que está em causa a preservação do direito de propriedade e a posição do proprietário quanto à sua coisa, não vemos como negar que o proprietário possa de imediato reivin-

[2208] Usufrutto, Uso E Abitazione, cit., pág. 295.

[2209] Podendo configurar-se igualmente uma violação da posse do nu proprietário, parece-nos possível também o recurso à acção de restituição (art. 1278.º e segs.).

[2210] Que revista neste caso gravidade suficiente para poder comprometer o direito de propriedade, na sua subsistência ou no seu valor patrimonial.

[2211] Excluímos, pois, a incidência do facto fortuito, que não está no controlo do usufrutuário e não conduz a uma violação ilícita das obrigações daquele quanto à preservação da coisa (*salva rerum substantia*) e manutenção da forma ou destino económico.

[2212] Neste ponto concorde, embora mencionando apenas a destinação económica, Pugliese, Usufrutto, Uso E Abitazione, cit., pág. 295.

dicar a coisa, estando naturalmente ao seu dispor os procedimentos cautelares que sejam adequados à tutela do seu direito, nos termos regulados no Direito Processual Civil, se as circunstâncias o justificarem.

A este propósito, quer-nos parecer que o recurso à acção negatória[2213] apresenta pouco interesse. O proprietário quer recuperar a coisa para impedir a prossecução da violação do seu direito e não penas contestar a existência do direito do usufruto, que em regra não estará em causa.

O poder de reivindicar a coisa em caso de violação de qualquer destas obrigações do usufrutuário não significa forçosamente a extinção do usufruto. No caso de mau uso da coisa objecto deste direito, o art. 1482.º, n.º 1 prevê o poder do proprietário exigir a entrega da coisa, sem que tal signifique a extinção do usufruto. Também em caso de violação de qualquer das duas obrigações referidas se poderia se sustentar idêntica solução.

Estamos em crer, porém, que a extinção do usufruto nas situações mais graves de violação das obrigações de respeito da forma (destino económico) e substância da coisa se impõe pela quebra da confiança que tem de existir entre o usufrutuário e o proprietário quanto ao respeito do direito deste. A responsabilidade civil do usufrutuário não parecer ser remédio suficiente defronte de uma conduta que ameace a subsistência ou o valor patrimonial da propriedade.

Sustentamos, por isso, que nas situações referidas, de violação grave das obrigações de respeito da forma ou da substância da coisa, o proprietário possa requerer a extinção do usufruto.

Não constitui decerto argumento contrário à extinção do usufruto por violação da forma ou substância da coisa a ausência de previsão legal específica no art. 1476.º, dado que este preceito, como todos os outros atinentes à constituição e extinção de direitos reais espalhados pela disciplina normativa dos vários tipos legais, não consagra uma tipicidade taxativa dos factos com eficácia extintiva do usufruto.

II. Para além das duas obrigações indicadas, o usufrutuário está sujeito ao cumprimento de uma série de outras obrigações, que poderíamos elencar da seguinte forma:

- Obrigação de relacionar as coisas
- Obrigação de prestar caução;
- Obrigação de administrar a coisa;

[2213] Pugliese, Usufrutto, Uso E Abitazione, cit., pág. 295.

- Obrigação de suportar os encargos e despesas com a coisa determinados pela lei;
- Obrigação de conservação ordinária da coisa;
- Obrigação de informação do nu proprietário;
- Obrigação de entrega da coisa.

Quando haja uma unidade económica composta de várias coisas autónomas e todas elas hajam sido dadas em usufruto[2214], a lei manda ao usufrutuário fazer a relação delas (art. 1468.º, alínea a)).

Se o proprietário assim o exigir[2215], deve o usufrutuário prestar caução para garantir a restituição da coisa ou do seu valor ou ainda de qualquer indemnização pela qual seja responsável (art. 1468.º, alínea b)). A falta de prestação da caução exigida pelo proprietário pode vir a impedir o usufrutuário de exercer o seu direito como lhe aprouver, ficando limitado à percepção dos rendimentos da coisa (art. 1470.º, n.º 1); ao tribunal caberá em última análise decidir (art. 1470.º, n.º 2).

O usufrutuário administra a coisa enquanto dura o usufruto. No art. 1446.º estabelece-se uma bitola de diligência na administração da coisa que tem a sua tradução na obrigação respectiva: o usufrutuário encontra-se obrigado a administrar a coisa segundo o critério de um bom pai de família, isto é, a usar o zelo, o empenho e a competência de uma pessoa cuidadosa na gestão dos seus bens. Trata-se, todavia, de um critério supletivo; nada impede as partes de fixarem um diferente critério de administração da coisa, mais ou menos rigoroso.

No art. 1474.º dispõe-se que o pagamento dos impostos sobre os rendimentos da coisa incumbe a quem for usufrutuário no momento do vencimento. É uma disposição de pouco alcance, porquanto o sujeito tributário da obrigação fiscal não é definido pelo Direito Civil, mas pelo Direito Fiscal. Será este ramo de Direito a fixar a quem pertence suportar os impostos relativos à coisa objecto do usufruto e aos seus rendimentos. Nada parece impedir, porém, que as partes convencionem que na relação interna valha o critério ou critérios convencionados no título constitutivo do usufruto[2216].

Dentro ainda dos encargos da coisa, o art. 1472.º, n.º 1 põe sobre o usufrutuário o dever de suportar as despesas de administração e de conser-

2214 Relembramos que o usufruto, como direito real, apenas recai sobre coisas simples.

2215 A caução só não é exigível do usufrutuário em caso de alienação com reserva de usufruto (art. 1469.º).

2216 No mesmo sentido, Pires de Lima/Antunes Varela, Código Civil Anotado, cit., pág. 529.

vação ordinária da coisa, preceituando-se não serem ordinárias as despesas que excedam dois terços do rendimento líquido da coisa (1472.º, n.º 2). O usufrutuário pode exonerar-se a estes encargos mediante renúncia liberatória (1472.º, n.º 3).

Em todo o dispositivo legal do usufruto perpassa a ideia que o usufrutuário deve manter a coisa no estado em que a recebeu, salvaguardadas as deteriorações normais decorrentes de um uso prudente e do decurso do tempo. Não são apenas as obrigações de respeito pela forma e pela substância e de administrar a coisa como faria um bom pai de família que sugerem essa ideia. O usufrutuário tem ainda sobre si a obrigação de promover a conservação da coisa (art. 1472.º, n.º 2), prevenindo os efeitos de uma deterioração antecipada e evitável[2217], ficando somente de fora dela a conservação extraordinária, que incumbe ao nu proprietário (art. 1473.º).

A obrigação de informação consta do art. 1475.º, o qual impõe ao usufrutuário a comunicação ao proprietário de qualquer acto de terceiro que possa ameaçar a lesão da propriedade.

Por fim, a restituição da coisa. Com a extinção do seu direito, qualquer que seja a causa da mesma, o usufrutuário deve entregar a coisa ao proprietário (art. 1483.º), que não está inibido de recorrer à reivindicação ou à defesa possessória (acção de restituição) para a recuperar. Liberto desta obrigação está o usufrutuário de coisas consumíveis, mas, como sabemos, a situação (de quase usufruto) não corresponde a um usufruto em sentido técnico.

O estado da coisa a entregar deve ser o que se pode esperar do uso normal e prudente do usufrutuário e dos efeitos que o tempo tem sobre as coisas. Uma deterioração decorrente da ausência de manutenção apropriada da coisa implica a imputação dos danos ao usufrutuário.

316. Direitos do nu proprietário

I. De um modo geral, como sucede relativamente a todos os direitos reais que estejam onerados, o proprietário conserva o exercício dos poderes não afectados pelo conteúdo do usufruto, dos quais se destaca o poder de disposição. A essa parte da propriedade costuma chamar-se o casco ou a raiz da propriedade.

[2217] Veja-se sobre isto PUGLIESE, "Usufrutto (Diritto vigente)", cit., pág. 342.

Para além do conteúdo residual da propriedade que não é afectado pela oneração com o usufruto, há depois um conjunto de situações jurídicas activas – em regra, poderes – que decorrem da relação jurídica entre o proprietário e o usufrutuário enquanto o usufruto se mantiver. Se pretendêssemos fazer uma lista exaustiva teríamos que ponderar o lado activo das obrigações do usufrutuário. Contudo, e por uma questão de facilidade, preferimos expor a matéria do prisma em que ela surge no regime jurídico.

Assim, do lado activo do nu proprietário, começamos por destacar a possibilidade deste introduzir melhoramentos na coisa (art. 1471.º). Estes melhoramentos não se devem confundir com as obras extraordinárias previstas no art. 1473.º; estas são ainda obras de conservação da coisa, embora a cargo do proprietário. As obras ou melhoramentos aludidos no art. 1471.º são inovações que se destinam a aumentar o valor da coisa ou a sua utilidade.

Este poder de transformação do proprietário , que se mantém apesar do usufruto, tem um limite: ele não pode induzir uma desvalorização do usufruto (art. 1471.º, n.º 1 no fim). Se isso acontecer, o usufrutuário poderá pôr-se ao exercício do poder de transformação do proprietário, inviabilizando as obras ou melhoramentos pretendidos por este.

Respeitando ao poder de disposição, mas repercutindo-se no gozo do usufrutuário, está o poder de constituir servidões prediais. O proprietário mantém o poder de constituir servidões passivas sobre a coisa objecto do usufruto, contando que não haja desvalorização do usufruto (art. 1460.º, n.º 2), que também aqui actua como limite à actuação do nu proprietário.

No que toca às servidões activas, e desde que não se repercutam numa desvalorização do usufruto, o que não será normalmente o caso, o proprietário mantém íntegro o seu poder de disposição. Nesse caso, o usufrutuário beneficiará igualmente delas, como se dispõe no art. 1449.º ("direitos inerentes à coisa usufruída").

II. A realização de inovações na coisa pelo proprietário (art. 1471.º) ou de obras extraordinárias de conservação (art. 1473.º) pode redundar na retoma de algum poder de fruição pelo nu proprietário.

Com efeito, conforme se dispõe no art. 1271.º, n.º 2, parte final, se "as obras ou melhoramentos aumentarem o rendimento líquido da coisa, o aumento pertence ao proprietário". Esta regra aplica-se igualmente quando o proprietário leva a cabo obras de conservação extraordinárias (art. 1473.º, n.º 3).

Isto mostra que a propriedade onerada com um usufruto pode ainda render frutos ao nu proprietário, quando, por força da intervenção do proprietário na realização de inovações ou de obras extraordinárias de conservação, a coisa aumente o seu rendimento líquido. A fruição limita-se nestes casos ao aumento do rendimento líquido da coisa objecto do usufruto.

317. Obrigações do nu proprietário

Do usufruto podem também resultar obrigações para o nu proprietário. Para começar, o proprietário deve, como todos os outros, respeitar o usufruto constituído e a posse do usufrutuário. Não há neste ponto qualquer diferença entre a posição do nu proprietário e a posição de outro qualquer terceiro.

Se não respeitar o direito do usufrutuário, o proprietário sujeita-se a responsabilidade civil pelos danos causados, podendo naturalmente ser demandado pelo usufrutuário em acção de reivindicação (art. 1311.º *ex vi* do art. 1315.º) ou em acção possessória (de prevenção, manutenção ou restituição), se a posse deste último vier a ser molestada.

Para além do dever de respeito pelo direito de usufruto, existem outros deveres que impendem sobre o nu proprietário. Assim:

– O dever de realizar as obras extraordinárias de conservação da coisa (art. 1473.º);
– O dever de indemnizar o usufrutuário pela realização de obras extraordinárias de conservação da coisa que não caibam àquele suportar (art. 1473.º, n.º 2);
– O dever de indemnizar o usufrutuário por benfeitorias feitas na coisa (art. 1450.º, n.º 2).

318. A extinção do usufruto pela morte do usufrutuário

O usufruto vitalício extingue-se com a morte do usufrutuário (art. 1476.º, n.º 1 alínea a)). No entanto, deve-se distinguir consoante a morte afecta o usufrutuário original ou o transmissário do usufruto.

Se o usufruto foi transmitido a terceiro e o usufrutuário original continua vivo, o usufruto entra na sucessão do usufrutuário falecido, vindo a extinguir-se apenas quando o primeiro usufrutuário falecer[2218].

[2218] Cf. igualmente no mesmo sentido Oliveira Ascensão, Direito Civil – Reais, cit., pág. 474 e Pires de Lima/Antunes Varela, Código Civil Anotado, cit., pág. 472; contra, Carvalho

319. O mau uso do usufrutuário

A lei portuguesa dispõe que "o usufruto não se extingue ainda que o usufrutuário faça mau uso da coisa usufruída (...)". Ao contrário da lei italiana[2219], que tipificou alguns casos de mau uso, o que seja "mau uso" a lei portuguesa não clarifica, defrontando-nos com mais um conceito jurídico indeterminado.

Do âmbito do não uso devem-se excluir os casos de violação dos limites negativos do usufruto. Mais do que um mau uso, trata-se aí de um ataque directo ao direito do proprietário, um comportamento que excede a atribuição da coisa feita mediante o direito do usufruto. Daí que nesse casos o art. 1482.º não receba aplicação, podendo inclusivamente ocorrer a extinção do usufruto, se a gravidade do comportamento do usufrutuário o justificar[2220].

Uma definição de não uso não se afigura possível, assim como a indicação de todos os casos susceptíveis de tal qualificação. Um avanço pode conseguir-se, no entanto, com a tipificação de grupos de casos onde se regista um mau uso da coisa por parte do usufrutuário. Parece-nos, desde já, poderem apontar-se dois grandes grupos de casos, consoante:

- O exercício do direito, ou a falta dele, por parte do usufrutuário implique uma diminuição do valor da coisa:
- Da actuação do usufrutuário resulte a deterioração da coisa, desde que esta não possa ser qualificada como uma alteração da forma ou substância da coisa.

Exemplo do primeiro caso podemos encontrar no fecho de estabelecimento comercial no imóvel objecto de usufruto, sem que lhe seja dada qualquer outra utilização; exemplo do segundo caso será a não realização das obras de reparação ordinária a cargo do usufrutuário (art. 1472.º, n.º 1).

FERNANDES, Lições De Direitos Reais, cit., pág. 423 e seg.

2219 O art. 1015 do Códice Civile menciona a alienação da coisa pelo usufrutuário, a deterioração e degradação por falta de reparação ordinária.

2220 Cf. *supra* no texto. Num sentido contrário, cf. PIRES DE LIMA/ANTUNES VARELA, Código Civil Anotado, cit., pág. 542 e segs.

320. A natureza do usufruto

A questão da natureza do usufruto[2221] tem sido levantada praticamente desde o Direito romano. Alguns textos romanos faziam referência ao *dominus ususfructus* ao lado do *dominus proprietatis*[2222]; discutia-se se usufruto poderia considerar-se *pars dominii*[2223]. PAULO[2224] diz que o usufruto *in multis casibus pars dominii est* e GAIO argumenta se é *pars rei an proprium quiddam*[2225].

A configuração de usufruto como propriedade teria defensores até recentemente. O conteúdo do gozo do usufrutuário, que praticamente despoja o gozo do nu proprietário e confere a propriedade dos frutos ao usufrutuário, funciona como um argumento de força.

Em todo o caso, a aproximação do usufruto à propriedade tem sido levada a cabo de diferentes maneiras. No domínio do Código Civil de Seabra todos os direitos reais menores são classificados como propriedades imperfeitas, debaixo da ideia do desmembramento da propriedade (art. 2187.º). Ainda assim, a doutrina não deixaria de salientar que o usufruto constitui um *ius in re aliena* e não uma propriedade, apesar da formulação do Código Civil[2226].

Na verdade, os direitos reais de gozo não são simples partes ou quotas da propriedade, assumindo antes a veste de outros direitos, sobre coisa alheia decerto, mas construídos na base de um aproveitamento próprio da coisa que faz deles direitos diversos. Refutada a teoria do desmembramento, ela não pode mais servir para fundamentar a natureza de qualquer direito real menor.

No século XX, ALLARA[2227] avançou com a construção dogmática do usufruto como propriedade temporária: "o usufruto não se constrói como

[2221] Na doutrina portuguesa, cf. OLIVEIRA ASCENSÃO, Direitos Reais, cit., pág. 477 e seg., MENEZES CORDEIRO, Direitos Reais, cit., pág. 658 e seg., MENEZES LEITÃO, Direitos Reais, cit., pág. 326 e segs., SANTOS JUSTO, Direitos Reais, cit., pág. 375 e seg.; na doutrina estrangeira, cf. PUGLIESE, Usufrutto, Uso E Abitazione, cit., pág. 32 e segs. e "Usufrutto (Diritto vigente)", cit., pág. 330 e segs., DE CUPIS, "Usufrutto (Diritto vigente)", cit., 2. a 4.

[2222] BIONDO BIONDI, Istituzioni Di Diritto Romano, cit., pág. 311.

[2223] BONFANTE, Corso Di Diritto Romano, cit., pág. 70.

[2224] D. 7, 1, 4.

[2225] BIONDO BIONDI, Istituzioni Di Diritto Romano, cit., pág. 311, nota 62. Para uma discussão mais aprofundada, com dados do Direitos romano, veja-se PUGLIESE, Usufrutto, Uso E Abitazione, cit., pág. 22 e segs.

[2226] JAIME DE GOUVEIA, Direitos Reais, cit., pág. 255.

[2227] Le Nozioni Fondamentali Del Diritto Civile, pág. 719 e segs.

uma situação real com um conteúdo especial, mas como um complexo de situações jurídicas constituído por uma situação real (propriedade temporária) e uma pluralidade de obrigações *propter rem*"[2228]. Uma dessas obrigações *propter rem* seria o respeito pela destinação económica da coisa, que não funcionaria assim como um limite do direito real do usufrutuário[2229].

A assimilação do usufruto à propriedade, mesmo que temporária, não encontra, porém, arrimo no Direito positivo[2230]. Para começar, a nua propriedade, mesmo despojada do seu núcleo fundamental de gozo, continua a ser propriedade e o Direito português não admite duas propriedades conflituantes senão no modelo da compropriedade. A propriedade constitui um direito exclusivo (art. 1305.º).

Depois, porque mesmo que o proprietário renuncie ao seu direito o usufrutuário não se torna proprietário pleno, ficando a coisa *nullius*, se for móvel, ou propriedade do estado, se for imóvel (art. 1345.º). A elasticidade do usufruto não compreende a sua extensão para propriedade plena em caso de extinção da propriedade[2231]. E o usufruto não sofre a extinção porque o proprietário renunciou ao seu direito[2232].

Outros aspectos do regime jurídico confirmam igualmente esta perspectiva. Um conteúdo de aproveitamento da coisa que não confere todo o uso, transformação ou disposição dificilmente se assemelha à propriedade, pois não atribui o gozo pleno da coisa (art. 1305.º). Por outro lado, a sujeição à intervenção do nu proprietário para obras de inovação que tragam o melhoramento da coisa (art. 1471.º) e a perda da fruição decorrente da intervenção do nu proprietário na coisa (art. 1471.º, n.º 2 e art. 1473.º, n.º 3) dificilmente são compatíveis com a perspectiva de um usufrutuário proprietário, ainda que simplesmente com uma parte ou quota do domínio.

Estas críticas já deixam antever o nosso pensamento na matéria. O usufruto constitui um *proprium ius* de natureza real, para usar uma expressão de Bonfante[2233], que se distingue quer da propriedade quer dos demais direitos

[2228] Allara, Le Nozioni Fondamentali Del Diritto Civile, cit., pág. 719.

[2229] Allara, Le Nozioni Fondamentali Del Diritto Civile, cit., pág. 721.

[2230] Para uma crítica geral, cf. Menezes Cordeiro, Direitos Reais, cit., pág. 658 e seg., Pugliese, Usufrutto, Uso E Abitazione, cit., pág. 35 e segs. e "Usufrutto (Diritto vigente)", cit., pág. 332, De Cupis, "Usufrutto (Diritto vigente)", cit., 4.

[2231] Oliveira Ascensão, Direito Civil – Reais, cit., pág. 478, Santos Justo, Direitos Reais, cit., pág. 376.

[2232] Como pretende Allara, Le Nozioni Fondamentali Del Diritto Civile, cit., págs. 589 e 719.

[2233] Corso Di Diritto Romano, cit., pág. 72.

reais[2234]. Um *proprium ius* porquanto representa um tipo autónomo de aproveitamento da coisa e, nessa medida, um direito real diverso dos outros.

A circunstância histórica do conteúdo básico deste direito haver nascido tendo por base o gozo do proprietário em nada contribui para negar esta doutrina. O usufrutuário é visto no sistema positivo de Direitos Reais como um *ius in re aliena* e não como um direito sobre coisa própria, que é sempre o direito do nu proprietário[2235]; por outro lado, o aproveitamento concedido ao usufrutuário oferece assinaláveis diferenças com a propriedade ou qualquer dos outros direitos reais, seja na delimitação positiva dos poderes, seja na delimitação negativa.

Dentro dos direitos reais, nenhuma dúvida se levanta sobre a qualificação do usufruto como direito real de gozo.

[2234] No mesmo sentido, MENEZES LEITÃO, Direitos Reais, cit., pág. 328, SANTOS JUSTO, Direitos Reais, cit., pág. 376.

[2235] Como afirma PUGLIESE, "Usufrutto (Diritto vigente)", cit., pág. 332, "a propriedade, despojada de uma parte importante dos seus elementos, permanece propriedade, ainda que «nua», e conserva os seus caracteres específicos".

Capítulo XII
Os Direitos de Uso e de Habitação

321. A origem histórica dos direitos de uso e de habitação

I. O direito de uso teve origem no Direito romano[2236]. Ao que parece, num momento inicial do surgimento da figura este direito tinha uma distinção clara do usufruto. O direito de uso atribuía ao usuário o *uti* ou *usus*, por contraposição ao usufruto, que compreendia também o *frui*. Por conseguinte, para o usuário tudo se limitava à utilização da coisa; qualquer percepção dos frutos estava à partida eliminada do conteúdo do direito.

Com esta configuração, o direito de uso ter-se-á inicialmente restringido às coisas infrutíferas[2237], em contraste com o usufruto. Deste modo, estando o uso confinado às coisas não frutíferas, o gozo cabia ao usuário enquanto o direito durava, estando o proprietário excluído do mesmo.

A evolução subsequente mostra uma extensão do direito de uso às coisas frutíferas, o que provocou uma cisão no gozo entre o uso do usuário e a fruição do proprietário, que podia promover a produção dos frutos[2238].

[2236] Cf. em especial, Santos Justo, Direito Privado Romano, III, cit., pág. 202 e seg., Pugliese, "Abitazione E Uso (Diritto romano)", Noviss. Dig. It., pág. 55 e seg., Usufrutto, Uso e Abitazione, cit., pág. 801 e segs, Astuti, "Abitazione (diritto di)", Enc. Del Dir., pág. 91 e segs., De Martino, Della proprietà, Libro Terzo, pág. 319 e seg.

[2237] Santos Justo, Direito Privado Romano, III, cit., pág. 202, Pugliese, Usufrutto, Uso e Abitazione, cit., pág. 802, Pugliese, "Abitazione E Uso (Diritto romano)", cit., pág. 56.

[2238] Pugliese, Usufrutto, Uso e Abitazione, cit., pág. 802, Pugliese, "Abitazione E Uso (Diritto romano)", cit., pág. 56.

O direito de uso sobre coisas frutíferas gerou problemas práticos sobre a questão de saber se o usuário poderia fazer seus alguns frutos – ou seja, se podia ainda beneficiar de uma fruição, ainda que limitada – e problemas teóricos, pois em termos conceptuais estritos o uso não comporta a fruição[2239].

Vários trechos conhecidos mostram que a extensão do direito de uso às coisas frutíferas redundou igualmente num alargamento do conteúdo do direito de usuário a alguma fruição[2240]. Abandonou-se, assim, a linha de demarcação rígida entre o uso e a fruição como conteúdo do direito de uso, na medida em que este direito passou a atribuir igualmente alguma fruição ao titular[2241].

Em todo o caso, a fruição admitida devia ter uma particular ligação com o uso da coisa, consistir numa projecção desse uso sobre a coisa. Esse nexo foi evidenciado já no período justinianeu debaixo da ideia de satisfação das necessidades próprias ou familiares do usuário[2242]. O usuário podia colher os frutos necessários para fazer face às suas necessidades e da sua família.

II. O direito de habitação também nasceu no Direito romano[2243]. Contrariamente ao direito de uso, porém, a *habitatio* só se tornou um direito real autónomo com Justiniano. Até esse momento, a *habitatio* de uma coisa, de que se conheciam três tipos[2244], gerou controvérsia, nomeadamente, quanto à qualificação como direito de uso ou como usufruto[2245].

Justiniano, porém, unificou os tipos de *habitatio* num único direito, que distinguiu do uso e do usufruto: *sed ius proprium et specialem naturam sortita est habitatio*[2246].

Como tipo autónomo de direito real, após Justiniano, o direito de habitação conferia ao titular uma forma mais restrita de uso, com um escopo

[2239] Sobre o ponto, veja-se BONFANTE, Corso Di Diritto Romano, III, cit., pág. 113 e seg.

[2240] Cf. SANTOS JUSTO, Direito Privado Romano, III, cit., pág. 202 e seg., KASER/KNÜTEL, Römisches Privatrechts, cit., pág. 147, PUGLIESE, Usufrutto, Uso e Abitazione, cit., pág. 805.

[2241] PUGLIESE, Usufrutto, Uso e Abitazione, cit., pág. 802 e 804 e seg.

[2242] PUGLIESE, Usufrutto, Uso e Abitazione, cit., pág. 805.

[2243] SANTOS JUSTO, Direito Privado Romano, III, cit., pág. 203 e seg., PUGLIESE, Usufrutto, Uso e Abitazione, cit., pág. 806 e segs., BONFANTE, Corso Di Diritto Romano, III, cit., pág. 117 e segs.

[2244] Segundo PUGLIESE, Usufrutto, Uso e Abitazione, cit., pág. 807, o *usus domus*, o usufruto de uma casa *habitandi causa* e uma forma mais restrita de habitação com eficácia meramente obrigacional.

[2245] Sobre este ponto, veja-se PUGLIESE, Usufrutto, Uso e Abitazione, cit., pág. 807, BONFANTE, Corso Di Diritto Romano, III, cit., pág. 117 e seg.

[2246] C. 3, 33, 13.

determinado, a habitação da coisa, mas ao mesmo tempo facultava-lhe o poder de arrendar (fruição) igualmente para esse fim.

III. Os direitos de uso e de habitação mantiveram-se no período intermédio e foram acolhidos nas codificações civis das principais ordens jurídicas europeias. Assim, o direito de uso e o direito de habitação encontram-se previstos nos artigos 1021 e 1022 do Código Civil italiano, no art. 632 do Code Civil francês e nos §§ 1090 a 1092 (direito de uso) e 1093 do BGB (direito de habitação), embora neste último caso positivados como servidões pessoais limitadas, na tradição justinianeia.

Em Portugal, o Código Civil de Seabra previa os direitos de uso e de habitação nos artigos 2254.º a 2261.º, definindo o primeiro deste modo: "o direito de uso consiste na faculdade concedida a alguma ou a algumas pessoas de servir-se de certa coisa alheia, tão-somente enquanto o exigirem as suas necessidades pessoais quotidianas". Este direito denominava-se habitação quando se referisse a casas de morada (§ único).

Como se vê, a tradição romanista dos direitos de uso e de habitação permaneceu incólume na Europa continental mesmo com o passar dos séculos, influenciando todas as codificações civis modernas, incluindo as portuguesas.

322. A autonomia dos direitos de uso e de habitação face ao usufruto

As ordens jurídicas modernas de Direito continental conferem uma identidade de regime jurídico aos direitos de uso e de habitação e amiúde vão mais longe, dispensando o seu tratamento normativo no contexto do regime jurídico do usufruto[2247].

Esta sistematização pode gerar dúvidas sobre se os direitos de uso e de habitação constituem direitos reais autónomos, isto é, tipos diversos dos demais, ou se representam meramente subtipos do direito de usufruto.

Naturalmente, uma conclusão num ou noutro sentido pressupõe a análise do regime jurídico positivo. Permitimo-nos, no entanto, antecipar a nossa perspectiva, que é a de que os direitos de uso e de habitação são tipos de direitos reais (de gozo) diversos dos restantes, não se reconduzindo, por conseguinte, ao usufruto na veste de um subtipo deste direito.

Essa autonomia justifica um capítulo próprio na parte especial de Direitos Reais.

[2247] Como nos Códigos Civis portugês e italiano.

323. O tipo legal do direito de uso e do direito de habitação. Delimitação positiva

I. O direito de uso tem evidentemente um conteúdo de aproveitamento que integra poderes de gozo da coisa. O núcleo fundamental desse gozo é constituído por dois:

- O poder de uso da coisa;
- O poder de fruição da coisa, na medida das necessidades do titular e da sua família.

A estes dois poderes (uso e fruição) acrescem um limitado (mas existente) poder de transformação, um poder de renúncia e um poder de reivindicação.

O poder de usar a coisa não está confinado a um fim específico, como sucede no direito de habitação. No respeito pela substância da coisa e pelo seu destino económico[2248], o usuário pode usar a coisa para qualquer fim, nomeadamente, no contexto de uma actividade económica[2249].

O uso da coisa é um uso exclusivo. Durante a oneração da propriedade pelo direito de uso, o proprietário está inibido de a usar, cabendo exclusivamente ao usuário servir-se dela.

Em sentido diferente, porém, Pires de Lima/Antunes Varela[2250] sustentam que o limite negativo das necessidades do titular e da sua família (art. 1484.º, 1 no fim) respeita igualmente ao uso. A ser verdadeira esta interpretação, o direito de uso consagrado na lei portuguesa ter-se-ia afastado não apenas da tradição romana, mas também da orientação de todos os países (França, Alemanha, Itália, Espanha) que verteram este tipo de direito real nas respectivas ordens jurídicas. A diferença estaria no facto de também o uso – e não apenas a fruição – ficar limitado às necessidades do usuário e da sua família.

Levada até ao fim esta interpretação, teríamos que o usuário partilharia o uso da coisa com o proprietário sempre que as suas necessidades não conduzissem ao uso integral da mesma. Afinal, o uso do proprietário só ficaria limitado pela oneração do direito de uso relativamente ao uso que não constituísse necessidade do usuário ou da sua família. Se imaginarmos um usuário que só necessita do imóvel objecto do direito de uso à segunda-

[2248] Sobre a delimitação negativa dos direitos de uso e de habitação, cf. o número seguinte.

[2249] No mesmo sentido, Pugliese, Usufrutto, Uso e Abitazione, cit., pág. 813.

[2250] Código Civil Anotado, cit., pág. 546 e seg.

-feira de manhã, teríamos que o proprietário poderia usar a coisa todo o tempo não aproveitado pelo usuário. Se a hipótese for agora a de um automóvel que o usuário só se serve ao fim-de-semana, porque anda de transportes públicos durante a semana, o proprietário poderia usar o automóvel durante este período.

Precavidos contra a impossibilidade de dividir o uso de uma coisa, as fontes romanas proclamavam: "*usus pars legari non potest: nam frui quidem pro parte possumus, uti pro parte non possumus*" (Paul. D. 7, 8, 19). Os frutos podem dividir-se, o uso é indivisível[2251]. Seguindo este postulado, o direito de uso arredava o proprietário do uso da coisa, deixando exclusivamente o usuário investido nessa parte do gozo. E todas as ordens jurídicas modernas, da francesa à espanhola, passando pela alemã e italiana, mantiveram o legado romano nessa parte.

Tanto quanto sabemos, a interpretação de Pires de Lima/Antunes Varela sobre este trecho do regime do direito de uso não influenciou mais ninguém. Ela comporta, na verdade, uma inovação do conteúdo típico tradicional deste direito, que reserva para o usuário o uso pleno da coisa, em detrimento do proprietário[2252]. O limite negativo constante da parte final do n.º 1 do art. 1484.º refere-se somente à fruição e não ao uso.

O tipo legal do direito de uso inclui também a fruição da coisa. Vê-se assim que a evolução justinianeia foi acolhida em Portugal, tal como havia sucedido no Direito romano posterior ao período clássico, dando ao usuário um poder de fazer seus frutos produzidos pela coisa.

Em todo o caso, e diferentemente do usufrutuário, o usuário não tem uma fruição plena, mas apenas limitada às necessidades do titular e da sua família, o que permite considerar uma fruição do proprietário para os frutos restantes.

Quanto ao poder de transformação, julgamos que não pode considerar-se completamente afastado. O art. 1490.º determina a aplicação das regras do usufruto que sejam conformes ao direito de uso. Deste modo, supomos que o art. 1450.º, com os limites negativos aí previstos, se pode igualmente considerar aplicável ao direito de uso, levando a incluir o poder de transfor-

[2251] Por isso, mesmo à face da nossa ordem jurídica, quando vários direitos da mesma natureza incidem sobre uma coisa comum (comunhão), todos eles atribuindo o uso ao titular, esse uso cabe a todos (art. 1406.º, n.º 1).

[2252] A posse do usuário, nos termos do direito respectivo, comporta, assim, a exclusão do proprietário de todos os actos que envolvam o uso da coisa.

mação no conteúdo do gozo do usuário, a par do núcleo fundamental constituído pelos poderes de uso e de fruição.

II. O direito real de habitação molda-se em atenção ao objecto – casas de morada – e ao fim do gozo: a habitação do morador usuário. O seu conteúdo típico é, no entanto, o mesmo do direito de uso, incluindo os poderes de uso e de fruição. Em sentido diferente, porém, PUGLIESE[2253] entende que o poder de fruição não integra o conteúdo do tipo de direito de habitação, estando excluído do mesmo.

Poderia realmente pensar-se que a afectação de uma casa em termos de direito de habitação envolveria somente o uso para este fim. Se isto será verdade para uma fracção autónoma de um edifício constituído em propriedade horizontal, numa vivenda com jardim, por exemplo, não se vê por que razão se haverá de entender que o morador usuário está proibido de fazer seus os frutos (naturais) produzidos pela coisa, na medida das necessidades do titular ou da sua família. Se houver um limoeiro no jardim da casa e necessidade de limões para temperar a comida, o morador usuário pode colher os limões em número necessário para o efeito, sem estar a violar o direito do proprietário aos frutos remanescentes.

Quanto ao uso, e tendo em conta o sentido de que demos conta no ponto anterior, estamos convictos que ele se reveste de exclusividade, mesmo que as necessidades do morador usuário ou da sua família se limitem a uma parte dela[2254]. Não vemos como fundamentar que o morador usuário deva tolerar na sua casa a presença do proprietário ou de um estranho ao qual o último cedeu o gozo da parte não usada pelo morador usuário só porque as necessidades da sua família não esgotam as possibilidades de uso do objecto. A limitação pelas necessidades do titular ou da família liga-se unicamente ao poder de fruição, não ao uso da coisa. E só não será assim, se o objecto do direito de morada seja somente parte do imóvel e não todo ele. Neste caso, a limitação do objecto a uma parte da coisa limita naturalmente o uso do morador usuário.

É de supor, no entanto, que, tendo em conta o escopo do uso consentido (habitação), a limitação do objecto (casa de morada) e a proibição da cessão do gozo a terceiros (art. 1488.º), tanto o uso como a fruição

2253 Usufrutto, Uso e Abitazione, cit., pág. 834.

2254 Em sentido contrário para o Direito italiano, PUGLIESE, Usufrutto, Uso e Abitazione, cit., pág. 834 e CASCIO, "Abitazione (diritto di)", cit., pág. 96.

tenham uma extensão bem mais modesta do que aquela que oferece o direito de uso.

III. O poder de disposição não integra o conteúdo típico dos direitos de uso e de habitação. A transmissão e a oneração do direito encontram-se expressamente proibidas (art. 1488.º).

Resta a destruição da coisa consumível, nos casos de quase uso[2255], e o poder de renúncia ao direito, que surge salvaguardada pela aplicação da alínea e) do art. 1476.º, n.º 1 (art. 1490.º).

324. O tipo legal do direito de uso e do direito de habitação. Delimitação negativa

I. Os direitos de uso e de habitação têm dois limites negativos implícitos e um explícito. Este último consta da parte final do n.º 1 do art. 1484.º e respeita, como dissemos, ao poder de fruição do titular[2256]. A ele voltaremos no ponto seguinte.

Os limites negativos implícitos são os mesmos do usufruto: o respeito pela forma (destino económico) e pela substância da coisa. Já no Direito romano era nítido que o usuário estava vinculado à *salva rerum substantia*. Nem se poderia admitir o contrário relativamente a um direito cuja extensão era reconhecidamente menor do que a do usufruto.

Assim, se alguém recebe o direito de uso de uma fracção destinada ao comércio, só pode dar-lhe esse fim e não ajustá-lo a um qualquer que queira; se o automóvel está afecto ao recreio do proprietário não pode ser usado pelo usuário no transporte comercial de pessoas[2257].

O desenvolvimento paralelo do usufruto e dos direitos de uso e de habitação permite justificar esta extrapolação dos limites negativos do usufruto para os tipos do direito de uso e do direito de habitação. A sua lógica é a mesma do usufruto e o seu fundamento positivo o art. 1490.º.

O regime jurídico do usufruto tem, deste modo, igualmente a função de fornecer a base normativa para a delimitação, neste caso negativa, dos direitos de uso e de habitação. Por conseguinte, o significado da remissão do art.

[2255] Sobre o quase uso, ver mais à frente no texto.

[2256] Reiteramos o que defendemos no texto: também o morador usuário tem poder de fruição se a casa de morada produzir frutos naturais.

[2257] Embora sem abordar o problema do texto, cf. também Pugliese, Usufrutto, Uso e Abitazione, cit., pág. 809, nota 8.

1490.º para o regime jurídico do usufruto tem um alcance à primeira vista insuspeitado: a construção do tipo legal do uso e da habitação.

II. O limite negativo explícito previsto no art. 1484.º, n.º 1 exprime a origem histórica do direito de uso. Depois dos desenvolvimentos do Direito justinianeu, ao usuário reconheceu-se uma medida restrita dos frutos produzidos pela coisa. A fruição consentida ao usuário mede-se pelas necessidades dele e da sua família.

Os Direitos modernos não deixaram de reflectir este limite à fruição do usuário (e do morador usuário) e assim fez também o Código Civil português no art. 1484.º, n.º 1. Para além da medida das necessidades do titular e da sua família, os frutos da coisa dada em uso ou em habitação pertencem ao proprietário.

III. Delimitar negativamente o direito de uso e o direito de habitação implica fixar primeiramente o âmbito das necessidades a que a lei alude. Esse âmbito deve ser subjectiva e objectivamente recortado.

Do ponto de vista subjectivo, para além do titular do direito de uso ou de habitação, consideram-se igualmente as necessidades da sua família, o que alarga potencialmente a medida de frutos cujo aproveitamento se propicia por via daquele direito. O art. 1487.º fixa imperativamente os membros da família incluídos na determinação da medida concreta da fruição permitida.

Do ponto de vista objectivo, no poder de fruição do usuário ou morador usuário apenas se abrangem as denominadas necessidades directas[2258], isto é, aquelas que podem ser satisfeitas através dos frutos. De outro modo, não restariam nunca frutos para o proprietário e o usuário e o morador usuário teriam na prática uma fruição igual à do usufrutuário.

Excluído fica, assim, o aproveitamento indirecto dos frutos. A alienação dos frutos para obter dinheiro ou a permuta daqueles com outras coisas está vedada ao usufrutuário, mesmo se só com estes bens o usuário ou morador usuário obteria a satisfação das suas necessidades (satisfação indirecta).

A limitação do poder de fruir a coisa objecto de uso às necessidades directas do titular ou dos seus familiares não conclui todo o recorte objectivo dessas necessidades; outra das questões que se pode pôr reside na natureza

[2258] Sobre o ponto, em Portugal, Pires de Lima/Antunes Varela, Código Civil Anotado, cit., pág. 546. No estrangeiro, cf. Pugliese, Usufrutto, Uso e Abitazione, cit., pág. 809 e seg., Barbero, Sistema Del Diritto Privato Italiano, cit., pág. 831.

pessoal ou profissional (actividade económica) das necessidades a atender[2259]. Quer dizer, os frutos podem ser aproveitados apenas para satisfação de necessidades pessoais ou as profissionais estão igualmente incluídas? – O usuário que tem uma fábrica de sumos pode colher as maçãs produzidas no prédio para alimentar a sua produção industrial?

Cremos que a resposta correcta é a negativa[2260]. Não se trata aqui apenas de considerar a raiz histórica deste direito, mas sobretudo de ponderar os limites naturais da fruição do usuário e a necessidade de respeitar o recorte do tipo legal deste direito em comparação com o usufruto. Os direitos de uso e de habitação constituem direitos de menor extensão do que o usufruto. A ampliação desmedida dos poderes de fruição do usuário e do morador usuário torna muito ténue (ou mesmo inexistente) a diferença entre os direitos respectivos e o usufruto, mais do aquilo que nos parece permitir a função de cada um desses direitos. Por outro lado, importa não esquecer, que se as partes pretendem que o titular do direito menor tenha uma fruição sem limites, o usufruto oferece a alternativa para o efeito.

O disposto no art. 1486.º, referindo as necessidades "pessoais" do usuário e do morador usuário parece dar um argumento mais nesse sentido, embora não o julguemos decisivo. O importante parece ser a ligação destes direitos à satisfação das necessidades directas do titular, numa óptica que tem mais a ver com uma lógica de apoio à sua subsistência do que com o desenvolvimento de uma actividade económica.

Por último, resta-nos ainda analisar a projecção de sentido do art. 1486.º. No seu sentido literal, associando o poder de fruir à condição social do titular do direito, este preceito parece admitir que mesmo sendo iguais as necessidades – pessoais – dos titulares, o poder de fruir pode ser reconhecido em medida diversa a cada um deles, em atenção à diferente condição social do titular do direito.

O art. 1486.º foi inspirado no art. 1021 do Codice Civile, mas, tal como se encontra redigido, coloca sérios problemas de constitucionalidade. Nós defendemos a sua inconstitucionalidade[2261], por violação directa do princípio da igualdade (art. 13.º, n.º 1 da Constituição portuguesa). Este princípio não tolera que um titular de direito de uso ou de habitação que tenha necessidades iguais a outro titular receba, contudo, uma medida diferente do

[2259] Veja-se PUGLIESE, Usufrutto, Uso e Abitazione, cit., pág. 813 e seg.

[2260] É essa também a posição de PUGLIESE, Usufrutto, Uso e Abitazione, cit., pág. 814.

[2261] No mesmo sentido no Direito italiano, veja-se BIANCA, La proprietà, cit., pág. 631.

poder de fruição só por causa de uma diversa condição social. Uma tal solução poderia muito bem ser justificada na sociedade romana ou nas sociedades europeias até ao século XIX, mas está hoje descontextualizada e contraria grosseiramente a igualdade de todas as pessoas defronte da lei.

De Martino[2262] propõe que o limite das necessidades do titular e da família seja entendido de modo objectivo e só podemos estar de acordo. A fruição será a mesma para pessoas com necessidades iguais, seja qual for o seu estatuto social e económico. Se este pode influir na fixação das necessidades a atender, não serve decerto para diferenciar os titulares quanto à medida dos frutos a que têm direito.

325. O objecto dos direitos de uso e de habitação

I. Tanto as coisas móveis como as imóveis podem ser objecto de um direito de uso. Ao invés, o direito de habitação apenas pode ter como objecto coisas imóveis, e dentro do círculo destas coisas, casas (de habitação).

No momento inicial do surgimento do direito de uso em Roma, este direito apenas se podia referir a coisas não frutíferas, dado que outorgava simplesmente o uso, com exclusão da fruição. Esta limitação desapareceria posteriormente e o direito de uso viu alargado o seu âmbito de incidência às coisas frutíferas.

Com o conteúdo que envolve – para além do uso, também a fruição – pode o direito de uso recair sobre coisas não frutíferas? Sem dúvida, a resposta é afirmativa[2263]. A coisa deve ser apta a permitir alguma forma de gozo que o conteúdo típico do direito de uso autoriza ao titular[2264], mas nada impõe que seja apta a esgotá-lo. Se pode haver uso, sem fruição, ou esta sem aquele, a constituição do direito de uso é válida.

A validade do acto constitutivo do direito fica, no entanto, em causa se a coisa se afigura imprestável para qualquer aproveitamento (uso e fruição) suscitado pelo direito de uso.

II. Um problema que se tem colocado quanto ao direito de uso é o de saber se ele pode ter por objecto coisas consumíveis[2265]. A ser afirma-

[2262] Della proprietà, cit., pág. 322 e seg.

[2263] No mesmo sentido, De Martino, Della proprietà, cit., pág. 323 e Cascio, "Abitazione (diritto di)", cit., pág. 96.

[2264] Noutra formulação, mas com um sentido idêntico, Venezian, Dell' Usufrutto, Dell' Uso E Dell' Abitazione, cit., pág. 53.

[2265] Cf. Pugliese, Usufrutto, Uso e Abitazione, cit., pág. 820 e segs.

tiva a resposta, teríamos um quase uso, de modo semelhante ao quase usufruto[2266].

Em todo o caso, há diferenças assinaláveis entre o uso e o usufruto de coisas consumíveis. No regime do uso, a alienação da coisa encontra-se proibida (art. 1488.º). Por conseguinte, o denominado consumo jurídico está vedado ao usuário, restando-lhe o consumo material da coisa.

Isto deixa de fora um uso sobre dinheiro[2267]. O consumo do dinheiro implica a respectiva alienação; mesmo o depósito bancário (depósito irregular) determina a transmissão da propriedade para o depositante, por força da aplicação das regras do mútuo (ar. 1206.º), o que, em atenção à proibição legal de transmissão da coisa objecto do uso (art. 1488.º), redunda num negócio legalmente impossível, e, por conseguinte, nulo (art. 280.º e art. 294.º).

E no tocante às outras coisas consumíveis? – Não vemos nenhum obstáculo legal para admitirmos essa hipótese. PUGLIESE[2268], porém, sustenta tratar-se de um usufruto. Que dizer?

Não partilhamos esta ideia. O regime do uso diferencia a posição do usuário por contraposição ao usufrutuário de coisas consumíveis, pois aquele não pode alienar a coisa a ninguém enquanto o usufrutuário pode. A privação da alienação ajusta-se à lógica de satisfação directa das necessidades do usuário e da sua família, que é o escopo do direito de uso, e, nessa medida, dá um traço distintivo do quase uso no confronto com o quase usufruto, o qual, permitindo a alienação a terceiros das coisas consumíveis, se enquadra numa lógica de fruição integral.

Portanto, com o quase uso o titular obtém a propriedade das coisas objecto do direito, ficando com o dever de restituir o seu valor, se houverem sido estimadas, ou a entregar outras do mesmo género, qualidade e quantidade (art. 1451.º, n.º 1 ex vi do art. 1490.º).

III. Nada impede que o direito de uso tenha por objecto uma parte de coisa ou uma coisa em comunhão (compropriedade, co-usufruto)[2269]. Não

[2266] Neste sentido, aliás, BARBERO, Sistema Del Diritto Privato Italiano, cit., pág. 833.

[2267] Cf. igualmente DE MARTINO, Della proprietà, cit., pág. 321. Já PUGLIESE, Usufrutto, Uso e Abitazione, cit., pág. 822 aceita que o dinheiro pode ser objecto de uso, mas nos termos do usufruto, o que não deixa, pensamos nós, de arrastar como consequência a impossibilidade legal de um direito de uso tendo por objecto dinheiro.

[2268] PUGLIESE, Usufrutto, Uso e Abitazione, cit., pág. 822 e "Abitazione E Uso (Diritto civile)", cit., pág. 59.

[2269] Neste sentido, veja-se também DE MARTINO, Della proprietà, cit., pág. 321.

se trata aqui, como parece evidente, de dividir o uso, mas sim simplesmente de acomodar o gozo ao próprio objecto do direito.

Assim, se o proprietário de um prédio estabelece um direito de uso ou de habitação sobre a metade do mesmo, o gozo do usuário ou do morador usuário ficará limitado à (parte) de coisa objecto do seu direito. O art. 1489.º, n.º 2 tem em vista esta hipótese, estabelecendo que se o usuário[2270] perceber apenas uma parte dos frutos ou ocupar parte do edifício, a sua obrigação de participar nas despesas de conservação da coisa existirá na medida proporcional da sua fruição.

326. A titularidade dos direitos de uso e de habitação

No tocante ao direito de habitação, dada a finalidade do mesmo, a habitação do titular, não restam dúvidas de que apenas pessoas singulares podem ser titulares dele[2271].

Quanto ao direito de uso, discute-se em geral se as pessoas jurídicas podem ser titulares deste direito. Em Itália, essa possibilidade surge defendida por alguns autores[2272]. PUGLIESE[2273] vai, todavia, mais longe, afirmando que quando assim suceda o usuário (pessoa jurídica) não tem direito aos frutos, uma construção que, atento o princípio da tipicidade, não deixa de causar estranheza[2274], dado que assim o direito de uso teria diferentes conteúdos (com ou sem fruição) consoante a sua titularidade estive numa pessoa singular ou suma pessoa jurídica.

Na doutrina portuguesa, PIRES E LIMA/ANTUNES VARELA[2275] opinam peremptoriamente que a lei portuguesa não confere a possibilidade de o direito de uso ser constituído a favor de pessoas jurídicas, argumentando que com a medida das necessidades – pessoais e familiares – atendidas para

[2270] Ou o morador usuário. O preceito não refere este, talvez por se olvidar que também o morador usuário pode ter fruição. Esclarecido este aspecto, porém, o morador usuário fica obrigado a participar nas reparações ordinárias da coisa na proporção dos frutos que – eventualmente – retire da coisa.

[2271] PUGLIESE, "Abitazione E Uso (Diritto civile)", cit., pág. 58, CASCIO, "Abitazione (diritto di)", cit., pág. 97.

[2272] PUGLIESE, Usufrutto, Uso e Abitazione, cit., pág. 812 e segs. e "Abitazione E Uso (Diritto civile)", cit., pág. 58, BIANCA, La proprietà, cit., pág. 631 e seg.

[2273] PUGLIESE, Usufrutto, Uso e Abitazione, cit., pág. 813 e segs. e "Abitazione E Uso (Diritto civile)", cit., pág. 58.

[2274] Para uma crítica, BIANCA, La proprietà, cit., pág. 632.

[2275] Código Civil Anotado, cit., pág. 546 e seg.

a fixação da extensão deste direito somente as pessoas singulares podem ser titulares do mesmo.

Percorrendo o regime jurídico do direito de uso, deparamos com sucessivos argumentos que impossibilitam em termos de sentido a titularidade de um direito de uso por pessoas jurídicas, não tanto porque estas não possam ter necessidades, mas porque o enquadramento das necessidades do titular com as da sua família (art. 1484, n.º 1 e 1487.º), a que acresce o critério de fixação da medida dos frutos (as necessidades pessoais do usuário – art. 1486.º), pertinente apenas para pessoas singulares, não deixa campo de sentido senão para estas.

A explicação para isto reside na origem deste tipo de direito real, virado para necessidades alimentares do titular e da sua família. Bem moldado para sociedades pré-capitalistas, de base rural, ele tende a perder pertinência na feição capitalista das sociedades modernas do mundo ocidental, onde o uso tem de se integrar na dinâmica económica da exploração dos bens em processos produtivos complexos, os quais ocorrem no âmbito empresarial e não numa lógica de economia de subsistência de cariz familiar. Não espanta, pois, que, circunscrito a um círculo pessoal limitado, este tipo de direito real se revele pouco atractivo e tenha um impacto prático muito modesto.

327. As vicissitudes dos direitos de uso e de habitação. A aplicação do regime do usufruto

Na disciplina dos factos com eficácia real para os direitos de uso e de habitação, a lei portuguesa remete para a disciplina geral do usufruto. Existem, porém, especialidades a atender no regime jurídico dos direitos de uso e de habitação, o que veremos nos dois números seguintes.

328. Constituição. A proibição da usucapião

Uma especialidade dos direitos de uso e de habitação reside na impossibilidade legal da sua constituição por via da usucapião (art. 1293.º, alínea b)), uma solução que, a nosso ver, não tem justificação plausível.

329. Proibição de transmissão e oneração

Nem o direito de uso nem o direito de habitação outorgam ao titular o poder de transmissão e de oneração (art. 1488.º). Do mesmo modo, tanto o usuário como o morador usuário estão proibidos de ceder o gozo da coisa, seja a título oneroso (locação) seja a título gratuito (comodato)[2276].

Caso o usuário ou o morador usuário violem a proibição legal, o negócio jurídico em causa será nulo[2277]. O vício é duplo: falta de legitimidade do disponente (art. 892.º para a compra e venda, aplicável *ex vi* do art. 939.º para todos os outros negócios onerosos, e art. 956.º, n.º 1 para a doação) e violação de norma legal imperativa (art. 294.º).

330. A aplicação das normas do usufruto aos direitos de uso e de habitação

O art. 1490.º dispõe que são aplicáveis aos direitos de uso e de habitação as disposições que regulam o usufruto, quando conformes à natureza daqueles direitos.

Explicámos já que esta remissão genérica para o regime do usufruto tem o alcance à primeira vista insuspeitado de importar para os direitos de uso de habitação os limites negativos do usufruto, delimitando, assim, a extensão dos poderes de uso, fruição e transformação dos titulares.

Em todo o caso, a ressalva final do art. 1490.º impõe a necessária ponderação da natureza dos direitos de uso e de habitação. As disposições do regime do usufruto que suponham a fruição plena não podem ser aplicadas em sede destes direitos.

331. A natureza dos direitos de uso e de habitação

Os direitos reais de uso e de habitação pertencem à categoria dos direitos reais de gozo. São, como todos os direitos reais menores, direitos sobre coisa alheia. Isto faz deles direitos reais autónomos, tipos legais específicos de aproveitamento de coisas corpóreas, e não meras derivações ou desmembramentos da propriedade, que é um direito distinto.

Os direitos de uso e de habitação não constituem meros subtipos do direito de usufruto, como a colocação sistemática da matéria – no capítulo dedicado ao usufruto – pode sugerir à primeira vista. O conteúdo típico do aproveitamento atribuído ao usuário e ao morador usuário mostra uma

[2276] Ver também PUGLIESE, Usufrutto, Uso e Abitazione, cit., pág. 832.

[2277] Cf. PIRES DE LIMA/ANTUNES VARELA, Código Civil Anotado, cit., pág. 551 e PUGLIESE, Usufrutto, Uso e Abitazione, cit., pág. 832

conformação diversa, nomeadamente, na limitação do poder de fruição, no confinar da titularidade a pessoas singulares, na proibição de transmissão e de oneração, e mesmo na funcionalização do uso admitido (direito de habitação), tudo aspectos que sublinham uma natureza típica diversa do usufruto e a autonomia própria de um tipo singular de direito real[2278].

[2278] No mesmo sentido, MENEZES LEITÃO, Direitos Reais, cit., pág. 332 e seg.

Capítulo XIII
O Direito de Superfície

332. A origem histórica do direito de superfície

I. O termo superfície vinha usado no Direito romano para designar simplesmente que tudo o que se junta ou incorpora sobre o solo passa a integrar o prédio[2279]. Nada havia ainda de jurídico no sentido do termo, não passando de um modo materialístico de aludir ao acréscimo do prédio pelo que se vai unindo ou juntando a ele[2280].

A este sentido se liga o conhecido princípio *superfícies solo cedit*[2281], segundo o qual, ao proprietário do prédio pertence tudo o que a ele se venha a unir ou incorporar por acção da natureza ou do homem. Por conseguinte, em caso de acessão, por construção ou plantação em terreno alheio, a obra ou plantação reverteria para o proprietário do solo.

No momento inicial do Direito romano clássico, uma propriedade do solo separada da propriedade da construção ou da plantação não era concebível. O regime da acessão, baseado no princípio dominante *superfícies solo cedit*, encarregava-se de resolver as situações a favor do dono do prédio objecto da união ou incorporação. Portanto, o solo e o edifício podiam apenas constituir uma única *res*, sendo o edifício parte inseparável dela[2282].

2279 Sitzia, "Superficie (dir. rom.)", Enc. Del Dir., pág. 1459, Paladini, "Superfície (Diritto romano)", Noviss. Dig. It., pág. 941 e seg.
2280 Sitzia, "Superficie (dir. rom.)", cit., pág. 1459.
2281 Paladini, "Superfície (Diritto romano)", cit., pág. 942.
2282 Sitzia, "Superficie (dir. rom.)", cit., pág. 1459, nota 3.

Tudo indica que a origem histórica do direito de superfície[2283], ainda não autonomizado e reconhecido como direito real, se encontra na prática de concessões perpétuas (*in perpetuum*) ou temporárias (*ad tempus*) sobre o *ager publicus*, o domínio público do Estado, para fins de construção de edifícios[2284]. O concessionário (superficiário) ficava com o direito a construir pagando uma contrapartida pecuniária (*solarium*). Tal prática terá sido estendida, primeiro, a outras concessões de solo de *municipia* ou *civitates* e só depois a solo privado.

As concessões públicas do Estado eram estruturadas numa relação locatícia de Direito público[2285]. As concessões de prédios municipais e privados para construir e gozar edifício eram dadas recorrendo ao esquema da locação (*locatio conductio*), portanto, no âmbito de relações jurídicas de natureza pessoal[2286], que tinham a sua tutela numa *actio in personam*[2287]. Em concessões de tempo indeterminado surgem referenciados nas fontes casos de constituição de superfície por compra e venda, discutindo-se se já na época clássica a mesma se poderia constituir por legado[2288].

Nos primeiros momentos de existência da superfície, é líquido que a mesma não vem reconhecida como direito real (*ius in re*), nem o superficiário é visto como possuidor[2289], sendo um mero detentor, um representante do *dominus* na posse[2290]. A qualidade de possuidor do superficiário só surge admitida com clareza na época justinianeia[2291].

Do mesmo modo, uma propriedade separada entre o solo e a superfície (no sentido material) não era admitida no Direito romano clássico. A isso

[2283] Para a história, e por todos, DEGENKOLB, Platzrecht und Miethe, Berlin, 1867, pág. 1 e segs, RUDORFF, "Beitrag zur Geschichte der Superficies", Zeitschrift für geschichtliche Rechtswissenschaft, Bd. 11., 1842, pág. 219 e segs., BIONDI, La Categoria Romana Delle "Servitutes", Milano, 1938, pág. 449 e segs. Na doutrina portuguesa, MENEZES CORDEIRO, Direitos Reais, cit., pág. 706 e segs., SANTOS JUSTO, Direito Privado Romano, III, cit., pág. 210 e segs.

[2284] Cf. SANTOS JUSTO, Direito Privado Romano, III, cit., pág. 210 e segs., SITZIA, "Superficie (dir. rom.)", cit., pág. 1460, PALADINI, "Superfície (Diritto romano)", cit., pág. 942.

[2285] KASER/KNÜTEL, Römisches Privatrecht, cit., pág. 148.

[2286] Como diz BIONDI, La Categoria Romana Delle "Servitutes", cit., pág. 459, "a superfície no sistema civilístico não exorbita do campo das relações obrigacionais".

[2287] PALADINI, "Superfície (Diritto romano)", cit., pág. 942.

[2288] SITZIA, "Superficie (dir. rom.)", cit., pág. 1460.

[2289] ALBERTARIO, Il possesso della superfície, em Studi Di Diritto Romano, Volume Secondo, 1941, pág. 411 e segs. Numa perspectiva contrária, BIONDI, La Categoria Romana Delle "Servitutes", cit., pág. 467.

[2290] RUDORFF, "Beitrag zur Geschichte der Superficies", cit., pág. 228.

[2291] ALBERTARIO, Il possesso della superfície, cit., pág. 416.

se opunha o princípio *superfícies solo cedit*, que fazia sempre funcionar a acessão em favor do proprietário do solo.

O direito de superfície foi na sua origem fortemente modelado pela intervenção do pretor[2292]. Apesar de nascida numa relação pessoal, à superfície foi reconhecida uma tutela contra o locador (*actio conducti*) e contra terceiros. Quanto a esta, o primeiro meio de tutela foi um interdito, o *interdictum de superficiebus*[2293], um interdito proibitório, com fortes analogias ao *uti possidetis*[2294], tendente a fazer cessar as turbações do gozo do superficiário.

Simplesmente, o *interdictum de superficiebus* não estava moldado para os casos em que o superficiário não tinha o gozo da coisa ou havia sido privado dele. Para estes casos, a cláusula edital referida por ULPIANO (D, 43, 18, 1, pr.) menciona uma *actio*, que alguns autores não hesitam em qualificar como *actio in rem*[2295] e que valia, sem dúvida, para a superfície perpétua. No que toca ao proprietário do solo, o superficiário podia defender-se mediante uma *exceptio*.

O desenvolvimento da superfície durante a época clássica do Direito romano mostra uma aparente contradição entre o que dispõe o *ius civile*, que trata a superficie no âmbito de uma relação de natureza pessoal, debaixo do paradigma da locação, não admitindo uma propriedade separada do solo (*superficies solo cedit*), e o Direito pretoriano, que confere tutela *erga omnes* ao superficiário mediante formas de defesa que são típicas de um *ius in re*, nomeadamente, através de uma *actio in rem*[2296].

A continuidade daria um direito real novo no período justinianeu, o direito de superfície, o qual emerge como um direito transmissível, *inter vivos*

[2292] Em particular, cf. BIONDI, La Categoria Romana Delle "Servitutes", cit., pág. 463 e segs.

[2293] "*Uti ex lege locationis sive conductionis superficie, qua de agitur nec vi nec clam nec precário alter ab altero frumini, quominus fruamini vim fieri veto*". Cf. SANTOS JUSTO, Direito Privado Romano, III, cit., pág. 211, DEGENKOLB, Platzrecht und Miethe, cit., pág. 5 e segs., RUDORFF, "Beitrag zur Geschichte der Superficies", cit., pág. 229 e segs., KASER/KNÜTEL, Römisches Privatrecht, cit., pág. 148, BIONDI, La Categoria Romana Delle "Servitutes", cit., pág. 464 e segs., SITZIA, "Superficie (dir. rom.)", cit., pág. 1461, PALADINI, "Superfície (Diritto romano)", cit., pág. 942, PEROZI, Istituzioni Di Diritto Romano, cit., pág. 797, nota 2, SANFILIPPO, Istituzioni Di Diritto Romano, cit., pág. 247. Para uma análise no domínio possessório, dando conta da controvérsia da interpretação dos textos romanos, ALBERTARIO, Il possesso della superfície, cit., pág. 411 e segs.

[2294] SANTOS JUSTO, Direito Privado Romano, III, cit., pág. 211, SITZIA, "Superficie (dir. rom.)", cit., pág. 1461, PALADINI, "Superfície (Diritto romano)", cit., pág. 942, BONFANTE, Corso Di Diritto Romano, III, cit., pág. 163, SANFILIPPO, Istituzioni Di Diritto Romano, cit., pág. 247.

[2295] PUGLIESE, Istituzioni Di Diritto Romano, cit., pág. 540, BIONDI, Le Servitú Prediali Nel Diritto Romano, pág. 70.

[2296] Sobre esta matéria.

e *mortis causa*, de gozar um edifício em terreno alheio contra o pagamento de um correspectivo[2297]. Este novo direito constitui um *ius in re aliena*, um direito que se constitui sobre solo do *dominus*[2298], ao qual se concedem todas as formas de defesa respeitantes ao proprietário e que tem um conteúdo assimilável à enfiteuse[2299].

II. No Direito intermédio[2300], e em traços muito gerais, assiste-se a um evoluir de uma contraposição entre o direito de superfície como um *ius in re alinea* e a concepção da superfície como um domínio, concretamente como um domínio útil oposto ao domínio directo, numa aproximação clara ao direito de enfiteuse[2301].

O Code Civil francês e as codificações civis que seguiram o seu paradigma, nomeadamente, o Código Civil italiano de 1865 e o Código Civil de Seabra, ignoraram a superfície[2302]. A ideia de uma limitação à propriedade de cariz feudal poderá ter levado os codificadores franceses a afastarem a superfície, tendo a Itália e Portugal seguido a mesma orientação. Em todo o caso, o Código de Seabra dedicava o art. 2308.º à hipótese em que existiam árvores em terreno alheio, visando, porém, pôr um fim a essa possibilidade.

Na Europa, o BGB alemão e o Código Civil suíço manifestaram orientação diversa. A regulação do BGB (§§ 1012 a 1017), porém, viria a ser substituída pela Lei de 22.1.1919, modificada em 21.09. de 1994, que descodificou o direito de superfície, agora objecto de lei extravagante no Direito alemão.

Em Portugal, ainda no domínio de vigência do primeiro Código Civil, a Lei 2030, de 22 de Junho de 1948 (art. 21.º e segs.) introduziu formalmente o direito de superfície. Limitado, no entanto, às pessoas colectivas de Direito público (Estado, autarquias locais e pessoas colectivas de utilidade pública administrativa) e aos terrenos do seu domínio privado, este diploma teve um escasso impacto.

Seria realmente com o Código Civil de 1966 que o direito de superfície viria a ganhar o seu lugar no sistema normativo português de Direito privado. Este direito ganharia ainda um novo fôlego com um passo sem ante-

[2297] Perozi, Istituzioni Di Diritto Romano, cit., pág. 798 e seg.

[2298] Cf. Santos Justo, Direito privado romano, cit., pág. 211 e seg.

[2299] Sitzia, "Superficie (dir. rom.)", cit., pág. 1463.

[2300] Birocchi/Lampis, "Superficie (dir. interm.)", Noviss. Dig. It., pág. 1464 e segs.

[2301] Guarneri, "Superfície", pág. 207 e seg.

[2302] Embora na doutrina a figura fosse amplamente acolhida. Para o Direito italiano, cf. Pugliese, Superfície, no Commentario Del Códice Civile a cura de Scialoja e Branca, Quarta Edizione, 1976, pág. 556, Birocchi/Lampis, "Superficie (dir. interm.)", Noviss. Dig. It., pág. 1471.

cedentes no Direito romano e intermédio, a possibilidade de constituição de uma superfície sob o solo (art. 1525.º, n.º 2, na redacção dada pelo DL n.º 257/91, de 18 de Julho), que dinamizou uma série de novas construções (como parques de estacionamento ou centros comerciais) nos perímetros urbanos afectados por falta de espaço para construção em altura.

333. O tipo legal do direito de superfície. Delimitação positiva

I. O direito de superfície outorga, como qualquer direito real, um conteúdo típico de aproveitamento de uma coisa, que neste caso é sempre um imóvel. Porém, ao contrário do que sucede com os direitos de propriedade e de usufruto, em que o gozo é atribuído universalmente aos titulares, ainda que com limites (no caso do usufruto), no direito de superfície muda a técnica legal de conformação do tipo de direito real, que abrange somente poderes individualizados e dirigidos funcionalmente a construir ou manter obra ou a fazer ou manter plantações.

O superficiário não tem o conteúdo normal do gozo[2303], nomeadamente, o uso e a fruição do imóvel. O uso e a fruição do imóvel pertencem ao proprietário do solo; sobre todo o prédio enquanto a obra ou plantação não está construída ou feita (art. 1532.º) e sobre a parte não ocupada pela obra ou plantação quando esta existe já (art. 1533.º)[2304].

Em contrapartida, os poderes típicos deste direitos são:

- O poder de construir ou de fazer plantação no prédio (poder de transformação);
- O poder de manter a obra ou plantação sobre ou sob solo alheio durante o tempo de duração do direito;
- O poder de disposição.

Uma vez que a obra ou plantação pode estar já feita ou, pelo contrário, não estar, poderia parecer que este tipo de direito real teria um conteúdo variável, nuns casos incluindo o poder de transformação, noutros não. A verdade, porém, é que mesmo quando a obra ou a plantação existe, e

[2303] Sobre o conteúdo da superfície, veja-se MENEZES CORDEIRO, Direitos Reais, cit., pág. 710. Note-se, porém, que não procedemos aqui à análise do conteúdo positivo da superfície, como faz MENEZES CORDEIRO, mas à delimitação positiva do tipo legal, que é coisa distinta.

[2304] Este preceito refere somente o subsolo. Quando, porém, a superfície tiver por objecto o subsolo, uma hipótese que o art. 1525.º, n.º 2 contempla actualmente, o uso e a fruição do solo pertencem ao proprietário deste. A regra do n.º 1 vale na mesma, mas para a parte do prédio não ocupada com a construção.

depois vem a ficar destruída, por qualquer facto, o superficiário pode sempre proceder à construção de uma nova obra ou fazer nova plantação. Isso mesmo retira-se da alínea b) do art. 1536.º, n.º 1[2305]. O que quer dizer, afinal, que o poder de transformação integra sempre o conteúdo típico do direito de superfície.

O poder de disposição inclui-se no tipo legal do direito de superfície. Contrariamente ao que sucede com o regime jurídico do usufruto, no qual se prevê a possibilidade de o título constitutivo afastar a transmissão ou oneração do direito, o art. 1534.º proclama a transmissibilidade do direito de superfície. Essa transmissão pode ocorrer por meio de qualquer dos factos jurídicos com eficácia real translativa, a favor de terceiros ou do proprietário do solo[2306].

Conquanto no art. 1534.º nada se diga a propósito da oneração, o art. 688.º, n.º 1 alínea c) prevê a constituição de hipoteca sobre o direito de superfície, o que confirma a ideia de que, tratando-se de direito real menor, também o direito de superfície pode ser onerado[2307]. Importa, em todo o caso, não confundir a oneração da superfície com a oneração da propriedade do superficiário sobre a obra ou plantação[2308]. Essa decorre do regime jurídico da propriedade e não do direito de superfície.

II. O direito de superfície tem hoje um significado muito diverso do que tinha no Direito romano. Neste, por força do princípio *superfícies solo cedit*, não se admitia que no mesmo prédio pudessem coexistir propriedades separadas. O edifício, obra ou plantação incorporado no solo, mesmo por acção do superficiário, pertencia ao proprietário do prédio, que adquiria por acessão tudo o que acrescesse à sua coisa.

Na conformação típica actual, o direito de superfície visa justamente impedir a aplicação do regime da acessão, independentemente das regras de

[2305] Caso o superficiário não proceda a nova construção ou plantação nos dez anos seguintes à ocorrência, a superfície extingue-se.

[2306] Assim, PIRES DE LIMA/ANTUNES VARELA, Código Civil Anotado, cit., pág. 602, PUGLIESE, Superfície, cit.

[2307] Também neste sentido, PIRES DE LIMA/ANTUNES VARELA, Código Civil Anotado, cit., pág. 602. No Direito alemão, WOLF, Sachenrecht, cit., pág. 61.

[2308] Exemplos desta confusão encontram-se em PIRES DE LIMA/ANTUNES VARELA, Código Civil Anotado, cit., pág. 602, que indicam os casos de usufruto ou servidão sobre a construção que é objecto da propriedade superficiária. Na realidade, nestes casos, onerado fica o direito de propriedade sobre a obra, não o direito de superfície.

atribuição que resultariam deste[2309]. Assim, as árvores, plantas ou construções existentes num prédio podem pertencer a pessoa diversa do proprietário do solo durante o período de tempo de duração do direito de superfície, sem que a qualquer dos proprietários seja lícito recorrer à acessão. O poder de manter obra ou plantação em terreno alheio preclude a acessão, afastando a aplicação do regime respectivo.

Deste modo, quer a obra ou plantação fizesse já parte do imóvel quer venha a resultar da acção do superficiário, o proprietário do solo não adquire qualquer direito sobre ela, mormente a propriedade, enquanto a superfície não se extinguir. Até lá, a propriedade do solo, por um lado, e a propriedade da obra ou da plantação, por outro, mantêm-se separadas e em esferas jurídicas distintas.

O direito de superfície, nesta coloração moderna, não se limita a autorizar o superficiário a construir obra, a mantê-la no terreno do proprietário e a defendê-la. Ele impede igualmente a *superficies solo cedit* e o funcionamento da acessão, cujo regime derroga.

O direito de superfície, enquanto direito real, não requer que a obra ou a plantação tenha existência actual. Uma vez constituído, ele onera imediatamente a propriedade do prédio e confere ao superficiário a possibilidade de tutela geral, contra o proprietário e contra terceiros, nomeadamente, através da acção de reivindicação.

III. Desenhado o tipo legal da superfície, podemos afirmar que se trata do direito a construir ou manter obra ou a fazer ou manter plantação em prédio alheio. No seu alcance, para além do poder de transformar o prédio sobre o qual se constitui, ele confere ao superficiário o poder de manter uma obra ou plantação sua em coisa alheia (do proprietário do solo)[2310].

Do direito de superfície deve manter-se separado o direito de propriedade sobre a obra ou plantação. No regime jurídico do Código Civil estas duas situações jurídicas são distintas[2311]. Se se trata de uma superfície de construção ou plantação e esta ainda não foi construída ou existe, não há possibilidade de confusão. O direito de superfície incide sobre o solo.

[2309] Como se sabe, o Direito português não acolheu integralmente o *princípio superficies solo cedit* em sede de acessão. Sobre isto, cf. o que dissemos *supra* no texto.

[2310] Para definições próximas, cf. Oliveira Ascensão, Direito Civil – Reais, cit., pág. 525, Pugliese, Superfície, cit., pág. 566.

[2311] No sentido do texto, na doutrina, cf. Pugliese, Superfície, cit., pág. 557 e segs.

Há então dois direitos a considerar, ambos tendo a mesma coisa por objecto: a propriedade do solo (proprietário) e o direito de superfície (superficiário).

Contudo, quando a obra ou plantação existe, a situação jurídica é mais complexa. Aos direitos de propriedade e de superfície sobre o prédio acresce agora um direito de propriedade sobre a obra ou plantação, que vem conhecida com a designação usual, mas equívoca, de propriedade superficiária, e que está na titularidade do superficiário.

O tipo de direito real superfície tem o conteúdo moldado sobre a coisa na qual recai. Trata-se sempre de um prédio, e se esquecermos agora o subtipo da superfície de sobreelevação, de um terreno. Sobre ou sob esse terreno, o superficiário pode construir ou plantar obra ou construção e manter a propriedade desta coisa separada da propriedade do solo, sem que o regime da acessão determine a necessidade de aquisição do conjunto (solo mais implante) ou a sua perda para o proprietário do solo.

Diferentemente do Direito romano, que não reconhecia uma propriedade de outrem separada da propriedade do solo e que determinava sempre a aquisição pelo proprietário do solo de qualquer construção ou plantação que fosse incorporada no solo (*superficies solo cedit*), o Direito civil português abre a possibilidade de, através do direito de superfície, haver num prédio duas propriedades separadas, pertencentes a titulares distintos, uma sobre o solo, outra sobre a construção ou plantação, sem que a acessão actue a favor de um dos proprietários.

IV. Não obstante a superfície não envolver o conteúdo principal do gozo, nomeadamente, o uso e a fruição, ela implica um fortíssimo gravame para o proprietário cujo direito fica onerado. SCHWAB/PRÜTTING[2312] não hesitam em afirmar que o direito de superfície representa a mais forte oneração do direito de propriedade.

334. O tipo legal do direito de superfície. Desnecessidade de uma delimitação negativa

A lei não leva a cabo a delimitação negativa do tipo legal da superfície, o que se compreende atenta a técnica legal usada. Uma vez que o aproveitamento típico propiciado por este direito assenta num feixe de poderes individualizados – o poder de transformação e o poder de manter obra ou

[2312] Sachenrecht, cit., pág. 335.

plantação em solo alheio – o que está fora do âmbito desses poderes não pode o usufrutuário fazer no exercício do seu direito.

Em todo o caso, ao conteúdo típico do direito de superfície, de natureza real, pode acrescer um conteúdo de aproveitamento de natureza obrigacional (direitos de crédito), com base nas convenções contratuais ajustadas entre o proprietário do solo e o superficiário, no título constitutivo da superfície ou em momento posterior[2313].

335. O subtipo da superfície de sobreelevação

I. No art. 1526.º consagra-se um subtipo de superfície: a superfície de sobreelevação[2314]. A diferença que permite autonomizar a superfície de sobrelevação do tipo geral do direito de superfície reside no seu objecto. Enquanto no tipo geral o objecto é um terreno, no subtipo de sobreelevação a coisa é um edifício, já construído ou em construção.

A previsão legal faz apenas referência à constituição de superfície em edifício constituído em propriedade horizontal[2315]. O alcance da norma é, todavia, mais amplo. A superfície de sobreelevação pode ser constituída sobre qualquer edifício que tenha as características para o efeito, independentemente de estar ou não em propriedade horizontal. Se o proprietário singular ou os comproprietários quiserem constituir uma superfície de sobreelevação a favor de terceiro, podem-no fazer validamente.

Tem sido levantada a hipótese de o superficiário de edifício poder, por sua vez, constituir novos direitos de superfície sobre a obra existente ou a construir[2316]. Em nossa opinião, tudo depende do título constitutivo da superfície, pois não parece admissível que o proprietário do solo não tenha uma palavra a dizer sobre uma construção no seu prédio[2317]. E também

[2313] Wolf, Sachenrecht, cit., pág. 61, Schwab/Prütting, Sachenrecht, cit., pág. 336.

[2314] Cf. Oliveira Ascensão, Direito Civil – Reais, cit., pág. 526, Menezes Cordeiro, Direitos Reais, cit., pág. 711 e seg., Pires de Lima/Antunes Varela, Código Civil Anotado, cit., pág. 593, Bombardella, "Superficie (dir. priv.)", Enc. Del. Dir., pág. 1473, Guarneri, "Superfície", cit., pág. 216, Salis, La Superfície, cit., pág. 20 e segs.

[2315] A constituição de superfície para a construção de novas fracções importa a alteração do título constitutivo, o que requer o consentimento unânime de todos os condóminos (art. 1419.º, n.º 1). É também necessário aferir da satisfação dos requisitos civis e administrativos da propriedade horizontal, sob pena de nulidade do negócio jurídico. Sobre o ponto, cf. Menezes Cordeiro, Direitos Reais, cit., pág. 712 e seg.

[2316] Veja-se Pugliese, Superfície, cit., pág. 575 e segs.

[2317] Pugliese, Superfície, cit., pág. 578, Bombardella, "Superficie (dir. priv.)", cit., pág. 1473.

MENEZES CORDEIRO[2318] opina neste sentido, defendendo a nulidade do contrato em que o direito de superfície haja sido constituído[2319].

Assim, se o superficiário está autorizado pelo título constitutivo da superfície a construir um edifício de 10 andares, nada obsta a que o superficiário constitua uma superfície de sobrelevação para a constituição dos dois últimos andares; porém, se a superfície permite a construção de um parque de estacionamento subterrâneo, não é lícito ao superficiário, sem o consentimento do proprietário do solo, constituir uma superfície a favor de terceiro para construir um centro comercial por debaixo do parque.

Quando seja lícita a construção sobre a obra do superficiário e não haja lugar à aplicação das regras da propriedade horizontal, constitui-se um novo direito de superfície a favor do construtor. Pergunta-se, no entanto, se o novo superficiário adquire comunhão no direito de superfície do superficiário do solo ou se não participa deste direito. Inclinamo-nos para esta última solução.

II. No art. 1526.º dispõe-se que após o edifício ser levantado se aplicam as regras da propriedade horizontal. Uma vez mais, este preceito tem de ser adaptado às hipóteses de o edifício não estar no regime de propriedade horizontal. Se isso acontecer, julgamos que o edifício, se estava em propriedade singular, passa a estar em compropriedade; se já estava em compropriedade, o superficiário torna-se comproprietário juntamente com os outros comproprietários.

Uma outra hipótese, que não pode ser excluída, é a da obra erguida em superfície de sobreelevação poder ser objecto de uma propriedade separada do edifício sobre ou sob o qual foi construída. Nesta hipótese, o direito de superfície mantém-se após a conclusão da construção e a propriedade da obra construída sobre ou sob o edifício mantém-se distinta da propriedade do edifício.

Na hipótese prevista no art. 1526.º, a superfície extingue-se e as fracções construídas ficam sujeitas ao regime de propriedade horizontal, passando o superficiário a condómino[2320].

[2318] Direitos Reais, cit., pág. 713. Ver também PIRES DE LIMA/ANTUNES VARELA, Código Civil Anotado, cit., pág. 593.

[2319] MENEZES CORDEIRO, Direitos Reais, cit., pág. 713.

[2320] Neste sentido, MENEZES CORDEIRO, Direitos Reais, cit., pág. 712.

336. A constituição de propriedade horizontal em edifício assente em solo alheio

Tem sido discutida a questão de saber se o superficiário pode constituir a propriedade horizontal sobre o edifício construído ou mantido em terreno alheio[2321].

A hipótese não pode levantar dúvidas. Os poderes do proprietário do edifício construído ou mantido sobre solo alheio nos termos de um direito de superfície são exactamente os mesmos do proprietário que é simultaneamente dono do solo. A constituição da propriedade horizontal insere-se no exercício do poder de disposição.

Uma vez constituída a propriedade horizontal, os condóminos serão proprietários da sua fracção, comproprietários das partes comuns, com excepção do solo, em que serão comunheiros do direito de superfície[2322].

Diversamente do regime jurídico da propriedade do solo, se a superfície for temporária a propriedade das fracções será transferida para o proprietário do solo com a extinção da superfície (art. 1538.º, n.º 1).

337. O objecto do direito de superfície

I. O direito de superfície tem sempre por objecto uma coisa imóvel, sendo essa coisa, com excepção da superfície de sobrelevação, um terreno[2323]. Deste modo, o objecto do direito de superfície não pode ser confundido com a obra ou plantação eventualmente existente no solo[2324].

Isso afigura-se particularmente evidente na superfície de construção ou plantação quando o implante ainda não está construído ou plantado. Nesse

2321 Cf. CARVALHO FERNANDES, Lições de Direitos Reais, cit., pág. 439, SANTOS JUSTO, Direitos Reais, cit., pág. 410, PINTO DUARTE, Curso de Direitos Reais, cit., pág. 209.

2322 Usa-se, por vezes, a expressão condóminos do solo; a expressão é, porém, incorrecta e o seu uso deve evitar-se.

2323 OLIVEIRA ASCENSÃO, Direito Civil – Reais, cit., pág. 526.

2324 Essa confusão surge em PIRES DE LIMA/ANTUNES VARELA, Código Civil Anotado, cit., pág. 590 e seg. Os autores escrevem: "relativamente ao objecto dão direito de superfície, aponta o art. 1524.º como tal as obras ou plantações em terreno alheio"; de seguida, esclarecem que o termo construções é mais amplo que a expressão edifícios e mesmo que o vocábulo construções. A mesma ideia surge também em MOTA PINTO, Direitos Reais, cit., pág. 296, MENEZES LEITÃO, Direitos Reais, cit., pág. 337 e seg. e PINTO DUARTE, Curso de Direitos Reais, 2,.ª ed., cit., pág. 183 e seg. Como se explica no texto, a obra ou plantação não faz parte do objecto da superfície, que é um terreno (ou uma construção no caso particular da superfície de sobreelevação), mas sim do direito de propriedade distinto da propriedade do solo (e também do direito de superfície).

momento, existe apenas o solo e ele representa a *res* sobre a qual a superfície incide. Nada disto muda, todavia, quando a obra ou plantação vem à existência. Esta é objecto de um direito distinto e separado, um direito de propriedade (do superficiário), porquanto é juridicamente autónoma e individualizada face ao prédio dado em superfície[2325]. O direito de superfície tem somente o solo por objecto.

O superficiário detém, assim, dois direitos, cada um deles tendo por objecto uma coisa diferente: o direito de superfície, que tem por objecto o solo, e o direito de propriedade, que versa sobre um objecto distinto: o implante, material (obra) ou vegetal (plantação).

II. Com a redacção introduzida pelo DL n.º 257/91, de 18 de Julho, o direito de superfície permite a construção ou manutenção de obra sob solo alheio (art. 1525.º, n.º 2). Resolveu-se assim um problema teórico e aumentou-se a extensão potencial de aplicação deste tipo de direito real a novas construções urbanas, como parques de estacionamentos, centros comerciais subterrâneos, etc.

Em todo o caso, isto não muda o objecto do direito de superfície, que continua a ser um terreno. Simplesmente, a obra a construir no âmbito da superfície já não tem que ser sobre o solo, podendo ser sob o mesmo.

III. O n.º 1 do art. 1525.º resolveu um problema levantado tradicionalmente pela doutrina[2326]. O direito de superfície só abarca a porção do solo ou subsolo necessário para a construção ou manutenção da obra ou da plantação.

As partes podem, no entanto, alargar o objecto da superfície à área adjacente à parte do prédio ocupada ou a ocupar pela obra, contando que haja proveito para o uso da mesma[2327]. Os exemplos dos jardins, logradouros, parques de estacionamento são elucidativos a este propósito.

[2325] No sentido correcto, entre outros, SALIS, "Superficie (Diritto vigente)", cit., pág. 948. Em sentido diferente CARVALHO FERNANDES, Lições De Direitos Reais, cit., pág. 438 e seg., seguido por SANTOS JUSTO, Direitos Reais, cit., pág. 410, distingue dois momentos, antes e depois da construção ou plantação, sustentando que a superfície tem por objecto o implante no segundo momento (quando a obra ou plantação tem existência). O direito de superfície, porém, é apenas o direito a construir ou manter obra ou plantação em direito alheio. Essa obra ou plantação fica juridicamente separada no solo pela neutralização da acessão e da *superficies solo cedit*, mas não integra o solo sobre ou sob o qual a superfície se constituiu.

[2326] Cf. PUGLIESE, Superfície, cit., pág. 600 e segs.

[2327] Cf. PIRES DE LIMA/ANTUNES VARELA, Código Civil Anotado, cit., pág. 592, PUGLIESE, Superfície, cit., pág. 600.

IV. Como vimos anteriormente, o direito de superfície não tem por objecto a construção ou plantação existente ou a construir/plantar sobre ou sob o solo, mas apenas este. Convém, no entanto, sublinhar, que a superfície não pode ser validamente constituída relativamente a qualquer obra ou plantação.

A doutrina dominante[2328] costuma evidenciar que a coisa a construir sobre o terreno deve ser susceptível de causar o funcionamento da acessão[2329]. Os requisitos desta devem, pois, estar verificados. Excluídos da superfície ficam, assim, as casas pré-fabricadas, que se limitam assentar no solo, as construções, como bancos de jardim, postes telegráficos ou telefónicos, tendas e outras instalações provisórias, etc.

A propósito das superfícies vegetais, Oliveira Ascensão[2330] chama a atenção para o facto de as plantações deverem ser duradouras. Isto não significa que apenas as árvores possam ser consideradas. Outras culturas vegetais duradouras, como as vinhas[2331], estão certamente incluídas no âmbito do regime da superfície.

338. Obrigações do superficiário

I. As obrigações do superficiário[2332] resultam em regra do título constitutivo e não podem ser antecipadas com generalidade. As partes podem convencionar que tipo de construção ou plantação fica autorizada, tratando-se de edifício, a altura da mesmo, o número de andares, a área, os materiais a utilizar, etc[2333].

A lei portuguesa ocupa-se em particular do cânon superficiário (art. 1530.º). O cânon superficiário designa a prestação anual em dinheiro que o superficiário fica obrigado a pagar, por certo tempo (cânon temporário) ou para sempre (cânon perpétuo).

2328 Oliveira Ascensão, Direito Civil – Reais, cit., pág. 528, Bombardella, "Superficie (dir. priv.)", cit., pág. 1476 e seg., Guarneri, "Superficie", cit., pág. 213, Salis, "Superficie (Diritto vigente)", cit., pág. 950 e seg.

2329 Que o direito se superfície visa justamente neutralizar.

2330 Direito Civil – Reais, cit., pág. 528.

2331 Oliveira Ascensão, Direito Civil – Reais, cit., pág. 528.

2332 Veja-se também, Mota Pinto, Direitos Reais, cit., pág. 299 e segs., Carvalho Fernandes, Lições De Direitos Reais, cit., pág. 423 e segs., Santos Justo, Direitos Reais, cit., pág. 396 e segs.

2333 Salis, "Superfice (Diritto vigente)", cit., pág. 951.

Como outras obrigações do superficiário, salientem-se:

- A obrigação de dar preferência ao proprietário do solo, em caso de venda ou de dação em cumprimento do direito de superfície (art. 1535.º, n.º 1);
- A obrigação de conservar a obra ou plantação após a extinção da superfície, sob pena de responsabilidade civil perante o proprietário (art. 1538.º, n.º 3);
- A obrigação de comunicar ao proprietário do solo os actos de terceiros capazes de lesar o seu direito (art. 1475.º, por analogia);
- A obrigação de restituir o terreno objecto da superfície, bem como a obra ou plantação, quando o seu direito se extinguir.

II. Nada impede que o superficiário fique vinculado a construir a obra ou a realizar a plantação. Uma tal convenção, porém, só pode valer com eficácia obrigacional. Do ponto de vista do regime real, a construção da obra ou a feitura da plantação provém da decisão livre do titular do direito.

Oliveira Ascensão[2334] menciona a existência de um dever "que recai sobre o superficiário de implantar a obra". Porém, este dever surge contraditado pela essência da superfície, que constitui um direito subjectivo, outorgando, por conseguinte, um espaço de liberdade e não uma imposição em termos de situação jurídica passiva (dever).

Decerto, o superficiário, não construindo ou fazendo a plantação, pode violar o contrato celebrado com o proprietário do solo e isso acarretar-lhe as consequências do regime jurídico obrigacional, eventualmente mesmo a resolução do contrato, para além da responsabilidade civil pelo incumprimento obrigacional. No regime jurídico-real, todavia, o decurso do prazo sem que a construção se faça, 10 anos se outro prazo não houver sido estipulado, conduz simplesmente à possibilidade de extinção da superfície por não uso (art. 1536.º, n.º 1 alínea a)) Nada disso autoriza, porém, a que se fale num dever de construir ou plantar de fonte real; quanto muito, trata-se de um ónus.

339. A posição jurídica activa do proprietário do solo

I. O proprietário do solo tem todo o conteúdo residual de aproveitamento da coisa que não é afectado pela constituição do direito de super-

[2334] Oliveira Ascensão, Direito Civil – Reais, cit., pág. 528.

fície (art. 1305.º). No entanto, alguns esclarecimentos adicionais devem ser feitos[2335].

O uso e a fruição do prédio pertencem em exclusivo ao proprietário do solo (art. 1532.º). Por isso, enquanto não se iniciar a construção da obra ou a realização da plantação, o proprietário pode continuar a gozar a coisa[2336]. O art. 1532.º, n.º 1 apenas prevê a sanção da responsabilidade civil para o caso do proprietário do solo vir a tornar mais onerosa a construção ou a plantação, a impossibilitá-la por força do gozo que haja feito ou a causar qualquer outro dano.

Porquanto mantém o gozo da coisa enquanto o superficiário não inicia a construção da obra ou a feitura da plantação, o proprietário do solo pode não só usá-la e fruí-la directamente, como pode constituir outros direitos a favor de terceiros concedendo esse gozo. Dentro desses direitos poderão estar direitos pessoais de gozo (locação, comodato) e também outros direitos reais (usufruto, uso, habitação, servidões prediais)[2337]. Todavia, tais direitos não poderão ser constituídos com uma duração superior ao gozo do proprietário do solo, sob pena de nulidade[2338].

O gozo do subsolo (ou do solo na hipótese de obra sob o solo) manter-se-á durante todo o tempo pelo qual o direito de superfície estiver constituído, uma vez que a superfície não o afecta. A licitude desse gozo cessa, no entanto, quando causa danos ao superficiário (art. 1533.º). Nesse caso, o proprietário do solo terá de indemnizar o superficiário.

O início da construção ou da plantação trás o fim do gozo do proprietário relativamente à porção de terreno objecto da superfície. Essa limitação é, afinal, o resultado da oneração do seu direito. Em todo o caso, pode dizer-se que a porção do imóvel não afecta ao direito de superfície pode continuar a ser gozada integralmente pelo proprietário.

II. O proprietário do solo está, naturalmente, investido nas situações jurídicas activas que são contrapartida dos deveres e outras situações pas-

[2335] Veja-se também, MOTA PINTO, Direitos Reais, cit., pág. 299 e segs., CARVALHO FERNANDES, Lições De Direitos Reais, cit., pág. 442 e segs., SANTOS JUSTO, Direitos Reais, cit., pág. 415 e seg.

[2336] Veja-se também GUARNERI, "Superficie", cit., pág. 215.

[2337] Neste sentido, PUGLIESE, Superfície, cit., pág. 595 e seg.

[2338] Por falta de legitimidade do disponente. Com a constituição da superfície, o direito de propriedade fica onerado, afectando o poder de dispor do gozo a favor de terceiros. Assim, se o proprietário concede o gozo a alguém para além do período de tempo em que o tem disponível por força da superfície, o negócio jurídico será nulo por falta de legitimidade negocial.

sivas do superficiário, nomeadamente, e a título exemplificativo, o crédito ao cânon superficiário (art. 1530.º, n.º 1), quando haja sido convencionado e o direito de preferência em caso de venda ou dação em cumprimento do direito de superfície (art. 1535.º, n.º 1).

340. Obrigações e outras situações jurídicas passivas do proprietário do solo

I. A relação jurídica entre o proprietário do solo e o superficiário postula igualmente situações jurídicas passivas para o primeiro.

O proprietário do solo está, desde logo, obrigado a facultar a posse da coisa ao superficiário[2339], sem prejuízo do que possa haver sido convencionado no título constitutivo quanto à entrega da coisa. O superficiário deve estar a todo o tempo pronto para desencadear a construção da obra ou a realização da plantação de acordo com o seu direito. Ora, uma vez que a oneração da propriedade redunda imediatamente da eficácia do facto jurídico real (contrato, usucapião, etc.), a situação possessória deve estar em conformidade com a situação jurídica da coisa.

Uma vez que, mesmo havendo posse do superficiário, o proprietário do solo mantém o gozo do prédio até ao início da construção ou da plantação, ele encontra-se obrigado a não impedir ou a tornar mais dispendiosa a construção ou plantação do superficiário[2340], sob pena de responsabilidade civil. Guarneri[2341] fala de uma obrigação de *pati*, de suportar todas as iniciativas e actividades consentidas ao superficiário no exercício do seu direito.

Na doutrina italiana[2342] defende-se que o proprietário não pode modificar o estado do solo impedindo o início da construção ou da plantação a qualquer momento. Concordamos com esta doutrina, pois ela corresponde inteiramente ao sentido da parte final do art. 1532.º.

Salvo convenção em contrário no título constitutivo, o proprietário do solo não está obrigado a preparar o solo para a construção ou plantação, levando a cabo os trabalhos destinados a remover os obstáculos existentes

[2339] Discorda-se neste ponto de Pugliese, Superfície, cit., pág. 597, nota 4. O superficiário não tem de ter posse somente no início da construção ou da plantação; ele deve estar em condições de, quando quiser, actuar sobre a coisa nos termos do seu direito.

[2340] Bombardella, "Superficie (dir. priv.)", cit., pág. 1476.

[2341] Guarneri, "Superficie", cit., pág. 215.

[2342] Pugliese, Superfície, cit., pág. 597, Bombardella, "Superficie (dir. priv.)", cit., pág. 1476, com outras indicações bibliográficas.

na coisa. Esses trabalhos, bem como as despesas com eles, cabem ao superficiário[2343].

II. A oneração resultante da constituição do direito de superfície pode não ser a única que sofre o direito de propriedade. Com efeito, a lei portuguesa prevê a possibilidade de constituição de servidões a favor do superficiário, de modo a que este possa gozar a obra ou plantação (art. 1529.º, n. 1).

Estas servidões podem ser coercivamente impostas, caso o proprietário do solo não as constitua voluntariamente. Existe, pois, um estado de sujeição do proprietário do solo à constituição de servidões que se afigurem necessárias ao gozo da obra ou da plantação do superficiário.

As servidões em causa serão, em regra, servidões de passagem, nada obstando, contudo, à constituição de qualquer outra modalidade de servidão, desde que seja necessária no sentido subjacente ao n.º 1 do art. 1529.º do Código Civil.

III. O proprietário do solo poderá ter de pagar ao superficiário uma indemnização pela aquisição da propriedade da obra ou plantação quando a superfície se extinguir (art. 1538.º, n.º 2).

A solução legal é, todavia, supletiva, nada impedindo as partes de arredar este direito do superficiário, conforme se dispõe no preceito. E, atenta a natureza supletiva do mesmo, também nada parece proibir que, mantendo-se o direito de indemnização do superficiário, as partes estipulem um critério diverso, que não o enriquecimento sem causa, para determinar a indemnização devida àquele.

341. A constituição do direito de superfície pela alienação do solo separada da obra ou da plantação

A constituição do direito de superfície pode ser feita pelos factos com eficácia real que demos conta[2344]. Não há nesta matéria nenhuma especialidade a referir.

O proprietário é a única pessoa legitimada a constituir o direito de superfície sobre o prédio. Se neste existe já obra ou plantação, a lei confere-lhe o poder de alienar a propriedade da obra ou da plantação separadamente da propriedade do solo (art. 1528.º, n.º 1), quebrando a unidade da coisa, até aí una do ponto de vista jurídico.

[2343] PUGLIESE, Superfície, cit., pág. 597.

[2344] Cf. supra no capítulo dedicado aos factos com eficácia real.

Assim, o proprietário do imóvel pode transmitir a terceiros a propriedade do solo ficando proprietário da obra ou plantação e vice-versa; e, do mesmo modo, pode transmitir a terceiros, separadamente, a propriedade do solo e da obra ou plantação[2345].

A separação da obra ou da plantação da propriedade do solo desencadeia automaticamente a constituição de um direito de superfície a favor do adquirente do implante (art. 1528.º, n.º 1). Não se torna necessária qualquer declaração negocial específica nesse sentido, dado que a lei associa a constituição da superfície à separação das coisas. O título da transmissão separada da propriedade da obra ou plantação é, assim, suficiente para o registo da aquisição da superfície.

A constituição do direito de superfície na hipótese de alienação de obra ou plantação separada da propriedade do solo tem por objectivo a neutralização do regime jurídico da acessão, que assim fica afastado.

342. A aquisição do direito de propriedade sobre a obra ou plantação

Quando o direito de superfície se constitui para a construção de obra ou a realização de plantação, a única coisa a considerar é o terreno, simultaneamente objecto da propriedade e da superfície. Se, posteriormente, a obra vier a ser construída ou a plantação realizada, e à medida que isso for feito, nasce uma nova coisa (imóvel), autónoma e individualizada[2346] relativamente ao terreno objecto da superfície e da propriedade do solo.

Sobre a nova coisa incide um direito de propriedade, que muitas vezes vem mencionado como propriedade superficiária. Escusado será dizer que se trata de um direito novo, adquirido originariamente pelo titular do direito de superfície[2347]. A circunstância do direito de superfície, ao abrigo do qual a construção ou plantação surge, derivar da propriedade sobre o solo não transforma a aquisição da propriedade do implante numa aquisição derivada ou derivada-constitutiva[2348].

[2345] SALIS, "Superfice (Diritto vigente)", cit., pág. 946, nota 4.

[2346] No mesmo sentido, SALIS, "Superfice (Diritto vigente)", cit., pág. 948.

[2347] PUGLIESE, Superfície, cit., pág. 585 e segs., SALIS, "Superfice (Diritto vigente)", cit., pág. 948, BOMBARDELLA, "Superficie (dir. priv.)", cit., pág.1477 e segs. Cf., porém, as observações deste autor à tese, segundo a qual, a aquisição da propriedade sobre o implante revestiria uma natureza derivada-constitutiva.

[2348] Confronte, no entanto, a análise de BOMBARDELLA, "Superficie (dir. priv.)", cit., pág. 1477 e segs.

A diferente conclusão se chega na hipótese de separação da propriedade da obra ou da plantação face à propriedade do solo. Aí, uma vez que a obra ou plantação tinha existência anterior, embora no contexto de uma coisa diferente, que incluía o solo, sobre ela incidia um direito de propriedade. Deste modo, nesta hipótese, a aquisição da propriedade pelo terceiro ocorre de modo derivado[2349].

343. Duração do direito de superfície

O direito de superfície pode ser perpétuo ou temporário. Sendo perpétuo, ele representa uma oneração constante para a propriedade, que pode, no entanto, acabar, se ocorrer algum facto extintivo.

A perpetuidade da superfície não a torna imune aos factos extintivos gerais dos direitos reais (não, uso, confusão, usucapião de terceiro, etc.), como decorre, de resto, do disposto no art. 1536.º, n.º 1, que se aplica indistintamente às hipóteses de superfície temporária e perpétua.

A lei preceitua expressamente que a superfície pode ser constituída a termo (art. 1524.º)[2350], não estabelecendo, contudo, o tempo mínimo de duração do direito, que fica, assim, na inteira disponibilidades das partes[2351]. O decurso do mesmo provoca a extinção do direito (art. 1536.º, n.º 1 alínea c)) e levanta o problema do destino jurídico da obra ou plantação superficiária.

344. Extinção do direito de superfície. O destino da obra ou da plantação

I. A incidência de um facto extintivo faz cessar o direito de superfície. Extinto este, poderia suscitar-se a aplicação da acessão. Porém, isso não sucede. Ao invés, o art. 1538.º, n.º 1 determina simplesmente a aplicação da regra *superficies solo cedit*. Caso haja obra ou plantação superficiária, com a extinção da superfície, ela passa a integrar o prédio e o *dominus soli* adquire a propriedade respectiva.

No seu teor literal, o n.º 1 do art. 1538.º parece abranger unicamente as hipóteses de extinção de superfície temporária pelo decurso do prazo. Não obstante, o alcance do preceito estende-se a todas as hipóteses de

[2349] SALIS, "Superfice (Diritto vigente)", cit., pág. 949.

[2350] Cf. SALIS, "Superfice (Diritto vigente)", cit., pág. 952.

[2351] PUGLIESE, Superfície, cit., pág. 605.

extinção da superfície, contando que o solo, por um lado, e a obra ou plantação, por outro, tenham existência no momento em que opera o facto extintivo. Por conseguinte, as regras da acessão continuam sem receber aplicação, mesmo se a superfície cessa por facto diverso do decurso do prazo.

A aquisição da propriedade da obra ou da plantação pelo proprietário do solo constitui um efeito automático da extinção do direito de superfície e não carece de nenhuma declaração dos interessados (ou do proprietário do solo) nesse sentido.

Na doutrina, especialmente italiana[2352], levantou-se a questão de saber se as partes podem convencionar solução diferente quanto aos efeitos da extinção da superfície[2353-2354], nomeadamente, se o superficiário pode levantar a obra ou a plantação, quando isso seja materialmente possível, destruí-la, aproveitando os materiais sobrantes, ou se tem mesmo o dever de o fazer.

Não se vê nenhum argumento que possa fundamentar a imperatividade do art. 1538.º, n.º 1. Não se vislumbra um interesse de natureza pública que seja atingido ou alguma necessidade atendível de salvaguarda de terceiros. Tudo se passa no domínio da relação entre proprietário do solo e superficiário, dos seus interesses e conveniências. E assim como ambos podem renovar o prazo de duração da superfície ou constituir um novo direito de superfície, devem poder acordar livremente o destino a dar à obra ou plantação quando o direito do superficiário se extinguir por qualquer razão.

Um argumento impressiona-nos consideravelmente: o do proprietário do solo poder destruir livremente o implante após ter adquirido a propriedade respectiva. Ora, se como proprietário o pode fazer, que razão haverá para impedir que, antes de o ser, acorde com o superficiário um destino diferente para a coisa.

Finalmente, há que atender que a aquisição da obra ou da plantação determina para o proprietário do solo o dever de indemnizar o superficiário, se as partes não acordarem em afastar o direito de indemnização (art. 1538.º, n.º 2). Ora, o proprietário pode não querer ou sequer estar em condições de indemnizar o superficiário; não poderá, então, antes que a pro-

[2352] Ver, porém, Pires de Lima/Antunes Varela, Código Civil Anotado, cit., pág. 608.

[2353] Cf. Pugliese, Superfície, cit., pág. 605.

[2354] Na doutrina italiana, cf. Pugliese, Superfície, cit., pág. 605 e seg., Salis, "Superfice (Diritto vigente)", cit., pág. 952, Bombardella, "Superficie (dir. priv.)", cit., pág. 1483, Guarneri, "Superficie", cit., pág. 223.

priedade seja transferida para ele e o dever de indemnizar se constitua, acordar com o superficiário uma solução diversa?

Ainda assim, a eventual destruição da obra ou plantação acordada não deixa de estar sujeita às restrições, condicionantes ou proibições do Direito em vigor[2355]. São, em todo o caso, aspectos distintos, que convém manter diferenciados. Do que se trata agora é de saber se as partes podem derrogar validamente a solução prevista no n.º 1 do art. 1538.º.

Tudo ponderado, inclinamo-nos decididamente para a resposta afirmativa. A norma constante do art. 1538.º, n.º 1 tem natureza supletiva[2356].

II. Caso as partes não hajam afastado o dever de indemnizar previsto no n.º 2 do art. 1538.º, o proprietário do solo fica obrigado a indemnizar o ex-superficiário nos termos do regime do enriquecimento sem causa.

Conforme explicámos anteriormente, assim como podem afastar o dever de indemnização do proprietário do solo, as partes podem convencionar um outro critério para a determinação da indemnização devida por aquele pela aquisição da obra ou plantação. Isso resulta da natureza supletiva do preceito.

345. Extinção do direito de superfície. Outros efeitos

I. A extinção da superfície coloca também a questão do destino dos direitos reais menores que oneravam a propriedade do superficiário sobre a obra ou plantação[2357]. O regime jurídico dos artigos 1539.º a 1541.º distingue duas hipóteses:

- O direito de superfície, temporário, extingue-se no final do prazo;
- O direito de superfície, temporário, extingue-se antes do final do prazo ou extingue-se o direito de superfície perpétuo.

À primeira hipótese aplica-se o regime jurídico dos artigos 1539.º e 1540.º. Vejamos.

2355 Pires de Lima/Antunes Varela, Código Civil Anotado, cit., pág. 608, Pugliese, Superficie, cit., pág. 605

2356 No sentido do texto, Pires de Lima/Antunes Varela, Código Civil Anotado, cit., pág. 608. No mesmo sentido, para a norma correspondente no Direito italiano (art. 953), Pugliese, Superficie, cit., pág. 605, Salis, "Superfice (Diritto vigente)", cit., pág. 952, Bombardella, "Superficie (dir. priv.)", cit., pág. 1483, Guarneri, "Superficie", cit., pág. 223.

2357 Na doutrina, cf. Salis, La Superficie, cit., pág. 145 e seg.

II. Com a extinção da superfície no final do prazo, todos os direitos reais menores que oneravam a propriedade do superficiário sobre a obra ou a plantação, sejam direitos reais de gozo (usufruto, uso e habitação, servidões prediais) sejam direitos reais de garantia (hipoteca, privilégios creditórios), extinguem-se igualmente (art. 1539.º, n.º 1). A transmissão do domínio da obra ou da plantação para o proprietário do solo faz-se, assim, de modo pleno e exclusivo, ou seja, sem qualquer oneração da propriedade.

A junção da propriedade da obra ou da plantação com a propriedade do solo, actuada por força do princípio *superficies solo cedit*, deixa subsistir apenas um direito de propriedade. E esse é o direito de propriedade sobre o solo. A explicação para a extinção dos direitos reais menores que oneravam a propriedade da obra ou da plantação encontra-se justamente na extinção do direito de propriedade desta. A união das duas coisas, solo e implante, faz desaparecer uma delas, a favor do solo (*superfícies solo cedit*), o que justifica que subsista somente um direito de propriedade, o do prédio agora incorporado da obra ou plantação. Deste modo, todos os direitos reais que oneravam a propriedade do implante extinguem-se com a extinção dela.

Com a expansão da propriedade do solo, os direitos reais que a oneravam abrangem agora toda a coisa e, portanto, também a obra ou plantação incorporada no solo (art. 1540.º)[2358].

O n.º 2 do art. 1539.º coloca o cenário do superficiário ter direito a receber alguma indemnização nos termos do art. 1538.º, n.º 2, dispondo que, nesse caso, os titulares dos direitos reais extintos se possam valer dos mecanismos de subrogação real, o que pode suceder com a hipoteca (art. 692.º, n.º 3) e o usufruto (art. 1480.º, n.º 2).

III. Na segunda hipótese as coisas passam-se de maneira diferente. A lei portuguesa atende aos direitos daqueles que não contavam com a extinção do direito de superfície antes do final do prazo, no caso da superfície temporária, ou de todo, no caso da superfície perpétua, e determina a manutenção desses direitos, como se a superfície não se houvesse extinguido e o proprietário do solo adquirido a propriedade da obra ou plantação.

Em todo o caso, há uma diferença a assinalar. Sendo a superfície temporária, os direitos reais dos terceiros que oneravam a propriedade superficiária extinguir-se-ão na mesma no final do prazo previsto para a duração do

[2358] Note-se, porém, que isto acontece somente quando o proprietário do solo adquire a propriedade do implante, nos termos do art. 1538.º, n.º 1.

direito de superfície (art. 1541.º, no fim), uma solução que se justifica pelo facto de eles não poderem contar com outra coisa senão com o termo final da superfície[2359].

Esta solução arrasta alguns problemas dogmáticos. Poderá dizer-se que a superfície não se extinguiu, afinal, dado que os direitos de terceiros continuam a incidir sobre o seu primitivo objecto?

Respondemos negativamente. A superfície extinguiu-se, mas os direitos de terceiros que permanecem, nos termos do art. 1542.º, têm agora por objecto não uma coisa autónoma e individualizada (a obra ou plantação), mas uma parte de coisa, a parte que passou a integrar o imóvel do proprietário do solo.

Dentro desta ordem de ideias, o direito onerado não é mais a propriedade superficiária, é o direito de propriedade do dono do solo, que em consequência da extinção da superfície e da incorporação do implante no seu prédio vê o seu direito ser onerado com os direitos de terceiros que tinham por objecto a obra ou plantação.

Pires de Lima/Antunes Varela[2360] adiantam que a superfície pode vir a renascer, dando o exemplo da execução de hipoteca com venda judicial. Será, no entanto, um direito novo, constituído nos termos do art. 1528.º pela alienação da obra ou plantação separada da propriedade do solo.

346. A natureza do direito de superfície

I. Muito se tem escrito sobre a natureza do direito de superfície. Poder-se-á estranhar, no entanto, que o tema seja discutido actualmente, pois, num sistema normativo regido pelo princípio da tipicidade, um direito real que surge expressamente tipificado pela lei tem concerteza individualidade no confronto com os demais direitos reais.

Supomos que a razão principal para a subsistência da controvérsia sobre a natureza do direito de superfície se prende com uma interpretação menos correcta dos dados legais.

Como ponto de partida, o direito de superfície tem como objecto o terreno ou a construção (no caso da superfície de sobreelevação) sobre ou sob a qual a obra ou a plantação se mantém. Sobre esta coisa recai um direito de propriedade do *dominus soli*, que é onerado pela superfície. Assim, o direito

[2359] Pires de Lima/Antunes Varela, Código Civil Anotado, cit., pág. 611 e seg.

[2360] Código Civil Anotado, cit., pág. 612.

de propriedade sobre o imóvel e o direito de superfície partilham a mesma coisa, o que surge particularmente nítido quando a obra ou plantação ainda não tem existência.

Incidindo sobre coisa propriedade de alguém (o proprietário do solo), o direito de superfície representa outro *ius in re aliena*, um direito sobre coisa alheia, que onera a propriedade. E nenhuma dúvida se afigura legítima quanto a este ponto, tal a clareza com que a lei diferencia os dois direitos.

A obra ou a plantação não altera a relação existente entre a propriedade do dono do solo e o direito de superfície[2361]. E isto sucede porquanto o direito de superfície não tem o implante por objecto nem atribui qualquer poder de aproveitamento do mesmo ao superficiário. Basta ver o conteúdo típico desse direito[2362].

Na realidade, e como deixámos explicado no ponto atinente ao objecto do direito de superfície, a obra ou plantação constitui uma coisa juridicamente diversa do solo ou da construção (no caso da superfície de sobreelevação) sobre que assenta. Sobre essa coisa – diversa, repete-se, do solo ou da construção – há um outro direito de propriedade. O direito de superfície evita justamente que a acessão funcione entre os dois proprietários – do solo e da obra ou plantação – permitindo que duas coisas que, em circunstâncias normais de aplicação do regime regra (o da acessão) se tornariam numa só (uma coisa imóvel), permaneçam separadas e com direitos de propriedade distintos.

Na situação de máxima complexidade, quando existe a obra ou plantação, temos de distinguir duas coisas e três direitos reais. As coisas são:

- O solo[2363] e a obra ou plantação.

Os direitos reais são[2364]:

- O direito de propriedade do proprietário do solo sobre o qual a superfície foi constituída;
- O direito de superfície propriamente dito;

[2361] Claro sobre este ponto, veja-se BOMBARDELLA, "Superficie (dir. priv.)", cit., pág. 1472. Cf. ainda SALIS, "Superfice (Diritto vigente)", cit., pág. 946.

[2362] Cf. supra no texto.

[2363] Ou a construção, no caso da superfície de sobreelevação.

[2364] PUGLIESE, Superficie, cit., pág. 557, distingue duas situações jurídicas, mas é patente da análise subsequente que autonomiza a propriedade da obra ou plantação relativamente à propriedade do solo.

– O direito de propriedade do superficiário sobre a obra ou plantação.

O problema da natureza jurídica do direito de superfície ganha assim contornos mais claros. Se atendermos ao conteúdo típico desse direito, que engloba os poderes de construir e ou manter obra ou plantação em terreno alheio, constataremos facilmente, pelo mero confronto do conteúdo típico de cada um dos direitos, que não pode ser uma propriedade. Não atribui o gozo da coisa como universalidade, não admite o uso e a fruição do solo, e apenas permite construir e ou manter obra ou plantação, um feixe de poderes individualizados que exclui o aproveitamento que não se possa reconduzir a qualquer um deles.

Por outro lado, o desenho típico deste direito não se coaduna com nenhum dos outros tipos[2365]. Não se trata de um usufruto, de um direito de uso, de um direito de habitação ou de uma servidão predial[2366]. Ora, um direito real de gozo que não se identifica com nenhum outro e ademais surge individualizado no catálogo legal de direitos reais de gozo só pode ser um direito novo, autónomo: um direito real *sui generis*.

Como tipo autónomo de direito real de gozo, a superfície atribui ao superficiário o poder de construir e manter, ou só de manter, obra ou plantação sua em terreno alheio, afastando, por conseguinte, o regime da acessão, e dando azo a que uma coisa incorporada no solo com carácter de permanência (a obra ou plantação) mantenha a sua individualidade de coisa e possa pertencer ao superficiário em propriedade[2367].

Como proprietário do implante, o superficiário poderá depois dispor do direito de propriedade no espaço de autonomia que o Direito lhe reconhecer, transmitindo o seu direito ou onerando-o com outros direitos reais, de gozo ou de garantia. É esta última hipótese, aliás, que está subjacente ao regime dos artigos 1539.º e 1541.º

II. Na doutrina portuguesa que se pronunciou sobre o tema, deparamos com posições muito diversas. No sentido, segundo o qual, a superfície tem a natureza de uma propriedade superficiária, dentro de uma construção em que a obra ou plantação é objecto do direito de superfície, encontram-se

[2365] Veja-se também SALIS, La Superfície, cit., pág. 5 e seg.

[2366] Como sucede no Direito suíço. Para a defesa da tese da superfície como servidão, à luz do Direito romano, cf. BIONDI, Le Servitù Prediali Nel Diritto Romano, cit., pág. 70 e segs.

[2367] Para uma construção próxima, SALIS, La Superficie, cit., pág. 7 e segs. Não seguimos, porém este autor, na tese que defende que pode haver propriedades separadas sem direito de superfície.

Oliveira Ascensão[2368] e Pires de Lima/Antunes Varela[2369]. A crítica deste modo de ver já foi feita no ponto anterior.

Menezes Cordeiro[2370] defende a natureza *sui generis* do direito de superfície, numa posição sem dúvida próxima da que defendemos e mereceu a adesão recente de Menezes Leitão[2371]. No entanto, a inclusão do implante no objecto da superfície[2372] tira clareza a esta posição.

Carvalho Fernandes[2373] também se exprime a favor da superfície como "direito real *a se*", mas logo a seguir clarifica "próximo da propriedade", o que de todo pode merecer a nossa concordância. Os poderes do superficiário sobre o implante não justificam esta construção, porquanto sobre esse objecto recai um direito de propriedade distinto do direito de superfície.

Seria, todavia, Mota Pinto[2374] a surpreender de perto a diferente natureza do direito real que incide sobre o solo e sobre a obra ou plantação. O primeiro, que permite construir e manter obra ou plantação sobre ou sob solo alheio, é o direito de superfície; o segundo é uma propriedade; "são, pois, dois direitos de natureza diferente". O direito de superfície constitui um direito real autónomo "in re aliena"[2375].

2368 Quer-nos parecer, no entanto, que em Direito Civil – Reais, cit., pág. 532, a posição deste professor corresponde à que sustentamos no texto.

2369 Código Civil Anotado, cit., pág. 587 e segs.

2370 Direitos Reais, cit., pág. 714 e segs.

2371 Direitos Reais, cit., pág. 348 e seg.

2372 Ob cit., pág. 715, III.

2373 Lições de Direitos Reais, cit., pág. 433 e segs.

2374 Direitos Reais, cit., pág. 290 e segs.

2375 Ob. cit., pág. 291.

Capítulo XIV
Do Direito de Servidão

347. A origem histórica das servidões prediais

I. Tal como os outros direitos reais, as servidões prediais tiveram os seus antecedentes históricos no Direito romano[2376] e são decerto os mais antigos direitos reais sobre coisa alheia[2377].

No Direito romano antigo, pré-clássico e clássico, as servidões eram direitos prediais (*iura praediorum*). Por acto voluntário dos proprietários, um prédio ficava como que ao serviço de um outro (*servitus*, de *servire*)[2378], sujeito a ele no aproveitamento de uma dada utilidade. Essa utilidade devia ser objectiva e permanente. Ela não visava satisfazer uma necessidade do

[2376] Santos Justo, Direito Privado Romano, III, cit., pág. 173 e segs., Burdese, "Servitù Prediali (Diritto romano", Noviss. Dig. It., pág. 118 e segs., Biondi, La Categoria Romana Delle Servitutes, Milano, 1938, pág. 3 e segs., Le Servitú Prediali Nel Diritto Romano (Corso Di Lezioni), Milano, 1946 e Istituzioni Di Diritto Romano, cit., pág. 289 e segs., grosso, I Problemi Dei Diritti Reali Nell'Impostazione Romana, cit., pág. 26 e segs. e 313 e segs., Grosso/Dejana, Le Servitù Prediali, cit., pág. 3 e segs., Ciccaglione, "Servitù (Diritto romano)", Nov. Dig. It., pág. 159 e segs., Arangio-Ruiz, Istituzioni Di Diritto Romano, cit., pág. 233 e segs., Bonfante, "Servitù e obbligazione", cit., pág. 355 e segs. e "Servitù e limitazioni del domínio", Scritti Giuridici Varii, II, Torino, 1926, pág. 926 e segs., Krüger, Die prätorische Servitut, Münster, 1911, pág. 1 e segs., Destrais, De La Propriété Et Des Servitudes En Droit Romain, Paris, 1885, pág. 251 e segs.

[2377] Bonfante, Corso Di Diritto Romano, III, cit., pág. 20.

[2378] Kaser/Knütel, Römisches Privatrecht, cit., pág. 140, Grosso/Dejana, Le Servitù Prediali, cit., pág. 5 e pág. 11.

proprietário circunstancial do prédio, mas devia beneficiar objectivamente o prédio. Por outro lado, não se admitiam utilidades temporárias ou provisórias. A servidão satisfazia uma necessidade permanente.

O prédio que beneficiava da servidão dizia-se dominante; para o prédio sujeito à servidão, prédio serviente na linguagem moderna, parece que não havia uma designação específica. A servidão impunha um gravame ao prédio serviente a favor do prédio dominante, fosse quem fosse o proprietário de cada um deles. A mudança da posição subjectiva de um dos proprietários não afectava a *servitus*, que permanecia apesar das mudanças na propriedade no prédio dominante ou serviente[2379].

Com Justiniano, porém, dá-se o alargamento originário destes direitos de modo a abarcar as denominadas servidões pessoais, incluindo o usufruto, o uso e a habitação. O conceito clássico de *servitus* sofre uma modificação. Passam a distinguir-se, assim, as servidões pessoais (*servitutes personarum*) e as servidões prediais (*servitutes praediorum*). Estas últimas, por sua vez, podiam ser rústicas (*servitutes praediorum rusticorum*) ou urbanas (*servitutes praediorum urbanorum*).

O Direito romano bizantino trouxe, por conseguinte, uma profunda remodelação do instituto das servidões, tal como era conformado no Direito clássico, retirando-o dos limites estreitos da relação de vizinhança entre proprietários de prédios vizinhos para abranger praticamente todos os direitos reais de gozo, com excepção naturalmente da propriedade.

Bonfante[2380] explica que a servidão típica originária, a servidão predial, implicava uma "faculdade limitada do uso da coisa", sem tolher ao proprietário o uso da coisa, sequer na parte afectada pela servidão. A servidão pessoal, contrariamente, com um escopo assistencial, em regra vitalício, arrastava a privação do aproveitamento da coisa pelo proprietário na parte afectada pelo conteúdo do direito de servidão.

II. Nenhuma dúvida se coloca que no Direito romano a servidão constituía uma modalidade de *ius in re aliena*[2381]. Ela apresenta-se como um encargo sobre um prédio alheio.

A servidão podia ser positiva (afirmativa) ou negativa[2382]. A primeira impunha uma obrigação de *pati* ao proprietário do prédio serviente, que tinha

[2379] Biondi, Istituzioni Di Diritto Romano, cit., pág. 291.

[2380] Corso Di Diritto Romano, III, cit., pág. 20.

[2381] Ver, por exemplo, Raúl Ventura, Direitos Reais, cit., pág. 49.

[2382] Entre nós, cf. Santos Justo, Direito Privado Romano, III, cit., pág. 174.

de tolerar a actuação do proprietário do prédio dominante sobre a sua coisa, por exemplo, a passagem ou a derivação de água. A servidão negativa, diferentemente, impunha *um non facere*; o proprietário do prédio serviente ficava obrigado a não fazer algo que o conteúdo do seu direito lhe permitiria fazer não fosse a servidão[2383], por exemplo, construir.

III. Contrariamente ao que sucede no Direito actual, no Direito romano as servidões eram típicas. Não havia um tipo geral de servidão, que servisse de base à constituição de qualquer servidão, mas tipos de servidão. Ou seja, o sistema romano era um sistema de tipicidade de servidões[2384].

Isso não impedia que a actividade das instâncias romanas, particularmente, do Pretor, abrisse as portas a novas *servitutes* de acordo com as necessidades sociais, o que manteve na prática um sistema aberto e não fechado sobre si mesmo.

IV. A prática romana permitiu aos intérpretes identificar princípios fundamentais do Direito romano em matéria de servidões[2385], embora na quase totalidade venham afirmados para algum tipo de servidão em concreto. Alguns desses princípios transcendem o campo específico das servidões e constituem verdadeiros princípios gerais de Direitos Reais, com validade ainda para o sistema normativo actual.

A) *Nemini res sua servit*[2386]

Esta regra[2387] enuncia a impossibilidade do proprietário constituir uma servidão sobre coisa sua ou, o que vai dar no mesmo, a servidão requer que

[2383] Sobre este ponto, cf. BURDESE, "Servitù Prediali (Diritto romano", cit., pág. 121, BIONDI, Istituzioni Di Diritto Romano, cit., pág. 291, SANFILIPPO, Istituzioni Di Diritto Romano, cit., pág. 229 e 230.

[2384] O ponto não é, porém, pacífico, nomeadamente, no que respeita ao Direito justinianeu. No sentido da tipicidade veja-se, entre outros, BIONDI, Istituzioni Di Diritto Romano, cit., pág. 293, GROSSO/DEJANA, Le Servitù Prediali, cit., pág. 5 e segs., FERRINI/PULVIRENTI, Servitù Prediali, Volume Primo, Napoli, Torino, 1908, pág. 34 e seg. Num sentido contrário à tipicidade, cf. BONFANTE, Corso Di Diritto Romano, III, cit., pág. 40 e segs.

[2385] Uma síntese histórica pode ver-se em SANTOS JUSTO, Direitos Reais, cit., pág. 424 e segs.

[2386] D. 8, 2, 26.

[2387] Veja-se SANTOS JUSTO, Direito Privado Romano, III, cit., pág. 175, BIONDI, Le Servitù Prediali Nel Diritto Romano (Corso Di Lezioni), Milano, 1946, pág. 90 e segs., Istituzioni Di Diritto Romano, cit., pág. 296, BONFANTE, Corso Di Diritto Romano, III, cit., pág. 27 e segs., SOLAZZI, Requisiti E Modi Di Constituzioni Delle Servitù Prediali, Napoli, 1947, pág. 13 e segs.

sejam diferentes os proprietários dos prédios serviente e dominante: *nulli res sua servit*[2388].

B) *Servitus in faciendo consistere nequit*[2389]

Este princípio já foi analisado a propósito da temática das obrigações *propter rem* e dos ónus reais. Para o Direito romano era claro que a obrigação do proprietário do prédio serviente só podia ser negativa, consistindo num *pati* ou num *non facere*. Obrigações positivas não podem ser objecto de direitos reais, pois são direitos *in personam* e não *in rem*[2390]. Não são, assim, admissíveis direitos reais *in faciendo*.

C) *Vizinhança dos dois prédios*[2391]

Outro princípio do regime das *servitutes* é o de que estas só podem ser constituídas entre prédios vizinhos. A relação de vizinhança não é, no entanto, entendida como contiguidade, bastando uma proximidade espacial, o que torna particularmente difícil a fixação de um limite. Há quem ultrapasse esta dificuldade pretendendo que a utilidade ao prédio dominante sobrelevava a distância física entre os prédios[2392].

Deste modo, podia haver um ou mais prédios de permeio entre o prédio serviente e dominante. Em algumas servidões, como as servidões de aqueduto, a constituição não era possível se houvesse entre os dois prédios uma via pública; já na servidão de passagem este facto não era impeditivo.

[2388] Cf. igualmente Kaser/Knütel, Römisches Privatrecht, cit., pág. 141, Sanfilippo, Istituzioni Di Diritto Romano, cit., pág. 229.

[2389] Veja-se Santos Justo, Direito Privado Romano, III, cit., pág. 175, Biondi, Le Servitù Prediali Nel Diritto Romano (Corso Di Lezioni), § 15 e Istituzioni Di Diritto Romano, cit., pág. 296, Bonfante, Corso Di Diritto Romano, III, cit., pág. 29 e segs., Kaser/Knütel, Römisches Privatrecht, cit., pág. 141, Sanfilippo, Istituzioni Di Diritto Romano, cit., pág. 229 e seg., Solazzi, Requisiti E Modi Di Constituzioni Delle Servitù Prediali, cit., pág. 19 e segs.

[2390] A excepção do *servitus oneris* ferendi, que impunha ao proprietário o dever de reparar a parede ou o muro em que se apoia o seu edifício não chega para infirmar este princípio. Sobre esta excepção, veja-se Santos Justo, Direito Privado Romano, III, cit., pág. 175, Biondi, Istituzioni Di Diritto Romano, cit., pág. 296.

[2391] Le Servitù Prediali Nel Diritto Romano (Corso Di Lezioni), cit., § 24.

[2392] Bonfante, Corso Di Diritto Romano, III, cit., pág. 37 e seg.

D) *Servitus fundo utilis esse debet*

No Direito romano a servidão só podia ser validamente constituída enquanto representasse uma utilidade para o prédio dominante[2393]. A utilidade era apreciada objectivamente, portanto, com independência da conveniência pessoal do proprietário de momento. A servidão cessava quando a coisa deixasse de ser útil ao prédio para o ser somente à pessoa do proprietário[2394].

Se a utilidade se liga a uma pessoa e não ao prédio a relação não tem a natureza de uma servidão, mas sim de uma obrigação, valendo, por conseguinte, no estrito âmbito das partes, sem se transmitir aos terceiros adquirentes da propriedade dos prédios em causa[2395].

E) *Permanência da utilidade*[2396]

Este princípio encontra-se de algum modo ligado ao anterior[2397]. Porquanto a utilidade da servidão se reporta ao prédio e não à pessoa do proprietário, a servidão deve ser apta a satisfazer o prédio dominante de modo continuado (*perpetua causa*)[2398]. Assim, a duração da servidão é tendencialmente perpétua. BIONDI[2399] fala mesmo num princípio da perpetuidade das servidões, no sentido de que a sua duração é indefinida.

Dado este princípio, as servidões temporárias não eram admitidas no Direito romano[2400]. Elas revelavam uma conveniência meramente pessoal e não do prédio dominante e isso contrariava o princípio *servitus fundo utilis esse debet*.

[2393] BONFANTE, Corso Di Diritto Romano, III, cit., pág. 34 e segs., BIONDI, Istituzioni Di Diritto Romano, cit., pág. 297, KASER/KNÜTEL, Römisches Privatrecht, cit., pág. 141.

[2394] BONFANTE, Corso Di Diritto Romano, III, cit., pág. 34. Veja-se também BIONDI, la Categoria Romana Delle "Servitutes", Milano, 1938, pág. 367 e segs.

[2395] BIONDI, Istituzioni Di Diritto Romano, cit., pág. 297.

[2396] BONFANTE, Corso Di Diritto Romano, III, cit., pág. 39, BIONDI, Istituzioni Di Diritto Romano, cit., pág. 299, SOLAZZI, Requisiti E Modi Di Constituzioni Delle Servitù Prediali, cit., pág. 37 e segs.

[2397] SANFILIPPO, Istituzioni Di Diritto Romano, cit., pág. 230.

[2398] BONFANTE, Corso Di Diritto Romano, III, cit., pág. 39, BIONDI, Istituzioni Di Diritto Romano, cit., pág. 299, KASER/KNÜTEL, Römisches Privatrecht, cit., pág. 141.

[2399] Istituzioni Di Diritto Romano, cit., pág. 300.

[2400] KASER/KNÜTEL, Römisches Privatrecht, cit., pág. 141.

F) *Inalienabilidade*[2401]

A servidão mantém-se como encargo do prédio serviente mesmo que a propriedade seja transmitida e, do mesmo modo, o adquirente da propriedade sobre prédio dominante beneficia da servidão, como beneficiava o anterior proprietário. Utilizando uma linguagem moderna, a servidão tem inerência ao prédio e segue o destino deste[2402].

G) *Indivisibilidade*[2403]

Embora possa ser exercida sobre uma parte do prédio serviente, se tal resultar do título constitutivo, a *servitus* afecta todo o prédio serviente e beneficia todo o prédio dominante e não somente uma porção demarcada dele[2404].

Atendendo à natureza indivisível da servidão, em caso de compropriedade, todos os comproprietário tinham de dar o seu consentimento à sua constituição, não sendo válida a servidão constituída somente por um dos comunheiros.

O princípio da indivisibilidade das servidões postulava igualmente que, em caso de divisão do prédio dominante, cada nova parte continuava a beneficiar da servidão por inteiro, não obstante não poder tornar mais gravosa a situação do prédio serviente[2405]. Na hipótese inversa de divisão do prédio serviente, cada uma das partes continuava a suportar a servidão por inteiro.

[2401] Biondi, Le Servitù Prediali Nel Diritto Romano (Corso Di Lezioni), cit., § 18 e Istituzioni Di Diritto Romano, cit., pág. 297 e seg., Bonfante, Corso Di Diritto Romano, III, cit., pág. 38., Solazzi, Requisiti E Modi Di Constituzioni Delle Servitù Prediali, cit., pág. 52.

[2402] Cf. Biondi, Istituzioni Di Diritto Romano, cit., pág. 297.

[2403] Santos Justo, Direito Privado Romano, III, cit., pág. 176, Bonfante, Corso Di Diritto Romano, III, cit., pág. 39, Biondi, Le Servitù Prediali Nel Diritto Romano (Corso Di Lezioni), cit., § 21 e Istituzioni Di Diritto Romano, cit., pág. 298, Sanfilippo, Istituzioni Di Diritto Romano, cit., pág. 230, Kaser/Knütel, Römisches Privatrecht, cit., pág. 141.

[2404] Sanfilippo, Istituzioni Di Diritto Romano, cit., pág. 230.

[2405] Biondi, Istituzioni Di Diritto Romano, cit., pág. 298.

H) *Servitus servitutis esse non potest*[2406]

Este princípio, no seu teor literal, explica-se facilmente. O titular da *servitus* não podia constituir outras servidões. Em todo o caso, o real alcance do princípio permanece rodeado de forte obscuridade[2407].

V. Como dissemos, os romanos não conheciam uma categoria geral de servidão, mas sim tipos de *servitutes.* Os tipos mais antigos de servidão no Direito romano são todos relativos a servidões rústicas, o que se compreende numa economia rural, e abrangiam apenas as *res mancipi.*

As duas espécies de servidões mais comuns, sobre as quais se desenvolveram os princípios já assinalados, são as servidões de passagem as servidões de água[2408]. Dentro das primeiras, apontam-se três: *via, iter* e *actus.* A primeira é a mais simples, permitia a passagem a pé, a cavalo, por lita ou meio de transporte semelhante. A servidão de *iter* autorizava o titular a guiar jumentos, carros e carga pelo prédio serviente. A servidão de *actus* reunia o conteúdo das outras duas, sendo a mais extensa.

As servidões de água consistiam fundamentalmente em servidões de aqueduto, ou seja, o direito a derivar e conduzir a água do prédio serviente para beber ou irrigar o campo do prédio dominante.

Outras servidões rústicas são: *ius cretae eximendae, calcis coquendae, lapidis eximendi, harenae fodiendae, ius in silva vicini pedamenta sumendi, item ius fructus in vicini villa cogendi coactosque habendi, ius terram rudus saxa iacere posita habere*, etc.

As servidões urbanas surgiram posteriormente. Elas podem agrupar-se em três grupos[2409]: *servitutes stillicidiorum, servitutes parietum* e *servitutes luminum.* As primeiras autorizam o titular a descarregar as águas pluviais no prédio ou canalização do vizinho; as segundas a colocar uma trave no muro do vizinho (*servitus tigni imittendi*) ou a apoiar o edifício próprio num muro ou pilar do vizinho (*servitus oneris ferendi*); as terceiras visam garantir ar, luz

[2406] Santos Justo, Direito Privado Romano, III, cit., pág. 174, Biondi, Le Servitù Prediali Nel Diritto Romano (Corso Di Lezioni), CIT., § 20, Bonfante, Corso Di Diritto Romano, III, cit., pág. 27 e segs., Solazzi, Requisiti E Modi Di Constituzioni Delle Servitù Prediali, cit., pág. 17, Kaser/Knütel, Römisches Privatrecht, cit., pág. 141.

[2407] Bonfante, Corso Di Diritto Romano, III, cit., pág. 27 e segs.

[2408] Cf. Santos Justo, Direito Privado Romano, III, cit., pág. 178, Direitos Reais, cit., pág. 424 e seg., Burdese, "Servitù Prediali (Diritto romano)", cit., pág. 119 e seg., Bonfante, Corso Di Diritto Romano, III, cit., pág. 51 e segs., Solazzi, Specie Ed Estinzione Delle Servitù Prediali, pág. 18 e segs.

[2409] Bonfante, Corso Di Diritto Romano, III, cit., pág. 56 e segs.

ou vista. Entre estas últimas contam-se as *servitus altius non tollendi* e as *servitutes ne luminibus* e *ne prospectui offciatur*.

348. A supressão das servidões pessoais pelo Code Civil francês e o Código Civil de Seabra

A construção dogmática das servidões no Direito justinianeu permaneceu largamente no Direito comum[2410] e subsiste ainda hoje no Direito alemão e no Direito suíço. Com efeito, o BGB manteve a distinção bizantina, colhida no Direito comum, entre servidões prediais e servidões pessoais. O usufruto, os direitos de uso e de habitação mantêm-se no contexto sistemático das servidões (§§ 1018 a 1093), lado a lado com as servidões prediais (Grunddienstbarkeiten). O mesmo sucede no Direito suíço, com uma extensão, aliás, maior do que no Direito alemão, pois, para além dos direitos de usufruto, uso e habitação, também engloba o direito de superfície no quadro das servidões (artigos 730 a 781 do Code Civil suisse).

Outra foi a orientação seguida nos países latinos. O Code Civil francês suprimiu a referências às servidões pessoais, vistas como atidas à economia feudal do Antigo Regime, e voltou à tradição clássica do Direito romano, prevendo apenas servidões prediais. O art. 637 do Código napoleónico define servidão como "a carga imposta sobre um prédio para uso e utilidade de um prédio pertencente a outro proprietário".

O actual Código Civil italiano, como o anterior de 1865, considera apenas as servidões prediais (art. 1027 a 1099), sendo essa igualmente a solução do Código Civil espanhol (art. 530 a 604).

O Código Civil de Seabra enfileirou na corrente do Code Civil francês. O art. 2189.º distingue os direitos de usufruto, uso e habitação (4.º) das servidões (6.º)[2411], e estas vêm definidas inequivocamente como servidões prediais no art. 2267.º: "servidão é um encargo imposto em qualquer prédio, em proveito ou serviço de outro prédio pertencente a dono diferente: o prédio sujeito à servidão diz-se serviente e o que dela se utiliza dominante".

Em comentário ao regime das servidões, José Tavares[2412] explica que "no conceito moderno a servidão é uma relação jurídica de carácter essencial e exclusivamente real: é apenas a relação de dependência ou de sujeição dum prédio a outro, e não a uma pessoa. Foi inteiramente posta

[2410] Cf. Caravale, "Servitù Prediali (Diritto intermedio)", Noviss. Dig. It., pág. 124 e segs.

[2411] Todos eles classificados como propriedades imperfeitas.

[2412] Os princípios fundamentais do direito civil, Vol. I, cit., pág. 687.

de parte a antiga distinção romanista das servidões em reais ou prediais e pessoais (...)".

Portanto, o século XIX operou a fractura entre dois posicionamentos diferentes, o germânico, por um lado, fiel ao Direito romano justinianeu, conservado em grande parte no Direito comum, e o latino, inaugurado com o Código Civil francês, que regressou ao padrão clássico do Direito romano, eliminando as servidões pessoais do âmbito do direito de servidão.

349. Precisão terminológica

I. Como alguns autores têm salientado, a supressão das servidões pessoais do âmbito da categoria das servidões apaga o outro termo da classificação entre servidões prediais e servidões pessoais.

Se não há mais servidões pessoais, sendo todas prediais, afigura-se mais correcto falar simplesmente em servidões e não em servidões prediais[2413], como faz o nosso Código Civil na epígrafe do Título VI do Livro III, assim como em vários preceitos do regime jurídico.

II. Os direitos modernos não estabelecem um princípio de taxatividade para as servidões prediais, conforme sucedia no Direito romano. O que existe é um tipo de direito real, direito de servidão, que pode ter um conteúdo diverso consoante a utilidade concreta que o integra.

Deste modo, em vez de se falar genericamente em servidões ou em servidões prediais, deve-se aludir simplesmente a direito de servidão. Este é o tipo de direito real que está em causa, embora, pela variabilidade do seu conteúdo ou modo de exercício, se possa depois proceder a várias classificações.

350. O tipo legal do direito de servidão. A servidão como tipo aberto

I. O art. 1543.º contém uma assinalável semelhança com o art. 2267.º do Código de Seabra, definindo servidão predial como "o encargo imposto num prédio em proveito exclusivo de outro prédio pertencente a dono diferente".

Esta definição pode explicar-se pela força da tradição histórica; no Direito romano a *servitus* vem descrita como uma relação de serviço entre

[2413] Neste sentido, cf. Oliveira Ascensão, Direito Civil – Reais, cit., pág. 492 e seg., Menezes Cordeiro, Direitos Reais, cit., pág. 721, Burdese, "Servitù Prediali (Diritto vigente)", cit., pág. 131.

dois prédios, na qual um beneficia (o prédio dominante) e o outro (prédio serviente) fica gravado ao peso do serviço. É claro, no entanto, que a relação não se dá entre dois prédios, processando-se naturalmente entre os titulares de direitos reais sobre eles[2414]. De outro modo, tal definição seria manifestamente errónea[2415]; não há relações jurídicas entre coisas.

A fórmula do art. 1543.º parece acolher o princípio romano *nemini res sua servit*, uma vez que se acentua que o prédio a favor do qual o "encargo" surge imposto pertence a dono diferente. GROSSO/DEJANA[2416] justificam a solução paralela do Direito italiano, sustentando que o princípio mencionado "pode fundar-se no conceito de que o conteúdo unitário da propriedade absorve o conteúdo de outro direito real, que se apresenta como explicação da propriedade, e não pode ter, no mesmo titular, uma configuração autónoma como direito a sè".

Parece-nos, no entanto, discutível que não possa haver uma servidão entre dois prédios pertencentes ao mesmo proprietário[2417][2418]. Se a solução não merece controvérsia no caso de duas propriedades plenas na mesma titularidade, afinal, o paradigma do qual o legislador partiu[2419], pode acontecer que num dos prédios esteja constituído um direito real menor, um direito de usufruto, por exemplo. Neste caso, admitindo que o usufrutuário pode constituir servidões passivas que não excedam a duração do seu direito (art. 1460.º, n.º 1) e que pode beneficiar igualmente de servidões activas, por que razão não pode constituir uma servidão a favor de outro prédio do nu proprietário, que está privado do gozo da sua coisa enquanto o usufruto subsiste, ou, inversamente, vir a beneficiar de servidão desse prédio?

[2414] Evidenciam este aspecto PIRES DE LIMA/ANTUNES VARELA, Código Civil Anotado, cit., pág. 615 GROSSO/DEJANA, Le Servitù Prediali, cit., pág. 12 e segs., BIONDI, Las Servidumbres, pág. 105.

[2415] Como faz notar BURDESE, "Servitù Prediali (Diritto vigente)", cit., pág. 131.

[2416] Le Servitù Prediali, cit., pág. 20.

[2417] No sentido da admissibilidade, o sentido que temos por correcto, BRANCA, Servitù Prediali, cit., pág. 13 e segs.

[2418] Tem-se entendido pacificamente que o princípio *nemini res sua servit* não fica em causa quando a constituição da servidão se dá entre um prédio em propriedade singular e outro em compropriedade, sendo o proprietário do primeiro comproprietário do segundo. CF. PIRES DE LIMA/ANTUNES VARELA, Código Civil Anotado, cit., pág. 617, BURDESE, "Servitù Prediali (Diritto vigente)", cit., pág. 139, BRANCA, Servitù Prediali, cit., pág. 15 e pág. 298.

[2419] Como também faz notar BRANCA, Servitù Prediali, cit., pág. 13.

Não vemos qualquer razão que impeça a validade da constituição da servidão numa hipótese destas[2420]. Quando o direito real menor se extinguir, e se a servidão se mantiver[2421], operará a confusão entre a propriedade do prédio dominante e o direito de servidão, mantendo eficácia o brocardo *nemini res sua servit.*

O direito de servidão, sendo embora um tipo a se de direito real, encontra-se numa relação de dependência, como uns dizem[2422], ou de acessoriedade[2423] em relação a outro direito real. Esta acessoriedade vem muitas vezes explicada por referência ao princípio da inseparabilidade das servidões (art. 1545.º). A mudança de titularidade do direito real no prédio dominante ou serviente não se reflecte na existência da servidão e, por conseguinte, tanto o novo proprietário (ou titular do direito real de gozo) do prédio serviente continuará com o seu direito onerado pela servidão como o proprietário do prédio serviente (ou titular do direito real de gozo) beneficiará dela.

Pensamos, no entanto, que a acessoriedade do direito de servidão não está na inerência ao prédio que possui enquanto direito real. A titularidade da servidão advém da titularidade de um direito real de gozo[2424] sobre o prédio dominante. Ninguém pode ser titular de um direito de servidão se não for titular de um direito real de gozo sobre um prédio e a extensão legal do seu direito permita beneficiar da servidão. Por isso, o direito de servidão é acessório desse direito real sobre o prédio dominante[2425].

O direito de servidão só pode constituir-se sobre prédio vizinho. Sendo embora verdade que o art. 1543.º não faz qualquer menção à vizinhança como elemento do tipo legal, ela surge de forma indirecta noutros preceitos. Com efeito, a lei fala em "prédios rústicos vizinhos" (art. 1550.º, n.º 1), em "proprietários vizinhos" (art. 1557.º, n.º 1), em prédios vizinhos (art. 1558.º, n.º 1), o que parece contribuir para uma limitação espacial das

[2420] Em sentido diverso, Grosso/Dejana, Le Servitù Prediali, cit., pág. 12 e segs. No sentido do texto, Biondi, Las Servidumbres, pág. 128.

[2421] E não é forçoso que aconteça, pois o direito de servidão pode ser constituído pelo prazo de duração do direito real menor ou até que este se extinga por qualquer razão.

[2422] Biondi, Las Servidumbres, pág. 110.

[2423] Menezes Cordeiro, Direitos Reais, cit., pág. 724.

[2424] Esse direito real não tem de ser a propriedade, mas outro qualquer direito real cujo conteúdo típico permita a constituição válida de servidões. Sobre o ponto, cf. Burdese, "Servitù Prediali (Diritto vigente)", cit., pág. 137 e seg.

[2425] Burdese, "Servitù Prediali (Diritto vigente)", cit., pág. 137, Laurroumet, Droit Civil, Les Biens, cit., pág. 494 e seg.

servidões às relações de vizinhança[2426]. Todavia, e conforme decorria do Direito romano, vizinhança não equivale a contiguidade. O direito de servidão pode ser constituído entre prédios não contíguos ou atravessados por via pública, neste último caso, contando que a lei não exclua essa possibilidade.

III. A lei portuguesa começa por definir a servidão como "um encargo imposto num prédio em proveito exclusivo de outro prédio (...)" (art. 1543.º). As redacções das principais leis estrangeiras são semelhantes. No art. 1027 do Código Civil italiano diz-se que a servidão "consiste no peso imposto sobre um prédio (...)"; o Code Civil francês define servidão como "uma carga imposta sobre um prédio (...)". Também a redacção alemã do § 1018 do BGB, que usa o verbo belasten, sugere o peso ou a carga que a servidão predial representa sobre o prédio serviente.

Estas definições continuam a exprimir o entendimento romano da servidão como um serviço prestado por um prédio a outro e o gravame que decorre para o prédio serviente da perda de liberdade correspondente. A tónica do direito real reside, todavia, no aproveitamento de uma coisa corpórea e não numa relação entre sujeitos, como é próprio das obrigações, e menos ainda numa relação entre prédios. E nada se ganha em insistir em fórmulas que eram adequadas no contexto civilizacional romano, mas que já nada dizem actualmente e que apresentam, além do mais, o inconveniente de ignorarem os avanços dogmáticos da ciência jurídica sobre o conceito de direito subjectivo, em geral, e de direito real, em particular.

Por outro lado, e atendendo agora à formulação portuguesa da servidão como um encargo, ela mostra-se triplamente inconveniente. Primeiro, porque o termo "encargo" tem uma acepção técnica no campo das situações jurídicas que a aproxima ou confunde com a cláusula modal. Ora, não se vê qualquer vantagem no uso de um termo comprometido na dogmática jurídica para descrever a servidão.

Segundo, e mais importante, porque a servidão representa um direito real e não outra coisa qualquer. Dizer que a servidão constitui o encargo pode ter valor ilustrativo para realçar o peso económico da servidão sobre o prédio serviente, mas não é adequado do ponto de vista técnico-jurídico para definir um direito real.

Terceiro, porque recorrendo a um termo que não exprime mais do que o alcance económico da oneração da propriedade do prédio serviente,

[2426] Em sentido aparentemente contrário para o Direito italiano, BRANCA, Servitù Prediali, cit., pág. 16 e seg.

deixa de fora, afinal, o conteúdo típico do direito, em contraste com o que sucede nas definições legais dos outros direitos reais de gozo, onde se intenta dar a imagem típica do direito real com a inclusão do conteúdo de aproveitamento da coisa que o direito concede.

Deste modo, a fim de encontrar o conteúdo típico que molda o tipo legal do direito de servidão, o intérprete tem de baixar ao artigo seguinte (art. 1544.º).

IV. De útil para a construção do tipo legal de direito de servidão, a noção legal do art. 1543.º contém três notas distintivas:

- Confina o direito de servidão às servidões prediais;
- Limita as servidões prediais às relações de vizinhança;
- Admite a constituição do direito de servidão somente entre titulares não coincidentes de direitos reais sobre os prédios (*nemini res sua servit*, com a interpretação restritiva que propomos).

Falta, no entanto, o conteúdo de aproveitamento que o tipo de direito real propicia ao seu titular, que se encontra, como dissemos, no art. 1544.º. Segundo este preceito, podem pertencer ao conteúdo das servidões "quaisquer utilidades, ainda que futuras e eventuais, susceptíveis de ser gozadas por intermédio do prédio dominante".

Como no Direito romano, o conteúdo típico do direito de servidão reside no aproveitamento de uma utilidade que o prédio serviente seja susceptível de fazer beneficiar o prédio dominante. Diferentemente do Direito romano, porém, em que as servidões eram típicas, no Direito português actual existe um único tipo de direito de servidão, que pode ter como conteúdo qualquer utilidade.

Este conteúdo sugere um tipo aberto[2427-2428], com múltiplas possibilidades de concretização, tantas quantas as utilidades que um imóvel possa

[2427] Não confundir tipo aberto com servidões atípicas, como referem PIRES DE LIMA/ANTUNES VARELA, Código Civil Anotado, cit., pág. 618. O direito de servidão, enquanto direito real, constitui um tipo legal ao lado dos outros direitos reais que compõem o *numerus clausus* de direitos reais. O que acontece é que o conteúdo típico vem descrito por um conceito jurídico indeterminado ("quaisquer utilidades") e não por poderes ou faculdades concretas de gozo da coisa ou de outro aproveitamento. Tudo o que seja utilidade susceptível de ser extraída de um prédio para beneficiar outro pode dar origem a um direito de servidão, mas a servidão em causa só pode ser um direito real se corresponder ao tipo legal. MOTA PINTO, Direitos Reais, cit., pág. 317, CARVALHO FERNANDES, Lições De Direitos Reais, cit., pág. 460 e seg. e SANTOS JUSTO, Direitos Reais, cit., pág. 429 falam antes em conteúdo atípico. Receamos que esta terminologia seja equívoca, por sugerir também um direito atípico, o que não é o caso do direito de servidão. Na jurisprudência, cf.

fazer beneficiar outro e sem que seja necessário que aquelas estejam todas definidas à partida pela lei. Por exemplo, a lei portuguesa prevê servidões de água e de passagem; contudo, mesmo não estando contempladas na lei, outras utilidades (pasto, lenha, vista, distância para construção, etc.) podem constituir o conteúdo de um direito de servidão.

Neste contexto, o problema passa a ser o de saber em que consiste a utilidade que é conteúdo do direito de servidão. Ele assume tanto mais relevância quanto é certo que a utilidade tem a função de delimitar o tipo legal do direito de servidão[2429]. Sem utilidade, na acepção legal do termo, não há direito de servidão.

V. A utilidade para o prédio dominante afere-se objectivamente, sem consideração pelas necessidades puramente subjectivas do titular circunstancial do direito real sobre o prédio dominante[2430]. Dito por outras palavras, a utilidade afere-se em função do seu impacto no prédio dominante, nomeadamente, se aí é apta a satisfazer alguma necessidade. Não é outro o significado do trecho "em proveito exclusivo de outro prédio" constante do art. 1543.º[2431]. Com ele manteve-se o princípio romano *servitus fundo utilis esse debet*[2432]: a servidão tem de ser útil ao prédio serviente.

Nada disto se prende com o aumento do valor do prédio dominante. Esse aumento pode não se verificar, sem que com isto se afaste a possibilidade legal de constituição do direito de servidão (art. 1544.º, no fim). A utilidade não pode, assim, ser aferida em função do facto de trazer ou não mais valor para o prédio dominante.

o Ac. STJ de 11.11.2003, Proc. n.º 03A3510, em www.dgsi.pt. Preferimos recorrer à figura do tipo aberto para ilustrar a circunstância do direito de servidão poder conceder o aproveitamento de utilidades não concretizadas pela lei.

2428 Fala igualmente em tipo aberto Carvalho Fernandes, Lições De Direitos Reais, cit., pág. 459.

2429 Como salienta Branca, Le Servitù, cit., pág. 18, "a utilitas (...) caracteriza os limites além dos quais não existe servidão". Veja-se também Vitucci, "Servitù Prediali", Digesto delle Discipline Privatistiche, Sezione Civile, pág. 500.

2430 Grosso/Dejana, Le Servitù Prediali, cit., pág. 113 falam num conceito impessoal de utilidade do fundo. Cf. também, Vitucci, "Servitù Prediali", cit., pág. 501, Burdese, Le Servitù Prediali, pág. 26 e seg.

2431 Num sentido coincidente, Oliveira Ascensão, Direito Civil – Reais, cit., pág. 492, Menezes Cordeiro, Direitos Reais, cit., pág. 724, Pires de Lima/Antunes Varela, Código Civil Anotado, cit., pág. 618 e segs., Mota Pinto, Direitos Reais, cit., pág. 306, Santos Justo, Direitos Reais, cit., pág. 429 e seg.

2432 Sobre isto, cf. supra no texto.

A utilidade para o prédio dominante pode ser comprovada pelo prisma de qualquer das utilizações que o titular do direito real de gozo lhe pode dar. Nada impõe que a utilidade seja vista somente em função do destino natural do prédio, seja ele qual for; a utilidade pode destinar-se ao fim escolhido pelo titular do direito real (industrial, comercial, agrícola ou outro)[2433].

A servidão pode ter por conteúdo a supressão da vinculação (dever, estado de sujeição, etc.) que delimita negativamente a extensão do gozo do titular do direito real em função das relações de vizinhança[2434], contando que não seja modificado o tipo legal do direito (servidões desvinculativas). Toda a série de deveres de vizinhança que limitam a extensão do gozo da coisa podem deixar de ser observados se a actividade proibida for objecto do direito de servidão a favor do obrigado. Assim, a utilidade pode estar na possibilidade de abrir janelas ou varandas a menos de um metro e meio de distância do prédio do vizinho, de emitir ruído para além do limite legal, etc.

A utilidade pode ser concedida em função de um destino económico do prédio ao qual este ainda não se encontre afecto e que pode até nem vir a estar. O art. 1544.º estipula expressamente a admissibilidade das servidões relativas a utilidades futuras ou meramente eventuais[2435].

A utilidade pode consistir numa parcela do uso do prédio serviente. As servidões de água e as servidões de passagem envolvem (algum) uso do prédio serviente. O mesmo se diga no tocante à fruição. Não obstante uma posição antiga de GUILHERME MOREIRA, a servidão pode consistir no aproveitamento de frutos ou produtos do prédio serviente[2436]. As tradicionais servidões de pasto ou de lenha envolvem frutos e produtos da coisa serviente.

A utilidade conteúdo da servidão tem de ser concretamente determinada[2437]. O tipo legal da servidão consagra um conceito indeterminado que abrange todas as utilidades em abstracto. Porém, uma servidão só será

[2433] BRANCA, Le Servitù, cit., pág. 18 e segs., BURDESE, "Servitù Prediali (Diritto vigente)", cit., pág. 135; na doutrina portuguesa, PIRES DE LIMA/ANTUNES VARELA, Código Civil Anotado, cit., pág. 620.

[2434] Cf., sobre o ponto, BRANCA, Le Servitù, cit., pág. 20 e seg.

[2435] Para mais desenvolvimentos, cf. BURDESE, "Servitù Prediali (Diritto vigente)", cit., pág. 135 e seg.

[2436] OLIVEIRA ASCENSÃO, Direito Civil – Reais, cit., pág. 492, MENEZES CORDEIRO, Direitos Reais, cit., pág. 729, MOTA PINTO, Direitos Reais, cit., pág. 317.

[2437] Neste sentido, correctamente, Ac. STJ de 13.01.2004, Proc. n.º 03A4066, www.dgsi.pt.

validamente constituída se individualizar a utilidade do prédio serviente a aproveitar pelo prédio dominante (a vista, o pasto, a passagem, a lenha, etc.).

VI. O conteúdo típico da servidão traduz-se, assim, no poder ou poderes jurídicos que permitem ao titular da servidão fazer o aproveitamento da utilidade a que se refere o direito.

Nas servidões negativas, o conteúdo da servidão limita-se ao poder de exigir ao titular do direito real onerado com a servidão ou a qualquer pessoa o *non facere* em causa (não construir, não abrir portas ou janelas, não murar o prédio, etc.).

Nas servidões positivas o conteúdo típico da servidão envolve um *pati* dos titulares de direitos reais sobre o prédio serviente, o que tem como contrapartida a possibilidade de actuação sobre o prédio serviente. Deste modo, na servidão de passagem podemos divisar um poder de passagem no prédio serviente, na servidão de aqueduto o poder de instalar canalização de transporte de água no prédio serviente, etc.

Os poderes que permitem o aproveitamento directo da utilidade da servidão compõem o conteúdo típico do direito, mas não o esgotam. Ao lado desses, existem ainda os poderes acessórios, aqueles que se destinam a tornar possível o exercício da servidão ao longo do tempo de duração do direito[2438]. A doutrina fala aqui nos *adminicula servitutis*[2439]. Os poderes acessórios pertencem ao conteúdo supletivo do direito de servidão, estando a sua existência dependente do que dispuser a propósito o título constitutivo. É isso que decorre do art. 1564.º na parte que dispõe que "as servidões são reguladas, no que respeita à sua extensão (...), pelo respectivo título"[2440].

[2438] Numa perspectiva diferente, BIONDI, Las Servidumbres, cit., pág. 763, afirma que "as faculdades acessórias necessárias para o exercício da servidão não fazem parte do conteúdo da servidão, mas sim do seu exercício". Não concordamos. Os poderes acessórios decerto não integram o que chamamos o conteúdo típico injuntivo do direito de servidão, ou seja, o tipo legal deste direito, mas integram o conteúdo do direito de servidão e não se devem confundir com o exercício da servidão, que é tão-somente o modo como os poderes são actuados pelo titular do direito de servidão.

[2439] BRANCA, Le Servitù, cit., pág. 334.

[2440] A redacção da lei portuguesa é nesta parte infeliz, porquanto o que está em causa é o conteúdo do direito da servidão e não a extensão desta. Como cada direito de servidão tem um conteúdo, falar da extensão deste não faz sentido. Cf. a propósito as observações argutas de BIONDI, Las Servidumbres, cit., pág. 783.

Uma tipificação dos poderes acessórios não se afigura possível em abstracto. No entanto, podemos dizer que naqueles se englobam os que sejam indispensáveis ao exercício do direito de servidão. Se, por exemplo, a servidão de presa requer uma manutenção constante do depósito de água ou da barragem o poder respectivo integra o conteúdo da servidão, onerando os direitos reais de gozo sobre o prédio serviente.

O n.º 2 do art. 1565.º ajuda na delimitação do conteúdo positivo do direito de servidão ao dispor que "em caso de dúvida quanto à extensão ou modo de exercício, entender-se-á constituída a servidão por forma a satisfazer as necessidades normais e previsíveis do prédio dominante (...)". Quando o título não disponha diferentemente, os poderes acessórios que integram o conteúdo da servidão são os que permitem a satisfação corrente da utilidade em causa. Mais do que definir o que integra o conteúdo do direito de servidão, todavia, a formulação legal aponta para uma fixação do *quantum* da utilidade que possa ser aproveitada pelo prédio dominante, estipulando como critério "as necessidades normais e previsíveis" desse prédio.

O poder de fazer obras no prédio serviente (art. 1566.º e art. 1567.º) é um dos poderes acessórios que integram o conteúdo da servidão, caso não seja afastado no título constitutivo da servidão.

VII. Com os dados do tipo legal, podemos, assim, definir o direito de servidão como o direito de um titular de direito real sobre um prédio a aproveitar uma dada utilidade de outro prédio.

351. O objecto do direito de servidão

O direito de servidão tem por objecto o prédio serviente[2441]. Não obstante beneficiar o prédio dominante, o direito de servidão não recai sobre esta coisa, mas sim sobre a coisa cuja utilidade beneficia aquele prédio.

Assim, apesar do titular do direito real sobre o prédio dominante adquirir o direito de servidão por força da sua posição sobre aquele prédio (acessoriedade), a coisa sobre a qual recai a servidão é o prédio serviente. O exercício do direito de servidão refere-se unicamente ao prédio serviente.

[2441] Branca, Le Servitù, cit., pág. 5.

352. Modalidades de servidão

I. Tradicionalmente a doutrina apresenta algumas classificações do direito de servidão.

A mais antiga classificação das servidões é possivelmente aquela que distingue as servidões rústicas e urbanas[2442], consoante a natureza do prédio sobre que recaem. Válida para o Direito romano, ela perdeu grande parte do seu alcance na actualidade[2443]. Nenhuma diferença de regime jurídico decorre desta classificação.

Outras classificações distinguem:

- Servidões legais (coactivas) e servidões voluntárias;
- Servidões aparentes e não aparentes;
- Servidões positivas e negativas;
- Servidões activas e servidões passivas.

Uma breve referência será feita às servidões desvinculativas.

II. Vamos agora analisar a primeira classificação, a que distingue servidões legais (coactivas) e servidões voluntárias[2444].

Todas as servidões têm a sua fonte na lei. Nessa medida, a servidão voluntária constitui igualmente uma servidão legal. Todavia, enquanto a servidão voluntária resulta do funcionamento da autonomia privada, sendo, portanto, o produto de uma decisão livre das partes concretizada por via negocial (contrato ou testamento), a servidão legal propriamente dita atribui ao beneficiário um direito potestativo à sua constituição.

Assim, se o titular do direito real do prédio adstrito à constituição da servidão não colaborar na sua constituição, outorgando o negócio jurídico respectivo, o beneficiário do direito à servidão pode impô-la coactivamente, com recurso à via judicial ou administrativa (art. 1547.º, n.º 2)[2445].

[2442] Biondi, Las Servidumbres, pág. 379 e segs.

[2443] Cf. Grosso/Dejana, Le Servitù Prediali, cit., pág. 245 e segs., Barassi, I Diritti Reali Limitati, cit., pág. 188 e segs.

[2444] Cf. Dias Marques, Direitos Reais, cit., pág. 224, Menezes Cordeiro, Direitos Reais, cit., pág. 727, Menezes Leitão, Direitos Reais, cit., pág. 356, Pires de Lima/Antunes Varela, Código Civil Anotado, cit., pág. 627, Mota Pinto, Direitos Reais, cit., pág. 324 e segs., Santos Justo, Direitos Reais, cit., pág. 433 e seg., Carvalho Fernandes, Lições De Direitos Reais, cit., pág. 464. Na doutrina estrangeira, veja-se Burdese, Le Servitù Prediali, cit., pág. 99 e segs., Trimarchi, Istituzioni Di Diritto Privato, cit., pág. 564 e segs.

[2445] Se for o caso.

Daí que alguns autores prefiram falar em servidão coactiva em vez de servidão legal (que a servidão voluntária também é), terminologia que também nós achamos preferível.

Vemos, deste modo, que a servidão coactiva não se constitui directamente como efeito automático da norma legal que a prevê. Esta limita-se a atribuir àquele que deve beneficiar da servidão, o proprietário do prédio dominante[2446], um direito potestativo à constituição do direito de servidão. Esse direito deve ser exercido por via negocial (usualmente contrato) juntamente com o proprietário do prédio adstrito legalmente à constituição da servidão. Se este não colaborar na constituição negocial da servidão, o titular do direito potestativo pode exercê-lo por via judicial ou administrativa, solicitando ao tribunal ou à entidade administrativa (se for o caso) que declare constituída a servidão a seu favor.

A servidão coactiva constitui-se da mesma forma que a servidão voluntária[2447]. Tem, no entanto, subjacente o exercício de um direito potestativo, que paira como ameaça sobre o proprietário do prédio serviente, no caso deste não prestar a sua colaboração à constituição da servidão.

Para além da possibilidade de impor a constituição da servidão (art. 1547.º, n.º 2), há uma outra diferença de regime jurídico na extinção da servidão. As servidões coactivas extinguem-se em caso de desnecessidade, enquanto as servidões voluntárias não (art. 1569.º, n.º 3). Isto permite deduzir que a servidão coactiva se liga a uma necessidade objectiva do prédio dominante, provocando a extinção do direito de servidão quando aquele prédio deixa de ter essa necessidade.

A lei dedica todo o capítulo III do Título IV às servidões colectivas, distinguindo duas modalidades: servidões de passagem e servidões de águas. Voltaremos adiante a este ponto.

III. A segunda classificação distingue servidões aparentes e servidões não aparentes[2448]. A lei portuguesa define servidões não aparentes como "as servidões que não se revelam por sinais visíveis e permanentes" (art. 1548.º, n.º 2).

[2446] Ou, eventualmente, o titular de outro direito real de gozo.

[2447] Salvo, naturalmente, quando há necessidade de recurso ao tribunal ou à entidade administrativa competente para o efeito.

[2448] Para a origem histórica e desenvolvimentos desta classificação, cf. Barassi, I Diritti Reali Limitati, cit., pág. 191 e segs., Grosso/Dejana, Le Servitù Prediali, cit., pág. 257 e segs., Burdese, Le Servitù Prediali, cit., pág. 98 e seg.

As servidões não aparentes não podem ser adquiridas por usucapião (art. 1548.º, n.º 1 e art. 1293.º alínea a)). É a principal consequência jurídica associada a esta classificação.

Outra decorrência legal da mesma encontra-se na alínea b) do n.º 2 do art. 5.º do Código do Registo Predial. O registo do facto aquisitivo das servidões aparentes é meramente enunciativo, pelo que o titular do direito de servidão aparente, mesmo que não haja registado a aquisição do seu direito, não pode ver o seu direito arredado por força da tutela registal dada ao terceiro de boa fé nos termos do n.º 1 desse preceito.

IV. A servidão diz-se positiva[2449] quando o titular pode actuar no prédio serviente para aproveitar a utilidade conteúdo do direito. Neste caso, o titular do direito real onerado com a servidão deixa de poder opor-se a uma actividade que se não fosse este direito não poderia levar a cabo no prédio serviente; tem de tolerar essa actividade (obrigação de *pati*). Como exemplo, o proprietário pode impedir a circulação de qualquer pessoa no seu prédio; a servidão de passagem, porém, vincula-o a respeitar a actividade do titular da servidão dentro dos limites deste direito.

A servidão negativa impõe uma obrigação de *non facere* ao titular do direito real sobre o prédio serviente. Quer dizer, o titular do direito real sobre o prédio serviente deixa de poder fazer um dado tipo de aproveitamento da coisa que o conteúdo do seu direito lhe permitiria realizar. Se, por exemplo, a servidão obriga o proprietário do prédio serviente a não construir (*altius non tollendi*) ou a não abrir janelas a uma determinada distância do limite do prédio (servidão de vistas), ele fica obrigado a não realizar um aproveitamento que de outro modo – sem a servidão – poderia fazer.

A doutrina aproveita normalmente o contexto da classificação entre servidões positivas e negativas para apontar outra modalidade de servidão, denominada servidão desvinculativa[2450].

[2449] Na doutrina estrangeira, cf. Grosso/Dejana, Le Servitù Prediali, cit., pág. 246 e segs., Barassi, I Diritti Reali Limitati, cit., pág. 190 e segs., Burdese, Le Servitù Prediali, cit., pág. 96 e seg.

[2450] Na doutrina portuguesa, veja-se também Oliveira Ascensão, Direito Civil – Reais, cit., pág. 497, Menezes Cordeiro, Direitos Reais, cit., pág. 728, Menezes Leitão, Direitos Reais, cit., pág. 357, Mota Pinto, Direitos Reais, cit., pág. 330 e segs., Santos Justo, Direitos Reais, cit., pág. 440, Carvalho Fernandes, Lições De Direitos Reais, cit., pág. 465 e seg.

O titular do direito real cujo conteúdo se encontra negativamente delimitado por um dever de vizinhança (não fazer emissões, não abrir portas ou janelas sem respeito de uma distância mínima do prédio vizinho, etc.) pode desonerar-se desse dever se mantiver uma posse da coisa em violação da lei pelo tempo necessário à servidão.

A lei refere mesmo a constituição de uma servidão por usucapião a propósito das servidões de vistas (art. 1362.º, n.º 1). Pois bem, a servidão de vistas adquirida por usucapião constitui uma servidão desvinculativa no sentido usual. O titular do direito real de gozo adstrito ao dever consegue a extinção deste se exercer o seu direito em violação do mesmo pelo tempo necessário à usucapião.

VI. A servidão diz-se activa quando beneficia o prédio. Assim, do ponto de vista do prédio dominante, a servidão é sempre activa. Inversamente, a servidão é passiva quando onera um direito real de gozo. A servidão passiva recai sempre sobre um direito real de gozo do prédio serviente.

Esta classificação encontra arrimo legal no art. 1460.º, n.º 1, que menciona expressamente as servidões activas, conferindo ao usufrutuário legitimidade para as constituir a favor do prédio usufruído, bem como no art. 1575.º.

353. As servidões coactivas. Tipos legais

I. A lei portuguesa prevê dois tipos genéricos de servidões: as servidões de passagem e as servidões de águas.

As servidões coactivas de passagem podem ser constituídas em dois casos. O caso mais importante é o da servidão de passagem em caso de prédio encravado (art. 1550.º).

O encrave existe em função da ausência de comunicação do prédio com a via pública. A via pública que aqui se tem em vista é a via pública terrestre, o caminho (seja estrada, rua, travessa, avenida, etc.) que permita a circulação de pessoas e bens por terra do e para o prédio encravado[2451]. Há encrave quando o titular de direito real de gozo sobre um prédio não tem acesso ou não suficiente acesso à via pública.

Ao encrave absoluto, ou seja, aquele em que o prédio não tem qualquer acesso à via pública, por haver outros prédios de permeio, é de equiparar

[2451] No mesmo sentido, Pires de Lima/Antunes Varela, Código Civil Anotado, cit., pág. 638.

o encrave relativo, desde que se verifique uma "comunicação insuficiente com a via pública" (art. 1550.º, n.º 2).

Em caso de encrave, a lei portuguesa confere ao proprietário ou outro titular de direito real de gozo sobre o prédio encravado o direito potestativo de constituir a servidão sobre um dos prédios vizinhos, contando que estes possibilitem a comunicação que falta ao prédio para chegar à via pública.

O prédio vizinho que ficará objecto da servidão é o que sofre menor prejuízo com ela (art. 1553.º). Tratando-se de quintas muradas, quintais, jardins ou terreiros adjacentes a prédios urbanos, o proprietário respectivo tem o direito a adquirir o prédio encravado pelo seu valor (art- 1551.º, n.º 1). Na falta de acordo entre os interessados a lei prevê a fixação judicial do preço (art. 1551.º, n.º 1 1.ª parte).

A segunda servidão coactiva de passagem vem prevista no art. 1556.º. Trata-se de assegurar que os titulares de direitos reais de gozo sobre prédio com abastecimento insuficiente de água se possam deslocar aos locais onde existam águas públicas para se abastecerem.

II. Existem três tipos de servidões coactivas de águas:

- Servidão de presa;
- Servidão de aqueduto;
- Servidão de escoamento.

Todas estas servidões podem ser constituídas para assegurar ao prédio dominante o abastecimento de água para fins domésticos ou agrícolas, ou ainda para escoamento de águas provenientes de outro prédio.

354. Indivisibilidade e inseparabilidade das servidões

As servidões, possuindo a inerência decorrente de terem uma coisa corpórea por objecto, são indissociáveis do prédio a que respeitam. Isso mesmo foi reconhecido no Direito romano através dos princípios da inalienabilidade e indivisibilidade das servidões prediais[2452].

Esses princípios encontram-se acolhidos igualmente no Direito português vigente.

Segundo o disposto no art. 1545.º, n.º 1, as servidões não podem ser separadas dos prédios a que pertencem (inseparabilidade). Se a utilidade da

[2452] Cf. *supra*.

servidão for reportada a outro prédio tal desencadeia a constituição de uma nova servidão, com extinção da anterior.

O princípio da indivisibilidade implica a permanência da servidão perante uma hipótese de divisão do prédio dominante ou serviente (art. 1546.º). Se for dividido o prédio dominante, os novos prédios resultantes da divisão continuam a beneficiar activamente da servidão anterior que beneficiava o prédio.

Se a divisão incidir sobre o prédio serviente, os prédios que emergirem dela ficam sujeitos à servidão.

355. Legitimidade activa e legitimidade passiva para a constituição do direito de servidão

I. O regime legal do direito de servidão encontra-se constituído na base da relação entre o proprietário do prédio dominante e o proprietário do prédio serviente. Isto pode inculcar a falsa impressão que a servidão pode apenas ser constituída por um proprietário (do prédio serviente) a favor de outro proprietário (do prédio dominante).

Na realidade, do lado do prédio serviente, a servidão[2453] pode ser constituída pelo titular de um direito de gozo cujo conteúdo típico tenha extensão suficiente para a constituição de um direito real menor e não apenas pelo proprietário.

O art. 1460.º, n.º 1 torna isto claro para o usufrutuário, para o qual a lei portuguesa confere expressamente legitimidade para a constituição de servidões. E julgamos que o superficiário se encontra nas mesmas condições, justificando-se a analogia com o disposto no art. 1460.º, n.º 1. Já os titulares dos direitos de uso e habitação estão legalmente impedidos de constituir direitos de servidão (art. 1488.º).

Deste modo, a legitimidade activa para a constituição de direitos de servidão não surge confinada ao proprietário do prédio serviente, podendo outros titulares de direitos reais de gozo fazê-lo, contando que não haja proibição legal (como sucede para o usuário e morador usuário) e o direito real em causa tenha extensão suficiente para o efeito. Quanto a este último aspecto, parece claro que o titular de direito de servidão não pode constituir outra servidão.

[2453] Servidão passiva.

Em todo o caso, há um limite a considerar; e esse prende-se com a duração do direito real menor. O titular de direito real menor (v. g. o usufrutuário ou o superficiário) pode validamente constituir direitos de servidão a favor de terceiros, mas não o pode fazer em termos que excedam a duração do seu próprio direito. De outro modo, a oneração recairia, em última análise, no proprietário, que não constituiu o direito de servidão.

Por esta razão, na parte final do n.º 1 do art. 1460.º dispõe-se não ser lícito ao usufrutuário a constituição de servidões que ultrapassem a duração do usufruto. Trata-se de uma regra geral cujo alcance não se restringe ao usufruto: o direito de servidão constituído pelo titular de um direito real menor extingue-se com a extinção deste último direito.

II. Assim como o direito de servidão pode ser validamente constituído por um titular de direito real de gozo que não o proprietário, nos termos que deixámos enunciados no ponto anterior, a titularidade do direito de servidão pode caber a titular de direito real (sobre o prédio dominante) diverso do proprietário. O art. 1575.º torna este ponto inequívoco para o usufrutuário, como fazia também para o enfiteuta[2454].

Não há razão para não considerar outros titulares de direitos reais de gozo, como o usuário ou o superficiário. A regra é a mesma. Com excepção do direito de servidão, qualquer titular de um direito real de gozo sobre um prédio pode beneficiar de uma servidão sobre um prédio vizinho, nos termos gerais.

Portanto, as servidões activas não beneficiam apenas proprietários; outros titulares de direitos reais de gozo sobre prédios, com excepção de direitos de servidão, podem ser titulares de direitos de servidão sobre prédios vizinhos. Nesta ordem de ideias, pode muito bem suceder que, na sua origem, a servidão seja constituída por um titular de direito real menor a favor de um outro titular de direito real menor.

III. Constituída validamente a servidão, qualquer um tem o dever genérico de a respeitar. E isto engloba o proprietário do prédio serviente que não haja constituído a servidão. Como direito real, o direito de servidão pode ser oposto a quem quer que seja, incluindo naturalmente outros titulares de direitos reais sobre o prédio serviente.

[2454] Como o fazia também para o enfiteuta, mas a remissão para este deixou de ter sentido útil com a derrogação do regime da enfiteuse.

IV. O art. 1575.º, no seu sentido útil, dispõe que as servidões activas adquiridas pelo usufrutuário não se extinguem pela cessação do usufruto. Isto quer dizer, que os outros titulares de direitos reais de gozo sobre o prédio dominante, nomeadamente, o proprietário, poderão continuar a exercer o direito de servidão ainda que este não haja sido constituído a seu favor.

De qualquer modo, deve ser ressalvada a hipótese de constituição da servidão a prazo. Se a servidão constituída pelo usufrutuário tiver prazo de duração, por exemplo, o mesmo prazo do usufruto, ela extinguir-se-á no final desse prazo[2455].

356. Titularidade da servidão e aproveitamento das utilidades desta

I. Discute-se se a servidão beneficia todo o prédio, o mesmo é dizer, todos os titulares de direitos reais de gozo, ou se apenas o titular do direito de servidão pode realizar o aproveitamento da utilidade conteúdo da servidão.

BIONDI[2456] afirma, contra a opinião contrária de BRANCA, que a servidão "se compenetra com o prédio para utilidade deste"[2457], sustentando que todos os titulares de direitos reais de gozo sobre o prédio podem fazer o aproveitamento da servidão. Como argumento, aduz a regra que corresponde ao nosso art. 1575.º do Código Civil: as servidões activas constituídas pelo usufrutuário e o enfiteuta permanecem para lá da extinção do usufruto e da enfiteuse.

Parece, efectivamente, que devemos manter dissociada a questão da titularidade da servidão e do aproveitamento da utilidade conteúdo do direito respectivo. O facto de a titularidade do direito de servidão pertencer a um titular de direito real de gozo do prédio dominante não impede que outros titulares de direitos que facultem o aproveitamento da coisa não possam beneficiar da utilidade da servidão[2458].

Assim, se a servidão foi constituída a favor do proprietário e este constitui posteriormente um usufruto ou uma superfície, quer o usufrutuário quer o superficiário podem fazer o aproveitamento da servidão. Esta beneficia

[2455] Cf. PIRES DE LIMA/ANTUNES VARELA, Código Civil Anotado, cit., pág. 685.

[2456] Las Servidumbres, cit., pág. 123 e segs.

[2457] Las Servidumbres, cit., pág. 128.

[2458] Neste sentido, BURDESE, Le Servitù Prediali, cit., pág. 57 e segs., com indicações bibliográficas.

o prédio e não apenas o titular dela quando existam outros direitos reais sobre o prédio dominante.

Este raciocínio permanece válido quando o direito na base do qual se constituiu o direito de servidão é um direito real menor. O proprietário pode aproveitar a servidão de presa constituída a favor do usufrutuário (usuário, morador usuário, superficiário). A solução não pode ser outra atento o disposto no art. 1575.º.

II. Isto não quer dizer que o titular do direito real que faz o aproveitamento da servidão se torne contitular do direito de servidão. No exemplo dado, o usufrutuário ou o superficiário não fica titular da servidão em comunhão com o proprietário. A opinião contrária é corrente em Itália[2459], mas julgamos que não é tecnicamente correcta. A titularidade – integral – da servidão permanece naquele que beneficiou da sua constituição.

357. Constituição do direito de servidão por destinação de pai de família

I. Este facto aquisitivo do direito de servidão não teve origem no Direito romano, não obstante toda a discussão sobre os antecedentes que naquele podem ter servido para o aparecimento deste facto[2460]. No Direito romano, a servidão não podia ser o resultado de uma vontade tácita.

Segundo Barassi[2461], o desenho deste facto constitutivo das servidões terá começado a ser esboçado com a escola dos Comentadores, concretamente por Bartolo. Sem denominar embora a situação de destinação de pai da família, Bartolo admitia que a relação de utilidade criada entre dois prédios pertencentes ao mesmo proprietário perdurasse com base na *patientia* do novo proprietário quando a unidade da titularidade se quebrasse e o novo proprietário do prédio sujeito ao serviço continuasse a tolerá-lo a favor do outro prédio[2462].

Daqui nasce a ideia de um consentimento presumido à constituição da servidão, que se baseava na permanência do serviço prestado por um dos prédios ao outro sem oposição do no proprietário do prédio serviente, desde que houvesse sinais visíveis daquele.

[2459] Cf. Burdese, Le Servitù Prediali, cit., pág. 61 e segs.

[2460] Sobre a discussão, cf. Biondi, La Categoria Romana Delle "Servitutes", cit., pág. 223 e segs.

[2461] I Diritti Reali Limitati, cit., pág. 258 e segs.

[2462] Barassi, I Diritti Reali Limitati, cit., pág. 259.

Ao que parece, a denominação "destinação de pai de família" repousa numa dada interpretação de um fragmento de Ulpiano (12, § 14, D. XXXIII, 7), que terá passado, primeiro, para o costume escrito de Paris e, por essa via, para o Code Civil francês, onde recebeu consagração (artigos 692 e 693)[2463]. Do Código Civil francês, a terminologia transitou para o Direito italiano, primeiramente para o Código Civil de 1865 e posteriormente para o actual, de 1942 (art. 1062), o qual, por sua vez, influenciou os Código Civis portugueses, o de Seabra (art. 2274.º) e o vigente (art. 1547, n.º 1 e 1549.º).

II. A constituição de servidão por destinação de pai de família requer:

- Uma relação de serviço (a lei chama-lhe serventia) entre dois prédios pertencentes ao mesmo dono ou entre duas partes do mesmo prédio;
- A existência de sinais visíveis e permanentes da relação de serviço em, pelo menos, um dos prédios ou numa parte do mesmo[2464];
- A falta de declaração negocial em contrário.

Quanto ao primeiro requisito, os sinais da relação de serviço não têm de haver sido postos pelo dono actual, podendo ter sido por um dos proprietários antecedentes. É a orientação que remonta ao Code Civil francês[2465].

Quanto ao segundo requisito, a lei portuguesa tem um sentido mais vasto, compreendendo a possibilidade de constituição da servidão quando a serventia se revela num mesmo prédio e este vem posteriormente a ser fraccionado.

Por último, a constituição do direito de servidão por destinação de pai de família pode ser afastada se as partes no negócio jurídico o declararem, expressa ou tacitamente.

358. *Usucapio libertatis.* Remissão

Tratámos este facto como facto genérico de extinção de direitos reais de gozo. Remetemos, assim, para o capítulo dos factos extintivos dos direitos reais.

[2463] Barassi, I Diritti Reali Limitati, cit., pág. 260.

[2464] Quando a serventia se processe entre duas partes do mesmo prédio.

[2465] Veja-se Barassi, I Diritti Reali Limitati, cit., pág. 260. Na doutrina portuguesa, cf. igualmente Pires de Lima/Antunes Varela, Código Civil Anotado, cit., pág. 631.

359. Exercício da servidão. O título constitutivo

I. Quanto ao exercício do direito de servidão, o art. 1564.º proclama a regra geral: "as servidões são reguladas, no que respeita à sua extensão e exercício, pelo respectivo título; na insuficiência do título, observar-se-á o disposto nos artigos seguintes".

Esta formulação ampla deve ser entendida convenientemente. A incidência do princípio da tipicidade em Direitos Reais tira espaço à autonomia privada. A regulação do exercício que contenda com o conteúdo típico injuntivo do direito real não é admitida, sob pena de nulidade (art. 1306.º, n.º 1).

Também como dissemos anteriormente, a possibilidade legal de criação pelo título de obrigações *propter rem* encontra-se limitada aos casos que a própria lei as prevê em regime supletivo, não podendo ser convencionadas, com eficácia real, noutros casos.

II. Havendo título da servidão – contrato, testamento, decisão judicial ou outro – o direito de servidão deve ser exercido de acordo com o estipulado naquele. Contrariamente, porém, ao que parece decorrer do disposto no art. 1564.º, as disposições normativas constantes dos artigos seguintes não têm todas natureza supletiva.

Basta atentar no preceituado no art. 1568.º, n.º 4 para se perceber imediatamente isto. Assim, o modo e o tempo de exercício da servidão podem ser alterados por qualquer dos proprietários, contando que se verifiquem os requisitos previstos no art. 1568.º, n.º 1 e n.º 2 (art. 1568.º, n.º 3), e isto ainda que o título constitutivo disponha diferentemente.

III. A regra fundamental em matéria de exercício do direito de servidão consta da parte final do art. 1565.º, n.º 2. Qualquer que seja a modalidade de servidão e o conteúdo desta, ela deve ser exercida de modo a trazer "o menor prejuízo para o prédio serviente". Assim, se a passagem pode satisfazer a necessidade do prédio dominante tanto se se efectuar na parte norte como na parte sul do prédio serviente, mas nesta última causa maior prejuízo ao proprietário do prédio, então o exercício da servidão só é lícito se a passagem ocorrer na parte em que causar um inconveniente menor.

Esta regra corresponde ao uso da servidão *civiliter*[2466]. O direito de servidão só pode ser exercido nos termos em que traga um menor gravame para o prédio serviente.

[2466] GROSSO/DEJANA, Le Servitù Prediali, cit., pág. 199 e segs.

360. Extinção da servidão por desnecessidade

A servidão está sujeita a um facto extintivo específico: a desnecessidade[2467]. Este facto extintivo não opera, contudo, para as servidões voluntárias, mas apenas para as servidões constituídas por usucapião (art. 1569.º, n.º 2) e para as servidões legais, qualquer que seja o seu título constitutivo (art. 1569.º, n.º 3, 1.ª parte).

A desnecessidade representa a perda total[2468] da utilidade para o prédio dominante. Essa perda de utilidade não se afere em função da conveniência ou vontade do titular da servidão, mas objectivamente em função das necessidades do prédio dominante. A desnecessidade liga-se, assim, directamente ao tipo legal do direito de servidão.

Justamente porque o tipo legal do direito de servidão supõe a necessidade para a válida constituição do mesmo, sob pena de violação da tipicidade, a desnecessidade é sempre superveniente[2469].

361. A natureza do direito de servidão

Alguma controvérsia tem rodeado a apreciação da natureza da servidão[2470]. O primeiro ponto de análise discute a própria inserção das servidões no âmbito da categoria dos direitos reais de gozo.

Biondi[2471] questiona que nas servidões o titular do direito goze verdadeiramente o prédio serviente. Para este autor, isto não seria verdadeiro para as servidões negativas e mesmo para algumas modalidades de servidões positivas, "aquelas em que o titular obtém uma utilidade que seja diferente do gozo (do prédio serviente). Messineo[2472], por sua vez, exclui que a servidão negativa seja um direito real de gozo.

Outros autores vão mais longe e afastam as servidões negativas do elenco dos direitos reais. A este propósito cita-se Giorgianni[2473] e Pugliese[2474].

[2467] Sobre este facto em particular, cf. Oliveira Ascensão, "Desnecessidade e extinção de direitos reais", Boletim da Faculdade De Direito De Lisboa, Volume XVIII, 1964, pág. 239 e segs.

[2468] A perda parcial mantém, em princípio, a utilidade do prédio serviente ao prédio dominante, pelo que não ocorre a desnecessidade.

[2469] Cf. Oliveira Ascensão, Direito Civil – Reais, cit., pág. 512.

[2470] Cf. também Menezes Leitão, Direitos Reais, cit., pág. 376 e segs.

[2471] Las Servidumbres, cit., pág. 97 e 108 e segs.

[2472] Manuale Di Diritto Civile E Commerciale, Vol. II, pág. 561.

[2473] "Diritti Reali (Diritto Civile)", cit., pág. 749.

[2474] "Diritti Reali" , cit., pág. 774 e seg.

Para o primeiro, o direito de servidão teria a natureza de um direito obrigacional.

Numa orientação diversa, Comporti[2475] argumenta com a inerência do direito de servidão ao prédio, expresso pela subsistência da servidão não obstante as vicissitudes que entretanto ocorram na titularidade dos direitos sobre os prédios dominante e serviente. A servidão permanece ligada à coisa quando se dá a mudança de titularidade nos direitos sobre os prédios.

Quer-nos parecer que a natureza real da servidão não pode ser posta em causa. Como o definimos, o direito real retira essa natureza da circunstância de ter uma coisa (corpórea) por objecto e permitir um dado aproveitamento ao seu titular. Ora, também nas servidões negativas a coisa é o objecto do direito de servidão.

A isto pode aparentemente objectar-se que tudo o que se encontra na servidão negativa é um dever de *non facere* do proprietário do prédio serviente, justamente o conteúdo de uma relação obrigacional. É essa a argumentação de Giorgianni[2476].

Nós pensamos diferentemente. A servidão negativa atribui ao titular uma determinada utilidade (não construir, não abrir portas, etc.), que encerra, assim, o aproveitamento da coisa por parte daquele. O aproveitamento da utilidade conteúdo do direito de servidão, para se consumar, pressupõe o respeito do titular do direito real de gozo gravado com a servidão. Mas, se fosse só o respeito deste, Giorgianni teria razão.

A verdade, porém, é que o direito de servidão (negativa) requer que qualquer outro titular de direito real de gozo sobre a coisa, e não apenas o que tem o seu direito onerado com a servidão, o respeite. E, do mesmo modo, qualquer terceiro que adquira uma posse formal e ilícita sobre o prédio serviente se encontra abrangido pela eficácia do dever de respeitar a servidão. Ora, esta eficácia não pode advir de nenhum direito de crédito. Ela só pode resultar do carácter real do direito de servidão.

A natureza real da servidão provém do facto da coisa, o prédio serviente, ser implicada na estrutura do direito como seu objecto, o que explica haver inerência e oponibilidade *erga omnes*. A servidão negativa não tem o *non facere* do proprietário[2477] do prédio serviente como conteúdo do direito.

[2475] Diritti Reali In Generale, cit., pág. 236 e segs.

[2476] "Diritti Reali (Diritto Civile)", cit., pág. 749.

[2477] Ou do titular do direito real onerado pela servidão negativa.

O conteúdo da servidão é a utilidade concreta afectada ao titular. E essa respeita a uma coisa (ao prédio serviente) e não a uma prestação.

O dever de *non facere*, que se impõe a qualquer pessoa e não apenas ao titular do direito real de gozo onerado com a servidão, representa a consequência da atribuição, pela servidão, do aproveitamento de uma dada utilidade da coisa (corpórea) e, nessa medida, constitui um dever genérico e não um dever integrado numa relação obrigacional e muito menos dirigido especificamente ao titular do direito real de gozo onerado.

Concluímos, desta forma, que o direito de servidão ostenta todas as notas distintivas da realidade; ele faz, assim, parte do elenco dos direitos reais.

Em todo o caso, falta ainda apurar se se trata de um direito real de gozo. Não obstante proliferarem as opiniões que caracterizam o direito de servidão como um direito real de gozo, temos muita dificuldade em acompanhar esta doutrina. Não vislumbramos nas servidões negativas nenhuma das manifestações correntes do gozo, o uso, a fruição ou a transformação da coisa. Na servidão negativa, o aproveitamento da utilidade da coisa faz-se pela restrição dos direitos de gozo existentes sobre o prédio serviente e não supõe nenhuma actuação do titular da servidão sobre a coisa objecto do seu direito.

Este facto não compromete a unidade do regime jurídico das servidões nem justifica qualquer reposicionamento do mesmo no sistema científico e normativo de Direitos Reais. E aí está a história de vários séculos para comprovar o acerto desta posição.

Capítulo XV
Direito de Habitação Periódica

362. Nota histórica

O direito real de habitação periódica[2478] foi criado pelo DL n.º 355/81, de 31 de Dezembro, na génese do qual terá estado um Projecto de Henrique Mesquita[2479]. A estabilidade legislativa não tem sido, porém, apanágio da figura, que já vai no terceiro regime jurídico, sem contar com as sucessivas alterações que o diploma em vigor, o DL n.º 275/93, de 5 de Agosto foi sujeito pelo DL 180/99, de 22 de Maio, pelo DL n.º 22/2002, de 31 de Janeiro e DL n.º 76-A/2006, de 29 de Março.

Como se vê, a multiplicação das intervenções legislativas, com três mudanças de fundo, contando com a introdução da figura em 1981, e várias alterações menores, mas sempre de grande extensão, permitem duvidar do sucesso da introdução deste novo direito real de gozo no ordenamento jurídico português.

Seja como for, este novo direito real tem uma ligação íntima com a actividade turística e a exploração de empreendimentos turísticos, nomea-

[2478] Na doutrina, cf. Maria Judite Matias, Do Direito De Habitação Periódica, Lisboa, 1997, Isabel Pereira Mendes, Direitos Real De Habitação Periódica, Coimbra, 1993, Menezes Leitão, Direitos Reais, cit., pág.381 e segs., Santos Justo, Direitos Reais, cit., pág. 451 e segs., Carvalho Fernandes, Lições De Direitos Reais, cit., pág. 477 e segs.

[2479] "Uma nova figura real: o direito de habitação periódica", Revista de Direito e Economia, VIII, n.º 1, 1982, pág. 49 e segs.

damente, hotéis-apartamentos, aldeamentos turísticos e apartamentos turísticos (art. 1.º do DL n.º 275/93).

Esta ligação particular, para além da instabilidade legislativa, justifica amplamente a colocação legal da disciplina do direito de habitação periódica fora do Código Civil, em legislação avulsa, e justifica igualmente que este direito, embora de conteúdo mais extenso que as servidões prediais, figure no sistema científico de Direitos Reais depois de todos os outros direitos reais de gozo.

363. O tipo legal do direito de habitação periódica

I. O direito de habitação periódica tem por objecto uma particular modalidade de coisa imóvel: unidades de alojamento integradas em hotéis-apartamentos, aldeamentos turísticos e apartamentos turísticos (art. 1.º do DL n.º 275/93).

O aproveitamento da coisa propiciado pelo direito de habitação periódica encontra-se, assim, moldado a este objecto específico. O art. 21.º, n.º 1 do DL n.º 275/93 molda o conteúdo típico injuntivo do direito de habitação periódica; esse conteúdo consiste:

- No poder de usar a coisa para habitação no período a que respeita o direito;
- No poder de fruir a coisa durante o período a que respeita o direito
- No poder de usar as instalações e equipamentos de uso comum do edifício onde se situa a unidade de alojamento;
- No poder de disposição do direito;
- No poder de votar deliberações em assembleia-geral de titulares de direitos de habitação periódica;
- No poder de reivindicar a coisa;
- No poder de exigir ao proprietário coisa de categoria idêntica ou superior num local próximo da unidade de alojamento, caso se verifique uma impossibilidade de utilização desta por força de facto fortuito ou de força maior;
- No dever de pagar a prestação periódica.

Este conteúdo ajusta-se a uma duração pré-determinada entre 7 dias seguidos e 30 dias seguidos num ano (art. 3.º, n.º 2 do DL n.º 275/93). Por sua vez, a duração do direito é tendencialmente perpétua, mas o título constitutivo do direito de habitação periódica pode limitá-la a um prazo, que tem de ser, no mínimo, de quinze anos (art. 3.º, n.º 2 do DL n.º 275/93).

II. O direito de habitação periódica tem como parte nuclear do tipo legal o poder de usar a unidade de alojamento para habitação. Este poder está duplamente limitado. Em primeiro lugar, o uso só pode dar-se pelo período de tempo determinado no ano, 7 dias seguidos a 30 dias seguidos. Em segundo lugar, tem de respeitar o fim (de habitação) da unidade de alojamento.

O uso da unidade de alojamento não é, assim, livre, se por isso se entender que o titular do direito pode usar a coisa como entender. Pelo contrário, o uso está vinculado ao fim de habitação, que constitui, deste modo, um elemento do tipo deste direito real.

III. O titular do direito de habitação periódica tem um poder de fruição. O art. 21.º, n.º 1 do DL n.º 275/93 não menciona expressamente este poder, mas ele resulta indirectamente da alínea d) do preceito. Segundo esta, para além da transmissão do direito de habitação periódica, o titular pode dar a unidade de alojamento em comodato, arrendá-la a terceiro ou prestar de alguma outra forma o respectivo uso. Tudo isto se inclui no significado da expressão "ceder o exercício das faculdades referidas nas alíneas anteriores".

Na medida em que o titular do direito real de habitação periódica pode locar a unidade de alojamento pelo período de duração desse direito[2480], a retribuição da prestação do uso constitui uma modalidade de fruição – civil – da coisa.

IV. O poder de disposição, envolvendo a oneração e a alienação, decorre expressamente do art. 12.º do DL n.º 275/93. O titular do direito real de habitação periódica pode constituir direitos reais menores, em particular, direitos reais de garantia ou de aquisição, eventualmente, e em hipóteses muito raras, um direito de servidão, assim como pode ceder uma parte da titularidade do direito, dando azo à criação de um direito real de habitação periódica em comunhão.

A transmissão do direito real de habitação periódica surge livre de quaisquer obstáculos legais, havendo um patente propósito de assegurar a circulabilidade do direito, evidenciado pela desformalização do acto de transacção. Com efeito, a transmissão[2481] em vida, seja qual for o facto trans-

[2480] É aplicável neste caso o dever constante do n.º 3 do art. 21.º do do DL n.º 275/93.

[2481] Tal como a oneração.

lativo, não se encontra sujeita a escritura pública, como seria de esperar tratando-se de um negócio jurídico relativo a coisa imóvel, satisfazendo-se a lei com a declaração das partes no certificado predial (art. 12.º, n.º 1 do DL n.º 275/93), contando que a assinatura do transmitente seja reconhecida notarialmente.

A sucessão por morte do titular, por sua vez, está apenas sujeita a inscrição no certificado predial, havendo um controlo notarial da qualidade do sucessor através do reconhecimento presencial da assinatura deste, o que é feito com a apresentação da prova documental que demonstre essa qualidade (art. 12.º, n.º 3 do DL n.º 275/93).

V. O n.º 4 do art. 12.º do DL n.º 275/93 preceitua que "a transmissão de direitos reais de habitação periódica implica a cessão dos direitos e obrigações do respectivo titular em face do proprietário do empreendimento ou do cessionário da exploração, sem necessidade da concordância deste (...)".

O preceito só se explica pela necessidade deixar incontroverso que a transmissão do direito real de habitação periódica não altera a posição jurídica decorrente da titularidade deste direito. Em si, porém, é desnecessário. As situações jurídicas aludidas, que incluem as obrigações *propter rem*, pertencem ao conteúdo do direito real de habitação periódica e acompanham naturalmente o seu destino jurídico.

364. O objecto

O objecto do direito real de habitação periódica é uma unidade de alojamento integrada num edifício sujeito ao regime de direito real de habitação periódica, nos termos do DL n.º 275/93.

Essa unidade de alojamento pode ser parte de um edifício constituído em propriedade horizontal, referindo-se, por conseguinte, a uma fracção autónoma do mesmo. Isto pode, no entanto, não suceder, porque a unidade de alojamento não se integra num edifício ou porque este não se encontra constituído em propriedade horizontal[2482].

[2482] Quer-nos parecer que o regime jurídico do DL n.º 275/93 não impõe a constituição do regime de propriedade horizontal, mesmo relativamente a unidades de alojamento integradas em edifícios. O n.º 2 do art. 2.º deste diploma apenas a impõe quando seja "necessário", sem, todavia, dar indicações para o preenchimento desta necessidade. Em nossa opinião, a afectação do uso de equipamentos e outras instalações aos titulares de direitos de habitação periódica não requer a constituição da propriedade horizontal, como aparentemente sugere a alínea e) do art. 5.º, n.º 2, bastando uma mera declaração do proprietário do empreendimento turístico nesse sentido.

365. Constituição do direito real de habitação periódica

I. Completado o processo administrativo e dada a autorização pela Direcção-Geral do Turismo (art. 5.º, n.º 1 do DL n.º 275/93), o empreendimento pode ser afecto à exploração em regime de direito real de habitação periódica.

A lei fala em constituição do direito real de habitação periódica (art. 6.º do DL n.º 275/93), mas trata-se mais correctamente da sujeição da coisa que consubstancia o empreendimento turístico ao regime do direito real de habitação periódica. O art. 8.º, n.º 2 do DL n.º 275/93 faz luz sobre este ponto.

A constituição do regime de direito real de habitação periódica deve ser feita por escritura pública (art. 6.º, n.º 1 do DL n.º 275/93) e está sujeita a registo (art. 8.º, n.º 1 do DL n.º 275/93).

II. Por cada direito de habitação periódica constituído pelo proprietário das unidades de alojamento a favor de terceiro é emitido um certificado predial pela conservatória do registo predial competente (art. 10.º, n.º 1 do DL n.º 275/93), o qual, contudo, deve ser precedido do registo definitivo do título de constituição do regime de direito real de habitação periódica (art. 10.º, n.º 2 do DL n.º 275/93).

O certificado predial é entregue ao titular do direito de habitação periódica que o houver adquirido ao proprietário da unidade de alojamento. Com o certificado predial deve ser entregue pelo vendedor do direito de habitação periódica ao comprador o documento complementar indicado nos artigos 11.º, n.º 2 e 13.º do do DL n.º 275/93.

A constituição do direito real de habitação periódica pelo proprietário da unidade de alojamento é feita mediante declaração no certificado predial, assim como os actos de oneração e transmissão sucessivos.

366. Duração e exercício do direito

I. O direito de habitação periódica tem uma duração temporária em cada ano, um mínimo de 7 e um máximo de 30 dias seguidos (art. 3.º, n.º 2 do do DL n.º 275/93). Nada impede, porém, que o mesmo titular tenha mais do que direito de habitação periódica sobre a mesma unidade de alojamento, que abranja outra ou outras semanas no ano.

II. Em matéria de exercício do direito real de habitação periódica, a regra fundamental consta do n.º 2 do art. 21.º do DL n.º 275/93: o exercício do direito de habitação periódica está confinado ao fim típico deste direito, que é a habitação. Do mesmo modo, a utilização das instalações e dos equipamentos deve respeitar a destinação respectiva, não lhes podendo ser dado outro uso.

A lei estabelece um critério de diligência no exercício do direito de habitação periódica: o titular deve agir como faria um bom pai de família. Temos, pois, uma bitola valorativa a concretizar no caso concreto.

367. Obrigações do titular do direito real de habitação periódica

I. No conteúdo típico do direito de habitação periódica encontramos a obrigação de pagamento da prestação periódica estabelecida no título constitutivo do direito (art. 22.º, n.º 1 do DL n.º 275/93).

O incumprimento desta prestação legitima o proprietário a opor-se ao exercício do direito de habitação periódica, podendo mesmo ceder o uso da unidade de alojamento a terceiro durante o período de duração do direito se a mora se mantiver (art. 23.º, n.º 4 do DL n.º 275/93).

II. Para além da obrigação de pagamento da prestação periódica, integram-se ainda no conteúdo do direito de habitação periódica as denominadas restrições e limitações de vizinhança (artigos 1346.º e segs.) e ainda todos os deveres relativos a direitos reais sobre imóveis que não sejam específicos da propriedade e o regime do direito de habitação periódica não afaste.

368. Obrigações do proprietário para com o titular de direito real de habitação periódica

O regime jurídico do direito real de habitação periódica surge muito marcado pela envolvente de exploração turística que rodeia os empreendimentos onde ele se constitui. O que justifica a restrição acentuada do poder de disposição que o proprietário sofre quando constitui esse regime. Desde esse momento, ele não poderá constituir outros direitos reais sobre as unidades de alojamento (art. 2.º, n.º 1 do DL n.º 275/93).

De qualquer modo, se isolarmos as obrigações que a lei impõe para aprovação do regime de direito de habitação periódica e para a comercialização destes direitos, que são por assim dizer prévias, vemos que o DL n.º 275/93 estabelece para o proprietário das unidades de alojamento uma série de obrigações. Dentro delas, destacamos:

- A obrigação de manter as unidades de alojamento, assim como as instalações e equipamentos de uso comum, e de administrar o empreendimento turístico (art. 25.º e 26 do DL n.º 275/93)[2483];
- A obrigação de constituir um fundo de reserva para realização de obras de reparação e conservação das unidades de alojamento, instalações e equipamentos de uso comum (art. 30.º do DL n.º 275/93);
- A obrigação de prestar caução de boa administração do empreendimento (art. 31.º, n.º 1 do DL n.º 275/93);
- A obrigação de pagar as contribuições, taxas ou impostos que incidam sobre a propriedade.

369. Extinção do direito real de habitação periódica

I. O direito de habitação periódica está, de um modo geral, sujeito aos mesmos factos extintivos dos demais direitos reais de gozo. O facto de o DL n.º 275/93 fazer uma menção expressa à renúncia a este direito (art. 42.º) não afasta a aplicação da disciplina dos factos extintivos de direitos reais de gozo, como o não uso, a *usucapio libertatis*, etc.

II. A renúncia do direito de habitação periódica regulada no art. 42.º faz-se mediante declaração no certificado predial, com reconhecimento notarial da assinatura do declarante.

A eficácia da renúncia depende, no entanto, da comunicação ao proprietário e à Direcção-Geral do Turismo e só ocorre seis meses após a data em que aquela comunicação tiver lugar (art. 42.º, n.º 2 e n.º 3 do DL n.º 275/93).

370. Natureza do direito de habitação periódica

O direito de habitação periódica tem uma coisa corpórea por objecto, a unidade de alojamento, e integra, deste modo, o elenco de direitos reais da ordem jurídica portuguesa[2484].

Não obstante não constar da lista de direitos reais do Livro III do Código Civil, o direito de habitação periódica constitui um direito real de

[2483] A administração do empreendimento pode, por sua vez, ser cedida a terceiro (art. 25.º, n.º 2 do DL n.º 275/93).

[2484] Ver também Bonifácio Ramos, Manual De Direitos Reais, cit., pág. 406.

gozo. A existência de poderes de uso e de fruição no conteúdo típico do direito não deixa qualquer dúvida sobre isso.

O direito de habitação periódica engrossa, assim, a lista dos direitos reais de gozo no ordenamento jurídico português.

Capítulo XVI
Direito Real de Habitação Duradoura

371. Nota introdutória

O direito real de habitação duradoura, trazido para a ordem jurídica portuguesa pelo DL n.º 1/2020, de 9 de Janeiro, representa um novo tipo de direito real de gozo, que não tem antecedentes históricos no Direito português, no Direito romano ou na prática do Direito Comum. Tão-pouco a figura surge com esta conformação normativa nas ordens jurídicas que nos estão próximas e nos influenciam directamente, como a alemã, a italiana e mesmo a francesa. Nesta medida, ele constitui certamente uma inovação do legislador português, ainda que haja experiências de países nórdicos da Europa na criação de direitos similares.

Sempre se poderá dizer, todavia, que não obstante assumir uma feição típica própria e, por isso, autónoma enquanto direito subjectivo real, o direito real de habitação duradoura encontra no direito de uso e de habitação contemplado nos artigos 1484.º e seguintes do Código Civil a sua matriz inspiradora e de suporte dogmático. Não por acaso, o direito real de habitação duradoura vem regulado subsidiariamente, naquilo que a lei avulsa omite, pelo regime jurídico do direito real de uso e habitação. Arriscamos, por isso, a dizer, que um legislador mais habilidoso teria podido consagrar um subtipo do direito real de habitação e inserir a sua disciplina no Código Civil, no contexto do tipo legal que alicerça e serve de base a esta nova figura[2485].

[2485] Em abono da opção do legislador, a falta de sedimentação e estabilização do novo tipo de direito real e o carácter obrigacional de larga parte do regime jurídico constante do DL n.º 1/2020.

O direito real de habitação duradoura vem apresentado como medida de política legislativa concernente à habitação das famílias, tendo por escopo assegurar, fora do esquema da propriedade ou do arrendamento urbano, uma solução estável e tendencialmente vitalícia de gozo de imóvel.

Trata-se, por isso, claramente de uma solução normativa alternativa ao arrendamento urbano e à aquisição da propriedade do imóvel. Independentemente de outras motivações de política económica e financeira, nomeadamente, o combate ao endividamento para compra de habitação própria, o regime jurídico do direito de habitação duradoura denota o esgotamento do arrendamento urbano como esquema único apto a providenciar todas as soluções do problema habitacional das pessoas fora da aquisição da propriedade. Décadas de intervencionismo legislativo constante, amiúde debaixo de fins contraditórios de política legislativa, geradores de grande instabilidade do sistema e de compreensível insegurança jurídica, exauriram e saturaram o próprio legislador, que experimenta agora soluções inovadoras no campo dos Direitos Reais.

Não obstante a proclamada natureza real, o regime jurídico do direito de habitação duradoura surge permeado por uma intensa influência do desenho obrigacional do arrendamento urbano e, nessa medida, ele mantém uma estreita afinidade com ele. Basta atentar no conteúdo reduzido do gozo vertido no tipo legal e analisar igualmente a extensão do regime normativo que regula a relação jurídica entre o proprietário e o morador e em particular a permanência da menção ao contrato e ao tratamento da extinção da eficácia deste, tudo aspectos estranhos aos regimes jurídicos dos demais direitos reais de gozo incluídos no Livro III do Código Civil.

Nessa parte, o regime jurídico do direito de habitação duradoura destaca-se com nitidez do modelo normativo de regulação subjacente aos direitos reais do Código Civil – nomeadamente, na relação entre o proprietário da coisa e o titular do direito menor de gozo – e, em particular, do direito de uso de habitação utilizado como paradigma do tipo legal criado.

372. O tipo legal do direito de habitação duradoura

I. O art. 2.º do diploma tem a seguinte redacção:

"O DHD faculta a uma pessoa o gozo de uma habitação alheia como sua residência permanente por um período vitalício, mediante o pagamento ao respetivo proprietário de uma caução pecuniária e de contrapartidas periódicas".

Começamos por notar que o preceito configura o conteúdo típico do direito real como se estivesse a descrever os efeitos (obrigacionais) de um contrato bivinculante oneroso, quando na verdade se trata (ou deveria tratar ...) de enunciar o conteúdo de aproveitamento da coisa corpórea atribuído ao titular do direito. Os direitos reais são direitos sobre coisas (corpóreas), atribuem um dado aproveitamento delas e os eventuais ónus ou obrigações reais do titular defronte do proprietário não integram ou moldam o tipo legal, porque não (de)limitam o gozo. E aqui evidencia-se bem que o legislador forjou um direito real com o modelo obrigacional do arrendamento em vista, criando uma distorção técnica na formulação do tipo legal do direito subjectivo, que é real e não pessoal (de gozo).

Descontada a pouco feliz técnica de redacção, o preceito permite evidenciar um conteúdo de gozo da coisa, limitado embora por um escopo único e vinculante: a habitação permanente do morador. Uma menção ampla ao gozo nos termos em que surge feita no corpo do artigo afigura-se, todavia, excessiva e, por isso, enganadora. Ao contrário do proprietário e do usufrutuário (este último com a limitação da forma e substância da coisa), que têm verdadeiramente o gozo da coisa objecto do seu direito, o morador titular do direito de habitação duradoura tem um simples poder de uso vinculado ao escopo de habitação permanente, não tem poder de fruição e o poder de disposição encontra-se reduzido a um mínimo. Analisamos esses aspectos de seguida.

II. O morador titular do direito de habitação duradoura tem um poder de uso da coisa objecto do seu direito. Porém, esse uso encontra-se adstrito a um único fim, que é o da habitação permanente. O art. 9.º, n.º 1 alínea a) deixa isto bem claro. Todo o restante uso possível da coisa está fora do aproveitamento concedido, não integrando, pois, o conteúdo típico do direito.

Não infirma o que se disse o disposto no n.º 2 do art. 9.º. O uso da coisa objecto do direito para um outro fim depende do consentimento do proprietário, sob a forma de autorização *ad hoc*, sujeita a forma escrita e prévia ao início desse uso, ou de estipulação contratual específica. A falta de qualquer delas implica a impossibilidade para o morador de afectar a coisa a qualquer outro fim que não seja o da sua habitação permanente, o que atesta justamente que o conteúdo típico do direito não confere essa possibilidade de uso ao titular.

Na lógica real que corresponde à qualificação legal do direito do morador, a utilização da coisa para fim diferente do permitido implica uma violação da propriedade, com a correspondente sujeição à reivindicação pelo proprietário e à responsabilidade civil, sem desencadear, todavia, e necessariamente, a extinção do direito. No regime do direito de habitação duradoura, porém, a lei segue uma lógica obrigacional e trata o caso como um simples incumprimento contratual (não como violação do direito maior), conferindo ao contraente um direito de resolução do contrato. E se bem que o art. 18.º, n.º 2 não mencione a utilização da coisa para fim diverso da habitação permanente como causa de resolução, ela integra decerto o significado amplo do n.º 1 do mesmo preceito.

III. Um poder de fruição está excluído do tipo legal do direito de habitação duradoura, sem prejuízo do proprietário autorizar o uso da coisa para outro fim que não apenas a habitação permanente, de acordo com o art. 9.º, n.º 2, e esse uso envolver alguma espécie de fruição.

Nota-se aqui uma diferença fundamental entre o direito de habitação constante do Código Civil, que inclui a fruição "na medida das necessidades, quer do titular, quer da sua família" (art. 1484.º), e o direito de habitação duradoura, que não a contempla no seu desenho típico.

IV. O poder de transformação da coisa surge de forma muito limitada, quase inexistente, no conteúdo do direito de habitação duradoura. Deveres de conservação da coisa não têm o significado de uma transformação da mesma, pelo que as previsões onde eles surgem não atribuem ao morador um verdadeiro poder de transformação.

De todo o modo, as alíneas a) e b) do art. 10.º fundam um modesto poder de transformação, nos termos que daí resultam, pelo que ainda assim se poderá vislumbrar o mesmo no conteúdo de gozo admitido pelo tipo legal ao morador.

V. No tocante ao poder de disposição temos três vertentes a considerar: a alienação, a oneração e a renúncia ao direito.

O direito de habitação duradoura não pode, em regra, ser transmitido *inter vivos* a terceiro. O conteúdo típico deste direito não prevê a transmissibilidade do mesmo. Todavia, a transmissão pode ser autorizada pelo proprietário no título constitutivo. Fora deste caso, a transmissão pode decorrer ainda de venda executiva no exercício judicial de hipoteca, nos termos do disposto no art. 13. .º.

A sucessão por morte do morador está igualmente vedada, e sem excepções, de acordo com o art. 12.º.

A oneração do direito de habitação duradoura afigura-se possível quanto à hipoteca, "para garantir crédito que lhe seja concedido para pagar, no todo ou em parte, o valor da caução" (art. 13.º, n.º 1). Em nenhuma outra hipótese o morador pode constituir um direito real menor nos termos do seu direito, o que quer dizer, que a oneração está-lhe em geral vedada.

Finalmente, no que respeita à renúncia ao seu direito, o morador pode fazê-lo, nos termos gerais. O art. 13.º, n.º 3 fundamenta expressamente esta solução e não se vêm qualquer argumento em sentido contrário, como, de resto, sucede no âmbito dos demais direitos reais de gozo.

VI. Olhando agora em jeito de síntese para o conteúdo típico do direito de habitação duradoura, constatamos um tipo limitado de direito real de gozo, em que o aproveitamento da coisa concedido ao titular se atém ao uso para habitação permanente, sem ser possível qualquer outro uso a título principal, embora, havendo autorização do proprietário, um uso parcelar para outro fim possa igualmente ser levado a cabo pelo morador. Este direito não pode, em princípio, ser transmitido a terceiro, salvo havendo consentimento do proprietário, nem pode ser onerado, a não ser por via de hipoteca destinada a garantir o financiamento do valor da caução a entregar ao proprietário.

No confronto, desde logo, com o direito de habitação geral previsto no Código Civil, nota-se uma menor extensão do aproveitamento da coisa e, se ponderarmos o que sucede no tocante aos restantes direitos reais de gozo aí previstos, apenas a servidão predial surge com um conteúdo menor de gozo da coisa.

373. O objecto

O direito real de habitação duradoura apenas incide sobre coisas imóveis e, dentro desta categoria, as que possam servir uma finalidade de habitação permanente[2486]. Para este efeito, afigura-se indiferente o regime jurídico do imóvel, tanto podendo ser um edifício em propriedade geral

[2486] O art. 3.º, n.º 1 alínea a) identifica habitação com prédio urbano ou fracção autónoma de prédio urbano. Não cremos, porém, que se trate de um requisito pertinente ao conteúdo injuntivo típico: nada parece obstar a que um prédio rústico com parte urbana apta para a habitação possa constituir o objecto de direito de habitação duradoura, contando que a isso não se oponham outros preceitos legais (de natureza administrativa ou outra).

como uma fracção autónoma de edifício constituído em propriedade horizontal (art. 3.º, alínea b)).

Se em relação a fracção autónoma apenas pode ser constituído um único direito de habitação duradoura, este direito pode ainda incidir sobre parte de edifício não constituído em propriedade horizontal, contando que a parte de coisa possua os requisitos de autonomia compatíveis com o fim de habitação permanente do morador e seu agregado "habitacional".

374. Constituição do direito real de habitação duradoura

I. A constituição do direito real de habitação periódica supõe que o proprietário, antes da celebração do contrato, promova:

- A avaliação do estado de conservação da coisa por arquiteto, engenheiro ou engenheiro técnico inscrito na respetiva ordem profissional (art. 4.º, n.º 1);
- A elaboração de ficha de avaliação com registo das condições existentes há menos de 12 meses, nos termos da portaria a que se refere o artigo 8.º do Decreto-Lei n.º 266B/2012 de 31 de dezembro (art. 4.º, n.º 2);
- E assegure um nível de conservação da coisa, no mínimo, médio (art. 5.º, n.º 2).

Não estamos aqui perante formalidades em sentido técnico, pelo que a preterição de qualquer das exigências legais mencionadas não prejudica a validade da constituição do direito de habitação duradoura. Em todo o caso, o proprietário responde, por culpa *in contrahendo*, se o morador vier a suportar danos por virtude das irregularidades do processo de constituição do direito de habitação duradoura.

II. A constituição do direito de habitação duradoura opera por contrato celebrado entre o proprietário da habitação e o morador e tem lugar no momento da conclusão desse contrato. O contrato deve ser celebrado por escritura pública ou documento particular autenticado, com reconhecimento presencial da assinatura das partes (art. 5.º, n.º 3), estando, portanto, sujeito a forma legal.

A constituição (e a extinção) do direito real de habitação periódica está sujeita a registo, devendo a competente inscrição ser feita na Conservatória do Registo Predial (art. 20.º).

O registo da constituição do direito de habitação duradoura tem efeito meramente consolidativo. A constituição do direito desencadeia-se por força do contrato, no momento da conclusão deste, nos termos gerais (art. 408.º, n.º 1 do Código Civil). O princípio da consensualidade tem igualmente aplicação no domínio do direito de habitação duradoura.

A falta de registo não tem, pois, impacto na constituição do direito de habitação duradoura, não afectando a eficácia real do contrato celebrado entre o proprietário e o morador. Em todo o caso, a ausência de registo do facto constitutivo do direito sujeita o morador à resolução do seu direito por força de uma aquisição tabular de terceiro de boa fé, nos termos do art. 5.º, n.º 1 e n.º 4 do Código do Registo Predial, se os requisitos respectivos forem preenchidos.

375. Duração do direito de habitação duradoura

O direito de habitação duradoura está concebido para durar a vida do morador (ou dos moradores em caso de vários moradores), sendo definido legalmente como um direito vitalício.

O carácter vitalício constitui um elemento do conteúdo injuntivo típico do direito de habitação duradoura, não podendo, assim, faltar, nomeadamente, substituído pela convenção de um prazo. Tal importaria a violação do princípio da tipicidade e a conversão do contrato num negócio jurídico com eficácia meramente obrigacional (art. 1306.º, n.º 1 do Código Civil).

Em todo o caso, a duração do direito pode ser inferior à vida do morador se houver renúncia deste ou caso se verifique alguma causa extintiva do contrato, de fonte legal (por exemplo, a resolução do contrato) ou convencional.

376. Ónus reais e obrigações do titular do direito real de habitação duradoura

I. O legislador português conformou o tipo de direito real de habitação duradoura debaixo de um modelo tradicional de relação obrigacional de fonte contratual e descreve o conteúdo do direito com duas obrigações do morador, que são a contrapartida do proprietário na constituição do direito[2487].

[2487] O modelo típico de um contrato oneroso com prestação do gozo da coisa, como a locação.

Numa explicação que saia do modelo obrigacional, que não corresponde à qualificação legal do direito de habitação duradoura como direito real, as prestações previstas no art. 2.º e depois concretizadas normativamente nos artigos 6.º e 7.º têm a natureza de ónus reais, assemelhando-se de algum modo ao cânone superficiário[2488] no direito de superfície. Constituem a prestação de cada um dos ónus reais:

- A entrega de uma caução ao proprietário;
- O pagamento de dinheiro na periodicidade legal ou convencionalmente estabelecida.

II. A caução deve ser prestada pelo morador com a celebração do contrato constitutivo do direito de habitação duradoura (art. 5.º, n.º 7) e o seu montante oscila entre os 10% e os 20% do valor achado pela aplicação da fórmula constante do art. 6.º, n.º 1.

A lei estabelece um prazo de 30 anos para manutenção da caução (art. 6.º, n.º 2). Mas se enquanto nos primeiros 10 anos ela tem uma função de garantia do cumprimento dos ónus reais e demais obrigações a que o morador se encontra adstrito (art. 6.º, n.º 3), a partir do início do 11.º ano a caução fica afecta ao pagamento da remuneração anual do proprietário prevista no art. 7.º, n.º 1 alínea b), portanto, a uma função remuneratória do proprietário.

A caução desenvolve, pois, uma dupla função na relação jurídico-real existente entre o proprietário da coisa e o morador:

- Uma função de garantia, durante todo o tempo em que se encontra constituída (30 anos) e até ser consumida pelos pagamentos periódicos (anuais) ao proprietário (art. 6.º, n.º 3);
- Uma função de remuneração do proprietário, no valor de 5% ao ano, a partir do 11.º ano de duração do direito de habitação duradoura (art. 6.º, n.º 3 e art. 7.º, n.º 1 alínea b)).

III. A constituição do direito de habitação duradoura confere ao proprietário o direito a duas prestações pecuniárias periódicas do morador:

- Uma prestação mensal, enquanto durar o direito de habitação duradoura, no valor convencionado pelas partes no contrato constitutivo (art. 7.º, n.º 1 alínea a));

[2488] O cânone superficiário constitui, porém, um elemento eventual (ou acidental) da superfície, que pode não ser convencionado pelas partes, ao contrário do que sucede no direito de habitação duradoura, em que os ónus reais são parte do conteúdo injuntivo típico do direito.

- Uma prestação anual, por cada ano efetivamente decorrido desde o 11.º ano até ao final do 30.º ano, correspondente ao diferencial entre o valor inicial da caução e o valor da caução nesse ano nos termos do n.º 2 do art. 6.º.

A prestação periódica mensal tem a actualização prevista no contrato. Na falta de convenção das partes o proprietário pode promover a actualização anual da mesma, nos termos do art. 7.º, n.º 3.

A prestação pecuniária anual é devida a partir do 11.º ano de duração do direito de habitação duradoura, sendo paga por dedução ao valor da caução prestada ao proprietário (art. 7.º, n.º 1 alínea b)). Quer dizer, o proprietário vai-se pagando retirando o valor devido do montante recebido como caução.

IV. O artigos 9.º do DL n.º 1/2020 fixa o rol de obrigações do morador, sem prejuízo de outras poderem acrescer a este elenco por via de convenção negocial.

Estas obrigações não têm, porém a mesma importância na economia do regime jurídico do direito de habitação duradoura. A mais importante dessas obrigações consta do art. 9.º, n.º 1 alínea a); ela vincula o uso do morador a um fim imperativo (a habitação permanente) e, nesta medida, conforma o aproveitamento possível da coisa, integrando o conteúdo injuntivo típico do direito real segundo o art. 2.º do diploma.

Fora do conteúdo injuntivo típico e, por conseguinte, fora da delimitação legal do tipo de direito real, há outras obrigações a considerar para o morador. Pela sua importância, destaca-se a obrigação de realização de obras de conservação na coisa objecto do direito (art. 9.º, n.º 1 alínea d)). As obras de conservação extraordinária ficam para o proprietário (art. 8.º, alínea d)).

377. Obrigações do proprietário

Ao proprietário cabe basicamente entregar a coisa com o nível de conservação mínimo de médio, suportar as obras de conservação extraordinária (contando que a sua necessidade não provenha de facto ilícito ou incumprimento contratual do morador), pagar as quotas e demais despesas de condomínio e gerir o dinheiro recebido a título de caução (art. 8.º).

Para além disso, estando o seu direito onerado com um direito real menor, cabe ao proprietário respeitar ainda o uso exclusivo da coisa pelo morador e agregado habitacional, abstendo-se da prática de actos que comprometam ou diminuam o exercício do gozo conteúdo do direito de habitação duradoura.

378. A situação possessória do morador, a usucapião e outros efeitos da posse

I. Recebendo a coisa do proprietário ou adquirindo o seu controlo material por qualquer outro facto (apossamento, tradição de terceiro, etc.), o morador exterioriza um direito real de gozo sobre ela. Estão, pois, reunidos os dois pressuposto gerais da posse[2489].

Tendo em conta que o regime jurídico da posse, tal como decorre do disposto no art. 1251.º do Código Civil, se estende à categoria dos direitos reais de gozo, e não apenas aos direitos desta categoria regulados nesse Código, a possibilidade legal da posse do morador afigura-se incontroversa.

Quando tenha o controlo material da coisa e exteriorize o direito de habitação duradoura sobre ela o morador é, pois, possuidor nos termos do regime jurídico dos artigos 1251.º e seguintes do Código Civil, sem prejuízo do que se dirá de seguida relativamente à usucapião e à fruição.

Possuidor sobre a coisa nos termos do direito que exterioriza, o morador tem a mera detenção relativamente à propriedade. A situação tem inteiro paralelismo com o que sucede relativamente à posse exercida nos termos de um qualquer direito real de gozo menor.

Por sua vez, o proprietário possuidor que constitui o direito de habitação duradoura e entrega a coisa ao morador permanece na posse dela, posse essa exteriorizada no tocante à propriedade.

Portanto, o morador possui nos termos do direito que exterioriza, ou seja, o direito de habitação duradoura, sendo mero detentor no que concerne ao direito de propriedade. O proprietário, por seu lado, mantém a posse da coisa atinente ao seu direito, coexistindo ambas as posses sobre a mesma coisa, em concurso, articuladas nos termos do conteúdo de cada uma delas.

II. Apesar de possuidor – quando reúne os pressupostos respectivos – o morador não beneficia de todos os efeitos jurídicos da posse. Nomeadamente, ele não pode invocar a usucapião a seu favor.

Esta considerável limitação da posse do morador advém da aplicação subsidiária ao direito de habitação duradoura do regime jurídico do direito

[2489] Cf. *supra* no texto e ainda José Alberto Vieira, A Posse, cit.

de habitação previsto nos artigos 1484.º e seguintes do Código Civil (art. 23.º). Ora, como é sabido, o direito de habitação não pode ser adquirido por usucapião (art. 1485.º e art. 1293.º, alínea b) do Código Civil), que está, assim, excluída quanto a ele.

III. A posse do morador não lhe garante qualquer fruição sobre a coisa. Nem faria sentido que tal acontecesse, em virtude do direito de habitação duradoura não atribuir esse

O facto de o regime jurídico da posse contemplar um poder de fruição ao possuidor de boa fé (art. 1270.º, n.º 1 do Código Civil) não deve gerar equívocos no que respeita à posse do morador. O regime jurídico da posse constante do Código Civil está construído na base da posse de maior extensão, a posse relativa ao direito de propriedade, e deve ser adaptado na sua aplicação à posse do morador.

IV. A posse nos termos do direito de habitação duradoura faz presumir a titularidade do direito (art. 1268.º, n.º 1 do Código Civil).

Disponível na íntegra está a tutela possessória (os meios de defesa da posse), a que o possuidor nos termos do direito de habitação duradoura pode recorrer como qualquer outro possuidor.

379. Extinção do direito real de habitação duradoura

I. A lei regula a extinção do direito de habitação duradoura nos artigos 15.º a 19.º. A técnica seguida corresponde em larga parte a um modelo de relação obrigacional e os factos extintivos regulados apontam igualmente à cessação de eficácia do contrato e não propriamente à extinção do direito de habitação duradoura, embora este naturalmente se extinga. Veja-se em particular o regime jurídico previsto no art. 18.º.

Nota-se aqui claramente uma diferença com o regime jurídico da extinção dos direitos reais de gozo no Código Civil, que normalmente abstrai da relação jurídica emergente do facto constitutivo do direito real, para se centrar apenas na regulação dos factos extintivos desse direito.

No fundo, apesar de qualificar o direito como real, o legislador nunca abandona o paradigma do contrato de prestação do gozo, esquecendo-se que a escolha preconizada imporia considerar o gozo como conteúdo do direito sobre a coisa e não como prestação do proprietário ao morador num contexto de relação jurídica obrigacional, completamente estranho a

Direitos Reais e à sua disciplina, que se centra na inerência ao objecto e no carácter absoluto do direito real.

II. Quais são os factos extintivos do direito real de habitação duradoura?

O DL n.º 1/2020 não consagrou um preceito único aos factos extintivos do direito de habitação duradoura. Dedicou antes três preceitos a outros tantos factos extintivos (caducidade, renúncia e resolução contratual), deixando todos os outros de fora.

O Livro de Direito das Coisas não compreende nada semelhante a uma parte geral ou, dá no mesmo, a um regime geral que inclua, nomeadamente, os factos extintivos dos direitos reais aí contemplados. Diversamente, o legislador português do Código Civil preferiu repetir a propósito de cada um dos direitos reais os factos extintivos respectivos.

A remissão constante do art. 23.º para o regime do direito de uso e habitação regulado nos artigos 1484.º e seguintes importa uma dupla remissão, uma vez que o art. 1485.º remete, por sua vez, para o regime de extinção do usufruto. O que leva a considerar para o direito de habitação duradoura os factos extintivos constantes do art. 1476.º do Código Civil, ou seja, os do usufruto, com as especificidades constantes dos artigos 16.º a 20.º do DL n.º 1/2020.

Teremos, assim, a considerar os seguintes factos extintivos (que são os mesmos do usufruto):

- A morte do morador;
- A reunião do direito de habitação duradoura e da propriedade na mesma pessoa;
- O não uso pelo prazo de 20 anos, qualquer que seja o motivo;
- A perda total da coisa objecto do direito:
- A renúncia.

Para além destes, haverá ainda a considerar outros factos extintivos gerais de direitos reais de gozo, como sejam:

- A expropriação;
- A extinção por força da constituição de direito incompatível.

Dado que o diploma regulador do direito de habitação duradoura contém normas específicas respeitantes à caducidade, renúncia e resolução do contrato este regime jurídico aplica-se em primeiro lugar, prevalecendo sobre o regime geral de extinção dos direitos reais de gozo. Vejamos.

III. Tratando-se de um direito vitalício, não há a considerar a extinção pelo decurso do prazo de duração do direito e apenas a morte do morador, ou do último dos moradores em caso de comunhão, faz extinguir o direito de habitação duradoura (art. 16.º).

IV. A renúncia ao direito de habitação duradoura é livremente admitida para o morador (art. 17.º, n.º 1). Havendo mais do que um direito em comunhão, apenas a renúncia de todos provoca a extinção da situação jurídica. Se isso não acontecer, o outro ou os outros moradores permanecem titulares da situação jurídica que lhes respeita, mantendo-se a oneração da propriedade pelo direito de habitação duradoura.

O art. 17.º, n.º 1 estabelece uma regra de forma para a declaração negocial de renúncia, que deve ser emitida por escrito, aditando as formalidades da assinatura presencial reconhecida e do preenchimento de ficha de avaliação com um nível de conservação, no mínimo, de médio.

Há ainda um prazo mínimo de 90 dias para entrega da coisa.

Com a renúncia o morador fica obrigado a restituir a coisa ao proprietário e tem o direito à devolução da caução, de acordo com o disposto no art. 17.º, n.º 2.

V. Na lógica largamente obrigacional subjacente ao regime jurídico do direito de habitação duradoura o contrato constitutivo deste direito pode ser resolvido com fundamento em incumprimento da outra parte (art. 18.º, n.º 1).

A lei não especifica se qualquer incumprimento contratual fundamenta o direito de resolução do contrato, mas os números 2 e 3 do art. 18.º indicam várias causas (incumprimentos) cuja verificação legitima a resolução.

Não cremos que a lista de fundamentos de resolução prevista no art. 18.º, n.º 2 seja taxativa. Tal sentido, cremos, contraditaria o n.º 1, que menciona simplesmente o incumprimento contratual. Mas o que verdadeiramente nos convence da não taxatividade é a falta de alusão ao respeito pelo fim de habitação permanente pelo morador, que constitui um elemento estruturante do tipo legal de direito de habitação duradoura e não surge mencionado nem no n.º 2 nem nos demais números do art. 18.º.

VI. A extinção do direito de habitação duradoura importa para o morador a obrigação de entrega da coisa ao proprietário nas condições descritas no art. 19.º. Por sua vez, ao proprietário cabe o dever de devolver o saldo da caução (art. 15.º, n.º 1).

380. Natureza do direito de habitação duradoura

A natureza de um direito subjectivo afere-se face ao regime jurídico que o regula, em atenção, nomeadamente, ao seu objecto e aos princípios jurídicos que informam esse regime.

A natureza real do direito de habitação duradoura resulta, em primeiro lugar, da qualificação legal como tal e, em segundo lugar, da remissão a título de Direito subsidiário para o regime jurídico do direito de habitação previsto no Código Civil (art. 23.º).

Em tudo o resto, o normativo regulador do direito de habitação duradoura está mais próximo de um contrato fundador de um direito pessoal de gozo e da correspondente relação jurídica do que de um verdadeiro direito real, seja por opção seja simplesmente por uma técnica deficiente de redacção do diploma.

Não havendo verdadeiramente um argumento que derrote a natureza real e considerando que a disciplina jurídica instituída se refere a uma coisa corpórea, aceitamos a qualificação legal, sem deixar de fazer notar a natureza híbrida subjacente à regulação jurídica, várias vezes mais próxima do desenho de uma relação obrigacional de prestação de gozo do que do uma verdadeira atribuição real ao moradora.

BIBLIOGRAFIA

ABREU, A. J. TEIXEIRA DE – Das Aguas, Coimbra, 1917

— Direito Civil, Coimbra, 1914

— Lições de Direito Civil Português, Coimbra, 1807

ALBALADEJO, MANUEL – Derecho Civil, III, Derecho De Bienes, Décima Edición, 2004

ALBERTARIO, EMILIO – Il possesso della superfície, em Studi Di Diritto Romano, Volume Secondo, Milano, 1941

ALBUQUERQUE, PEDRO DE – Direito Das Obrigações, Contratos Em Especial, Volume I, Tomo I, Coimbra, 2017

ALCARO, FRANCESCO – Il Possesso, Art. 1140-1143, Milano, 2003

ALDAZ, CARLOS MARTÍNEZ DE AGUIRRE – ver CONTRERAS

ALLARA, MARIO – Dei Beni, Milano, 1984

— Le Nozioni Fondamentali Del Diritto Civile, Volume Primo, Quinta Edizione, Torino, 1958

ALPA, GUIDO – "Accessione", Digesto delle Discipline Privatistiche, Sezione Civile, pág. 28

ÁLVAREZ, MIGUEL ÁNGEL PÉREZ – ver CONTRERAS

ANDRADE, ABEL DE – Caducidade Dos Onus Reaes Por Virtude Da Arrematação E Adjudicação, Coimbra, 1898

— Commentario ao codigo civil portuguez: art. 359.º e seg., Coimbra, 1895

ANDRADE, MANUEL DOMINGUES – Teoria Geral da Relação Jurídica, Vol. I, Coimbra, 1983

— Teoria Geral Das Obrigações, 3.ª ed., Coimbra, 1966

ANTUNES, HENRIQUE SOUSA – Direitos Reais, Lisboa, 2017

ARANGIO-RUIZ, VINCENZO – Istituzioni Di Diritto Romano, Napoli, 1998

ARAÚJO, ANTÓNIO LIMA – Direitos Reais, Lisboa, 1977

Araújo, António Lima/ Seara, Fernando Reboredo – Direitos Reais, Apontamentos das Lições No Ano Lectivo 79/80, Lisboa, 1980

Arndts Von Arnesberg, Karl Ludwig – Lehrbuch der Pandekten, 11. Aufl./ /nach des Verf. Tode besorgt von L. Pfaff und F. Hofmann, Stuttgart, 1883

Ascensão, José de Oliveira – "A preservação do equilíbrio imobiliário como princípio orientador da relação de vizinhança", RFD, Volume XLVI, n.º 2, 2005, pág. 1065

— Direito Civil – Reais, 5.ª edição, Coimbra, 2000

— "Propriedade E Posse – Reivindicação E Reintegração", Revista Luso-Africana de Direito, Volume I, 1997, pág. 9

— "Usucapião de propriedade resolúvel", in Vno Ad Omnes: 75 anos da Coimbra Editora, 1920-1995

— "Acção de reivindicação", ROA, Ano 57, Abril 1997, pág. 511

— "Subarrendamento e direitos de preferência no novo regime de arrendamento urbano", ROA, Ano 51, Abril 1991, pág. 45

— "Quinhão e reforma agrária", ROA, Ano 49, III, Dezembro 1989, pág. 747

— Estudos sobre Expropriações e Nacionalizações, Lisboa, 1989

— "O urbanismo e o direito de propriedade", Direito do Urbanismo, INA, 1989, pág. 319

— "A caducidade da expropriação no âmbito da reforma agrária", Separata da RDFDL, ano XXVII, 1987

— Direito Civil – Reais, 4.ª Edição Refundida (Reimpressão), Coimbra, 1987

— "Efeitos substantivos do registo imobiliário", RF, ano 82, Janeiro-Março, 1986, pág. 31

— "Locação de bens dados em garantia – Natureza jurídica da locação", ROA, Ano 45, Setembro 1985, pág. 345

— "O direito de superfície agrícola", RDCSP, ano 2, n.º 4, Janeiro-Março, 1978, pág. 145

— "Terrenos vagos e usucapião", RDES, ano XXIII (1976), Janeiro-Dezembro, números 1 a 4

— "O depósito do preço na acção de preferência", RTP, ano 93 (1975), pág. 147

— "Breve Confronto do Livre III (Do Direito das Coisas) do Anteprojecto do Código Civil brasileiro com o Código Civil português", RDES, ano XX, Abril a Dezembro, 1974, números 2, 3 e 4

— "Os efeitos substantivos do registo predial na ordem jurídica portuguesa", ROA, ano 34, 1974 Janeiro/Dezembro, pág. 5

— Direitos Reais, Lisboa, 1973 (Reimpressão)

— "Acessão", Scientia Ivrídica, Tomo XXII, pág. 324

— "O direito de superfície referente a plantações", Scritti per il cinquantennio dela RDA, n.º LI, n.º 1, 1972

— "A empresa e a propriedade", Lisboa 1970
— Direitos Reais, Volume I, Parte Geral – A Estática, Lisboa, 1969, Direitos Reais, Volume II, Parte Geral – A Dinâmica, Lisboa, 1970 e Direitos Reais, Volume III, Parte Especial, Lisboa, 1970
— A Tipicidade dos Direitos Reais, Lisboa, 1968
— "Reordenamento agrário e propriedade privada", Lisboa, 1964
— "Desnecessidade e extinção de direitos reais", Boletim da Faculdade De Direito De Lisboa, Volume XVIII, 1964, pág. 239
— As Relações Jurídicas Reais, 1962
Ascensão, José de Oliveira/Menezes Cordeiro, António – "Expurgação de hipoteca", Separata da RDFDL, ano XXVII, 1987
Astuti, Guido – "Abitazione (diritto di)", Enc. Del Dir., pág. 91
Atias, Christian – Droit Civil, Les Biens, 7 édition, Paris, 2003
Balbi, Giovanni – "Obbligazione Reale", Noviss. Dig. It., pág. 666
Barassi, Lodovico – Proprietà E Comproprietà, Milano, 1951
— Diritto Reali E Posse, II, Il Possesso, Milano, 1952
— I Diritto Reali Limitati, In Particolare L'Usufrutto E le Servitù, Milano, 1948
— La Proprietà Nel Nuovo Códice Civile, Milano, 1941
— Istituzioni Di Diritto Privato, Milano, 1939
Barbero, Domenico – Sistema Del Diritto Privato Italiano, I, Sesta edizione, 1965
Barcellona, Pietro – "Frutti (Diritto civile)", Enc. Del Dir., pág. 205
Bassenge, Peter – no Palandt Bürgerliches Gesetzbuch, 66. Auflage, 2007
Baur, Fritz – Lehrbuch des Sachenrechts, 10. Auflage, München, 1978
— Soergel Bürgerliches Gesetzbuch, Band 5, Sachenrecht, 11. Auflage, 1978
— "Gestufter Mitbesitz am brief bei Teilgrundpfandrechten", NJW, 1967, pág. 22
Baur, Fritz/Stürner, Ralf – Sachenrecht, 18.Auflage, 2009
BeckOK BGB, Bamberger/Roth/Rau/Poseck, 43. Edition, 2017
Benedetto, Maria Ada – "Usucapione (Diritto Intermedio)", Noviss. Dig. It., pág. 291
Berger, Christian – ver Brehm
Bianca, Massimo – Diritto Civile, VI, La Proprietà, Milano, 1999
Biondi, Biondi – Las Servidumbres, tradução para castelhano do original italiano, Le Servitù, por José Manuel González Porras, Madrid, 1978
— Istituzioni Di Diritto Romano, Milano, 1972
— Le Servitú Prediali Nel Diritto Romano (Corso Di Lezioni), Milano, 1946
— La Categoria Romana Delle "Servitutes", Milano, 1938
— "Cosa (Diritto romano)", Noviss. Dig. It., pág. 1006
— "Cosa (Diritto Civile)", Noviss. Dig. It., pág. 1007
— "Cosa corporale ed Incorporale (Diritto romano)", Noviss. Dig. It., pág. 1014
— "Cosa semplice e composta (Diritto romano), Noviss. Dig. It., pág. 1039

— "Cosa semplice e composta (Diritto intermedio), Noviss. Dig. It., pág. 1041
— "Cosa semplice e composta (Diritto civile), Noviss. Dig. It., pág. 1041
— "Cosa mobile ed immobile (Diritto civile)", Noviss. Dig. It., pág. 1024
— "Cosa divisibile ed indivisibile", Noviss. Dig. It., pág. 1018
— "Cosa futura", Noviss. Dig. It., pág. 1022
— "Cosa fungibile e non fungibile", Noviss. Dig. It., pág. 1020
— "Cosa deteriorabile", Noviss. Dig. It., pág. 1018
— "Comunione (Diritto romano)", Noviss. Dig. It., pág. 855

Birocchi, Italo/Lampis, Maria Cristina – "Superficie (dir. interm.)", Noviss. Dig. It., pág. 1464

Böcking, Eduard – Pandekten des römischen Privatrechts aus dem Standpuncte unseres heutigen Rechtssystems oder Institutionen des gemeinen deutschen Civilrechts, Band 2, 1, Die Lehre vom Eigenthum und den größten Teil der von den Servituten enth, Bonn, 1855

Bombardella, Giulio Pasetti – "Superficie (dir. priv.)", Enc. Del Dir., pág. 1471

Bonfante, Pietro – Istituzioni Di Diritto Romano, Milano, 1987
— Corso Di Diritto Romano, III – Diritti reali, Milano, 1972
— Corso Di Diritto Romano, II– La proprietà, Milano, 1966
— "Il punto di partenza nella teoria romana del possesso", Scritti Giuridici Varii, III., Obbligazioni, Comunione E Possesso, Torino, 1926, pág. 516
— "La possessio civilis e la possessio naturalis", Scritti Giuridici Varii, III., Obbligazioni, Comunione E Possesso, Torino, 1926, pág. 534
— "Servitù e obbligazioni", Scritti Giuridici Varii, II, Torino, 1926
— "Servitù e limitazioni del domínio", Scritti Giuridici Varii, II, Torino, 1926, pág. 926

Boulanger, Jean – ver Ripert

Branca, Giuseppe – Istituzioni Di Diritto Privato, Sesta edizione, Bologna, 1978
— Servitù Prediali, no Commentario Del Codice Civile de António Scialoja e Giuseppe Branca, Quarta Edizione, Bologna, Roma, 1967
— Comunione e condominio negli edifici, Quarta Edizione, Bologna, Roma, 1965
— "Accessione", Enc. Del Diritto, Vol. I, pág. 261

Brehm, Wolfang/Berger, Christian – Sachenrecht, 3. Auflage Tübingen, 2014

Bretone, Mario – La Nozione Romana Di Usufrutto, I, Dalle Origini A Diocleziano, Napoli, 1962
— La Nozione Romana Di Usufrutto, II, Da Diocleziano A Giustiniano, Napoli, 1967
— "Frutti (Diritto romano)", Nov Dig. It., pág. 665

Brodmann, E. – Plank's Kommentar Zum Bürgerlichen Gesetzbuch, Band III, Sachenrecht, 5. Auflage, Berlin und Leipzig, 1933

Brugi, Biagio – Della Proprietà, Napoli, Torino, 1923

Bruns, Carl Georg – Die Besitzklagen des römischen und heutigen Rechts, Weimar, 1874
— Das Recht des Besitzes im Mittelalter und in der Gegenwart , Tübingen, 1848
Bund, Elmar – Staudinger Kommentar Zum BGB, Band 6, Sachenrecht, 12. Auflage, 1982
Burdese, Alberto – Le Servitù Prediali, Linee Teoriche E Questioni Pratiche, Padova, 2007
— "Possessio (Diritto romano)", Enc. Del Dir., XXXIV, pág. 452
— "Servitù Prediali (Diritto vigente)", Noviss. Dig. It., pág. 130
— "Servitù Prediali (Diritto romano)", Noviss. Dig. It., pág. 118
Caetano, Marcello – "Carneiro Pacheco e a Universidade de Lisboa", Separata de O Concelho de Santo Tirso, Vol. VIII, N.º 1, Porto, 1960, pág. 1
— "Apontamentos para a história da Faculdade de Direito de Lisboa", RFDUL, volume XIII, 1959, pág. 11
Canaris, Claus – Wilhelm – Pensamento Sistemático E Conceito de Sistema Na Ciência Do Direito, 3.ª ed., Lisboa, 2002
— Systemdenken und Systembegriff in der Jurisprudenz, 2. überarbeitete Auflage, Berlin, 1983
— "Die Verdinglichung obligatorische Rechte", Festschrift für Werner Flume zum 70. Gerburtstag, Vol. I, 1978, pág. 371
Cannata, Carlo Augusto – "Possesso (Diritto romano)", Noviss. Dig. It., pág. 323
Capitant, Henri – Introduction A L'Étude Du Droit Civil, Notions Génereles, Troisième Édition, Paris, 1912
Caravale, Mario – "Servitù Prediali (Diritto intermedio)", pág. 124
Carbonnier, Jean – Droit Civil, Les biens, Paris, 2004
Carlos, Adelino da Palma – "Manuel Borges Carneiro", Separata da Revista da ordem dos Advogados, Lisboa, 1956
Carneiro, Manuel Borges – Direito Civil de Portugal, IV Tomos, Tomo I, Lisboa, 1826, Tomo II, Lisboa, 1827, Tomo III, Lisboa, 1828, Tomo IV, Lisboa, 1940
Carvalho, Orlando – Direito Civil (Direito das Coisas), Coimbra, 1968-1969
— Introdução à posse, RLJ n.º 122, págs. 65, 104, 262 e 292, RLJ 123, pág. 72 e 353, e RLJ n.º 124, pág. 259 e 292
Cascio, Salvatore Orlando – "Abitazione (diritto di)", Enc. Del Dir., pág. 91
Caterina, Raffaele – ver Sacco
Chironi, G. P. – Elementi Di Diritto Civile, Milano, Torino, Roma, 1914
Cian, Giorgio/Trabucchi, Alberto – Commentario Breve al Codice Civile, 5.ª edizione, Milano, 1997
Ciccaglione, Federico – "Servitù (Diritto romano)", Nov. Dig. It., pág. 159
Coelho, José Gabriel Pinto – Direito Civil (Noções Fundamentais), Lisboa, 1938

Coelho, Luís da Câmara Pinto – Direitos Reais, Apontamentos das aulas dadas ao 4.º ano do ano lectivo de 1953-1954, Lisboa, 1954

— "Subsídios para o estudo de requisição", RFDUL, Volume X, Lisboa, 1954

— Lições De Direitos Reais, Segundo as prelecções do Senhor Professor Doutor Luís da Câmara Pinto Coelho ao Curso Jurídico de 1944-45, Lisboa, 1945, coligidas por Maria Júlia Cardoso, Maria Lucília Santos e Clemente Rogério

— Direitos Reais – Súmula Das Lições Proferidas Pelo Exmo. Prof. Doutor Luiz Pinto Coelho, Lisboa, 1940, coligidas por Pedro da Câmara de Freitas e Carmina Rodrigues Ferreira

— Da Compropriedade No Direito Português, Lisboa, 1939

Coing, Helmut – Geschichte und Bedeutung des Systemgedankens in der Rechtswissenschaft, in Zur Geschichte Des Privatrechtsystems, Frankfurt, 1962

— Grundzüge der Rechtsphilosophie, Berlin, 1950

Comporti, Marco – Diritti Reali In Generale, Milano, 1980

Contreras, Pedro de Pablo/Aldaz, Carlos Martínez de Aguirre/Álvarez, Miguel Ángel Pérez – Curso De Derecho Civil (III), Derechos Reales, Madrid, 2004

Cordeiro, António de Menezes – A Posse – Perspectivas Dogmáticas Actuais, 3.ª edição, 2014 (2.ª Reimpressão da edição de 2000)

— Tratado De Direito Civil Português, I, Parte Geral, Tomo III, Coisas, 3.ª ed., Coimbra, 2013

— Tratado de Direito Civil Português, I, Coimbra, 2012 (Reimpressão da 4.ª edição)

— Tratado De Direito Civil Português, VI, Direito Das Obrigações, 2.ª edição, Coimbra, 2012

— Tratado De Direito Civil Português, I, Parte Geral, Tomo I, 3.ª edição, Coimbra, 2005

— Direitos Reais, Sumários, Lisboa, 2000

— "Da retenção do promitente na venda executiva", ROA, Ano 57, Abril 1997, pág. 547

— Direito das Obrigações, Vol. I, Lisboa, 1994

— Relatório de Teoria Geral Do Direito Civil, Lisboa, 1988

— Da Boa Fé No Direito Civil, Coimbra, 1984

— "Evolução juscientífica e direitos reais", Estudos De Direito Civil, Volume I, Coimbra, 1991, pág. 201

— Da Natureza Do Direito Do Locatário, Separata Da Revista Da Ordem Dos Advogados, Lisboa, 1980

— Direitos Reais, reimpressão da edição de 1979, Lisboa, 1993

— ver Oliveira Ascensão

Cosack, Konrad – Lehrbuch des bürgerlichen Rechts auf der Grundlage des Bürgerlichen Gesetzbuchs, 4. Aufl., Band 2, Das Sachenrecht. Das Recht der Wertpapiere. Das Gemeinschaftsrecht. Das Familienrecht. Das Erbrecht, Jena, 1904

Costa, Mário Júlio Almeida – Direito das Obrigações, 9.ª edição, Coimbra, 2005

— "Romanismo E Bartolismo No Direito Português", BFD, Vol. XXXVI, 1960, pág. 16

— "Temas de História Do Direito", Boletim da Faculdade de Direito da Universidade de Coimbra, 1968, pág. 205

Cristas, Assunção/Gouveia, Mariana França/Neves, Vítor Pereira – Transmissão Da propriedade E Contrato, Coimbra, 2001

Crome, Carl – System des deutschen bürgerlichen Rechts, Band 3, Rechte an Sachen und an Rechten, Tübingen, 1905

Cunha, Paulo – Curso De Direito Civil – Direitos Reais, Lisboa, 1950

— Do Património, Lisboa, 1934

Cura, António Vieira – "Transmissão Da Propriedade E Aquisição De Outros Direitos Reais (Algumas Considerações Sobre A História Do «Sistema Do Título E Do Modo»)", Separata De Estudos Em Homenagem Ao Prof. Doutor Raul Ventura, pág. 373

D'Avanzo, Walter – Il Possesso, Milano, 1939

De Cupis, Adriano – "Usufrutto (dir. vig.)", Enc. Del Dir., pág- 1098

Degenkolb, Heinrich – Platzrecht und Miethe, Berlin, 1867

Deiana, Giommaria – "In tema di obligationes propter rem acessorie ad un rapporto do servitù", Riv. Dir. Comm., 1952, II, pág. 91

— ver Grosso

De Martino, Francesco – Della Proprietà, no Commentario Del Codice Civile a cura de António Scialoja e Giuseppe Branca, Libro Terzo, Terza Edizione, Bologna, Roma, 1967

— Del Possesso, no Commentario Del Codice Civile a cura de António Scialoja e Giuseppe Branca, Libro Terzo, Quarta Edizione, Bologna, Roma, 1966

Demogue, René – Les Notions Fondamentales du Droit privé, Essai Critique, Paris, 1911

Dernburg, Heinrich – Pandekten, 6. Aufl., Band 1, 2, Sachenrecht, Berlin, 1900

— Pandekten, 6. Auflage, Band 1, 1, Allgemeiner Teil, Berlin, 1900

Destrais, Ch. – De La Propriété Et Des Servitudes En Droit Romain, Paris, 1885

Díez-Picazo, Luis/Gullón, Antonio – Sistema De Derecho Civil, Volumen III, Derecho de cosas y Derecho Inmobiliario Registral, Séptima Edición, Madrid, 2003

Dimundo, Antonino – "Frutti civili", Digesto delle Discipline Privatistiche, Sezione Civile, pág. 552

DISTASIO, NICOLA – "Diritto reale, servitù e obbligazione propter rem", Riv. Trim. Dir. Proc. Civ., 1953, pág. 437

DIURNI, GIOVANNI – "Pertinenze (storia)", Enc. Del Diritto, pág. 532

DONELUS – Commentari de jure civili, Livro V., Florença, 1840

DOSSETTO, Mario – "Comunione (Diritto civile)", Noviss. Dig. It., pág. 857

DUARTE, RUI PINTO – Curso De Direitos Reais, 3.ª edição, Lisboa, 2013

— O Ensino Dos Direitos Reais – Propostas E Elementos De Trabalho, Lisboa, 2004

DUSI, BARTOLOMEO – Istituzioni Di Diritto Privato, Settima edizione a cura de Sergio Maiorca, Torino, 1982

ECKERT, JÖRN – Sachenrecht, 4. Auflage, Baden-Baden, 2005

EICHLER, HERMANN – Institutionen des Sachenrechts – Ein Lehrbuch, Erster Band, Allgemeiner Teil – Grundlagen des Sachenrechts, Berlin, 1954

ENDEMANN, F. – Lehrbuch des Bürgerlichen Rechts, zweiter Band, Sachenrecht, Achte und neunte Auflage, Berlin, 1905

ENNECCERUS, LUDWIG/KIPP, THEODOR/WOLFF, MARTIN – Lehrbuch des Bürgerlichen Rechts, Dritter Band, Sachenrecht, Tübingen, 1957

FABBRINI, FABRIZIO – "Usucapione (Diritto Romano)", Noviss. Dig. It., pág. 291

FALCKENBERG, HARALD – Münchener Kommentar Zum Bürgerlichen Gesetzbuch, Band 6, Sachenrecht, 4. Auflage, München, 2004

FARIA, JORGE LEITE AREIAS RIBEIRO DE – Direito das Obrigações, Vol. I, Coimbra, 1987

FAZIO, MARIANO SCARLATA – "Frutti (Diritto romano)", Enc. Del Dir., pág. 189

FERNANDES, LUÍS CARVALHO – Lições De Direitos Reais, 5.ª edição, Lisboa, 2007

— Lições De Direitos Reais, 4.ª edição, Lisboa, 2003

— "Da renúncia dos direitos reais", Estudos em Memória do Professor José Dias Marques, Coimbra, 2007, pág. 571

— "Da natureza jurídica do direito de propriedade horizontal", Cadernos de Direito privado, n.º 15, Julho/Setembro, 2006, pág. 3 e nos Estudos em Honra de Ruy De Albuquerque, Coimbra, 2006, pág. 269

— "A situação jurídica do superficiário condómino", ROA, ano 66, n.º 2, 2006

— "A tutela judicial da posse e dos direitos reais na reforma do Código do Processo Civil", Direito E Justiça, Ano XIII, Tomo I, 1999

— "Terceiros para efeitos do registo predial", ROA, Ano 57, Dezembro 1997, pág. 1283

— "Terceiros para efeitos do registo predial", BFD, LXX, 1994, pág. 1303

FERRÃO, ANTÓNIO ABRANCHES – Primeira Cadeira De Direito Civil, em harmonia com as prelecções feitas pelo Exmo. Sr. Dr. Abranches Ferrão ao curso de 1916-1917, Lisboa, 1917, coligidas por CARVALHO DOS SANTOS e CAMPOS FIGUEIRA

— Noções Gerais e Elementares das Instituições de Direito Civil Português, segundo as lições dadas ao 1.º ano do curso iniciado em 1915-16, 1916

Ferreira, Durval – Posse e Usucapião, 2.ª edição, Coimbra, 2003

Ferreira, José Dias – Código Civil Portuguez Annotado, 2.ª edição, Coimbra, 1898

Ferrini, C./Pulvirenti, G. – Servitù Prediali, Volume Primo, Napoli, Torino, 1908

Freire, Pascoal José de Mello – *Institutiones Juris Civilis Lusitanos cum Publici tum Privati*, no BMJ n.º 165, Abril de 1967, e n.º 166, de Maio de 1967, tradução para português de Miguel Pinto de Meneses

Fuchs, Eugen – Das Wesen der Dinglichkeit, Berlin, 1889

Fuzeta da Ponte, Pedro – ver Pedro Romano Martinez

Galgano, Francesco – Diritto Privatto, Sesta Edizione, Padova, 1990

Gandolfi, Giuseppe – "Onere Reale", Enc. Del Dir., pág. 127

Gazzoni, Francesco – Manuale di Diritto Privato, II edizione, Napoli, Roma, 1990

Gentile, Francesco Silvio – Il Possesso Nel Diritto Civile, Napoli, 1956

Gerhardt, Walter – Immobiliarsachenrecht – Grundeigentum und Grundpfandrechte, 5 Auflage, München, 2001

— Mobiliarsachenrecht, 5 Auflage, München, 2000

Geri, Lina Bigliazzi – L' Usufrutto, Appunti Delle Lezioni, Milano, 1977

Germani, Pietro – "Prestazioni Fondiarie", Nov. Dig. It., pág. 295

Gesterding, Friedrich Christian – Ausbeute von Nachforschungen über verschiedene Rechtsmaterien, Band 3, Greifswald, 1830

Giacobbe, Giovanni – ver Marina

Gierke, Julius v. – Bürgerliches Recht, Sachenrecht, Berlin, 1925

Gierke, Otto v. – Deutsches Privatrecht, Band 2, Sachenrecht, Leipzig, 1905

Giorgianni, Michele – "Diritti Reali (Diritto Civile)", Noviss. Dig. It., pág. 748

— L'Obbligazione (La Parte Generale Delle Obbligazione), I, Catania, 1945

— Contributo Alla Teoria Dei Diritti Di Godimento Su Cosa Altrui, I, Milano, 1940

Gomes, Januário da Costa – Estudos De Direito Das Garantias, Vol. I, Coimbra, 2004

— Direitos Reais, Jurisprudência Seleccionada para as Aulas Práticas, Lisboa, 2004 (em colaboração com Catarina Martins da Silva, Elsa Sequeira santos, Cláudia Monge, Diogo Pereira Duarte e Sofia Ferreira Enriquez)

Gomes, Orlando – Direitos Reais, 9.ª edição, Rio de Janeiro, 1985

Gonçalves, Augusto Penha – Curso De Direitos Reais, 2.ª ed., Lisboa, 1993

Gonçalves, Luís da Cunha – Da propriedade horizontal ou por andares, Lisboa, 1955

— Da Propriedade E Da Posse, Lisboa, 1952

— Tratado De Direito Civil Português, Volumes XI e XII, Lisboa, 1936 e 1937

GONZÁLEZ, JOSÉ ALBERTO – Direitos reais e direito registal imobiliário, 4.ª Edição, Lisboa, 2009

GOUBEAUX, GILLES – Droit Civil, Personnes – Famillie – Incapacite – Biens – Obligations, Sûretés, Paris, 1999

GOTTWALD, PETER – Sachenrecht, 14. Auflage, München, 2005

GONZÁLEZ, JOSÉ ALBERTO – A Realidade Registal para Terceiros, Lisboa, 2006

— Direitos Reais e Direito Registal Imobiliário, 3.ª edição, Lisboa, 2005

— Restrições de Vizinhança (de interesse particular), Lisboa, 2003

GOUVEIA, JAIME AUGUSTO CARDOSO DE – Direitos Reais, Lisboa, 1935, lições coligidas por ANTÓNIO DE CASTRO GUIMARAIS, EMÍDIO PIRES DA CRUZ e JOÃO AMARAL MARQUES

— Construção Jurídica da Propriedade, Lisboa, 1919

GOUVEIA, MARIANA FRANÇA – ver CRISTAS

GROSSO, GIUSEPPE – I Problemi Dei Diritti Reali Nell'Impostazione Romana, Torino, 1944

— "Servitù E Obbligazione Propter Rem", Riv. Dir. Comm., 1939, I, pág. 213

GROSSO, GIUSEPPE /DEJANA, GIOMMARIA – Le Servitù Prediali, Torino, 1951

GUARINO, ANTONIO – "Comunione (dir. rom.)", Enc. Del Dir., pág. 232

GUARNERI, ATTILIO – "Superficie", Digesto delle Discipline Privatistiche, Sezione Civile, pág. 206

GUELFI, F. FILOMUSI – Diritti Reali, Ad Uso Di Lezioni, 2.ª Edizione, Roma, 1909

— Obbligazioni (Parte Generale), 3.ª Edizione, 1910

GULLÓN, ANTONIO – ver DÍEZ-PICAZO

HASSEMER, W – ver KAUFMANN

HECK, PHILIPP – Grundriss des Sachenrechts, 2. Neudruck der Ausgabe, Tübingen, 1930, 1970

— Begriffsbildung und Interessenjurisprudenz, 1932

HEISE, ARNOLD – Grundriss eines Systems des gemeinen Civilrechts zum Behuf von Pandecten-Vorlesungen, 3. Ausgabe, 1819

HUBMANN, HEINRICH/REHBINDER, MANFRED – Urheber und Verlagsrecht, 7. Auflage, München, 1991

HUGO, GUSTAV – Institutionem des heutigem Römischen Rechts, Berlin, 1789

— Lehrbuch eines civilistischen Cursus , 2., ganz von neuem ausgearb. Versuch Band 1 : Welcher, als allg. Einl. in die Jurisprudenz überhaupt und den civilistischen Cursus insbesondere, die juristische Enzyklopädie enthält , Berlin, 1799

JHERING, RUDOLF – Über den Grund des Besitzesschutzes – Eine Revision der Lehre vom Besitz, reimpressão da 2. Auflage, Jena, 1869, 1968

— "Der Besitz", Jherings Jahrbücher für die Dogmatik des bürgerlichen Rechts, Bd. 32, 1893, pág. 41

— "Beiträge zur Lehre vom Besitz", Jahrbücher für die Dogmatik des heutigen römischen und deutschen Privatrechts, Bd. 9, 1868, pág. 1

— "Zur Lehre von den Beschränkungen des Grundeigenthümers im Interesse der Nachbarn", em Jahrbücher für die Dogmatik des heutigen römischen und deutschen Privatrechts, Bd. 6, 1863, pág. 81

JOOST, DETLEV – Münchener Kommentar Zum Bürgerlichen Gesetzbuch, Band 6, Sachenrecht, 4. Auflage, München, 2004

JORGE, FERNANDO PESSOA – Lições De Direito Das Obrigações, Lisboa, 1976

JÚNIOR, MANUEL RODRIGUES – A Posse – Estudo de Direito Civil, Coimbra 1924, 2.ª edição, Coimbra, 1940 e 3.ª edição, Coimbra, 1981

— "Da destinação do proprietário como fonte de servidões, RLJ, ano 55.º, números 2195 a 2197

— "Servidão legal de passagem", RLJ, ano 56.º, números 2225 a 2234

— "A reivindicação no direito civil português", RLJ, ano 57.º, números 2255 a 2262

— "A compropriedade no direito civil português", RLJ, ano 58.º, números 2275 a 2281

— "Restrições de utilidade pública no direito de propriedade", BFD, Volume VIII, pág. 89

— "Fontes e nascentes", BFD, Volume VIII, pág. 346

— "Muros e paredes meias", RLJ, ano 58.º, números 2297 a 2300

JUSTO, SANTOS A. – Direitos Reais, 5.ª edição, Coimbra, 2017

— "O Direito Luso-Brasileiro: Codificação Civil", BFD, Volume LXXIX, 2003, pág. 1

— Direito Privado Romano – III (Direitos Reais), Coimbra, 1997

KASER, MAX – Direito Privado Romano, Lisboa, 1999

— Compraventa Y Transmision De La Propiedad En El Derecho Romano Y En La Dogmatica Moderna, Valladolid, 1962

— Das Römische Zivilprozessrecht, München, 1966

KASER, MAX/KNÜTEL, ROLF – Römisches Privatrecht, 18. Auflage, München, 2005

KAUFMANN, ARTHUR/HASSEMER, W. – Introdução À Filosofia Do Direito E À Teoria Do Direito Contemporâneas, Lisboa, 2002

KELLER, FRIEDRICH LUDWIG VON – Der Römische Civilprocess und Die Actionen, Leipzig, 1883

KIPP, THEODOR – ver ENNECCERUS

KNOTHE, HANS-GEORG – Das Erbbaurecht, Eine rechtsdogmatische und rechtspolitische Untersuchung, Frankfurt am Main, 1987

KNÜTEL, ROLF – ver KASER

KOHLER, JOSEF – Urheberrecht an Schriftwerken und Verlagsrecht, 1907

KRESS, HUGO – Besitz und Recht , Nürnberg, 1909

KRÜGER, HUGO – Die prätorische Servitut, Münster, 1911

LAMPIS, MARIA CRISTINA – ver BIROCCHI

LANDSBERG, ERNST – Das Recht des Bürgerlichen Gesetzbuches vom 18. August 1896, Band 2, Berlin, 1904

LARENZ, KARL – Metodologia Da Ciência Do Direito, 3.ª edição, Lisboa, 1997

— Lehrbuch des Schuldrechts, Band I, Allgemeiner Teil, 14. Auflage, München, 1987

LARENZ, KARL/CANARIS, CLAUS-WILHELM – Schuldrecht II/2, Dreizehnte Auflage, München, 1994

LARENZ, KARL/WOLF, MANFRED – Allgemeiner Teil des Bürgerlichen Rechts, 9. Auflage, München, 2004

LARROUMET, CHRISTIAN – Droit Civil, Tome II, Les Biens, Droits réels principaux, 5 édition, Paris, 2006

LAURENT, F. – Droit Civil Français, Tome Sixième, 3e Edition, Bruxelles, Paris, 1878

— "Leis, Cânones, Direito, Faculdade de", em Dicionário de História de Portugal, dirigido por Joel Serrão, Porto, 1981, pág. 456

LEITÃO, LUÍS MANUEL TELES DE MENEZES – Direito Das Obrigações, Volume I, 15.ª edição, Coimbra, 2018

— Direitos Reais, 6.ª edição, Coimbra, 2017

— Garantias Das Obrigações, Coimbra, 2006

— Direito Das Obrigações, Volume II, 4.ª edição, Coimbra, 2006

— Direito Das Obrigações, Volume III, Contratos em Especial, 3.ª Edição, Coimbra, 2005

— O Enriquecimento Sem Causa No Direito Civil, Coimbra, 2005

— O Ensino Do Direito Das Obrigações, Relatório Sobre o Programa, Conteúdo e Métodos de Ensino da Disciplina, Coimbra, 2001

LENT, FRIEDRICH – Sachenrecht, Achte Auflage, München und Berlin, 1960

LENT, FRIEDRICH/SCHWAB, KARL HEINZ – Sachenrecht, 13. Auflage, München, 1972

— Sachenrecht, 17. Auflage, München, 1972

— Plank's Kommentar zum Bürgerlichen Gesetzbuch, Band III, Sachenrecht, 5. Auflage, 1933 e 1938

LEONHARD, FRANZ – Bürgerliches Recht , 2. neubearb. Aufl., Berlin, 1926

LESKE, FRANZ – Allgemeiner Teil, Recht der Schuldverhältnisse, Sachenrecht, Vergleichende Darstellung des Bürgerlichen Gesetzbuches für das Deutsche Reich und des Preußischen Allgemeinen Landrechts, 1. u. 2. Aufl., Band 1, Berlin 1900

LIMA, FERNANDO ANDRADE PIRES DE – "Das coisas", BMJ n.º 91, pág. 19

— Noções Fundamentais De Direito Civil, Volume II, 1.ª edição, Coimbra, 1945, com a colaboração de João de Matos Antunes Varela

— Lições de Direito Civil (Direitos Reais), Património – Direito de Propriedade – Propriedade das águas – Restrições ao direito de propriedade – Servidões, Coimbra, 1941, coligidas por David Augusto Fernandes
— Direito Civil, Segundo as prelecções do Professor Doutor Fernando Andrade Pires de Lima ao curso do 1.º ano de 1940-1941, Coimbra, 1941, coligidas por Fausto Gaitto
— Lições De Direito Civil – Da Propriedade Das Águas –, Extracto Das Prelecções do Exmo. Senhor Doutor Pires de Lima, Coimbra, 1939, coligidas por Armando Coelho
— Lições de Direito Civil (Direitos Reais), de harmonia com as prelecções feitas ao III ano Jurídico de 1932-1933, pelo Exmo. Professor Doutor Pires de Lima, Coimbra, 1933, coligidas por Elísio Vilaça e David Fernandes
Lima, Fernando Andrade Pires de/Varela, João de Matos Antunes – Noções Fundamentais De Direito Civil, 5.ª edição, Coimbra, 1962
Lima, Fernando Andrade Pires de/Varela, João de Matos Antunes – Código Civil Anotado, com a colaboração de Henrique Mesquita, 2.ª edição, Coimbra, 1987
Lisi, Lycia Gardani Contursi – "Pertinenze", Noviss. Dig. It., pág. 1145
Lojacono, Vincenzo – Glia Atti Di Immissione, Considerazioni Di Diritto Privato, I, Milano, 1972
Lucas, Andre/Lucas, H. J. – Propriété Littéraire & Artistique, Paris, 1994
Lucas, H. J – ver Lucas
Luzzatto, Ruggero – La comproprietà nel diritto italiano, Milano, 1908
Mandrioli, Dino – "Diritti Reali", Nov. Dig. It., pág. 879
Marina, Federigo Alessandro/Giovanni Giacobbe – "Condominio negli edifici", Enc. Del Dir., pág. 816
Marques, José Dias – Direitos Reais (Parte Geral), Volume I, Lisboa, 1960
— Prescrição Aquisitiva, Volume I, Lisboa, 1960
— Noções Elementares De Direito Civil, 1.ª edição, Lisboa, 1965 e 6.ª edição, Lisboa, 1977
Martinez, Pedro Romano – As Garantias De Cumprimento, 3.ª edição, Coimbra, 2006
Martinez, Pedro Soares – "A Faculdade de Direito de Lisboa: Do restabelecimento, em 1913, à consolidação, em 1928", RFDUL, volume XXXVIII, 1997, pág. 267
Marty, Gabriel/Raynaud, Pierre – Droit Civil, Tome I, Introduction Générale A L'Étude Du Droit, 2. édition, Paris, 1980
Matta, José Caeiro – Direito Civil Português, I, Parte Geral, Coimbra, 1907
— O Direito De Propriedade E A Utilidade Pública, Das Expropriações, 1906

MAZEAUD/MAZEAUD – Leçons De Droit Civil, Tome Deuxième, Deuxième Édition, 1962
MAZZONI, COSIMO MARCO – "Frutti", Digesto delle Discipline Privatistiche, Sezione Civile, pág. 548
MEDICUS, DIETER – Schuldrecht II, Besonderer Teil, 14. Auflage, München, 2007
— Schuldrecht I, Allgemeiner Teil, 17. Auflage, München, 2006
— Allgemeiner Teil des BGB, 8. Auflage, Heidelberg, 2002
MENDES, ISABEL PEREIRA – Estudos Sobre Registo predial, Coimbra, 2003
MENDES, JOÃO DE CASTRO – Teoria Geral Do Direito Civil, Volume I, Lisboa, 1978
MERÊA, PAULO – "Súmula histórica da história do direito português", BFD, Ano V
— "Lance de olhos sobre o ensino do Direito (Cânones e Leis) desde 1772 até 1804", BFC, Vol. XXXIII, 1957, pág. 187
— "O ensino do Direito", em Jurisconsultos Portugueses Do Século XIX, Volume I, 1947, pág. 149
— "Esboço de uma história da Faculdade de Direito (1.º Período: 1836-1865)", BFD, 1952, pág. 99
— "Esboço de uma história da faculdade de direito (2.º Período: 1865-1902", BFD, Volume XXIX, 1953, pág. 23 e Volume XXX, pág. 142
MESQUITA, MANUEL HENRIQUE – Direitos Reais, Coimbra, 1967
— Obrigações Reais E Ónus Reais, Coimbra, 1990
— "Uma nova figura real: o direito de habitação periódica", Revista de Direito e Economia, VIII, n.º 1, 1982, pág. 49
MESSINEO, FRANCESCO – Manuale Di Diritto Civile E Commerciale, Vol. II, Nona Edizione, Milano, 1965
MICHALSKI, LUTZ/SCHULENBURG, VOLKER – Sachenrecht II, Eigentümer-Besitzer--Verhältnis, Niessbrauch, Pfandrecht, Köln, Berlin, Bonn, München, 2000
MONTEL, ALBERTO – Il Possesso, Seconda edizione, Torino, 1962
— "Frutti (Diritto Civile)", Noviss. Dig. It., pág. 666
MOREIRA, GUILHERME ALVES – Instituições do Direito Civil Português, Volume Primeiro, Parte Geral, Coimbra, 1907
— Instituições do Direito Civil Português, Volume Segundo, Das Obrigações, 2.ª Edição, Coimbra, 1925
— Instituições do Direito Civil Português, Volume Terceiro, Coimbra (sem data)
— As Águas no Direito Civil Português, 2 volumes, 2.ª edição, Coimbra, 1960
Motive Zu Dem Entwurfe Eines Bürgerlichen Gesetzbuchs, Band III, Sachenrecht, Berlin und Leipzig, 1888
MÜHL, OTTO – SOERGEL BGB, Band 6, 12. Auflage, Stuttgart, Berlin, Köln, 1989
MÜHLENBRUCH, CHRISTIAN FRIEDRICH – Lehrbuch des Pandekten-Rechts, Band 2, Halle, 1836
MÜLLER, KLAUS – Sachenrecht, 4. Auflage, Köln, Berlin, Bonn, München, 1997

Müller, Klaus/Gruber, Urs Peter – Sachenrecht, München, 2016
Münchener Kommentar Zum Bürgerlichen Gesetzbuch, Band 7, Sachenrecht, 7. Auflage, München, 2017
Natoli, Ugo – Il Possesso, Milano, 1992
Natucci, Alessandro – La Tipicitá Dei Diritti Reali, II.ª Edizione, Padova, 1988
Neuner, Georg Karl – Wesen und Arten der Privatrechtverhältnisse, Kiel, 1886
Neves, Vítor Pereira – ver Cristas
Oertmann, Paul – "Der Dinglichkeitsbegriff", Jahrbücher für die Dogmatik des heutigen römischen und deutschen Privatrechts, Band 31, 1892, pág. 415
Pacheco, António Faria Carneiro – Código Civil Português Actualizado, Volume I, Coimbra, 1920
— Direito Civil, segundo as preleções do Dr. Carneiro Pacheco, 1915, lições coligidas por Umberto Araújo
— Instituições Do Direito Civil Português, Coimbra, 1915, lições coligidas por Luis de Lemos d'Oliveira
— Dos privilégios creditórios, 2.ª edição, Coimbra, 1914
— Do direito de retenção na legislação portuguesa, Coimbra, 1911
— ver Vilela
Paladini, Andrea – "Superfície (Diritto romano)", Noviss. Dig. It., pág. 941
Palandt Bürgerliches Gesetzbuch, 66. Auflage, München, 2007
Palazzo, Antonio – "Comunione", Digesto ......, pág. 158
Palermo, Antonio – "Prestazioni Fondiarie", Noviss. Dig. It., pág. 734
Peralta, Ana Maria – A Posição Jurídica Do Comprador Na Compra e Venda Com Reserva De Propriedade, Coimbra, 1990
Perozi, Silvio – Istituzioni Di Diritto Romano, Seconda Edizione, Vol. I, Roma, 1928
Pinheiro, Luís Lima – A Cláusula De Reserva De Propriedade, Coimbra, 1987
Pinto, Carlos Alberto Mota – Direitos Reais, prelecções ao 4.º Ano Jurídico de 1970-71, recolhidas por Álvaro Moreira e Carlos Fraga, Coimbra, 1972
— "Compropriedade, Propriedade Horizontal, Direito de Superfície, Servidões Prediais, Usufruto, Uso, Habitação", RDES, Coimbra, 1977
Pinto, J. Borges – ver Pitão
Pinto, Rui – Direitos Reais de Moçambique, Teoria Geral Dos Direitos Reais, Posse, Coimbra, 2006
Piras – La sostituzione fedecomissaria nel diritto civile italiano, Milão, 1952
Pitão, J. França/Pinto, J. Borges – Direito Das Coisas, Lisboa (sem data)
Plank's Kommentar Zum Bürgerlichen Gesetzbuch, Band III, Sachenrecht, 5. Auflage, Berlin und Leipzig, 1933
Planiol, Marcel – Traité Élémentaire De Droit Civil, Sixième Édition, Tome Premier, Paris, 1911

POLACCO, VITTORIO – Le Obbligazioni Nel Diritto Civile Italiano, I, Roma, 1914
Pothier – Traité Du Droit De Domaine De Proprièté, De La Possession, De La Prescription Qui Resulte De La Possession, em Ouvres De Pothier, Nouvelle Édition, Tome Dixiéme, Paris, 1821
PROUDHON, PIERRE JOSEPH – Théorie De La Proprièté, Paris, 1870
PRÜTTING, HANNS – Sachenrecht, 36. Auflage, München, 2017
— ver SCHWAB
PUCHTA, GEORG FRIEDRICH – Pandekten, 12. Auflage, Leipzig, 1877
— "Zu welcher Klasse von Rechten gehört der Besitz?", Rheinisches Museum für Jurisprudenz , Jg. 3, 1829, pág. 289
PUGLIATTI, SALVATORE – La proprietà e le proprietà, La proprietà nel nuovo diritto, Milano, 1964
— "Cosa (Teoria generale)", Enciclopédia Del Diritto, XI, pág. 1
— "Cosa", Digesto, IV, pág. 438
PUGLIESE, GIOVANNI – Istituzioni Di Diritto Romano, com a colaboração de FRANCESCO SITZIA e LETIZIA VACCA, Padova, 1986
— Superfície, no Commentario Del Códice Civile a cura de Scialoja e Branca, Quarta Edizione, Bologna, Roma, 1976
— Usufrutto, Uso E Abitazione, no Trattato Di Diritto Civile Italiano Di Filippo Vassali, Volume Quarto, Tomo quinto, Seconda edizione, Turim, 1972
— "Diritti Reali", Enc. Del Dir., pág. 756
— "Usufrutto (Diritto romano)", Noviss. Dig. It., pág. 316
— "Usufrutto (Diritto vigente)", Noviss. Dig. It., pág. 329
— "Abitazione E Uso (Diritto romano)", Noviss. Dig. It., pág. 55
— "Abitazione E Uso (Diritto civile)", Noviss. Dig. It., pág. 56
PUGLIESE, GIUSEPPE – La Prescrizione Acquisitiva, Terza Edizione, Milano, Roma, Napoli, 1911
PULVIRENTI, G. – ver FERRINI
RAISER, LUDWIG – ver ENNECCERUS
RAMOS, JOSÉ LUÍS BONIFÁCIO RAMOS – Manual De Direitos Reais, Lisboa, 2018
RANDA, ANTON – Der Besitz nach österreichischem Rechte, 4. Auflage, Leipzig, 1895
RAYNAUD, PIERRE – ver MARTY
REGELSBERGER, FERDINAND – Pandekten, Band 1, Leipzig, 1893
REHBINDER, MANFRED – Urheber und Verlagsrecht, 13. Auflage, München, 2004
— ver HUBMANN
RIBEIRO, TEIXEIRA – "A Reforma das Faculdades de Direito", BFD, n.º XXI, 1945, pág. 618
RINNE, MANFRED EBERHARD – Münchener Kommentar zum Bürgerlichen Gesetzbuch, Band 6, Sachenrecht, 4. Auflage, München, 2004

RIPERT, GEORGES/BOULANGER, JEAN – Traité De Droit Civil, Tome Premier, Paris, 1956

ROCHA, MANUEL ANTÓNIO COELHO DA – Instituições De Direito Civil Portuguez, 2 Volumes, 4.ª Edição, Coimbra, 1857

— A questão entre os senhorios e os foreiros, ou o espirito do decreto de 13 d'Agosto de 1832, Coimbra, 1836

RODRIGUES, MANUEL – A Posse – Estudo De Direito Civil Português, 3.ª edição, Coimbra, 1983

— "Da destinação do proprietário como fonte de servidões, RLJ, ano 55.º, números 2195 a 2197;

— "Servidão legal de passagem", RLJ, ano 56.º, números 2225 a 2234;

— "A reivindicação no direito civil português", RLJ, ano 57.º, números 2255 a 2262;

— "A compropriedade no direito civil português", RLJ, ano 58.º, números 2275 a 2281;

— "Restrições de utilidade pública no direito de propriedade", BFD, Volume VIII, pág. 89;

— "Fontes e nascentes", BFD, Volume VIII, pág. 346;

— "Muros e paredes meias", RLJ, ano 58.º, números 2297 a 2300.

ROGUIN, ERNEST – La Science Juridique Pure, Paris, Lausanne, 1923

— La Règle De Droit, Lausanne, Paris, Leipzig, 1889

ROLF, STÜRNER – ver BAUR

RUBINO, DOMENICO – La Compravendita, Ristampa Della Seconda Edizione, Milano, 1971

RUDORFF, VON – "Beitrag zur Geschichte der Superficies", Zeitschrift für geschichtliche Rechtswissenschaft, Bd. 11., 1842, pág. 219

RUGGIERO, ROBERTO DE – Instituições De Direito Civil, Volume I, Tradução da 6.ª edição italiana, Lisboa, 1934

Ruperto, Saverio – "Usucapione (Dir. vig.)", Enc. Del Diritto, pág. 1022

RUSSO, GIACOMO – "Accessione (Diritto di)", Noviss. Dig. It., Vol. I, pág. 67

SÁ, EDUARDO ALVES DE – A Emphyteose E O Usufructo, Lisboa, 1877

SACCO, RODOLFO – "Usucapione", Digesto delle Discipline Privatistiche, Sezione Civile, pág. 561

SACCO, RODOLFO/ CATERINA, RAFFAELE – Il Possesso, Milano, 2000

SÄCKER, FRANZ JÜRGEN – Münchener Kommentar Zum Bürgerlichen Gesetzbuch, Band 6, Sachenrecht, 4. Auflage, München, 2004

SALIS, LINO – La Superfície, Trattato Di Diritto Civile Italiano Di Filippo Vassali, Volume Quarto, Tomo Terzo, Torino, 1958

— "Condominio negli edifici", Noviss. Dig. It., pág. 1116

— "Superficie (Diritto vigente)", Noviss. Dig. It., pág. 944

SANFILIPPO, CESARE – Istituzioni Di Diritto Romano, Decima Edizione, 2002
— "Accessione (Diritto romano)", Noviss. Dig. It., Vol. I, pág. 64
SANTOS EDUARDO DOS – Direitos Reais De Ontem E De Hoje, Volume I, Direito Romano, Sua Introdução em Portugal e seus Direitos Reais, Lisboa, 2006
— Curso De Direitos Reais, I, Introdução. Direitos reais de gozo, Lisboa, 1983
SANTOS, ELSA SEQUEIRA – A acessão na posse, Lisboa, 2001
— Usucapião e registo predial, Lisboa, 2000
SARGENTI, MANLIO – "Diritti Reali (Diritto Romano)", Noviss. Dig. It., pág. 745
SAVIGNY, FRIEDRICH CARL von – System des heutigen Römischen Rechts, Erster Band, Berlin, 1840
— Das Recht Des Besitzes, Darmstadt, 1967 (Reimpressão da 7. Auflage, Wien, 1865)
— "Beiträge zur Lehre vom Besitz", Jahrbücher für die Dogmatik des heutigen römischen und deutschen Privatrechts, Bd. 9, 1868, pág. 1
SCACCHI, ARIANNA – La Proprietà Temporanea, Milano, 2005
SCAPINI, NEVIO – "Usufrutto (dir. rom.)", Enc. Del Dir., pág. 1088
SCHAPP, JAN/SCHUR, WOLFANG – Sachenrecht, 4. Auflage, München, 2009
SCHLOSSMANN, SIEGMUND – Der Vertrag, Leipzig, 1876
SCHULENBURG, VOLKER – ver Michalski
SCHWAB, KARL HEINZ/PRÜTTING, HANNS – Sachenrecht, 32. Auflage, München, 2006
SCHWAB, KARL HEINZ – ver LENT
SCHREIBER, KLAUS – Sachenrecht, 4. Auflage, Stuttgart, München, Hannover, Berlin, Weimar, Dresden, 2003
SOERGEL Bürgerliches Gesetzbuch, Band 5, Sachenrecht,11. Auflage, Stuttgart, Berlin, Köln, Mainz, 1978
SCIALOJA, VITTORIO – Teoria Delle Proprietà Nel Diritto Romano, Vol. I, Roma, 1928
SEARA, FERNANDO REBOREDO – ver ARAÚJO
SERRA, ADRIANO VAZ – Revista de Legislação e de Jurisprudência, Ano 94.º, pág. 185, Ano 99.º, pág. 230 e Ano 100.º, pág. 59
— "Penhor de coisas, penhor de direitos", Separata do BMJ n.º 58 e 59, Lisboa, 1956
— "Hipoteca", BMJ n.º 62, Lisboa, 1957, pág. 5 e segs. e BMJ N.º 63, 1957, pág. 193
— "Direito de retenção", BMJ n.º 65, Lisboa, 1957, pág. 103
— "Consignação de rendimentos", BMJ n.º 65, 1957, pág. 263
— A enfiteuse no direito romano, peninsular e português, Coimbra, 1925
SILVA, ANA PAULA COSTA E – Posse Ou Posses?, 2.ª edição, Coimbra, 2005
SILVA, MANUEL GOMES DA – Curso de Direitos Reais, Lisboa, 1955, lições coligidas por MARIA DE JESUS MOREIRA e MARIA TERESA VICENTE

— Sumários das Lições Professadas na Faculdade de Direito da Universidade de Coimbra nos anos letivos de 1911 a 1912 A 1914 a 1915, de 1915 a 1916 A 1917 a 1918, de 1918-1919 A 1920-21

Sitzia, Francesco – "Superficie (dir. rom.)", Enc. Del Dir., pág.1459

— ver Pugliese

Soergel Bürgerliches Gesetzbuch, Band 6, Sachenrecht, 13. Auflage, 2002

Sohm, Rudolph – Institutionem Des Römischen Rechts, Geschichte Und System Des Römischen Privatrechts, Vierzehnte Auflage, Leipzig, 1911

Solazzi, Siro – Requisiti E Modi Di Constituzioni Delle Servitù Prediali, Napoli, 1947

— Specie Ed Estinzione Delle Servitù Prediali, Napoli, 1948

Sousa, Miguel Teixeira de – "Sobre O Conceito De Terceiros Para Efeitos Do Registo", ROA, Ano 59, Janeiro 1999, pág. 29

Staudinger BGB, Einleitung zum Sachenrecht; §§ 854-882, Allgemeines Liegenschafstrecht 1, Berlin, 2007

Steinauer, Paul-Henri – Les droits réels, Berne, 1985

Stoll, Hans – Grundriss des Sachenrechts, Heidelberg, 1983

Strohal, Emil – Der Sachbesitz nach dem Bürgerlichen Gesetzbuche für das Deutsche Reich, Jena, 1897

Tamburrino, Giuseppe – "Pertinenze, (Diritto privato)", Enc. Del Diritto, pág. 548

Tavares, José Maria Joaquim – Os princípios fundamentais do Direito Civil, volume I, 1.ª edição, Coimbra 1922 e 2.ª edição, Coimbra, 1929, Volume II, Coimbra, 1928

Teixeira, Antonio Ribeiro de Liz – Curso de Direito Civil Portuguez, Commentario Às Instituições do Sr. Pascoal José de Mello Freire, Segunda Edição, 1848

Telles, José Homem Corrêa – Digesto Portuguez, Tomos I e III, Nona Edição Revista, Lisboa, 1909

— Doutrina das acções accommodada ao foro de Portugal, 3.ª edição, Lisboa, 1837

— Questões e Varias Resoluções de Direito Emphyteutico, 2.ª edição, Coimbra (sem data)

Telles, Inocêncio Galvão – "Verney e o iluminismo italiano", RFDUL, 1950, pág. 196

— Direito Das Obrigações, 7.ª edição, Coimbra, 1997

Thibaut, Anton Friedrich Justus – System des Pandekten-Rechts, 2. Auflage, Band 1, Jena, 1805

— System des Pandekten-Rechts , 9. Auflage, Band 1, Jena, 1846

Thon, August – Norma Giuridica E Diritto Soggettivo, Indagini Di Teoria Generale Del Diritto, tradução da edição alemã de 1878, Milano, 1939

Trabucchi, Alberto – Istituzioni Di Diritto Civile, Trentesima Terza Edizione, Padova, 1992

— ver Cian

TRIFONE, ROMUALDO – "Frutti (Diritto intermédio"), Enc. Del Dir., pág. 198

TRIMARCHI, PIETRO – Istituzioni Di Diritto Privato, Ottava Edizione, Milano, 1989

TRIOLA, ROBERTO – "Le pertinenze immobiliari", in Diritti Reali, a cura de ROBERTO TRIOLA e MARIO ROSARIO VIGNALE, Milano, 2000, pág. 117

VACCA, LETIZIA – "Usucapione (Diritto romano)", Enc. Del Dir., pág. 989

— ver PUGLIESE

VANGEROW, KARL ADOLPH VON – Lehrbuch der Pandekten, 7. Aufl., Band 1, Marburg, 1863

VARELA, JOÃO DD MATOS – Das Obrigações Em Geral, Vol. I, 10.ª Edição, Coimbra, 2003 (Reimpressão)

— Das Obrigações Em Geral, Vol. II, Reimpressão da 7.ª edição, Coimbra, 2004

— ver LIMA

VENEZIAN, GIACOMO – Dell' Usufrutto, Dell' Uso E Dell' Abitazione, Volume Secondo, Napoli, Torino, 1913

VENTURA, RAÚL – Direito Romano, Direitos Reais, Lisboa, (sem data)

VETTORI, GIUSEPPE – Consenso translativo e circolazione dei beni, Analisi di un principio, Milano, 1995

VIEIRA, JOSÉ ALBERTO – "Arrendamento De Imóvel Dado Em Garantia", Estudos em Homenagem ao Prof. Doutor Inocêncio Galvão Telles, Volume IV, Coimbra, 2003, págs. 440

VIEWEG, KLAUS/WERNER, ALMUTH – Sachenrecht, 7. Auflage, München, 2015

VILELA, MACHADO/PACHECO, CARNEIRO – Noções Geraes e Elementares Das Instituições Do Direito Civil Português, Segundo as prelecções dos Ex.mos Srs. Drs. Machado Vilela e Carneiro Pacheco, coligidas por JOSÉ D'ALMEIDA CORREIA, 3.ª edição, Coimbra, 1919

VITUCCI, PAOLO – "Servitù Prediali", Digesto delle Discipline Privatistiche, Sezione Civile, pág. 495

VOLTERRA, EDOARDO – Instituciones De Derecho Privado Romano, Madrid, 1986

WÄCHTER, KARL GEORG VON – Pandekten, Band 2, Besonderer Theil, 1. Sachenrecht. 2. Obligationenrecht. 3. Familienrecht. 4. Erbrecht, Leipzig, 1880

WENDT, OTTO HEINRICH – Lehrbuch der Pandekten, Jena, 1888

WERENBERG, W. – "Ueber die Collision der Rechte verschiedener Grundeigenthümer", Jahrbücher für die Dogmatik des heutigen römischen und deutschen Privatrechts, Bd. 6, 1863, pág. 1

WERNER, ALMUTH – ver VIEWEG

WESTERMANN, HARM PETER – BGB-Sachenrecht, 12. Auflage, Heidelberg, 2012

WESTERMANN, HARM PETER/GURSKY, KARL-HEINZ/EICKMANN, DIETER – Sachenrecht, 8. Auflage, Heidelberg (e outras), 2011

WIEACKER, FRANZ – História do Direito Privado Moderno, 3.ª ed., Lisboa, 2004

WIEFELS, J. – Bürgerliches Recht, Sachenrecht, 80 Fälle mit Lösungen, Stuttgart, 1935

WIELING, HANS JOSEF – Sachenrecht, 5. Auflage, Berlin, Heidelberg, New York, 2007

WILHELM, JAN – Sachenrecht, 5. Auflage, Berlin, Boston, 2016

WINDSCHEID, BERNHARD – Lehrbuch des Pandektenrechts, 6. Aufl., Band 1, Frankfurt, 1887

WIRTH – Beiträge zur Systematik des römisches Civilrechts, Erlangen, 1856

WOLF, ERNST – Lehrbuch des Sachenrechts, Köln, Bonn, Berlin, München, 1971

WOLF, MANFRED – Sachenrecht, 23. Auflage, München, 2007

— ver LARENZ

WOLF, MANFRED/WELLENHOFER, MARINA – Sachenrecht, 32. Auflage, München, 2017

WOLFF, MARTIN/ RAISER, LUDWIG – ver ENNECCERUS

WÖRLEN, RAINER – Sachenrecht, 5. Auflage, Köln, Berlin, Bonn, München, 2003

ÍNDICE